Veröffentlichungen der Kommission für Zeitgeschichte

VERÖFFENTLICHUNGEN DER KOMMISSION FÜR ZEITGESCHICHTE

In Verbindung mit Hans Günter Hockerts · Rudolf Morsey
Norbert Trippen

Herausgegeben von Ulrich von Hehl

Reihe B: Forschungen · Band 91

DIE KATHOLISCHE ARBEITERBEWEGUNG
IN BAYERN NACH DEM ZWEITEN WELTKRIEG
(1945–1963)

FERDINAND SCHÖNINGH
PADERBORN · MÜNCHEN · WIEN · ZÜRICH

DIETMAR GRYPA

DIE KATHOLISCHE ARBEITERBEWEGUNG IN BAYERN NACH DEM ZWEITEN WELTKRIEG (1945–1963)

2000

FERDINAND SCHÖNINGH
PADERBORN · MÜNCHEN · WIEN · ZÜRICH

Dieser Band wurde seitens der Kommission für Zeitgeschichte
redaktionell betreut von Hans Günter Hockerts

Die Deutsche Bibliothek – CIP-Einheitsaufnahme

Grypa, Dietmar:
Die katholische Arbeiterbewegung in Bayern nach dem Zweiten
Weltkrieg (1945–1963) / Dietmar Grypa. –
Paderborn; München; Wien; Zürich: Schöningh, 2000
 (Veröffentlichungen der Kommission für Zeitgeschichte:
 Reihe B, Forschungen; Bd. 91)
Zugl.: München, Univ., Diss., 1999
ISBN 3-506-79996-7

Umschlaggestaltung: INNOVA GmbH, D-33178 Borchen

Gedruckt auf umweltfreundlichem, chlorfrei gebleichtem
und alterungsbeständigem Papier ∞ ISO 9706

© 2000 Ferdinand Schöningh, Paderborn
(Verlag Ferdinand Schöningh GmbH, Jühenplatz 1, D-33098 Paderborn)

Internet: www.schoeningh.de

Alle Rechte vorbehalten. Dieses Werk sowie einzelne Teile desselben sind urheberrechtlich geschützt.
Jede Verwertung in anderen als den gesetzlich zulässigen Fällen ist ohne vorherige Zustimmung des
Verlages nicht zulässig.

Printed in Germany
Satz: Rhema – Tim Doherty, Münster
Herstellung: Ferdinand Schöningh, Paderborn
ISBN 3-506-79996-7

INHALTSVERZEICHNIS

Vorwort 9

Verzeichnis der Sigeln und Abkürzungen 11

A. Einleitung 13

I. Forschungsstand 13
II. Aufbau der Arbeit 19
III. Quellenlage 24

B. Entwicklung und Struktur des Süddeutschen Verbands 29

I. Wiedergründung und Neuanfang 29
II. »Werkvolk« – Ausdruck eines gewandelten Selbstverständnisses 42
III. Organisationsstruktur 55
    1. Der Geschäftsführende Verbandsvorstand 56
        a) Der Verbandspräses 56
        b) Die Verbandsvorsitzenden 62
    2. Die Verbandsleitung 68
    3. Das Verbandssekretariat 70
    4. Der Verbandsausschuß 71
    5. Der Verbandstag 72
    6. Die Sekretärskonferenzen 76
    7. Die Präsideskonferenzen 80
    8. Die »Räuber-Synoden« 81
    9. Der Diözesanverband 85
    10. Der Bezirksverband 87
    11. Der einzelne Verein 90
IV. Mitgliederentwicklung und Mitgliederstruktur 92
V. Entwicklung und Struktur der Diözesanverbände 105
    1. Augsburg 105
    2. Bamberg 115
    3. Eichstätt 118
    4. München und Freising 124
    5. Passau 128
    6. Regensburg 131

7.	Würzburg	136
8.	Speyer	141
9.	Freiburg	145
10.	Rottenburg	149

C. Verbandsarbeit ... 151

I. Die Bildungs- und Schulungsarbeit ... 151
    1. Der institutionelle Rahmen ... 152
        a) Werkvolk, Zeitschrift des Süddeutschen Verbandes katholischer Arbeitnehmer ... 152
        b) Ketteler-Werk-Führung, Werkvolk-Führung, Ketteler-Werk-Präses, Priester und Arbeiter ... 157
        c) Broschüren ... 159
        d) Schaukastendienst ... 161
        e) »Neue Medien«: Diaserien, Filme, Rundfunk und Fernsehen ... 161
        f) Die Katholischen Sozialen Wochen ... 167
        g) Das Katholische Sozialinstitut ... 171
        h) Bildungs- und Schulungsarbeit in den Diözesen und Bezirken ... 181
        i) Bildungsarbeit durch Vorträge in den Vereinen ... 183
        j) Die »Aktionsrunde« ... 186
    2. Die religiöse Bildungsarbeit ... 189
        a) Das Fundament – der Glaube, seine Vertiefung – das Hauptziel ... 189
        b) Hammerkreuz und Bannerweihe ... 193
        c) Arbeitergebete und Werkvolklieder ... 194
        d) Gemeinschaftsmesse ... 196
        e) Wallfahrten ... 198
        f) Einkehrtage und Exerzitien ... 200
        g) Josefsverehrung ... 202
        h) Ketteler-Gedächtnis ... 208
        i) Verchristlichung der Gesellschaft als Auftrag ... 211
    3. Die kulturelle Bildungsarbeit ... 213
        a) Von der Geselligkeit zur Gemeinschaft ... 213
        b) Werkvolkausflug ... 220
        c) Werkvolktheatergruppen ... 221
    4. Die wirtschafts-, sozial- und gesellschaftspolitische Bildungsarbeit – Das Konzept einer christlichen Gesellschaftsordnung ... 223
        a) Strukturierung der Arbeitszeit als Rahmenbedingung für gelebten Glauben – Sonntagsarbeit, Gleitende Arbeitswoche, 40-Stundenwoche ... 226
        b) Wohnraum für Arbeitnehmer ... 230
        c) Familienlohn ... 232

		d) Eigentumsbildung in Arbeitnehmerhand: Investivlohn 234

II. Die Jugendarbeit 237
    1. Die Zusammenarbeit mit der Katholischen Jungen Mannschaft 238
    2. Die Christliche Arbeiterjugend (CAJ) 244
        a) Gründung 244
        b) Organisationsstruktur 248
        c) Selbstverständnis 252
    3. Eine eigene Werkvolkjugend als Alternative? 259
    4. Die CAJ als Ersatz für eine eigene Jugendorganisation 265

III. Die Frauenarbeit 278
    1. Traditionelles Frauenbild versus emanzipatorischen Impetus 281
    2. Der organisatorische Rahmen 289
    3. Anspruch und Wirklichkeit der Frauenarbeit 291

IV. Die Betriebsarbeit 307
    1. Die Rolle der Betriebsräte 307
    2. Die Betriebsgruppen des Katholischen Werkvolks 310
    3. Die Werkgemeinschaften Christlicher Arbeitnehmer 313
    4. Arbeiterpriester 324
    5. Von der Betriebsarbeit zur Betriebsseelsorge 325

V. Konkrete soziale Maßnahmen des Süddeutschen Verbands 333
    1. Die Sterbegeldkasse 334
    2. Die »Christliche Arbeiterhilfe« 335
    3. Siedlungstätigkeit und Wohnungsbau 340
    4. Maßnahmen für ausländische Arbeitnehmer 343
    5. Katholische Volksbüros und Sozialsekretariate 346

VI. Das Leben in den einzelnen Werkvolkgemeinschaften 351

D. AUSSENBEZIEHUNGEN 359

I. Das Katholische Werkvolk und die kirchliche Hierarchie 359
    1. Die Rolle und die Bedeutung der Geistlichen 359
        a) Die Präsides 359
        b) Priesterausbildung und -fortbildung 364
        c) Das Werkvolk als seelsorgliche Aufgabe 369
        d) Die Rolle der Orden als Träger der Arbeiterseelsorge 372
        e) Das Verhältnis zwischen Klerikern und Laien 378
    2. Die Finanzierung der katholischen Arbeiterbewegung –
        Finanzielle Autarkie versus effiziente Arbeit 379
    3. Das Verhältnis zu den Bischöfen 391

II. Das Verhältnis zu den anderen Verbänden der katholischen Arbeiterbewegung Deutschlands – Auf dem Weg zum Bundesverband 396

III.	Das Katholische Werkvolk und die Arbeitsgemeinschaft Christlicher Arbeitnehmerorganisationen	405
IV.	Das Katholische Werkvolk und die Gewerkschaften	417
	1. Das Entstehen der Einheitsgewerkschaft	417
	2. Die Zeit der »Friedlichen Koexistenz«	422
	3. Die Wiedergründung der Christlichen Gewerkschaften	429
V.	Das Katholische Werkvolk und die Politik	452
	1. Staatspolitisches Engagement	452
	a) Der Einsatz für die »freiheitlich demokratische Grundordnung«	453
	b) Die »Zone« als »Hort des Bösen« – »Baut Dämme gegen die Weltrevolution«	454
	c) Gegen den Materialismus »östlicher oder westlicher Prägung«	456
	2. Parteinahme zugunsten der CSU	459
	a) Die CSA – ihre Entstehung und ihre Entwicklung	465
	b) Die CSA als Instrument der Einflußnahme auf die CSU	470
	c) Der Kampf um die Mandate	475
	3. Das Verhältnis zu weltanschaulichen Gegnern: SPD, KPD und SED	480
	4. »Marginalien« – Bayernpartei, Zentrum, FDP, WAV und BHE	491

E. ZUSAMMENFASSUNG 493

ANHANG 503

QUELLEN- UND LITERATURVERZEICHNIS 523

I. Ungedruckte Quellen 523
II. Gedruckte Quellen und Literatur 532

PERSONEN-, ORTS- UND SACHREGISTER 572

VORWORT

Die vorliegende Arbeit wurde im Sommersemester 1999 von der Philosophischen Fakultät für Geschichts- und Kunstwissenschaften der Ludwig-Maximilians-Universität München als Dissertation angenommen. Für die Drucklegung wurde sie überarbeitet. Die hierbei entfallenen Tabellen zur Mitgliederentwicklung können im Archiv der Kommission für Zeitgeschichte eingesehen werden; auf andere Aspekte hoffe ich, später nochmals zurückkommen zu können.

An dieser Stelle möchte ich allen jenen meinen Dank aussprechen, die zum Entstehen dieses Buches beigetragen haben. Als erstes sind hier zu nennen: mein Doktorvater Herr Prof. Dr. Walter Ziegler, der mir das Thema anvertraut und meine Forschungen stets wohlwollend begleitet und nachdrücklich gefördert hat; Herr Prof. Dr. Hans Günter Hockerts, der sowohl das Zweitgutachten im Promotionsverfahren als auch die Betreuung der Arbeit seitens der Kommission für Zeitgeschichte übernommen hat, und Herr Prof. Dr. Karsten Ruppert, an dessen Lehrstuhl ich seit 1995 tätig bin.

Mein verehrter alter akademischer Lehrer, Herr Prof. Dr. Heinz Hürten, hat nicht nur meinen Wechsel nach München initiiert, sondern meine Forschungen auch danach auf vielfältige Weise unterstützt. Dem Gespräch mit ihm verdankt die vorliegende Untersuchung sicher mehr, als auf den ersten Blick ersichtlich ist. Herr Prof. Dr. Alois Schmid wiederum hat meine Ausbildung über Jahre und unterschiedlichste Stationen hinweg durch fruchtbares gemeinsames wissenschaftliches Arbeiten gefördert und es mir ermöglicht, daß ich neben der Erstellung einer zeitgeschichtlichen Dissertation auch frühneuzeitlichen Interessen nachgehen konnte. Beide standen mir stets ermunternd mit ihrem Rat und ihrer Hilfe zur Seite und haben sich meiner in einer Art und Weise angenommen, wie sie heute an deutschen Universitäten selten geworden ist. Hierfür möchte ich ihnen an dieser Stelle ebenso von Herzen danken wie Herrn Prof. Dr. Dr. Manfred Clauss, Herrn Prof. Dr. Harald Dickerhof, Herrn Prof. Dr. Hubert Kiesewetter, Herrn Prof. Dr. Hans Maier und Herrn Prof. Dr. Rainer A. Müller.

Ohne die zumeist weit über das normale Maß hinausgehende Unterstützung durch die besuchten Archive und deren ausgesprochen forschungsfreundliche Haltung – nahezu überall wurde mir eine Sondergenehmigung zur Nutzung von noch den Sperrfristen unterliegenden Beständen gewährt – hätte dieses Buch nicht entstehen können. Stellvertretend für alle Archivare, die durch ihr Wohlwollen die vorliegende Arbeit erst ermöglicht haben, sei hier Herrn Generaldirektor a.D. Prof. Dr. Walter Jaroschka mein Dank ausgesprochen; ebenso allen an anderer Stelle namentlich aufgeführten Zeitzeugen, die ausnahmslos zu einem

Gespräch bereit waren und mir zum Teil auch Aktenmaterial aus ihrem Privatbesitz zugänglich machten.

Der Süddeutsche Verband der Katholischen Arbeitnehmerbewegung gewährte mir nicht nur völlig uneingeschränkt Einsicht in seine Bestände, sondern unterstützte meine Arbeit im Sachmittelbereich auch materiell. Ihm sei hierfür ebenso gedankt wie der Hanns-Seidel-Siftung für die Gewährung eines Promotionsstipendiums und der Kommission für Zeitgeschichte für die Aufnahme der Studie in ihre Schriftenreihe.

Den Angestellten der Bibliothek und des Rechenzentrums der Katholischen Universität Eichstätt bin ich für stete Unterstützung und ein ideales Arbeitsklima zu Dank verpflichtet. Herrn Brun Appel und Herrn Rudolf Letschert M.A., Frau Dr. Rita Haub und Herrn Martin Kastler M.A., die die Mühe des Korrekturlesens auf sich genommen haben, sei ebenso gedankt wie Frau Dr. Renate Pletl M.A. für ihre Hilfe bei der elektronischen Erfassung der statistischen Mitgliederdaten des Süddeutschen Verbandes der KAB.

Am Ende möchte ich an dieser Stelle auch meinen Freunden Christian Fröschl, Franz Heiler, Thomas Korte und Monika Ullherr von Herzen danken. Sie waren stets für mich da und haben mich alle Zeit mit ihrer Freundschaft getragen.

Gewidmet sei das Buch meinen Eltern in tiefer Dankbarkeit für alle Opfer, die sie gebracht haben, um mir ein Studium zu ermöglichen, und für alle Liebe, die sie mir geschenkt haben.

Eichstätt, im Sommer 2000   Dietmar Grypa

Abkürzungen

AAS	Acta Apostolicae Sedis
ACA	Arbeitsgemeinschaft Christlicher Arbeitnehmerorganisationen
AfS	Archiv für Sozialgeschichte
BayGVBl	Bayerisches Gesetz- und Verordnungsblatt
BGB	Bayerischer Gewerkschaftsbund
BGBl	Bundesgesetzblatt
BHE	Bund der Heimatvertriebenen und Entrechteten
BP	Bayernpartei
BVP	Bayerische Volkspartei
CAJ	Christliche Arbeiterjugend
CDU	Christlich-Demokratische Union
CGB	Christliche Gewerkschaftsbund
CGD	Christliche Gewerkschaftsbewegung Deutschlands
CIC	Codex Iuris Canonici
CSU	Christlich-Soziale Union
DGB	Deutscher Gewerkschaftsbund
EM	Ehegattenmitglieder
FDP	Freie Demokratische Partei
FIMOC	Fédération Internationale des Mouvements des Ouvriers Chrétiens
GG	Geschichte und Gesellschaft
HJb	Historisches Jahrbuch der Görres-Gesellschaft
HZ	Historische Zeitschrift
JOC	Jeunesse Ouvrière Chrétienne
KAB	Katholische Arbeiterbewegung / Katholische Arbeitnehmerbewegung
KPD	Kommunistische Partei Deutschlands
KZG	Kirchliche Zeitgeschichte. Internationale Halbjahreszeitschrift für Theologie und Geschichtswissenschaft
MAN	Maschinenfabrik Augsburg-Nürnberg
MBM	Miscellanea Bavarica Monacensia. Dissertationen zur Bayerischen Landes- und Münchener Stadtgeschichte
NF	Neue Folge
NL	Nachlaß
NSDAP	Nationalsozialistische Deutsche Arbeiterpartei
RGBl	Reichsgesetzblatt
RQ	Römische Quartalschrift für christliche Altertumskunde und Kirchengeschichte
SJ	Societas Jesu
SL	Sammlung
SPD	Sozialdemokratische Partei Deutschlands
VfZ	Vierteljahrshefte für Zeitgeschichte
VKZG	Veröffentlichungen der Kommission für Zeitgeschichte

VM	Vollmitglieder
VZ	Verbandszentrale
WAV	Wirtschaftliche Aufbau-Vereinigung
ZBLG	Zeitschrift für bayerische Landesgeschichte

A. EINLEITUNG

I. Forschungsstand

Erst seit Anfang der achtziger Jahre hat sich die historische Fachwissenschaft verstärkt der Geschichte der Bundesrepublik zugewandt, nachdem die bis dahin vorliegende Literatur im wesentlichen publizistischer oder politikwissenschaftlicher Natur war. Hierbei wurden die einzelnen Sektoren der Innenpolitik aber nicht annähernd so intensiv bearbeitet wie die Außenpolitik[1]. Die sozialgeschichtliche Dimension der Ära Adenauer blieb anfangs ein von der Forschung vernachlässigtes Terrain, das inzwischen verstärkt in das Blickfeld rückt[2]. Wichtige Anstöße brachten hier zwei große arbeitsteilige Forschungsprojekte: »›Modernität‹ und ›Modernisierung‹ in der Bundesrepublik Deutschland der 1950er Jahre« in Hamburg[3] und »Westernization« in Tübingen[4].

Die geschilderten allgemeinen Tendenzen bei der Erforschung der Geschichte der Bundesrepublik gelten zeitversetzt auch für die bayerische Landesgeschichte. Hier wandte sich die Forschung anfangs ebenfalls vor allem der Parteiengeschichte zu[5]. Erst 1996 wurde eine erste Gesamtdarstellung der Geschichte der Nachkriegszeit in Bayern vorgelegt[6]. Konzentrierte sich die Editionstätigkeit zur Geschichte der Bundesrepublik neben den zentralen Beständen der politischen Parteien im innenpolitischen Bereich auf die Kabinettsprotokolle der Bundesregierung[7], so spiegelt sich dieser Befund in den Editionen von Dokumenten zur Frühzeit der CSU[8] sowie der Protokolle des Bayerischen Ministerrats[9]. Ein vom

---

[1] A. DOERING-MANTEUFFEL, Bundesrepublik Deutschland, S. 4–5. Einen Forschungsüberblick bieten R. MORSEY, Bundesrepublik, S. 117–214, sowie A. M. BIRKE, S. 53–111.

[2] W. CONZE / R. LEPSIUS, S. 7; H.-P. SCHWARZ, Modernisierung, S. 278; K.-J. RUHL, S. 14. Als erste, wegweisende monographische Arbeit für diesen Bereich ist hier H. G. HOCKERTS, Sozialpolitische Entscheidungen, zu nennen. Zur Entwicklung der Forschung zur deutschen Nachkriegsgeschichte vgl. A. DOERING-MANTEUFFEL, Adenauerzeit; A. DOERING-MANTEUFFEL, Deutsche Zeitgeschichte; H. G. HOCKERTS, Zeitgeschichte.

[3] Vgl. A. SCHILDT / A. SYWOTTEK.

[4] Vgl. A. DOERING-MANTEUFFEL, Wie westlich sind die Deutschen?

[5] Vgl. M. LANZINNER / M. HENKER. Inzwischen sind darüber hinaus erschienen: H. SCHMÖGER sowie E. FLESCHHUT.

[6] M. LANZINNER.

[7] Vgl. A. M. BIRKE, S. 113–116.

[8] K.-D. HENKE / H. WOLLER; Die CSU 1945–1948.

[9] Bisher sind abgeschlossen: PROTOKOLLE KABINETT SCHÄFFER; PROTOKOLLE KABINETT HOEGNER I; PROTOKOLLE KABINETT EHARD I. Zur Vorgeschichte dieses Editionsprojektes vgl. K.-U. GELBERG, Protokolle.

Institut für Zeitgeschichte initiiertes Projekt strebt nun eine sozialgeschichtlich orientierte Erforschung der bayerischen Nachkriegszeit an[10].

Die zeitgeschichtliche Erforschung des deutschen Katholizismus[11] wiederum nahm zwar seit der Mitte der sechziger Jahre bedingt durch die Gründung der »Kommission für Zeitgeschichte« einen ausgesprochen starken Aufschwung[12], doch lag der Schwerpunkt der Bemühungen hier wie beim Institut für Zeitgeschichte zu Anfang nicht auf der Geschichte der Bundesrepublik, sondern vor allem auf der wissenschaftlich korrekten Erforschung der Geschichte des »Dritten Reichs«, die bis dahin innerhalb der »eigentlichen« Kirchengeschichtsschreibung vernachlässigt worden war. Da die Kommission für Zeitgeschichte, in der Historiker und Theologen zusammenarbeiten, aus Laien und Klerikern besteht, griff die Katholizismusforschung ab Mitte der sechziger Jahre – institutionell wie personell ihrem Untersuchungsgegenstand entsprechend – über den engeren kirchlichen Rahmen hinaus[13]. Um so mehr erstaunt die in den letzten Jahren einsetzende Entwicklung hin zu einer als »Kirchliche Zeitgeschichte« definierten Disziplin[14], was bei strenger Begrifflichkeit »eine sachlich nicht gerechtfertigte Engführung bedeutet, die aus historischen wie innerkirchlichen Gründen vielleicht für die evangelische, aber wohl kaum für die katholische Seite sachlich angemessen ist«[15]. Doch wird bereits seit Beginn der sechziger Jahre selbst auf katholischer Seite – wohl bedingt durch das Verständnis von »Kirche als mysti-

---

[10] T. SCHLEMMER, Gesellschaft und Politik. Die Entwicklung in Bayern ähnelt den Tendenzen in Westfalen, wo man derzeit von der historischen Kulturraumforschung kommend mit einem Projekt zu Kontinuität und Wandel der westfälischen Gesellschaft von 1930 bis 1960 zu einer sozialgeschichtlichen »Erneuerung« der Landesgeschichte ansetzt. Vgl. hierzu K. TEPPE, S. 503–504, sowie M. FREESE / F.-W. KERSTING / M. PRINZ / S. ROUETTE / K. TEPPE, Gesellschaft. Zum besonderen Stellenwert, den »jede Lokal- und Regionalgeschichte« im Rahmen struktur- und sozialgeschichtlicher Konzeptionen gewinnt, vgl. auch W. KÖLLMANN.

[11] Zum Begriff »Katholizismus« und seiner historischen Gebundenheit vgl. F. X. KAUFMANN; O. v. NELL-BREUNING sowie H. HÜRTEN, Zum historischen Ort.

[12] Zur Geschichte der Kommission für Zeitgeschichte vgl. K. REPGEN sowie R. MORSEY, Gründung.

[13] Zur Entwicklung der Kirchengeschichtsschreibung in der deutschsprachigen evangelischen und katholischen Theologie seit 1945 vgl. S. STORCK, der – obwohl er sich auch mit der Frage »Kirchengeschichte als historische Disziplin« beschäftigt – die historischen Arbeiten der Laien der Kommission wie etwa Ulrich von Hehl oder Heinz Hürten in seine Dissertation nicht miteinbezieht. Zur »Kompetenz« der »profanen Historie« zur Beurteilung der Kirche »als reale Größe der Gesellschaft« und deren Grenzen vgl. H. HÜRTEN, Verfolgung, S. 14–19.

[14] So der Titel der seit 1988 erscheinenden »Internationalen Halbjahresschrift für Theologie und Geschichtswissenschaft«. Zu Selbstverständnis, Aufgabe und methodischem Ansatz der »KZG« vgl. G. BESIER u. a.

[15] H. HÜRTEN, Bemerkungen, S. 357–358.

schem Leib Christi«[16] – im öffentlichen Diskurs nicht mehr zwischen »Kirche« und »Katholizismus« differenziert, ja wird diese Unterscheidung zum Teil sogar ausdrücklich als falsch angesehen[17].

Die Frage, ob sich die seit dem Zweiten Vatikanum verstärkt einsetzende Entwicklung hin zu einer »Verkirchlichung« der Laienaktivitäten so selbst in der Terminologie der wissenschaftlichen Erforschung des Wandels der zu untersuchenden Phänomene niederschlägt, wird ebenso im Mittelpunkt der zukünftigen Katholizismusforschung zu stehen haben[18] wie der den Verkirchlichungstendenzen gegenüberstehende Pluralisierungsprozeß im deutschen Katholizismus nach 1945[19]. Sein Ausmaß war in den Augen mancher bereits am Anfang der sechziger Jahre für die Kirche nicht mehr vereinbar »mit ihrem inneren Wesen und ihrem Strukturprinzip«[20]. Andere Zeitgenossen der Wandlungsprozesse hingegen bewerteten damals den Verlust an »Einheitlichkeit im kirchlichen Leben« und »eine gewisse Differenzierung« in der Gestalt der Kirche durchaus als legitimen Versuch, »zu einer Form zu kommen, die der modernen Gesellschaft angemessen ist«[21]. Für sie war »Pessimismus« angesichts der pluralistischen Gesellschaft nichts anderes als »verschleierter Unglaube«[22]. Nachdem die Kirche »nachdrücklich im II. Vaticanum [...] die pluralistische Struktur der modernen Gesellschaft anerkannt« hat, ist inzwischen ein Angleichungsprozeß der Kirche an die Gesellschaft eingetreten, der sich in einem zunehmenden Pluralismus innerhalb von Kirche und Katholizismus spiegelt. Andererseits erscheint »Kirche« heute in den westlichen Ländern nur mehr als »ein Element« der Gesellschaft, »dem andere entgegenstehen, als Konkurrenz im Ganzen oder in Teilen oder gar als Gegenmacht«[23].

Während sich die Erforschung des Protestantismus bisher fast ausschließlich auf die Jahre der Besatzungszeit konzentriert hat[24], zählt der Katholizismus heute

---

[16] Vgl. Papst Pius XII., Mystici Corporis Christi. Zur Rezeption der hierarchisch-institutionell orientierten und organologisch gefaßten Leib-Christi-Theologie dieser Enzyklika durch das Zweite Vatikanische Konzil vgl. S. Alberto.

[17] So betonte etwa 1960 Erzbischof Hermann Schäufele auf der Herbstkonferenz der Katholischen Aktion der Erzdiözese Freiburg, die Äußerung »Kirche ist nicht Katholizismus« unterscheide »fälschlich zwischen einer inneren und äußeren Kirche«. EAF Nb 11 Kart. 2 Akt 5.

[18] Vgl. H. Hürten, Zukunftsperspektiven, S. 100–104.

[19] Vgl. hierzu B. Hanssler, Pluralisierungsprozeß.

[20] C. Bauer, S. 25.

[21] H. Hoefnagels, S. 29–30; ähnlich A. Hartmann.

[22] J. Höffner, Der deutsche Katholizismus, S. 50.

[23] H. Hürten, Katholiken in der pluralistischen Gesellschaft, S. 157. Zum »Zerfall« des deutschen Katholizismus nach 1945 vgl. M. Klöcker.

[24] Vgl. generell etwa M. Greschat, Zwischen Aufbruch und Beharrung; C. Klessmann, Kontinuitäten; C. Vollnhals; J.-C. Kaiser (für den Bereich Westfalens); V. Herrmann / J.-C. Kai-

bereits zu den intensiver erforschten Gebieten der Geschichte der fünfziger Jahre; wenn man auch durchaus im Vergleich zu anderen Bereichen »eine auffällige Unterrepräsentanz historiographischer Aufmerksamkeit« für die Nachkriegsentwicklung des Katholizismus sowohl in der Bundesrepublik als auch in der DDR konstatieren kann[25].

Die beschriebenen Linien der Forschungen gelten auch für den Bereich der »Kirchlichen Landesgeschichte«, die heute »im Hause der Theologie noch immer eine wenig beachtete und deshalb undankbare Rolle« spielt[26] – gerade auch für die Zeit nach dem Zweiten Weltkrieg[27]. Für den Katholizismus im Bayern der Nachkriegszeit liegen, abgesehen von einem Handbuchartikel[28], bisher neben ersten Lebensbildern zu mehreren Bischöfen[29] sowie Biogrammen einzel-

---

SER / T. STROHM (für den großen Bereich der Diakonie); C. KLESSMANN, Kontinuitäten, S. 414 (für die Erforschung der Rolle der protestantischen Pfarrer und Pfarrhäuser); etc. Als Ausnahmen von diesem generellen Trend sind für Bayern vor allem die Arbeiten von M. RENNER; H. BLENDINGER sowie M. LANGEN zu nennen.

[25] U. v. HEHL, Umgang, S. 387; zum Stand der Erforschung des Katholizismus der Nachkriegszeit vgl. allgemein A. DOERING-MANTEUFFEL, Kirche und Katholizismus; U. v. HEHL, Der deutsche Katholizismus, sowie die Bibliographien U. v. HEHL / H. HÜRTEN; K. ABMEIER / H.-J. HUMMEL. Für die katholische Kirchengeschichtsschreibung der Jahre nach 1945 sind vor allem drei von Erwin Gatz angestoßene Forschungsprojekte besonders hervorzuheben: das Bischofslexikon (E. GATZ, Bischöfe; zwar endet der einschlägige Band 1945, doch bietet er eine Fülle von wichtigen Daten für alle vor 1945 ins Amt gekommenen kirchlichen Würdenträger); die »Geschichte des Kirchlichen Lebens« (E. GATZ, Bistümer; E. GATZ, Muttersprache; E. GATZ, Minderheit; E. GATZ, Diözesanklerus; E. GATZ, Caritas; E. GATZ, Kirchenfinanzen), sowie die Reihe »Kirche und Katholizismus seit 1945« (E. GATZ, Mittel-, West- und Nordeuropa).

[26] R. REINHARDT, S. 1.

[27] Als besonders erfreuliche Ausnahmen dieses generellen Trends sind hier zu nennen: W. DAMBERG, Katholizismus im Umbruch; W. DAMBERG, Abschied vom Milieu; W. DAMBERG, Moderne und Milieu, S. 313–374.

[28] H. HÜRTEN, Aufbau, Reform und Krise; für Franken vgl. auch K. GUTH, S. 218–236. Die Erforschung des Katholizismus im Gebiet des heutigen Baden-Württemberg, der in die vorliegende Arbeit zum Teil miteinbezogen wurde, konzentrierte sich bisher vor allem auf die Besatzungszeit und griff nur gelegentlich darüber hinaus. Vgl. hierzu etwa die Beiträge im ROTTENBURGER JAHRBUCH FÜR KIRCHENGESCHICHTE 7 (1988) oder P. FÄSSLER, Ordnungsfaktor; P. FÄSSLER, Christliche Partei. Zur Forschungslage für Westfalen, das gelegentlich zu Vergleichszwecken herangezogen wird, vgl. DAMBERG, Kirchliche Zeitgeschichte Westfalens.

[29] Neben den einschlägigen Artikeln bei E. GATZ, Bischöfe, sind hier vor allem zu nennen: P. MAI, Michael Buchberger; K. FORSTER, Julius Kardinal Döpfner; K. WITTSTADT, Döpfner und Würzburg; T. KRAMER, Matthias Ehrenfried; H. LANG, Michael von Faulhaber; G. SCHWAIGER, Kardinal Michael von Faulhaber; L. VOLK, Kardinal Michael von Faulhaber; F. SCHLICKEL, Isidor Markus Emanuel; G. REINWALD, Joseph Otto Kolb; E. KERNER, Joseph Otto Kolb; A. LEIDL / A. SIEGMUND, Simon Konrad Landersdorfer; R. GEIER; A. BAUCH, Michael Rackl; H. HANSMANN, Josef Schneider; A. SCHICKEL, Joseph Kardinal Schröffer; K. KREITMEIR, Bischöfe, S. 102–104; G. SCHWAIGER, Joseph Wendel, Bischof von Speyer; G. SCHWAIGER / M. HEIM, Kardinal

I. Forschungsstand

ner Geistlicher[30] nur Studien zu speziellen Bereichen wie etwa dem Verhältnis zur amerikanischen Militärregierung[31], der Schulpolitik[32], der Wohnungsbaupolitik[33], der Caritas[34], der Kirchlichen Hilfsstelle München[35], der Flüchtlingsseelsorge[36], der Heiligenverehrung[37], der katholischen Presse[38] wie der Presse des Linkskatholizismus[39], der Haltung der katholischen Kirche zur Wiederbewaffnung[40] und gegenüber den politischen Parteien[41], einzelnen Verbänden – wie dem Bund der Katholischen Jugend[42], der Christlichen Arbeiterjugend[43] oder dem Verband Katholischer Kaufmännischer Vereine[44] – und einzelnen Bistümern[45] vor.

Während alle wesentlichen öffentlichen Äußerungen von Papst Pius XII. zu Fragen des sozialen Lebens und der Gesellschaft schon in den fünfziger Jahren von Arthur Fridolin Utz OP und Joseph-Fulko Groner OP zusammengestellt

---

Joseph Wendel; als zeitgenössische Würdigungen sind die Lebensbilder in K. W. KRAEMER zu berücksichtigen.

[30] So etwa der Generalvikare und Domdekane (E. GATZ, Bischöfe) sowie der Domkapitulare des Bistums Augsburg (T. GROLL), soweit diese bereits 1945 ihr Amt ausübten, und des Erzbistums München und Freising bis 1994 (H.-J. NESNER). Hier sind auch die Lebensbilder von Karl Forster (A. RAUSCHER; Karl Forster) oder Georg Meixner (W. K. BLESSING, Meixner) zu nennen.

[31] A. BOYENS; H. HÜRTEN, Die katholische Kirche im öffentlichen Leben; B. LEHMANN; wobei zu betonen ist, daß sich alle bisherigen Arbeiten nahezu ausschließlich auf die Überlieferung der amerikanischen Militärregierung stützen, die aber »die Kirche keineswegs aus neutraler Distanz betrachtet und behandelt hat«. H. HÜRTEN, Kirchen und amerikanische Besatzungsmacht, S. 577.

[32] W. MÜLLER, Schulpolitik; J. MAYER; F. SONNENBERGER; J. RICHTER.

[33] R. E. SIMON.

[34] M. EDER.

[35] I. CONNOR, Attitude, S. 100–225; U. ENDERS.

[36] I. CONNOR, Churches.

[37] D. GRYPA, Walburga.

[38] H. WAGNER.

[39] M. STANKOWSKI, für Bayern besonders interessant S. 27–65 (Ende und Anfang); S. 137–229 (Werkhefte).

[40] H. HÜRTEN, Haltung; A. DOERING-MANTEUFFEL, Katholizismus und Wiederbewaffnung.

[41] Vgl. generell: M. STEINKÄMPER; F. SPOTTS; T. M. GAULY, Kirche und Politik; T. M. GAULY, Katholiken; zur CSU: J. KIRCHMANN; D. GRYPA, Zur innerkirchlichen Diskussion; zum Zentrum: U. SCHMIDT; zur SPD: K. KLOTZBACH, SPD und Katholische Kirche; J. ARETZ, Katholizismus und deutsche Sozialdemokratie; T. BREHM.

[42] M. SCHWAB, Kirchlich, kritisch, kämpferisch; M. SCHWAB, Kirche leben.

[43] W. SCHROEDER, Katholische Arbeiterjugend. Im ersten Band werden drei bei Friedhelm Hengsbach SJ entstandene Diplomarbeiten abgedruckt; darunter, ohne Hinweis auf den Ort der Erstpublikation, erneut auch die Qualifikationsarbeit von Thomas Kremer, die bereits an anderem Ort im Druck erschienen ist (vgl. T. KREMER). Im zweiten Band sind die Gruppeninterviews und weiteres Material abgedruckt, auf denen die Ausführungen der Untersuchungen basieren.

[44] F.-K. ENDRES.

[45] Für das Erzbistum Bamberg bis 1949 vgl. W. K. BLESSING, Deutschland in Not; für das Erzbistum München und Freising G. SCHWAIGER, Zusammenbruch und Wiederaufbau.

wurden[46], erschienen erst in den letzten Jahren einzelne Editionen zur Geschichte der katholischen Kirche und des Katholizismus in der Bundesrepublik Deutschland. Sie beschränken sich bis heute weithin auf bereits in der Zeit gedrucktes oder zumindest vervielfältigtes Material, wie etwa die Hirtenbriefe und Ansprachen deutscher Bischöfe zu Gesellschaft und Politik der Jahre 1945 bis 1949[47], die Entschließungen der Katholikentage der Nachkriegszeit und des 1952 gegründeten Zentralkomitees der Deutschen Katholiken[48], zentrale Texte der katholischen Arbeitnehmerbewegung nach 1945[49] oder die Denkschriften der Leitungsgremien des Deutschen Caritasverbands[50]. Für zentrale Aktenbestände, wie etwa die Protokolle der Fuldaer Bischofskonferenz der Nachkriegszeit, fehlen noch heute quellenkritische Editionen, wie sie für die Zeit des Kaiserreichs oder der nationalsozialistischen Herrschaft vorliegen.

Die Geschichte der Arbeiterschaft, ihrer gewerkschaftlichen Vertretung sowie ihrer politischen Organisation gehört heute zu den wenigen intensiver untersuchten Sektoren der Sozialgeschichte der Bundesrepublik, wenn die Publikationen auch noch nicht annährend so zahlreich sind, wie etwa für die Zeit bis 1918[51]. Man kann hier auf eine Vielzahl von Hilfsmitteln zurückgreifen[52], zudem sind bereits zentrale Quellen dieses Themenbereichs ediert[53] und liegen eine Fülle von Spezialuntersuchungen und Gesamtdarstellungen vor[54].

---

[46] A.-F. Utz / J.-F. Groner.
[47] W. Löhr, Hirtenbriefe.
[48] H. Hürten, Katholizismus, staatliche Neuordnung und Demokratie, S. 31–32, 62–69, 79–105, 127–132, 145–149, 157–160, 165–167.
[49] Texte zur katholischen Soziallehre II, S. 1115–1542.
[50] Deutscher Caritasverband.
[51] Vgl. hierzu etwa nur die einschlägigen Bibliographien zur Arbeiterkultur M. Kluck / R. Zimmermann I–II.
[52] So etwa auf unterschiedliche Inventare zur Geschichte der deutschen Arbeiterbewegung (Inventar zu den Nachlässen; Inventar der Stadtstaaten; Inventar der Flächenstaaten); eine Bibliographie regionaler Fest- und Gedenkschriften der deutschen Arbeiterbewegung (C. Stamm) oder eine spezielle Bibliographie zur Geschichte der Gewerkschaften in Bayern (W. Kučera / L. Tietmann).
[53] Hier sind vor allem die in der Reihe Quellen zur Geschichte der deutschen Gewerkschaftsbewegung im 20. Jahrhundert erschienenen Bände für die Jahre von 1945 bis 1949 zu nennen: S. Mielke, Organisatorischer Aufbau; S. Mielke, Gewerkschaften in Politik, Wirtschaft und Gesellschaft; S. Mielke, Gewerkschaften und Angestelltenfrage; W. Dörrich / K. Schönhoven; J. Kaiser.
[54] Vgl. hierzu den Forschungsüberblick in: G. Schildt, S. 63–112.

II. Aufbau der Arbeit

Im Rahmen der Katholizismusforschung hat man sich in den letzten Jahren verstärkt auch mit der katholischen Arbeiterbewegung auseinandergesetzt, doch konzentrierte sich die Forschung auch hier auf die Zeit vor 1945[55]. Die vorliegende Arbeit nun wendet sich der weithin noch unerforschten Zeit nach dem Zweiten Weltkrieg zu, als der Katholizismus »im Aufbruch begriffen« war, als es »zu erobern« galt und nicht mehr wie »ehedem« nur »zu verteidigen«, wie es im Verbandsorgan des Katholischen Werkvolks am Anfang der fünfziger Jahre formuliert wurde[56]. Sie möchte damit einen Beitrag zur Geschichte der katholischen Kirche und des Katholizismus der Nachkriegszeit leisten. Ihr Ziel ist es, am Beispiel der katholischen Arbeitnehmerbewegung Süddeutschlands die Bedeutung der Katholiken als gesellschaftliche und politische Kraft näher zu bestimmen sowie ihren Standort im Spannungsfeld von Kirche und Katholizismus der frühen Bundesrepublik zu lokalisieren.

Um dabei den sich auch nach 1945 fortsetzenden Unterschieden zwischen Süd- und Norddeutschland, Ost- und Westdeutschland sowie der räumlichen Heterogenität der katholischen Arbeiterbewegung gerecht zu werden, wurde bewußt ein regionaler Ansatz gewählt. Auch nach 1945 unterschieden sich der Süddeutsche und der Westdeutsche Verband in ihrem Selbstverständnis und ihrer soziologischen Zusammensetzung gravierend.

Auf die Einbeziehung der evangelischen Arbeiterbewegung wurde im Gegensatz zu den erwähnten Vorgängerstudien verzichtet. Zum einen konstituierte sie sich erst am Ende des gewählten Untersuchungszeitraums, zum anderen war sie auch in der Nachkriegszeit wesentlich schwächer als ihre katholische Entsprechung[57]. Die vorliegende Untersuchung beschäftigt sich so mit den katholischen Organisationen, die auf christlichen Idealen basierend im Freistaat Bayern Lohnabhängige vereinigten, um ihren Glauben zu vertiefen und ihre ökonomische, soziale wie kulturelle Situation zu verbessern. Dies waren vor allem das »Katholische Werkvolk, Süddeutscher Verband Katholischer Arbeitnehmer«, die

---

[55] Vgl. etwa J. Aretz, Arbeiterbewegung und Nationalsozialismus; H. D. Denk; C. Haffer; D.-M. Krenn, Christliche Arbeiterbewegung; P. Keller; D. H. Müller; J. Sand; M. Schneider oder D. Wächter. Unter den wenigen Arbeiten, die sich vor allem mit der Zeit nach 1945 befassen, sind besonders zu erwähnen: M. Nick, W. Schroeder, Katholizismus und Einheitsgewerkschaft, H. Thiesen und L. Unger, Katholische Arbeitnehmerbewegung.

[56] Werkvolk, Nr. 9, September 1951.

[57] Vgl. hierzu generell H. Vokkert, S. 27–63, sowie S. 9–16 (im Anhang); zu den Verhältnissen in Bayern bis 1955 vgl. M. Renner, S. 355–367, 384–386; zu den »institutionell verankerten Instrumentarien sozialpolitischer Willensbildung in der evangelischen Kirche« vgl. H. Noormann, S. 250–251; zum Forschungsstand für den Bereich der evangelischen Diakonie vgl. V. Herrmann / J.-C. Kaiser / T. Strohm, S. 154–158.

»Christliche Arbeiterjugend« (CAJ) und die von Pater Franz Prinz SJ gegründeten »Christlichen Werkgemeinschaften«. Der »Kolping-Gesellenverein« sowie der »Verband Katholischer Kaufmännischer Vereine Deutschlands« (KKV) wurden auf Grund ihrer gemischten Zusammensetzung aus Arbeitnehmern und Arbeitgebern, die Vereine für katholische Hausgehilfinnen sowie für katholische Hotel- und Gasthausangestellte wegen ihrer geringen Mitgliederzahlen nicht berücksichtigt[58]. Neben diesen konfessionell gebundenen Gruppierungen gab es nach 1945 noch drei interkonfessionelle Organisationen, die maßgeblich von der katholischen Arbeiterschaft mitgetragen wurden – die »Arbeitsgemeinschaft christlicher Arbeitnehmerorganisationen«, die erst 1955 wiedergegründeten »Christlichen Gewerkschaften« sowie die »Christlich-soziale Arbeitnehmerschaft«. Auf sie wird hier nur am Rande und im Zusammenhang mit ihrem Verhältnis zum Werkvolk eingegangen.

Das Katholische Werkvolk hingegen, das darauf abzielte, »in alle Lebensbereiche des Arbeitnehmers hineinzuwirken«[59], soll im folgenden nicht nur unter einem bestimmten Aspekt betrachtet, sondern vielmehr, soweit es die Quellenlage erlaubt, in seiner ganzen Breite dargestellt werden. Es soll dabei nicht nur die Intention der Handelnden analysiert[60], sondern auch die konkrete Umsetzung der jeweiligen Maßnahmen untersucht werden. Die Arbeit gliedert sich der Leitfrage entsprechend in drei große Teile. Einleitend wird der Aufbau und die organisatorische Entwicklung des Süddeutschen Verbands geschildert und damit die untersuchte gesellschaftliche Größe, das Katholische Werkvolk, näher vorgestellt. Hierauf folgt die Beschreibung und Analyse der Verbandsarbeit, um zu zeigen, welche Faktoren auf die Mitglieder der katholische Arbeitnehmerbewegung in ihrer »Standesorganisation« einwirkten. Der abschließende Teil widmet sich den Außenbeziehungen des Werkvolks, um so die Bedeutung der katholischen Arbeitnehmerbewegung für das politisch-soziale Handeln der Katholiken im Bayern der fünfziger Jahre zu verdeutlichen. Zugleich soll gezeigt werden, inwieweit das Katholische Werkvolk als Teil des süddeutschen Katholizismus sei-

---

[58] Zur Entwicklung der »Deutschen Kolpingsfamilie« vgl. H. FESTING. KKV, KKF (»Verband Katholischer Kaufmännisch-berufstätiger Frauen«) und St. Lydia (»Verband Katholischer Beamtinnen und Angestellter«) umfaßten im Oktober 1960 etwa 26 000 Mitglieder (20 000 männliche, 6 000 weibliche) in der *gesamten* Bundesrepublik, wobei sich die Mitglieder aus selbständigen Kaufleuten, mithelfenden Familienangehörigen sowie kaufmännischen Angestellten beiderlei Geschlechts zusammensetzten (Anlage der Kommission III zum Tagesordnungspunkt 7 der Fuldaer Bischofskonferenz, 28.–30. August 1962. ABSp BA A-II-39). 1965 umfaßte der KKV allein 14 916 Mitglieder, von denen 1293 aus Bayern kamen, was einem Anteil von 8,8 Prozent an der Gesamtmitgliedschaft entsprach (F.-K. ENDRES, S. 71).

[59] Tätigkeitsbericht Wilma Beringer, 10. Juni 1954 bis 4. Oktober 1958. KAB R Diözesantage.

[60] Wie dies M. NICK für den Westdeutschen Verband der Katholischen Arbeiterbewegung getan hat.

nerseits durch Erwartungen und Interessen anderer gesellschaftlicher Gruppen geprägt wurde.

Um dieses wechselseitige, historisch variable Verhältnis zu veranschaulichen, wurde die katholische Arbeiterbewegung gewählt. Sie stellte zum einen in den fünfziger Jahren eine der mitgliederstärksten Organisationen innerhalb des Verbandskatholizismus Süddeutschlands dar, zum anderen übte gerade die katholische Soziallehre auf die politische Praxis der Nachkriegszeit nachweislich einen beträchtlichen Einfluß aus[61]. Hinzu kommt, daß aus der katholischen Arbeiterbewegung gerade in den frühen Jahren der Bundesrepublik ein beträchtlicher Teil der Mitglieder wie der Funktionsträger der christlichen Parteien rekrutiert wurden[62].

Die durch den Untersuchungsgegenstand und die Fragestellung vorgegebene Verbindung zwischen der Landesgeschichte, der Kirchengeschichte sowie der Sozial- und Wirtschaftsgeschichte schlägt sich im methodischen Vorgehen nieder[63]. Neben der Auswertung umfangreicher Aktenbestände der untersuchten Organisationen war ein Rückgriff auf das Instrumentarium der Sozialgeschichte erforderlich, besonders um die gesellschaftlichen Auswirkungen der Handlungen der jeweiligen Akteure besser fassen zu können[64]. So wurden etwa zur

---

[61] Vgl. etwa R. UERTZ (für die frühe CDU), oder H. G. HOCKERTS, Sozialpolitische Entscheidungen (für den Prozeß der Sozialgesetzgebung).

[62] So waren etwa neun der zehn Bezirksobleute der CSA im Jahre 1962 Mitglieder des katholischen Werkvolks (ACSP CSA 59). Für die CSU allgemein vgl. die von Thomas Schlemmer erstellten Biogramme der CSU-Funktionsträger der frühen Jahre in DIE CSU 1945–1948, S. 1841–1948. Zu einem ähnlichen Befund für Westdeutschland und die CDU gelangt D. BUCHHAAS.

[63] Zu den Möglichkeiten und Grenzen dieser Verbindung sowie den damit zusammenhängenden Veränderungen der Methodik vgl. W. REINHARD. Kirchengeschichte wird hierbei explizit als »nichttheologische« Disziplin verstanden. Zur Diskussion um Kirchengeschichte als »nichttheologische« Disziplin bzw. als »historische Theologie« vgl. R. KOTTJE; V. CONZEMIUS; E. ISERLOH; W. KASPER; zur Kirchengeschichte als theologischer Disziplin auf evangelischer Seite nach 1945 vgl. C. UHLIG; zu den Theorien der Kirchengeschichtsschreibung in der deutschsprachigen evangelischen und katholischen Theologie seit 1945 vgl. auch S. STORCK, der sich jedoch völlig auf die Auseinandersetzungen innerhalb des Faches »Theologie« beschränkt.

[64] Zur methodischen Annäherung der Katholizismusforschung an die Sozialgeschichte, die durch den Wandel des Gegenstandsfeldes bedingt ist, vgl. H. HÜRTEN, Zukunftsperspektiven, bzw. U. ALTERMATT, Bemerkungen; erstmals auch für die Zeit nach 1945 konkret umgesetzt wurde dieser Ansatz für den Schweizer Katholizismus (U. ALTERMATT, Katholizismus und Moderne). Die in jüngster Zeit festzustellende Hinwendung der allgemeinen deutschen Sozialgeschichtsforschung zum Phänomen »Religion« beschränkt sich bisher weitgehend auf die Erforschung der Zeit vor dem Ersten Weltkrieg (vgl. etwa W. SCHIEDER, Religion in der Sozialgeschichte; W. SCHIEDER, Bemerkungen zur Forschungslage). Ähnliche Tendenzen wie in der Katholizismusforschung sind auch auf dem Gebiet der allgemeinen Zeitgeschichte festzustellen, vgl. A. DOERING-MANTEUFFEL, Deutsche Zeitgeschichte, bzw. H. G. HOCKERTS, Zeitgeschichte. Zum expliziten Forschungskonzept der Zeitgeschichte als Sozialgeschichte vgl. P. ERKER, Zeitgeschichte, und M. PRINZ. Zur Bedeutung der Alltagsgeschichte und Mentalitätsgeschichte für »die Lebenswelt der Kirche«, »ihre soziale Realität«

seriellen Auswertung der Verbandsstatistik sowie einer Umfrage über das Vereinsleben aller Werkvolkgemeinschaften Süddeutschlands im Jahr 1956 drei relationale Datenbanken erstellt[65]. An Hand der rund 1600 Werkvolkgemeinschaften während des Untersuchungszeitraums und mit Hilfe von drei Schnitten (1. Januar 1950, 1. Januar 1957, 1. Januar 1964) sowie vier Mitgliedergruppen (männlichen und weiblichen Verbandsmitgliedern, Ehegattenmitgliedern sowie außerordentlichen Mitgliedern) konnte auf diese Weise der Wandel der Mitgliederstruktur des Werkvolks auf der Ebene der Vereine, der Bezirke, der Diözesen wie des Süddeutschen Verbands näher untersucht werden. Soweit möglich, wurden darüber hinaus aus der kirchlichen Statistik die Einwohner- und Katholikenzahlen der etwa 1600 Gemeinden mit einem Ortsverein der katholischen Arbeiterbewegung ermittelt und zu den verbandsinternen Daten in Bezug gesetzt, um so strukturelle Erkenntnisse über die Gründe für die Stärke oder Schwäche einer lokalen Werkvolkgemeinschaft sowie der unterschiedlichen Regionen des Verbands zu gewinnen. Die in der ersten Datenbank gespeicherten statistischen Angaben wurden in einem weiteren Schritt zu einer Datenbank mit Informationen über das gesellschaftliche Engagement der einzelnen Mitglieder sowie einer Datenbank über das Vereinsleben in Bezug gesetzt. Dies ermöglichte festzustellen, inwieweit die normativen Vorgaben der Verbandszentrale in den einzelnen Ortsvereinen auch tatsächlich umgesetzt wurden, und gewährte zudem interessante Aufschlüsse über Zusammenhänge zwischen Vereinsgröße und Vereinsaktivität.

Die vorliegende Untersuchung setzt nach dem Zusammenbruch des Nationalsozialismus mit der Neugründung der katholischen Arbeiterbewegung ein und endet in der ersten Hälfte der sechziger Jahre, als ihr organisatorischer Aufbau und ihre programmatische Entwicklung zu einem gewissen Abschluß gelangte[66].

---

vgl. H. HÜRTEN, Alltagsgeschichte, der betont, daß gerade die »Rückbindung« der Erforschung des Lebens- und Erfahrungshorizonts, der Lebenswelt des Christen an die »Makroeinheit« Kirche den Gegensatz zwischen »Mikrohistorie versus Makrohistorie« verhindert, somit die »Mikrohistorie als erkenntnisförderndes Element von Makrohistorie« nützt. Zur Operationalisierung der Anregungen Hürtens für das Forschungsgebiet des katholischen Milieus vgl. ARBEITSKREIS FÜR KIRCHLICHE ZEITGESCHICHTE; zur methodischen Diskussion innerhalb der evangelischen Zeitgeschichtsforschung vgl. J. MEHLHAUSEN; M. GRESCHAT, Bedeutung der Sozialgeschichte; M. GRESCHAT, Weder Neuanfang noch Restauration; zur methodischen Diskussion in der als kirchliche Zeitgeschichte verstandenen Disziplin vgl. die Beiträge in KIRCHLICHE ZEITGESCHICHTE (KZG) 5 (1992) sowie in A. DOERING-MANTEUFFEL / K. NOWAK; zum neuen Begriff einer »Landeszeitgeschichte« vgl. H. KÜPPERS.

[65] Ein Musterbeispiel des Originalfragebogens findet sich in: KAB VZ, Handakte Letschert.

[66] Neben den Enzykliken »Mater et Magistra« (1961) sowie »Pacem in terris« (1963) sind hier die Grundsatzerklärung des Katholischen Werkvolks (1964) sowie die Gesellschaftspolitische Grundsatzerklärung der KAB Westdeutschlands (1964) zu nennen, die in Abgrenzung zum DGB-Grundsatzprogramm von 1963 die päpstlichen Anregungen aufnahmen.

II. Aufbau der Arbeit

Hinzu kommt, daß sich zu diesem Zeitpunkt sowohl innerkirchlich wie gesellschaftlich und politisch gravierende Umbrüche abzeichneten[67].

Während des Untersuchungszeitraums ging in Bayern zum einen durch die Ansiedlung zahlreicher Heimatvertriebener und Flüchtlinge die relative Geschlossenheit der konfessionellen Siedlungsräume verloren[68], zum anderen wurden in diesen Jahren die Grundlagen dafür gelegt, daß sich Bayern in den sechziger und siebziger Jahren von einem stark agrarisch geprägten Land zu einem modernen Industriestaat mit einer entsprechenden Bevölkerungsstruktur entwickelte[69]. Zwar deuteten sich letztere Tendenzen am Ende der vierziger Jahre erst an, doch trugen fast alle untersuchten Organisationen des süddeutschen Raumes – im Gegensatz zu den Verbänden der katholischen Arbeiterbewegung Westdeutschlands – bereits bei ihrer Wiedergründung dem bevorstehenden Wandel Rechnung, indem sie sich nicht mehr wie vor dem Zweiten Weltkrieg Namen in Verbindung mit dem Begriff »Arbeiter« gaben, sondern sich als »Arbeitnehmer«-Organisationen bezeichneten und so an ein umfassendes Verständnis des Arbeiterbegriffes anknüpften[70]. »Arbeiter« wie »Arbeitnehmer« waren aus süddeutscher Sicht Synonyme für die Gesamtheit der unselbständig Tätigen, für Lohnabhängige jeder Art[71].

---

[67] Zur Bedeutung des Zweiten Vatikanums als kirchengeschichtlichem Einschnitt vgl. H. HÜRTEN, Kurze Geschichte, S. 255–257; H. HÜRTEN, Zum historischen Ort, S. 17–20; F. X. KAUFMANN; zum Problem der Periodisierung der Geschichte der Bundesrepublik vgl. H. G. HOCKERTS, Das Ende der Ära Adenauer; hier auch weiterführende Literatur. Zur besonderen Rolle der fünfziger Jahre als Epochenzäsur sei auf H.-P. SCHWARZ, Fünfziger Jahre, verwiesen.

[68] Vgl. hierzu die zeitgenössischen Studien A. KINDERMANN; W. MENGES, Wandel und Auflösung; W. MENGES, Nach der großen Wanderung, S. 125–126; intensiver sind die Folgen dieser demographischen Verschiebungen bisher nur für das Bistum Bamberg untersucht, vgl. W. K. BLESSING, Deutschland in Not, S. 82–95.

[69] W. ZORN, Gewerbe, S. 831–845; H.-D. GESCH; K. SCHREYER; P. ERKER, Keine Sehnsucht; A. EICHMÜLLER.

[70] Die CAJ, die Christliche Arbeiterjugend, wich wohl deshalb von dieser Regel ab, weil sie als Teil einer weltumspannenden, bereits vor dem Zweiten Weltkrieg gegründeten Bewegung deren Namen in Übersetzung übernahm. Ein weiterer Grund für die Wahl des Begriffes »Arbeiter« dürfte die Anlehnung an die Begrifflichkeit des Westdeutschen Verbandes der Katholischen »Arbeiter«-Bewegung gewesen sein. Die Entscheidung für den Namen »Christliche« Arbeiterjugend und nicht wie in Österreich KAJ (Katholische Arbeiterjugend) fiel in einem Gespräch zwischen Pater Johannes Leppich, Prälat Ludwig Wolker und Kardinal Frings, dem vom Heiligen Stuhl eingesetzten Protektor der CAJ in Deutschland. Vgl. S. 246–247.

[71] Rektor Alfred Berchtold, der Leiter des katholischen Sozialinstituts des Süddeutschen Verbands und somit *der* Theoretiker der katholischen Arbeiterbewegung in Bayern nach dem Zweiten Weltkrieg, definierte den Begriff »Arbeiter« in der verbandsinternen Begriffsdiskussion als »denjenigen, der im beruflichen Leben vorwiegend eine ausführende Funktion hat« (Protokoll der Delegiertentagung Verbandstag Mannheim. KAB VZ 43a / Verbandstag Mannheim 1955). Für den ersten Augsburger Diözesanpräses der Nachkriegszeit wiederum, Josef Stangl, umfaßte der Begriff »Arbeiter« im weiteren Sinn »Arbeiter, Angestellte, Handwerker, Landwirte, Geschäftsleute und Beamte« (Bericht

III. Quellenlage

Die Hauptquelle der vorliegenden Untersuchung stellt das interne Schriftgut der untersuchten Organisationen dar, das sich teilweise in beträchtlichem Ausmaß, teilweise aber auch nur sehr bruchstückhaft erhalten hat.[72] Generell wurde das besondere Augenmerk auf die Suche nach realitätsbezogenen Quellen gelegt, um so die Angaben in der Verbandspublizistik, die zumeist stark normativen Charakter besaßen, korrekt einordnen zu können.

Die Protokolle der offiziellen Führungsgremien des Katholischen Werkvolks, des Süddeutschen Verbands der Katholischen Arbeitnehmerbewegung, der Verbandsleitung, des Verbandsausschusses sowie des Verbandstages haben sich nahezu vollständig erhalten. Doch handelt es sich dabei in der Regel um Ergebnisprotokolle. Zum Teil konnte aber der tatsächliche Verlauf der internen Diskussionen mit Hilfe von Tonbandmitschnitten einzelner Sitzungen ermittelt werden. Protokolle des Geschäftsführenden Verbandsvorstands waren im Gegensatz zur hervorragenden Überlieferungssituation bei den anderen Verbandsgremien nicht aufzufinden. Bei den Treffen der Diözesanpräsides wiederum, auf denen alle wichtigen Entscheidungen für die Geschichte des Verbands nach 1945 fielen, wurde auf Wunsch des Verbandspräses Anton Maier bewußt kein Protokoll geführt[73]. Hier haben sich nur einige stenographische Notizen und Gedächtnisprotokolle einzelner Teilnehmer erhalten.

Besonders aufschlußreiche Einblicke in die unterschiedliche Entwicklung des Katholischen Werkvolks in den verschiedenen Bistümern Süddeutschlands geben neben den Beständen der Führungsgremien der jeweiligen Diözesanverbände vor allem deren Jahresberichte an die Verbandsleitung. Da die Sekretäre des Katholischen Werkvolks zudem verpflichtet waren, in schriftlicher Form monatlich Bericht über ihre Tätigkeit abzulegen, zum Teil in vorgegebenen Formularen[74], haben sich selbst für die unterste Ebene hauptamtlicher Tätigkeit serielle Quellen erhalten.

Neben diesen zentralen Beständen wurde in die vorliegende Arbeit aber eine Fülle weiterer allgemeiner Bestände aller Ebenen des Verbandslebens mit einbezogen. Besonders aufschlußreich hierbei war neben den Rundschreiben der Verbandszentrale und der Diözesanverbände der allgemeine Schriftwechsel zwi-

---

des Diözesanverbands der katholischen Arbeiter- und Arbeiterinnenvereine der Diözese Augsburg, 15. Januar 1947. KAB VZ Diözesanverband Augsburg bis 1964).

[72] Da das äußerst disparate Material zudem meist nicht erschlossen ist, konnte oft nur die Registraturbezeichnung eines Aktenfaszikels als Beleg angeführt werden und keine Archivsignatur.

[73] Anton Maier, 10. August 1992.

[74] So etwa in der Erzdiözese Freiburg. Dienstordnung für die Sekretäre des Katholischen Werkvolks der Erzdiözese Freiburg, 21. Dezember 1961. EAF 56.64, Vol. 5, 1962–1964.

schen den verschiedenen hauptamtlichen Beschäftigten. Leider haben sich beide Quellengattungen je nach Region und Untersuchungsjahr höchst unterschiedlich erhalten.

An seriellen statistischen Quellen konnte auf die Mitgliederstatistik des Süddeutschen Verbands zurückgegriffen werden. Sie hat sich im Gegensatz zu den namentlichen Mitgliederlisten des Verbands, die nur sehr unvollständig überliefert sind, komplett erhalten. Interne statistische Umfragen über Mitgliederzahl und -struktur, die Versammlungstätigkeit und die Tätigkeit der Werkvolkmitglieder im öffentlichen Leben sind leider weitgehend verloren gegangen und nur noch bruchstückhaft greifbar oder rekonstruierbar. Eine Ausnahme hiervon stellt eine bereits erwähnte Befragung aller Werkvolkgemeinschaften aus dem Jahre 1956, dem Jahr der Wiedergründung der Christlichen Gewerkschaften, dar, die ausgesprochen interessante Rückschlüsse auf das tatsächliche Leben einer Werkvolkgemeinschaft, über die durch das Vereinsprogramm vermittelten Inhalte sowie über die Bedeutung der Werkvolkmitglieder im öffentlichen Leben zuläßt. Die Umfrageergebnisse werden sowohl im Abschnitt zur Mitgliederstruktur wie auch im Kapitel über das Leben einer Werkvolkgemeinschaft ausgewertet.

Generell ermöglicht der sehr umfangreiche Aktenbestand der Verbandszentrale nicht nur für die Geschichte des Katholischen Werkvolks auf Landesebene, sondern auch in den unterschiedlichen Bistümern Bayerns vielfältige Erkenntnisse. Doch ist wohl gerade seine Erschließung noch eine Frage von Jahren.

Unter den Diözesanverbänden des Süddeutschen Verbands besitzt der Verband der Erzdiözese Bamberg das umfassendste Quellenmaterial[75]; vom Umfang und inhaltlichen Gewicht der erhaltenen Archivalien her folgen ihm der Augsburger und der Passauer Diözesanverband. Im Besitz der KAB der Bistümer Speyer, Regensburg und Würzburg befinden sich für den untersuchten Zeitraum leider nur noch sehr wenige Akten. Das ist um so mehr zu bedauern, als gerade diese Diözesanverbände in jener Zeit eine besonders wichtige Rolle innerhalb des Verbands gespielt haben: Würzburg als der in der Mitgliederentwicklung erfolgreichste Diözesanverband des gesamten Untersuchungsgebietes, Regensburg als programmatischer Kontrapunkt zur Verbandszentrale in München und Speyer als Musterbeispiel der auf bischöfliche Weisung erfolgten Organisation nach Naturständen. Die Diözesanverbände Eichstätt, Freiburg und München besitzen aus der Zeit vor 1963 kein Aktenmaterial mehr[76]. Die ausgesprochen

---

75 Erschöpfend ausgewertet durch L. UNGER, Katholische Arbeitnehmerbewegung.
76 Auskunft von Diözesansekretär Helmut Kuntscher (Eichstätt), 25. Februar 1993, Diözesansekretär Bernhard Trautmann (Freiburg), 14. Oktober 1992, und Frau Ulrike Mintz im Auftrag von Diözesansekretär Ägidius Weinzierl (München), 14. März 1994. Für Eichstätt haben sich aber zumindest einige der vervielfältigten Mitteilungsblätter der CAJ (DER FUNKER, ab 1960) und des Werkvolks (KONTAKT, ab 1956) erhalten, das restliche Material ging bei zwei Umzügen des Diözesansekreta-

umfangreichen Aktenbestände des KAB-Landesverbandes Rottenburg/Stuttgart wurden nur am Rande miteinbezogen, da dieser eine eigenständige Einheit neben dem Süddeutschen und dem Westdeutschen Verband bildete.

Für die Darstellung und Analyse der Arbeit der CAJ, die als Nachwuchsorganisation des Katholischen Werkvolks in die Betrachtung miteinbezogen wurde, ist die Aktenlage auf seiten der Organisation selbst durchwegs ausgesprochen schlecht. Im Münchener Landessekretariat der CAJ haben sich keinerlei Aktenbestände aus dem gewählten Untersuchungszeitraum erhalten[77]. Ebenso verhält es sich bei den einzelnen diözesanen Untergliederungen. Einzig in der Zentrale der CAJ in Essen befinden sich noch einige Akten, die Bezug zum süddeutschen Raum haben. Zu dieser schlechten verbandsinternen Überlieferungssituation, die wohl auch ein Spezifikum einer Jugendbewegung ist, kommt hinzu, daß die noch erhaltenen Akten nicht besonders aussagekräftig sind.

Die Überlieferungssituation bezüglich der Werkgemeinschaften Christlicher Arbeitnehmer, die ab 1955 offiziell mit dem Süddeutschen Verband verbunden waren, ist noch schlechter. So wurden etwa weder durch die Zentrale der Werkgemeinschaften in München, noch durch einzelne Gruppen Mitgliederlisten geführt[78]. Da die Konzeption der Christlichen Werkgemeinschaften zudem auf der freien Mitarbeit von häufig wechselnden Personen beruhte, fanden deren Aktivitäten nur äußerst selten schriftlichen Niederschlag bzw. gingen die entsprechenden Unterlagen häufig verloren. So stützt sich die Darstellung der Entwicklung der Werkgemeinschaften Christlicher Arbeitnehmer vor allem auf die Publizistik, soweit nicht auf Material aus dem Bestand ihres langjährigen Leiters, Pater Franz Prinz, im Archiv der Oberdeutschen Provinz der Jesuiten oder auf Teilüberlieferungen in anderen Archiven zurückgriffen werden konnte.

Die kirchlichen Archive stellten zum Teil sehr aufschlußreiche Akten zur Verfügung, doch war deren Umfang zumeist gering, soweit das Verbandsschrifttum nicht als Depositum im entsprechenden Diözesanarchiv verwahrt wird. Für die unmittelbare Nachkriegszeit fand sich in allen süddeutschen Bistumsarchiven Unterlagen zum katholischen Werkvolk. Die christliche Arbeiterbewegung der

---

riats verloren. Daß für Freiburg kaum Material vorhanden ist, liegt zumindest für die Frühzeit am späten Zeitpunkt der Gründung des Diözesanverbands 1953. In München sind die Gründe hierfür wohl darin zu suchen, daß der dortige Diözesanverband erst seit 1956 einen eigenen hauptamtlichen Diözesanpräses erhielt und auch ansonsten personell eng mit der Zentrale des Süddeutschen Verbands verbunden war.

[77] Die erst Ende 1999 beim Umzug des Landessekretariats aufgefundenen Archivalien konnten für die Drucklegung der Arbeit nicht mehr berücksichtigt werden.

[78] Dies wurde sogar in der Vereinbarung über die Zusammenarbeit der Werkgemeinschaften Christlicher Arbeitnehmer mit dem Süddeutschen Verband ausdrücklich festgeschrieben. Protokoll der Delegiertentagung des Verbandstags Mannheim. KAB VZ 43a / Verbandstag Mannheim. Abgedruckt in WERKVOLK, Nr. 7, Juli 1955.

III. Quellenlage

fünfziger und sechziger Jahre hingegen hat sich zumeist noch nicht in den kirchlichen Archiven niedergeschlagen, was auch damit zusammenhängt, daß das einschlägige Material sich noch bei den zuständigen Dienststellen im Geschäftsgang befindet und deshalb nicht zugänglich ist. Dies war ein Grundproblem der vorliegenden Untersuchung[79], ebenso wie die archivrechtliche Gratwanderung bei der Nutzung der fast ausschließlich noch den gesetzlichen Sperrfristen oder personenschutzrechtlichen Nutzungseinschränkungen unterliegenden Bestände[80].

Im Archiv für Christlich-Soziale Politik der Hanns-Seidel-Stiftung konnte an Hand der Akten der Christlich-Sozialen Arbeitnehmerschaft (CSA) nachgezeichnet werden, welche zentrale Rolle das Katholische Werkvolk in dieser Arbeitsgemeinschaft der Christlich-Sozialen Union der fünfziger und sechziger Jahre spielte. Vom Archiv für Christlich-Demokratische Politik der Konrad-Adenauer-Stiftung in St. Augustin sowie vom Christlichen Gewerkschaftsbund, Landessekretariat Bayern, wurde mir im Rahmen meiner Recherchen mitgeteilt, daß sich dort keinerlei Material zur Geschichte der katholischen Arbeiterbewegung Süddeutschlands erhalten habe. Im Archiv der sozialen Demokratie der Friedrich-Ebert-Stiftung hingegen war es möglich, Einblicke in die Wahrnehmung der katholischen Arbeiterbewegung durch ihren politischen Gegner zu gewinnen.

Staatliche und städtische Archivbestände waren für den untersuchten Zeitraum unergiebig[81]. Eine Ausnahme hiervon stellte einzig der OMGBy-Bestand im Bayerischen Hauptstaatsarchiv dar. Durch ihn konnten einige Fragen der unmittelbaren Nachkriegszeit geklärt werden[82].

Während auf eine systematische Auswertung der allgemeinen Tagespresse verzichtet wurde, fand das Schriftum der christlichen Arbeiterbewegung und ihrer sozialistischen Konkurrenz ebenso wie die sonstige konfessionelle Publizistik gebührende Berücksichtigung. Besonders ergiebig waren hierbei vor allem die Verbandsorgane der untersuchten Organisationen (Werkvolk, Werkvolk-

---

[79] Zur Öffnung der kirchlichen Archive für die Zeitgeschichtsforschung vgl. U. HELBACH sowie U. v. HEHL, Probleme.

[80] Zur archivrechtlichen Problematik und der zum Teil ausgesprochen emotional geführten Diskussion zwischen Archivaren und Zeithistorikern, die dem Bearbeiter dank des Wohlwollens der Leiter der besuchten Archive fast durchwegs erspart geblieben ist, vgl. H. BANNASCH, vor allem S. 79–95 und 107–133.

[81] Eine Anfrage bei allen bayerischen Staatsarchiven etwa ergab, daß sich in ihren Beständen nur marginales Material im Zusammenhang mit der Vereinslizensierung in der unmittelbaren Nachkriegszeit befindet.

[82] Zur Überlieferungsgeschichte der amerikanischen Unterlagen vgl. J.J. HASTINGS; J. WETZEL; J. HENKE; H. WEISS; S. WENISCH und U. WINKEL, Akten. Zur Problematik der OMGUS-Papers – denen auch der OMGBy-Bestand zuzurechnen ist – und ihrem Quellenwert für die Geschichte der Kirchen in der deutschen Nachkriegszeit vgl. generell H. HÜRTEN, Kirchen und amerikanische Besatzungsmacht.

Führung, Werkvolk-Präsides, Priester und Arbeiter, Ketteler-Wacht). Die so aus den Quellen erarbeiteten Ergebnisse wurden abschließend anhand einer Reihe von Gesprächen mit ausgewählten Zeitzeugen nochmals überprüft.

B. ENTWICKLUNG UND STRUKTUR DES SÜDDEUTSCHEN VERBANDS

I. WIEDERGRÜNDUNG UND NEUANFANG

Bereits unmittelbar nach dem Ende des Zweiten Weltkriegs setzten in Bayern auf lokaler Ebene Bestrebungen ein, die zum 1. Juli 1939 verbotenen katholischen Arbeitervereine wieder ins Leben zu rufen[1]. Hierbei war die »Sterbegeld-Vereinigung München 1917« von entscheidender Bedeutung, da sie über die Zeit des Verbotes hinweg den Zusammenhalt ehemaliger Verbandsmitglieder aufrecht erhalten hatte. Sie stellte aus Sicht der Verantwortlichen »einen angenehmen Grundstock« für den Wiederaufbau einer katholischen Arbeiterbewegung in Süddeutschland dar[2].

Mit der Verbandsreform von 1917/18 war für jedes Mitglied des Süddeutschen Verbands katholischer Arbeitervereine eine Sterbeversicherung obligatorisch geworden[3]. Die aus den Beiträgen der Mitglieder finanzierte Verbandssterbekasse war von der Leitung des Süddeutschen Verbands zum 1. Dezember 1937 organisatorisch vom Verband getrennt worden. So konnten auch nach dem Verbot des Süddeutschen Verbands 1939 diejenigen Mitglieder mit Rundschreiben und dem »Ketteler-Feuer«, der Nachfolgezeitschrift des alten Verbandsorgans, versorgt werden, die bereit waren, die nunmehr freiwilligen Zahlungen für ihre Sterbeversicherung zu begleichen[4]. Die über das Land verteilten katholischen Arbeitervereine wurden in Obmannschaften der Sterbegeldvereinigung umgewandelt[5],

---

[1] Zur schrittweisen Zerschlagung der katholischen Arbeiterbewegung in Süddeutschland nach 1933 vgl. WERKVOLK, Nr. 1, Januar 1948; D.-M. KRENN, Christliche Arbeiterbewegung, S. 300–306; J. ARETZ, Arbeiterbewegung und Nationalsozialismus. ARETZ untersucht zwar den Westdeutschen Verband, doch bezieht er in seiner fundierten und detaillierten Studie häufig auch den Süddeutschen Verband mit ein. An regionalen Studien sind in diesem Zusammenhang zu nennen: G. HETZER, S. 225–233, für die Stadt Augsburg; M. MÖHRING, S. 89–106, und M. A. PANZER, passim, für die Diözese Augsburg; L. UNGER, Katholische Arbeitnehmerbewegung, S. 39–44 bzw. 47–49, für die Erzdiözese Bamberg; M. AMMICH, S. 155–166, für die Diözese Regensburg.

[2] Josef Schinner an Josef Deckert, 15. Juli 1946. KAB VZ G III / Schweinfurt 1947–1954.

[3] D.-M. KRENN, Christliche Arbeiterbewegung, S. 25.

[4] Dies gelang bis in die Endphase des Zweiten Weltkriegs. So versandte die Verbandszentrale etwa an alle Obmannschaften, die von Fliegerangriffen besonders stark betroffen waren, ein spezielles Zirkular mit entsprechenden Richtlinien. Josef Schinner an Josef Maier, 30. November 1944. KAB VZ G II / Aschaffenburg 1944–1964.

[5] Die Geschäftsordnung der Sterbegeld-Vereinigung 1917 hat sich leider nicht erhalten, so daß zu ihrer Organisationsstruktur keine exakten Aussagen möglich sind. Zitate aus der Geschäftsordnung, die sich innerhalb des zeitgenössischen Schriftwechsels erhalten haben, belegen aber, daß man seitens

die als »Deckmantel« dienten, um den Zusammenhalt der Mitglieder auch weiter zu gewährleisten, und tatsächlich die Zahl der Austritte aus den Vereinen verschwindend gering hielten[6]. Wie wichtig der überregionale organisatorische Zusammenhang in der Auseinandersetzung mit dem Nationalsozialismus war, belegt etwa der Befund, daß sich im Bistum Augsburg bis Februar 1935 zwar keiner der katholischen Arbeiter- und Arbeiterinnenvereine des Süddeutschen Verbands, aber 24 der 58 lokalen katholischen Arbeitervereine auflösten. Die Zahl der lokalen weiblichen Vereine verringerte sich im selben Zeitraum von 19 auf 17[7]. Leopold Schwarz, der seit 1934 Präses des Süddeutschen Verbands gewesen war, wurde nach dem Verbot der katholischen Arbeitervereine zum Leiter der vom Münchener Ordinariat getragenen »Seelsorgestelle für das schaffende Volk«. Sie hatte wie vordem der Süddeutsche Verband ihren Sitz im sogenannten »Leohaus« (= Hauptstelle katholisch-sozialer Vereine in München), und war die organisatorische Mitte der katholischen Arbeiterbewegung in Süddeutschland[8]. Zum Teil konnten sogar ehemalige Diözesansekretäre als »Bezirksleiter« ihre Tätigkeit für die katholische Arbeiterbewegung fortsetzen[9].

Während sich nach dem Ende des Nationalsozialismus überall im Land die Mitglieder der Sterbegeldvereinigung trafen und die einzelnen ehemaligen Arbeitervereine wieder neu belebten[10], bildete sich in München um Leopold Schwarz und Rudolf Schwarzer, der als Vorsitzender des Süddeutschen Verbands von 1926 bis 1939 der katholischen Arbeiterbewegung in Bayern vorgestanden hatte[11], mit Wissen und Segen von Kardinal Faulhaber ein informeller Kreis. Er bemühte sich, die Vorbehalte der Militärregierung gegenüber dem Wiederaufleben der ihnen

---

der Verbandszentrale auch in der Zeit nach dem 1. Dezember 1937 ausgesprochenen Wert auf die Aufrechterhaltung der Verbandsstruktur legte. Vgl. etwa Josef Schinner an Josef Maier, 25. März 1940. KAB VZ G II / Aschaffenburg 1944–1964.

[6] So die Bewertung des Augsburger Diözesanpräses Ludwig Stangl. Bericht über das Katholische Werkvolk der Diözese Augsburg, 25. Juni 1950. ABA DB-28.

[7] Verzeichnis der katholischen Arbeiter- und Arbeiterinnenvereine der Diözese Augsburg, 4. Februar 1935. ABA DB-30.

[8] D.-M. KRENN, Christliche Arbeiterbewegung, S. 212–213.

[9] So etwa Paul Strenkert vom 1. März 1940 bis 30. August 1940. Lebenslauf Paul Strenkert, 15. November 1946. KAB A Kart. 4.

[10] Teilweise wurden selbst die Protokollbücher aus der Zeit vor dem Verbot fortgesetzt. Vgl. etwa das Protokollbuch des Katholischen Arbeiterinnenvereins von Kempten (KAB A: Letzter Eintrag aus der Zeit des Nationalsozialismus 25. September 1938, S. 54–55, erster Eintrag der Nachkriegszeit 2. März 1947, S. 56–57) oder das Protokollbuch des Arbeitervereins von Bamberg (KAB B: Letzter Eintrag aus der Zeit des Nationalsozialismus 22. Januar 1939, S. 124–129, erster Eintrag der Nachkriegszeit 19. Mai 1946, S. 130).

[11] D.-M. KRENN, Christliche Arbeiterbewegung, S. 111.

unbekannten katholischen Arbeitervereine und gegen die Wiedergründung des Süddeutschen Verbands zu überwinden[12].

Die Notwendigkeit, eine starke katholische Arbeitnehmerbewegung zu formieren, wurde im Sommer 1945 noch dadurch verstärkt, daß die amerikanische Militärregierung die Gründung der gewerkschaftlichen Vorformen von »Arbeiterorganisationen« auf lokaler Ebene gestattete[13]. Bereits im März 1945 hatte Papst Pius XII. angesichts der Gründung der Einheitsgewerkschaft in Italien betont, welch »bedeutungsvolle Pflichten der Anregung, der Wachsamkeit, der Vorbereitung und Vervollkommnung [...] auf dem Gebiete der Gewerkschaftsbewegung« der katholischen Arbeiterbewegung zukomme[14]. Sie sollte der Gefährdung der Katholiken durch die gemeinschaftliche Organisation von Katholiken und Nicht-Katholiken, gar Sozialisten, in einer Einheitsgewerkschaft vorbeugen; sie sollte dafür sorgen, »daß diejenigen, die katholisch sind, nicht abirren von den Vorschriften« der katholischen Gesellschaftslehre, welche »aus dem Evangelium und dem Naturrecht geschöpft« sind[15]. Dementsprechend erachtete man es auch in Deutschland für notwendig, »im Interesse der katholischen Sache besser all dem zuvorzukommen«, um durch die Gründung von katholischen Arbeiterorganisationen die »kirchliche, religiöse Betreuung« der katholischen Arbeitnehmer angesichts der entstehenden Einheitsgewerkschaft sicherzustellen[16].

Im Herbst 1945 wurde in München nach eingehenden Beratungen über Konzeption und Gestalt einer neuen katholischen Arbeiterbewegung eine provisorische Verbandsleitung gebildet. Leopold Schwarz und Rudolf Schwarzer fungierten hierbei als Verbandspräses und Verbandsvorsitzender. Die Geschäftsstelle der Sterbegeldvereinigung wurde zur Geschäftsstelle des Süddeutschen Verbands erklärt, unter Beibehaltung des alten Geschäftsführers Josef Schinner[17]. Unterstützt wurde dieser durch Henriette Bengl, Hannes Mayr und Hannes Mayerhofer[18]. Von München aus wurde die lokale Arbeit, der auch von der Verbandszentrale gewünschte Aufbau der katholischen Arbeiterbewegung von unten

---

[12] WERKVOLK, Nr. 1, Januar 1948.
[13] Zu den Direktiven der Militärregierung über die Gestalt der Betriebsräte und den Aufbau der Gewerkschaften vom 7. Juli, 1. und 18. August vgl. M. FICHTER, S. 146–150.
[14] Papst Pius XII. an die Delegierten der italienischen christlichen Arbeitervereine, 11. März 1945. Zitiert nach SOZIALES ABC, Heft 1, S. 75.
[15] Papst Pius XII. an die deutschen Bischöfe, 1. November 1945. Druck: A.-F. UTZ / J.-F. GRONER, S. 1458–1462, hier 1460.
[16] Ludwig Stangl an das Bischöfliche Ordinariat Augsburg, 24. Juli 1945. KAB A Diözesanverband Augsburg 1945–1964.
[17] Zu seiner Person vgl. WERKVOLK, Nr. 8, August 1951.
[18] Hannes Mayr wurde erst im Sommer 1946 als neuer Verbandssekretär eingestellt. Josef Schinner an Josef Deckert, 15. Juli 1946. KAB VZ G III / Schweinfurt 1947–1954.

nach oben[19], in ganz Bayern koordiniert[20]. Diesem Ziel diente auch das erste Nachkriegs-Rundschreiben von Mitte September 1945, das als Verbandsnamen »wie ehedem« noch »Verband süddeutscher katholischer Arbeiter- und Arbeiterinnenvereine« propagierte[21]. Ab 1. Januar 1946 meldeten dann die Obmannschaften der Sterbegeldvereinigung 1917 bzw. der wiedergegründeten Arbeitervereine ihren Mitgliederstand wieder regelmäßig an die Zentrale[22].

Nachdem der Verbandspräses ab Mitte Oktober 1945 seinen Wohnsitz wieder in München genommen hatte[23], entwickelte man in der Verbandszentrale für die Organisationsstruktur der katholischen Arbeiterbewegung eine neue Konzeption, die sich weitgehend von den überkommenen Vorstellungen löste[24].

Anfang November unternahm Leopold Schwarz eine erste Rundreise durch alle süddeutschen Bischofsstädte, um bei den Fachreferenten der Ordinariate für die Arbeiterseelsorge und den Generalvikaren persönlich vorzusprechen[25]. Er wollte die allgemeine, auf den Vorkommnissen im Leohaus und seinem finanziellen Zusammenbruch im Frühjahr 1933[26] beruhende, starke »Voreingenommenheit der bischöflichen Ordinariate gegen eine künftige katholische Arbeiterbewegung« und die »Zurückhaltung [...] der Bischöfe« beseitigen und für die Idee einer neuen, die Naturstände und die enge berufsständische Trennung überwindenden Organisation der Arbeitnehmer werben[27]. Diese Bemühungen wurden verbandsintern durch ein erneutes Rundschreiben des Verbandspräses an alle Pfarrämter sowie an alle Stellen des Süddeutschen Verbandsgebietes, die mit der Arbeiter- und Arbeiterinnenbewegung sowie den Hausangestellten-Vereinen in Verbindung standen, flankiert. Darin versuchte man, die lokalen Repräsentanten der katholischen Arbeiterbewegung für die neue Verbandskonzeption zu gewinnen[28].

---

[19] Josef Schinner an Josef Maier, 24. September 1945. KAB VZ G II / Aschaffenburg 1944–1964.
[20] R. SCHWARZER, Das Werkvolk an der Arbeit, in: PROBENUMMER WERKVOLK. DA EI OA Werkvolk.
[21] Das Rundschreiben hat sich leider nicht erhalten. Vgl. hierzu aber das Begleitschreiben Josef Schinner an Josef Maier, 19. September 1945. KAB VZ G II / Aschaffenburg 1944–1964.
[22] Josef Schinner an Josef Maier, 28. Januar 1946. KAB VZ G II / Aschaffenburg 1944–1964.
[23] Josef Schinner an Josef Maier, 24. September 1945. KAB VZ G II / Aschaffenburg 1944–1964. Bei Kriegsende hielt sich Leopold Schwarz in seinem Geburtsort Zusmarshausen auf. Vgl. PRIESTER UNTER HITLERS TERROR, S. 979.
[24] Vgl. S. 42–44.
[25] Empfehlungsschreiben des Erzbischofs von München für Leopold Schwarz, 1. November 1945. KFA 6506.
[26] Vgl. D.-M. KRENN, Christliche Arbeiterbewegung, S. 346–355.
[27] Josef Maier an Josef Schinner, 30. September 1946. KAB VZ G II / Aschaffenburg 1944–1964.
[28] Rundschreiben Leopold Schwarz an die Obmänner und Kassierer mit Anlage: Schreiben an die

I. Wiedergründung und Neuanfang

Im Februar 1946 war der durch die Münchener Zentrale betriebene organisatorische Aufbau so weit gediehen, daß dem neuen Rundschreiben bereits einiges von der Verbandszentrale erstelltes Informations- und Werbematerial beigegeben werden konnte[29]. Damit wollte die Verbandszentrale die lokalen Bestrebungen zur Wiedergründung von Arbeitervereinen unterstützen[30], zugleich aber auch auf Grund eines einheitlichen Aktionsprogramms die Entwicklung inhaltlich im Sinne der neuen Verbandskonzeption steuern. Denn mittlerweile bemühte man sich in den einzelnen Bistümern nicht mehr nur um die Aktivierung der alten Mitglieder des Süddeutschen Verbands, sondern wollte bereits neue Mitglieder gewinnen, denen die Inhalte und Ziele der katholischen Arbeiterbewegung erst nahegebracht werden mußten.

Der Verbandszentrale gelang es zwar inhaltlich normierend zu wirken, doch ging man bei der Mitgliederwerbung auf diözesaner Ebene regional unterschiedliche Wege. So schrieb etwa das Diözesansekretariat Bamberg ungefähr 1800 Arbeiter und Arbeiterinnen direkt an und besuchte jeden Einzelnen persönlich, bevor man alle zu einer ersten Versammlung einlud. In Augsburg hingegen versuchte man die Arbeiter in Männerversammlungen zu erfassen, bevor man persönlich für die Idee der katholischen Arbeiterbewegung warb. In München wiederum wurde jeweils von der Kanzel während des Gemeindegottesdienstes auf die Werbeversammlung des Katholischen Werkvolks hingewiesen, darüber hinaus wurden Einladungsplakate an den Kirchentüren befestigt und Flugblätter verteilt[31]. Im Bistum Würzburg verband man schließlich den Weg der »öffentlichen Pfarrversammlung« mit dem der »Hausagitation«[32]. Doch trugen die Bemühungen des Werkvolks allgemein nur »überall dort« Früchte, »wo der Pfarrherr die Situation der Zeit klar« erkannte[33].

Freunde und Förderer der Seelsorge am schaffenden Volk. KAB A Kart. 5. Druck: D.-M. KRENN / R. LETSCHERT, S. 36.

[29] Josef Schinner an Paul Strenkert, 18. Februar 1946. KAB A Kart. 5. Anlagen: Zwei Rundschreiben, ein Wandkalender, ein Wochenabreißkalender, ein Neujahrsgruß des Verbandspräses, ein Flugblatt »Bischof Ketteler ruft!«, eine Satzung des »Ketteler-Werk«, je ein »Aufklärungsblatt« »Quadragesimo anno« und »Papst Pius XII.« sowie eine 32seitige »Aufklärungsschrift« »Der deutsche Irrstern und der Stern des Friedens«. Das Material war zum Teil zurückdatiert (31. Dezember 1945, 1. Januar 1946), denn es war aufgrund der Diskussion um den Verbandsnamen erst Ende Februar zum Versand gelangt.

[30] Teilweise wurde die Wiedergründung der einzelnen Vereine sogar erst durch die Rundschreiben der Verbandszentrale ausgelöst, so etwa in Bad Kissingen. Vgl. Jahresbericht des katholischen Arbeitervereins Kissingen, 13. Januar 1947. KAB VZ G II / Aschaffenburg 1944–1964.

[31] Rundschreiben des Verbandssekretariats, 14. Januar 1947. KAB A Kart. 5.

[32] Josef Maier an Josef Schinner, 9. Mai 1948. KAB VZ G II / Aschaffenburg 1944–1964.

[33] Rundschreiben des Verbandssekretariates, 14. Januar 1947. KAB A Kart. 5.

Einen wesentlichen Erfolg der Verbandszentrale für das Vereinsleben der wieder wachsenden Gemeinschaften stellte es dar, daß es kurz vor Ostern 1946 gelang, bei der Militärregierung von Bayern zu erwirken, daß Versammlungen der katholischen Vereine und somit auch solche der katholischen Arbeitervereine nicht mehr genehmigungspflichtig waren, selbst wenn sie aus Mangel an kircheneigenen Räumen in profanen Lokalen stattfinden sollten[34].

Im April 1946 konnte die Verbandszentrale dann den lokalen Vereinen erneut Informationsmaterial zur Verfügung stellen. Damit warb sie nochmals intensiv für die neue Idee des Ketteler-Werkes[35]. Die Sendung bestand aus einem Brief an den Hochwürdigsten Herrn Präses, je einer »Ketteler-Werk-Führung« für Vorstand und Kassier, einem »Ketteler-Werk-Präses«, einer Broschüre »Was das ›Ketteler-Werk‹ ist und sein will«, zwei Geschäftsordnungen sowie zwei weiteren Begleitschreiben[36]. Im Laufe des Jahres konnte die Verbandszentrale insgesamt jeweils vier Nummern der »Ketteler-Werk-Führung« und des »Ketteler-Werk-Präses« versenden[37].

Daß die Aufbauarbeit der Verbandszentrale wie die der Einzelnen vor Ort aber wider Erwarten nicht allzu erfolgreich war, daß es vielmehr nur »langsam und hart« voranging[38] und so die Mitgliederzahlen ein Jahr nach Beginn der Anstrengungen zur Wiederbegründung der katholischen Arbeiterbewegung immer noch wesentlich unter denen vor 1933 lagen, war nicht nur durch den Mangel an Papier[39] und die materielle Not der unmittelbaren Nachkriegszeit[40] bedingt, sondern vor allem durch die aus der Erfahrung des Nationalsozialismus resultierende

---

[34] Schreiben Ketteler-Werk, München, an die Herren Präsides und Vorstände des »Ketteler-Werk«, Ostern 1946. KAB A Kart. 5. Gelegentlich kam es trotz der generellen Aufhebung der Genehmigungspflicht durch lokale Organe der Militärregierung zu Versammlungsverboten für katholische Arbeitervereine – so etwa im Winter 1946 in Mindelheim und Bad Wörishofen –, doch wurden diese durch die »Militärregierung von Schwaben« wieder aufgehoben (Diözesanverband der katholischen Arbeiter- und Arbeiterinnenvereine der Diözese Augsburg, 15. Januar 1947. KAB VZ Diözesanverband Augsburg bis 1964). Im Bistum Passau wiederum mußten die Versammlungen trotz der auf Landesebene zugestandenen Freiheit der Vereinstätigkeit auch weiterhin zumindest der lokalen Militärregierung gemeldet werden. Aktenvermerk des Passauer Generalvikars Franz Seraph Riemer, 16. Juli 1946. ABP OA NL Riemer 109.

[35] Vgl. S. 42–44.

[36] ABP OA NL Riemer 109.

[37] KETTELER-WERK-FÜHRUNG, Nr. 1–4 / 1946; KETTELER-WERK-PRÄSES, Nr. 1–4 / 1946.

[38] Josef Schinner / Leopold Schwarz an Josef Maier, 6. Juni 1946. KAB VZ G II / Aschaffenburg 1944–1964.

[39] So konnte etwa das Sekretariat in Schweinfurt aus Papiermangel kein Rundschreiben an die Vereinsleitungen seines Bezirks herausgeben. Josef Deckert an Josef Schinner, 5. April 1948. KAB VZ G III / Schweinfurt 1947–1954.

[40] So waren etwa die Abmeldungen von Verbandsmitgliedern selbst in Folge der Währungsreform »sehr gering«. Josef Schinner an Josef Maier, 27. Juli 1948. KAB VZ G II / Aschaffenburg 1944–1964.

I. Wiedergründung und Neuanfang 35

kritische Haltung der Bevölkerung gegenüber Vereinen jeder Art. Allgemein war die Furcht verbreitet, im Falle eines Beitritts Nachteile zu erleiden, falls es erneut zu einem »Systemwechsel« käme[41]. Hinzu kam eine abwartende bis ablehnende Haltung des Klerus[42]. Diese Tendenz war bei den in der Seelsorge tätigen Geistlichen unter anderem durch die für die Verbandsarbeit nötige Mehrarbeit bedingt, die bei einer Organisation der Katholiken nach Naturständen entfallen wäre. Neben dem Motiv der Vereinfachung der Seelsorgstätigkeit sprach aber auch das Motiv der Stärkung der Pfarrfamilie durch die Aufgabe der berufsständischen Trennung gegen eine Wiedergründung der katholischen Arbeiter- und Arbeiterinnenvereine[43]. Im deutschen Episkopat gab es ebenfalls eine Reihe von Gegnern der Restauration der berufsständischen Organisationen, die dafür plädierten, die letztlich durch den Nationalsozialismus erzwungene Neuordnung der Seelsorge nach Naturständen und deren Konzentration auf die Pfarrei beizubehalten[44]. Die Beschränkung auf Liturgie und Seelsorge und somit auf das allgemein als das Wesentliche aller katholischen Aktivität Empfundene erschien dem Episkopat wie dem Seelsorgsklerus als Gewinn. Hinzu kam, daß es unter den Bischöfen durchaus starke Vorbehalte gegen »die Zentralen« und deren »Schuldenwirtschaft« gab[45].

Da man seitens der Verantwortlichen die zentrale Rolle des Klerus für den weiteren Erfolg der katholischen Arbeiterbewegung klar erkannte[46], wandte man sich besonders an diese Zielgruppe. Man setzte zum einen das Gespräch mit den süddeutschen Bischöfen sowie allen Verantwortlichen in den jeweiligen Ordinariaten fort[47], zum anderen bemühte man sich gezielt darum, den Seelsorgklerus zu

---

[41] Bericht über das Katholische Werkvolk der Diözese Augsburg, 25. Juni 1950. ABA DB-28.
[42] Beispiele hierfür in BZAR OA 713, wo sich eine Reihe von Antwortschreiben auf eine Umfrage des bischöflichen Ordinariats über den Stand der Vereine in den einzelnen Pfarreien des Bistums Regensburg vom Herbst 1945 erhalten haben.
[43] Ludwig Stangl an Prälat [nicht zu identifizieren], 10. Juni 1945. KAB A Diözesanvorstandschaft 1945–1964.
[44] Zur Verdrängung der katholischen Vereine aus der Öffentlichkeit durch den Nationalsozialismus vgl. H. Hürten, Deutsche Katholiken, S. 274–282. Zur Konzentration der Seelsorge auf die Pfarrei vgl. ebd., S. 131–132 bzw. 353; zur zeitgenössischen Legitimation dieser Entwicklung vgl. A. Hagen sowie C. Noppel. Die innerkirchliche Diskussion von 1945 bis 1953 um die Bedeutung der Pfarrei als »Ort« der Seelsorge ist zusammengefaßt bei K. Rahner, S. 434. Zur Nachkriegsdiskussion um die Naturstände vgl. H. Hürten, Kurze Geschichte, S. 243–250, und H. Hürten, Katholische Verbände, S. 271–273.
[45] So Conrad Gröber an P. Robert Leiber SJ, 19. Juli 1947. EAF Nb 8 / 17. Zum »Leohaus-Skandal« des Süddeutschen Verbands vgl. D.-M. Krenn, Christliche Arbeiterbewegung, S. 345–355; zum Defizit des Volksvereins für das Katholische Deutschland und dem Zusammenbruch des Volksvereins-Verlages vgl. G. Klein, S. 157–212.
[46] Ketteler-Werk-Präses, Nr. 1, 1946.
[47] Leopold Schwarz etwa wiederholte seine Rundreise des Herbstes 1945 im Oktober 1946, um

gewinnen. Hierzu besuchten die Verbandsgeistlichen, vor allem Leopold Schwarz und Anton Maier, wiederholt Dekanatskonferenzen in ganz Süddeutschland und warben dort um die Mitarbeit der Geistlichen bei der Organisation der katholischen Arbeitnehmerschaft[48]. Die hauptamtlichen Laienkräfte wiederum wandten sich in Einzelgesprächen an Geistliche ihrer Diözese[49].

Neben dem direkten und persönlichen Gespräch versuchte man aber auch über die Publizistik für seine Vorstellungen zu werben. So verteidigte etwa Hermann-Josef Schmitt, der Verbandspräses des Westdeutschen Verbands, in einer Denkschrift mit dem Titel »Kirche und Standesvereine, vom Werdegang und Wesen der katholischen Arbeitervereine her gesehen«[50] die Berechtigung der berufsständischen Organisationen, indem er die Notwendigkeit der Erneuerung der katholischen Arbeitervereine aus ihrem bisherigen Wirken, aus dem Naturrecht sowie dem Kerngedanken der Katholischen Aktion, der »Teilnahme der Laien am hierarchischen Apostolat« ableitete.

Doch gelang es nicht, die Gründung eigener »Katholischer Männerwerke« in verschiedenen süddeutschen Diözesen wie Augsburg oder Speyer zu verhindern, die in reger Konkurrenz zum sich formierenden »Werkvolk« standen. Diesen neuen Einrichtungen ging es darum, ohne feste Mitgliedschaft und Beitragszwang, die katholischen Männer einer Pfarrei durch Versammlungen und Vorträge anzusprechen und zu erfassen. Sie entsprachen damit den Wünschen vieler Seelsorger und Laien und deren Abneigung gegen »Vereine«, zudem kosteten sie beide Seiten »fast keine Arbeit, keinen Beitrag, keine Verpflichtung«. Doch

---

allen süddeutschen Ordinariaten persönlich über den Fortgang der Aufbauarbeit zu berichten und diese so weiter voranzutreiben (Aktenvermerk des Passauer Generalvikars, 2. Oktober 1946. ABP OA NL Riemer 109). Anton Maier berichtete monatlich Kardinal Faulhaber über Fortschritte und Hemmnisse des Werkvolks (Anton Maier, 10. August 1992).

[48] Anton Maier, 10. August 1992. Eine Mitschrift der Ausführung von Leopold Schwarz vor den Priestern des Bistums Eichstätt am 12. März 1946 befindet sich in DA EI OA Werkvolk. Im Rahmen derselben Rundreise besuchte Leopold Schwarz auch Aschaffenburg (25. März 1946) und Würzburg (26. März 1946). Josef Schinner an Josef Maier, 6. März 1946. KAB VZ G II / Aschaffenburg 1944–1964. Eine Konferenz der früheren Präsides und Vorstände der Vereine in der Erzdiözese Freiburg abzuhalten, wurde Leopold Schwarz hingegen seitens des Freiburger Ordinariats untersagt. Leopold Schwarz an Franz Vetter, 3. Dezember 1945; Franz Vetter an Leopold Schwarz, 21. Dezember 1945. EAF Reg 56.64, Vol. 3, 1945f.
Auch die westdeutschen Verbandsgeistlichen setzten bei den Dekanatskonferenzen an, um den Seelsorgklerus zu gewinnen. Vgl. J. ARETZ, Hermann-Josef Schmitt, S. 121–122.

[49] In Eichstätt etwa besuchte Diözesansekretär Heinrich Kissmann in den ersten sieben Monaten seines Wirkens ungefähr vierzig Pfarrer persönlich. Heinrich Kissmann an Hannes Mayr, 19. November 1947. DA EI OA Werkvolk.
Im Erzbistum München und Freising besuchte Diözesansekretär Max Hatzinger in den ersten sechs Monaten seines Wirkens 46 der 63 Pfarrer seines Gebietes. Max Hatzinger an Leopold Schwarz, 3. Februar 1947. KAB VZ A / 1 Diözesanverband München bis 1974.

[50] DA EI OA Werkvolk.

I. Wiedergründung und Neuanfang 37

da sie »ohne Bindung und Kosten« waren, entstand aus ihnen im Gegensatz zum Katholischen Werkvolk »aber auch keine festgefügte Organisation, keine Gruppe, auf die Verlaß war und die gegebenenfalls eingesetzt werden« hätte können[51].

Nachdem eine Konferenz der Diözesanpräsides am 11. Februar 1947 in München die Frage des neuen Verbandsnamens entschieden hatte, wurde vom Verbandssekretariat für den 17. und 18. April 1947 eine erste Arbeitstagung der Diözesan- und Bezirkssekretäre nach Eichstätt anberaumt[52]. An dieser Konferenz nahmen einundvierzig Personen aus allen bayerischen Diözesen einschließlich Speyer teil: neben den Diözesanpräsides und dem Verbandspräses dreißig Laien, unter ihnen drei Frauen, und elf Kleriker, Pater Franz Prinz SJ als Vertreter der CAJ und der christlichen Werkgemeinschaften sowie Pfarrer Johann Kraus aus Nürnberg als »Mitarbeiter der religiösen Sozialisten«[53]. Zweck der Tagung war, wie der Verbandsvorsitzende Schwarzer ausführte, »durch eine einheitliche Zielsetzung und Herausstellung der nächstliegenden Aufgaben über die Mittel und Wege klar und einig zu werden, die notwendig sind, um so schnell als möglich die Organisation ›Katholisches Werkvolk‹ zu einer starken katholischen Arbeitnehmerbewegung werden zu lassen«. Angesichts »der Geschlossenheit der Einheitsgewerkschaft« war man sich einig, daß die »Schaffung einer Massenbewegung« seitens der katholischen Arbeitnehmer unabdingbare Voraussetzung sei,

---

[51] So der Augsburger Diözesanpräses Ludwig Stangl. Bericht über das Katholische Werkvolk der Diözese Augsburg, 25. Juni 1950. ABA DB-28.

[52] Alle folgenden Zitate, soweit nicht anders vermerkt, gemäß dem Bericht über die Arbeitstagung der Diözesan- und Bezirkssekretäre des Katholischen Werkvolks, 17.–18. April 1947. KAB VZ 2a / Verbandsausschuß 1954–1959. Ein Programm mit genauen Zeitangaben über den Ablauf hat sich erhalten in KAB A Kart. 5.

[53] Daran haben laut Präsenzliste vom 16. April 1947 (KAB VZ 2a / Verbandsausschuß 1954–1959) bzw. Bericht über die Arbeitstagung der Leitung und Sekretäre des katholischen Werkvolks (ABP OA Vereine 6) teilgenommen: Henriette Bengl (Landshut), Georg Deiner (Passau), Josef Donsberger (Nürnberg), Ludwig Greiner (Passau), Hans Häfele (Augsburg), Therese Härtl (Altenfurt), Sebastian Haslbeck (München), Max Hatzinger (München), Domkapitular Joseph Heindl (Eichstätt), Diözesanpräses Domkapitular Adam Hiller (Speyer), Diözesanpräses Domkapitular Dr. Eugen Kainz (Würzburg), Heinrich Kissmann (Nürnberg), Johann Kraus (Nürnberg), Carl Peter Lang (München), Diözesanpräses Anton Maier (München), Josef Maier (Aschaffenburg), Hannes Mayerhofer (München), Hannes Mayr (München), Diözesanpräses Domkapitular Georg Meixner (Bamberg) Siegfried Niessl (München), Karl Ott (München), Carl Piefke (Sulzbach-Rosenberg), Pater Franz Prinz SJ (München), Diözesanpräses Anton Pronadl (Amberg), Johann Reindl (Pölling; ehemals Nürnberg), August Samstag (Rheingönheim), Josef Scheid (Herne; ehemals Kronach), Verbandsgeschäftsführer Josef Schinner (München; nicht auf der Teilnehmerliste, aber als Referent im Protokoll ausgewiesen), Josef Schmid (Regensburg), Verbandspräses Leopold Schwarz (München), Rudolf Schwarzer (München), Eduard Spegele (Augsburg), Diözesanpräses Ludwig Stangl (Augsburg), Franz Steber (München), Diözesanpräses Domkapitular Franz X. Stockinger (Passau), Paul Strenkert (Kempten), Raimund Tempel (Nürnberg), Josef Thoma (Bamberg), Viktoria Weidenhiller (Augsburg), Ludwig Wimmer (Regensburg).

um innerhalb der neuentstehenden Gewerkschaft eigene Vorstellungen umsetzen zu können. Um dabei auch »eine entsprechende Schlagkräftigkeit« zu erzielen, war aus Sicht der Verbandsleitung »eine Vereinfachung und Vereinheitlichung des Katholischen Vereinslebens« unumgänglich. Deshalb war man der Meinung, »für die Namensgebung der Organisation aller schaffenden Katholiken sei nicht nur der Name selbst das Wesentliche, sondern die Struktur«. Trotzdem kam es noch auf der Eichstätter Tagung, die ja an sich dazu diente, die offizielle Gründung des Werkvolks vorzubreiten, zu »lebhaften Diskussionen« über die »grundsätzlichen Fragen«. Nach wie vor gab es auch im engsten Führungskreis des entstehenden Werkvolks starke Zweifel an der neuen, über die Arbeiterschaft hinausgreifenden Verbandskonzeption und der damit verbundenen Namensgebung. Konzeptionell einig war man sich nur darin, daß es, um erfolgreich zum gemeinsamen Ziel einer starken katholischen Arbeitnehmerbewegung zu gelangen, »einer straffen, aber doch in sich beweglichen Organisation, die nicht nur an der hergebrachten Tradition« hänge, bedürfe.

Zum Aufbau der Organisation sollten als erstes die bisherigen Mitglieder aktiviert werden, zugleich aber sowohl die jüngeren Menschen innerhalb der Pfarreien, als auch die Arbeiterschaft in den Betrieben erfaßt und bearbeitet werden. Um dies erfolgreich durchzuführen, wurde gründliche »Schulung und Bildung« als nötig erachtet, beides jedoch scharf getrennt. Die Bildungsarbeit im Werkvolk sollte in Form von monatlichen Versammlungen für »die einfachen Leute« erfolgen. »Die wirklichen Aktivisten« hingegen sollten »durch Besuch von entsprechenden Schulungskursen, Schulungswochen und Hochschulen das nötige Rüstzeug erhalten, um das öffentliche Leben in echt christlichem Geist und Sinn beeinflussen zu können«. Es sollten somit nicht mehr die »Arbeitsprinzipien der Jahre vor 1933« gelten, sondern nach dem Vorbild der belgisch-französischen »Jeunesse Ouvrière Chrétienne« (JOC) »Aktivisten gefunden und gewonnen werden, die mit beiden Füßen auf der Grundlage echten Christentums stehen und in der Beeinflußung der Arbeiterschaft, in den Betrieben mit praktischen Beispielen vorangehen«.

»Christliche Werkgemeinschaften«, die »bei der Verwirklichung einer christlichen Gesellschaftsordnung« in den Betrieben anfingen, wurden deshalb von Pater Prinz als notwendige Ergänzung eines an der Pfarreiorganisation orientierten Verbandsaufbaus gefordert, wobei »die Notwendigkeit der christlichen Werkgemeinschaften innerhalb der Betriebe« allgemein »außer Zweifel« stand.

Die eigenständige Organisation der Frauen sollte »organisatorisch unter allen Umständen« aufgegeben werden, um so »die gemeinsame Arbeit zum Wohle aller« effizienter gestalten zu können. Doch sollte dadurch »kein Unterstellungsverhältnis entstehen«, das die Frauen benachteiligte, vielmehr sollten so die Frauen

I. Wiedergründung und Neuanfang

»die volle Gleichberechtigung« erhalten[54]. Jedoch erachtete man innerhalb einer gemischtgeschlechtlichen Werkvolkgemeinschaft nach wie vor »Versammlungen und Veranstaltungen speziell für die weiblichen Mitglieder«, die der »Wesensart der Frauen gerecht« würden, als »unbedingt notwendig«.

Die Jugend hoffte man über die Katholische Junge Mannschaft zu gewinnen und instutionell durch deren Führer Franz Steber zu integrieren, der zugleich als stellvertretender Verbandsvorsitzender des Werkvolks fungierte. Außer ihm gehörten mit den Verbandssekretären Hanns Mayr und Hans Mayerhofer zwei weitere Mitglieder des Katholischen Werkvolks der Führung der Katholischen Jungen Mannschaft an[55].

Allgemein erachtete man für das Gelingen des Aufbaus des Katholischen Werkvolks »vor allem [...] die Mitarbeit der Geistlichen« für »mehr als notwendig«. Deshalb hielt man sie gezielt dazu an, die Laienvorstandschaften »durch Vorträge, Schrifttum und sonstige Hilfe in ihrer Arbeit weitgehendst zu unterstützen«. Um sich der Hilfe des Klerus bei der Verbandsarbeit auch für die Zukunft zu versichern, sollte der Priesternachwuchs »bereits in den Seminaren über die soziale Fragen der Arbeiterschaft unterrichtet und die jüngeren Priester in der Behandlung dieser Fragen entsprechend geschult werden durch die Einrichtungen des Katholischen Werkvolks«. Der Priester sollte somit zum »Verbandsapologet[en]« werden.

Im Herbst 1947 waren die Vorarbeiten soweit gediehen, daß vom 10. bis 12. Oktober der erste Verbandstag nach dem Zweiten Weltkrieg stattfinden konnte[56]. Man wählte für die Gründung des »Katholischen Werkvolks« und die offizielle Umbenennung der Arbeitervereine in Arbeitnehmervereine bewußt Regensburg als Tagungsort, war doch hier 1891 bereits die erste Konstituierung des Süddeutschen Verbands katholischer Arbeiter- und Arbeiterinnenvereine erfolgt[57].

Der erste Tag war geprägt von einer Verbandsausschuß- und Sekretärskonferenz, auf der sich die Diözesanvorstandschaften und Diözesansekretäre trafen. Am nächsten Tag folgte eine Delegierten-Versammlung, an der 260 Personen aus allen Diözesen Süddeutschlands[58] sowie eine Vielzahl von Gästen aus dem öffent-

---

54 Letztes Zitat: Hanns Mayr an Paul Strenkert, 14. Januar 1947. KAB A Kart. 5.
55 Rundschreiben des Verbandssekretariats, 15. Januar 1947. KAB A Kart. 5.
56 Zum folgenden vgl. Verlaufsprotokoll des 1. Verbandstags des Katholischen Werkvolks Süddeutschlands vom 10.–12. Oktober 1947 in Regensburg. Katholisches Volksbüro Nürnberg, Nachlaß Bach. Gedruckt bei L. UNGER, Katholische Arbeitnehmerbewegung, S. 375–376, bzw. Programm des Verbandstags 1947. KAB A Kart. 5.
57 H. D. DENK, S. 56; M. GASTEIGER / A. PRONADL, S. 191. Weitere Gründe für die Wahl Regensburgs in E. KUNZE, S. 23–24.
58 Eine Teilnehmerliste hat sich weder für die Verbandsausschuß- und Sekretärskonferenz noch für die

lichen und kirchlichen Leben teilnahmen. Alois Hundhammer, Bischof Buchberger und der Verbandspräses des Westdeutschen Verbands Hermann-Josef Schmitt wandten sich mit Reden an die Versammelten. In Regensburg erfolgte die Wahl des neuen geschäftsführenden Verbandsvorstandes durch den Verbandstag. Da Leopold Schwarz aus gesundheitlichen Gründen[59] und Rudolf Schwarzer wegen seines vorgerückten Alters und der Arbeitsüberlastung die Delegierten gebeten hatten, von ihrer Wiederwahl abzusehen, wurden der Münchener Diözesanpräses Anton Maier zum neuen Verbandspräses und der Schwiegersohn Rudolf Schwarzers, Carl P. Lang, zum neuen Verbandsvorsitzenden gewählt. Georgine Christl wurde als gleichberechtigte Verbandsvorsitzende zur Repräsentantin der weiblichen Mitglieder in der Verbandsspitze bestimmt. Damit war der Verbandsvorstand wesentlich verjüngt. Nach der Neuwahl der Vorstandschaft wurde die von der Verbandszentrale erarbeitete neue Satzung diskutiert und ein Zehn-Punkte-Programm verabschiedet. Letzteres umriß die Aufgaben des Werkvolks, die als notwendig erachtet wurden, um die doppelte Zielsetzung des Werkvolks, die »Zuständereform« und die »Gesinnungsänderung«, zu verwirklichen.

Delegiertentagung erhalten. Elisabeth Bach spricht in ihrem Verlaufsprotokoll des 1. Verbandstags des Katholischen Werkvolks Süddeutschlands vom 10.–12. Oktober 1947 in Regensburg (Katholisches Volksbüro Nürnberg, Nachlaß Bach; gedruckt bei L. UNGER, Katholische Arbeitnehmerbewegung, S. 375–376) davon, daß an der Sitzung des Verbandsausschusses 56 Personen teilnahmen, wohingegen sie die Zahl der Delegierten mit 260 beziffert. Laut eines Schreibens von Hannes Mayr an Paul Strenkert, 2. September 1947 (KAB A Kart. 5), sollte jede Diözese hierzu aber nur folgende Personen als Delegierte entsenden: 1. Diözesanpräses, 2. Diözesanvorstand, 3. Diözesanvorsteherin, 4. Diözesansekretär, 5. drei Vertreter plus ein Vertreter für jede angefangene 500 Verbandsmitglieder (nach dem Mitgliederstand vom 1. Juli 1947 genau 56 weitere Delegierte!). Dies ergab folgenden Schlüssel für die weiteren Delegierten: Augsburg (7), Bamberg (6), Eichstätt (2), Freiburg (1), München (11), Passau (2), Speyer (10), Regensburg (10), Rottenburg (1), Würzburg (6), Summe = 56 (!). Die Zahl der in der Delegiertenversammlung Stimmberechtigten hätte somit 126 betragen, wobei der Schlüssel gelautet hätte: Augsburg (14), Bamberg (13), Eichstätt (9), Freiburg (8), München (18), Passau (9), Speyer (17), Regensburg (17), Rottenburg (8), Würzburg (13). Die beiden erhaltenen Delegiertenlisten weisen für die Diözese Augsburg 13 Teilnehmer (Liste der Vertreter des Bistums Augsburg. KAB A Diözesantage 1947–1959) und für das Bistum Passau 6 Personen (Peter Stümpfl an Hannes Mayr, 29. September 1947. ABP KAB Kart. 48 Akt 144) aus. Dies deutet darauf hin, daß die Delegierten tatsächlich gemäß dem von der Verbandszentrale erstellten Schlüssel entsandt wurden.

Dem steht eine Angabe des Bamberger Diözesansekretärs Rudolf Müller (Rudolf Müller: Die Entwicklung des Süddeutschen Verbandes, 1959. KAB VZ Geschichte der KAB) entgegen, der von 378 Delegierten spricht, was in etwa der Summe der von Frau Bach genannten Delegiertenzahl und der aus den Vorgaben der Verbandsleitung errechneten Zahl der Stimmberechtigten entsprechen würde.

[59] Bis zum 1. Januar 1948 führte er die Geschäfte des Verbands noch fort. Leopold Schwarz an Michael Kardinal von Faulhaber, 1. Januar 1948. KFA 6506.

Das Werkvolk sollte sowohl aktiv an den religiösen Übungen und Veranstaltungen der gesamten Pfarrei und ihrer Naturstände teilnehmen, als auch entsprechend der »Besonderheit und Eigenart der arbeitnehmenden Sicht« eigene religiöse Übungen und Veranstaltungen durchführen. Es sollte die Wissensvermittlung in Vorträgen, Schulungskursen und durch geeignetes Schrifttum ebenso pflegen, wie die »edle Herzens- und Gemütsbildung durch Familien- und Kulturveranstaltungen«. Jeder katholische Arbeitnehmer sollte zudem durch seine Organisation »Beratung und praktische Hilfe bei Errichtung und Ausgestaltung von Wohnung und Heim« sowie »Rechtsbelehrung und Rechtsschutz« erhalten. Darüber hinaus plante man Einrichtungen der Wohlfahrtspflege zum Wohl der eigenen Mitglieder. Auf die öffentliche Meinung sollte »im Sinne der berechtigten sozialen, wirtschaftlichen und politischen Forderungen des Werkvolkes« Einfluß genommen und so die »katholischen Volkskräfte in Staat, Wirtschaft und Gesellschaft« gestärkt werden. Die »Missionierung der Betriebe und Arbeitsstellen« gehörte ebenso zu den Zielen des Werkvolks wie die »Unterhaltung lebendiger, arbeitsgemeinschaftlicher Beziehungen mit anderen Gemeinschaften, die mithelfen, die in den päpstlichen Enzykliken ausgesprochene Zustände- und Sittenreform herbeizuführen«[60].

Mit dem ersten Verbandstag der katholischen Arbeiterbewegung in Bayern nach dem Zweiten Weltkrieg war durch die Verabschiedung der Verbandssatzung der Süddeutsche Verband erneut konstituiert und der Wiederbegründungsprozeß der Bewegung abschlossen. Zugleich aber war in der neuausgearbeiteten Verbandssatzung soviel von der alten abweichendes verankert, daß man durchaus auch von einer Neugründung sprechen konnte.

---

60 Zehn-Punkte-Programm. Gedruckt bei M. GASTEIGER / A. PRONADL, S. 203.

II. »Werkvolk« – Ausdruck eines gewandelten Selbstverständnisses

»Das Werkvolk ist der Verein der Zukunft«[1].

Der Prozeß, in dem sich die neue Konzeption und der neue Name für den »Verband süddeutscher katholischer Arbeiter- und Arbeiterinnenvereine« der Zwischenkriegszeit herauskristallisierte, zeigt exemplarisch das vielfältige Spannungsfeld, in dem das Wirken der katholischen Arbeiterbewegung nach dem Zweiten Weltkrieg zu verorten ist.

Nachdem in der unmittelbaren Nachkriegszeit von der Verbandszentrale »wieder wie ehedem« der alte Vereinsname zur Selbstbezeichnung verwandt wurde[2], ergänzte man im Oktober/November 1945 die traditionelle Verbandsbezeichnung um den Begriff der »Hausangestelltenvereine«, die man in den bisherigen Süddeutschen Verband zu integrieren hoffte.

Leopold Schwarz und Rudolf Schwarzer, die schon vor dem nationalsozialistischen Verbot die katholische Arbeiterbewegung in Süddeutschland geführt hatten, entwickelten von diesem Ansatzpunkt aus eine völlig neuartige Konzeption. Der neu zu errichtende Verband sollte alle bestehenden süddeutschen Diözesanverbände aller katholischen Arbeiter-, Arbeiterinnen-, Hausangestellten- und alle sonstigen Vereinigungen, die der Seelsorge für das schaffende Volk dienten, umfassen. Der geforderte Zusammenschluß der bisher getrennten berufsständischen Vereine des Katholizismus sowie die zugleich propagierte gemeinschaftliche Organisation von Männern und Frauen, zweier verschiedener Naturstände, war etwas fundamental Neues[3]. Unter dem Titel »Ketteler-Werk« sollten die Arbeitervereine nun »zum Ausgangspunkt einer umfassenden Organisation des schaffenden Volkes« gemacht werden.

Begründet wurde die herausragende Bedeutung der katholischen Arbeitervereine für die Neuorganisation des Laienkatholizismus damit, daß sie sich bereits in der »Pastoralpraxis« »als wichtige und unentbehrliche Lebensäußerungen der Katholischen Aktion« sowie »als leistungsfähige Hilfsmittel für die Seelsorge«

---

[1] Max Bertl an Max Hatzinger, 7. Mai 1952. KAB VZ A / 1 Diözesanverband München bis 1974. Ähnlich in der Bewertung des Werkvolks als dem »modernen Verein« äußerte sich der Pfarrer von Böhmfeld im Bistum Eichstätt. Vgl. F. Federl, S. 191.

[2] Josef Schinner an Josef Maier, 19. September 1945. KAB VZ G II / Aschaffenburg 1944–1964. Den frühesten Beleg für die Wiederverwendung dieses Begriffes stellt die Rechnung für neue Stempel vom 7. Juni 1945 dar. KAB VZ NL Schwarz.

[3] Satzung des »Ketteler-Werk, Verband katholischer berufsständischer Vereine Süddeutschlands«. KFA 6506.

II. »Werkvolk«

bewährt hätten. Der »Volksverein alter Prägung« hingegen sei untergegangen[4] und deshalb sei angesichts einer entstehenden Einheitsgewerkschaft und »der konfessionell indifferenten Haltung« der neuen politischen Parteien auf anderem Weg »eine spezielle Schulung des christ-katholischen Volkes in den Fragen der christlichen und sozialen Weltanschauung nicht mehr möglich«[5]. Die Gründung freier Gewerkschaften und das Entstehen der Einheitsgewerkschaft verlange somit »gebieterisch« die Wiedererrichtung der »katholischen Arbeitervereine als den sichersten Garanten« der »katholischen Weltanschauung innerhalb der katholischen Arbeiterschaft«[6]. Hatten die Päpste Pius X.[7] und Pius XI.[8] schon angesichts interkonfessioneller christlicher Gewerkschaften die Bedeutung der katholischen Standesvereine betont, so war für Papst Pius XII. angesichts »der großen Gefahren« durch das Entstehen von Einheitsgewerkschaften in Italien und Deutschland eine konfessionelle Organisation der Arbeiter zwingend notwendig[9].

Durch die Vereinigung der Arbeiter- und Arbeiterinnenvereine mit den anderen berufsständischen Vereinen hoffte man den Pfarrklerus für den Verband einzunehmen und bestehende Vorbehalte gegenüber der Vereinsarbeit abzubauen, da die neue Einheitsorganisation in der Seelsorge eine beträchtliche Arbeitserleichterung mit sich brachte. Außerdem bedeutete die neue Konzeption zugleich auch eine gewisse inhaltliche Annäherung an die im deutschen Episkopat vertretene Ablehnung einer Gliederung nach Berufsständen, die man so zu unterlaufen hoffte[10].

Der Begriff »Ketteler-Werk«, den Leopold Schwarz und Rudolf Schwarzer als Bezeichnung ihrer neuen Konzeption verwandten, knüpfte an die Zeit unter der nationalsozialistischen Verfolgung an, als die bayerischen Bischöfe in der Auseinandersetzung um die Doppelmitgliedschaft in der DAF und einer konfessionellen berufsständischen Vereinigung den katholischen Arbeitervereiˉ

---

[4] Zu seinem Ende vgl. G. KLEIN, S. 297–386.
[5] Denkschrift Verbandspräses Leopold Schwarz an das Erzbischöfliche Ordinariat München-Freising, 16. Januar 1946 (Abschrift). ABA DB-30.
[6] Max Schuber an Dr. Robert Domm, 22. November 1945. KAB A Diözesanvorstandschaft 1945–1964.
[7] In der Enzyklika »Singulari quadam«, 24. September 1912. Gedruckt in: TEXTE ZUR KATHOLISCHEN SOZIALLEHRE, S. 91–96.
[8] In der Enzyklika »Quadragesimo anno«, 15. Mai 1931. Gedruckt in: TEXTE ZUR KATHOLISCHEN SOZIALLEHRE, S. 101–160, bes. 111–113.
[9] Vgl. S. 419.
[10] Anton Maier, 27. April 1994.

nen anheimstellten, sich in »Ketteler-Vereine« umzubenennen[11]. Inhaltlich verdeutlichte der Name »Ketteler« einerseits den kirchlichen Charakter des Verbands und seine enge Verbundenheit mit den Bischöfen[12], andererseits überwand er die strenge berufsständische Abgrenzung der Vorkriegszeit auch begrifflich. Das Wort »Werk« wiederum betonte das Element der Gemeinschaft in der neuen Organisation und nicht den Begriff »Verein«, dem damals viele kritisch gegenüberstanden[13].

Die neue Konzeption und ihre Bezeichnung als »Ketteler-Werk« waren aber verbandsintern trotz aller Vorteile keineswegs unumstritten[14]. Vor allem unter denen, die bis 1933 in der katholischen Arbeiterbewegung aktiv gewesen waren, gab es starke Vorbehalte gegen eine Erweiterung der Arbeitervereine zu Arbeitnehmervereinen und eine dementsprechende Namensänderung. Aus ihrer Sicht sollte vielmehr an der Tradition des katholischen Arbeitervereins, »an seinem Namen und an seiner sozial-religiösen Bildungsaufgabe« festgehalten werden[15]. Denn es erschien ihnen zumindest zweifelhaft, ob die neue Organisation, die sich zum Ziel gesetzt hatte, Arbeiter und Angestellte, ja alle »schaffenden Katholiken«

---

[11] Hirtenwort an die katholischen Arbeiter- und Arbeiterinnenverbände über Arbeiterseelsorge in gegenwärtiger Stunde. Beilage II zum AMTSBLATT MÜNCHEN-FREISING, Nr. 12, 4. Juni 1935. KFA 6500.
In Westdeutschland hatte im selben Jahr Bischof Berning den berufsständischen Verbänden ebenfalls eine Namensänderung empfohlen. J. ARETZ, Katholische Arbeiterbewegung und Nationalsozialismus, S. 138.

[12] »Einige Gedanken aus dem Vortrag des H. H. Leopold Schwarz«, 12. März 1946. DA EI OA Werkvolk. Unter diesem Gesichtspunkt, »Sinnbild der Kirchentreue«, war Anfang 1935 der Name der Zeitschrift des Verbands Süddeutscher Arbeitervereine »Der Arbeiter« in »Ketteler-Feuer« und der Name der Zeitschrift des Verbands Süddeutscher Arbeiterinnen »Die Arbeiterin« in »Ketteler-Licht« umgewandelt worden (D.-M. KRENN, Christliche Arbeiterbewegung, S. 124 bzw. 387). Das Organ des Westdeutschen Verbands, die »Westdeutsche Arbeiter-Zeitung«, wurde etwa zur gleichen Zeit in »Ketteler-Wacht« umbenannt (J. ARETZ, Katholische Arbeiterbewegung und Nationalsozialismus, S. 147). Bereits im September 1933 war wohl aus ähnlichen Überlegungen der Name »Kolping« bei der Umwandlung des Katholischen Gesellenvereins in dessen neue Verbandsbezeichnung »Deutsche Kolpingsfamilie« aufgenommen worden (H.-A. RAEM, S. 109). Nun hieß es in Süddeutschland: »Katholische Männer und Frauen des schaffenden Volkes: Bischof Ketteler ruft!« (Flugblatt mit Anmeldeformular, Februar 1946. KFA 6506).

[13] Anton Maier, 27. April 1994.

[14] Die Aussage von Leopold Schwarz, daß »in wochenlangen Besprechungen und Beratungen mit maßgeblichen und verantwortlichen Führern der christlich gesinnten Arbeitnehmerschaft« das neue Konzept »nicht nur gutgeheißen, sondern einstimmig gefordert« worden sei, ist sachlich schlicht falsch. Vgl. Denkschrift Verbandspräses Leopold Schwarz an das Erzbischöfliche Ordinariat München-Freising, 16. Januar 1946 (Abschrift). ABA DB-30.

[15] Vgl. etwa Hermann-Josef Schmitt an Ferdinand Buchwieser, 25. Februar 1946. KAB A Diözesanvorstandschaft 1945–1964. Zur Haltung von Hermann-Josef Schmitt vgl. auch die von ihm verfaßte Druckschrift aus dem Jahre 1948 mit dem Titel: »Kirche und Standesvereine, vom Werdegang und Wesen der katholischen Arbeitervereine her gesehen«. DA EI OA Werkvolk.

überhaupt zu vereinigen, auf Dauer »die Heimat der gleichgesinnten Arbeiterschaft« bleiben würde, wo diese doch so »ganz andere Nöte« habe, als die übrigen Kreise des »neuerstandenen Gemeinschaftswerkes«[16]. Außerdem galt der Begriff »Arbeitnehmer« damals auch in der sozialistischen Arbeiterbewegung als »kränkende Bezeichnung«[17]. Die Begriffe »Werk« und »Werkvolkgemeinschaft« wiederum riefen Erinnerungen an die von Unternehmerseite geförderten »Werkvereinen« und »Werksgemeinschaften« wach, die 1918 von »der Zentralarbeitsgemeinschaft geächtet worden waren«[18].

Die Lage innerhalb der Ordinariate war durch die bereits erwähnten unterschiedlichen Auffassungen über die Neuordnung der Seelsorge noch komplizierter als innerhalb der katholischen Arbeiterbewegung selbst. So gab es zum einen kirchliche Funktionsträger, die als Anhänger einer naturständischen Ordnung die Wiedererrichtung eigenständiger Arbeiterorganisationen untersagen wollten. Daneben gab es diejenigen, die eine berufsständische Ordnung der Katholiken nicht grundsätzlich ablehnten, aber diese aus »Scheu vor etwas Neuem« in alter Form wiedererstehen sehen wollten[19] und deshalb den Neuansätzen auf seiten der Organisation der katholischen Arbeiterschaft kritisch gegenüberstanden. Die dritte Gruppe bildeten diejenigen, die sich darüber einig waren, daß »die Vereine in der früheren Art und Weise« nicht wiedererstehen sollten[20]. Doch herrschte unter diesen keine Einigkeit darüber, wie die neue Organisation der Vereine erfolgen sollte.

Da in den verschiedenen Ordinariaten auf allen unterschiedlichen Ebenen Mitglieder aller genannten Personengruppen vertreten waren, bedurfte es in jedem Bistum erst eines interen Klärungsprozesses, bevor wiederum die einzelnen Diözesen darangehen konnten, sich gegenseitig abzustimmen und eine gemeinsame Stellungnahme zu erarbeiten. Dies führte dazu, daß die Verantwortlichen der katholischen Arbeiterbewegung in der unmittelbaren Nachkriegszeit die Möglichkeit hatten, ihre eigenen Vorstellungen zu entwickeln und diese relativ ungehindert umzusetzen. Zudem bot ihnen die Vielzahl der unterschiedlichen

---

16 Bericht über die Arbeitstagung der Diözesan- und Bezirkssekretäre des Katholischen Werkvolks, 17.-18. April 1947. KAB VZ 2a / Verbandsausschuß 1954–1959.
17 G. Beier, Volksstaat und Sozialstaat, S. 360.
18 D.-M. Krenn, Christliche Arbeiterbewegung, S. 200. Zu den »Werkvereinen« und »Werksgemeinschaften« des Kaiserreichs und der Weimarer Republik vgl. M. Gasteiger; D. Fricke; K. Mattheier.
19 Ludwig Stangl an Paul Strenkert, 10. Januar 1946. KAB A Fasz. 4.
20 Vgl. etwa Ludwig Stangl an Paul Strenkert, 10. Januar 1946. KAB A Fasz. 4. Hier berichtet Stangl über eine Besprechung mit Domkapitular Dr. Anton Luible, der vom Augsburger Generalvikar zum Verbindungsmann des Ordinariates zur katholischen Arbeiterbewegung ernannt worden war.

Auffassungen innerhalb der Ordinariate vermehrt Gelegenheit, auch auf den internen Meinungsbildungsprozeß einzuwirken.

Neben den erwähnten Rundreisen von Leopold Schwarz und Maßnahmen bei allen bayerischen Ordinariaten versuchte die Verbandsspitze, vor allem Kardinal Faulhaber und das Münchener Ordinariat von der neuen Konzeption zu überzeugen, da man hoffte, daß sich an der Entscheidung des Vorsitzenden der bayerischen Bischofskonferenz alle anderen Mitglieder ausrichten würden[21]. Im Dezember 1945 hatten sich die Befürworter des Ketteler-Werks schließlich durchgesetzt und wurden die neuen Verbandssatzungen von Kardinal Faulhaber offziell sanktioniert[22].

Doch bereits im Januar 1946 wurde dieser Erfolg der Verbandsrepräsentanten mit Hilfe eines päpstlichen Schreibens zunichte gemacht. Pius XII. hatte am 1. November 1945 Kardinal Faulhaber einen Brief an die deutschen Bischöfe gesandt, in dem er auch auf die Frage des Wiederaufbaus der katholischen Vereine einging[23]. Hierbei plädierte er weder dezidiert für, noch gegen eine naturständische Ordnung, er überließ es vielmehr den deutschen Bischöfen zu entscheiden, welche Vereine gemäß den Bedürfnissen der Gegenwart und der Zukunft wieder aufleben sollten. Einzig auf die katholischen Arbeitervereine nahm er direkt Bezug. Da sie sich in der Vergangenheit »bestens bewährt« hätten und ihre Aufgaben sich in der Not der Gegenwart noch vermehrten, wünschte der Papst ausdrücklich ihre Wiedererrichtung[24]. Die von Pius XII. verwandte Formulierung, daß die katholischen Arbeitervereine »naturgemäß in derselben Art, in der sie früher bestanden, wieder aufleben« sollten, wurde nun von den Gegnern der neuen Konzeption des »Ketteler-Werks« dazu benutzt, Kardinal Faulhaber und das erzbischöfliche Ordinariat in einer entscheidenden Sitzung Mitte Januar 1946 davon zu überzeugen, daß die katholischen Arbeitervereine in ihrer alten Form und unter ihrem alten Namen wiedererstehen müßten[25].

---

[21] Josef Schinner an Josef Maier, 15. Januar 1946. KAB VZ G II / Aschaffenburg 1944–1964.

[22] Leopold Schwarz an Dr. Anton Luible, 14. Dezember 1945 (Durchschlag). ABA DB-30.

[23] Diese Stellen sind abgedruckt in A.-F. UTZ / J.-F. GRONER, S. 1458–1462, bzw. TEXTE ZUR KATHOLISCHEN SOZIALLEHRE, S. 201–204.

[24] Wieviel Gewicht der Papst der Arbeiterseelsorge beimaß, zeigt sich etwa auch darin, daß die deutschen Ordinariate bei der im Auftrag von Pius XII. durch Bischof Aloysius Muench im September 1946 durchgeführten Visitation der einzelnen Bischofssitze ausdrücklich auch über »die besondere Seelsorge« für Arbeiter Bericht zu erstatten hatten. Aktenvermerk, 12. September 1946. EAF Nb 9/13.

[25] Ferdinand Buchwieser an Leopold Schwarz, 23. Januar 1946 (Abschrift). ABA DB-30. Neben dem päpstlichen Schreiben an die deutschen Bischöfe vom 1. November 1945 spielte in der Diskussion auch die Ansprache Pius XII. an die Delegierten der italienischen christlichen Arbeitervereine vom 11. März 1945 (Druck: A.-F. UTZ / J.-F. GRONER, S. 1463–1469, bzw. TEXTE ZUR KATHOLISCHEN SOZIALLEHRE, S. 193–199) eine wichtige Rolle. Sie wurde ebenfalls als »Auftrag der höchsten kirch-

Durch erneute mündliche und schriftliche Vorstellungen von Leopold Schwarz sowie durch einen energischen Vorstoß von fünf führenden Laien der katholischen Arbeiterbewegung bei Generalvikar Ferdinand Buchwieser gelang es aber, die klare Vorgabe zu unterlaufen. Man erreichte, daß die Angelegenheit Kardinal Faulhaber nochmals vorgetragen wurde. Dieser beharrte zwar anfänglich auf seinen »Bedenken gegen die Aufgabe des schönen und zu Ehren gekommenen Namens ›Katholische Arbeiter- und Arbeiterinnen-Vereine‹, wie auch gegen die Zusammenfassung mehrerer in sich doch ziemlich verschiedener Berufsstände in einen einzigen Verband«, doch verschloß er sich letztlich nicht völlig den Argumenten der Befürworter der neuen Verbandskonzeption. Er würdigte etwa durchaus das »Moment der Vereinfachung« und sah auch die Notwendigkeit der Vereinigung aller katholischen lohnempfangenden Arbeitnehmer als Entsprechung zur entstehenden Einheitsgewerkschaft. So erklärte Kardinal Faulhaber zwar, »nicht dagegen sein zu wollen«, doch »konnte und wollte« er sich zu diesem Zeitpunkt auch nicht endgültig entscheiden. Er legte deshalb die Angelegenheit am 12. Februar erneut dem erzbischöflichen Ordinariat zur Beratung vor[26].

Hier wurden die gleichen Bedenken geäußert wie bereits im Januar. Darüber hinaus wurde vorgebracht, daß bei der Entscheidung einer solch bedeutsamen Angelegenheit auch die anderen bayerischen Diözesen gehört und eine einheitliche Stellungnahme für ganz Bayern, ja für ganz Deutschland angestrebt werden müßte. Deshalb dürfte der Entscheidung der nächsten Konferenz der bayerischen Bischöfe nicht vorgegriffen werden, besonders nachdem sich bereits die Konferenz der bayerischen Seelsorgsreferenten am 6. Februar ausführlich mit dieser Frage befaßt und wie das Münchener Ordinariat im Januar votiert hatte. Zudem sei in Zukunft das »Hauptgewicht« auf die »eigentliche Seelsorge« zu legen, die sich »an die einzelnen Lebensstände wenden und dabei auf das Ganze vorstoßen« sollte. Da aber mittlerweile die Konzeption des »Ketteler-Werks« seitens der Verbandsleitung präzisiert worden war, indem man klargestellt hatte, daß das Ketteler-Werk »nicht bloß eine Dachorganisation und ein Verband verschiedener katholischer Berufsvereine, sondern die einzige berufsständische Organisation für lohnempfangende Arbeitnehmer« sein sollte, und man nicht mehr beabsichtigte, kleine Geschäftsleute, Handwerker und Bauern miteinzubeziehen, erkannte das Münchener Ordinariat an, »daß der neue Name ›Ketteler-Werk‹ bei manchen

---

lichen Stelle« zur Wiederbelebung der katholischen Arbeitervereine in ihrer alten Form verstanden (vgl. etwa Dr. Anton Luible an Ludwig Stangl, 14. Januar 1946. KAB A Diözesanvorstandschaft 1945–1964) und auf dem Weg der Veröffentlichung im Verbandsschrifttum in ganz Bayern bekannt gemacht (KETTELER-WERK-PRÄSES, Nr. 2, 1946; hier aber fälschlich auf den 12. November 1945 datiert).

26 Ferdinand Buchwieser an Leopold Schwarz, 18. Februar 1946 (Abschrift). ABA Fem 221.

Leuten mehr Zugkraft hat und weiteren Kreisen den Zugang öffnet als jener der ›Katholischen Arbeitervereine‹.« Zudem hatte man sich von den führenden Persönlichkeiten der katholischen Arbeiterbewegung überzeugen lassen, daß durch die gemeinschaftliche Organisation von Männern und Frauen, die Familien »nicht mehr so durch den Besuch verschiedener Versammlungen auseinandergerissen« würden, und die »Vereinfachung des katholischen Vereinswesens« zur »Ergänzung der Einheitsgewerkschaft« notwendig sei[27].

So einigte man sich letztlich darauf, daß das Ketteler-Werk seinen Namen beibehalten könne und nur mehr seinen Untertitel ändern sollte, von »Verband katholischer berufsständischer Vereine Süddeutschlands« in »Verband katholischer Arbeiter-, Arbeiterinnen- und Hausangestellten-Vereine Süddeutschlands«. Ins Ketteler-Werk sollten nun alle katholischen Arbeitnehmer einbezogen werden, »die tatsächlich bereits von der Einheitsgewerkschaft erfaßt« wurden. »Mit zunehmender tatsächlicher Erweiterung dieser Gewerkschaft« stand auch dem Ketteler-Werk eine entsprechende Erweiterung offen[28].

Obwohl Leopold Schwarz vom Münchener Ordinariat beauftragt worden war, umgehend allen bayerischen Bischöfen und Ordinariaten über die »Ansichten, Wünsche und Bitten« der in München tätigen führenden Repräsentanten der katholischen Arbeiterbewegung sowie die »Stellungnahme der oberhirtlichen Stelle München« Bericht zu erstatten[29], gelang es ihm nicht, die Mehrheit der bayerischen Bischöfe für den neuen Verbandsnamen zu gewinnen. So beschloß die bayerische Bischofskonferenz Anfang April 1946[30], daß der Süddeutsche

---

[27] Ebd.
[28] Ferdinand Buchwieser an Leopold Schwarz, 18. Februar 1946 (Abschrift). ABA Fem 221. Diese Entscheidung wurde im Rundschreiben des Ketteler-Werks an die Pfarrgeistlichen, 20. Februar 1946 (KFA 6506) veröffentlicht. Die letzte Entscheidung über die Änderung des Untertitels fiel wohl am 19. Februar, da der Verbandsgeschäftsführer Josef Schinner in einem Schreiben an Paul Strenkert vom 18. Februar 1946 (KAB A Kart. 5) erwähnt, daß am kommenden Tag (einen Tag vor Erlaß oben erwähnten Rundschreibens) »wieder eine weitere Besprechung« in der Sache des Verbandsnamens stattfinden sollte. Unklar ist, ob dies eine erneute Besprechung mit dem Münchener Ordinariat war, das an sich am 12. Februar 1946 seine Entscheidung gefällt und diese am 18. Februar 1946 dem Verband mitgeteilt hatte (Hermann-Josef Schmitt an Ferdinand Buchwieser, 25. Februar 1946. KAB A Diözesanvorstandschaft 1945–1964), oder ob eine Besprechung innerhalb des Verbands damit gemeint war.
Die Entscheidung des Münchener Ordinariats wurde umgehend allen Sekretären des Süddeutschen Verbands mitgeteilt, indem man Abschriften des Schreibens von Generalvikar Buchwieser versandte. Vgl. Ferdinand Buchwieser an Leopold Schwarz, 18. Februar 1946 (Abschrift). ABA Fem 221, sowie Josef Maier an Josef Schinner, 20. Februar 1946. KAB VZ G II / Aschaffenburg 1944–1964.
[29] Ferdinand Buchwieser an Leopold Schwarz, 18. Februar 1946 (Abschrift). ABA Fem 221.
[30] Bestrebungen des Verbands, bereits 1945 eine Entscheidung der bayerischen und der deutschen Bischofskonferenz zu erreichen, waren daran gescheitert, daß die Bischöfe zu diesem Zeitpunkt »andere Sorgen zu erledigen« hatten. Josef Schinner an Josef Maier, 19. September 1945. KAB VZ G II / Aschaffenburg 1944–1964.

Verband in Zukunft als »Verband katholischer Arbeiter-, Arbeiterinnen- und Angestellten-Vereine Süddeutschlands« und die örtlichen Vereine entsprechend firmieren sollten[31]. Lehnten die bayerischen Bischöfe auch die Namensänderung in »Ketteler-Werk« ab, so billigten sie doch die neue organisatorische Konzeption und das ihnen vorgelegte, von Leopold Schwarz verfaßte Aktionsprogramm des Süddeutschen Verbands einhellig[32].

Im Sommer 1946 schließlich erreichte die katholische Arbeiterbewegung, daß das Münchener Ordinariat durch ein Schreiben an alle Seelsorgestellen der Erzdiözese die Wiedergründung der katholischen Arbeitervereine unterstützte[33]. Der Grundtenor dieses Aufrufes lautete: »Laßt Arbeitervereine wieder aufleben. Wenn am Ort noch keine bestehen, gründet solche, soweit die Verhältnisse es einigermaßen zulassen«. Da dieser »Ukas« von der Zentrale des Süddeutschen Verbands vervielfältigt und an alle Pfarreien Bayerns versandt wurde[34], wirkte er weit über das Erzbistum München und Freising hinaus.

In der Namensfrage wiederum wurde dem Süddeutschen Verband von Kardinal Faulhaber gestattet, zumindestens im Untertitel als »Ketteler-Werk« zu firmieren[35]. Der Vermerk »mit Genehmigung des Erzbischöflichen Ordinariates« auf den Publikationen der Verbandszentrale fand vor Ort »allgemein« Anklang und wirkte besonders überzeugend[36].

Trotz dieser Erfolge wählte man 1947 schließlich doch eine völlig andere Bezeichnung, um den inhaltlichen und organisatorischen Neuanfang auch begrifflich klar zum Ausdruck zu bringen: »Katholisches Werkvolk, Süddeutscher Verband katholischer Arbeitnehmervereine«.

Hierfür hatten sich in der Verbandsspitze Anton Maier und Carl P. Lang, ab 1. Januar 1948 Nachfolger von Leopold Schwarz und Rudolf Schwarzer in den Ämtern des Verbandspräses und des Verbandsvorsitzenden, unterstützt

---

[31] Rundschreiben Leopold Schwarz, Ostern 1946. ABP OA NL Riemer 109. Die Niederschrift über die Besprechungen der bayerischen Bischöfe auf der Konferenz in Eichstätt, 9.–10. April 1946 (KFA 4076), erwähnt diesen Beschluß nicht, sondern vermerkt nur, daß die Konferenz »das Wiedererstehen der ›katholischen Arbeiter- und Arbeiterinnenvereine‹« begrüßt, solange sie »dem pfarrlichen Ordnungsprinzip dienen«.

[32] KETTELER-WERK-FÜHRUNG, Nr. 2, 1946. Noch 1959 waren die Bischöfe im Gegensatz zu den Diözesanpräsides des Süddeutschen Verbands in ihrer Begrifflichkeit, wohl vom Westdeutschen Verband beeinflußt, dem Arbeiter-Begriff verhaftet: So wurde in der Fuldaer Bischofskonferenz eine Kommission zur »Arbeiterseelsorge – Nicht Arbeitnehmer!« (Aktenvermerk Hans Birkmayr, 9. Dezember 1959. AEB KAB Kart. 62) eingerichtet.

[33] Sie ist abgedruckt in KAB-DIÖZESANVERBAND MÜNCHEN UND FREISING, S. 31.

[34] Josef Schinner an Josef Maier, 29. Juli 1946. KAB VZ G II / Aschaffenburg 1944–1964.

[35] Aktenvermerk des Passauer Generalvikars Riemer, 2. Oktober 1946. ABP OA NL Riemer 109.

[36] Siehe etwa Josef Maier an den Verband katholischer Arbeiter-, Arbeiterinnen und Angestelltenvereine, 25. August 1946. KAB VZ G II / Aschaffenburg 1944–1964.

vom Bamberger Diözesanpräses Prälat Georg Meixner, eingesetzt[37]. Sie fühlten sich, wie die meisten anderen »Jüngeren« in der katholischen Arbeiterbewegung, der neuartigen Konzeption verpflichtet, die hinter dem »Ketteler-Werk« stand[38]. Nachdem bereits seit August 1946 in der Erzdiözese München und Freising 15 Vereinsneugründungen als »Katholisches Werkvolk« erfolgt waren und im Oktober 1946 auf einer Präsides-Konferenz des Bistums Regensburg der Name »Katholisches Werkvolk« einstimmig als offizielle neue Vereinsbezeichnung angenommen worden war[39], beschloß die erste Konferenz der bayerischen Diözesanpräsides[40] am 11. Februar 1947 in München, daß die früheren Arbeiter-, Arbeiterinnen- und Angestellten-Vereine nun im gesamten Verbandsgebiet als »Katholisches Werkvolk« firmieren sollten[41], da zum einen der Begriff »Arbeiterverein« dem Hauptanliegen der Veranwortlichen, weitere Kreise der Bevölkerung für die Lösung der sozialen Frage zu gewinnen, eher hinderlich sei und zum anderen der Begriff »Werkvolk« deutlicher als »Ketteler-Werk« zum Ausdruck brächte, daß es der neuen Organisation vor allem um die Angelegenheit des schaffenden Volks ging[42]. Mit dieser neuen Verbandsbezeichnung nahm man sozusagen die in »Quadragesimo anno«[43] geforderte »Entproletarisierung des Proletariats« begrifflich vorweg, um sie in der Wirklichkeit zu erreichen[44].

---

[37] Anton Maier, 10. August 1992.
[38] Allgemein standen vor allem die »Alten« dem Namen »Werkvolk« und der neuen Konzeption, dem Bruch mit der Tradition der Arbeitervereine, eher skeptisch gegenüber. Vgl. WERKVOLK-FÜHRUNG, Nr. 2, 1957.
[39] Bericht über die Arbeitstagung der Diözesan- und Bezirkssekretäre des Katholischen Werkvolks, 17.-18. April 1947. KAB VZ 2a / Verbandsausschuß 1954-1959. Im Bistum Regensburg wurde zeitweise auch der Begriff »Christliches Werkvolk« verwandt. Bericht Wilma Beringer, 10. April 1989. KAB MARKTREDWITZ.
[40] Offiziell zu Diözesanpräsides ernannt waren bis Anfang Oktober 1946 nur Anton Maier für die Erzdiözese München und Freising sowie Ludwig Stangl für die Diözese Augsburg (Aktenvermerk des Passauer Generalvikars Riemer, 2. Oktober 1946. ABP OA NL Riemer 109). Die anderen Teilnehmer waren bereits während der nationalsozialistischen Herrschaft Diözesanpräsides der Katholischen Arbeitervereine bzw. Leiter der dafür zuständigen Stellen der jeweiligen Ordinariate.
[41] Der Neujahresgruß des Verbandspräses zum Jahreswechsel 1946/47 (KAB VZ G II / Aschaffenburg 1944-1964), in dem zum ersten Mal durch die Verbandszentrale offiziell der Begriff »Katholisches Werkvolk« als Selbstbezeichnung verwandt wurde, ist wohl wie bereits der Neujahresgruß 1946 (Josef Schinner an Paul Strenkert, 18. Februar 1946 mit Anlagen. KAB A Kart. 5) weit zurückdatiert und wurde wahrscheinlich erst nach dem Beschluß der Diözesanpräsides-Konferenz versandt.
[42] WERKVOLK-FÜHRUNG, Nr. 3, 1947.
[43] Gedruckt bei TEXTE ZUR KATHOLISCHEN SOZIALLEHRE, S. 101-162.
[44] Als Beispiele für die damaligen Bemühungen der katholischen Publizistik, das bedingt durch die nationalsozialistische Machtergreifung in Deutschland kaum diskutierte und gewürdigte päpstliche Rundschreiben in breiten Bevölkerungsschichten bekannter zu machen, wären hier etwa G. GUNDLACH, Papst Pius XI. zur heutigen Wirtschafts- und Gesellschaftsnot, oder J. PIEPER, Thesen zur Gesellschaftspolitik, zu nennen. Gundlachs Ausführungen erschienen erstmals 1931 und wurden

II. »Werkvolk« 51

Der Begriff »Werkvolk« hatte seine Wurzeln noch in der Zeit der Weimarer Republik. So firmierte etwa von 1931 bis 1933 die Verbandszeitschrift des Rottenburger Landesverbands der katholischen Arbeitervereine unter dem Begriff »Werkvolk«[45]. Auch hatten sich die Jugendorganisationen der katholischen Arbeiterverbände der Zeit nach dem Ersten Weltkrieg in Anlehnung an das in christlichen Arbeiterkreisen nun häufiger gebrauchte Wort »Werkvolk«[46] als »Werkjugend« bezeichnet. Der Begriff »Werk« drückte aus der Sicht der Verantwortlichen des Verbands »das Verlangen nach wirtschaftsdemokratischer Gestaltung der Betriebe und der ganzen Wirtschaft« aus[47]. Während der nationalsozialistischen Herrschaft in Deutschland wurde der Begriff des »Werkvolks« in der katholischen Arbeiterbewegung verstärkt aufgegriffen und synonym für Arbeiterschaft verwandt[48], um so dem Nationalsozialismus eine geringere Angriffsfläche zu bieten. Nach Kriegsende wurde an dem so gewachsenen Sprachgebrauch festgehalten[49]. Daneben wurde im Westdeutschen Verband der KAB der Begriff der

---

1949 unter dem Titel »Die Kirche zur heutigen Wirtschafts- und Gesellschaftsnot« neu aufgelegt. Piepers Ausführungen aus dem Jahre 1933 wiederum erfuhren unter dem Titel »Thesen zur sozialen Politik« bis 1947 drei weitere Auflagen. Nicht zufällig befand sich auch unter dem ersten Informationsmaterial, das die Münchener Verbandszentrale an alle Ortsvereine versandte, ein Aufklärungsblatt über »Quadragesimo anno« (vgl. S. 33).

[45] D.-M. KRENN, Christliche Arbeiterbewegung, S. 77.

[46] So etwa im Titel des Liederbuchs WERKGESANG – LIEDER DES WERKVOLKES.

[47] Was bedeutet das Wort: »Werkvolk«, in: WERKVOLK, Nr. 2, 1949. Hier auch Ausführungen zur Begriffsgeschichte der Worte »Werk« und »Werkvolk«.

[48] So bezeichneten sich die katholischen Arbeitervereine selbst als »Vereine des katholischen Werkvolks«. Vgl. etwa die Denkschrift »Notwendigkeit, Aufgaben, Einrichtungen der Vereine des katholischen Werkvolkes, ihre Verbandszentralen und ihre Eingliederung in den hierarchischen Aufbau des kirchlichen Lebens«. BZAR NL Buchberger Kart. 57.
Der Verband Süddeutscher Katholischer Arbeitervereine verwandte den Begriff des katholischen Werkvolks auch bei der durch die Nationalsozialisten erzwungenen Neuformulierung der Normalsatzungen der katholischen Arbeitervereine. Im zweiten Absatz des zweiten Paragraphen, der sich mit den Aufgaben eines katholischen Arbeitervereins befaßt, bezeichnete der Begriff »Werkvolk« die Zielgruppe der Erziehungsarbeit eines katholischen Arbeitervereins. Satzungen des Katholischen Arbeitervereins, herausgegeben von der Hauptstelle katholisch-sozialer Vereine e. V., 22. Juli 1935. ABP OA Vereine 2.
Zum identischen Sprachgebrauch im Westdeutschen Verband vgl. etwa die gedruckten Materialien zur Feier der Entzündung eines Lichtes am Grabe Bischof Kettelers in Mainz bzw. zu einer Ketteler-Feier in der Lamberti-Kirche in Münster (KFA 6500) oder den Bericht über diese Feiern in WESTDEUTSCHE ARBEITER-ZEITUNG, Nr. 29, 21. Juli 1934.
Auch die bayerischen Bischöfe verwandten »Werkvolk« synonym für »Arbeiterschaft«. Vgl. Hirtenwort an die katholischen Arbeiter- und Arbeiterinnenverbände über Arbeiterseelsorge in gegenwärtiger Stunde. Beilage II zum AMTSBLATT MÜNCHEN-FREISING, Nr. 12, 4. Juni 1935. KFA 6500.

[49] Vgl. den Artikel »Das katholische Werkvolk in der Gesellschaft« von H.M. in KETTELER-WERK-FÜHRUNG, Nr. 11, 1946, oder das Flugblatt des Verbands süddeutscher Arbeiter-, Arbeiterinnen

»Werkjugend« als Bezeichnung für die Jugendgruppen wieder aufgegriffen[50] und die Sozialausschüsse der Union diskutierten 1946 bei ihrer Gründung, ob sie sich nicht als »Christliches Werkvolk« bezeichnen sollten[51].

Nachdem die neue süddeutsche Verbandsbezeichnung sowohl durch den Bamberger Erzbischof Kolb[52], den Münchener Erzbischof Kardinal Faulhaber sowie durch den Papst selbst aufgegriffen worden war[53], setzte sie sich verbandsweit immer stärker durch. Daß im bayerischen Episkopat gerade Erzbischof Kolb und Kardinal Faulhaber die neue Verbandsbezeichnung verwandten, dürfte kein Zufall sein, da die Verfechter des Begriffs »Werkvolk« gerade zu diesen Bischöfen besonders gute Beziehungen unterhielten. Anton Maier war im Rahmen der am ersten Sonntagnachmittag jedes Monats stattfindenden Kaffeerunden regelmäßig zu Gast bei Kardinal Faulhaber; Prälat Meixner wiederum genoß das besondere Vertrauen seines Oberhirten[54]. Hinzu kam zum einen, daß sich mit Kardinal Faulhaber der Vorsitzende und mit Erzbischof Kolb der Referent für soziale Fragen der bayerischen Bischofskonferenz für den neuen Verbandsnamen ausgesprochen hatten, und zum anderen, daß durch die Verlautbarungen der beiden Metropoliten sowohl für die süd- wie die nordbayerische Kirchenprovinz der neue Verbandsname kirchenamtlich durchgesetzt war. Bereits 1935, in der Auseinandersetzung mit dem Nationalsozialismus, hatten die Erzbischöfe von München und Bamberg für die bayerischen Bischöfe die Linie in der Arbeiterseelsorge festgelegt[55].

Angesichts dieser Situation widersetzte sich geschlossen einzig der Augsburger Diözesanverband unter der Führung von Ludwig Stangl noch im Herbst 1947 der neuen Verbandsbezeichnung[56]. So beschlossen die Delegierten des ersten Augsburger Diözesantages der Nachkriegszeit am 22. September einstimmig, daß der Süddeutsche Verband katholischer Arbeiter- und Arbeiterinnen-

---

und Hausangestelltenvereine vom November 1946, gedruckt bei D.-M. KRENN / R. LETSCHERT, S. 36.

[50] Grundgesetz für unsere Werkjugend-Gruppen, 1949. KfZG NL Hermann-Josef Schmitt 1.

[51] R. UERTZ, S. 67.

[52] In einem Hirtenwort zum Fest des Heiligen Josef, gedruckt in: AMTSBLATT BAMBERG, Nr. 4, 3. März 1947. Erzbischof Kolb empfahl »allen Angehörigen des werktätigen Volkes« in einem eigenen Hirtenwort über die Arbeitervereine vom 1. Mai 1947 (auszugsweise gedruckt bei W. LÖHR, Hirtenbriefe, Nr. 47, S. 197–199) ausdrücklich den Beitritt zum Katholischen Werkvolk.

[53] WERKVOLK-FÜHRUNG, Nr. 3, 1947.

[54] Anton Maier, 27. April 1994.

[55] Vgl. Hirtenwort an die katholischen Arbeiter- und Arbeiterinnenverbände über die Arbeiterseelsorge in gegenwärtiger Stunde. Beilage II zum AMTSBLATT MÜNCHEN-FREISING, Nr. 12, 4. Juni 1935. KFA 6500.

[56] Vereinzelten Widerstand gegen den Begriff »Katholisches Werkvolk« gab es außerdem noch in Speyer.

vereine in Zukunft den Namen »Süddeutscher Verband schaffender Katholiken« führen sollte[57]. Ein entsprechender Entwurf für die Verbandssatzungen wurde an die Verbandsleitung in München geschickt und Ludwig Stangl warb bei den Diözesanpräsides von Bamberg, Eichstätt und Passau, die ihm persönlich näher bekannt waren, für diesen Entwurf[58]. Dem Augsburger Diözesanverband ging es mit seinem Satzungsentwurf vor allem darum, »klare Instanzen zu schaffen«, also die beschlußfassenden Körperschaften des Verbands eindeutig von der Geschäftsführung und Verwaltung des Verbands zu trennen. Dadurch sollten zukünftig Vorkommnisse, wie sie 1933 zum »Leohaus-Skandal« geführt hatten, ausgeschlossen werden[59].

Da aber Ludwig Stangl selbst »auf Grund des Modus der Münchener Taktik« eine Teilnahme am Verbandstag in Regensburg für »zwecklos« erachtete und deshalb den dortigen Beratungen fernblieb[60], gelang es den Vertretern des Begriffs »Werkvolk«, sich gegen ihre verbliebenen, führungslosen Gegner durchzusetzen. Die Mehrheit der Delegierten des ersten Verbandstages der katholischen Arbeiterbewegung Süddeutschlands nach dem Zweiten Weltkriegs votierte für die neuen von der Verbandsleitung erarbeiteten Satzungen, die als Verbandsbezeichnung »Katholisches Werkvolk, Süddeutscher Verband katholischer Arbeitnehmer« verwandten und in die wohl ein von Bamberg eingereichter Satzungsentwurf eingegangen war[61].

Damit aber hatte sich die bereits vor dem Zweiten Weltkrieg bestehende regionale Spaltung in der katholischen Arbeiterbewegung Deutschlands noch vertieft. Da der Ostdeutsche Verband in der sowjetischen Besatzungszone nicht wiedererstehen konnte und sich der Westdeutsche Verband nicht der moderneren süddeutschen Verbandskonzeption anschloß, war durch die Regensburger Beschlüsse die Chance einer deutschlandweit einheitlichen katholischen Arbeiterbewegung, wie sie etwa das Münchener Ordinariat angestrebt hatte[62], vertan. Nun trennten

---

[57] Ludwig Stangl an die Leitung des Süddeutschen Verbands der kath. Arbeiter- und Arbeiterinnenvereine, 23. September 1947. KAB A Diözesantage 1947–1959.

[58] Ludwig Stangl an Georg Meixner, 25. September 1947; Ludwig Stangl an Joseph Heindl, 26. September 1947, und Ludwig Stangl an Franz Xaver Stockinger, 26. September 1947. KAB A Diözesantage 1947–1959.

[59] Zum Konkurs des Leohauses vgl. D.-M. KRENN, Christliche Arbeiterbewegung, S. 346–355.

[60] Ludwig Stangl an die Verbandsleitung des Süddeutschen Verbands der kath. Arbeiter- und Arbeiterinnenvereine, 24. September 1947. KAB A Diözesantage 1947–1959.

[61] Ludwig Stangl an Georg Meixner, 25. September 1947. KAB A Diözesantage 1947–1949. Die Diözesanverbände übernahmen mit Ausnahme von Augsburg die Bezeichnung des Süddeutschen Verbands; in Augsburg führte man ab Januar 1948, nachdem »die Meinungsverschiedenheiten durch einen Kompromiß beigelegt« waren, den Untertitel »Verband schaffender Katholiken der Diözese Augsburg«. Paul Strenkert an das Verbandssekretariat, 31. Januar 1948. KAB A Kart. 5.

[62] Ferdinand Buchwieser an Leopold Schwarz, 18. Februar 1946 (Abschrift). ABA Fem 221.

den Süddeutschen und den Westdeutschen Verband, der der alten Tradition der katholischen Arbeitervereine und ihrer strikten naturständischen Trennung verhaftet blieb, nicht nur regionale Unterschiede, sondern eine völlig andersartige Verbandskonzeption, wie sie sich im jeweiligen Verbandsnamen ausdrückte.

III. Organisationsstruktur[1]

»Denn nicht darum geht es, große Organisationen zu bauen. Seelen müssen gerettet werden«[2]

Doch um dieses Ziel tatsächlich zu erreichen, war der Aufbau einer mitgliederstarken und aktiven Organisation aus der Sicht der Leitung des Werkvolks zwingend erforderlich. Der vielbeachtete Satz von Bernhard Hanssler aus dem Jahre 1958: »Was nicht organisiert ist, wird gesellschaftlich nicht wirksam. Verzicht auf Organisation bedeutet Verzicht auf Aktion und damit auf Wirkung«[3], brachte auch die Haltung des langjährigen Verbandspräses Anton Maier zum Ausdruck[4].

Der Süddeutsche Verband umfaßte alle Mitglieder der ihm angeschlossenen Werkvolkgemeinschaften seines Verbandsgebietes, die Beiträge an ihn abführten und die vom Verband erlassenen Normalsatzungen in den wesentlichen Teilen übernahmen. Neben der Vollmitgliedschaft wurde zum 1. Januar 1952 die Möglichkeit eingeführt, als Ehegattenmitglied mit vermindertem Beitrag dem Verband anzugehören. Darüber hinaus bestand für Jugendliche, Arbeitslose sowie Witwen die Möglichkeit, als außerordentliches Mitglied in eine lokale Werkvolkgemeinschaft aufgenommen zu werden. Diese außerordentlichen Mitglieder wurden aber nicht zu Mitgliedern des Süddeutschen Verbands und deshalb normalerweise von diesem auch nicht erfaßt[5]. Der Süddeutsche Verband, der seinen Sitz in München hatte, gliederte sich in die Diözesanverbände der acht bayerischen Diözesen sowie einzelne Vereine der Diözesen Freiburg und Rottenburg[6]. Die Diözesanverbände wiederum gliederten sich in Bezirksverbände,

---

[1] Im folgenden wird zitiert aus: Satzungen des Katholischen Werkvolks, Süddeutscher Verband katholischer Arbeitnehmer (12. Oktober 1947) (= A); Geänderte Satzungen des Katholischen Werkvolks, Süddeutscher Verband katholischer Arbeitnehmer (30. September 1951) (= B); Satzungen des »Werkvolks«, Süddeutscher Verband katholischer Arbeitnehmer (19. Juli 1955) (= C); Satzung des »Werkvolks«, Süddeutscher Verband katholischer Arbeitnehmer (11. November 1962) (= D). Mitglieder-Satzungen des Katholischen Werkvolks, Süddeutscher Verband katholischer Arbeitnehmer (vor Oktober 1947) (= E); Mitglieder-Satzungen des Katholischen Werkvolks, Süddeutscher Verband katholischer Arbeitnehmer (12. Oktober 1947) (= F); Mitglieder-Satzungen Werkvolk (wohl 1955) (= G). A–C, E–G in KAB VZ Satzungen; D in KAB VZ 45b / Verbandstag Augsburg 1963.
[2] Werkvolk, Nr. 12, Dezember 1949.
[3] B. Hanssler, Vielfalt, S. 295; aufgenommen auch in B. Hanssler, Gottesvolk, S. 121.
[4] Anton Maier, 27. April 1994; Laudatio für Anton Maier anläßlich der Verleihung der Ketteler-Medaille der KAB Süddeutschlands durch Verbandspräses Konrad Seidl, 19. April 1996. KAB VZ.
[5] Vgl. S. 92.
[6] Der Diözesanverband Freiburg wurde erst 1953 gebildet. Auf dem Verbandstag von Mannheim 1955 erfolgte seine offizielle Aufnahme in den Süddeutschen Verband. Vgl. S. 73–74, 145–149. Der »Landesverband« Rottenburg blieb während des Untersuchungszeitraums eine eigenständige

deren Grenzen von den Diözesanverbänden festgelegt wurden. Die Grenzziehung der Bezirksverbände orientierte sich zumeist an den Grenzen der Dekanate, weil die Werkvolkgemeinschaften, aus denen sich die Bezirksverbände zusammensetzten, als pfarrliche Gemeinschaften an der kirchlichen Raumgliederung ausgerichtet waren[7].

1. Der Geschäftsführende Verbandsvorstand

An der Spitze des Süddeutschen Verbands stand, wie vor dem Zweiten Weltkrieg[8], ein Geschäftsführender Vorstand. Er setzte sich aus dem Verbandspräses, dem Verbandsvorsitzenden sowie der Vorsitzenden des weiblichen Werkvolks zusammen.

a) *Der Verbandspräses*

Der Verbandspräses mußte satzungsgemäß stets ein katholischer Geistlicher sein. Er wurde vom Verbandstag vorgeschlagen und vom Vorsitzenden der Bayerischen Bischofskonferenz berufen[9]. Der Verbandspräses führte sowohl innerhalb der Verbandsleitung als auch im Verbandsausschuß den Vorsitz. Er hatte darüber hinaus auch noch das Recht, bestimmte Vorschläge mit den Diözesanpräsides zu beraten, bevor die Verbandsleitung unter seinem Vorsitz diese an den Verband herantrug[10]. Das Amt des Verbandspräses stellte den sichtbarsten Beleg für die Leitungsfunktion des Klerus innerhalb des Verbands dar. Erst mit der Satzung von 1962 wurde die zentrale Rolle des Verbandspräses – zumindest in der Theorie – etwas beschnitten, indem auch dem gewählten Verbandsvorsitzenden der Vorsitz in Verbandsleitung wie -ausschuß fakultativ zugestanden wurde[11].

---

organisatorische Größe mit etwa 10 000 Mitgliedern im Jahr 1962 (vgl. R. Keinert, S. 57); die Zahl der vom Süddeutschen Verband organisierten Mitglieder der Diözese Rottenburg sank von 252 am 1. Januar 1950 auf 94 am 1. Januar 1964. Vgl. S. 94 sowie Tab. 1 im Anhang.

[7] Noch bis Mitte der fünfziger Jahre tritt deshalb gelegentlich auch die unkorrekte Bezeichnung »Dekanatsverbände« für die Bezirksverbände im Verbandsschrifttum auf. Die Dekane waren aus Verbandssicht auch die Ansprechpartner bei der Wiedererrichtung der Bezirksverbände nach dem Zweiten Weltkrieg. Vgl. Josef Maier an Josef Schinner, 9. Mai 1948. KAB VZ G II / Aschaffenburg 1944–1964.

[8] D.-M. Krenn, Christliche Arbeiterbewegung, S. 15–16.

[9] A bzw. B § 10. Ab 1955 mußte sich der Vorsitzende der Bayerischen Bischofskonferenz mit dem Erzbischof von Freiburg und dem Bischof von Rottenburg ins Benehmen setzen. C bzw. D § 9.

[10] A bzw. B § 10.

[11] D § 9.

Leopold Schwarz

In der unmittelbaren Nachkriegszeit wirkte der Augsburger Priester Leopold Schwarz als Verbandspräses. Er hatte vom 1. Januar 1935 an in engster Absprache mit Kardinal Faulhaber den Süddeutschen Verband durch die Zeit der nationalsozialistischen Verfolgung geführt und leitete bis 1947 seinen Wiederaufbau. Auf dem ersten Verbandstag schied er auf eigenen Wunsch aus dem Amt, blieb dem Verband jedoch weiter verbunden. Als besonders aktiver Autor des Verbandsorgans sowie als Ehren-Verbandspräses – einer Funktion, die in den Satzungen nicht vorgesehen war – bestimmte er bis zu seinem Tod maßgeblich die Geschicke des Süddeutschen Verbands mit.

Leopold Schwarz wurde am 5. April 1897 als Sohn eines Brauereibesitzers in Zusmarshausen bei Augsburg geboren. Unmittelbar nach Ausbruch des Ersten Weltkriegs meldete er sich freiwillig und wurde wiederholt ausgezeichnet: Er erhielt unter anderm das EK II, das EK I, den Militär-Verdiensterden sowie die Bayerische Tapferkeitsmedaille in Gold[12]. Hatte er vor Kriegsausbruch Forstwissenschaft studiert, so entschied er sich in Kriegsgefangenschaft nach der Lektüre einer Sammlung von Fastenpredigten[13] für einen priesterlichen Lebensweg. Nach dem Theologiestudium in München und dem Besuch des Georgianums wurde er am 20. Juli 1924 zum Priester der Diözese Augsburg geweiht[14].

Nach dem Zusammenbruch des Leohauses und dem sich daran anschließenden »Leohaus-Prozeß«[15] berief ihn »die geistliche Obrigkeit« nach der Verhaftung seines Vorgängers zum Verbandspräses. Von Mai 1933 bis Sommer 1934 waren nicht weniger als drei Geistliche der Erzdiözese München und Freising in dieser Funktion tätig[16]. Doch gelang es erst Leopold Schwarz, der bis dahin in der katholischen Arbeiterbewegung nicht hervorgetreten und somit auch nicht in die Vorgänge des »Leohaus-Skandals« verstrickt war, das verlorene Vertrauen der katholischen Arbeiterschaft wiederzugewinnen. Da er als hochdekorierter Frontoffizier mit bekannt nationaler Gesinnung[17] der nationalsozialistischen Seite zudem nur geringe Angriffsflächen bot, gelang es ihm, die Gleichschaltung der

---

[12] Vgl. L. Börst, S. 19, 26, 30, 33; Die Bayern im Grossen Krieg, Beiheft 2, S. 22.
[13] L. Börst, S. 37–39. Es handelte sich dabei um das Buch A. Ender, Skizzen für Fastenpredigten, das mit etwa 200 anderen Publikationen als Geschenk des Papstes an die gefangenen deutschen Offiziere ausgehändigt wurde.
[14] ABA Pers. 1870.
[15] Zu beidem vgl. D.-M. Krenn, Christliche Arbeiterbewegung, S. 346–355.
[16] Die Berufung des Bamberger Priesters Dr. Konrad Hanna war gescheitert. Vgl. D.-M. Krenn, Christliche Arbeiterbewegung, S. 351–352.
[17] Sein Buch über die Erfahrungen vor Verdun, wo er im gleichen Regiment wie Hans Zöberlein eingesetzt war, wurde vom Völkischen Beobachter ausdrücklich zur Lektüre empfohlen. L. Schwarz, 20 Jahre später, S. 4.

katholisch-sozialen Standesorganisationen zu verhindern und den Süddeutschen Verband als organisatorische Einheit bis 1939 zu retten. Doch verstand Leopold Schwarz seine Aufgabe keineswegs nur defensiv. So unternahm er etwa 1935 nach der Wiedereingliederung des Saarlands in das Deutsche Reich eine »Westmark-Fahrt«, um den Anschluß der saarländischen Arbeitervereine an den Süddeutschen Verband zu erreichen[18]. Im selben Jahr bemühte er sich auch um die Umgestaltung des Reichsverbands der katholischen Arbeiterbewegung, um diesem Überlebenschancen im Dritten Reich zu eröffnen[19]. Zudem versuchte er, durch eine Fülle von Publikationen »das Wissen um die katholischen Glaubenswahrheiten unter den erwachsenen Christen« zu stärken[20].

Entsprechend seiner Haltung einer aktiven Gegenwehr, die offensive Verteidigung der reinen Defensive vorzog, gehörte Leopold Schwarz auch dem Gründerkreis wie der späteren Führung der »acies ordinata« an, »einer auf die strategische Planung der Nazis abgestimmten Widerstandsorganisation«[21]. Diese »Priesteraktionsgemeinschaft« hatte sich zum Ziel gesetzt, die etwa 3000 Feldgeistlichen und Frontkämpfer des Ersten Weltkriegs im Klerus zusammenzufassen, um so mit Hilfe eines internen Informationsdienstes möglichst gleichmäßige Reaktionen des Klerus auf nationalsozialistische Aktionen zu ermöglichen. Zudem sollten Volk und Partei Geistliche vor Augen gestellt werden, deren Kriegsauszeichnungen ihre unbezweifelbare »nationale Haltung« bewiesen[22]. So erschien 1938 mit kirchlicher Druckgenehmigung auch ein Lebensbild von Leopold Schwarz als einem der am höchsten dekorierten Kriegsteilnehmer aus den Reihen des bayerischen Klerus. Diese Broschüre stellte das Heft Zwei der Reihe »Priester im Volk« dar, die sich zum Ziel gesetzt hatte, den Gläubigen »in zirka zwanzig kleinen, billigen Schriften Priesterpersönlichkeiten aus dem gesamten deutschen Sprachgebiet« näherzubringen, »die von der göttlichen Vorsehung in besonderem Maße dazu bestimmt wurden oder sind – sei es durch besondere Umstände oder besondere Aufgaben, in die oder vor die sie gestellt wurden – von ihrem Priestertum auszustrahlen«[23].

Insgesamt erhielt Leopold Schwarz im Zusammenhang mit seiner Tätigkeit als Verbandspräses etwa 60 Vorladungen, Verwarnungen und Androhungen durch

---

[18] D.-M. KRENN, Christliche Arbeiterbewegung, S. 75.
[19] EBD., S. 81.
[20] Vgl. hierzu etwa die fünfbändige Buchreihe über die Grundwahrheiten des Christentums L. SCHWARZ, Steh' fest im Glauben; das Zitat findet sich in Band I, S. 9.
[21] L. BRANDL, S. 210–211, 213. Zu Gründung, Aufbau, Organisation und Scheitern der »acies ordinata« vgl. vor allem S. 210–229, 310–320, passim.
[22] H. HÜRTEN, Deutsche Katholiken, S. 536.
[23] L. BÖRST, S. 61. In den Zusammenhang mit diesen Bemühungen der »Acies« ist wohl ebenfalls die Publikation von B. MEIER einzuordnen.

die Gestapo. Sein Post- und Telefonverkehr sowie seine Reisen und Vorträge wurden überwacht. Außerdem mußte Leopold Schwarz Hausdurchsuchungen, Beschlagnahmungen und Verbreitungsverbote mehrerer seiner Broschüren sowie viermal das Verbot der von ihm herausgegebenen Verbandszeitschrift erdulden. Am Kriegsende wurde er durch SS-Mitglieder verhaftet und sollte wegen Maßnahmen gegen die Zerstörung seines Heimatortes erschossen werden[24].

Leopold Schwarz übte auch nach seinem Ausscheiden aus dem Amt des Verbandspräses beträchtlichen Einfluß auf die weitere Entwicklung des Werkvolks aus. So war etwa er es, dem es gelang, eine Druckerei zu finden, die trotz der Probleme der Papierbeschaffung in den Jahren der unmittelbaren Nachkriegszeit die Aufträge des Verbands ausführen konnte[25]. Doch beschränkte sich die Unterstützung der neuen Verantwortlichen durch den Ehren-Verbandspräses keineswegs auf solch punktuelle Aktionen, vielmehr beteiligte er sich bis zu seinem Tod am 19. Mai 1960 weiterhin regelmäßig an den Sitzungen der Verbandsleitung[26]. Darüber hinaus förderte er ab 1. Oktober 1950 auch in seinem neuen Amt als Diözesanmännerseelsorger im Bistum Augsburg auf vielfältige Weise die katholische Arbeitnehmerbewegung Süddeutschlands[27].

Anton Maier[28]

Der Nachfolger von Leopold Schwarz im Amt des Verbandspräses war wie dieser ein Spätberufener. Am 8. April 1906 in Olching als 13. Kind eines Fabrikarbeiters und Nebenerwerbslandwirts geboren, war Anton Maier nach dem Schulbesuch kurze Zeit in einem landwirtschaftlichen Lagerhaus und Textilbetrieb selbst als Arbeiter tätig. Doch die eintönige Beschäftigung langweilte ihn und er fühlte sich unterfordert. Friedrich Pfanzelt, der Pfarrer von Olching, ab 15. November 1933 Pfarrer von Dachau, vermittelte ihm hierauf 1923 einen »Freiplatz« im Knabenseminar und in der Lateinschule zu Scheyern. 1926 wechselte Maier nach Freising, wo er 1930 seine gymnasiale Ausbildung mit sehr guten Noten abschloß. Nach dem Abitur faßte er den Entschluß, Priester zu werden, und absolvierte ein Theologiestudium in Freising. 1935 wurde er von Kardinal Faulhaber zum Priester geweiht. Nach kurzer Tätigkeit als Koadjutor in Siegsdorf machte Maier ab 1. Dezember 1935 bereits auf seiner zweiten Seelsorgsstelle in Traunstein erste Erfahrungen in der Gefängnisseelsorge. Da er sich dort bewährt hatte, wurde er

---

[24] Priester unter Hitlers Terror, S. 979.
[25] E. Kunze, Geschichte des Diözesanverbandes, S. 23.
[26] Vgl. S. 68.
[27] ABA Pers. 1870.
[28] Zu seiner Biographie vgl. den »Personalakt« Anton Maier in KAB VZ sowie H.-J. Nesner, Metropolitankapitel, S. 564–565 sowie 607. Hier auch weitere Literaturhinweise.

von Kardinal Faulhaber zum 16. August 1937 in die Pfarrei München-Mariahilf versetzt, von wo aus er in den Gefängnissen Stadelheim, an der Corneliusstraße und am Neudeck und nach 1940 auch in verschiedenen Lagern wie etwa Hohenbrunn oder Neuhausen-Nymphenburg als Seelsorger wirkte. Die Tätigkeit als Gefängnisseelsorger brachte zahlreiche Begegnungen mit Kardinal Faulhaber mit sich, in dessen Auftrag Anton Maier handelte. Nach Kriegsende setzte sich der auf diese Weise gewachsene enge Kontakt fort.

Als Kaplan in München-Mariahilf war Maier auch als Präses für die katholische Arbeiterbewegung tätig gewesen[29] und hatte so bereits in der Zeit der nationalsozialistischen Verfolgung Verbandspräses Leopold Schwarz näher kennengelernt, mit dem ihn bis zu dessen Tod eine ausgesprochen persönliche Beziehung verband. So unterzeichnete er etwa ein Schreiben an Leopold Schwarz mit »Dein Sohn«[30]. Das besondere Vertrauensverhältnis zu Schwarz wie zu Faulhaber führten dazu, daß Anton Maier, obwohl noch relativ jung, zum Münchener Diözesan-, zum stellvertretenden Verbandspräses und wenig später zum Verbandspräses vorgeschlagen, gewählt und ernannt wurde.

Die Fülle der von ihm neben seiner Tätigkeit als Verbandspräses übernommenen Funktionen und Aufgabenbereiche veranschaulicht exemplarisch die Bedeutung der katholischen Arbeiterbewegung Bayerns als gesellschaftliche Kraft, sowohl innerhalb der Kirche, als auch jenseits des Kirchenraums, als Entsprechung und Konkurrenz zu anderen gesellschaftlichen Größen.

In der katholischen Arbeitnehmerbewegung wirkte Anton Maier nicht nur auf der Ebene Süddeutschlands. Auf Grund seiner freundschaftlichen Beziehungen zu Verbandspräses Hermann-Josef Schmitt, zu Verbandsvorsitzenden Josef Gockeln sowie zu Verbandssekretär Johannes Even, übte er auch auf die Entwicklungen in Westdeutschland entscheidenden Einfluß aus. Auf seine Initiative hin wurde 1950 der Kartellverband der katholischen Arbeiterbewegung gegründet[31], der die Beziehungen zwischen dem Süddeutschen und dem Westdeutschen Verband verstärkte und vor allem institutionalisierte, was stets ein besonderes Anliegen Anton Maiers war. Außerdem gehörte er zu den entscheidenden Mitbegründern der »Fédération Internationale des Mouvements des Ouvriers Chrétiens (FIMOC)«. Nicht zufällig fand der Gründungskongreß 1953 in München statt. Ab 1963 wirkte Maier zudem als Präses der FIMOC.

Ab 5. März 1949 übte Anton Maier neben seinen Verbands-Ämtern auch den Vorsitz des im wesentlichen von der katholischen Arbeitnehmerbewegung

---

[29] Dieses Amt behielt er bis 1954 bei. 75 JAHRE WERKVOLK MARIAHILF, S. 25.
[30] KAB VZ NL Schwarz.
[31] Vgl. S. 396.

III. Organisationsstruktur 61

initiierten »Katholischen Siedlungs- und Wohnungsbauwerks der Erzdiözese München und Freising« aus[32].

Im Bereich der Politik, die Maier als die »vornehmste Form der Nächstenliebe« verstand, wirkte er, der »immer ein politischer Mensch und Priester« war und den persönliche Freundschaft mit Franz Josef Strauß und anderen Spitzenpolitikern der CSU verband, ab 1952 mit ausdrücklicher Genehmigung von Kardinal Wendel als Mitglied des Münchener Stadtrats[33].

War Maier auf Grund seiner Verbandstätigkeit bereits am 4. November 1954 zum Monsignore ernannt worden[34], wählte ihn das Metropolitankapitel am 20. Dezember 1955 zum Canonicus-Coadjutor, am 25. Juni 1957 schwor er zum Domkapitular auf. Daraufhin gab Maier sowohl das Amt als Vorsitzender des Siedlungswerks wie sein Mandat als CSU-Stadtrat auf. Anfänglich war der Verbandspräses innerhalb der diözesanen Verwaltung im Seelsorgereferat für die Jugendarbeit zuständig. Beim Eucharistischen Kongreß 1960 schließlich bewährte sich Maier, der zugleich Vorsitzender des eigens zur Durchführung gegründeten Vereins war, nicht zuletzt auf Grund der organisatorischen Unterstützung durch das Katholische Werkvolk bei der Vorbereitung und Durchführung dieses besonderen Herzensanliegens von Kardinal Wendel[35]. Auf Grund seiner Leistungen als Organisator und Kontaktmann zu Presse und Rundfunk während jener Zeit avancierte Maier, der im Ordinariat mittlerweile als Personalreferent für die Laienmitarbeiter der Erzdiözese tätig war (1961–1978), von 1963 bis 1979 zum Leiter des Referats »Öffentlichkeit und Soziales«, später »Öffentlichkeitsarbeit, Rundfunk und Presse«. In dieser Funktion baute er die Pressestelle des Münchener Ordinariats auf, eine der ersten in der Bundesrepublik Deutschland, und entwickelte zusammen mit Dr. Hans Wagner, später Professor für Kommunikationswissenschaften, Konzeptionen für die kirchliche Öffentlichkeitsarbeit in der modernen, pluralistischen Gesellschaft[36]. Daneben fungierte Anton Maier als »politischer Referent« sowie als »Referent für die Katholische Aktion, Laienapostolat und Sozialverbände«. Darüber hinaus wirkte er auf der Landesebene

---

[32] Vgl. R. E. Simon, S. 200–204.
[33] Laudatio für Anton Maier anläßlich der Verleihung der Ketteler-Medaille der KAB Süddeutschlands durch Verbandspräses Konrad Seidl, 19. April 1996. »Personalakt« Anton Maier. KAB VZ; D. Grypa, Zur innerkirchlichen Diskussion, S. 548, 570–571.
[34] Schematismus München und Freising 1955, S. XXIX. Am 13. Juli 1961 folgte der Titel eines päpstlichen Hausprälaten. Schematismus München und Freising 1962, S. XXIX. Aus der Sicht des Werkvolks erhielt Anton Maier diese Auszeichnung »stellvertretend für alle«. Man sah in der Ehrung des Verbandspräses »eine Anerkennung der gesamten Werkvolkarbeit« aller ehren- und hauptamtlichen Mitarbeiter des Verbands. Werkvolk, Nr. 2, Februar 1955.
[35] Vgl. hierzu G. Schwaiger / M. Heim, S. 85–88.
[36] H. Wagner, Das Ende der katholischen Presse I, S. 7–8.

als »Beauftragter der Freisinger Bischofskonferenz für den Landesausschuß der Katholischen Aktion«, später für das Landeskomitee der Katholiken in Bayern. Auch den Landesverband des Katholischen Deutschen Frauenbundes hat er auf einer langen Wegstrecke begleitet, bevor er am 26. Januar 1998 verstarb[37].

b) *Die Verbandsvorsitzenden*

Der Verbandsvorsitzende mußte nach der Satzung ein Laie sein. Er wurde wie die Vorsitzende des weiblichen Werkvolks vom Verbandstag mit einfacher Mehrheit gewählt. Präses und Vorsitzender waren »für die organisatorischen, agitatorischen, sozial-wirtschaftlichen, kulturellen und religiösen Maßnahmen innerhalb des Verbandes« zuständig. Sie leiteten und vertraten den Verband nach innen und außen, begrenzt durch die Satzungen und die Beschlüsse der anderen Verbandsorgane. Sie hatten auch das Besetzungsrecht für die Stellen innerhalb der Verbandszentrale in München. Wenn sich beide in einer solchen Frage nicht einigten, entschied die Verbandsleitung. Allgemein galt, daß beide das gemeinsame Recht allein ausüben konnten, wenn sie vom anderen Teil dazu bevollmächtigt worden waren. Über die unmittelbare Verbandsarbeit in München hinaus hatten sie das Recht, an allen Sitzungen der Diözesan- und Bezirksverbände sowie aller Werkvolkgemeinschaften teilzunehmen. Ebenso konnten sie jederzeit die Diözesansekretariate besuchen und in deren Arbeit Einblick nehmen[38]. In Fragen, die die weiblichen Mitglieder betrafen, übte die Vorsitzende des weiblichen Werkvolks die Rechte des Verbandsvorsitzenden aus[39]. Erst nach der Verbandssatzung von 1962 wurde auch für die weiblichen Verbandsvorsitzenden eine Stellvertreterin gewählt[40].

Das Grundproblem der Laien im geschäftsführenden Verbandsvorstand war, daß sie ihr Leitungsamt nur nebenamtlich ausüben konnten, während Verbandspräses Anton Maier bis zu seiner Aufnahme ins Münchener Ordinariat sich ausschließlich der Verbandsarbeit widmen konnte. Obwohl man einen hauptamtlichen Verbandsvorsitzenden durchaus als »wünschenswert« betrachtete[41], gelang es nicht, diese Forderung auch umzusetzen. Carl Peter Lang, der Verbandsvorsitzende von 1947 bis 1959, war hauptberuflich bei der Landesversicherungsanstalt beschäftigt, Dr. Ludwig Franz war neben seinem Amt als Verbandsvorsitzender offiziell zwar hauptberuflich Verbandssekretär, doch gehörte er ab 1953 zugleich als Abgeordneter der CSU-Fraktion dem Bundestag an.

---

[37] Süddeutsche Zeitung, Nr. 45, 28. Januar 1998.
[38] A § 10 bzw. 15.
[39] A § 11.
[40] D § 8.
[41] Werkvolk, Nr. 9, September 1951.

Rudolf Schwarzer

Der Verbandsvorsitzende der unmittelbaren Nachkriegszeit hatte wie Verbandspräses Leopold Schwarz sein Amt bereits vor 1945 ausgeübt. Am 3. März 1879 in Koritschan (Mähren) geboren, erlernte Schwarzer das Schreinerhandwerk, bevor er ab 1905 als Gewerkschaftssekretär wirkte. Ab 1914 nahm er an der Westfront am Ersten Weltkrieg teil. Nach 1918 wirkte Rudolf Schwarzer als Verbandssekretär der katholischen Arbeiterbewegung in München. 1926 wurde er zum Vorsitzenden des Süddeutschen Verbands gewählt. In der Revolutionszeit vertrat er die Münchener Arbeitervereine im Provisorischen Nationalrat Bayerns. 1919/20 war Schwarzer Mitglied der Weimarer Nationalversammlung, von 1920 bis 1933 gehörte er dem Reichstag als Abgeordneter der BVP-Fraktion an[42].

Nach der Machtübernahme durch die Nationalsozialisten führte Schwarzer anfangs die Geschäfte des Verbands weiter, mußte aber in Folge des »Leohaus-Skandals« zurücktreten. Trotz mehrfacher Bedrohung übernahm er im Herbst 1934 das Amt des Verbandsvorsitzenden erneut, bis zum 1. Juli 1939 mit der Umwandlung in die »Sterbegeldvereinigung 1917« der Verband offiziell zu existieren aufhörte[43]. Auf Grund seiner Tätigkeit war Schwarzer Repressionsmaßnahmen der Nationalsozialisten ausgesetzt. Wiederholt wurde er verhaftet, so etwa vom 26. Juni bis 5. Juli 1933 im Rahmen der Aktion gegen die BVP oder nach dem 20. Juli 1944 im Rahmen der Aktion »Gewitter«[44].

Nach dem Zweiten Weltkrieg engagierte sich Rudolf Schwarzer nicht nur beim Wiederaufbau der katholischen Arbeiterbewegung, sondern beteiligte sich in München auch führend an der Gründung der CSU. Er wurde Vorsitzender eines der Münchener Ortsverbände und war von 1945 bis 1948 als Stadtrat tätig[45].

Als »Ehrenverbandsvorsitzender«[46] nahm Rudolf Schwarzer, wie Leopold Schwarz, auch nach seinem Ausscheiden aus der Verbandsleitung 1947 bis zu seinem Tod am 26. Februar 1964[47] »immer« an den Sitzungen der Führungsgremien des Süddeutschen Verbands teil, wenn zentrale Fragen »im Feuer oder zur

---

[42] REICHSTAGS-HANDBUCH, S. 407. Die dortige Angabe, daß Schwarzer bereits 1918 zum Verbandsvorsitzenden gewählt worden sei, ist falsch. Vgl. D.-M. KRENN, Christliche Arbeiterbewegung, S. 19.
[43] D.-M. KRENN, Christliche Arbeiterbewegung, S. 111, 212–213, 305–306, 349–353.
[44] Zu seinen Verhaftungen vgl. M.d.R., S. 526 Nr. 1279.
[45] Vgl. DIE CSU 1945–1948, S. 1931; T. SCHLEMMER, Aufbruch, Krise und Erneuerung, S. 58. Zu seinem aus der Abwicklung des »Leohaus-Skandals« resultierenden engen Kontakt zu Josef Müller vgl. J. MÜLLER, S. 50.
[46] WERKVOLK, Nr. 3, März 1959.
[47] WERKVOLK, Nr. 4, April 1964.

Beratung« standen[48]. An der Gestaltung des Verbandsorgans hingegen beteiligte sich Schwarzer nur punktuell.

Carl Peter Lang[49]

Am 2. Juli 1900 als Sohn einer Arbeiterfamilie im pfälzischen Rodalben geboren, war Lang anfänglich selbst als Arbeiter in einer Schuhfabrik tätig. 1920 trat er der Christlichen Gewerkschaft bei und absolvierte 1925/26 den Sieben-Monats-kurs an der »Sozialen Volkshochschule Leohaus« in Kochel. Nach Abschluß seiner Ausbildung arbeitete Lang kurze Zeit als Sozialbetreuer in der Münchener Landesblindenanstalt, bevor er am 1. Oktober 1926 als Bezirkssekretär der katholischen Arbeitervereine Münchens in das Leohaus aufgenommen wurde. Auf Grund seiner Erfolge in der Jugendarbeit wurde Carl Lang zum 1. November 1927 vom Süddeutschen Verband »abgeworben«. Als Verbandssekretär war er für die Jungarbeiterbewegung und die Zeitschrift »Der Jungarbeiter«, das »Organ erwerbstätiger katholischer Jungmänner«, zuständig. Den Höhepunkt seiner Arbeit stellte der Jungarbeitertag 1929 in Regensburg dar, an dem etwa 12 000 Jugendliche aus ganz Süddeutschland teilnahmen. Ab 1930 hatte sich Lang auch am Aufbau der »Lichtschar« beteiligt, in der die Verbandsleitung einen Teil der Jungarbeiter als »Elitetruppe« sammelte, die zum »Motor der katholischen Arbeiterbewegung« werden sollte[50]. Nach dem »Leohaus-Skandal«, in dessen Rahmen auch ihm das Betreten der Verbandszentrale verboten worden war[51], übte er bis zum Ausbruch des Zweiten Weltkriegs, an dem er zum Ende als Soldat teilnahm, innerhalb des Verbands bereits zum Teil die Funktionen eines Verbandsvorsitzenden aus. So reiste etwa 1935 er und nicht Rudolf Schwarzer zusammen mit dem Verbandspräses Leopold Schwarz nach Rom zu einer Privataudienz bei Papst Pius XI.[52]. Unmittelbar nach Kriegsende beteiligte sich Carl Lang, der Schwiegersohn Rudolf Schwarzers, dann als Verbandssekretär maßgeblich am organisatorischen Wiederaufbau. 1947 wurde er von der Generation, die er selbst in der Zeit der Weimarer Republik für den Verband gewonnen hatte und die nun als 40- und 50jährige den Kern des entstehenden Werkvolks bil-

---

[48] So Anton Maier. Protokoll der Delegiertentagung des Verbandstags in Mannheim. KAB VZ 43a / Verbandstag Mannheim. Vgl. hierzu aber etwa auch Protokoll der Verbandsleitungssitzung, 30. November 1957. KAB VZ 2a / Verbandsausschuß 1954–1959, oder die Teilnehmerliste der Verbandsleitungssitzung, 10. November 1961. KAB VZ 1 / Verbandsleitung 1954–1971.

[49] Zu seiner Biographie vgl. den »Personalakt« Carl Peter Lang in KAB VZ; WERKVOLK, Nr. 10, Oktober 1951; WERKVOLK, Nr. 1, Januar 1966; WERKVOLK, Nr. 12, Dezember 1968, sowie H. BUDDE, Handbuch, S. 182.

[50] Zur Lichtschar vgl. D.-M. KRENN, Christliche Arbeiterbewegung, S. 134–135.

[51] Vgl. D.-M. KRENN, Christliche Arbeiterbewegung, S. 352.

[52] Leopold Schwarz an Michael Kardinal von Faulhaber, 28. September 1935. KFA 6500.

deten, zum neuen Verbandsvorsitzenden gewählt. 1959 stellte er sein Ehrenamt auf Grund der Beanspruchung durch seine hauptberufliche Tätigkeit als Direktor der Landesversicherungsanstalt Oberbayern und aus gesundheitlichen Gründen wieder zur Verfügung. Am 25. Oktober 1968 verstarb er.

Carl Lang erreichte nicht ansatzweise das politische Gewicht, das Rudolf Schwarzer in der Zeit der Weimarer Republik oder Josef Gockeln, der westdeutsche Verbandsvorsitzende der Nachkriegszeit, hatten. Letzterer begann seine politische Laufbahn als Düsseldorfer Bezirkssekretär der katholischen Arbeitervereine und stellvertretender Vorsitzender der Zentrumspartei in Düsseldorf[53]. Nach dem Zweiten Weltkrieg war der einzige Überlebende aus dem Vorstand der katholischen Arbeitervereine in den Diözesen Köln und Aachen während der Weimarer Republik Sozialminister im zweiten Kabinett Amelunxen, bevor er 1947 zum Landtagspräsidenten von Nordrhein-Westfalen gewählt wurde. Dieses Amt übte er wie sein Bundestagsmandat bis zu seinem Tod 1958 aus. Daneben war Gockeln zugleich von 1946 bis 1956 Oberbürgermeister der Landeshauptstadt Düsseldorf[54]. Paul Strenkert, der von 1952 bis 1967 dem Landesvorstand der CSU angehörte und von 1962 bis 1964 als bayerischer Arbeitsminister wirkte, hätte im Gegensatz zu Lang als Verbandsvorsitzender in Süddeutschland vielleicht eine vergleichbare Position erwerben können[55]. Doch Strenkert lehnte eine ihm angetragene Kandidatur um das Amt des Verbandsvorsitzenden ab[56]. Auch innerhalb der deutschen und der internationalen katholischen Arbeiterbewegung wie des Laienkatholizismus war es Josef Gockeln und nicht Carl Lang, der die entscheidenden Ämter ausübte. So wirkte der westdeutsche Verbandsvorsitzende als Vorsitzender des Kartellverbands der deutschen Arbeiterbewegung und als Präsident der Internationalen KAB. Zudem stand Gockeln von 1951 bis zu seinem Tod 1958 als Vizepräsident dem Zentralkomitee der Deutschen Katholiken vor[57].

---

[53] W. Stump, S. 75, 89–90, 123, 130.
[54] H. Budde, Josef Gockeln, S. 134–140; W. Först, S. 163.
[55] Zur Vielzahl seiner Ämter vgl. sein Biogramm in Die CSU, S. 1938.
[56] Bericht über die Delegiertentagung, 29. September 1951. KAB VZ 42b / Verbandstag Neustadt 1951.
[57] T. Grossmann, S. 71, 88, 122, 134 u.ö.

Dr. Ludwig Franz[58]

Der dritte Verbandsvorsitzende des Werkvolks wurde am 30. August 1922 in Wörth an der Donau als Kind einer Handwerkerfamilie geboren. Nach dem Besuch des Gymnasiums in Straubing und Regensburg nahm er ab 1940 am Zweiten Weltkrieg teil. Nach der Gefangenschaft folgte ein Studium der Volkswirtschaft, der Zeitungswissenschaft und der Geschichte in München, das er unter anderem bei Franz Schnabel, Adolf Weber und Ludwig Erhard absolvierte. Ab 1949 war Franz bei verschiedenen ostbayerischen Tageszeitungen, zuletzt beim »Regensburger Tagesanzeiger«, tätig. Hier hatte er als politischer Redakteur den Diözesansekretär Eberhard Kunze und Verbandspräses Anton Maier kennengelernt, der ihn zum 15. Juli 1953 als Sekretär in die Verbandszentrale nach München holte und seine Nominierung als CSU-Bundestagskandidat betrieb[59]. Franz gelang es tatsächlich, sich im umkämpften Wahlkreis Rosenheim durchzusetzen und in den Bundestag einzuziehen, doch behielt er formal sein Amt als Verbandssekretär bis 1965 bei, was die Arbeit der Verbandszentrale beträchtlich schwächte. Im Bundestag gehörte er als einfaches Mitglied sowohl dem Ausschuß für Sozialpolitik wie dem Ausschuß für Arbeit an.

Der Verbandssekretär Dr. Ludwig Franz war keineswegs ein typischer Arbeitnehmervertreter, vielmehr galt er selbst im Werkvolk als »Akademiker«[60], doch knüpfte Anton Maier mit seiner Einstellung sowie dem Versuch, ihn im Bundestag politisch zu verankern, bewußt an die Tradition der Weimarer Republik an. Obwohl Franz nach der Wahl zum Verbandsvorsitzenden auf dem Verbandstag in Passau 1959 schließlich formal dieselbe Position wie Rudolf Schwarzer vor 1933 erreicht hatte, erlangte er trotz all seiner Bemühungen nicht das politische Gewicht innerhalb der CSU, das jener innerhalb der BVP besessen hatte[61]. Seine Handschrift prägte trotzdem das 1964 verabschiedete Grundsatzprogramm des Werkvolks in weiten Bereichen seines wirtschafts-, gesellschafts- und sozialpolitischen Teils[62]. Nach der »entscheidend« von Franz mitgestalteten Gründung

---

[58] Zu seiner Biographie vgl. AMTLICHES HANDBUCH DES DEUTSCHEN BUNDESTAGS, 7. Wahlperiode, S. 124; die Rede des Verbandsvorsitzenden Karl Nothof am Grab, 6. Juli 1990. »Personalakt« Dr. Ludwig Franz in KAB VZ.
[59] Vgl. S. 477.
[60] WERKVOLK, Nr. 10, Oktober 1953.
[61] Hierzu vgl. K. SCHÖNHOVEN, Die Bayerische Volkspartei, S. 76, 78; D.-M. KRENN, Christliche Arbeiterbewegung, S. 111 u.ö.
[62] Grundsatzerklärung des Werkvolks, süddeutscher Verband katholischer Arbeitnehmer, 1964. Gedruckt in TEXTE ZUR KATHOLISCHEN SOZIALLEHRE II, S. 1229–1239.

des Bundesverbands trat er 1971 als Vorsitzender des Süddeutschen Verbands zurück[63].

Georgine Christl[64]

Die weibliche Verbandsvorsitzende des Werkvolks, die während des gesamten Untersuchungszeitraums ihr Amt versah, wurde am 23. November 1900 als Tochter einer Näherin geboren. Fünfzehnjährig wurde sie während des Ersten Weltkriegs als Rüstungsarbeiterin dienstverpflichtet. Durch den späteren Münchener Stadtrat Fackler erhielt sie Kontakt zur Christlichen Gewerkschaft, der sie 1929 beitrat. Auf Einladung der Gewerkschaftsleitung nahm sie an einem Acht-Wochen-Kurs in Königswinter teil. Sie erfuhr also ihre Prägung in der Bildungsanstalt des Westdeutschen Verbands und nicht im »Seehof« des Süddeutschen Verbands, wenn sie auch seit Herbst 1928 dem katholischen Arbeiterinnenverein Gauting angehörte. Den Kurs in Königswinter schloß sie als »Beste« ab. Nach zehn Jahren Tätigkeit in der Metallindustrie wechselte sie ab 1926 für vierzehn Jahre in eine Gautinger Tabakfabrik. Von 1940 bis 1945 arbeitete sie in der Lagerbuchhaltung der Motorenfabrik in Sendling. Nach dem Zweiten Weltkrieg war sie hauptamtliche Mitarbeiterin im Präsidium des Roten Kreuzes, bevor sie 1947 zur Münchener Gewerbeaufsicht wechselte.

Auf dem ersten Verbandstag in Regensburg 1947 zur Verbandsvorsitzenden gewählt, wurde Georgine Christl, die »keine Rednerin« war, 1951 in Neustadt, 1955 in Mannheim, 1959 in Passau und 1963 in Augsburg wiedergewählt, obwohl sie sich im Gegensatz zu den anderen Angehörigen des geschäftsführenden Verbandsvorstandes wiederholt konkreten Gegenkandidaten zu stellen hatte: 1951 erreichte Georgine Christl gegenüber der Bamberger Diözesanleiterin Elisabeth Bach, für die 138 der Delegierten votiert hatten, 200 der abgegebenen Stimmen[65]. Nachdem 1955 die fünf durch den Verbandstag vorgeschlagenen Gegenkandidatinnen (Frau Kuhn aus Mannheim, Cäcilie Wittmann, Wilma Beringer, Elisabeth Bach, Line Eid) eine Wahl abgelehnt hatten[66] und Georgine Christl 1959 per Akklamation im Amt bestätigt wurde, setzte sie sich 1963 bei einer geheimen Abstimmung nur mehr knapp durch. Sie vereinigte 209 der abgegebenen Stim-

---

[63] D.-M. KRENN / R. LETSCHERT, S. 51. Dem Bundestag gehörte Franz bis zu seinem Tod am 2. Juli 1990 an. P. SCHINDLER, S. 1110.
[64] Zu ihrer Biographie vgl. den »Personalakt« Georgine Christl in KAB VZ sowie WERKVOLK, Nr. 12, Dezember 1965.
[65] Die ebenfalls vorgeschlagene Würzburger Diözesansekretärin Emma Frey verzichtete auf eine Kandidatur. Protokoll der Delegiertentagung des Katholischen Werkvolks, 29. September 1951. KAB VZ 42b / Verbandstag Neustadt 1951.
[66] Protokoll der Delegiertentagung des Verbandstags Mannheim. KAB VZ 43a / Verbandstag Mannheim 1955.

men auf sich; Wilma Beringer erreichte demhingegen 177, Anni Klein 142 und Lina Eid 45 der Stimmen[67]. Erst nach Gründung des Bundesverbands im Jahre 1971 schied Georgine Christl, seit 1965 Rentnerin, gemeinsam mit Verbandspräses Anton Maier und dem Verbandsvorsitzenden Dr. Ludwig Franz aus dem Vorstand des Süddeutschen Verbands aus. Sie hatte auf eine erneute Kandidatur verzichtet.

Gehörte Georgine Christl politisch ab 1924 der BVP an, trat sie 1946 in die CSU ein. Gewerkschaftlich war die überzeugte christliche Gewerkschafterin nach dem Zweiten Weltkrieg frühzeitig in der Einheitsgewerkschaft organisiert, bei deren Aufbau sie an führender Stelle mitwirkte. So gehörte sie etwa vom März 1947 bis zum 31. Dezember 1949 dem Vorstand des Bayerischen Gewerkschaftsbundes an[68]. Nach der Gründung des DGB wurde sie ehrenamtliches Mitglied im DGB-Landesvorstand. Der Verbandsausschußbeschluß des Werkvolks von 1955 aber führte dazu, daß sie aus dem DGB ausschied und der CGD beitrat[69].

2. Die Verbandsleitung

Dem geschäftsführenden Verbandsvorstand stand die Verbandsleitung in der Führung des Verbands zur Seite. Dieses Gremium bestand 1947 bis 1951 aus dem Verbandspräses (Anton Maier), zwei Diözesanpräsides (Pater Willibrod Braunmiller, Franz Kolb), dem Verbandsvorsitzenden (Carl P. Lang) sowie seinem Stellvertreter (Wilhelm Birkmann), der Vorsitzenden des weiblichen Werkvolks (Georgine Christl), dem Verbandsgeschäftsführer (Josef Schinner) sowie allen Verbandssekretären (Hannes Mayerhofer, Hannes Mayr, Paul Strenkert) und -sekretärinnen (Paula Ebert, Anneliese Hartung), dem Schriftleiter des Verbandsorgans (Anton Lindermüller) sowie zwei vom Verbandstag in die Verbandsleitung zu wählenden Diözesansekretären[70]. Daneben nahmen, wenn auch nicht in der Satzung verankert, der Ehrenverbandspräses Leopold Schwarz sowie der Ehrenverbandsvorsitzende Rudolf Schwarzer an den Sitzungen der Verbandsleitung teil.

Auf dem Verbandstag in Neustadt 1951 wurde die Verbandssatzung dahingehend geändert, daß nicht mehr alle Verbandssekretäre und -sekretärinnen Sitz und Stimme in der Verbandsleitung haben sollten, sondern vielmehr dort nur noch die Inhaber der neugeschaffenen Ämter des Generalsekretärs (Paul Stren-

---

[67] Protokoll der Delegiertenkonferenz des Verbandstags Augsburg. KAB VZ Verbandstag Augsburg 1963.
[68] H. Potthoff / R. Wenzel, S. 409.
[69] Vgl. hierzu S. 441–451 sowie W. Schroeder, Gewerkschaftspolitik, S. 246.
[70] A § 9.

III. Organisationsstruktur 69

kert), der sich vor allem der politischen Ausrichtung und Schulung des Werkvolks widmen sollte[71], und des 1. Verbandssekretärs[72] sowie der Schriftleiter des Verbandsschrifttums (Anton Lindermüller) vertreten sein sollten. Neu in die Verbandsleitung aufgenommen wurde auch Rektor Berchtold als Leiter der verbandseigenen Ausbildungsstätte. Durch diese Änderungen sollte das Übergewicht der Mitglieder der Münchener Zentrale gemindert werden. Um den Einfluß der anderen Diözesanverbände auf die Verbandsleitung weiter zu erhöhen, wurde 1951 beschlossen, daß die beiden zu wählenden Diözesanvertreter in der Verbandsleitung noch nicht vertreten sein durften. Zudem mußten sie nun nicht mehr zwingend Diözesansekretäre sein[73].

1955 wurde auf dem Verbandstag von Mannheim die in Neustadt verkleinerte Verbandsleitung wieder vergrößert. Statt dem 1. Verbandssekretär sollten nun zwei Verbandssekretäre, ein Mann und eine Frau, der Verbandsleitung angehören. Ein solcher Geschlechterproporz wurde auch für die beiden Diözesanvertreter festgelegt. Neu aufgenommen wurden in die Verbandsleitung ein Vertreter der CAJ sowie ein Diözesansekretär und zwei Vertreter der christlichen Werkgemeinschaften, unter diesen stets der geistliche Leiter der Werkgemeinschaften Süddeutschlands[74].

Durch die Satzung von 1962 wurde das Gremium der Verbandsleitung nochmals erweitert. Nun gehörten erneut, wie bereits 1947, alle Verbandssekretäre und -sekretärinnen der Verbandsleitung an, doch hatten weiterhin nur zwei Stimmrecht. Dabei war verpflichtend festgelegt, daß dies stets von einem Mann und einer Frau ausgeübt werden mußte. Da auch von Seiten der CAJ, sowohl die Frauen (CAJ/F) als die Männer (CAJ/M) in der Verbandsleitung vertreten sein sollten, wurde dieses Gremium gegenüber der Satzung von 1955 um eine weitere Person vergrößert[75]. Die Erweiterung der Verbandsleitung hatte zur Folge, daß man in Ergänzung der Satzung für dieses Gremium eine eigene Geschäftsordnung erließ[76].

Die Aufgaben der Verbandsleitung umfaßten die Bestellung des geschäftsführenden Vorstandes, die Stellungnahme zu aktuellen Fragen, die dem Verbands-

---

[71] Strenkert war bereits vor dem Verbandstag, am 3. Februar 1951, von der Verbandsleitung zum Generalsekretär ernannt worden. WERKVOLK, Nr. 3, März 1951. Der Begriff des Verbandsgeschäftsführers wurde 1951 aus der Satzung gestrichen. Seine Aufgaben übernahm nun ein Verbandskassier (B § 12), der ebenfalls der Verbandsleitung angehörte.
[72] Vom 1. September 1951 bis 30. September 1952 Hans Haberkorn; ab 15. Juli 1953 Dr. Ludwig Franz; ab 1. Juni 1954 Michael Sager; ab 1. August 1956 Eberhard Kunze.
[73] B § 8.
[74] C § 8.
[75] D § 8.
[76] KAB VZ Verbandsleitung/Verbandsvorstand 1957–1973.

ausschuß nicht vorgelegt werden konnten, die Durchführung der Beschlüsse des Verbandsausschusses sowie des Verbandstages, die Entscheidung in wichtigen inhaltlichen Fragen der Verbandszeitung und die Vorbereitung der Verbandsausschußsitzungen sowie des Verbandstags[77]. Zur Erfüllung dieser vielfältigen Aufgaben trat die Verbandsleitung mehrmals im Jahr zusammen[78].

3. Das Verbandssekretariat

Es umfaßte mehrere hauptamtliche Mitarbeiter, die als Sekretäre bezeichnet wurden, und arbeitete unter der Führung des Verbandspräses sowie der beiden Verbandsvorsitzenden. Ihm oblag der Kontakt zu allen Gliederungen des Verbands. Es sollte die Vorstände der einzelnen Vereine zu erfolgreicher Arbeit anleiten sowie deren Anfragen sachgemäß beantworten. Darüber hinaus sollte es »Aktivgruppen« bilden, schulen und einsetzen, die Jugendarbeit mitgestalten sowie die Beitragsabrechnung und die Verbandsstatistik gewissenhaft führen[79]. Die hauptamtlichen Angestellten des Verbandssekretariats wurden ab 1951 von einem ehrenamtlichen Generalsekretär unterstützt, dessen Aufgabe die Vertretung der Interessen und Ziele des Werkvolks im öffentlichen Leben war. Für diese Position kam aus Sicht der Veranwortlichen nur eine Person in Frage, »die im öffentlichen Leben steht, dort etwas zu sagen hat und anerkannt wird«: Paul Strenkert[80].

Schon 1948 plante man, die Mitarbeiter »draußen« etwa alle zwei bis drei Monate mit speziellen Berichten über die Tätigkeit des Verbands zu unterrichten[81]. Doch der Erscheinungsrhythmus der Rundschreiben des Verbandssekretariats an alle Sekretäre, die abschriftlich auch den Diözesanpräsides und den beiden Diözesanvorsitzenden zugestellt wurden, blieb während des gesamten Untersuchungszeitraums ausgesprochen unregelmäßig[82]. So gab der geringe Informati-

---

[77] A § 9.
[78] Leider haben sich die Protokolle der Verbandsleitungssitzungen nicht geschlossen, sondern nur rudimentär und in unterschiedlichen Beständen erhalten: KAB VZ Verbandsleitung/Verbandsvorstand 1957–1963; KAB VZ 1 / Verbandsleitung 1954–1971; KAB VZ 2a / Verbandsausschuß 1954–1959; KAB VZ 2b / Verbandsausschuß 1960–1973; KAB VZ 17a / Verbandsausschuß 1947–1954. Anfang der fünfziger Jahre tagte die Verbandsleitung etwa fünfmal im Jahr. Tätigkeitsbericht des Diözesansekretariats Regensburg, 20. Juni 1953. KAB R Diözesanausschuß/Diözesantag.
[79] A § 13. 1950 wurde eine spezielle Geschäftsordnung für die Vorgänge zwischen den einzelnen Werkvolkgemeinschaften und dem Verbandssekretariat erlassen und an alle Vereine versandt. Josef Schinner an Josef Eisemann, 16. Juni 1950. KAB VZ G III / Schweinfurt 1947–1954.
[80] Protokoll der Verbandsleitungssitzung, 11. August 1951. KAB VZ Verbandsleitung/Verbandsvorstand 1957–1973.
[81] Josef Schinner an Josef Deckert, 4. August 1948. KAB VZ G III / Schweinfurt 1947–1954.
[82] Sie sind nirgends geschlossen überliefert, so daß ihre Folge nur ansatzweise durch die Zusammenschau der unterschiedlichsten Provenienzen rekonstruiert werden kann.

onsfluß zwischen der »Zentrale« in München und den haupt- wie nebenamtlichen Verantwortlichen des Verbands auf Diözesan- oder Bezirksebene immer wieder Anlaß zu Klagen[83].

4. Der Verbandsausschuss

Dieses Gremium setzte sich ab 1947 aus den Mitgliedern der Verbandsleitung, allen Diözesanpräsides, Diözesanvorstandschaften sowie den hauptamtlichen Sekretären und Sekretärinnen aus jeder Diözese zusammen[84]. Bereits 1951 wurde der Verbandsausschuß jedoch entscheidend verkleinert, indem nun nur noch einem hauptamtlichen Sekretär oder einer Sekretärin aus jeder Diözese Teilnahme- und Stimmrecht in dieser Versammlung zugestanden wurde[85]. Diese Entscheidung wurde 1955 zwar insoweit wieder revidiert, daß auch alle übrigen hauptamtlichen Kräfte des Verbands wieder an den Sitzungen teilnehmen konnten, doch hatten sie dort nun kein Stimmrecht mehr[86].

Der Verbandsausschuß sollte alle das Katholische Werkvolk berührenden Fragen des öffentlichen Lebens beraten und zu ihnen Stellung beziehen. Ihm oblag auch die Richtlinienkompetenz für die Verbandszeitung, die Organisation und die Werbung innerhalb des Verbands. Während der verbandstagslosen Jahre übte der Verbandsausschuß die Rechte und Pflichten des Verbandstages aus. Zugleich war der Verbandsausschuß auch noch Appellationsstelle für die einzelnen Werkvolkgemeinschaften, da diese das Recht besaßen, Anträge an den Verbandsausschuß zu stellen, die von diesem beraten werden mußten[87]. Im Regelfall tagte der Verbandsausschuß einmal im Jahr.

Mit der Satzung von 1962 wurde als Ergänzung des Verbandsausschusses das Gremium des erweiterten Verbandsausschusses geschaffen. Ihm gehörten neben den Mitgliedern des Verbandsausschusses alle geschäftsführenden Bezirksvorstände, also Bezirkspräses sowie Bezirksvorsitzender und Bezirksvorsitzende an. Dieses Verbandsorgan sollte regelmäßig unmittelbar vor dem Verbandstag zusammentreten[88]. Der erweiterte Verbandsausschuß übernahm eine Reihe der Funktionen des Verbandstages, als dieser auf Grund seiner durch den Zuwachs an Delegierten erreichten Größe nicht mehr in der Lage war, allen satzungmäßigen Aufgaben nachzukommen. So nahm ab 1962 der erweiterte Verbandsausschuß

---

[83] Vgl. S. 82.
[84] A § 14.
[85] B § 14.
[86] C bzw. D § 10.
[87] C § 11.
[88] D § 12.

die Tätigkeits- und Kassenberichte des geschäftsführenden Verbandsvorstands entgegen und gewährte diesem Entlastung. Seine Kompetenzen umfaßten des weiteren die Wahl aller Mitglieder der Verbandsleitung, mit Ausnahme des geschäftsführenden Vorstandes, sowie die Bestätigung der Vertreter der christlichen Werkgemeinschaften in der Verbandsleitung, die Festsetzung des Verbandsbeitrags sowie die Beschlußfassung über alle Anträge an den Verband, außer über die Auflösung des Verbands oder Satzungsfragen. Satzungsänderungsanträge wurden aber vor der Vorlage an den Verbandstag durch den erweiterten Verbandsausschuß vorberaten. Darüber hinaus sollte das neugeschaffene Gremium auch Stellungnahmen zu aktuellen Fragen vorbereiten sowie einheitliche Richtlinien für die Organisationsarbeit erstellen[89].

Im Bewußtsein der führenden Repräsentaten der katholischen Arbeiterbewegung war aber der Verbandsausschuß nicht nur wegen seiner satzungsgemäßen Aufgaben von zentraler Bedeutung. »Das Entscheidenste« für sie war vielmehr, »die persönliche Verbindung, die man knüpfen kann und das Gemeinschaftsbewußtsein, das man oftmals mit nach Hause nehmen kann«[90]. Hinzu kam, daß die Mitglieder des Verbandsausschusses durch die Jahresberichte der einzelnen Diözesanverbände ein fundiertes Bild über die Situation der Bewegung im gesamten Verbandsgebiet erhielten[91].

5. Der Verbandstag

Die Versammlung der Mitglieder des Katholischen Werkvolks, der Verbandstag, war das höchste Entscheidungsgremium des Süddeutschen Verbands. Die Mitglieder wurden hierbei durch Delegierte repräsentiert[92]. Neben diesen konnten

---

[89] D § 13.

[90] Anton Maier an P. Otto Buchheit SJ, 15. Oktober 1953. KAB VZ 17a / Verbandsausschuß 1947–1954.

[91] Die Jahresberichte der einzelnen Diözesanverbände vor dem Verbandsausschuß mußten ab 1961 bereits schriftlich vor der Sitzung vorgelegt werden und nach einem festen Schema erfolgen, das sich in zwölf Punkte gliederte: Organisatorische Voraussetzungen; Volksbüroarbeit; Mitgliederbewegung; Schulungsarbeit; Religiöse Schulung und Vertiefung; Sonstige Betreuungsarbeit; Materialerstellung; Frauenarbeit; Zusammenarbeit mit andern Organisationen; Betriebsrats- und Personalratswahlen; Besondere Angaben; Sonstige Bemerkungen. Eberhard Kunze an alle Mitglieder des Verbandsausschusses, 18. Oktober 1961 mit dem Schema für die schriftliche Berichterstattung. KAB VZ 2b / Verbandsausschuß 1960–1973.

[92] Nach A § 16 hatte jede Werkvolkgemeinschaft auf dem Verbandstag nur zwei Stimmen, wobei aber Vereinen mit über 200 Verbandsmitgliedern für jedes weitere Hundert eine zusätzliche Stimme zugestanden wurde. Doch durfte hierbei kein Vertreter mehr als zehn Stimmen auf sich vereinigen. Nach B § 16 entsandte jede Werkvolkgemeinschaft mit 10–50 Mitgliedern je einen Delegierten, mit 50–100 Mitgliedern je zwei Delegierte, und für jedes weitere angefangene Hundert einen zusätzlichen

III. Organisationsstruktur 73

aber auch Nicht-Delegierte, wie etwa deren Ehegatten am Verbandstag teilnehmen. Für sie wurde ein eigenes Programm gestaltet[93].

Ursprünglich sollte der Verbandstag alle drei Jahre abgehalten werden[94], doch verlängerte man diesen Zeitraum bereits für den zweiten Verbandstag aus organisatorischen Gründen auf vier Jahre[95]. Er wurde stets an wechselnden Orten veranstaltet. Bei der Wahl des Tagungsortes berücksichtigte die Verbandsleitung neben dem Gesichtspunkt »der möglichst gerechtesten Kostenverteilung« – die Vereine hatten die Reisekosten ihrer Delegierten selbst zu tragen – auch die »Möglichkeiten zur Ausdehnung des Verbandes« und »eventuelle Probleme der internen Verbandspolitik«. So hatte man sich 1947 auf Grund des Wohlwollens von Bischof Michael Buchberger, der Stärke des dortigen Diözesanverbands und der durch den Fürsten von Thurn und Taxis gesicherten Verpflegungssituation für Regensburg als Tagungsort entschieden. Zudem war 1891 dort der Süddeutsche Verband gegründet worden. 1951 wurde der Verbandstag in Neustadt an der Haardt durchgeführt, weil diese Stadt »am anderen Ende des Verbandsgebietes« lag und so die 1947 besonders belasteten Gruppen nun entlastete. Zudem war der Tagungsort einerseits ein Symbol für die Zusammengehörigkeit des links- und des rechtsrheinischen Bayern, andererseits führte er den Mitgliedern des Werkvolks öffentlich die »Aussöhnung« zwischen der Münchener Verbandsleitung und dem Speyerer Bischof Wendel vor Augen[96]. 1955 wurde Mannheim für die Abhaltung des Verbandstages gewählt. Es lag zwar geographisch nicht

---

Delegierten. Im Falle, daß ein Verein zwei oder mehr Vertreter zum Verbandstag entsandte, sollte eine Frau als Delegierte bestimmt werden.
Nach C § 12 entsandte jede Werkvolkgemeinschaft bis zu 100 Verbandsmitgliedern zwei Delegierte, wobei der zweite Delegierte eine Frau sein sollte. Für jedes weitere angefangene Hundert konnte ein zusätzlicher Vertreter benannt werden. Stimmübertragung war schriftlich möglich, doch durfte kein Delegierter mehr als fünf Stimmen auf sich vereinigen.
Nach D § 14 entsandte jede Werkvolkgemeinschaft den Vorsitzenden, die Vorsitzende und den Präses als Delegierte zum Verbandstag. Ab 200 Mitgliedern stand ihr für jedes weitere volle Hundert Mitglieder ein zusätzlicher Delegierter zu. Die Vertretung der Laien durch einen anderen Delegierten war möglich, doch wurde mit der Satzung von 1962 die Möglichkeit der Stimmübertragung nicht mehr gestattet, außer im Fall der Vertretung der Einzelmitglieder durch die Diözesanvertreter in der Verbandsleitung.
Die Voraussetzung für die Entsendung eines Delegierten war eine Mindestgröße der Werkvolkgemeinschaft von 25 Mitgliedern (Rundschreiben an alle Werkvolk-Gemeinschaften, 10. August 1951. 42 a / Verbandstag Neustadt 1951). Ab 1955 vertrat der 2. Vorsitzende die Einzelmitglieder. Ihm kamen bis 100 Mitglieder zwei Stimmen zu, dazu kam für jedes weitere angefangene Hundert eine zusätzliche Stimme. Hierbei galt für ihn die Beschränkung bei der Stimmübertragung nicht (C § 12).
[93] Vgl. Rundschreiben des Verbandssekretariats, 7. Mai 1951. AEB KAB Kart. 70.
[94] A § 16.
[95] Eine diesbezügliche Satzungsänderung erfolgte aber erst 1955. C § 12.
[96] Vgl. S. 144.

allzu weit von Neustadt entfernt, doch gehörte es zur Erzdiözese Freiburg, deren neugegründeten Diözesanverband der Süddeutsche Verband stärken und an die Münchener Zentrale binden wollte. Zudem stellte dieser industrielle Schwerpunkt ein Kontrastprogramm zu dem stärker ländlich strukturierten Gebiet um Neustadt an der Weinstraße dar. 1959 wurde Passau zum Tagungsort, um die finanzielle Belastung der altbayerischen Werkvolkgemeinschaften zu reduzieren und den ausgesprochen schwachen Diözesanverband Passau zu unterstützen, indem man ihn einmal zum »Mittelpunkt des Verbandsgeschehens« machte. Außerdem sah man in Niederbayern durch dessen erst spät einsetzende Industrialisierung »nun eine starke Arbeiterschaft« heranwachsen. Die Wahl Augsburgs für den Verbandstag von 1963 war »ein Kompromiß, mit den Tagungen mehr zur Mitte des Verbandes hinzuziehen«[97]. Zugleich knüpfte man hier am zehnten Jahrestag des Aufstands in der DDR mit dem Motto »Freiheit fordert Verantwortung« bewußt an die Tradition des Widerstandes der katholischen Arbeiterbewegung gegen den Nationalsozialismus an und setzte somit ein Zeichen der Ablehnung jeder Form des Totalitarismus[98].

Die Aufgaben des Verbandstages umfaßten unter anderem die Überprüfung der Kassenführung sowie die Entlastung des geschäftsführenden Vorstandes, die Genehmigung des »Jahresvorschlages«, das Vorschlagsrecht für die Berufung des Verbandspräses, die Wahl der Verbandsvorsitzenden, des stellvertretenden Verbandsvorsitzenden und des Verbandskassiers, die Bestätigung der Ernennung des Verbandsgeschäftsführers sowie die endgültige Beschlußfassung über alle Fragen der Verbandssatzung und aller anderen an den Verbandstag herangetragenen Anträge und Entschließungen. Darüber hinaus sollte er zu allen Fragen des Werkvolks, des öffentlichen und politischen Lebens Stellung nehmen sowie die gemeinsamen Interessen der Werkvolkgemeinschaften beraten und für die Organisationsarbeit einheitliche Richtlinien erlassen[99]. Diese Fülle von Rechten und Aufgaben sollte von der Delegiertenversammlung aus organisatorischen Gründen zumeist innerhalb des zeitlichen Rahmens eines Tages bewältigt werden. Das führte dazu, daß die zentrale Rolle nicht mehr der Verbandstag ausübte, sondern die Verbandsleitung, durch die der Verbandstag vorbereitet und die Tagesordnung festgelegt wurde[100].

Anträge an den Verbandstag konnten von der Verbandsleitung, den Diözesanpräsides, den Diözesanausschüssen, den Bezirksausschüssen sowie dem Vor-

---

[97] Eberhard Kunze an Adalbert Jung, 23. Januar 1964. VZ KAB 1 / Verbandsleitung 1954–1971.
[98] Zur Wahl der Veranstaltungsorte, die sich das Verbandssekretariat und die Verbandsleitung »wohl« überlegten, vgl. E. KUNZE, S. 23–24.
[99] A § 16; B § 16.
[100] A § 9 bzw. 16.

stand jeder einzelnen Werkvolkgemeinschaft gestellt werden. Anträge von einzelnen Mitgliedern hingegen waren ausgeschlossen[101]. Mit der Satzung von 1955 wurde der Kreis der zur Antragsstellung Berechtigten noch um den Verbandsvorstand, den Verbandsausschuß sowie die Diözesanvorstandschaften erweitert. Letztere gingen zum Teil während des Untersuchungszeitraums dazu über, die Delegierten ihres Bistums vorab über die Meinung der Diözesanvorstandschaft zu informieren, »damit auch tatsächlich die Gewähr für eine einheitliche Marschroute [...] gegeben ist«. Zugleich betonte man aber, daß durch diese Information »in keiner Weise [...] der Meinung einzelner Delegierter vorgegriffen werden« sollte[102].

Dadurch, daß sich der Verbandstag stets mit einer Flut von Anträgen auseinanderzusetzen hatte, wurde die Rolle der Verbandsleitung zusätzlich gestärkt, die sich im Rahmen des Verbandstages vor der Delegiertentagung versammelte, bereits vorab über die Anträge beriet und den Delegierten deren Annahme, Abänderung oder Ablehnung empfahl. Durch dieses Verfahren sollte die Diskussionszeit möglichst knapp gehalten werden, um so das reiche Programm der Delegiertenversammlung auch tatsächlich verwirklichen zu können. Konkret führte dies dazu, daß meist innerhalb der Verbandsleitung und nicht der Delegiertenversammlung die zentralen Entscheidungen über die Struktur und Politik des Verbands fielen. Um den so entstandenen Einfluß der Verbandsleitung wieder etwas zu vermindern, wurde das oben erwähnte Gremium des erweiterten Verbandsausschusses geschaffen, in dem die lokalen Werkvolkgemeinschaften durch die Bezirksvorstandschaften ihren Einfluß stärker geltend machen konnten. Dies führte zugleich aber dazu, daß die Aufgabenfülle des Verbandstags so reduziert wurde, daß den Delegierten an wesentlichen Rechten nur noch das Vorschlagsrecht für die Berufung des Verbandspräses, die Wahl des Verbandsvorsitzenden und der Verbandsvorsitzenden sowie die Beschlußfassung in Satzungsfragen und bezüglich der Auflösung des Verbands verblieb[103]. Somit war der Verbandstag vom höchsten Entscheidungsgremium des Süddeutschen Verbands katholischer Arbeitnehmer zur akklamierenden Delegiertenversammlung geworden, die fast nur noch der Demonstration der Stärke des Verbands diente.

Von der Möglichkeit, einen außerordentlichen Verbandstag einzuberufen, wofür bis 1955 mindestens vier Diözesen, ab 1955 mindestens ein Drittel der Mit-

---

[101] A § 16.
[102] Rundschreiben des Diözesanverbands Bamberg, 10. Juni 1963. In Anlage die Stellungnahme zu den Anträgen Nr. 1–32 zum Verbandstag in Augsburg, 14.–17. Juni 1963. KAB B Werkvolk Bamberg 1961–1969.
[103] D § 14.

glieder einen Antrag hätten stellen müssen[104], wurde während des gesamten Untersuchungszeitraums kein Gebrauch gemacht. Hingegen wurde 1953 ein erster und zugleich einziger Frauen-Verbandstag abgehalten.[105] Ein Novum, das in den Verbandssatzungen nicht vorgesehen war.

Neben die bisher geschilderten Gremien des Verbands traten noch zwei weitere, die zwar in den zeitgenössischen Satzungen des Verbands nicht rechtlich verankert waren, innerverbandlich aber eine zentrale Rolle spielten. Das Ergebnis der Arbeit dieser Gremien war für den Gesamtverband wie für jede Werkvolkgemeinschaft von eminenter Bedeutung.

6. Die Sekretärskonferenzen

Die entscheidende Verbandsarbeit auf diözesaner und auf süddeutscher Ebene wurde von Anfang an vor allem von hauptamtlichen Sekretären geleistet. Diese »Funktionäre« konnten sich während ihrer gesamten Arbeitszeit ausschließlich den Verbandsbelangen widmen. Deshalb waren sie stets besser informiert und geschult als diejenigen Laien, die ehrenamtlich neben ihrer sonstigen Berufstätigkeit als Vorsitzende auf lokaler, Bezirks-, Diözesan- oder Verbands-Ebene die eigentlichen Leitungsfunktionen ausüben sollten[106]. Zu den Aufgaben der Diözesansekretäre gehörte unter anderem die Betreuung der bestehenden Ortsvereine, die Gründung neuer Werkvolkgemeinschaften, der Aufbau von Betriebsgruppen, die Gewährung sozial- und arbeitsrechtlicher Auskünfte, Rednertätigkeit auf allen Ebenen des Verbands, die Organisation des Einsatzes anderer Referenten sowie die Vorbereitung größerer Veranstaltungen der einzelnen Orts-, Bezirks- und Diözesanverbände[107]. Die Verbandssekretäre wiederum waren auf ähnlichen Gebieten wie die Diözesansekretäre tätig, doch wirkten sie durch Vortragsreisen[108] und Besuche bei allen Gruppen des Verbandsgebietes überregio-

---

[104] A § 16 bzw. C § 12.
[105] Vgl. S. 296–297.
[106] Zur zeitgenössischen Diskussion um den Funktionär als soziologische Größe und seine Schlüsselstellung für die Gesellschaft der fünfziger Jahre vgl. J. Messner.
[107] Vgl. exemplarisch die Dienstordnung für die Sekretäre des Katholischen Werkvolks der Erzdiözese Freiburg, 21. Dezember 1961. EAF Reg. 56.64, Vol. 5, 1962–1964.
[108] Vgl. hierzu etwa die Berichte im Verbandsorgan über die Tätigkeit des Verbandssekretärs Hans Haberkorn in Unterfranken (Werkvolk, Nr. 2, Februar 1952), der Pfalz (Werkvolk, Nr. 3, März 1952) und der Oberpfalz (Werkvolk, Nr. 4, April 1952).

III. Organisationsstruktur

nal[109]. Die Verbandszentrale anerkannte dabei aber von Anfang an den einzelnen Sekretärsbezirk als »Königreich« des jeweiligen Sekretärs[110].

Um die Verbandsarbeit in ganz Süddeutschland besser aufeinander abzustimmen und so zu intensivieren, hatte 1947 eine erste Sekretärskonferenz stattgefunden. Im Lauf der Jahre wurde dieses Forum immer stärker institutionalisiert. Ursprünglich war von Seiten der Verbandsleitung geplant gewesen, Sekretärskonferenzen vierteljährlich abzuhalten, »damit die Arbeit in München sich weitgehendst den Wünschen der einzelnen Diözesen anpassen könnte«[111]. Doch bereits Anfang der fünfziger Jahre fanden die Sekretärskonferenzen nur mehr im Halbjahres-Rhythmus, im Frühjahr und im Herbst statt[112], um die Grundlagen für das jeweilige Sommer- bzw. Winterprogramm auszuarbeiten[113]. Nach der Sekretärskonferenz in Kleinheubach, vom 20. bis 24. September 1952, auf der »neue Arbeitsgebiete, Arbeitsmethoden« diskutiert worden waren[114], kam es sogar zu einer zweijährigen Unterbrechung der Treffen der hauptamtlichen Mitarbeiter des Verbands[115]. Ab 1956 fand nur mehr eine Sekretärskonferenz pro Jahr statt[116], die zudem teils gezielt als Schulungstagung gestaltet war, so etwa 1956 in Nürnberg[117] oder 1962 in Berlin[118]. Die Sekretäre bedauerten diese Entwicklung und drängten die Verbandsleitung zur Abhaltung solcher Konferenzen[119]. Da die Verbandsführung ihrem Bedürfnis nach gegenseitigem Erfahrungsaustausch und Koordination der Arbeit nicht stark genug entgegenkam, begrüßte die Mehrzahl der Sekretäre das Entstehen der sogenannten »Räuber-Synoden«, die sich zum

---

[109] Hans Haberkorn übernahm im Gegensatz zu seinen Kollegen »von vornherein« keine Vorträge in einzelnen Werkvolkgemeinschaften, sondern konzentrierte seine Referententätigkeit auf »Schulungstage« sowie »Bezirks- und Diözesantage«. Rundschreiben Verbandssekretär Hans Haberkorn an alle Diözesan- und Bezirkssekretäre sowie Diözesanleitungen, 6. September 1951. AEB KAB Kart. 64.

[110] Josef Schinner an Josef Maier, 13. März 1947. KAB VZ G II / Aschaffenburg 1944–1964.

[111] Bericht über die Sekretärskonferenz des Katholischen Werkvolks, 18. November 1947. DA EI OA Werkvolk 1949–1955.

[112] Vgl. Anton Maier an die Sekretäre des Süddeutschen Verbands, 6. April 1954. KAB VZ 17a / Verbandsausschuß 1947–1954.

[113] Vgl. etwa Hannes Mayr an Peter Stümpfl, 6. November 1947. ABP KAB Kart. 48 Akt 144.

[114] Werkvolk, Nr. 10, Oktober 1952.

[115] Otto Fahrner an Anton Maier, 1. Februar 1956. KAB VZ G II / Aschaffenburg 1944–1964.

[116] Tätigkeitsbericht Hugo Hollweger, 1. Juni 1955 bis 31. Mai 1956. KAB R Diözesantage.

[117] Bericht vom Sekretärs-Schulungstag in Nürnberg, 23. Juni 1956. AEB KAB Kart. 49.

[118] Tagesordnung der Informations- und Arbeitstagung der Sekretäre des Werkvolks im Carl Sonnenschein-Haus Berlin, 24.–27. September 1962. KAB VZ Verbandsvorstand 1961–1971, Arbeitspläne und Berichte.

[119] Vgl. hierzu etwa Eberhard Kunze an die Sekretärinnen und Sekretäre des Katholischen Werkvolk, 11. Juli 1958. AEB KAB Kart. 49.

Ziel gesetzt hatten, durch Beratungen der hauptamtlichen Funktionsträger der verschiedenen Diözesen die Verbandsarbeit zu befruchten[120].

Die Bezahlung der Werkvolksekretäre erfolgte im Spannungsfeld der unterschiedlichen finanziellen Ausstattung der Verbandszentrale und der verschiedenen Diözesanverbände. Zwar gab es bereits 1948 erste Bestrebungen, ein verbandsweit gültiges »Vertragsmuster« für die Anstellung der Sekretäre zu erstellen[121], doch gelang es bis zum Ende des Untersuchungszeitraums nicht, die Entlohnung überdiözesan einheitlich zu gestalten. Generell nahmen aber auch die hauptamtlichen Funktionäre an der Einkommenssteigerung der fünfziger Jahre teil. Hierzu nur einige Anhaltspunkte: Verdiente etwa 1947 ein Diözesansekretär außerhalb Münchens monatlich etwa 300 RM[122], so lag 1959 der Verdienst im Diözesanverband Regensburg zwischen 440 und 570 DM – ohne Zuschläge und Aufwandsentschädigungen[123]. Zum Vergleich: Der durchschnittliche Bruttoverdienst eines Arbeitnehmers lag 1950 bei 268 DM; 1959 betrug er 519 DM[124].

Auf Grund der »finanziellen Rückständigkeit« des Werkvolks im Vergleich zu staatlichen Organisationen oder privatwirtschaftlichen Betrieben sowie auf Grund einer generell »unsicheren Existenzlage«[125], kam es auf der Ebene der Sekretäre teilweise zu einer beträchtlichen personellen Fluktuation. »Gute Kräfte« wanderten ab[126]. So wechselten etwa die Diözesansekretäre Otto Fahrner und Josef Hagen zur Bundeswehr[127], der Verbandssekretär Hannes Mayerhofer wurde Geschäftsstellenleiter beim Landessozialgericht[128] und Diözesansekretär Peter Stümpfl Angestellter einer Krankenkasse. Die Verbandssekretäre Hans Haberkorn und Ludwig Paillon wechselten zum DGB[129], Fritz Roppelt und Michael Sager zum CGD[130], der Diözesansekretär Albert Kaifer zur CSU[131], der Ver-

---

[120] Zu den »Räuber-Synoden« vgl. S. 81–85.
[121] Josef Schinner an Josef Deckert, 4. August 1948. KAB VZ G III / Schweinfurt 1947–1954.
[122] Joseph Schröffer an Hannes Mayr, 7. März 1947. DA EI OA Werkvolk 1949–1955.
[123] Muster-Dienstvertrag für die hauptamtlichen Beschäftigten des Katholischen Werkvolks, Diözesanverband Regensburg. KAB R Diözesanvorstandschaft.
[124] A. FRANCKE, S. 18; zur Reallohnentwicklung vgl. J. MOOSER, S. 73–80.
[125] Anton Maier an Franz Kolb, 4. Dezember 1952. KAB VZ G I / Würzburg 1949–1964.
[126] Peter Stümpfl an Alfred Berchtold, 22. Dezember 1952. Vgl. hierzu generell auch die Angaben in Unser Brief, Nr. 2, September 1960. KAB Ro Andere Organisationen P-S-St.
[127] SOLIDARISCH IN KIRCHE UND ARBEITSWELT, S. 151, 153.
[128] Kurs für Sekretärsschulung, 28.–31. Oktober 1963. ABP KAB Kart. 52 Akt 154.
[129] Vgl. S. 424.
[130] Vgl. S. 445.
[131] Hier wirkte er als Parteisekretär. 1948 wurde er zum Landrat des Kreises Augsburg-Land gewählt, von 1946 bis 1954 gehörte er darüber hinaus auch dem bayerischen Landtag an. Vgl. Bericht über das Katholische Werkvolk der Diözese Augsburg, 25. Juni 1950. ABA DB-28; P. J. KOCK, S. 376.

III. Organisationsstruktur 79

bandssekretär Dr. Ludwig Franz in den Bundestag[132] sowie die Diözesansekretäre Stefan Höpfinger, Franz von Prümmer, Gustl Schön, Paul Strenkert und Paul Wünsche in den Landtag[133]. Zur Fluktuation trug auch die »Überlastung an Zeit und Kraft« bei, die die Versammlungstätigkeit am Abend oder an Sonn- und Feiertagen zwangsläufig mit sich brachte[134]. Der Arbeitstag eines Sekretärs hatte »selten unter 12 bis 15 Stunden« und überschritt generell »in psychischer und physischer Hinsicht das normale Maß weit«. »Die freien Sonntage«, vom Werkvolk in der sozialpolitischen Diskussion immer wieder massiv gefordert[135], waren bereits am Ende der vierziger Jahre, bedingt durch die »Arbeitslast« für einen hauptamtlichen Funktionär, »zu einem seltenen Erlebnis geworden«[136]. Zum Teil war es für einen Werkvolksekretär zudem nicht möglich, Urlaub zu nehmen. Denn einerseits besaß »ein Erholungsaufenthalt« innerhalb seines Gebietes für ihn »keinen Wert«, da er »in kurzer Zeit auch dort von den Leuten überlaufen würde«, andererseits war ihm ein Urlaubsaufenthalt außerhalb seines Bezirks »aus finanziellen Gründen« nicht möglich. Ganz abgesehen davon, daß die Sekretäre, die zumeist nicht wußten, wo sie mit ihrer Arbeit anfangen sollten, es sich »unmöglich« leisten konnten, ihre Arbeit für einige Wochen liegen zu lassen[137]. »Der Widerspruch der sozialen Predigt in den Versammlungen und der sozialen Ungesichertheit der Versammlungsreferenten« führte zur »Aufreibung sowohl der psychologischen wie der physischen Kräfte«. So »betrüblich« der »Ausverkauf« der hauptamtlichen Sekretäre für den Verband auch war, für die Betroffenen stellten die außerhalb der katholischen Arbeiterbewegung erworbenen beruflichen Perspektiven in der Regel eine Verbesserung dar, waren doch davor »die mindesten sozialen Sicherungen für ihre Familien« nicht gegeben[138] und konnten die Sekretärs-Aufgaben zum Teil »nur auf Kosten der allerdringensten Lebensnotwendigkeiten« der Familie erfüllt werden[139]. Die Verbandsleitung übersah aber lange Zeit die Folgen des zum Teil häufigen Wechsels der hauptamtlichen Mitarbeiter und setzte »Dinge voraus, die bei Sekretären mit längerer

---

132 Vgl. S. 477–478.
133 Vgl. P. J. Kock, S. 372, 402, 416, 423, 434. Die Landtags-Kandidaturen der Diözesansekretäre Max Hatzinger oder Josef Hofmeister hingegen scheiterten.
134 Anton Maier an Franz Kolb, 4. Dezember 1952. KAB VZ G I / Würzburg 1949–1964. Zu den Regelungen des Überstundenausgleichs siehe auch die Dienstordnung für die Sekretäre des Katholischen Werkvolks der Erzdiözese Freiburg, 21. Dezember 1961. EAF Reg. 56.64, Vol. 5, 1962–1964.
135 Vgl. S. 227–229.
136 P. Strenkert, S. 16.
137 Josef Eisemann an Anton Maier, 7. April 1954. KAB VZ G III / Schweinfurt 1947–1954. Josef Eisemann etwa nahm in vier Jahren Tätigkeit »als hauptamtliche Kraft« ganze drei Tage »Urlaub«.
138 Peter Stümpfl an Alfred Berchtold, 27. März 1953. ABP KAB Kart. 48 Akt 146.
139 Paul Strenkert an Joseph Hörmann, 13. September 1948, KAB A Kart. 4.

Dienstzeit eigentlich selbstverständlich sind«, aber es für neue Kräfte keineswegs waren[140].

7. Die Präsideskonferenzen

Auch dieses Gremium wird in den Satzungen des Süddeutschen Verbands nicht erwähnt, obwohl es auf allen Ebenen des Verbands – auf der Dekanats-, der Bistums- wie der Verbandsebene – eine besonders wichtige, um nicht zu sagen stets die zentrale Rolle spielte.

In der Diskussion um die Struktur der einzelnen Vereine und des gesamten Verbands stand bereits 1947 die Rolle des Präses im Mittelpunkt des Interesses. In der Frage, »ob die Gemeinschaften von Priestern als Präsides geleitet werden oder einer reinen Laienführung unterstehen« sollten, waren selbst führende Kleriker der Meinung, daß diese Organisationen »ihrer Aufgabe am besten genügen können, wenn ihre Leitung ganz in der Hand von Laien liegt«. Dies galt aber aus ihrer Sicht nur für die Weltaufgaben des einzelnen, »etwa auf dem Gebiet der Politik, der Wirtschaft und der Kultur«. Für Gemeinschaften hingegen, die »die Vollendung der christlichen Persönlichkeit und damit die Ehre Gottes« erstrebten, schien ihnen »die Präsesverfassung das Gegebene zu sein«[141]. Da sich mit der Gründung der Einheitsgewerkschaft die Funktion des Werkvolks immer stärker in den Bereich der religiösen Bildungsarbeit verschob, war es nur konsequent, daß die »Präses-Verfassung« innerhalb des Verbands zunehmend an Gewicht gewann[142]. Verstärkt wurde diese Entwicklung durch ein gewisses Mißtrauen der geistlichen Entscheidungsträger der »Laienwelt« gegenüber. »Sie entfremdet sich dem Klerus immer mehr und entwickelt sich zu einer selbständigen Macht, die von verschiedenen Seiten her beeinflusst wird und protestantischen Ideen sich nähert«, so daß man sie »im Auge behalten« müsse, wie es der Freiburger Erzbischof Conrad Gröber formulierte[143].

Die Präsides des Katholischen Werkvolks trafen sich daher auf allen Ebenen des Verbands auch getrennt von den Laienmitarbeitern. Von besonderer Relevanz waren hierbei vor allem die Treffen der Diözesanpräsides. Generell legten die Priester besonderen Wert darauf, völlig unter sich zu sein[144], um unter dem Sigel der priesterlichen Verschwiegenheit völlig frei und offen miteinander sprechen zu

---

[140] Eberhard Kunze an Franz von Prümmer, 19. Januar 1960. KAB VZ G III / Schweinfurt 1947–1954.
[141] Vgl. etwa das Exposé, »Zur Frage der Verfassungsform christlicher Gemeinschaften«, das der Paderborner Diözesanpräses Dr. Caspar Schulte am 16. Juni 1947 an Kardinal Faulhaber sandte. KFA 6506.
[142] Vgl. S. 359–364.
[143] Conrad Gröber an Papst Pius XII., 6. April 1947. EAF Nb 8/17.
[144] Einladungsschreiben Anton Maier an Christian Müller, 27. Mai 1963. ABP KAB Kart. 33 Akt 91.

können. Bewußt wurden aus der Erfahrung des Nationalsozialismus heraus auch keinerlei offizielle Protokolle über diese Sitzungen angefertigt[145]. Trotzdem läßt sich belegen – entweder durch Aktenvermerke[146] und Gedächtnisprotokolle[147] oder durch unmittelbar nach solchen Sitzungen aufgetretene Veränderungen –, daß alle wichtigen Entscheidungen für die weitere Entwicklung des Verbands innerhalb der Konferenzen des Diözesanpräsides gefällt wurden: die Namensgebung[148], die Frage der Zusammenarbeit mit der Katholischen Jungen Mannschaft[149], des Einsatzes der westdeutschen Zeitschrift »Priester und Arbeiter« zur Schulung der süddeutschen Präsides[150] oder der Stufenplan zur Errichtung eines Bundesverbands[151], um nur einige Beispiele zu nennen. Selbst das Entstehen der »Räubersynoden«, die sich vehement gegen die hierarchischen und klerikalen Führungsstrukturen des Verbands wandten, ist auf Entscheidungen der Diözesanpräsides zurückzuführen. War der Regensburger Diözesanpräses Fritz Morgenschweis mit seinen Vorstellungen bis 1958 noch weitgehend isoliert, so gelang es nach dem Wechsel der Diözesanpräsides der Bistümer Eichstätt und Passau, die Werkvolkarbeit auch in diesen Diözesen »aktiver« zu gestalten und deren Verbände bei den Kursen im Werkvolkheim Ramspau miteinzubeziehen. Erst hierdurch gewannen die »Räuber-Synoden« eine Bedeutung, die weit über das Bistum Regensburg hinausreichte[152].

8. Die »Räuber-Synoden«

Neben den regulären Verbandsgremien entwickelte sich am Ende der fünfziger Jahre ein Gremium besonderer Art, offiziell als »Arbeitstagung«, »gemeinsame Besprechung«, »Redaktionskonferenz« oder »Aktionsrundenkonferenz« deklariert, intern aber als »Räuber-Synode« bezeichnet[153]. Dieses Gremium war

---

[145] Anton Maier, 10. August 1992 und 27. April 1994.
[146] Vgl. etwa Aktenvermerk über die Diözesanpräsides-Konferenz, 7. Dezember 1959. AEB KAB Kart 62.
[147] Vgl. etwa das Erinnerungsprotokoll der Diözesanpräsides-Konferenz, 8. März 1963. KAB Ro Werkvolk-München, Präsideskonferenzen.
[148] Vgl. S. 50.
[149] Einladungsschreiben Anton Maier an Joseph Heindl, 23. Februar 1948. DA EI OA Werkvolk 1949–1955.
[150] Schreiben Anton Maier an Alois Stiefvater, 7. Juni 1951. KAB VZ K / Diözesanverband Freiburg 1950–1963.
[151] Erinnerungsprotokoll der Diözesanpräsides-Konferenz, 8. März 1963. KAB Ro Werkvolk-München, Präsideskonferenzen.
[152] Protokoll der Diözesanvorstandssitzung, 22. November 1958. KAB R Diözesanvorstand.
[153] Gebhard Heil an Christian Müller, 25. Februar 1963. ABP KAB Kart. 80. Der Begriff »Räubersynode« geht auf Papst Leo I. zurück, der mit dieser Formulierung ein auf Betreiben von Kai-

zum einen Ort der Kritik an der Arbeit der Verbandszentrale, zum anderen aber zugleich Ausdruck eines verbandsinternen Generationskonflikts sowie eines grundlegenden Wandels im Verbandsverständnis.

Bereits seit Beginn der Wiederaufbauarbeit des Werkvolks hatte es aus den Reihen der diözesanen Verantwortungsträger Kritik am Führungsstil und der Arbeitsweise der Verbandszentrale gegeben[154], die auch in den fünfziger Jahren nicht verstummten[155]. Sie führten zu einer »Stimmungsmisere«, da »das getrübte Vertrauensverhältnis zwischen der höchsten Verbandsspitze und den hauptamtlichen Kräften draußen« nicht behoben wurde[156]. Der daraus erwachsende Unmut wurde dadurch beträchtlich verstärkt, daß – angesichts des geringen Personalbestandes der Verbandszentrale und der Fülle der Aufgaben wie etwa der Abrechnung der einzelnen Monatsbeiträge aller Mitglieder (knapp 30 000 im Jahre 1950, gut 50 000 im Jahre 1963) – selbst bis zur Beantwortung eines einfachen Briefes bis zu zwei Wochen vergehen konnten[157].

Die diözesanen Repräsentanten der Bewegung gingen davon aus, daß man auf Grund der eigenen, erfolgreichen Arbeit das Recht habe, »an der Verbandsleitung etwas zu kritisieren«, weil diese Kritik »ja aus ehrlichem Herzen kommt«[158]. Doch wurden Anregungen, die man aus den Diözesen an die Münchener Zentrale herantrug, zum überwiegenden Teil nicht aufgegriffen oder verwässert. So wurde etwa die neugeschaffene Stelle eines Generalsekretärs nicht, wie vom Bamberger Diözesanverband beantragt, mit einem hauptamtlichen Mitarbeiter besetzt, sondern ab 3. Februar 1951 von dem durch andere Aufgaben bereits stark belasteten Paul Strenkert nebenamtlich versehen[159].

---

ser Theodosius II. im Jahre 449 einberufenes Reichskonzil in Ephesus bezeichnete. H. JEDIN, S. 27.

[154] Vgl. etwa Vorschläge der Eichstätter Arbeitstagung, 17.–18. April 1947. KAB VZ 2a / Verbandsausschuß 1954–1959; den Vorwurf der »Kirchturmpolitik« in Heinrich Kissmann an Hannes Mayr, 19. November 1947. DA EI OA Werkvolk; die Beschwerdeschreiben Josef Deckert an Josef Schinner, 23. August 1948, 28. September 1948, 28. März 1950. KAB VZ G III / Schweinfurt 1947–1954.

[155] Vgl. etwa die fünf Monita im Schreiben Franz Kolb an Hannes Mayerhofer, 17. März 1951 (KAB VZ G I / Würzburg 1949–1964), die Kritik des Bamberger Diözesanverbands an fehlender demokratischer Redefreiheit auf dem Neustädter Verbandstag (WERKVOLK, Nr. 11, November 1951) oder die Enttäuschung des Regensburger Diözesanvorstandes über die Art der Durchführung der Sitzung des Verbandsausschusses (Protokoll der Diözesanvorstandssitzung, 17. Dezember 1957. KAB R Diözesanvorstand).

[156] Peter Stümpfl an Alfred Berchtold, 27. März 1953. ABP KAB Kart. 48 Akt 146.

[157] Josef Schinner an Josef Maier, 9. September 1949. KAB VZ G II / Aschaffenburg 1944–1964.

[158] Elisabeth Bach an Hans Birkmayr, 30. Oktober 1951. AEB KAB Kart. 67.

[159] Protokoll der Verbandsleitungssitzung, 11. August 1951. KAB VZ Verbandsleitung/Verbandsvorstand 1957–1973; WERKVOLK, Nr. 3, März 1951.

III. Organisationsstruktur

Zu dem Moment der Unzufriedenheit über die Arbeit der Verbandszentrale trat am Ende der fünfziger Jahre das Motiv eines Generationskonfliktes, der durch einen Wandel im Verbandsverständnis verstärkt wurde. Nachdem bei der Wiedergründung des Verbands die wichtigsten hauptamtlichen Funktionen innerhalb des Verbands[160] sowie die ehrenamtlichen Führungspositionen bis zur Ebene der Vorstandschaften der einzelnen Vereine weitgehend mit jüngeren Personen besetzt worden waren[161], also ein grundlegender Generationswechsel erfolgt war, sahen sich die nachwachsenden Angehörigen der katholischen Arbeiterbewegung angesichts noch ausgesprochen junger »Kader« zumeist um die Möglichkeit verantwortungsvoller Mitgestaltung gebracht.

Verstärkt wurden die so entstehenden Schwierigkeiten durch das Problem des völlig anderen Verbandsverständnisses derjenigen, die auf Grund ihres Alters aus der CAJ in das Werkvolk überwechselten. In ihren Augen fehlte »die konsequente Fortsetzung der apostolischen Arbeit, wie sie in der CAJ begonnen wurde, in der Welt der Erwachsenen«. Angesichts überalterter Vereine, die keinen »Aktionsraum« boten, oder weil ihre Aktivität »mißbraucht« und »fehlgeleitet« wurde, »weil sie sich nur in Aufgaben an der Spitze entfalte, aber nicht zuerst in Aufgaben an der Basis« einübte, erlahmte die Aktivität der ehemaligen Angehörigen der CAJ bald. Hinzu kam, daß diesen zumeist »die Erfahrung im Aufbau und in der Leitung einer pfarrlichen Werkvolkgruppe« fehlte. Um diese Mißstände zu beheben, forderte man, daß der Übergang von der CAJ zum Katholischen Werkvolk stufenweise erfolgen müsse. Basis hierfür sollte nicht mehr der ganze Ortsverein sein, sondern wie bei der CAJ Arbeitskreise der aktiven Werkvolk-Mitglieder. In diesen Arbeitskreisen sollten die jüngeren Mitglieder »Fragen des Lebens christlich schauen« und sich »Kraft und Richtung holen« für ihre »Aufgaben im Katholischen Werkvolk und im öffentlichen Leben«[162].

---

[160] Zu den Vorbehalten der älteren hauptamtlichen Funktionsträgern gegenüber den jüngeren in dieser Zeit vgl. etwa Josef Hörning an den Verband Katholischer Arbeitervereine, 9. April 1948 (KAB VZ G III / Schweinfurt 1947–1954) oder Josef Maier an Josef Schinner, 28. April 1947 (KAB VZ G II / Aschaffenburg 1944–1964).

[161] So 1947 Max Hatzinger für das Erzbistum München und Freising und Prälat Georg Meixner für das Erzbistum Bamberg. Bericht über die Arbeitstagung der Diözesan- und Bezirkssekretäre, 17.–18. April 1947. KAB VZ 2a / Verbandsausschuß 1954–1959. Ähnlich ging man auch im Bistum Würzburg vor. Josef Maier an Josef Schinner, 8. Juli 1946. KAB VZ G II / Aschaffenburg 1944–1964.

[162] Warum nicht besser? Warum gelingt der Übergang von der CAJ zum Katholischen Werkvolk so schlecht? Erkenntnisse und Folgerungen für die Arbeit der Katholischen Arbeiterbewegung der Diözese Speyer. WERKVOLK-FÜHRUNG-KASSIER, Nr. 9, 1958.

Zentrum der Bestrebungen um die Verbandsreform war von 1959 bis 1964 das Bistum Regensburg[163]. Eine Zusammenarbeit des dortigen Werkvolks mit anderen Diözesanverbänden, um seine Vorstellungen gegen die Münchener Verbandszentrale durchzusetzen, hatte es bereits früher gegeben[164], doch erreichten sie unter dem neuen Regensburger Diözesanpräses Fritz Morgenschweis eine neue Qualität. So versammelten sich Anfang Februar 1959 unter dem Protektorat des damals jüngsten Diözesanpräses Süddeutschlands in Ramspau Vertreter aus den Bistümern Regensburg, Eichstätt und Passau[165]. Durch den gegenseitigen Erfahrungsaustausch sowie koordinierte Arbeit der Nachbardiözesen wollte man die Verbandsarbeit befruchten, vor allem aber wollte man neue Wege gehen[166]. Die zentrale Rolle hierbei spielte das von Morgenschweis entwickelte Konzept der »Aktionsrunde«, das die Anregungen aus den Kreisen der CAJ aufgriff[167]. Wie in der CAJ üblich, sollten nun auch im Werkvolk aus aufgeschlossenen Mitgliedern »Kernkreise« bis zu zehn Personen gebildet werden, die sich mindestens einmal pro Monat versammeln sollten. Die Aktionsrunde war stark religiös und apostolisch geprägt. Man hoffte so eine »neue Lebendigkeit in der Werkvolkarbeit, ein Wachsen in die Tiefe und auch in die Breite« zu erreichen[168]. Die von verschiedenen Diözesanvorstandschaften durchgeführte Einrichtung und Förderung der Aktionsrunde[169] sollte »die Arbeit des Verbandes von unten nach oben« befruchten[170] und »zur Aktivierung der Gruppen« beitragen[171]. Man versuchte so, das alte »Vertrauensmänner-System« durch »Aktiv-Runden« zu ersetzen, die sich als »Kerngruppe« verstanden[172]. Bis Februar 1964 stieg die Zahl der Empfänger

---

[163] Trotz unterschiedlicher und wechselnder Einladungen war bis 1964 Regensburg der Tagungsort der »Reformer«.

[164] So etwa 1957, als man sich mit dem Diözesanverband Speyer in Verbindung setzte, um zu erreichen, daß es auf der Sitzung des Verbandsausschusses am 1. Dezember 1957 in München bei den Regensburger Vorschlägen bleibe. Protokoll der Diözesanvorstandssitzung, 17. Dezember 1957. KAB R Diözesanvorstand.

[165] Nach der Ernennung des CAJ-Kaplans Alfred Sauer zum Augsburger Diözesanpräeses nahmen auch schwäbische Vertreter an den Tagungen in Ramspau teil. Vgl. M. MÖHRING, S. 125.

[166] Niederschrift über die Arbeitstagung, 7.-8. Februar 1959. KAB R Diözesanvorstand.

[167] Vgl. S. 186-189, 255-257.

[168] Geleitwort des Eichstätter Bischofs Schröffer zu einem Rundschreiben der Diözesanvorstandschaft, 14. November 1958. DA EI BA Werkvolk 1949-1967.

[169] In Freiburg wurde die Einführung der Aktionsrunde den Diözesansekretären gar durch die Dienstordnung zur Pflicht gemacht. Dienstordnung für die Sekretäre des Katholischen Werkvolks der Erzdiözese Freiburg, 21. Dezember 1961. EAF Reg. 56.64, Vol. 5, 1962-1964.

[170] Niederschrift über die Arbeitstagung, 7.-8. Februar 1959. KAB R Diözesanvorstand.

[171] Rechenschaftsbericht der Regensburger Diözesanvorstandschaft, 1956 bis 1959. KAB R Diözesantage.

[172] Aktenvermerk über die Diözesanpräsides-Konferenz, 7. Dezember 1959. AEB KAB Kart. 62. Zum alten System der Vertrauensleute vgl. WERKVOLK-FÜHRUNG, Februar 1949, S. 5-7.

III. Organisationsstruktur 85

des vom Süddeutschen Verband herausgegebenen Aktionsrundenprogramms auf über 5000, so daß man sich gezwungen sah, hierfür eine Schutzgebühr von 10 Pfennigen zu erheben[173].

Geprägt durch die CAJ und ihre Methoden (»sehen – urteilen – handeln«) wich die Verbandskonzeption der Teilnehmer an den »Räuber-Synoden« stark vom Verbandsverständnis der Münchener Zentrale ab. Letztlich ging es um die Frage »Bewegung« oder »Organisation«.

Zwar hatte man den Süddeutschen Verband von den Treffen unterrichtet, um nicht den Eindruck zu erwecken, daß sie gegen den Verband an sich gerichtet seien[174], doch war es keineswegs »sichergestellt«, daß an den Zusammenkünften der Diözesen stets auch Vertreter des Verbands teilnehmen konnten, wie sich dies Rektor Berchtold als eigentlich »selbstverständlich« wünschte[175]. Trotzdem übernahm der Verband 1963 die Form der Arbeit in Aktionskreisen[176]. Die Neuerer waren am Ziel.

9. Der Diözesanverband[177]

Der Süddeutsche Verband, auf dessen Gremien bisher eingegangen wurde, war im Gegensatz zum Westdeutschen Verband kein Dachverband von selbständigen Diözesanverbänden, sondern war ein Zusammenschluß der in seinem Verbandsgebiet bestehenden Ortsvereine. Die Diözesanverbände waren nur eine regionale Untergliederung dieses einheitlichen Verbands, dessen Mitglieder ihre Beiträge an die Verbandszentrale abführten[178]. An der Spitze eines jeden einzelnen Diözesanverbands stand der Diözesanvorstand, der sich aus dem Diözesanpräses und seinem Stellvertreter, dem Diözesanvorsitzenden und seinem Stellvertre-

---

[173] Protokoll der Verbandsleitungs-Sitzung, 28. Februar 1964. KAB VZ Verbandsleitung 1964–1967.
[174] Niederschrift über die Arbeitstagung, 7.–8. Februar 1959. KAB R Diözesanvorstand.
[175] Protokoll über die Verbandsleitungssitzung, 28. Februar 1964. KAB VZ Verbandsleitung 1964–1967.
[176] M. Möhring, S. 125.
[177] Vgl. zum folgenden die Mustersatzungen für einen Diözesanverband des Katholischen Werkvolks. KAB VZ Satzungen.
[178] A §1. Dagegen hatten sowohl die »Satzungen des Ketteler-Werks – Verband katholischer berufständischer Vereine Süddeutschlands« (KFA 6506), als auch die »Satzungen des Verbandes katholischer Arbeiter, Arbeiterinnen und Angestellten Süddeutschlands – Ketteler Werk« (KAB A Diözesanvorstand 1945–1964) den Süddeutschen Verband in ihrem §1 als eine »Zusammenfassung und Arbeitsgemeinschaft der im süddeutschen Verbandsgebiet bestehenden Diözesanverbände« verstanden. Die in diesen Satzungsentwürfen aus den Jahren 1945/46 zum Ausdruck kommende Verbandsauffassung hatte sich letztlich nicht durchgesetzt.

ter, der Diözesanleiterin[179], dem Diözesankassier, den in der jeweiligen Diözese tätigen hauptamtlichen Sekretären, dem jeweiligen diözesanen Leiter der Christlichen Werkgemeinschaften sowie je eines Vertreters der männlichen und weiblichen Jugend zusammensetzte. Außer dem Diözesanpräses und den hauptamtlichen Sekretären wurden alle Mitglieder der Diözesanvorstandschaft durch den Diözesantag auf die Dauer von drei Jahren gewählt.

Neben der Vorstandschaft eines Bistums stand der Diözesanausschuß, der sich aus dem Diözesanvorstand, den Bezirkspräsides sowie den Bezirksvorsitzenden und den Bezirksleiterinnen, wie die weiblichen Bezirksvorsitzenden bezeichnet wurden, zusammensetzte. Ihm oblag es, die Vorstandschaft zu beraten, die einlaufenden Anträge für den Diözesantag vorzubereiten und selbst Anträge für diesen zu erarbeiten sowie in den Jahren, in denen kein Diözesantag stattfand, die Rechte und Pflichten eines solchen wahrzunehmen.

Das oberste Gremium eines jeden Diözesanverbands war, in Anlehnung an die Struktur des Gesamtverbands, eine Delegiertenversammlung, der sogenannte Diözesantag. Zumeist wurde er im Herbst abgehalten, da so die dort gefaßten Beschlüsse und Anregungen in den einzelnen Bezirksverbänden und Werkvolkgemeinschaften intensiver aufgegriffen und diskutiert werden konnten als während der Sommermonate, wo das Vereinsleben naturgemäß nicht so intensiv war wie im Winter. Die Aufgaben des Diözesantags umfaßten die Entgegennahme des Rechnungs- und Jahresberichts des Diözesanvorstands, der Tätigkeitsberichte der hauptamtlichen Sekretäre und Sekretärinnen, Satzungsänderungen, die Wahl der Diözesanvorstandschaft sowie der Vertreter zum Verbandstag. Darüber hinaus entschied er über Anträge, die von jeder Werkvolkgemeinschaft und jedem Bezirksverband des Bistums, dem Diözesanausschuß wie dem Diözesanvorstand eingebracht werden konnten. Ab Mitte der fünfziger Jahre ergänzten einzelne Arbeitskreise die Delegiertenversammlung des Diözesantags. Sie sollten es ermöglichen, verschiedene thematische Fragen vertieft zu diskutieren. Nachdem sie anfänglich zum Teil auf dem Diözesantag »wegen Zeitmangels« nicht durchgeführt oder zu Ende geführt werden konnten, ging man dazu über, die Arbeitskreise zeitlich so zu legen, daß deren Ergebnisse und Entschließungen noch von der gesamten Delegiertenversammlung beraten und verabschiedet werden konnten, um so den Eindruck zu verhindern, daß es sich bei den Äußerungen der Arbeitskreise nur um die Meinung eines privaten Kreises handle[180].

Aufgabe des Diözesanverbands war die bistumsweite einheitliche Ausrichtung der Arbeit der einzelnen Werkvolkgemeinschaften, die Schulung der Mitglieder

---

[179] Im Bistum Würzburg auch ihrer Stellvertreterin. Vgl. die Satzungen des Katholischen Diözesanverbands Würzburg, § 8. KAB VZ Satzungen.
[180] Protokoll der Diözesanvorstandssitzung, 26. Juni 1956. KAB R Diözesanvorstand.

der verschiedenen Werkvolkgemeinschaften, die Unterhaltung und Leitung der Sekretariate im Gebiet des jeweiligen Bistums, die Unterstützung der einzelnen Werkvolkgemeinschaften wie der einzelnen Bezirksverbände bei ihrer Arbeit auf religiösem, sozialem, wirtschaftlichem und politischem Gebiet. In der Praxis war die Arbeit der Diözesanleitung »in ihrer Art subsidiär«, angesichts der vielen Aktivitäten der örtlichen Gruppen und Bezirke »in ihrer eigenen Verantwortlichkeit«[181].

10. Der Bezirksverband[182]

Alle Diözesanverbände waren in einzelne Bezirksverbände gegliedert, die sich wiederum aus einzelnen Ortsvereinen zusammensetzten. Die Vorstandschaft eines Bezirks setzte sich aus dem Bezirkspräses, dem Bezirksvorsitzenden, der Bezirksleiterin des weiblichen Werkvolks, einem männlichen oder weiblichen Bezirksschriftführer, dem Bezirkskassier, zwei Präsides sowie jeweils zwei männlichen und zwei weiblichen Mitgliedern als Vertretern der dem Bezirksverband angeschlossenen Werkvolkgemeinschaften zusammen[183]. Ihr stand der Bezirksausschuß zur Seite, der aus sämtlichen Präsides und Vorsitzenden der Werkvolkgemeinschaften eines Bezirks gebildet wurde.

Zweimal jährlich, einmal im Frühjahr und einmal im Herbst, sollte durch die Bezirksvorstandschaft ein Bezirkstag abgehalten werden, auf dem jede Werkvolkgemeinschaft mit mindestens zwei Personen vertreten sein sollte. Neben diesen Delegierten hatten des weiteren alle Präsides und alle Vorstandsmitglieder der einzelnen Werkvolkgemeinschaften, der Diözesanpräses, der Diözesanvorsitzende sowie der zuständige Diözesansekretär Zutritt. Der Bezirkstag war die oberste Instanz des Bezirksverbands. Durch ihn wurden die Bezirksvorstandschaft

---

[181] Bericht des Werkvolk-Diözesanverbands Eichstätt über das Arbeitsjahr 1961/62. KAB VZ 17c / Verbandsausschuß: Berichte 1959–1971.
[182] Vgl. zum folgenden die Mustersatzungen für einen Bezirksverband des Katholischen Werkvolks. KAB VZ Satzungen.
[183] Soweit die Norm. Das konkrete Beispiel Aschaffenburg-Ost weist am Ende des Untersuchungszeitraums (Wilhelm Wieler an das Verbandssekretariat, 10. September 1961. KAB VZ G II / Aschaffenburg 1944–1964) neben dem Bezirkspräses keine weiteren Geistlichen aus; stattdessen sind die Bezirksleiter der CAJ/M und der CAJ/F Mitglieder der Vorstandschaft. Der Pressewart und die drei Beisitzer entsprechen wohl den Vorgaben der Verbandszentrale für die vier Vertreter der angeschlossenen Werkvolkgemeinschaften. Für andere Bezirksverbände lassen sich neben dem Pressereferenten noch weitere Ämter nachweisen – so etwa das eines Kulturreferenten (Vorstandschaft des Bezirksverbands Miltenberg, 31. Juli 1961. KAB VZ G II / Aschaffenburg 1944–1964), eines Revisors (Wilhelm Wieler an das Verbandssekretariat, 23. Januar 1961. KAB VZ G II / Aschaffenburg 1944–1964) oder eines stellvertretenden Bezirkspräses (Wilhelm Wieler an das Verbandssekretariat, 12. Dezember 1960. KAB VZ G II / Aschaffenburg 1944–1964).

sowie die Delegierten zu den Diözesan- und Verbandstagen gewählt, Anträge an die Verbands- und Diözesanleitung, den Verbands- und Diözesantag gestellt und die durch diese gegebenen Anregungen und Entschließungen beraten und an die örtlichen Verhältnisse angepaßt. Zudem war der Bezirkstag das Gremium, in dem sämtliche im Bezirk auftretenden Fragen besprochen werden konnten und den Delegierten von der Bezirksvorstandschaft ein Bericht über den Stand der einzelnen Werkvolkgemeinschaften sowie der Bezirkskasse gegeben wurde. Der Bezirkstag fand zumeist an wechselnden Orten statt und sollte so dazu dienen, »die dort wohnende Arbeiterschaft zu stärken und sich gegenseitig kennenzulernen«. Neben ihren innerverbandlichen Aufgaben nutzte man die Bezirkskonferenzen zumeist auch als Kundgebung nach außen, um so eine breitere Öffentlichkeit anzusprechen[184].

Die Aufgaben des Bezirksverbands waren neben der Vorbereitung der Verbands- und Diözesantage sowie der Umsetzung von deren Beschlüssen vor allem die Vereinheitlichung des inneren Lebens der verschiedenen Werkvolkgemeinschaften und die Organisation von gemeinsamen Aktionen auf Gebieten wie der Mitgliederwerbung, der Betriebsmission, der Betriebsratswahlen und der Wahlen zur Sozialversicherung. Der Bezirksverband sollte die Arbeit der einzelnen Werkvolkgemeinschaft auf den religiösen, sozialen, wirtschaftlichen und politischen Gebieten fördern und verbessern. Doch in der Praxis erschwerte die räumliche Struktur des Süddeutschen Verbands auf mittlerer Ebene das Erreichen dieses Hauptziels, da die kirchliche und staatliche Grenzziehung oft nicht miteinander übereinstimmten. Um die so entstehenden Reibungsverluste etwa bei der Nominierung von Kandidaten für politische, kommunale und staatliche Ämter zu vermindern, ging man ab Ende der fünfziger Jahre auf Anregung des Regensburger Diözesanverbands im gesamten Verbandsgebiet dazu über, die Grenzen der Bezirksverbände den Landkreisgrenzen anzugleichen[185].

Innerhalb des Verbands blieb die mittlere Organisationsebene abgesehen von den unmittelbaren Nachkriegsjahren relativ schwach ausgeprägt[186]. In den Jahren 1947 bis 1949 waren die halbjährlichen Bezirkskonferenzen, die nicht wie vor 1945 von den Bezirksverbänden selbst, sondern von den Diözesansekretären

---

[184] Kurzbericht über die Organisation des Katholischen Werkvolks und dessen Arbeit in der Diözese Eichstätt, 1. Januar 1951 bis 1. Oktober 1953. DA EI OA Werkvolk 1949–1955. Berichte über Bezirkskonferenzen: WERKVOLK, Nr. 2, Februar 1952 (Werdenfels); WERKVOLK, Nr. 1, Januar 1954 (Seeg; Straubing; Rehau); etc.

[185] A § 9.

[186] Am stärksten ausgeprägt war die Bezirksarbeit während der ersten Hälfte der fünfziger Jahre wohl in den Bistümern Augsburg (vgl. WERKVOLK, Nr. 1, Januar 1953) und Regensburg (vgl. Tätigkeitsbericht des Diözesansekretariats Regensburg, 29. Juli 1951 bis 20. Juni 1953, sowie Rechenschaftsbericht Hugo Hollweger, 1. Mai 1954 bis 30. Juni 1955. KAB R Diözesanausschuß/Diözesantag).

III. Organisationsstruktur

organisiert wurden[187], zwar teilweise[188] ausgesprochen gut besucht, doch lag dies vor allem daran, daß sich viele neue Führungskräfte erst einarbeiten mußten und die dort gebotenen Anregungen für ihre Arbeit dankbar annahmen. Nach Abschluß dieser Phase konzentrierten sich die Verantwortlichen der einzelnen Werkvolkgemeinschaften aber wieder völlig auf den »engen Gesichtskreis der eigenen Pfarrei«[189] und die Bezirkskonferenzen erfuhren nur mehr »enttäuschend geringen Besuch«[190]. Wenige Ausnahmefälle wie etwa die besonders aktiven Bezirksverbände Schwabach[191] oder Schweinfurt[192] wichen von dieser Regel ab – trotz aller Versuche der Verbandszentrale[193] und der Diözesanleitungen[194], den Aufbau der Bezirksorganisationen zu unterstützen und ihre Tätigkeit zu aktivieren. Der Grund für die Schwäche der Bezirksverbände ist wohl vor allem darin zu sehen, daß sich die Verbandszentrale einerseits bei der Erhebung der Mitgliederbeiträge an den einzelnen Ortsvereinen orientierte und andererseits innerhalb des Verbands die gestaltenden Kräfte auf diözesaner Ebene tätig waren. Einzig der Bereich der Schulung der Mitglieder fand in der Regel auf der Ebene der Bezirke statt.

---

[187] Josef Deckert an Josef Schinner, 22. August 1947. KAB VZ G III / Schweinfurt 1947-1954.

[188] Soweit Bezirke bereits existierten. Im Diözesanverband Passau existierte 1948 noch kein einziger Bezirksverband (Peter Stümpfl an Hannes Mayerhofer, 3. Februar 1948. ABP KAB Kart. 148 Akt 144). Im Sekretariatsbezirk Kempten wiederum war es bis 1948 nicht möglich, die »Bildung von Bezirksverbänden« durchzuführen (P. STRENKERT, S. 16-17); den Auftakt zum Aufbau der Bezirksverbände stellte eine Sekretariatskonferenz am 15. Februar 1948 in Kempten dar. Paul Strenkert an das Verbandssekretariat, 31. Januar 1948. KAB A Kart. 5.

[189] Jahresbericht des Bezirksverbands München, 1952. KAB VZ Diözesanverband München.

[190] Auswertung der Jahresberichte der Werkvolkgemeinschaften 1954. KAB VZ Diözesanverband München.

[191] Jahresbericht über die Werkvolk-Arbeit in der Diözese Eichstätt, 13. Januar 1948. DA EI OA Werkvolk; WERKVOLK, Nr. 5, Mai 1953.

[192] WERKVOLK, Nr. 2, Februar 1954.

[193] Diese führte etwa zur Vorbereitung der Diözesanpräsideskonferenz im Februar 1948 eine verbandsweite Umfrage zum Stand der Bezirksarbeit durch, in deren Rahmen die Diözesansekretäre mitteilen sollten, welche Bezirksverbände zu diesem Zeitpunkt bereits wieder arbeiteten. Zugleich sollten sie die Namen und Anschriften der jeweiligen Bezirkspräsides und -vorstände nach München weiterleiten (Hannes Mayerhofer an Paul Strenkert, 19. Januar 1948. KAB A Kart. 5). Leider hat sich im Archiv des Süddeutschen Verbands keine der Antworten auf diese Umfrage erhalten.

[194] So hatte der Diözesanverband Bamberg etwa von 1948 bis 1951 die Stärkung der Bezirksverbände zu seinem ausdrücklichen Ziel erklärt und durch umfangreiche Schulungsarbeit zu erreichen gesucht (WERKVOLK, Nr. 11, November 1951). Trotzdem schritt auch in diesem Bistum der Aufbau funktionsfähiger Bezirke »im Sinne von Verbindungsstücken zwischen Diözesanebene und Werkvolkgemeinschaften« nur langsam voran (vgl. L. UNGER, Katholische Arbeitnehmerbewegung, S. 88).

Ab Mitte der fünfziger Jahre setzten auf diözesaner Ebene verstärkt Bemühungen um eine Aktivierung der Bezirksarbeit und der Bezirke ein, die bis dahin ohne »rechte Funktion« innerhalb der Diözesanverbände und des Gesamtverbands »immer ein Stiefkind« gewesen waren[195]. Bis dahin differierten sogar die von der Verbandszentrale vorgenommenen Bezirkseinteilungen von denen der Diözesanverbände[196]. Die verbandsweiten Bemühungen zur Aktivierung der Bezirksarbeit, die regional höchst unterschiedlich erfolgreich war, führten schließlich 1962 zur Errichtung des Erweiterten Verbandsausschusses, in dem die Delegierten der Bezirksverbände eine wichtige Rolle spielten. Erst damit endete auf der Verbandsebene die Schwäche der Bezirksverbände, dieser bereits im September 1947 als zentral beklagte Mißstand, dessen Lösung man schon damals als unumgänglich für eine erfolgreiche Verbandsarbeit ansah[197]. Obwohl sich die Verbandszentrale bereits unmittelbar nach der Wiedergründung des Verbands darum bemüht hatte, alle Bezirksverbände und ihre Verantwortlichen zu erfassen[198], waren Anfang Oktober 1962 bei 115 Bezirksverbänden im gesamten Verbandsgebiet noch die Anschriften von 74 Bezirkspräsides (= 64,3 %), von 83 Bezirksvorsitzenden (= 72,2 %) und von 76 Leiterinnen auf Bezirksebene (= 66,1 %) unbekannt. Bis Mitte Januar 1963 sanken diese Zahlen durch die Vorbereitungen zur Errichtung des Erweiterten Verbandsausschusses dann auf 24,3 Prozent, 13,9 Prozent und 41,7 Prozent[199].

11. Der einzelne Verein

Jede einzelne Werkvolkgemeinschaft vereinigte im Normalfall katholische Arbeiter, Angestellte und Beamte beiderlei Geschlechts in einer gemeinsamen Organisation, die sich zumeist an der kirchlichen Raumgliederung der Pfarrei orientierte[200]. Die Spitze jedes Vereins setzte sich wie der geschäftsführende Vorstand des Gesamtverbands aus dem Präses, dem männlichen oder der weiblichen Vorsit-

---

[195] Rechenschaftsbericht Josef Hofmeister, 1. Juli 1955 bis 31. Mai 1956. KAB R Diözesantage.
[196] Bericht zur Bezirkstagung, wohl Frühjahr 1953. KAB R Diözesanausschuß/Diözesantag.
[197] Paul Strenkert an die Geschäftsführung des Süddeutschen Verbands, 15. September 1947. KAB A Kart. 5. Diese Bewertung der Bedeutung der Bezirksverbände für die Verbandsarbeit wurde auch von anderen Repräsentanten des Werkvolks geteilt, die wie Paul Strenkert durch die Erfahrungen innerhalb der Verbandsarbeit während der Weimarer Republik geprägt waren und dort die Arbeit der Bezirksverbände schätzen gelernt hatten. Vgl. etwa Material für die Sitzung des Diözesanausschusses am 8. Oktober 1955. KAB VZ Diözesanverband München.
[198] Vgl. hierzu Rundschreiben des Verbandssekretariats, 19. Januar 1948 oder 1. Februar 1950. ABP KAB Karton 48 Akt 144.
[199] Aufstellung über fehlende Anschriften der Bezirksverbände. KAB VZ Verbandstag Augsburg 1963.
[200] E bzw. F § 1, 2.

zenden bzw. der Leiterin der weiblichen Arbeitsgemeinschaft im örtlichen Werkvolk zusammen[201]. Der Vorstandschaft gehörte des weiteren ein Kassier[202], ein Schriftführer, drei Beisitzer, darunter, soweit vorhanden, der Kultur- und der Sozialreferent der Werkvolkgemeinschaft, sowie ein Vertreter der Jugend an, ebenso derjenige Diözesansekretär, der am Ort seinen Wohnsitz hatte. Ab 1955 trat zu diesen Personen noch der gewählte 2. Vorsitzende sowie ein Vertreter der christlichen Werkgemeinschaften hinzu[203]. Gelegentlich gab es innerhalb eines Vereins auch spezielle »Verbindungsmänner« zu anderen religiösen Verbänden, zur Einheitsgewerkschaft sowie zu den Arbeitnehmergruppen der CSU[204]. Außer dem Präses, dessen Position zumeist vom jeweiligen Pfarrgeistlichen eingenommen wurde[205], mußten sich alle Mitglieder der Vorstandschaft nach Ablauf von zwei Jahren einer geheimen Neuwahl stellen, wobei alljährlich die Hälfte der Vorstandschaft zur Disposition stehen sollte[206]. Der Präses mußte stets ein katholischer Geistlicher sein und vom zuständigen Diözesanbischof ernannt werden. Er war der Leiter der jeweiligen Werkvolkgemeinschaft im Sinne des § 26 des Bürgerlichen Gesetzbuchs, wenn er auch in Angelegenheiten, die der Beschlußfassung der Vorstandschaft unterlagen, an deren Beschlüsse gebunden war[207]. Die Vorstandschaft sowie die Mitglieder jedes Vereins sollten jeweils mindestens einmal im Monat zusammentreten[208]. Darüber hinaus sollte jährlich im ersten Quartal des Jahres eine ordentliche Generalversammlung abgehalten werden[209]. Im Bedarfsfall konnte von der Vorstandschaft ein eigener Arbeitskreis für spezielle Fragen eingerichtet werden[210]. Dem beschriebenen Ideal der Satzung entsprach jedoch in der Praxis die Vorstandschaft einer Werkvolkgemeinschaft keineswegs überall, wie etwa eine Umfrage aus dem Jahre 1954 für den Diözesanverband München belegt. Dort betrug die Zahl der Vorstandschaftsmitglieder innerhalb des Bezirksverbands München sechs. Die Vorstandschaften außerhalb Münchens umfaßten gar durchschnittlich nur mehr vier Personen[211].

---

[201] E bzw. F § 13. Zu den Aufgaben der Vorstandschaft vgl. E bzw. F § 10.
[202] Zu seinen Aufgaben vgl. WERKVOLK-FÜHRUNG, Nr. 3, Mai 1949.
[203] G § 9.
[204] Peter Stümpfl an Hannes Mayerhofer, 3. Februar 1948. ABP KAB Karton 48 Akt 144.
[205] Vgl. S. 364.
[206] E bzw. F § 9.
[207] E bzw. F 11.
[208] E bzw. F 10 und 18. Ab 1955 wurde diese Richtgröße auf viermal pro Jahr gesenkt. G § 9.
[209] E bzw. F 18. Zu den Aufgaben der Generalversammlung vgl. E bzw. F 20.
[210] E bzw. F § 17; G § 10.
[211] Auswertung der Jahresberichte der Werkvolkgemeinschaften 1954. KAB VZ Diözesanverband München.

IV. Mitgliederentwicklung und Mitgliederstruktur[1]

> »Je größer die Schar [...], desto größer wird unser Einfluß sein hinein in das öffentliche Leben. Desto größer auch wird unsere Anziehungskraft sein auf die Abseitsstehenden.«[2]

Neidvoll blickte das Katholische Werkvolk auf die SPD und die Höhe der Mittel, die dieser allein aus den Parteibeiträgen ihrer Mitglieder monatlich zur Verfügung standen. Man bedauerte die »Ablehnung der Organisation« durch den »Großteil

---

[1] Die genauen Zahlen zu den folgenden Ausführungen befinden sich im Anhang. Alle folgenden Angaben beruhen, soweit nicht anders vermerkt, auf der internen Verbandsstatistik in KAB VZ Statistik. Daß diese nicht immer »mathematische Exaktheit« aufweist, ist bedauerlich. Doch war eine solche, bedingt durch die verspätete Meldung von Neuzugängen und die Rückdatierung von Austritten, nach einer Phase von unterlassenen Beitragszahlungen eines Mitglieds, »fast unmöglich« und stand deshalb deren »Nutzeffekt« aus Sicht der Verantwortlichen »in keinem Verhältnis zum Aufwand der Gehaltskosten«, der dafür hätte aufgebracht werden müssen (Anton Maier an Franz Kolb, 4. Dezember 1952. KAB VZ G I / Würzburg 1949–1964); der Mitgliederstand innerhalb der Zentrale war also keineswegs immer mit den Zuständen vor Ort identisch (Josef Deckert an Josef Schinner, 23. August 1948. KAB VZ G III / Schweinfurt 1947–1954).
Die folgenden Ausführungen beschränken sich auf die sogenannten »Verbandsmitglieder«, also diejenigen Mitglieder einer Werkvolkgemeinschaft, die an die Verbandszentrale in München ihren jeweiligen Mitgliedsbeitrag entrichteten. Neben diesen besaßen viele Vereine, wie in der Zeit der Weimarer Republik (D.-M. Krenn, Christliche Arbeiterbewegung, S. 44, 46, 50, 53, 57, 60–61, 65, 81), eine große Anzahl von »Ortsmitgliedern«. Auf sie kann in diesem Rahmen nicht eingegangen werden, da sie statistisch nicht erfaßt wurden. Wie groß ihre Zahl aber auch nach 1945 war, läßt sich aus einer Äußerung von Verbandspräses Maier erahnen, der 1953 davon ausging, daß das Katholische Werkvolk bei 43 000 Verbandsmitgliedern über deren Angehörige und die Ortsmitglieder etwa 80 000 Personen regelmäßig anspreche und beeinflusse. Von einer ähnlich großen Zahl an Mitgliedern, die »aus finanziellen Gründen nur örtlich gemeldet« waren, geht auch ein Exposé der Fuldaer Bischofskonferenz über die katholischen Arbeiterorganisationen in der Bundesrepublik aus dem Jahr 1954 (ABSp BA A-II-27) aus. Zum Problem Ortsmitglieder – Verbandsmitglieder in der Nachkriegszeit vgl. Werkvolk-Führung, Nr. 3, Mai 1949.
Auf die Gruppe der »außerordentlichen Verbandsmitglieder«, die gelegentlich in den Quellen angeführt werden (vgl. etwa Josef Deckert an das Verbandssekretariat, 21. Januar 1952. KAB VZ G III / Schweinfurt 1947–1954), kann im folgenden ebenfalls nicht eingegangen werden, da sich hierzu in der Verbandszentrale nur für ein Jahr nähere statistische Aufzeichnungen erhalten haben. Diese verbandsweite Erhebung für das Jahr 1956 (KAB VZ Statistik) zeigt trotz ihrer lückenhaften Angaben, daß die Zahl der außerordentlichen Mitglieder innerhalb einer Werkvolkgemeinschaft durchaus beträchtlich sein konnte. So waren 1957 etwa 23 der 83 Mitglieder des Ortsvereins Tirschenreuth nur außerordentliche Mitglieder; in Marktschorgast 12 von 41; in Cham 87 von 176; in Bad Tölz 167 von 227; etc. Insgesamt lassen sich für den gesamten Süddeutschen Verband so immerhin 1616 außerordentliche Mitglieder nachweisen.

[2] Rundschreiben des Diözesanverbands München, 8. Oktober 1952. VZ KAB Diözesanverband München.

IV. Mitgliederentwicklung und Mitgliederstruktur

der Katholiken«, während der weltanschauliche Gegner »die Macht der Zahl und die Macht des Geldes« klar »als ausschlaggebenden Faktor im kommenden Kampf um die Erringung der politischen Macht« erkannte[3]. Trotz dieser Grundhaltung der Katholiken bemühte das Werkvolk sich stets, nicht nur darum eine an Mitgliederzahlen starke Organisation zu werden, sondern die eigenen Angehörigen für die Bewegung zu aktivieren, denn man war sich seitens der Verbandsführung durchaus im klaren darüber: »Nicht die Mitgliedschaft allein (formell gesehen) macht eine Bewegung stark, sondern die persönliche Aktivität jedes einzelnen«[4].

Der Süddeutsche Verband wies während des gesamten Untersuchungszeitraums eine regional sehr disparate Mitgliederstruktur und -entwicklung auf[5], doch läßt sich für den Gesamtverband ein fast kontinuierliches Wachstum belegen[6] – »trotz der allgemeinen Organisationsmüdigkeit« und »trotz der hohen Sterbeziffern in überalterten Gemeinschaften«[7]. Es gelang dem Süddeutschen Verband, seine Mitgliederzahlen im Freistaat Bayern während der ersten Jahre der Bundesrepublik von einem seit Ende des 19. Jahrhunderts nicht mehr gekannten Tiefstand von 27 075 (1. Januar 1950) auf 52 809 (1. Januar 1964) zu steigern. Damit übertraf er in Bayern zu Beginn der sechziger Jahre seinen Mitgliederstand der Zeit vor dem Beginn der nationalsozialistischen Verfolgung (1929: 41 701), ja aller Jahre der Weimarer Republik. Einzig im Königreich Bayern, 1906 sowie 1911 bis 1916 (62 951 = Höchststand), hatte der Süddeutsche Verband mehr katholische Arbeiter und Arbeiterinnen organisiert und repräsentiert[8].

Die Mitgliederentwicklung verlief in den einzelnen Diözesen höchst unterschiedlich, wie die nachfolgende Tabelle zeigt. Bedingt durch die regionalen Schwankungen des Mitgliederzuwachses verschoben sich während des Untersuchungszeitraums innerhalb des Gesamtverbands die Gewichte der verschiedenen Diözesanverbände. Zugleich trat eine gewisse Nivellierung der Größenunterschiede ein.

---

[3] WERKVOLK, Nr. 4, April 1952.
[4] So die Verbandsvorsitzende Georgine Christl. WERKVOLK, Nr. 11, November 1951.
[5] Vgl. Tab. 1–6 im Anhang.
[6] Einzig im Jahre 1951 ging die Mitgliederzahl des Verbandes gegenüber dem Vorjahr etwas zurück. Vgl. Tab. 1 im Anhang.
[7] Bericht des Diözesansekretariats, Gesamtübersicht. DA EI BA Werkvolk 1949–1967.
[8] Zu den Vergleichszahlen siehe H. D. DENK, S. 400–402, 406, und D.-M. KRENN, Christliche Arbeiterbewegung, S. 597–598, 606–607. Die angeführten Zahlen beziehen sich auf das Staatsgebiet des Freistaates Bayern nach 1945 und stellen die Summe der einschlägigen Diözesanverbände dar. Die Bevölkerung im rechtsrheinischen Bayern stieg von 5 414 825 Personen im Jahr 1900 auf 9 494 939 Personen im Jahr 1960. STATISTISCHES JAHRBUCH 1961, S. 10.

Mitgliederentwicklung nach Diözesen[9]

	1.1.1950	1.1.1957	1.1.1964	1.1.1950	1.1.1957	1.1.1964
Augsburg	3.152	4.658	5.594	10 %	9 %	9 %
Bamberg	3.933	5.848	6.633	13 %	12 %	11 %
Eichstätt	1.298	2.295	3.943	4 %	5 %	6 %
Freiburg	269	3.083	3.608	1 %	6 %	6 %
München	7.238	8.138	10.240	23 %	17 %	17 %
Passau	1.116	1.240	1.706	4 %	3 %	3 %
Regensburg	6.082	10.094	12.380	20 %	21 %	20 %
Rottenburg	252	215	94	1 %	0 %	0 %
Speyer	3.577	5.089	4.845	12 %	10 %	8 %
Würzburg	4.123	8.567	12.318	13 %	17 %	20 %
Verband	31.040	49.227	61.361	100 %	100 %	100 %

Der Diözesanverband Augsburg wies zwar eine Steigerung seiner Mitgliederzahlen auf, doch lag sein Zuwachs unter dem Verbandsdurchschnitt, so daß sein Anteil am Süddeutschen Verband während des Untersuchungszeitraums sank. Ähnlich verhielt es sich bei den Diözesanverbänden Bamberg und Speyer sowie den einzelnen Ortsvereinen aus dem Gebiet des Rottenburger Landesverbands, die noch innerhalb des Süddeutschen Verbands organisiert waren. Den Verbänden der Diözesen München-Freising und Passau hingegen gelang es, bei steigenden Mitgliederzahlen ein anfängliches Absinken ihres Gewichtes im Gesamtverband in der zweiten Hälfte des Untersuchungszeitraums abzufangen und so während dieser Zeit ihren Anteil an der Mitgliederzahl des Süddeutschen Verbands konstant zu halten. In den Diözesen Eichstätt, Freiburg sowie Würzburg stiegen sowohl die realen Mitgliederzahlen, als auch der Anteil der jeweiligen Diözesanverbände am Süddeutschen Verband. Einen Sonderfall stellt die Entwicklung im Bistum Regensburg dar, wo zwar die absoluten Mitgliederzahlen konstant

---

[9] Bei den folgenden Angaben sind die männlichen und weiblichen Vollmitgliedern mit den Ehegattenmitgliedern zusammengefaßt worden. Die getrennten Angaben finden sich in Tab. 3–5 im Anhang.

zunahmen, auch der Anteil am Gesamtverband anfänglich leicht gesteigert werden konnte, am Ende aber wieder genauso stark wie am Anfang war.

Der Mitgliederzuwachs des Süddeutschen Verbands setzte sich zum einen aus einer Steigerung der Mitgliederzahlen schon bestehender Vereine, zum anderen aus der Gewinnung von neuen Mitgliedern durch Gründung neuer Werkvolkgemeinschaften zusammen. Im ersten Beobachtungszeitraum stieg die Zahl der einzelnen Vereine des Süddeutschen Verbands in Bayern von 669 (1. Januar 1950) auf 711 (1. Januar 1957). Zugleich nahm die durchschnittliche Größe einer Werkvolkgemeinschaft von 41 Mitgliedern auf 56 zu, wobei die Zahl der Frauen unter diesen Mitgliedern von 12 auf 25 stieg. In der zweiten Hälfte des Untersuchungszeitraums stieg die Zahl der Ortsvereine auf 991 (1. Januar 1964), doch zugleich sank ihre durchschnittliche Größe auf 53 und der Anteil der Frauen daran auf 24 Personen ab.

Die gemeinschaftliche Organisation von weiblichen wie männlichen Verbandsmitgliedern sowie die Einführung der Möglichkeit der Ehegattenmitgliedschaft[10] hat in der Zeit nach dem Zweiten Weltkrieg, in der auch die Zahl der berufstätigen Frauen deutlich zunahm[11], zu einem gravierenden Wandel in der Mitgliederstruktur geführt: Die Zahl der weiblichen Mitglieder nahm überproportional stark zu. Stieg die Zahl der weiblichen Vollmitglieder während des Untersuchungszeitraums im Freistaat Bayern um etwa ein Drittel (1950: 8311; 1964: 10 738), so wuchs die Zahl der Ehegattenmitglieder, die fast ausschließlich weiblichen Geschlechts waren[12], noch wesentlich stärker. Am 1. Januar 1964 nahmen bereits mehr Frauen die erst zum 1. Januar 1952 eingeführte Möglichkeit einer Ehegattenmitgliedschaft wahr, als dem Verband als Vollmitglieder angehörten[13]. So erreichte am Ende des Untersuchungszeitraums der Anteil der Frauen an den Mitgliedern des Süddeutschen Verbands im Freistaat Bayern 44 Prozent (weibli-

---

[10] Antrag des Diözesanverbands Würzburg zum Verbandstag 1951 in Neustadt sowie Protokoll des Verbandstags des Katholischen Werkvolkes, 29.-30. September 1951 in Neustadt. KAB VZ 42a / Verbandstag Neustadt 1951.

[11] Vgl. S. 278.

[12] Auch jugendliche, fürsorgeberechtigte oder arbeitslose Mitglieder zahlten einen ermäßigten Beitrag und wurden deshalb den Ehegattenmitgliedern zugerechnet. Doch war die Zahl der männlichen Ehegattenmitglieder verschwindend gering. Vgl. Fußnote 14.

[13] Überlegungen zur Einführung einer passiven Mitgliedschaft beim Katholischen Werkvolk, wie sie gelegentlich an die Verbandsleitung herangetragen wurden (vgl. etwa P. Otto Buchheit SJ an Anton Maier, 8. Oktober 1953. KAB VZ 17a / Verbandsausschuß 1947-1954), fanden während des gesamten Untersuchungszeitraums keine Mehrheit, da man zum einen aus materiellen Gründen nicht auf den Sozialbeitrag der Mitglieder verzichten konnte und zum anderen die Verbandsleitung die Auffassung vertrat, daß »die Mitgliedschaft zur Arbeiterbewegung eine solche der Überzeugung sei und als solche auch Opfer verlange«. Bericht über die Verbandsausschuß-Sitzung, 17.-18. Oktober 1953. KAB VZ 17a / Verbandsausschuß 1947-1954.

che Vollmitglieder und Ehegattenmitglieder zusammengenommen). 1929 waren es etwa 25 Prozent, 1915/16 gar nur 17 Prozent gewesen. Der Frauenanteil war, wie die Struktur der Gesamtmitgliederschaft, regional sehr unterschiedlich.

Zahl der weiblichen Mitglieder nach Diözesen[14]

	1.1.1950	1.1.1957	1.1.1964	1.1.1950	1.1.1957	1.1.1964
Augsburg	1.305	2.388	2.801	14 %	11 %	10 %
Bamberg	1.073	2.498	2.833	12 %	11 %	11 %
Eichstätt	381	939	1.367	4 %	4 %	5 %
Freiburg	94	1.233	1.482	1 %	6 %	6 %
München	3.174	4.419	5.607	34 %	20 %	21 %
Passau	411	538	649	4 %	2 %	2 %
Regensburg	1.350	4.400	5.367	14 %	20 %	20 %
Rottenburg	75	104	47	1 %	0 %	0 %
Speyer	884	2.313	1.978	10 %	11 %	7 %
Würzburg	582	3.200	4.774	6 %	15 %	18 %
Verband	9.329	22.032	26.905	100 %	100 %	100 %

Die Diözesanverbände Augsburg und München organisierten zu Beginn des Untersuchungszeitraums zwar gemeinsam nahezu fünfzig Prozent aller Frauen des Süddeutschen Verbands, doch sank dieser Anteil trotz der steigenden Zahl der weiblichen Mitglieder bis zum Ende des Untersuchungszeitraums auf etwa ein Drittel. Auf dieselbe Weise sank auch der Anteil des Diözesanverbands Speyer. Die Verbände der Bistümer Bamberg und Passau konnten – bei stets steigen-

---

[14] Bei den folgenden Angaben sind die Zahlen der weiblichen Vereinsmitglieder und die der Ehegattenmitglieder addiert worden. Da laut der internen Mitgliederdatenbank des Süddeutschen Verbands noch am 30. Juni 1992 von 24 983 Familienmitgliedern (neue Bezeichnung für Ehegattenmitglieder) nur ganze 6 Prozent (= 1482) männlichen Geschlechts waren (freundliche Auskunft von Herrn Rudolf Letschert), schien dieses Vorgehen für die Zeit der fünfziger und sechziger Jahre gerechtfertigt. Zudem ließen sich aufgrund der vorliegenden Zahlen für 1957 nur 0.05 Prozent (= 13) und für 1964 nur 0.02 Prozent (6) der Ehegattenmitglieder eindeutig als männlich nachweisen. Die getrennten Angaben finden sich in Tab. 3 und 5 im Anhang.

der Zahl der weiblichen Mitglieder in ihren Reihen – das Absinken ihres Anteils an der Organisation der Frauen im Gesamtverband während der ersten Hälfte der fünfziger Jahre im zweiten Teil des Untersuchungszeitraums stabilisieren. Im Bistum Eichstätt stieg zwar der Anteil der Frauen an den Mitgliedern konstant, jedoch erreichte man erst ab 1957 eine Steigerung des Anteils Eichstätts an der Organisation der Frauen im Gesamtverband. Da im Freiburger Diözesanverband der Zuwachs an weiblichen Mitgliedern dem Durchschnitt des Gesamtverbands entsprach, blieb das Gewicht seiner Frauen im Gesamtverband gleich. Im Bistum Regensburg gelang es zwar konstant, die Zahl der Frauen unter den Mitgliedern zu steigern, doch entsprach auch hier der Zuwachs in der zweiten Hälfte des Untersuchungszeitraums nur dem Durchschnitt des Gesamtverbands. Einzig in der Diözese Würzburg stieg die Zahl der weiblichen Mitglieder während des gesamten Zeitraums stets stärker als in allen anderen Diözesanverbänden des Süddeutschen Verbands. Die weiblichen Mitglieder, die in den einzelnen Werkvolkgemeinschaften organisiert waren, die noch dem Süddeutschen Verband angehörten und sich nicht dem Rottenburger Landesverband angeschlossen hatten[15], stellten stets eine verschwindende Minderheit innerhalb des Verbands dar.

Bezeichnend für den Wandel der Mitgliederstruktur des Süddeutschen Verbands nach dem Zweiten Weltkrieg ist vor allem, daß die Zahl der Vereine, die entweder ausschließlich Männer oder ausschließlich Frauen organisierten, stetig abnahm. Gab es 1950 noch 93 rein weibliche Werkvolkgemeinschaften mit 3652 Mitgliedern (= 14 % aller Mitglieder), so sank ihre Zahl bis zum Jahr 1957 auf 34, die nur noch 2 Prozent der Mitglieder des Süddeutschen Verbands organisierten. Eine ausschließlich männliche Mitgliederschaft wiesen am Beginn des Untersuchungszeitraums 1029 Vereine mit 5267 Mitgliedern (= 20 %) auf. 1964 waren es noch ganze 445 Werkvolkgemeinschaften mit 1515 Mitgliedern (= 3 %). Diese Entwicklung belegt eindeutig, daß die gemeinschaftliche Organisation von Frauen und Männern, der Teil der neuen Konzeption des Werkvolks, der den grundlegenden Unterschied zum Süddeutschen Verband vor 1945 und zum Westdeutschen Verband ausmachte, auch tatsächlich von allen Mitgliedern umfassend gebilligt und mitgetragen wurde.

Ein Blick auf die durchschnittliche Größe der Werkvolkgemeinschaften zeigt, daß die durchschnittliche Mitgliederzahl eines Ortsvereins beträchtlich schwankte – zwischen 26 im Erzbistum Freiburg und 62 im Bistum Bamberg. Doch war

---

[15] Zur Entwicklung der katholischen Arbeitnehmerbewegung auf dem Gebiet des Bistums Rottenburg-Stuttgart vgl. S. 149–150.

dies zum Teil durch die unterschiedliche Durchschnittsgröße der Pfarreien in den verschiedenen Bistümern bedingt[16].

Mißt man den Organisationsgrad innerhalb der katholischen Bevölkerung, so war das Werkvolk maximal in vierzig Prozent der Pfarreien eines Bistums auch tatsächlich mit einer eigenen Werkvolkgemeinschaft präsent. In der Diözese mit dem niedrigsten Wert, Passau, lag der Durchdringungsgrad gar nur bei zehn Prozent der Pfarreien[17]. Die Zahl der erfaßten Katholiken schwankt demhingegen zwischen 28 Prozent im Bistum Passau und 58 Prozent im Erzbistum München-Freising[18]. Die Werte »Organisationsgrad« und »Durchdringungsgrad« – zueinander in Bezug gesetzt – belegen, daß die katholische Arbeitnehmerbewegung trotz der großen Spannbreite der Werte vor allem in größeren Gemeinden präsent war[19].

Generell läßt sich aber festhalten, daß das Werkvolk 1957 in keiner Region des Verbandsgebietes mehr als zwei Prozent der katholischen Bevölkerung organisierte. Legt man, weniger wohlwollend, nicht die Summe der Zahl der Katholiken in den Orten zu Grunde, in denen die katholische Arbeiterbewegung mit einer Werkvolkgemeinschaft tatsächlich vertreten war, sondern die Zahl aller Katholiken eines Bistums, so sinkt der Organisationsgrad auf Werte von maximal ein Prozent[20]. Dieser Befund gewinnt noch an Gewicht, wenn man bedenkt, daß

---

[16] Vgl. Tab. 8.
[17] Vgl. hierzu die Spalte »Erfaßte Pfarreien« in Tab. 8. Die Zahl der Vereine zueinander in Bezug zu setzen, wie dies in der verbandsinternen Diskussion immer wieder getan wurde, ergibt ein verfälschtes Bild, da die Zahl der »Pfarreien«, also die Zahl der maximal zu errichtenden »Vereine« von Diözese zu Diözese beträchtliche Unterschiede aufwies. So war etwa der Bamberger Diözesanverband mit seinen 94 Werkvolkgemeinschaften und 5848 Mitgliedern im Jahre 1957 letztlich erfolgreicher als der Regensburger Diözesanverband mit seinen 156 Ortsvereinen und 10 094 Angehörigen.
[18] Vgl. die Spalte »Katholiken je Diözese« sowie die Spalten »Zahl der Katholiken in Pfarreien mit Werkvolk« und »Erfaßte Katholiken« in Tab. 8.
[19] Vgl. hierzu die Spalte »Vergrößerungsfaktor« in Tab. 8.
[20] Vgl. die Spalten »Org.-Grad der Katholiken je Diözese« (Verhältnis der Zahl der »Mitglieder je Diözese« zur Zahl der »Katholiken je Diözese«) sowie »Org.-Grad der Katholiken in Pfarreien mit Werkvolk« (Verhältnis der Zahl der Katholiken der Gemeinden eines Bistums, in dem die katholische Arbeiterbewegung mit einer Werkvolkgemeinschaft auch tatsächlich präsent war [= »Zahl der Katholiken in Pfarreien mit Werkvolk«], zur Zahl der im Werkvolk organisierten Katholiken [= »Mitglieder je Diözese«]).
Zum Grad der Durchdringung der gesamten Bevölkerung (Katholiken und Nichtkatholiken) vgl. alle Einwohner-Spalten. Die Größe des Anteils der Katholiken an der Bevölkerung scheint keine Rolle für den Grad der Präsenz des Werkvolks in der Gesamtbevölkerung gehabt zu haben. Gleich, ob das Werkvolk in überwiegend katholischen Gebieten oder in der Diaspora agierte, es organisierte stets nur einen verschwindend geringen Teil der Menschen Süddeutschlands. Hierbei ist aber zu bedenken, daß sich auf Grund des Größenunterschieds zwischen den Bezugsgrößen, Auswirkungen erst weit hinter dem Komma der Prozentzahlen zeigen würden.
Der Befund für den Westdeutschen Verband unterscheidet sich im Bezug auf den Organisationsgrad

IV. Mitgliederentwicklung und Mitgliederstruktur

das Werkvolk trotz dieser negativen Bilanz zum Teil als »die stärkste geschlossene Organisationseinheit« im bayerischen Katholizismus der fünfziger Jahre galt[21]. Diese Zahlen bestätigen das zeitgenössische Votum, es sei »entmutigend festzustellen, wie gering die Zahl wirklich aktiver Laien im Verhältnis zur Gesamtzahl der Katholiken ist«, und daß deshalb jener relativ kleine Kreis in seiner »Umwelt«, seinem »Milieu«, nur »wie Sauerteig« wirken könnte[22].

Vergleicht man bei der Analyse den Organisationsgrad der Diözesanverbände[23] miteinander, so ergibt sich im Vergleich zu den absoluten Mitgliederzahlen ein differenzierteres Bild der regionalen Bedeutung des Werkvolks, das im wesentlichen jeweils dem Einsatz des Ordinariats für die katholische Arbeitnehmerbewegung entsprach.

Da aber die Zuwendungen durch die Amtskirche keineswegs das Ausmaß erreichten, das sich die Verantwortlichen des Katholischen Werkvolks gewünscht haben, bemühte man sich mit allen Mitteln, die Zahl der Verbandsangehörigen und somit die Höhe der Beitragseinnahmen zu steigern. Bei der Gewinnung neuer Mitglieder ging man regional durchaus unterschiedliche Wege. War aus der Sicht der Verantwortlichen die beste Methode der Werbung, gerade in »Land-

---

nicht wesentlich von den Verhältnissen in Süddeutschland, wenn auch in Westdeutschland die Spannbreite aller Werte beträchtlich über denen Süddeutschlands liegt. Der Westdeutsche Verband war somit wesentlich inhomogener als der Süddeutsche Verband. Vgl. Tab. 9.

21 So etwa Peter Stümpfl über das Katholische Werkvolk im Bistum Passau, das während des gesamten Untersuchungszeitraums die niedrigsten Mitgliederzahlen aller regulären Diözesanverbände aufwies (Situationsbericht aus der Diözese Passau von Diözesansekretär Stümpfl zur Sekretärskonferenz, Herbst 1952. ABP KAB Kart. 47, Akt. 143).
Im Erzbistum Bamberg besaß das Katholische Werkvolk am Ende des Untersuchungszeitraums etwa doppelt soviele Mitglieder wie die Kolpingsfamilie, der dort 1962 ungefähr 3000 beitragszahlende Mitglieder angehörten (Heinrich Fischer an Hans Birkmeier [Birkmayr], 17. September 1959. AEB KAB Kart. 62).
Neben dem Problem des Unterschiedes zwischen Organisationen, die von ihren Angehörigen einen Beitrag erhoben, und solchen, deren Mitgliedschaft keinerlei finanzielle Folgen hatte, wird der Vergleich der unterschiedlichen Laienorganisationen der Nachkriegszeit generell dadurch erschwert, daß man nur auf vereinzelte Belege in der Literatur und den Quellen zurückgreifen kann, da die offiziellen kirchlichen statistischen Handbücher zwar exakte Zahlen über die Theologiestudenten und Priester der unterschiedlichen Diözesen, Mitgliederzahlen für die Vereine und Verbände der Laien aber nur vereinzelt und dann zumeist bezogen auf das Gebiet der gesamten Bundesrepublik ausweisen (vgl. hierzu F. GRONER, Handbuch XXIII, vor allem S. 70-85; XXIV, vor allem S. 47-61; XXV, vor allem S. 109-125; XXVI, vor allem S. 95-110). Zum Teil – auch auf Seiten des Werkvolks – wurden bewußt keine Mitgliederstatistiken veröffentlicht, da die gute Zusammenarbeit mit den Parteien und den Gewerkschaften zumeist darauf basierte, daß diese die Schwäche der Laienorganisation nicht kannten. So Josef Titzer für das Katholische Werkvolk im Erzbistum Freiburg. Bericht über die Schulungstagung der Sekretäre, 20.-21. September 1952. KAB VZ 17a / Verbandsausschuß 1947-1954.
22 WERKHEFTE 3 (1949), Heft 6, S. 20-21.
23 Vgl. die Spalte »Erfaßte Katholiken« in Tab. 8.

gemeinden«, stets die »öffentliche Bekanntmachung von der Kanzel«, der eine soziale Predigt vorausging und die durch die Verteilung von Handzetteln und öffentliche Plakatierung flankiert wurde, da »die Pfarrangehörigen auf das Wort des Hochwürdigen Herrn Pfarrers am besten reagieren«[24], so wurde dieses Vorgehen etwa im Bistum Regensburg durch gezielt durchgeführte Hauswerbung[25] ergänzt. Im Bistum Augsburg wiederum ging man neben »den bewährten alten Wegen auch neue«. »Das Aktiv der Vertrauensleute« der Werkvolkgemeinschaft Kempten etwa suchte in den Betrieben »Vertrauensleute«, um so »im Sinn der Werkgemeinschaften christlicher Arbeiter« durch »Betriebswerbung« neue Mitglieder für das Werkvolk zu gewinnen. »Auch die Mittel und Wege der CAJ« für die Mitgliederwerbung verdienten aus der Sicht des Kemptner Sekretärs und späteren Generalsekretärs der Bewegung, Paul Strenkert, »ganze Aufmerksamkeit«[26]. Nach dem Wechsel im Amt des Diözesanpräses rief man in Augsburg 1961 ein »Werbejahr« aus. Ab 1962 führte man zusätzlich eine spezielles »Bewertungssystem« ein, das sowohl besonders erfolgreiche Gruppen wie Einzelpersonen prämierte. Die Gruppen erhielten für neue Einzelmitglieder oder Ortsgruppenneugründung nach einem genau festgelegten Schlüssel Punkte. Der erfolgreichsten Gruppe wurde als Prämie ein besonderes Banner verliehen, das diese unter Umständen als Patengeschenk einer Neugründung weiterreichen konnte[27].

Im Jahr 1949 plante der Süddeutsche Verband angesichts des sinkenden Wachstums der Mitgliederstärke des Werkvolks für 1950 eine verbandsweite Aktion, um die Mitgliederzahlen zu erhöhen. Zum Auftakt wurden im Anschluß an die Zweite Katholische Soziale Woche in München alle Verantwortlichen in der Werkvolk-Führung auf die Notwendigkeit der Mitgliederwerbung hingewiesen[28]. Daneben wurden die Diözesansekretäre angehalten, die dort dargelegten Gedanken und Anregungen durch ein Rundschreiben allen Werkvolkgemeinschaften erneut in Erinnerung zu bringen[29]. Die Verbandsvorstandschaft hielt die Ortsvereine im gesamten Verbandsgebiet dazu an, einerseits bis zum 1. März 1950 ihren Mitgliederstand von Ende 1949 um zwanzig Prozent zu erhöhen, andererseits sollte jede einzelne Werkvolkgemeinschaft versuchen, den Anstoß zu geben, daß in einer Nachbarpfarrei ein neuer Verein ins Leben gerufen wird[30]. Beides, die Erhöhung des Mitgliederstands der bestehenden Vereine sowie die Neugründung

---

[24] Peter Stümpfl an Hannes Mayerhofer, 3. Februar 1948. ABP KAB Kart. 48 Akt 144.
[25] Tätigkeitsbericht Hugo Hollweger, 1. Juni 1955 bis 31. Mai 1956. KAB R Diözesantage.
[26] Paul Strenkert an das Verbandssekretariat, 31. Januar 1948. KAB A Kart. 5.
[27] Protokoll der Diözesanvorstandssitzung, 20. Oktober 1962. KAB A Diözesanvorstandschaft 1945–1964.
[28] WERKVOLK-FÜHRUNG, Nr. 5, 1949.
[29] Rundschreiben des Verbandssekretariats, 19. Dezember 1949. ABP KAB Karton 48 Akt 144.
[30] WERKVOLK-FÜHRUNG, Nr. 5, 1949.

IV. Mitgliederentwicklung und Mitgliederstruktur

von Werkvolkgemeinschaften durch lokale oder diözesane Repräsentanten des Verbands, waren während des gesamten Untersuchungszeitraums die entscheidenden Mittel zur Steigerung der Mitgliederzahlen.

In der Regel wandte man sich bei der Neugründung einer Werkvolkgemeinschaft an den zuständigen Pfarrgeistlichen, der seine Pfarrangehörigen dazu über die Kanzel aufrief. Bei der Gründungsversammlung erschien dann zumeist entweder ein Diözesan- oder Verbandssekretär und umriß mit einem Referat zur Frage »Was will das Katholische Werkvolk?« die Aufgaben und Funktionen einer Werkvolkgemeinschaft. Sobald die neue Gruppe durch die regelmäßigen Monatsversammlungen gefestigt war und eine vorzeigbare Zahl von Mitgliedern gewonnen hatte, beteiligte sie sich an besonders herausragenden Ereignissen des pfarrlichen Lebens, sei es bei der Fronleichnamsprozession oder bei der Ausrichtung eines Pfarrfestes[31]. Im Bistum Regensburg versah man neue Gruppen darüber hinaus »als Starthilfe« noch mit 10 DM und »Schrifttum«[32].

Der Ansatz, durch Jugendarbeit die Mitgliederzahlen des Verbands zu steigern, fand hingegen bei den hauptamtlichen Sekretären keineswegs durchgehend Unterstützung. Gerade für erfahrene Verbandsfunktionäre war die Werbung von Personen aus der Altersgruppe der 25- bis 40jährigen viel wichtiger, als »die ohnehin sehr fragwürdige Werbung Jugendlicher unter 20 Jahren«[33].

Das zentrale Problem bei der Analyse der Mitgliederstruktur des Werkvolks stellt die Frage nach der Fluktuation dar. Zwar sind die Austritte statistisch erfaßt, da sie aber nicht flächendeckend namentlich zusammengestellt wurden, ist heute nicht mehr festzustellen, inwieweit ein Mitglied aus einer Werkvolkgemeinschaft austrat und in eine neue eintrat. Festhalten läßt sich nur, daß die Zahl der Austritte ausgesprochen hoch war. So konnte etwa der Diözesanverband Augsburg im ersten Halbjahr 1963 zwar insgesamt 583 neue Mitglieder werben, da er aber im selben Zeitraum 113 Mitglieder durch Tod und 265 Mitglieder durch Austritt verlor, stieg die Zahl seiner Mitglieder real nur von 5293 auf 5498[34]. Generell gilt, daß »die meisten Austritte« gerade in »alten Gruppen« erfolgten, wohingegen »die neuaufgebauten Gruppen«, die intensiv von den zuständigen Diözesansekretären betreut wurden, »fast keine Austritte« zu verzeichnen hatten. Dies lag aus der Sicht der Verantwortlichen daran, daß sich diese »ihrer

---

[31] Zum Prozeß der Gründung einer Werkvolkgemeinschaft vgl. unter anderem die Berichte über die Gründung der Werkvolkgemeinschaften Altötting (WERKVOLK, Nr. 7, Juli 1951) oder Maria Hilf in Schweinfurt (WERKVOLK, Nr. 2, Febuar 1952).
[32] Protokoll der Diözesanvorstandssitzung, 19. November 1957. KAB R Diözesanvorstand.
[33] Aktenvermerk Siegfried Niessl, 7. Juli 1954: Mitgliederbefragung im Bereich des Bezirksverbands München im Jahre 1953. KAB VZ Diözesanverband München.
[34] Kurzgefaßter Jahresbericht vom Werkvolkdiözesanverband Augsburg, 30. Dezember 1963. KAB A Diözesanverband 1945–1964.

Aufgaben und Pflichten weit mehr bewußt« waren – »auch des Einflusses, den sie bei richtiger Arbeit erreichen können«[35]. Zugleich lag natürlich die Mortalität in einer neugegründeten Werkvolkgemeinschaft deutlich unter derjenigen eines alten Ortsvereins der katholischen Arbeiterbewegung.

Neben Einzelaustritten lassen sich auch Auflösungen von ganzen Ortsvereinen nachweisen. So verlor die katholische Arbeitnehmerbewegung Süddeutschlands von 1950 bis 1957 insgesamt 186 Werkvolkgemeinschaften mit 5661 Mitgliedern, von 1957 bis 1964 waren es 133 Vereine mit 2113 Mitgliedern. Häufig waren es Gemeinschaften, in denen nicht mehr als 25 Personen organisiert waren[36]; zum Teil – zumeist bei den größeren Werkvolkgemeinschaften – handelte es sich aber um die Überführung von rein weiblichen Vereinen in gemischte Vereine.

Zur Frage der sozialen Zusammensetzung der Mitgliederschaft des Katholischen Werkvolks liegt leider kein serielles Archivmaterial vor, so daß weder für die jeweilige diözesane Ebene noch für den Süddeutschen Verband als Ganzes quantifizierbare Aussagen möglich sind. Dieser Befund ist nicht auf die Überlieferungssituation zurückzuführen, sondern beruht darauf, daß die einzelnen Mitglieder prinzipiell »nur sehr ungern« genaue Angaben über ihren Beruf und ihren Arbeitsplatz machten. An dieser Einstellung scheiterte etwa die Schaffung einer entsprechenden zentralen Kartei[37] ebenso wie die Erfassung des Familienstands und der Kinderzahl aller Werkvolkmitglieder[38]. Die erhaltenen Mitgliederlisten einzelner Werkvolkgemeinschaften weisen nur gelegentlich Angaben zur beruflichen Tätigkeit der Mitglieder auf[39]. Aus diesen und anderen vereinzelten Belegen ist zwar zu schließen, daß das Katholische Werkvolk tatsächlich eine alle Berufsstände umfassende Laienbewegung war, die neben katholischen Arbeitern im engeren Sinn auch Angestellte, Beamte und Selbständige umfaßte[40], wie öffentlich auch immer wieder betont und gefordert wurde[41]. Selbst Bauern lassen sich als Mitglieder des Werkvolks nachweisen. In ländlichen Gebieten stellten sie

---

[35] So etwa Tätigkeitsbericht Hugo Hollweger, 1. Juni 1955 bis 31. Mai 1956. KAB R Diözesantage.

[36] Bis 1957: 77 Vereine bis zu 10 Mitgliedern (insgesamt 388) und 49 Vereine der Größenordnung von 11 bis 25 Mitgliedern (insgesamt 833); bis 1964: 64 Vereine bis zu 10 Mitgliedern (insgesamt 304) und 46 Vereine der Größenordnung von 11 bis 25 Mitgliedern (insgesamt 774).

[37] Protokoll der Verbandsleitungssitzung, 16. Oktober 1953. KAB VZ 17a / Verbandsausschuß 1947–1954.

[38] Josef Deckert an Josef Schinner, 10. Februar 1948. KAB VZ G III / 1 Schweinfurt 1947–1954.

[39] KAB VZ Mitgliederlisten.

[40] Im Stadtgebiet München betrug der Anteil der Angestellten an den Mitgliedern des Werkvolks 1953 etwa ein Drittel. In etwa 7 Prozent der zurückgegebenen Fragebögen hatten sich Mitglieder als »Selbständige« bezeichnet. Aktenvermerk Siegfried Niessl, 7. Juli 1954: Mitgliederbefragung im Bereich des Bezirksverbands München im Jahre 1953. KAB VZ Diözesanverband München.

[41] Vgl. hierzu nur das Hirtenwort des Bamberger Erzbischofs Joseph Otto Kolb, 19. März 1947. AMTSBLATT BAMBERG 1947, S. 28–30. Nach seinen Worten sollte das Werkvolk »das gesamte

vereinzelt sogar die Mehrheit der Mitglieder oder der Vorstandschaft[42]. Doch arbeitete man etwa im Bistum Regensburg »mit einigem Erfolg auf den Abbau von Nichtarbeitnehmern« in den einzelnen Werkvolkgemeinschaften hin[43].

Eine Untersuchung der Altersstruktur des Katholischen Werkvolks ist auf Grund der äußerst disparaten Überlieferungssituation nicht möglich. Es existieren keinerlei Quellen, die eine verbandsweite klare Aussage hierüber zuließen. Die erhaltenen lokalen Belege widersprechen sich zudem diametral. Einzig für die unmittelbare Nachkriegszeit läßt sich ein einheitlicher Trend konstatieren. Bedingt durch die nationalsozialistische Verfolgung, die über zwölf Jahre Neuaufnahmen praktisch unmöglich gemacht hatte, waren die Vereine der »Sterbegeldvereinigung 1917«, die den Grundstock des entstehenden Werkvolks bildeten, zwangsläufig überaltert[44] – war wohl überall »der Jüngste des Vereins ein Grauschimmel geworden«[45]. Doch erkannten die Verantwortlichen dies klar und mühten sich deshalb gezielt um eine »Verjüngung«[46]. Innerhalb der Führungspositionen und bei den wichtigsten hauptamtlichen Funktionen im Verband sowie bis zur Ebene der Vorstandschaften der meisten Vereine gelang dies nachweislich[47]. Doch innerhalb der gesamten Mitgliederschaft scheint es nur bedingt zu einer Verjüngung gekommen sein. Zumindest kann man sich dieses Eindrucks angesichts der vereinzelten Belege[48] sowie der immer wieder aus den Quellen hervortretenden Furcht vor der Überalterung nicht erwehren.

---

werktätige Volk, d. i. Arbeiter und Arbeiterinnen, männliche und weibliche Angestellte, Beamte und Beamtinnen, alle in abhängiger Arbeit Stehenden, in ihren Reihen sammeln«.

[42] Vgl. etwa Bericht zur Bezirksarbeitstagung, wohl Frühjahr 1953. KAB R Diözesanausschuß/Diözesanvorstand.

[43] Rechenschaftsbericht des Regensburger Diözesanvorstands, 1956 bis 1959. KAB R Diözesantage.

[44] Im Bistum Augsburg waren 1946 »mindestens 2/3 [...] 60 und über 60 Jahre – ja über 70 Jahre alt, während unter 50 sehr wenig, unter 40 selten ein Mitglied zu finden« war. Katholisches Volksbüro Augsburg an das Ordinariat Augsburg, 13. August 1946. KAB A Fasz. 4.

[45] Josef Maier an den Verband katholischer Arbeiter-, Arbeiterinnen und Angestellten-Vereine, 9. Juli 1946. KAB VZ G II / Aschaffenburg 1944–1964.

[46] Josef Maier an Josef Schinner, 9. Mai 1948. KAB VZ G II / Aschaffenburg 1944–1964.

[47] So 1947 Max Hatzinger für das Erzbistum München und Freising sowie Prälat Georg Meixner für das Erzbistum Bamberg (Bericht über die Arbeitstagung der Diözesan- und Bezirkssekretäre 17.–18. April 1947. KAB VZ 2a / Verbandsausschuß 1954–1959); ähnlich für das Bistum Passau Peter Stümpfl (Peter Stümpfl an Hannes Mayerhofer, 3. Februar 1948. ABP KAB Kart. 48 Akt 144) und für das Bistum Würzburg Josef Maier (Josef Maier an Josef Schinner, 8. Juli 1946. KAB VZ G II / Aschaffenburg 1944–1964).

[48] Für das Bistum Eichstätt etwa ist für das Jahr 1954 ein Durchschnittsalter der Mitglieder zwischen 60 und 70 Jahren belegt (Bericht des Diözesansekretariats, Gesamtübersicht 1954. DA EI BA Werkvolk 1949–1967). Für den Bezirksverband München ist ebenfalls eine, wenn auch nicht so deutliche Überalterung belegt. Eine Umfrage mit 50prozentigem Rücklauf ergab, daß 38 Prozent der erfaßten Mitglieder vor 1893 geboren war, der Anteil der 30–40jährigen im Werkvolk 10,6 Prozent gegenüber 14 Prozent an der Wohnbevölkerung, der Anteil der 25–30jährigen im Werkvolk

B. Entwicklung des Süddeutschen Verbands

Mit den Bestrebungen, das Durchschnittsalter seiner Mitglieder zu senken und seinen Frauenanteil zu heben, stand das Katholische Werkvolk in den fünfziger Jahren keineswegs allein, sie deckten sich vielmehr durchaus mit den Bemühungen seines weltanschaulichen Gegners, der SPD. Hier erhielten »die Werber« für die Aufnahme einer Frau oder eines Jugendlichen die doppelte »Punktzahl«[49].

Eine eingehende Analyse, die bei den einzelnen Werkvolkgemeinschaften und nicht den verschiedenen Diözesanverbänden ansetzt, zeigt, daß die nach ihrer Größe gestreute regionale Verteilung der einzelnen Vereine im wesentlichen den industriellen und städtischen Verdichtungsräumen folgte. Mit anderen Worten, daß sich die ausgesprochen mitgliederstarken Werkvolkgemeinschaften fast ausschließlich in Räumen befanden, die eine im wesentlichen städtische oder industrielle Struktur aufwiesen. In den ländlichen, landwirtschaftlich geprägten Räumen hingegen dominierten vor allem die kleinen Arbeitnehmervereine. Dies läßt sich für das gesamte Untersuchungsgebiet belegen. Zusammen mit dem Sachverhalt, daß zwar zwei Drittel aller Werkvolkgemeinschaften des Süddeutschen Verbands eine Vereinsgröße von bis zu fünfzig Mitgliedern besaßen, doch gerade in den 15 Prozent Vereinen, die über hundert Mitglieder aufwiesen, vierzig Prozent der Mitglieder organisiert wurden[50], offenbart die geschilderte Tendenz, wie sehr die gesamte Entwicklung des Katholischen Werkvolks im allgemeinen während des ganzen Untersuchungszeitraums den sozioökonomischen Gegebenheiten folgte. Zwar bestanden die großen Werkvolkgemeinschaften, wie gesagt, keineswegs nur aus Arbeitern, doch nur in industriell geprägten Räumen war das Verständnis für die Notwendigkeit einer katholischen Arbeitnehmerbewegung so groß, daß es dem Werkvolk auch tatsächlich gelang, an einem Ort eine nennenswerte Zahl katholischer Laien zu organisieren.

4,3 Prozent gegenüber 8 Prozent an der Wohnbevölkerung betrug (Aktenvermerk Siegfried Niessl, 7. Juli 1954: Mitgliederbefragung im Bereich des Bezirksverbands München im Jahre 1953. KAB VZ Diözesanverband München).

[49] WERKVOLK, Nr. 4, April 1952.
[50] Vgl. Tab. 10 im Anhang.

V. Entwicklung und Struktur der Diözesanverbände

1. Augsburg

Das Bistum Augsburg war in seiner sozialen Struktur durch den Gegensatz zwischen den industrialisierten Regionen Augsburg, Donauwörth, Neu-Ulm und den ländlichen Bereichen im Süden der Diözese geprägt, die nur einzelne industrielle Verdichtungspunkte wie etwa Kempten oder Penzberg aufwiesen. Vor 1945 bestimmten vor allem Diözesanpräses Georg Lindermayer, der sein Amt von 1908 bis 1939 ausübte und zugleich als Vorsitzender des Volksvereins in der Diözese Augsburg wirkte, sowie der Diözesansekretär Hans Adlhoch die Geschicke des Diözesanverbands der katholischen Arbeiterbewegung[1]. Nach dem Ende des Zweiten Weltkriegs wurde dessen Wiederaufbau erneut vor allem durch den Diözesanpräses und einen der hauptamtlichen Arbeitersekretäre geprägt. Beide waren bereits vor 1945 an verantwortlicher Stelle tätig: Ludwig Stangl war 1935 vom bischöflichen Ordinariat zum Bezirkspräses der katholischen Arbeitervereine in der Stadt Augsburg ernannt worden[2]. Paul Strenkert hatte ab 1929 in Kempten als Leiter des dortigen Volksbüros gewirkt[3]. Hans Adlhoch war am 21. Mai 1945 an den Folgen seiner Haft im KZ Dachau verstorben[4]. Der frühere Diözesanpräses wiederum hatte angesichts der Bombenangriffe auf Augsburg als Stadtpfarrer freiwillig resigniert und sich zum 1. August 1944 in eine Landpfarrei versetzen lassen. Er stand nun auf Grund der schwierigen Verkehrssituation und seines hohen Alters für den Wiederaufbau in Augsburg nicht zur Verfügung[5].

Nachdem Ludwig Stangl als Bezirkspräses bereits unmittelbar nach Kriegsende auf Anweisung des Generalvikars Dr. Robert Domm mit der Aktivierung der ehemaligen Mitglieder und dem Wiederaufbau der organisatorischen Strukturen der katholischen Arbeiterbewegung begonnen hatte[6], wurde er auf Anraten von Verbandspräses Schwarz[7] durch das bischöfliche Ordinariat mit Wirkung

---

[1] Zur Geschichte des Augsburger Diözesanverbands bis 1945 vgl. H. D. Denk, S. 99–104; D.-M. Krenn, Christliche Arbeiterbewegung, S. 44–48; M. Möhring, S. 24–106; G. Hetzer, S. 225–234, sowie M. A. Panzer, passim.
[2] Sein Lebenslauf: Werkvolk, Nr. 10, Oktober 1955.
[3] D.-M. Krenn, Christliche Arbeiterbewegung, S. 46–48, 114, bzw. M. A. Panzer, S. 75.
[4] Zu Adlhoch und seiner Leidensgeschichte im Dritten Reich vgl. M.D.R., S. 88–90.
[5] Ludwig Stangl an das bischöfliche Ordinariat Augsburg, 12. Juli 1945 (ABA DB-30) und Schematismus Augsburg 1950, S. 268; vgl. auch Priester unter Hitlers Terror, S. 380.
[6] Ludwig Stangl an Prälat [...], 10. Juni 1945. KAB A Diözesanvorstandschaft 1945–1964.
[7] Stangl selbst aber war über dessen Intervention nicht informiert. Maria Schwab an Paul Strenkert, 19. Dezember 1945. KAB A Fasz. 4.

vom 1. Dezember 1946 zum Diözesanpräses ernannt[8]. Stangls Vorschlag, nun, da »weder KZ noch Verhaftung, noch Gestapo zu fürchten« seien[9], damit eine Persönlichkeit zu betrauen, »die in der Diözese eine hervorragende Stellung einnimmt«, wurde nicht umgesetzt. Aus der Sicht von Ludwig Stangl wäre nämlich nicht er selbst, sondern Domkapitular Dr. Anton Luible der ideale Kandidat für das Amt eines Diözesanpräses gewesen, da dieser über langjährige Erfahrung als Arbeitervereinspräses und großes persönliches Interesse für die Sache der katholischen Arbeiter verfügte. Die Ernennung eines Domkapitulars zum Diözesanpräses wäre einerseits »Anerkennung und Anregung« für die katholische Arbeiterbewegung im Bistum gewesen, andererseits hätte ein »Domherr« wohl nicht nur »bei den Präsides weit größeren Einfluß [...] als ein gewöhnlicher Pfarrer« besessen[10]. Nachdem Ludwig Stangl trotz seiner Bedenken das Amt des Diözesanpräses übernommen hatte, schloß am 13. Dezember 1946 die konstituierende Sitzung der neuen Bezirks- und Diözesanvorstandschaft den Prozeß der organisatorischen Wiedergründung im Bistum Augsburg ab[11].

In der verbandsinternen Diskussion um die zukünftige Gestalt der katholischen Arbeiterbewegung vertrat der neue Diözesanpräses, nachdem er zeitweise zu den Befürwortern einer naturständischen Neuorganisation der Pfarrseelsorge gehört hatte[12], eine völlig neuartige Konzeption, die sich an der »actio catholica« orientierte und völlig von den Vorstellungen der Münchener Verbandsleitung unterschied. Jede Pfarrei sollte demnach in mehrere Bezirke eingeteilt werden und diese sowohl einen männlichen, als auch einen weiblichen Obmann erhalten. Die Bezirke sollten sich wiederum in Gruppen gliedern. Die Vertrauensleute an deren Spitze, ebenfalls jeweils ein Mann und eine Frau, sollten Listen über alle Katholiken ihrer Abteilung erstellen und an die Obleute weiterreichen, die diese nach Berufen gliedern und an den Leiter des Ganzen, auf der Ebene der Pfarrei, übergeben sollten, der sie dem Pfarrer aushändigen sollte. Aus jedem Beruf sollte dann die jeweils tüchtigste Person ausgewählt werden. Die so ermittelte Vorstandschaft sollte unter der Leitung des Pfarrers der jeweiligen »Arbeitsgemeinschaft

---

[8] Ernennungsschreiben zum hauptamtlichen Diözesanpräses der katholischen Arbeiter- und Arbeiterinnenvereine, 10. Dezember 1946. ABA Pers. 1882. Mit Wirkung vom 1. Januar 1948 wurde Stangl dann zum Diözesanpräses des Katholischen Werkvolks und zum leitenden Direktor des dem bischöflichen Seelsorgeamt unterstehenden Katholischen Volksbüros in Augsburg ernannt. Robert Domm an Ludwig Stangl, 31. Dezember 1947. ABA Pers. 1882. Die anderslautenden Angaben in WERKVOLK, Nr. 10, Oktober 1955, sind nicht korrekt.

[9] Ludwig Stangl an das bischöfliche Ordinariat, 12. Juli 1945. ABA DB-30.

[10] Ludwig Stangl an das bischöfliche Ordinariat, 24. November 1945. KAB A Diözesanvorstandschaft 1945–1964 sowie KAB A Fasz. 4. Zur Person von Dr. Anton Luible vgl. T. GROLL, S. 654–661.

[11] Auszüge aus dem Tagebuch des Katholischen Werkvolks. KAB A Kart. 7.

[12] Josef Stangl an Prälat [nicht zu identifizieren], 10. Juni 1945. KAB A Diözesanvorstandschaft 1945–1964.

aktiver Katholiken« vorstehen, die die alten Arbeiter- und Arbeiterinnenvereine ersetzen sollte[13].

Dieses neue Konzept für die Organisation der katholischen Arbeiterschaft stellte zum einen das Produkt der Diskussionen innerhalb der katholischen Arbeiterbewegung Augsburgs dar, zum anderen war es in einem Arbeitsausschuß entwickelt worden, der auf Anregung von Domkapitular Luible – dem von Generalvikar Domm zur »Förderung der katholischen Arbeitersache« eingesetzten Verbindungsmann zwischen bischöflichem Ordinariat und katholischer Arbeiterbewegung[14] – eingerichtet worden war. Trotzdem galt es erst, eine »gewisse Scheu vor etwas Neuem« bei den leitenden kirchlichen Stellen auszuräumen. Dies gelang Ludwig Stangl und besonders aktiven Laien, wie Josef Scheppach oder Xaver Mayinger, in intensiven Besprechungen mit Dr. Anton Luible, dem Leiter des Augsburger Seelsorgeamts, Prälat Dr. Joseph Hörmann, Generalvikar Dr. Robert Domm sowie Bischof Joseph Kumpfmüller selbst. Als Auflage aber wurde von Seiten des bischöflichen Ordinariats vorgeschrieben – nachdem das eingangs beschriebene Konzept auch Gegenstand einer Ordinariatssitzung gewesen war –, daß innerhalb der »Arbeitsgemeinschaft aktiver Katholiken« die katholischen Arbeitervereine einen besonderen Platz einnehmen sollten[15].

In der Stadt Augsburg ging man unter der Leitung von Ludwig Stangl zügig an die Verwirklichung der neuen organistorischen Vorstellungen. So wurde dort bereits Mitte Januar 1946 durch eine gemeinsame Generalversammlung der Zusammenschluß der Arbeiter- und Männervereine von St. Josef die neue Konzeption erstmals konkret in die Praxis umgesetzt[16]. Doch außerhalb von Augsburg gab es Vorbehalte gegen die Aufgabe einer eigenständigen Organisation der Arbeiterschaft. Die an der städtischen Situation ausgerichtete neue Konzeption war im ländlichen Raum nur schwer umzusetzen. Zudem verstand sich die »Arbeitsgemeinschaft aktiver Katholiken« als Elite und war somit ungeeignet für die Erfassung breiterer Kreise der Bevölkerung. Bezugnehmend auf die Weisung des Papstes vom 1. November 1945 pochten deshalb führende Vertreter der katholischen Arbeiterbewegung außerhalb Augsburgs darauf, daß die katholischen Arbeiter- und Arbeiterinnenvereine unter ihrer alten Bezeichnung und in ihrem alten Sinne wiederaufgebaut würden[17]. Das Konzept eines »Ver-

---

13 Ludwig Stangl an Paul Strenkert, 10. Januar 1946. KAB A Fasz. 4.
14 Ludwig Stangl an Paul Strenkert, 10. Dezember 1945. KAB A Fasz. 4.
15 Ludwig Stangl an Paul Strenkert, 10. Januar 1946. KAB A Fasz. 4.
16 Bericht des Diözesanverbands der katholischen Arbeiter- und Arbeiterinnenvereine der Diözese Augsburg, 15. Januar 1947. KAB VZ Diözesanverband Augsburg bis 1964. Hier auch eine ausführliche Schilderung des Sitzungsablaufes.
17 Paul Strenkert an Ludwig Stangl, 3. Februar 1946. KAB A Kart. 7.

bands schaffender Katholiken«[18] setzte sich gegen diese Widerstände nicht durch. Auf dem ersten Diözesantag wurde zwar noch beschlossen, an den Verbandstag des Süddeutschen Verbands den Antrag zu stellen, den gesamten Verband gemäß dem neuen Augsburger Konzept als »Süddeutschen Verband schaffender Katholiken« zu bezeichnen[19], doch ging es hierbei bereits mehr um Fragen der Terminologie, als um die Organisationsstruktur des gesamten Verbands. Nach der Ablehnung dieses Antrags durch den Verbandstag in Regensburg sowie nach der eindeutigen oberhirtlichen Weisung, daß auch im Bistum Augsburg die Arbeitervereine wiederzuerstehen hätten[20], war man in der schwäbischen Diözese endgültig gezwungen, sich nicht nur inhaltlich, sondern auch in der Frage des Namens an der Münchener Zentrale auszurichten. Nachdem die Diskussion um die »Bezeichnung« der Arbeitnehmerorganisation sich im Bistum Augsburg »sehr lähmend auf den Neuausbau« ausgewirkt hatte, kam es im Januar 1948 zu einem »Kompromiß«. Man führte nun den Namen »Katholisches Werkvolk, Verband schaffender Katholiken der Diözese Augsburg«, wobei in Kempten die Betonung auf der ersten Hälfte, in Augsburg auf der zweiten Hälfte des Namens lag[21].

Hiermit sind bereits die beiden Schwerpunkte des organisatorischen Neuaufbaus genannt: Er konzentrierte sich im wesentlichen auf die beiden Sekretariate in Augsburg und Kempten, die bereits in der Zeit der Weimarer Republik existiert hatten[22]. Diese wurden nun in der Form von Katholischen Volksbüros erneut errichtet. Die schwäbischen Arbeitersekretariate hatten zwar im Gegensatz zu anderen Regionen des Verbandsgebiets schon vor 1939 den Titel »Katholisches Volksbüro« geführt, doch wurden sie damals finanziell noch ausschließlich durch den Diözesanverband sowie die Einnahmen aus Rechtsauskünften und Vertretungstätigkeit getragen[23]. Nun übernahm das bischöfliche Seelsorgeamt wie auch in anderen bayerischen Diözesen ihre Finanzierung[24]. In Augsburg wirkte Albert Kaifer aus Neusäß, der in der Zeit der Weimarer Republik als christlicher Gewerkschaftssekretär für den Bayerischen Eisenbahnerverband tätig gewesen war[25].

---

[18] Vgl. hierzu Ludwig Stangl an die Präsides, Vorstandschaften und Mitglieder, 16. Januar 1948. KAB A Kart. 7.
[19] Protokoll der Diözesantagung der Katholischen Arbeiter- und Arbeiterinnenvereine der Diözese Augsburg, 22. September 1947. KAB A Diözesanvorstandschaft 1945–1964.
[20] Bericht über das Katholische Werkvolk der Diözese Augsburg, 25. Juni 1950. ABA DB-28.
[21] Paul Strenkert an das Verbandssekretariat, 31. Januar 1948. KAB A Kart. 5.
[22] M. A. PANZER, S. 68–78.
[23] Erläuterung zum Adressenverzeichnis des Diözesanverbands katholischer Arbeiter- und Arbeiterinnenvereine der Diözese Augsburg nach dem Stand vom Juni 1939. ABA DB-30.
[24] Vgl. S. 346–347.
[25] Ludwig Stangl an das bischöfliche Ordinariat Augsburg, 24. Juli 1945. KAB A Diözesanvorstandschaft 1945–1964.

V. *Entwicklung der Diözesanverbände* 109

Ihm folgte ab 1. September 1947 Johann Häfele sen. als Sekretär. Ab 1. April 1951 wurde dieser von seinem Sohn Johann Häfele jun. in seiner Arbeit unterstützt. In Kempten nahm Paul Strenkert bereits ab 1945 seine Tätigkeit für den Verband wieder auf[26]. Wenn es auch bereits in den fünfziger Jahren gelang, die personelle Ausstattung der beiden Sekretariate zu verbessern[27], so war es doch erst zu Beginn der sechziger Jahre möglich, weitere Sekretariate zu errichten. Am 1. Oktober 1961 wurde in Neu-Ulm ein drittes Volksbüro gegründet und mit Xaver Seibold besetzt. Am 1. April 1963 nahm Ernst Olbrich im Sekretariat Weilheim seine Arbeit auf[28]. Anton Danner wiederum betreute ab 1. Oktober 1964 das Sekretariat Schrobenhausen[29].

Das Jahr 1955 stellte im Bistum Augsburg eine wichtige Zäsur dar. Nachdem es durch die Beschlüsse des Mannheimer Verbandstags bereits zu entscheidenden Veränderungen im Bereich der Jugendarbeit und in der Zusammenarbeit mit den Christlichen Werkgemeinschaften gekommen war, mußte Ludwig Stangl zum 1. Oktober des Jahres auf Wunsch des Bischofs sein Amt als Diözesanpräses aufgeben. Sein Nachfolger Pater Edmund Ramsperger SJ[30] sah sich dann, nur wenige Wochen im Amt, mit der Wiedergründung der Christlichen Gewerkschaften konfrontiert.

---

[26] Bericht über das Katholische Werkvolk der Diözese Augsburg, 25. Juni 1950. ABA DB-28. Er schied zum 1. November 1957 auf Grund seiner Berufung zum Staatssekretär im Bayerischen Ministerium für Arbeit und soziale Fürsorge aus dem hauptamtlichen Dienst der Diözese aus (Bericht zur Delegiertentagung des Katholischen Werkvolks der Diözese Augsburg, 15.–16. November 1958. KAB A Diözesanvorstandschaft 1945–1964). Sein Nachfolger wurde Helmut Schwarz, der nach dem Besuch des Halbjahreskurses 1950/51 in Kochel bereits seit 1. Juni 1951 im Kemptener Sekretariat als Mitarbeiter tätig war, nachdem im November 1950 Paul Strenkert als Abgeordneter in den bayerischen Landtag eingezogen war (Paul Strenkert an das Arbeitsamt Kempten, 28. Mai 1951. KAB A Kart 4, sowie KAB, Nr. 10, Oktober 1991).

[27] Auf den zum 14. Juli 1957 ausscheidenden Hans Häfele folgte zum 1. April 1957 Wolfgang Tondera, der ab 15. November 1958 von Wilhelm Seitz, ab 1. Mai 1959 von Stefan Höpfinger sowie des weiteren ab 1. Oktober 1959 von Eugine Weber in seiner Arbeit unterstützt wurde. Vgl. M. MÖHRING, S. 167.

[28] In Weilheim hatte bereits von 1910–1920 ein Arbeitersekretariat bestanden. Vgl. M. A. PANZER, S. 75–76.

[29] Aufstellung über die Diözesanvorstandschaft und die Sekretariate des Bistums Augsburg, nach dem 1. April 1971. KAB A Kart. 7.

[30] Er hatte neben dem Studium der Theologie auch ein Studium der Nationalökonomie absolviert und bereits ab 1953 als Mitarbeiter und Referent im Sozialen Seminar der Diözesen Augsburg und München gewirkt (Sterbebild P. Edmund Ramsperger SJ. AMSJ). Bemühungen Paul Strenkerts um die Berufung von P. Emil Braun CPPS aus Salzburg-Parsch zum »Arbeiterseelsorger« in die Diözese Augsburg scheiterten trotz der Zusage des Leiters des Seelsorgeamtes wie des Generalvikars an Bischof Freundorfer, der diesem Vorschlag »keine Unterstützung« gewährte. Vgl. hierzu Paul Strenkert an P. Emil Braun CPPS, 12. Dezember 1953; Paul Strenkert an Martin Lohr, 15. Dezember 1953; Paul Strenkert an P. Emil Braun CPPS, 4. Januar 1954. KAB A Kart. 4.

Hatte der Memminger Diözesantag noch ganz im Zeichen der Auseindersetzung mit der CAJ um die Jugendarbeit gestanden, so wirkte sich die auf Drängen der deutschen Bischofskonferenz 1955 zustandegekommene Regelung[31] auch im Bistum Augsburg harmonisierend aus. Auf dem fünften Diözesantag vom 13. bis 14. Oktober 1956 in Neu-Ulm war der Bericht der Vertreter der CAJ bereits Teil des Jahresberichts der Diözesanvorstandschaft. Den Arbeitskreis Jugend, der sich 1953 noch einstimmig gegen die CAJ ausgesprochen hatte, leitet nun der Augsburger Gebietskaplan der CAJ, die erstmals parallel zur Veranstaltung des Werkvolks ihr Gebietstreffen für Schwaben abhielt. Somit war die Integration der CAJ in das Werkvolk formal abgeschlossen und das vorher vorhandene Konfliktpotential in diesem Bereich weitgehend ausgeräumt. Doch nun kam es zu heftigen Meinungsverschiedenheiten und persönlichen Auseinandersetzungen zwischen den Laien des Verbands und dem neuen Diözesanpräses[32]. Während man in Neu-Ulm einstimmig Ludwig Stangl die Ehrenmitgliedschaft verlieh und ihn zum Ehrendiözesanpräses ernannte, »rügte« man mit deutlichen Worten »die Selbstbestimmung« des neuen Diözesanpräses. Da der Saal zu festgesetzter Stunde geräumt werden mußte, kam es nach den Berichten des Diözesanvorstands und des Diözesanausschusses »zu keiner Aussprache und Beschlußfassung der eingelaufenen Anträge mehr, sondern die Tagung mußte auf eine etwas unschöne Weise abgebrochen werden«[33].

Deshalb versammelten sich nur wenige Monate nach dem Diözesantag in Neu-Ulm die Delegierten des Werkvolks am 10. Februar 1957 in Augsburg erneut, um ihre Beratungen fortzusetzen. Doch hatten sich in der Zwischenzeit keineswegs die Wogen geglättet. Vielmehr begann die Tagung damit, daß die Schriftführerin ihr Amt niederlegte, nachdem sie aufgefordert worden war, als Bezirksvorsitzende zurückzutreten. Als die Diözesansekretärin Weber als Protokollantin vorgeschlagen wurde, befand ein Zwischenruf, es sei »besser«, »wenn eine neutrale, also nicht hauptamtlich im Volksbüro angestellte Person, das Protokoll schreibt«[34]. Die Debatte am Vormittag nahm nach diesem Auftakt einen solchen Verlauf, daß sich der Hausherr, Stadtpfarrer Bruno Harder, bei der Eröffnung der Nachmittags-Sektion »weitere Tumultszenen und abfällige Zwischenrufe gegen einen Priester« ausdrücklich verbat. Doch dies war vergeblich, wie die Ankündigung einer gerichtlichen Klage eines der Diözesansekretäre gegen den Diözesanpräses

---

[31] Vgl. S. 274–276.
[32] M. Möhring, S. 115.
[33] Protokoll über den Diözesantag des Katholischen Werkvolks der Diözese Augsburg, 13.–14. Oktober 1956. KAB A Diözesanvorstandschaft 1945–1964.
[34] Zitat nach dem »Entwurf« des Protokolls der Delegierten-Tagung, 10. Februar 1957. KAB A Diözesanvorstandschaft 1945–1964.

V. Entwicklung der Diözesanverbände

wenig später zeigte[35]. Mitglieder der Delegiertenversammlung beschwerten sich darüber, daß die Laien »vom Einspruchsrecht vollständig ausgeschlossen« seien und der Diözesanvorstand »nur mehr als Hampelmann« betrachtet würde[36]. Nachdem das Verhältnis zwischen Diözesanpräses und Laien sich noch weiter verschlechtert hatte, kam es nach dem 1958 erneut in Augsburg abgehaltenen Diözesantag[37] schließlich 1959 zum Wechsel im Amt des Diözesanpräses. Pater Ramsperger wurde zum Bibliothekar an die Hochschule für Philosophie nach Pullach berufen[38], und das Ordinariat ernannte Alfred Sauer zum neuen Diözesanpräses - ab 1. März kommissarisch[39], ab 1. Juni offiziell. Der Diözesanausschuß hatte auf die Bitte des Bischofs, der den »Wünschen« der Laien entsprechen wollte, »Vorschläge« für das Amt des Diözesanpräses zu unterbreiten, »einstimmig« für Alfred Sauer votiert[40], wenngleich neben ihm auch der Stadtpfarrer von Augsburg-St. Moritz, Karl Gerstlauer, zur Diskussion stand[41]. Einerseits gehörte Alfred Sauer als Gebietskaplan der CAJ seit 1956 selbst dem Diözesanausschuß an und war somit den Laien persönlich gut bekannt, andererseits fiel die Entscheidung auch »unter Hinweis auf die Nachbardiözesen«[42], wo das Amt des Gebietskaplans der CAJ ebenfalls mit dem Amt des Diözesanpräses des Werkvolks in einer Hand vereinigt war[43]. Bereits zum 1. Mai 1959 hatte man Stefan Höpfinger, der seit 1956 als Augsburger Diözesanvorsitzender wirkte, als neuen Diözesansekretär angestellt[44]. Sauer und Höpfinger wurden während der folgenden Jahre zu den prägenden Gestalten des Augsburger Diözesanverbands, wie es in der Weimarer Republik Georg Lindermayer und Hans Adlhoch und bis 1955 Ludwig Stangl und Georg Strenkert gewesen waren.

Alfred Sauer, der aus der CAJ kam, brachte deren Methode »Révision de vie« (»sehen - urteilen - handeln«) in die Werkvolkarbeit ein und führte seinen Diözesanverband der Gruppe der Neuerer im Verband zu. So trat Augsburg 1960 der Arbeitsgemeinschaft in Ramspau und der Redaktionskonferenz der

---

[35] Protokoll der Delegierten-Tagung, 10. Februar 1957. KAB A Diözesanvorstandschaft 1945-1964.
[36] M. Möhring, S. 115. Vgl. zu den Hintergründen der Auseinandersetzung vgl. S. 385-387.
[37] Protokoll der Delegiertenversammlung beim Diözesantag des Katholischen Werkvolks der Diözese Augsburg, 15.-16. November 1958. KAB A Diözesanvorstandschaft 1945-1964.
[38] Sterbebild P. Edmund Ramsperger SJ. AMSJ.
[39] Protokoll über die Sitzung des Diözesanausschusses Augsburg, 15. Februar 1959. KAB VZ Diözesanverband Augsburg bis 1964.
[40] Wolfgang Tondera an Therese Zoller, 8. Mai 1959. KAB A Diözesanvorstandschaft 1945-1964.
[41] Wilhelm Schmid an Stefan Höpfinger, 4. Mai 1959. KAB A Diözesanvorstandschaft 1945-1964.
[42] Protokoll über die Besprechung des Diözesanausschusses Augsburg, 7. Mai 1959. KAB A Diözesanvorstandschaft 1945-1964.
[43] So etwa in Eichstätt (vgl. S. 120-121), Passau (vgl. S. 128) oder Regensburg (vgl. S. 134).
[44] M. Möhring, S. 119, 165, 167.

Aktionsrunde bei[45]. Verstärkt wurde der Einfluß der CAJ auf das Werkvolk auch durch die Übernahme von Eugine Weber in den Dienst des Diözesanverbands. Sie war davor vier Jahre lang im Bistum als hauptamtliche CAJ-Sekretärin tätig gewesen[46]. Intern wirkte sich der Einfluß der durch die CAJ geprägten neuen Mitglieder des Augsburger Diözesansekretariats unter anderem in einer zunehmenen Betonung des Religiösen in der alltäglichen Verbandsarbeit aus. War etwa bis 1959 nach der Begrüßung der anwesenden Mitglieder des Diözesanausschusses als erstes die Tagesordnung der jeweiligen Sitzung vorgestellt worden[47], so stand nun ein gemeinsames Gebet am Anfang jeder Sitzung[48]; spätestens ab 1960 wurde bei Sitzungen der Diözesanvorstandschaft – dem Konzept der Aktionsrunde entsprechend – an den Anfang ein »Lebendiges Evangelium« gestellt[49] und die Sitzung mit einem gemeinsamen Gebet beendet[50]. Generell legte man nun auch ausdrücklich darauf Wert, daß alle – nicht nur im Rahmen von Verbandsveranstaltungen – bei der heiligen Messe »aktiv innerlich und äußerlich mitfeiern«[51]. Im Diözesansekretariat kam man zudem täglich zum »gemeinsamen Gebet (Engel des Herren)« zusammen. Doch gab es bei den bereits vor 1959 dort Tätigen dagegen durchaus Vorbehalte. »Mit diesem Kreis nicht mehr beten« zu können, war aber in den Augen der neuen Diözesanvorstandschaft »untragbar«. So legte man der betroffenen Person das Ausscheiden aus dem Dienst des Werkvolks nahe[52], was auch im Verlauf der weiteren Jahre geschah[53].

Die neue Diözesanführung bemühte sich aber nicht nur um eine Verbesserung des religiösen Lebens aller Werkvolkangehörigen und der Funktionäre der Bewegung, zugleich versuchte man durch gezielte Werbekampagnen die Zahl der Mitglieder zu steigern[54] und die einzelnen Gemeinschaften zu verjüngen. Bis

---

[45] M. Möhring, S. 125. Zur Aktionsrunde vgl. S. 186–189.
[46] Bericht des Diözesanverbands Augsburg, 1. Juli 1959 bis 30. September 1960. KAB VZ 17c / Verbandsausschuß: Berichte 1959–1971.
[47] Vgl. etwa Protokoll zur Diözesanausschuß-Sitzung, 26. März 1950, oder Protokoll zur Diözesanausschuß-Sitzung, 7. Dezember 1957. KAB A Diözesanvorstandschaft 1945–1964.
[48] Vgl. etwa Protokoll über die Sitzung des Diözesanausschusses des Diözesanverbands Augsburg, 15. Februar 1959. KAB A Diözesanvorstandschaft 1945–1964.
[49] Vgl. etwa Protokoll der Diözesanvorstandssitzung, 17. Dezember 1960. KAB A Diözesanvorstandschaft 1945–1964.
[50] Vgl. etwa Protokoll über die Vorstandssitzung der Diözesanvorstandschaft Augsburg, 19. Mai 1962. KAB A Diözesanvorstandschaft 1945–1964.
[51] Protokoll von der Diözesanausschuß-Sitzung, 10.–11. Februar 1962. KAB A Diözesanvorstandschaft 1945–1964.
[52] Protokoll von der Diözesanvorstandschaftssitzung, 15. Juli 1961. KAB A Diözesanvorstandschaft 1945–1964.
[53] Vgl. hierzu die Aufstellung der Mitglieder des Augsburger Volksbüros in M. Möhring, S. 165.
[54] Vgl. S. 101.

V. Entwicklung der Diözesanverbände

1964 gelang es, die Zahl der einzelnen Ortsvereine von 79 im Jahre 1957 auf 106 und somit die Zahl der Mitglieder von 4658 auf 5594 zu steigern[55]. Die von 1956 bis 1959 während Stagnation bei der Mitgliederentwicklung des Diözesanverbands war neben den internen Querelen vor allem durch eine zunehmende »Verjüngung« bedingt, die man generell wahrnahm[56].

Zur Intensivierung der Werkvolkarbeit wurden ab 1959 auf den ausdrücklichen Wunsch des Augsburger Bischofs regelmäßige Präsideskonferenzen durchgeführt[57]. Außerdem versuchte die Zentrale in Augsburg mit Hilfe von Mitteilungsblättern normierend zu wirken. Zwar hatte man bereits in der unmittelbaren Nachkriegszeit damit begonnen, durch Informationsbriefe an alle Vereine des Bistums die Verbandsarbeit zu intensivieren und zugleich zu vereinheitlichen. Doch konnte man damals infolge der großen Papierknappheit jedem Verein jeweils nur ein Exemplar übersenden, das unter den Vorstandschaftsmitgliedern zirkulierte[58]. Ab Herbst 1949 hatten dann die Sekretariate Augsburg und Kempten an die einzelnen Vorstandschaften in unregelmäßigen Abständen hektographierte Rundschreiben geschickt, in denen man auf verschiedene Veranstaltungen hinwies sowie versuchte, die Mitglieder besser mit der katholischen Soziallehre vertraut zu machen[59]. Ab 1958 wurden nun, noch initiert von Pater Ramsperger, vom Diözesanverband zudem unter dem Titel »Augsburger Kontakt« monatliche[60] Rundschreiben an alle Vereine versandt[61]. Lag die Auflage anfangs noch bei 200 Stück, so stieg sie bis 1960 auf 1300 an[62]. Im Jahr 1963 erreichte man eine Auflagenhöhe von monatlich 2000 Exemplaren. Daneben wurden am Anfang der sechziger Jahre im Abstand von zwei Monaten 500 Stück eines speziellen Priesterrundbriefs, »Vae Soli«, sowie einmal jährlich in einer Auflage von 1000 Exemplaren eine Rednerskizze zu den Jahresthemen versandt[63].

---

[55] Vgl. Tab. 1-7 im Anhang.
[56] Vgl. Bericht zur Delegiertentagung des Katholischen Werkvolks der Diözese Augsburg, 15.-16. November 1958. KAB A Diözesantage 1945-1964.
[57] Protokoll über die Vorstandssitzung des Diözesanverbands Augsburg, 11. Juli 1959. KAB A Diözesanvorstandschaft 1945-1964.
[58] Bericht des Diözesanverbands der katholischen Arbeiter- und Arbeiterinnenvereine der Diözese Augsburg, 15. Januar 1947. KAB VZ Diözesanverband Augsburg bis 1964.
[59] Die Rundschreiben wurden deshalb auch als »Soziale Arbeitsbriefe« bezeichnet. Für die frühe Zeit relativ geschlossen erhalten in KAB A Kart. 7.
[60] Juli ausgenommen.
[61] Einzelbeispiel hierfür in KAB A Diözesantag 1962.
[62] Protokoll der Diözesandelegiertentagung des Katholischen Werkvolks der Diözese Augsburg, 17.-18. September 1960. KAB A Diözesantag 1960.
[63] Kurz gefaßter Jahresbericht vom Werkvolk Diözesanverband Augsburg, 30. Dezember 1963. KAB A Diözesanvorstandschaft 1945-1964.

Die bis 1958 nur unregelmäßig stattfindenden Diözesantage wurden unter Diözesanpräses Alfred Sauer, dem Beschluß von 1951 entsprechend, tatsächlich regelmäßig alle zwei Jahre abgehalten. Sie fanden aber nun, bis zum Ende des Untersuchungszeitraums, nicht mehr an wechselnden Orten, sondern ausschließlich in Augsburg statt[64]. Zudem wurden sie vor allem von der Diskussion in Arbeitskreisen geprägt, wenngleich man auch erkannte, daß sich deren Anzahl nicht beliebig erweitern ließ, und man deshalb ab 1962 die Zahl der Arbeitskreise wieder von zehn auf fünf reduzierte[65].

Beim Wiederaufbau in der unmittelbaren Nachkriegszeit hatte die katholische Arbeiterbewegung in Augsburg mit Bischof Kumpfmüller noch einen ausgesprochenen Befürworter des naturständischen Neuaufbaus des katholischen Vereinswesens vor sich, der innerhalb des bayerischen Episkopats bereits 1932 für eine Umwandlung der Arbeitervereine in allgemeine Männerseelsorgeorganisationen plädiert hatte[66]. Doch bereits ab 1949 stand mit Bischof Joseph Freundorfer ein Oberhirte der schwäbischen Diözese vor, dem die Arbeiterseelsorge ein persönliches Anliegen war und der die Bedeutung des Werkvolks für die Kirche stets besonders hervorhob. So betonte er öffentlich: »Ich, euer Bischof, will, daß in allen Pfarreien der Diözese wieder die Arbeitervereine entstehen mögen«[67]. Doch Bischof Joseph Freundorfer ließ es nicht nur bei Aufrufen bewenden, sondern war wiederholt bei den zentralen Veranstaltungen des Werkvolks seiner Diözese präsent[68]. Hierbei zelebrierte er die Pontifikalmesse aus Anlaß des Diözesantags, nahm aber auch an anderen Teilen des Programms persönlich teil – so etwa im Jahr 1951 an der Ehrung alter Verbandsmitglieder[69] oder im Jahr 1954 an allen Arbeitskreisen des Diözesantags[70]. Den Verbandstag des Süddeutschen Verbands 1963 in Augsburg hat er persönlich mitkonzipiert und vorbereitet[71]. Bischof Freundorfer setzte sich aber nicht nur nach außen demonstrativ für das Werkvolk ein,

---

[64] Vgl. die Unterlagen in KAB A Diözesantage 1947–1959; Diözesantag 1960; Diözesantag 1962; Diözesantag 1964.

[65] Protokoll der Diözesanvorstandssitzung, 20. Oktober 1962. KAB A Diözesanvorstandschaft 1945–1964.

[66] Vgl. Referat Bischof Kumpfmüllers über die Katholische Aktion. Protokoll der Bayerischen Bischofskonferenz, 6.–7. August 1932. Druck: L. VOLK, Akten Faulhaber I, S. 635–639.

[67] So auf dem Zweiten Diözesantag des Katholischen Werkvolks, 7.–8. April 1951 in Kempten. WERKVOLK, Nr. 5, 1951.

[68] Vgl. hierzu die Protokolle und Berichte zu den Tagungen der Jahre 1951, 1953, 1954, 1959 in KAB A Diözesantage 1947–1959; Diözesantag 1960; Diözesantag 1962; außerdem die Berichterstattung in WERKVOLK, Nr. 6, Juni 1953.

[69] Diözesantag des Katholischen Werkvolks der Diözese Augsburg, 7.–8. April 1951 in Kempten. KAB A Diözesantage 1947–1959. Zum Verlauf der Tagung vgl. WERKVOLK, Nr. 5, Mai 1951.

[70] M. MÖHRING, S. 112.

[71] WERKVOLK, Nr. 7, Juli 1963.

V. Entwicklung der Diözesanverbände 115

sondern unterstützte auch mit beträchtlichen Zuschüssen des Seelsorgeamts die Arbeit der katholischen Arbeiterbewegung[72].

2. BAMBERG

Unter Rückgriff auf die Mitglieder der Sterbegeldvereinigung 1917[73] bemühten sich unmittelbar nach Kriegsende in der fränkischen Erzdiözese vor allem Hans Haberkorn in Nürnberg und Diözesanpräses Georg Meixner in Bamberg um das Wiedererstehen der katholischen Arbeiterbewegung[74]. Meixner war Nachfolger von Johann Leicht[75], der von 1913 bis 1939 als Diözesanpräses der katholischen Arbeiter- und Arbeiterinnenvereine des Erzbistums gewirkt hatte. Zugleich war Leicht ab 1913 Mitglied des Reichstags, wo er von 1920 bis 1933 als Vorsitzender der Reichstagsfraktion der BVP fungierte. Meixner übernahm von seinem Mentor nicht nur das Amt des Diözesanpräses, sondern auch dessen politische Aktivität. So zog er 1946 in den Bayerischen Landtag ein, wo er von 1951 bis 1958 als Vorsitzender der CSU-Fraktion fungierte. Wie Leicht gehörte Meixner auch dem Bamberger Domkapitel an[76].

Nachdem es im gesamten Erzbistum zu einer Vielzahl von lokalen Wiedergründungen gekommen war, konnte am 9. März 1947 in Bamberg der erste Diözesantag des Katholischen Werkvolks abgehalten und somit der Diözesanverband wiedergegründet werden[77]. In der folgenden Zeit fanden die Diözesantage im Gegensatz zu anderen Diözesanverbänden alljährlich und stets am selben Ort statt[78]. Ab 1948 wurden die Geschicke des Diözesanverbands vor allem von vier Personen bestimmt: Georg Meixner, dem Diözesanpräses, Josef Sie-

---

[72] Vgl. S. 385–386.
[73] Zur Lage der katholischen Arbeiterbewegung im Bistum Bamberg von 1933 bis 1945 und der Rolle der Sterbegeldvereinigung für den überregionalen Zusammenhalt der ehemaligen Mitglieder vgl. W. K. BLESSING, Deutschland in Not, S. 39–41.
[74] Zu allen Fragen der Entwicklung des Bamberger Diözesanverbands nach dem Zweiten Weltkrieg vgl. generell die umfassenden Studie L. UNGER, Katholische Arbeiterbewegung; zu den Veränderung der soziologischen sowie der industriellen Struktur des Erzbistums während des Untersuchungszeitraums vgl. L. UNGER, Städtische Arbeiterschaft, S. 196–201; zur besonderen kirchlichen Situation in Nürnberg, durch dessen Stadtgebiet die Grenze zwischen den Bistümern Bamberg und Eichstätt verläuft, vgl. K. ULRICH.
[75] Zu seiner Person vgl. G. KLEIN, S. 82; W. K. BLESSING, Meixner, S. 217; PRIESTER UNTER HITLERS TERROR, S. 453, sowie generell C. MAGA.
[76] Zu seiner Person vgl. generell W. K. BLESSING, Meixner; zu seiner Rolle während der nationalsozialistischen Verfolgungszeit vgl. PRIESTER UNTER HITLERS TERROR, S. 455; T. BREUER, passim.
[77] An ihm nahmen aber nur Delegierte aus 27 Werkvolkgemeinschaften teil, obwohl es damals bereits 68 Vereine im Erzbistum Bamberg gab. L. UNGER, Katholische Arbeitnehmerbewegung, S. 72.
[78] Konkret im Exerzitienhaus Vierzehnheiligen. Aufstellung über die Diözesantage des Katholischen Werkvolks in der Erzdiözese Bamberg seit dem Jahre 1947. AEB KAB Kart. 43.

ben, der im Herbst 1948 Josef Thoma als Diözesanvorsitzenden abgelöst hatte, Elisabeth Bach, die seit 1947 als Diözesanleiterin wirkte und auch im gesamten Verband die Frauenarbeit maßgeblich prägte, und Hans Birkmayr, dem Bamberger Bezirkspräses und Leiter der St. Josef-Stiftung, der im Dezember 1948 zum stellvertretenden Diözesanpräses ernannt worden war und die alltägliche Arbeit des Diözesanverbands bestimmte, da sich Georg Meixner durch seine vielfältigen anderen Verpflichtungen als Leiter des erzbischöflichen Seelsorgeamts und ab 1951 als Vorsitzender der CSU-Fraktion im bayerischen Landtag nicht ausschließlich auf die Belange des Werkvolks konzentrieren konnte[79]. Infolge des Zusammenbruchs Meixners während einer Werkvolkveranstaltung im Mai 1957 vollzog sich dann in kurzer Zeit ein völliger Generationswechsel an der Spitze des Diözesanverbands. Auf Grund seiner ernsten Erkrankung zog sich Meixner zunehmend aus dem öffentlichen Leben zurück. So verzichtete er im November 1958 auf eine erneute Landtagskanditur und legte in der folgenden Zeit seine Referate im bischöflichen Ordinariat nieder[80]. Dadurch sah sich Erzbischof Josef Schneider Ende 1959 gezwungen, den Diözesanvorstand zu bitten, einen geeigneten Nachfolger für das Amt des Diözesanpräses zu benennen. Doch kam er dem Wunsch des Werkvolkvorstands nicht nach, Domkapitular Josef Kraus zu ernennen, der bereits als Leiter des Seelsorgeamts Nachfolger Meixners war. Die Nominierung Birkmayrs zum Diözesanpräses durch den Diözesanvorstand wiederum scheiterte am Widerstand von Elisabeth Bach. Schließlich ernannte der Erzbischof Domkapitular Lorenz Schmer zum Nachfolger Meixners. Dieser aber sah sich im Gegensatz zu seinem Vorgänger als »Seelsorger«, nicht als »Organisator«[81]. Dementsprechend ließ er sich etwa auch auf Diözesanpräsideskonferenzen durch den CAJ-Gebietskaplan Norbert Przibyllok vertreten[82]. Nachdem zum Diözesantag 1960 Elisabeth Bach, zum Jahreswechsel 1960/61 der stellvertretende Diözesanpräses Hans Birkmayr und 1963 auch noch Josef Sieben aus der Diözesanvorstandschaft ausgeschieden waren, war der Generationswechsel abgeschlossen[83].

Die Basis der Arbeit des Werkvolks in der Erzdiözese Bamberg waren die auf Initiative von Georg Meixner errichteten Katholischen Volksbüros[84]. Die dort tätigen Angestellten des Seelsorgeamtes waren zum einen für die vielfältigen Aufgaben dieser neuen sozialen Einrichtungen der Nachkriegszeit zuständig,

---

[79] Zur Fülle seiner Ämter nach 1945 vgl. W. K. BLESSING, Meixner, S. 222–238.
[80] W. K. BLESSING, Meixner, S. 236.
[81] L. UNGER, Katholische Arbeitnehmerbewegung, S. 102.
[82] Josef Gorki an Norbert Przibyllok, 6. Dezember 1963. AEB KAB Kart. 53.
[83] L. UNGER, Katholische Arbeitnehmerbewegung, S. 103.
[84] Zu ihrer Funktion und ihrer Bedeutung für die Arbeit des Werkvolks vgl. S. 346–350.

V. Entwicklung der Diözesanverbände

zum anderen trugen sie als Werkvolksekretäre zugleich den Aufbau der katholischen Arbeiterbewegung. Im Herbst 1948 hatte der Bamberger Diözesanverband des Werkvolks deshalb bei der Errichtung der neuen Organisationsstruktur der Bezirke diese gezielt auf die bis dahin im Erzbistum errichteten Volksbüros ausgerichtet: das Volksbüro Bamberg, in dem bis 1964 Rudolf Müller, Paul Wünsche und Josef Gorki tätig waren, das Volksbüro Nürnberg, das Hans Haberkorn fünf Jahre bis 1951 leitete[85] und wo in der Folgezeit Josef Lauter, Erich Wildner, Erich Beetz und Willi Liebhaber wirkten, und das Volksbüro Kronach, wo bis August 1953 Hans Wich[86], ab 1. Januar 1954 Christoph Schmitt[87], ab 1955 Paul Wünsche und ab 1. Juli 1956 Franz Patzina beschäftigt waren[88]. Das Sekretariat Nord in Kronach betreute die Bezirke Kronach, Kulmbach, Lichtenfels und Rehau. Das Sekretariat Mitte in Bamberg widmete sich der Aufbauarbeit in den Bezirken Bamberg und Forchheim, wobei es vom Bezirkssekretär Emil Krämling unterstützt wurde[89]. Das Sekretariat Süd in Nürnberg wiederum war für die Bezirke Nürnberg, Pegnitz und Rothenburg zuständig. Nachdem 1953 durch die Errichtung eines weiteren Volksbüros unter Erich Wildner in Hof die territoriale Struktur des Bamberger Diözesanverbands noch einmal verändert wurde[90], blieb sie bis zum Ende des Untersuchungszeitraums konstant[91]. Da die Volksbüros in der Erzdiözese Bamberg finanziell vom Seelsorgeamt getragen wurden und deren Leiter von daher als Angestellte der Katholischen Aktion bzw. des erzbischöflichen Ordinariats den Haushalt des Diözesanverbands nicht belasteten, befand sich das Werkvolk hier personell und finanziell in einer ausgesprochen günstigen Situation, die von anderen Diözesanverbänden wie etwa Passau oder München stets als vorbildlich angesehen und als Ziel angestrebt wurde. Aber im Erzbistum Bamberg wurden nicht nur die Personalkosten des Werkvolks durch das Seelsorgeamt getragen, sondern wurden der katholischen Arbeiterbewegung auch, maßgeblich bedingt durch die zentrale Rolle von Georg Meixner innerhalb der erzbischöflichen Verwaltung, immer wieder großzügige Zuschüsse zu Einzelmaßnahmen gewährt. Ergänzt wurden die Zuwendungen des Ordinariats durch staatliche Zuschüsse der Abteilung »Positiver Verfassungsschutz« des

---

[85] WERKVOLK, Nr. 9, September 1952.
[86] WERKVOLK, Nr. 10, Oktober 1953.
[87] Lebenslauf Christoph Schmitt, 28. Oktober 1954. AEB KAB Kart. 64.
[88] Vgl. H. HAUSMANN, S. 18.
[89] L. UNGER, Städtische Arbeiterschaft, S. 209.
[90] WERKVOLK, Nr. 12, Dezember 1953.
[91] L. UNGER, Katholische Arbeitnehmerbewegung, S. 78–81. Die 1961 erfolgte Neufestsetzung der Sekretariatsbereiche ersetzte nur die Zuordnung der alten Bezirksverbände durch eine Aufteilung nach Dekanaten, die durch den Fortschritt des organisatorischen Ausbaus des Werkvolks im Gegensatz zu 1948 nun zumeist deckungsgleich mit den Bezirksverbänden waren.

Bundesinnenministeriums für die staatspolitische Bildungsarbeit des Werkvolks in den Zonenrandgebieten[92].

Angesichts dieser Ausstattung erstaunt es, daß der Bamberger Diözesanverband ab 1945 zwar zu den mitgliederstärksten Verbänden des Süddeutschen Verbands zählte, doch zugleich kontinuierlich an innerverbandlichem Gewicht verlor, da die Mitgliederzuwächse anderer Diözesanverbände mit schlechterer materieller Ausstattung beträchtlich über der Mitgliedersteigerung des Bamberger Verbands lagen[93]. Trotzdem prägten im Erzbistum Bamberg entwickelte Konzepte zentrale Bereiche des Süddeutschen Verbands wie etwa die Jugend- oder die Frauenarbeit[94].

Die Oberhirten der Erzdiözese Bamberg haben während des gesamten Untersuchungszeitraums die katholische Arbeiterbewegung in ihrem Bistum massiv unterstützt und gefördert. Erzbischof Joseph Kolb[95] war als ehemaliger Pfarrer im großstädtischen Nürnberg und Sozialreferent der Bayerischen Bischofskonferenz gegenüber sozialen Fragen persönlich aufgeschlossen. Das sozialpolitische Interesse von Erzbischof Josef Schneider[96] wiederum hatte sich bereits in seiner theologischen Dissertation an der Gregoriana gezeigt. Schneider setzte sich darin mit dem Thema »Der gerechte Lohn und die Grundprinzipien zu seiner Bestimmung vom Standpunkte der Moral« auseinander[97].

3. Eichstätt

In der kleinen, vor allem ländlich geprägten Diözese Eichstätt, die zudem in weiten Bereichen einen starken protestantischen Bevölkerungsanteil aufwies, war die katholische Arbeiterbewegung vor dem Zweiten Weltkrieg relativ schwach gewesen[98]. Dank intensiver Unterstützung durch Bischof Joseph Schröffer ab 1948 und der Aufbauarbeit der Eichstätter Diözesanpräsides und Diözesansekretäre gelang es aber, dies in der Nachkriegszeit grundlegend zu ändern.

Schröffer erkannte frühzeitig, zu welchem Umbruch in den sozialen Verhältnissen der Strukturwandel seiner Diözese zwangsläufig führen mußte. Von daher war für ihn die Organisation der Arbeitnehmer, »die Arbeiterseelsorge sowie die Durchdringung der Welt der Arbeit mit dem Geiste Christi« eine der drei wich-

---

[92] Vgl. S. 388–389.
[93] Vgl. Tab. 1–7 im Anhang.
[94] Vgl. S. 265–267, 291–298.
[95] Zu seiner Person vgl. B. Neundorfer; G. Reinwald sowie E. Kerner.
[96] Zu seiner Person vgl. H.-G. Röhrig sowie H. Hansmann.
[97] H. Hansmann, S. 349.
[98] Vgl. H. D. Denk, S. 119; D.-M. Krenn, Christliche Arbeiterbewegung, S. 53–55.

V. Entwicklung der Diözesanverbände   119

tigsten Aufgaben seines Wirkens als Bischof[99]. Angesichts dieser Haltung des Eichstätter Oberhirten konnten sich Bestrebungen zur Errichtung eines Männerwerks, wie sie innerhalb des Eichstätter Domkapitels durchaus bestanden, nicht durchsetzen[100]. In der Regel nahm Bischof Joseph Schröffer an den Diözesantagen »seines« Werkvolks teil, dem er auch persönlich als Mitglied angehörte[101], und wandte sich dabei mit programmatischen Ansprachen an die Arbeitnehmer der Diözese[102]. Besonders seine Rede auf dem Ingolstädter Diözesantag 1961 erregte großes Aufsehen in der Öffentlichkeit und in der Presse[103]. Der Eichstätter Bischof bezog darin Stellung zur Frage der Christlichen Gewerkschaften. Er richtete »eine klare und eindeutige Aufforderung an alle katholischen Arbeitnehmer zum Eintritt in die Christlichen Gewerkschaften« und ermahnte sie, »diese Aufforderung nicht zu überhören«[104]. Bischof Schröffer sprach aber auch auf anderen zentralen Veranstaltungen der katholischen Arbeiterbewegung seiner Diözese wie etwa dem »Tag der Arbeiter« im November 1959 in Ingolstadt[105]. Er setzte sich für die Belange der katholischen Arbeiterbewegung aber nicht nur in seinem eigenen Bistum besonders ein[106], sondern übernahm auch auf der Ebene der bayerischen wie der deutschen Bischofskonferenz in den entsprechenden Kommissionen Verantwortung[107].

---

[99] So Schröffer im Geleitwort zu GOTT WILL UNSERE ARBEIT. Nur die Sorge um den Priesternachwuchs und die verstärkte Beteiligung der Laien am Aufbau des Reiches Gottes rangierten für ihn noch vor dieser Aufgabe.

[100] Michael Sager etwa war zum 1. Januar 1951 als »Diözesansekretär für das Katholische Männerwerk und das Katholische Werkvolk« angestellt worden. Vgl. hierzu wie zu den Positionen innerhalb des Domkapitels Michael Sager an Joseph Schröffer, 4. Januar 1952. KAB VZ K / Diözesanverband Freiburg 1950–1963.

[101] Aufnahmebestätigung, 30. Oktober 1956. DA EI BA Werkvolk 1949–1967.

[102] Vgl. etwa die Texte: Ansprache des Hochwürdigsten Herrn Bischofs bei der Gemeinschaftsmesse des 1. Diözesantages in Eichstätt, 26. Juni 1954, oder der Ansprache des Hochwürdigsten Herrn Bischofs bei der Pontifikalmesse in der Stadtpfarrkirche zu Schwabach, 7. Oktober 1956. DA EI BA Werkvolk 1949–1967.

[103] Bericht des Diözesanverbands Eichstätt, 1. Oktober 1960 bis 30. September 1961. KAB VZ 17c / Verbandsausschuß 1959–1971.

[104] ST. WILLIBALDSBOTE, Nr. 20, 14. Mai 1961, S. 13. Zum Ingolstädter Diözesantag vgl. ebenfalls ST. WILLIBALDSBOTE, Nr. 17, 23. April 1961.

[105] Bericht Volksbüro – Raum Ingolstadt. DA EI BA Werkvolk 1949–1967. Vgl. hierzu auch ST. WILLIBALDSBOTE, Nr. 48, 29. November 1959, sowie Nr. 50, 13. Dezember 1959.

[106] Sein Interesse ging soweit, daß er vom Eichstätter Diözesansekretär eine Erklärung forderte, als in einer Werkvolkgemeinschaft die Zahl der Mitglieder von 16 auf acht sank. Joseph Schröffer an Gustl Schön, 21. Januar 1955. DA EI BA Werkvolk 1949–1967.

[107] Vgl. etwa Protokoll der Plenarkonferenz der Bischöfe der Diözesen Deutschlands in Fulda, 21. bis 23. August 1951 (ABP OA Episc H 6b); Protokoll der westdeutschen und bayerischen Bischöfe in Hofheim, 25. bis 27. Februar 1958 (ABP OA Episc H 9); Tagungsordnung der Plenarkonferenz der Bischöfe der Diözesen Deutschlands in Fulda, 19. bis 21. August 1958 (ABSp BA A-II-32);

Joseph Heindl, der noch von Bischof Michael Rackl zum ersten Eichstätter Diözesanpräses der Nachkriegszeit ernannt worden war[108], stand bereits ab 1. April 1947 in Heinrich Kissmann ein Diözesansekretär beim organisatorischen Neuanfang zur Seite. Bedingt durch die Doppelbelastung von Joseph Heindl, der im Herbst 1948 zum Generalvikar berufen wurde, und die räumliche Trennung zwischen dem in Eichstätt residierenden Diözesanpräses und dem Diözesansekretariat in Nürnberg[109] war jedoch die früh einsetzende Aufbauarbeit der ersten Jahre stark behindert. Deshalb ernannte Bischof Schröffer zum 1. Januar 1951 den damaligen Domvikar Alois Brems, seinen späteren Nachfolger, zum neuen Diözesanpräses und besetzte das nun nach Eichstätt verlegte Diözesansekretariat mit Michael Sager aus München[110]. Beiden gelang es in gut zweieinhalb Jahren, die Zahl der Werkvolk-Mitglieder im Bistum Eichstätt zu verdoppeln und die Zahl der Gruppen um 50 Prozent zu erhöhen[111]. Doch bereits zum 1. Oktober 1953 war erneut eine Umbesetzung in der Führungsspitze des Werkvolks auf diözesaner Ebene notwendig. Brems, inzwischen Domkapitular und zugleich Diözesanmänner- und Diözesanfrauenseelsorger, hatte um Entbindung von seinem Amt gebeten. Michael Sager wiederum war zur selben Zeit auf Grund seiner Leistungen im Bistum Eichstätt als neuer Verbandssekretär für die Zentrale des Süddeutschen Verbands in München ausgewählt worden. Nachfolger von Alois Brems wurde der bisherige CAJ-Kaplan und Präses des Kolpinghauses in Ingolstadt, Wilhelm Reitzer[112], Nachfolger von Michael Sager Gustl Schön, der am Sozialinstitut Rosenheim den Jahreskurs 1953/54 absolviert hatte[113]. Im Frühjahr 1957 wurde zudem auf Kosten der Diözese ein Volksbüro in Ingolstadt errichtet[114], dessen Sekretär Fritz Roppelt, ab 1. Juli Alfred Kilian, neben seiner Beratungstätigkeit »vornehmlich« an der Aufbauarbeit des Werkvolks im Bistum

---

oder Protokoll der Plenarkonferenz der Bischöfe der Diözesen Deutschlands in Fulda, 28. bis 30. August 1962 (ABSp BA A-II-38). In der »Bischofskommission für die Sozialarbeit« vertrat Schröffer konkret »das Anliegen der CAJ« (Julius Angerhausen an Joseph Schröffer, 23. Dezember 1957. DA EI BA CAJ 1949–1961). Bei der Romfahrt der CAJ im Jahr 1957 vertrat er gemeinsam mit dem Bischof von Münster und Vorsitzenden der Kommission für Sozialarbeit, Michael Keller, den deutschen Episkopat (ROM '57, S. 14, 44).

[108] Bereits vor der offiziellen Berufung zum Diözesanpräses nahm Heindl diese Funktion innerverbandlich wahr. Joseph Heindl an Anton Maier, 8. März 1948. DA EI OA Werkvolk 1949–1955.
[109] Bestätigung, 22. Juli 1947. DA EI OA Werkvolk.
[110] Michael Sager, 16. Mai 1994.
[111] Vgl. hierzu Tab. 1 sowie Kurzbericht über die Organisation des Katholischen Werkvolks und dessen Arbeit in der Diözese Eichstätt, 1. Januar 1951 bis zum 1. Oktober 1953. DA EI OA Werkvolk 1949–1955.
[112] Rundschreiben Wilhelm Reitzer, 31. August 1953. DA EI OA Werkvolk 1949–1955.
[113] DONAUKURIER, Nr. 102, 4./5. Mai 1989.
[114] Bereits von 1921 bis 1923 hatte dort ein solches existiert. D.-M. KRENN, Christliche Arbeiterbewegung, S. 53–54.

V. Entwicklung der Diözesanverbände

mitwirkte, wenn er auch offiziell nicht als »Werkvolk-Sekretär« geführt wurde, da er direkt von der Diözese angestellt war[115]. 1959 wurde Josef Hollacher, der Gebietssekretär der Eichstätter CAJ, zum Nachfolger Kilians, der als Werkvolksekretär in die Diözese Regensburg wechselte[116]. Mit der Zeit entwickelte sich eine klare Arbeitsteilung zwischen den beiden Eichstätter Diözesansekretären. Während sich Josef Hollacher vor allem den Rechts- und Beratungsfragen widmete und daneben auch außerhalb von Ingolstadt bei Schulungen und Vorträgen hervortrat, konzentrierte Gustl Schön sich innerhalb des Diözesanverbands auf die organisatorischen Fragen. Er verfaßte Rundbriefe und Aktionsprogramme, wickelte den gesamten Schriftverkehr ab und übernahm neben Schulungen und Vorträgen vor allem die Vorbereitung von Neugründungen[117]. Zum 1. Januar 1962 wurde die Gruppe der Eichstätter Hauptamtlichen noch um eine eigene Diözesansekretärin ergänzt: Pauline Gradl, die ab 1953 als Gebietssekretärin der CAJ-F im Bistum Regensburg[118] und von 1957 bis 1961 als National-Leiterin der CAJ-F gewirkt hatte[119]. Sie sollte sich nun vor allem der Frauenarbeit im Werkvolk widmen, denn bis zu ihrer Einstellung lag diese im kleinsten bayerischen Bistum »noch völlig lahm«[120]. Auch der Nachfolger von Diözesanpräses Wilhelm Reitzer, Michael Thiermeyer, kam aus den Reihen der CAJ. Vor seiner Ernennung zum Eichstätter Diözesanpräses des Katholischen Werkvolks war er ab 16. November 1955 CAJ-Gebietskaplan gewesen[121]. Dieses Amt behielt er auch weiterhin bei[122]. Thiermeyer konstatierte angesichts der »Fülle der Arbeit«, daß die von ihm betreuten Organisationen »mit einem freigestellten Priester nicht die entsprechende Hilfe haben, die sie brauchen«, und es »nötig« sei, »daß ein weiterer Priester für die Arbeiterseelsorge freigestellt« würde[123]. Doch Bischof Schröffer kam seiner Bitte um die Freistellung eines weiteren Priesters und die

---

[115] Wilhelm Reitzer an die Verbandsleitung, 6. März 1957. KAB VZ Diözesanverband Eichstätt / Ingolstadt. Die Errichtung eines solchen zweiten Schwerpunkts der Werkvolkarbeit im Bistum Eichstätt war bereits 1948 von Heinrich Kissmann angeregt worden. Heinrich Kissmann an Joseph Heindl, 14. Juli 1948. DA EI OA Werkvolk 1949–1955.

[116] Volksbüro Ingolstadt an den Süddeutschen Verband, 5. Januar 1959. KAB VZ Diözesanverband Eichstätt / Ingolstadt. Alfred Kilian war aus Mitteln des Bistums Regensburg ausgebildet worden und seit 1956 im Bistum Regensburg 2. Diözesanvorsitzender des Katholischen Werkvolks. Fritz Morgenschweis an Joseph Schröffer, 7. Juli 1958. DA EI BA Werkvolk 1949–1967.

[117] Bericht des Diözesanverbands Eichstätt, 1. Juli 1959 bis 30. September 1960. KAB VZ 17c / Verbandsausschuß 1959–1971.

[118] EROBERND VORWÄRTS, S. 36.

[119] Vgl. S. 250.

[120] Bericht des Diözesanverbands Eichstätt, 1. Oktober 1960 bis 30. September 1961. KAB VZ 17c / Verbandsausschuß 1959–1971.

[121] PASTORALBLATT EICHSTÄTT, Nr. 17, 30. November 1955.

[122] SCHEMATISMUS EICHSTÄTT 1966, S. 151.

[123] Michael Thiermeyer an Joseph Schröffer, 11. Januar 1963. DA EI BA Werkvolk 1949–1967.

Trennung der Ämter des CAJ-Kaplans und des Diözesanpräses des Werkvolks nicht nach. Auch Thiermeyers Nachfolger, Leo Pröll, der ab 1. Januar 1968 für die Belange der katholischen Arbeiterbewegung im Bistum Eichstätt verantwortlich war, versah sowohl das Amt des Gebietskaplans der CAJ als auch das Amt des Diözesanpräses des Werkvolks[124].

Trotz des häufigen Wechsels in der Führungsspitze und in den Reihen der hauptamtlichen Mitarbeiter verlief die Mitgliederentwicklung des Werkvolks im Bistum Eichstätt relativ kontinuierlich. Es gelang, die Zahl der Mitglieder von 1298 im Jahre 1950 auf 3943 im Jahre 1964 zu steigern. Die Zahl der Ortsvereine stieg von 27 auf 82[125]. Da der Mitgliederzuwachs des Eichstätter Diözesanverbands zudem stets über dem verbandsweiten durchschnittlichen Zuwachs lag, gelang es auch, sein innerverbandliches Gewicht zu stärken[126]. Das deutliche Wachstum wurde aber neben den Aktivitäten der Verantwortlichen sicher auch durch den Wandel der industriellen und gesellschaftlichen Struktur des Eichstätter Bistums bedingt. War noch 1954 der größte Teil der Diözese in den Augen des zuständigen Sekretärs »überwiegend landwirtschaftlich orientiert und somit für unsere spezielle Aufgabe als Werkvolk nicht interessant«, hatte sich die Situation bis Anfang der sechziger Jahre durch »Betriebsverlagerungen von der Großstadt auf das flache Land«, durch Pendlerströme und Schichtarbeit so verändert, daß es im Bistum Eichstätt »kein reines Bauerndorf mehr« gab[127].

Noch bis in die fünfziger Jahre aber basierte die Arbeit der katholischen Arbeiterbewegung im Bistum Eichstätt ausschließlich auf den einzelnen Werkvolkgemeinschaften. Ein eigener Diözesanverband wurde erst im Juni 1954 auf dem ersten Diözesantag des Werkvolks im Bistum Eichstätt wiedergegründet[128]. Er übernahm mit einigen kleinen Änderungen die von der Verbandsleitung des Süddeutschen Verbands erarbeitete Mustersatzung für einen Diözesanver-

---

[124] SCHEMATISMUS EICHSTÄTT 1969, S. 149.
[125] Vgl. Tab. 1–7 im Anhang.
[126] Vgl. Tab. 7 im Anhang.
[127] Bericht des Diözesansekretariats, Gesamtübersicht, o. D. (wohl 1961). DA EI BA Werkvolk 1949–1967. Diözesansekretär Michael Sager hatte 1952 bei einer Kartierung der Gemeinden, wo die Arbeiterschaft in der Überzahl war, festgestellt, daß immerhin bei 2/5 der Pfarreien die soziologischen Voraussetzungen zur Gründung einer Werkvolkgemeinschaft gegeben waren. Michael Sager an Anton Maier, 10. Januar 1952. KAB VZ K / Diözesanverband Freiburg 1950–1963.
[128] Programm des 1. Diözesantages sowie Protokoll der Delegiertentagung des 1. Diözesantages des Katholischen Werkvolks Diözesanverband Eichstätt, 26. Juni 1954. DA EI OA Werkvolk 1949–1955. Zum Verlauf vgl. ST. WILLIBALDSBOTE, Nr. 17, 1. August 1954. Es hatte zwar schon 1948 ein Diözesantreffen stattgefunden, doch wurde dieses zusammen mit der Kolpingsfamilie durchgeführt. Zudem war dies keine Delegiertentagung, sondern eine gemeinsame Wallfahrt zum Mariahilfberg bei Neumarkt. ST. WILLIBALDSBOTE, Nr. 11, 6. Juni 1948, sowie Einladungsschreiben, 8. Juni 1949. DA EI OA Werkvolk 1949–1955.

V. Entwicklung der Diözesanverbände

band[129]. Der wichtigste Unterschied war, daß die Abrechnung zwischen dem Ordinariat Eichstätt und dem Diözesansekretariat »wie bisher« erfolgen sollte und deshalb kein eigener Diözesankassier gewählt wurde[130]. Nach Errichtung des Diözesanverbands wurde alle zwei Jahre an wechselnden Orten ein Diözesantag abgehalten[131]: 1954 in Eichstätt, 1956 in Schwabach[132], 1958 in Neumarkt[133], 1961 in Ingolstadt[134] und 1963 in Roth[135]. Die Vorstandschaft des neugegründeten Diözesanverbands traf sich in der Regel einmal im Monat, der Diözesanausschuß zweimal im Jahr[136].

Ab Dezember 1956 gab man zur weiteren Verbesserung des Kontaktes zwischen der Diözesanvorstandschaft, den hauptamtlichen Kräften und den einzelnen Werkvolkgemeinschaften monatlich ein hektographiertes Mitteilungsblatt mit dem programmatischen Titel »Kontakt« heraus. Es wurde allen Mitgliedern im Bistum zusammen mit dem Verbandsorgan zugestellt. Seine Aufgabe war, »eine Übersicht zu bieten über die Arbeit im Diözesanverband, zu berichten über Veranstaltungen und Erfahrungen, Ansporn zu geben für neue Versuche und den ganzen Diözesanverband dadurch enger zusammenzuführen«. Faktisch bewirkte die gemeinsame Erstellung des Mitteilungsblatt zugleich »auch ein stärkeres Zusammenwachsen der Diözesanvorstandschaft, vor allem des Präses, der Vorsitzenden, der Frauenvertreterin und der beiden Sekretäre«[137].

Nachdem das Diözesansekretariat bereits im Oktober 1951 zur Intensivierung der Bildungsarbeit einen Redneraustausch zwischen den einzelnen Werkvolk-

---

[129] Ein Exemplar dieser Satzung hat sich erhalten in KAB VZ Satzungen.
[130] Protokoll der Delegiertentagung zum 1. Diözesantag des Katholischen Werkvolks Diözesanverband Eichstätt, 26. Juni 1954. DA EI OA Werkvolk 1949–1955.
[131] Entgegen dem Beschluß des ersten Diözesantages, alljährlich einen Diözesantag abzuhalten. Protokoll der Delegiertentagung zum 1. Diözesantag des Katholischen Werkvolks Diözesanverband Eichstätt, 26. Juni 1954. DA EI OA Werkvolk 1949–1955.
[132] Programm des 2. Diözesantages sowie Protokoll der Delegiertentagung des 2. Diözesantages des Katholischen Werkvolks Diözesanverband Eichstätt, 6. Oktober 1956. DA EI OA Werkvolk 1949–1967.
[133] Bericht des Diözesanverbands Eichstätt, 1. Juli 1959 bis 30. September 1960. KAB VZ 17c / Verbandsausschuß 1959–1971.
[134] Programm des 4. Diözesantages. AEB KAB Kart. 15. Zu seinem Verlauf vgl. St. Willibaldsbote, Nr. 20, 14. Mai 1961.
[135] Zu seinem Verlauf vgl. St. Willibaldsbote, Nr. 25, 23. Juni 1963, sowie Werkvolk, Nr. 7, Juli 1963.
[136] Bericht des Diözesanverbands Eichstätt, 1. Juli 1959 bis 30. September 1960. KAB VZ 17c / Verbandsausschuß 1959–1971.
[137] Jahresbericht 1957 über die Arbeit des Diözesanverbands des Werkvolks Eichstätt. DA EI BA Werkvolk 1949–1967. Das Mitteilungsblatt des Eichstätter Diözesanverbands hat sich bis 1963 komplett erhalten. KAB EI Kontakt.

gruppen angeregt hatte[138], führte man während des Frühjahrs 1956 diözesanweit erstmals eine »Versammlungswelle« durch. Sie stand unter dem Thema »Muß der Arbeiter rot sein?«. Ab 1957 legte die Diözesanleitung dann für die Winterarbeit stets drei Versammlungsthemen fest, die jeweils im Mittelpunkt der Versammlungen aller Werkvolkgemeinschaften des Bistums stehen sollten. Ab 1958 kam es darüber hinaus durch die Einführung der Aktionsrunden zu einer weiteren Vereinheitlichung der thematischen Ausrichtung der Bildungsarbeit, da sich die Arbeit dieser Kerngruppen an den monatlich von der Diözesanleitung verschickten Arbeitsgrundlagen ausrichtete[139].

4. München und Freising

Im Gebiet des Erzbistums München und Freising bestimmten neben der durch eine große Zahl von Arbeitern und Angehörigen des tertiären Sektors geprägten Landeshauptstadt und einigen Industrialisierungsschwerpunkten im ländlichen Umfeld, wie etwa Penzberg oder Rosenheim, vor allem die land- und forstwirtschaftlich ausgerichteten Betriebe des Alpenvorlands die Sozial- und Wirtschaftsstruktur. Zusammen mit Diözesanpräses Anton Maier, der zum 1. Oktober 1947 von Kardinal Faulhaber in sein Amt berufen worden war[140], trugen hier vor allem die Diözesansekretäre Max Hatzinger und Siegfried Niessl die Arbeit der Jahre nach dem Zweiten Weltkrieg[141]. Obwohl beide im Gegensatz zum Diözesanpräses bereits vor 1933 für die katholische Arbeiterbewegung tätig gewesen waren – Hatzinger seit 1927 als Münchener Bezirkssekretär[142], Niessl als Mitarbeiter im Leo-Haus und in der Redaktion der Jungarbeiterzeitung[143] – war Anton Maier die zentrale und bestimmende Person im Münchener Diözesanverband. Sein besonderes Vertrauensverhältnis zu Kardinal Faulhaber wie zu dessen Nachfolgern, das sich auch in seinem kontinuierlichen Aufstieg innerhalb der kirchlichen Verwaltung zeigte[144], gab ihm Gestaltungsmöglichkeiten, die diejenigen aller anderen deutlich überstiegen. Auf Grund der Lage der Verbandszentrale in München erfuhr die Aufbauarbeit im Erzbistum aber auch stärkste Unterstützung durch die Verbandsleitung. Zugleich war der Münchener

---

[138] Rundbrief des Diözesansekretariats Eichstätt, Oktober 1951. DA EI OA Werkvolk.
[139] GOTT WILL UNSERE ARBEIT, S. 26–27.
[140] H.-J. NESNER, S. 565.
[141] Zum 1. August 1946 konnte Max Hatzinger seine hauptamtliche Tätigkeit für den Münchener Diözesanverband aufnehmen, zum 1. Februar 1947 Siegfried Niessl. Max Hatzinger an Leopold Schwarz, 3. Februar 1947. KAB VZ A / 1 Diözesanverband München bis 1974.
[142] D.-M. KRENN, Christliche Arbeiterbewegung, S. 17; WERKVOLK, Nr. 4, April 1964.
[143] WERKVOLK, Nr. 12, Dezember 1968.
[144] Vgl. S. 61–62.

V. Entwicklung der Diözesanverbände 125

Verband nicht nur in dieser Zeit das »Testfeld« für die weitere Verbandsentwicklung. So begann man hier etwa bereits im Herbst 1946, ungefähr ein halbes Jahr vor dem Beschluß der Diözesanpräsideskonferenz des Süddeutschen Verbands, die neuartige »Werkvolk«-Konzeption gezielt in die Praxis umzusetzen[145]. Führend war der Münchener Diözesanverband des weiteren an der Konzeption eines Familienerholungsheims beteiligt, das im Frühjahr 1959 in Hohenaschau eröffnet werden konnte und in dem auch das Katholische Sozialinstitut zeitweise seine Heimat fand[146]. Der Versuch einer eigenen »Werkvolk-Jugend« hingegen, der ebenfalls vor allem im Diözesanverband München-Freising unternommen wurde, scheiterte[147].

Der oberbayerische Diözesanverband entsprach einerseits stets besonders eng den Vorstellungen der Verbandsleitung, andererseits prägte er wiederum zugleich das Bild der Verantwortlichen. Dies lag aber nicht nur an der räumlichen Nähe der Verbandszentrale in München, sondern auch daran, daß seine Repräsentanten überproportional in den Leitungsgremien des Süddeutschen Verbands vertreten waren: Der Verbandspräses, der männliche und die weibliche Verbandsvorsitzende, der Verbandsgeschäftsführer, alle Verbandssekretäre sowie der Schriftleiter des Verbandsorgans waren, bedingt durch ihren Wohnsitz, Mitglieder des Münchener Diözesanverbands. Nur ein Diözesanpräses und der zweite Verbandsvorsitzende Wilhelm Birkmann wohnten nicht im Großraum der Landeshauptstadt. Zudem übte Anton Maier über viele Jahre hinweg das Amt des Verbandspräses in Personalunion mit dem Amt des Münchener Diözesanpräses aus und hatte das Katholische Sozialinstitut seinen Sitz im Gebiet des oberbayerischen Diözesanverbands[148].

Die Stärke des Münchener Werkvolks auf der Verbandsebene war aber nicht nur von Vorteil. Abgesehen von den verbandsinternen Problemen, die sie hervorrief und die sich in den »Räuber-Synoden« artikulierten[149], hemmte sie auch den organisatorischen Aufbau im Erzbistum. So konnte sich Anton Maier zwangsläufig nicht im selben Maß und ebenso intensiv seinen diözesanen Aufgaben widmen wie etwa Fritz Morgenschweis, der sich völlig auf sein Amt als

---

[145] Max Hatzinger spricht in einem Schreiben an den Verbandspräses Leopold Schwarz, 3. Februar 1947 (KAB VZ A / 1 Diözesanverband München bis 1974) zwar davon, daß dies bereits ab 1. August 1946 geschehen sei, doch in den Angaben zum Lebenslauf unter der Überschrift: Zu meiner Kandidatur zum Bayerischen Landtag, 7. Oktober 1946 (ACSP NL Schinagl Kart. 1) spricht er selbst noch von »Ketteler-Werk«.
[146] WERKVOLK, Nr. 5, Mai 1959.
[147] Vgl. S. 259–265.
[148] Vgl. S. 171–181.
[149] Vgl. S. 81–85.

Regensburger Diözesanpräses konzentrieren konnte[150]. Da die Verbandsleitung dies selbst frühzeitig erkannte, plante sie schon nach wenigen Jahren, das Amt des Verbandspräses wieder von dem des Münchener Diözesanpräses zu trennen. Doch die Suche nach einem geeigneten Geistlichen gestaltete sich ausgesprochen schwierig. So trat man etwa Anfang der fünfziger Jahre an den jungen Kaplan Max Bertl heran, der in Bad Tölz als Lehrer tätig war. Er hatte bereits ein halbes Jahr in Rosenheim eng mit Rektor Berchtold in der Arbeiterseelsorge zusammengearbeitet, konnte sich aber zur Übernahme des Amtes eines Münchener Diözesanpräses nicht entschließen, weil es ihm »sehr problematisch« erschien, nicht völlig für die Werkvolkarbeit freigestellt zu sein, was aber aus Sicht des Ordinariats nicht möglich war[151]. Erst ab 1. Februar 1956 gelang es, Ludwig Anderl, einen Kurskollegen von Anton Maier[152], für das Amt des Münchener Diözesanpräses zu gewinnen[153]. Er war satzungsgemäß zugleich stellvertretender Verbandspräses[154] und bestimmte bis 1966 die Geschicke des Diözesanverbands. Neben Anton Maier und Ludwig Anderl hat auch der Münchener Bezirkspräses Pater Willibrord Braunmiller, Benediktiner der Abtei St. Bonifaz, der vor der Ernennung von Anton Maier als vorläufiger Diözesanpräses tätig gewesen war[155], in der Funktion des stellvertretenden Diözesanpräses wesentlichen Einfluß auf die Arbeit im Erzbistum München-Freising genommen.

Der verbandsweite Einfluß des Münchener Diözesanverbands basierte aber nicht nur auf der engen personellen Verflechtung mit der Verbandszentrale, sondern auch auf der Zahl seiner Mitglieder, deren Zuwachs aber deutlich unter dem Verbandsdurchschnitt lag. Stellte das oberbayerische Erzbistum 1945 noch den stärksten Diözesanverband in ganz Süddeutschland, so verlor es bis 1963 diese Position an die Diözesen Würzburg und Regensburg[156], die auch in anderer Hinsicht am Ende des Untersuchungszeitraums die Führung innerhalb des Süddeutschen Verbands übernahmen. Der vergleichsweise geringe Mitgliederzuwachs ist wohl vor allem auf die beschränkten finanziellen Möglichkeiten des Münchener Diözesanverbands zurückzuführen. Im Gegensatz zu anderen

---

[150] Vgl. S. 134.
[151] Max Bertl an Max Hatzinger, 7. Mai 1952. KAB VZ Diözesanverband München.
[152] SCHEMATISMUS MÜNCHEN UND FREISING 1936, S. XVIII.
[153] KAB-DIÖZESANVERBAND MÜNCHEN UND FREISING, S. 34–35.
[154] Aktenvermerk über Adressenänderung, 4. Februar 1956. KAB VZ A / 1 Diözesanverband München bis 1974.
[155] Vgl. Rundschreiben des Diözesanverbands München-Freising an alle Geistlichen, 11. Februar 1947. KAB VZ A / 1 Diözesanverband München bis 1974. Das Einladungsschreiben zur ersten Diözesankonferenz vom 17. Februar unterzeichnete bereits Anton Maier als Diözesanpräses. KAB-DIÖZESANVERBAND MÜNCHEN UND FREISING, S. 33.
[156] Vgl. Tab. 1–7 im Anhang.

V. Entwicklung der Diözesanverbände

Diözesanverbänden finanzierte sich dieser anfangs nahezu ausschließlich durch seine Mitgliedsbeiträge. Daher war bis Mitte der fünfziger Jahre der organisatorische Aufbau des Münchener Diözesanverbands bedeutend schwächer, als in den Jahren der Weimarer Republik. Vor dem Krieg besaß das oberbayerische Erzbistum in Monsignore Johann Baptist Lohr einen hauptamtlichen Diözesanpräses, der von drei Arbeitersekretären in München und Rosenheim sowie zwei Arbeitersekretärinnen unterstützt wurde, die zur Hälfte für die Erzdiözese München-Freising wirkten. In den ersten Jahren der Nachkriegszeit hingegen standen dem nebenamtlichen Diözesanpräses Anton Maier, der sich hauptamtlich dem Gesamtverband widmete, nur mehr zwei Sekretäre in München zur Seite[157]. Erst durch die Errichtung eines vom Seelsorgeamt getragenen Katholischen Volksbüros auch außerhalb von München gelang es, die Zahl der Sekretäre zu erhöhen, die sich nun aber nicht mehr ausschließlich der Werkvolkarbeit widmen konnten. Als Sitz des Volksbüros wählte man Rosenheim, wo bereits vor 1945 ein eigenes Sekretariat bestanden hatte. Hier wirkte ab Juni 1956 Martin Asböck als dritter Diözesansekretär[158]. Auf ihn folgten Anna Fuhrmann[159] und Toni Helmprecht[160]. Mit der Zeit bildete sich zwischen den drei Sekretariaten eine gewisse Arbeitsteilung heraus. War Siegfried Niessl für die Belange des Bezirkes München zuständig, so betreute das Rosenheimer Sekretariat vor allem die ländlichen Gemeinschaften des Diözesanverbands. Max Hatzinger wiederum war als einer der erfahrensten Diözesansekretäre des gesamten Süddeutschen Verbands für die Verbindung mit den staatlichen Stellen und den anderen Verbänden, für Schulungskurse in Hohenaschau und die Erholungsmaßnahmen zuständig. Den Diözesansekretären standen zudem in fünf der 21 Bezirke, wo die Errichtung eigener Sekretariate auf Grund fehlender Mittel aussichtslos war, ehrenamtliche Vertrauensmänner als Berater der Mitglieder zur Seite[161].

Ab Ende 1952 erstellte der Bezirksverband München ein eigenes, kostenloses Nachrichtenblatt, das an alle Mitglieder des Bezirksverbands gemeinsam mit dem Verbandsorgan verteilt wurde[162]. Ziel des Mitteilungsblattes war nicht nur die Information über die Aktivitäten der verschiedenen Werkvolkgemeinschaften

---

[157] Material für die Sitzung des Diözesanausschusses am 8. Oktober 1955. KAB VZ Diözesanverband München. Vgl. auch D.-M. KRENN, Christliche Arbeiterbewegung, S. 42–44.
[158] Er übte das Amt bis Mitte 1958 aus. Aktenvermerk über Adressenänderung, 18. Juni 1956; 17. April 1958. KAB VZ A / 1 Diözesanverband München bis 1974.
[159] KAB-DIÖZESANVERBAND MÜNCHEN UND FREISING, S. 60.
[160] KAB VZ »Personalakt« Anton Helmprecht.
[161] Bericht des Diözesanverbands, 1. Juli 1959 bis 30. September 1960. KAB VZ 17c / Verbandsausschuß 1959–1971.
[162] Jahresbericht des Bezirksverbands München, 1952. KAB VZ Diözesanverband München; WERKVOLK, Nr. 4, April 1953. Es wurde auch einigen Angehörigen des Domkapitels zugestellt.

zu verbreiten, sondern dadurch zugleich die weniger aktiven Vereine dazu zu motivieren, vorausschauend zu planen, sich entsprechend zu erweitern und so auch die Qualität der einzelnen Veranstaltungen zu steigern[163].

5. PASSAU

Im Bistum Passau war die Aufbauarbeit nach dem Zweiten Weltkrieg vor allem durch personelle Kontinuität in der Führung des Diözesanverbands gekennzeichnet[164]. So ernannte Generalvikar Riemer 1946 erneut Franz Xaver Stockinger, der die Geschicke des Diözesanverbands bereits seit 1935 bestimmt hatte, zum Diözesanpräses. Stockinger, »der getreue Ekkehart«, vertrat somit den Diözesanverband offiziell nach außen und in den überregionalen Verbandsgremien. Er war »ein Mann ohne Etikette, der die Fähigkeit hat[te], vor den Arbeitern zu stehen, nicht nur mit der Sprache des Geistes, sondern, was wichtiger ist, mit der Sprache des Herzens«, wie ihn ein westdeutscher Bezirkspräses charakterisierte[165]. Erst zum 1. November 1958 wurde der Domkapitular auf seine eigene Bitte hin »wegen Arbeitsüberlastung und schwerer gesundheitlicher Schäden« vom Amt des Diözesanpräses entbunden[166]. Sein Nachfolger, Kaplan Eduard Ertl, vereinigte zum 1. November 1958 die Ämter des CAJ-Kaplans und des Diözesanpräses für das Katholische Werkvolk im Bistum Passau[167]. Ihm wurde nach etwa einem Jahr der Salvatorianer-Pater Meinrad Kaiser, der Arbeiterseelsorger für den Bereich des Bistums Passau, als stellvertretender Diözesanpräses zur Seite gestellt[168]. Nachdem Eduard Ertl 1960, wie sein Vorgänger Stockinger, »aus gesundheitlichen Gründen« zurückgetreten war, wurde Christian Müller zum 1. März 1961 neuer Passauer Diözesanpräses[169].

Die Interessen des Werkvolks gegenüber dem Ordinariat sowie die konzeptionelle Ausrichtung der Verbandsarbeit wurden in Passau jedoch stets von Generalvikar Riemer persönlich bestimmt[170], da sich der erste Diözesanpräses nach

---

163 Auswertung der Jahresberichte der Werkvolkgemeinschaften 1954. KAB VZ Diözesanverband München.
164 Zur Entwicklung des Passauer Diözesanverbands vor 1945 vgl. H. D. DENK, S. 117–118, bzw. D.-M. KRENN, Christliche Arbeiterbewegung, S. 64–71.
165 WERKVOLK, Nr. 9, September 1952.
166 E. KUNZE, S. 28.
167 Franz Seraph Riemer an Eduard Ertl, 3. Oktober 1958. ABP OA Vereine 6.
168 Franz Seraph Riemer an P. Meinrad Kaiser SDS, 24. November 1959. ABP OA Vereine 6.
169 Müller starb am 23. Oktober 1967 im Alter von nur 40 Jahren. E. KUNZE, S. 28. Zur Person Müllers vgl. auch WERKVOLK, Nr. 4, April 1961.
170 Eine Durchsicht der Protokollbücher der Ordinariatssitzungen von 1945 bis 1961 ergab, daß stets Generalvikar Riemer innerhalb des Geistlichen Rates die Belange von CAJ und Werkvolk vertrat und nicht Diözesanpräses Stockinger, der ab 1949 ebenfalls dem Domkapitel angehörte.

V. Entwicklung der Diözesanverbände

dem Zweiten Weltkrieg durch vielfältige andere Aufgaben seinem Amt nicht in voller Weise widmen konnte[171] und Generalvikar Riemer sich zudem persönlich sehr für die Fragen der katholischen Arbeiterbewegung interessierte. Er hatte sich bereits in jungen Jahren, während seiner Münchener Studienzeit, außergewöhnlich intensiv mit der Sozialen Frage, wirtschaftswissenschaftlichen Vorstellungen und der Sozialpolitik sowie den sich daraus ergebenden Folgen für die Seelsorge auseinandergesetzt[172]. Nach dem Zweiten Weltkrieg betrieb er in der weitgehend noch ländlich geprägten Diözese Passau eine gezielte Intensivierung der Organisation der Arbeiterschaft und der Arbeiterseelsorge.

Schon im Frühjahr 1947 sah er etwa das Problem der Organisation der Arbeiterjugend im Bistum Passau als eine wichtige Aufgabe an, obwohl es auf Grund der noch fast ausschließlich landwirtschaftlichen Bevölkerung konkret keineswegs so brennend war, wie in den Diözesen mit reich entwickelter Industrie[173]. Er stand der CAJ – im Gegensatz zur Mehrheit des Domkapitels[174] – von Anfang an positiv gegenüber und förderte sie in Passau nach Kräften; bereits ab 1. Oktober 1952 stellte er für ihren Aufbau einen eigenen Geistlichen frei[175].

Neben dem CAJ-Seelsorger wurde aber im Bistum Passau schon bald auch ein eigener Geistlicher für die »seelsorgliche Arbeit bei der Arbeiterschaft der Fabrikbetriebe« bestellt: Pater Meinrad Kaiser. Formal wurde ihm ein Kooperatorposten übertragen, doch wurde er zugleich von der dortigen Dienstleistung beurlaubt, um sich mit oberhirtlichem Auftrag völlig der Betriebsseelsorge widmen zu können. Hierbei mußte er Generalvikar Riemer persönlich »über den Arbeitsplan und die Arbeitsmethode auf diesem Seelsorgsgebiet« unterrichten und darüber hinaus regelmäßig über die geleistete Arbeit schriftlichen Bericht erstatten[176]. Pater Meinrad hielt sich im Rahmen seiner Tätigkeit zumeist längere Zeit in einem Industriebetrieb auf, aß mit den Arbeitern in der Kantine und stand

---

[171] Bereits 1948 fragte Generalvikar Riemer aus diesen Gründen erneut bei Verbandspräses Maier und Diözesanpräses Stockinger an, »ob nicht vielleicht doch ein anderer Diözesanpräses aufgestellt werden soll«. Franz Seraph Riemer an Anton Maier, 27. Dezember 1948. ABP OA Vereine 9.

[172] Vgl. hierzu seine Studienaufzeichnungen aus den Jahren 1907–1908. ABP OA NL Riemer 12–21. Riemer besuchte Veranstaltungen bei Prof. Wasserrab (Grundzüge der Sozialpolitik; Soziologie und Soziale Frage); Prof. Walter (Sozialismus, Kapitalismus und Christentum); Prof. G. v. Mayr (System der Sozialpolitik), Dr. Schaub (Moderne Bestrebungen auf socialem und caritativem Gebiet mit besonderer Berücksichtigung der Seelsorge); Prof. Hahn (Arbeiter-Hygiene/Gewerbehygiene), Dr. Lujo Brentano (Wirtschaftsgeschichte; Spezielle Wirtschaftslehre/Ökonomische Politik).

[173] Franz Seraph Riemer an die Abtlg. Arbeiterjugend im Haus Altenberg, Hauptstelle der deutschen katholischen Jugend, 12. Mai 1947. ABP OA Vereine 2.

[174] F. GASTEIGER, S. 70.

[175] Vgl. S. 267–268.

[176] Franz Seraph Riemer an P. Meinrad Kaiser SDS, 21. Oktober 1953. ABP OA Varia I 18 i.

ihnen in den Pausen zu Einzel- oder Gruppengesprächen zur Verfügung. Er teilte mit den Arbeitern den Schichtbetrieb und gelegentlich sogar die Unterbringung in Baracken. Er sprach auf Betriebsversammlungen und vor Werkvolkgemeinschaften, er organisierte an Sonntagen eigene Versammlungen der Arbeiterschaft, er führte »Werkbeichten« durch und hielt »Werkmessen«, Exerzitien und Einkehrtage für Arbeiter ab[177]. Die Seelsorger von Pfarrbezirken mit Industriearbeiterschaft konnte er nach Bedarf anfordern. Sie sollten ihm die Wege in die Betriebe ebnen[178].

Aus der Sicht des Passauer Diözesansekretärs Peter Stümpfl, der die Arbeit des Diözesanverbands in den ersten Jahren maßgeblich trug, stifteten die neuen Ideen organisatorischer Art jedoch nur viel Verwirrung, da es keine bindenden Anweisungen »der oberhirtlichen Dienststelle an die Pfarrherrn« gab und zugleich »die bewährten alten Verbände von seiten der jüngeren Generation her als rückständig bezeichnet« wurden[179]. Bezeichnend für das nicht sehr innige Verhältnis zwischen dem Diözesansekretariat, der CAJ und dem Ordinariat war, daß der Diözesansekretär des Werkvolks von der Ernennung eines eigenen Arbeiterjugendseelsorgers erst aus dem Bistumsblatt erfuhr, obwohl sich das Diözesansekretariat im selben Gebäude wie das Passauer Ordinariat befand[180].

Dank der intensiven Arbeit des Diözesanverbands und der innovativen Maßnahmen des Ordinariats gelang es zwar, die Mitgliederzahl im Bistum Passau während des Untersuchungszeitraums um über fünfzig Prozent zu steigern (1. Januar 1950: 1116; 1. Januar 1964: 1706)[181], doch blieb man mit diesem Ergebnis fast ausnahmslos unter den Zahlen der Weimarer Republik und der Zeit vor dem Ersten Weltkrieg[182]. Dies führte dazu, daß das bereits geringe Gewicht des Passauer Diözesanverbands innerhalb des Gesamtverbands noch mehr abnahm. Hinzu kam, daß es trotz einer Steigerung der Zahl der einzelnen Werkvolkgemeinschaften im Bistum Passau (1. Januar 1950: 35; 1. Januar 1964: 47) nicht gelang, eine wirkliche Breitenwirkung zu erreichen. Im Jahr 1950 organisierten drei Vereine 43 Prozent aller Mitglieder des Passauer Diözesanverbands; 1964

---

[177] Tätigkeitsberichte Pater Meinrads aus den Jahren 1955 bis 1958. ABP OA Varia I 18 i, sowie WERKVOLK, Nr. 11, November 1953.
[178] Bischöfliches Ordinariat Passau, gez. Generalvikar Riemer, an die katholischen Pfarrämter des Bistums Passau mit Industriearbeiterbevölkerung. ABP OA Varia I 18 i.
[179] Situationsbericht aus der Diözese Passau von Diözesansekretär Stümpfl zur Sekretärskonferenz, Herbst 1952. ABP KAB Kart. 47, Akt. 143.
[180] Peter Stümpfl an den Arbeiterjugendseelsorger Johann B. Straubinger, 29. August 1952. ABP KAB Kart. 48, Akt. 146.
[181] Vgl. Tab. 1–7 im Anhang.
[182] Zu den Vergleichszahlen siehe H. D. DENK, S. 400–402, 406, bzw. D.-M. KRENN, Christliche Arbeiterbewegung, S. 597–589, 606–607.

V. *Entwicklung der Diözesanverbände* 131

stellten vier Werkvolkgemeinschaften 46 Prozent[183]. Der Organisationsgrad des Werkvolks insgesamt, das sich zum Ziel gesetzt hatte, alle katholischen Arbeitnehmer in seinen Reihen zu vereinigen, lag unter einem Prozent der katholischen Bevölkerung in den Gemeinden, in denen das Werkvolk präsent war[184]. Trotz dieser negativen Bilanz galt das katholische Werkvolk zeitweise als »die stärkste geschlossene Organisationseinheit« des Verbandskatholizismus im Bistum Passau[185].

6. Regensburg

In der Diözese Regensburg übernahm 1946 der Bischof persönlich den Vorsitz im Kreis derer, die sich um die Wiedergründung der katholischen Arbeiterbewegung bemühten[186]. Doch nicht nur in der Gründungsphase spielte Bischof Michael Buchberger eine entscheidende Rolle, er ließ sich auch in den folgenden Jahren regelmäßig mehrmals im Jahr über die Entwicklung des Werkvolks durch die zuständigen Sekretäre bei Audienzen informieren[187]. Darüber hinaus nahm er regelmäßig an Veranstaltungen der katholischen Arbeiterbewegung teil[188] und griff selbst bei Detailfragen immer wieder direkt ein: so etwa bei der Ausstattung des Werkvolkheims Ramspau, das er auch persönlich einweihte[189], mit einem eigenen Schulungsraum[190], oder mit seiner Anweisung, daß die soziale Beratung durch die Diözesansekretäre nicht nur allen Werkvolkmitgliedern gewährt werden sollte, sondern allen Ratsuchenden, »welche auf unserem Boden stehen«[191]. Auch der Regensburger Weihbischof Josef Hiltl, der einer kinderreichen Eisenbahnerfamilie entstammte, war dem Werkvolk eng verbunden. Er feierte im Rahmen der Diözesantage nicht nur Pontifikalgottesdienste, sondern beteiligte sich auch an den ganztägigen Delegiertenversammlungen[192]. Als Kapitularvikar

---

[183] Vgl. Tab. 10 im Anhang.
[184] Vgl. Tab. 8 im Anhang.
[185] Situationsbericht aus der Diözese Passau von Diözesansekretär Stümpfl zur Sekretärskonferenz, Herbst 1952. ABP KAB Kart. 47, Akt. 143.
[186] Geschäftsbericht Franz Xaver Meyer, 21. Juni 1953 bis 9. Juni 1956. KAB R Diözesantage.
[187] Tätigkeitsbericht des Diözesansekretariats Regensburg, 29. Juli 1951 bis 20. Juni 1953, sowie Rechenschaftsbericht Hugo Hollweger, 1. Mai 1954 bis 30. Juni 1955. KAB R Diözesanausschuß/Diözesantag.
[188] So etwa an der Verbandsneugründung 1947 (vgl. S. 40), an Kleruskonferenzen (Werkvolk, Nr. 3, März 1952), Schulungskursen in Ramspau (Werkvolk, Nr. 8, August 1953), etc.
[189] Werkvolk, Nr. 5, Mai 1952.
[190] Geschäftsbericht Franz Xaver Meyer, 21. Juni 1953 bis 9. Juni 1956. KAB R Diözesantage.
[191] Tätigkeitsbericht Franz Xaver Meyer, 11. Juni 1956 bis 31. August 1957. KAB R Diözesanausschuß.
[192] Vgl. etwa Werkvolk, Nr. 9, September 1951.

führte er eine Kollekte zugunsten der Arbeiterseelsorge im Bistum Regensburg ein, die jeweils am dritten Fastensonntag in allen Pfarreien der Diözese abgehalten wurde[193].

Nachdem Bischof Buchberger mit Wirkung vom 1. April 1947 den Amberger Stadtpfarrrer Anton Pronadl offiziell zum neuen Diözesanpräses ernannt[194] und Ludwig Weichmann zum Leiter des Sekretariats des südlichen Teils der Diözese eingesetzt hatte[195], konnte bereits am 6. und 7. September 1947 auf dem 1. Diözesantag der Nachkriegszeit der Regensburger Diözesanverband wiedergegründet werden. Franz Xaver Meyer, der während der Weimarer Republik in Passau als Arbeitersekretär tätig gewesen war, wurde zum neuen Diözesanvorsitzenden gewählt[196]. Trotz des von der Verbandszentrale propagierten Neuanfangs, der gemeinschaftlichen Organisation von Arbeitern und Arbeiterinnen, behielt man in der Oberpfalz die Trennung nach Naturständen anfänglich bei. Erst infolge des einige Wochen später in Regensburg stattfindenden Verbandstags schloß man sich der Münchener Konzeption an und ergänzte die Diözesanvorstandschaft in diesem Sinne um eine Frau: Wilma Beringer[197]. Mit 24 Jahren gewählt, übte sie das Amt bis 1991 aus[198].

Die organisatorischen Schwerpunkte des Werkvolks lagen anfänglich in der Region Sulzbach-Rosenberg mit der Maxhütte und in Marktredwitz, dem Wirkungsort der Diözesanleiterin Wilma Beringer, sowie in Amberg und Regensburg, wo mit Carl Piefke, einem Sekretär des früheren ostdeutschen Verbands, und Ludwig Weichmann jeweils ein eigener Diözesansekretär tätig war. In Amberg wirkte zudem Stadtpfarrer Pronadl als ehrenamtlicher Diözesanpräses[199]. Am 1. Oktober 1952 folgte auf den aus Altersgründen ausscheidenden Weichmann Eberhard Kunze, der ehemalige Regensburger Diözesanleiter der CAJ. Zum 15. Mai 1953 wurde Walter Effenberger als zweiter Sekretär für Regensburg angestellt. Er

---

[193] 25 Jahre Arbeiter- und Betriebsseelsorge, S. 25.

[194] Er wirkte schon seit 1946, vor seiner offiziellen Ernennung, als Diözesanpräses (Geschäftsbericht Franz Xaver Meyer, 21. Juni 1953 bis 9. Juni 1956. KAB R Diözesantage). Zu seiner Person vgl. P. Mai, St. Johann, S. 124.

[195] Werkvolk, Nr. 9, September 1952.

[196] Im Anruf der Zeit, S. 33. Franz Xaver Meyer spricht davon, daß die Wiedergründung des Diözesanverbands im Frühjahr 1947 in Amberg erfolgte. Geschäftsbericht Franz Xaver Meyer, 21. Juni 1953 bis 9. Juni 1956. KAB R Diözesantage.

[197] Sie wurde im Juni 1948 durch die Diözesanvorstandschaft kommissarisch nachgewählt; auf dem 1. Frauentreffen der Diözese Regensburg, am 17. Juli 1949, wurde sie zur vorläufigen Diözesanvorsitzenden bestimmt; auf dem 2. Diözesantag in Weiden, am 19./20. November 1949, wurde sie von den dortigen Delegierten offiziell zur Diözesanvorsitzenden gewählt. Bericht Wilma Beringer, 10. April 1989. KAB Marktredwitz.

[198] Vgl. »Personalakt« Wilma Beringer in KAB VZ.

[199] Im Anruf der Zeit, S. 34.

V. Entwicklung der Diözesanverbände   133

wurde etwa ein Jahr später eigens für die CAJ-Arbeit freigestellt. Ebenfalls zum 15. Mai 1953 trat der CAJler Josef Hofmeister die Nachfolge von Carl Piefke an. Nach dessen Ausscheiden war das Sekretariat für den nördlichen Teil der Diözese Regensburg von Amberg nach Weiden verlegt worden[200]. Bereits im selben Jahr noch wechselte Eberhard Kunze nach München in die Verbandszentrale und wurde Hugo Hollweger sein Nachfolger[201]. Schließlich errichtete man neben den beiden regional ausgerichteten Sekretariaten zur Entlastung der Sekretäre eine eigene Rechtsstelle[202]. Sie wurde mit Alfred Kilian besetzt, der bis Juli 1957 bereits als stellvertretender Diözesanvorsitzender des Werkvolks im Bistum Regensburg gewirkt, dann aber das Volksbüro Ingolstadt geleitet hatte[203]. Von Alfred Kilian übernahm Hugo Hollweger die Funktion der Rechtsstelle. Als er zum 1. Januar 1962 als Sozialsekretär zum Süddeutschen Verband wechselte, trat das Werkvolkmitglied Johann Zimmermann aus Deggendorf seine Nachfolge an[204].

Bis zur Gründung des Frauensekretariats 1958 in Marktredwitz unter Helga Werner (ab Frühjahr 1962 Hedwig Bayer) und des Diözesansekretariats in Schwandorf 1962 unter Anton Spielvogel[205] hielt man an der organisatorischen Gliederung in je ein Sekretariat für den nördlichen und den südlichen Teil der Diözese fest[206]. Dieser Konzeption wurde durch die Ernennung von zwei stellvertretenden Diözesanpräsides mit entsprechender räumlicher Zuständigkeit durch das Ordinariat Rechnung getragen. Expositus Alois Schindler, ein junger Priester, der in einer Arbeiterpfarrei großgeworden war, unterstand ab Herbst 1952 der nördliche Teil des Regensburger Bistums[207], Stadtpfarrer Michael Seidl wiederum war ab 1954 für den südlichen Teil der Diözese zuständig[208]. Auch achtete man auf die Verteilung der »führenden Frauen und Männer auf das nördliche und südliche Gebiet der Diözese«[209].

---

[200] Rechenschaft des Diözesanverbands Regensburg, 29. Juli 1951 bis 20. Juni 1953. KAB R Diözesanausschuß/Diözesantag. Zum Ausscheiden Piefkes vgl. auch Bezirksverband Amberg an Diözesanverband Regensburg, 28. Juni 1952. KAB R Diözesanausschuß/Diözesantag.
[201] WERKVOLK, Nr. 3, März 1962.
[202] Protokoll der Diözesanvorstandssitzung, 18. Oktober 1957. KAB R Diözesanvorstand.
[203] Protokoll der Diözesanvorstandssitzung, 27. Juni 1957. KAB R Diözesanvorstand.
[204] WERKVOLK, Nr. 3, März 1962.
[205] IM ANRUF DER ZEIT, S. 48.
[206] Vgl. etwa Tätigkeitsbericht Franz Xaver Meyer, 11. Juni 1956 bis 31. August 1957. KAB R Diözesantage.
[207] WERKVOLK, Nr. 10, Oktober 1952.
[208] IM ANRUF DER ZEIT, S. 35; zuvor war Seidel bereits als Bezirkspräses für den Bereich des Dekanats Landshut tätig gewesen. WERKVOLK, Nr. 10, Oktober 1952.
[209] Geschäftsbericht Franz Xaver Meyer, 21. Juni 1953 bis 9. Juni 1956. KAB R Diözesantage.

Die Berufung von Fritz Morgenschweis[210] zum hauptamtlichen Diözesanpräses ab 1. August 1957 führte zu einer Intensivierung der Arbeit des Diözesanvorstands und der Sekretariate. Die Notwendigkeit monatlicher Sitzungen der Diözesanvorstandschaft wurde nun allseits befürwortet[211]. Der Diözesanausschuß tagte weiterhin einmal jährlich. Der Diözesantag wurde im Bistum Regensburg in der Regel alle zwei Jahre abgehalten. Im Gegensatz zum Bistum Bamberg aber, wo der Diözesantag alljährlich und stets am selben Ort stattfand, wählte man hierfür in Regensburg bewußt alternierend industrielle Verdichtungsräume des Bistums: 1947 Amberg, 1949 Weiden, 1951 Schwandorf, 1953 Regensburg, 1956 Marktredwitz, 1958 Sulzbach-Rosenberg, 1962 Dingolfing[212].

Im Bistum Regensburg gab der Diözesanverband seinen Werkvolkgemeinschaften vielfältiges Material für die Gruppenarbeit an die Hand. Nach dem Amtsantritt von Diözesanpräses Fritz Morgenschweis wurde regelmäßig, jeden Monat ein »Rundbrief« erarbeitet und zusammen mit einer speziellen »Versammlungsskizze« an alle Ortsvereine versandt. Die Bezirksverbände wurden nun mit dem vierteljährlich erscheinenden Mitteilungsblatt »Kontakt« über die Arbeit des Diözesanverbands informiert. Über diese Periodika hinaus wurde Mitte der fünfziger Jahre den Werkvolkgruppen für ihre Arbeit ein eigenes Werkheft über »Die Aktionsrunde in der Werkvolkgruppe«, ein »Vertrauensleuteheftchen« sowie »Karteikarten für die Gruppen« zur Verfügung gestellt, ebenso »Feierstundenunterlagen für Allerseelen, Weihnachten, Advent und Muttertag«. »Zur besseren Versorgung« der Mitglieder mit Druckschriften wurde im Bistum Regensburg 1958 gar eine eigener »Buchvertrieb des Werkvolks« eingerichtet[213]. Wurde von der Diözesanvorstandschaft bereits ab 1960 im Rahmen der Berichterstattung zum Verbandsausschuß ein spezieller Rückblick vorgetragen[214], so wurde ab 1963 ein umfangreicher schriftlicher Jahresbericht erstellt, der die vielfältigen Aktivitäten des Diözesanverbands dokumentierte und an alle Mitglieder versandt wurde[215].

---

[210] Zu seiner Person vgl. H. SCHMÖGER, S. 223.
[211] Protokoll der Diözesanvorstandssitzung, 19. November 1957. KAB R Diözesanvorstand.
[212] IM ANRUF DER ZEIT, S. 33–38. Zum Entscheidungsprozeß für den Tagungsort vgl. WERKVOLK, Nr. 9, September 1951.
[213] Protokoll der Diözesanvorstandssitzung, 19. November 1957. KAB R Diözesanvorstand, sowie Geschäftsbericht des Regensburger Diözesanvorstands, 1956 bis 1958. KAB R Diözesantage.
[214] Jahresbericht Regensburg 1960/61 oder Jahresbericht Regensburg 1961/62. KAB VZ 17c / Verbandsausschuß 1959–1971.
[215] Der Jahresbericht 1963 erschien als vervielfältigtes Manuskript (BZAR OA 709), der Jahresbericht 1964 im Druck (KAB VZ).

V. Entwicklung der Diözesanverbände

Trotz der im Vergleich zur Diözese Bamberg nur begrenzten finanziellen Unterstützung durch das bischöfliche Ordinariat[216] gelang es dem Werkvolk im Bistum Regensburg, seine Mitgliederzahlen so zu steigern, daß 1952 der Regensburger Diözesanverband zur mitgliederstärksten Gliederung des gesamten Süddeutschen Verbands wurde – eine Position, die er bis zum Ende des Untersuchungszeitraums behaupten konnte[217].

Organisatorisch hob sich das Werkvolk im Bistum vor allem durch eine Einrichtung von den übrigen Diözesanverbänden Süddeutschlands ab: sein am 10. Mai 1952 eröffnetes Schulungsheim Ramspau[218]. Es bot die Möglichkeit, unabhängig vom Katholischen Sozialinstitut und dem Süddeutschen Verband spezielle Schulungs-Wochen für Männer, Frauen und Präsides abzuhalten, bei denen den Werkvolk-Mitgliedern Kenntnisse in der Sozialgesetzgebung, über den Aufbau und die Bedeutung der Sozialversicherungen, in der Betriebs- und Gewerkschaftsarbeit vermittelt wurden, bei denen aber auch in Gebiete der Kirchengeschichte oder der aktuellen Außenpolitik eingeführt wurde[219]. Von 1954 bis Mai 1956 konnten in Ramspau 51 Kurse mit 689 Teilnehmern durchgeführt werden, wobei in neun verschiedenen Arten von Kursen geschult wurde[220]. Doch waren damit die Kapazitäten des diözesanen Schulungsheims keineswegs voll ausgelastet. Obwohl hierfür jede Werkvolkgemeinschaft nur zwei Teilnehmer pro Jahr hätte entsenden müssen, gab es viele Vereine, von denen »sich jahrelang gar niemand blicken« ließ, während andere fünf bis zehn Teilnehmer pro Jahr entsandten[221]. Teilweise konnten Kurse »wegen mangelnder Beteiligung« nicht abgehalten werden[222]. Um dies zu ändern, empfahl die Diözesanvorstandschaft den Werkvolkgemeinschaften, nur solche Personen zum Vorsitzenden zu wählen, die einen Kurs in Ramspau mitgemacht hatten. Doch obwohl man diese Empfehlung drei Jahre lang »mit Nachdruck in Erinnerung« brachte, hatten von 1956 bis 1958 nur 28 der etwa 300 männlichen und weiblichen Vorsitzenden Ramspau besucht. Auch gelang es dem Diözesanverband nicht, die Teilnehmerzahl zu steigern[223]. Erstaunt mußte man vielmehr nach fünf Jahren Betrieb feststellen, »daß nicht [etwa] die Dauer

---

[216] Vgl. S. 384–385.
[217] Vgl. Tab. 1–7 im Anhang.
[218] Rechenschaftsbericht 29. Juli 1951 bis 20. Juni 1953. KAB R Diözesanausschuß/Diözesantag.
[219] Zum Aufbau einer Schulungswoche in Ramspau sowie der Abfolge der Veranstaltungen vgl. WERKVOLK, Nr. 10, Oktober 1952.
[220] Geschäftsbericht Franz Xaver Meyer, 21. Juni 1953 bis 9. Juni 1956. KAB R Diözesantage.
[221] Rechenschaftsbericht Josef Hofmeister, 1. Juli 1955 bis 31. Mai 1956. KAB R Diözesantage.
[222] So fiel etwa im Arbeitsjahr 1955/56 einer von vier Kursen für Sozialobleute aus. Tätigkeitsbericht Hugo Hollweger, 1. Juni 1955 bis 31. Mai 1956. KAB R Diözesantage.
[223] Von 1956 bis 1958 besuchten 686 Teilnehmer 48 Kurse in Ramspau. Geschäftsbericht des Regensburger Diözesanvorstands, 1956 bis 1958. KAB R Diözesanausschuß/Diözesantag.

eines Kurses die entscheidende Rolle spielt, sondern es an der Aufgeschlossenheit und Bereitschaft an sich fehlt«[224]. Ab Ende 1957 begann die Bildungsarbeit im Diözesanverband Regensburg aber auch in das Bistum Passau auszustrahlen. Der Diözesanvorstand Regensburg beantwortete eine entsprechende Anfrage des Diözesanverbands Passau dahingehend, daß Werkvolkmitglieder des niederbayerischen Bistums an Schulungen in Ramspau »auf eigene Kosten bzw. durch vom Diözesanverband Passau erwirkte Zuschüsse jederzeit teilnehmen können«[225]. Ab Januar 1958 gingen der Passauer Diözesanleitung die Kurspläne des Werkvolkheims Ramspau regelmäßig zu[226]. Innerverbandlich war Ramspau als Tagungsort der »Räuber-Synoden« von zentraler Bedeutung[227]. Durch das hier unter der Federführung von Fritz Morgenschweis erarbeitete und vertretene Konzept der Aktionsrunde[228] entwickelte sich der Regensburger Diözesanverband im Laufe der fünfziger Jahre zum programmatischen Gegenpol der Verbandszentrale in München.

7. Würzburg

In der unmittelbaren Nachkriegszeit, als sich auch in Unterfranken die katholischen Arbeitervereine wieder zu versammeln begannen, haben vor allem Diözesanpräses Domkapitular Eugen Kainz, der bereits seit 1937 für die Arbeiterseelsorge im Bistum Würzburg zuständig war, und Hugo Karpf, vor 1933 Sekretär der Christlichen Gewerkschaften und Reichstagsabgeordneter der BVP[229], als Diözesanvorsitzender die Aufbauarbeit geprägt. Hierbei standen ihnen mehrere Sekretäre zur Seite: Franz Pickel und Paula Ebert in Würzburg, Josef Deckert und Hans Gatz in Schweinfurt sowie Josef Maier in Aschaffenburg. Franz Pickel wurde vom Diözesanverband zum 1. Juni 1947 angestellt, Hans Gatz wirkte von 1948 bis 1949 als Werkvolksekretär, Paula Ebert wiederum wurde vom 1. August 1946 bis 30. November 1949 beschäftigt. Josef Deckert und Josef Maier, die bereits in der Weimarer Republik hauptamtlich für die katholische Arbeiterbewegung tätig gewesen waren und die Mitglieder der Vereine zusammen mit Peter Kunzelmann, der ab 1948 das Amt des Diözesankassiers ausübte, während der Verbotszeit betreut hatten, beteiligten sich nun ehrenamtlich am Wiederaufbau[230]. Die

---

[224] Rechenschaftsbericht des Regensburger Diözesanvorstands, 1956 bis 1959. KAB R Diözesanausschuß/Diözesantag.
[225] Protokoll der Diözesanvorstandssitzung, 17. Dezember 1957. KAB R Diözesanvorstand.
[226] Protokoll der Diözesanvorstandssitzung, 8. Januar 1958. KAB R Diözesanvorstand.
[227] Vgl. S. 81–85.
[228] Vgl. S. 186–189.
[229] Zu seiner Biographie vgl. P. Keller, S. 138–140, sowie seine gedruckten Erinnerungen: H. Karpf.
[230] Bericht über die Gründung und das Werden des Diözesanverbands Würzburg des Katholischen

V. Entwicklung der Diözesanverbände

überwiegende Mehrzahl der Verantwortlichen des Werkvolks der ersten Jahre der Nachkriegszeit stammte also aus dem Kreis derer, die bereits vor 1933 in der katholischen Arbeiterbewegung oder den christlichen Gewerkschaften aktiv gewesen waren.

Erst die Weihe von Julius Döpfner zum Nachfolger des 1948 verstorbenen Würzburger Bischofs Matthias Ehrenfried führte auch an der Spitze des Diözesanverbands zu einem Generationswechsel. Nachdem Hugo Karpf 1948 das Amt des Diözesanvorsitzenden an Valentin Kunzelmann übergeben hatte, löste zum 15. März 1949 Kaplan Franz Kolb Domkapitular Eugen Kainz als Diözesanpräses ab. Während letzterer neben seiner Tätigkeit für die Arbeiterseelsorge noch für alle Bauangelegenheiten des Bistums und manches mehr zuständig gewesen war, konnte sich Franz Kolb ausschließlich dem Werkvolk widmen[231]. Auch die Gruppe der Diözesansekretäre wurde deutlich verjüngt: Zum 1. November 1949 wurde Josef Eisemann Nachfolger von Hans Gatz in Schweinfurt, zum 1. Dezember 1949 wurde Emma Frey zur Nachfolgerin von Paula Ebert und hauptamtlichen Diözesansekretärin[232]. Zum 1. April 1950 wurden als weitere hauptamtliche Kräfte Otto Fahrner für das Sekretariat Aschaffenburg und Josef Hagen für das Sekretariat Würzburg neu eingestellt[233].

Der Wechsel an der Spitze des Würzburger Diözesanverbands und die Verjüngung seiner hauptamtlichen Kräfte war kein Zufall, denn Bischof Döpfner besaß ein besonderes Interesse an den Fragen der Arbeiterschaft. Er bemühte sich gezielt um eine Stärkung der katholischen Arbeiterbewegung. Nachdem er mit Franz Kolb einen Mann seines ausgesprochenen Vertrauens[234] an die Spitze des Werkvolks in seinem Bistum berufen hatte, erklärte er in einem nächsten Schritt bei einer programmatischen Silvesterpredigt das Jahr 1950 für seine Diözese zum »Jahr des katholischen Arbeiters«[235]. Im selben Jahr griff Döpfner dann auf dem Diözesantag mit einer wegweisenden Ansprache in die Diskussion um das Selbstverständnis des Werkvolks ein. Döpfner plädierte auf Grund seiner Sympathie

---

Werkvolks bzw. Diözesanvorstandschaft des Katholischen Werkvolks der Diözese Würzburg an Domkapitular Eugen Kainz, 21. März 1951. KAB W Diözesanvorstandschaft/Verschiedenes.

[231] SOLIDARISCH IN KIRCHE UND ARBEITSWELT, S. 144–145.

[232] Zur Tradition des 1928 gegründeten Arbeiterinnensekretariats in Würzburg vgl. D.-M. KRENN, Christliche Arbeiterbewegung, S. 56, bzw. P. KELLER, S. 114.

[233] Bericht über die Gründung und das Werden des Diözesanverbands Würzburg des Katholischen Werkvolks bzw. Diözesanvorstandschaft des Katholischen Werkvolks der Diözese Würzburg an Domkapitular Eugen Kainz, 21. März 1951. KAB W Diözesanvorstandschaft/Verschiedenes.

[234] Zum 1. Oktober 1956 ernannte Bischof Döpfner ihn zum Ordinariatsrat und beauftragte ihn mit der Leitung des Seelsorgeamts. Bericht über die Gründung und das Werden des Diözesanverbands Würzburg des Katholischen Werkvolks. KAB W Diözesanvorstandschaft/Verschiedenes.

[235] Der Text der Predigt ist abgedruckt in Seelsorgsbeilage, Nr. 1. WÜRZBURGER DIÖZESANBLATT 1950; zur öffentlichen Reaktion vgl. WERKVOLK, Nr. 2, Februar 1950.

für das Konzept der CAJ klar und unmißverständlich für ein Selbstverständnis als Bewegung und nicht als Verein[236]. Zwei Jahre später, beim nächsten Diözesantag, beteiligte sich Döpfner erneut an der Diskussion um den Charakter des Werkvolks. Hierbei stellte er die Bedeutung des Glaubens und der im Alltag gelebten Frömmigkeit als Voraussetzung für die erfolgreiche Arbeit der katholischen Arbeitnehmerbewegung ins Zentrum seiner Ausführungen[237].

Julius Döpfner war während seiner Zeit als Würzburger Bischof aber nicht nur auf den Diözesantagen oder anderen Großveranstaltungen wie etwa der 1. Mai-Feier des Jahres 1956 in Schweinfurt[238], sondern auf allen Ebenen des Verbandslebens präsent. So nahm er etwa an Betriebsräteschulungen ebenso persönlich teil[239] wie an Veranstaltungen lokaler Werkvolkgemeinschaften[240]. Sein Nachfolger Josef Stangl griff diese Praxis auf und beteiligte sich an den Diözesantagen, die in seinem Bistum bis 1962, abgesehen von zwei Ausnahmen, stets in Würzburg abgehalten wurden[241].

Nachdem Bischof Döpfner Franz Kolb zum Leiter des Würzburger Seelsorgeamts berufen hatte, übernahm am 16. März 1957 Sebastian Spielmann das Amt des Diözesanpräses. Spielmann wurde zugleich aber auch mit der allgemeinen Männerseelsorge im Bistum Würzburg beauftragt[242]. Spielmanns Nachfolger Helmut Kargl, der ab 1962 die Geschicke des Diözesanverbands leitete, wirkte bereits vor seiner Berufung sowohl in einer lokalen Werkvolkgemeinschaft als auch im Bezirk Untermain als Präses. Im Amt des männlichen Diözesanvorsitzenden kam es im Bistum Würzburg zu einem noch häufigeren Wechsel als im Amt des Diözesanpräses. Nachdem bis 1946 Heinrich Ebert und bis 1948 Hugo Karpf gewirkt hatten, wurde auf dem ersten Diözesantag Valentin Kunzelmann zum neuen Vorsitzenden gewählt. Auf ihn folgten 1952 Hans Druck, 1954 Wilhelm Wieler und 1958 Georg Kütt. Eine weibliche Diözesanvorsitzende läßt sich erst ab 1952 belegen: Rosl Endres. Ihre Nachfolgerin, Johanna Hemberger, übte

---

[236] Die Ansprache ist auszugsweise gedruckt in SOLIDARISCH IN KIRCHE UND ARBEITSWELT, S. 146. Der ganze Text hat sich erhalten im Bericht des ersten Diözesantages des Katholischen Werkvolks der Diözese Würzburg, 30. April bis 1. Mai 1950. KAB W Diözesantage 1950–1973.
[237] Seine Ansprache ist gedruckt in WERKVOLK, Nr. 12, Dezember 1952.
[238] KONTAKT WÜRZBURG, Nr. 5, Mai 1956. DAW Druckschriften; vgl. auch S. 206.
[239] So am 25.–26. Februar 1956 in Würzburg. KONTAKT WÜRZBURG, Nr. 4, März 1956. DAW Druckschriften.
[240] So etwa einer Weihnachtsfeier in Hausen bei Bad Kissingen. Umfrage zum Vereinsleben 1956. KAB VZ.
[241] 30.4.–1.5.1950 in Würzburg, 18.–19.10.1952 in Schweinfurt, 1.–2.5.1954 in Aschaffenburg, 20.–21.10.1956 in Würzburg, 4.–5.10.1958 in Würzburg, 12.–13.11.1960 in Würzburg, 17.–18.11.1962 in Würzburg. Vgl. SOLIDARISCH IN KIRCHE UND ARBEITSWELT, S. 204.
[242] WERKVOLK, Nr. 12, Dezember 1962.

ihr Amt ab 1954 mehr als zehn Jahre aus und erreichte somit eine Amtsdauer, die über derjenigen aller anderen Mitglieder der Diözesanleitung lag[243].

Trotz des steten Wechsels in den führenden Ämtern des Diözesanverbands blieb die Organisationsstruktur des Werkvolks in Unterfranken ab 1950 weitgehend konstant. Das Bistum war in vier Sekretariatsbereiche eingeteilt: Das Sekretariat Aschaffenburg, das neben Aschaffenburg die Landkreise Alzenau, Obernburg, Miltenberg, Lohr und Gemünden umfaßte, das Sekretariat Haßfurt, das die Landkreise Haßfurt, Hofheim, Ebern und Gerolzhofen betreute, das Sekretariat Schweinfurt, dessen Bezirk neben Schweinfurt aus den Landkreisen Brückenau, Bad Neustadt, Mellrichstadt, Hammelburg, Bad Kissingen und Kitzingen bestand, sowie das Sekretariat Würzburg, dessen Bereich sich neben Würzburg auch auf die Landkreise Marktheidenfeld, Ochsenfurt und Karlstadt erstreckte. 1955 trat Anni Klein die Nachfolge von Emma Frey im Frauensekretariat an[244] und wurden die hauptamtlichen Kräfte noch um einen weiteren Sekretär, Willibald Roger verstärkt, der sich ausschließlich der Sozialarbeit und der Verwaltung widmete und seinen Sitz im Würzburger Sekretariat hatte[245]. Ein Jahr später übernahm der bisherige Diözesanvorsitzende Wilhelm Wieler von Otto Fahrner das Amt des Aschaffenburger Diözesansekretärs. Franz von Prümmer wurde zum 1. April 1959 Nachfolger von Josef Eisemann im Schweinfurter Sekretariat, Eberhard Krautwald zum 1. Juli 1960 Nachfolger von Josef Hagen im Würzburger Sekretariat[246].

Neben diesen männlichen Sekretären verfügte das Werkvolk in Unterfranken bereits in der unmittelbaren Nachkriegszeit als einziger Diözesanverband des Süddeutschen Verbands auch über eine hauptamtliche Sekretärin. Die Besetzung des Würzburger Sekretariats mit einer Frau, Paula Ebert, war 1946 aber zum Teil auf schwere Vorbehalte bei den erfahrenen Kräften des Diözesanverbands gestoßen. So forderte etwa der angesehene Sekretär und Schriftführer des Diözesanvorstands Josef Maier, daß es im Bistum Würzburg »notwendiger denn je« sei, daß entsprechend der männlich dominierten Mitgliederstruktur »die Sekretariate auch von männlichen Kräften« besetzt würden. Für ihn war »ein weibliches Sekretariat« auf Grund der geringen weiblichen Mitgliederzahlen

---

[243] Vgl. hierzu SOLIDARISCH IN KIRCHE UND ARBEITSWELT, S. 222.
[244] DER WELT VERPFLICHTET, S. 78.
[245] Bericht des Diözesanverbands Würzburg, 1. Juli 1959 bis 30. September 1960. KAB VZ 17c / Verbandsausschuß: Berichte 1959–1971.
[246] SOLIDARISCH IN KIRCHE UND ARBEITSWELT, S. 151, 153. Wilhelm Wieler wirkte bis zu seinem Eintritt in den Ruhestand 1979 in Aschaffenburg; Franz von Prümmer wechselte 1966 in den Bayerischen Landtag; Eberhard Krautwald schied zum 31. Mai 1963 wieder aus dem Dienst des Diözesanverbands aus. Sein Nachfolger wurde zum 1. Januar 1964 Ludwig Stamm. Helmut Kargl an die Verbandsleitung, 2. Januar 1964. KAB VZ G 57 / Diözesanverband Würzburg.

»finanziell nicht gut tragbar«. Denkbar war für ihn ein Frauensekretariat nur, wenn es von den weiblichen Mitgliedern der Diözesen Bamberg und Würzburg gemeinsam getragen worden wäre[247]. Doch die Diözesanleitung hielt an ihrer Entscheidung für eine weibliche Besetzung des Würzburger Sekretariats fest und besetzte es 1949, nach dem Ausscheiden von Paula Ebert, erneut mit einer Frau. Nachdem zum 1. April 1950 mit Josef Hagen eine weitere hauptamtliche Kraft für die Aufgaben des Würzburger Sekretariats eingestellt worden war, konnte sich Emma Frey ganz auf die Betreuung der weiblichen Mitglieder des Diözesanverbands konzentrieren.

Ab dem 20. November 1955, als die Auseinandersetzung um die gewerkschaftliche Organisation der Arbeiterschaft ihren Höhepunkt erreichte, gab der Diözesanverband für alle Werkvolkgemeinschaften des Bistums ein eigenes Informations- und Mitteilungsblatt heraus, um die Verbindung zwischen der Diözesanleitung und den einzelnen Ortsvereinen zu verbessern. Es erschien monatlich in einer Auflage von etwa 600 Exemplaren unter dem programmatischen Titel »Kontakt«[248]. Entsprechend der aktuellen Diskussion befaßten sich sechs der zehn Seiten der ersten Ausgabe mit der Auseinandersetzung zwischen den christlichen Gewerkschaftlern und dem DGB[249]. Zu Beginn der sechziger Jahre wurde neben dem Mitteilungsblatt durch die Diözesansekretariate auch spezielle Rundbriefe an alle Präsides, Vorsitzenden, Frauenleiterinnen sowie Führungsgruppen der jeweiligen Zuständigkeitsgebiete versandt[250]. Das Sekretariat Schweinfurt faßte außerdem seit 1958 sein Wirken in einem ausführlichen Jahresrundschreiben zusammen, in dem es darüber hinaus auch zu aktuellen Problemen Stellung bezog sowie Anregung für die Vereinsarbeit gab[251].

Die umfangreiche materielle wie ideelle Unterstützung des Ordinariats, die das Werkvolk unter Julius Döpfner und seinem Nachfolger Josef Stangl erfuhr, sowie der große persönliche Einsatz der Verantwortlichen des Verbands führten dazu, daß der Würzburger Diözesanverband nach dem Krieg den stärksten Mitgliederzuwachs unter allen Diözesanverbänden in ganz Süddeutschland aufwies. Es gelang, sowohl die Mitgliederzahlen wie auch den Anteil der Frauen von 1950

---

[247] Josef Maier an den Verband katholischer Arbeiter-, Arbeiterinnen und Angestelltenvereine, 11. August 1946. KAB VZ G II / Aschaffenburg 1944–1964.

[248] Bericht über die Gründung und das Werden des Diözesanverbands Würzburg. KAB W Diözesanvorstandschaft/Verschiedenes. Verschiedene Exemplare aus den Jahren 1955–1957. DAW Druckschriften.

[249] KONTAKT (Würzburg), Nr. 1, November 1955. DAW Druckschriften.

[250] Beispiele hierfür haben sich erhalten für das Sekretariat Aschaffenburg (KAB VZ G II / Aschaffenburg 1944–1964) und das Sekretariat Schweinfurt (KAB VZ G III / Schweinfurt 1947–1954).

[251] Katholisches Werkvolk, Diözesansekretariat Schweinfurt, Jahresbericht 1960/61 (AEB KAB Kart. 57), Jahresbericht 1961/62 (AEB KAB Kart. 52), Jahresbericht 1963/64 (DAW KAB).

bis 1963 etwa zu verdreifachen. Die Zahl der Vereine stieg innerhalb des gleichen Zeitraums von 165 auf 256. Damit war das Katholische Werkvolk in über 50 Prozent der 503 Pfarreien des Bistums präsent und lag auch in dieser Beziehung an der Spitze der süddeutschen Diözesanverbände [252].

8. Speyer

Im ehemals linksrheinischen Bayern, dessen Gebiet die Diözese Speyer umfaßte, begann der Wiederaufbau der katholischen Arbeiterbewegung wie im übrigen Verbandsgebiet anfangs von unten, durch die Mitglieder der Sterbegeldvereinigung 1917. Doch herrschten hier, bedingt durch die Haltung der französischen Militärregierung, wesentlich schlechtere Ausgangsbedingungen für den organisatorischen Neuanfang als im restlichen Verbandsgebiet des Süddeutschen Verbands, das der amerikanischen Militärregierung unterstand [253]. Noch im Frühjahr 1947, als in anderen Bereichen Süddeutschlands zahlreiche Diözesansekretäre bereits ihre Arbeit wieder aufgenommen hatten, konnten im Bistum Speyer keinerlei neue Mitglieder geworben oder neue Vereine ins Leben gerufen werden, da hierfür jede Erlaubnis von Seiten der französischen Militärregierung fehlte. Einzig die alten Mitglieder konnten sich organisatorisch betätigen, aber auch dies nur im kirchlichen Raum und in religiöser Hinsicht [254]. Trotzdem umfaßten die Arbeitervereine der Pfalz, die während der Weimarer Republik zeitweise den stärksten Diözesanverband des Süddeutschen Verbands gebildet hatten [255], 1947 immerhin 4023 Mitglieder [256].

Nachdem die Behinderung durch die französische Militärregierung überwunden war, kam es in Speyer bei der organisatorischen Wiedererrichtung der katholischen Arbeiterbewegung auf diözesaner und überdiözesaner Ebene sowohl zu einem Konflikt zwischen den Verantwortlichen des Katholischen Werkvolks und Bischof Wendel, als auch zu Spannungen zwischen der Verbandszentrale in München und den lokalen Repräsentanten der Bewegung.

---

[252] Vgl. Tab. 1–8 im Anhang.
[253] Zur französischen Kirchenpolitik im Bistum Speyer vgl. C. Baginski; zum Verhältnis von katholischer Kirche und Staat im 1947 neuerrichteten Land Rheinland-Pfalz, das sich aus Teilen der vier Bistümer Limburg, Mainz, Speyer und Trier sowie des Erzbistums Köln zusammensetzt, vgl. H. Ammerich.
[254] So Diözesanpräses Adam Hiller laut Bericht über die Arbeitstagung der Diözesan- und Bezirkssekretäre des Katholischen Werkvolks, 17.–18. April 1947. KAB VZ 2a / Verbandsausschuß 1954–1959.
[255] D.-M. Krenn, Christliche Arbeiterbewegung, S. 71–75, 597–598.
[256] Vgl. Tab. 1 im Anhang.

Bischof Wendel strebte zwar die Errichtung einer einheitlichen und starken katholischen Arbeiterbewegung an, doch im Gegensatz zur Verbandsleitung des Werkvolks in München schwebte ihm die Integration der Arbeiterbewegung in das Männerwerk seiner Diözese vor. Aus seiner Sicht sollte das Werkvolk über den Rahmen der zahlenden Verbandsmitglieder hinauswachsen[257]. Angesichts der Diasporasituation seiner Diözese[258] glaubte Bischof Wendel, wie auch viele Laien im Bistum Speyer, weder auf eine einheitliche und geschlossene Arbeiterbewegung, noch auf eine alle katholischen Männer umfassende Männerbewegung verzichten zu können[259]. Hinzu kam der Wunsch des Bischofs, daß keiner seiner Diözesanen oder gar einer seiner Mitarbeiter Direktiven von außerhalb seiner Diözese erhalten und eventuell gegen seinen Willen einholen sollte[260].

Ende 1947 kam es zu einem Führungswechsel auf der diözesanen Ebene der katholischen Arbeiterbewegung. Domkapitular Adam Hiller, der während der Herrschaft des Nationalsozialismus als Diözesanpräses gewirkt hatte[261], legte sein Amt nieder und Diözesanmännerseelsorger Josef Seitz wurde zu seinem Nachfolger ernannt. Die Entscheidung über die weitere Zukunft der katholischen Arbeiterbewegung aber behielt sich der Bischof trotzdem weiterhin selbst vor. So entschied Wendel im Frühjahr persönlich, daß sich die Organisation der katholischen Arbeiter in seinem Bistum entweder als »Katholisches Männerwerk, Diözesangeschäftsführung Speyer« oder »Katholisches Männerwerk, Werkvolk Arbeitersekretariat« bezeichnen solle[262].

Der Widerstand der Münchener Verbandsleitung gegen die Eingliederung der katholischen Arbeiterorganisationen in das diözesane Männerwerk führte zu einem Eklat, in dessen Folge Bischof Wendel allen Geistlichen seiner Diözese verbot, an den Versammlungen der Werkvolkgemeinschaften des Süddeutschen Verbands teilzunehmen, ja es wurde ihnen sogar untersagt, auf Versammlungen des Werkvolks von der Kanzel, am Kirchenbrett oder im Kirchenblatt aufmerksam zu machen[263].

---

[257] Josef Seitz an Otto Gries, 17. November 1949. KAB S Schriftverkehr Verband-Speyer 1947–1951.
[258] Zur Konfessionsverteilung im Bistum Speyer vgl. W. EGER.
[259] Edwin Klein an Anton Maier, 10. August 1949. KAB S Schriftverkehr Verband-Speyer 1947–1951.
[260] Edwin Klein an Heinrich Geiger, 6. April 1949. KAB S Schriftwechsel Verband-Speyer 1947–1951.
[261] Bereits im Zusammenhang mit der nationalsozialistischen Aktion gegen BVP-Politiker vom 26. bis 28. Juni 1933 verhaftet (D.-M. KRENN, Christliche Arbeiterbewegung, S. 303), wurde er wegen seiner Betätigung für die katholischen Arbeitervereine wiederholt von der Gestapo verhört. In diesem Zusammenhang erfolgte am 17. Feburar 1938 auch eine Hausdurchsuchung. Vgl. PRIESTER UNTER HITLERS TERROR, S. 1385–1386.
[262] Edwin Klein an Heinrich Geiger, 6. April 1949. KAB S Schriftwechsel Verband-Speyer 1947–1951.
[263] Bischöfliches Ordinariat Speyer an die Seelsorgestellen der Diözese (ohne Saarland), 28. September 1949. KAB S Schriftwechsel Verband-Speyer 1947–1951.

V. Entwicklung der Diözesanverbände

Diese Situation führte dazu, daß es auch unter den in der katholischen Arbeiterbewegung aktiven Laien zu einem Zerwürfnis kam. Die einen erachteten die Treue ihrem Bischof gegenüber als oberste Pflicht und postulierten: »eine katholische Arbeiterbewegung ohne den Segen der Kirche und des Bischofs ist keine katholische Bewegung mehr, sondern eine Versicherungsgesellschaft und diese hat kein Recht mehr, das katholische vorzutäuschen«[264]. Die anderen wollten die neue »Werkvolk«-Idee ohne irgendwelche Abstriche auch im Bistum Speyer umgesetzt sehen. Wieder andere entschlossen sich, nichts anderes mehr zu tun als während des Dritten Reiches, nämlich nur mehr Zahlstellen des Süddeutschen Verbands in der Pfalz zu errichten[265].

In dieser verfahrenen Situation, die die gesamte katholische Arbeiterbewegung in der Pfalz lähmte, bemühte sich im Sommer 1950 ein Kreis von ehemaligen christlichen Gewerkschaftsführern katholischen Glaubens unter Führung von Jakob Gable um einen Ausgleich. Anfang Juli 1950 bildeten sie eine Kommission, die bezüglich der katholischen Arbeitervereine bei Bischof Wendel vorstellig wurde[266]. Die Aussprache mit dem Bischof hatte zur Folge, daß sich nach einer weiteren Konferenz am 17. September schließlich Vertreter des Süddeutschen Verbands und der Werkvolkbewegung der Diözese Speyer mit dem Kreis der ehemaligen christlichen Gewerkschaftsführer zusammenfanden und gemeinsam an Bischof Wendel mit der Bitte herantraten, die Geistlichen des Bistums als Präsides in der katholischen Arbeiterbewegung mitarbeiten zu lassen und einen eigenen Diözesanpräses zu bestellen sowie dem Katholischen Werkvolk die Freiheit zu geben, nach den Satzungen und Richtlinien der Katholischen Arbeiterbewegung Deutschlands zu arbeiten. Als Zugeständnis war man bereit, sich trotzdem in Zukunft als Teil der katholischen Männerbewegung, des Männerwerks des Bistums Speyer, zu betrachten[267]. Bischof Wendel ließ daraufhin durch Dompfarrer Josef Seitz, den Männerseelsorger seines Bistums, dem Arbeitskreis mitteilen, daß das Werkvolk in Freiheit in seiner Diözese arbeiten könnte, die Geistlichkeit sich am Aufbau des Werkvolks beteiligen sollte, das im Bistum dieselbe Stellung und dieselben Rechte erhalten sollte wie die Kolpingsfamilie. Doch die Voraus-

---

[264] Richard Schumacher an das Katholische Werkvolk München, 15. Juni 1949. KAB S Schriftwechsel Verband-Speyer 1947–1951.

[265] Heinrich Geiger an Josef Seitz, 5. April 1950. KAB S Schriftwechsel Verband-Speyer 1947–1951.

[266] Jakob Gable an seine Kollegen, 28. Juli 1950. KAB S Schriftwechsel Verband-Speyer 1947–1951.

[267] Jakob Gable an Joseph Wendel, 29. September 1950. KAB S Schriftwechsel Verband-Speyer 1947–1951. Was genau unter den »Satzungen und Richtlinien der Katholischen Arbeiterbewegung Deutschlands« zu verstehen ist, geht aus diesem Schreiben nicht hervor. Der im März 1950 gegründete Kartellverband stellte keinen einheitlichen Bundesverband mit einheitlichen Richtlinien für die Verbandsarbeit, sondern einen Dachverband des Süddeutschen und Westdeutschen Verbands sowie der CAJ dar. Vgl. S. 396–404.

setzung für die Normalisierung der Verhältnisse in der Diözese Speyer sei eine Verständigung der Verbandsleitung des Werkvolks mit dem Bischof[268]. Nachdem Diözesan-Männerseelsorger Hermann Hammer zum offiziellen Diözesanpräses ernannt worden war und Verbandspräses Anton Maier schriftlich sein Bedauern über den Anteil des Süddeutschen Verbands an der herrschenden mißlichen Situation erklärt hatte[269], kam es zu einer klärenden Aussprache zwischen dem Speyerer Bischof und den Vertretern der Verbandsführung. Bischof Wendel entsprach der Bitte der Verbandsleitung um Aufhebung seiner Verfügung vom 28. September 1949[270], in der er allen Geistlichen seines Bistums jegliche Unterstützung des Werkvolks untersagt hatte. Nun ernannte er alle Pfarrgeistlichen seines Bistums zu den jeweiligen Präsides für die einzelnen Pfarr- und Ortsvereine. Der Preis von seiten der Verbandsleitung hierfür war die Anerkennung der Richtlinien des Männerwerks der Diözese Speyer sowie die ausdrückliche Mitarbeit innerhalb des Männerwerks[271]. Diese ging soweit, daß etwa nun der Diözesanpräses der Kolpingsfamilie des Bistums Speyer den Diözesanpräses des Werkvolks bei Präsides-Sitzungen des Süddeutschen Verbands vertrat[272]. Folge und sichtbaren Höhepunkt der »Aussöhnung« zwischen dem Werkvolk und dem Speyerer Bischof stellte der Verbandstag des Süddeutschen Verbands in Neustadt an der Haardt vom September 1951 dar. Seitens der Verbandsleitung hatte man bewußt einen nicht so stark industriell geprägten Ort des Bistums Speyer gewählt, um Bischof Wendel einerseits die Stärke der katholischen Arbeiterbewegung vor Augen zu führen, und andererseits, um ihm zu zeigen, daß das Werkvolk sich tatsächlich nicht nur um den spezifisch industriellen Raum und die Arbeiterschaft bemühe, sondern stets die Gesamtheit aller katholischen Arbeitnehmer als seine Zielgruppe erachte. Bischof Wendel honorierte die Bemühungen des Werkvolks durch seine Teilnahme und eine programmatische Predigt[273].

In den folgenden Jahren ging der organisatorische Ausbau auch im Bistum Speyer unspektakulär vor sich. Doch ließen sich die Versäumnisse der unmittelbaren Nachkriegszeit nicht mehr ausgleichen. Von 1951 bis 1952 kam es zwar

---

[268] Josef Seitz an Jakob Gable, 25. November 1950 (Abschrift), sowie Werner Kientopp an die Verbandsleitung des Katholischen Werkvolks, 28. November 1950. KAB S Schriftwechsel Verband-Speyer 1947–1951.
[269] Anton Maier an Joseph Wendel, 8. März 1951. KAB S Schriftwechsel Verband-Speyer 1947–1951.
[270] Anton Maier an Hermann Hammer, 8. Februar 1951. KAB S Schriftwechsel Verband-Speyer 1947–1951. Die Verbandsleitung des Katholischen Werkvolks hatte ausdrücklich um die Annullierung dieser Verordnung als Basis für eine lebendige, fruchtbringende Zusammenarbeit gebeten.
[271] Rundschreiben Bischöfliches Ordinariat Speyer, 24. April 1951. KAB S Schriftwechsel Verband-Speyer 1947–1951.
[272] Rundschreiben des Verbandssekretariats, 7. Mai 1951. AEB KAB Kart. 70.
[273] Gedruckt in WERKVOLK, Nr. 10, Oktober 1951.

V. Entwicklung der Diözesanverbände 145

infolge des Ausgleiches zwischen dem bischöflichen Ordinariat und der Münchener Verbandsleitung sowie der Einführung der Ehegattenmitgliedschaft zu einer Umkehrung des Abwärtstrends der Mitgliederentwicklung und einem ersten starken Mitgliederzuwachs nach dem Krieg. Doch verlangsamte sich dieser in den folgenden Jahren so sehr, daß das innerverbandliche Gewicht des Speyerer Diözesanverbands immer mehr sank, da seine Zuwachsraten unter dem Verbandsdurchschnitt lagen. Noch stärker war dies ab 1957 der Fall, als es zu einem leichten, steten Mitgliederrückgang im Bistum Speyer kam[274].

9. FREIBURG

Obwohl die Erzdiözese Freiburg nicht dem Gebiet der Freisinger Bischofskonferenz zuzurechnen ist, soll im folgenden kurz ein Blick auf die katholische Arbeitnehmerbewegung im Badischen geworfen werden, denn zum einen gehörte und gehört der Freiburger Diözesanverband zum Süddeutschen Verband, zum anderen stellt gerade die Entwicklung in dieser außerbayerischen Region einen besonders interessanten Sonderfall dar, der zeigt, wie entscheidend die Rolle des Episkopats für die katholische Arbeitnehmerbewegung war.

In der unmittelbaren Nachkriegszeit hatte der Freiburger Erzbischof Conrad Gröber in einem Schreiben an seinen Klerus vom 15. Juli 1945[275] sowie in einem Hirtenbrief über die katholische Jugend vom 1. August 1945[276] die Weisung ausgegeben, daß das kirchliche Vereinswesen in jeder Pfarrei ausschließlich auf der Grundlage der vier Naturstände aufgebaut werden sollte. Innerhalb dieser Naturstände sollte es keine einzelnen Vereine mehr geben, sondern höchstens Gruppen, die sich organisch in die auf die Naturstände ausgerichtete Seelsorge einordnen. Sämtliche Naturstände sollten mit allen ihren Gruppen im Pfarrausschuß der katholischen Aktion zusammengefaßt werden. Die Arbeit in den einzelnen Pfarreien wiederum sollte ihre Anregungen und Anweisungen vom Diözesanausschuß der Katholischen Aktion erhalten[277]. Wie Erzbischof Gröber in der Neujahrsbotschaft 1946 seinem Klerus gegenüber ausdrücklich betonte, lag die Art und Weise der Gestaltung des neu aufzubauenden Vereinswesens »nicht beim Gutdünken des einzelnen Pfarrers oder Vikars, sondern in der Anordnung des Ordinarius und der Kirchenbehörde«[278].

---

274 Zu dieser Entwicklung vgl. Tab. 1–7.
275 AMTSBLATT FREIBURG, Nr. 7, 15. Juli 1945.
276 AMTSBLATT FREIBURG, Nr. 8, 17. August 1945.
277 Franz Vetter an Leopold Schwarz, 21. Dezember 1945. EAF Reg. 56.64, Vol. 3, 1945f.
278 AMTSBLATT FREIBURG, Nr. 2, 14. Januar 1946.

Aus der naturständischen Ausrichtung der Seelsorge heraus, auf Grund der Ablehnung »außerdiözesaner Instanzen« - von denen nur der Heilige Stuhl ausgenommen wurde - und »Vereinszentralen außerhalb der Erzdiözese« sowie der »von den norddeutschen Verhältnissen verschiedenen politischen Faktoren« untersagte das Ordinariat den Verantwortlichen des Werkvolks, die sich um eine Wiederbelebung der katholischen Arbeiterbewegung bemühten, jede Tätigkeit[279]. Man wollte die alten Arbeitervereine zunächst nicht mehr als Standesorganisationen aufleben lassen, sondern als Gruppen auf diözesaner Ebene in die allgemeine Männerseelsorge integrieren[280]. Zugleich betonte Erzbischof Gröber aber, nicht »jeder überdiözesanen Zentralisierung für immer und grundsätzlich im Wege« zu stehen, vielmehr machte er seine Haltung von den Bedürfnissen der Erzdiözese und von »der Artung und Haltung der bereits wieder aufgelebten Zentralen selber« abhängig[281].

Allerdings wandelten sich erst nach dem Tod von Erzbischof Gröber für die katholische Arbeitnehmerbewegung die Verhältnisse tatsächlich. Der neue Freiburger Oberhirte Wendelin Rauch sah in der Arbeiterseelsorge, im Gegensatz zu seinem Vorgänger, eines der dringendsten Probleme seiner Zeit. Bereits zum 1. Dezember 1949 beauftragte er Viktor Wildschütte, der als Religionslehrer an einer Gewerbeschule tätig war, sich der Seelsorge der Arbeiterjugend (CAJ) und der katholischen Arbeiter im Stadtdekanat Mannheim anzunehmen[282]. Im Frühjahr 1951 wandte er sich dann zum 60. Jahrestag der Veröffentlichung von »Rerum novarum« mit einem Aufruf im Amtsblatt an den gesamten Klerus seiner Diözese und forderte ihn ausdrücklich dazu auf, »der Arbeiterfrage alle Aufmerksamkeit zu widmen und die Tätigkeit der Diözesanleitung des Katholischen Werkvolks nach Kräften zu unterstützen«[283]. Der noch von Erzbischof Gröber als Diözesanmännerseelsorger und Diözesanleiter des katholischen Männerwerks

---

[279] Neujahrsbotschaft an den hochwürdigen Klerus der Erzdiözese. AMTSBLATT FREIBURG, Nr. 2, 14. Januar 1946. So wurde etwa die Bitte des Verbandspräses Leopold Schwarz, vor den Freiburger Präsides und Vorständen der berufsständischen Organisationen referieren zu dürfen (Leopold Schwarz an Franz Vetter, 3. Dezember 1945. EAF Reg. 53.64, Vol. 3, 1945 f.), abgelehnt (Franz Vetter an Leopold Schwarz, 21. Dezember 1945. EAF Reg. 53.64, Vol. 3, 1945 f.). Anton Maier, 10. August 1992.
[280] Verordnung über die Männerseelsorge, 12. Januar 1946. AMTSBLATT FREIBURG, Nr. 2, 14. Januar 1946.
[281] Neujahrsbotschaft an den hochwürdigen Klerus der Erzdiözese. AMTSBLATT FREIBURG, Nr. 2, 14. Januar 1946.
[282] Otto Michael Schmitt an das Erzbischöfliche Ordinariat Freiburg i.Br., 13. November 1952. EAF Reg 56.64, Vol. 3, 1945 f.
[283] AMTSBLATT FREIBURG, Nr. 7, 8. März 1951. Abgedruckt auch in WERKVOLK, Nr. 4, April 1951.

V. Entwicklung der Diözesanverbände   147

eingesetzte[284] Dr. Alois Stiefvater fungierte nun zugleich als Diözesanpräses des Werkvolks im Erzbistum Freiburg[285].

Doch der organisatorische Aufbau einer katholischen Arbeitnehmerbewegung in Baden gestaltete sich ausgesprochen schwierig. Existierten vor dem Zweiten Weltkrieg etwa 150 Arbeitervereine mit über 14.000 Mitgliedern[286], so hatte mittlerweile das Kolpingwerk, das von Erzbischof Gröber als einzige Standesorganisation innerhalb seiner Diözese zugelassen worden war[287], den überwiegenden Teil der ehemaligen Mitglieder erfaßt. Die führenden Persönlichkeiten der katholischen Arbeiterbewegung der Zwischenkriegszeit wiederum waren mittlerweile »anderorts verbonzt«. Hinzu kam, daß der Name »Werkvolk« im Badischen bei den ehemaligen Mitgliedern keineswegs so zugkräftig war wie die Bezeichnung »Arbeiterverein«. Auch hatte der Klerus im Gegensatz zum neuen Freiburger Oberhirten nach wie vor »sehr wenig Verständnis für Werkvolkarbeit«. In Konkurrenz zur Kolpingsfamilie und einem katholischen Männerwerk, das im Gegensatz zum Werkvolk keinerlei Beitrag erhob, engagierte Arbeitnehmer zu gewinnen, war alles andere als leicht[288].

Trotz der strukturellen Schwierigkeiten war die Aufbauarbeit nach vier Jahren jedoch soweit fortgeschritten, daß in Anwesenheit von Erzbischof Dr. Wendelin Rauch und Erzabt Dr. Benedikt Baur OSB (Beuron) vom 1. bis 3. Mai 1953 in Bad Griesbach eine erste Diözesankonferenz des Katholischen Werkvolks im Erzbistum Freiburg abgehalten werden konnte[289]. Insgesamt nahmen etwa 150

---

[284] Bericht Dr. Franz Vetter zur Visitation durch den Apostolischen Visitator, 12. Oktober 1946. EAF Nb 9/13.
[285] Rundschreiben des Verbandssekretariats, 7. Mai 1951. AEB KAB Kart. 70.
[286] Laut D.-M. KRENN, Christliche Arbeiterbewegung, S. 81, 597–598, 607, waren 1915 im Erzbistum Freiburg 173 Arbeitervereine mit 20 275 Mitgliedern dem Süddeutschen Verband angeschlossen. 1929/30 vereinigte der mittlerweile eigenständige badische Diözesanverband noch 13 143 Arbeiter- und Arbeiterinnen in 131 Vereinen und 15 Bezirksverbänden. Darüber hinaus existierten 1929 noch 12 dem Süddeutschen Verband angegliederte Arbeitervereine mit 875 Mitgliedern sowie 6 Arbeiterinnenvereine mit 306 Mitgliedern.
[287] Die Wiedererrichtung des Kolpingwerks entsprach dem ausdrücklichen Wunsch des Papstes. Vgl. hierzu Papst Pius XII. an die deutschen Bischöfe, 18. Januar 1947. Druck: PASTORALBLATT EICHSTÄTT, Nr. 3, 25. Februar 1947.
[288] Bericht über die Schulungstagung der Sekretäre, 20.–21. September 1952. KAB VZ 17a / Verbandsausschuß 1947–1954.
[289] Die auf diese Gründungsveranstaltung des Diözesanverbands folgenden Diözesantage fanden im Gegensatz etwa zum Erzbistum Bamberg an wechselnden Orten statt: 16.–18. Oktober 1955 in Freiburg (Programm des 1. Diözesantags des Katholischen Werkvolks. KAB VZ K / Diözesanverband Freiburg 1950–1963), 5.–6. Oktober 1957 in Karlsruhe (Mitteilungen des Diözesanverbands Freiburg, Nr. 5, 30. August 1957. KAB Ro Süddeutscher Verband außer München), 14.–17. Juni 1958 in Singen am Hohentwiel (Rundschreiben des Diözesanverbands Freiburg, 11. April 1958. EAF 56.64, Vol. 4, 1957–1961), 1.–3. Mai 1959 als Werkvolk-Frauentag in Freiburg (Einladungsschreiben, o. D. EAF 56.64, Vol. 4, 1957–1961), 18.–20. November 1960 in Bad Griesbach (Bericht

148   B. Entwicklung des Süddeutschen Verbands

Delegierte aus allen Gebieten Nord- und Südbadens daran teil[290]. Nachdem auf diesem Weg der Freiburger Diözesanverband des Katholischen Werkvolks gegründet worden war, ernannte Erzbischof Rauch rückwirkend zum 1. Mai 1953 einen eigenen Diözesanpräses für das Katholische Werkvolk: Pater Dr. Polykarp Meyer OSB[291]. Ihm stellte er darüber hinaus als Stellvertreter Pater Otto Buchheit SJ zur Seite, der in München Volkswirtschaft studiert und ein Jahr mit Pater Prinz auf dem Gebiet der Werkgemeinschaften zusammengearbeitet hatte sowie ein Viertel Jahr lang selbst als Arbeiter in einem Betrieb tätig gewesen war[292]. Während Pater Polykarp Meyer sich vor allem dem Aufbau der katholischen Arbeiterbewegung im Bereich Südbadens und des Sekretariats Freiburg widmete, wirkte Pater Otto Buchheit vor allem in Nordbaden. Zum Diözesanvorsitzenden wurde in Bad Griesbach der Tischlergeselle Anton Walz aus Mannheim, zu seinem Stellvertreter der Graveur Lothar Obrist gewählt. Karoline Eid aus Freiburg übernahm das Amt der Diözesanleiterin und Pirmin Rottler aus Zell im Wiesental das Amt des Diözesansekretärs[293].

Auch Eugen Seiterich, der Nachfolger von Erzbischof Wendelin Rauch, der diesem bereits seit Herbst 1952 als Weihbischof zur Seite gestanden hatte, hielt am Aufbau der katholischen Arbeitnehmerbewegung fest. Doch entließ er zum 20. November 1954 den bisherigen Diözesanpräses[294]. Sein Nachfolger Pater Theoger Langlotz OSB gehörte wie Polykarp Meyer dem Konvent von Beuron an[295]. Am 1. August 1961 kam es dann zu einem Generationswechsel im Amt des Diözesanpräses. Auf den fast sechzigjährigen Benediktiner folgte der knapp dreißigjährige Gebhard Heil, der bis zu diesem Zeitpunkt als Vikar in Bretten gewirkt hatte[296].

---

des Diözesanverbands Freiburg, 1. Juli 1959 bis 30. September 1960. KAB VZ 17c / Verbandsausschuß 1959–1971.), 13.–15. Oktober 1961 in Mannheim (Rundschreiben des Diözesanverbands Freiburg, 13. September 1961. EAF 56.64, Vol. 4, 1957–1961).

[290] BADISCHE ZEITUNG, Nr. 70, 5. Mai 1953.
[291] Wendelin Rauch an das Katholische Werkvolk, Diözesanverband der katholischen Arbeitnehmer, 5. Juni 1953. EAF Reg 56.64, Vol. 3, 1945f.
[292] Otto Michael Schmitt an das Erzbischöfliche Ordinariat Freiburg i.Br., 13. November 1952 bzw. Erlaß Nr. 16.428 des Erzbischöflichen Ordinariats, 26. November 1952. EAF Reg 56.64, Vol. 3, 1945f.
[293] BADISCHE ZEITUNG, Nr. 70, 5. Mai 1953.
[294] Generalvikar Hirt an das Katholische Werkvolk, Diözesanverband katholischer Arbeitnehmer, 26. November 1954. EAF Reg 56.64, Vol. 3, 1945f.
[295] Generalvikar Hirt an das Katholische Werkvolk, Diözesanverband katholischer Arbeitnehmer, 4. Januar 1955. EAF Reg 56.64, Vol. 3, 1945f.
[296] Aktennotiz, 15. Juli 1961. EAF Reg 56.64, Vol. 4, 1957–1961. Theoger Langlotz wurde 13. November 1904, Gebhard Heil am 6. September 1932 geboren. SCHEMATISMUS FREIBURG 1958, S. 35, 56, 73, 120. Zur Biographie des neuen Diözesanpräses vgl. WERKVOLK, Nr. 10, Oktober 1961.

Erzbischof Seiterich und die zuständigen Stellen des Freiburger Ordinariats förderten darüber hinaus die Aufbauarbeit des Katholischen Werkvolks und die Intensivierung im Bereich ihrer Erzdiözese durch die Bereitstellung von beträchtlichen Mitteln aus dem diözesanen Haushalt direkt[297]. Dadurch konnten die Verantwortlichen des Freiburger Diözesanverbands gezielt systematische Aufbauarbeit leisten. Neben dem Freiburger Sekretariat, das durch Josef Titzer[298], Pirmin Rottler[299], Hermann Ambs[300] bzw. Rudolf Straßner geleitet wurde[301] und seit Frühjahr 1956 mit Hans Weng auf zwei volle Stellen verstärkt worden war[302], gelang es, zum 15. Mai 1957 in Mannheim und zum 1. Juni 1957 in Karlsruhe je ein neues Werkvolksekretariat zu errichten und mit Wilhelm Murr bzw. Hermann Ambs zu besetzen[303]. Mit der Anstellung Karoline Eid als Diözesansekretärin bemühte man sich gezielt, auch die Frauenarbeit zu intensivieren[304]. Der durch die großzügige finanzielle Unterstützung des erzbischöflichen Ordinariats erst ermöglichte organisatorische Aufschwung führte in nur wenigen Jahren zu einem ausgesprochen starken Anwachsen des »Katholischen Werkvolks« im Erzbistum Freiburg. Von 1953 bis 1964 stieg die Zahl seiner Mitglieder von 549 auf 3608[305].

10. ROTTENBURG

Die katholische Arbeiterbewegung in der Diözese Rottenburg-Stuttgart hatte sich bereits während der Zeit vor dem Ersten Weltkrieg relativ unabhängig von der Arbeit der Münchener Zentrale entwickelt, obwohl der damalige Diözesanverband noch dem Süddeutschen Verband angegliedert war[306]. In der Zeit der Weimarer Republik war es zur Ausgliederung des Diözesanverbands aus dem Süddeutschen Verband und der Errichtung eines eigenständigen Landesverbands gekommen. Dies führte dazu, daß von diesem Zeitpunkt an nur noch wenige Vereine der Diözese Rottenburg als Einzelmitglieder an den Süddeutschen Verband

---

[297] Vgl. S. 390–391.
[298] Adressenänderung 8. März 1951 bzw. 29. Januar 1953. KAB VZ K / Diözesanverband Freiburg 1950–1963.
[299] BADISCHE ZEITUNG, Nr. 70, 5. Mai 1953.
[300] Er war seit 1. Juli 1953 als Werkvolksekretär in Freiburg tätig und nahm ab 1. Mai 1956 am Jahreskurs 1956/57 des Katholischen Sozialinstituts des Westdeutschen Verbands in Bad Honnef teil. EAF Reg 56.64, Vol. 3, 1945 f.
[301] Adressenänderung, 18. Juni 1956. KAB VZ K / Diözesanverband Freiburg 1950–1963.
[302] Adressenänderung, 25. April 1956. KAB VZ K / Diözesanverband Freiburg 1950–1963.
[303] P. Theoger Langlotz OSB an die Verbandszentrale, 13. Juni 1957. KAB VZ K / Diözesanverband Freiburg 1950–1963.
[304] Werkvolksekretärinnen in den Diözesen, 26. November 1963. AEB KAB Kart. 53.
[305] Vgl. Tab. 1.
[306] H. D. DENK, S. 123.

angeschlossen waren[307]. Diese Tradition setzte sich nach dem Zweiten Weltkrieg fort. Zwar gab es auch nach 1945 Kontakte zwischen dem Süddeutschen Verband und dem Rottenburger Landesverband[308] und kam es gelegentlich zum Austausch von Referenten[309], doch alle Versuche, den südwestdeutschen Landesverband wieder in den Gesamtverband zu integrieren, führten nicht zum Ziel. Einzig auf dem Gebiet der Verbandspresse gelang es den Münchener Verantwortlichen, den Rottenburger Landesverband zeitweise für eine engere Zusammenarbeit zu gewinnen[310]. Ansonsten blieb der Rottenburger Landesverband während des gesamten Untersuchungszeitraums eigenständig und erreichte mit über 10 000 Mitgliedern eine beachtliche Stärke[311]. Die Zahl der als Einzelmitglieder auch weiterhin vom Süddeutschen Verband organisierten Arbeiter war hingegen so verschwindend gering, daß hier nicht näher auf die Entwicklung der katholischen Arbeiterbewegung im Gebiet der Diözese Rottenburg-Stuttgart eingegangen werden soll[312].

---

[307] D.-M. KRENN, Christliche Arbeiterbewegung, S. 75–83.
[308] So nahm etwa auch der Rottenburger Landespräses an Diözesanpräsides-Sitzungen des Süddeutschen Verbands teil. Vgl. etwa Erinnerungsprotokoll der Diözesanpräsides-Konferenz, 8. März 1963. KAB Ro Werkvolk München, Präsideskonferenzen.
[309] So sprach etwa Verbandspräses Anton Maier am 28. September 1952 auf dem »Tag der katholischen Arbeiter und Arbeiterinnen« der Diözese Rottenburg in Ravensburg. WERKVOLK, Nr. 11, November 1952; WERKVOLK, Nr. 12, Dezember 1952.
[310] Vgl. S. 401–404.
[311] R. KEINERT, S. 57. In dieser Festschrift finden sich auch weitere Angaben zur Entwicklung des Rottenburger Landesverbands.
[312] Vgl. Tab. 1–7 im Anhang.

C. VERBANDSARBEIT

I. Die Bildungs- und Schulungsarbeit

> »Alle Bemühungen, die Verproletarisierung unserer Arbeitnehmer aufzuhalten, sind umsonst, wenn mit der Zuständereform nicht zugleich eine Gesinnungsreform eingeleitet wird«[1].

Diesem Grundgedanken der Enzyklika »Quadragesimo anno«[2] entsprechend zählte das Katholische Werkvolk die Bildungs- und Schulungsarbeit für eine »Gesinnungsreform« stets zu seinen wichtigsten Aufgaben[3]. Intern wurde die Bildungsarbeit aber strikt von Schulungsarbeit unterschieden. Bildungsarbeit richtete sich vor allem an »die einfachen Leute«, wohingegen Schulung nur den »wirklichen Aktivisten« zuteil werden sollte[4]. Da die durch die Schulungsarbeit vermittelten Inhalte zugleich auf die Bildungsarbeit einwirkten, wird im folgenden die interne Unterscheidung nicht beibehalten. Nach Verbandsverständnis zählten die Mitgliederzeitschrift »Werkvolk«, die meisten der vom Verband herausgegebenen oder vermittelten Broschüren, die Katholischen Sozialen Wochen sowie die Vorträge in den Vereinen zur Bildungsarbeit, während die Zeitschriften »Werkvolk-Führung«, »Präsides-Korrespondenz« und »Priester und Arbeiter« ausschließlich der Schulung der Führungskräfte des Verbands dienten. Das Katholische Sozialinstitut und sein Leiter, Rektor Berchtold, wiederum übernahmen sowohl Bildungs- als auch Schulungsaufgaben innerhalb des Verbands. Generell läßt sich vorab noch festhalten, daß die Zunahme von »öffentlichen Abend-Volkshochschulen«, allgemeinbildenden »Rundfunkvorträge« und anderen Angebote im Laufe der fünfziger Jahre die Bedeutung des Werkvolks im Bereich der Erwachsenenbildung reduzierten und so dem Verband auch »ein Teil guter Werbemöglichkeiten« entzogen wurde[5].

---

[1] Werkvolk, Nr. 6, Juni 1952.
[2] Gedruckt in Texte zur katholischen Soziallehre, S. 101–162. Zur Problematik des Zusammenhangs von Zustände- und Gesinnungsreform vgl. auch die zeitgenössische Darstellung bei E. Kohlenbach, S. 23–27.
[3] Protokoll der Verbandsleitungssitzung, 28. Februar 1964. KAB VZ Verbandsleitung 1964–1967. Zur Bedeutung der Aufhebung von Bildungsprivilegien und des zweiten Bildungsweges für die »Entproletarisierung« im Sinne der Enzyklika »Quadragesimo anno« vgl. P. Jansen, S. 40–44.
[4] Protokoll der Eichstätter Sekretärskonferenz, 17.–18. April 1947. KAB VZ 2a / Verbandsausschuß 1954–1959.
[5] Material für die Sitzung des Diözesanausschusses, 8. Oktober 1955. KAB VZ Diözesanverband München bis 1974. Zur Struktur der deutschen Erwachsenenbildung und ihrer Rechtsgrundlage in

1. Der institutionelle Rahmen

a) Werkvolk, Zeitschrift des Süddeutschen Verbandes katholischer Arbeitnehmer

Die wichtigste Verbindung zwischen dem Gesamtverband und seinen einzelnen Mitgliedern sowie den verschiedenen Verbandsebenen untereinander war das Verbandsorgan. Deshalb bemühte sich die Verbandsleitung bereits im Herbst 1945 darum, erneut eine verbandseigene Zeitschrift zu schaffen. Doch anfänglich verhinderten Vorbehalte der Militärregierung die Erteilung der für deren Erscheinen nötigen Lizenz. Der leitende Offizier kannte Tageszeitungen und Kirchenzeitungen, aber keine Zeitschrift eines katholischen Arbeitervereins[6]. Nachdem die Mitgliederzeitschrift zum 1. Januar 1946 aber doch noch genehmigt worden war[7], verhinderten »zeitweise fast unüberwindliche Schwierigkeiten« ihr Erscheinen. So wurde sie schließlich nicht, wie ursprünglich vorgesehen, im »Zwei Türme Verlag« herausgegeben[8], bei dem noch die Probenummern des »Werkvolk« im Rahmen des Lizenzierungsverfahrens hergestellt worden waren[9], sondern im verbandseigenen »Werkvolk-Verlag«, der eigens zu diesem Zweck gegründet worden war und am 12. August 1948 offiziell von der amerikanischen Militärregierung die Lizenz zur »Veröffentlichung von Büchern und Zeitschriften« erhielt[10].

Ursprünglich dachte man daran, wie in der Zeit vor dem Zweiten Weltkrieg[11], eine »Wochenschrift« erscheinen zu lassen, deren Anfangsauflage 20 000 Stück betragen sollte[12]. Dem »Zwei Türme Verlag« gegenüber hatte man dann gar die Verpflichtung übernommen, »mindestens 25 000 ›Werkvolk‹-Bezieher zur Verfügung« zu stellen, wenn auch nur mehr für eine vierzehntägig erscheinende Mitgliederzeitschrift[13]. Letztlich sah man sich aber zu einem monatlichen Erscheinungsrhythmus genötigt, »um den Geldbeutel der Mitglieder nicht allzu stark in Angriff zu nehmen«. Trotzdem gab man die Hoffnung nicht auf, mit Hilfe der durch das Verbandsorgan erwirtschafteten Gelder den Erscheinungsrhythmus verkürzen zu können[14]. Aus Sicht der Verbandsleitung sollte jedes Werkvolk-

---

den fünfziger Jahren vgl. die zeitgenössische Darstellung von H. Hürten / A. Beckel, Struktur der deutschen Erwachsenenbildung und ihre Rechtsgrundlage, die unter neuem Titel, »Struktur und Recht der deutschen Erwachsenenbildung«, Mitte der sechziger Jahre eine Neuauflage erfuhr.

[6] Vgl. hierzu E. Kunze, S. 23.
[7] Josef Maier an Josef Schinner, 20. Januar 1946. KAB VZ G II / Aschaffenburg 1944–1964.
[8] Verbandsleitung an Paul Strenkert, 19. Dezember 1947. KAB A Kart. 5.
[9] Eines der zwanzig erstellten Exemplare befindet sich in DA EI OA Werkvolk; eines befand sich im Privatbesitz von Anton Maier. L. Unger, Katholische Arbeitnehmerbewegung, S. 50.
[10] Sie ist abgedruckt bei D.-M. Krenn / R. Letschert, S. 44.
[11] Vgl. H. D. Denk, S. 72–75; D.-M. Krenn, Christliche Arbeiterbewegung, S. 120–124.
[12] Josef Maier an Josef Schinner, 20. Januar 1946. KAB VZ G II / Aschaffenburg 1944–1964.
[13] Verbandsleitung an Paul Strenkert, 19. Dezember 1947. KAB A Kart. 5.
[14] Josef Schinner an Hans Gatz, 11. Oktober 1948. KAB VZ G III / Schweinfurt 1947–1954.

I. Die Bildungs- und Schulungsarbeit 153

mitglied, wie auf dem Regensburger Verbandstag beschlossen und in den Verbandssatzungen (§ 3) fixiert, zugleich Abonnent des Verbandsorgans sein[15]. Erst wenn alle Versuche innerhalb einer Werkvolkgemeinschaft scheitern sollten, dies umzusetzen, sollte an die Pfarrämter herangetreten und die verbliebenen Zeitungen an die Kirchgänger verkauft werden, gegebenenfalls unter Verkündigung von der Kanzel[16].

Die erste Nummer der vor Ort sehnlich erwarteten neuen Verbandszeitung[17] kam am 15. Oktober 1948 wenige Wochen nach der Währungsreform auf den Markt, also zum denkbar ungünstigsten Zeitpunkt, als nicht nur bereits eine Vielzahl anderer katholischer Zeitschriften lizensiert worden war, mit denen das Verbandsorgan in Konkurrenz treten mußte[18], sondern auch bedingt durch die Währungsumstellung der Absatz an Zeitschriften rückläufig war[19]. Aber zur allgemeinen Überraschung der Verantwortlichen gelang der Start des Verbandsorgans so gut[20], daß es ab Dezember 1948 bereits von über zwei Dritteln der Mitglieder bezogen wurde[21]. Doch hatten zu diesem Zeitpunkt auch noch fünf Prozent aller Vereine die Annahme der Sendung verweigert[22], ja die innerhalb der Werkvolkgemeinschaften für die Verteilung zuständigen Kassierer hatten zum Teil das Verbandsorgan zurückgesandt, ohne es den Mitgliedern zu zeigen[23]. Zum Erstaunen des Geschäftsführers des Verbands waren »manchmal« gerade »die

---

[15] Satzungen des Katholischen Werkvolkes, Süddeutscher Verband katholischer Arbeitnehmer (12. Oktober 1947). KAB VZ Satzungen.
[16] Richtlinien für eine restlose Verteilung der neuen Zeitschrift. KAB A Kart. 5.
[17] Josef Maier an Josef Schinner, 20. Januar 1946. KAB VZ G II / Aschaffenburg 1944-1964.
[18] Vgl. hierzu etwa Gretl Vongries an das Kettelerwerk München (Abschrift), 3. November 1948. KAB VZ G II / Aschaffenburg 1944-1964.
[19] Ein Zehntel der katholischen Zeitschriften mußte deshalb im Lauf eines Jahres das Erscheinen einstellen; die übrigen hatten erhebliche Schwierigkeiten, ihre Leser zu halten (vgl. hierzu D. v. D. BRELIE-LEWIEN, S. 231). Demgegenüber gelang es den Bistumsblättern im rechtsrheinischen Bayern – abgesehen von der Erzdiözese München und Freising –, ihre Auflage zu halten bzw. sogar zu steigern. Insgesamt stieg sie von 357 000 Exemplaren vor der Währungsreform auf 373 500 Exemplaren nach der Währungsreform. Das Organ der Männerseelsorge, »Mann in der Zeit«, konnte seine Auflage sogar von 50 000 auf 205 000 Exemplare erhöhen. Die von der Militärregierung der evangelisch-lutherischen Kirche zugeordneten Publikationen hingegen verzeichneten einen Rückgang von 241 600 auf 220 850 Exemplare. The Churches and Religious Publications since currency reform. BayHStA OMGB 10/50-1/38.
[20] Josef Schinner an Paul Strenkert, 26. Oktober 1948 (KAB A Kart. 5) oder Josef Schinner an Peter Stümpfl, 26. Oktober 1948 (ABP KAB Kart. 48 Akt 145).
[21] Josef Schinner an das Diözesansekretariat Passau, 4. Februar 1949. ABP KAB Kart. 48 Akt 145. Regional schwankte der Wert: Augsburg: 69,9 %; Bamberg: 69 %; München: 68,2 %; Regensburg: 70,6 %; Würzburg: 74,5 %. Soweit die veröffentlichten Werte. WERKVOLK-FÜHRUNG, Nr. 2, Februar 1949.
[22] Josef Schinner an das Diözesansekretariat Passau, 4. Februar 1949. ABP KAB Kart. 48 Akt 145.
[23] Josef Schinner an Josef Maier, 28. Januar 1949. KAB VZ G II / Aschaffenburg 1944-1964.

Ärmsten viel mehr für die Zeitung zugängig«, als diejenigen, die »einen besseren Lebensstandard« aufwiesen[24].

Die Verbandsleitung war bei der Konzeption des »Werkvolks« von mindestens 25 000 Abonnenten ausgegangen[25], die aber nur erreicht werden konnten, wenn tatsächlich fast ausnahmslos jedes Mitglied das Verbandsorgan bezog. Die erste Nummer der neuen Zeitung hatte man noch unter Zuhilfenahme von Verbandsgeldern drucken können, doch als Ende Januar 1949 erst 22 000 Abonnenten gewonnen waren[26], war die Aufrechterhaltung der Zeitung in Gestaltung, Umfang und Preis gefährdet[27]. Um dieser Gefahr zu begegnen, machte man die Abnahme des Verbandsorgans jeder Werkvolkvorstandschaft noch stärker als bisher zur »Pflichtaufgabe«. Neben diesem Appell nahm man seitens der Verbandszentrale auch eine konkrete organisatorische Änderung vor. Man legte die »Zeitungsverrechnung« mit der »Beitragsrechnung« zusammen, um so zu verhindern, daß die Zeitungsverteilung vor Ort einem »ixbeliebigen Zeitungsträger« überlassen würde[28]; schließlich gehörte die Verteilung in den Augen der Verbandsleitung »zu den wichtigsten Aufgaben eines Vorstandes, eines Kassiers und eines Schriftführers«. Damit und durch die Veröffentlichung derjenigen Werkvolkgemeinschaften, die das Verbandsorgan »überhaupt zurückgeschickt« hatten[29], erreichte man schließlich die für eine kostendeckende Herstellung des Verbandsorgans nötige Abonnentenzahl. Dadurch, daß auf Beschluß des Verbandstags in Neustadt ab dem 1. Januar 1952 der erhöhte Mitgliederbeitrag den Bezug des Verbandsorgans einschloß, wurde die Höhe der Auflage im wesentlichen an die Zahl der Verbandsmitglieder gekoppelt. Da man davon ausging, daß die überzähligen Verbandszeitungen von den Familien, die infolge des Verbandstagsbeschlusses von Neustadt mehrere Exemplare bezogen, »beim Friseur, im Kaffee, in der Gastwirtschaft, im Arztvorzimmer als Propaganda-Material für unsere kirchliche Sozialbewegung aufgelegt« würden, wirkte das Verbandsorgan in gewissem Ausmaß auch über die eigenen Mitglieder hinaus[30].

Die Redaktion des »Werkvolk« lag ab der zweiten Nummer vor allem in den Händen von Toni Lindermüller[31], eines Neffen des Verbandspräses Anton Maier[32]. Lindermüller koordinierte die Arbeit der Autoren aus den Reihen

---

[24] Josef Schinner an Franz Pickel, 28. Januar 1949. KAB VZ G I / Würzburg 1949–1964.
[25] Verbandsleitung an Paul Strenkert, 19. Dezember 1947. KAB A Kart. 5.
[26] Josef Schinner an Josef Maier, 28. Januar 1949. KAB VZ G II / Aschaffenburg 1944–1964.
[27] Josef Schinner an das Diözesansekretariat Passau, 4. Februar 1949. ABP KAB Kart. 48 Akt 145.
[28] Josef Schinner an Josef Maier, 28. Januar 1949. KAB VZ G II / Aschaffenburg 1944–1964.
[29] WERKVOLK-FÜHRUNG, Nr. 2, Februar 1949.
[30] Rundschreiben des Verbandssekretariats, 5. Oktober 1951. ABP KAB Kart. 48 Akt 144.
[31] D.-M. KRENN / R. LETSCHERT, S. 45.
[32] Anton Maier, 10. August 1992; Toni Lindermüller, 8. Oktober 1996.

I. Die Bildungs- und Schulungsarbeit 155

der Verbandsangehörigen sowie die Arbeit der freien Mitarbeiter, um deren Gewinnung man sich bereits im Februar 1947 durch gezieltes Anschreiben von Persönlichkeiten in ganz Bayern bemüht hatte[33]. Neben Lindermüller spielten vor allem Ehrenverbandspräses Leopold Schwarz sowie der Rektor Alfred Berchtold eine besonders wichtige Rolle für die inhaltliche Ausrichtung der Verbandszeitung. Leopold Schwarz gestaltete bis zur Veränderung des Layouts und Aufbaus des »Werkvolks« im Jahre 1959 in fast jeder Ausgabe eine ganze Seite unter dem Motto »Zehn Minuten Christenlehre«. Rektor Berchtold prägte das Blatt nicht nur durch seine Leitartikel zu aktuellen Fragen der Zeit, sondern auch durch seinen in unregelmäßigen Abständen ab November 1948 im Verbandsorgan erscheinenden »Sozialen Katechismus«[34]. Die dort behandelten Themen reichten von Fragen »Wie ist die Wertlehre von Karl Marx zu bewerten?«[35] oder »Was ist der Staat?«[36] bis zu Fragen wie »Was ist ein Befreiungskrieg?«[37] oder »Was ist Aufgabe des Gerichts beim Zivilprozeß?«[38]. Die Verbandsleitung empfahl den Mitgliedern, die entsprechenden Spalten auszuschneiden und in einem Ordner zu sammeln; so sollte es jedem möglich sein, »sich umfassendes, tiefschürfendes und doch übersichtliches Material zu sammeln«, sich »eine kleine sozial-kundliche Übersicht« zu schaffen[39].

Ab 1951 entwickelten sich zunehmend mehr feste Rubriken. So wurde etwa die Seite zehn zumeist als »Die Seite der Frau« gestaltet, während die Seite elf vor allem für Berichte zu Fragen der Jugend, »Aus unserer CAJ« oder »Aus unserem Sozialinstitut« genutzt wurde. Unter der Überschrift »Kleine Gruppen ... ganz groß!« gab man auf der letzten Seite des Verbandsorgans den einzelnen Werkvolkgruppen Raum, ihre Arbeit darzustellen. Die Rubrik »Aus dem / Für den Betrieb« auf Seite zwei wiederum informierte über Rentenansprüche[40], die Sozialen Wahlen[41], die Betriebsratswahlen[42] oder andere gesetzliche Bestimmungen zum Wohl der Arbeitnehmer; die »Kleine Zonenzeitung« wiederum über Vorgänge in der sowjetischen Besatzungszone. In der Rubrik

---

[33] Eine nach Berufsständen (Arbeiter, Angestellte, Beamte) geordnete Liste der Adressen mit einem Musterschreiben vom 17. Februar 1947. KAB VZ NL Schwarz.
[34] Die letzte Folge erschien im November 1971. Vgl. T. LINDERMÜLLER, Der Soziale Katechismus.
[35] WERKVOLK, Nr. 1, Januar 1951.
[36] WERKVOLK, Nr. 11, November 1955.
[37] WERKVOLK, Nr. 10, Oktober 1959, bis WERKVOLK, Nr. 12, Dezember 1959.
[38] WERKVOLK, Nr. 4, April 1963.
[39] WERKVOLK-FÜHRUNG, Nr. 3, Mai 1949.
[40] WERKVOLK, Nr. 8, August 1952; WERKVOLK, Nr. 9, September 1952.
[41] WERKVOLK, Nr. 10, Oktober 1952; WERKVOLK, Nr. 11, November 1952; WERKVOLK, Nr. 12, Dezember 1952.
[42] WERKVOLK, Nr. 3, März 1953.

»Unser Bücher-Katalog« wurden dem Leser sowohl Titel zur Weiterbildung als auch zur religiösen Erbauung und zur Unterhaltung vorgestellt[43]. In der Beilage »Feierabend«, die besonders »großen Anklang« bei den Lesern fand[44], wurden Gedichte und Kurzgeschichten abgedruckt und kulturelle Themen behandelt. Die Spannbreite der Artikel reichte von »Weihnachten – heute«[45], über »Ehe und Jungfräulichkeit«[46] bis zum »Theater«[47].

Neben diesen festen Rubriken gab es immer wieder Artikelserien; so wurden die Mitglieder etwa durch Länderberichte über andere Regionen der Welt informiert[48]; zum Teil wurden hierbei die Lebensbedingungen der dortigen Arbeiterschaft zu den deutschen Verhältnissen in direkten Bezug gesetzt, wie etwa bei einem weltweiten Vergleich der zum Erwerb bestimmter Grundnahrungsmittel nötigen Arbeitszeit[49] oder dem Bericht über eine Hochschule für Werkstudenten in den USA[50].

Am Ende des Untersuchungszeitraums veränderte sich das Verbandsorgan gravierend. Hatte man bereits 1959 das Format vergrößert und das Layout geändert, so lag ab der Mai-Ausgabe des Jahres 1961 die Verantwortung für die Verbandszeitung nicht mehr ausschließlich in den Händen von Toni Lindermüller, sondern in denen eines Redaktionsstabes. Mit der Vereinigung des »Werkvolks« und der Mitgliederzeitung des Landesverbands Rottenburg, des »Ketteler-Rufs«, wurde der Inhalt des Verbandsorgans nun im wesentlichen auf anfänglich vierteljährlichen, dann halbjährlichen Redaktionskonferenzen festgelegt, an denen Lindermüller nur noch als »primus inter pares« teilnahm[51].

Während des gesamten Untersuchungszeitraums bemühten sich die Verantwortlichen des Süddeutschen Verbands, den persönlichen Bezug der zur Ab-

---

[43] Hier finden sich unter anderm Titel wie Romano Guardini: Das Ende der Neuzeit, oder Guido Fischer: Christliche Gesellschaftsordnung und Sozialpraxis des Betriebes. WERKVOLK, Nr. 3, März 1951.
[44] Josef Schinner an Franz Pickel, 28. Januar 1949. KAB VZ G I / Würzburg 1949–1964.
[45] WERKVOLK, Nr. 1, Januar 1951.
[46] WERKVOLK, Nr. 2, Februar 1952.
[47] WERKVOLK, Nr. 1, Januar 1953; WERKVOLK, Nr. 2, Februar 1953.
[48] So etwa 1953 den »Blick über den Zaun« auf Seite 2, wo Österreich (WERKVOLK, Nr. 1, Januar 1953), das Saargebiet (WERKVOLK, Nr. 2, Februar 1953), Holland (WERKVOLK, Nr. 4, April 1953) und die Schweiz (WERKVOLK, Nr. 5, Mai 1953) behandelt wurden; dieser Rubrik waren zusammenhängende Berichte über die Vereinigten Staaten von Amerika (WERKVOLK, Nr. 2, Februar 1951; WERKVOLK, Nr. 3, März 1951; WERKVOLK, Nr. 4, April 1951) sowie Spanien und Portugal (WERKVOLK, Nr. 8, August 1952; WERKVOLK, Nr. 9, September 1952; WERKVOLK, Nr. 10, Oktober 1952) vorausgegangen.
[49] WERKVOLK, Nr. 2, Februar 1953.
[50] WERKVOLK, Nr. 7, Juli 1951.
[51] Die Protokolle der Redaktionskonferenzen, in denen auch die jeweiligen Teilnehmer verzeichnet sind, haben sich erhalten. Vgl. KAB Ro Redaktionskonferenzen 1961–1976.

I. Die Bildungs- und Schulungsarbeit 157

nahme des Verbandsorgans verpflichteten Mitglieder zu »ihrer« Zeitschrift zu erhöhen. So wurde etwa im Frühjahr 1953 der Herstellungsprozeß des »Werkvolk« in der Druckerei unter dem Titel »Mein Lebenslauf« mit einem längeren, reich bebilderten Artikel geschildert[52]. In den Augen der Verbandszentrale war das Verbandsorgan »Werkvolk« stets die Zeitung, durch die alle Mitglieder »mit den geistigen Waffen ausgerüstet werden, die für ihre Verhältnisse passen«. Man war der Meinung, »daß die Wichtigkeit und Bedeutung einer aktiven Mitgliedschaft von der eigenen Verbandszeitung abhängt«, und nahm den Standpunkt ein, »daß für die Werkvolkgemeinschaften nur die Werkvolkzeitung in Betracht kommt«[53]. Verstärkt wurde diese Haltung dadurch, daß sich selbst »die christliche Presse« in ihrer Berichterstattung den Fragen der katholischen Arbeiterschaft keineswegs immer in dem Ausmaß widmete, wie es aus der Sicht des Werkvolks notwendig und selbstverständlich gewesen wäre. So brachte zwar etwa das Bistumsblatt der Diözese Münster auf seiner 1. Seite einen Aufruf an alle christlichen Arbeitnehmer zu den Betriebsratswahlen, in der Kirchenzeitung des Bistums Eichstätt aber wurde dieses Ereignis nicht einmal erwähnt[54].

b) *Ketteler-Werk-Führung, Werkvolk-Führung, Ketteler-Werk-Präses, Priester und Arbeiter*

Den führenden Repräsentanten der einzelnen Werkvolkgemeinschaften standen weitere Publikationen zur Verfügung, die sich aber im Gegensatz zur Verbandszeitschrift bewußt nicht an alle Mitglieder richteten.

Im Frühjahr 1946 wandte sich die Verbandsleitung – noch unter dem Titel »Ketteler-Werk-Führung« – zum ersten Mal auf dem Weg eines gedruckten Manuskripts an die lokalen Vorstandschaften, um ihnen auf diesem Weg Anregungen für die praktische Vereinsarbeit zu geben[55]. Obwohl von den verschiedenen Diözesanverbänden und ihren Werkvolkgemeinschaften immer wieder gefordert wurde, diese Publikation des Verbands in regelmäßiger Reihenfolge, und zwar entweder monatlich oder zumindest alle zwei Monate, erscheinen zu lassen[56], gelang dies der Verbandszentrale nicht. Während des Untersuchungszeitraums erschien

---

[52] WERKVOLK, Nr. 4, April 1953.
[53] Josef Schinner an Josef Eisemann, 22. August 1950. KAB VZ G III / Schweinfurt 1947–1954. Trotz der Bemühungen der Verbandszentrale und Vorsprache bei Diözesanpräses Kolb wurde aber etwa in Würzburg unter Berufung auf den Wunsch von Bischof Julius Döpfner auch die Lektüre der Zeitschrift »Mann in der Zeit« empfohlen. Vgl. etwa KONTAKT (Würzburg), Nr. 4, März 1956. DAW Druckschriften.
[54] Bericht Volksbüro – Raum Ingolstadt, o. D. (wohl 1961). DA EI BA Werkvolk 1949–1967.
[55] KETTELER-WERK-FÜHRUNG, Nr. 1, 1946.
[56] Vgl. etwa Antrag des Diözesanverbands auf der Verbandsleitungssitzung, 16. Oktober 1953 (KAB VZ 17a / Verbandsausschuß 1947–1954) oder den Antrag Kempten an den Diözesantag des

die »Werkvolk-Führung« nur in unregelmäßiger Folge[57] und mit schwankendem Umfang (4-93 Seiten), der aber ab Anfang der sechziger Jahre immerhin stark zunahm. Durch die Werkvolkführung wurden die Verantwortlichen vor Ort mit den wichtigsten Informationen über die Entwicklung des Verbands, mit Redeskizzen und anderem Material für die Gestaltung ihre Arbeit versorgt, wobei sich einzelne Hefte ab 1950 gezielt an die verschiedenen Funktionsträger eines Ortsverbands (Präses, Vorstand, Vorsteherin, Schriftführer, Kassier) wandten. Ab 1959 standen hierbei vor allem die »Jahresthemen« der Bildungsarbeit im Vordergrund. Sie wurden anfänglich durch die Verbandszentrale festgelegt. Am Ende des Untersuchungszeitraums aber wurde diese Vorgehensweise durch die Vertreter des Arbeitskreises der Diözesanverbände hinterfragt und schließlich bestimmt, daß die Verbandsleitung nur mehr in Absprache mit den Vertretern der Diözesanverbände das jeweilige Jahresthema beschließen sollte[58].

Die ebenfalls unregelmäßig erscheinenden Hefte des »Ketteler-Werk-Präses« wurden wie die Exemplare der »Ketteler-Werk-Führung« nur in der Zahl der aktuell dem Verband angegliederten Vereine gedruckt, da die Geschäftsführung davon ausging, daß »sie durch die rasch veränderten Zeitverhältnisse schnell unbrauchbar werden und dann ohnehin wertlos sind«[59]. Sie richteten sich an die Präsides, in deren Händen »gemäß dem Wunsch und Willen der kirchlichen Obrigkeit« die Führung jeder Werkvolkgemeinschaft lag[60]. Der Inhalt des »Ketteler-Werk-Präses« bestand zum größten Teil aus Predigtvorlagen und Entwürfen zur Gestaltung von Andachten oder Feierstunden. Außerdem kamen hier Ansprachen des Papstes oder der Bischöfe zum Abdruck. Ab 1948 ging das spezielle Mitteilungsblatt für die Präsides in der »Werkvolk-Führung« auf, die nun in Ausgaben für den »Präses«, den »Vorstand«, den »Schriftführer« einer Werkvolkgemeinschaft erschien.

Die vom Westdeutschen Verband ab Herbst 1950 herausgegebene, regelmäßig alle zwei Monate erscheinende Zeitschrift »Priester und Arbeiter« wurde auch im Gebiet des Süddeutschen Verbands von vielen Präsides gelesen. Dies wurde von der Verbandsleitung und den Diözesanpräsides nicht nur geduldet, sondern

---

Katholischen Werkvolks der Diözese Augsburg, 18.-19. April 1953 (KAB A Diözesantage 1947-1959).

[57] Im Archiv des Süddeutschen Verbands lassen sich für 1946 vier, 1947 eine, 1948 eine, 1949 fünf, 1950 drei, 1951 eine, 1952 eine, 1953 drei, 1954 zwei, 1955 zwei, 1956 keine, 1957 eine, 1958 zwei, 1959 eine, 1960 vier, 1961 eine, 1962 eine und 1963 eine Nummer(n) nachweisen. KAB VZ Broschüren.

[58] Protokoll der Verbandsleitungssitzung, 28. Februar 1964. KAB VZ Verbandsleitung 1964-1967.

[59] Josef Schinner an Josef Eisemann, 13. März 1950. KAB VZ G III / Schweinfurt 1947-1954.

[60] KETTELER-WERK-PRÄSES, Nr. 1, 1946.

I. Die Bildungs- und Schulungsarbeit

ausdrücklich unterstützt[61]. Auch in Süddeutschland galt »Priester und Arbeiter« als die Zeitschrift für die Präsides der katholischen Arbeiterbewegung[62]. Sie beschäftigte sich mit allen Bereichen des öffentlichen Lebens. Neben Beiträgen zur katholischen Soziallehre und dem Verbandsleben standen Ausführungen zu allgemeinen gesellschaftlichen und politischen Fragen. Sie waren so aufgebaut, daß sie auch als Predigtvorlagen verwendet werden konnten. Darüber hinaus bot die Zweimonatsschrift ihren Lesern gelegentlich unter dem Titel »Fest und Feiergestaltung« auch Anregungen zur Gestaltung des geselligen Lebens innerhalb eines Ortsvereins. Ab 1955 trat hierfür noch die Rubrik »Für die Materialmappe« hinzu. Einige Seiten über »Bücher für Priester und Arbeiter«, die sich am Ende jeden Hefts mit den wichtigsten Neuerscheinungen auf sozialem und politischen Gebiet befaßten, rundeten die Zeitschrift ab 1960 ab.

c) *Broschüren*

In der unmittelbaren Nachkriegszeit empfand man den Mangel an geeignetem Schrifttum für die Verbandsarbeit und zur Verbreitung des Gedankenguts der katholischen Soziallehre als besonders drückend, doch gerade in diesen Jahren hatte der Verband stark mit der Papierknappheit zu kämpfen, so daß es immer wieder vorkam, daß die Verbandszentrale nicht allen Wünschen entsprechen konnte, die aus den Diözesen an sie herangetragen wurden[63].

Unter den damaligen Broschüren erlangte neben den Enzykliken »Rerum novarum« und »Quadragesimo Anno« sowie einer Ausgabe von vier Ansprachen von Papst Pius XII. zur neuen Sozialordnung[64] vor allem das sogenannte »Soziale ABC« besondere Bedeutung. Es war aus Schulungskursen des Werkvolks auf Burg Feuerstein bei Bamberg erwachsen und sollte den Rednern »eine gute Unterlage« geben sowie »vielseitiges Material für alle nur denkbaren Vorträge« bieten. Die Redevorlagen wurden ergänzt durch Worterklärungen und Zitate für die Aussprache, Angaben über weiterführende Literatur und Vorschläge für

---

[61] Auf Beschluß der Diözesanpräsides wurden bereits 1951 an alle Werkvolk-Präsides eine Werbenummer mit einem Begleitbrief versandt. Verbandspräses Anton Maier bezeichnet hierbei »Priester und Arbeiter« ausdrücklich als »unsere Zeitschrift«. Anton Maier an Ludwig Stangl, 7. Juni 1951. KAB VZ Diözesanverband Augsburg bis 1964.

[62] Vgl. etwa für die Diözese Regensburg WERKVOLK, Nr. 9, September 1952.

[63] Vgl. etwa Josef Schinner an Franz Pickel, 4. Mai 1948. KAB VZ G I / Würzburg 1949–1964. So kam es, daß noch zwei Jahre nach Kriegsende etwa selbst alte Sekretäre, die bereits in der Weimarer Republik für die katholische Arbeiterbewegung gewirkt hatten, nicht im Besitz des Textes der Enzyklika »Quadragesimo anno« waren. Josef Deckert an das Ketteler-Werk, 22. August 1947. KAB VZ G III / Schweinfurt 1947–1954.

[64] PAPST PIUS XII., Wegweiser.

Lieder und Texte zur weiteren Gestaltung einer Monatsversammlung[65]. Diese Broschüre wurde nicht nur im süddeutschen, sondern auch im westdeutschen Raum zu einem festen Begriff[66].

Nachdem durch die Verbandszentrale noch vor der Währungsreform in hoher Auflage sechs Broschüren zur katholischen Soziallehre gedruckt worden waren[67], hatten sich die Verhältnisse am Anfang der fünfziger Jahre gravierend verändert. Nun klagten die Sekretäre über »veraltete, stark abgelagerte Broschüren«, die ihnen von der Verbandszentrale zum Verkauf übersandt wurden und deren Preis allgemein als übertreuert empfunden wurde, vor allem da die Bundespressestelle die Diözesansekretariate des Werkvolks nun »fast täglich mit Propagandamaterial stoßweise« bedachte. Selbst die Vorstände und Präsides der einzelnen Vereine nahmen nun die Broschüren des Verbands nur mehr ungern ab[68]. Die Zahl der von der Verbandszentrale vertriebenen Broschüren erhöhte sich zwar in den folgenden Jahren beträchtlich, doch stammten sie zum großen Teil aus der Feder von Mitgliedern des Westdeutschen Verbands[69]. Innovatives, in Süddeutschland erarbeitetes Werbematerial wurde den Ortsvereinen erst im Rahmen der Aktionsrunde am Ende der fünfziger Jahre wieder zur Verfügung gestellt[70].

Nachdem man am Beginn der fünfziger Jahre auf lokaler Ebene gelegentlich in Zusammenarbeit mit einzelnen Buchhandlungen eine »Buchausstellung« organisierte und Bücher zur Lektüre empfahl, um »auf diese Art, durch das gute Buch in gutem Sinne auf die öffentliche Moral und vor allen Dingen auf die Jugend einzuwirken«[71], und durch zentrale Aufklärungsarbeit mit Hilfe des Verbandsorgans versuchte, die »Schmutz- und Schundliteratur« einzudämmen[72], setzten in der zweiten Hälfte der fünfziger Jahre auch auf diözesaner Ebene Bestrebungen ein, die Lesekultur der Mitglieder des Verbands zu heben und zugleich die Ausstattung der Vereine mit organisatorischem Schrifttum zu verbessern. So wurde etwa im Oktober 1957 durch den Diözesanverband Regensburg »zur besseren Versorgung der Mitglieder mit Schrifttum« eigens ein »Werkvolkbuchvertrieb eingerichtet«, der »guten Zuspruch« fand und sich »erfreulich« entwickelte[73].

---

[65] SOZIALES ABC.
[66] WERKVOLK, Nr. 11, November 1951.
[67] Ein Verzeichnis der Ende 1948 lieferbaren Borschüren findet sich in WERKVOLK-FÜHRUNG 1948.
[68] Otto Fahrner an Anton Maier, 4. August 1953. KAB VZ G II / Aschaffenburg 1944–1964.
[69] Vgl. hierzu etwa die umfangreiche Auflistung des »Verbandsschrifttums« in WERKVOLK-FÜHRUNG, Februar 1955.
[70] Vgl. S. 186–189.
[71] WERKVOLK, Nr. 1, Januar 1952.
[72] WERKVOLK, Nr. 8, August 1953. Zu den Buchempfehlungen im Verbandsorgan unter der Rubrik »Unser Bücher-Katalog« vgl. S. 156.
[73] Rechenschaftsbericht des Regensburger Diözesanvorstands, 1956 bis 1959, sowie Kassenbericht

d) *Schaukastendienst*

Hatte die Verbandszentrale noch Mitte der fünfziger Jahre ihren einzelnen Ortsvereinen zur ansprechenden Gestaltung des Schaukastens noch die im kirchlichen Sebaldus-Verlag erscheinende Zeitschrift »Gong« empfohlen, deren Bilder sich »zum Aushang im Vereinskasten« durchaus eigneten[74], so ging man 1959 daran, einen eigenen Schaukastendienst zu entwickeln. Nach sehr bescheidenen Anfängen griff Ende 1962 bereits fast jede zweite Werkvolkgemeinschaft auf dieses kostenlose Angebot des Verbands zurück, das eigens angefordert werden mußte[75]. Allmonatlich erhielten die Ortsvereine aushangfertige Blätter, denen ab 1963 Erläuterungen zur Schaukastengestaltung beigefügt wurden. Diese wurden durch spezielle Kurse auf Bezirksebene ergänzt, bei denen Toni Lindermüller, der Presse-Referent des Verbands, sein Wissen an die einzelnen mit der Betreuung des Schaukastens Beauftragten weitergab. Lokal oder regional gestaltete Aushänge ergänzten das zentral vom Verband erstellte Material[76].

e) *»Neue Medien«: Diaserien, Filme, Rundfunk und Fernsehen*

Das in der Verbandsarbeit am häufigsten eingesetzte Medium waren Diaserien, zum Teil bereits von Tonbandsequenzen begleitet. Sie wurden den einzelnen Werkvolkgemeinschaften einerseits von der Verbandszentrale oder den Diözesanverbänden zur Verfügung gestellt, andererseits wurden sie von engagierten Mitgliedern selbst erstellt. Generell lassen sich mehrere Bereiche festhalten, in denen Lichtbilder vor allem verwandt wurden[77]: Bei der Schilderung des Lebens der Pfarrei[78], der Vertiefung von heimatgeschichtlichen Kenntnissen[79], bei Berichten von Wallfahrten[80] oder Reisen[81], zur Information über die Großveranstaltungen der katholischen Arbeiterbewegung[82] sowie des deutschen Katholizismus[83]

---

zum Diözesantag, 4. bis 5. Oktober 1958. KAB R Diözesantag; Protokoll der Diözesanvorstandssitzung, 19. November 1957. KAB R Diözesanvorstandschaft.

[74] WERKVOLK, Nr. 8, August 1956.
[75] WERKVOLK-FÜHRUNG, Januar 1960.
[76] WERKVOLK, Nr. 1, Januar 1963. Zur Plakatgestaltung vgl. WERKVOLK-FÜHRUNG, Januar 1960.
[77] Zahlreiche Belege hierfür finden sich in Umfrage zum Vereinsleben 1956. KAB VZ. Aus dieser seriellen Quelle sind auch die folgenden Beispiele entnommen.
[78] »Firmung 1954«, »Fahrtenbilder der Pfarrjugend« etc.
[79] »Schöne Heimat«, »Farbbilder von Berching«, »Geschichte unserer Emmeramskirche«, etc.
[80] »Fahrt nach Einsiedeln«, »Rom«, »Lourdes«, »Durch Spanien und Portugal nach Fatima«, etc.
[81] »Die schöne weite Welt«, »Urlaubsreise durch die Schweiz«, »Licht über Schweden«, »Paris«, etc.
[82] »Ketteler Gedenkfeier«, »Diözesantag 1955 in Freiburg«, »Internationale Tagung der KAB in Mailand«, etc.
[83] »77. Deutscher Katholikentag Köln«, etc.

und der Weltkirche [84] oder zur Illustration von Berichten aus der Mission [85]. Darüber hinaus wurden sie häufig auch zur Gestaltung von Weihnachts- oder Adventsfeiern herangezogen. Demhingegen wurden sie nur gelegentlich auch zur Vertiefung der liturgischen Kenntnisse der Werkvolkmitglieder [86] oder der Information über sozialpolitische Fragestellungen [87] genutzt. Hierbei griff man ebenso wie für politische Inhalte [88] zumeist auf Angebote der Verbandszentrale, der Bundesministerien, der CSU oder des »Comitees zur Verteidigung der christlichen Kultur« zurück [89], während Lichtbildervorträge über Wallfahrten oder Reiseberichte häufig von einzelnen Werkvolkmitgliedern selbst erstellt wurden. Durch überregional erstellte »Tonbilder« gelang es, das Veranstaltungsleben im gesamten Verbandsgebiet zu prägen. Ende 1963 konnten in der Verbandszentrale insgesamt 28 verschiedene »Tonbildschauen« abgerufen werden, die dort in unterschiedlicher Anzahl, bis zu fünf Exemplaren, vorrätig waren [90]. Aber auch die Bezirks- und Diözesanverbände bemühten sich um eine Vereinheitlichung der auf diesem Weg transportierten Inhalte [91]. So stellte etwa sowohl der Freiburger wie der Regensburger Diözesanverband seinen Ortsvereinen den Lichtbildervortrag »Lenin oder Bruder Klaus« zur Verfügung [92]. Der auf diözesaner Ebene angefertigte Lichtbildervortrag über die Aufbauleistungen des Eichstätter Diözesansiedlungswerks, das im Wesentlichen vom Werkvolk getragen wurden, wurde wiederum verbandsweit vertrieben [93].

Bereits in der unmittelbaren Nachkriegszeit wurden von einzelnen Vereinen aber nicht nur Diaserien eingesetzt, sondern auch die Bitte »um Übersendung

---

[84] »Der Eucharistische Weltkongreß in Rio de Janeiro«, etc.

[85] »Katholisches Leben in den nordischen Ländern«, »18 Jahre Seelsorgearbeit in Brasilien«, etc.

[86] »Herz Jesu-Verehrung«, »Das heilige Meßopfer«, »Liturgie der Kirchweih«, etc.

[87] »Das organische Ordungsbild der Gesellschaft«, »Entproletarisierung des arbeitenden Menschen«, »Werkvolk und Sozialprobleme unserer Zeit«, etc.

[88] »Dammbau tut not«, »Der große Irrtum«, »Moskau, das Mekka der Sowjets«, »Zustände in der Sowjetzone«, etc.

[89] Bezirksverband Nürnberg: Referate, Lichtbildervorträge, Filme, Juni 1963. KAB VZ F II / Nürnberg.

[90] Rundschreiben des Verbandssekretariats, 20. Dezember 1963. ABP KAB Kart. 52 Akt 154. Ein Vergleich mit dem Rundschreiben des Verbandssekretariats, 9. Oktober 1962 (ABP KAB Kart. 52 Akt 154), zeigt das Wachstum der Bestände der Verbandszentrale. Zum einen vermehrte sich zum Teil die Zahl der Exemplare eines Tonbilds, zum anderen stieg auch die Zahl der angebotenen Themen. 1962 waren es noch 24 gewesen.

[91] Eine Liste der vom Bezirksverband Nürnberg vertriebenen Lichtbildervorträge hat sich erhalten in KAB VZ F II / Nürnberg.

[92] Tätigkeitsbericht Werkvolk der Erzdiözese Freiburg, 1. Juni 1958 bis 15. November 1959 (KAB VZ 17c / Verbandsausschuß 1959–1971); Rechenschaftsbericht Wilma Beringer, 10. Juni 1956 bis 31. Juli 1957. KAB R Diözesanausschuß.

[93] WERKVOLK, Nr. 1, Januar 1954.

I. Die Bildungs- und Schulungsarbeit

von Filmstreifen« an die Verbandszentrale herangetragen. Doch da im Krieg alle Filme des Verbands verbrannt waren[94] und für einen erneuten Einstieg in die Filmproduktion die finanziellen Voraussetzungen fehlten[95], war der Verband bis zu Beginn der fünfziger Jahre gezwungen, auf das Institut für den Unterrichtsfilm und dessen Angebot zu verweisen[96]. Im Lauf der folgenden Jahre gelang es aber, einige eigene Filme für die Zwecke der Verbandsarbeit herzustellen, wie etwa den sogenannten »Werkvolkfilm«, »Werkvolk, ein soziales Problem unserer Zeit«, den man vor allem bei der Gründung einer neuen Werkvolkgemeinschaft einsetzte[97]. Darüber hinaus griff man wie bei den Lichtbildervorträgen gezielt auf Angebote anderer Organisationen wie etwa der befreundeten Arbeitnehmerverbände[98], des Zentralkomitees der deutschen Katholiken[99], der verschiedenen Diözesanfilmstellen[100], der Bundesministerien und der »Arbeitsgemeinschaft Demokratischer Kreise (ADK)«[101] zurück, die »laufend eine große Anzahl von Filmen vorrätig« hatte[102]. Zum Teil wurden den einzelnen Ortsvereinen unter demselben Titel sowohl Lichtbildervorträge wie Filme angeboten[103], um deren Inhalt den Mitgliedern unabhängig von der technischen Ausstattung der Werkvolkgemeinschaften vermitteln zu können. Vereinzelt lassen sich bereits für die Mitte der fünfziger Jahre von einzelnen Mitgliedern selbst erstellte Filme nachweisen, die wohl zumeist aus der Dokumentation von Urlaubsreisen erwachsen sind[104]. Daneben beteiligten sich aber auch die Diözesanverbände an der Erstellung von Filmmaterial zur Gestaltung des Vereinslebens ihrer Werkvolkgemeinschaften. So standen etwa im Erzbistum Bamberg ab dem 1. September 1952 Kurzfilme über die Werkvolkwallfahrt nach Vierzehnheiligen, die staatspolitische Tagung in Bamberg und die Einweihung der Segelflugschule auf der Burg Feuerstein zur Verfügung. Diese Filme sollten aber nicht nur an Vereinsabenden

---

[94] Zur Leofilm AG der Weimarer Republik vgl. D.-M. KRENN, Christliche Arbeiterbewegung, S. 341–349.
[95] WERKVOLK, Nr. 6, Juni 1951.
[96] WERKVOLK-FÜHRUNG, Mai 1949.
[97] Vgl. hierzu die Belege in Umfrage zum Vereinsleben 1956. KAB VZ.
[98] »CAJ in Rom«, »Katholisches Werkvolk am Rhein«, »Katholisches Werkvolk in Holland«, etc.
[99] »Katholikentagfilm«, »Kölner Katholikentag«.
[100] »Unser Liebfrauendom«, »Land um den Dom«, »Das Wunder von Assisi, Pegino und Violetta«, etc.
[101] »Ungarn in Flammen«, »Weg ohne Umkehr – West-Ostfrage«, »Heimat, wir schützen Dich (FDJ-Film)«, »Herrschaft unter dem roten Stern«, »Laßt uns auch leben«, »Rot greift an«, »Weg zur Freiheit«, etc.
[102] Bezirksverband Nürnberg: Referate, Lichtbildervorträge, Filme, Juni 1963. KAB VZ F II / Nürnberg.
[103] »Der große Irrtum«, »Lenin oder Bruder Klaus«, etc.
[104] »Spanien«, »Schweden«, »Tirol«, etc.

gezeigt werden, sondern aus der Sicht des Diözesanverbands durchaus auch mit Spielfilmen gekoppelt in Lichtspielhäusern zur Vorführung gebracht werden[105]. Generell stellten die Verantwortlichen des Verbands ein »ständiges Anwachsen der Filmvorführungen« in den Monatsversammlungen fest[106].

Der Film spielte bei den Überlegungen zur Bildungsarbeit des Werkvolks in der Nachkriegszeit aber nicht nur für die Gestaltung der Verbandsarbeit eine besonders wichtige Rolle. Angesichts von über einer Million Kinobesucher pro Tag in Deutschland am Anfang der fünfziger Jahre und der durch das Fernsehen zunehmenden »Breitenwirkung des Films«[107], erachtete man im Verband seine Bedeutung als »gewaltig«[108]. Dementsprechend ging man im Verbandsorgan immer wieder auf Fragen des Kinowesens und des rechten Gebrauchs von Filmen ein[109]. Der Film war in den Augen des Werkvolks nicht nur »ein Mittel der Unterhaltung«, sondern auch »ein Mittel der Bildung«. In der Abhängigkeit der Filmproduzenten vom Erfolg beim Publikum sah man die »Möglichkeit, auf das Filmschaffen einzuwirken und das Schlechte aus dem Film auszuschalten«. Das Ziel war, das Publikum durch »ein gewisses Filmapostolat« »für den guten Film zu erziehen«. Die entsprechenden Filme sollten nicht nur im Verbandsorgan eingehend besprochen werden, sondern auch anderorts die Produzenten und Verleiher, ja sogar die örtlichen Kinotheater herausgestellt werden[110]. Das Werkvolk forderte, das »Volk« und die »Jugend mit verlogenen Schilderungen eines unwirklichen Genußlebens aus den Traumfabriken des Films« nicht zu verbilden, sondern vielmehr durch die Darstellung der »Größe«, der »Bedeutung« und auch der »Härte [...] des Lebens der Arbeit« alle »zur Achtung vor der Arbeit« zu erziehen. Nicht »die Verherrlichung der Schönheitsköniginnen und Filmdiven« sollte im Mittelpunkt stehen, sondern »die wahre Schönheit der Mut-

---

[105] L. Unger, Katholische Arbeitnehmerbewegung, S. 237. Für das Erzbistum Freiburg läßt sich auch ein Film über einen Diözesantag nachweisen. Umfrage zum Vereinsleben 1956. KAB VZ.

[106] Vgl. etwa Jahresbericht des Bezirksverbands München, 1952. KAB VZ Diözesanverband München. In den 50 Werkvolkgemeinschaften des Bezirksverbands München fanden 1952 bereits über 64 Filmvorführungen statt. Diese Tendenz setzte sich im Lauf der fünfziger Jahre fort. So lassen sich etwa in München-St. Bonifaz gar 21 Filmvorführungen in einem Jahr nachweisen. Umfrage zum Vereinsleben 1956. KAB VZ.

[107] Werkvolk, Nr. 12, Dezember 1951.

[108] So Diözesanpräses Georg Meixner bei der Eröffnung der Luitpold-Lichtspiele am 25. März 1951. Zitiert nach L. Unger, Katholische Arbeitnehmerbewegung, S. 237.

[109] So etwa 1951: Werkvolk, Nr. 3, März 1951; Werkvolk, Nr. 5, Mai 1951; Werkvolk, Nr. 6, Juni 1951; Werkvolk, Nr. 9, September 1951; Werkvolk, Nr. 11, November 1951; Werkvolk, Nr. 12, Dezember 1951.

[110] Werkvolk, Nr. 3, März 1951; Werkvolk, Nr. 6, Juni 1951. Gelegentlich hatten solche Besprechungen aber auch die gegenteilige Wirkung: »Es ist traurig, aber wahr: eine ›gute Kritik‹ ist das Todesurteil eines Filmes«. Werkvolk, Nr. 9, September 1951.

I. Die Bildungs- und Schulungsarbeit

ter, des Vaters, des Mannes und der Frau der Arbeit«, »die wahren Helden der Arbeit«[111].

Mit seinen Bemühungen um Einflußnahme auf das Filmwesen entsprach das Werkvolk den Bestrebungen der deutschen Bischöfe am Anfang der fünfziger Jahre. Diese hatte sich unter dem Eindruck des Filmes »Die Sünderin« auf ihrer Tagung vom 21. bis 23. August 1951 in einer eigens eingesetzten Kommission sowie in der Plenarversammlung mit Fragen des Filmwesens auseinandergesetzt und unter anderem beschlossen: zur Aufklärung der Seelsorger und Jugenderzieher die Zeitschrift »Filmdienst« über die Amtsblätter zu empfehlen und zu gestatten, die durch den Bezug entstehenden Kosten aus der Kirchenkasse zu entnehmen; im Einklang mit den Weisungen Pius XI. in der Enzyklika »Vigilanti cura« vom 29. Juni 1936[112] nun auch in Deutschland eine katholische »Filmliga« ins Leben zu rufen[113], »die von den Gläubigen das schriftliche Versprechen fordert, die guten Filme zu fördern und die Glaube und Sitte widersprechenden Filme zu meiden«. Das vom Bischof von Rottenburg, Karl Joseph Leiprecht, vorbereitete Hirtenwort der deutschen Bischöfe, dessen Verlesung mit einer Diözesankollekte für die kirchliche Filmarbeit verbunden war[114], wurde nicht nur in den Amtsblättern der deutschen Diözesen[115], sondern auch im Verbandsorgan des Werkvolks abgedruckt[116]. Den Vorstellungen der Bischöfe entsprechend, daß das schriftliche Versprechen der Filmliga »am besten durch die katholischen Vereine« abgenommen werden könne[117], wurde durch das Werkvolk ein spezieller Vordruck hierfür erstellt und durch das Verbandsorgan verbreitet[118]. Zum Teil wurden die Seelsorger von ihren Oberhirten verpflichtet, nach der Verlesung des Hirtenbriefs am 9. Dezember 1951 innerhalb von drei Wochen die Gründung der Filmliga sowie die Zahl der Mitglieder in ihrem Bezirk an das zuständige Ordinariat weiterzumelden[119].

---

[111] Werkvolk, Nr. 5, Mai 1953.
[112] Druck: AAS 28 (1936), S. 249–263.
[113] In verschiedenen Diözesen war bereits im Frühjahr 1951 zu ihrer Gründung aufgerufen worden. Vgl. etwa Pastoralblatt Eichstätt, Nr. 7, 30. April 1951.
[114] Protokoll der Plenarkonferenz der Bischöfe der Diözesen Deutschlands in Fulda, 21. bis 23. August 1951. ABP OA Episc H 6 b. Leiprecht war auf dieser Sitzung das Filmreferat der Bischofskonferenz übertragen worden war.
[115] So etwa in Pastoralblatt Eichstätt, Nr. 16, 28. November 1951, S. 181–186: Hirtenwort der deutschen Bischöfe zur Filmfrage, datiert auf 21. August 1951.
[116] Werkvolk, Nr. 12, Dezember 1951.
[117] Protokoll der Plenarkonferenz der Bischöfe der Diözesen Deutschlands in Fulda, 21. bis 23. August 1951. ABP OA Episc H 6 b.
[118] Werkvolk, Nr. 12, Dezember 1951.
[119] So etwa im Bistum Eichstätt. Pastoralblatt Eichstätt, Nr. 16, 28. November 1951, S. 181–186.

Um stärker als bisher, über den Nicht-Besuch schlechter Filme hinaus, Einfluß auf das Filmwesen auszuüben, eröffnete der Diözesanverband Bamberg des Katholischen Werkvolks am 25. März 1951 in den wiedererworbenen Bamberger »Luitpoldsälen« ein eigenes »Lichtspieltheater«, das 800 Personen Platz bot[120]; in Nürnberg betrieb er das Kino »Schauburg«[121]. Beide Lichtspielhäuser bildeten aus der Sicht des Werkvolks »ein Bollwerk gegen die Hersteller und die Verantwortlichen der zur Zeit auf den Filmmarkt geworfenen seichten Unterhaltungsfilme aller Schattierungen«[122].

Neben dem Film bemühte sich das Werkvolk, auch das Radio für seine Zwecke einzusetzen. In den Augen des Verbands stellte der Besitz eines Radios »kein Privileg für Auserwählte« dar, sondern war vielmehr »allgemein als Volksbildungsmittel« zu bewerten. Hinzu kam die praktische Überlegung, daß der Mann einer Arbeiterfamilie dadurch vom Wirtshausbesuch abgehalten werden konnte[123]. Über das Verbandsorgan forderte man die Mitglieder aber auf, das Rundfunkprogramm nicht »als feststehende Tatsache hinzunehmen«, sondern vielmehr das »Gedankengut« des Werkvolks auch auf diesem Weg zu »verbreiten«[124]. Dementsprechend wurde etwa am 31. Mai 1951 die Schlußfeier des Sechsmonats-Kurses aus dem Sozialinstitut Kochel-Seehof übertragen. Rektor Berchtold hatte außerdem zwei Tage zuvor, am 29. April 1951, im Rahmen der Katholischen Morgenfeier bei Radio München über das Thema »Die Kirche und die Arbeiterschaft« gepredigt[125]. Im selben Sender sprach am 11. November 1951 auch Verbandspräses Anton Maier[126].

Dem Medium »Fernsehen« stand man seitens des Verbands offen gegenüber. Toni Lindermüller beurteilte es als »eine ganz feine Sache«[127]. Doch nutzte der Verband das neue Massenmedium während des Untersuchungszeitraums noch nicht zur Selbstdarstellung.

---

[120] WERKVOLK, Nr. 6, Juni 1951.
[121] L. UNGER, Katholische Arbeitnehmerbewegung, S. 239.
[122] WERKVOLK, Nr. 11, November 1951.
[123] WERKVOLK, Nr. 8, August 1952.
[124] WERKVOLK, Nr. 4, April 1951. Als Beispiel hierfür wurde an dieser Stelle näher auf das Hörspiel »Bayerischer Herodes« des Werkvolkmitglieds Hanns Vogel aus München im Bayerischen Rundfunk eingegangen.
[125] Rundschreiben des Verbandssekretariats, 7. Mai 1951. AEB KAB Kart. 70.
[126] WERKVOLK, Nr. 11, November 1951.
[127] WERKVOLK, Nr. 9, September 1951.

f) Die Katholischen Sozialen Wochen

Ursprünglich am Anfang des Jahrhunderts in Frankreich entstanden[128], fand diese Form, Inhalte der katholischen Soziallehre an breite Bevölkerungsschichten zu vermitteln, in Deutschland durch Pater Franz Prinz SJ Eingang, der auf sie während der Zeit seiner ordensinternen Ausbildung in Valkenburg aufmerksam geworden war[129]. Pater Prinz ging es bei der Sozialen Woche darum, »Aktivisten« aus den Reihen der katholischen Arbeiterschaft Grundzüge der christlichen Gesellschaftslehre und Wirtschaftsordnung zu vermitteln und sie so zu einem »Laienapostolat im wahrsten Sinne des Wortes« zu befähigen[130].

Das Vorhaben einer Katholischen Sozialen Woche »für die ganze USA-Zone«[131] erfuhr breite Unterstützung durch die kirchlichen Funktionsträger Bayerns. Zum einen wurde die Arbeit des Vorbereitungskomitees durch direkte materielle Zuwendungen unterstützt[132], zum anderen wurde in der kirchlichen Presse an markanter Stelle auf die Soziale Woche und ihre Bedeutung hingewiesen[133].

Am Montag, dem 18. August 1947 morgens eröffnete Weihbischof Neuhäusler mit einem Gottesdienst die 1. Katholische Soziale Woche in München, die überschrieben war: »Der Christ in der heutigen Wirtschaft«. Stand der erste Tag ausschließlich im Zeichen der beiden großen Grundsatzreferate von Oswald von Nell-Breuning und Adolf Weber, so wurden in den folgenden Tagen jeweils zwei vormittags gehaltene Reden am Nachmittag in mehreren Aussprachekreisen intensiv nachbereitet. Beendet wurde die 1. Katholische Soziale Woche mit einer Großkundgebung, auf der ursprünglich ein »Sozial- und Wirtschaftsprogramm auf christlicher Grundlage« hätte verkündet werden sollen[134]. Stattdessen sprach

---

[128] Zu Idee und Geschichte der Sozialen Wochen Frankreichs vgl. Papst Pius XII. an Charles Flory, 14. Juli 1954. Druck: A.-F. UTZ / J.-F. GRONER, S. 2445–2453.

[129] P. Franz Prinz SJ, 27. Juni 1994. Vor Deutschland waren bereits Italien, Spanien, Kanada und die Schweiz dem Beispiel Frankreichs gefolgt. Auch über die Sozialen Wochen dort wurde im Verbandsorgan berichtet. Vgl. etwa WERKVOLK, Nr. 7, Juli 1953. Die Herausgeber der Zeitschrift »Dokumente« stellten den Verantwortlichen der katholischen Arbeiterbewegung Süddeutschlands Einladungen zu den Sozialen Wochen in Frankreich zu. Vgl. etwa ein Exemplar für die Soziale Woche des Jahres 1953 in AEB KAB Kart. 68. Eine Zusammenstellung der Themen aller Sozialen Wochen in Österreich, Frankreich, Italien und Spanien und der in Deutschland über sie erschienenen Berichte für die Zeit von 1945 bis 1965 hat sich erhalten in AZDK 4240/14.

[130] Bericht über die Arbeitstagung der Diözesan- und Bezirkssekretäre des Katholischen Werkvolks, 17.–18. April 1947. KAB VZ 2a / Verbandsausschuß 1954–1959.

[131] P. Franz Prinz SJ an Michael Kardinal von Faulhaber, 9. April 1947. KFA 6506.

[132] Bericht über die Sitzung zur Vorbereitung der sozialen Woche, 6. März 1947. KFA 6505.

[133] Siehe etwa die ersten beiden Seiten der MÜNCHENER KATHOLISCHEN KIRCHENZEITUNG, Nr. 33, 17. August 1947.

[134] Nachdem 1946 auf der Plenarkonferenz der deutschen Bischöfe die große Bedeutung, die der sozialen Frage zukam, nochmals unterstrichen worden war (Protokoll der Plenarkonferenz der Bischöfe der Diözesen Deutschlands, 20.–22. August 1946. KFA 4076), wurde auf Anregung des

Dompfarrer Karl Abenthum das Schlußwort: »Die Not unserer Zeit, und was sagt die Kirche dazu«[135]? Durch die Katholische Soziale Woche erfuhren die aus allen Teilen Deutschlands angereisten Teilnehmer zahlreiche Anregungen. War es in ihrer Vorbereitungsphase zu einer ersten inhaltlichen Abstimmung im Hinblick auf ein von der Bischofskonferenz gewünschtes sozial-wirtschaftliches Programm gekommen, so trugen nun die Teilnehmer die in der Sozialen Woche vermittelten Inhalte als Multiplikatoren ins ganze Land. Darüber hinaus erschienen die Referate der Tagung in einer Auflage von 5000 Stück im Druck[136] und wurde das Konzept der Katholischen Sozialen Woche in weiteren, ähnlichen Kundgebungen auf lokaler Ebene nachgeahmt. So fand etwa vom 19. bis 23. November 1947 auch in Landshut eine Katholische Soziale Woche statt[137]. In Peiting, Diözese München, hatte man bereits im April 1947, im Vorgriff auf die Münchener Veranstaltung, eine dreitägige »Soziale Woche« abgehalten, die bis in die fünfziger Jahre hinein alljährlich wiederholt wurde[138] und sich thematisch am Münchener Vorbild ausrichtete[139].

Der Erfolg der 1. Katholischen Sozialen Woche führte dazu, daß sich das Vorbereitungskomitee entschloß, 1948 erneut eine Katholische Soziale Woche zu organisieren. Ursprünglich war vorgesehen gewesen, sie nicht wieder in München,

---

Bischofs von Fulda, Johann Baptist Dietz, ein soziales und wirtschaftliches Programm erarbeitet (P. Franz Prinz SJ an Michael Kardinal von Faulhaber, 11. August 1947. KFA 6505). Nachdem es bereits vorab einige Besprechungen zwischen Kardinal Frings und führenden katholischen Soziologen, Sozialethikern, Arbeitersekretären sowie Vertretern der Industrie und der Wirtschaft in Köln gegeben hatte (Niederschrift über den Verhandlungsverlauf der Metropoliten-Konferenz zu Fulda, 1.–3. Juli 1946. KFA 4076), verschob sich die programmatische Arbeit nach Süddeutschland. Unter Leitung von Professor Dr. Adolf Weber wurde in verschiedenen Arbeitskreisen ein Entwurf eines sozialen und wirtschaftlichen Programms der Kirche erarbeitet (Der Entwurf hat sich erhalten in KFA 6505). Nach erneuter Diskussion im bayerischen wie im gesamtdeutschen Episkopat und der Anhörung einer Reihe weiterer prominenter Wissenschaftler wurde dieses »Sozial- und Wirtschaftsprogramm auf christlicher Grundlage« aber erst im Anschluß an die 1. Katholische Soziale Woche veröffentlicht (P. Franz Prinz SJ an Michael Kardinal von Faulhaber, 11. August 1947. KFA 6505; Protokoll der Plenarkonferenz der Bischöfe der Diözesen Deutschlands in Fulda, 19.–21. August 1947. ABP OA Episc H 6 b). Exemplare des gedruckten Programms haben sich in AMSJ NL Prinz D 1 sowie in AZDK 4240/14 erhalten) und nicht wie geplant auf der Schlußkundgebung der Katholischen Sozialen Woche. Teile von ihm gingen auch in den Hirtenbrief der deutschen Bischöfe zur sozialen Neuordnung ein (Der Hirtenbrief ist auszugsweise gedruckt bei W. LÖHR, Hirtenbriefe, Nr. 50, S. 210–215).

[135] Programm der Katholischen Sozialen Woche, 18.–22. August 1947. KFA 6505. Zum Verlauf der 1. Katholischen Sozialen Woche vgl. auch MÜNCHENER KATHOLISCHE KIRCHENZEITUNG, Nr. 35, 31. August 1947. Hier ist auch das erwähnte »Sozial- und Wirtschaftsprogramm auf christlicher Grundlage« abgedruckt.

[136] H. KREHLE, Weg aus der Not.

[137] Deren Programm in KFA 6506.

[138] WERKVOLK, Nr. 6, Juni 1951

[139] WERKVOLK, Nr. 10, Oktober 1952.

I. Die Bildungs- und Schulungsarbeit

sondern in Verbindung mit dem Katholikentag in Mainz abzuhalten. Doch Probleme bei der Suche von Unterbringungsmöglichkeiten für deren potentielle Teilnehmer in Mainz führten dazu, daß auch die 2. Katholische Soziale Woche in München stattfand[140]. Daß diese dann aber erst 1949 möglich wurde, war eine Folge der Währungsreform[141].

Unter dem Motto »Christliche Neuordnung von Wirtschaft und Gesellschaft« befaßten sich auf der 2. Katholischen Sozialen Woche vom 10. bis zum 13. November 1949, wie bei der ersten Veranstaltung dieser Art, jeden Vormittag zwei einleitende Vorträge mit wichtigen Fragen der katholischen Soziallehre. Am Nachmittag wurden diese in Aussprachekreisen diskutiert. Darüber hinaus hatte man, in Ergänzung des alten Konzepts, noch für jeden Tag einen öffentlichen Abendvortrag in das Programm aufgenommen, um so berufstätigen Arbeitnehmern Münchens wenigstens eine partielle Teilnahme zu ermöglichen. Neben Oswald von Nell-Breuning oder Guido Fischer, die bereits das Bild der 1. Katholischen Sozialen Wochen bestimmt hatten, traten 1949 die Repräsentanten der katholischen Arbeitnehmerverbände, die sich mittlerweile formiert hatten, als Referenten bedeutend stärker hervor als 1947. Zu nennen sind hier Prälat Hermann-Josef Schmitt für den Westdeutschen Verband der KAB und Carl Lang sowie Rektor Alfred Berchtold für das Werkvolk[142].

Die 3. Katholische Soziale Woche stand unter dem Generalthema »Die Familie« und fand vom 30. August bis zum 2. September 1951 erneut in München statt[143]. Im Gegensatz zu 1947 wurden 1951 die Referate zum überwiegenden Teil nicht von prominenten Repräsentanten der Arbeiterbewegung, sondern von ausgewiesenen Spezialisten gehalten. Der Süddeutsche Verband flankierte die 3. Katholische Soziale Woche, indem er in der August-Ausgabe des Verbandsorgans seine Mitglieder am Vergleichsbeispiel »Rußland« darauf hinwies, wie »zeit-

---

[140] P. Franz Prinz SJ an Michael Kardinal von Faulhaber, 9. März 1948. KFA 6505.
[141] Aufruf zur Bildung eines Vereins für »Freunde und Förderer der Katholischen Sozialen Woche«. KFA 6505. 1948 hatte in München zwar eine Katholische Soziale Woche stattgefunden, doch war sie nur »in einem ganz kleinen Rahmen durchgeführt worden« (WERKVOLK-FÜHRUNG, Februar 1949). Sie wurde wohl deshalb von den Veranstaltern offiziell nicht mitgezählt.
[142] Programm der 2. Katholischen Sozialen Woche, 10.–13. November 1949. KFA 6505. Ein Exemplar der als Manuskript gedruckten Entschließungen hat sich erhalten in AZDK 4240/14; sie wurden auch in der Münchener Kirchenzeitung veröffentlicht (MÜNCHENER KATHOLISCHE KIRCHENZEITUNG, Nr. 47, 20. November 1949). Die Referate sind gedruckt in H. KREHLE, Christliche Neuordnung.
[143] Programm der 3. Katholischen Sozialen Woche, 30. August bis 3. September 1951. KFA 6505 sowie AMTSBLATT MÜNCHEN-FREISING 1951, S. 169–170. Zum Verlauf vgl. auch CHRISTLICHER NACHRICHTENDIENST, 2. September 1951. KFA 6505. Die Sach-Referate sind gedruckt in DIE FAMILIE, IHRE KRISE UND DEREN ÜBERWINDUNG; der auf der Tagung erarbeitete »Vorschlag über die Bildung von Familienausgleichskassen« in H. KREHLE, Familienzulage.

gemäß« das Rahmenthema »Familie« war[144]. Die 4. Katholische Soziale Woche widmete sich vom 12. bis zum 14. November 1953 dem Thema »Soziale Sicherung durch Neuordnung des Eigentums«[145]. Unter den Referenten befanden sich Bundesarbeitsminister Anton Storch, P. Gustav Gundlach SJ und Josef Gockeln, der Vorsitzende des Westdeutschen Verbands. Kardinal Josef Wendel predigte nicht nur während des sonntäglichen Pontifikalgottesdienstes, sondern sprach auch im Rahmen der Abschlußveranstaltung im Kongreßsaal des Deutschen Museums[146]. Bei der 5. Katholischen Sozialen Woche vom 3. bis zum 6. November 1955 in München bildete »Die menschliche Verantwortung füreinander« das zentrale Rahmenthema der Vorträge[147].

Die 6. Katholische Soziale Woche vom 27. bis zum 31. Oktober 1958 mit dem Thema »Sorge um die Gesundheit in Selbstverantwortung und Gemeinschaftshilfe« fand dann nicht mehr in München, sondern in Köln statt[148]. Der westdeutsche Verbandspräses hatte sie »ohne vorherige Rücksprache mit den verantwortlichen Männern Süddeutschlands und vor allem ohne vorherige Rückfrage bei Sr. Eminenz dem H.H. Kardinal einberufen« und das unter der Vorgabe, für die »Katholische Soziale Woche e. V. München« einzuladen[149].

Abschließend läßt sich festhalten, daß die Katholischen Sozialen Wochen trotz des ausgiebigen Vortragsprogramms generell »nicht graue Theorie« bieten wollten. Vielmehr wurden »Erfahrungen und Erkenntnisse« von Männern »in maßgebenden Stellen der Wissenschaft und der Wirtschaft« den Teilnehmern »als nachzuahmendes Beispiel und anzustrebendes Ziel« vorgestellt. Zugleich sollten sich diese auf den Veranstaltungen »die Kraft holen, die aus dem Bewußtsein des Zusammenstehens entspringt und die notwendig ist, um die täglichen Hin-

---

[144] WERKVOLK, Nr. 8, August 1951.

[145] Einladung zur 4. Katholischen Sozialen Woche. PASTORALBLATT EICHSTÄTT, Nr. 13, 30. September 1953, sowie WERKVOLK, Nr. 11, November 1953. Ein Programm hat sich erhalten in AZDK 4240/14. Die Referate sind gedruckt in SOZIALE SICHERUNG DURCH NEUORDNUNG. Ein vom durchgeführten Progamm sich unterscheidender »Programm-Entwurf« findet sich in ACSP CSA 22.

[146] WERKVOLK, Nr. 12, Dezember 1953.

[147] Das Programm ist abgedruckt in WERKVOLK, Nr. 11, November 1955, die Vorträge in DIE MENSCHLICHE VERANTWORTUNG FÜREINANDER. Zum Verlauf der Veranstaltung vgl. auch die ausführliche Sonderausgabe des Pressedienstes der Katholischen Nachrichten-Agentur. AZDK 4240/14.

[148] Programm in AEB KAB Kart. 44. Die Referate sind gedruckt in SORGE UM DIE GESUNDHEIT.

[149] Aktenvermerk, 24. September 1958. AEB KAB Kart. 62. Überlegungen, die Katholische Soziale Woche aus München zu transferieren und vom Sozialreferat des neugegründeten Zentralkomitees der deutschen Katholiken vorbereiten zu lassen, hatte es bereits Ende 1953 gegeben (vgl. hierzu Erich Lampey an Karl Fürst zu Löwenstein, 9. November 1953. AZDK 4240/14); 1956 wurde die Katholische Soziale Woche vom Katholisch-Sozialen Institut der Erzdiözese Köln in Bad Honnef vorbereitet (SORGE UM DIE GESUNDHEIT, S. 8).

dernisse und Schwierigkeiten zu überwinden«[150]. Da die auf den Katholischen Sozialen Wochen in München diskutierten Fragen sowie ihre Entschließungen darüber hinaus auch allen Sekretären des Werkvolks zur Kenntnis gebracht wurden, die diese aus Sicht der Verbandsleitung wiederum als »Arbeitsmaterial« verwenden sollten[151], erreichte die Katholische Soziale Woche in Süddeutschland eine Breitenwirkung, die weit über den Personenkreis der unmittelbaren Teilnehmer hinausging. Durch den Abdruck einzelner Referate im Organ der Bischöflichen Hauptarbeitsstelle für Männerseelsorge in Fulda[152] strahlte die Katholische Soziale Woche aber auch nach Westdeutschland aus.

g) Das Katholische Sozialinstitut

Nach dem Zweiten Weltkrieg stellten sich die Verantwortlichen des Süddeutschen Verbands die Frage, ob und in welchem Rahmen man die »Katholisch-soziale Volkshochschule Seehof« in Kochel, durch die ein großer Teil der Funktionsträger der katholischen Arbeiterbewegung Bayerns gegangen war[153], wieder eröffnen sollte. Die Alternative war, den erst in der Weimarer Republik eingeschlagenen Weg der Heranbildung und Schulung der Funktionsträger der katholischen Arbeiterbewegung Süddeutschlands im eigenen Verbandsgebiet aufzugeben[154] und in Zukunft wieder auf die Schulungsangebote des Westdeutschen Verbands zurückzugreifen[155].

Innerhalb der Verbandsleitung des entstehenden Werkvolks entschied man sich von Anfang an für die erste Variante, die erneute Errichtung einer eigenen Ausbildungsstätte für die süddeutschen Funktionäre. So suchten bereits am 13. März 1946 Leopold Schwarz, Carl Lang, Sebastian Haslbeck und Max Hat-

---

[150] WERKVOLK-FÜHRUNG, Nr. 2, Februar 1949.
[151] Rundschreiben des Verbandssekretariats, 13. September 1951. ABP KAB Kart. 48 Akt 144.
[152] So etwa in MÄNNERSEELSORGER, Nr. 5, Mai 1952.
[153] Zur Bedeutung der Seehof-Schule für zahlreiche Verantwortliche der katholischen Sozialbewegung und führende katholische Parteipolitiker vgl. Ferdinand Buchwieser an Anton Maier, 12. Dezember 1949 (KFA 6506). Eine Liste ihrer Absolventen hat sich in ACSP NL Schinnagl erhalten.
[154] Zu Gründung, Entwicklung und Ende der Vorgängerinstitutionen des Katholischen Sozialinstituts der »Sozialen Hochschule Leohaus« sowie der »Katholisch-sozialen Volkshochschule Seehof« vgl. D.-M. KRENN, Christliche Arbeiterbewegung, S. 320–324, sowie D.-M. KRENN, Soziale Hochschule.
[155] Für den Untersuchungszeitraum ist vor allem das 1947 gegründete Katholisch-Soziale Institut der Erzdiözese Köln in Bad Honnef zu nennen (C. SCHENK, S. 8). 1952 wurden darüber hinaus im Bistum Münster auf Initiative von Bischof Michael Keller die »Sozialen Seminare« errichtet, eine Erwachsenenbildungseinrichtung, die in sechs Semestern nach einheitlichem Lehrplan eine Einführung in die katholische Soziallehre vermittelte (vgl. H. HÜRTEN, Michael Keller, S. 317; A. BECKEL; W. DAMBERG, Abschied vom Milieu, S. 149–151).

zinger den ehemaligen Leiter der Seehofschule, Dr. Franz Gruber[156], in Haag auf, wo dieser seit 1936 als Pfarrgeistlicher tätig war, um ihn dafür zu gewinnen, die Leitung des neu zu errichtenden Katholischen Sozialinstituts zu übernehmen. Doch Gruber lehnte aus gesundheitlichen Gründen ab[157]. So wandte man sich an den Kaplan von Bruckmühl, Alfred Berchtold, der bis 1938 im Bistum Salzburg als Diözesanpräses tätig gewesen war[158]. Nachdem Emil Muhler, der Berchtold aus der gemeinsamen Leidenszeit im KZ Dachau kannte, ihn für die Leitung des zu gründenden Sozialinstituts ins Gespräch gebracht hatte[159], suchten ihn am 12. Oktober 1946 Diözesanpräses Anton Maier, der spätere Verbandspräses, und Max Hatzinger auf und baten ihn, die Seehofschule wieder aufzubauen[160]. Alfred Berchtold sagte zu, doch die unklare besitzrechtliche Situation im Bezug auf den Seehof, der 1938 den »Schwestern der Heiligen Familie« durch einen »Scheinverkauf« überlassen worden war, um einer Konfiskation des Gebäudes durch nationalsozialistische Stellen zuvorzukommen[161], führten dazu, daß sich die Gründung des Sozialinstituts erneut verzögerte. Im Herbst 1947 gelang es wenigstens provisorisch, den Unterrichtsbetrieb aufzunehmen. Da sich die Rückgabeverhandlungen mit den »Schwestern der Heiligen Familie«, hinzogen, mietete das Werkvolk gemeinsam mit dem Landesverband der Kolpingsfamilie einen Trakt des Karmeliter-Klosters in Reisach, um dort abwechselnd Kurse abzuhalten[162]. Am 15. April 1948 wurde das Sozialinstitut des Werkvolks offiziell gegründet und am 2. Mai 1948 konnte der erste Wochenkurs stattfinden. Ihm folgten bis November 1949 fünfzehn weitere[163]. Nachdem der Süddeutsche Verband zumindest wieder als Mieter in Teile des Seehofs einziehen konnte, lud man im Herbst 1949 interessierte Mitglieder zu einem ersten Vierteljahres-Kurs ein, der am 1. Januar 1950 begann[164].

Die katholische Arbeiterbewegung war somit wieder mit einer eigenen Schulungseinrichtung in Kochel präsent. In diesem oberbayerischen Ort befanden sich aber in der Nachkriegszeit nicht nur die »Kaderschmiede« des Werkvolks, son-

---

[156] Zu seiner Person vgl. L. ANDERL, S. 57–63.
[157] Bericht Hatzinger, o.D. AMSJ NL Prinz D 1. Dr. Franz Gruber starb bereits am 22. Februar 1949. E. KELLNER.
[158] A. BERCHTOLD, Mein Weg, S. 41–59.
[159] A. MAIER, Wiedererrichtung, S. 84.
[160] Bericht Hatzinger, o.D. AoP SJ, München NL Prinz D 1.
[161] Vgl. KAB-DIÖZESANVERBAND MÜNCHEN UND FREISING, S. 24.
[162] A. MAIER, Wiedererrichtung, S. 84.
[163] T. LINDERMÜLLER, Sozialinstitut des Werkvolks, S. 17. Zum inhaltlichen Aufbau der Wochenkurse vgl. WERKVOLK-FÜHRUNG, Februar 1949.
[164] T. LINDERMÜLLER, Das Katholische Sozialinstitut, S. 40–42.

dern auch die Bildungsstätten der konkurrierenden Organisationen: des DGB[165] sowie der SPD. Letztere hatte im Herbst 1947 von der Militärregierung als Entschädigung für die von den Nationalsozialisten verfügte Enteignung des Verlagsgebäudes einer Parteizeitung das in Kochel gelegene Dessauer Schlößchen zugesprochen bekommen und dort am 25. Juli 1948 den Schulungsbetrieb aufnehmen können. Einen hauptamtlichen Direktor wie im Sozialinstitut gab es in der sozialdemokratischen Schulungsstätte nicht, vielmehr fungierte Waldemar von Knoeringen, der Landesvorsitzende der SPD, als Leiter der »Georg-von-Vollmar-Schule«. Die Referenten rekrutierten sich aus den Funktionären und Mandatsträgern der SPD. Die Kursteilnehmer setzten sich zum großen Teil aus Jungsozialisten und Vertrauensleuten der bayerischen Sozialdemokratie zusammen. Aus ihren Reihen ging wie aus dem Katholischen Sozialinstitut eine beachtliche Zahl späterer Landtags- und Bundestagsabgeordneter wie Partei-Funktionäre hervor[166].

War der Süddeutsche Verband bei den Verhandlungen, die zum Wiederbeginn der katholischen Sozialschule in Kochel führten, von den zuständigen kirchlichen Stellen unterstützt worden, so verweigerte nun das Münchener Ordinariat seine Zustimmung zur Berufung von Alfred Berchtold als Leiter des Sozialinstituts. Berchtold war der erzbischöflichen Verwaltung und Kardinal Faulhaber inzwischen durch mehrere öffentliche Äußerungen negativ aufgefallen[167]. Generalvikar Buchwieser ernannte deshalb nicht ihn, sondern Verbandspräses Maier zum verantwortlichen Leiter des Sozialinstituts und forderte die Erstellung eines ausführlichen Lehrplans, der der oberhirtlichen Stelle zur Genehmigung vorzulegen war. Nur gemäß dieses Lehrplans und unter der Weisungsbefugnis von Anton Maier wurde es Berchtold gestattet, seine Lehrtätigkeit aufzunehmen[168].

Trotz dieser problematischen Rahmenbedingungen gelang es Alfred Berchtold, sich als Leiter des Sozialinstituts auch gegenüber den kirchlichen Behörden zu behaupten. Ab 1951 übte er diese Funktion dann auch offiziell aus[169]. Er

---

165 Zum Kursbetrieb in der Gewerkschaftsschule in Kochel unter der Regie des Bayerischen Gewerkschaftsbundes bis zur Gründung des DGB vgl. M. SCHRÖDER, S. 76–77.
166 Zur Geschichte der »Georg-von-Vollmar-Schule« vgl. V. GABERT; zur Rolle von Knoeringens vgl. H. MEHRINGER, S. 336–337.
167 Vor allem durch sein Referat »Neugestaltung des Menschen« auf der zweiten Katholischen Sozialen Woche. Der Text des Referats in KFA 6506. In abgeänderter Form gedruckt in H. KREHLE, Christliche Neuordnung, 137–149. Berchtold fühlte sich von Kardinal Faulhaber, der über seine Rede »entsetzt« war, »mißverstanden«. Vgl. hierzu sowohl P. Franz Prinz SJ an Michael Kardinal von Faulhaber, 16. November 1949, sowie Alfred Berchtold an Michael Kardinal von Faulhaber, 13. Januar 1950. KFA 6506.
168 Ferdinand Buchwieser an Anton Maier, 12. Dezember 1949. KFA 6506.
169 Alfred Berchtold an Michael Kardinal Faulhaber, 20. Dezember 1951. KFA 6506.

tat dies bis zum 17. Dezember 1977[170]. Trotzdem gelang es dem Sozialinstiut nicht, zugleich auch eine räumliche Kontinuität aufzubauen. Nachdem man zum 1. Januar 1950 den Lehrbetrieb in Kochel hatte aufnehmen können, war man im Frühjahr 1951 gezwungen, sich um eine andere Unterkunft für die Bildungseinrichtung des Verbands zu bemühen. Da das Werkvolk nicht über die Mittel verfügte, den Seehof zurückzuerwerben, und die Schwestern darauf bestanden, in den Sommermonaten das Haus für Erholungsgäste völlig frei zu haben, entschloß sich die Verbandsleitung, den Kursbetrieb einzustellen. Rektor Berchtold begab sich auf Wanderschaft und hielt im gesamten Verbandsgebiet Wochenkurse ab. So besuchte er etwa Bad Wörishofen, Ramspau, Ramberg in der Pfalz, Nürnberg, Kleinheubach und Vierzehnheiligen[171]. Nachdem sich der Ankauf eines passenden Gebäudes in Murnau zerschlagen hatte[172], bot sich die Gelegenheit, im neuerrichteten katholischen Lehrlingsheim in Rosenheim einige Zimmer zu mieten, in denen ab 5. November 1952 der »Winterkurs 1952/53« stattfinden konnte[173].

Als Ergänzung zum Katholischen Sozialinstitut hatte der Verband bereits im März 1951 ein Schulungs- und Erholungsheim in Bad Wörishofen aufgebaut, wo parallel zu den Kursen über Sozialpolitik in Kochel kostenlose fünfmonatige Hauswirtschaftskurse für lehr- und arbeitsstellensuchende Mädchen im Alter von 14 bis 21 Jahren sowie eine spezielle Frauenschulungswoche abgehalten wurden. Diese Einrichtung wurde neben dem Werkvolk vom Bayerischen Jugend-Sozialwerk und der Bayerischen Arbeitsverwaltung getragen[174].

Erst als 1958 in Hohenaschau durch das Werkvolk der Erzdiözese München und Freising ein Familienerholungsheim errichtet wurde, fand das Katholische Sozialinstitut für zehn Jahre eine bleibende Heimstatt[175]. Hierfür stellte der Bezirksverband München das Geld zur Verfügung, das er bei den Verhandlungen um den Seehof als Abfindung erhalten hatte. Zur Errichtung des Hauses in Hohenaschau erhielt das Werkvolk auch direkte Zuwendungen von kirchlichen Stellen. So spendete etwa der Freiburger Erzbischof 10 000 DM »für die

---

[170] A. BERCHTOLD, Mein Weg, S. 80.
[171] 25 JAHRE KATH. SOZIALINSTITUT, S. 16. Zu seiner Vortragsreise durch das Erzbistum Bamberg vgl. auch Hans Birkmayr an alle Gebietssekretäre, 13. Januar 1949, und Reiseplan des H. H. Rektor Berchtold. AEB KAB Kart. 53; sowie Bericht über die Vortragsreise, 5. bis 20. Februar 1949. AEB KAB Kart. 43.
[172] Protokoll der Verbandsleitungssitzung, 11. August 1951. KAB VZ Verbandsleitung/Verbandsvorstand 1957–1973.
[173] Zur Ausstattung der neuen Unterkunft des Sozialinstituts und seiner feierlichen Eröffnung vgl. WERKVOLK, Nr. 12, Dezember 1952.
[174] WERKVOLK, Nr. 4, April 1951; WERKVOLK, Nr. 7, Juli 1951.
[175] WERKVOLK, Nr. 2, Februar 1958; 25 JAHRE KATH. SOZIALINSTITUT, S. 14–19.

I. Die Bildungs- und Schulungsarbeit

Hauskapelle«[176]. Der Oberhirte des kleinen und finanzschwachen Bistums Passau wiederum ließ dem Sozialinstitut immerhin einen Diözesanzuschuß von 5000 DM überweisen[177].

Da das Sozialinstitut keine räumliche Kontinuität aufbauen konnte, war die Kontinuität in der Person seines Leiters Alfred Berchtold um so wichtiger. Er prägte die Bildungsarbeit des Werkvolks verbandsweit entscheidend. Neben ihm wirkten zwar auch weitere hauptamtliche Angehörige des Verbands wie etwa Michael Sager, Dr. Ludwig Franz und Amalie Stelzer[178], sowie eine Vielzahl von auswärtigen Referenten, unter anderem Prof. Dr. Guido Fischer, Stadtpfarrer Dr. Emil Muhler sowie verschiedene »Herren des Sozialministeriums, der Sozialversicherungsanstalten und des Arbeitsgerichts« – »Männer der Wissenschaft und der Praxis« – an der Erteilung des Unterrichts im Sozialinstitut mit[179], doch erarbeitete Berchtold die Konzeption der Lehrveranstaltungen allein. Durch das Heranziehen »einer ganzen Reihe fremder Referenten« gelang es ihm nicht nur, Sachverstand von außen hinzuzugewinnen, sondern brachte er zugleich »viel Abwechslung in den Unterrichtsbetrieb«[180]. 1962 wurde Anna Fuhrmann, die davor für den Münchener Diözesanverband tätig gewesen war[181], »im Rahmen des Sonderprogramms von der Arbeitsgemeinschaft katholisch-sozialer Bildungswerke dem Sozialinstitut als Jugend- und Frauenreferentin zugeteilt«[182]. Trotzdem blieb Rektor Berchtold auch weiterhin die entscheidende Persönlichkeit des Sozialinstituts.

Von zentraler Bedeutung für die verbandsinterne Entwicklung war aber auch die enge Verbindung zwischen den Verantwortlichen des Verbands, die auf die gemeinsame, mehrmonatige Schulungszeit im Sozialinstitut zurückging. Die »Verbandsmeinung« wurde während des gesamten Untersuchungszeitraums im wesentlichen von den ehemaligen »Halbjahres-Schülern« geprägt und getragen. Nahezu alle Sekretäre des Werkvolks, die nicht bereits vor 1945 für die katholische Arbeiterbewegung tätig gewesen waren, hatten vor ihrer Anstellung eine entsprechende Ausbildung im Sozialinstitut erhalten; wenn sie ihnen fehlte, wurde ihnen auferlegt, diese nachzuholen[183]. Doch nicht nur die hauptamtlich für das

---

176 Alfred Berchtold an Hermann Schäufele, 23. November 1958. EAF Reg 56.64, Vol. 4, 1957–1961.
177 Franz Seraph Riemer an Alfred Berchtold, 30. Oktober 1958. ABP OA Vereine 64.
178 WERKVOLK, Nr. 2, Februar 1954.
179 WERKVOLK, Nr. 8, August 1952.
180 WERKVOLK, Nr. 3, März 1953.
181 Vgl. S. 127.
182 Anni Fuhrmann an den Süddeutschen Verband, 26. März 1962. KAB VZ A / 1 Diözesanverband München bis 1974.
183 So etwa im Falle von Christoph Schmitt. Bamberger Diözesanleitung an Georg Meixner, o.D. (wohl Anfang Juli 1954). AEB KAB Kart. 64.

Werkvolk Tätigen erfuhren im Katholischen Sozialinstitut ihre entscheidende Prägung, sondern auch viele Funktionäre anderer, mit dem Werkvolk eng verbundener Organisationen wie etwa der CAJ, der CSU, der Kolpingsfamilie oder der Ackermann-Gemeinde. Von den 367 Teilnehmern und Teilnehmerinnen der 14 Halbjahres- und vier Viermonats-Kurse in der Zeit von 1948 bis 1964 waren insgesamt 134 Personen hauptamtlich tätig, davon 49 beim Katholischen Werkvolk oder dem Westdeutschen Verband der KAB, 24 für die CAJ, sieben für die Christliche Gewerkschaftsbewegung und sechs bei anderen katholischen Organisationen. Vier Absolventen arbeiteten für die CSU und 39 in verschiedenen sozialen Berufen (Gewerbeaufsicht, Krankenkassen, Jugendarbeiterheime, Jugendfürsorge etc.)[184]. Zum Teil wandten sich die genannten Organisationen zur Besetzung von Funktionärsstellen gezielt an Rektor Berchtold und baten ihn, hierfür eine geeignete Person aus dem Schülerkreis des Sozialinstituts vorzuschlagen[185].

Trotzdem wollte das Katholische Sozialinstitut stets mehr sein als »eine Sekretärsschule«[186]. Rektor Berchtold bemühte sich vielmehr gezielt um das Wachsen eines Gemeinschaftsbewußtseins aller, das über die Zeit der Kursteilnahme hinausgehen sollte. So wurde zum Beispiel allen Teilnehmer der Wochenkurse ein spezieller Fortbildungslehrgang angeboten[187]. An die Teilnehmer längerer Kurse richtete Berchtold in unregelmäßigen Abständen Rundschreiben, um sie über persönliche Veränderungen der Kursteilnehmer sowie verbandsinterne Entwicklungen auf dem Laufenden zu halten und die ehemaligen zugleich bei der Gewinnung neuer Schüler miteinzubeziehen[188]. Für die Teilnehmer der Halbjahreskurse wurden darüber hinaus immer wieder »Aufbaukurse« abgehalten[189].

---

[184] T. LINDERMÜLLER, Sozialinstitut des Werkvolkes, S. 28–29. Namentlich, aber nur zum Teil mit ihren Funktionen und Ämtern versehen, sind die Halbjahresschüler des Sozialinstituts der Jahre bis 1960 aufgelistet in Unser Brief. Informationen der Schüler und Schülerinnen des Sozialinstituts, Nr. 2, September 1960. KAB Ro Andere Organisationen P-S-St. Zur regionalen Verteilung, zur Altersstruktur und der sozialen Herkunft der Teilnehmer der Halbjahreskurse von 1948 bis 1957 vgl. WERKVOLK, Nr. 11, November 1957.

[185] Vgl. hierzu etwa Alfred Berchtold an Herbert Spinnler, 8. August 1959 (KAB Ro Andere Organisationen P-S-St), in dem es um die Besetzung eines Sekretärspostens bei der CGD in Stuttgart geht, oder Josef Lauter an Diözesanvorstand Bamberg, 2. September 1952 (AEB KAB Kart. 64), in dem es um die Besetzung der Diözesansekretärsstelle in Nürnberg geht.

[186] Protokoll der Verbandsleitungssitzung, 16. Juli 1964. KAB VZ Verbandsleitung 1964–1967.

[187] WERKVOLK-FÜHRUNG, Nr. 2, Februar 1949.

[188] Einzelne Exemplare solcher »Rundbriefe« haben sich erhalten in AEB KAB Kart. 49; AEB KAB Kart. 52; AEB KAB Kart. 61; AEB KAB Kart. 62; AEB KAB Kart. 64; ABP KAB Kart. 48 Akt 146; ABP KAB Kart. 53; ABP OA Vereine 64; KAB Ro Andere Organisationen P-S-St.

[189] WERKVOLK, Nr. 11, November 1955; WERKVOLK, Nr. 7, Juli 1956 etc.

I. Die Bildungs- und Schulungsarbeit

Für die längeren Kurse galt generell, daß sie sich an Arbeitnehmer beiderlei Geschlechts im Alter zwischen 20 und 35 Jahren richteten. Die Teilnehmer sollten gewillt sein, als »Laienapostel der Arbeiter« zu wirken. Formale Voraussetzung für die Aufnahme war neben der Bestreitung der anfallenden Kosten »eine gute Volksschulbildung und ein lebendiges Interesse an den Fragen des wirtschaftlichen, sozialen und öffentlichen Lebens und eine solche religiöse und charakterliche Haltung, die den Schüler als Laienapostel geeignet erscheinen läßt«. Neben dem Abschlußzeugnis der Schulausbildung und einem ärztlichen Zeugnis war deshalb auch »ein pfarramtliches Leumundszeugnis, polizeiliches Führungszeugnis und eine Empfehlung eines katholischen Geistlichen« einer Bewerbung beizufügen[190]. Generell läßt sich festhalten, daß die Teilnehmer der Halbjahres-Kurse zumeist bereits an einem Wochenkurs teilgenommen hatten[191]. Die Verbandsleitung war sich durchaus im Klaren darüber, daß nur wenige Schüler in der Lage waren, »die Kosten ganz selbst aufzubringen«. Trotzdem sollte »am Finanziellen« der Besuch des Sozialinstituts nicht scheitern. Darum gewährte man einerseits bedürftigen Teilnehmern auf Antrag und Nachweis der Bedürftigkeit Ermäßigungen, andererseits hielt man die Schüler an, sich auch selbst darum zu bemühen, »die Unterstützung von seiten der Heimatpfarrei, von Organisationen und Gönnern zu gewinnen«[192]. Außerdem wandte man sich gezielt an die zuständigen Ordinariate um Zuschüsse[193]. Sie kamen den Anträgen des Verbands wie der Heimatpfarreien um Unterstützung für bedürftige Teilnehmer in der Regel nach und trugen nicht nur die Kursgebühren, sondern zum Teil drei Viertel des letzten Netto-Lohns sowie sämtliche Sozialversicherungsbeiträge[194]. Für den Halbjahreskurs 1952 beliefen sich die Kosten (Verpflegungsbeitrag und Schulgeld) je Monat konkret auf 135 DM, insgesamt also auf 810 DM[195]. Wer »aus Betrieben« kam, wie es sich die Verbandsleitung wünschte, mußte des weiteren den Lohnausfall während der Kurszeit verkraften. Hinzu kam, daß es vor dem Besuch eines solchen Kurses nötig war, bei der Betriebsleitung um Beurlaubung nachzusuchen, wenn der Teilnehmer nach Beendigung seiner Ausbil-

---

[190] WERKVOLK, Nr. 8, August 1952. Zu den Anforderungen an die Teilnehmer, den Aufbau des Unterrichts sowie der Aufnahme- und Abschlußprüfung vgl. Schulordnung des katholischen Sozial-Institutes Seehof-Kochel. KAB VZ Verbandsleitung/Verbandsausschuß: Rundschreiben und Schriftverkehr 1965–1970.

[191] Protokoll der Verbandsleitungssitzung, 16. Juli 1964. KAB VZ Verbandsleitung 1964–1967.

[192] WERKVOLK, Nr. 8, August 1952.

[193] Vgl. etwa Erzbischöfliches Ordinariat Freiburg an Diözesanverband Freiburg, 16. November 1956 (EAF Reg 56.64, Vol. 3, 45 f.); Theoger Langlotz an Erzbischöfliches Ordinariat Freiburg, 12. Dezember 1958. (EAF 56.64, Vol. 4, 1957–1961).

[194] Vgl. hierzu etwa Franz Seraph Riemer an das Pfarramt Burgkirchen/Alz, 17. Oktober 1959. ABP OA Vereine 64.

[195] WERKVOLK, Nr. 6, Juni 1952.

dung im Sozialinstitut seine vorherige Berufstätigkeit wieder aufnehmen wollte. Bei Schwierigkeiten unterstützte die Verbandsleitung und Rektor Berchtold die Kursteilnehmer nach Möglichkeit[196].

Der Lehrplan des Halbjahreskurses 1952/53 umfaßte Religion, Deutsch (Aufsatz, Redelehre, Rechtschrift), Volkswirtschaftslehre (Theorie und Wirtschaftspolitik), Soziologie (Einführung in die Soziallehre und -politik), Philosophie (Psychologie, Logik und Ethik), Staatslehre (Wesen des Staates), Seminarübungen (Aufsatz, Redeübung), Leibesübungen, Lebenskunde, Wohlfahrtspflege (Selbsterziehung), Rechtslehre (Bürgerliches Gesetzbuch)[197]. Der bereits wesentlich differenzierter ausgearbeitete Lehrplan des Halbjahres-Kurses 1958/59 umfaßte die Bereiche der Volkswirtschaftslehre, der Betriebswirtschaftslehre, der Staatslehre und der Staatsbürgerkunde, der Gesellschaftslehre, der Sozialversicherung, der Krankenversicherung, der Invaliden- und Angestelltenversicherung, der Unfallversicherung, der Arbeitslosenversicherung, des Arbeitsrechts, des Mutterschutz- und Jugendarbeitsschutzgesetzes. Hinzu kam eine Einführung in das Bürgerliche Recht und in das Strafrecht, Aufsatzlehre mit Übungen, Rede- und Diskussionsübungen sowie eine Einführung in die Versammlungstechnik, Kultur- und Wirtschaftsgeschichte und Einführung in die wichtigsten philosophischen Systeme, Zeitgeschichte mit Filmvorführungen und Tonbandaufnahmen, Psychologie, Lebenskunde, Religion und Weltanschauungslehre, Laienspiel, Kunstgeschichte mit Lichtbildern und Einführung in die Musik mit Schallplatten[198].

Bei den Halbjahreskursen waren aber nicht nur die Lerninhalte des Unterrichts von Bedeutung, sondern auch das »religiös fundierte Gemeinschaftsleben«. Die Schüler wohnten alle in einem der Schule angegliederten Heim in Zweibettzimmern. Die Mahlzeiten wurden gemeinschaftlich eingenommen. Neben dem Lehrsaal und den weiteren Gemeinschaftsräumen bildete die »schlichte, stimmungsvolle Hauskapelle« die eigentliche Mitte des Sozialinstituts[199]. Die »Pflege des religiösen Lebens« der Kursteilnehmer – täglich »mit dem gemeinsamen heiligen Meßopfer begonnen und mit einem gemeinsamen Abendgebet beschlossen« – war »die erste Voraussetzung des Apostolats«[200], das stets »von einer tief-innerlichen Religiosität« getragen sein sollte. Dementsprechend beendeten dreitägige Exerzitien die formale Ausbildung, um den Teilnehmern auch »das seelische

---

[196] WERKVOLK, Nr. 8, August 1952.
[197] WERKVOLK, Nr. 6, Juni 1952.
[198] T. LINDERMÜLLER, Sozialinstitut des Werkvolks, S. 27–28; hier auch die genaue Stundenzahl pro Fach.
[199] WERKVOLK, Nr. 8, August 1952.
[200] WERKVOLK, Nr. 3, März 1953. Vgl. hierzu auch die Heimordnung des Katholischen Sozialinstituts. KAB VZ Verbandsleitung 1964–1967.

I. Die Bildungs- und Schulungsarbeit

Rüstzeug« zu geben[201], und wurden danach die Absolventen jedes Halbjahreskurses im Rahmen eines Abschlußgottedienstes zu »Aposteln der Arbeit« geweiht. Zu diesen Feiern, der »Sendung« der neuen »Laienapostel«, fanden sich nicht nur stets zahlreiche Teilnehmer früherer Kurse ein[202], sondern auch führende Repräsentanten der katholischen Arbeiterbewegung sowie Angehörige des höheren Klerus Süddeutschlands[203].

Das Kursangebot des Sozialinstituts, über das die Verbandsmitglieder mit Hilfe des Verbandsorgans regelmäßig informiert wurden, umfaßte außer den Halbjahreskursen ab 1953 des weiteren »4-Wochen-Kurse«, »Wochenkurse« und »Ferien-Wochen«.

Während die 4-Wochen-Kurse vor allem der Schulung für die Arbeit im Betrieb dienten (Betriebswirtschaftslehre mit Einführung in die Buchführung und Bilanzkunde; Arbeits- und Tarifrecht; Betriebsverfassungsgesetz und Bayerisches Betriebsrätegesetz; Rednerschulung etc.), hatten die Ferien-Wochen keinen speziellen thematischen Schwerpunkt. Der 4-Wochen-Kurs wurde allen Mitgliedern kostenlos angeboten wurden, der Verband übernahm sogar die Reisekosten. Doch für beide Veranstaltungsformen mußten die meisten Teilnehmer ihren Urlaub verwenden. Deshalb wurde der Unterricht bei den 4-Wochen-Kursen nur vormittags, bei den Ferien-Wochen nur in der Form eines Vortrages pro Tag erteilt. Zudem erfolgte die Programmgestaltung beider Kurstypen »je nach Witterung«. In der Ferien-Woche wurde »bei ganz schönem Wetter« kein Vortrag gehalten, bei schlechtem Wetter ein weiterer Vortrag angeboten; beim 4-Wochen-Kurs wiederum wurde der unterrichtsfreie Tag der Woche entsprechend der Witterung gewählt[204].

Der Wochenkurs richtete sich vor allem an die Mitarbeiter in den Vorstandschaften der einzelnen Werkvolkgemeinschaften sowie besonders engagierte und interessierte Mitglieder. Doch auch hier gab es eigene Kurse für die hauptamtlichen

---

[201] WERKVOLK, Nr. 4, April 1951.
[202] WERKVOLK, Nr. 6, Juni 1953.
[203] Vgl. hierzu die Berichte in WERKVOLK, Nr. 6, Juni 1953 (Die Weihe spendete: Domkapitular Joseph Thalhammer, München); WERKVOLK, Nr. 8, August 1954 (Bischof Julius Döpfner, Würzburg); WERKVOLK, Nr. 5, Mai 1955 (Domkapitular Georg Meixner, Bamberg); WERKVOLK, Nr. 5, Mai 1957 (Weihbischof Hermann Schäufele, Freiburg); WERKVOLK, Nr. 5, Mai 1958 (Bischof Joseph Schröffer, Eichstätt); WERKVOLK, Nr. 8, August 1959 (Erzbischof Josef Schneider, Bamberg); WERKVOLK, Nr. 5, Mai 1960 (Bischof Franz Zauner, Linz); WERKVOLK, Nr. 5, Mai 1961 (Weihbischof Joseph Zimmermann, Augsburg); WERKVOLK, Nr. 8, August 1962 (Weihbischof Wilhelm Sedlmeier, Rottenburg); WERKVOLK, Nr. 8, August 1963 (Weihbischof Eduard Macheiner, Salzburg).
[204] WERKVOLK, Nr. 3, März 1953; WERKVOLK, Nr. 5, Mai 1953.

Sekretäre des Verbands[205], deren Teilnahme zum Teil »verpflichtend« war[206]. Da die Mitgliedschaft im Werkvolk keine Teilnahmebedingung war, konnten aber auch Angehörige anderer katholischer Organisationen das Bildungsangebot des Sozialinstiuts wahrnehmen, falls die Vorstandschaft eines Ortsvereins bereit war, für sie zu »bürgen«. Allgemein wurden persönliche Anmeldungen ohne Kenntnis der Vorstandschaft nicht berücksichtigt. Unterkunft, Verpflegung und der Kurs selbst waren kostenlos, dagegen mußten die Fahrtkosten anfangs vom jeweiligen Teilnehmer oder seiner Werkvolkgemeinschaft, seiner Pfarrei oder vom Diözesanverband getragen werden[207]. Die Teilnehmer eines Wochenkurses reisten am Sonntag an und am folgenden Samstag Nachmittag ab. In den sechs zur Verfügung stehenden Tagen widmete man sich einem breiten Spektrum von Themenbereichen[208]. Bis 1964 fanden insgesamt 71 Wochenkurse (2036 Teilnehmer beiderlei Geschlechts), 33 Wochenkurse für Jungarbeiter (847 Teilnehmer) und 24 Wochenkurse für Jungarbeiterinnen (720 Teilnehmerinnen) statt. Insgesamt wurden also 3603 Personen auf diese Weise im Katholischen Sozialinstitut geschult[209].

Am Ende des Untersuchungszeitraums strebte die Verbandsleitung eine neue Form der Arbeiterbildung an. Um der differenzierten Arbeiternehmerschaft der sechziger Jahre gerechter zu werden, sollte auch die Bildungsarbeit des Werkvolks modifiziert werden und das Sozialinstitut durch einen wissenschaftlichen Beirat ergänzt werden, um so langfristig eine »Arbeiter-Akademie« aufzubauen. Zeitweise gab es innerhalb der Verbandsleitung aber auch Überlegungen, das Sozialinstitut als verbandseigene Einrichtung aufzugeben und in die Trägerschaft der Bayerischen Bischofskonferenz oder der Münchener Erzdiözese übergehen zu lassen, zugleich sollte aber der Einfluß des Süddeutschen Verbands auf das Sozialinstitut institutionell gesichert bleiben. So hoffte man, die finanzielle Belastung für den Verband zu senken und zugleich dessen Basis in der Bildungsarbeit zu vergrößern. Doch Rektor Berchtold, der einen wissenschaftlichen Beirat des Sozialinstituts als ständige Einrichtung für »weder tragbar noch ratsam« hielt, setzte sich gegen diese Bestrebungen durch[210]. Das Sozialinstitut blieb selbstständig und er sein alleiniger Leiter. Die unter den bayerischen Bischöfen

---

[205] Vgl. hierzu etwa Hanns Mayr an alle Sekretäre, 20. Mai 1948. ABP KAB Kart. 48 Akt 144.

[206] Vgl. hierzu etwa Carl P. Lang an Peter Stümpfl, 16. August 1948. ABP KAB Kart. 48 Akt 144.

[207] Ab 1953 übernahm der Süddeutsche Verband die Fahrtkosten. WERKVOLK, Nr. 6, Juni 1953.

[208] Vgl. hierzu die Kursprogamme der Jahre 1949 (WERKVOLK-FÜHRUNG, Februar 1949), 1950 (WERKVOLK, Nr. 6, Juni 1953) etc.

[209] Vgl. T. LINDERMÜLLER, Sozialinstitut des Werkvolks, S. 28. Zur regionalen Verteilung, Altersstruktur und sozialen Herkunft der Teilnehmer der Wochenkurse von 1948 bis 1957 vgl. WERKVOLK, Nr. 11, November 1957.

[210] Protokoll der Verbandsleitungssitzung, 28. Februar 1964. KAB VZ Verbandsleitung 1964–1967.

I. Die Bildungs- und Schulungsarbeit 181

vorherrschende Tendenz, Bildungsstätten auf diözesaner Ebene zu unterstützen, stärkte die Position Berchtolds und verhinderte die Umsetzung der geschilderten Überlegungen endgültig[211].

h) *Bildungs- und Schulungsarbeit in den Diözesen und Bezirken*

Neben dem Süddeutschen Verband bemühten sich auch verschiedene Diözesanverbände um die Errichtung von sozialen Schulungseinrichtungen. Aus der Sicht der Verantwortlichen war dies »für die Zukunft von entscheidender Bedeutung für das Wachsen unserer Bewegung«[212]. So bot der Regensburger Diözesanverband etwa ab 1952 im Werkvolkheim Ramspau spezielle Schulungs-Wochen für Männer, Frauen und Präsides an[213]. In Schwaben nahm zum 7. Januar 1953 das Soziale Seminar der Diözese Augsburg unter Leitung von Dr. Albin Friedrich Senft, einem Angehörigen der Führung der Christlichen Werkgemeinschaften[214], seine Tätigkeit auf. Der Lehrplan umfaßte hier sechs Fächer (Christliche Gesellschaftslehre, Betriebswirtschaftslehre, Volkswirtschaftslehre, Rechtslehre, Sozialversicherung, Rednerkurs). Die Behandlung dieses Stoffes verteilte sich auf sechs Semester, in denen den Teilnehmern in regelmäßigen Abendvorträgen (jeden Mittwoch) Grundkenntnisse in den genannten Themenbereichen vermittelt werden sollten, aber auch auf aktuelle Tagesfragen wie »Sozialisierung, Einheitsgewerkschaft, Europäische Montanunion, Lastenausgleich, Demokratisierung der Wirtschaft, Betriebsverfassung u.a.« eingegangen wurde[215]. Ab 19. September 1953 wurde das Soziale Seminar auch in Kempten abgehalten[216]. Doch gelang es dem Werkvolk im Bistum Augsburg weder »aus eigener Kraft« noch mit finanzieller Hilfe des bischöflichen Ordinariats, »ein eigenes Haus in der Diözese« zu schaffen »für Schulungs- und Erholungszwecke«[217]. Im Erzbistum Bamberg gelang es immerhin, im September 1953 auf der Burg Feuerstein neben der dort im Herbst 1952 errichteten Landvolkshochschule »Das Soziale Seminar« einzurichten. Hatte man diese Einrichtung der Diözese seitens des Werkvolks auch bereits vorher gelegentlich zu Schulungs- und Bildungszwecken

---

[211] Protokoll der Verbandsleitungssitzung, 16. Juli 1964. KAB VZ Verbandsleitung 1964–1967.
[212] Geschäftsbericht Franz Xaver Meyer, 21. Juni 1953 bis 9. Juni 1956. KAB R Diözesantage.
[213] Vgl. S. 135–136; zum Aufbau einer Schulungswoche in Ramspau sowie der Abfolge der Veranstaltungen vgl. WERKVOLK, Nr. 10, Oktober 1952.
[214] Vgl. hierzu etwa das Protokoll über den Diözesantag des Katholischen Werkvolks der Diözese Augsburg, 13./14. Oktober 1956. KAB A Diözesantage 1945–1964.
[215] WERKVOLK, Nr. 12, Dezember 1952.
[216] M. MÖHRING, S. 114.
[217] Vgl. zu den diesbezüglichen Überlegungen Protokoll der Delegiertenversammlung des Katholischen Werkvolks der Diözese Augsburg, 10. Februar 1957. KAB A Diözesantage 1947–1959.

genutzt[218], konnte man nun mit Hilfe des Jugendamtes der Erzdiözese Bamberg dort regelmäßige Lehrgänge für die Arbeiterjugend abhalten[219]. Im Erzbistum Freiburg nutzte das Werkvolk im Frühjahr 1953 das Bildungsheim der Katholischen Aktion in Bad Griesbach zu einem ersten dreiwöchigen sozialpolitischen Lehrgang[220]. Nachdem die »Sozialausschüsse der CDU« für Herbst und Winter 1956/57 in dreißig Orten Südbadens eigene Sozialseminare vorbereiteten und sich dabei im wesentlichen der katholischen Organisationen bedienten, ging man unter dem Diözesanpräses Theoger Langlotz OSB daran, ein »Soziales Bildungswerk der Erzdiözese Freiburg« zu gründen. Man fürchtete, daß sonst die »Lehrverkündigung der christlichen Soziallehre« der Kirche »entgleiten« und »auf die Ebene einer parteipolitischen Meinung herabgedrückt« sowie gerade die vom Werkvolk »angestrebte religiöse Tiefenwirkung [...] dadurch weitgehend vereitelt« würde. Das Soziale Bildungswerk sollte »an den industriellen und geistigen Schwerpunkten der Erzdiözese« Abendvorträge, Abendseminare und jährlich etwa 15 Wochenkurse zu sozialpolitischen Fragen durchführen, sich der »Veröffentlichung und Verbreitung von geeignetem Schrifttum« widmen sowie ein Gremium »aus den Dozenten und Praktikern zur Beobachtung des Sozialgeschehens« bilden. Dadurch sollte »die christlich-soziale Bildungsarbeit weiter verbreitet« sowie »für den kirchlichen Raum gesichert« werden und es sollte verhindert werden, daß sie »von einem parteipolitischen Träger überfremdet« würde[221]. Bis Herbst 1958 gelang es dem Werkvolk darüber hinaus, Schloß Bronnen bei Beuron zu einem Bildungs- und Erholungsheim auszubauen[222]. Doch auf Grund der hohen finanziellen Belastungen – konkret eines jährlichen Zuschuß von 16 000 DM allein für den Unterhalt der Schulungseinrichtung – sah sich der Diözesanausschuß des Werkvolks gezwungen, das »Werkvolkheim« bereits zu Beginn des Jahres 1962 wieder aufzugeben[223]. Von Mai 1956 bis Januar 1960 wurden insgesamt 1513 Personen geschult und fanden 446 Gäste, »meist Arbeitnehmer« und »Familien mit Kindern«, »eine verbilligte Erholung«[224]. Inhaltlich unterschied sich das Schulungsangebot, das den Werkvolkmitgliedern auf

---

[218] Vgl. L. UNGER, Katholische Arbeitnehmerbewegung, S. 224–225.
[219] WERKVOLK, Nr. 10, Oktober 1953.
[220] WERKVOLK, Nr. 4, April 1953.
[221] P. Theoger Langlotz OSB an Eugen Seiterich, 6. September 1956. EAF Reg 56.64, Vol. 3, 45f.
[222] P. Theoger Langlotz OSB an Ordinariat Freiburg, 14. November 1958. EAF Reg 56.64, Vol. 4, 1957–1961.
[223] Gebhard Heil an Julius Schäuble, 12. Februar 1962. EAF 56.64, Vol. 5, 1962–1964. Zur »Abwicklung der Auflösung« vgl. die umfangreiche Korrespondenz in EAF 56.64, Vol. 5, 1962–1964.
[224] Bericht über das Werkvolkheim Schloß Bronnen, o.D. (Stand Januar 1960). EAF 56.64, Vol. 4, 1957–1961. Dies entsprach in etwa der Schulungsleistung des Katholischen Sozialinstituts, das in 15 Jahren etwa 3600 Personen aus dem gesamten Verbandsgebiet schulte. Vgl. S. 180.

I. Die Bildungs- und Schulungsarbeit 183

diözesaner Ebene geboten wurde, nicht wesentlich von dem des Katholischen Sozialinstituts.

Zu Schulungszwecken wurde neben dem Sozialinstitut und den diözesanen Einrichtungen aber vor allem auf die Ebene der Bezirksverbände zurückgegriffen[225], da »Schulungen« zwar »einzelnen Werkvolkgruppen« durchaus »sehr erwünscht« waren, diese auch »immer wieder Vorschläge« für solche Veranstaltungen machten, deren »finanzielle Durchführung« ihnen aber oft »Schwierigkeiten« bereitete[226]. Die Schulungen fanden zumeist am Samstag Nachmittag statt[227], um »Arbeitsausfall« und somit einen Einkommensverlust für die Teilnehmer zu vermeiden[228], der den Mitgliedern in der Regel auch die Wahrnehmung des mehrtägigen Schulungsangebots auf diözesaner Ebene wie am Sozialinstitut erschwerte. Nahmen an den Veranstaltungen in der zentralen Schulungseinrichtung des Verbands im Durchschnitt etwa 28 Personen teil[229], so lag etwa im Bistum Eichstätt die Zahl der Teilnehmer an den Schulungen auf Bezirksebene bei etwa 20 Teilnehmern[230].

i) *Bildungsarbeit durch Vorträge in den Vereinen*

Wenn der Verband auch gelegentlich die Mitglieder zu Großveranstaltungen wie der Katholischen Sozialen Woche[231] oder den Predigten von Pater Leppich[232] zusammenrief, so waren sich die Verantwortlichen doch stets einig darin, daß solche »Großaktionen« auf Dauer »keinen wesentlichen Erfolg« brächten. »Die Hauptarbeit« sahen sie vielmehr »nach wie vor auf pfarrlichem Gebiet«[233]. Hier-

---

[225] Vgl. S. 87–90.
[226] Kurzbericht über die Organisation des Katholischen Werkvolks und dessen Arbeit in der Diözese Eichstätt, 1. Januar 1951 bis 1. Oktober 1953. DA EI OA Werkvolk 1949–1955. Daß der Schulungsarbeit keineswegs von allen Werkvolkgruppen die gebührende Bedeutung zugemessen wurde, belegen auch Klagen des Regensburger Diözesanvorsitzenden: Tätigkeitsbericht Franz Xaver Meyer, 11. Juni 1956 bis 31. August 1957. KAB R Diözesanausschuß.
[227] Bericht des Diözesanverbands Eichstätt, 1. Juli 1959 bis 30. September 1960. KAB VZ 17c / Verbandsausschuß 1959–1971. Wochenendschulungen, wie sie »für besondere Aktionen« gelegentlich durchgeführt wurden, scheiterten oft »an der Finanzfrage und an der Überlegung über ihren geringen Wert«. Rechenschaftsbericht des Regensburger Diözesanvorstands, 1956 bis 1959. KAB R Diözesantage.
[228] Kurzbericht über die Organisation des Katholischen Werkvolks und dessen Arbeit in der Diözese Eichstätt, 1. Januar 1951 bis 1. Oktober 1953. DA EI OA Werkvolk 1949–1955.
[229] Vgl. S. 180.
[230] Bericht des Diözesanverbands Eichstätt, 1. Juli 1959 bis 30. September 1960. KAB VZ 17c / Verbandsausschuß 1959–1971.
[231] Vgl. S. 167–171.
[232] WERKVOLK, Nr. 2, Februar 1951.
[233] So Siegfried Niessl. Bericht über die Schulungstagung der Sekretäre, 20.–21. September 1952. KAB VZ 17a / Verbandsausschuß 1947–1954.

bei setzte man gezielt auf die Form der durch einen Vortrag gestalteten Monatsversammlung, wenn man sich auch darüber im Klaren war, daß »in kleineren Kreisen« durchaus »die Vortragsform des Zwiegespräches in Erwägung zu ziehen« war, da sie »eine lebhaftere Mitarbeit verlangt, und interessanter gestaltet werden kann als ein zweitrangiger Vortrag«[234].

Um solche zu vermeiden, bemühte sich das Werkvolk schon frühzeitig, durch gezielte Ausbildung von Mitgliedern oder Funktionsträgern zu Rednern die Zahl der Referenten zu erhöhen und das Vereinsleben der einzelnen Werkvolkgemeinschaften qualitativ zu verbessern[235]. Außerdem unterstützte man die lokale Bildungsarbeit durch die Erarbeitung von Lichtbildervorträgen zu unterschiedlichsten Themenbereichen, die von der Verbandszentrale bezogen werden konnten[236]. Da man des weiteren davon ausging, daß die tägliche Erwerbsarbeit den führenden Mitgliedern einer Werkvolkgemeinschaft es oft nicht erlaubte, »Tage und Stunden für die Ausarbeitung eines einwandfreien und gediegenen Referates zu verwenden«[237], ließ man den lokalen Vorsitzenden neben dem Angebot von Schulungen und gedruckten Vortragsskizzen von der Verbandszentrale regelmässig ausgearbeitete Texte zu unterschiedlichen Fragen und aktuellen Problemen der Verbandsarbeit zukommen. Dabei griff man durchaus auch Anregungen aus den Diözesen auf.

Sollte trotz alledem einer Werkvolkgemeinschaft für ihre regelmäßige Monatsversammlung[238] noch ein Referent fehlen, so konnte sie auf die Sekretäre sowie eine Reihe professioneller Redner mit festen Vortragsthemen zurückgreifen[239]. Dies trug ebenso wie die von der Verbandszentrale und den Diözesanverbänden zur Verfügung gestellten Materialien zu einer Vereinheitlichung des Lebens in den einzelnen Ortsvereinen bei[240]. Um einen möglichst großen Radius beim Einsatz der Sekretäre zu erreichen und den Zeitverlust durch Bahnfahrten zu

---

[234] Rundschreiben der Verbandszentrale, 14. Januar 1947. KAB A Kart. 5.

[235] Eine Liste von Rednern und Personen, die zu solchen ausgebildet werden sollten, hat sich etwa für das Bistum Eichstätt bereits aus dem Herbst 1947 erhalten. Heinrich Kissmann an Joseph Heindl, 24. November 1947. DA EI OA Werkvolk 1949–1955.

[236] Vgl. S. 161–162.

[237] Rundschreiben des Verbandssekretariats, 8. Mai 1952. AEB KAB Kart. 55.

[238] Vgl. S. 351–358.

[239] Vgl. hierzu exemplarisch die Referenten- und Themenliste des Diözesanverbands Freiburg, November 1958. EAF 56–64, Vol. 4, 1957–1961. Dort boten 14 Referenten 145 verschiedene Vorträge an, wobei die überwiegende Mehrheit der Referenten nur ein Repertoire von etwa sechs bis acht Vorträgen besaß. Eine Referentenliste für den Bezirk Nürnberg aus Jahr 1963 hat sich erhalten in KAB VZ F II / Nürnberg.

[240] Dies belegt die Umfrage der Jahre 1956/57 zum Leben in den einzelnen Werkvolkgemeinschaften (KAB VZ Statistik) anschaulich.

I. Die Bildungs- und Schulungsarbeit

minimieren[241], wurden die Sekretäre motorisiert. Konnten sie zu Anfang des Untersuchungszeitraums vor allem auf Motorräder zurückgreifen[242], stand ihnen ab 1960 »in der Regel ein Dienstwagen zur Verfügung«[243]. Im Bistum Eichstätt etwa gelang es durch den Einsatz eines PKW sowie durch Koordinierung der Versammlungstermine – am Wochenende waren stets drei bis vier Referenten der Diözesanleitung mit einem Auto unterwegs und konnten so an drei bis vier Orten sprechen –, im Arbeitsjahr 1961/62 etwa 190 Versammlungen mit Referenten der Diözesanleitung durchzuführen[244].

Die Vortragstätigkeit setzte in der Regel im Herbst ein[245], da sommerliches Wetter dem Besuch der Versammlungen nicht sonderlich zuträglich war[246] und im ländlichen Gebieten »wegen der Erntearbeiten« die Teilnehmerzahlen »nicht immer voll zufriedenstellend« waren[247]. Die Wintermonate waren generell »die beste Zeit für die Arbeit im Katholischen Werkvolk«[248].

Nachdem bereits seit 1951 die Fortbildungskurse des Sozialinstituts von Rektor Berchtold unter ein Jahresthema gestellt worden waren[249], setzten am Ende der fünfziger Jahre auf diözesaner Ebene Bemühungen ein, die Bildungsarbeit in allen Werkvolkgemeinschaften zu vereinheitlichen. Hatten etwa im Bistum Eichstätt die Sekretäre im Herbst 1957 durch ihre Vorträge »insbesondere ein einheitliches Thema« in alle Werkvolkgruppen hineingetragen[250], so wurden diese Bestrebungen zwei Jahre später vom Bezirksverband Ingolstadt aufgegriffen, der

---

[241] Vgl. etwa Josef Maier an Josef Schinner, 4. August 1949. KAB VZ G II / Aschaffenburg 1944–1964.
[242] So etwa 1949 in Aschaffenburg (Josef Schinner an Josef Maier, 10. März 1946. KAB VZ G II / Aschaffenburg 1944–1964) oder 1950 in Schweinfurt (Abrechnungsbelege 1. April bis 30. September 1950. KAB VZ G III / Schweinfurt 1947–1954).
[243] Vgl. etwa Dienstordnung für die Sekretäre des Katholischen Werkvolks der Erzdiözese Freiburg, 21. Dezember 1961. EAF 56/64, Vol. 5, 1962–1964. In Bamberg sagte Prälat Meixner bereits 1952 vier Volkswägen zu, um »die fehlende Motorisierung« der Sekretäre, die man »als Mangel« erachtete, zu beheben. Bericht über die Schulungstagung der Sekretäre, 20.–21. September 1952. KAB VZ 17a / Verbandsausschuß 1947–1954.
[244] Bericht des Werkvolk-Diözesanverbands Eichstätt über das Arbeitsjahr 1961/62. KAB VZ 17c / Verbandsausschuß 1959–1971.
[245] Josef Schinner an Dr. Eugen Kainz, 23. September 1948. KAB VZ G I / Würzburg 1949–1964.
[246] Monatsbericht aus dem Sekretariat der Diözese Eichstätt für Juni 1952, 2. Juli 1952. DA EI OA Werkvolk 1949–1955.
[247] Kurzbericht über die Organisation des Katholischen Werkvolks und dessen Arbeit in der Diözese Eichstätt, 1. Januar 1951 bis 1. Oktober 1953. DA EI OA Werkvolk 1949–1955.
[248] Antrag des Bezirksverbands Kempten an den Diözesantag des Katholischen Werkvolks der Diözese Augsburg, 18.–19. April 1953. KAB A Diözesantage 1947–1959.
[249] WERKVOLK, Nr. 5, Mai 1951.
[250] »Die Wirtschaft und ihre Preise«. Jahresbericht 1957 über die Arbeit des Diözesanverbands des Werkvolks Eichstätts. DA EI BA Werkvolk 1949–1967.

einen einheitlichen »Jahresarbeitsplan« für alle seine Ortsvereine erarbeitete[251]. Eine ähnliche Entwicklung läßt sich für die Frauenarbeit im Bistum Regensburg nachzeichnen[252]. Im Bistum Augsburg wurde ab 1957 mit Hilfe des »Werkvolkbriefs« ein Jahresprogramm für alle Werkvolkgemeinschaften propagiert[253]. Unterstützt wurden diese diözesanen Tendenzen ab 1959 durch verbandsweit einheitliche Jahresthemen, die über die »Werkvolk-Führung« allen zugänglich gemacht wurden[254]. Anfang der sechziger Jahre wurde das Thema der Winterarbeit auf diözesaner Ebene dann – wie auf Verbandsebene – nicht mehr von oben festgelegt, sondern im Rahmen einer Vorständetagung ausgewählt. In jedem Verein sollte das Jahresthema im Mittelpunkt von drei Versammlungen stehen[255].

j) *Die »Aktionsrunde«*

Das Konzept der »Aktionsrunde« wurde Ende der fünfziger Jahre von Fritz Morgenschweis erarbeitet. Er griff hierbei Anregungen der CAJ auf und beschritt mit der Errichtung von Kernkreisen völlig neuartige Wege in der verbandseigenen Bildungsarbeit[256]. Damit knüpfte Morgenschweis bewußt oder unbewußt an eine Äußerung Pius' XII. an, der kurz zuvor betont hatte, daß immer »ein mehr oder weniger großer Kern von Aposteln dem sozialen Leben das Siegel des Reiches Christi aufdrückt oder es bewahrt«[257].

Die Aktionsrunde besaß eine sehr starke religiöse und apostolische Ausrichtung. Sie wurde stets mit einem Gebet eröffnet. »Was nicht im Gebet beginnt, endet im Geschwätz!«, so formulierte es Fritz Morgenschweis provokativ. Das Gebet wurde jeweils mit einer »Bitte« (»Gebetsmeinung«) verbunden, um zu zeigen, daß man »nicht nur Mißstände besprechen oder gar lieblos kritisieren« wollte, sondern anstrebte, sie »aus der Kraft der Gnade heraus« zu überwinden. Zugleich sollte das Gebet »Lehrer werden für das persönliche Gebet des einzelnen und zu einem katholisch-weiten, über das Persönliche hinausreichenden, missio-

---

[251] Vgl. S. 357–358.
[252] Vgl. S. 299–300.
[253] Protokoll der Delegiertenversammlung des Katholischen Werkvolks der Diözese Augsburg, 10. Februar 1957. KAB A Diözesantage 1947–1959.
[254] Vgl. S. 158.
[255] Für das Bistum Eichstätt vgl. Bericht des Werkvolk-Diözesanverbands Eichstätt über das Arbeitsjahr 1961/1962. KAB VZ 17c / Verbandsausschuß 1959–1971.
[256] Zwar hatte es bereits vor der offiziellen Gründung der deutschen CAJ innerhalb des Werkvolks die Forderung gegeben, das Vorbild der belgisch-französischen JOC aufzugreifen (Bericht über die Arbeitstagung der Leitung und Sekretäre des Katholischen Werkvolks, 17.–18. April 1947. ABP OA Vereine 6), doch wurde diese Forderung erst durch Morgenschweis konkret umgesetzt.
[257] Papst Pius XII., Die Einheit der christlichen Arbeiterbewegung. Radioansprache an die Teilnehmer am Kongreß der Katholischen Arbeitervereinigungen Italiens, 1. Mai 1956. Druck: A.-F. UTZ / J.-F. GRONER, S. 3627–3634, hier 3630.

I. Die Bildungs- und Schulungsarbeit

narischen Reichgottesgebet«. Deshalb sollten die Mitglieder der Aktionsrunde diese Gebetsmeinung auch »in ihr tägliches Gebet der darauffolgenden Tage mithineinnehmen«. Auf das Gebet folgte die »Berichterstattung«. Dazu verlas der Schriftführer die Niederschrift der letzten Aktionsrunde und berichteten die Teilnehmer über die Erfüllung der in der vorausgegangenen Sitzung übernommenen Aufgaben. Danach trat man mit einem im Aktionsprogramm vorgegebenen Textes der Heiligen Schrift – das man »aus Ehrfurcht vor dem Wort Gottes« stehend anhörte – und einer Diskussion über diesen an Hand von Fragen »zum Textverständnis« und »für unsere Lebenshaltung« in eine neue »Untersuchung« ein. Diese Aufgabe sollte der Präses den Laien nicht abnehmen. Er sollte nur dann eingreifen, »wenn die Diskussion Schwierigkeiten oder Irrtümer bei der Auslegung zeitigt[e]«. Durch Schriftlesung und Diskussion sollten die Teilnehmer lernen, »ein religiöses Gespräch zu führen, die Scheu davor zu überwinden, selber in der Wahrheit des Evangeliums klar und fest zu werden sowie die praktischen Folgerungen« für das alltägliche Leben zu erkennen. Nach dem religiösen Gespräch wurden jedem Teilnehmer vom Leiter oder der Leiterin der Aktionsrunde die Fragen für die neue Untersuchung schriftlich mitgegeben, damit nun jeder Teilnehmer vier Wochen Zeit habe, »seine Umgebung zu beobachten, Tatsachen und Erfahrungen zu sammeln und sich eine eigene Meinung zu bilden«. Daraufhin sollte jeder Einzelne bei der folgenden Sitzung der Aktionsrunde von seinen Aktivitäten und seinen Erfahrungen berichten. Generell sollten einer Aktionsrunde nur solche Männer und Frauen angehören, die den Willen hatten, »wirklich mitzuarbeiten«. Man duldete »keine Hörer«, sondern »nur Mitarbeiter«, jeder sollte »mitreden, mitplanen, mithandeln«[258].

Die »Terminologie« der Aktionsrunde bildete sich erst im Lauf der Jahre heraus. So bezeichnete man anfangs etwa die »Berichterstattung« noch als »Rechenschaftsbericht« und die »Kontakte« als »Zellendienst«. Ab 1960 wurde widerum der Begriff »Untersuchung« durch »Thema des Monats« ersetzt. Konstant beibehalten wurde aber während des gesamten Untersuchungszeitraums die von Cardijn übernommene »Methode« der CAJ »Sehen – Urteilen – Handeln«[259]. Man wollte keine »Theorie ohne Praxis« und keine »Praxis ohne Theorie«[260]. Generell sollte die Aktionsrunde vor der regulären Versammlung der Werkvolkgemeinschaft stattfinden, um deren Ergebnisse »gleich« auswerten zu können. Doch sollte die Aktionsrunde mit Hilfe der »Untersuchung« – auch dies eine

---

[258] Vgl. hierzu vor allem das als Manuskript gedruckte Konzept des Regensburger Diözesanverbands: Die Aktionsrunde in der Werkvolkgruppe. AKTIONSRUNDE.
[259] Protokoll über die gemeinsame Besprechung mit den Diözesen Augsburg und Passau, 14. November 1959. KAB R Diözesanvorstand.
[260] AKTIONSRUNDE, S. 7.

Anleihe aus der Bildungsarbeit der CAJ[261] – zugleich über den engeren Kreis des Ortsvereins hinauswirken, wenn auch in der Praxis oft »die Leute« keine Untersuchung durchführten, sondern selbst überlegten, »was nach ihrer Meinung andere vielleicht sagen« könnten und niemanden aus ihrer Umgebung fragten[262]. Waren bei allen bisher beschriebenen Formen der Verbandsarbeit die Werkvolkmitglieder – abgesehen von dem Fall, daß sie selbst als Referent tätig waren – nur Objekte der Bildungsarbeit, so wurde nun der Einzelne in der Aktionsrunde selbst Träger der Bildungsarbeit[263]; einer Bildungsarbeit, die sich vor allem am Evangelium orientierte.

Doch neben den religiösen Motiven, die von den Bischöfen natürlich sehr begrüßt wurden[264], verfolgten die Befürworter des neuen Konzepts auch rein funktionale Ziele. So sollten durch die Aktionsrunden konkret etwa die engagierten Mitglieder vermehrt und so die wenigen hauptamtlichen Kräfte entlastet werden[265]. Um dies zu erreichen, sollte aber nicht die Zahl von bis zu zehn Teilnehmern[266], sondern die Zahl der Aktionsrunden gesteigert werden, da man davon ausging, daß »nur aus diesen kleinen Arbeitskreisen heraus« die nötige Zahl von »verantwortlichen Leuten« für die Werkvolkarbeit gewonnen wer-

---

[261] Vgl. hierzu UNTERSUCHUNG.

[262] Niederschrift über die Arbeitstagung am 7.–8. Februar 1959 in Ramspau. KAB R Diözesanvorstand.

[263] Bis zur Einführung der Aktionsrunde war das Anliegen der Verantwortlichen des Verbands bei der Bildungsarbeit keineswegs die Umsetzung eines dialogischen, auf Mündigkeit zielenden theoretischen Ansatzes, sondern die Vermittlung von kirchlichen Verlautbarungen zu Fragen der Sozial- und Wirtschaftsordnung sowie anderer vorgegebener, konkreter Inhalte. Für den Bereich der Bildungsarbeit im Werkvolk kann somit für die unmittelbare Nachkriegszeit nicht von einer »anthropologischen Wende« gesprochen werden, wie dies M. FELL, Mündig durch Bildung, S. 88–95, für die katholische Erwachsenenbildung nach 1945 generell tut. Genausowenig kann man für den Bereich der Bildungsarbeit in der Arbeiterbewegung »von einer Art Neuentdeckung des Erwachsenen« seit 1945 sprechen. Dieser stand bereits während der Weimarer Republik im Zentrum der Bildungsbemühungen der katholischen Arbeiterbewegung Süddeutschlands (vgl. D.-M. KRENN, Christliche Arbeiterbewegung, S. 314–320). Demhingegen gilt das Urteil, daß »ein gewisser Praktizismus« die katholische Erwachsenenbildung daran gehindert hat, »eine in sich stringente Theorie vorzulegen, eine eigenständige, im außer- und innerkirchlichen Raum anerkannte Bildungskonzeption zu erarbeiten«, auch für den Bereich der Erwachsenenbildung im Werkvolk (vgl. M. FELL, Katholische Erwachsenbildung, S. 5).

[264] So schrieb Joseph Schröffer, er habe zu keinem anderen Unternehmen »als Bischof bisher mit größerer Freude und hoffnungsfroherer Erwartung« ein Geleitwort verfaßt. Rundschreiben der Diözesanvorstandschaft, 14. November 1958. DA EI BA Werkvolk 1949–1967.

[265] Niederschrift über die Arbeitstagung, 7.–8. Februar 1959. KAB R Diözesanvorstandschaft.

[266] AKTIONSRUNDE, S. 6. Gab es in einer Werkvolkgemeinschaft »mehr aufgeschlossene Leute«, so sollten zwei oder mehrere Gruppen gebildet werden.

I. Die Bildungs- und Schulungsarbeit

den könnte²⁶⁷. Die Aktionsrunde war zudem das Mittel, »die bestehenden alten Gruppen zu verlebendigen«, nach dem man schon länger gesucht hatte. Es erfüllte die Forderung nach der »Pflege einer echten und gründlichen Diskussion in den Versammlungen«²⁶⁸. Die Aktionsrunde sollte der »Motor« der Werkvolkarbeit sein, »die Runde der Aktiven und kein Diskussionszirkel«; war »die religiöse Aufbauarbeit [...] schon von Anfang an gut«, so begann man ab Anfang der sechziger Jahre tatsächlich »auch eine wachsende Aktivität dieser Arbeitskreise nach außen« zu spüren²⁶⁹. Wie erfolgreich das Konzept der Aktionsrunde war und wie sehr es von den Mitgliedern auch tatsächlich angenommen wurde, wird dadurch deutlich, daß innerhalb von nur fünf Jahren die Zahl der verschickten Aktionsrundenprogramme von ursprünglich 1500 auf über 5000 anstieg²⁷⁰. Somit nahm also etwa jedes zwölfte Werkvolk-Mitglied an einer Aktionsrunde teil²⁷¹, wenn auch nicht alle Vereine dabei erfaßt wurden²⁷².

2. DIE RELIGIÖSE BILDUNGSARBEIT

>»In dieser Wiederverchristlichung aller Lebensbereiche
> – deren Verwirklichung freilich die Verchristlichung der
> Einzelpersönlichkeit mitbedingt – liegt die Lösung der
> unlösbar scheinenden Aufgaben unserer Zeit«²⁷³.

a) *Das Fundament – der Glaube, seine Vertiefung – das Hauptziel*

Das Werkvolk wollte nie nur eine »Interessensorganisation« der katholischen Arbeitnehmer sein, vielmehr ging es ihm darum, »aus der Vertiefung des religiösen Seins und Wissens die Kraft und Fähigkeit zu entfalten zum sozialen und caritativen Einsatz«²⁷⁴. Damit entsprach es den Vorstellungen der Bischöfe, die die

---

²⁶⁷ Protokoll über die gemeinsame Arbeitstagung mit den Diözesen Augsburg und Passau, 23. April 1960. KAB R Diözesanvorstandschaft.
²⁶⁸ Protokoll über die Wochenendtagung in Ramspau, 15. bis 16. Februar 1958. KAB R Diözesanausschuß/Diözesanvorstand.
²⁶⁹ Bericht des Werkvolk-Diözesanverbands Eichstätt über das Arbeitsjahr 1961/62. KAB VZ 17c / Verbandsausschuß 1959–1971.
²⁷⁰ Protokoll über die Verbandsleitungssitzung, 28. Februar 1964. KAB VZ Verbandsleitung 1964–1967.
²⁷¹ Vgl. Tab. 1.
²⁷² Im Bistum Eichstätt etwa wurden 1959/60 von circa der Hälfte aller Ortsvereine Aktionsrunden durchgeführt. Bericht des Diözesanverbands Eichstätt, 1. Juli 1959 bis 30. September 1960. KAB VZ 17c / Verbandsausschuß 1959–1971.
²⁷³ WERKVOLK, Nr. 1, Januar 1953.
²⁷⁴ KONTAKT (Würzburg), Nr. 12, Dezember 1955. DAW Druckschriften.

»Verchristlichung des Arbeiterstandes« und die »Mitarbeit am Aufbau einer von christlichem Geiste durchdrungenen Gesellschaftsordnung« zu den Hauptaufgaben der katholischen Arbeiterbewegung zählten[275]. Die Bischöfe waren sich bewußt, daß »die große Masse der Werktätigen« dem »Typ mit christlicher Kultur und ohne christliche Praxis« zuzurechnen sei, dessen »ganze Familienatmosphäre« zwar durchaus »noch christlich geprägt« war, der aber »keine kirchliche Praxis mehr« kannte; der zwar noch ein Kreuz oder religiöse Bilder in seinen Wohnungen besaß, auch seinen Kindern christliche Namen gab und das Weihnachts- und Osterfest feierte, aber vom Besuch des Sonntagsgottesdiensts und der Ablegung der Jahresbeichte nichts mehr wissen wollte[276]. Bei denjenigen, die noch am Gottesdienst teilnahmen, konstatierte man ein »Auseinanderfallen des profanen und religiösen Lebens«. Für den »Durchschnittschrist[en]« der Nachkriegszeit bestand als »Sonntags-Christ und Werktagsheide« zwischen Religion und Alltagsleben keine innere Beziehung mehr. Er war »innerlich vielfach gespalten«. Sein »Alltag« war nicht mehr »religiös geformt« und sein »religiöses Leben« hing »ohne Beziehung zum Leben des Alltags mehr oder weniger im luftleeren Raum«. Oft wurde es »nur mehr als Dreingabe empfunden«[277].

Für das Werkvolk war die Arbeiterfrage »nicht bloß eine wirtschaftliche Frage«, sondern »vielmehr eine religiöse Frage«, war »das Religiöse« »das Entscheidende« und eben nicht die Sozialgesetzgebung[278]. »Die soziale Tat« und die Lösung der sozialen Frage sollten stets dazu dienen, »den Unglauben zu überwinden«[279]. Deshalb wurde »das Religiöse« vom Werkvolk auch »in jeder Beziehung immer wieder in den Vordergrund gestellt«[280]. Es war das erklärte Ziel des Werkvolks, im christlichen Sinne »die menschliche Gesellschaft in Arbeit und Wirtschaft, in Staat und Kultur zu erneuern«[281]. Aber nur wenn »alles tief religiös verwurzelt« war, konnte es wirklich »Frucht tragen«[282]. Deshalb war gerade die »kirchli-

---

[275] Stellungnahme der westdeutschen Bischöfe zur Arbeiterfrage. Abgedruckt in: WERKVOLK, Nr. 12, Dezember 1952. Zur Forderung nach einer Wiederverchristlichung des öffentlichen Lebens im deutschen Katholizismus der unmittelbaren Nachkriegszeit vgl. allgemein W. LÖHR, Rechristianisierungsvorstellungen.

[276] WERKVOLK, Nr. 12, Dezember 1953.

[277] A. BERCHTOLD, Neugestaltung, S. 141.

[278] So etwa Bischof Joseph Freundorfer in seiner Predigt auf dem 3. Diözesantag des Katholischen Werkvolks der Diözese Augsburg. Vgl. Bericht über den Diözesantag des Katholischen Werkvolks der Diözese Augsburg, 18.-19. April 1953 in Augsburg. KAB A Diözesantage 1947-1959.

[279] Elisabeth Bach, Die Aufgaben der Frau im Werkvolk, o.D. (wohl Mai 1952) AEB KAB Kart. 55.

[280] Ludwig Stangl. – Bericht über die Arbeitstagung der Diözesan- und Bezirkssekretäre des Katholischen Werkvolks, 17.-18. April 1947. KAB VZ 2a / Verbandsausschuß 1954-1959.

[281] Mitglieder-Satzungen des Katholischen Werkvolks, Süddeutscher Verband katholischer Arbeitnehmer, 12. Oktober 1947. KAB VZ Satzungen.

[282] So etwa Paul Strenkert. Diözesantag des Katholischen Werkvolks der Diözese Augsburg, 7.-

I. Die Bildungs- und Schulungsarbeit

che Praxis« für das Werkvolk von zentraler Bedeutung. »Werkvolkmänner und -frauen« sollten stets »die Elite Gottes« sein, in Ehe und Familie, Betrieb und Pfarrgemeinde[283]. Sie sollten »›Zeugen sein‹« in »der Welt der Arbeit« und gerade dort »Vertrauen zu Christus und seiner Kirche wiedergewinnen«[284]. Arbeit und Beruf waren aus dieser Sicht nicht »losgelöst von Gott« und nur »Mittel des Geldverdienens«, sondern »gottbezogen«. Sie wurden »als Berufung, als Auftrag Gottes« verstanden, dem »Schöpfungsauftrag Gottes« zu entsprechen und die Welt in seinem Sinne zu gestalten[285]. Die Arbeit im Werkvolk wiederum wurde als »heilige Aufgabe« betrachtet[286]. Das gesamte Vereinsleben war dementsprechend religiös geprägt. So stand etwa am Anfang jeder Versammlung ein etwa zehnminütiges »Geistliches Wort«, das sich an der Bibel oder dem Katechismus orientieren konnte und zum Gespräch anregen sollte. Es war »die vornehmliche Aufgabe des Präses«, wenngleich es auch durchaus von einem Laien übernommen werden konnte[287]. »Schulungsabende mit einem Gebet oder einer religiösen Einstimmung durch einen Präses« beginnen und enden zu lassen, war »selbstverständlich«[288]. Wohingegen »religiöser Kitsch oder religiöse Übertreibung« vom Werkvolk stets strikt abgelehnt wurde[289]. Man maß vielmehr der »Vertiefung des Glaubenswissens« eine besondere Bedeutung zu[290] und setzte gezielt »systematische Erwachsenenkatechese« an die Spitze aller Schulungsarbeit. So gab es etwa im Bistum Würzburg zeitweise »keinen Schulungskurs, an dem nicht täglich wenigstens eine Stunde Katechismusunterricht« gehalten wurde. Die Teilnehmer an den Kursen des Werkvolks waren »außerordentlich dankbar dafür«[291]. Die Bemühungen, das religiöse Alltagsleben der Mitglieder zu verbessern, gipfelten schließlich in der am Anfang der sechziger Jahre vom Sekretariat Schweinfurt durchgeführten »Apostolats-Aktion«. Hier wurden unter der Überschrift »Werkvolk ist mehr! CAJ ist mehr!« die Angehörigen beider Organi-

---

8. April 1951 in Kempten. KAB A Diözesantage 1947–1959. Ähnlich der Bamberger Diözesansekretär Erich Wildner in WERKVOLK, Nr. 4, April 1951.
[283] WERKVOLK, Nr. 12, Dezember 1953.
[284] KONTAKT (Würzburg), o.N. und o.D. (Dezember 1955). DAW Druckschriften.
[285] So Bischof Joseph Schröffer in seiner Ansprache bei der Gemeinschaftsmesse des 1. Diözesantages in Eichstätt, 26. Juni 1954. Text der Predigt in DA EI BA Werkvolk 1949–1967.
[286] Elisabeth Bach an Hans Birkmayr, 31. Mai 1947. KAB VZ Schriftwechsel Bach 1949–1950. Die identische Formulierung findet sich auch in Rundschreiben des Verbandssekretariats, 5. Oktober 1951. ABP KAB Kart. 48 Akt 144.
[287] KONTAKT (Würzburg), Nr. 8, Juli 1956. DAW Druckschriften.
[288] WERKVOLK, Nr. 2, Februar 1954.
[289] WERKVOLK, Nr. 3, März 1951.
[290] So Bischof Joseph Schröffer in seiner Ansprache bei der Gemeinschaftsmesse des 1. Diözesantages in Eichstätt, 26. Juni 1954. Text der Predigt in DA EI BA Werkvolk 1949–1967.
[291] KONTAKT (Würzburg), Nr. 6, Juni 1956. DAW Druckschriften.

sationen aufgefordert, dem eigenen Anspruch gerecht zu werden. Sie sollten eine streng vertrauliche Erklärung abgeben, in der sie sich zu vier Dingen schriftlich verpflichteten: dem täglichen Gebet ein besonderes Gebet anzufügen, innerhalb eines Jahres einmal an dreitägigen Exerzitien teilzunehmen, tätige Nächstenliebe zu üben und der sozialen Verantwortung gerecht zu werden, durch Teilnahme an Arbeitskreisen, Mitarbeit bei Betriebsrats- oder Sozialwahlen sowie durch den Erwerb und das Studium der Sozialenzyklika »Mater et Magistra«[292]. Etwa 450 der rund 5000 Mitglieder des Bezirksverbands gaben bis Ende Juli eine solche schriftliche Erklärung ab[293].

Generell wurden neu aufgenommene Mitglieder verbandsweit »feierlich zum Laienapostolat verpflichtet«[294]. Die Absolventen eines Halbjahreskurses am Katholischen Sozialinstitut erhielten sogar eine eigene »Weihe« zum »Apostel der Arbeit«, die in der Regel von einem Bischof vorgenommen wurde[295]. Wenn auch selbst allen hauptamtlichen Laien keineswegs der Unterschied zwischen der »Sendung zum Laienapostel« und der »missio canonica« klar war[296], wurde »diese Weihe« von allen »als etwas echtes und sakramentales angesehen«, keineswegs als »nur Theater«[297]. Konkret war die Weihe »eine Verpflichtung«, die nicht an ein bestimmtes Amt gebunden war. Die Sendung zum Laienapostel ruhte »nie«. Sie bestand »im Rahmen der gegebenen Möglichkeiten« immer, »gleichgültig«, ob der Absolvent tatsächlich »von einer Kirchenstelle oder einer kirchlichen Organisation« angestellt wurde oder einen Auftrag erhielt. In den Augen von Rektor Berchtold schuf die Sendung »eine moralische Bindung«, insofern der Betreffende »vor seinem Gewissen verpflichtet« war, »nach seinen Möglichkeiten als Laienapostel zu wirken«[298]. Der stellvertretende Bamberger Diözesanpräses ging sogar soweit, darin »eine moderne, kirchliche Apostelweihe« zu sehen, die »den Worten und den symbolischen Handlungen nach« den Eindruck »einer wirklichen Laienpriesterweihe« erweckte, »nicht als Sakrament selbstverständlich, sondern als Sakramentale«. Für ihn sollte der Weiheakt zu einer »Art Standwerdung dieser Männer mit ihren Familien innerhalb der Kirche, zwischen dem sakramentalen Priestertum und dem allgemeinen Laienpriestertum der heiligen

---

[292] Formular der Apostolats-Aktion 1962. KAB VZ G III / Schweinfurt 1947–1954.
[293] Franz von Prümmer an die Verbandszentrale, 1. August 1962. KAB VZ G III / Schweinfurt 1947–1954.
[294] WERKVOLK, Nr. 5, Mai 1953.
[295] Vgl. S. 179.
[296] Vgl. hierzu etwa die Erläuterungen in Alfred Berchtold an Rudolf Müller, 19. November 1951. AEB KAB Kart. 64.
[297] Michael Sager an Joseph Schröffer, 4. Januar 1952. KAB VZ K / Diözesanverband Freiburg 1950–1963.
[298] Alfred Berchtold an Rudolf Müller, 19. November 1951. AEB KAB Kart. 64.

Firmung« beitragen. Dementsprechend sollten die »Apostel der Arbeit« auch »einen klar umschriebenen Aufgabenkreis und eine eindeutig festgelegte kirchenrechtliche Stellung« erhalten und so »als von der Kirche selbst gerufene und geweihte Bauleute am Reiche Gottes auf Erden« »in das unmittelbare Gefüge der Kirche« eingefügt werden. Durch »seinen besonderen rechtlichen Platz und seine allgemein gültige kirchliche Weihe und Sendung« sollte ein »Laienpriestertum« entstehen, das »über das allgemeine Laienpriestertum hinausgeht«[299].

Die religiöse Bildungsarbeit wirkte sich aus der Sicht der Verantwortlichen vielfältig aus – so sah man etwa auch den Erfolg bei den Sozialwahlen als Folge der geistlichen Bildungsarbeit[300] – doch »leider« war »nur das äußere Wachstum« konkret nachweisbar[301].

Bei allen Bemühungen um die Vertiefung des Glaubens war sich das Werkvolk aber darüber im klaren, »daß wir uns als Christen und vor allem als Katholiken nicht allein beschränken können auf Sakristei und Kirche, sondern die Welt für Christus zurückzugewinnen haben und das können wir nicht allein im Kirchenraum«. Deshalb sollte auch die »intensivere religiöse-sozialpolitische Schulung der christlichen Arbeiterschaft« stets unter der Parole stehen: »Heraus aus der Bewahrung – Offensive für Christus!«[302]

b) *Hammerkreuz und Bannerweihe*

Generell unterstützte das Werkvolk durchaus lokal oder regional verwurzelte Formen der Frömmigkeit. Im Laufe der Jahre entwickelten sich aber innerhalb der katholischen Arbeiterbewegung spezifische Frömmigkeitformen, die zudem durch den Süddeutschen Verband eine besondere Pflege erfuhren, wie etwa das »Hammerkreuz«. Dieses »Symbol«[303] sollte das Hauptanliegen des Werkvolks, »Arbeit und Religion miteinander zu verbinden«, klar zum Ausdruck bringen[304]. Es wurde bewußt dem marxistischen Symbol von »Hammer und Sichel« entgegengesetzt. Die Kombination aus Kreuz und Hammer zierte nicht nur das Brief-

---

[299] Hans Birkmayr an Georg Meixner, 3. Januar 1955. AEB KAB Kart. 53.
[300] Bericht über die Gründung und das Werden des Diözesanverbands Würzburg. KAB W Diözesanvorstandschaft/Verschiedenes.
[301] Bericht des Werkvolk-Diözesanverbands Eichstätt über das Arbeitsjahr 1961/62. KAB VZ 17c / Verbandsausschuß 1959–1971. Zum Problem der Meßbarkeit von religiösen Äußerungen in der industriellen Gesellschaft vgl. generell T. LUCKMANN.
[302] Michael Sager an Joseph Schröffer, 4. Januar 1952. KAB VZ K / Diözesanverband Freiburg 1950–1963.
[303] Als solches Kennzeichen, als »ein den Sinnen faßbarer Ausdruck, der wie ein Bild erkenntlich macht, von welchem Geist die Bewegung gehalten ist und welches Ziel sie erstrebt«, wurde es bewußt verstanden. H.-J. SCHMITT, Kreuz und Hammer, S. 189.
[304] H.-J. SCHMITT, Lebensgestaltung, S. 69.

194   C. Verbandsarbeit

papier, alle Plakate und Veröffentlichungen des Verbands, sondern wurde auch den Mitgliedern als »Vereinsnadel«[305] und auf »Werkvolkwimpeln« zum Kauf angeboten[306], die so »durch ein äußeres Zeichen« zeigen sollten, welch' »lebendiger Gemeinschaft« sie angehörten und sich »besonders verbunden« fühlten. Das Symbol des Hammerkreuzes wurde dementsprechend auch auf den Bannern der einzelnen Vereine angebracht[307]. Hierbei wurde es stets in schwarzer Farbe dargestellt, »weil Kreuz-tragen und Arbeit-leisten immer mühsam und beschwerlich sind, stets Kräftehergabe erfordern und falscher Romantisierung entgegenstehen«[308]. Über die Banner-»Weihe«, die zum Teil als »Großkundgebung«[309] mit prominenten Gastrednern[310] oder in Gegenwart des Bischofs[311] gestaltet, in einen Diözesantag integriert oder im Rahmen eines Stiftungsjubiläums besonders festlich begangen wurde[312], berichtete das Verbandsorgan stets ausführlich[313]. Selbst »die weltliche Feier« einer Bannerweihe sollte nach den Vorstellungen der Verbandzentrale »noch ein Bekenntnis zu Christus sein«[314].

c) *Arbeitergebete und Werkvolklieder*

In den Augen von Bischof Julius Döpfner war »Ziel und Mitte« aller Werkvolkarbeit, daß seine Mitglieder den Tag mit einem Gebet begannen und beschlossen und während der Arbeitszeit Stoßgebete verrichteten, daß sie sich an diese »einfache, aber feste Gebetsordnung« hielten[315]. Zur Gestaltung des Gebetslebens wurden den Werkvolkangehörigen einerseits durch die Mitgliederzeitung Gebetbücher

---

[305] Werkvolk-Führung, Mai 1949.
[306] Werkvolk-Führung, Mai 1952.
[307] Zur Gestaltung des Banners vgl. Werkvolk-Führung, August 1949. Es konnten aber auch fertige Banner bei der Verbandszentrale bezogen werden (Werkvolk-Führung, Juni 1950; Werkvolk-Führung, Mai 1952). Doch ließ die Resonanz bei den einzelnen Ortsvereinen zu wünschen übrig. So besaß 1952 etwa erst die Hälfte aller Werkvolkgemeinschaften des Bezirksverbands München ein eigenes Banner (Jahresbericht des Bezirksverbands München, 1952. KAB VZ Diözesanverband München).
[308] H.-J. Schmitt, Kreuz und Hammer, S. 192.
[309] Werkvolk, Nr. 5, Mai 1953; Werkvolk, Nr. 1, Januar 1954.
[310] So etwa dem Kultusminister von Rheinland-Pfalz Dr. Finck. Werkvolk, Nr. 8, August 1953.
[311] So etwa in Nilkheim. Werkvolk, Nr. 1, Januar 1954.
[312] Werkvolk, Nr. 9, September 1951.
[313] Vgl. etwa Werkvolk, Nr. 11, November 1952; Werkvolk, Nr. 1, Januar 1953; Werkvolk, Nr. 7, Juli 1953; Werkvolk, Nr. 1, Januar 1954; etc.
[314] Vgl. den Gestaltungsvorschlag für eine »Bannerweihe« in Werkvolk-Führung, Oktober 1953.
[315] Julius Döpfner: »Heilige Arbeiter«. Grundsatzreferat, gehalten auf dem 2. Diözesantag des Katholischen Werkvolks in Schweinfurt. Werkvolk, Nr. 12, Dezember 1952.

I. Die Bildungs- und Schulungsarbeit 195

allgemeiner Art wie etwa das »Familienbrevier« von Heinrich Kunkel[316] empfohlen, andererseits formulierte man spezielle »Arbeitergebete«[317]. Am Beginn der fünfziger Jahre waren solche Gebete im Werkvolk aber im Gegensatz zur CAJ[318] noch keineswegs selbstverständlich. So war etwa für die süddeutschen Teilnehmerinnen am ersten Leiterinnenkurs des Westdeutschen Verbands ein spezielles Arbeiterinnen-Gebet etwas Neues. Sie regten an, »dieses Gebet oder ein ähnliches zu verbreiten und es den Mitgliedern zu empfehlen«, um so »auch ein Stück Gemeinschaftsgeist« zu fördern[319]. Die Verbandszentrale griff diesen Gedanken im Vorfeld des Mannheimer Verbandstags 1955 auf und schuf zwei spezielle Arbeitergebete, die durch Abdruck in einer Nummer der Werkvolk-Führung allen Vereinen zur Kenntnis gebracht wurden[320]. In der Folgezeit empfahl man immer wieder spezielle Gebetstexte wie ein Gebet an den Heiligen Josef[321] oder ein Weihegebet an Maria[322] den Mitgliedern zum Gebrauch. Ab 1959 erarbeitete man darüber hinaus ein spezielles »Werkvolk-Gebet« in der äußeren Form eines Gebetszettels zum Einlegen in Gebets- und Gesangsbücher[323]. Am Ende des Untersuchungszeitraums wurde dann innerhalb des Kartellvorstands sogar »die Frage eines eigenen Arbeitergebetbuches« besprochen. Man überlegte, entweder »das bekannte Gebetbuch ›Männer sprechen mit Gott‹ mit Arbeitergebeten zu ergänzen« oder selbst ein spezielles Gebetbuch für Arbeiter zu erstellen und herauszugeben[324]. Dies weist auf die Entwicklung zu einer reflektierten speziellen Spiritualität der katholischen Arbeiterbewegung hin, wie sie in Folge des Zweiten Vatikanums sich im Werkvolk ausformen sollte[325].

---

[316] H. KUNKEL. Vgl. WERKVOLK, Nr. 2, Februar 1953.
[317] Ein von Fritz Morgenschweis geschaffenes Beispiel ist abgedruckt in IM ANRUF DER ZEIT, S. 92.
[318] Deren Mitglieder verrichteten weltweit jeden Morgen, jeden Abend und vor jeder Versammlung ein einheitliches Gebet der Christlichen Arbeiterjugend. Der Text des Gebets der CAJ ist abgedruckt in J. CARDIJN, S. 4.
[319] Emma Frey an Anton Maier, 17. Februar 1953. KAB MARKTREDWITZ. Zur Wirkung des gemeinsam gesprochenen lateinischen Ave Maria auf der Internationalen Frauentagung in Düsseldorf vgl. WERKVOLK, Nr. 6, Juni 1955.
[320] Arbeiter-Gebet und Gebet zur Rettung der Arbeiterbrüder. WERKVOLK-FÜHRUNG, Nr. 8, 1955.
[321] KONTAKT (Würzburg), Nr. 4, März 1956. DAW Druckschriften.
[322] KONTAKT (Würzburg), Nr. 2, Dezember 1955. DAW Druckschriften.
[323] Antrag Nr. 38 zum Verbandstag 1959 in Passau, vom Diözesanverband Speyer. KAB VZ Verbandstag Passau 1959; Bericht über die Verbandsausschuß-Sitzung, 11.–12. November 1961. KAB VZ 2b / Verbandsausschuß 1960–1973.
[324] Toni Lindermüller an Christian Müller, 19. Juli 1963. ABP KAB Kart. 33 Akt 91.
[325] Vgl. hierzu Franz Prinz, Materialsammlung zur Spiritualität der katholischen Arbeiterbewegung, o. D. [1966]. KAB VZ Verbandsleitung/Verbandsausschuß: Rundschreiben und Schriftverkehr 1965–1970. Sie war in dieser Form »nicht zur Veröffentlichung gedacht«. Eberhard Kunze an alle Diözesanpräsides, 2. Januar 1967. KAB VZ 29 / Verbandsausschuß 1959–1970.

In Bezug auf »Werkvolklieder« knüpfte die Verbandszentrale an Traditionen aus der Weimarer Republik an, als es bereits ein eigenes Liederbuch der katholischen Arbeiterbewegung gegeben hatte. Im Werkvolkliederbuch fand sich auch eine Vielzahl religiöser Lieder, die zur Gestaltung von Gottesdiensten jeder Art herangezogen werden konnten[326]. Darüber hinaus setzte man sich frühzeitig dafür ein, daß im »kommenden Einheits-Gebets- und Gesangsbuch der deutschen Diözesen« auch »die Anliegen und missionarischen Aufgaben der Arbeitnehmer und ihrer Familien in Wort und Lied gebührend berücksichtigt« würden. Man erachtete es als »notwendig«, daß ein »Einheits-Gebetbuch« der tiefgreifend gewandelten gesellschaftlichen Struktur Rechnung trug. Schließlich sollte in den Augen des Werkvolks ein »Gebet- und Gesangsbuch gerade der breiten Schicht« mithelfen, »durch die Auswahl der Gebetstexte formend auf die religiöse Haltung derselben einzuwirken«. Hierfür hielt man zudem einen eigenen »Beichtspiegel«, »der die Welt der Arbeit und der gesellschaftlichen Verantwortung aufgreift«, für ebenso angebracht, wie den »Einbau einer Meßfeier der Werktätigen« in das allgemeine Gebetbuch[327].

d) Gemeinschaftsmesse

»Keine Übung der christlichen Religion ist an sich heiliger, keine trägt zur größeren Ehre Gottes mehr bei, keine nützt der Seele zu ihrem Heile so sehr, wie das rechte Miterleben und Mitopfern der heiligen Messe«. So formulierte Verbandspräses Leopold Schwarz die zentrale Bedeutung der heiligen Messe für jeden Katholiken. Dementsprechend sollte man möglichst »häufig« dieser Form des Gottesdienstes beiwohnen[328]. Die Einstellung zur Messe war im Werkvolk der Gradmesser dafür, wie es um den »Katholizismus« seiner Angehörigen bestellt war[329]. Nicht zufällig war deshalb eine der ersten Publikationen des Verbandspräses in der Nachkriegszeit ein reich bebildertes Büchlein, das die einzelnen Abschnitte der tridentinischen Messe erläuterte[330]. Doch neben der Messe im traditionellen Ritus

---

[326] Zum Werkvolkliederbuch vgl. S. 216–217.
[327] Antrag Nr. 31. Antrag des Diözesanverbands Regensburg an den Verbandstag 1963 – Augsburg. KAB VZ Verbandstag Augsburg 1963.
[328] L. Schwarz, Die sichtbare Messe, S. 5.
[329] »Sag mir, wie du zur hl. Messe stehst, dann sag ich dir, wie es um deinen Katholizismus steht«, so P. Leppich SJ bei seinen drei Vorträgen in Ulm, die vom dortigen Werkvolk organisiert wurden. Werkvolk, Nr. 2, Februar 1951.
[330] L. Schwarz, Die sichtbare Messe.

I. Die Bildungs- und Schulungsarbeit

wurde im Rahmen von Werkvolkveranstaltungen aber auch »die sogenannte Arbeitermesse« gefeiert[331], eine »Werkvolkgemeinschaftsmesse«[332].

Die führenden geistlichen Repräsentanten der katholischen Arbeiterbewegung bemühten sich, im Werkvolk »den Sinn für den Gemeinschaftsgottesdienst zu wecken«[333], lag doch für sie »die Tragik des Katholiken von heute« gerade darin, daß er zwar »einer Gemeinschaftsreligion« angehörte, aber in den »gottesdienstlichen Formen vielfach gar keine Gottesdienstgemeinschaft erleben« konnte, durch die es gelungen wäre, den »Gemeinschaftsgeist« zwischen katholischen Arbeitern und Unternehmern zu stärken und so »die Gemeinschaft des Zusammenarbeitens« beider Seiten »zu befruchten und zu verlebendigen«[334]. Allerdings mußten die Werkvolk-Geistlichen »bei gemeinsamen Gottesdiensten« ihrer Organisation »immer wieder feststellen, daß der Sinn für die Gemeinschaftsfeier der heiligen Messe in irgend einer Form vielfach mangelt«. Dies lag zudem keineswegs an der Haltung der Priester. Vielmehr scheiterten »viele Pfarrer« mit ihren Versuchen, »den Pfarrgottesdienst als Gemeinschaftsgottesdienst zu gestalten«, »an den Widerständen der Laien«[335]. So glichen die Meßfeiern in den Augen der für die spirituelle Erneuerung der Bewegung Verantwortlichen »vielfach einer modernen Oper: der handelnde Priester auf der Bühne des Altares, der konzertierende Kirchenchor und das unbeteiligte Publikum, das im Gegensatz zu einer Opernaufführung vielfach von der Handlung auf der Bühne noch kaum Notiz nimmt«[336]. Um solche Mißstände zu beheben, bemühte man sich, das Verständnis der Werkvolkmitglieder für die Gemeinschaftsmesse zu fördern und diese durch neue Texte attraktiver zu gestalten[337].

---

[331] WERKVOLK, Nr. 6, Juni 1952.
[332] Protokoll der Diözesanvorstandssitzung, 10. September 1957. KAB R Diözesanvorstand. So etwa bei den Diözesan- und Verbandstagen.
[333] Alfred Berchtold an Michael Kardinal von Faulhaber, 13. Januar 1950. KFA 6505.
[334] Alfred Berchtold, Neugestaltung des Menschen. Referat bei der Schlußkundgebung der 2. Katholischen Sozialen Woche, 13. November 1949. KFA 6505.
[335] Alfred Berchtold an Michael Kardinal von Faulhaber, 13. Januar 1950. KFA 6505.
[336] Alfred Berchtold, Neugestaltung des Menschen. Referat bei der Schlußkundgebung der 2. Katholischen Sozialen Woche, 13. November 1949. KFA 6505.
[337] So gab etwa Anfang der sechziger Jahre der Diözesanverband Augsburg einen neuen Text für eine Arbeitnehmergemeinschaftsmesse heraus. Informationen für H.H. Verbandspräses zum Diözesantag. KAB VZ Diözesanverband Augsburg bis 1964. Der Text ist als Anlage beigefügt. Ein achtseitiger, gedruckter Text einer Gemeinschaftsmesse aus dem Jahr 1952 findet sich in KAB EI Kontakt. Ein Beispiel aus dem Jahr 1959 hat sich erhalten in KAB VZ 44a / Verbandstag Passau 1959.

e) *Wallfahrten*

Sie stellten für die Angehörigen der katholischen Arbeiterbewegung zumeist das »stärkste religiöse Erlebnis« innerhalb des Jahreslaufes dar[338], zeigten sie doch, daß im Werkvolk »das Bereitsein, sich aus dem Alltag zu lösen,« und »das Gefühl für die religiösen Werte nicht erloschen« war[339]. Generell lassen sich mehrere Wallfahrts-Typen unterscheiden. So beteiligte sich das Werkvolk einerseits an Wallfahrten zu den traditionellen Wallfahrtsorten des Bistums, die von anderen Trägern organisiert wurden[340], andererseits führte es auch in eigener Regie Wallfahrten zu diesen Orten durch[341]; gelegentlich verband man diese Wallfahrten auch mit Großkundgebungen des Verbands mit prominenten Rednern[342]. Neben alljährlich abgehaltenen Veranstaltungen gab es aber auch Wallfahrten aus besonderem Anlaß[343]. Zum Teil waren es spezielle »Fußwallfahrten«[344], zum Teil reiste man mit Sonderzügen und Omnibussen an[345]; zum Teil richteten sie sich an alle Mitglieder des Werkvolks[346], zum Teil handelte es sich etwa um spezielle »Frauenwallfahrten«[347].

---

[338] WERKVOLK, Nr. 11, November 1951.

[339] WERKVOLK, Nr. 9, September 1959.

[340] So etwa an der traditionellen Männerwallfahrt des Bistums Augsburg nach Maria Steinbach am 10. Mai 1953. WERKVOLK, Nr. 6, Juni 1953. Zur Bedeutung des Wallfahrtsorts Maria Steinbach vgl. G. BECK.

[341] So etwa im Bistum Bamberg nach Vierzehnheiligen (WERKVOLK, Nr. 11, November 1953; zur Bedeutung des Wallfahrtsortes Vierzehnheiligen vgl. S. v. PÖLNITZ und W. FOLGER, S. 281–322) und im Bistum Regensburg auf den Bogenberg und den Maria-Hilfberg in Amberg (Rechenschaftsbericht der Diözesanleiterin, 10. Juni 1956 bis 31. Juli 1957. KAB R Diözesanausschuß; zur Bedeutung des Bogenbergs vgl. DER BOGENBERG, zum Maria-Hilfberg in Amberg vgl. MARIAHILF AMBERG).

[342] So sprach etwa der Bundesarbeitsminister Storch 1951 auf einer Großkundgebung im Anschluß an die Wallfahrt nach Vierzehnheiligen (WERKVOLK, Nr. 6, Juni 1951). Die Wallfahrt des Bezirksverbands Bad Kissingen nach Maria Thalkirchen bei Münnerstadt wiederum wurde etwa mit einer Kundgebung zum 1. Mai verbunden, auf der Anton Maier als Festredner wirkte (WERKVOLK, Nr. 6, Juni 1953).

[343] So unternahmen etwa mehrere hundert Arbeitnehmer am Tag nach der Wiedergründung des Regensburger Diözesanverbands in Amberg eine Wallfahrt auf den dorigen Mariahilf-Berg, um somit den Auftakt einer katholischen Arbeiterbewegung zu dokumentieren. Geschäftsbericht Franz Xaver Meyer, 21. Juni 1953 bis 9. Juni 1956. KAB R Diözesantage.

[344] So etwa die Wallfahrt des Bezirksverbands München nach Maria Eich. WERKVOLK, Nr. 6, Juni 1951. Zum Wallfahrtsort Maria Eich vgl. B. M. HOPPE.

[345] So etwa zur Bamberger Diözesanwallfahrt nach Vierzehnheiligen. Vgl. etwa WERKVOLK, Nr. 6, Juni 1951.

[346] So etwa die Fahrt nach Altötting vom 27. bis 28. September 1952. WERKVOLK, Nr. 2, Februar 1952; WERKVOLK, Nr. 3, März 1952; WERKVOLK, Nr. 4, April 1952. Zu Altötting als dem wichtigsten Wallfahrtsort Bayerns vgl. R. BAUER mit einem Verzeichnis der neuesten Literatur.

[347] So etwa nach Maria Buchen. Bericht des Diözesanverbands Würzburg, 1. Juli 1959 bis 30. Septem-

I. Die Bildungs- und Schulungsarbeit

Die Zahlen der Wallfahrer schwankten beträchtlich. So nahmen etwa an der gemeinsam mit dem Westdeutschen Verband der KAB durchgeführten Fahrt zur »Ausstellung des Heiligen Rockes in Trier« im Sommer 1959 insgesamt 18 000 Personen teil[348]. Bei diözesanen Veranstaltungen fanden sich bis zu 10 000 Gläubige ein[349]. Folgten auf der Bezirksebene immerhin noch bis zu 5000 Gläubige den Einladungen des Werkvolks[350], so lag die Zahl der Teilnehmer an Wallfahrten örtlicher Werkvolkgemeinschaften zum Teil deutlich unter 100 Personen[351].

Neben Wallfahrten mit Zielen in Deutschland bot das Werkvolk seinen Mitgliedern aber auch Pilgerfahrten zu den wichtigen Wallfahrtsorten in Europa, wie etwa Rom oder Lourdes, an. Soweit diese Fahrten nicht selbst organisiert wurden[352], vermittelte man den Mitgliedern zum Teil verbilligte Angebote anderer Träger wie etwa des Bayerischen Landeskomitees für Pilgerfahrten[353].

Zu besonderen Anläßen, wie etwa dem 60jährigen Jubliäum der Enzyklika »Rerum novarum« und dem 20jährigen Jubiläum der Enzyklika »Quadragesimo anno«[354] oder zum 75. Todestag von Bischof Ketteler[355], richtete das Werkvolk bewußt »eine Arbeiter-Wallfahrt« aus. Diese Großveranstaltungen wurden gezielt vorbereitet und im Verbandsorgan umfassend flankiert, indem man immer wieder auf die Fahrten hinwies und die Mitglieder durch ausführliche Berichte über Rom oder die Geschichte der Wallfahrt zur Schwarzen Madonna von Altötting einstimmte.

---

ber 1960. KAB VZ 17c / Verbandsausschuß 1959–1971. Zum Wallfahrtsort Maria Buchen vgl. A. RUF.

[348] Zu dieser Veranstaltung vgl. WERKVOLK, Nr. 4, April 1959; WERKVOLK, Nr. 6, Juni 1959; WERKVOLK, Nr. 9, September 1959.

[349] An der Bamberger Diözesanwallfahrt von Lichtenfels nach Vierzehnheiligen nahmen 1951 insgesamt 7000, am abschließenden Hochamt 10 000 Gläubige teil (WERKVOLK, Nr. 11, November 1951). Demhingegen beteiligten sich 1951 nur 2400 Personen an der Sonderfahrt des Münchener Diözesanverbands zu den Passionsspielen in Oberammergau. WERKVOLK, Nr. 6, Juni 1951.

[350] WERKVOLK, Nr. 6, Juni 1951.

[351] Vgl. hierzu die Angaben in Umfrage zum Vereinsleben 1956. KAB VZ.

[352] So etwa eine Fahrt des Bezirksverbands München im Heiligen Jahr (WERKVOLK, Nr. 6, Juni 1950), die alljährlichen Italienfahrten des Diözesanverbands Bamberg (L. UNGER, Katholische Arbeitnehmerbewegung, S. 124) oder die Pilgerfahrt des Süddeutschen Verbands in der Osterwoche 1953 nach Rom (WERKVOLK, Nr. 1, Januar 1953; WERKVOLK, Nr. 2, Februar 1953).

[353] So etwa 1952 eine Lourdes-Fahrt. Vgl. WERKVOLK, Nr. 2, Februar 1952; WERKVOLK, Nr. 3, März 1952.

[354] WERKVOLK, Nr. 2, Februar 1951; WERKVOLK, Nr. 4, April 1951.

[355] WERKVOLK, Nr. 2, Februar 1952; WERKVOLK, Nr. 3, März 1952; WERKVOLK, Nr. 4, April 1952.

f) Einkehrtage und Exerzitien

Sie sollten den Angehörigen der katholischen Arbeiterbewegung »das seelische Rüstzeug« für ihre Arbeit geben«[356]. Sie dienten »der religiösen Verinnerlichung«[357], der »religiösen Erneuerung und Vertiefung« und waren somit »Vorbedingung« des »apostolischen Wirkens im Werkvolk«[358]. »Die religiöse Schulung und Bildung der Mitarbeiter und Mitglieder im Katholischen Werkvolk« war für deren führende Repräsentanten zudem »zwingende Voraussetzung zur Erfüllung des religiösen Betriebsapostolates«[359]. Außerdem war man sich durchaus bewußt, daß der verstärkte Exerzitienbesuch »ein besonderes Anliegen« der Bischöfe war. Dementsprechend ging man davon aus, daß es der »Werkvolkarbeit nur nützen« könne, wenn man »dieses Anliegen aufgreifen« würde[360].

Erachtete etwa Anfang der fünfziger Jahre Bischof Julius Döpfner es als notwendig, daß mindestens ein Mitglied aus jeder Werkvolkgemeinschaft sich einmal im Jahr an Exerzitien beteilige[361], so forderte man im Werkvolk bereits wenige Jahre später, daß jedes Werkvolkmitglied wenigstens einmal im Jahr an einem Einkehrtag oder an Exerzitien teilnehmen sollte[362], und bemühte sich gezielt »um verstärkte Exerzitienwerbung unter den Mitgliedern«[363].

Während man anfangs »die Art der Durchführung« noch ganz »den Bedürfnissen der einzelnen Gruppen« – abgesehen von der Forderung, daß der Priester »auf dem Boden« der Bewegung stehen sollte – überließ[364], setzten im Verlauf der fünfziger Jahre immer stärkere Tendenzen zur Vereinheitlichung ein. So wurden Exerzitien in der Regel auf diözesaner Ebene und getrennt nach den Geschlechtern abgehalten. Das Werkvolk nützte hierbei zumeist diözesane Einrichtungen: im Erzbistum Bamberg Vierzehnheiligen[365], im Bistum Eichstätt

---

[356] So Erich Wildner in WERKVOLK, Nr. 4, April 1951.
[357] WERKVOLK, Nr. 4, April 1953.
[358] Elisabeth Bach, Die Aufgabe der Frau im Werkvolk, o.D. (wohl Mai 1952). AEB KAB Kart. 55.
[359] Antrag Paul Strenkert an den Diözesantag des Katholischen Werkvolks in Neu-Ulm. KAB A Diözesantage 1947–1959.
[360] Protokoll der Delegiertenversammlung des Katholischen Werkvolks der Diözese Augsburg, 10. Februar 1957. KAB A Diözesantage 1947–1959.
[361] Julius Döpfner: Heilige Arbeiter. Grundsatzreferat, gehalten auf dem 2. Diözesantag des Katholischen Werkvolks in Schweinfurt. WERKVOLK, Nr. 12, Dezember 1952.
[362] KONTAKT (Würzburg), Nr. 2, Dezember 1955. DAW Druckschriften. Als Bischof Döpfner diese Frage in seiner Silvesterpredigt 1955/56 erneut aufgriff, nahm der Würzburger Diözesanverband darauf wenige Wochen später Bezug und forderte seine Mitglieder erneut zur Teilnahme an Exerzitien auf. KONTAKT (Würzburg), Nr. 3, Januar 1956. DAW Druckschriften.
[363] Tätigkeitsbericht Fritz Morgenschweis, August 1957 bis August 1958. KAB R Diözesantage.
[364] Elisabeth Bach, Die Aufgabe der Frau im Werkvolk, o.D. (wohl Mai 1952). AEB KAB Kart. 55.
[365] Vgl. etwa WERKVOLK, Nr. 6, Juni 1951; WERKVOLK, Nr. 4, April 1953 etc.

I. Die Bildungs- und Schulungsarbeit

Schloß Hirschberg[366], im Erzbistum München und Freising Fürstenried[367], im Bistum Würzburg Himmelspforten[368]. Nur im Bistum Regensburg fanden sie in der Regel im Werkvolkheim Ramspau statt[369]. Generell wurden die »Werkvolk-Exerzitien« vom jeweiligen Diözesanpräses[370] oder Rektor Berchtold[371] abgehalten. Nur gelegentlich und im Lauf des Untersuchungszeitraums immer seltener zog man hierzu auch andere Geistliche wie etwa Pater Leppich heran[372].

Einkehrtage fanden im Gegensatz zu Exerzitien nur selten auf diözesaner Ebene statt. Sie wurden zumeist von größeren Gruppen[373] oder den Bezirksverbänden[374] getragen. Häufig wurden sie dementsprechend vom jeweils zuständigen Bezirks-[375] und nur gelegentlich vom Diözesanpräses[376] gehalten. Das Vorgehen, »Einkehrtage in großem Format, ohne Auslagen für die Teilnehmer, an Ort und Stelle abzuhalten«, wurde den einzelnen Werkvolkgemeinschaften durch das Verbandsorgan empfohlen[377]. In der Regel fanden trotz der gemeinschaftlichen Organisation von Männern und Frauen im Werkvolk aber auch die Einkehrtage nach Geschlechtern getrennt statt.

Durch Exerzitienkurse hoffte das Werkvolk aber nicht nur, den Glauben der eigenen Angehörigen zu vertiefen, sondern auch neue Mitglieder zu werben. So dienten etwa »Exerzitienkurse für die Bundeswehr« dazu, bereits die Wehrpflich-

---

[366] Vgl. etwa Bericht des Diözesanverbands Eichstätt, 1. Oktober 1961 bis 30. September 1962. KAB VZ 17c / Verbandsausschuß 1959–1971.
[367] Vgl. etwa Werkvolk, Nr. 4, April 1953.
[368] Kontakt (Würzburg), Nr. 3, Januar 1956. DAW Druckschriften.
[369] Rechenschaftsbericht der Diözesanleiterin, 29. Juli 1951 bis 20. Juni 1953. KAB R Diözesanausschuß/Diözesantag.
[370] Vgl. für Regensburg: Rechenschaftsbericht des Regensburger Diözesanvorstandes, 1956 bis 1959, oder Rechenschaftsbericht Fritz Morgenschweis, August 1957 bis August 1958. KAB R Diözesantage.
[371] Vgl. etwa für Bamberg: Werkvolk, Nr. 1, Januar 1951; Werkvolk, Nr. 4, April 1953; für Regensburg: Rechenschaftsbericht Wilma Beringer, 10. Juni 1956 bis 31. Juli 1957. KAB R Diözesanausschuß.
[372] Eberhard Kunze, 5. Juli 1995.
[373] Wie etwa in Amberg: Werkvolk, Nr. 12, Dezember 1952, oder Kirchheim: Werkvolk, Nr. 2, Februar 1953.
[374] Bericht des Diözesanverbands Eichstätt, 1. Juli 1959 bis 30. September 1960, oder Bericht des Diözesanverbands Eichstätt, 1. Oktober 1960 bis 30. September 1961. KAB VZ 17c / Verbandsausschuß 1959–1971.
[375] Vgl. etwa für das Erzbistum München-Freising Werkvolk, Nr. 12, Dezember 1952.
[376] Vgl. etwa für das Bistum Regensburg Tätigkeitsbericht Fritz Morgenschweis, August 1957 bis August 1958, oder Tätigkeitsbericht Wilma Beringer, 10. Juni 1956 bis 4. Oktober 1958. KAB R Diözesantage; für das Bistum Würzburg Werkvolk, Nr. 2, Februar 1953.
[377] Werkvolk, Nr. 2, Februar 1953.

tigen für den Gedanken des Werkvolks zu gewinnen, noch bevor sie nach ihrem Dienst wieder ins Berufsleben zurückkehrten[378].

Die Bemühungen um religiöse Vertiefung der Mitglieder wiesen regional beträchtliche Unterschiede auf. So setzten sie etwa in den Bistümern Bamberg und Würzburg bereits relativ früh ein. Erst in der Mitte der fünfziger Jahre – nach dem Wechsel im Amt des Diözesanpräses und dem Einrücken von ehemaligen CAJ-Mitgliedern in hauptamtliche Funktionen innerhalb des Werkvolks – folgten die Bistümer Augsburg und Regensburg. Im Bistum Eichstätt fanden zwar bereits 1951 erste eigene Arbeiter-Exerzitien statt, doch wurden sie erst ab 1956 für Männer und ab 1961 für Frauen alljährlich abgehalten[379]. Im Bistum Passau wiederum waren eigens gestaltete Einkehrtage oder Exerzitien während des gesamten Untersuchungszeitraums die Ausnahme. Hatten sie von 1906 bis 1916 und von 1926 bis 1932 noch zumeist jährlich stattgefunden, so griff der Diözesanverband diese Tradition erst ab 1964 wieder auf. An den zwei in den Jahren 1947 und 1955 abgehaltenen Exerzitienkursen nahmen ganze 44 Arbeitnehmer teil[380]. Zum Vergleich: am Einkehrtag des Bezirksverbands München in Fürstenried am 3. Dezember 1950 beteiligten sich 230 Personen[381]; beim Fraueneinkehrtag am 26. Oktober 1952 waren es 206 Teilnehmerinnen[382] und im Bistum Würzburg besuchten im Zeitraum von 1950 bis 1957 über 1000 Arbeiter Exerzitien[383]. Generell gelang es während des Untersuchungszeitraums, den Mitgliedern »die vorhandene Scheu vor Exerzitien« zu nehmen und dafür zu sorgen, daß »der religiöse Wert« dieser Veranstaltungen von ihnen »klar erkannt« wurde[384].

g) *Josefsverehrung*

Die Verehrung des heiligen Josef, »des Patrons des werktätigen Volkes«[385], war seit jeher innerhalb der katholischen Arbeiterbewegung besonders gepflegt worden[386]. An diese Tradition knüpfte das Werkvolk an, als es mit einer religiösen

---

[378] Tätigkeitsbericht Fritz Morgenschweis, August 1957 bis August 1958. KAB R Diözesantage.
[379] GOTT WILL UNSERE ARBEIT, S. 24.
[380] K. UNTERHITZENBERG, S. 34.
[381] WERKVOLK, Nr. 6, Juni 1951.
[382] WERKVOLK, Nr. 12, Dezember 1952.
[383] Bericht über die Gründung und das Werden des Diözesanverbands Würzburg. KAB W Diözesanvorstandschaft/Verschiedenes.
[384] WERKVOLK, Nr. 11, November 1951.
[385] KETTELER-WERK-PRÄSES, Nr. 1, 1946.
[386] L. UNGER, Verehrung. Zu den Wurzeln und der Entwicklung der Verehrung des hl. Josef in vorindustrieller Zeit vgl. J. SEITZ. Zur Bedeutung des heiligen Josef für das religiöse Selbstverständnis führender Repräsentanten der katholischen Arbeiterbewegung in der Nachkriegszeit vgl. Josef Schinner an Josef Maier, 14. März 1946. KAB VZ G II / Aschaffenburg 1944–1964.

I. Die Bildungs- und Schulungsarbeit

Feierstunde am Schutzfest des heiligen Josef in München an die Öffentlichkeit trat, um so für seine Ziele zu werben[387]. Dieses Vorgehen sollte aus Sicht der Verbandsleitung Vorbildwirkung für das gesamte Verbandsgebiet haben und in möglichst vielen Pfarreien nachgeahmt werden[388]. Welche Rolle man dem Heiligen zuschrieb, wurde auch darin deutlich, daß der Verband seine Vereine in den Satzungen explizit dem Schutz des heiligen Josef unterstellte[389]. Doch nicht nur in der unmittelbaren Nachkriegszeit wurden die Gedenktage des heiligen Josef durch das Werkvolk für besonders wichtige Veranstaltungen genutzt. So fanden an diesen Terminen etwa gerne die Feierlichkeiten für Vereinsjubiläen[390] oder Bannerweihen[391] statt. Dementsprechend war es auch kein Zufall, daß man in Kempten mit einer großen »Sankt Josefs-Feier« auf die vom Werkvolk initiierte Gründung einer »Arbeitsgemeinschaft katholischer Organisationen« hinwies[392].

Der heilige Josef wurde den Werkvolkmitgliedern als »Arbeiter wie wir« vorgestellt, »nicht unendlichkeitsfern, sondern zeitnah. Nicht in angenehmer Halbtagsbeschäftigung im idyllischen Häuschen von Nazareth, sondern der schwer um den Lebensunterhalt ringende Arbeiter mit Familie«[393], als »Mann der wenigen Worte«, als »Mann der Tat«. Dies war in den Augen des Werkvolks »das eigentliche Element des Mannes, nicht das Reden, sondern das Handeln«. »Echte Männer« setzten nicht durch »das leere Wort, hinter dem nichts steht und auf das kein Handeln folgt«, sondern durch »eine Summe kleiner, kleinster alltäglicher Taten [...] allmählich eine ganze Welt in Bewegung«; »statt vieler Worte eine ganz kleine, stille, schlichte Tat jeden Tag – die Welt wird gewandelt«. Hierfür sollte der heilige Josef den männlichen Werkvolkmitgliedern ein Vorbild sein[394].

Zur Förderung der Josefsverehrung ging man sowohl in der März- wie der Mai-Nummer des Verbandsorgans immer wieder auf seine Bedeutung für die Arbeiterbewegung und die männliche Frömmigkeit ein, außerdem empfahl man

---

[387] Sie fand am 12. Mai 1946 um 15 Uhr nachmittags in der Münchener Stadtpfarrkirche St. Ludwig statt. Einladungszettel. SL Lindermüller.
[388] Vgl. den entsprechenden Aufruf und Predigtvorschlag in KETTELER-WERK-PRÄSES, Nr. 1, 1946.
[389] Satzungen der katholischen Arbeiter, Arbeiterinnen und Angestellten Süddeutschlands (Ketteler-Werk) unter dem Schutz des hl. Joseph, 25. Dezember 1946. KAB VZ Satzungen.
[390] So etwa in Wunsiedel. WERKVOLK, Nr. 4, April 1953.
[391] So etwa in München-Untermenzing. WERKVOLK, Nr. 6, Juni 1951.
[392] P. STRENKERT, S. 18.
[393] WERKVOLK-FÜHRUNG, Nr. 2, Februar 1949.
[394] WERKVOLK, Nr. 3, März 1953. Die Betonung der Vorbildfunktion des Heiligen entspricht den allgemeinen Tendenzen der Heiligenverehrung im 20. Jahrhundert. Stand an dessen Beginn vor allem die Rolle der Heiligen als Fürsprecher bei Gott im Mittelpunkt der Heiligenverehrung, so tritt in der zweiten Jahrhunderthälfte generell immer stärker ihre Funktion als Vorbild für eine geglückte christliche Existenz in der Welt in den Vordergrund. Ähnliches läßt sich auch für andere Heilige nachweisen. Vgl. etwa D. GRYPA, Walburga, S. 363–364.

den Verbandsmitgliedern verschiedene Broschüren und Bücher über den Heiligen[395]. Darüber hinaus wurden in vielen Vereinen spezielle Josefsfeiern abgehalten[396]. Diese hatten aber höchst unterschiedlichen Charakter. Es waren kleine oder große, stärker verbandlich oder stärker kirchlich geprägte Festveranstaltungen[397]. Ihre Gestaltung hing stark von den lokalen und regionalen Gegebenheiten ab, trotz aller Bestrebungen der Verbandsleitung, auch diesen Bereich des Vereinslebens zu vereinheitlichen. Die Feier sollte aus Sicht der Werkvolk-Führung »einfach und schlicht, dafür aber kernig« gestaltet werden. Im Mittelpunkt sollte ein mit Grün umrahmtes Bild des Heiligen aufgestellt werden, das in Bezug zum Symbol der Bewegung, Kreuz und Hammer, stehen sollte. Nach der Eröffnung mit einem Lied und einem Gedicht sollte der Präses in einer Ansprache den heiligen Josef den Arbeitern als ihren »Patron«, ihren speziellen »Schutzherrn« nahebringen. Ausklingen sollte die Feier wiederum mit einem Lied[398]. In der Regel wurde die dritte Monatsversammlung des Jahres als Josefsfeier gestaltet.

Seit der Karolingerzeit war der 19. März der offizielle Gedenktag des heiligen Josef »als Bräutigams der Gottesmutter Maria«[399]. Dieser Tag erhielt am Ende des 19. Jahrhunderts für die katholische Arbeiterbewegung eine besondere Bedeutung, als Papst Leo XIII. am 15. August 1889 den heiligen Josef zum Patron der Arbeiterschaft erhob. Da im November desselben Jahres der Internationale Sozialistenkongreß beschloß, den 1. Mai als »proletarischen Weltfeiertag« zu begehen[400], hatte bis Ende des Zweiten Weltkriegs, die Frage »1. Mai *oder* 19. März« als Feiertag der Arbeiterschaft die werktätige Bevölkerung in »zwei

---

[395] So etwa A. BÄUMER. WERKVOLK, Nr. 3, März 1954. Im Bistum Würzburg wurden Auszüge aus diesem Buch über das Mitteilungsblatt des Diözesanverbands allen Werkvolkgemeinschaften zugänglich gemacht. KONTAKT (Würzburg), Nr. 4, 1956. DAW Druckschriften

[396] Zahlreiche Belege hierfür in Umfrage zum Vereinsleben 1956. KAB VZ.

[397] In Bamberg nahmen etwa 1951 ungefähr 1000 Personen, unter ihnen auch Erzbischof Joseph Otto Kolb, an der dortigen Josephi-Feier teil. Im Mittelpunkt der Versammlung stand eine Rede des ehemaligen Kultusministers Alois Hundhammer und keine religiöse Andacht (WERKVOLK, Nr. 4, April 1951).
Der Verlauf einer kleinen Josefs-Feier (Bad Kohlgrub) als Rückblick auf das zurückliegende Jahr wird geschildert in WERKVOLK, Nr. 4, April 1952.
Zur Josefs-Feier in der Werkvolkgemeinschaft St. Kilian in Schweinfurt vgl. WERKVOLK, Nr. 6, Juni 1952. Für 1953 vgl. die Schilderung der unterschiedlichen Josefsfeiern in Gaimersheim; St. Heinrich, Fürth; Unsere Liebe Frau, Nürnberg; Rimpar in WERKVOLK, Nr. 5, Mai 1953.

[398] Vgl. »Gedanken zur Gestaltung von Josefsfeiern«. WERKVOLK-FÜHRUNG, Nr. 2, Februar 1949. Die Werkvolkgemeinschaft in Bodenmais etwa führte stattdessen am Josefitag das Volksstück »Jägerblut« auf. WERKVOLK, Nr. 6, Juni 1952.

[399] Zur Genese des Datums in der abendländischen Kirche vgl. J. SEITZ, S. 104–110. Papst Gregor XV. machte den Gedenktag 1621 zum gebotenen Feiertag. Seit 1663 ist der heilige Josef auch offizieller Schutzheiliger Bayerns. H. K. M. SCHNELL, S. 167.

[400] WERKVOLK, Nr. 5, Mai 1950. Im Jahr 1891 war der 1. Mai von der Zweiten Sozialistischen Internationale offiziell als »Festtag der Arbeiter aller Länder« ausgerufen und 1933 durch die

I. Die Bildungs- und Schulungsarbeit 205

Welten« geschieden. Nach der Gründung der Einheitsgewerkschaft stand man nun auf Seiten der katholischen Arbeiterbewegung auf dem Standpunkt, daß nun die »Losung nicht ein ›entweder oder‹, sondern ein ›sowohl als auch‹« sein müsse: »Einheitsgewerkschaft *und* katholisches Werkvolk – 1. Mai *und* 19. März«[401].

Erst im Zusammenhang mit der Wiedergründung der christlichen Gewerkschaften änderte sich dies wieder, wenn es auch bereits 1952 vereinzelt lokale Bestrebungen gegeben hatte, »den 1. Mai doch einmal auch in christlichem Geist zu feiern«. So hatten sich etwa in Bodenmais im Bayerischen Wald auf Initiative des Werkvolks sämtliche Vereine des Ortes am 1. Mai »bekenntnistreu« zu einem offiziellen Kirchenzug mit anschließendem feierlichen Gottesdienst versammelt[402]. Im Bezirksverband Bad Kissingen wiederum hatte man den 1. Mai 1952 und 1953 mit einer »Wallfahrt aller Werktätigen« nach Maria Thalkirchen bei Münnerstadt begangen. Diese Wallfahrt verstand das Werkvolk als »Bekenntnis«, »den 1. Mai in unserer Sicht zu feiern«[403]. Auch im Bistum Eichstätt hatte das Werkvolk am 1. Mai bereits Anfang der fünfziger Jahre öffentliche Kundgebungen abgehalten[404].

Im Vorfeld der Gründung der christlichen Gewerkschaften wurde der traditionelle Gedenktag des heiligen Josef, der 19. März, 1955 dann durch die Einsetzung des liturgischen Festes des heiligen Josef des Arbeiters am 1. Mai ergänzt. Papst Pius XII. ging es darum, dem säkularen Festtag, »den die Welt der Arbeit sich als eigenes Fest erkoren hat«, »sozusagen die christliche Weihe« zu geben und so »zu einer stets wiederkehrenden Einladung an die moderne Gesellschaft« werden zu lassen, »das zu vollbringen, was dem sozialen Frieden noch fehlt«. Der 1. Mai sollte dadurch »ein christliches Fest« werden, »d.h. ein Tag des Jubels über den greifbaren und fortschreitenden Triumph der christlichen Ideale«[405]. Mit der Feier des 1. Mai als kirchlichem Feiertag, die »für jeden christlichen Arbeiter« »tatkräftige Verpflichtung« sein sollte, legten die Mitglieder der katholischen Arbeitervereine in den Augen des Papstes Zeugnis ab, – »weniger für eine erdachte internationale Einheit der Arbeiterklasse als vielmehr für die engverbindende Einheit der katholischen Arbeiter als Glieder der Kirche«. Die Einheit der

---

Nationalsozialisten in Deutschland zum staatlichen Feiertag erklärt worden. H. Lauber / B. Rothstein, S. 13–14.

[401] Werkvolk, Nr. 5, Mai 1951.
[402] Werkvolk, Nr. 6, Juni 1952.
[403] Werkvolk, Nr. 6, Juni 1953.
[404] Kurzbericht über die Organisation des Katholischen Werkvolks und dessen Arbeit in der Diözese Eichstätt, 1. Januar 1951 bis 1. Oktober 1953. DA EI OA Werkvolk 1949–1955.
[405] Papst Pius XII., Besinnung des christlichen Arbeiters am 1. Mai, dem Tag der Arbeit. Ansprache an die Mitglieder der Christlichen Arbeiterverbände Italiens, 1. Mai 1955. A. F. Utz / J. F. Groner, S. 3619–3626, hier S. 3625–3626.

katholischen Arbeiter sah der Papst als gegeben an, so daß es vielmehr darauf ankam, »sie anzuerkennen und im eigenen Bewußtsein und in dem der anderen von neuem geltend zu machen«[406].

Die Ausführungen des Papstes zur Bedeutung des kirchlichen Charakters des 1. Mai wurde den Mitgliedern des Werkvolks zum Teil ungekürzt über Mitteilungsblätter zur Kenntnis gebracht[407]. Faktisch traten nun die Feiern zum Gedächtnis des heiligen Josef in direkte Konkurrenz zu den gewerkschaftlichen Feiern des 1. Mai und das zum Zeitpunkt der zunehmenden Auseinandersetzung in der Frage der gewerkschaftlichen Organisation der katholischen Arbeiter. Dies war wohl kein Zufall[408].

Die erste weltweite Feier des neuen kirchlichen Feiertags 1956 wurde in ganz Süddeutschland vom Werkvolk vorbereitet. Um das Fest »in den Blickpunkt der ganzen Diözese« zu rücken[409], fanden in verschiedenen Bistümern jeweils zentrale Veranstaltungen statt[410] und wurden die einzelnen Bezirksverbände und Ortsgemeinschaften des Werkvolks angehalten, den 1. Mai von Veranstaltungen freizuhalten[411]. Die Mitglieder wurden durch besinnliche Gedanken zur Persönlichkeit des heiligen Josef auf die Feier des neuen kirchlichen Feiertags eingestimmt[412]. An der zentralen 1. Mai-Feier der katholischen Arbeitervereine Italiens in Mailand, an die sich Papst Pius XII. in einer Radioansprache wandte[413], nahm auch eine Abordnung des Werkvolks teil[414]. Der Schriftleiter des süddeut-

---

[406] Papst Pius XII., Die Einheit der christlichen Arbeiterbewegung. Radioansprache an die Teilnehmer am Kongreß der Katholischen Arbeitervereinigungen Italiens, 1. Mai 1956. A. F. Utz / J. F. Groner, S. 3627–3634. Zitate in der Übersetzung der KNA nach Kontakt (Würzburg), Nr. 6, Juni 1956. DAW Druckschriften.

[407] So etwa in der Diözese Würzburg. Vgl. Kontakt (Würzburg), Nr. 5, Mai 1956, sowie Kontakt (Würzburg), Nr. 6, Juni 1956. DAW Druckschriften.

[408] »Nichts ist zufällig, gar nichts«, so lautete die erste Zeile des Berichts in der Münchener Katholischen Kirchenzeitung (Nr. 18, 29. April 1956), der die Gläubigen darüber informierte, »Was will uns das Fest des heiligen Joseph, des Arbeiters, sagen«.

[409] Kontakt (Würzburg), Nr. 5, Mai 1956. DAW Druckschriften.

[410] Im Bistum Augsburg in der Stadt Augsburg (KAB A Werkvolk 1948–1970: Feier des 1. Mai; St. Ulrichsblatt, Nr. 20, 13. Mai 1956); im Erzbistum Bamberg etwa in Kronach (L. Unger, Katholische Arbeitnehmerbewegung, S. 123); im Bistum Würzburg in Schweinfurt (Kontakt (Würzburg), Nr. 4, 1956, und Kontakt (Würzburg), Nr. 5, 1956. DAW Druckschriften). Für das Bistum Eichstätt hingegen läßt sich keine solche Großveranstaltung nachweisen.

[411] Kontakt (Würzburg), Nr. 3, Januar 1956. DAW Druckschriften.

[412] Kontakt (Würzburg), Nr. 4, März 1956. DAW Druckschriften.

[413] Papst Pius XII., Die Einheit der christlichen Arbeiterbewegung. Radioansprache an die Teilnehmer am Kongreß der Katholischen Arbeitervereinigungen Italiens, 1. Mai 1956. A. F. Utz / J. F. Groner, S. 3627–3634.

[414] Tätigkeitsbericht Hugo Hollweger, 1. Juni 1955 bis 31. Mai 1956. KAB R Diözesantage.

I. Die Bildungs- und Schulungsarbeit

schen Verbandsorgans, Toni Lindermüller, sprach für Deutschland[415]. Dort legten die bischöflichen Ordinariate allgemein größten Wert darauf, daß der 1. Mai so gefeiert wurde, »wie es von Rom gewünscht wird«[416]. In Augsburg und Bamberg fanden in diesem Zusammenhang Pontifikalgottesdienste statt, »um die Bedeutung dieses Tages für die Welt der Arbeit sichtbar zum Ausdruck zu bringen«[417]. Besuche von Angehörigen der Domkapitel auf Gewerkschafts-Veranstaltungen zum 1. Mai, wie sie vordem durchaus vorgekommen waren[418], gehörten nun der Vergangenheit an[419].

Trotz der neueingeführten 1. Mai-Feiern, die von den Werkvolk-Mitgliedern keineswegs in dem Ausmaß angenommen wurden, wie es aus der Sicht der kirchlichen Behörden zu wünschen gewesen wäre[420], hielt man innerhalb der katholischen Arbeiterbewegung aber auch weiterhin an der festlichen Gestaltung des 19. März fest. Neben speziellen Josefsfeiern und -andachten[421] wurden an diesem Termin unter anderem Namenstagsfeiern für die Mitglieder abgehalten, die den Namen Josef trugen[422]. Selbst die Weihe der Josefs-Statue in der Kapelle des Sozialinstituts, in deren Rahmen Haus und Kapelle von Rektor Berchtold

---

[415] WERKVOLK, Nr. 6, Juni 1956.

[416] Rudolf Müller in einer Diözesanvorstandssitzung, 18. Dezember 1958. Protokollbuch Diözesanvorstandschaft Bamberg II, S. 151. Zitiert nach L. UNGER, Katholische Arbeitnehmerbewegung, S. 122.

[417] Erzbischöfliches Ordinariat Bamberg an die Vorstände und Mitglieder der katholischen Vereine Bamberg und Umgebung, 12. April 1962. KAB B Werkvolk Bamberg 1961–1969. Im Bistum Eichstätt fand zwar am 1. Mai 1956 kein spezieller Pontifikalgottesdienst statt, doch lud die CAJ am ersten Mai-Wochenende zu einem Gebietstag, an dem sowohl Bischof Joseph Schröffer als auch ein Angehöriger der Nationalleitung sprachen. ST. WILLIBALDS-BOTE, Nr. 16, 15. April 1956.

[418] So nahmen etwa 1947 in Passau Generalvikar Franz Seraph Riemer und Domkapitular Johann Baptist Reisinger an der Veranstaltung des Bezirks Passau teil. Vermerk auf der Einladung des Allgemeinen Freien Deutschen Gewerkschaftsbunds an die Herren des Domkapitels Passau, 23. April 1947. ABP OA Vereine 64.

[419] Obwohl etwa das Domkapitel der Diözese Passau wie bisher auch 1956 zur 1. Mai-Feier geladen worden war. Einladung des Deutschen Gewerkschaftsbunds, 23. April 1956. ABP OA Vereine 64.

[420] So war es etwa 1962 in den Augen des Bamberger Ordinariats »sehr zu wünschen«, daß die katholischen Vereine der Bischofsstadt und ihrer Umgebung den Pontifikalgottesdienst am 1. Mai »besser« besuchen würden, »als dies in vergangenen Jahren geschehen ist«. Erzbischöfliches Ordinariat Bamberg an die Vorstände und Mitglieder der katholischen Vereine Bamberg und Umgebung, 12. April 1962. KAB B Werkvolk Bamberg 1961–1969.

[421] Vgl. hierzu etwa das Konzept für eine »Feierstunde zum Fest des heiligen Josef«. WERKVOLK-FÜHRUNG, Februar 1955; »St. Josef«. WERKVOLK-FÜHRUNG, Februar 1954, oder das in H. RONDET, S. 130–141, abgedruckte Beispiel (diese Publikation wurde vom Eichstätter Bistumsblatt den Lesern empfohlen. Vgl. ST. WILLIBALDSBOTE, Nr. 11, 17. März 1963).

[422] Vgl. Vorschläge zur Gestaltung eines Jahresprogramms. KONTAKT (Würzburg), o.D. (April 1956). DAW Druckschriften.

unter den besonderen Schutz des heiligen Josef gestellt wurden, fand am 19. März und nicht am 1. Mai statt[423].

h) *Ketteler-Gedächtnis*

Wie eng die Beziehung der katholischen Arbeiterbewegung zu Bischof Wilhelm Emmanuel von Ketteler, einem ihrer führenden Repräsentanten des 19. Jahrhunderts, auch nach dem Zweiten Weltkrieg noch war, belegt bereits die Diskussion um die Namensgebung für den Süddeutschen Verband[424]. Aber nicht nur während der Zeit der nationalsozialistischen Verfolgung und in der unmittelbaren Gründungszeit spielte das Vorbild und die Verehrung des Mainzer Bischofs für das Katholische Werkvolk eine besondere Rolle.

So fanden etwa während des gesamten Untersuchungszeitraums am Todestag Kettelers öffentliche Kundgebungen statt[425]. Zur Vorbereitung solcher »Ketteler-Feiern« und zur persönlichen Bildung wurde allen Mitgliedern über das Verbandsorgan eine »Materialmappe« empfohlen. Sie wurde zwar vom Westdeutschen Verband herausgegeben, war aber von Leopold Schwarz gestaltet worden[426]. Darüber hinaus bot der Süddeutsche Verband seinen Mitgliedern ein Lebensbild des Mainzer Bischofs, die sogenannte »Ketteler-Gedenkschrift«, »Ketteler-Postkarten« mit dem Bild seiner Totenmaske, eine »Ketteler-Büste« als »Saalschmuck« sowie als »äußeres Zeichen« einer »lebendigen Gemeinschaft« auch »Ketteler-Plaketten«[427]. Durch das Jahr sollte »alle« der »Ketteler-Kalender« begleiten[428], der zudem auch für die »Arbeit in den Gruppen ein wertvoller Helfer sein« sollte[429]. Die Lichtbildstelle der Verbandszentrale wiederum bot zwei Serien von Ketteler-Vorträgen zum Verkauf an: »Kettelers Leben bis zum Tod«, »Ketteler-Gedenk-Wallfahrt des Werkvolks nach Altötting 1952« zu je 48 Dias, denen ein ausführlicher Vortragstext beigefügt war, der nicht getrennt geliefert wurde.

---

[423] Werkvolk, Nr. 5, Mai 1962.
[424] Vgl. S. 42–49.
[425] Vgl. etwa Kurzbericht über die Organisation des Katholischen Werkvolks und dessen Arbeit in der Diözese Eichstätt, 1. Januar 1951 bis 1. Oktober 1953. DA EI OA Werkvolk 1949–1955, sowie einzelne Beispiele in Umfrage zum Vereinsleben 1956. KAB VZ.
[426] Materialmappe über Bischof Emanuel von Ketteler. Es handelte sich im wesentlichen um die Texte des Ketteler-Werk-Präses, Juni 1947, in neuer Aufmachung.
[427] Werkvolk, Nr. 8, August 1952; Nr. 11, November 1952; Werkvolk-Führung, Dezember 1953. Ketteler-Büsten wurden bereits vor 1933 als Saalschmuck verwandt, konnten aber auf Grund der hohen Kosten erst ab 1953 wieder hergestellt werden.
[428] Werkvolk, Nr. 8, August 1952.
[429] Werkvolk, Nr. 8, August 1953.

I. Die Bildungs- und Schulungsarbeit

Auf Grund des hohen Preises empfahl man vor allem den Bezirksverbänden die Anschaffung[430].

Den Höhepunkt der Bemühungen um das Andenken an Bischof Ketteler stellten die Feierlichkeiten anläßlich seines 75. Todestags in Altötting dar. War bereits der 70. Todestag Kettelers auf Anregung der Verbandsleitung[431] an verschiedenen Orten im Verbandsgebiet mit speziellen Kundgebungen festlich begangen worden[432], so hielt der Süddeutsche Verband nun vom 12. bis zum 13. Juli 1952 eine zentrale Gedenkfeier ab[433]. An dieser Veranstaltung, die vom Werkvolk und der CAJ ausgerichtet wurde und auf die man mit Hilfe einer Postwurfsendung an »alle katholischen Pfarrer« in ganz Süddeutschland aufmerksam gemacht hatte[434], nahmen über 12 000 katholische Arbeiter und Arbeiterinnen teil. Die gemeinsame Organisation der Ketteler-Gedenkfeier war »kein Zufall«, sondern Ausdruck des »Willens zum gemeinsamen Ziel und Weg«, wie es der Nationalkaplan der CAJ, Karl Sroka, formulierte. Erstmals präsentierten sich das Werkvolk und die CAJ zusammen einer größeren Öffentlichkeit, dementsprechend legte man bei der Gestaltung des Programms Wert darauf, beide Organisationen zur Geltung zu bringen. Der zuständige Orts-Ordinarius, Bischof Simon Konrad Landersdorfer, hielt die Predigt vor der Lichterprozession über den Kapellplatz am Vorabend der eigentlichen Ketteler-Kundgebung. Die Nachbereitung der Prozession hatte der Gebietskaplan der CAJ für Südbayern, P. Karl B. Sieben SJ, übernommen. Der Verbandspräses der KAB, Prälat Hermann-Josef Schmitt, predigte beim Pontifikalgottesdienst des nächsten Tages, hatte Ketteler doch vor allem im Gebiet des Westdeutschen Verbands gelebt und gewirkt. Die Kundgebung auf dem Kapellplatz wurde vom Süddeutschen Verband geprägt: Verbandsvorsitzender Carl P. Lang eröffnete die Veranstaltung und Verbandspräses Anton Maier beschloß sie, der Freiburger Diözesansekretär Josef Titzer hielt das Hauptreferat »Ketteler und unsere Zeit«. Am Nachmittag wurde die Ketteler-Gedenkfeier durch »Das

---

[430] WERKVOLK-FÜHRUNG, August 1955.
[431] KETTELER-WERK-PRÄSES, Juni 1947.
[432] Für das Bistum Bamberg vgl. SOZIALES ABC, S. 2.
[433] Vgl. hierzu die gemeinsam erschienene Sondernummer WERKVOLK/BEFREIUNG, 12.–13. Juli 1952 (= WERKVOLK, Nr. 7, Juli 1952) sowie die Berichterstattung über die Feier in WERKVOLK, Nr. 8, August 1952. Der 80. Todestag Kettelers wurde mit einer Tagung des Vorstands und des Ausschusses des Kartellverbands der katholischen Arbeiterbewegung Deutschlands in Mainz begangen (vgl. WERKVOLK, Nr. 8, August 1957). An der Ketteler-Feier zum 85. Todestag am 15. Juli 1962 in Mainz nahmen 7000 Personen und 250 Bannerträger aus der gesamten Bundesrepublik teil (Niederschrift über den Verlauf der Kartellausschuß-Sitzung, 14. Juli 1962. KAB A Kart. 4.). In diesem Rahmen brachte man wie bereits 1934 und 1949 Feuer aus einem Hochofen als Licht zu Kettelers Grab im Mainzer Dom (vgl. Rundschreiben des Diözesanverbands Bamberg, 22. Juni 1962. AEB KAB Kart. 53; WERKVOLK, Nr. 9, September 1962).
[434] Einige Exemplare dieser Massendrucksache haben sich erhalten in KAB EI Kontakt.

Spiel von der Maschine« abgerundet, das von einer CAJ-Spielschar aufgeführt wurde. Ein kleiner Kreis von Delegierten und Gästen – unter ihnen waren auch Vertreter der Domkapitel von Passau, München, Augsburg und Graz – fuhr zu einer Gedenkstunde nach Burghausen, wo Ketteler am 13. Juli gestorben war. Der Süddeutsche Verband hatte bewußt Altötting und nicht Burghausen als Veranstaltungsort für die zentrale Ketteler-Gedenkfeier ausgewählt. Indem man sie mit einer Fahrt zum wichtigsten Wallfahrtsort Bayerns verband, ließ sich einerseits die Zahl der Teilnehmer wesentlich erhöhen, andererseits wurde so eine Beziehung zwischen Bischof Ketteler und Bruder Konrad hergestellt[435], der als erster Deutscher der Neuzeit 1930 selig- und am Pfingstfest 1934 heiliggesprochen worden war[436].

Die Bemühungen der Verbandszentrale um die Pflege des Gedächtnisses an Bischof Ketteler und seine Seligsprechung[437] wurden von den Diözesanverbänden durchaus mitgetragen. So stellte etwa der Freiburger Diözesanverband seinen Werkvolkgemeinschaften auch einen Vortrag zu »Bischof Emanuel von Ketteler und die soziale Frage heute« und einen vorgefertigten Lichtbildervortrag mit dem Titel »Bischof Wilhelm Emanuel von Ketteler, der Herold des sozialen Katholizismus« zur Verfügung[438]. Im Bistum Eichstätt wiederum wurde die zentrale Ketteler-Gedenkfeier des Verbands durch eine Vielzahl von Feierstunden vorbereitet. In mehreren Werkvolkgemeinschaften des Bezirks Schwabach referierte Dekan Johann Übler, in 17 Ortsvereinen der restlichen Diözese sprach Michael Sager unter dem Titel »Der große soziale Bischof Freiherr von Ketteler«. Die

---

[435] Vgl. die Schilderung über die Begegnung beider in Altötting am Nachmittag des Herz-Jesu-Fests im Juni 1877 in MATERIALMAPPE ÜBER BISCHOF EMANUEL VON KETTELER, [S. 35]. Dementsprechend wurde etwa auch das Vortragsmaterial zur Vorbereitung des 70. Todestags in KETTELER-WERK-PRÄSES, Juni 1947, auf das Fest des Heiligsten Herzens Jesu datiert. Dies entsprach den Bestrebungen von Rektor Berchtold, die Herz-Jesu-Frömmigkeit in der katholischen Arbeiterbewegung zu stärken. Vgl. hierzu A. BERCHTOLD, Neugestaltung des Menschen, S. 144–145. Zu Kettelers enger Beziehung zur »Altöttinger Muttergottes« vgl. die für die Teilnehmer der Wallfahrt aufgelegte Broschüre »Wilhelm Emanuel v. Ketteler«, S. 2–3. KAB VZ Broschüre. Aus Anlaß von Kettelers 80. Todestag wurde die Verbindung zwischen Ketteler und Bruder Konrad erneut betont. WERKVOLK, Nr. 7, Juli 1957.

[436] Vgl. hierzu KOMMENDE DEUTSCHE HEILIGE, S. 10; J. A. KESSELER, S. 1–20 im Anhang, sowie die zeitgenössische Würdigung seiner Person durch den späteren Papst Pius XII. (E. PACELLI). Zur volkstümlichen Verehrung Bruder Konrads bis 1950 vgl. F. MEISSEL; R. KRISS. Bischof Simon Konrad Landesdorfer, der Zelebrant der Ketteler-Gedenkfeier, hatte als Abt von Scheyern das feierliche Pontifikalamt zur Seligsprechung Bruder Konrads in Altötting gehalten (E. LINDNER, S. 368) und bei seiner Bischofsweihe, um seine Verbundenheit mit dem Kapuzinermönch zum Ausdruck zu bringen, den Namen des Heiligen angenommen. A. LEIDL / A. SIEGMUND, S. 32.

[437] Der Text eines Gebetes um die Seligsprechung Wilhelm Emmanuels von Ketteler, »nur für den Privatgebrauch«, ist abgedruckt in KETTELER-WERK-PRÄSES, Juni 1947.

[438] Referentenliste des Diözesanverbands Freiburg, November 1958. EAF 56.64, Vol. 4, 1957–1961.

Feierstunden wurden stets mit Liedern umrahmt und das Kettelerlied »Wohlan ihr Männer, die ihr schafft wie Gott es hat gewollt ...« von den Werkvolkmitgliedern neu gelernt. An den von Michael Sager veranstalteten Feierstunden nahmen 890 Personen »aller Altersklassen« teil, was in etwa der Hälfte aller Mitglieder des gesamten Diözesanverbands entsprach [439].

Trotz aller Bemühungen erfüllte sich aber die Hoffnung nicht, daß Bischof Ketteler, »der Bahnbrecher für die katholische Sozialarbeit und ein tatkräftiger Freund der Arbeiterschaft«, »der Anwalt und Vater des Arbeiterstandes«, »in nicht allzu ferner Zukunft selig gesprochen« würde [440] – im Gegensatz zu Adolph Kolping [441], der von Rektor Berchtold zu Ketteler in Bezug gesetzt wurde. Für ihn waren beide Männer »Symbole der katholischen sozialen Arbeit« und verkörperten deren »doppelte Richtung«, »Sozialreform und Sozialpädagogik«, »Änderung der sozialen Zustände und Erziehung zu sozialer Gesinnung«, »Zuständereform und Gesinnungsänderung« [442].

i) *Verchristlichung der Gesellschaft als Auftrag*

Die Gestaltung des eigenen, persönlichen und beruflichen Lebens aus dem Glauben, die vertiefte, religiöse Persönlichkeitsbildung war die erste Aufgabe eines jeden Werkvolkmitglieds. So sollte aus der persönlichen Vervollkommnung im Glauben stets die Bereitschaft zum Kampf gegen den vorherrschenden »Prozeß der Verweltlichung und Materialisierung aller Lebensgebiete« folgen [443]. In den Augen der Bischöfe und der Verantwortlichen des Süddeutschen Verbands bestand die »apostolische Aufgabe« aller Werkvolkmitglieder darin, den Glauben nicht für sich zu behalten, sondern ihn »hineinzutragen in das soziale, das wirtschaftliche, das kulturelle, das gewerkschaftliche, das politische Leben« [444]. Man war sich aber darüber im Klaren, daß die Welt nicht von selber christlich werde [445] und daß man die »Missionsarbeit« nicht allein den Sekretären

---

[439] Monatsbericht aus dem Sekretariat der Diözese Eichstätt, Juni 1952. DA EI OA Werkvolk 1949–1955. Zu den genauen Stationen der Vortragsreise vgl. Plan für die Vortragsreise über das Thema »Der große soziale Bischof Ketteler«. DA EI OA Werkvolk.

[440] MATERIALMAPPE ÜBER BISCHOF EMANUEL VON KETTELER, [S. 2, 9, 23]. Trotzdem wurde Ketteler gelegentlich in populäre Sammlungen mit Lebensbildern von Heiligen mit aufgenommen. Vgl. hierzu etwa G. KRANZ.

[441] Zu dessen Seligsprechung am 27. Oktober 1991, im Jahr des hundertsten Jahrestags der Enzyklika »Rerum novarum«, vgl. F. HOLBÖCK, Die neuen Heiligen II, S. 258–259, und III, S. 269–276.

[442] A. BERCHTOLD, Neugestaltung, S. 137.

[443] WERKVOLK, Nr. 7, Juli 1951.

[444] So etwa Bischof Joseph Schröffer in seiner Ansprache bei der Gemeinschaftsmesse des 1. Diözesantags in Eichstätt, 26. Juni 1954. Text der Predigt in DA EI BA Werkvolk 1949–1967.

[445] So Paul Strenkert auf dem Verbandstag in Neustadt. WERKVOLK, Nr. 11, November 1951.

»aufbürden« konnte, sondern für ihr Gelingen »die Mitarbeit jedes einzelnen« notwendig sei[446]. Da man sich bewußt war, daß das Gelingen »der Verchristlichung der Welt mit dem Einsatz der Laien stehen und fallen würde[447], rief man alle Werkvolkmitglieder gezielt zur »Verchristlichung« der »Arbeiterwelt« auf[448]. Der Arbeiter sollte seine »Berufung« erkennen und zum »modernen Arbeiterapostel« werden; er selbst sollte »der erste Apostel der Arbeiterschaft« sein[449], »Wegbereiter zu Christus«[450]. Mit dieser Formulierung nahm man im Werkvolk den Auftrag des Papstes auf, bei der Missionierung der Arbeitnehmerschaft als »Laienapostel« zu wirken[451]. Die Arbeiter waren »die Einzigen«, »die in allen Bereichen des Arbeiterlebens stehen und so die Frohe Botschaft bringen können«[452]. Doch vermochte sich als Laienapostel aus der Sicht des Verbands nur »das frohe, freie und starke Gotteskind erfolgreich in einer entchristlichten Welt durchzusetzen«[453]. Als »Voraussetzung, um den Missionsauftrag erfüllen zu können, der an jeden christlichen Arbeiter ergangen« war, sah man die »Pflege des religiösen Lebens«. Denn »materielle Besserung der Lebenshaltung der Arbeiterschaft nützt wenig, wenn nicht zugleich eine geistige und religiöse Erneuerung erfolgt«[454].

Leider entsprach die Realität jedoch keineswegs den Vorstellungen der führenden Repräsentanten der katholischen Arbeiterbewegung. Konkret scheute man oft »vor der zu leistenden Arbeit zurück«. »Weite Kreise im Katholizismus« erkannten zudem »die soziale Frage und Aufgabe der Gegenwart« nicht. Man ging der »Auseinandersetzung mit den anderen Geistesrichtungen« aus dem Weg und kapselte sich vielmehr in »geborgenen katholischen Gemeinschaften« ab, »während die nichtchristlichen Kräfte das wirkliche Leben in ihrem Sinne immer mehr erobern und auch gestalten« konnten[455]. »Selbstgenügsamkeit und Selbstzufriedenheit« herrschten vor und man dachte »nicht im Entferntesten« daran, »in die der Kirche ferne stehenden Kreise vorzustossen«[456]. »Die Klagen

---

[446] Geschäftsbericht Franz Xaver Meyer, 21. Juni 1953 bis 9. Juni 1956. KAB R Diözesantage.
[447] P. STRENKERT, S. 20.
[448] So Paul Strenkert auf dem Verbandstag in Neustadt. WERKVOLK, Nr. 11, November 1951.
[449] Arbeitsstelle der »Christlichen Werkgemeinschaften« der Diözese Eichstätt, August 1952. DA EI OA Werkvolk 1949–1955.
[450] So Bischof Joseph Wendel in seiner Predigt auf dem Verbandstag in Neustadt 1951. WERKVOLK, Nr. 9, September 1951.
[451] Vgl. hierzu etwa die Ansprache Papst Pius XII. an die Katholischen Arbeitervereine Italiens, 29. Juni 1948. A. F. UTZ / J. F. GRONER, S. 1470–1479.
[452] WERKVOLK, Nr. 3, März 1953.
[453] WERKVOLK, Nr. 3, März 1951; WERKVOLK, Nr. 4, April 1951.
[454] WERKVOLK, Nr. 3, März 1953.
[455] P. STRENKERT, S. 17.
[456] Alfred Berchtold an Michael Kardinal von Faulhaber, 13. Januar 1950. KFA 6505.

I. Die Bildungs- und Schulungsarbeit

über die Passivität der Laien« waren oft »nur allzu berechtigt«. Es gab nur eine »verhältnismäßig kleine Gruppe der Getreuen, der wirklich aktiven Laien, die aus einem tiefen Verständnis für die Aufgabe der Stunde, aus Liebe zum Gottesreich und aus katholischer Bereitschaft zum Dienen sich in der Laienarbeit einsetzen«[457]; ansonsten herrschten »der Zeitgeist, der Mangel an Verantwortungsbewußtsein, ein egozentrisches Denken«, »Bequemlichkeit« und »Geruhsamkeit« vor. Nur wenige wirkten »in ihrem Milieu wie Sauerteig«[458].

Diesen bedauerlichen Zustand hoffte der Verband »allmählich« durch »ständige und systematische Schulungs- und Aufklärungsarbeit« zu ändern[459]. Aber selbst »viele Laien«, die »der sozialen Bewegung« angehörten, glaubten »mit der sozialen Schulung und mit einer Änderung der sozialen Zustände allein die soziale Frage lösen zu können«, und standen daher der vom Werkvolk als zentral erachteten »religiösen Erneuerung ziemlich gleichgültig gegenüber«[460]. Am Ende gelang es dem Werkvolk zwar, durch seine Maßnahmen das religiöse Leben seiner Mitglieder entscheidend zu intensivieren, doch das Ziel der Verchristlichung der Gesellschaft erreichte man nicht. Das religiöse Leben der Werkvolkgemeinschaften hatte also nicht den erhofften missionarischen Erfolg.

3. DIE KULTURELLE BILDUNGSARBEIT

>»Den Gläubigen muß in den kirchlichen Organisationen soviel geboten werden, daß es sie gar nicht gelüstet, anderen Organisationen beizutreten« (Papst Pius XII.).[461]

a) *Von der Geselligkeit zur Gemeinschaft*

Neben den Veranstaltungen zur religiösen Vervollkommnung der Mitglieder übten die geselligen und kulturellen Veranstaltungen im Werkvolk eine besonders wichtige Rolle aus. Zum einen entsprachen die vielfältigen Feste und Feiern, Bunten Abende und Tanzveranstaltungen dem Bedürfnis der Vereinsmitglieder nach Gemeinschaft auch im nicht-religiösen Leben, zum anderen wurden gerade diese Veranstaltungen im Gegensatz etwa zu Vortragsveranstaltungen zum über-

---

[457] Vgl. S. 378–379.
[458] P. STRENKERT, S. 20.
[459] EBD., S. 17.
[460] Alfred Berchtold an Michael Kardinal von Faulhaber, 13. Januar 1950. KFA 6505.
[461] Zitiert nach dem Werbeprospekt für die Heimatfahrten des Katholischen Werkvolks Bezirk München, 1953. KAB VZ Diözesanverband München; ebenso gedruckt in WERKVOLK, Nr. 3, März 1953.

wiegenden Teil von Mitgliedern der einzelnen Vereine selbst gestaltet. Außerdem waren diese Veranstaltungen auch bestimmend für das Bild des Werkvolks in der Öffentlichkeit, da sich zu ihnen zumeist auch Nichtmitglieder einfanden[462]. Sie waren die »Visitenkarte des Werkvolks«, wie es Diözesansekretär Niessl formulierte[463]. Deshalb sollten »die unterhaltenden Veranstaltungen« auch »nach Möglichkeit mit der ganzen Pfarrei durchgeführt« werden[464]. Mit Hilfe der geselligen Treffen, die gelegentlich den Eindruck erweckten, daß das Werkvolk »nur ein Vergnügungsverein« sei[465], war es möglich, bei den Mitgliedern eine eventuell vorhandene »gewisse Versammlungsmüdigkeit« zu überwinden[466].

Dies alles wurde zwar von den hauptamtlichen Kräften des Verbands begrüßt, doch erachtete man zur Verwirklichung des Satzungsziels der kulturellen Erneuerung[467] eine gewisse Professionalisierung als unabdingbar. So empfahl man den einzelnen Vereinen »dringend« die Wahl eigener »Kulturreferenten«, die für die kulturellen und geselligen Veranstaltungen verantwortlich waren. Diese wurden zwar in der Satzung des Werkvolks nicht erwähnt, aber von der Verbandsleitung als feste Einrichtung für nötig erachtet. Sie sollten in der Generalversammlung gewählt werden, die Vorstandschaft erweitern und entlasten sowie intensiv geschult werden, um so das Niveau der Veranstaltungen zu heben[468]. Wie erfolgreich und weitreichend die Arbeit eines Kulturreferenten sein konnte, belegt das Beispiel von Hanns Vogel, dessen »Bayerisches Krippenspiel« gar im Radio übertragen wurde[469].

---

[462] Hierfür sei nur ein Beispiel als Beleg angeführt: Haibach im Bezirksverband Aschaffenburg. Diese Werkvolkgemeinschaft besaß 1956 insgesamt 39 Mitglieder, die sich satzungsgemäß allmonatlich versammeln sollten. An der von ihr ausgerichteten Weihnachtsfeier nahmen etwa 220 Personen teil. Zur Faschingsveranstaltung fanden sich 200 Gäste ein. Umfrage zum Vereinsleben 1956. KAB VZ.

[463] Aktennotiz zu Händen des Hochwürdigsten Herrn Verbandspräses Anton Maier und des Herrn Verbandsvorsitzenden Carl P. Lang, 21. Mai 1953. KAB VZ Diözesanverband München.

[464] Rundschreiben Bezirksvorstandschaft Ingolstadt, 23. März 1959. KAB VZ E / Diözesanverband Eichstätt/Ingolstadt. Daß diese Vorgabe auch in der Realität umgesetzt wurde, belegen vielfältige Berichte: so etwa für Schweinfurt, Maria Hilf (WERKVOLK, Nr. 2, Februar 1952).

[465] Niederschrift über die Arbeiterseelsorgerkonferenz, 5. Februar 1962 (Entwurf). AMSJ NL Prinz D 4.

[466] Jahresbericht des katholischen Arbeitervereins Kissingen, 13. Januar 1947. KAB VZ G II / Aschaffenburg 1944–1964.

[467] Mitglieder-Satzungen des Katholischen Werkvolks, Süddeutscher Verband katholischer Arbeitnehmer, 12. Oktober 1947. KAB VZ Satzungen.

[468] Vgl. hierzu WERKVOLK-FÜHRUNG, November 1950. Belegt ist solch ein Kulturreferent etwa für St. Clemens, München (WERKVOLK, Nr. 2, Februar 1952).

[469] WERKVOLK, Nr. 1, Januar 1953.

I. Die Bildungs- und Schulungsarbeit

Auf nachdrücklichen Wunsch verschiedener Werkvolkgemeinschaften hin[470] wurden von der Verbandszentrale und den Diözesanverbänden auch spezielle Vorlagen für Feierstunden jeder Art erarbeitet und den einzelnen Vereinen übersandt. Die Spannbreite der in Arbeitsmappen zusammengefaßten Muster reichte von Adventsfeiern[471], Nikolaus-Feiern[472] und Weihnachtsfeiern[473] über Feierstunden zum Muttertag[474] oder zu einem Jubiläum des örtlichen Werkvolk-Präses[475] bis zu Entwürfen für weltliche Feiern zur Kirchweih[476]. Darüber hinaus empfahl man den Werkvolkangehörigen mit Hilfe des Verbandsorgans entsprechende Publikationen wie etwa »Wir feiern Weihnachten mit Kindern« oder »Wir feiern Fasching und fröhliche Feste«[477], »Wir feiern: Die Mutter« oder »Wir feiern: Sommerfeste in Garten und Haus«[478]. Zum Teil wurden hierbei einzelne Abschnitte der jeweiligen Broschüre abgedruckt[479].

Das Jahresprogramm einer Werkvolkgemeinschaft wies einen am kirchlichen Jahreskreis orientierten Festzyklus auf. Es waren die religiösen Feiern wie Josefi-Feiern, Adventfeiern, Weihnachtsfeiern oder Wallfahrten, die das Veranstaltungsprogramm gliederten: Im Januar konnte eine Dreikönigsfeier abgehalten werden. Im Februar gab der Fasching die Möglichkeit zu einem bunten Abend, einem Kappenabend, einer Karnevalssitzung oder einer Tanzveranstaltung. Im März sollte eine Josefsandacht oder -feier abgehalten werden, die auch als Namenstagsfeier für Träger dieses Namens innerhalb des jeweiligen Ortsvereins gestaltet sein konnte. Im April stand die Passionsfeier oder eine Kreuzwegandacht im

---

[470] Siegfried Niessl: Aktennotiz zu Händen des Hochwürdigsten Herrn Verbandspräses Anton Maier und des Herrn Verbandsvorsitzenden Carl P. Lang, 21. Mai 1953. KAB VZ Diözesanverband München oder Arbeitskreis I des Diözesantags 1956 in Marktredwitz. Rechenschaftsbericht der Regensburger Diözesanvorstandes, 1956 bis 1959. KAB R Diözesantage.

[471] Eine solche wurde im Verbandssekretariat von Amalie Stelzer erstellt. Franz von Prümmer an Verbandssekretariat, 3. Dezember 1959. KAB VZ G III/1 Schweinfurt 1947–1954. Weitere Beispiele hierfür in WERKVOLK-FÜHRUNG, November 1949; WERKVOLK-FÜHRUNG, November 1950; AEB KAB Kart. 62.

[472] WERKVOLK-FÜHRUNG, November 1950.

[473] WERKVOLK-FÜHRUNG, Dezember 1948; WERKVOLK-FÜHRUNG, November 1949; WERKVOLK-FÜHRUNG, Dezember 1953.

[474] Amalie Stelzer, Feierstunde im Werkvolk zum Muttertag, »Siehe da Deine Mutter«. KAB A Kart. 4, NL Strenkert. Zum tatsächlichen Verlauf der Feier des Muttertags vgl. etwa WERKVOLK, Nr. 6, Juni 1953.

[475] Amalie Stelzer, Priester-Feierstunde im Werkvolk, »Diener des Herrn«. KAB A Kart. 4, NL Strenkert. Zum tatsächlichen Verlauf der Feier eines Jubiläums des Präses vgl. etwa WERKVOLK, Nr. 6, Juni 1953.

[476] WERKVOLK-FÜHRUNG, Oktober 1953.

[477] WERKVOLK, Nr. 12, Dezember 1951.

[478] WERKVOLK, Nr. 8, August 1952.

[479] So etwa die Passage »Vereinsfest« aus T. BUDENZ, S. 89–92, in WERKVOLK, Nr. 2, Februar 1952.

Mittelpunkt, im Mai Marienfeiern, eigene Maiandachten oder Wallfahrten zu einem nahegelegenen Marienheiligtum. Außerdem sollten eigene Feierstunden zum 1. Mai oder Muttertag abgehalten werden. Für den Juni legten die Verantwortlichen den Vereinen neben der Monatsversammlung Wanderungen mit allen Familienangehörigen oder eigene Herz-Jesu-Andachten mit Predigt nahe. In den Ferienmonaten Juli und August sollten neben Referaten Filmabende oder Lichtbildervorträge über die Schönheit der von Gott geschaffenen Welt sowie ein Tanzabend das Veranstaltungsprogramm bereichern. Auch empfahl man jeder Werkvolkgemeinschaft, ein spezielles Sommerfest abzuhalten. Im Oktober sollte eine Erntedankfeier begangen werden, im November eine eigene Totenfeier, im Dezember eine Advents- oder Nikolausfeier[480].

Jede Monatsversammlung mit Referat sollte durch gemeinsam gesungene Lieder strukturiert werden[481]. Auch Bezirkstage[482] oder Diözesantage[483] wurden mit vorher einstudierten und dann gemeinsam gesungenen Liedern gestaltet. Nachdem hierzu von der Verbandszentrale den einzelnen Vereinen bereits gelegentlich im Rahmen der Werkvolk-Führung Liedtexte zur Verfügung gestellt worden waren[484], wurde schließlich auf ausdrücklichen Wunsch und unter Einbeziehung aller Diözesansekretariate ein eigenes Werkvolkliederbuch herausgegeben[485]. Dabei griff man nicht nur auf das alte Liederbuch der katholischen Arbeiterbewegung vor dem Zweiten Weltkrieg[486], sondern auch auf bekannte Kirchenlieder sowie eine Vielzahl anderer, nicht religiöser Liederbücher zurück

---

[480] Vgl. hierzu etwa KONTAKT (Würzburg), Nr. 2, Dezember 1955. DAW Druckschriften. Ähnlich, aber nicht so explizit »Gruppenjahresarbeitsplan«. Rundschreiben des Bezirksverbands Ingolstadt an alle Werkvolkgruppen, 23. März 1959. KAB VZ E / Diözesanverband Eichstätt/Ingolstadt. Als Beispiel der Gestaltung des Jahresablaufes durch eine Werkvolkgemeinschaft vgl. die Verhältnisse in Rottendorf bei Würzburg (WERKVOLK, Nr. 6, Juni 1951) oder in Maria Hilf, Schweinfurt-Gartenstadt (WERKVOLK, Nr. 2, Februar 1952).

[481] Vorschlag einer Programmgestaltung für die Mitgliederversammlung mit Referat. KONTAKT (Würzburg), Nr. 2, Dezember 1956. DAW Druckschriften. Belege für die konkrete Umsetzung dieser Anregung etwa in WERKVOLK, Nr. 2, Februar 1952. Daß sie aber selbst dann nicht überall umgesetzt wurde, wenn es auch vor Ort gewünscht wurde, belegt ein Bericht aus dem Bistum Eichstätt, wo sich im Rahmen der diözesanweiten Ketteler-Gedenkfeiern Gruppen »riesig freuten, einmal gesungen zu haben«. Monatsbericht aus dem Sekretariat der Diözese Eichstätt, Juni 1952. DA EI OA Werkvolk 1949–1955.

[482] Für den Bezirk Aschaffenburg 1951 vgl. WERKVOLK, Nr. 2, Februar 1952; für den Bezirk Würzburg Land 1954 vgl. WERKVOLK, Nr. 1, Januar 1954.

[483] Vgl. etwa für das Bistum Würzburg: KONTAKT (Würzburg), Nr. 7, Juni 1956. DAW Druckschriften; für das Bistum Eichstätt: Programm des 1. Diözesantages, 26.–27. Juni 1954 (DA EI OA Werkvolk 1949–1955); Programm des 2. Diözesantages, 6.–7. Oktober 1956 (DA EI BA Werkvolk 1949–1967); Programm des 4. Diözesantages, 30. April 1961 (AEB KAB Kart. 15).

[484] Vgl. etwa WERKVOLK-FÜHRUNG, Februar 1949.

[485] WERKVOLK SINGT.

[486] WERKGESANG.

I. Die Bildungs- und Schulungsarbeit 217

wie etwa »Pfeiferl Bua«, »Pommersches Alpenliederbuch«, »Singender Quell«, »Spielmann«, »Unser Lied« oder »Zupfgeigenhansl«. Die Diözesansekretariate ersuchte man, »zu überprüfen, welche aus den jeweiligen Diözesanbereichen (Landsmannschaften) hinzugenommen und welche weggelassen werden sollen«. Bei Ergänzungen bat »man neben dem Text auch die Noten mit zur Verfügung zu stellen«. »Gleichzeitig« ersuchte das Verbandssekretariat die Verantwortlichen vor Ort auch, »die Angelegenheit nicht auf die lange Bank zu schieben, um die Herausgabe des Verbandsliederbuchs in nächster Zeit ermöglichen zu können«[487]. Aufgenommen in das neue Verbandsgesangbuch wurden Lieder und Texte zu den Bereichen »Geistliche Lieder«, »Lieder von Arbeit und Stand«, »Heimatlieder« wie etwa die bayerische Nationalhymne »Gott mit dir, du Land der Bayern«, »Naturlieder«, »Wanderlieder«, »Liebeslieder«, »Balladen« und Lieder »In froher Runde«. Das Liederbuch »Werkvolk singt« diente nicht nur zur Gestaltung von Werkvolk-Veranstaltungen, sondern sollte auch als Hilfe für »echte Hausmusik« verwandt werden, die aus Sicht der Verbandszentrale eines der besten Mittel war, um in einer Arbeiterfamilie »den Trott des Alltags wettzumachen«. Schließlich sollte ein katholischer Arbeitnehmer in seiner Freizeit nicht »nur mehr Maschinen bedienen« und Radio, Tonband und Grammophon nutzen, sondern seine Freizeit selbst gestalten[488].

Eine besondere Rolle innerhalb des Festzyklus einer Werkvolkgemeinschaft nahmen Veranstaltungen zum Gründungsjubiläum des Ortsverbands ein. Diese häufig aufwendig gestalteten Feierlichkeiten[489] strahlten oft über den eigenen Verein hinaus aus, indem sie entweder andere Vereine der katholischen Arbeiterbewegung oder die gesamte Pfarrgemeinde miteinbezogen. Aber nicht nur das Gründungsjubiläum einer Werkvolkgemeinschaft wurde besonders festlich begangen, auch die Jubilare eines Vereins erfuhren für ihre 25-, 40- oder 50jährige Mitgliedschaft eine Ehrung. Ihnen wurden zumeist im Rahmen der alljährlichen

---

[487] Rundschreiben des Verbandssekretariats an alle Diözesansekretariate, 13. Oktober 1950, mit angefügter Liste der vom Verbandssekretariat ausgewählten Lieder. ABP KAB Kart. 48, Akt 144.
[488] WERKVOLK, Nr. 12, Dezember 1959.
[489] Zur unterschiedlichen Form der Veranstaltungen vgl. etwa für ein 40jähriges Jubiläum die Beispiele Brand (WERKVOLK, Nr. 7, Juli 1953), Landstuhl/Pfalz (WERKVOLK, Nr. 11, November 1953) und Lindenberg im Allgäu (WERKVOLK, Nr. 11, November 1953); für ein 50jähriges die Beispiele Bad Tölz (WERKVOLK, Nr. 6, Juni 1953), Berg (WERKVOLK, Nr. 2, Februar 1952), Jockgrim/Pfalz (WERKVOLK, Nr. 11, November 1953), Neubrunn (WERKVOLK, Nr. 8, August 1953) und Weiherhammer (WERKVOLK, Nr. 12, Dezember 1952); für ein 60jähriges Augsburg, St. Josef (WERKVOLK, Nr. 11, November 1953) und Großostheim (WERKVOLK, Nr. 7, Juli 1953) und für ein 65jähriges Wilhelmsthal (WERKVOLK, Nr. 8, August 1953).

Generalversammlung[490] oder bei Stiftungsfesten der örtlichen Werkvolkgemeinschaft[491] silberne und goldene Ehrennadeln des Verbands verliehen.

Innerverbandlich umstritten waren vor allem die Abhaltung und Gestaltung von Faschingsveranstaltungen und Weihnachtsfeiern. Während die einen für ein Verbot von Faschingsveranstaltungen waren, sprachen sich andere nachdrücklich für die Abhaltung solcher öffentlichkeitswirksamen Feste aus, gerade weil das Werkvolk in ihren Augen »keine weltentrückte Organisation« sein, sondern »mit den Lebenden durchs Leben« gehen sollte. Seine »Kulturarbeit« sollte auf diese Weise »in das Zentrum der Kulturbedürftigen vorstoßen«. Aus dieser Sicht war die Gestaltung der Faschingsveranstaltung »eine Missionsaufgabe«, auf die zu verzichten, eine »Kapitulation vor der Welt« bedeutet hätte. Der Fasching sollte aus Sicht der Verbandsleitung alle genauso ernst beschäftigen, »wie ein Schulungskurs oder ein Einkehrtag«. Er sollte nicht aus dem Leben einer Werkvolkgemeinschaft ausgeklammert werden, wenn es auch für den Kulturreferenten bei der Gestaltung der entsprechenden Feiern stets galt, »die Stürme der Jugend mit der Abgewogenheit des Alters auszugleichen«. Anstatt während der Faschingszeit in der Verbandsarbeit »unfreiwillige Ferien« einzuschalten, sollten die Vereine zum Nutzen ihrer Ziele »vielmehr den Zeitgeist dieser Wochen [...] wirken lassen«[492]. Bei den Faschingsfeiern des Werkvolks sollte aber »echte unbeschwerte Fröhlichkeit« herrschen und keineswegs »Sinnenrausch und Hemmungslosigkeit«; der Teilnehmer sollte sich nicht »aller sittlichen Bande frei und ledig« fühlen, sondern »in heiterer Reinheit« sich »Kraftquellen« erschließen, um »die Härte des Lebens« zu tragen«[493].

Lief in der Frage der Abhaltung und Gestaltung von Faschingsveranstaltungen die Front zwischen Befürwortern und Gegnern oft quer durch eine Werkvolkgemeinschaft, so gingen die Bestrebungen gegen eine »Vereinsweihnacht«[494] vor allem vom Diözesanverband Würzburg aus. Anderwärts nahm man nur an der »Geschmacklosigkeit« von »Verlosungen bei Weihnachtsfeiern« Anstoß,

---

[490] Vgl. etwa die Beispiele Marktredwitz (WERKVOLK, Nr. 3, März 1953), Eichstätt (WERKVOLK, Nr. 4, April 1953), Sankt Rupert (WERKVOLK, Nr. 5, Mai 1953), Straubing (WERKVOLK, Nr. 2, Februar 1954), etc.

[491] Vgl. die Beispiele Brand (WERKVOLK, Nr. 7, Juli 1953) und Wilhelmsthal (WERKVOLK, Nr. 8, August 1953).

[492] WERKVOLK, Nr. 2, Februar 1951. Zum Ablauf einer Faschingsveranstaltung des Werkvolks vgl. etwa das Beispiel Marktredwitz. WERKVOLK, Nr. 3, März 1953.

[493] WERKVOLK, Nr. 2, Feburar 1954.

[494] Ausführliche Schilderung des Ablaufs einer solchen Feier in Bericht des Diözesanverbands der katholischen Arbeiter- und Arbeiterinnenvereine der Diözese Augsburg, 15. Januar 1947. KAB VZ Diözesanverband Augsburg bis 1964. Gedruckt etwa für Heilig Blut, München (WERKVOLK, Nr. 2, Februar 1952), für Penzberg (WERKVOLK, Nr. 2, März 1953), für Ludwigshafen-Mundenheim und Landshut (WERKVOLK, Nr. 2, Februar 1954).

»die mit dem Sinn des Weihnachtsfestes nicht das geringste zu tun« hatten. Hintergrund der Auseinandersetzung war, daß die Vereine – gerade auch für ihre sozialen Aufgaben – dringend über die Mitgliederbeiträge hinausgehende finanzielle Mittel brauchten. Generell hielt man die Vereine an, »die Verlosung innerhalb eines bunten Abends, jedenfalls aber nicht mit einer Weihnachtsfeier verbunden«, abzuhalten[495]. Der Würzburger Diözesanverband aber wollte nur »Advents- oder Nikolausfeiern« gehalten sehen[496]. Doch in der Realität gab es auch im Bistum Würzburg Weihnachtsfeiern. So lassen sich etwa über die verbandsweite Umfrage zum Vereinsleben aus dem Jahr 1956 Weihnachtsfeiern in Ruppertshütten, Röthlein, Karlstadt, Knetzgau oder Hausen bei Bad Kissingen nachweisen[497]. Die lokalen Verantwortlichen wollten auf die Abhaltung von Weihnachtsfeiern nicht verzichten, waren sie doch »Ausdruck der familienhaften Zusammengehörigkeit« einer Werkvolkgemeinschaft und nahmen an ihr nicht nur die Vereinsmitglieder teil, sondern auch deren Frauen und Kinder, selbst wenn diese nicht Mitglieder des Werkvolks waren[498]. Die Verbandszentrale unterstützte die Ortsvereine bei der Gestaltung der Weihnachtsfeiern durch Anregungen in den Mitteilungsblättern für die Vorstandschaften[499] und durch die Dokumentation von Weihnachtsfeiern in der Mitgliederzeitung[500]. Daneben stimmte man die Werkvolkangehörigen mit Hilfe des Verbandsorgans auf Weihnachten ein[501]. Sollte doch gerade im Mittelpunkt der Weihnachtsfeiern »die Pflege edler Geselligkeit« stehen. Sie sollte aber nicht nur auf den Verein selbst beschränkt bleiben, sondern etwa auch durch »Bescherungen alter einsamer Leute« sichtbar äußeren Ausdruck finden und so eben auch über den Verein hinaus ausstrahlen[502].

»Geselligkeit und kulturelles Leben zu pflegen«, gehörte offiziell und ausdrücklich zu den zentralen Aufgabenbereichen der weiblichen Mitglieder im Werkvolk[503]. Sie sollten sich nach den Vorstellungen der Bamberger Frauenleiterin Elisabeth Bach, die auch die Frauenarbeit auf Verbandsebene maßgeblich

---

[495] Elisabeth Bach an Alfred Berchtold, 2. Januar 1949. KAB VZ Schriftwechsel Bach 1949–1950.
[496] KONTAKT (Würzburg), o.D. (Dez. 1955). DAW Druckschriften. Zum Ablauf einer solchen Adventsfeier im Bistum Würzburg vgl. etwa das Beispiel St. Kilian, Schweinfurt (WERKVOLK, Nr. 2, Februar 1953); für das Erzbistum München das Beispiel St. Peter und Paul, München-Allach (WERKVOLK, Nr. 2, Februar 1954). Zur Gestaltung von Nikolausfeiern vgl. auch die normativen Vorgaben in WERKVOLK-FÜHRUNG, November 1950.
[497] Vgl. Umfrage zum Vereinsleben 1956. KAB VZ.
[498] WERKVOLK-FÜHRUNG, Nr. 1, 1948.
[499] Vgl. WERKVOLK-FÜHRUNG, Nr. 1, 1948, oder WERKVOLK-FÜHRUNG, Nr. 5, 1949.
[500] Vgl. etwa WERKVOLK, Nr. 2, Februar 1951.
[501] Vgl. etwa WERKVOLK, Nr. 1, Januar 1951.
[502] Elisabeth Bach an Alfred Berchtold, 2. Januar 1949. KAB VZ Schriftwechsel Bach 1949–1950.
[503] Richtlinien für die künftige Frauenarbeit im Verband. Abgedruckt in WERKVOLK, Nr. 8, August 1953.

prägte[504], »um den äußeren Rahmen« einer Veranstaltung sorgen, um »Sauberkeit, Blumenschmuck, etc.« Dadurch sollten diese über die »althergebrachte Vereinsversammlung« hinauswachsen und die Werkvolkgemeinschaften zu »Familiengemeinschaften« werden, »in denen sich jeder wohlfühlt«. Die Frauen sollten auch dafür sorgen, daß alle Veranstaltungen »Niveau« hatten und sich »auf einer gewissen kulturellen Höhe« bewegten[505]. »Sich auch menschlich näherzukommen«, war nicht nur die Basis für die Arbeit einer Werkvolkgemeinschaft, sondern wurde generell für jede »gedeihliche Zusammenarbeit« als »unbedingt wichtig« erachtet[506].

b) *Werkvolkausflug*

Neben Wallfahrten und der Teilnahme an übergeordneten Verbandsgremien wie Bezirks-, Diözesan- oder Verbandstagen gab es für die Mitglieder des Werkvolks noch die Möglichkeit eines »Werkvolkausflugs«, um zusammen mit Gleichgesinnten die vertraute Umgebung vorübergehend zu verlassen. Die Spannbreite dieser gemeinschaftlichen Ausflüge reichte von einem einfachen Spaziergang wie einem Emmausgang bis zu Fahrten zu Katholikentagen und nach Italien. Jede dieser Formen fand großen Anklang bei den Mitgliedern, wenn auch im Verlauf der fünfziger Jahre eine deutliche Veränderung festzustellen ist. So nahm etwa im Münchener Bezirksverband die Beteiligung an den Emmausgängen drastisch ab. Wanderten am Ostermontag 1951 noch 60 Werkvolkgemeinschaften mit ihren Familien zu Treffpunkten in Vorstadtpfarreien der bayerischen Landeshauptstadt[507], so nahmen 1953 bereits nur mehr 10 Ortsvereine an dieser Aktion teil. »Mit dem Gehen haben es unsere Leute nicht besonders«, konstatierten die zuständigen Verantwortlichen enttäuscht[508]. Generell läßt sich festhalten, daß die Zahl der Wanderungen abnahm, während sich der Radius der Fahrten deutlich erhöhte.

Die Werkvolkausflüge sollten aus der Sicht des Verbands zum einen den Zusammenhalt untereinander und mit den befreundeten Verbänden fördern[509], zum anderen sollten die Fahrten auch dazu dienen, den katholischen Arbeitnehmern neue kulturelle Horizonte zu erschließen. Die traditionelle »Winterar-

---

[504] Vgl. S. 291–298.
[505] Elisabeth Bach, Die Aufgabe der Frau im Werkvolk, o.D. (wohl Mai 1952). AEB KAB Kart. 55.
[506] Elisabeth Bach an Alfred Berchtold, 22. Dezember 1948. KAB VZ Schriftwechsel 1949–1950.
[507] WERKVOLK, Nr. 6, Juni 1951.
[508] WERKVOLK, Nr. 5, Mai 1953.
[509] So plante etwa der Eichstätter Diözesanverband eine gemeinsame »Gedenkfahrt« mit der CAJ, um so die Arbeiterjugend des Bistums besser zu erfassen und die Zusammenarbeit zwischen beiden Organisationen noch enger zu gestalten. Monatsbericht aus dem Sekretariat der Diözese Eichstätt, Juni 1952. DA EI OA Werkvolk 1949–1955.

I. Die Bildungs- und Schulungsarbeit 221

beit«, die stets von Referaten über soziale oder politische Inhalte geprägt war[510], wurde so durch ein gezieltes »Sommerprogramm« ergänzt, das zudem auch für Nichtmitglieder besonders attraktiv war. Wie zentral aber das Element der »Geselligkeit« war, zeigt etwa die Beliebtheit der »Fahrt ins Blaue« des Bezirksverbands München, wo mit mehreren Omnibussen ein den Teilnehmern vorab nicht bekannt gemachtes Ziel angesteuert wurde[511].

c) *Werkvolktheatergruppen*

In der Nachkriegszeit hatten zahlreiche besonders aktive Werkvolkgemeinschaften, wie in der Weimarer Republik[512], eigene Laientheatergruppen[513]. Ihre Tätigkeit stand wie bei ähnlichen Gruppen der Gesellenvereine Kolpings »am Schnittpunkt von Bildungsarbeit, Freizeitgestaltung und Unterhaltung«[514] und wurde von der Verbandsleitung ausdrücklich begrüßt. So wurden Theateraufführungen selbst in Schulungen des Verbands[515] oder das Programm der Diözesan-[516] und Verbandstage[517] integriert.

Im Rahmen von Faschings- oder Weihnachtsfeiern, Vereinsfesten jeder Art oder eigenen, auch für Nichtmitglieder offenen Theaterabenden führten die Werkvolktheatergruppen die einstudierten Stücke auf[518]. Zumeist hatten die vor allem im

---

[510] Daneben gab es aber auch Besichtigungen. So besuchte der Bezirksverband München etwa im Winter 1950/51 das Gebäude des Bayerischen Landtags, die Druckerei des Münchener Merkur sowie die städtische Gasanstalt. WERKVOLK, Nr. 6, Juni 1951.
[511] WERKVOLK, Nr. 7, Juli 1951.
[512] Vgl. D.-M. KRENN, Christliche Arbeiterbewegung, S. 327–328.
[513] So etwa in Bodenmais (WERKVOLK, Nr. 6, Juni 1952), in Freising (WERKVOLK, Nr. 9, September 1951), in Kempten (WERKVOLK, Nr. 2, Februar 1952), in Ludwigshafen (WERKVOLK, Nr. 1, Januar 1954), in St. Clemens, München (WERKVOLK, Nr. 2, Februar 1952), etc. Wenn sich auch keine verläßlichen Zahlen über die allgemeine Verbreitung von Werkvolktheatergruppen für das gesamte Verbandsgebiet erhalten haben, so läßt sich doch festhalten, daß etwa der Bezirksverband München 1950/51 bei einer Zahl von 73 Ortsvereinen zehn Theaterspielgruppen besaß. WERKVOLK, Nr. 6, Juni 1951.
[514] A. KRIMMER, S. 126.
[515] So etwa bei der Leiterinnen-Schulungswoche, 5.–11. Juli 1953. WERKVOLK, Nr. 8, August 1953.
[516] So etwa 1958 in Augsburg. Programm des Augsburger Diözesantags 1958. KAB A Diözesantage 1947–1959.
[517] So etwa 1947 in Regensburg (Verbandstag 1947 – Programm. KAB A Verbandstage 1947–1962) oder 1963 in Augsburg (WERKVOLK, Nr. 7, Juli 1963).
[518] So etwa Weihnachten 1951 in Kempten (WERKVOLK, Nr. 2, Februar 1952), St. Clemens, München (WERKVOLK, Nr. 2, Februar 1952), zum 50jährigen Gründungsjubiläum der Werkvolkgemeinschaft in Weiherhammer (WERKVOLK, Nr. 12, Dezember 1952). Nur sehr selten griff man bei der Gestaltung von Vereinsfesten auf »Berufsschauspieler« zurück. Ein solches Beispiel stellt die Bannerweihe der Werkvolkgemeinschaft Namen Jesu, München, dar, in deren Rahmen als Festredner auch der bayerische Landtagspräsident Alois Hundhammer sprach. WERKVOLK, Nr. 5, Mai 1953.

Januar und Februar aufgeführten Stücke[519] religiös-moralischen Charakter[520]. Doch wurden auch Lustspiele[521] aufgeführt – vor allem in der Faschingszeit. Verfaßt wurden die Stücke zum Teil von den führenden Repräsentanten des Werkvolks selbst[522], zum Teil griff man aber auch auf von den Münchener Verlagen Heinrich Buchner, Don Bosco, Wilhelm Köhler und Valentin Höfling[523] sowie dem Deutschen Laienspiel-Verlag Weinheim[524] angebotene Texte zurück. Ihr Umfang reichte von kurzen Einaktern, von denen gelegentlich mehrere an einem Abend aufgeführt wurden, bis hin zu abendfüllenden Stücken. Für den Jugenddiözesantag in Regensburg übte die Diözesanleiterin Wilma Beringer mit der dortigen CAJ-F gar ein choreographisches Spiel aus Belgien ein[525].

Allgemein war das Vereinstheater unter der Mitgliederschaft ausgesprochen beliebt[526]. Aber auch die örtlichen Verantwortlichen und die süddeutsche Verbandsleitung begrüßten es ausdrücklich, denn die Laientheatergruppen förderten zum einen das Leben in den einzelnen Werkvolkgemeinschaften selbst[527], zum anderen machten sie die Öffentlichkeit auf die katholische Arbeitnehmerbewegung aufmerksam[528] und halfen so, neue Mitglieder zu werben. Zudem war es durch die bei den Aufführungen erzielten Einnahmen möglich, die finanziellen Möglichkeiten einer Werkvolkgemeinschaft beträchtlich zu verbessern[529]. Die so gewonnenen Mittel konnten etwa zur Bestreitung der für Delegierte zu Diözesan-

---

[519] WERKVOLK, Nr. 1, Januar 1953.
[520] Vgl. etwa den Bericht über die Aufführung des Stückes »Von St. Mariens Herzen« (WERKVOLK, Nr. 1, Januar 1951). Von den 31 Theaterveranstaltungen im Bezirksverband München 1950/51 etwa waren insgesamt 16 religiöser Art. WERKVOLK, Nr. 6, Juni 1951.
[521] Vgl. etwa WERKVOLK, Nr. 2, Feburar 1951.
[522] So überarbeitete etwa der Würzburger Diözesanpräses Franz Kolb ein Stück der Diözesansekretärin Emma Frey für den Verbandstag in Neustadt (Protokoll der Verbandsleitungssitzung, 11. August 1951. KAB VZ Verbandsleitung/Verbandsvorstand: Sitzungen 1957–1973). Der Regensburger Diözesanpräses Fritz Morgenschweis wiederum verfaßte die Stücke »In jener Nacht«, »Aber die Seinen« und »Mehr als alles Gold der Erde« oder »Onesimus, der Mann aus Kollosä« (F. MORGENSCHWEIS, S. 328, und Lebensbericht von Wilma Beringer, 4. Mai 1996. KAB VZ Personalakt Wilma Beringer).
[523] WERKVOLK-FÜHRUNG, Mai 1949, oder WERKVOLK-FÜHRUNG, Oktober 1950, mit einer Auflistung einzelner Theaterstücke. Im Verbandsorgan wurden darüber hinaus etwa auch L. HOEFNAGELS, Maskenspiel (WERKVOLK, Nr. 11, November 1952) oder T. BUDENZ / E. J. LUTZ (WERKVOLK, Nr. 2, Februar 1953) empfohlen.
[524] WERKVOLK-FÜHRUNG, Oktober 1950; WERKVOLK, Nr. 11, November 1952.
[525] Rechenschaftsbericht Wilma Beringer, 21. Juni 1953 bis 9. Juni 1956. KAB R Diözesantage. Es wurde auch auf dem Regensburger Diözesantag in Marktredwitz aufgeführt. WERKVOLK, Nr. 8, August 1956. Hier auch ein Bild.
[526] Zur zeitgenössischen Kritik am Vereinstheater vgl. WERKHEFTE, Nr. 3, 1949, S. 25–28.
[527] WERKVOLK, Nr. 6, Juni 1953.
[528] WERKVOLK, Nr. 6, Juni 1952.
[529] WERKVOLK-FÜHRUNG, Nr. 2, Februar 1949.

I. Die Bildungs- und Schulungsarbeit

tagen anfallenden Kosten eingesetzt werden⁵³⁰. Während die Besucher der Theaterveranstaltungen nur durch die dargebotenen religiös-moralischen Inhalte gebildet wurden, übten die mitwirkenden Vereinsangehörigen darüber hinaus soziales Verhalten in einer Gruppe, die freie Rede sowie sicheres Auftreten vor größerem Publikum⁵³¹. Zur Unterstützung des Laienspiels wurde etwa im Bezirksverband München eine eigene »Laienspielbibliothek« eingerichtet und den Vorständen sowie den Kulturreferenten der einzelnen Werkvolkgemeinschaften zugänglich gemacht. Ein Angebot, das rege wahrgenommen wurde⁵³².

Neben den Theatergruppen gab es im Katholischen Werkvolk aber etwa auch eigene Musikspielgruppen und Blasorchester⁵³³, Kinderchöre⁵³⁴ sowie Volkstanzgruppen⁵³⁵.

4. Die wirtschafts-, sozial- und gesellschaftspolitische Bildungsarbeit – Das Konzept einer christlichen Gesellschaftsordnung

»Das Ziel des Werkvolkes ist die Verchristlichung von Wirtschaft und Gesellschaft«⁵³⁶.

Wenngleich auch die Vertiefung des Glaubens seiner Mitglieder im Mittelpunkt der Bildungsarbeit des Werkvolks stand, so war man sich durchaus bewußt, »daß der Mensch auch nicht nur vom Wort Gottes lebt«, wie es Bischof Wendel auf dem Verbandstag in Neustadt formulierte⁵³⁷. Die Ordnung des wirtschaftlichen Geschehens hatte ebenso »nach den sittlichen Grundsätzen der Gerechtigkeit und Liebe« zu erfolgen wie die Ordnung des Lebens jedes Einzelnen. Der Christ hatte aus der Sicht des Werkvolks »nicht nur die Pflicht, persönlich in seinem wirtschaftlichen Tun nach den Grundsätzen des Christentums zu handeln«, sondern »auch die Pflicht, sich darum zu mühen, daß das gesamte Wirtschaftsleben wie-

---

530 So Anton Maier auf dem 1. Eichstätter Diözesantag. Protokoll der Delegiertentagung zum 1. Diözesantag des Katholischen Werkvolks Diözesanverband Eichstätt, 26. Juni 1954. DA EI OA Werkvolk 1949–1955.
531 A. Krimmer, S. 129.
532 Jahresbericht des Bezirksverbands München, 1952. KAB VZ Diözesanverband München.
533 Werkvolk, Nr. 10, Oktober 1953, oder Werkvolk, Nr. 2, Februar 1954.
534 Werkvolk, Nr. 9, September 1951.
535 Werkvolk, Nr. 6, Juni 1951; Werkvolk, Nr. 2, Februar 1952; Werkvolk, Nr. 8, August 1953; etc. Gelegentlich wurden aber auch mit einem Trachtenverein »gemeinsame Veranstaltungen« vereinbart, »um ein Aussterben des Werkvolkes [...] zu verhindern und um jüngeren Nachwuchs zu bekommen«. Vgl. hierzu etwa den Bericht über die Versammlung in Oberau, 1. Oktober 1950. VZ KAB A / 1 Diözesanverband München bis 1974.
536 Werkvolk, Nr. 4, April 1953.
537 Werkvolk, Nr. 10, Oktober 1951.

der nach christlichen Grundsätzen geordnet« werde – dem »Gesetz der Liebe«. Dabei betonte man, daß Liebe »nicht nur Almosen« gebe, sondern »zuerst dem anderen sein Recht« zuerkenne. Dementsprechend war Religion keine »Privatsache«, sondern hatte jeder Christ die »Pflicht«, »sich zu mühen, daß Grundsätze der Gerechtigkeit im wirtschaftlichen Leben verwirklicht werden, der familiengerechte Lohn, der gerechte Anteil am Ertrag der Arbeit, der gerechte Gebrauch des Eigentums, eine gerechte Eigentumsverteilung«. Für das Werkvolk war »der Kampf um soziale Gerechtigkeit [...] genauso ein Kampf für das Christentum, wie der Kampf für die christliche Schule, gegen Schmutz und Schund«. Von daher konnten die Gebiete der Kulturpolitik »für einen wahrhaft christlichen Menschen und christlichen Politiker keinen Vorrang« haben vor der »Verwirklichung von Gerechtigkeit und Liebe im wirtschaftlichen Leben«[538]. Es war für das Werkvolk mit den Worten Adolph Kolpings »ein frommes Vorurteil«, zu glauben, »man brauche nur die Gesinnung zu ändern, dann ändern sich ganz von selber auch die Zustände«. Dementsprechend betonte man mit »Quadragesimo anno« in »aller Deutlichkeit« die doppelte Aufgabe gegenüber allen Versuchen, der Gesinnungsänderung zumindest »Vorrang« einzuräumen. Es konnte für das Werkvolk in dieser Frage kein »Entweder – oder« geben, sondern nur ein »sowohl – als auch«. »Zuständereform und Gesinnungsänderung« durften nicht nacheinander umgesetzt werden, sondern mußten »Schritt für Schritt gleichzeitig erfolgen«[539].

Den entscheidenden Ansatzpunkt, die Gesellschaft im christlichen Sinne zu verändern, sah man in der Vermittlung und Umsetzung der katholischen Soziallehre. Mit Pius XII. war man überzeugt, daß nur sie »allein« dazu in der Lage war, die »so weit eingerissenen Übel zu beheben« und eine Gesellschaftsordnung entstehen zu lassen, »welche die einzelnen Bürger nicht unterdrückt und sie untereinander nicht wegen allzu großen Strebens nach eigenem Vorteil entfremdet, sondern vielmehr alle in einem gewissen Zusammenklingen ihrer gegenseitigen Interessen und mit den Banden brüderlicher Verbundenheit miteinander eint«[540].

Die gesamte Bildungsarbeit des Werkvolks zur Umgestaltung der vorhandenen wirtschaftlichen und gesellschaftlichen Ordnung basierte auf einem Verständnis von »Arbeit« als »Abglanz des göttlichen Tuns«, als »gottbezogen«, als »Erfüllung eines Auftrages Gottes« und »Dienst an der Gemeinschaft«. Dementsprechend sollten Werkvolk-Mitglieder Arbeit als »paradiesisches Geschenk Gottes«, als

---

[538] So Rektor Alfred Berchtold in WERKVOLK, Nr. 4, April 1952.
[539] A. BERCHTOLD, Neugestaltung, S. 137; ähnlich etwa auch WERKVOLK-FÜHRUNG, Februar 1949, oder die Delegierten des Diözesantages in Bamberg (vgl. WERKVOLK, Nr. 12, 1953).
[540] Papst Pius XII., »Menti Nostrae«, 23. September 1950. Apostolische Ermahnung an den Klerus des Erdkreises über die Heiligung des priesterlichen Lebens. Druck: PFARRAMTSBLATT, Nr. 19, 1. November 1950.

I. Die Bildungs- und Schulungsarbeit 225

»einen wirklichen Gottesdienst« verstehen. Zugleich trat man jeder Form der Unterbewertung oder Überbewertung von Arbeit entgegen und brandmarkte sie als »heidnische Auffassungen«, gleich ob Arbeit nun rein »als Mittel des Gelderwerbes, als notwendiges Übel« gesehen wurde oder als »Selbstzweck« und »Ersatzreligion« wie im »Bolschewismus«[541]. Im Verbandsorgan stellte man den Werkvolkmitgliedern Benedikt von Nursia als spirituelles Vorbild vor und hielt sie an, »in rechter Weise« betend zu arbeiten und arbeitend zu beten[542]. Gerade da man den Beruf als »wesentlich und vielfach entscheidend« für die Lebensgestaltung ansah[543], sollte jeder Arbeiter in seinem »Beruf« seine »Berufung« sehen und erfahren[544].

Den Leitsatz der gleichzeitigen Zuständereform und Gesinnungsänderung wandte die katholische Arbeiterbewegung auf alle Bereiche des Lebens ihrer Mitglieder an, keineswegs nur auf diejenigen, die unmittelbar mit der Arbeitswelt in Zusammenhang standen. So bezog das Werkvolk etwa auch in der Auseinandersetzung um die »Bekenntnisschule« klar Stellung[545]. Für den Süddeutschen Verband war die Konfessionsschule »ein unschätzbares und ein unersetzbares Gut«, wie es seine Mitgliederzeitung unter Bezugnahme auf Pius XII. formulierte, da der gesamte Unterricht – wie ja auch die Verbandsarbeit – durch den Glauben geprägt sein sollte[546]. »Die religiöse Kindererziehung« war in den Augen des Werkvolks stets »eine Angelegenheit der Eltern«[547]. Dementsprechend setzte man sich »aus religiösem Pflichtbewußtsein und Verantwortungsernst gegenüber der Jugend«[548] massiv für ein »Elternrecht« ein, »das dem Elternwillen Rechnung trägt«[549]. Zugleich wies man die eigenen Mitglieder immer wieder auf die »ernsten Pflichten und heiligen Aufgaben gegenüber der Kinderwelt« hin. Aktionen der deutschen Bischofskonferenz, wie etwa den »Schulsonntag«, der in Bayern am letzten Sonntag vor Weihnachten begangen wurde und »das ganze Interesse der Eltern und der Gemeinde auf Schule und Jugenderziehung« hinlenken sollte, unterstützte man als »Aufruf zur Katholischen Aktion«[550] ebenso publi-

---

[541] So Bischof Joseph Schröffer in einer Predigt anläßlich des 2. Eichstätter Diözesantags. Text der Ansprache in DA EI BA Werkvolk 1949–1967. Zu Kontinuität und Wandel im Verständnis der menschlichen Arbeit in der katholischen Soziallehre vgl. generell P. KNORN.
[542] WERKVOLK, Nr. 3, März 1954.
[543] WERKVOLK, Nr. 10, Oktober 1951.
[544] EDB.
[545] Zum Konflikt um die Bekenntnisschule vgl. W. MÜLLER, Schulpolitik, S. 190–225, sowie generell mit der neuesten Literatur J. RICHTER.
[546] WERKVOLK, Nr. 1, Januar 1951.
[547] WERKVOLK, Nr. 7, Juli 1951.
[548] WERKVOLK, Nr. 1, Januar 1951.
[549] WERKVOLK, Nr. 3, März 1954.
[550] WERKVOLK, Nr. 12, Dezember 1952.

zistisch[551] wie andere Maßnahmen der Bischöfe in dieser Frage. Darüber hinaus forderte man die Verbandsangehörigen etwa ausdrücklich zur Teilnahme an den »Schulpflegschaftswahlen«[552] oder zur apostolischen Mitarbeit in den katholischen Elternvereinigungen auf, wobei diesen in den Augen des Werkvolks eine »Doppelaufgabe« zukam: sie sollten »eine Elternwehr und ein Elternseminar, eine Fortbildungsschule zur Heranbildung von erziehungsfreudigen und erziehungstüchtigen Eltern sein«[553]. Da nur »die konfessionelle Lehrerbildung [...] für sachlich geeigneten Nachwuchs an Lehrkräften Gewähr« bot, war auch »diese Frage [...] keineswegs nur eine Angelegenheit des Lehrerstandes« allein, sondern vielmehr »eine Angelegenheit der Eltern, so wie die Bekenntnisschule eine Sache der Eltern ist, denn die Bekenntnisschule steht und fällt mit dem bekenntnistreuen Lehrer«[554]. Dementsprechend setzte sich das Werkvolk auch für das Recht auf konfessionelle Lehrerbildungsanstalten ein[555].

Da im Rahmen dieser Arbeit nicht auf alle Bereiche eingegangen werden kann, um deren Gestaltung sich das Werkvolk seinem »katholischen« Anspruch entsprechend bemüht hat, sollen im folgenden nur einige besonders wichtige Elemente seines Konzepts einer christlichen Gesellschaftsordnung kurz vorgestellt und skizzenhaft erläutert werden.

a) *Strukturierung der Arbeitszeit als Rahmenbedingung für gelebten Glauben – Sonntagsarbeit, Gleitende Arbeitswoche, 40-Stundenwoche*

»Wozu sind wir auf Erden?« – »Wir sind auf Erden, um Gott zu erkennen, ihn zu lieben, ihm zu dienen und einst ewig bei ihm zu leben«, so lautete die Antwort auf die Frage, die am Anfang des Katholischen Katechismus der Bistümer Deutschlands der fünfziger Jahre stand[556]. Dementsprechend mußte jede wirklich christlich-soziale Wirtschaftsordnung in den Augen des Katholischen Werkvolks dem einzelnen Arbeitnehmer ermöglichen, Gott zu dienen und sein Leben nach den göttlichen und kirchlichen Geboten zu gestalten. Konkrete Voraussetzung hierfür war eine zeitliche Gliederung des Arbeitslebens, die den religiösen Vorgaben entsprach.

---

[551] So forderte man über das Verbandsorgan seine Mitglieder zum »Gebet«, zur »Wachsamkeit« und zur Beteiligung an der »Schulsonntagskollekte« auf. WERKVOLK, Nr. 1, Januar 1952.

[552] WERKVOLK, Nr. 5, Mai 1952.

[553] WERKVOLK, Nr. 12, Dezember 1952.

[554] WERKVOLK, Nr. 1, Januar 1952.

[555] Vgl. etwa WERKVOLK, Nr. 3, März 1954, wo man sich gegen Bestrebungen des Bayerischen Lehrer- und Lehrerinnenvereins für eine konfessionsübergreifende universitäre Ausbildung der Lehrer wandte.

[556] KATHOLISCHER KATECHISMUS, S. 6. Zur Geschichte des »Grünen Katechismus« vgl. M. BUSCHKÜHL, S. 67–74.

I. Die Bildungs- und Schulungsarbeit 227

Im Mittelpunkt stand hierbei der Kampf um den Sonntag »als kollektive Zeitstruktur«[557]. Für das Werkvolk stellte der Sonntag »ein großes Geschenk an die Menschheit« dar, denn durch ihn »erhält das ganze Leben einen neuen Rhythmus, die Arbeit eine neue Würde; [...] der Sonntag hilft dazu, den Menschen zum Menschen zu machen. [...] Darum soll der Sonntag gewidmet sein dem Bedenken, dem Sich-besinnen, dem Stille-werden [...] die Seele des Sonntags ist die Berührung mit Gott in seinem Wort«[558]. Der Sonntag sollte für die Werkvolkmitglieder nicht »nur irgend ein Tag«, kein »Vergnügungstag« sein, sondern »der Tag des Herrn, der heilig gehalten werden muß«[559].

So sehr man prinzipiell Arbeitszeitverkürzungen begrüßte, so sehr wandte man sich gegen die Einführung der »Gleitenden Arbeitswoche«, durch die der Sonntag zum Arbeitstag und so »aus den Angeln gehoben« wurde. Man war in keiner Weise gewillt, diesem »Einbruch in die natürliche Lebensordnung Vorschub« zu leisten, vielmehr wehrte sich das Werkvolk »auf das heftigste« dagegen, wurde hier doch »ein unveräußerliches Recht des Menschen durch eine Automatisierung des Lebens in sträflicher Weise untergraben und die Würde des schaffenden Menschen grob verletzt«[560]. Mit den Bischöfen nahm man »entschieden Stellung gegen die Entweihung des Sonntags«, der durch die gleitende Arbeitswoche seines Charakters »als Tag des Herrn« entkleidet und den Werktagen völlig gleichgestellt wurde. Die Abschaffung des Sonntags verstieß klar gegen das »göttliche Gesetz« der »regelmäßigen und gemeinsamen Sonntagsheiligung« und gefährdete »das religiöse Leben des Arbeiters«, der nun an den meisten Sonntagen nicht mehr am »Gottesdienst der Pfarrfamilie« teilnehmen konnte[561]. Ausnahmen vom »Gebot der Sonntagsruhe« konnte es für das Werkvolk nur in wenigen und besonders begründeten Ausnahmefällen geben – zur Behebung eines bestehenden Notstands, zur Verhütung eines sonst eintretenden Notstands oder in durch technische Notwendigkeiten des Produktionsprozesses bedingten Fällen. Ein höherer materieller Ertrag aber war kein ausreichender Grund[562]. Bereits in der unmittelbaren Nachkriegszeit wandten sich einzelne Vertreter des Werkvolks daher gegen Verstöße bezüglich der Vorschriften über die Sonntagsarbeit und die

---

[557] Vgl. hierzu generell B. S. Nuss.
[558] So Leopold Schwarz in seiner Rubrik »Zehn Minuten Christenlehre«. WERKVOLK, Nr. 6, Juni 1951.
[559] KONTAKT (Eichstätt), April 1957. KAB EI.
[560] WERKVOLK, Nr. 2, Februar 1957.
[561] Leitsätze zur gleitenden Arbeitswoche. Anlage zum Protokoll der Plenarkonferenz der Bischöfe der Diözesen Deutschlands, 11.–13. August 1952. ABP OA Episc H 6b. Druck: HERDER-KORRESPONDENZ 7 (1952), S. 49–50.
[562] WERKVOLK, Nr. 2, Februar 1957. Hier lehnte sich das Werkvolk explizit an die Ausführung von J. HÖFFNER, Tag des Herrn, an.

Verwendung von Kindern und Frauen bei der Nachtarbeit. Das Verbandssekretariat leitete solche lokale Beschwerden an das bayerische Ministerium für Arbeit und Soziale Fürsorge weiter, das vom Werkvolk-Mitglied Heinrich Krehle geleitet wurde, und erreichte so, daß die zuständigen Gewerbeaufsichtsbehörden die Vorschriften genauer überwachten[563]. Doch auch unter einem nicht dem Werkvolk angehörenden Arbeitsminister, Otto Bezold von der FDP, wurde die gleitende Arbeitswoche »auf Grund der bestehenden Rechtslage« sowie »aus grundsätzlichen Erwägungen« »entschieden« abgelehnt. In Bayern stand der Gesetzgeber generell »auf dem Standpunkt, daß rein wirtschaftliche Erwägungen nicht als Grund für eine Sonntagsausnahmegenehmigung anerkannt werden könnten«. Man war hier der Überzeugung, »daß die Frage, ob Arbeitsschichten über den Sonntag für Produktionszwecke dauernd eingesetzt werden dürfen, nicht für den einzelnen Betrieb entschieden werden könnte«, vielmehr rüttelte dies an eine »Grundfrage« der »Lebensauffassung«, »nämlich, ob der Sonntag als Ruhetag aufrechterhalten werden soll«[564].

Bei der Einführung der 40-Stundenwoche teilte man die bischöfliche Haltung, daß die Arbeitszeitverkürzung zwar »zweifellos unter gewissen Umständen einen wahren Fortschritt bedeuten« könne, da ein freies Wochenende die Möglichkeit bot, »den Sonntag als den Tag des Herrn und den Tag der Ruhe zu erleben«. Doch sah man zugleich die Gefahr, »daß der Mensch sich noch weiter von Gott entfernt«, wenn zugleich »der Rhythmus von Arbeit und Freizeit vom Laufe der Woche gelöst« würde und »der Sonntag seine beherrschende Stelle« verlöre[565]. Die 40-Stundenwoche stellte für die deutschen Bischöfe wie das Katholische Werkvolk ein weiteres Beispiel dafür dar, »wie eng die Lösung der sozialen Probleme und die Beurteilung möglicher Reformwege mit dem Menschenbild und den Grundauffassungen über die Gesellschaftsstruktur zusammenhängen.« Denn die Verkürzung der Wochenarbeitszeit des einzelnen Arbeitnehmers war für sie nur unter gewissen Voraussetzungen eine »segensreiche Entwicklung«. Von entscheidender Bedeutung war das richtige Verhältnis des Einzelnen zur Arbeit, der in ihr kein »Übel« sehen, sondern sie als »Auftrag Gottes« verstehen sollte. Die Einführung der 40-Stundenwoche auf Grund weit verbreiteter, aber völlig falscher Vorstellungen vom Wesen der Arbeit und ihrer Bedeutung für das menschliche Leben war in den Augen des Werkvolks »unheilvoll«. Deshalb sprach es sich zwar klar für die Einführung der 40-Stundenwoche aus, doch nur unter Wahrung des gesetzlichen Schutzes des Sonntags und der sozialen Gerechtigkeit, der Abwehr

---

563 Carl P. Lang an Hans Gatz, 24. Februar 1949. KAB VZ G III / Schweinfurt 1947–1954.
564 WERKVOLK, Nr. 4, April 1957. Offener Brief an das bayerische Arbeitsministerium; Stellungnahme des Arbeitsministeriums auf die Anfrage des CSU-Abgeordneten Josef Reichl.
565 WERKVOLK, Nr. 1, Januar 1956.

der Gleitenden Arbeitswoche und der Förderung von familiengerechtem Wohnungsbau zum »sinnvollen Gebrauch der neugewonnenen Freizeit«. Nur dann sah man die Arbeitszeitverkürzung als Chance zur Entfaltung und Förderung des Familienlebens, das in den Augen des Werkvolks stets Basis und wichtigster Beitrag zu einer wirksamen Sozialreform war. »Leitstern« sollte deshalb bei der Einführung der 40-Stundenwoche wie bei allen anderen sozialen Reformen stets das christliche Menschen- und Gesellschaftsbild sein [566].

Wie in der Frage der Gleitenden Arbeitswoche so lehnte sich das Werkvolk auch in Bezug auf die 40-Stundenwoche oder andere Bereiche der wirtschafts-, sozial- und gesellschaftspolitischen Bildungsarbeit an die bischöflichen Verlautbarungen an. Im allgemeinen wurden die kirchenamtlichen Texte im Verbandsorgan paraphrasiert und ausdrücklich begrüßt [567]. In den internen Mitteilungsblättern wurden die Verlautbarungen der Bischöfe zum Teil sogar wörtlich abgedruckt [568]. Zudem unterstützte man die bischöflichen Bemühungen auch durch gezielte Vorträge in den einzelnen Ortsvereinen und Einzelaktionen auf lokaler wie diözesaner Ebene. So wurde etwa 1957 ein »Flugblatt über die ›Gleitende Arbeitswoche‹ in den Pfarreien der Erzdiözese Freiburg, besonders in den Gebieten massierter Industrie«, in einer Auflage von 50 000 zur Verteilung gebracht, da man der »Überzeugung« war, daß die »Arbeitnehmer auf die Werte des Sonntags aufmerksam gemacht werden müssen und in den vielen Tausenden der Industriearbeiter eine Abwehrhaltung gegen die ›Gleitende Arbeitswoche‹ aufgebaut werden muß« [569].

Das Werkvolk wandte sich aber nicht nur gegen eine Strukturierung der Arbeitszeit, die – wie etwa Schichtarbeit – das Familienleben gefährdete und dazu führte, daß Familien »in Not gerieten« [570], sondern auch gegen andere Tendenzen des modernen Arbeitsalltags, die den »Lebensstil« der Gesellschaft prägten. So sollte »keine sinnlose Hetze« den Alltag eines Werkvolkmitglieds bestimmen, sondern vielmehr das der Gesundheit nicht abträgliche »Arbeitstempo längst vergangener Tage« [571].

---

[566] Stellungnahme der deutschen Bischöfe zur Frage der Vierzigstundenwoche und zur Frauenarbeit, November 1955. Druck: PASTORALBLATT EICHSTÄTT, Nr. 1, 10. Januar 1956; KONTAKT (Würzburg), Nr. 3, Januar 1956. DAW Druckschriften.
[567] Vgl. für das Beispiel der 40-Stundenwoche etwa WERKVOLK, Nr. 1, Januar 1956; WERKVOLK, Nr. 2, Februar 1957.
[568] Für das Beispiel der 40-Stundenwoche vgl. etwa KONTAKT (Würzburg), Januar 1956.
[569] P. Theoger Langlotz OSB an das Erzbischöfliche Ordinariat, 15. Februar 1947. EAF Reg 56.64, Vol. 4, 1957–1961.
[570] WERKVOLK, Nr. 10, Oktober 1952.
[571] WERKVOLK, Nr. 3, März 1954.

b) *Wohnraum für Arbeitnehmer*[572]

In den Augen des Werkvolks erhielten die Bestrebungen um die Senkung der Arbeitszeit nur dann Sinn, wenn gleichzeitig alles getan wurde, um den Arbeitnehmern einen sinnvollen Gebrauch der neugewonnenen Freizeit zu ermöglichen[573]. »Die Wohnungsfrage zuerst« – lautete hier die Parole, gerade auch im Hinblick auf die zentrale Rolle der Familie. Die Wohnungsfrage war für das Werkvolk stets und vor allem »die Frage des familiengerechten Heimes«[574], da man angemessenen Wohnraum stets zu den »materiellen Voraussetzungen« für eine »gesunde Familie« zählte[575]. Die ideale Form des Wohnraums war für das Werkvolk dementsprechend stets das »Familienheim«, wobei man aber keineswegs »die Klein-Siedlung mit einem kleinen Häuschen und kleinem Garten« meinte, sondern »die Siedlung mit einem entsprechenden Grundstück, die die Möglichkeit gibt zu einem Nebenerwerb durch Kleintierzucht, einer Geflügelfarm, Bienenzucht oder zu produktivem Gemüse- oder Obstbau«. So würde nicht nur »der Tisch des Arbeiters« mit den »Erzeugnissen seiner Kleinwirtschaft schon großenteils gedeckt«, sondern ihm darüber hinaus durch den »Verkauf seiner Produkte« die Möglichkeit zu einem »Nebenerwerb« eröffnet. »Frau und heranwachsende Kinder« konnten auf diese Weise auch »zum Familienunterhalt mit beitragen, ohne dem häuslichen Leben entfremdet zu werden«. Im Fall der Arbeitslosigkeit war der Mann außerdem »nicht sinnlosem Müßiggang überantwortet«[576].

Doch entsprach die Realität keineswegs den Vorstellungen des Werkvolks. Bei Kriegsende waren in Deutschland etwa 20 Prozent aller Wohnungen total zerstört und 20 Prozent aller Wohnungen mehr oder weniger stark beschädigt[577]. Von 1950 bis 1953 wurden nur etwa 15 Prozent der Neubauwohnungen als Eigenheime gebaut und 85 Prozent als Mietwohnungen in Wohnblocks errichtet[578].

---

[572] Zum rechtlichen Rahmen der Wohnraumbewirtschaftung und des Sozialen Wohnungsbaus auf Bundesebene vgl. G. WAGNER, S. 75–104 bzw. 32–74; zur Wohnungsbaupolitik während der Ära Adenauer vgl. G. SCHULZ, Eigenheimpolitik; G. SCHULZ, Auseinandersetzung; G. SCHULZ, Wohnungsbaupolitik; G. SCHULZ, Wiederaufbau; zur staatlichen Wohnungsbauförderung in Bayern nach 1945 vgl. W. HASIWEDER, S. 118–464.

[573] Stellungnahme der deutschen Bischöfe zur Frage der Vierzigstundenwoche und zur Frauenarbeit, November 1955. Druck: PASTORALBLATT EICHSTÄTT, Nr. 1, 10. Januar 1956. KONTAKT (Würzburg), Nr. 3, Januar 1956. DAW Druckschriften.

[574] WERKVOLK, Nr. 11, November 1952.

[575] WERKVOLK, Nr. 1, Januar 1954.

[576] Alfred Berchtold in WERKVOLK, Nr. 11, November 1952.

[577] WERKVOLK, Nr. 1, Januar 1954. Zu den Wohnungsverlusten durch den Luftkrieg und die Bodenkämpfe am Kriegsende vgl. auch G. SCHULZ, Wiederaufbau, S. 31–34; zum Ausmaß der Unterversorgung, S. 39–40.

[578] WERKVOLK, Nr. 10, Oktober 1951; WERKVOLK, Nr. 1, Januar 1954. In den Vereinigten Staaten

I. Die Bildungs- und Schulungsarbeit

Damit nicht durch eine fehlgeleitete Wohnungsbaupolitik »eine stillschweigende Sozialisierung des Wohnraums« bedingt[579] und so der »Vermassung« und somit dem »Bolschewismus« Vorschub geleistet würde[580], engagierte sich das Werkvolk selbst im Sozialen Wohnungsbau[581] und bemühte sich, die Gesetzgebung in seinem Sinne zu beeinflussen[582].

Das vom Bundestag 1954 als Ergebnis jahrelanger Auseinandersetzungen verabschiedete »Familienheimgesetz«[583] wurde vom Werkvolk »aus religiös-weltanschaulichen und sozialen Gründen« ausdrücklich begrüßt. Man stimmte Konrad Adenauer zu, der postulierte: »Der Vorzug gebührte also dem Siedlungsheim, wenn es sich nur irgendwie verwirklichen läßt«. Ziel war, »die große Zahl der Besitzlosen zu mindern, möglichst vielen Dauereigentum zu verschaffen und zugleich zahlreichen Familien eine festere Fundierung zu geben«. So hoffte man, daß »ein echter sozialer Fortschritt« erreicht werden könnte. Da für das Werkvolk ein Mensch ohne Eigentum wie »Flugsand« war, sah man in der »Eigentumsbildung für möglichst breite Kreise [...] eine der wesentlichen Voraussetzungen zur Schaffung des sozialen Friedens.« »Die Entproletarisierung des Proletariats« war in den Augen der katholischen Arbeiterbewegung die »entscheidende Aufgabe«, ja »die wichtigste soziale Aufgabe« der Nachkriegszeit überhaupt. Bei ihrer Lösung spielte die »Wohnungsfrage eine große und bedeutende Rolle«. Waren »Wohnungseigentumsrecht« und »Dauerwohnrecht« »wesentliche und beachtliche Schritte« auf dem Weg zur »Entproletarisierung«, so bewirkte »die Schaffung von Eigenheimen diese [...] in ganz hervorragender Weise«[584]. Die kirchlichen Wohnungs- und Siedlungsunternehmen, die wesentlich vom Werkvolk mitgetragen wurden[585], setzten diesen Gedanken in die Praxis um.

---

wurden zur selben Zeit etwa 75 Prozent der Wohnungsbauten als Eigenheime errichtet. Zur Problematik der Wohnraumbewirtschaftung und der Entwicklung der Mieten in der Nachkriegszeit vgl. K. C. FÜHRER, S. 251–304, 350–388.
[579] So Bischof Wendel auf dem Verbandstag in Neustadt. WERKVOLK, Nr. 10, Oktober 1951.
[580] So der spätere Bundesminister für Wohnungsbau, Städtebau und Raumordnung Paul Lücke in WERKVOLK, Nr. 2, Februar 1954.
[581] Vgl. S. 340–343.
[582] Anton Maier, 27. April 1994. Vgl. hierzu etwa auch die Entschließung des Verbandsausschusses zur Situation des Sozialen Wohnungsbaus vom 1. Dezember 1957, die sich an den Bayerischen Landtag und die Bayerische Staatsregierung, den Bundestag und die Bundesregierung richtete. KAB VZ 93 / CSU.
[583] Zu seiner Entstehung vgl. G. SCHULZ, Wiederaufbau, S. 288–314.
[584] WERKVOLK, Nr. 1, Januar 1953. Das Adenauer-Zitat stammt aus dessen Rede auf der öffentlichen Schlußkundgebung der Arbeitstagung des Kreises »Ehe und Familie« der deutschen Katholikentage am 22. September 1951 in Bonn.
[585] Vgl. S. 340–343.

Das Werkvolk bemühte sich nicht nur, der »breiten Masse« die Bedeutung der Wohnungsbaugesetze zu verdeutlichen[586], sondern informierte im Verbandsorgan immer wieder genau über deren rechtliche Bestimmungen[587] oder Fragen mietrechtlicher Art[588]. Darüber hinaus erteilte man den Mitgliedern aber etwa auch konkrete Ratschläge für das Zusammenleben von »Hausherr und Mieter«[589]. Die eigene Rolle innerhalb der bayerischen Diözesansiedlungswerke wurde den Mitgliedern durch spezielle Lichtbildervorträge nahe gebracht. Diese dienten aber nicht nur der Information, sondern hatten zudem den Zweck, Gelder für den vom Werkvolk unterstützten Sozialen Wohnungsbau zu erwirtschaften[590].

c) *Familienlohn*

Die »Existenzsicherheit des Arbeiters« war die erste der »vier Grundforderungen der Päpste«, die der Süddeutsche Verband als Programm vertrat[591]. Hierbei sah man in der Frage »des gerechten Lohns« »für alle Zukunft« eines der »dringendsten Probleme«. Die Befriedigung der »naturrechtlich begründeten Bedürfnisse« der »Werktätigen« stellte in den Augen des Werkvolks »keine übermenschlichen und unmöglichen Forderungen« dar, sondern »ein Recht«. Doch der gerechte Lohn war aus dieser Sicht nicht nur »volkswirtschaftlich gesehen, von eminenter Bedeutung«, sondern ebenso »für die kulturellen Belange«, da nur derjenige am kulturellen Leben teilnehmen konnte, dem hierfür die nötigen Mittel zur Verfügung standen. So titelte das Werkvolk im Verbandsorgan »Lohnpolitik ist Kulturpolitik«. Aber auch für den Erwerb von Wohneigentum oder die Verbesserung der Bildung der Arbeiterschaft war der gerechte Lohn die Basis. Lohn war aber nicht nur ein materielles Problem, gewährte er doch dem Arbeitnehmer zugleich »das Bewußtsein, ein notwendiges, produktives Glied der menschlichen Gesellschaft zu sein«. Für den Zustand der Familien spielte die Frage des gerechten Lohns eine zentrale Rolle, nicht zuletzt deshalb, weil sich deren Zustand wiederum auf die Gesellschaft auswirkte. Man brauchte sich in den Augen des Werkvolks angesichts von Löhnen, die zu niedrig waren, um eine Familie ernähren

---

[586] WERKVOLK, Nr. 1, Januar 1953.
[587] So etwa über das »Wohnungseigentumsgesetz« vom 15. März 1951. WERKVOLK, Nr. 12, Dezember 1952; WERKVOLK, Nr. 1, Januar 1953.
[588] Vgl. etwa WERKVOLK, Nr. 1, Januar 1954.
[589] WERKVOLK, Nr. 5, Mai 1952.
[590] So gelang es etwa dem Eichstätter Diözesansekretär Michael Sager, durch 80 Lichtbilder-Werbevorträge für das Diözesansiedlungswerk in 100 Tagen für die Errichtung von 15 Wohnungen 60 000 DM Pfandbriefzeichnungen zu erreichen. WERKVOLK, Nr. 1, Januar 1954.
[591] Bericht über die Dekanatstagung in Schwabach 1947 an den Lokal-Redakteur der Fränkischen Landeszeitung. DA EI OA Werkvolk 1949–1955.

I. Die Bildungs- und Schulungsarbeit

zu können, nicht wundern, daß sich in den Ehen »die materiellen Belange« in den Vordergrund schoben, und »die geistigen und seelischen in den Hintergrund traten«. Sinkende »Kinderfreudigkeit«, steigende Zahlen der Ehescheidungen, Verwahrlosung und fehlende Religiosität bei der Jugend waren aus der Sicht des Werkvolks nur Folgen der Berufstätigkeit der Frauen, denen so »eine doppelte Last aufgebürdet« wurde[592].

»Daß der Arbeitsverdienst der Familienväter zur angemessenen Bestreitung des gemeinsamen häuslichen Aufwandes [einer Familie] ausreicht«[593], das war ein altes Ziel der katholischen Arbeiterbewegung[594]. Denn in einem gerechten und angemessenen Einkommen der Familie durch die Erwerbsarbeit des Mannes sahen sowohl die deutschen Bischöfe wie das Werkvolk »das heilsamste Mittel, um die Ehefrauen und Familienmütter von dem verderblichen Zwang zur Erwerbsarbeit außerhalb der Familie zu befreien«[595]. Dementsprechend forderte die katholische Arbeiterbewegung auch in den fünfziger Jahren »den gerechten Familienlohn«, um so allen Arbeitnehmern »ein christliches Familienleben« zu ermöglichen. Für das Werkvolk sollte die Arbeit »nicht nur die Person des Arbeiters ernähren«, sondern »auch die Entfaltung eines gesunden Familienlebens ermöglichen«. »Die Mutter« sollte nicht gezwungen werden, »durch Fabrikarbeit die Familienaufgaben zu vernachlässigen«. Der »Lohn des Vaters« sollte aber nicht nur dazu ausreichen, daß das Leben »zur Not gefristet werden« konnte, sondern ebenso »zu Ersparnissen und zur Eigentumsbildung«[596].

Dieses Konzept des »Familienlohns« stand für das Werkvolk keineswegs im Gegensatz zum »Leistungslohn«, vielmehr sollten zum Leistungslohn spezielle »Familienzulagen« gezahlt werden. Deshalb plädierte etwa Franz Josef Wuermeling im Verbandsorgan dafür, den alten Begriff des »Familienlohns« durch den Begriff »Leistungslohn mit Familienzulage« zu ersetzen und somit das christliche Gesellschaftsbild klar sowohl von »sozialistischem Kollektivismus« wie von »liberalistischem Fürsorgedenken« abzugrenzen[597].

Das Werkvolk forderte nach dem Vorbild der Schweiz, Hollands und Belgiens einen »Familienausgleich«. Hierzu sollte der Staat »Familienausgleichskassen«

---

[592] WERKVOLK, Nr. 6, Juni 1952.
[593] »Quadragesimo anno«. Gedruckt: TEXTE ZUR KATHOLISCHEN SOZIALLEHRE, S. 101–162, hier S. 127.
[594] Zur Entwicklung des Konzepts des »Familienlohns« aus dem Konzept des »Mindestlohns« vgl. D.-M. KRENN, Christliche Arbeiterbewegung, S. 168–169.
[595] Stellungnahme der deutschen Bischöfe zur Frage der Vierzigstundenwoche und zur Frauenarbeit, November 1955. Druck: PASTORALBLATT EICHSTÄTT, Nr. 1, Januar 1956; KONTAKT (Würzburg), Nr. 3, Januar 1956. DAW Druckschriften.
[596] WERKVOLK, Nr. 9, September 1952.
[597] Franz Josef Wuermeling: Leistungslohn mit Familienzuschlägen. WERKVOLK, Nr. 1, Januar 1959.

errichten, in die die Arbeitgeber einen bestimmten Betrag abzuführen hätten und aus denen jedem Familienvater für jedes Kind bis zum 18. Lebensjahr ein Betrag in Höhe von 25 DM auszuzahlen wäre. Bei unverschuldeter Arbeitslosigkeit sollten die Zulagen als Zuschlag zur Arbeitslosenunterstützung gewährt werden. Die Zahlungen der Familienausgleichskasse sollten von jeder Steuer frei sein. Durch die Familienzulagen konnten zwar nicht alle Kosten für ein Kind gedeckt werden, doch sollte so erreicht werden, daß einerseits kinderreiche Väter nicht mehr als zu große Belastung von den Betrieben entlassen würden, und andererseits Frauen und Mütter nicht mehr aus materiellen Gründen zur Berufstätigkeit gezwungen wären[598]. Die Forderung nach »Familienlohn« und »Familienausgleichskassen« wurde von den Bischöfen klar unterstützt[599] und auch von Bundeskanzler Adenauer aufgegriffen[600]. Nach dem Bundestagswahlsieg der Union und der Berufung von Franz Josef Wuermeling zum Leiter des neugeschaffenen Familienministeriums[601], forderte Verbandssekretär Dr. Ludwig Franz, neugewähltes Mitglied des Bundestags, die Familienausgleichskassen »bald« zu verwirklichen; selbst »eine Lösung auf dem Gebiet der gewerblichen Wirtschaft« war für ihn »besser [...] als eine weitere, nicht mehr zu verantwortende Verzögerung«[602]. Am 13. Dezember 1954 war es schließlich soweit, daß ein spezielles Kindergeldgesetz verabschiedet wurde, das erstmals den Ausgleichsbedarf von Familien mit mehreren Kindern gesetzlich im Prinzip anerkannte und allen Arbeitnehmern einen Rechtsanspruch auf Kindergeld zuerkannte. Zur organisatorischen Durchführung des Gesetzes wurden Familienausgleichskassen als Selbstverwaltungskörperschaften des öffentlichen Rechts bei den gewerblichen und landwirtschaftlichen Berufsgenossenschaften errichtet[603].

d) *Eigentumsbildung in Arbeitnehmerhand: Investivlohn*

Da in den Augen des Werkvolks die »Lohnlage« die soziale Lage des Arbeiters »bei weitem« nicht allein bestimmte, sondern die »Existenzunsicherheit« für den Arbeiter »weit spürbarer« war[604], bemühte man sich nicht nur auf dem Weg von Wohneigentum zur »Eigentumsbildung in den Händen des Arbeiters«, sondern

---

[598] WERKVOLK, Nr. 11, November 1952. Zum Konzept der Familienausgleichskassen vgl. auch die Referate der 3. Katholischen Sozialen Woche. Druck: DIE FAMILIE, IHRE KRISE UND DEREN ÜBERWINDUNG.
[599] Vgl. die Predigt von Bischof Wendel auf dem Verbandstag in Neustadt. WERKVOLK, Nr. 10, Oktober 1951.
[600] WERKVOLK, Nr. 11, November 1952.
[601] H.-P. SCHWARZ, Ära Adenauer 1949–1957, S. 200.
[602] WERKVOLK, Nr. 2, Februar 1954.
[603] F. KLEIN, S. 93.
[604] WERKVOLK, Nr. 8, August 1952.

I. Die Bildungs- und Schulungsarbeit

auch durch den Einsatz für »das Miteigentum am eigenen oder auch an fremden Betrieben« zur »Existenzsicherung des Arbeiters« beizutragen. Jeder Arbeiter sollte durch »wirklich dauerhaftes Eigentum« »einen Lebensrückhalt« erhalten, der es ihm ermöglichen sollte, »auch in Zeiten der Not, der Arbeitslosigkeit und der Arbeitsunfähigkeit, etwas zuzuschießen«[605]. In der Förderung der »Eigentumsbildung für möglichst breite Kreise des ganzen Volkes« sah das Werkvolk »eine der wesentlichen Voraussetzungen zur Schaffung des sozialen Friedens«[606]. Die Eigentumsbildung »bei der breiten Masse« war für das Werkvolk zugleich »von ausschlaggebender Bedeutung« »im Kampf gegen eine immer weiter um sich greifende Vermassung und Kollektivierung«. So sollte »die persönliche Verantwortung« der Arbeitnehmer gestärkt und zugleich – verbunden mit einer »Erfolgsbeteiligung am Betriebsergebnis« – die von der katholischen Arbeiterbewegung angestrebte »Partnerschaft von Kapital und Arbeit im Betrieb« gefördert werden. Die Eigentumsbildung war die »Voraussetzung für ein echtes Mitbestimmungsrecht« und bewahrte vor einer »Aushöhlung der persönlichen Freiheit«, die für das Werkvolk zwangsläufig »allmählich zum Kollektivismus« führen mußte. Dementsprechend erachtete man »die Lösung der Eigentumsfrage« als »noch vordringlicher als die des Mitbestimmungsrechtes«[607]. Die »Mitbeteiligung am Reingewinn der Fabriken«, »denen der Arbeiter seine Arbeitskraft zur Verfügung stellt«, sollte aus Sicht des Werkvolks keineswegs nur über den Lohn erfolgen, sondern war durchaus auch in Form von »Bons« möglich, »die von Jahr zu Jahr mehr Zinsen einbrächten«, was die materielle Sicherheit der Familien steigern würde; außerdem würde so »der Gemeinschaftsgeist« »wesentlich« gesteigert und verbessert[608]. Durch diese Eigentumsbildung sollte die »Entproletarisierung des Proletariats« erreicht und so zugleich zu einer ausgeglichenen Sozialordnung beigetragen werden, »in der sowohl die Arbeitgeber wie die Arbeitnehmer als gleichberechtigte Partner und freie Persönlichkeiten nebeneinander stehen«. Dementsprechend setzte sich das Werkvolk dafür ein, »in der Arbeitnehmerschaft den Willen zur Eigentumsbildung mehr als bisher zu fördern«[609].

Im Lauf der fünfziger Jahre vertrat das Werkvolk zur Lösung der Frage, wie

---

[605] Alfred Berchtold in WERKVOLK, Nr. 11, November 1952.
[606] WERKVOLK, Nr. 1, Januar 1953.
[607] So Paul Strenkert in der Debatte des Bayerischen Landtags zur Wirtschafts- und Finanzpolitik vom 5.–6. Februar 1953. WERKVOLK, Nr. 3, März 1953. Zum Beitrag der katholischen Soziallehre zur Frage der Mitbestimmung, die zu den umstrittensten wirtschafts- und gesellschaftspolitischen Problemen der Nachkriegszeit zählt (bis Ende 1961 lagen bereits über 7200 Titel zu diesem Komplex vor – BIBLIOGRAPHIE ZUR MITBESTIMMUNG), vgl. J. STEGMANN, S. 85–111.
[608] WERKVOLK; Nr. 11, November 1952.
[609] So Paul Strenkert in der Debatte des Bayerischen Landtags zur Wirtschafts- und Finanzpolitik vom 5.–6. Februar 1953. WERKVOLK, Nr. 3, März 1953.

der besitzlose und abhängige Arbeiter zum »Miteigentümer« und »Mitunternehmer« werden könne[610], das Konzept des »Investivlohns«[611]. Sein »großes Endziel« war »die Eigentumsbildung in den Händen des arbeitenden Menschen selber, die Verwirklichung im Miteigentum des Arbeiters am Betrieb durch eine wahre und volle Ertragsbeteiligung«[612]. Angesichts »einer fast verwirrenden Vielfalt von Varianten« bei der praktischen Anwendung des Konzepts sah sich die Verbandsleitung genötigt, selbst den eigenen Mitgliedern »eine genauere begriffliche Aufgliederung dessen, was unter Investivlohn zu verstehen ist«, an die Hand zu geben. Das Werkvolk unterschied drei Grundtypen des Investivlohns. Im Fall des »substraktiven« Investivlohns, wurde ein Teil des bestehenden Lohns ohne vorausgegangene Lohnerhöhung einer investiven Verwendung zugeführt. Im Fall des »alternativen« Investivlohns kam es statt einer ohnehin fälligen »normalen« Lohnerhöhung zu einer investiven Bindung des zusätzlichen Gehalts; hierbei unterschied man zwischen einer »teilinvestiven« und einer »vollinvestiven« Lohnerhöhung. Im Fall des »additiven« Investivlohns überstieg der investive Teil einer Lohnerhöhung das Maß der fälligen »normalen« Lohnerhöhung. Er konnte die Grenze des vorangegangenen Produktivitätszuwachses einhalten oder übersteigen. Der Investivlohn konnte durch Einzel-Vereinbarung, Betriebsvereinbarung, Tarifvertrag oder Gesetz eingeführt werden. Die Initiative zu seiner Einführung konnte dementsprechend von einer Vielzahl unterschiedlicher Personen und Gruppen angeregt werden – von Arbeitnehmern oder Arbeitgebern, Betriebsräten oder Arbeitgeberverbänden, einzelnen oder Gruppen. Der Bemessungsmaßstab konnte überbetrieblich oder betrieblich ausgerichtet sein, er konnte ohne Unterschied oder abgestuft, in Form von Darlehen mit Bankbürgschaft, Belegschafts-Aktion, Genossenschaftsanteilen, Investment-Anteilen, Aktien, Pfandbriefen, Geld-Sparkonten, etc. eingeführt werden[613]. Das Konzept des Investivlohns, das vom Werkvolk auch in seiner Grundsatzerklärung von 1964 nochmals aufgegriffen wurde[614], entsprach dem Wunsch der Enzyklika »Mater et magistra«, »daß die Arbeiter in geeigneter Weise in Mitbesitz an ihren Unternehmen hineinwachsen«[615].

---

[610] Alfred Berchtold unter Bezug auf Oswald von Nell-Breuning. WERKVOLK, Nr. 4, April 1951.
[611] Zur Position von Nell-Breuning, der sich ab 1947 in Deutschland »am entschiedensten« für den Investivlohn einsetzte, vgl. J. STEGMANN, S. 74–78; zur Rolle des Vorsitzenden des Werkvolk-Landesverbands Rottenburg-Stuttgart, Erwin Häussler, dem rührigsten Propagandisten des Investivlohns, vgl. Y. DIETRICH, S. 71–75 u.ö.
[612] WERKVOLK, Nr. 8, August 1953.
[613] Zum Konzept des Investivlohns vgl. WERKVOLK-FÜHRUNG 1962 (= E. HÄUSSLER / G. STEHLE).
[614] Die Grundsatzerklärung des Werkvolks, Süddeutscher Verband Katholischer Arbeitnehmer, 1964. Druck: TEXTE ZUR KATHOLISCHEN SOZIALLEHRE II, S. 1229–1239, hier S. 1230.
[615] MATER ET MAGISTRA, 77.

II. Die Jugendarbeit

Die Jugend für das Werkvolk zu gewinnen, war angesichts der durch die nationalsozialistische Verfolgung bedingten Überalterung der Mitglieder und Vorstände »eines der vordringlichsten« Probleme der Bewegung überhaupt[1]. Verstärkt wurde das Problem noch dadurch, daß »schon früher die Abneigung gegen ›Vereine‹ in sie hineingetragen und gefestigt worden war, weil überhaupt die Kluft zwischen sogenannter ›Junger Kirche‹ und den ›Alten‹ aufgerissen war«[2]. So erhielt die katholische Arbeiterbewegung 1945 »von der Pfarrjugend soviel wie keinen Nachwuchs«[3].

Auf der ersten Sekretärskonferenz der Nachkriegszeit, wurde zwar »in lebhaften Diskussionen« betont, »daß im besonderen der Jugend der ihr gebührende Platz im Rahmen des Katholischen Werkvolks geebnet und eingeräumt werden muß«, sie für die »Ziele und Aufgaben« des Werkvolks »interessiert und von anderen Einflüssen und Vorstellungen freigemacht« und die »Katholische Junge Mannschaft« als Organisation der kommenden Generation »Glied der Massenbewegung des Werkvolkes« werden müsse, doch blieben die konkreten Aussagen zu Art und Weise der Jugendarbeit im Werkvolk recht vage und gingen über die Forderung nach »Erfassung und Bearbeitung jüngerer Menschen innerhalb der Pfarreien« nicht hinaus[4]. Die Frage, auf welche Weise in Zukunft die Jugend des Werkvolks konkret organisiert werden sollte, blieb ungelöst. Eine für den Verbandstag in Regensburg vorbereitete Vereinbarung zwischen dem Werkvolk und der Christlichen Arbeiterjugend[5] wurde nicht verabschiedet und deshalb auch in den neuen Satzungen nicht erwähnt[6].

---

[1] Bericht über die Arbeitstagung der Diözesan- und Bezirkssekretäre in Eichstätt, 17.–18. April 1947. KAB VZ 2a / Verbandsausschuß 1954–1959.
[2] So der Augsburger Diözesanpräses Ludwig Stangl. Bericht über das Katholische Werkvolk der Diözese Augsburg, 25. Juni 1950. ABA DB-28.
[3] Protokoll der Verbandsausschuß-Sitzung, 13.–14. November 1954. KAB VZ 2a / Verbandsausschuß 1954–1959.
[4] Bericht über die Arbeitstagung der Diözesan- und Bezirkssekretäre in Eichstätt, 17.–18. April 1947. KAB VZ 2a / Verbandsausschuß 1954–1959.
[5] Kopie im Besitz des Verfassers.
[6] Im Gegensatz zum Süddeutschen Verband hatte der Westdeutsche Verband die Frage der Jugendorganisation auf dem 17. Verbandstag der KAB in Oberhausen, 11.–13. Juli 1947, nicht nur intensiv diskutiert, sondern ein konkretes »Grundgesetz für unsere Werkjugend-Gruppen« als Grundlage der Jugendarbeit verabschiedet. Ein Exemplar dieses Textes hat sich erhalten in KfZG NL Hermann-Josef Schmitt 1. Zum Selbstverständnis der »Werkjugend« bis 1933 vgl. D. GATHEN sowie P. HASTENTEUFEL II, S. 487–489.

C. Verbandsarbeit

In der Weimarer Republik hatte der Süddeutsche Verband eine eigene Jugendorganisation besessen[7]. Nun stellte sich die Frage, ob man eine solche wieder errichten sollte oder ob man die »Christliche Arbeiterjugend« (CAJ) oder die »Katholische Junge Mannschaft« an deren Stelle treten lassen sollte[8]. Trotz energischer Nachfragen aus den Diözesen, diese Frage endlich »so oder so« zu entscheiden, existierten bis Ende Dezember 1948 »keine festen, einheitlichen Richtlinien« in der Nachwuchsfrage. Im Gegenteil, aus Sicht der Verbandszentrale sollte jeder den Standpunkt vertreten, den er für richtig hielt. Dies hatte eine heillose Verwirrung vor Ort zur Folge[9].

1. Die Zusammenarbeit mit der Katholischen Jungen Mannschaft

Unmittelbar nach Kriegsende sammelten sich in München die alten Mitglieder der katholischen Jugendbewegung um Franz Steber, der von 1929 bis 1935 als Reichsführer die Sturmschar des Katholischen Jungmännerverbands Deutschlands geleitet hatte und von den Nationalsozialisten inhaftiert worden war[10]. Aus der gemeinsamen Prägung durch die »Sturmschar«[11], die sich in der Zeit der nationalsozialistischen Verfolgung als Lebensgemeinschaft verstanden und bewährt hatte, erwuchs nun die Idee einer neuen Gemeinschaftsform von Frauen, Männern und Priestern, die die Ideale der katholischen Jugendbewegung fortführen sollte. Von jedem Einzelnen wurde erwartet, »die Entscheidung zum Glauben immer neu zu vollziehen und aus ihm verantwortlich zu leben«. Die Katholische Junge Mannschaft verstand sich als eine freie Gemeinschaft. Ihr Grundanliegen war, »eine neue Keimzelle zu werden in Kirche und Volk«[12]. Franz Steber selbst schwebte

---

[7] Vgl. D.-M. Krenn, Christliche Arbeiterbewegung, S. 127–138.

[8] Zur Entwicklung innerhalb des Westdeutschen Verbands, die zur Aufgabe der dortigen eigenständigen Jugendorganisation und dem Abkommen mit der CAJ führten, vgl. M. Nick, S. 73–80. Die Vereinbarung zwischen der Katholischen Arbeiter-Bewegung, Verband der katholischen Arbeiter- und Knappenvereine Westdeutschlands, und der Christlichen Arbeiterjugend (CAJ) der Diözesen Aachen, Köln, Münster und Paderborn, 7. April 1949, ist abgedruckt in: W. Schroeder, Katholische Arbeiterjugend, S. 141–142.

[9] Elisabeth Bach an Alfred Berchtold, 22. Dezember 1948. KAB VZ Schriftwechsel Bach 1949–1950.

[10] K. Hofmann, S. 59. Zur Person Stebers, der auf Grund von Haftfolgen nahezu erblindet war (vgl. H. Schroer, Steber), zu seinem ungeheuren Rückhalt in der Jugend, seinem Bekanntheitsgrad in ganz Bayern und dem Gewicht seiner Erfahrung in der Jugendarbeit vgl. etwa die Debatte um seine Wahl als Jugendvertreter in die Landesvorstandschaft der CSU, wo er sich gegen den Widerstand des Landesvorsitzenden Josef Müller mit 74 von 82 Stimmen durchsetzte. Protokoll der Sitzung des Landesausschusses der CSU, 6. Dezember 1946. Die CSU 1945–1948, Nr. 25, S. 771–834, hier vor allem S. 780 bzw. 789.

[11] Zum Lebensgefühl der Sturmschar vgl. H. Schroer, Das Leben der Schar.

[12] Ordnung der Katholischen Jungen Mannschaft, 8. Januar 1950. Druck: W. Schanz, S. 34.

dabei ein »Volksbund« in Anlehnung an den »Volksverein für das katholische Deutschland« vor[13].

Wie in München so sammelten sich auch in anderen Regionen Deutschlands, etwa im Rhein-Ruhr-Gebiet und in Stuttgart, die ehemaligen Mitglieder der Sturmschar. Franz Steber bemühte sich um Kontakt zu diesen Gruppen und bereitete zusammen mit ihnen ein erstes großes Treffen der Freunde der Sturmschar vor. Es fand Ostern 1946 in Fulda statt. Etwa 100 Personen nahmen daran teil. Beim zweiten deutschlandweiten Treffen der Bewegung im selben Jahr in Königstein im Taunus waren es bereits rund 150 Männer und Frauen. Sie gründeten die »Katholische Junge Mannschaft Deutschland« und verabschiedeten eine Resolution, in der sie ihre Bereitschaft ausdrückten, »die Not des Volkes zu wenden und dafür Aufgaben und Verantwortung zu übernehmen«[14]. Hierbei setzte man vor allem auf die neugegründete Union.

In der bayerischen Landeshauptstadt sammelten sich die politisch aktiven Mitglieder der Katholischen Jungen Mannschaft, die anfangs bedeutend mehr Mitglieder besaß als die CSU[15], um den Seehof-Schüler Hanns Schinagl, den Mitbegründer und ab 1924 Geschäftsführer des »Friedensbundes der Katholiken Deutschlands« in München[16]. Der von diesem Kreis ins Leben gerufene »Dienstag-Club«, der »fast ausnahmslos« aus Mitgliedern der Katholischen Jungen Mannschaft bestand und dem »nur ein einziger Protestant« angehörte, stellte schon bald »ein von der Partei respektiertes Forum« von besonderer Bedeutung für die Entwicklung der CSU dar[17]. Neben dem »Dienstag-Club« existierte in München des weiteren noch ein spezieller »Politischer Werkkreis« der Katholischen Jungen Mannschaft, auch als »Politischer Führungs- und Studienkreis« bezeichnet. Er setzte sich aus dem »Führungskreis« der Katholischen Jungen Mannschaft sowie »einigen dazugezogenen Leuten der Presse und des kulturellen Lebens« zusammen. Er wurde von Karl Anzenhofer geleitet. An seinen Sitzungen nahmen unter anderem teil: Toni Böck (Sekretär der Landesstelle der KJM in München), Heldwein (Organisationsleiter der KJM), Karl Altmann (Mitglied des Führungsrings der KJM), das »Dreierkollegium« Schallweg, Anzenhofer und Dr. Hintermann, Dr. Richard Jaeger (ab 1948 Vorsitzender des Studienkreises), Dr. Hans Arbinger (Schriftleiter bei der »Süddeutschen Zeitung«), Kurt Heizmann (Schriftleiter beim »Michael«) sowie Gunther Lehner (Schriftleiter

---

[13] K. GARG, S. 152–153.
[14] EBD., S. 152–153.
[15] Anfang 1948 besaß die Katholische Junge Mannschaft in München etwa 4000 Mitglieder, die CSU hingegen nur 2500. K.-D. HENKE / H. WOLLER, S. 23.
[16] Zu seiner Prägung durch die katholische Friedens- wie Jugend-Bewegung vgl. seinen Lebenslauf in ACSP NL Schinagl Kart. 2.
[17] K.-D. HENKE / H. WOLLER, S. 23–25, sowie H. SCHINAGL, S. 106.

beim »Christlichen Nachrichtendienst«. Offiziell wollte die Führung der Katholischen Jungen Mannschaft die Mitglieder zwar »an keine Parteipolitik binden«, doch bekannte sich »die Mehrzahl ihrer Anhänger zu den Idealen und Zielen der CSU«, in München und Oberbayern dezidiert »zur anti-Müllerschen Richtung«. Wenn es daneben »auch eine nicht kleine Zahl von Angehörigen der KJM« gab, »die nicht nur nicht in der Partei« war, sondern »deren ganzes Gefüge ablehnt[e]«[18], so rekrutierte sich der Jugendausschuß der CSU doch nicht unwesentlich aus der Jungen Mannschaft, deren Leiter Franz Steber dementsprechend auch in diesem parteipolitischen Gremium zum Vorsitzenden gewählt wurde. Von den etwa 80 Angehörigen des Jugendausschusses hatte 1946 bereits ein Drittel bis die Hälfte Ämter als Stadt- oder Kreisräte übernommen[19]. Franz Steber selbst, von 1945 bis 1948 Mitglied des Vorläufigen Landesausschusses bzw. des Landesvorstands der CSU[20], gehörte neben dem Dienstag-Club auch der sogenannten »Mittwochsgesellschaft« um den CSU-Vorsitzenden Josef Müller an und übernahm im Oktober 1945 zudem die Leitung des Parteiorgans »Bayerische Rundschau«[21]. Bei der Gründung des Landesverbands der Jungen Union im Januar 1947 in Regensburg wurde er zum Landesvorsitzenden gewählt[22].

Die neue Bewegung, die Katholische Junge Mannschaft, wuchs rasch. So versammelten sich im Herbst 1947 zum ersten bayerischen Landestreffen in Passau bereits 4000 Teilnehmer[23]. Nachdem anfänglich die »Arbeitsstelle München der Katholischen Jungen Mannschaft« im »Mathildenstift« der organisatorische

---

[18] »Politischer Werkkreis« der Katholischen Jungen Mannschaft München, 14. Mai 1947. BayHStA OMGBy 10/87–2/42, sowie Bericht über die Katholische Junge Mannschaft, 15. Februar 1948. BayHStA OMGBy 10/90–3/2.

[19] Protokoll der Sitzung des Erweiterten Landesausschusses der CSU, 6. Juli 1946. DIE CSU 1945–1948, Nr. 21, S. 423–513, die Ausführungen Stebers auf S. 450. Zur Rolle der Mitglieder der Katholischen Jungen Mannschaft innerhalb der CSU vgl. etwa die von Thomas Schlemmer verfaßten Biogramme von Anton Böck, Franz Heubl, Ernst Holzer, Richard Jaeger, Franz Steber in DIE CSU 1945–1948, S. 1841–1948. Adolf Miller, der wie die fünf genannten ebenfalls Mitglied des »Dienstags-Club« war, fungierte von 1946–1951 als Geschäftsführer des CSU-Bezirksverbands München. K.-D. HENKE / H. WOLLER, S. 101, sowie A. MILLER, vor allem S. 113.

[20] DIE CSU 1945–1948, S. 1935, bzw. H. SCHROER, Steber, S. 179.

[21] W. BECKER, S. 79 und 82.

[22] Laut H. HEITZER, S. 35, wurde er zusammen mit Otto Schedl und Rudolf Birkel in das gleichberechtigte dreiköpfige Führungsgremium der Jungen Union in Bayern, den Landesrat, gewählt. Bei der Gründungsversammlung der Jungen Union Deutschlands vom 17. bis 21. Januar 1947 firmierte er aber eindeutig als »Landesvorsitzender der Jungen Union«, während Rudolf Birkel »Mitglied der Landesvorstandschaft der Jungen Union« und Otto Schedl »Vorstand Landesjugendausschuß Bayern« als Amt angaben. Vgl. C. BÖHR, S. 237–241. Zur bereits zeitgenössischen Diskussion, inwieweit Steber als erster Vorsitzender des »Jugendvorstandes« anzusehen war, vgl. die Diskussion auf der Sitzung des Landesausschusses der CSU, 4. Oktober 1946. DIE CSU 1945–1948, Nr. 23, S. 599–670, hier 670.

[23] K. GARG, S. 153.

II. Die Jugendarbeit

Mittelpunkt der Bewegung gewesen war[24], konnte man ab 1. Oktober 1947 im württembergischen Benediktinerkloster Neresheim eine eigene Deutschlandstelle mit fünf Mitarbeitern, das »Deutsche Hochstift der Katholischen Jungen Mannschaft«, errichten[25]. Franz Steber, der bis dahin das Sozialbüro des Verlagshauses der Süddeutschen Zeitung geleitet hatte, beschäftigte sich nun hauptamtlich mit dem Aufbau der Katholischen Jungen Mannschaft[26]. Der Schwerpunkt der Arbeit der Katholischen Jungen Mannschaft lag, soweit sich dies heute noch feststellen läßt, vor allem in den Städten und hier wiederum vor allem in solchen »mit industriellen oder behördlichen Schwerpunkten«. Hier widmete man sich bewußt der Betriebsarbeit und stellte dafür einen der fünf hauptamtlichen Mitarbeiter der Bewegung frei[27].

Das rasante Anwachsen der Katholischen Jungen Mannschaft sowie ihr soziales Engagement beeindruckte die Verantwortlichen der katholischen Arbeiterbewegung. Und so lag es für die Repräsentanten des entstehenden Werkvolks nahe, zu versuchen, diese mitgliederstarke Jugendorganisation zur Rekrutierung des eigenen Nachwuchses zu gewinnen. Hinzu kamen engste persönliche Kontakte der Verbandsleitung zu den führenden Repräsentanten der Jungen Mannschaft, die zumeist selbst an zentraler Stelle auch am Aufbau des Werkvolks mitwirkten. Neben Franz Steber sowie den Verbandssekretären Hannes Mayr und Hannes Mayerhofer[28] sei hier nur noch Erwin Häussler genannt, der ab 1933 als Diözesanjugendleiter der katholischen Jugend sowie als Führer der Sturmschar im Bistum Rottenburg-Stuttgart gewirkt hatte und nun nach dem Krieg an die Spitze der Jungen Mannschaft innerhalb der Diözese Rottenburg-Stuttgart trat[29]. Er wurde 1945 von Bischof Johannes Baptista Sproll als Organisator der Laienarbeit eingesetzt und gründete das Katholische Männerwerk der Diözese Rottenburg-Stuttgart, dessen Diözesanleiter er bis 1975 blieb. In dieser Funktion gehörte Häussler ab Anfang 1951 auch dem Vorstand des Landesverbands des

---

[24] H. Grunenberg, S. 15.
[25] K. Garg, S. 153. Laut E. Martin / W. Schanz, S. 9, ab 1. August 1947; vom 1. November bis zum 21. Dezember wurde hier bereits ein erster mehrwöchiger Schulungskurs abgehalten (Katholische Junge Mannschaft: Wir laden ein zu Wochen des Gebetes und der Arbeit. SL Lindermüller). Neresheim wurde von den Verantwortlichen bewußt gewählt, hatten sich dort doch während der Zeit des nationalsozialistischen Verbots der Sturmschar des katholischen Jungmännerverbands Deutschlands deren Angehörige wiederholt getroffen. K. Hofmann, S. 352.
[26] K. Hofmann, S. 59.
[27] Schreiben Wilhelm Lucke an P. Franz Prinz SJ, 21. Januar 1975. AMSJ NL Prinz D 1. Der angefügte Auszug aus dem Terminkalender von Wilhelm Lucke belegt dies anschaulich. Neben Franz Steber und Wilhelm Lucke wirkten Toni Böck, Hugo Grunenberg und Sepp Heldwein hauptamtlich für die Katholische Junge Mannschaft.
[28] Rundschreiben des Verbandssekretariats, 15. Januar 1947. KAB A Kart. 5.
[29] K. Hofmann, S. 353.

Werkvolks an, den er mit aufbaute und von 1962 bis 1974 als Landesvorsitzender entscheidend prägte[30].

Dem Gewicht der Mitglieder der Katholischen Jungen Mannschaft beim Aufbau der katholischen Arbeiterbewegung entsprechend wurde durch die Verbandszentrale allen Vorstandschaften bereits die Probenummer der im Auftrag der Jungen Mannschaft erstellten Publikation »Der Überblick« übersandt und der regelmäßige Bezug dieses ab 1. September 1946 vom Christlichen Nachrichtendienst herausgegebenen Informationsdienstes empfohlen[31].

Nachdem das Verbandssekretariat im Dezember 1946 »endgültig eine positive Vereinbarung« mit der Katholischen Jungen Mannschaft geschlossen hatte[32], rief die Zentrale des entstehenden Werkvolks Mitte Januar 1947 jeden Verein dazu auf, eine »Junge Mannschaft des Katholischen Werkvolks« aufzubauen. Hierzu sollte die Katholische Junge Mannschaft jeder Pfarrei »ihre Arbeiter, Angestellten und Beamten« abstellen und sich die 20 bis 35-jährigen Männer und Frauen innerhalb der jeweiligen Werkvolkgemeinschaft zusammenschließen[33]. Gemeinsam sollten sie die Junge Mannschaft des Katholischen Werkvolks bilden. Einerseits sollten sie im Kreise der Katholischen Jungen Mannschaft stehen, andererseits zugleich Mitglieder des Katholischen Werkvolks sein. Die so aufgebaute »Werkvolkjugend« sollte einerseits die Jugend des Verbands sammeln, andererseits aber im Rahmen der katholischen Jugend stehen. Für die Verbandszentrale war der Name der Verbandsjugend zu diesem Zeitpunkt noch »Nebensache«, ihr ging es vielmehr darum, innerhalb des Werkvolks einen »Kreis von aktiven Menschen« erstehen zu lassen[34].

Die Integration der Jungen Mannschaft in die katholische Arbeiterbewegung ging so weit, daß Franz Steber während der unmittelbaren Nachkriegszeit als stellvertretender Verbandsvorsitzender des entstehenden Werkvolks fungierte und zusammen mit vier weiteren Vertretern der Katholischen Jungen Mannschaft an der ersten Sekretärskonferenz der Nachkriegszeit als Vertreter der Jugend teil-

---

[30] R. KEINERT, S. 64–65.

[31] KETTELER-WERK-FÜHRUNG, Nr. 3, 1946, sowie Schreiben Josef Maier an den Verband katholischer Arbeiter-, Arbeiterinnen und Angestelltenvereine, 25. August 1946. KAB VZ G II / Aschaffenburg 1944–1964. Zum ökumenisch ausgerichteten Christlichen Nachrichtendienst vgl. H. WAGNER II, S. 148–149. Er wurde als »the only inter-denominational press service« von der amerikanischen Militärregierung massiv finanziell unterstützt »in promoting tolerance«. Vgl. hierzu Program for Chief, Religious Affairs Branch, 15 January until 15 March 1949. BayHStA OMGBy 13/129–3/8, oder Religious Affairs Branch, Monthly Report, 1 June to 30 June 1949, 10/50–1/38.

[32] Hannes Mayr an Joseph Heindl, 20. Dezember 1946. DA EI OA Werkvolk 1949–1955.

[33] Rundschreiben des Verbandssekretariats, 15. Januar 1947. KAB A Kart. 5. Das Rundschreiben des Verbandssekretariats, 14. Januar 1947 (KAB A Kart. 5) sprach von Männern und Frauen zwischen 25 und 40 Jahren.

[34] Rundschreiben des Verbandssekretariats, 14. Januar 1947. KAB A Kart. 5.

nahm. Die Verbandsleitung hoffte, durch die »Zusammenarbeit mit den diözesanen Jugendseelsorgern« und den Zusammenschluß mit der »werktätigen« Katholischen Jungen Mannschaft die breite Masse der katholischen Arbeiterjugend »ohne Grenzziehung« zu erfassen[35].

Doch die Währungsreform machte den erfolgversprechenden organisatorischen Ansätzen der Katholischen Jungen Mannschaft und damit auch der Zusammenarbeit mit dem Werkvolk rasch ein Ende. Der Christliche Nachrichtendienst, der dazu diente, die Arbeit der Katholischen Jungen Mannschaft zu finanzieren, schlug fehl und so schieden zum Oktober 1948 Wilhelm Lucke und zum Mai 1949 Franz Steber aus ihren hauptamtlichen Funktionen innerhalb der katholischen Jugendbewegung aus. Das »Deutsche Hochstift« in Neresheim mußte zum 1. Mai 1949 aufgegeben werden[36]. Nachdem bereits 1950 in Bayern »kein maßgeblicher Priester« Beziehungen zur Katholischen Jungen Mannschaft unterhielt und »mehrfach ziemlich autoritätswidrige Äußerungen gegen kirchliche Stellen« bei den Ordinariaten starken Unmut hervorgerufen hatten[37], war die Katholische Junge Mannschaft schließlich bis 1952 »zum Großteil verschwunden«[38]. Ab dem Treffen des Großen Führungskreises vom 14. bis 17. August 1952 in Berlin zogen sich ihre Angehörigen endgültig darauf zurück, »einander zu helfen, als Christ zu leben«. Im Juli 1953 schied Franz Steber aus der Deutschlandführung aus. Zum Jahreswechsel 1953/54 besaß die Katholische Junge Mannschaft schließlich nur mehr etwa 1200 Mitglieder in ganz Deutschland[39].

Neben diesem rapiden Bedeutungsverlust führten aber auch strukturelle Gegebenheiten dazu, daß sich das Werkvolk von der Jungen Mannschaft als Jugendorganisation abwandte. Da letztere, obwohl aus der katholischen Jugendbewegung erwachsen, »gemäß ihren Erklärungen die Mitglieder bis 45 Jahre und darüber« halten wollte, gab es im Werkvolk starke Zweifel daran, »daß nach diesem Lebensalter noch ein Übertritt in die weiteren katholischen Organisationen erfolgen wird«. Aus dieser Sicht erstaunte es nicht, daß die katholische Arbeiterbewegung »aus den früheren katholischen Jugendkreisen [...] keinen Zuzug« erhielt und prinzipiell von der Katholischen Jungen Mannschaft für das Werkvolk »nichts zu erhoffen« war[40].

---

[35] Bericht über die Arbeitstagung der Leitung und Sekretäre des Katholischen Werkvolks, 17.–18. April 1947. ABP OA Vereine 6.
[36] E. Martin / W. Schanz, S. 9–10.
[37] Niederschrift über die Konferenz der Ordinariats-Vertreter, 21. Juni 1950. ABP OA Episc H 3 g.
[38] So Peter Stümpfl für die Diözese Passau. Bericht über die Schulungstagung der Sekretäre, 20.–21. September 1952. KAB VZ 17a / Verbandsausschuß 1947–1954.
[39] E. Martin / W. Schanz, S. 10–11.
[40] So Ludwig Stangl. Bericht über das Katholische Werkvolk der Diözese Augsburg, 25. Juni 1950. ABA DB-28.

2. Die Christliche Arbeiterjugend (CAJ)

»Die CAJ ist eine Missionsbewegung. Kein Verein von braven jungen Leuten. Wir wollen kein Verein sein, der sich nur im Zimmer zusammensetzt, singt und applaudiert. Jedes Mitglied der CAJ muß Missionar sein, nicht im Vereinslokal, sondern unter der Masse der Arbeiter. Der junge Arbeiter als Missionar unter den jungen Arbeitern«[41].

a) *Gründung*

Bereits unmittelbar nach Kriegsende nahm die Brüsseler Zentrale der 1925 durch Joseph Cardijn[42] gegründeten »Jeunesse Ouvrière Chrétienne (JOC)«[43] Kontakt mit den deutschen Bischöfen und den Kaplänen auf, die für die Jugendarbeit in den deutschen Bistümern zuständig waren, um diese für den Aufbau einer deutschen JOC zu gewinnen[44]. Nachdem sich durch die Initiative Cardijns beim Bischof von Aachen[45], Bemühungen der elsässischen JOC sowie der Unterstützung durch die Besatzungsmächte[46] in Essen, bei den Ford-Werken in Köln, im Aachener Braunkohlerevier und in den Industriegebieten der Pfalz erste Jungarbeitergruppen gebildet hatten, kam es im Herbst 1946 in Düsseldorf zu einem ersten Treffen zwischen Vertretern der verschiedenen Gruppen[47], die sich an der in Belgien gegründeten Organisation für die katholischen Jungarbeiter ausrichteten, von der sie während des Dritten Reiches aus Kontakten mit belgischen und französischen Zwangsarbeitern[48], nun durch Besatzungsoffiziere, wie etwa den französischen

---

[41] So Joseph Cardijn 1949 auf dem Bochumer Katholikentag. Gerechtigkeit schafft Frieden, S. 79.
[42] Zur Person Cardijns vgl. U. Mock.
[43] Einen kurzen Überblick über ihre Entwicklung bietet T. Kremer, S. 66–67.
[44] W. Schroeder, Gewerkschaftspolitik, S. 253–254. Cardijn sah »das Christentum in der ganzen Welt bedroht«, wenn Deutschland dem Kommunismus anheim fallen sollte. Für ihn war von daher die Gründung einer CAJ in Deutschland besonders wichtig. Nach ihrer Errichtung stand die deutsche CAJ für ihn »in Deutschland in vorderster Front«. Dieser Bedeutung entsprechend sollten die deutschen katholischen Jungarbeiter »ein Vorbild für die Jungarbeiter der ganzen Welt werden«. Gerechtigkeit schafft Frieden, S. 79.
[45] T. Kremer, S. 77.
[46] W. Schroeder, Gewerkschaftspolitik, S. 253. Vgl. hierzu etwa auch den Bericht über die Präsentation der JOC im Rahmen einer Ausstellung der französischen Jugendverbände in Baden-Baden in Münchener Katholische Kirchenzeitung, Nr. 32, 11. August 1946.
[47] Werkbrief der CAJ, November 1948. Wiederabdruck: Texte zur Katholischen Soziallehre II, S. 1152–1161, hier S. 1153.
[48] Erobernd vorwärts, S. 30. Die Organisation der JOCisten im nationalsozialistischen Deutschland gliederte sich in zwölf Regionen und siebzig Bezirke. Vgl. T. Kremer, S. 69. Zur Bedeutung

II. Die Jugendarbeit

Arbeiterpriester und Militärgeistlichen Abbé Leaugois[49], und die internationale JOC[50] Kenntnis hatten. Man kam in Düsseldorf überein, einen deutschen Nationalverband der CAJ zu gründen. Hierzu trafen sich vom 25. bis zum 26. Januar 1947 in Ludwigshafen 120 Vertreter aller Gruppen, die sich bis dahin in mehr als zwanzig Großstädten gebildet hatten[51]. In Essen wurde ein Hauptsekretariat eingerichtet, das ab Februar 1947 mit der Herausgabe eines monatlich erscheinenden, acht Seiten umfassenden »Werkbriefs der CAJ« mit Arbeitsrichtlinien für die Priester, Leiter und Vorkämpfer die Verbindung zwischen den einzelnen Gruppen herstellte und ihre Arbeit inhaltlich einheitlich ausrichtete[52]. Seit 1950 gab dann auch die weibliche CAJ monatlich einen Werkbrief für die Bildung und Erziehung ihrer Leiterinnen und Helferinnen heraus[53].

Innerhalb der entstehenden deutschen CAJ herrschten zu diesem Zeitpunkt noch keineswegs einheitliche Vorstellungen über die Gestalt des zukünftigen Verbands der katholischen Arbeiterjugend. Während sich die Gruppen im Bistum Aachen die JOC Cardijns zum Vorbild nahmen, hatte man im Erzbistum Köln die Organisationsstruktur der belgischen JOC nicht übernommen, sondern nur deren methodischen Ansatz, zugleich aber die neu entstandenen Gruppen in die verbandliche deutsche katholische Jugendarbeit integriert. Die Gruppen in Ludwigshafen wiederum standen unter dem maßgeblichen Einfluß von Abbé Leaugois, der innerhalb der Kulturabteilung der französischen Militärregierung in Neustadt tätig war und bereits an der JOC-Organisation unter den französischen Zwangsarbeitern mitgewirkt hatte. Leaugois ging es um eine Ausrichtung der deutsche CAJ an der Arbeitsweise der französischen JOC, die sich anders als die belgischen Landesverbände um pragmatische Zusammenarbeit nicht nur mit den katholischen Gruppierungen, sondern allen gesellschaftlichen Kräften bemühte[54].

Cardijns für die Arbeiterpriester unter den französischen Zivilarbeitern vgl. H. PERRIN, Tagebuch, S. 167. Zur illegalen Arbeit der JOC vgl. auch die Lebensbilder von Marcel Callo (B. GERARDI; P. GOUYON), der 1987 selig gesprochen wurde (F. HOLBÖCK II, S. 191–193). Ein weiterer Bericht über die Arbeit der JOC unter den französischen Zwangsarbeitern findet sich auch in KAB. IMPULS, Nr. 11, November 1998.

[49] T. KREMER, S. 76.
[50] So übersandte die JOC-Zentrale in Brüssel bereits im August 1945 eine Einladung zur internationalen Studienwoche im Juni 1946 an das Haus Altenberg, den Sitz der Hauptstelle für kirchliche Jugendseelsorge und Jugendorganisation. T. KREMER, S. 75, sowie M. SCHWAB, Kirchlich, kritisch, kämpferisch, S. 25.
[51] HANDBUCH DER CAJ (1979), S. 108–109.
[52] Zur Bedeutung der Werkbriefe für das Leben einer »Arbeitsgemeinschaft der Vorkämpfer« vgl. J. ANGERHAUSEN, Deutsche CAJ, S. 285.
[53] WERKVOLK, Nr. 7, Juli 1952.
[54] T. KREMER, S. 67, 74.

In dieser Situation besuchte Joseph Cardijn vom 21. bis 27. März 1947 die Westzonen und nahm Kontakt mit dem Vorsitzenden der Fuldaer Bischofskonferenz, Kardinal Frings, und mehreren anderen Bischöfen auf. Er sprach auf einer Reihe von Jungarbeiterversammlungen[55], wobei er betonte: »Machen Sie keine belgische, keine französische, keine holländische, keine amerikanische, machen Sie eine deutsche CAJ, die sich den deutschen Verhältnissen anpaßt und ihnen Rechnung trägt«[56]. Im Sommer 1947 schlossen sich dann die deutschen Bischöfe in ihrer Bewertung der CAJ dem Urteil des Papstes an, der der JOC schon früh »einen bevorzugten Platz in seinem Herz« eingeräumt und sie »in besonderer Weise« zum Gegenstand seiner oberhirtlichen Sorge gemacht hatte[57]. Die Bischöfe waren sich einig darin, »daß die katholische Bewegung in der Jugend wesentlich auch eine soziale Bewegung sein muß«. Diese »Erfordernis der Stunde« sah man »namentlich vorangetragen in der CAJ, der neu begonnenen Christlichen Arbeiterjugend, wie im Dorfapostolat der Landjugend«, wenn man auch kritisch vermerkte, daß in der JOC als ausländischem Jugendverband »kirchlich anerkannt« das »Maß der Laienführung« beträchtlich über den deutschen Verhältnissen lag[58]. »Für junge Arbeiter – durch junge Arbeiter« so lautete der »Leitgedanke« der CAJ, doch gingen die Bischöfe davon aus, »daß die Treue der CAJ zur christlichen Hierarchie einen besonderen Vorzug dieser neuen Jungarbeiterbewegung darstellt«[59], hatte doch ihr Gründer Cardijn bereits 1938 ausdrücklich betont, daß die CAJ »in Allem, für Alles und ohne Ausnahme« der Hierarchie der Kirche unterstehe und somit »eine authentische Form, eine vollkommene Verwirklichung der Katholischen Aktion« sei[60]. Kardinal Frings übernahm auf Weisung des Heiligen Stuhls das Protektorat über die entstehende neue Organisation für die katholische Arbeiterjugend[61] und in Absprache mit ihm entschied man sich bewußt

---

[55] EROBERND VORWÄRTS, S. 31. Auch in Österreich wurden 1947 anfängliche Widerstände gegen eine eigenständige Organisation der Arbeiterjugend durch einen persönlichen Besuch Cardijns überwunden. Vgl. J. AMMERING, S. 54.
[56] So Cardijn bei einer Ansprache in München. M. GASTEIGER / A. PRONADL, S. 208.
[57] Papst Pius XII. an Erzbischof Joseph Charbonneau, 24. Mai 1947. A.-F. UTZ / J.-F. GRONER, S. 1480–1483, hier S. 1481.
[58] Protokoll der Plenarkonferenz der Bischöfe der Diözesen Deutschlands in Fulda, 19. bis 21. August 1947. Anlage 1: Bericht über die katholische Jugendseelsorge und Jugendorganisation. KFA 4076.
[59] So der Sozialreferent der bayerischen Bischofskonferenz, Erzbischof Joseph Otto Kolb, am 6. Dezember 1951. Zitiert nach WERKVOLK, Nr. 7, Juli 1952.
[60] J. CARDIJN, S. 10. Dementsprechend bemühten sich auch die Laien in der Führung der CAJ stets um einen engen Kontakt zum Episkopat. Da sie ihre Tätigkeit als Auftrag der Kirche ansahen, legten sie großen Wert darauf, stets nach der Weisung des Episkopats zu arbeiten. Zeugnis des Beauftragten der deutschen Bischöfe für die Christliche Arbeiterjugend, Joseph Schröffer, für Norbert Balle, 14. April 1962. DA EI BA CAJ 1961–1966.
[61] EROBERND VORWÄRTS, S. 30; Die CAJ und ihr Programm, in WERKBRIEF, November 1948; wieder abgedruckt in TEXTE ZUR KATHOLISCHEN SOZIALLEHRE II/2, S. 1152–1161.

II. Die Jugendarbeit

für den Namen CAJ (Christliche Arbeiter-Jugend) und nicht KAJ (Katholische Arbeiter-Jugend)[62] wie in Österreich[63]. Auf dem 73. Deutschen Katholikentag in Bochum gab Bischof Michael Keller dann 1949 öffentlich und ausdrücklich »im Namen des Episkopats« ein »volles ›Ja‹ zur Arbeit und zu den Zielen der CAJ« bekannt, nachdem Joseph Cardijn in diesem Rahmen erstmals auf einer Großveranstaltung in Deutschland gesprochen hatte[64].

Die deutschen Bischöfe waren sich dabei sehr wohl darüber im klaren, daß die CAJ »eine kleine Schar« war, doch ging man davon aus, daß die »Vorkämpfer« in ihr, die sich »durch Zielstrebigkeit und Apostolateifer« auszeichneten[65], »durch ihre Haltung die fehlende Zahl aufwiegen«. Die CAJ war in den fünfziger Jahren »Freude« und »Hoffnung« der Bischöfe[66]. Dementsprechend erhielt die CAJ während des gesamten Untersuchungszeitraums auch beträchtliche finanzielle Zuwendungen für ihre Arbeit durch die Bischöfe. Diese finanzierten nicht nur in ihren jeweiligen Diözesen die Aktivitäten der CAJ[67], sondern gewährten ihr auch durch die Fuldaer Bischofskonferenz beträchtliche »überdiözesane Zuschüsse« für ihre Arbeit. Lag die Höhe der Zuschüsse 1948 noch bei 5000 DM, so stieg sie bis auf über 115 000 DM im Jahre 1964[68]. Darüber hinaus erhielt die CAJ etwa 1953 noch »eine einmalige Zuwendung« von Seiten der westdeutschen

---

[62] J. LEPPICH, S. 150.

[63] J. AMMERING, S. 51–56.

[64] GERECHTIGKEIT SCHAFFT FRIEDEN, S. 15, 79–80.

[65] So der Passauer Generalvikar Franz Seraph Riemer über die CAJ in den bayerischen Diözesen. Niederschrift über die Konferenz der bayerischen Ordinariatsvertreter in München, 7. Juli 1954. ABP OA Episc H 3 g.

[66] So etwa Joseph Schröffer in seiner Predigt auf dem 2. Eichstätter Diözesantag des Katholischen Werkvolks, 7. Oktober 1956. Text der Predigt in DA EI BA Werkvolk 1949–1967.

[67] Dort trugen sie nicht nur die Personalkosten der hauptamtlich für die CAJ Tätigen (für Regensburg: EROBERND VORWÄRTS, S. 36–37, für Eichstätt: GOTT WILL UNSERE ARBEIT, S. 39–40, für Münster: W. DAMBERG, Abschied vom Milieu, S. 217). Wie wichtig die finanziellen Zuwendungen auf der diözesanen Ebene waren, belegt das Beispiel Regensburg, wo etwa die CAJ-F von der bischöflichen Finanzkammer für das Jahr 1957 2880 DM Zuschüsse erwartete, während sie selbst mit ganzen 370 DM an Mitgliederbeiträgen rechnen konnte. CAJ-F Gebiet Regensburg, Haushaltsplan für das Kalenderjahr 1957. KAB R Diözesanvorstand.

[68] 1947 ist in der Aufstellung über die überdiözesanen Zuschüsse der Fulder Bischofskonferenz noch kein eigener Posten für die CAJ ausgewiesen. Es dürften ihr aber über das »Haus Altenberg«, den Sitz des BDKJ, Gelder zugegangen sein, »reduziert« sich 1948 doch der Zuschuß von 40 000 RM in den Jahren 1946 und 1947 auf 30 000 DM. In den folgenden Jahren beliefen sich die Zuschüsse an das Hauptreferat in Essen auf: 1949: 5000; 1950: 5000; 1951: 5000; 1952: 15 000; 1953: 10 000; 1954: 24 000; 1955: 24 000; 1955: 32 000; 1957: 32 000; 1958: 32 000; 1959: 32 000 1960: 32 000; 1961: 32 000; 1962: 32 250 (andere Quelle 35 000) sowie CAJ-F: 8000; 1963: 35 500, CAJ-F: 28 000, CAJ-einmalig (»zur Rückerstattung an das Bistum Essen, welches für das Gehalt des Nationalkaplans für 1962 in Vorlage getreten ist«): 19 000, CAJ-span.: 23 000; 1964: 39 365, CAJ-F: 35 550, CAJ-ital.: 28 000, CAJ-span.: 12 400. Angaben freundliche Auskunft des DA EI.

Bischofskonferenz in der Höhe von 10 000 DM, die »gemeinsam aufzubringen und nach dem üblichen Schlüssel auf die einzelnen westdeutschen Diözesen zu verteilen« war[69]. Die genannten Zuschüsse waren auch der Grund dafür, daß das Hauptsekretariat der CAJ einer ständigen Überprüfung durch die bischöfliche Finanzkammer Münster unterzogen wurde[70].

b) *Organisationsstruktur*

Der Aufbau der CAJ unterschied sich generell von dem des Katholischen Werkvolks, sah er doch eine nach Geschlechtern getrennte Organisation in einer männlichen CAJ und einer weiblichen CAJ vor. Hiermit orientierte er sich an der traditionellen Organisationsstruktur des Verbandskatholizismus und dem Konzept der Seelsorge nach Naturständen. So wurden bereits 1947 an verschiedenen Orten neben den männlichen CAJ-Gruppen einzelne, eigene »Mädchen-CAJ-Gruppen« gegründet, die aber erst 1950, über drei Jahre nach der offiziellen Gründung der CAJ, als »CAJ-Frauenjugend« einen organisatorischen Zusammenschluß vollzogen. Der Sitz der Nationalleitung der »CAJ-F« war zunächst Frankfurt am Main, wurde aber zum Oktober 1951 nach Essen verlegt, wo sich das Hauptsekretariat der männlichen CAJ befand[71]. Doch blieb während des gesamten Untersuchungszeitraums die CAJ-F ausgesprochen mitgliederschwach, so daß im folgenden auf eine eigenständige Behandlung der weiblichen CAJ-Gruppen weitgehend verzichtet wird[72].

Der CAJ lag eine bundesweit einheitliche Organisation zugrunde. Das oberste Leitungsgremium bildete der Zentralausschuß, der sich aus den einzelnen Vertretern der Diözesen zusammensetzte. Die überdiözesanen Aufgaben nahm das Hauptsekretariat wahr, dem die Nationalleitung der CAJ vorstand[73]. Sie setzte sich aus dem durch den Vorsitzenden der Fuldaer Bischofskonferenz ernann-

---

[69] Protokoll der Beratungen auf dem Konveniat der westdeutschen Bischöfe, 1. bis 3. August 1953. EAF Nb 9/13. Dieser vereinzelte Beleg deutet daraufhin, daß der CAJ auch aus den Mitteln der regionalen Bischofskonferenzen beträchtliche Mittel zugegangen sind.
[70] Julius Angerhausen an Joseph Schröffer, 7. Februar 1956. DA EI BA CAJ 1949–1961.
[71] WERKVOLK, Nr. 7, Juli 1952.
[72] 1954 setzte sich die CAJ in der Bundesrepublik aus 5000 männlichen und nur 1000 weiblichen Mitgliedern zusammen. J. ANGERHAUSEN, Deutsche CAJ, S. 287.
[73] WERKVOLK, Nr. 7, Juli 1952.

II. Die Jugendarbeit 249

ten Nationalkaplan und ab 1950 dem vom Zentralausschuß der CAJ gewählten Nationalleiter zusammen[74].

Die Funktion eines Nationalkaplans übte in der Anfangszeit der CAJ der Jesuitenpater und Volksprediger Pater Johannes Leppich SJ aus. Im Auftrag der deutschen Bischöfe hatte er die CAJ und ihre Arbeitsweise in Frankreich und Brüssel studiert und danach die CAJ-Arbeit im Essener Raum gefördert. Doch griff er mit seiner Predigttätigkeit schon bald über sie hinaus[75]. 1948 wurde dann Pater Karl Sroka SJ durch Kardinal Frings zum ersten offiziellen Nationalkaplan der CAJ ernannt[76]. Pater Leppich blieb der CAJ aber auch weiterhin als »National-Missionar« verbunden[77]. Sroka stammte aus Oberschlesien und war von den Nationalsozialisten im August 1937 vorübergehend verhaftet worden[78]. Er beschränkte sich nicht nur auf den organisatorischen Aufbau der CAJ, sondern beteiligte sich auch an der theoretischen Diskussion um Fragen der Katholischen Soziallehre[79]. Auf dem zweiten Nationalkongreß der CAJ in Bad Dürkheim wurde 1953 Julius Angerhausen zu seinem Nachfolger gewählt. Er hatte seit 1948 bereits als Diözesanseelsorger für die Arbeiterjugend im Bistum Münster und Gebietskaplan der CAJ in Duisburg gewirkt[80]. Sein Nachfolger, Johann Ascherl, stammte aus dem Bistum Regensburg und war vor seiner Wahl

---

[74] Zum organisatorischen Aufbau der CAJ vgl. Ordnung der Christlichen Arbeiter-Jugend Deutschlands, o. J. [16. August 1951] (KAB Ro Andere Organisationen: CA-CGD). 1959 war auf Antrag der Nationalleitungen der CAJ und CAJ-F durch die Nationalausschüsse ein gemeinsamer Satzungsausschuß gewählt worden, der eine neue Satzung verabschieden sollte. Die am 28. Mai und 12. Juni 1960 »im Umlaufwege« einstimmig beschlossene neue Ordnung (ein Exemplar hiervon hat sich erhalten in ABP KAB Kart. 23) wurde auf Wunsch der Bischöfe an entscheidenden Punkten abgeändert. So wurde etwa die Formulierung in Punkt 9 »Der zuständige Pfarrer oder ein von ihm beauftragter Priester nimmt an der Arbeitsgemeinschaft nach Möglichkeit teil« auf Anregung des Eichstätter Bischofs abgeändert in »Die Teilnahme des zuständigen Pfarrers oder eines von ihm beauftragten Priesters ist dringend erwünscht«. Vgl. hierzu die Zusammenstellung der Änderungsvorschläge der Hochwürdigsten Herren (Erz-)Bischöfe zur Vorlage des Nationalsekretariates der CAJ von 1960 sowie die Stellungnahme der Nationalleitung hierzu (DA EI BA CAJ Statut). Die neue, in zahlreichen Punkten modifizierte Ordnung (KAB Ro Andere Organisationen: CA-CGD) wurde am 9. Dezember 1961 vom Vorsitzenden der Fuldaer Bischofskonferenz, Kardinal Frings, bestätigt.
[75] HANDBUCH DER CAJ (1979), S. 108.
[76] EROBERND VORWÄRTS, S. 31.
[77] J. LEPPICH, S. 149–150.
[78] Vgl. hierzu K. ENGELBERT, S. 239–240, sowie PRIESTER UNTER HITLERS TERROR, S. 524.
[79] So lautete etwa sein Beitrag in der von Joseph Höffner geleiteten Arbeitsgemeinschaft zur Neuordnung des Eigentums auf dem Bochumer Katholikentag: »Mitbesitz, Mitverwaltung, Gewinnbeteiligung«. GERECHTIGKEIT SCHAFFT FRIEDEN, S. 228–231.
[80] WERKVOLK, Nr. 8, August 1953. Zu seiner Person vgl. W. DAMBERG, Abschied vom Milieu, S. 135. Angerhausen wurde im Juni 1958 vom Bischof von Essen zum Leiter des Seelsorgeamts seiner Diözese berufen. Pius XII. ernannte ihn 1959 zum Weihbischof.

ab 1955 sowohl Diözesankaplan der CAJ als auch Präses einer einzelnen Werkvolkgemeinschaft gewesen[81]. Unter seiner Ägide, vom 1. August 1958 bis zum 31. Dezember 1965, kam es zu einer immer stärkeren Annäherung zwischen der CAJ und dem Werkvolk, die sich auch im Einrücken ehemaliger CAJ-ler in hauptamtliche Funktionen der Erwachsenenbewegung spiegelte.

Das Verhältnis der süddeutschen CAJ-Angehörigen zur CAJ-Zentrale in Essen war während des gesamten Untersuchungszeitraums ausgesprochen gut, nicht zuletzt auf Grund der starken Präsenz in Essen bereits vor der Ernennung von Johann Ascherl zum Nationalkaplan, stammten doch fünf Nationalleiter der CAJ von 1947 bis 1963 aus Süddeutschland. So kamen Kurt Wetzler (1947)[82] und Ludwig Paillon aus dem Bistum Speyer (1949), Horst Roos aus dem Erzbistum Freiburg (1955–1958), Norbert Balle aus dem Bistum Rottenburg (1958–1961) und Heinz Gau aus dem Erzbistum München und Freising (1961–1964)[83]. Unter den stellvertretenden Nationalleitern der CAJ waren vor ihrem Einsatz in der CAJ-Zentrale Paul Wünsche, Horst Roos, Walter Effenberger und Konrad Starnecker als Gebietssekretäre der CAJ in Süddeutschland tätig[84]. Beim weiblichen Teil der CAJ folgte auf Lina Dillmann aus Hessen[85] ab Herbst 1957 Pauline Gradl, die zuvor im Bistum Regensburg als CAJ-Sekretärin gewirkt hatte[86]. Dies war kein Zufall, war es der CAJ-F doch bis 1957 keineswegs in allen westdeutschen, aber in allen süddeutschen Diözesen gelungen, Fuß zu fassen[87].

---

[81] Zu seiner Person vgl. »Personalakt« Johann Ascherl in KAB VZ.

[82] Damals stand der CAJ noch ein Dreiergremium vor, zu dem neben Wetzler Werner Ott aus Essen und Josef Schümmer aus Aachen angehörten.

[83] T. KREMER, S. 105.

[84] T. KREMER, S. 105, erwähnt als stellvertretende Nationalleiter nur Josef Schümmer aus Aachen (1948) und Walter Effenberger (1955). Paul Wünsche, der seit 1948 im Erzbistum Bamberg für die CAJ wirkte (Lebenslauf Paul Wünsche. KAB B Werkvolk Bamberg 1961–1969), schied im Mai 1953 auf Grund seiner Verheiratung aus der CAJ und somit auch aus der Funktion als stellvertretender Nationalleiter aus und wechselte als Sekretär zum Bamberger Diözesanverband des Werkvolks. Sein Nachfolger als stellvertretender Nationalleiter wurde Horst Roos, der Mannheimer Gebietssekretär der CAJ (WERKVOLK, Nr. 6, Juni 1953). Als Roos das Amt des Nationalleiters übernahm, wurde Walter Effenberger aus Regensburg sein Nachfolger als stellvertretender Nationalleiter (Tätigkeitsbericht Walter Effenberger, 1. Juni 1956. KAB R Diözesantage). Auf ihn folgte im Juli 1958 der Gebietssekretär Konrad Starnecker aus dem Bistum Passau. PASSAUER BISTUMSBLATT, Nr. 12, 22. März 1998.

[85] Sie fungierte bereits 1949, vor der offiziellen Gründung der CAJ-F, als Nationalleiterin und trat nach der Romwallfahrt der CAJ im Februar 1958 in den Orden der Kleinen Schwestern Jesu ein. L. DILLMANN, S. 42, 46.

[86] ERORBERND VORWÄRTS, S. 31–32.

[87] Situationsbericht der deutschen CAJ-F, 28. Mai 1958. DA EI BA CAJ 1949–1961. In Westdeutschland war die CAJ-F in den Diözesen Aachen, Essen, Limburg, Münster, Osnabrück und Trier vertreten; »Ansatzpunkte« (also »keine gebietsverantwortliche Leiterin«, da hier 1959 »erst eine

II. Die Jugendarbeit

Der Nationalverband der CAJ gliederte sich in einzelne Gebiete, die zu Beginn aber keineswegs deckungsgleich mit den diözesanen Verwaltungsstrukturen waren, wenn die CAJ auch von Anfang an eine Gebietseinteilung nach Diözesen anstrebte[88]. So fungierten etwa sowohl Pater Franz Prinz SJ, »ein sehr wirksamer Apostel für die Arbeiterjugend«[89], ab 1947[90] als auch Pater Otto Johann Footterer SJ ab 1948 als CAJ-Kaplan für ganz Bayern[91]. Noch 1953 existierten nur die Gebiete Augsburg, Bamberg, München und Regensburg. Das CAJ-Gebiet München umfaßte dabei die Bistümer München-Freising, Eichstätt und Passau[92], das Gebiet Bamberg die fränkischen Diözesen Bamberg und Würzburg[93]. Erst langsam und nacheinander entstanden in den einzelnen Bistümern Gebietssekretariate, die als Diözesanstellen der CAJ fungierten[94] und so die Organisationsstruktur der CAJ den diözesanen Grenzen anglichen. Es zeigte sich bald, daß die Gebiete, die einen hauptamtlichen CAJ-Sekretär angestellt hatten, in ihrer Mitgliederentwicklung den anderen Gebieten weit voraus waren. Deshalb versuchte man, durch verschiedene Einzelmaßnahmen wie etwa 1953 die bundesweite Aktion »Arbeiterjugend« – sie wurde vom BDKJ getragen, weil sie »für die noch kleine Schar der CAJler zu groß« angelegt war –, neue Mitglieder zu gewinnen. Darüber hinaus bat man in Süddeutschland das Werkvolk und seine Sekretäre um »kräftige Unterstützung der CAJ«, um so die eigene Schwäche auszugleichen[95]. Organisatorisch waren die CAJ-Gebiete aufgebaut wie der Bundesverband. Die »Gebietsleitung« entsprach der »Nationalleitung«, der »Gebietsausschuß« dem »Nationalausschuß«[96].

Besaß die CAJ in der Bundesrepublik 1954 nur etwa 5000 Mitglieder[97], so gelang es ihr, von 1958 bis 1961 die Zahl ihrer Mitglieder von 8000 auf rund

---

oder zwei Arbeitsgemeinschaften« existierten) gab es in Berlin, Fulda, Köln, Mainz und Paderborn, während sich in Hildesheim bis 1958 »keine Möglichkeit ergab, mit der CAJ-F anzufangen«.

[88] W. FRECH / K. SROKA, S. 40.
[89] So die Bewertung des Münchener Generalvikars Ferdinand Buchwieser. Niederschrift über die Konferenz der Vertreter der Bayerischen Ordinariate, 18. Februar 1948. ABP OA Episc H 3 g.
[90] Bericht über die Arbeitstagung der Leitung und der Sekretäre des Werkvolks in Eichstätt, 17. bis 18. April 1947. ABP OA Vereine 6.
[91] Sterbebild P. Otto Johann Footterer SJ. AMSJ.
[92] WERKVOLK, Nr. 8, August 1953.
[93] WERKVOLK, Nr. 10, Oktober 1953.
[94] WERKVOLK, Nr. 7, Juli 1952.
[95] WERKVOLK, Nr. 8, August 1953.
[96] Ordnung der Christlichen Arbeiter-Jugend Deutschlands, o.J. [16. August 1951], sowie Ordnung der Christlichen Arbeiter-Jugend Deutschlands, 9. Dezember 1961. KAB Ro Andere Organisationen: CA-CGD.
[97] J. ANGERHAUSEN, Deutsche CAJ, S. 287.

14 000 zu steigern[98]. Die CAJ-F steigerte ihre Mitgliederzahl von 1000 im Jahre 1954[99] auf etwa 3500 im Jahr 1958[100]. Doch nach einem Höchststand der Mitglieder von etwa 25 000, CAJ und CAJ-F zusammengenommen, am Ende des Untersuchunszeitraums sanken die Mitgliederzahlen wieder beträchtlich ab[101]. Die deutsche CAJ erreichte somit nie das Gewicht der französischen CAJ, die 1948 etwa 400 000 Mitglieder organisiert hatte[102]. Hinzu kam, daß nur etwa ein Drittel der Mitglieder aus Bayern und Baden-Württemberg stammte[103]. Gemessen am Anteil Süddeutschlands an der deutschen Gesamtbevölkerung waren die süddeutschen Bistümer innerhalb der CAJ somit zwar deutlich überrepräsentiert, doch erreichten die konkreten Mitgliederzahlen der CAJ nie die Höhe, die aus der Sicht der Verbandsleitung des Katholischen Werkvolks für eine effektive Nachwuchsorganisation als notwendig erachtet wurde[104].

c) *Selbstverständnis*

Die Organisation der Massen war aber gar nicht das Ziel der CAJ. Man wollte zwar »alle [!] Jungarbeiter und Jungarbeiterinnen zur Erfüllung ihrer Aufgaben in Familie und Beruf, in Kirche und Volk, in Staat und Gesellschaft heranbilden«[105],

---

[98] Zeugnis des Beauftragten der deutschen Bischöfe für die Christliche Arbeiterjugend, Joseph Schröffer für Norbert Balle, 14. April 1962. DA EI BA CAJ 1961–1966.
[99] J. ANGERHAUSEN, Deutsche CAJ, S. 287.
[100] Situationsbericht der deutschen CAJ-F, 28. Mai 1958. DA EI BA CAJ 1949–1961.
[101] Statistik CAJ und CAJ-F für die Jahre 1964–1969. KAB VZ.
[102] F. REISINGER, S. 5.
[103] Für 1959/60 (Anlage 1a und 1b zum Bericht des Nationalkaplans Johann Ascherl für 1959. DA EI BA CAJ 1949–1961) sowie 1964 (Statistik CAJ und CAJ-F für die Jahre 1964–1968) haben sich detaillierte Aufstellungen erhalten. Der CAJ gehörten an: Augsburg: 228 (390), Bamberg: 400 (386), Eichstätt: 389 (588), Freiburg: 268 (631), München: 136 (183), Passau: 178 (372), Regensburg: 520 (456), Rottenburg: 568 (552), Speyer: 295 (611), Würzburg: 347 (513), insgesamt: 3329 (4682). Zum Vergleich: die CAJ umfaßte insgesamt 11 075 (16 132) Mitglieder; von den insgesamt 7746 (11 450) westdeutschen Mitgliedern stammten 1959 fast zwei Drittel, exakt 4737, aus der Diözese Münster.
Der CAJ-F gehörten an: Augsburg: 326 (233), Bamberg: 195 (190), Eichstätt: 475 (409), Freiburg: 128 (394), München: 112 (148), Passau: 95 (174), Regensburg: 182 (327), Rottenburg: 212 (440), Speyer: 92 (314), Würzburg: 104 (175), insgesamt: 1921 (2804). Zum Vergleich: die CAJ-F umfaßte insgesamt 4118 (9087) Mitglieder. Von den 2197 westdeutschen Mitgliedern im Jahr 1959 stammten 1553 aus der Diözese Münster. Die verbleibenden 644 Angehörigen der CAJ-F in diesem Jahr kamen aus den Diözesen Aachen, Limburg, Osnabrück, Paderborn und Trier. Bei W. DAMBERG, Abschied vom Milieu, S. 217, finden sich ohne Quellenangabe für das Jahr 1964 die Zahlen von insgesamt 9664 CAJ-Mitgliedern und von 4372 CAJ-F-Mitgliedern für die Bundesrepublik.
[104] Anton Maier, 27. April 1994.
[105] Ordnung der Christlichen Arbeiter-Jugend Deutschlands, o. J. [16. August 1951], § 3: Ziel der CAJ. KAB Ro Andere Organisationen: CA-CGD.

II. Die Jugendarbeit 253

doch setzte man hierbei auf »die Bildung einer Elite in der Arbeiterjugend, die im Kampf um das Gute die Hilfsmittel und Kräfte eines auf ein hohes Ideal gerichteten Willens und eines davon durchdrungenen Charakters einsetzen kann und sich durch Sittlichkeit in Haltung und Handeln auszeichnet«, wie es Cardijn formulierte. In dieser »Elite« sah er »das beste Mittel« zur Bekämpfung der Mißstände und ihrer dauerhaften Umgestaltung[106]. Die CAJ verstand sich von daher nicht als eine Mitgliederbewegung, sondern vielmehr als »eine praktische Schule«, als »eine Lebensschule«[107], als »Schule des Laienapostolates«. Die auf diesem Weg herangebildete »Elite« sollte »die Masse beeinflussen« und »das Leben der Masse umformen«. Die Elite sollte »nicht neben der Masse stehen«, »von ihr entfernt oder selbst feindlich sein«, sondern »der Sauerteig im Mehl sein, das Salz in der Speise«[108]. Sie sollte »die Masse« führen, mitreißen und organisieren und sie so dazu befähigen, »den materiellen Fortschritt in den Dienst des geistigen, sittlichen, sozialen und religiösen Fortschritts des ganzen Volkes zu stellen«[109]. Die Mitglieder der CAJ verstanden sich als »Apostel der Arbeiterwelt«[110], als »Laienapostel«, deren Aufgabe es war, »ihr ganzes Leben« sowie »ihre ganze Umwelt, das Leben und die Umwelt der Masse [...] wieder zu verchristlichen«[111]. In diesem Sinn war die CAJ und ihre Methode »auf das Leben der Masse ausgerichtet«, war die CAJ »nach Namen, Ziel und Aufbau eine Massenorganisation«[112]. Die CAJ verstand sich als »eine selbständige Jugendbewegung«[113], als »eine Bewegung der Praxis«[114], sie war »eine Missionsbewegung« und »kein Verein von braven jungen Leuten«, wie bereits zitiert[115]. Damit entsprach sie dem in der Nachkriegszeit unter der katholischen Jugend weitverbreiteten Abneigung gegenüber dem »Verein« als Organisationsform ebenso wie den Erwartungen des Papstes,

---

[106] Zitiert nach W. FRECH / K. SROKA, S. 4.
[107] EROBERND VORWÄRTS, S. 14.
[108] J. CARDIJN, S. 8, 11.
[109] So Joseph Cardijn. Zitiert nach W. FRECH / K. SROKA, S. 4. Man kann angesichts des beschriebenen Selbstverständnisses in keiner Weise davon sprechen, daß es den Jugendlichen generell »entscheidend um die aktive Teilnahme [...] an den ›Segnungen‹ des ›Wirtschaftswunders‹« ging, wie dies teilweise in der bisherigen Forschung der Fall ist (F. J. KRAFELD, S. 131). Im Gegenteil, gerade dem durch das Wirtschaftswunder sich ausbreitenden Materialismus der Gesellschaft stellte sich die CAJ entgegen.
[110] J. ANGERHAUSEN, Arbeitsgemeinschaft, S. 3.
[111] J. CARDIJN, S. 8, 13.
[112] W. FRECH / K. SROKA, S. 45.
[113] F. REISINGER, S. 3.
[114] WERKVOLK, Nr. 7, Juli 1952.
[115] So Joseph Cardijn 1949 auf dem Bochumer Katholikentag. GERECHTIGKEIT SCHAFFT FRIEDEN, S. 79. Zum Verständnis als missionarischer Bewegung vgl. auch J. ANGERHAUSEN / J. MEERT, S. 7–8.

für den das Prinzip der »Bewegung« »die innere Quelle« war; »Leben«, aus dem die »wirkliche Kraft« kam[116].

Trotz des Selbstverständnisses als missionarische Bewegung der Laien spielten aus der Sicht der Nationalleitung der CAJ die Priester eine besonders wichtige, ja ausschlaggebende Rolle. Denn die Entwicklung einer CAJ-Gruppe war aus der Erfahrung der deutschen Nationalleitung stets davon abhängig, wie sich der jeweilige Geistliche für die CAJ einsetzte. »Wie der Priester, so die Mitglieder der CAJ« lautete der kurze Nenner[117]. Denn die zentrale Aufgabe des Priesters innerhalb der CAJ war die Heran- und Ausbildung von Vorkämpfern, »die Jungarbeiter zu verantwortungsbewußten, christlichen Persönlichkeiten zu formen«, die die Grundlage einer erfolgreichen CAJ-Gruppe waren. Auf keinen Fall sollte aber ein Priester »die Leitung von Aktionen und von Arbeitsgemeinschaften oder Versammlungen der CAJ selbst in die Hand« nehmen[118]. Der Priester sollte »beseelen statt befehlen«[119]. Doch waren noch 1959 real drei Viertel aller Arbeitsgemeinschaften ohne Priester, wodurch in den Augen der Nationalleitung die »Spiritualität« der Teilnehmer litt[120].

Basis der Arbeit der CAJ war die »Arbeitsgemeinschaft der Vorkämpfer«. Sie war »der Wesenskern jeder CAJ-Tätigkeit«. Sie bildete »die erste Zelle einer jeden CAJ-Gruppe«[121]. Die Ortsgruppe wiederum war »die vorderste Linie der CAJ-Front«[122]. Die CAJ unterschied klar zwischen Mitgliedern, die an den CAJ-Versammlungen teilnahmen, einen Mitgliedsbeitrag zahlten und das CAJ-Blatt bezogen, und den Vorkämpfern als der »Elite« der gesamten Jungarbeiterschaft[123]. Die Arbeitsgemeinschaft sollte die jungen »Arbeiterapostel« fähig machen für ihre Aufgabe, die »Gesinnung und Lebensbedingungen« der jungen Arbeiter zu wandeln, damit diese »ihrer Berufung getreu leben können«. Aus der Sicht Cardijns

---

[116] Papst Pius XII. an Mitglieder der Christlichen Arbeiterbewegung Belgiens, 11. September 1949. A.-F. Utz / J.-F. Groner, S. 1586–1591, hier S. 1589.

[117] Priester in der Arbeiter-Jugend, S. 10. Dies, obwohl sich die zitierte programmatische Schrift stark an die französische Abhandlung »L'Action de l'Aumônier« anlehnte, die weitgehend auf den Gedanken der Laienleiter der JOC basierte. Priester in der Arbeiter-Jugend, S. 8.

[118] Priester in der Arbeiter-Jugend, S. 10–16, besonders S. 12.

[119] So der Titel eines von 1957 bis 1963 in vier Auflagen erschienenen Taschenbuchs über die Rolle der Priester in der Christlichen Arbeiter-Jugend, aus der Feder zweier französischer CAJ-Seelsorger (R. Guerre / M. Zinty, Beseelen statt befehlen). Die Originalausgabe wurde erstmals 1956 in Paris gedruckt.

[120] Zusammenfassung des Berichts, der von der Nationalleitung der CAJ am 9. März 1959 Bischof Schröffer erstattet wurde. DA EI BA CAJ 1949–1961.

[121] F. Reisinger, S. 23. Ihre Arbeitsweise diente auch als Vorbild für die »Aktionsrunde« im Werkvolk. Vgl. S. 186–189.

[122] W. Frech / K. Sroka, S. 40.

[123] F. Reisinger, S. 30–31. Zum Aufbau einer CAJ-Mitgliederversammlung im Gegensatz zur Arbeitsgemeinschaft der Vorkämpfer vgl. S. 32–33.

II. Die Jugendarbeit

war diese Wandlung nur durch »die katholische Aktion« möglich. Hierbei sollten die Vorkämpfer nach der »Arbeitsmethode« der CAJ vorgehen: sehen – urteilen – handeln. Nur so konnte die Aktion auch wirklich wirksam werden. Dazu sollte die Arbeitsgemeinschaft »eine tatenfrohe Elite für die Masse«, die Vorkämpfer schulen[124]. Eine solche Gemeinschaft setzte sich aus nicht mehr als zwölf Personen zusammen und traf sich einmal in der Woche. Ihre Mitglieder sollten darüber hinaus einerseits sowohl die einmal monatlich stattfindende allgemeine Versammlung der ganzen Ortsgruppe als auch die einmal monatlich stattfindende Sitzung des Ausschusses der Ortsgruppe befruchten, andererseits sollte jeder einzelne Vorkämpfer in seiner Lebensgemeinschaft täglich ausstrahlen. Hierzu dienten auch die zusätzlichen »Werk-Aktivs«, »Straßen-Aktivs«, »Freizeit-Aktivs« oder »Sport-Aktivs« einer Ortsgruppe[125].

Die zentrale Rolle innerhalb der Bildungsarbeit der CAJ nahm die Bibel ein. War in Deutschland die Schriftlesung bei katholischen Jugendgruppen bereits seit 1930 immer selbstverständlicher geworden[126], so basierte alle Bildungsarbeit der CAJ letztlich auf der Heiligen Schrift. Sie stand in der Mitte der Aktivitäten jeder Arbeitsgemeinschaft der Vorkämpfer, die durch die sogenannte »Untersuchung« ihre »wichtigste Bildung« erfuhren. Die Arbeitsgemeinschaft war »keine Feierstunde«, »kein Vortragsabend«, »kein Aussprachekreis«. Diese »jahrzehntelang erprobte und klug erprobte Jungarbeiter-Elite-Schulung« gliederte sich in drei Hauptteile: das »lebendige Evangelium«, die »Untersuchung« und den »Rechenschaftsbericht«[127].

Eröffnet wurde die Arbeitsgemeinschaft mit dem Gebet der CAJ[128]. Es sollte den Teilnehmern einerseits ihre Verbundenheit mit Christus und andererseits ihre Mitgliedschaft in einer weltumspannenden Bewegung bewußt machen. Es wurde jeweils mit einer Bitte verbunden, die den Vorkämpfern besonders am Herzen lag. Bewußt wurde das Gebet an den Anfang gestellt. Es versinnbildlichte den Grundsatz: »Das Gebet zuerst«. Nach dem Weltgebet der CAJ wurde ein Abschnitt aus dem Neuen Testament verlesen. Dies sollte »kein totes Evangelium« blei-

---

[124] J. Angerhausen, Arbeitsgemeinschaft, S. 3.
[125] Untersuchung, S. 32; zu den verschiedenen »Aktivs« vgl. F. Reisinger, S. 35–36. Gelegentlich führte diese Fülle von Verpflichtungen aber auch zu »Stöhnen«, war doch für aktive CAJ-Mitglieder ein freier Sonntag angesichts von nationalen, gebietlichen und bezirklichen Tagungen, die die Arbeit in der Ortsgruppe ergänzten, eine »Seltenheit«. Vgl. hierzu Werkvolk, Nr. 3, März 1954.
[126] So hieß es etwa auch im Grundgesetz des Katholischen Jungmännerverbands, daß jeder Jungführer, nach Möglichkeit sogar jedes Mitglied ein Neues Testament in Händen haben sollte und für die Gemeinschaftsabende und Sitzungen die Schriftlesung mit Anrufung des Heiligen Geistes regelmäßige Übung sein sollte. H. Schroer, Leben der Schar, S. 60.
[127] J. Angerhausen, Arbeitsgemeinschaft, S. 7, 8, 10–11.
[128] Druck: J. Cardijn, S. 4.

ben, vielmehr sollten die Teilnehmer der Runde sich bemühen, »das Gehörte im Leben Wirklichkeit werden zu lassen«, »nach den Gottesworten« zu handeln und die Welt nach ihnen umzugestalten. So sollte für sie das Gehörte »ein lebendigmachendes Evangelium« werden. Alle Vorkämpfer sollten sich die Textstelle bereits vor der Sitzung zu Hause »besinnlich« durchlesen und die Erläuterungen des Werkbriefs durcharbeiten. Darüber hinaus hatte einer der Gruppe je Sitzung die Aufgabe, das lebendige Evangelium »besonders vorzubereiten«. Durch den regelmäßigen Kontakt mit der Bibel sollten die Vorkämpfer angehalten werden, auch außerhalb der Arbeitsgemeinschaft »öfter zum heiligen Buch« zu greifen und so die befreiende Kraft des Evangeliums in ihrem Alltag zu erfahren[129].

Auf das lebendige Evangelium folgte der Rechenschaftsbericht. Er bestand aus dem Verlesen des Protokolls über die letzte Arbeitsgemeinschaft, den Berichten der Einzelnen über die übernommenen Dienste, der Rechenschaft über die besondere Aufgabe, die im Anschluß an die letzte »Untersuchung« übernommen wurde und den Bericht über »sonstige CAJ-Wirksamkeit in der letzten Woche, im Werk, im Wohnviertel, während der Freizeit«. Im folgenden, als »Film der Woche« titulierten Abschnitt der Arbeitsgemeinschaft sollten alle Vorkämpfer Einzelheiten aus den Betrieben, den Wohnvierteln und dem sonstigen Arbeiterleben berichten. Diese Beiträge sollten »wie eine Wochenschau im Film« alles sichtbar machen, »was sich im Arbeiterleben in der letzten Woche ereignet hat«. Der »Film der Woche« sollte dem jungen Arbeiterapostel die »genaue Milieu-Kenntnis« geben, die er zur Verchristlichung seines Umfelds benötigte[130].

Den dritten Hauptteil der Arbeitsgemeinschaft bildete die »Untersuchung«, die sich stets auf das Leben der jungen Arbeiter beziehen sollte, schließlich sah die CAJ »das praktische Leben« als »ihr Arbeitsfeld«[131]. Sie hatte sozialen, religiösen, psychologischen, wirtschaftlichen oder pädagogischen Charakter. Durch sie sollten sich die Vorkämpfer »verantwortungsbewußt mit Tatsachen, Personen, Problemen des Arbeiterlebens, mit ihrer Umwelt und ihren Einflüsssen beschäftigen«. Hier sollten sie »sehen, urteilen und handeln«. An Hand konkreter wechselnder Beispiele sollten die CAJler »das ständige Beobachten der Wirklichkeit« und »das Beurteilen des Beobachteten« üben. Danach sollten sie überlegen, welche Pflichten sich daraus für den Einzelnen, die Arbeitsgemeinschaft, die ganze Ortsgruppe der CAJ ergaben. Jeder sollte eine bestimmte Aufgabe übernehmen, sich verpflichten, sie durchzuführen und im nächsten Rechenschaftsbericht über Erfolg oder Mißerfolg zu berichten. So sollte »selbstloses Handeln« geübt und »Opferscheu« überwunden werden und zur »Bildung des Verstandes«, der

---

[129] J. ANGERHAUSEN, Arbeitsgemeinschaft, S. 24–27.
[130] EBD., S. 29, 39–41.
[131] WERKVOLK, Nr. 7, Juli 1952.

II. Die Jugendarbeit

»Willensschulung« und der »Bildung des Gemütes« der Vorkämpfer beigetragen werden[132]. »Vormachen - mitmachen - nachmachen« lautete die Devise[133].
Insgesamt sollte eine Sitzung der Arbeitsgemeinschaft nicht länger als eineinhalb Stunden dauern. Für das Gebet der CAJ und das »lebendige Evangelium« wurden 20 Minuten angesetzt, bis zu 30 Minuten für den Rechenschaftsbericht, 15 Minuten für den »Film der Woche« und 30 Minuten für die »Untersuchung«. Die zeitliche Begrenzung sollte die Vorkämpfer dazu anleiten, »Disziplin zu halten und alles Unwesentliche wegzulassen«. Als »Tagungsort« wurden den Vorkämpfern keine Jugendheime, sondern die Wohnung einer Arbeiterfamilie empfohlen, damit sie »mitten im Milieu« stünden, in dem sie sonst lebten und in das sie hineinwirken sollten[134].
Durch die inhaltliche Orientierung der Arbeitsgemeinschaft an dem vom Hauptsekretariat monatlich erstellten »Werkbrief der Verantwortlichen Leiter und Vorkämpfer der CAJ«[135] gelang es der CAJ, eine bundesweit einheitliche Ausrichtung ihrer Bildungsarbeit zu erreichen.
Da »Sehen - Urteilen - Handeln«, »drei unerläßliche Stadien einer einzigen revolutionären Aktion« waren[136], bestimmten sie alle Bildungsmaßnahmen der CAJ. Stets galt es, aus dem »Sehen« und »Urteilen« Konsequenzen zu ziehen, zu »Handeln«. »Durch Handeln bilden« oder »Bilden durch Aktion« lautete die Devise. So wurde bis 1963 eine Fülle unterschiedlichster »Aktionen« durchgeführt: eine »Kalenderaktion«, eine »Lehrlingsaktion«, eine »Erholungsaktion«, eine »Presseaktion« etc.[137]. Diese Aktionen hatten zumeist eine doppelte Stoßrichtung. Zum einen waren sie bewußt auf Öffentlichkeitswirksamkeit angelegt, zum anderen sollten die Vorkämpfer lernen, »um eines guten Zieles und Erfolgs willen Anstrengungen auf sich zu nehmen«. So hatten die Aktionen vor ihrer Durchführung und auch ganz abgesehen von ihrer Wirkung in der Öffentlichkeit einen ganz besonderen erzieherischen Erfolg. Neben einmaligen Aktionen wie etwa anläßlich des Todes von Papst Pius XII.[138], einer Untersu-

---

132 J. ANGERHAUSEN, Arbeitsgemeinschaft, S. 42-43, 47-54. Zum Aufbau und zur Bedeutung der »Untersuchung« für die Bildungsarbeit der CAJ vgl. auch UNTERSUCHUNG.
133 EROBERND VORWÄRTS, S. 15.
134 J. ANGERHAUSEN, Arbeitsgemeinschaft, S. 12, 17-18. Zur Wirkung des »Lebendigen Evangeliums« auf Teilnehmer der Arbeitsgemeinschaft der Vorkämpfer vgl. die gedruckten Erfahrungsberichte in R. GUERRE / M. ZINTY, Lebendiges Evangelium.
135 Im Jahr 1955 hatte der »Werkbrief«, dessen Titel 1956 in »Der Vorkämpfer« abgeändert wurde, eine Auflage von 3000 Stück. Von seinem Pendant für die weiblichen Gruppen der CAJ-F, dem »Werkbrief für die Helferinnen«, wurden zum selben Zeitpunkt 1500 Stück gedruckt. Bericht über die Tätigkeit der Nationalleitung der deutschen CAJ im Jahr 1955. DA EI BA CAJ 1949-1961.
136 UNTERSUCHUNG, S. 4.
137 Vgl. hierzu etwa W. FRECH / K. SROKA, S. 66-67.
138 DA EI BA CAJ 1949-1961.

chungsaktion über die Verwendung des Monatsverdiensts bei Jungarbeitern[139] oder der »Aktion Bombay«[140] gab es Aktionen, die mehrmals durchgeführt worden, wie etwa die »Postkartenaktion für CAJ-Missionare«[141] oder Aktionen im Zusammenhang mit den »Jugendsprecherwahlen in den Betrieben«[142].

Die monatlich erscheinende Zeitung der CAJ, »Befreiung«, flankierte die Bildungsmaßnahmen des Verbands. Sie diente einerseits der Information der Mitglieder, andererseits wurde sie – die Auflagenhöhe lag beträchtlich über der Zahl der Mitglieder[143] – aber auch zu Werbezwecken verwandt, um neue »Sympathisanten« und Mitglieder zu gewinnen[144]. Ab 1955 wurde das publizistische Angebot noch um einen vierteljährlich erscheinenden Rundbrief für Priester in der CAJ, mit dem Titel »Unser Dienst« ergänzt[145].

Um Vorkämpfer zu gewinnen, wurden von der CAJ außerdem gezielt Studientagungen abgehalten, wo Leiter, die »in der praktischen Arbeit« standen, unter den Teilnehmern neue Mitglieder zu gewinnen suchten[146]. Neben diesen Veranstaltungen auf der Ebene der Gebiete wurden vom Bundesverband der CAJ

---

[139] EBD.
[140] Nachdem es auf dem Welttreffen der CAJ 1957 in Rom (ROM '57) zu persönlichen Kontakten zwischen Angehörigen der deutschen CAJ und Vertretern der indischen Arbeiterjugendbewegung gekommen war, übernahm die Gebietsleitung der CAJ in Speyer 1958 die Kosten für die Berufsausbildung eines Inders in Deutschland, der zugleich zum CAJ-Leiter ausgebildet werden und später als »Lehrausbilder« in einer indischen Lehrwerkstätte fungieren sollte. Im Jahr 1959 folgte eine weitere »Patenschaft«. Zur Aktion Bombay vgl. das Exposé »Patenschaft für Indien zur Errichtung einer Lehrwerkstätte in Bombay« (KAB Ro Andere Organisationen: CA-CGD) sowie WERKVOLK, Nr. 4, April 1962.
[141] Durch den Verkauf von 130 000 Weihnachtspostkarten wurde ein von der CAJ nach Brasilien entsandter Leiter in seiner Arbeit unterstützt und zugleich in den Betrieben verdeutlicht, »daß es nicht nur eine kommunistische, sondern auch eine katholische ›Internationale‹ gibt« (Bericht über die Tätigkeit der Nationalleitung der deutschen CAJ im Jahr 1955). Im Bistum Regensburg wurde diese »Weihnachtskartenaktion« auf breiter Basis auch vom Werkvolk mitgetragen. Geschäftsbericht des Regensburger Diözesanverbands, 1956 bis 1958. KAB R Diözesantage.
[142] DA EI BA CAJ 1949–1961.
[143] 1955 betrug ihre Auflage 20 000 Exemplare (Bericht über die Tätigkeit der Nationalleitung der deutschen CAJ im Jahr 1955. DA EI BA CAJ 1949–1961); bis 1960 gelang es, die Auflage auf knapp 50 000 Exemplare zu steigern, wovon aber 10 000 Stück von der Bundeswehrseelsorge bezogen wurden (Bericht des Nationalkaplans Johann Ascherl für 1959, Anlage 2. DA EI BA CAJ 1949–1961).
[144] WERKVOLK, Nr. 3, März 1954.
[145] Er wurde anfänglich von etwa 800 Personen bezogen. Bericht des Nationalkaplans Johann Ascherl für 1959, Anlage 2. DA EI BA CAJ 1949–1961.
[146] Zur Bedeutung der Studientagungen für die Rekrutierung neuer Vorkämpfer vgl. etwa Bericht über die dritte Studientagung des Gebietssekretariats der CAJ Mannheim in Rastatt. WERKVOLK, Nr. 2, Februar 1954.

II. Die Jugendarbeit

sogenannte »Nationalstudienwochen« durchgeführt, auf denen die Gebietsleiter der CAJ Deutschlands ihr »Arbeitsprogramm« absprachen[147].

3. Eine eigene Werkvolkjugend als Alternative?

Nachdem die Führung des Süddeutschen Verbands die Zusammenarbeit mit der Katholischen Jungen Mannschaft als gescheitert ansah, unterstützte man die lokalen Bestrebungen zur Errichtung einer eigenen Jugendorganisation und entsprach damit dem Bedürfnis der jüngeren Mitglieder, sich zusammenzuschließen. In einzelnen Werkvolkgemeinschaften im ganzen Land wurden Jugendführer und Jugendführerinnen ernannt, und in der Öffentlichkeit plädierte die Verbandszentrale nun ausdrücklich für eine eigene Werkvolkjugend. Man bezeichnete es gar als »Blödsinn«, in der CAJ die Nachwuchsorganisation des Werkvolks zu sehen, aber »nicht weil sie nicht auf Draht ist, sondern weil es doch ganz natürlich ist, daß man seine Pflanzen selber zieht«. Man betonte, daß das Werkvolk als Erwachsenen-Organisation, »das Recht, ja die Pflicht« hätte, »für die Jugend zu sorgen«. Dies war in den Augen der Verantwortlichen in der Verbandszentrale »ein Naturrecht«. Hierbei wollte man »mit allen zusammenarbeiten«, »nicht aus anderen Organisationen die Leute herauswerben«, sondern die gewinnen, »die noch nirgends sind«. Von daher brauche auch keiner Angst vor »Konkurrenz« haben[148].

Schwerpunkt der Bestrebungen zum Aufbau einer eigenen Werkvolkjugend war das Gebiet des Münchener Diözesanverbands[149]. Hier gab es 1951 allein in der Landeshauptstadt 13 Gruppen mit etwa 500 Mitgliedern[150]. Insgesamt nahmen an den Veranstaltungen der Werkvolkjugend im Diözesangebiet bis zu 1000 junge Menschen teil[151]. In den anderen süddeutschen Diözesen kam es,

---

[147] Die erste dieser Veranstaltungen fand im April 1948 in Bad Dürkheim statt (WERKVOLK, Nr. 7, Juli 1952); weitere Nationalstudienwochen wurden 1953 in Kleinheubach am Main (WERKVOLK, Nr. 1, Januar 1954) und 1956 in Altenberg abgehalten. Außerdem gab es aber auch Treffen der bayerischen CAJ-Gebietsleitungen (vgl. Tätigkeitsbericht Walter Effenberger, 1. Juni 1956. KAB R Diözesantage).

[148] WERKVOLK, Nr. 12, Dezember 1949.

[149] Aktenvermerk Max Hatzinger, 2. März 1952. KAB VZ Diözesanverband München.

[150] Protokoll über die Verbandsausschuß-Sitzung, 13.–14. November 1954. KAB VZ 2a / Verbandsausschuß 1954–1959.

[151] WERKVOLK, Nr. 6, Juni 1951. Für Werkvolkmitglieder unter 25 Jahren wurden im Bezirksverband München 1950/51 neben 150 Jugendabenden vier Großveranstaltungen organisiert (ein Faschingstanz, ein Bunter Abend, eine Johannisfeier mit Zeltlager beim Kloster Schäftlarn sowie eine Christophorusfahrt nach Ebersberg) und ein Einkehrtag auf diözesaner Ebene abgehalten. WERKVOLK, Nr. 12, Dezember 1951. Zur Werkvolkjugend in München vgl. auch WERKVOLK, Nr. 8, August 1951; WERKVOLK, Nr. 1, Januar 1954.

abgesehen vom Bistum Augsburg, nur vereinzelt zur Gründung eigener Werkvolkjugendgruppen[152], da entweder der allgemeine organisatorische Aufbau der katholischen Arbeiterbewegung noch nicht so weit fortgeschritten war oder die CAJ bereits via facti zur Nachwuchsorganisation des Werkvolks geworden war.

Auch in München hatte es anfangs den Anschein, als würde sich die CAJ durchsetzen, nachdem sich Pater Franz Prinz SJ und Pater Otto Johann Footterer SJ in der unmittelbaren Nachkriegszeit um den Aufbau der CAJ bemüht hatten. Nachdem das Hauptsekretariat der CAJ bereits Ende 1949 an die Verbandsleitung herangetreten war, mit dem Ziel durch eine verbandsweite Vereinbarung zur »allein« anerkannten Arbeiterjugend-Organisation zu werden[153], kam es Anfang 1951 zu mehreren Besprechungen zwischen dem Werkvolk und Vertretern der CAJ, in die auch die Vertreter des erzbischöflichen Jugendamts sowie Dompfarrer Abenthum einbezogen waren[154] Verstärkt wurde die Gesprächsbereitschaft der Verbandsleitung wohl durch die erste Großkundgebung der CAJ Süddeutschlands am 3. Dezember 1950, auf der Josef Cardijn in Ulm zu etwa 1300 Jugendlichen aus dem ganzen süddeutschen Raum sprach[155]. Die Kontakte sollten dazu dienen, »auch hier eine gemeinsame Basis zu finden«. Zeitweise hoffte man, daß sich »bei Wahrung der Selbständigkeit beider Verbände« relativ bald »ein verständnisvolles, inniges Zusammenarbeiten herauskristallisieren« würde, »was zum Segen beider Verbände gereichen würde«[156]. Nachdem in Folge dieser Gespräche Hans Stützle, ein Werkvolkmitglied, als hauptamtlicher CAJ-Sekretär eingestellt worden war, bemühte sich dieser in Absprache mit Verbandspräses Anton Maier um eine enge Zusammenarbeit mit dem Werkvolk. Ja, man plante bereits als Entsprechung zum Süddeutschen Verband des Werkvolks einen eigenen süddeutschen Verband der CAJ ins Leben zu rufen, in den

---

[152] Solche Ausnahmen stellten etwa die »Werkvolkjugend« in Aschaffenburg (WERKVOLK, Nr. 2, Februar 1952), in Straubing (WERKVOLK, Nr. 8, August 1953), in Ludwigshafen (WERKVOLK, Nr. 1, Januar 1954) oder das Katholische Junge Werkvolk Nürnberg dar, das von Diözesansekretär Wilhelm Liebhaber betreut wurde (vgl. WERKVOLK, Nr. 10, Oktober 1954; Hinweise zu dieser Gruppe auch im Schreiben Elisabeth Bach an Rudolf Müller, 13. Oktober 1951. AEB KAB Kart. 67).

[153] Rundschreiben Anton Maier an alle Diözesansekretäre, 9. Januar 1950, sowie Entwurf einer Vereinbarung. ABP KAB Kart. 48 Akt 144.

[154] Bericht über die Besprechung »Werkvolkjugend«, 16. Februar 1951 (Kopie im Besitz des Verfassers). Sie fand bei Domkapitular und Dompfarrer Karl Johann Abenthum statt. Außer ihm nahmen an diesem Gespräch teil: Diözesanjugendseelsorger Richard Lipold, P. Karl B. Sieben SJ für die CAJ, Anton Maier, Max Hatzinger und P. Willibrord Braunmiller OSB für das Werkvolk.

[155] WERKVOLK, Nr. 1, Januar 1951.

[156] Rundschreiben des Verbandssekretariats, 7. Mai 1951. AEB KAB Kart. 70. Die Bereitschaft zur Aufgabe der eigenständigen Jugendgruppen wurde auch durch »Vorstellungen der Pfarrjugend Münchens« gefördert, die die Werkvolkjugend als Konkurrenz empfanden. Protokoll der Verbandsausschuß-Sitzung, 13.–14. November 1954. KAB VZ 2a / Verbandsausschuß 1954–1959.

sogar die CAJ des Rottenburger Landesverbands mit einbezogen werden sollte. Diözesanjugendseelsorger Kurat Richard Lipold sprach sich für die Errichtung »einer bayerischen Landesstelle für Jungarbeiter« aus, die »ähnlich« aufgebaut sein sollte, wie die Landesstelle für die Landjugend[157]. Doch wurde ein solcher Bruch mit dem Organisationsprinzip der CAJ, das auf einem einheitlichen Nationalverband basierte, nicht geduldet. Der Nationalkaplan der CAJ Angerhausen hielt »eine solche Stelle für überflüssig«, wenn man auch theoretisch einen der bayerischen Gebietskapläne damit »nebenbei« beauftragen hätte können. Er kam zu dieser Zeit »vierteljährlich« zu einer Konferenz mit allen bayerischen Gebietskaplänen zusammen. Dies hielt er für ausreichend. Dort konnte in seinen Augen »alles ›typisch Bayrische‹ – das gar nicht da ist, besprochen werden«. Die Haltung des Nationalkaplans und das Beharren von Pater Karl B. Sieben SJ – des Nachfolgers von Pater Footterer, der nun als CAJ-Kaplan für die Bistümer München und Freising, Eichstätt und Passau wirkte[158] – auf den Arbeitsprinzipien der CAJ führten zum Ausscheiden von Hans Stützle aus seiner hauptamtlichen Funktion innerhalb der CAJ[159].

Hatte es bereits parallel zu den Besprechungen zwischen Werkvolk und CAJ erste Kontakte zwischen Vertretern der Werkvolkjugend und dem Münchener Diözesan-Jugendseelsorger gegeben, so strebte man nun an, »die Werkvolkjugend in einer Form ähnlich der Jung-Kolping, des Bundes Neu-Deutschland und anderer Jugendgruppen« im Bund der Katholischen Jugend und im Jugendring zu verorten[160]. Man betonte in der Öffentlichkeit zwar, daß katholische Jugendorganisationen »unbedingt notwendig« seien, doch zugleich beklagte man ihre »Unzahl« (31) und, daß der »Ungeist des ›älteren Jugendlichen‹ von Spaltpilzen in die gesunden Organisationen hineingetragen« würde. Aus der Sicht der Verbandsverantwortlichen mußte sich »jede verantwortungsvolle Jugendführung« eigentlich darüber im klaren sein, »daß ihre Arbeit nur durch die Fortsetzung in einer Erwachsenenorganisation sinnvoll wird«[161].

So erarbeitete im Erzbistum München-Freising ein Arbeitskreis um Hans Stützle, der sich aus den Jugendführern und Jugendführerinnen des Bezirks München zusammensetzte, in mehrmonatiger Diskussion Leitsätze für die Jugendarbeit im Katholischen Werkvolk. Er faßte – basierend auf den oberbayerischen Erfahrungen – die Wünsche der im Werkvolk organisierten Jugendlichen

---

[157] Bericht Julius Angerhausen, 28. Juli 1953 (Kopie im Besitz des Verfassers). Der in diesem Text erwähnte »Antrag« an die bayerischen Bischöfe hat sich erhalten. Es handelt sich hierbei um eine Denkschrift mit dem Titel »Fragen um die Arbeiterjugend«. Freundliche Auskunft des DA EI.
[158] Sterbebild P. Karl B. Sieben SJ. AMSJ.
[159] Hans Stützle, 30. Juni 1994.
[160] Rundschreiben des Verbandssekretariats, 7. Mai 1951. AEB KAB Kart. 70.
[161] WERKVOLK, Nr. 11, November 1951.

zusammen[162]. Auf dem Diözesantag im Sommer 1952 fand dann »eine eigene Jungführer-Konferenz« zum Thema »Die werktätige Jugend im Werkvolk« statt, auf der die Verbandssekretäre Toni Lindermüller und Anni Fuhrmann sprachen[163]. Die dort vertiefte innerverbandliche Diskussion um den richtigen Weg in der Jugendarbeit wurde im Herbst 1952 am Sozialinstitut fortgesetzt. Dort veranstaltete der Münchener Diözesanverband am 30. November 1952 ein Treffen der Jungführer und Jungführerinnen und anderer aktiver junger Mitglieder. Alle Werkvolkgemeinschaften wurden dazu aufgefordert, hierzu einige ihrer jungen Mitglieder zu delegieren[164]. So versammelten sich am 1. Adventssonntag 49 junge Männer und Frauen in Rosenheim, um – angeregt durch einige »typische Rektor-Berchtold-Kurzreferate« – die Frage der Organisation der Arbeiterjugend zu diskutieren. Obwohl sich »einige CAJler« »für die bisher übliche Eigenständigkeit der Jugendbewegung« einsetzten und die Einführung von »Jugendgruppen im Werkvolk« ablehnten, beschloß man, »mit ganzer Kraft« den Aufbau einer »Werkvolkjugend« fortzuführen, um so auch im Werkvolk »eine wachsende Zahl junger Arbeiterinnen und Arbeiter zu sammeln«, und beauftragte einen ehemaligen Schüler des Sozialinstituts, »als vorläufiger Diözesanjugendführer diese Arbeit zielbewußt zu leiten«. Aus Sicht Rektor Berchtolds aber sollte sowohl die CAJ als auch die Werkvolkjugend versuchen, »die entchristlichte Arbeiterschaft und besonders die Arbeiterjugend wieder für die katholische Heils- und Soziallehre der Kirche zu interessieren und zu begeistern«[165].

Diese Konzeption des »sowohl-als-auch« setzte sich im weiteren Verlauf bis zur endgültigen normativen Festlegung durch die deutsche Bischofskonferenz durch. So wurden zwar im Münchener Erzbistum die Aktivitäten der Werkvolkjugend auch 1953 und 1954 fortgesetzt – nun unter der Führung von Hans Zapf, dem Nachfolger von Hans Stützle, als Diözesanjugendleiter und Lotte Kemper als Diözesanjugendleiterin[166]. Doch betonte man jetzt, daß man »keine eigene Jugendorganisation« gründen wolle, sondern vielmehr nur »in Form einer Arbeitsgemeinschaft ›Junges Werkvolk‹« für den Nachwuchs sorgen wolle[167]. Zugleich verstärkte man aber auf Betreiben Berchtolds die Kontakte zur CAJ, besonders im Rahmen der Gedächtnisfeiern zum 75. Todestag des Bischofs Wilhelm Emmanuel Ketteler, die vom Katholischen Werkvolk »in engster Zusam-

---

[162] Vgl. hierzu Leitsätze für die Jugendarbeit im Katholischen Werkvolk, 23. Juli 1951. KAB VZ Diözesanverband München.
[163] KAB-Diözesanverband München und Freising, S. 32.
[164] Werkvolk, Nr. 11, November 1952.
[165] Werkvolk, Nr. 1, Januar 1953.
[166] KAB-Diözesanverband München und Freising, S. 32.
[167] Leitsätze für die Jugendarbeit. Beschluß des Arbeitskreises der Jugend im Werkvolk. Gedruckt in Werkvolk, Nr. 8, August 1953.

II. Die Jugendarbeit   263

menarbeit« mit der CAJ organisiert wurden[168]. So kam es im Sommer 1952 zu einer verstärkten Annäherung beider Organisationen auf Verbandsebene, die man auch öffentlich durch eine gemeinsame Nummer der Verbandsorgane »Befreiung« und »Werkvolk« demonstrierte[169].

Im Februar 1953 lud man erstmals auch den neugewählten Nationalkaplan der CAJ, Julius Angerhausen, zu einer Verbandsausschuß-Sitzung des Werkvolks, wobei sich dieser verpflichtete, »von der CAJ her engste Verbindung mit dem Werkvolk halten zu wollen«, und ausdrücklich betonte, daß die CAJ nie beabsichtigt hätte, »einmal eine eigene Erwachsenenbewegung zu werden«, daß die CAJ stets »nur Jugendarbeit« sei[170] und sie die »Garantie ihrer Arbeit nur in einer sinnvollen Weiterarbeit innerhalb der Katholischen Arbeiterbewegung sieht«[171].

Im Mai 1953 lud dann die CAJ erstmals auch Vertreter der westdeutschen wie der süddeutschen Erwachsenenbewegung zur Sitzung ihres Zentralausschusses ein, des höchsten Entscheidungsgremiums des Jugendverbands[172]. Außerdem näherte sich der bundesweit einheitlich strukturierte Verband der CAJ den organisatorischen Vorstellungen der beiden unterschiedlichen regionalen Erwachsenenverbände an und hielt am 28. Juni 1953 in Augsburg eine Konferenz der CAJ-Gebietssekretäre Süddeutschlands ab[173]. In Folge dieser Annäherung berichtete das Werkvolk in seinem Verbandsorgan ab Juni 1953 nun nicht mehr nur über die Werkvolkjugend, sondern regelmäßig auch unter der Überschrift »Aus unserer CAJ« über die Aktivitäten der eigenständigen Jugendorganisation der katholischen Arbeiterschaft[174]. Im Sommer 1953 nahmen dann auf Einladung von Rektor Berchtold erstmals 24 männliche und weibliche Mitglieder der CAJ an einer speziell für sie abgehaltenen Schulungswoche im Sozialinstitut des Werkvolks in Rosenheim teil[175]. Nach der Sitzung des Zentralausschusses der CAJ Deutschlands vom 21. bis zum 22. November 1953 in Kleinheubach am Main betonte Toni Lindermüller, der als Vertreter des Werkvolks geladen worden war,

---

[168] WERKVOLK, Nr. 3, März 1952, vgl. S. 209–210.
[169] Sondernummer zum 75. Toten-Gedenktag des sozialen Bischofs Wilhelm Emanuel Ketteler in Altötting am 12.–13. Juli 1952. Herausgegeben vom Katholischen Werkvolk Süddeutschland und der Christlichen Arbeiterjugend – Gebiet München. (= WERKVOLK, Nr. 7, Juli 1952).
[170] Bericht über die Verbandsausschuß-Sitzung, 17.–18. Februar 1953. KAB VZ 17a / Verbandsausschuß: Berichte 1947–1954.
[171] WERKVOLK, Nr. 11, November 1953. Angerhausen saß während der Sitzung sicher nicht zufällig zwischen Rektor Berchtold und dem Würzburger Diözesanpräses Kolb, zwei der entschiedensten Befürworter der Rolle der CAJ als Jugendorganisation des Werkvolks.
[172] WERKVOLK, Nr. 6, Juni 1953.
[173] WERKVOLK, Nr. 8, August 1953.
[174] WERKVOLK, Nr. 6, Juni 1953; WERKVOLK, Nr. 8, August 1953; etc.
[175] WERKVOLK, Nr. 10, Oktober 1953.

»daß die Zusammenarbeit Werkvolk-CAJ von beiden Seiten angestrebt und zu einem guten Teil schon verwirklicht ist«[176].

Die Zahl derjenigen, die der Auffassung waren, daß sich die Werkvolkbewegung unbedingt selbst um jungen Nachwuchs kümmern müsse, nahm aber trotz der immer besser werdenden Zusammenarbeit zwischen CAJ und Werkvolk auf der Verbandsebene und trotz des gemeinsamen Anliegens[177] im Lauf der frühen fünfziger Jahre zu, denn »die Praxis« zeigte, daß trotz klarer Absprachen kaum Jugendliche vom Bund der Deutschen Katholischen Jugend oder von der CAJ zum Katholischen Werkvolk fanden[178]. Deshalb durfte aus Sicht der Befürworter einer eigenständigen Jugendarbeit des Werkvolks die Grenze, die sich die Jugendorganisationen nach oben gesetzt hatten – »Verheiratung oder Vollendung des 25. Lebensjahres« –, nicht zu einer »Begrenzung der Erwachsenenorganisation nach unten« werden. Man war der Meinung, »daß das Werkvolk nicht auf sein Recht verzichten brauche und dürfe, junge Menschen als Mitglied aufzunehmen«. Dieser Auffassung stimmte auch der Sozialreferent des Münchener Ordinariats, Msgr. Josef Thalhammer, durchaus zu. Er betonte und riet: »wer sich als junger Mensch zum Katholischen Werkvolk bekennt, soll sich nicht aus dem Leben der Pfarrjugend ausschließen«[179].

In Augsburg und in München trafen sich die jungen Mitglieder des Werkvolks nach wie vor auch auf der Diözesanverbandsebene[180] und konnten sich sogar im Rahmen von Diözesantagen weiterhin zu eigenen, offiziellen Arbeitskreisen versammeln, auf denen sie über die Lösung der Nachwuchsfrage sowie die Gestaltung des Verhältnisses der süddeutschen Arbeitnehmerbewegung zu den im Bund der Deutschen Katholischen Jugend zusammengeschlossenen Jugendorganisationen berieten[181]. Die Führer der Werkvolkjugend der Diözese Augsburg, Elisabeth Rehm und Hans Häfele, konnten sogar im Verbandsorgan die jungen Mitglieder der katholischen Arbeitnehmerbewegung dazu aufrufen, sich mit den Diözesanleitungen in Verbindung zu setzen und überall Gruppen des Jungen Werkvolks entstehen zu lassen. Deren Führungskader wurden wie die Leiter

---

[176] WERKVOLK, Nr. 1, Januar 1954
[177] Vgl. hierzu WERKVOLK, Nr. 8, August 1953.
[178] Resolution des Arbeitskreises des Jungen Werkvolks beim Diözesantag des Katholischen Werkvolks der Diözese Augsburg, 23.–24. Oktober 1954. KAB A Diözesantage 1947–1959.
[179] WERKVOLK, Nr. 8, August 1953.
[180] So etwa auf einer Gemeinschaftstagung des Münchener Jungen Werkvolks am 29. November 1953 (WERKVOLK, Nr. 11, November 1953) oder der Jugend-Arbeitstagung am 14. März 1954 (WERKVOLK, Nr. 3, März 1954; WERKVOLK, Nr. 4, April 1954), die beide in Fürstenried stattfanden.
[181] WERKVOLK, Nr. 6, Juni 1953; WERKVOLK, Nr. 8, August 1953.

der CAJ entsprechend der von Rektor Berchtold vertretenen Konzeption des »sowohl-als-auch« im Sozialinstitut des Werkvolks geschult[182].

Als die KAB Westdeutschlands beschloß, wieder dazu überzugehen, eine eigene Jung-KAB aufzubauen, wurden auch in Süddeutschland die Vorstöße immer konkreter, doch wurden sie bereits 1954 durch eine Intervention der deutschen Bischofskonferenz beendet.

4. Die CAJ als Ersatz für eine eigene Jugendorganisation

Ursprünglich herrschten im Werkvolk starke Vorbehalte gegenüber der CAJ, da sie »kein Interesse an Arbeitervereinen, sondern nur an der Arbeiterschaft selbst« habe. Zwar gestand man ihr bereits 1947 zu, daß sie Wege zu gehen beginne, »die sie in letzter Zeit sehr aktuell gemacht« hätten, und lud gelegentlich auch Vertreter zu Sitzungen der Verbandsgremien[183], doch war den Gründern des Werkvolks, die eine »Massenbewegung« schaffen wollten, die Arbeitsweise der CAJ äußerst suspekt, die sich im wesentlichen auf Aktivisten und Sympathisanten stützte. Erst das Scheitern der Zusammenarbeit mit der Katholischen Jungen Mannschaft führte dazu, daß die Mehrzahl der führenden Repräsentanten des Werkvolks in der CAJ einen möglichen Ersatz für eine eigene Jungarbeiterbewegung sah. Hinzu kam, daß sich die CAJ, die bis Herbst 1947 »in Bayern noch wenig aktiv in Erscheinung getreten« war[184], inzwischen als Nationalverband in Ludwigshafen konstituiert und, trotz aller unterschiedlichen internen Strömungen, zum gewichtigen, von den Bischöfen auch finanziell massiv unterstützten Ansprechpartner entwickelt hatte.

Im Erzbistum Bamberg hatte das Werkvolk bereits 1946 ausgesprochen schlechte Erfahrungen in der Zusammenarbeit mit der Katholischen Jungen Mannschaft gemacht. Man bedauerte dort schon bald den »dauernden nutznießenden Gebrauch der älteren katholischen Organisationen durch die ›Junge Mannschaft‹ bei gleichzeitigem Kampf gegen die selben«[185]. Obwohl sich zeitweise das Verhältnis zwischen dem Werkvolk und der Jungen Mannschaft wieder verbesserte und es etwa im Nürnberger Raum zu hoffnungsvollen Ansätzen der Zusammenarbeit kam, wuchs die Rivalität zwischen beiden Organisationen jedoch schon

---

[182] Werkvolk, Nr. 10, Oktober 1953; Werkvolk, Nr. 2, Februar 1954.
[183] So referierte etwa ein Mitglied der CAJ auf der Sekretärskonferenz vom 18. November 1947 über das Verhältnis »Die Arbeiterjugend und das Werkvolk«. Hannes Mayr an Peter Stümpfl, 6. November 1947. ABP KAB Kart. 48 Akt 144.
[184] Bericht über die Arbeitstagung der Diözesan- und Bezirkssekretäre des Katholischen Werkvolks, 17.–18. April 1947. KAB VZ 2a / Verbandsausschuß 1954–1959.
[185] Hans Birkmayr an den Verband katholischer Arbeiter-, Arbeiterinnen- und Angestelltenvereine München, 14. Dezember 1946. KAB VZ F / Diözesanverband Freiburg 1950–1963.

bald erneut[186], so daß im Herbst 1948 die Delegierten des zweiten Bamberger Diözesantags beschlossen, Verhandlungen mit dem Ziel aufzunehmen, die CAJ zur Jugendorganisation des Werkvolks im Erzbistum zu machen[187]. Bereits Ende Januar 1949 kam es so zu einer »freundschaftlichen Vereinbarung« zwischen dem Werkvolk und der CAJ, in der man sich gegenseitige Unterstützung zusagte und eine enge Zusammenarbeit beschloß[188]. Im Juli folgte ein erster gemeinsamer Schulungskurs und im Januar 1951 wurde die CAJ zur offiziellen Jugendorganisation des Katholischen Werkvolks im Erzbistum Bamberg erklärt, wenn es auch nach wie vor in der Bamberger Diözesanvorstandschaft noch gewisse Vorbehalte der CAJ gegenüber gab[189]. Die Vereinbarung zwischen dem Werkvolk und der CAJ orientierte sich an den von Bischof Keller genehmigten Richtlinien über die Zusammenarbeit zwischen der KAB und der CAJ im Bistum Münster[190]. Ziel war »eine lebendige katholische Arbeitnehmerbewegung, in welche der Jungarbeiter mit dem 14. Lebensjahr durch die CAJ eintritt«. Mit 25 sollten die CAJ-Mitglieder in das Werkvolk übertreten,»den tragenden Kern der Arbeitnehmerbewegung und die Gemeinschaft zum eigentlichen apostolischen Einsatz des Arbeitnehmers auf der Höhe und in der Reife seines Mannestums«. Für die Übergangszeit wurde vereinbart, daß die Mitglieder des Werkvolks von über zwanzig Jahren beim Verband verbleiben sollten, wohingegen die unter zwanzig Jahre alten Werkvolk-Mitglieder der CAJ zugeführt werden sollten; beides aber »unbeschadet der freien Entscheidung des Einzelnen«[191]. Generell sollte aber die alte und die junge Generation der katholischen Arbeiterschaft »stets bemüht sein«, »sich in ihren Aufgaben zu ergänzen«[192]. Daß im Erzbistum Bamberg die Zusammenarbeit zwischen beiden Organisationen in den folgenden Jahren tatsächlich nahezu reibungslos funktionierte, lag nicht zuletzt daran,

---

[186] Vgl. L. UNGER, Katholische Arbeitnehmerbewegung, S. 277–279.

[187] Bericht über den Diözesantag, 11.–12. Dezember 1948. AEB KAB Kart. 43. Der Beschluß des Bamberger Diözesantags ist abgedruckt in W. SCHROEDER, Katholische Arbeiterjugend, S. 147–148.

[188] Der Text ist gedruckt bei L. UNGER, Katholische Arbeitnehmerbewegung, S. 374.

[189] L. UNGER, Katholische Arbeitnehmerbewegung, S. 283–284.

[190] Gedruckt in HERDER-KORRESPONDENZ 2 (1948), S. 385. Die Richtlinien des Bistums Münster wurden allen Werkvolkgemeinschaften des Erzbistums mitgeteilt. Rundschreiben des Bamberger Diözesanverbands, 16. November 1948. AEB KAB Kart. 43.

[191] Vereinbarung zwischen dem Diözesanvorstand Bamberg des Katholischen Werkvolks und der Gebietsführung der CAJ in der Erzdiözese Bamberg, 25. Januar 1951. AEB Kart. 49. Sie wurde allen Mitgliedern der Diözesanleitung und der Bezirksleitungen sowie den Vorständen der örtlichen Vereine per Rundschreiben zur Kenntnis gebracht. Alle Empfänger wurden hierbei explizit »zur Abgabe einer offiziellen Stellungnahme« aufgefordert. Rundschreiben des Diözesanverbands Bamberg, 4. August 1951. KAB VZ 17a / Verbandsausschuß 1947–1954.

[192] So 1953 der stellvertretende Bamberger Diözesanpräses, Hans Birkmayr, auf dem Gebietstag der CAJ. WERKVOLK, Nr. 11, November 1953.

II. Die Jugendarbeit

daß der Bamberger CAJ-Gebietsleiter Paul Wünsche, der zugleich das Amt eines stellvertretenden CAJ-Nationalleiters ausgeübt hatte, im Mai 1953 als Sekretär zum Diözesanverband des Werkvolks wechselte[193], und daran, daß Bamberg im Vergleich zu anderen Gebieten Süddeutschlands durch die Nationalleitung der CAJ bevorzugt wurde[194]. In der Folgezeit wurde die Bamberger Diözesanleitung so zum entscheidenden »Wegbereiter und Förderer« einer Zusammenarbeit zwischen der CAJ und dem Katholischen Werkvolk auf der Ebene des Gesamtverbands. Ihre »Koordinierungsarbeit« wurde letztlich »richtungsweisend« für ganz Süddeutschland[195].

Im Bistum Passau war durch die Entscheidung von Generalvikar Riemer, wie geschildert, die CAJ bereits seit Ende der vierziger Jahre die Jugendorganisation des Katholischen Werkvolks[196]. Nachdem 1948 unter der Leitung des Kapuzinerpaters Viator Ferstl in Altötting die erste CAJ-Gruppe des Bistums entstanden war, wurde die CAJ 1952 »offiziell gegründet«. Zum 1. Oktober 1952 wurde der Kooperator Johann Baptist Straubinger zum Arbeiterjugendseelsorger ernannt und von anderen Pflichten freigestellt. Er sollte sich aber nicht nur der Arbeiterjugend widmen, sondern der »Industriearbeiterschaft« im Generellen[197]. Nachdem er anfangs »keinen richtigen Anhaltspunkt fand«, wurde er auf Betreiben des Passauer Werkvolkssekretärs zur praktischen Ausbildung an das Katholische Sozialinstitut geschickt[198], wo er an einem Halbjahreskurs teilnahm[199]. Die Zusammenarbeit mit ihm wurde vom Passauer Diözesanpräses Stockinger als »außerordentlich gut« bewertet, der Grad der »Erfassung der Jungarbeiter« als »vorzüglich«[200]. Die Schwerpunkte der CAJ in Passau entsprachen im wesentlichen den drei stärker durch Industrieansiedlungen geprägten Regionen des Bistums, dem Raum um die Chemiebetriebe im Landkreis Altötting, dem Raum Passau sowie dem Raum Zwiesel mit seiner glasverarbeitenden Industrie. Neben ersten Ansatzpunkten in Altötting und Burghausen wurden in den fünfziger Jahren Abteilungen in Haiming, Niedergottsau, Straßkirchen, Hacklberg, Auerbach, Lindau, Hauzenberg und Frauenau aufgebaut. 1953 wurde auch ein Diözesanverband der CAJ-F gegründet. Ab 1. September 1956 wirkte der CAJ-Kaplan

---

[193] WERKVOLK, Nr. 6, Juni 1953.
[194] Zu dem Vorwurf, der Nationalkaplan Sroka sei »oft in Süddeutschland, aber dann nur in Bamberg« vgl. Georg Ruhmöller an Paul Wünsche, 18. September 1954. AEB KAB Kart. 61.
[195] Rundschreiben, Nr. 2, 21. März 1955 (Entwurf). AEB KAB Kart. 70.
[196] Vgl. S. 129.
[197] Niederschrift betreffend Arbeiterseelsorge, 14. Juli 1952. ABP OA Vereine 6.
[198] Peter Stümpfl an Alfred Berchtold, 4. November 1952. ABP KAB Kart. 48 Akt 146.
[199] Unser Brief, Nr. 2, September 1960. KAB Ro Andere Organisationen P-S-St.
[200] Protokoll der Verbandsausschuß-Sitzung, 13.–14. November 1954. KAB VZ 2a / Verbandsausschuß 1954–1959.

Straubinger als Studienrat an der Städtischen Berufsschule Passau[201], zugleich wurde er Leiter des Lehrlingsheimes in Passau, wo er ein Sekretariat für die CAJ gründete. 1956 zählte die CAJ insgesamt etwa 80 Mitglieder, bis 1958 stieg ihre Zahl auf 140. Erst ab diesem Zeitpunkt strebte die CAJ in Passau an, zu einer »Mitgliederbewegung« zu werden, die Jahre davor hatte sie sich auch im Bistum Passau bewußt als »Elitenbewegung« verstanden. Im Juli 1958 schließlich wurde der ab 1952 für die CAJ in Altötting tätige Sekretär Konrad Starnecker aus Kastl zum stellvertretenden Nationalleiter der CAJ gewählt. Mit der Vereinigung der Ämter des CAJ-Kaplans und des Diözesanpräses für das Katholische Werkvolk in der Hand von Eduard Ertl wechselte 1959 auch der klerikale Leiter der CAJ des Bistums. Nach Ertls Ausscheiden aus der Arbeiterseelsorge wurde im September 1962 schließlich der spätere Passauer Generalvikar Lorenz Hüttner zum Diözesankaplan der CAJ ernannt[202].

Im Bistum Augsburg war bis 1950, wie in Passau, ein Kapuzinerpater, Pater Gaudens Stempfle, für die CAJ tätig. Er erwies sich aber »als völlig ungeeignet«[203]. In der Folgezeit waren die Diözesanjugendseelsorger Bruno Harder und Diözesanjugendkaplan Wilhelm Huttler kommissarisch für die CAJ tätig[204]. Nach der Ablösung Stempfles kam es im Dezember 1951 zu einer ersten konkreten und verbindlichen Übereinkunft zwischen dem Augsburger Diözesanverband des Werkvolks und der CAJ. Nach einer Aussprache zwischen den Vertretern beider Organisationen, an der auch der Leiter des Bischöflichen Seelsorgeamts, der Diözesanjugendseelsorger sowie der Diözesanjugendführer teilnahmen, beschloß man, zukünftig gemäß der von Bischof Freundorfer bestätigten Richtlinien für die katholische Arbeiterjugendbewegung vorzugehen[205]. Die CAJ sollte wie im Bistum Bamberg alle katholischen Jungarbeiter und Jungarbeiterinnen bis zum Alter von 25 Jahren umfassen und ihre Mitglieder »zum Katholischen Werkvolk hin erziehen«. Beide Organisationen waren als Teile einer einheitlichen katholischen Arbeiterbewegung gedacht, die sich stets gegenseitig fördern und eng zusammenarbeiten sollte. Hierzu plante man, auf pfarrlicher wie diözesaner Ebene gemeinsame, etwa alle zwei Monate tagende Arbeitsausschüsse einzurichten[206] und dem Werkvolk in den Gremien der CAJ durch einen Seelsorger und einen Laien Sitz und Stimme einzuräumen. Die Gruppen der CAJ sollten stets auf dem

---

[201] SCHEMATISMUS PASSAU 1961, S. 281.
[202] F. GASTEIGER, S. 69; PASSAUER BISTUMSBLATT, Nr. 12, 22. März 1998.
[203] Bericht Angerhausen, 28. Juli 1953. Kopie im Besitz des Verfassers.
[204] M. MÖHRING, S. 135–136.
[205] Protokoll über die Arbeitsbesprechung zwischen den Vertretern des Katholischen Werkvolks und der Christlichen Arbeiterjugend (CAJ) in der Diözese Augsburg, 18. Dezember 1951. ABA DB-28.
[206] Richtlinien für die katholische Arbeiterjugendbewegung in der Diözese Augsburg. ABA DB-28.

II. Die Jugendarbeit

Boden der Pfarrei gebildet werden und die Aufgaben der CAJ in den Werkgemeinschaften Christlicher Arbeitnehmer nur mehr zusätzlich erfüllt werden[207].

Beim konkreten Vollzug dieser auf bischöflichen Wunsch zustandegekommenen Übereinkunft zwischen der CAJ und dem Werkvolk gab es aber noch bis Mitte der fünfziger Jahre erhebliche Schwierigkeiten. Da es zu keinem engeren organisatorischen Kontakt zwischen beiden Organisationen kam[208], existierten noch zwei Jahre nach Abschluß der Vereinbarungen innerhalb verschiedener Werkvolkgemeinschaften eigene Gruppen des Jungen Werkvolks, in denen sich die Jugendlichen zusammengeschlossen hatten und auch außerhalb der allgemeinen Monatsversammlungen eigene regelmäßige Zusammenkünfte abhielten[209]. Hinzu kam, daß man das Ausmaß des Nachwuches aus dem Bund der katholischen Jugend und der CAJ als »gänzlich ungenügend« erachtete, um auch weiterhin über eine stattliche Anzahl Mitglieder aus der jungen Generation zu verfügen[210]. Für das Ausbleiben des Nachwuchses war aus der Sicht des Werkvolks vor allem die 1951 schriftlich fixierte Altersgrenze von 25 Jahren verantwortlich, die nicht berücksichtigte, daß junge Katholiken bereits ab 20 Jahren »im Berufsleben und im betrieblichen Leben als Erwachsene« galten und sich von daher als »junge Erwachsene fühlten«, somit auch von katholischen Jugendorganisationen nicht mehr angesprochen wurden[211]. Deshalb beschloß die Delegiertenversammlung des Werkvolks der Diözese Augsburg 1953 einstimmig, in den einzelnen Werkvolkgemeinschaften die jungen Mitglieder zu aktiven Kerngruppen zusammenzufassen[212].

Als auf dem dritten Diözesantag über diesen Beschluß hinaus noch ein eigener »Arbeitskreis des Jungen Werkvolks« zusammenkam, um den Kontakt zwischen den einzelnen Gruppen herzustellen und Probleme der Jugendlichen zu disku-

---

207 Protokoll über die Arbeitsbesprechung zwischen den Vertretern des Katholischen Werkvolks und der Christlichen Arbeiterjugend (CAJ) in der Diözese Augsburg, 18. Dezember 1951. ABA DB-28.
208 Diözesanpräses Ludwig Stangl faßte dies 1954 so zusammen: »In Augsburg ist uns nur bekannt, daß die CAJ besteht«. Protokoll der Verbandsausschuß-Sitzung, 13.–14. November 1954. KAB VZ 2a / Verbandsausschuß 1954–1959.
209 Protokoll des Diözesantags des Katholischen Werkvolks der Diözese Augsburg, 18.–19. April 1953. KAB A Diözesantage 1947–1959.
210 Antrag St. Josef, Augsburg, an den Diözesantag des Katholischen Werkvolks der Diözese Augsburg, 18.–19. April 1953. KAB A Diözesantage 1947–1959. Diözesanpräses Josef Stangl konstatierte 1954, nur ein einziges ehemaliges CAJ-Mitglied sei bisher dem Werkvolk beigetreten – und dies auch nur kurzzeitig. Protokoll der Verbandsausschuß-Sitzung, 13.–14. November 1954. KAB VZ 2a / Verbandsausschuß 1954–1959.
211 Antrag St. Josef, Augsburg an den Diözesantag des Katholischen Werkvolks der Diözese Augsburg, 18.–19. April 1953. KAB A Diözesantage 1947–1959.
212 Protokoll des Diözesantags des Katholischen Werkvolks der Diözese Augsburg, 18.–19. April 1953. KAB A Diözesantage 1947–1959.

tieren, die im Werkvolk organisiert waren, kurz »um nun die Jugendarbeit [...] richtig in Schwung zu bringen«[213], kam es zum Eklat: Einem Vertreter der CAJ, der starke Kritik an der Werkvolkarbeit geäußert hatte, war auf Grund seines Benehmens und seiner Ausführungen, die allgemein »Entrüstung und Unwillen« hervorriefen, auf dem Diözesantag vom Versammlungsleiter das Wort entzogen worden. Von den empörten Tagungsteilnehmern war er gar zum sofortigen Verlassen des Versammlungsraums aufgefordert worden[214].

In der Folgezeit wuchsen die Gruppen des Jungen Werkvolks in Schwaben so stark, daß der Diözesantag von 1954 eine eigene Unfallversicherung für Sportunfälle für alle Mitglieder der verbandseigenen Jugendverbände beschloß[215] und jährliche Treffen der Jugendleiter und Jugendleiterinnen des Jungen Werkvolks, innerhalb des Bistums Augsburg einstimmig institutionalisierte[216]. Mit der ebenfalls einstimmig beschlossenen Forderung an die Verbandsleitung, innerhalb der Werkvolkzeitung eine Seite für die Probleme und Weiterbildung des Jungen Werkvolks zu reservieren und auszugestalten, nachdem für die Jugendlichen gemäß der Neuregelung der Verbandsleitung mit dem Jugendbeitrag auch der Bezug der Werkvolkzeitung verbunden war[217], strahlte die Jugendarbeit des Augsburger Diözesanverbands auch auf die Verbandsebene aus. Doch mit der Abberufung von Diözesanpräses Ludwig Stangl durch Bischof Freundorfer im Herbst 1955 endete der eigenständige Kurs des Augsburger Diözesanverbands in der Jugendarbeit. Unter seinem Nachfolger leitete bereits im folgenden Jahr der Augsburger Gebietskaplan der CAJ, Alfred Sauer, den Arbeitskreis Jugend auf dem Diözesantag des Werkvolks. Sauer, der seit 1953 als Gebietskaplan wirkte[218] und ab 1959 zugleich das Amt des Diözesanpräses des Werkvolks versah, setzte schließlich die bischöflichen Vorstellungen einer engen Zusammenarbeit zwischen der CAJ und Werkvolk mustergültig um[219].

---

[213] Einladungsschreiben zum Arbeitskreis des Jungen Werkvolks, 19. März 1953. KAB A Diözesantage 1947–1959.

[214] Protokoll des Diözesantags des Katholischen Werkvolks der Diözese Augsburg, 18.–19. April 1953. KAB A Diözesantage 1947–1959.

[215] Antrag des Bezirksverbands Augsburg an den Diözesantag des Katholischen Werkvolks der Diözese Augsburg, 23.–24. Oktober 1954. KAB A Diözesantage 1947–1959.

[216] Am Diözesantag 1954 waren 150 Vertreter der Jugendgruppen anwesend. Protokoll über die Verbandsausschuß-Sitzung, 13.–14. November 1954. KAB VZ 2a / Verbandsausschuß 1954–1959.

[217] Antrag WVG Augsburg-Kriegshaber an den Diözesantag des Katholischen Werkvolks der Diözese Augsburg, 23.–24. Oktober 1954. KAB A Diözesantage 1947–1959.

[218] M. MÖHRING, S. 135–136.

[219] Vgl. S. 111–114.

II. Die Jugendarbeit

Im Bistum Eichstätt waren die jungen katholischen Arbeiter und Arbeiterinnen zu Beginn des Jahres 1952 über das Bistumsblatt aufgefordert worden, der CAJ beizutreten[220]. Doch kam es bis Juni 1953 in der ganzen Diözese nur zur Gründung von vier Abteilungen der CAJ – bis Josef Hollacher die Funktion eines CAJ-Gebietssekretärs übernahm. Ihm gelang es, in Zusammenarbeit mit dem ab 16. November 1955 für das Bistum zum Gebietskaplan ernannten Michael Thiermeyer – bis 1953 hatte die Diözese Eichstätt zum CAJ-Gebiet der Erzdiözese München-Freising gehört[221] –, die Zahl der CAJ-Abteilungen bis 1960 auf 44 zu steigern[222]. Im Gegensatz zu anderen Bistümern übte Hollacher aber sein Amt ehrenamtlich aus; daß Thiermeyer später in Personalunion als CAJ-Gebietskaplan und als Diözesanpräses des Werkvolks fungierte, entsprach hingegen den Verhältnissen in anderen Diözesen wie Augsburg oder Passau[223]. Nachdem Hollacher ab 1959 als Leiter des Volksbüros in Ingolstadt wirkte, sah er sich gezwungen, angesichts seiner Arbeitsüberlastung zum 10. September 1960 sein Amt als Gebietsleiter niederzulegen[224]. Seine Bemühungen, nun die Anstellung eines hauptamtlichen Gebietssekretärs zu erreichen, waren dank des Wohlwollens von Bischof Schröffer von Erfolg gekrönt. Ab Oktober 1960 verfügte die CAJ im Bistum Eichstätt mit Georg Jantke über einen freigestellten Diözesanleiter, nachdem bereits zum 1. Januar 1959 vom bischöflichen Ordinariat Erika Beck als freigestellte Leiterin für die CAJ-F eingestellt worden war[225]. Generell herrschte im Bistum Eichstätt zwischen Werkvolk und CAJ »eine sehr gute Zusammenarbeit«[226], wenn auch bis in die Mitte der fünfziger Jahre die CAJ von den Angehörigen der bestehenden Gruppen der Werkvolkjugend auf Grund »der Methode der CAJ« abgelehnt wurde. Anfang der sechziger Jahre ging die Kooperation der beiden Organisationen dann sogar soweit, daß die Vorstandssitzungen sowie Diözesantage gemeinsam abgehalten wurden[227]. Auch die Internationale Woche der CAJ im Juni 1961 in Pfünz bei Eichstätt wurde »vielfach in Zusammenarbeit mit dem Werkvolk veranstaltet«[228].

---

[220] St. Willibalds-Bote, Nr. 1, 6. Januar 1952.
[221] Vgl. S. 251.
[222] Josef Hollacher an das Bischöfliche Generalvikariat Eichstätt, 20. Juli 1960. DA EI BA CAJ 1949–1961.
[223] Vgl. S. 111, 128.
[224] Josef Hollacher an das Bischöfliche Generalvikariat Eichstätt, 20. Juli 1960. DA EI BA CAJ 1949–1961.
[225] Gott will unsere Arbeit, S. 39–40.
[226] Bericht des Diözesanverbands Eichstätt, 1. Oktober 1960 bis 30. September 1961. KAB VZ 17c / Verbandsausschuß: Berichte 1959–1971.
[227] Ebd.
[228] Bericht des Werkvolk-Diözesanverbands Eichstätt über das Arbeitsjahr 1961/62. KAB VZ 17c / Verbandsausschuß: Berichte 1959–1971.

Im Bistum Regensburg existierten zu Beginn der fünfziger Jahre erst einige wenige CAJ-Abteilungen[229], obwohl sich Bischof Buchberger schon 1948 eindeutig für die CAJ als Organisation der katholischen Jungarbeiterschaft ausgesprochen und ihr Wachstum als »Herzenswunsch« bezeichnet hatte[230]. Das Verhältnis der CAJ zum Werkvolk war so gut, daß der erste Regensburger Diözesanleiter der CAJ, Eberhard Kunze, am 1. Oktober 1952 die Nachfolge des aus Altersgründen ausscheidenden Werkvolksekretärs Ludwig Weichmann antreten konnte. Kunze war somit der erste CAJ-Funktionsträger, der – wie später verbandsweit so viele andere – hauptamtlicher Funktionsträger des Werkvolks wurde. Zum 15. Mai 1953 stellte der Regensburger Diözesanverband mit Walter Effenberger einen weiteren CAJ-Aktivisten ein. Er fungierte neben seinem Amt als Werkvolksekretär zugleich als stellvertretender Nationalleiter der CAJ[231]. Auch Josef Hofmeister, der Nachfolger des Amberger Sekretärs Piefke, kam aus den Reihen der CAJ[232]. Der Diözesantag des Jahres 1953 entschied dann die Frage »Werkvolkjugend oder CAJ« endgültig »zu Gunsten der CAJ«. Ihre Gebietsleitung erhielt »Sitz und Stimme im Diözesanausschuß und am Diözesantag«[233]. Die CAJ wiederum gewährte dem Werkvolk-Diözesanverband Sitz und Stimme im Gebietsausschuß[234]. Walter Effenberger, der sich bis dahin der »Betreuung der Jugend im Werkvolk« sowie der »Aktion Jungarbeiter« widmete, wurde ab 1. Juni 1954 von der Diözesanleitung weitgehend für den Aufbau der CAJ freigestellt und wirkte nun als hauptamtlicher CAJ-Gebietssekretär[235]. In den folgenden Jahren wurden im Bistum Regensburg »die Arbeit und die Probleme der CAJ« »in die Arbeitsplanung des Werkvolks aufgenommen«[236]. Die Erwachsenenbewegung fühlte sich »mitverantwortlich« für den Aufbau der CAJ. Der »Weg« des Regensburger Diözesanverbands war in den Augen der Nationalleitung der CAJ der einzig »richtige«[237].

In Bistum Würzburg gelang es zumindest regional bereits im Herbst 1945, die Jugend für die Aufbauarbeit im Werkvolk zu gewinnen und so »mit Erfolgen«

---

[229] Walter Effenberger spricht von sieben für 1953. Tätigkeitsbericht Walter Effenberger, 1. Juni 1956. KAB R Diözesantage.
[230] Zitiert nach H. DIETRICH, S. 96.
[231] Vgl. S. 132–133, 250.
[232] W. SCHROEDER, Gewerkschaftspolitik, S. 232–235.
[233] Rechenschaftsbericht des Diözesanverbands, 29. Juli 1951 bis 20. Juni 1953. KAB R Diözesanausschuß/Diözesantag.
[234] WERKVOLK, Nr. 8, August 1953.
[235] Rechenschaftsbericht des Diözesanverbands, 29. Juli 1951 bis 20. Juni 1953. KAB R Diözesanausschuß/Diözesantag.
[236] Rechenschaftsbericht des Regensburger Diözesanvorstands, 1956 bis 1959. KAB R Diözesantage.
[237] Protokoll der Verbandsausschuß-Sitzung, 13.–14. November 1954. KAB VZ / 2a Verbandsausschuß 1954–1959.

II. Die Jugendarbeit 273

in der Jugendarbeit aufzuwarten[238]. Diese wurde aber ausschließlich im Rahmen des Werkvolks durchgeführt. Erst 1951 konnte die CAJ von Bamberg aus in Unterfranken Fuß fassen und erste Gruppen in Schweinfurt, Rimpar, Laufach und Heidingsfeld ins Leben rufen. Nachdem Bischof Döpfner öffentlich für die CAJ als Organisation der katholischen Arbeiterjugend eingetreten war[239], verstand auch der Würzburger Diözesanverband des Werkvolks Jugendarbeit als Unterstützung des Aufbaus der CAJ[240]. 1953 wurde das Gebiet des Bistums Würzburg vom CAJ-Gebiet Bamberg abgetrennt. Im selben Jahr erhielt die Würzburger CAJ ihren ersten Gebietskaplan. 1954 konnte auf der Burg Rothenfels am Main ein erster Gebietstag abgehalten werden. Die Zahl der CAJ-Abteilungen steigerte sich im weiteren Verlauf von 39 im Jahr 1957 auf 60 im Jahr 1964. Die CAJ-F wuchs von vier Gruppen im Jahr 1950 auf 20 Abteilungen im Jahr 1964 an. 1955 wurde ein CAJ-Sekretariat in Aschaffenburg errichtet. Ab 1962 konnte ein weiterer Sekretär im Raum Schweinfurt seine Arbeit aufnehmen[241]. War auch die Zahl der CAJ-Mitglieder im Vergleich zum Werkvolk ausgesprochen gering – der Würzburger Diözesanverband war zur selben Zeit die Gliederung des Süddeutschen Verbands mit der höchsten Zuwachsrate an Mitgliedern[242] – so war doch in den Jahren die Beziehung zwischen Werkvolk und CAJ »ein herzliches Verhältnis« geworden[243].

Nachdem es auf der Ebene der Diözesen zu einer Annäherung zwischen der CAJ und dem Katholischen Werkvolk gekommen war, setzte mit der Teilnahme des neuen Nationalkaplans der CAJ, Julius Angerhausen, an der Verbandsausschuß-Sitzung in Februar 1953 auch bei der Verbandsleitung ein Umdenken ein, obwohl der Bericht der einzelnen Sekretäre »über die Erfahrungen mit der CAJ in ihren Diözesen« nach wie vor ergab, »daß die Zusammenarbeit von Diözese zu Diözese sehr verschieden« war[244].

---

[238] Schreiben Josef Maier an Josef Schinner, 28. Oktober 1945. KAB VZ G II / Aschaffenburg 1944–1964.
[239] DER WELT VERPFLICHTET, S. 56. Von Döpfner wurde zwar durch einen »Beschluß« »akzeptiert«, daß es in seinem Bistum »sowohl die CAJ wie auch die Werkvolk-Jugend« gab, doch konnte die Werkvolkjugend nicht durch den Gebietskaplan der CAJ betreut werden. Dies mußte »vom Werkvolk aus« geschehen. Protokoll der Verbandsausschuß-Sitzung, 13.–14. November 1954. KAB VZ 2a / Verbandsausschuß 1954–1959.
[240] Bericht über die Gründung und das Werden des Diözesanverbands Würzburg. KAB W Diözesanvorstandschaft/Verschiedenes.
[241] DER WELT VERPFLICHTET, S. 56–60.
[242] Vgl. S. 140–141.
[243] Bericht über die Gründung und das Werden des Diözesanverbands Würzburg. KAB W Diözesanvorstandschaft/Verschiedenes.
[244] Bericht über die Verbandsausschuß-Sitzung, 17.–18. Februar 1953. KAB VZ 17a / Verbandsausschuß: Berichte 1947–1954.

Entschieden wurde die Frage der Nachwuchsorganisation des Katholischen Werkvolks letztlich aber durch einen Beschluß der Bischofskonferenz, und zwar nicht der Bayerischen, sondern der Deutschen Bischofskonferenz. Nachdem sich bereits im Juli 1954 die Konferenz der bayerischen Ordinariatsvertreter mit den Schwierigkeiten zwischen der CAJ und den Jugendseelsorgsämtern sowie dem Werkvolk in den bayerischen Diözesen befaßt hatte[245], wurde von den deutschen Bischöfen auf ihrer Jahrestagung in Fulda vom 31. August bis 2. September 1954 ausgiebig über eine Verbesserung der katholischen Arbeiterorganisationen in der Bundesrepublik beraten[246]. Den Bischöfen erschien hierbei gerade die »Nachwuchsfrage« als »besonders wichtig«. Sie forderten nicht nur eine äußerliche Einigung, so erfreulich eine solche in ihren Augen an sich schon gewesen wäre, sondern daß diese auch »innerlich bejaht« würde[247].

Im Ergebnis blieb Anton Maier im Namen der Verbandsleitung nur noch übrig zu konstatieren: »Wir haben uns abgefunden damit, daß wir in der Jugendfrage nichts tun können, weil es der Wunsch der Bischöfe ist, und weil es die Situation ist«. Der vom Verbandssekretär Michael Sager für die Verbandsausschuß-Sitzung des Jahres 1954 vorbereitete Bericht zur Situation in den einzelnen Diözesen entfiel. Nach intensiver Diskussion in diesem höchsten Gremium des Verbands zwischen zwei Verbandstagen – ein frühzeitig erwogener Schluß der Debatte wurde von der Mehrheit abgelehnt – entschloß sich das Werkvolk, in der CAJ seine Jugendbewegung zu sehen und sie nach Kräften zu unterstützen, um so eine starke christliche Arbeiterjugend-Bewegung aufzubauen. Wo in den Diözesen »anders geartete Verhältnisse« gegeben waren, sollte »ein langsamer Übergang« zu einem »Zusammenwachsen« beider Organisationen führen. Die CAJ sollte sich im Gegenzug dazu verpflichten, »ihre Mitglieder so zu bilden und zu schulen, daß sie es als eine selbstverständliche Aufgabe finden, mit dem Ausscheiden aus der CAJ in der Erwachsenen-Arbeiterbewegung ihre Aufgabe zu sehen«. Wenn die CAJ so tatsächlich die Jugend des Werkvolks würde, hätte man in

---

[245] Niederschrift über die Konferenz der Bayerischen Ordinariatsvertreter in München, 7. Juli 1954. ABP OA Episc H 3 g. Das Referat zur CAJ wurde bezeichnenderweise vom Passauer Generalvikar Riemer gehalten, der sich bereits Anfang 1947 für den Aufbau der CAJ in seiner vor allem ländlich geprägten Diözese eingesetzt hatte.

[246] Dies belegt die »Kurze Zusammenfassung: Die katholischen Arbeiterorganisationen in der Bundesrepublik« (ABSp BA A-II-27), die auch den Entwurf einer Entschließung zum Verhältnis zwischen den Jugend- und Erwachsenenorganisationen der katholischen Arbeiterbewegung enthält. Das gedruckte Protokoll der Plenarkonferenz der Bischöfe der Diözesen Deutschlands, 31. August bis 2. September 1954 (DA EI BA Bischofskonferenzen), weist weder einen Entwurf des Referates »Gesellschaft und Wirtschaft«, noch eine Diskussion der Vorlage aus.

[247] Vgl. etwa Joseph Schröffer an Gustl Schön, 21. Januar 1955. DA EI BA Werkvolk 1949–1967.

II. Die Jugendarbeit 275

den Augen von Anton Maier »einen idealen Zustand« erreicht – wenn ...![248] Mit Hilfe des Verbandsorgans wurden die Angehörigen des Werkvolks über den Beschluß des Verbandsausschusses informiert[249]. Der Gründer der CAJ, Joseph Cardijn, wiederum kam im November 1954 zu Gesprächen mit dem Süddeutschen Verbandspräses Anton Maier nach München[250].

In Folge der Annäherung zwischen dem Werkvolk und der CAJ kam es auch im Erzbistum München-Freising zu einem Ausgleich zwischen beiden Organisationen. Die CAJ wurde auch in Oberbayern zur einzigen offiziellen Nachwuchsorganisation der katholischen Arbeiterbewegung. Im Sinne der Aussöhnung beider Organisationen wurde Hans Zapf, der bisher an führender Stelle am Aufbau der Werkvolkjugend mitgewirkt hatte, nach dem Besuch des Halbjahreskurses 1954/55 als CAJ-Diözesansekretär eingestellt; eine neugeschaffene Funktion, die er bis 1959 ausübte[251]. Ab 1957 folgte der Jugendseelsorger der Erzdiözese Pater Claudius Mayer-Lauingen SJ auf Pater Sieben als Diözesankaplan der CAJ[252].

Nachdem die Frage der Jugendorganisation der katholischen Arbeiterbewegung auf Grund informeller Maßnahmen der Bischöfe in ihrem Sinne gelöst worden war, richtete im Frühjahr 1955 der Vorsitzende der Fuldaer Bischofskonferenz, Kardinal Frings, ein offizielles Schreiben an die Verbandsleitung der KAB, der CAJ und des Kolpingwerks sowie die Bundesführung des Bundes der Deutschen Katholischen Jugend, in dem er sie aufforderte, gemäß den mitübersandten, von den Bischöfen Deutschlands festgelegten Richtlinien das Verhältnis zwischen der CAJ und den Erwachsenenorganisationen der katholischen Arbeiterschaft neu zu gestalten[253]. Das Werkvolk kam im Juni 1955 dieser nachdrücklichen

---

248 Protokoll der Verbandsausschuß-Sitzung, 13.–14. November 1954. KAB VZ 2a / Verbandsausschuß 1954–1959.
249 WERKVOLK, Nr. 12, Dezember 1954.
250 Cardijn befand sich auf einer achttägigen Rundreise durch Deutschland. Obwohl »jede Diözese ihn gern bei sich haben« wollte, mußte die Nationalleitung die einzelnen Diözesen »gegeneinander abwägen« und »manche Diözesen« mußten auf ihn verzichten. Der Besuch in München war also eine bewußte Entscheidung, ebenso die Gespräche mit verschiedenen Bischöfen angesichts der Entwicklung im Verhältnis zwischen der CAJ und den Erwachsenenorganisationen. Ursprünglich waren »keine Bischofsbesuche«, sondern nur Referate auf Priesterkonferenzen geplant. Zu den Überlegungen der Nationalleitung vgl. Georg Ruhmöller an Paul Wünsche, 18. September 1954. AEB KAB Kart. 61); zum tatsächlichen Verlauf der Reise vgl. Rundschreiben des Gebietskaplans der Christlichen Arbeiterjugend Bamberg, 8. Oktober 1954 (AEB KAB Kart. 57), sowie WERKVOLK, Nr. 12, Dezember 1954.
251 KAB, Nr. 3, März 1982. Zur Arbeit der CAJ unter Hans Zapf und P. Sieben SJ vgl. auch MÜNCHENER KATHOLISCHE KIRCHENZEITUNG, Nr. 19, 6. Mai 1956.
252 Sterbebild P. Claudius Mayer-Lauingen SJ. AMSJ.
253 Joseph Kardinal Frings an die Verbandsleitung der KAB, Verbandsleitung der CAJ, Verbandsleitung des Kolpingwerkes, die Bundesführung des Bundes der Deutschen Katholischen Jugend, 4. April 1955. KAB VZ 43c / Verbandstag Mannheim 1955. Abgedruckt in W. SCHROEDER,

Bitte durch den Beschluß des Verbandstags von Mannheim nach. Dort wurde im wesentlichen festgelegt, daß die Werkvolkmitglieder unter 21 Jahren weiterhin Verbandsmitglieder blieben, in Zukunft aber die Erwachsenenorganisation keine Personen unter 21 Jahren aufnehmen sollte. Die eigenständigen Werkvolkjugendgruppen sollten »nach Möglichkeit« in die CAJ überführt werden. Die einzelnen Werkvolkgemeinschaften wurden angehalten, zumindest einige Exemplare des Organs der CAJ, der »Befreiung«, zu beziehen; die CAJ-Zellen wiederum wurden aufgefordert, einige Exemplare des Verbandsorgans des Werkvolks »zu Werbezwecken zur Verteilung bringen«[254]. Konkret integrierte das Werkvolk darüber hinaus von der CAJ gewählte Vertreter der männlichen und weiblichen Jugend auf allen Ebenen in die Vorstandschaften seiner Organisationen. Wo nötig, wurden hierfür die Satzungen entsprechend geändert[255]. Die »Kontaktaufnahme zwischen den örtlichen Werkvolkgruppen und der CAJ« wurde von nun an begrüßt. Nun hieß das Motto: »Nehmt Euch der CAJ an«. Die Angehörigen der CAJ sollten nicht nur zu den Veranstaltungen der Werkvolkgemeinschaft eingeladen werden, sondern die Werkvolkmitglieder sollten sich ihnen bei diesen Veranstaltungen »persönlich« widmen, »damit sie nicht einsam sind unter den Erwachsenen«[256].

Doch verblieb damit das Problem, wie sich das Werkvolk in den Gemeinden verhalten sollte, in denen keine CAJ bestand, da Jugendlichen nun, bei einer strengen Auslegung der Verbandstagsbeschlüsse, keine Möglichkeit der Mitgliedschaft in der katholischen Arbeitnehmerbewegung offenstand. Die Verbandsleitung entschied pragmatisch, daß Jugendliche in solchen Orten trotz der Mannheimer Vereinbarung in das Werkvolk aufgenommen werden sollten, in der Hoffnung, daß die Entwicklung der CAJ mit der Zeit das Problem von selbst lösen würde[257]. Auf die gleiche Weise wurde mit einzelnen Jugendlichen verfahren, »die aus persönlichen Gründen zum Werkvolk und nicht zur CAJ« wollten[258].

Materialien, S. 144–147. KAB bezeichnete den Kartellverband der katholischen Arbeiterbewegung Deutschlands. Zu diesem terminologischen Problem vgl. S. 434–435.

[254] Protokoll der Delegiertentagung des Verbandstags von Mannheim. KAB VZ 43a / Verbandstag Mannheim 1955.

[255] So etwa auf dem 2. Diözesantag für den Eichstätter Diözesanverband. Protokoll über die Delegiertentagung des 2. Diözesantags des Werkvolks der Diözese Eichstätt, 6. Oktober 1956. DA EI BA Werkvolk 1949–1967.

[256] Rundschreiben der Bezirksvorstandschaft Ingolstadt, 23. März 1959. KAB VZ E / Diözesanverband Eichstätt/Ingolstadt.

[257] Eberhard Kunze an Wilhelm Wieler, 10. Dezember 1957. KAB VZ G II / Aschaffenburg 1944–1964.

[258] Protokoll über die Delegiertentagung des 2. Diözesantags des Werkvolks der Diözese Eichstätt,

II. Die Jugendarbeit

Mit dem Abkommen zwischen dem Süddeutschen Verband und der CAJ hörten im Werkvolk die Klagen über fehlenden Nachwuchs aber ebensowenig auf[259], wie die Versuche, das Mitgliedsalter der Erwachsenenbewegung zu senken[260]. Doch die Bischöfe bestanden auf der »Einhaltung der vom Vorsitzenden der Fuldaer Bischofskonferenz gegebenen Richtlinien«[261], wonach »der CAJ keine Konkurrenz gemacht werden« solle[262]. So war das Werkvolk, das es für unmöglich erachtete, abzuwarten, »bis die Jugend von selber zu uns stößt«, gezwungen, »Kontaktflächen für den Nachwuchs« auszubilden[263]. Die Einführung der Aktionsrunden waren ein Schritt in diese Richtung.

---

6. Oktober 1956. DA EI BA Werkvolk 1949–1967. Insgesamt waren dies aber tatsächlich nur völlig marginale Einzelfälle. Im Bistum Eichstätt betraf dies im Jahr 1955/56 ganze zwei Jugendliche.

[259] Vgl. etwa Rechenschaftsbericht Wilma Beringer, 10. Juni 1956 bis 31. Juli 1957. KAB R Diözesanausschuß.

[260] Zu den Versuchen, unter Bezug auf das Kolpingwerk, das im Rahmen der Neufassung seines Generalstatuts ab Mitte der fünfziger Jahre daran ging, »Jungkolping-Gruppen« zu bilden, vgl. das Schreiben von Hermann-Josef Schmitt und Johannes Even, das diese auch »im Auftrage« des Werkvolks am 28. Oktober 1957 an die Mitglieder der Bischofskonferenz richteten. DA EI BA CAJ 1949–1961.

[261] Joseph Kardinal Wendel an die Bischöfe in Bayern, 12. November 1957. Freundliche Auskunft des DA EI.

[262] Joseph Schröffer an Joseph Kardinal Wendel, 14. November 1957. Freundliche Auskunft des DA EI.

[263] Tätigkeitsbericht Fritz Morgenschweis, August 1957 bis August 1958. KAB R Diözesantage.

III. DIE FRAUENARBEIT

»Wir wollen keine Frauenrechtlerinnen sein, nicht aus lauter Vereinsmeierei die Familie übersehen, aber auch nicht die Hände in den Schoß legen, nicht blind und taub sein für das öffentliche Geschehen«[1].

Der Anfang der fünfziger Jahre in der Bundesrepublik einsetzende Wirtschaftsboom führte zu einer sprunghaften Zunahme der Erwerbstätigen, deren »Nutznießer« vor allem Frauen waren, da das Reservoir der männlichen Arbeitskräfte bald zur Neige ging und bis zur Anwerbung von ausländischen Arbeitskräften die Frauen die einzige Arbeitskraftreserve darstellten. Während die Erwerbsquote der Frauen so merklich anstieg, stagnierte sie bei den Männern[2].

Schon früh wurde diese Entwicklung vom Werkvolk erkannt[3]. Man sah in der »Frauenfrage« folglich »eine der umfassendsten, entscheidensten und schwierigsten sozialen Fragen«, im engeren sozialen wie im weiteren zwischenmenschlichen Sinne überhaupt[4]. Hinzu kam, daß man davon ausging, daß »unter den weiblichen Arbeitnehmern nicht die Solidarität herrscht, wie das bei den Männern der Fall ist«. Außerdem sah man für die Frauen »größere Gefahren« als für die Männer; zum einen konnten sie »leichter vom Unternehmer ausgenutzt werden«, zum anderen waren aus Sicht des Werkvolks »auf moralischem Gebiet die Frauen und Mädchen weit gefährdeter als die Männer«[5]. Dies führte dazu, daß man innerhalb des Werkvolks eine eigene, spezifische Frauenarbeit entwickelte – in einer Bewegung, die an sich als bewußte Überwindung der Idee der geschlechtsspezifischen Organisation gegründet worden war, wie sie in der Regel von den anderen katholischen Vereinen gepflegt wurde.

Die Zielgruppe dieser Frauenarbeit war aber nicht die Frau schlechthin. Vielmehr differenzierte man verbandsintern die Großgruppe der Frauen. Man unterschied Mädchen, ehelose und jungfräuliche Frauen, Hausfrauen, Gattinnen, Mütter, Witwen, berufstätige Ehefrauen, hier vor allem die Arbeiterfrauen, berufstätige und alleinstehende Frauen, Prostituierte, Akademikerinnen und Flücht-

---

[1] WERKVOLK, Nr. 6, Juni 1951.
[2] K.-J. RUHL, S. 291–292.
[3] Vgl. hierzu etwa die Ausführungen von Hans Birkmayr zum »Steigen der weiblichen Arbeitnehmer« in den Beschäftigungsstatistiken. Rundschreiben an alle Werkvolkgemeinschaften des Erzbistums Bamberg, 7. März 1949. AEB KAB Kart. 49.
[4] Vgl. etwa die vom stellvertretenden Bamberger Diözesanpräses Hans Birkmayr verfaßte Referatsskizze »Die Frauenfrage und das Katholische Werkvolk«. Beilage zu Rundschreiben, Nr. 8, 1952. AEB KAB Kart. 49.
[5] Protokoll über die Delegiertentagung des 2. Diözesantags des Werkvolks der Diözese Eichstätt, 6. Oktober 1956. DA EI BA Werkvolk 1949–1967.

III. Die Frauenarbeit 279

lingsfrauen. Die Sorge des Werkvolks galt vor allem den berufstätigen und alleinstehenden Frauen, den Arbeiterehefrauen, den berufstätigen Müttern, den Witwen sowie den Flüchtlingsfrauen[6]. Man forderte: »Jede katholische Werktätige und jede Arbeitnehmerhausfrau gehört in die katholische Arbeiterbewegung«[7]! Die Frauenarbeit des Werkvolks richtete sich somit, im Gegensatz zu anderen berufständischen Vereinigungen wie etwa den Vereinen der Katholischen Hausgehilfinnen, nicht allein auf die berufstätigen Frauen der Arbeitnehmerschaft, sondern bezog auch Witwen und die Ehefrauen von Arbeitern, die als Hausfrauen tätig waren, mit ein[8]. Dies war nur konsequent, angesichts der verbandsintern weitgehend ablehnenden Haltung gegenüber der weiblichen Berufstätigkeit. Mit der Einführung einer »Ehegattenmitgliedschaft« zu ermäßigtem Beitrag gelang es dem Verband von 1952 bis 1963 nicht nur, die Zahl der organisierten Frauen im Vergleich zu den Männern überproportional zu steigern, sondern zugleich auch den Anteil der ausschließlichen Hausfrauen gegenüber den in Lohnverhältnissen tätigen Arbeitnehmerinnen deutlich zu erhöhen[9]. Und dies obwohl »die Betriebe mit weiblichen Arbeitnehmern immer mehr« wurden und »die Zahl der berufstätigen Frauen« praktisch »täglich« stieg[10].

Doch die Frau war nicht nur »Objekt« der verbandseigenen Bildungsarbeit, sondern hatte auch aus der Sicht der Verantwortlichen zentrale Aufgaben innerhalb der katholischen Arbeiterbewegung. Während den Männern das kämpferische Eintreten für die Ideale der Bewegung im öffentlichen Leben zugedacht war, galt es als Aufgabe der Frauen, »still und ungesehen die Soziale Liebe – Barmherzigkeit und Hilfsbereitschaft von Mensch zu Mensch – zu üben und sich um die scheinbaren Kleinigkeiten des Lebens zu bekümmern«, »weil ja gerade die Frau in ihrer Güte, Mütterlichkeit und praktischem Sinn, hierzu eine besondere Eignung

---

[6] Hans Birkmayr: Die Frauenfrage und das Katholische Werkvolk. Beilage zu Rundschreiben, Nr. 8, 1952. AEB KAB Kart. 49. An die »Mutter« und die »Berufstätige Frau« richtete man bewußt »ein gesondertes Wort«. Vgl. etwa den Beitrag »Der Priester spricht zur Frau« in WERKVOLK, Nr. 12, Dezember 1953.
[7] Rechenschaftsbericht Wilma Beringer, 10. Juni 1956 bis 31. Juli 1957. KAB R Diözesanausschuß.
[8] Wilma Beringer: Werkvolk – Frauenarbeit. Referat auf der Diözesanausschußsitzung der Diözese Regensburg, 9.–10. Juli 1955. KAB R Diözesanausschuß/Diözesantag.
[9] Vgl. S. 95–97. Leider wurden bis 1963 kaum statistische Erhebungen über die Berufsstruktur der Verbandsmitglieder durchgeführt. Eine wohl 1959 innerhalb des Münchener Diözesanverbands durchgeführte Untersuchung, an der sich etwa die Hälfte der weiblichen Mitglieder beteiligte, zeigt aber, daß die Hausfrauen annähernd 50 Prozent der weiblichen Mitglieder stellten. Die genauen Zahlen lauteten: Hausfrauen: 47%; Rentnerinnen: 20%; Hausangestellte: 10%; sonstige Berufe: 9%; Angestellte und Beamte: 8%; Arbeiterinnen: 6%. Zusammenfassender Bericht über die Frauenarbeit im Werkvolk in den Diözesen des Süddeutschen Verbands, 1959/60. KAB VZ Verbandsvorstand: Arbeitspläne und Berichte 1961–1971.
[10] Bericht des Diözesansekretariats, Gesamtübersicht. DA EI BA Werkvolk 1949–1967.

mitbringt und deshalb für die Tatkraft des Mannes die notwendige Ergänzung darstellt«[11]. Aus der Sicht der Bamberger Frauenleiterin Elisabeth Bach war dem Wollen der Männer – der »Verwirklichung der sozialen Gerechtigkeit – « durch das Wollen der Frauen – der »Verwirklichung der sozialen Liebe – die Vollendung zu geben«[12].

Für die praktische Gruppenarbeit vor Ort hieß dies konkret, daß den Frauen die Betreuung alter, kranker und gebrechlicher Mitglieder, alleinstehender oder gefährdeter junger Menschen, Neuzugezogener und der Kinder von arbeitenden weiblichen Mitgliedern sowie die Übernahme von Besorgungen für diese Frauen und Hilfe für kinderreiche Mütter zugedacht war. Sie sollten sich über die Linderung der individuellen Not hinaus aber auch um die Errichtung von Horten und Nähstuben bemühen. Alle Frauen einer Werkvolkgruppe sollten sich zu solcher »Sozialen Kleinarbeit« zur Verfügung stellen und Notfälle der Sozialreferentin ihrer Werkvolkgruppe melden, die die Hilfsleistungen der weiblichen Mitglieder koordinieren sollte[13].

Daß diese Forderungen keineswegs theoretische Erörterungen blieben, zeigt eine Fülle von Einzelbeispielen, wenn auch im allgemeinen »stilles Wirken von Arbeiterfrauen«[14] nur gelegentlich im überlieferten Aktenmaterial des Süddeutschen Verbands aufscheint. Belegt ist aber etwa, daß in den fünfziger Jahren »viele« Frauengruppen des Bistums Regensburg »jährlich ein Kommunionkind ausstatteten, Vormundschaften übernahmen, alte und kranke Leute betreuten, besonders an Weihnachten, bei den Caritas-Haus- und Straßensammlungen mithalfen, mitarbeiteten auch zur Bereitstellung von Spenden für Kirchenbau, Kindergartenbau, Bau von Pfarrheimen«[15]. In Nürnberg wiederum wurden über einige Jahre hinweg Nähabende veranstaltet, wo weibliche Werkvolkmitglieder unter fachkundiger Anleitung für arme, ausgebombte und Flüchtlingsfamilien Kleidungs- und Wäschestücke herstellten[16]. In Neustadt an der Haardt präsentierte die Frauengruppe des Werkvolks die Ergebnisse ihrer Arbeit im Rahmen einer Elisabethfeier bei einer eigenen Ausstellung der Öffentlichkeit, bevor sie diese an die Caritas weiterleitete bzw. zur Verlosung innerhalb der Werkvolkgemeinschaft nutzte[17].

---

[11] Elisabeth Bach: Die Aufgabe der Frau im Werkvolk, o.D. (wohl Mai 1952). AEB KAB Kart. 55.
[12] WERKVOLK, Nr. 12, Dezember 1951.
[13] Elisabeth Bach: Die Aufgabe der Frau im Werkvolk, o.D. (wohl Mai 1952). AEB KAB Kart. 55.
[14] So die Überschrift eines Artikels, der über die Entstehung und Arbeit der Frauengruppe der Werkvolkgemeinschaft in Neustadt an der Hardt berichtete. WERKVOLK, Nr. 3, März 1954.
[15] Rechenschaftsbericht Wilma Beringer, 21. Juni 1953 bis 9. Juni 1956. KAB R Diözesantage.
[16] WERKVOLK, Nr. 2, Februar 1952.
[17] WERKVOLK, Nr. 3, März 1954. Es handelt sich dabei um eine Vielzahl höchst unterschiedlicher Stücke: »35 Knabenhosen, 10 Mädchenröcke, 18 Pullover, 2 Frauen-Unterröcke, 3 Mädchen-Blu-

1. Traditionelles Frauenbild versus emanzipatorischen Impetus

Die Männer – das »Haupt«, die Frauen – das »Herz der Bewegung«[18] – so läßt sich das Frauenbild der fast ausschließlich männlichen Führungsspitze des Werkvolks knapp auf einen Nenner bringen. Für sie war nur der »Gattinnen- und Mutterberuf« »der natürliche Frauenberuf«[19]. Man sah mit Papst Pius XII. »die Mutterschaft als natürliche Aufgabe der Frau«, auf die hin »der Schöpfer das ganze eigentümliche Wesen der Frau angelegt« habe[20]. Ja, Rektor Berchtold – der in den Augen der Vertreterinnen einer progressiven, von den Frauen selbst getragenen Frauenarbeit, »von den Spitzen der Bewegung« der einzige war, der von der Notwendigkeit der Frauenarbeit überzeugt war und sie deshalb auch in jeder Beziehung förderte und unterstützte[21] – ging sogar soweit, in jeder anderen Berufstätigkeit »eine Vergewaltigung der Frau« zu sehen[22]. Für das Werkvolk fand jede Frau in der Mutterschaft ihre »tiefste Erfüllung«. Eine »beglückende Jungfräulichkeit« konnte es nur »um des Himmelreiches willen« geben. Nur so war es möglich, »den schweren Verzicht zum beglückenden Opfer zu wandeln«[23]. »Das Sehnen jeder natürlich veranlagten Frau« war »auf Ehe und Familie gerichtet«, weil »die Frau noch viel mehr als der Mann ihre natürliche Wesenserfüllung in der Ehe« fand. Innerhalb der eigenen Bildungsarbeit erachtete es das Werkvolk zwar als besonders wichtige Aufgabe, unverheiratete Frauen dazu zu befähigen, »auch in einem ehelosen Berufsleben Lebenserfüllung« zu finden[24], doch da man letztlich in jeder Berufstätigkeit der Frau einen widernatürlichen Zustand sah, war das gestrebte Ideal stets, »daß die Gattin und Mutter ganz ihrer Familie und ihren Kindern leben kann«. Wenn die weibliche Berufstätigkeit auch durch den für eine Familiengründung oft unzulänglichen Verdienst des

---

sen, 2 Kinder-Nachthemden, 1 Pack hergerichtete Wäsche (sortiert), 3 Kindermäntel, 1 Frauenmantel, 2 Mädchen-Jacken, 16 Frauen- und Mädchenkleider, 8 Knaben-Janker und Kittel, 5 Altar-Schutzdecken, 1 Altar-Spitze, 4 Meßdiener-Röcke, 2 Alben, 2 Schultertücher, 2 Zingulum, 1 Alben-Ansatz (gestickt), 5 Taufkleider (symbolisch gestickt), 2 Taufbecken, 1 Kinderbett (vollständig), 1 Baby-Korb (vollständig), 2 gehäkelte Kinderkleider, 1 gestricktes Kinderkleid, 15 Kindergarnituren, 12 Windeln, 22 Erstlingshemden, 6 Erstlingsjäckchen, 2 Kinderschürzen (weiß), 2 Kopfkissenbezüge für Kinderbett«.

[18] Werkvolk, Nr. 8, August 1951.
[19] Rektor Berchtold: Das Leid der unverheirateten Frau. DAW Druckschriften.
[20] Papst Pius XII. an Leiterinnen der Katholischen Aktion Italiens, 21. Oktober 1945. Druck: A.-F. Utz / J.-F. Groner, S. 658–673, hier S. 662–663. Zu den Leitbildern der katholischen Frauenbewegung in der Bundesrepublik der fünfziger Jahre vgl. C. Hausmann, Leitbilder, S. 31–113.
[21] Elisabeth Bach an Rudolf Müller, 17. Juli 1951. AEB KAB Kart. 67.
[22] Alfred Berchtold in Werkvolk, Nr. 4, April 1952.
[23] Werkvolk, Nr. 2, Februar 1952.
[24] Rektor Berchtold: Das Leid der unverheirateten Frau. DAW Druckschriften.

Mannes erzwungen[25] und andererseits durch Gründe wie die Minderbewertung der Hausfrauenarbeit und der Mutteraufgabe, das Aufgeben der Selbständigkeit, gefördert wurde[26], änderte dies für Rektor Berchtold doch nichts an der Tatsache, daß die Frau »von Natur aus weniger darauf angelegt« ist, »produktiv zu schaffen, als liebend zu betreuen«, da sie »nicht so sehr mit dem Verstand als mit dem Herzen« schaffe. In seinen Augen war es für die Frau »nicht entscheidend, was sie schafft, sondern für wen sie schafft«, weshalb ihr auch »in erster Linie« Berufe lagen, »wo sie liebend betreuen konnte«. Trotzdem sollte »ihr eigentliches Betätigungfeld« stets »die Familie« sein[27].

Da »das häusliche Glück und eine geordnete Kindererziehung nicht durch unnötige außerhäusliche Erwerbsarbeit der Familienmütter« gefährdet werden sollte, wie man es mit den Worten der deutschen Bischöfe formulierte[28], war es die »höchste Freude« für die Verantwortlichen, wenn eine Mutter den Entschluß faßte, »in Zukunft nicht mehr berufstätig sein zu wollen, sondern sich nur mehr ihrem natürlichsten Beruf zu widmen, der Sorge um die Familie und die Kinder«[29].

Das Frauenideal der katholischen Arbeiterbewegung orientierte sich letztlich an Maria, die für das Werkvolk als »die in Liebe sich opfernde Frau« das Frauenideal der christlichen Welt schlechthin sein sollte. Im Verbandsorgan unterschied man vier verschiedene Idealtypen. Ordnete man dem Frauenideal der antiken Welt »die schöne Frau« zu, »die vollkommene Schönheit, die sich ihrer Reize voll bewußt ist und ihrer Wirkung auf den Mann«, so sah man »die starke Frau« als altjüdisches und die »tüchtige Frau« als das bürgerliche Frauenideal an. Von diesen unterschied man die christliche Frau, deren Schönheit »nicht die sinnenbestrickende Schönheit des Leibes« sei, sondern »die reine erhabene Schönheit einer in heiliger Liebe Gott und den Ihren sich hingegebenen Seele«; sie war zwar auch »eine tüchtige Hausfrau« und »eine starke Frau«, doch ihr »Lebensinhalt« war »die liebende hingebungsvolle Sorge für die Ihren«. »Alle diese vier Frauenideale« sah man auch in der Zeit nach dem Zweiten Weltkrieg konkretisiert. Daß das »Frauenideal des alten Heidentums«, »die sinnenbetörende, die

---

[25] Die Debatte um den »Familienlohn« geht noch in die Zeit der Weimarer Republik zurück (D.-M. KRENN, Christliche Arbeiterbewegung, S. 168–172). Zur Diskussion um den Familienlohn in der Nachkriegszeit vgl. S. 232–234.

[26] Alfred Berchtold: Warum ist die verheiratete Frau berufstätig? In: Materialmappe für die Frauenarbeit 1955/56. DAW Druckschriften. Vgl. hierzu auch WERKVOLK, Nr. 6, Juni 1952: »Ist ›Hausfrau‹ ein Beruf?« – »50 Berufe«.

[27] Rektor Berchtold in WERKVOLK, Nr. 4, April 1952.

[28] Die deutschen Bischöfe: Das Problem der Frauenarbeit. KONTAKT (Würzburg), Nr. 3, Januar 1956. DAW Druckschriften.

[29] Beilage »Familienerholungsheim« zu WERKVOLK, Nr. 4, April 1959.

III. Die Frauenarbeit

Männer bestrickende schöne Frau«, in der Bundesrepublik »vielfach« wieder zum Frauenideal geworden war, zeigte in den Augen des Werkvolks den »Rückfall« der Gesellschaft »ins Heidentum am allerdeutlichsten«. »Fröhnt[e] die westliche Welt mehr dem heidnischen Frauenideal der sinnlich-schönen Frau«, so wurde »die östliche Welt« beherrscht vom vorchristlichen Frauenideal »der starken, dem Manne völlig ebenbürtigen Frau«. Auch dies war für das Werkvolk »ein Zeichen vom inneren Verfall des Christentums«. Da »der materialistische Geist einer untergehenden bürgerlichen Welt auch die Arbeitnehmerschaft angekränkelt und auch vor so vielen Christen nicht halt gemacht« hatte, lebte »das bürgerliche Frauenideal der tüchtigen Frau« ebenfalls fort. »Das christliche Frauenideal der in Liebe sich opfernden Frau« hingegen war im 20. Jahrhundert »selten« geworden. Die Frau war selten geworden, »die in opferbereiter Liebe jede Not des Lebens mit dem Manne trägt, in opferbereiter verstehender und verzeihender Liebe bei ihm aushält auch in schweren Kämpfen und bitterem Versagen; die in hingebungsvoller Liebe ganz Mutter ist, um dem Kind alles zu sein, so selbstlos Mutter ist, daß sie zurücktritt, wenn der junge Mensch anfängt sein eigenes Leben zu leben und doch ganz still und selbstverständlich da ist, wenn das Kind sie braucht; so wie Maria still und selbstlos zurücktrat«[30].

Diese Situation war aber in den Augen des Werkvolks keineswegs »allein Schuld der Frau«, sondern »eben so sehr die Schuld des Mannes«, da die Frau »immer danach streben« wird, »so zu sein, wie der Mann sie wünscht und begehrt«. So konstatierte man: »Der Mann, der von Begierde erfüllt ist nach der Sinnenschönheit des Weibes, hat die Frau dazu verführt, mit ihren weiblichen Reizen zu spielen. Der Mann, der in der Frau nur den gleichartigen Kameraden sehen will, hat die Frau veranlaßt, sich mit ihm zu messen. Der Mann, dessen Götze nur der Besitz ist, hat die Frau gezwungen, auch diesem Götzen zu dienen. Weil der Mann und überhaupt die Welt heute, auch so viele Christen, die still und schlicht dienende, die selbstlos liebende, die opferbereite Frau mißachten, darum sieht die Frau ihr Ideal nicht mehr in der selbstlos dienenden, opferbereiten liebenden Hingabe der heiligen Maria«. Und das, obwohl »nur an der wahrhaft christlichen Frau, die in hingebender Liebe sich opfert für die Ihren«, die »Zeit« und das deutsche »Volk« »wieder genesen« konnte[31].

Wenn das Werkvolk auch als »richtig« betonte: »Das Reich der Frau bleibt die Familie, das Heim, die Sorge um Mann und Kind«, so wandte man sich doch

---

[30] WERKVOLK, Nr. 10, Oktober 1951. Die hier referierten Passagen aus dem Verbandsorgan basierten auf dem Buch G. v. LE FORT, Die ewige Frau, aus dem Jahr 1934, das bis 1960 zwanzig Auflagen in deutscher Sprache erfuhr und ins Englische, Französische, Italienische, Niederländische, Spanische, Portugiesische und Polnische übersetzt wurde.

[31] EBD.

gegen Positionen, die »behaupten« wollten, »die Frau hätte in der Politik und in der Öffentlichkeit überhaupt nichts mitzubestimmen«. Eine solche Haltung war in den Augen des Werkvolks »grundfalsch«. Zum einen hatten »sehr viele Frauen« konkret »keine Gelegenheit mehr, sich Heim und Familie zu gründen«, sondern waren gezwungen, »im öffentlichen Leben sich eine Existenz zu gründen und zu erhalten«, zum anderen waren »auch Heim und Familie« in den fünfziger Jahren »keine Inseln mehr, die unabhängig von den anderen Lebensbereichen ungestört bestehen« konnten, versuchten »Kräfte der Öffentlichkeit« doch diese »oft zu zerstören oder zu fördern«. Angesichts dieser Situation hatte die Frau für das Werkvolk nicht nur ein »Recht«, sondern die »Pflicht«, »sich um die Gestaltung der Öffentlichkeit zu kümmern«. Deshalb war es auch »kein Luxus und keine Zeitvergeudung«, wenn die Frau Zeitungen las, »von der Kirchenzeitung bis zur christlichen Tageszeitung«. Sie hatte »nicht nur ein Recht auf Geselligkeit«[32]. Im Bezug auf die Rolle und Bedeutung seiner weiblichen Mitglieder für die Gesellschaft berief sich das Werkvolk ausdrücklich auf Papst Pius XII., der betont hatte, »katholische Frauen und junge Mädchen: Das öffentliche Leben bedarf eurer. [...] Jede Frau also, ohne Ausnahme, hat [...] die Pflicht, die strenge Gewissenspflicht, nicht abseits zu bleiben, sondern zu handeln, in den Formen und in der Art, die der Lebenslage jeder einzelnen entsprechen«[33].

Man bemühte sich, mit Hilfe des Verbandsorgans den Frauen deutlich zu machen, wie eng selbst Fragen des alltäglichen Lebens wie etwa die Frage der Impfung der Kinder, der Lebensmittelversorgung oder des Schulwesens mit dem Bereich der »Politik« verwoben waren. Man kämpfte sowohl gegen die männliche Haltung »Die Frau gehört in die Familie und nicht in die Politik« als auch gegen die weibliche Einstellung »Politik ist nichts für mich«. Man versuchte, den weiblichen Mitgliedern deutlich zu machen, daß politische Betätigung nicht nur »Mühe« oder »Schinderei« waren, sondern durchaus »tiefes Erleben« und »echte Befriedigung« mit sich bringen konnte. Man war davon überzeugt, daß »wer sich, auch als Frau, einmal mit politischen Dingen auseinandergesetzt hat«, versuchen würde, »immer mehr davon zu erfahren«, da man erkennen würde: »sie gehen jeden ganz persönlich an«. Dementsprechend sollte jede Frau etwa im Rundfunkprogramm gerade »auch die politischen Sendungen verfolgen«, ihrer »Wahlpflicht« nachkommen und es nicht dulden, daß ihre »Angehörigen« der Wahl fernblieben[34]. Es war die Aufgabe der Frau »überall«, wo sie stand, »in

---

[32] WERKVOLK, Nr. 6, Juni 1951.
[33] Ansprache an Leiterinnen der Katholischen Aktion Italiens, 21. Oktober 1945. Zitiert nach WERKVOLK, Nr. 9, September 1953. Der gesamte Text der Rede ist abgedruckt bei A.-F. UTZ / J.-F. GRONER, Aufbau und Entfaltung, S. 658–673.
[34] WERKVOLK, Nr. 9, September 1953.

III. Die Frauenarbeit

der Familie als Gattin und Mutter, in allen sonstigen Gemeinschaften«, wie in den »katholischen Organisationen, im Betrieb, im Volk und in der Kirche: in hingebender Liebe, opferbereit, still und schlicht den anderen zu dienen, so wie Maria nie etwa anderes sein wollte, als Magd des Herrn«[35]. Es kam selbst für eine politisch aktive Frau wie die Bamberger Stadträtin Dütsch in der öffentlichen Tätigkeit der Frau »nicht so sehr auf ihre rein verstandesmäßige Begabung und fachliche Eignung« an, »als vielmehr darauf«, »daß sie wirklich Frau ist, indem sie die Bestrebungen der Männer durch ihren praktischen Rat und ihre Mütterlichkeit ergänzt und durch ihr Gebet und Opfer segnet: ›Hinter jedem Mann muß eine betende Frau stehen‹ «[36].

Hatten anfangs weitgehend von Klerikern formulierte männliche Vorstellungen die Frauenarbeit im Süddeutschen Verband dominiert, so wurde diese ab Anfang der fünfziger Jahre immer stärker von Frauen getragen und geprägt. Es waren vor allem die Bamberger Diözesanleiterin Elisabeth Bach, die Würzburger Diözesansekretärin Emma Frey und die Regensburger Diözesanleiterin Wilma Beringer, die sich gezielt um den Auf- und Ausbau der Frauenarbeit im Werkvolk bemühten[37]. Unterstützt wurden sie hierbei auch von der Verbandsvorsitzenden Georgine Christl und der Verbandssekretärin Amalie Stelzer[38]. Sie nahmen den von der männlich dominierten Verbandsleitung propagierten Gedanken der Rolle der Frau als Mutter auf und übertrugen ihn auf die Bewegung, doch gaben sie sich keineswegs damit zufrieden, sondern betonten den weiblichen Mitgliedern gegenüber vielmehr: »gerade weil ihr am Werkvolk eine mütterliche Aufgabe zu erfüllen habt, darum sollt ihr auch euere Rechte wahren, denn eine Mutter die keinen Einfluß haben darf, kann auch keine fraulich-mütterlichen Aufgaben erfüllen«. Man forderte dementsprechend die Frauen in allen Gruppen auf, »bedacht« zu sein, als Delegierte zu Diözesan- und Verbandstagen aufgestellt zu werden. Der Satzung entsprechend sollte auch tatsächlich jeder zweite Delegierte eine Frau sein. Man erkannte die Männer zwar »nach wie vor als das ›Haupt‹ der Bewegung« an, forderte allerdings »in Großzügigkeit und Vertrauen freie Hand«, um im Werkvolk den »fraulichen Einfluß« voll zur Geltung zu bringen und »segensreich« wie »eine Mutter« wirken zu können[39]. War doch

---

[35] WERKVOLK, Nr. 10, Oktober 1951.
[36] WERKVOLK, Nr. 12, Dezember 1951.
[37] Emma Frey an Anton Maier, 17. Februar 1953. KAB MARKTREDWITZ.
[38] Dank des »Gründlichkeitsfummels« von Frau Bach, die alle wichtigen Ereignisse schriftlich dokumentierte und von allen wesentlichen Briefen mehrfache Durchschläge erstellte, ist die Entwicklung der Frauenarbeit relativ gut nachzeichenbar, wenn auch gelegentlich ihre Tendenz, »geistige Purzelbäume« zu machen, die Interpretation erschwert. Elisabeth Bach an Josef Sieben, 4. Januar 1949. KAB VZ Schriftwechsel Bach 1949–1950.
[39] Elisabeth Bach, Die Aufgabe der Frau im Werkvolk, o.D. (wohl Mai 1952). AEB KAB Kart. 55.

niemand »besser geeignet und berufen« als die weiblichen Mitglieder des Werkvolks, das christliche Gedankengut »in die Betriebe, an die Werkbank, in das Büro« zu tragen[40], und galt es, »der fortschreitenden Entseelung der Arbeit eine echt christliche Auffassung und die frauliche Haltung entgegenzustellen«[41].

Für Frau Bach und ihre Mitstreiterinnen mußte jede Frauenarbeit »dem eigenen Wesen, den persönlichen Interessen und den besonderen Aufgaben der Frau gerecht werden«. Sie wollten unterschiedslos Arbeitnehmer-Hausfrauen, verheiratete wie alleinstehende berufstätige Frauen ansprechen. Ziel ihrer Bemühungen war es gemäß den Satzungen des Werkvolks, »Frauen zu christlichen Persönlichkeiten heranzubilden, die ein Standes- und Verantwortungsbewußtsein in sich tragen und [...] ihre Pflicht zur Mitverantwortung und Mitarbeit erkennen und fähig werden für ihre Aufgaben als Frauen im Betrieb, in der Gewerkschaft, im öffentlichen Leben und in der Familie«. Aus ihrer Sicht sollte die Frau jedoch keineswegs auf die Familie beschränkt sein, sondern »im wahren Sinne des Wortes [...] nach dem Schöpferwort Gottes überall die Helferin des Mannes sein«[42]. Für sie durfte das Tun der Frau nicht auf »die Soziale Liebe«, »die praktische Nächstenliebe« begrenzt bleiben, sondern sollte auch das gesamte öffentliche Leben durch die aktive Mitarbeit der Frauen »ein christliches Gepräge« erhalten[43]. Da aber der Mann »nicht von sich aus so viel Gentleman« war, der Frau »die ihr zustehenden Rechte ohne weiteres zuzuerkennen«, spielten für die gesellschaftliche Veränderung zu Gunsten der weiblichen Bevölkerung in den Augen der Neuererinnen »die Frauenorganisationen« eine zentrale Rolle. Sie waren es, »die den Frauen im öffentlichen Leben zum Siege halfen«.

Wenn die weiblichen Verantwortlichen des Werkvolks, wie eingangs erwähnt, auch »keine Frauenrechtlerinnen« sein wollten[44], so stand doch im Mittelpunkt ihrer Bestrebungen die Forderung nach »Gleichberechtigung« im Verbandsleben wie im Alltag, also die Forderung nach der Einhaltung des im Grundgesetz in Artikel drei verankerten Grundsatzes »Männer und Frauen sind gleichberechtigt«. Unter Bezug auf die Verfassung forderten sie klar und eindeutig: »Niemand darf wegen seines Geschlechtes [...] benachteiligt oder bevorzugt werden«. Für das Werkvolk – auch seine männlichen Repräsentanten – war es selbstverständlich, daß, »soweit die Frau im öffentlichen Leben, insbesondere als berufstätige Frau,

---

[40] Georgine Christl in WERKVOLK, Nr. 11, November 1951.
[41] So die westdeutsche Verbandssekretärin Käthe Bierschenk auf dem ersten Leiterinnen-Kurs, 7.–10. Februar 1953 in Dortmund. Zitiert nach WERKVOLK, Nr. 3, März 1953.
[42] Broschüre Werkvolk. Süddeutscher Verband katholischer Arbeitnehmer. Frauenarbeit, 1955. AEB KAB Kart 62. Der maschinenschriftliche Entwurf dieser Richtlinien, der sich in wesentlichen Punkten von der gedruckten Version unterscheidet, hat sich ebenfalls erhalten. AEB KAB Kart. 62.
[43] Elisabeth Bach, Die Aufgabe der Frau im Werkvolk, o.D. (wohl Mai 1952). AEB KAB Kart. 55.
[44] WERKVOLK, Nr. 6, Juni 1951.

III. Die Frauenarbeit 287

Aufgaben erfüllt, welche einen Mann ersetzen«, die Frau »zweifellos den gleichen Lohn und Gehalt und die gleichen Rangstufen eines Berufes« erlangen können sollte »wie ein Mann«. Sie sollte die gleichen Vorteile der staatlichen Einrichtungen wie Krankenversicherung und Sozialversicherung genießen können, und auch die unterschiedliche Bewertung der Arbeit der Frau sollte der Vergangenheit angehören. Darin waren Frauen und Männer einig. Aus der Sicht der Männer sollte es bei der »Aktivität der Frauenverbände« aber »weniger um die Durchsetzung von Prinzipien gehen« als darum, der Frau konkret zu helfen. Dementsprechend war für sie die Frage der Gleichberechtigung der Frau »in erster Linie eine Frage der menschlichen Nächstenliebe«. Man war durchaus bereit, die »gleichwertige Befugnis der Frau zur Mitsprache und Mitentscheidung« anzuerkennen, aber nur solange »das Recht des Mannes, in Zweifelsfällen die vernünftige Entscheidung letzten Endes doch zu treffen, gewahrt« würde. »Denn so unnatürlich es einerseits wäre, der Frau das Mitspracherecht vorenthalten zu wollen, so unnatürlich wäre es andererseits, dem Mann die seit der Erschaffung des Menschen offensichtlich vom Schöpfer auferlegte Rolle des ersten Sprechers in der Familie und des Vor-Arbeiters zu leugnen«.

Für Männer wie Frauen im Werkvolk lag aber »das Heil in der Frage der Gleichberechtigung nicht im theoretischen Recht«[45]. Denn in Familien, die »von hingebender Liebe des Mannes zur Frau und umgekehrt der Frau zum Mann« getragen waren, war »die Forderung nach einer Gleichberechtigung von seiten der Frau« nicht zu finden, da sich hier beide gleichberechtigt »fühl[t]en«. Selbst für die weiblichen Träger der Verbandsarbeit kam deshalb der »Schrei nach Gleichberechtigung«, »nicht von der Arbeitersfrau«, sondern nur »von einigen Frauenrechtlerinnen, die verzweifelt um mehr Rechte kämpf[t]en, weil sie glaub[t]en, dadurch die ihnen verlustig gegangene Achtung seitens des Mannes wieder zurückzugewinnen«. Doch schnitten diese sich »mit ihrer übertriebenen Forderung der vollen Gleichberechtigung ins eigene Fleisch«; denn dementsprechend hätte »die Frau mit dem Mann am MG das Vaterland [zu] verteidigen, in Bergwerke [zu] gehen und am Hochofen [zu] stehen«. Dinge, die für die damaligen weiblichen Verantwortlichen für die Frauenarbeit schlicht »unmöglich« klangen. Sie »wollten lieber nach dem Willen unseres Schöpfers die Gefährtin des Mannes sein« und sich »dem Worte ›untertan‹ aus dem Munde Gottes beugen, das für die Frau soviel Geborgenheit in sich enthält und den Mann zu großer Ritterlichkeit verpflichtet, ganz gleich, wo Mann und Frau sich gegenüberstehen, sei es in der Ehe oder im Beruf«. Wahre »Gleichberechtigung« war für sie gegeben, wenn Mann und Frau »mit Ehrfurcht die Meinung des andern achtet[eten]«[46]. Die Frau sollte

---

[45] WERKVOLK, Nr. 1, Januar 1953.
[46] So Amalie Stelzer in WERKVOLK, Nr. 3, März 1954.

»nicht mechanisch dem Manne in allen Bereichen des Lebens gleichgestellt«, aber »als Person gleichgewertet« werden. Mit der Kirche wollte sich das Werkvolk »zur Verteidigerin des echten Wesens und der Würde der Frau« machen[47].

Auch die männlichen Mitglieder der katholischen Arbeiterbewegung begrüßten daher die Bestrebungen, »die Frau gemeinsam mit dem Mann mit der Gestaltung des Werkvolks zu beauftragen«. Die Vereinigung beider Naturstände in einer Organisation war für sie »ein guter Gedanke«, der »manche Schwierigkeit« beseitigte und der Frau »die volle Gleichberechtigung« in der katholischen Arbeiterbewegung gab. Trotzdem erachtete man es sowohl auf männlicher wie weiblicher Seite für »dringend notwendig, der Frau Raum für ihre eigenen Aufgaben zu geben«[48]. Ihnen sollte auch innerhalb des »gemeinsamen Werkvolk-Schaffens eine gewisse Selbständigkeit« belassen bleiben, wäre es doch in den Augen der klerikalen Verantwortlichen »ein böser psychologischer und pädagogischer Fehler« gewesen, »die gottgewollte Eigenart der Frau« innerhalb der Werkvolkarbeit unberücksichtigt zu lassen. Frauen sollten in jeder Werkvolkgemeinschaft »eine eigene Arbeitsgemeinschaft« gründen, hatten sie »doch viele Bedürfnisse und Interessen, welche der Mann weniger versteht, auch wenn er besten Willens ist«. Die weiblichen Gruppen sollten sich wenigstens einmal im Monat zu einer Gruppenversammlung treffen und, soweit möglich, einmal wöchentlich einen Heim- oder Nähabend abhalten. Darüber hinaus sollten sie »das Kirchenjahr und das Weltjahr in einer fraulichen Weise pflegen«. Sie sollten »ein warmes Nest bauen, in welches sich vor allem die alleinstehenden Frauen und Mädchen flüchten können«. Durch die angestrebte doppelte Organisation der weiblichen Mitglieder in eigenen Arbeitsgemeinschaften und in der Werkvolkgemeinschaft hoffte man, »ein doppeltes Extrem« zu vermeiden. Die Männer sollten so einerseits nicht »alles dirigieren und über einen, d. h. ihren männlichen Kamm scheren« können, was dazu geführt hätte, daß die Frauen nur »zahlende Mitglieder« und somit »bedeutungslos« gewesen wären; andererseits vermied man so »jenen ungesunden Zustand«, daß sich die Frauen und Mädchen »vollständig« von den Männern »distanzieren« würden[49]. Durch die organisatorische Einheit zwischen Männern und Frauen sollte also »kein Unterstellungsverhältnis« entstehen, sondern wollte man vielmehr »der Wesensart der Frauen gerecht werden«[50].

---

[47] So Diözesanpräses Franz Kolb in WERKVOLK, Nr. 2, Februar 1952.
[48] Hanns Mayr an Paul Strenkert, 14. Januar 1947. KAB A Kart. 5.
[49] Rundschreiben Hans Birkmayr, 7. März 1949. AEB KAB Kart. 49.
[50] Bericht über die Arbeitstagung der Diözesan- und Bezirkssekretäre des Katholischen Werkvolks, 17.–18. April 1947. KAB VZ 2a / Verbandsausschuß 1954–1959.

2. Der organisatorische Rahmen

Bereits in der unmittelbaren Nachkriegszeit stellte die Verbandszentrale zwei eigene Sekretärinnen ein, die sich ganz der Frauenarbeit widmen sollten. Paula Ebert, die bereits vor 1945 in der Frauenarbeit tätig gewesen war[51], wirkte in der Pfalz sowie in Ober- und Unterfranken. Henriette Bengl, die Witwe von Johann Bengl, der von 1928 bis 1930 in Kempten und danach in Landshut Arbeitersekretär gewesen war[52], vertrat die Arbeiterinnenvereine in der provisorischen Vorstandschaft des Süddeutschen Verbands und war zugleich zuständig für Frauenangelegenheiten in Ober- und Niederbayern, Schwaben und der Oberpfalz sowie einem kleinen Teil von Oberfranken[53]. Nachdem man somit inhaltlich wie personell an die Tradition der Frauenarbeit in der katholischen Arbeiterinnenbewegung während der Weimarer Republik[54] angeknüpft hatte, schuf der Regensburger Verbandstag 1947 mit der Annahme der »Werkvolk-Konzeption« eine völlig neue Situation. Denn nun war es erklärtes Ziel, die geschlechtsspezifische Organisation der Arbeiterschaft, wie sie bis dahin üblich war, zu überwinden. Dies gelang allgemein relativ schnell und problemlos[55]. Schwierigkeiten gab es in der Regel nur im Fall der Zusammenführung von männlichen und weiblichen Vereinen mit einer längeren, eigenständigen Vereinstradition.

Die Zusammensetzung der Werkvolkgemeinschaften änderte sich während des Untersuchungszeitraums gravierend. Anfangs waren die katholischen Arbeitervereine in der Regel durch Krieg und Gefangenschaft der Männer relativ überaltert, während sich die weiblichen Vereine vor allem aus jungen, unverheirateten Arbeiterinnen zusammensetzten. Durch die Rückkehr der Männer und die Einführung der Ehegattenmitgliedschaft sank zum einen das Durchschnittsalter der Männer wieder und zum anderen stieg das Durchschnittsalter der Frauen in den gemischten Vereinen. Die Ehegattenmitgliedschaft führte aber auch dazu, daß trotz steigenden Frauenanteils die Zahl und damit das Gewicht der berufstätigen Frauen sank, denn die Zahl der Hausfrauen stieg bedeutend stärker als die der Arbeitnehmerinnen[56]. Die Entwicklung des Selbstverständnisses hin zur »Fami-

---

[51] Bis 1928 im Diözesanverband München-Freising, ab 1928 in Aschaffenburg. D.-M. KRENN, Christliche Arbeiterbewegung, S. 56 bzw. 375.
[52] D.-M. KRENN, Christliche Arbeiterbewegung, S. 114 bzw. 119.
[53] Josef Schinner an Josef Maier, 28. August 1946. KAB VZ G II / Aschaffenburg 1944–1964.
[54] Vgl. hierzu D.-M. KRENN, Christliche Arbeiterbewegung, S. 375–407.
[55] 1957 waren bereits nur mehr 2 % der weiblichen Mitglieder in rein weiblichen Vereinen organisiert. Vgl. S. 97. Als Beispiel eines nicht reibungslosen Zusammenschlusses zwischen den katholischen Arbeiter- und Arbeiterinnenvereinen vgl. für Bamberg L. UNGER, Katholische Arbeitnehmerbewegung, S. 298–300.
[56] Vgl. S. 95–96.

lienbewegung« entsprach also dem Wandel der sozialen Struktur der Mitglieder des Werkvolks.

In jedem der neugeschaffenen Vereine mit Mitgliedern beiderlei Geschlechts sollten gemäß der Satzung die weiblichen Mitglieder durch eine eigene Vertreterin in der Vorstandschaft repräsentiert werden[57]. Doch entsprach die Realität oft bis in die Mitte der fünfziger Jahre keineswegs diesem hohen programmatischen Anspruch. So hatte etwa noch 1951 nicht jeder Diözesanverband eine eigene Diözesanleiterin[58]. Auf der Ebene der Ortsvereine gab es noch 1956 Werkvolkgemeinschaften, in denen noch keine weibliche Vorsitzende gewählt worden war[59].

Auf der Ebene des Süddeutschen Verbands widmete sich nach dem Regensburger Verbandstag eine hauptamtliche Mitarbeiterin den Fragen der Frauenarbeit: Anneliese Hartung. Nachdem sie den Verband verlassen hatte, war die Stelle zwar bereits zum 15. November 1951 in der Mitgliederzeitschrift erneut ausgeschrieben worden[60], doch erst in Folge des Frauenverbandstags wurde zum 1. Juli 1953 mit Amalie Stelzer, die an einem Halbjahreskurs des Sozialinstituts teilgenommen hatte, erneut eine Verbandssekretärin eingestellt[61].

Der Verband empfahl ab 1953 jeder Diözese ausdrücklich, eine »Diözesansekretärin« anzustellen und sich um »einen eigenen Werkvolk-Frauenseelsorger« zu bemühen. Dies wurde zwar »in Angriff genommen«, doch konnte es nicht überall und umgehend »verwirklicht werden«[62]. 1953 besaß einzig das Bistum Würzburg eine Sekretärin, die ausschließlich für Frauenarbeit zuständig war. Im Erzbistum Freiburg mündeten die Bestrebungen, die Frauenarbeit zu intensivieren, erst 1957 in die Anstellung einer hauptamtlichen Kraft für diese Fragen. 1958 folgte die Errichtung eines eigenständigen Frauensekretariats für das Bistum Regensburg in Marktredwitz und die Einstellung einer Diözesansekretärin im Erzbistum München und Freising. 1959 wechselte in Augsburg ein ehemaliges CAJ-Mitglied als Sekretärin in den Dienst des Werkvolks, 1962 ebenso im Bistum Eichstätt. Im Erzbistum Bamberg dominierte Elisabeth Bach, die als ehrenamtliche Diözesanvorsitzende fungierte, die Frauenarbeit und wurde bis 1963 keine hauptamtliche Kraft hierfür eingestellt. In Passau konnte auf Grund der begrenzten finanziellen Möglichkeiten keine Sekretärin beschäftigt werden.

---

[57] Mitglieder-Satzungen des Katholischen Werkvolks, Süddeutscher Verband katholischer Arbeitnehmer, 12. Oktober 1947. KAB VZ Satzungen.
[58] WERKVOLK, Nr. 8, August 1951.
[59] So etwa belegt für das Bistum Würzburg. KONTAKT (Würzburg), Nr. 6, Juni 1956. DAW Druckschriften.
[60] WERKVOLK, Nr. 10, Oktober 1951.
[61] Bericht über die Frauenarbeit, Berichtszeitraum 1953–1971. KAB VZ Handakte Letschert.
[62] Rechenschaftsbericht Wilma Beringer, 21. Juni 1953 bis 9. Juni 1956. KAB R Diözesantage.

III. Die Frauenarbeit 291

Die Freistellung eines Geistlichen als Frauenseelsorger zu erreichen, gelang keinem der süddeutschen Diözesanverbände. Daß der organisatorische Ausbau der Frauenarbeit erst nach Jahren in die Anstellung einer eigenen Werkvolksekretärin für die Frauenarbeit mündete, lag »in erster Linie an den Finanzen«, die »nicht einmal reichten«, andere, selbst in den Augen der für die Frauenarbeit Zuständigen notwendigere Maßnahmen vorzunehmen[63].

3. ANSPRUCH UND WIRKLICHKEIT DER FRAUENARBEIT

> »Meine Anschauung, daß die Frauenarbeit vollkommen im argen liegt, und vollständig neu angepackt werden muß, ist allgemein geteilt worden; aber wenn's ernst wird, dann heißt es doch wieder ›hilf dir selbst, dann hilft dir Gott‹. Es ist eben jede zu überlastet und ich muß mit den im Bericht angeschnittenen Problemen doch wieder ziemlich allein fertig werden«[64].

Angestoßen wurde die Diskussion um die Frauenarbeit innerhalb des Werkvolks durch den Arbeitsbericht der Diözesanleiterin Elisabeth Bach auf dem Bamberger Diözesantag des Jahres 1948. In ihrem Referat setzte sie sich schonungslos mit den Erfahrungen während des ersten Jahres ihrer ehrenamtlichen Tätigkeit auseinander. Ihr Fazit lautete, »daß, was die Frauenarbeit im Werkvolk anbelangt, ganz von vorne angefangen werden muß«[65]. Da man es 1947 beim Verbandstag versäumt hatte, sich mit der besonderen Stellung und Aufgabe der Frau im Werkvolk zu befassen, war aus ihrer Sicht die Frauenarbeit »logischerweise, im großen und ganzen wenigstens, in den Anfängen steckengeblieben«[66]. Die Rede von Frau Bach wirkte aber nicht nur stark auf die Delegierten des Diözesantags[67], sondern wurde hektographisch vervielfältigt und an alle Werkvolkgemeinschaften des Erzbistums versandt[68]. Da ihre Ausführungen Probleme der Verbandsarbeit auf den Punkt brachten, die zu dieser Zeit weit verbreitet waren[69], fand das Refe-

---

[63] Rechenschaftsbericht Wilma Beringer, 21. Juni 1953 bis 9. Juni 1956. KAB R Diözesantage.
[64] Elisabeth Bach an Alfred Berchtold, 22. Dezember 1948. KAB VZ Schriftwechsel Bach 1949–1950.
[65] Rundschreiben an alle Präsides und Vorsitzenden der Werkvolkgemeinschaften der Erzdiözese Bamberg, 3. November 1948. AEB KAB Kart. 43.
[66] WERKVOLK, Nr. 8, August 1951.
[67] So wurde Elisabeth Bach danach »aus allen Ecken der Diözese« gebeten, in verschiedenen Werkvolkgemeinschaften zu sprechen. Elisabeth Bach an Alfred Berchtold, 22. Dezember 1948. KAB VZ Schriftwechsel Bach 1949–1950.
[68] Rundschreiben an alle Präsides und Vorsitzenden der Werkvolkgemeinschaften der Erzdiözese Bamberg, 3. November 1948. AEB KAB Kart. 43.
[69] So bemängelte etwa auch Paul Strenkert, daß »der Erfassung der weiblichen Arbeitnehmer« bis

rat aber auch außerhalb des Erzbistums Bamberg große Resonanz und es wurde in der überregionalen innerverbandlichen Diskussion wiederholt darauf Bezug genommen. So reichte etwa Rektor Berchtold den Text an die neue, für Frauenfragen zuständige Verbandssekretärin Anneliese Hartung weiter, damit sie hierzu Stellung beziehen und sich mit Elisabeth Bach in Verbindung setzen könne[70].

Auf ihrer Suche nach Möglichkeiten zur Verbesserung der Frauenarbeit trat Elisabeth Bach 1949 auf Anraten von Verbandspräses Maier mit Rosa Louis, der Generalsekretärin der schweizerischen Arbeiterinnenvereine, in Verbindung, um durch »Anregungen und Ratschläge anderer in der Frauenarbeit erfahrener Persönlichkeiten« dazuzulernen und so in der Frauenarbeit »das beste zu leisten«[71]. Ihren ersten konkreten organisatorischen Vorstoß in dieser Richtung auf der Verbandsebene unternahm Elisabeth Bach 1951 im Vorfeld des Neustädter Verbandstags. Er erfolgte in enger Absprache mit der Regensburger Diözesanleiterin Wilma Beringer, die, wie sie selbst, ehrenamtlich für die katholische Arbeiterbewegung tätig war, und Emma Frey, der damals einzigen hauptamtlichen Werkvolksekretärin.

In der Mitgliederzeitung propagierten sie unter dem Titel »Wir Frauen planen zum Verbandstag« eine Reihe von Maßnahmen, um den Einfluß der Frauen innerverbandlich zum Tragen zu bringen: Man drängte als erstes auf eine paritätische, satzungsgemäße Entsendung von Delegierten beiderlei Geschlechts, auf daß die weiblichen Mitglieder befähigt würden, auf dem Verbandstag ihren »Einfluß geltend zu machen«. Auf diesem Weg sollte »eine aktive Frau« zur Verbandsvorsitzenden gewählt werden, die bereit war, sich für die Frauen und die »Ideale« des Werkvolks »wirklich« einzusetzen[72]. Sie sollte einmal im Jahr sämtliche Diözesen des Verbands besuchen, um sich nach dem Stand der Frauenarbeit zu erkundigen und an den »Mittelpunkten des Werkvolk-Lebens der jeweiligen Diözesen« eigene Frauenversammlungen oder auch allgemeine Versammlungen abzuhalten, um zu grundsätzlichen Fragen des religiösen und öffentlichen Lebens »vom Standpunkt der Frau aus« Stellung zu nehmen. Außerdem sollte die Verbandsleiterin zu Anfang jeden Jahres die Diözesanleiterinnen zu einer eigenen Konferenz

---

1948 »zu wenig Beachtung geschenkt worden« sei, und forderte deshalb von der Verbandszentrale, »auf diesem Gebiet auch etwas aktiver zu sein als bisher«. Paul Strenkert an das Verbandssekretariat, 31. Januar 1948. KAB A Kart. 5.

[70] Alfred Berchtold an Elisabeth Bach, 12. Januar 1949. KAB VZ Schriftwechsel Bach 1949–1950.

[71] Elisabeth Bach an Rosa Louis, 30. März 1949. KAB VZ Schriftwechsel Bach 1949–1950. Zur Person von Rosa Louis vgl. A. M. ANTHAMATTEN, S. 34–41, 149. Louis wirkte von 1924 bis 1956 als »Zentralsekretärin«.

[72] Zur Kritik an der Verbandsvorsitzenden Georgine Christl, der neben ihren anderen Verpflichtungen zu wenig Zeit für die Frauenarbeit zur Verfügung stand, vgl. Emma Frey an Anton Maier, 17. Februar 1953. KAB MARKTREDWITZ.

zusammenrufen, die an einem zentral gelegenen Ort unter dem Vorsitz des Verbandspräses und im Beisein von Rektor Berchtold und des Verbandsvorsitzenden stattfinden sollte. Den Kontakt zu den Diözesanleiterinnen sollte die Verbandsleiterin mit Hilfe von mehreren Rundschreiben im Jahr konstant aufrechterhalten. Die Diözesanleiterinnen sollten ihr »auch ab und zu« über ihre Arbeit berichten.

Was die Verbandsleiterin für den Gesamtverband war, sollten die Diözesanleiterinnen innerhalb ihrer Zuständigkeitsbezirke sein. Zu ihren Aufgaben zählte vor allem die Sorge um die Aufstellung der zum größten Teil noch fehlenden Bezirksleiterinnen. Des weiteren sollte sie alle Bezirksverbände »dann und wann« bereisen und einmal im Jahr deren Leiterinnen unter dem Vorsitz des Diözesanpräses und in Anwesenheit des Diözesanvorsitzenden zu einer Arbeitstagung zusammenrufen. Außerdem sollte sie mit diesen durch mehrmalige Rundschreiben während des Jahres »Fühlung halten« und sich für Referate zur Verfügung stellen. Hierbei war man sich aber bewußt, daß fast alle Diözesanleiterinnen ihrer Arbeit im Werkvolk ehrenamtlich, also neben vielen beruflichen und häuslichen Verpflichtungen, nachgingen und sich von daher dieser Aufgabe »natürlich« nicht so widmen konnten, »wie sie das möchten und wie es notwendig wäre«. Deshalb sollten sie von allen Diözesansekretären nachdrücklich unterstützt werden.

Die Bezirksleiterinnen hatten in dieser Konzeption der Frauenarbeit »in erster Linie eine betreuende Aufgabe«, da sie den einzelnen Vereinen am nächsten standen und von daher »zu allererst von deren Leben, ihren Schwierigkeiten und Erfolgen« informiert waren. Sie sollten die Gruppen »des öfteren« besuchen, sich »dann und wann« an ihren außerordentlichen Veranstaltungen beteiligen, bei Spannungen zu vermitteln suchen und, wenn dies nicht möglich war, die Diözesanleitung um Hilfe bitten. Sie hatten des weiteren die Aufgabe, intensiv für Exerzitien, Schulungskurse und Großveranstaltungen zu werben und dabei durch ihre Anwesenheit ein gutes Beispiel zu geben. Bei Bezirksleiterinnentagungen sollten sie der Diözesanleitung über ihre Arbeit berichten.

Die weiblichen Vorstandsmitglieder der einzelnen Vereine, insbesondere Vorsitzende und Sozialreferentin, hatten in den Augen von Elisabeth Bach »die schönste, aber auch die schwerste Aufgabe« von allen: Sie, »die sie mitten in der praktischen Gruppenarbeit stehen und fast täglich mit ihren Leuten in Berührung kommen«, sollten »das große Sozialprogramm der Frau, die Verwirklichung der sozialen Liebe, in die Tat umzusetzen«. Hierzu sollten sie sich »um Einfluß bemühen«, sich in Zusammenarbeit mit allen Frauen ihrer Gruppe um alle Fälle »leiblich-seelischer Not« kümmern und versuchen, sie zu beheben oder doch wenigstens zu lindern. Den Schwerpunkt ihres Wirkens sollten sie darauf legen, alleinstehende Frauen – Unverheiratete und Witwen – zu gewinnen, die »oft in Gefahr« waren, »durch ihre Einsamkeit seelisch zu verkümmern oder gar auf den Abweg zu geraten«. »In der Hingabe an die großen Ziele« des Werkvolks konnten diese »für ihre unerschöpflichen fraulichen und mütterlichen Kräfte ein reiches Arbeitsfeld« finden. Vorsitzende und Sozialreferentin sollten, so weit dies noch nicht geschehen war, neben den allgemeinen Werkvolk-Veranstaltungen auch eigene Frauen-Zusammenkünfte, wie Heimabende, Nähabende, Diskussionsabende und ab und zu auch eine Frauen-Mitgliederversammlung einführen. Solche Veranstaltungen entsprachen in der Sicht der weiblichen Führungskräfte des Werkvolks »der Eigenart der Frau, die nach Wärme, Geborgenheit und Verstehen verlangt«. Generell sollten die Frauen durch »ihren fraulich-mütterlichen Einfluß das ganze Werkvolk-Leben beseelen«[73]. Doch Verbandspräses Maier überging auf dem Verbandstag den ordnungsgemäß eingereichten Antrag zur Frauenarbeit und teilte der Bamberger Diözesanleiterin mit, daß alle ihre die Frauenfrage betreffenden Vorschläge und Anträge hinfällig seien[74]. Bei der Wahl der Verbandsvorsitzenden schließlich unterlag Elisabeth Bach Georgine Christl mit 138 zu 200 Stimmen[75].

Hierauf verstärkte Elisabeth Bach ihre persönlichen Kontakte zum Westdeutschen Verband[76] und intensivierte zugleich ihre Aktivitäten auf der Verbandsebene. So organisierte sie als Bamberger Diözesanleiterin, keinen Monat nach ihrer Niederlage auf dem Verbandstag, vom 27. bis 29. Oktober 1951 gemeinsam mit Wilma Beringer und Emma Frey in Vierzehnheiligen einen speziellen Frauen-Schulungskurs. Er richtete sich an die Frauen und Mädchen aus allen Berufs- und Altersschichten. Durch die verbandsweite Ausschreibung[77] und Berichterstattung über seinen Verlauf[78] wirkte er weit über das Erzbistum Bamberg hinaus. Er fand seine Fortsetzung bereits am 1. Advent in einem Frauenschulungstag in Kleinheubach für etwa 100 Mädchen und Frauen der Diözese Würzburg[79]. Ein weiterer Frauenschulungstag in Zusammenarbeit mit Hans Haberkorn und

---

[73] WERKVOLK, Nr. 8, August 1951.
[74] Elisabeth Bach an Anton Maier, 24. September 1951. AEB KAB Kart. 67.
[75] Protokoll des Verbandstags des Katholischen Werkvolks, 29.–30. September 1951. KAB VZ 42a / Verbandstag Neustadt 1951.
[76] Diese hatte sie bereits zuvor geknüpft. So beteiligte sich etwa eine Vertreterin der katholischen Arbeiterinnenvereine Westdeutschlands an der Frauentagung des Werkvolks in Kochel vom 24. bis 30. September 1950 (WERKVOLK, Nr. 11, November 1950) und nahm der Diözesanpräses der KAB im Bistum Münster, Kaplan Theodor Denkhoff, 1951 an einem Frauenschulungskurs des Bistums Bamberg in Vierzehnheiligen teil (Elisabeth Bach an Rudolf Müller, 4. September 1951. AEB KAB Kart. 67).
[77] WERKVOLK, Nr. 10, Oktober 1951.
[78] WERKVOLK, Nr. 12, Dezember 1951.
[79] WERKVOLK, Nr. 2, Februar 1952. An der Veranstaltung für den Diözesanverband Bamberg hatten 44 Frauen teilgenommen. WERKVOLK, Nr. 12, Dezember 1951.

III. Die Frauenarbeit

Diözesanpräses Franz Kolb folgte am 3. Februar 1952 in Bad Kissingen[80]. Doch in Bistümern ohne Diözesanleiterinnen fehlte der »diözesanen Frauenarbeit« »der ziel- und richtungsweisende Mittelpunkt« und war »darüber hinaus – was die fraulichen Belange betrifft – die notwendige Verbindung zwischen Verbandsleitung einerseits und den Diözesanverbänden andererseits nur schwer möglich«[81].

War Elisabeth Bach 1951 mit ihrer Forderung gescheitert, auf dem Verbandstag eine eigene Frauen-Arbeitskonferenz abzuhalten, zu der neben der Verbandsleiterin, den Diözesan- und Bezirksleiterinnen sämtliche weiblichen Vorstandsmitglieder des Werkvolks sowie Vertreterinnen des Westdeutschen Verbands und verantwortliche Frauen der katholischen Arbeiterbewegung aus Holland, Belgien, Frankreich und der Schweiz geladen werden sollten, so erreichte sie Anfang 1952 aber immerhin, daß sich eine Nummer des Verbandsorgans fast ausschließlich mit Fragen der Frau befaßte[82]. Außerdem wurde die Gestaltung der »Seite der Frau« in der Mitgliederzeitung[83] nun generell inhaltlich zunehmend stärker durch das Gedankengut der Neuererinnen bestimmt. In diesem Zusammenhang wurde auch ein von Frau Bach ausgearbeitetes Referat zur Frauenarbeit als Redevorlage über das Verbandssekretariat an alle Werkvolkgemeinschaften versandt[84].

Vom 7. bis zum 10. Februar 1953 nahm Elisabeth Bach dann zusammen mit Wilma Beringer und Emma Frey auf Einladung der westdeutschen Frauen-KAB zwecks »Verbindung und Fühlungsnahme« an deren ersten Leiterinnenkurs in Dortmund teil[85]. Die Vertreterinnen aus dem süddeutschen Raum, unter denen sich auch Rosa Louis, die Generalsekretärin der Schweizer Arbeiterinnenvereine, befand, bekamen durch die Rechenschaftsberichte der einzelnen Leiterinnen »einen klaren Einblick in die Pionierarbeit der Frauen-KAB« vermittelt[86]. Doch strebte der westdeutsche Teil der katholischen Arbeiterinnenbewegung zum Erstaunen der süddeutschen Teilnehmerinnen trotz seiner organisatorischen Eigenständigkeit gegenüber der männlichen KAB »nach noch größerer Selbstständigkeit und Unabhängigkeit«, während in Süddeutschland »das gesunde Zusammenwirken von Männern und Frauen« selbstverständlich

---

[80] WERKVOLK, Nr. 3, März 1952.
[81] WERKVOLK, Nr. 8, August 1951.
[82] WERKVOLK, Nr. 2, Februar 1952.
[83] Vgl. S. 155.
[84] Rundschreiben des Verbandssekretariats, 8. Mai 1952. AEB KAB Kart. 55.
[85] Emma Frey an Anton Maier, 17. Februar 1953. KAB MARKTREDWITZ. Programm der KAB-Frauentagung. AEB KAB Kart. 67. Ein ausführlicher Bericht und die in Dortmund gefaßten Entschließungen wurden im Verbandsorgan mit Zustimmung von Verbandspräses Maier abgedruckt. WERKVOLK, Nr. 3, März 1953.
[86] WERKVOLK, Nr. 3, März 1953.

war[87]. Wollten die süddeutschen Frauenvertreterinnen auch an der organisatorischen Einheit von Männer und Frauen festhalten, so erkannten sie klar die Vorteile der eigenständigen Organisation der weiblichen Arbeiterschaft. So wurde etwa die westdeutsche Frauen-KAB von der dortigen Verbandsleitung viel ernster genommen und erhielt wesentlich mehr Unterstützung als die weiblichen Mitglieder des Werkvolks, obwohl in Westdeutschland innerhalb der KAB nur 11 000 weibliche Mitglieder den etwa 200 000 männlichen Mitgliedern gegenüberstanden. In Süddeutschland waren zu diesem Zeitpunkt nahezu die Hälfte aller Werkvolkmitglieder, konkret 19 886 Personen, weiblichen Geschlechts[88]; die süddeutschen Frauen waren also im Vergleich zu den westdeutschen Frauen »die zahlmäßig Überlegenen«. Durch ihre Selbständigkeit war die Frauen-KAB aber ebenfalls in die Dachorganisation der katholischen Frauenverbände integriert und hatte zum Beispiel auch auf den Tagungen des Frauenbunds Sitz und Stimme. Von daher wurde sie von den übrigen Frauenverbänden trotz ihrer geringen Mitgliederzahl viel ernster genommen als die Vertreterinnen des Werkvolks, das ja nach außen hin kaum als Frauengemeinschaft in Erscheinung trat. Durch ihre organisatorische Eigenständigkeit erhielt die Frauen-KAB des weiteren »über das Frauenseelsorgsamt große finanzielle Begünstigungen«. So wurde etwa bei allen Schulungen »die Hälfte der Unkosten von dort her getragen, ohne daß von den Mitglieds-Beiträgen etwas nach dort abzuführen« war. Elisabeth Bach, Emma Frey und Wilma Beringer sahen nach dem Besuch der Tagung in Dortmund ihre »Sorgen um die Frauenarbeit« einmal mehr als »begründet« und nicht als »unberechtigte Kritik« an[89]. Deshalb strebten sie auch eine »Zusammenarbeit« mit der westdeutschen Frauen-KAB an, um so »in gemeinsamer Zielrichtung« einen »Beitrag zur Lösung der sozialen Frage nach der Lehre der katholischen Kirche« zu leisten; doch sollte dabei zugleich nach wie vor an den »verschiedenen Wegen« der westdeutschen und süddeutschen weiblichen Arbeiterbewegung festgehalten werden[90], da die »Situation und Arbeitsweise ja schließlich eine sehr andere« war[91].

Auf Grund der Erfahrung der westdeutschen Tagung sowie ihres Scheiterns auf dem Verbandstag in Neustadt 1951 drängten die Neuererinnen nun verstärkt auf die Durchführung eines eigenen Frauenverbandstags, eines Forums, das in der Satzung des Werkvolks überhaupt nicht vorgesehen war. Er wurde schließ-

---

[87] Emma Frey an Anton Maier, 17. Februar 1953. KAB MARKTREDWITZ.
[88] Vgl. Tab. 6 im Anhang.
[89] Emma Frey an Anton Maier, 17. Februar 1953. KAB MARKTREDWITZ.
[90] WERKVOLK, Nr. 3, März 1953.
[91] Emma Frey an Anton Maier, 17. Februar 1953. KAB MARKTREDWITZ.

lich vom 13. bis zum 14. Juni 1953 in Nürnberg durchgeführt[92], das überwiegend zum Sprengel des Erzbistums Bamberg gehört, in dem Elisabeth Bach als Diözesanvorsitzende und Frauenleiterin wirkte. In Nürnberg wurden Richtlinien für die künftige Frauenarbeit des Süddeutschen Verbands formuliert, »die in allen Diözesanverbänden bald verwirklicht werden sollten«[93]. Einerseits betonten diese Richtlinien »die Einheit von Männern und Frauen in der Arbeiterbewegung«, andererseits forderten sie »aber das selbständige Arbeiten der Frauen zur besseren Aktivierung und Erfassung derselben«. Hatte sich bisher das Eigenleben der bestehenden Frauengruppen innerhalb einer Werkvolkgemeinschaft auf »vierteljährliche eigene Zusammenkünfte« beschränkt, forderten die Delegierten des Frauenverbandstags erneut als anzustrebendes und zu verwirklichendes Ideal eine monatliche Frauenversammlung und wöchentliche Heimstunden, »in denen die Frauen und Mädchen religiös betreut und für ihre hausfraulichen und mütterlichen Tätigkeiten praktisch geschult werden sollten«. Zwar sollten die Frauen auch für »die Mitarbeit im öffentlichen Leben, im Betrieb, in der Gewerkschaft und in der Sozialversicherung« geschult werden, doch lag auch der Akzent der neuen Richtlinien klar darauf, die Frauen vor allem »zur sozialen und caritativen Mitarbeit« »in der gegenseitigen Hilfe bei Krankheit und Not« anzuregen[94].

Obwohl erst der Verbandstag von Mannheim 1955 die in Nürnberg beschlossenen Richtlinien durch einen eigenen Hinweis in den neuen Satzungen in das Arbeitsprogramm des Verbands aufnahm und damit für das gesamte Verbandsgebiet verbindlich verankerte, wurden die besagten Richtlinien schon im August 1953 in der Verbandszeitung veröffentlicht und stellten somit die Basis der gesamten weiteren Frauenarbeit im Werkvolk dar[95]. Der Frauenverbandstag bewirkte nicht nur die Verabschiedung der Richtlinien für die Frauenarbeit, die Wiederbesetzung der Stelle einer Verbandssekretärin[96] und verstärkte Bemühungen um die Einstellung von Diözesansekretärinnen, sondern ebenso regelmäßige Treffen der führenden Frauen im Rahmen der Sitzungen des Verbandsausschusses[97]

---

[92] Das Programm ist gedruckt in WERKVOLK, Nr. 6, Juni 1953; ein Bericht über den Verlauf der Tagung in WERKVOLK, Nr. 7, Juli 1953. Der Frauenverbandstag des Werkvolks fand somit bereits zwei Jahre vor der »Frauensondertagung« im Rahmen des Internationalen Kongresses der Christlichen Arbeiterbewegungen (11. Mai 1955) statt, auf der sich erstmals Vertreterinnen aus ganz Europa trafen, WERKVOLK, Nr. 6, Juni 1955.

[93] Damit lehnte man sich direkt an das Vorbild der ersten Leiterinnen-Tagung der Frauen-KAB an, auf der es »zur Aufstellung neuer Richtlinien für die Frauenarbeit des Westdeutschen Verbandes« gekommen war. WERKVOLK, Nr. 3, März 1953.

[94] Rechenschaftsbericht Wilma Beringer, 21. Juni 1953 bis 9. Juni 1956. KAB R Diözesantage.

[95] WERKVOLK, Nr. 8, August 1953.

[96] Zur massiven Kritik am Fehlen einer Verbandssekretärin vgl. Emma Frey an Anton Maier, 17. Februar 1953. KAB MARKTREDWITZ.

[97] Vgl. hierzu etwa WERKVOLK, Nr. 12, Dezember 1953.

sowie die bereits 1951 geforderte Institutionalisierung jährlicher Konferenzen der Diözesanleiterinnen. An wechselnden Orten trafen sich diese nun – zumeist am Beginn eines neuen Jahres – zum gegenseitigen Erfahrungsaustausch sowie zur Beratung über ein gemeinsames Jahresthema für die Frauenarbeit und aktuelle Probleme. An den Besprechungen, die durch Berichte über den Stand der Arbeit in den einzelnen Bistümern eingeleitet wurden, nahmen aber nicht nur die ehrenamtlichen Diözesanleiterinnen teil, sondern auch die innerhalb des Verbands hauptamtlich mit der Frauenarbeit befaßten Sekretärinnen[98]. Damit waren die Grundlagen und Rahmenbedingungen für die Frauenarbeit bis Mitte der sechziger Jahre gelegt. Als Papst Pius XII. im Jahr 1956 in einem Schreiben an den Westdeutschen Verband »auf die Möglichkeit und Notwendigkeit der Frauenarbeit« hinwies, sahen sich diejenigen ausdrücklich bestätigt, die sich in Süddeutschland diesem so wichtigen Feld gewidmet hatten, ließ doch dieser Brief ihre bisherige Arbeit »wieder in einem völlig neuen Licht erscheinen«[99]. Trotzdem galt es »mancherorts« auch weiterhin, »Priester und Laien erst von der Wichtigkeit der Frauenarbeit im Werkvolk zu überzeugen und sie dafür zu gewinnen«. »Mitunter« war dies »ein sehr zäher und harter Kampf«[100].

Während Frau Bach sich im Erzbistum Bamberg darum bemühte, die Frauenarbeit zu aktivieren, indem sie alle weiblichen Vorstandsmitglieder zur Teilnahme an zentralen Veranstaltungen wie etwa Exerzitien[101] zu motivieren versuchte, wählte Wilma Beringer, die Regensburger Diözesanleiterin, einen anderen Ansatzpunkt. Sie setzte »zum Beginn und zur Aktivierung der Frauenarbeit«

---

[98] Bericht von der 2. Diözesanleiterinnen-Konferenz, 4.–5. Februar 1956 in München (AEB KAB Kart. 70); Bericht von der 3. Diözesanleiterinnen-Konferenz, 12.–13. Januar 1957 in Ramspau (AEB KAB Kart. 52); Bericht von der 4. Diözesanleiterinnen-Konferenz, 18.–19. Januar 1958 in Würzburg (AEB KAB Kart. 62); Bericht von der 5. Diözesanleiterinnen-Konferenz, 11.–12. April 1959 in Hohenaschau (AEB KAB Kart. 49); Bericht von der 7. Diözesanleiterinnen-Konferenz, 16.–17. Januar 1960 in München (AEB KAB Kart. 49); Bericht von der 8. Diözesanleiterinnen-Konferenz, 4.–5. Februar 1961 in München (AEB KAB Kart. 58); Bericht von der 9. Diözesanleiterinnen-Konferenz, 4.–5. November 1961 in München (AEB KAB Kart. 52); Bericht von der 10. Diözesanleiterinnen-Konferenz, 26.–27. Mai 1962 in Fürstenried (AEB KAB Kart. 52); Bericht von der 11. Diözesanleiterinnen-Konferenz, 12.–13. Januar 1963 in München (ABP KAB Kart. 52, Akt 154). Sowohl von der 1. wie von der 6. Diözesanleiterinnen-Konferenz war kein Protokoll zu eruieren. Waren die Frauen bei den Besprechungen im Umfeld der Sitzungen des Verbandsausschusses unter sich, so waren bei den Diözesanleiterinnen-Konferenzen auch der Verbandspräses und der Verbandsvorsitzende, Rektor Berchtold und die Diözesanpräsides anwesend.

[99] Protokoll über die Delegiertentagung des 2. Diözesantags des Werkvolks der Diözese Eichstätt, 6. Oktober 1956. DA EI BA Werkvolk 1949–1967. Das Schreiben von Papst Pius XII. an die Katholische Arbeiter-Bewegung Westdeutschland, 9. Mai 1956, ist gedruckt in: TEXTE ZUR KATHOLISCHEN SOZIALLEHRE, S. 205–210.

[100] Rechenschaftsbericht Wilma Beringer, 21. Juni 1953 bis 9. Juni 1956. KAB R Diözesantage.

[101] WERKVOLK, Nr. 4, April 1953

III. Die Frauenarbeit 299

gezielt bei den Bezirken an, bevor sie zur Neugründung von einzelnen lokalen Frauengruppen schritt. Sie besuchte als erstes die Konferenzen der fünf Bezirksverbände ihres Heimatbistums und referierte dort über »Die Frau im Katholischen Werkvolk«. Danach hielt sie in verschiedenen Gemeinden »Frauenversammlungen« ab, um noch bestehende rein weibliche Werkvolkgemeinschaften zu erhalten sowie die Frauengruppen in gemischten Werkvolkgemeinschaften zu betreuen und neue Mitglieder zu werben. Erst danach wurde von ihr die Gründung neuer Frauengruppen angeregt. Diese Arbeit vor Ort wurde durch spezielle Frauenkurse im Werkvolkheim Ramspau sowie Frauen-Exerzitien begleitet [102]. Nach der Berufung von Fritz Morgenschweis zum hauptamtlichen Diözesanpräses fanden im Bistum Regensburg auch spezielle Einkehrtage für Frauen auf Bezirksebene statt [103], wie sie auch im Münchener Erzbistum üblich waren [104].

Innerhalb von sechs Jahren gelang es Wilma Beringer, im Bistum Regensburg die Frauenarbeit so zu aktivieren, daß von 53 Frauengruppen immerhin 46 eigene Vorsteherinnen aufwiesen und in acht der zwölf Bezirke des Diözesanverbands Bezirksleiterinnen wirkten. Trotzdem wurde in diesem für die Frauenarbeit vorbildlichen Teil des Verbandsgebiets auch nach sechs Jahren spezifischer Aktivität »der Sinn und Zweck der Frauenarbeit im Werkvolk noch nicht restlos erfaßt« [105], und »oft [...] die Erfassung der Arbeitnehmerfrau in ihrer berufsständischen Organisation nicht für notwendig gehalten« [106]. Um die Frauenarbeit zu vereinheitlichen, ging Wilma Beringer dazu über, »alljährlich ein Jahresthema und ein Jahresarbeitsprogramm auszuarbeiten und dazu eine Materialmappe als Anleitung herauszugeben«. Diese Methode bewährte sich so, daß 1955 eine Kommission – bestehend aus allen Diözesanleiterinnen, der Verbandsvorsitzenden und der Verbandssekretärin sowie dem Verbandspräses und Rektor Berchtold – gebildet wurde, die für das gesamte süddeutsche Verbandsgebiet ein eigenes Jahresthema für die Frauenarbeit auswählte und die zu seiner Umsetzung nötigen Materialien ausarbeitete [107]. Das Jahresthema stand auf Bezirksebene im

---

[102] Rechenschaftsbericht der Diözesanleiterin, 29. Juli 1951 bis 20. Juni 1953. KAB R Diözesanausschuß/Diözesantag.
[103] Tätigkeitsbericht Wilma Beringer, 10. Juni 1956 bis 4. Oktober 1958. KAB R Diözesantage.
[104] WERKVOLK, Nr. 12, Dezember 1952.
[105] Rechenschaftsbericht Wilma Beringer, 10. Juni 1953 bis 31. Juli 1957. KAB R Diözesanausschuß.
[106] Rechenschaftsbericht Wilma Beringer, 10. Juni 1956 bis 4. Oktober 1958. KAB R Diözesantage.
[107] Rechenschaftsbericht Wilma Beringer, 21. Juni 1953 bis 9. Juni 1956. KAB R Diözesantage. Die Themen lauteten: 1953/54 »Arbeiterfrau und Familie«; 1954/55 »Arbeiterin – Kirche – Apostolat«; 1955/56 »Das Leben der modernen Frau zwischen Haushalt und Beruf«. Zu letzterem Thema wurde eine spezielle Untersuchung durchgeführt: »Warum sind heute soviele verheiratete Frauen und Mütter berufstätig?«; 1956/57 »Die Sendung der Frau im Betrieb«; 1957/58 »Was bedeutet für uns verkürzte Arbeitszeit?«; 1958/59 »Unsere Sorge: Die Arbeiterschaft in den aufbrechenden Völkern der Entwicklungsländer«.

Zentrum von zweimal im Jahr stattfindenden speziellen ganz- oder halbtägigen Frauenschulungstagen. Darüber hinaus wurden die Leiterinnen der Frauengruppen einmal im Jahr in einem speziellen Kurs im Werkvolkheim Ramspau in das Jahresthema eingeführt. Nachdem das Jahresthema 1956 verbandsweit eingeführt worden war, wurde auch in der Mitgliederzeitung darauf ausführlich eingegangen[108]. So erreichte man, daß sich etwa zwei Drittel aller Frauengruppen darum bemühten, das Jahresthema tatsächlich »gut durchzuarbeiten«[109]. Um sie dabei zu unterstützen, erstellte man 1956 »eine Jahresmappe als Materialreichung zur Durchführung von Versammlungen und Feierstunden«. Ab 1957 wurden dann von der Diözesanvorstandschaft monatlich »Versammlungskizzen und Unterlagen für Aktionen und Feierstunden« zum Jahresthema versandt[110].

Dem Engagement von Frau Beringer war es zu verdanken, daß der Regensburger Diözesanverband ab 1. Oktober 1958 wie der Würzburger Diözesanverband über eine hauptamtliche Sekretärin für Frauenfragen verfügte. Im Gegensatz zur Situation in Unterfranken war in der Oberpfalz die Anstellung einer Sekretärin erst durch Sonderbeitragsleistungen der Werkvolkmitglieder der Diözese Regensburg möglich geworden[111]. Ursprünglich hatte man daran gedacht, die neugeschaffene Stelle mit Wilma Beringer selbst zu besetzen, doch dann hatten sich sowohl Diözesanpräses Morgenschweis als auch die Verbandssekretärin Stelzer gegen die Anstellung der Diözesanleiterin als Diözesansekretärin ausgesprochen und für die Heranziehung einer neuen Kraft votiert[112]. Das Frauensekretariat wurde schließlich in Marktredwitz errichtet, wo der Pfarrer hierfür einen Raum zur Verfügung stellte, und mit Helga Werner besetzt, nachdem mehrere Frauen, die man hierfür in Aussicht genommen hatte, abgelehnt hatten[113]. Das Problem war vor allem die »Altersversorgung« der Sekretärin, da die Diözesanleiterin davon ausging, daß es einer Frau nicht möglich sei, »länger als bis 50 Jahre in einem solchen Amt zu verbleiben, schon auch im Interesse der Gemeinschaft«, und andererseits, »eine Unterbringung in einem neuen Beruf in diesem Alter fast unmöglich« sei[114].

---

[108] Vgl. etwa WERKVOLK, Nr. 10, Oktober 1956; WERKVOLK, Nr. 11, November 1957; WERKVOLK, Nr. 6, Juni 1958; etc.
[109] Rechenschaftsbericht Wilma Beringer, 10. Juni 1956 bis 31. Juli 1957. KAB R Diözesanausschuß. Diese Aussage beruht auf der Berichterstattung von 21 der 64 einzelnen Frauengruppen und sechs der acht Bezirksleiterinnen des Bistums Regensburg.
[110] Tätigkeitsbericht Wilma Beringer, 10. Juni 1956 bis 4. Oktober 1958. KAB R Diözesantage.
[111] Rechenschaftsbericht Wilma Beringer, 10. Juni 1956 bis 4. Oktober 1958. KAB R Diözesantage.
[112] Protokoll der Diözesanvorstandssitzung, 18. Oktober 1957, sowie Protokoll der Diözesanvorstandssitzung, 28. Oktober 1957. KAB R Diözesanvorstand.
[113] Rechenschaftsbericht Wilma Beringer, 10. Juni 1956 bis 4. Oktober 1958. KAB R Diözesantage.
[114] Protokoll der Diözesanvorstandssitzung, 28. Oktober 1957. KAB R Diözesanvorstand.

III. Die Frauenarbeit 301

Zur Kontrolle der Erfolge bei der Aufbauarbeit versandte das Frauensekretariat Formblätter für Monatsberichte an die Frauengruppe, die allmonatlich an die Verbandssekretärin oder jeweilige Diözesanleiterin ausgefüllt eingereicht werden sollten. Diese Berichte belegten, daß etwa in den 43 Frauengruppen des Bistums Regensburg bis 1956 »die meisten der [...] Gruppen« monatlich eigene Frauenversammlungen abhielten und sich nur einige auf die ursprünglich vierteljährlichen Zusammenkünfte beschränkten. Die Hälfte der Frauengruppen im Bistum Regensburg hielten zudem »mit gutem Erfolg« wöchentliche Heimstunden ab[115]. Die regelmäßigen »Berichtsbögen« ermöglichten es den Verantwortlichen, die am häufigsten auftretenden Probleme festzustellen. So fanden etwa »örtlich« nur in wenigen Fällen regelmäßige Vorstandssitzungen statt, wurden Frauen »wenig oder gar nicht« zu Bezirks- und Diözesantagen delegiert, hatte die männliche Vorstandschaft »kein Verständnis« für eigene Frauenversammlungen, war der »Nachwuchs aus den Jugendbewegungen« für die Frauenarbeit gering und wurde die Frauenarbeit im Werkvolk zudem durch die »Rivalität« des Frauenbunds behindert. Neben diesen negativen Aspekten war aus den Berichtsbögen der Bezirksleiterinnen aber auch ersichtlich, »daß an vielen Orten sowohl die Notwendigkeit der Gründung einer Frauengrupppe als auch die Möglichkeit dazu gegeben wäre. Nur fehlt es meist an geeigneten Frauen, welche die Leitung und Verantwortung übernehmen wollen«[116]. Dies war das zentrale Problem für die angestrebte, »von der Diözesanstelle aus lenkbare Frauenarbeit«, zeigte sich doch, daß aktive Frauenarbeit nur in den Vereinen erfolgte, wo eine eigene Leiterin vorhanden war und auch eigenständige Frauenversammlungen durchgeführt wurden[117].

Deshalb strebte man anfänglich nach westdeutschem Vorbild – wo der Verband jeden Monat ein spezielles Rundschreiben, einen Werkbrief für die Frauenarbeit, herausbrachte – an, durch geeignete und regelmäßige Rund- und Werkbriefe »mehr führende Frauen zu bekommen«. Durch diese »Anweisungen und Handreichungen« versuchte man zugleich »von oben her«, bei der Frauenarbeit »in der Arbeitsmethode eine einheitliche Richtung« zu erreichen[118]. Zu diesem Zweck wies man die weiblichen Verbandsangehörigen auch auf soziale »Schulungswo-

---

[115] Rechenschaftsbericht Wilma Beringer, 21. Juni 1953 bis 9. Juni 1956. KAB R Diözesantage.
[116] Rechenschaftsbericht Wilma Beringer, 10. Juni 1951 bis 31. Juli 1957. KAB R Diözesanausschuß.
[117] Zusammenfassender Bericht über die Frauenarbeit im Werkvolk in den Diözesen des Süddeutschen Verbands, 1959/60. KAB VZ Verbandsvorstand: Arbeitspläne und Berichte 1961–1971.
[118] Emma Frey an Anton Maier, 17. Februar 1953 (KAB MARKTREDWITZ). Im Bistum Regensburg erhielten die Frauengruppen bis 1956 neben den »Materialreichungen« zum Jahresthema aber real nicht monatlich, sondern jährlich (!) »ein Mitteilungsblatt für die Vorsteherinnen« (Rechenschaftsbericht Wilma Beringer, 21. Juni 1953 bis 9. Juni 1956. KAB R, Diözesantage), obwohl bereits 1951 gefordert worden war, »das Hauptaugenmerk auf die Erstellung von Arbeitsmaterial zu richten«,

chen, Wochenend-Schulungskurse, Arbeitstagungen und ähnliches« hin. Doch hatte »ein großer Teil« der Frauen lange Zeit »für diese weltanschauliche und soziale Schulung noch nicht das richtige Verständnis«. Sie meinten »immer«, daß dies »eine Sache der Männer« sei. Um bei den Werkvolk-Frauen »allmählich mehr und mehr das Verständnis für die Schulungsarbeit des Verbandes zu wecken«, richtete man eigene »Frauen-Schulungskurse« ein, die »ganz auf die Frau und ihre Probleme abgestimmt« waren und bei denen auch die allgemeinen sozialpolitischen Themen so gehalten waren, daß sie »der Eigenart der Frau« Rechnung trugen. Dadurch hoffte man, »die Frau anzusprechen und zu aktivieren« und so neue Frauenleiterinnen zu gewinnen[119]. »Frauen-Schulungen« wurden auf allen Ebenen des Verbands organisiert – bezirklich[120], diözesan[121] und verbandsweit[122] – und widmeten sich allen Bereichen der Bildungsarbeit. Sie waren kulturell, gesellschaftlich, politisch, gewerkschaftlich oder religiös ausgerichtet, bemühten sich aber stets, frauenspezifische Inhalte zu transportieren. Neben diesen Schulungen, bei denen ab 1956 das Jahresthema im Mittelpunkt stand, wurden die Frauen auch in die »Rede- und Diskussionstechnik« eingeführt und »praktische Übungen für Versammlungen, Heimstunden, Aktionsrunden und Feierstunden« abgehalten[123]. Solche, zumeist als »Leiterinnenschulungswochen« bezeichneten Veranstaltungen dienten »der Heranbildung weiblicher Führungskräfte im Werkvolk durch Einführung in die praktische Arbeit der Organisation[124].

Die Leiterin der weiblichen Arbeitsgemeinschaft einer Werkvolkgemeinschaft sollte so befähigt werden, die eigene Frauengruppe zu leiten und neben den allgemeinen Veranstaltungen des Ortsvereins auch die Organisation von »Heimabenden, Nähabenden, Aussprachabenden« zu übernehmen, die der »Eigenart

---

das den weiblichen Vorstandsmitgliedern die Möglichkeit geben sollte, »ihre Frauen auch wirklich zu betreuen und zu führen«. WERKVOLK, Nr. 8, August 1951.

[119] Elisabeth Bach, Die Aufgabe der Frau im Werkvolk, o.D. (wohl Mai 1952). AEB KAB Kart. 55. Zum Verlauf der Frauen-Schulungswochen in Kochel 1950 (»Die Lage der unverheirateten Frau – ihre inneren und äußeren Probleme«) und in Bad Wörishofen 1951 (»Die verheiratete Frau, speziell die verheiratete Arbeiterfrau«) vgl. WERKVOLK, Nr. 7, Juli 1951.

[120] Vgl. etwa Tätigkeitsbericht Wilma Beringer, 10. Juni 1956 bis 4. Oktober 1958. KAB R Diözesantage.

[121] Hier läßt sich etwa im Bistum Regensburg ab Mitte der fünfziger Jahre eine sich zunehmend verstärkende Differenzierung feststellen. War etwa im Kursplan von Ramspau bis Ende des Jahres 1956 monatlich nur »ein allgemeiner Frauenkurs« vorgesehen, so wurden 1957 explizit als »Grundkurse« bezeichnete Veranstaltungen mit dem Titel »Heimgestaltung« durchgeführt und 1958 drei unterschiedliche »Aufbaukurse« angeboten: »Beruf und Leben für Berufstätige«, »Heim und Familie für Hausfrauen« sowie ein »Kurs für ältere Arbeitnehmerhausfrauen«. Tätigkeitsbericht Wilma Beringer, 10. Juni 1956 bis 4. Oktober 1958. KAB R Diözesantage.

[122] Vgl. S. 174.

[123] Rechenschaftsbericht Wilma Beringer, 10. Juni 1956 bis 31. Juli 1957. KAB R Diözesanausschuß.

[124] Tätigkeitsbericht Wilma Beringer, 10. Juni 1956 bis 4. Oktober 1958. KAB R Diözesantage.

III. Die Frauenarbeit

der Frau« entsprachen. Dadurch, daß man diese »ganz« den Frauen vorbehielt, gingen die Frauen »ganz aus sich heraus«. Die dabei geäußerten Anregungen sollten die Vorsitzende und die Sozialreferentin in der allgemeinen Vorstandssitzung zum Tragen bringen. Dadurch sollten die »Frauenzusammenkünfte« für die ganze Gemeinschaft zum »Segen« werden[125]. Trotz der Forderungen nach eigenen, vom gemeinsamen Ortsverein getrennten Veranstaltungen sollte das Jahresprogramm auch von rein weiblichen Werkvolkgruppen, in dessen Mittelpunkt in der Regel vor allem »frauliche Belange« standen[126], aus Sicht der Verbandszentrale nicht einseitig sein und keinen rein »fraulichen Charakter« haben[127]. Vielmehr sollte es wie das der rein männlichen und geschlechtlich gemischten Vereine an erster Stelle durch religiöse Veranstaltungen geprägt sein, sollte doch aus der »religiösen Vertiefung« die »Selbstbesinnung auf die frauliche Würde« erwachsen[128]. Vorträge zur Soziallehre der Kirche sowie die Auseinandersetzung mit dem Sozialismus sollten ebenso abgehalten werden, wie Veranstaltungen über rechtliche Fragen oder politische und staatsbürgerliche Schulungen[129]. Dabei zeigte »die Praxis« aber immer wieder die Notwendigkeit, daß den weiblichen Mitgliedern des Werkvolks »auch die politischen und wirtschaftlichen Probleme in einer anderen Form nahegebracht werden« mußten als den Männern[130].

Wenngleich die weiblichen Verbandsmitglieder auch gelegentlich durch das Verbandsorgan gezielt über Gesetze informiert wurden, die sie besonders betrafen – wie etwa das »Mutter-Schutzgesetz«[131], die »Regelung der Arbeitsbedingungen von Hausgehilfen«[132], die »Witwenrente«[133] oder »Die Frau und die Sozialversicherung« generell[134] –, wenngleich der Verband sich für die Veränderung von gesetzlichen Bestimmungen einsetzte, die Frauen benachteiligten[135], und die

---

[125] Elisabeth Bach, Die Aufgabe der Frau im Werkvolk, o.D. (wohl Mai 1952). AEB KAB Kart. 55.
[126] Rundschreiben an alle Präsides und Vorsitzenden der Werkvolkgemeinschaften der Erzdiözese Bamberg, 3. November 1948. AEB KAB Kart. 43.
[127] Amalie Stelzer: Frauenarbeit im Werkvolk. In: WERKVOLK-FÜHRUNG-PRÄSES, Nr. 2, 1955.
[128] WERKVOLK, Nr. 3, März 1953.
[129] Zum Vereinsleben einer rein weiblichen Werkvolkgruppe vgl. den Bericht über »das katholische Frauenwerkvolk Marktredwitz« in WERKVOLK, Nr. 6, Juni 1953.
[130] Emma Frey an Anton Maier, 17. Februar 1953. KAB MARKTREDWITZ.
[131] WERKVOLK, Nr. 2, Februar 1952.
[132] WERKVOLK, Nr. 8, August 1952; WERKVOLK, Nr. 9, September 1952; WERKVOLK, Nr. 10, Oktober 1952.
[133] WERKVOLK, Nr. 9, September 1952.
[134] WERKVOLK, Nr. 11, November 1952.
[135] So bemühte man sich, die rentenrechtliche Situation zu beheben, nach der einer Witwe ihre Rente bei Wiederverheiratung gestrichen wurde, was »zahlreiche Konkubinate« zur Folge hatte (WERKVOLK, Nr. 12, Dezember 1954), oder setzte sich für eine Mutterschutzgesetzgebung ein, um so den »erwerbstätigen Müttern, die durch die Erfüllung ihrer natur- und gottgewollten Aufgabe, Leben zu spenden, eine zusätzliche Leistung neben ihrem eigentlichen Erwerbsleben

Forderung der deutschen Bischöfe an die Wirtschaft nach Stellen zur Halbtags- und Kurzarbeit sowie frauengemäßen Arbeitsplätzen und Arbeitsbedingungen unterstützte[136], beruhte die örtliche Frauenarbeit doch oft auf der Organisation von »Koch-, Back-, Erste Hilfe-, Bastel-, Näh- und Tanzkursen« in größerer Zahl[137]. Sie wurden von den Frauen durchwegs positiv angenommen, ja lösten »helle Begeisterung« aus[138]. Um diesen Wünschen der weiblichen Angehörigen des Werkvolks nachzukommen, bot die Mitgliederzeitung in unregelmäßiger Folge Bastelhinweise für Frauen[139].

Auf diözesaner Ebene organisierte man verbandsweit vor allem spezielle »Frauenwallfahrten«[140] oder Exerzitien[141]. Neben diesen religiös geprägten Veranstaltungen wurden im Bistum Regensburg ab 1955 »auch Erholungswochen für erholungsbedürftige Frauen und Mütter« sowie eine »Ferienwoche für berufstätige Mädchen« organisiert; letztere in Zusammenarbeit mit der CAJ[142]. Durch »die stärkere Beteiligung an den Geldmitteln des Müttergenesungswerkes« gelang es zwar, die Zahl der Teilnehmerinnen aus dem Werkvolk zu steigern, doch diente die Aktion auf Grund der entsprechenden Vorschriften »ausschließlich der Wiedergesundung« von alten oder kranken Frauen und Müttern. »Jüngere Frauen und Mütter zu den Erholungen zu schicken«, gelang nicht[143].

Trotz aller seit 1948 einsetzenden Bemühungen um die Frauenarbeit hatten bis 1955 »noch lange nicht« alle Werkvolkgemeinschaften die Notwendigkeit der Frauenarbeit erkannt, vielmehr wurde diese als »eine Eigenbrötelei der Frauen«

---

für die Volksgemeinschaft vollbringen« auch »eine besondere Fürsorge angedeihen« zu lassen (WERKVOLK, Nr. 2, Februar 1952).

[136] Die deutschen Bischöfe: Das Problem der Frauenarbeit. KONTAKT (Würzburg), Nr. 3, Januar 1956. DAW Druckschriften.

[137] Bericht über die Gründung und das Werden des Diözesanverbands Würzburg. KAB W Diözesanvorstandschaft/Verschiedenes.

[138] Wie die Ausstellung der »selbst gefertigten Bastelarbeiten« der Frauengruppe Marktredwitz beim ersten Frauen-Schulungskurs des Katholischen Werkvolks der Erzdiözese Bamberg. WERKVOLK, Nr. 12, Dezember 1951.

[139] WERKVOLK, Nr. 12, Dezember 1951; WERKVOLK, Nr. 12, Dezember 1952; WERKVOLK, Nr. 3, März 1953; WERKVOLK, Nr. 1, Januar 1954; WERKVOLK, Nr. 2, Feburar 1954; etc.

[140] Hier seien nur drei Beispiele genannt: die Wallfahrt des weiblichen Werkvolks der Diözese Würzburg nach Maria Buchen bei Lohr (WERKVOLK, Nr. 10, Oktober 1954); die Regensburger Diözesanwallfahrt zum Mariahilfberg bei Amberg »mit eigener Frauenkundgebung« am 23. Mai 1954 (Rechenschaftsbericht Wilma Beringer, 21. Juni 1953 bis 9. Juni 1956. KAB R Diözesantage) und die Wallfahrt der Frauen zum Annaberg bei Sulzbach-Rosenberg im Juli 1956 anläßlich der 300-Jahrfeier der Wallfahrt mit eigener Frauenversammlung in Sulzbach-Rosenberg (KAB R Diözesanausschuß).

[141] Vgl. S. 200–201.

[142] Rechenschaftsbericht Wilma Beringer, 21. Juni 1953 bis 9. Juni 1956. KAB R Diözesantage.

[143] Tätigkeitsbericht Wilma Beringer, 20. Juni 1956 bis 4. Oktober 1958. KAB R Diözesantage.

III. Die Frauenarbeit

oder »Doppelarbeit« diffamiert. Gelegentlich gingen die Vorbehalte soweit, daß man mit der Begründung »Wir wollen keinen Weiberverein!« versuchte, die Mitgliederzahl der Frauen einzuschränken oder zumindest auf das Niveau der Männer zu begrenzen[144]. Andernorts wurde die Frauenarbeit abgelehnt, weil man darin »eine Spaltung von Männern und Frauen« sah, wenn auch die Richtlinien zur Frauenarbeit ausdrücklich betonten, »daß Männer und Frauen in der Arbeiterbewegung eine Einheit bilden«. An manchen Orten wurde die Frauenarbeit im Werkvolk als »überflüssig« empfunden und betont, daß dafür »der Frauenbund oder Mütterverein, wie auch eine allgemeine religiöse und hausfrauliche Betreuung für die Frau genüge«. Letztere Meinung wurde »vielfach« von Priestern vertreten. Priester unterstützten die Frauenarbeit des Werkvolks aber auch »vielfach durch Kanzelverkündigung«. Die Schwierigkeiten, »die sich manchmal sehr lähmend auf die Frauenarbeit legten«, wurden durch die mangelnde Initiative vieler Werkvolkfrauen, die »wenig Opferbereitschaft für eine Gemeinschaft hatten«, denen »auch das finanzielle Opfer« oft viel zu groß war und die sich von daher nur ungern bereit fanden, »das Amt einer Vorsteherin« und »die damit verbundene Arbeit und Mühe« zu übernehmen, verstärkt[145]. Außerdem hatte die Frauenarbeit der katholischen Arbeiterbewegung auch noch mit der »Anfechtung« durch einzelne andere Frauenorganisationen zu kämpfen, die dem Werkvolk die Berechtigung absprachen, Ehefrauen als Mitglieder zu führen[146]. So gab es nach acht Jahren intensiver Bemühungen um eine von Frauen getragene Frauenarbeit durchaus noch Ortsvereine, die dieser »teils ängstlich, teils oberflächlich, teils auch reserviert« gegenüberstanden[147].

Abschließend sei nochmals betont, daß der geschilderte Konflikt um den richtigen Weg in der Frauenarbeit nicht nur auf den unterschiedlichen Vorstellungen von Männern und Frauen beruhte, sondern zugleich auch ein Konflikt zwischen der Verbandszentrale (Georgine Christl, Amalie Stelzer) und den Führungskräften der Diözesen (Elisabeth Bach, Wilma Beringer, Emma Frey) war, zwischen denen zum Teil »häßliche Eifersucht« herrschte[148]. Bei allen Diskussionen um den richtigen Weg in der Frauenarbeit wurde die Grundentscheidung der gemeinschaftlichen Organisation von Männern und Frauen, die das süddeutsche Werkvolk zentral von den Organisationen der katholischen Arbeiterbewegung in Westdeutschland, der Schweiz oder Belgien unterschied[149], nie in

---

144 Amalie Stelzer: Frauenarbeit im Werkvolk, in: WERKVOLK-FÜHRUNG-PRÄSES, Nr. 2, 1955.
145 Rechenschaftsbericht Wilma Beringer, 21. Juni 1953 bis 9. Juni 1956. KAB R Diözesantage.
146 Amalie Stelzer: Frauenarbeit im Werkvolk, in: WERKVOLK-FÜHRUNG-PRÄSES, Nr. 2, 1955.
147 Rechenschaftsbericht Wilma Beringer, 21. Juni 1953 bis 9. Juni 1956. KAB R Diözesantage.
148 Elisabeth Bach an Josef Sieben, 11. Juli 1960. KAB B Diözesanvorstand bis 1957.
149 Die wichtigsten Aufzeichnungen von der KAB-Frauentagung in Dortmund, 7.–10. Februar 1953. AEB KAB Kart. 67.

Frage gestellt, sondern als gesundes Zusammenwirken von Männern und Frauen bewertet[150]. Selbst die Vertreterinnen einer progressiven, von den Frauen selbst getragenen Frauenarbeit wollten »keine unabhängige Frauenbewegung, sondern die Einheit von Männern und Frauen in der Arbeiterbewegung«[151]. Das Werkvolk verstand sich selbst schließlich als »Familienbewegung«.[152]

---

[150] Emma Frey an Anton Maier, 17. Februar 1953. KAB MARKTREDWITZ.
[151] Rechenschaftsbericht Wilma Beringer, 21. Juni 1953 bis 9. Juni 1956. KAB R Diözesantage.
[152] Rechenschaftsbericht Wilma Beringer, 10. Juni 1956 bis 31. Juli 1957. KAB R Diözesanausschuß.

IV. Die Betriebsarbeit

Da es dem Werkvolk nicht nur um die Organisation der katholischen Arbeitnehmer innerhalb der einzelnen Pfarrgemeinden ging, sondern vor allem um die »Verchristlichung« der Welt, war es nur konsequent, daß man sich auch darum bemühte, die »Bewegung« in die »Betriebe hineinzutragen«[1], in jene »Giftküchen des Teufels«, wo »junge Menschen an Leib und Seele verdorben« wurden[2]. Es genügte in den Augen der Verantwortlichen nicht, sich in Werkvolkgemeinschaften abzukapseln. Die Angehörigen der katholischen Arbeiterbewegung sollten vielmehr »als Sauerteig in der Masse wirken«. Um dies zu erreichen, benötigte man »in den Betrieben, auf den Dienststellen, in den Werkstätten nicht nur viele überzeugte Christen, sondern Menschen, die in der Lage« waren, »im Betriebsrat, Vertrauensrat usw. fachlich und sachlich mitzureden«[3]. Die Devise hieß: »Eroberung der Betriebe für Christus«[4].

1. Die Rolle der Betriebsräte

Vom Werkvolk wurde die zentrale Rolle der Betriebsräte für die Gestaltung des Lebens in den Betrieben frühzeitig erkannt. Deshalb bemühte es sich gezielt um gesetzliche Rahmenbedingungen, durch die die Wahl von Werkvolkmitgliedern begünstigt wurde. So intervenierte man etwa im Frühjahr 1951 gegen ein Abänderungsgesetz zum Betriebsrätegesetz, laut dem an die Stelle der Verhältniswahlen das Persönlichkeitswahlrecht treten sollte, und bezog so eine klare Gegenposition zum DGB, der darin »eine Politisierung der Betriebsratswahlen« sah und »eine Gefährdung seiner parteipolitischen und konfessionellen Neutralität« befürchtete[5]. Im Betriebsrätegesetz wurde dann aber das Verhältniswahlrecht festgeschrieben[6]. Auch mit der Kritik an der Festsetzung der Wählbarkeit von Betriebsräten auf das vollendete 24 Lebensjahr in der Vorlage[7] hatte sich das Werkvolk durchgesetzt. Laut dem verabschiedeten Text waren nun alle wählbar,

---

[1] Geschäftsbericht Franz Xaver Meyer, 21. Juni 1953 bis 9. Juni 1956. KAB R Diözesantage.
[2] Arbeitsstelle der »Christlichen Werkgemeinschaften« der Diözese Eichstätt, August 1952. DA EI OA Werkvolk 1949–1955.
[3] Protokoll der Delegiertenversammlung des Katholischen Werkvolks der Diözese Augsburg, 10. Februar 1957. KAB A Diözesantage 1947–1959.
[4] So etwa der Titel eines von P. Franz Prinz SJ verfaßten und weitverbreiteten Flugblatts aus dem Frühjahr 1951 (ABA DB-28). Eine überarbeitete und erweiterte Fassung des Textes im Umfang von 15 Seiten findet sich in gedruckter Form in AMSJ NL Prinz D 4.
[5] Werkvolk, Nr. 5, Mai 1952.
[6] Betriebsrätegesetz, 25. Oktober 1950, § 13. Druck: BayGVBl, Nr. 29, 14. Dezember 1950, S. 227–238, hier S. 228.
[7] »Jungarbeiter am Gängelband«. Werkvolk, Nr. 5, Mai 1952.

die das 21. Lebensjahr vollendet hatten, nicht mehr in der Berufsausbildung standen, am Tag der Wahl mindestens sechs Monate dem Betrieb angehörten und das Wahlrecht besaßen[8]. Die Verbandsleitung schaltete sich aber nicht nur in den Gesetzgebungsprozeß ein, sondern informierte auch alle Mitglieder ausführlich über das bayerische Betriebsrätegesetz vom 25. Oktober 1950[9].

Die Betriebsratswahlen zählten für das Werkvolk stets zu den entscheidensten Aufgaben[10]. Bereits bevor vom Landtag das entsprechende Wahlgesetz erlassen worden war, wurde in verschiedenen Betrieben »eine geeignete Kandidatenliste für Betriebsräte« erstellt. Um hierfür »geeignete Persönlichkeiten« zu finden, schrieb etwa Pater Prinz im Erzbistum München und Freising »an sämtliche Pfarrämter«. Die auf dieser Grundlage erstellten Kandidatenlisten schickte er »in entsprechend vielen Exemplaren gedruckt zum Verteilen« wiederum an die »Pfarrherrn«, damit »dafür in geeigneter Weise [...] Propaganda gemacht« würde. So hoffte Pater Prinz, »daß die Katholiken eine entsprechende Vertretung bekommen« würden, erachtete er es doch als von »der allergrößten Wichtigkeit«, daß bei den Betriebsratswahlen »auch hinreichend Christen gewählt« würden[11].

Bei den Betriebsratswahlen des Jahres 1951 gab das Werkvolk dann die Parole aus: »Unsere große Gelegenheit: Betriebsratswahlen. Kein Betrieb ohne Betriebsrat! Kein Betriebsrat ohne Werkvolkmitglieder!«[12] Dementsprechend wurden alle Verbandsangehörigen zum »restlosen Einsatz« aufgefordert, um zu zeigen, daß das Werkvolk »auch in der Lage« war »zu handeln, d.h. den Einfluß der links stehenden Parteien in den jeweiligen Betriebsräten zu brechen«[13]. Hierzu wurden alle Mitglieder durch das Verbandsorgan über die Durchführungsbestimmungen des bayerischen Betriebsrätegesetzes informiert und der Zeitschrift eigens ein Sonderdruck über die Wahlordnung zu den Betriebsratswahlen beigelegt. Ausdrücklich wies man auf die »besondere Bedeutung« der Wahlen hin[14]. Konkret führten etwa die Angehörigen des Nürnberger Werkvolks im Juli und August 1951 zahlreiche Betriebsversammlungen durch und verteilten einige tausend Handzettel in einzelnen Betrieben. Außerdem wurden zur Klärung der technischen Dinge spezielle Schulungsabende für die Vorstände und die Obleute der

---

[8] Betriebsrätegesetz, 25. Oktober 1950, § 15. Druck: BayGVBl, Nr. 29, 14. Dezember 1950, S. 227–238, hier S. 228. WERKVOLK, Nr. 3, März 1953.
[9] WERKVOLK, Nr. 4, April 1951; WERKVOLK, Nr. 5, Mai 1951; WERKVOLK, Nr. 6, Juni 1951; WERKVOLK, Nr. 7, Juli 1951; WERKVOLK, Nr. 8, August 1951; WERKVOLK, Nr. 9, September 1951.
[10] Rundschreiben des Diözesanverbands Bamberg, 4. August 1951. AEB KAB Kart. 68.
[11] P. Franz Prinz SJ an das Generalvikariat Eichstätt, 9. Juli 1949. DA EI OA Werkvolk 1949–1955.
[12] WERKVOLK, Nr. 8, August 1951.
[13] Rundschreiben des Bamberger Diözesanverbands, 4. August 1951. AEB KAB Kart. 68.
[14] WERKVOLK, Nr. 8, August 1951. Die Wahlen wurden vom 3. bis zum 15. September 1951 abgehalten.

IV. Die Betriebsarbeit

Werkvolkgemeinschaften abgehalten, wobei jeder Teilnehmer Formblätter zum besseren Verständnis der Bestimmungen erhielt. Eröffnet wurde die heiße Phase des Wahlkampfs durch eine Kundgebung mit Staatssekretär Heinrich Krehle im Juli, beschlossen wurde sie am Tag vor Beginn der Betriebsratswahlen mit einer Großveranstaltung mit Justizminister Josef Müller, dem »Ochsensepp«. Am letzten Sonntag vor der Wahl wurden zudem 30 000 Flugblätter an sämtlichen Kirchentüren bei allen Gottesdiensten verteilt. Im Ergebnis gelang es dem Werkvolk überall, wo das »Sekretariat die Vorbereitung und Schulung verantwortungsbewußt betrieben« hatte, »einen vollen Erfolg zu buchen«. Vor allem aus Augsburg, Nürnberg, Schweinfurt und Aschaffenburg kamen »besonders wirkungsvolle Erfolgsmeldungen«. »Die Arbeit hat sich gelohnt!« lautete das Fazit des Verbandsorgans[15].

Auch im Verlauf der weiteren Jahre blieben die Betriebsratswahlen einer der wichtigsten Arbeitsschwerpunkte des Werkvolks. Sie fanden alle zwei Jahre statt und wurden vom Werkvolk stets im wesentlichen wie 1951 vorbereitet und durchgeführt[16]. Trotzdem verlor das Werkvolk durch den Ausbau der Christlichen Werkgemeischaften, durch die Gründung der CSA und der Christlichen Gewerkschaften zunehmend an Einfluß in den Betrieben. Am Ende des Untersuchungszeitraums schließlich stellte die Christliche Gewerkschaftsbewegung unter den katholischen Arbeitnehmern in Bayern mehr Betriebsräte als das Werkvolk. Eine im Auftrag des Aktionsausschusses Christlich-Sozialer Arbeitnehmerorganisationen Bayerns durchgeführte Erhebung über den Ausgang der Betriebsratswahlen von 1963 belegt dies anschaulich. Hierbei wurden insgesamt 507 Betriebs- und Personalräte namentlich erfaßt und auf ihre Organisations-Zugehörigkeit befragt. 308 Personen nannten die CGB, 219 das Werkvolk, 79 die CSA, 62 den DGB, 11 die Kolpingsfamilie, 9 die Christlichen Werkgemeinschaften, 13 sonstige Organisationen. 35 Personen machten keine Angaben. Die Differenz zwischen 507 Personen und 736 Angaben zur Organisations-Zugehörigkeit erklärt sich durch Mehrfachmitgliedschaften[17]. Diese waren zum Teil, wie im Fall der

---

[15] WERKVOLK, Nr. 10, Oktober 1951.
[16] WERKVOLK, Nr. 3, März 1953; WERKVOLK, Nr. 3, März 1955; WERKVOLK, Nr. 2, Februar 1957 (vierseitiges Beiblatt mit Hinweisen für die Vorbereitung der Wahl); WERKVOLK, Nr. 2, Februar 1959 (Mitteilungen der Werkgemeinschaften christlicher Arbeitnehmer, S. 7); WERKVOLK, Nr. 2, Februar 1961; WERKVOLK, Nr. 2, Februar 1963.
[17] Betriebsratswahlen 1963 in Bayern. KAB VZ 94 / CSA. Das Werkvolk hatte sich an der Erhebung maßgeblich beteiligt, wenn auch die »Form der Berichtsbögen« keineswegs seine »ungeteilte Zustimmung« fand (Eberhard Kunze an Dieter Görmiller, 26. September 1963. ABP KAB Kart. 52 Akt 154). Die Zahlen können aber nur als Trend bewertet werden, lag doch noch eine Woche vor Berichtsschluß trotz »wiederholter Aufforderung« aus mehreren Diözesanverbänden keinerlei Mitteilung vor (Eberhard Kunze an alle hauptberuflichen Werkvolksekretäre in Bayern, 24. Oktober 1963. ABP KAB Kart. 52 Akt. 154).

CSA[18], gewollt, doch zeigt die Zahl von 200 Betriebsräten, die nur der CGB angehörten, gegenüber 91 Betriebsräten, die dem Werkvolk und der CGB angehörten, daß dem Werkvolk in den Christlichen Gewerkschaften eine Größe erwachsen war, die seinen innerbetrieblichen Einfluß entscheidend schwächte. Nun galt es, nicht mehr nur dem sozialistischen Einfluß in den Betrieben entgegenzutreten, sondern zugleich vor »organisatorische[n] Kompetenzstreitigkeiten oder verbandsegoistischen Engstirnigkeiten im christlichen Lager« zu warnen[19].

Um seinen innerbetrieblichen Einfluß zu stärken, hatte das Werkvolk bereits in der unmittelbaren Nachkriegszeit, als von der amerikanischen Militärregierung nur lokale Arbeiterorganisationen zugelassen worden waren, vor Ort spezielle Betriebsrätekurse abgehalten[20]. Nach der Eröffnung des Katholischen Sozialinstituts wurden dort regelmäßig spezielle Schulungskurse für Betriebsräte und Betriebsvertrauensleute abgehalten[21]. Bei dem Bemühen um die Schulung von Betriebsräten griff das Werkvolk über seinen eigentlichen Rahmen hinaus. Hier gelang es ihm, mit seiner Bildungs- und Schulungsarbeit auch auf Mitglieder anderer katholischer Organisationen unmittelbar einzuwirken, da an diesen Veranstaltungen nicht nur Angehörige des Werkvolks teilnahmen[22].

Obwohl man sich immer wieder bemühte, den Mitgliedern einzuschärfen, daß die Betriebsratswahlen letztlich nur der »Betriebsmissionierung« dienen sollten[23], erachteten viele Mitglieder »die Eroberung der betriebsverfassungsrechtlichen Organe« – zum Leidwesen der Verantwortlichen – als »eigentliches und oft einziges Ziel« der Betriebsarbeit des Werkvolks. Daß deren »eigentliches Ziel die missionarische Aufgabe und die Verchristlichung der Arbeitnehmer« war, kam »vielen nicht zum Bewußtsein«[24].

2. Die Betriebsgruppen des Katholischen Werkvolks

Neben dem zeitlich befristeten Einsatz im Rahmen der Betriebsratswahlen baute das Werkvolk gezielt und kontinuierlich eigene »Betriebsgruppen« auf, denn die

---

[18] Vgl. S. 470–474.
[19] Rundschreiben des Verbandssekretariats an alle Werkvolkgemeinschaften, 30. Dezember 1960. AEB KAB Kart. 68.
[20] So etwa am 3. November 1948 in Augsburg. Auszüge aus dem Tagebuch des Katholischen Werkvolks. KAB A Kart. 7.
[21] Vgl. etwa WERKVOLK, Nr. 2, Februar 1954.
[22] So nahmen etwa an der Betriebsräteschulung des Würzburger Diözesanverbands am 25. und 26. Februar 1956 auch Mitglieder der Kolpingsfamilie teil. KONTAKT (Würzburg), Nr. 4, März 1956.
[23] WERKVOLK, Nr. 8, August 1951.
[24] Rechenschaftsbericht Josef Hofmeister, 1. Juli 1955 bis 31. Mai 1956. KAB R Diözesantage.

IV. Die Betriebsarbeit

Betriebsarbeit war in den Augen der Verantwortlichen »noch weniger als die parteipolitische Arbeit nur eine Angelegenheit für die letzten Wochen vor den entsprechenden Wahlen«[25]. Diese Werkgemeinschaften sollten »der Verwirklichung einer christlichen Gesellschaftsordnung [...] von den Betrieben her« dienen[26]. Sie sollten sich keineswegs nur um das seelische oder materielle Wohl der Mitglieder der katholischen Arbeiterbewegung sorgen, sondern waren bewußt gegen sozialistische »Betriebsparteigruppen« gerichtet[27]. Bei der Bildung solcher »Werkgemeinschaften«, die in den Betrieben zwar stets »nur eine lockere Aktivgruppe« darstellten, aber zugleich auf die Organisationsstruktur des Werkvolks zurückgreifen konnten, bezog man auch Angehörige anderer katholischer Organisationen mit ein, doch legte man hierbei größten Wert darauf, daß die »Führung und Organisation« immer »in Werkvolkhänden« lag. Auf dieser Basis trug das Werkvolk, »als die beauftragte kirchliche Sozialbewegung«, nahezu im gesamten Verbandsgebiet die »Werkgemeinschaftsarbeit«. Wo dies nicht der Fall war, traten die von Pater Prinz organisierten Christlichen Werkgemeinschaften[28] an die Stelle der Betriebsgruppen des Werkvolks. Dort hatte das Werkvolk in seinen eigenen Augen »versagt«[29]. Konkret war dies vor allem im Erzbistum München und Freising der Fall. »In den übrigen Diözesen« hatte das Werkvolk »die Werkgemeinschaftsarbeit in der Hand«[30]. Die Werkgemeinschaften waren für das Werkvolk »Vorfeld« der »apostolischen Tätigkeit und gleichzeitig Gradmesser der Aktivität«[31]. Im Mai 1952 wurde zur Intensivierung der Betriebsarbeit von der Verbandsleitung »eindeutig« darauf hingewiesen, »daß Werkgemeinschaftsarbeit Anliegen und Aufgabe des Katholischen Werkvolks ist«[32]. Zwar bewertete man die Aktivitäten der von Pater Prinz getragenen Christlichen Werkgemeinschaften als »mustergültige Betriebsarbeit«, doch sollte die Arbeit der Werkvolkmitglieder im Gegensatz dazu nicht nur im Betrieb, sondern sowohl in der Pfarrei wie im

---

25 Rundschreiben des Verbandssekretariats, 8. Mai 1952. AEB KAB Kart. 55.
26 Bericht über die Arbeitstagung der Diözesan- und Bezirkssekretäre des Katholischen Werkvolks, 17.-18. April 1947. KAB VZ 2a / Verbandsausschuß 1954–1959.
27 Zu den sozialistischen Betriebsparteigruppen vgl. C. KLESSMANN, Betriebsgruppen und Einheitsgewerkschaft.
28 Vgl. S. 313–324.
29 So Hans Haberkorn: Werkgemeinschaften – Betriebsarbeit. Anlage zum 8. Rundschreiben an alle Sekretäre, 17. Dezember 1951. AEB KAB Kart. 70.
30 So Max Hatzinger. Niederschrift über die Arbeiterseelsorgerkonferenz, 5. Februar 1962. AMSJ NL Prinz D 4.
31 So Paul Wünsche, der im Erzbistum Bamberg seitens des Werkvolks für die Werkgemeinschaften zuständig war. L. UNGER, Katholische Arbeitnehmerbewegung, S. 187.
32 Rundschreiben des Verbandssekretariats, 8. Mai 1952. AEB KAB Kart. 55.

Betrieb erfolgen, in der Werkvolkgemeinschaft der Pfarrei und in der Werkgemeinschaft des Betriebs[33].

Diesem Ziel stellten sich infrastrukturelle Probleme entgegen. So richtete der Süddeutsche Verband zwar ab Herbst 1953 »ein besonderes Augenmerk« auf die Betriebsarbeit und bemühte sich auch intensiv um ihre »Aktivierung«, doch erlaubte es seine finanzielle Situation nicht, dafür einen eigenen, weiteren Sekretär anzustellen, obwohl die Verbandsleitung dies für »unbedingt« erforderlich hielt[34]. Ein weiteres grundsätzliches Problem bestand darin, daß die Betriebsarbeit während der Arbeitszeit erfolgen mußte, was keineswegs von allen Arbeitgebern geduldet wurde[35]. Hinzu kam die Fülle der Organisationen, die sich um die Verhältnisse in den Betrieben bemühte: das Werkvolk, die Christlichen Werkgemeinschaften, die CAJ und ab 1955 die Christlichen Gewerkschaften – eine Fülle angesichts der es selbst den Funktionsträgern des Werkvolks »ganz schwindlig« wurde[36].

Obwohl das Werkvolk trotzdem gelegentlich »von großen Erfolgen« bei der Arbeit in den Werkgemeinschaften berichten konnte und in diesem Bereich »eine der vordringlichsten Aufgaben« sah[37], blieben die Erfolge seiner »Betriebsgruppenarbeit« doch regional höchst unterschiedlich. Zudem waren sie zumeist nicht von Dauer. Im Erzbistum Bamberg etwa war die Errichtung von Werkgemeinschaften zur Betriebsarbeit bereits im Herbst 1948 angeregt worden, doch bestanden die im Frühjahr 1949 gegründeten Gruppen bei der Deutschen Bundesbahn, der Deutschen Bundespost und den Bosch-Werken nur kurze Zeit. 1952 gab es im Gebiet des Bezirksverbands Bamberg ganze vier Werkgemeinschaften, daneben sind für das Gebiet des Erzbistums vor allem die Gruppen bei den Firmen MAN (etwa 100 Personen) und AEG in Nürnberg sowie beim Pumpenwerk in Pegnitz (etwa 50 Personen) zu nennen. Trotz aller Anstrengungen gelang es dem Bamberger Diözesanverband aber nicht, dauerhaft und flächendeckend Christliche Werkgemeinschaften zu etablieren. Dies lag aus der Sicht der Verantwortlichen zum einen am Fehlen geeigneter Führungskräfte, zum anderen erschwerte der

---

[33] Hans Haberkorn: Werkgemeinschaften – Betriebsarbeit. Anlage zum 8. Rundschreiben an alle Sekretäre, 17. Dezember 1951. AEB KAB Kart. 70.

[34] Protokoll der Verbandsleitungssitzung, 16. Oktober 1953. KAB VZ 17a / Verbandsausschuß 1947–1954.

[35] Anton Maier, 10. August 1992. Im Erzbistum Freiburg führte das Werkvolk deshalb 1953 am Buß- und Bettag einen eigenen, speziellen »Betriebstag« durch, an dem Arbeitnehmer verschiedener Groß- und Mittelbetriebe Freiburgs teilnehmen konnten. WERKVOLK, Nr. 1, Januar 1954.

[36] Protokoll der Delegiertenversammlung des Katholischen Werkvolks der Diözese Augsburg, 10. Februar 1957. KAB A Diözesantage 1947–1959.

[37] WERKVOLK, Nr. 11, November 1953.

IV. Die Betriebsarbeit 313

Konfessionalisierungstrend der fünfziger Jahre[38] in den Diaspora-Gebieten der Diözese die Arbeit der gemischtkonfessionellen Gruppen[39]. Aber auch im konfessionell relativ homogenen Bistum Regensburg ließ die Betriebsarbeit, obwohl vom Diözesanvorstand ausdrücklich »gefördert und angeregt«, »im Ergebnis noch weiterhin zu wünschen übrig«[40]. Im Bistum Würzburg hingegen gelang es den ausgesprochen starken Schweinfurter Christlichen Werkgemeinschaften, zig Betriebsratsitze zu gewinnen[41]. Trotz solcher einzelner Erfolge und seiner großen Bemühungen gelang es dem Werkvolk letztlich »in den meisten Betrieben« nicht, eine Werkgemeinschaft aufzubauen. Die bis 1957 ins Leben gerufenen Gruppen waren zudem »kaum aktiv zu halten«, so daß zu diesem Zeitpunkt faktisch ein »Stillstand«, teilweise sogar ein »Rückgang« zu beobachten war[42]. Um diesen Zustand zu verändern, sollte nun etwa im Bistum Regensburg in jedem Ortsverein ein Obmann bestimmt werden, der besonders für das »Betriebsapostolat« verantwortlich war. Das gleiche sollte für die Bezirksverbände und den Diözesanverband geschehen. Zudem wurde den Sekretariaten aufgetragen, die Betriebsarbeit »besonders« zu fördern[43].

Trotz seiner Erfolglosigkeit war das Werkvolk aber keineswegs gewillt, den nur äußerst lose organisierten Christlichen Werkgemeinschaften das Feld der Betriebsarbeit zu überlassen. Vielmehr war man hier, wie auch in anderen Bereichen, der festen Überzeugung, »nur eine straffe Organisation könne Erfolg bringen« und »Aktion ohne Organisation sei auf die Dauer Wirken im luftleeren Raum«. »Das Versagen einer organisatorisch losen und gemischten Werkgemeinschaft«, wie sie dem Konzept von Pater Prinz entsprach, war von daher in den Augen der Repräsentanten des Werkvolks zwangsläufig[44].

3. Die Werkgemeinschaften Christlicher Arbeitnehmer

Neben dem Katholischen Werkvolk gab es eine eigene Organisation, die sich darum bemühte, die katholische Arbeitnehmerschaft in den Betrieben zu erfas-

---

[38] Vgl. zu den Spannungen zwischen den beiden großen christlichen Konfessionen in den frühen Jahren der Bundesrepublik vgl. N. Trippen; U. v. Hehl, Im Vatikan gezeugt.
[39] Vgl. L. Unger, Katholische Arbeitnehmerbewegung, S. 187–191.
[40] Rechenschaftsbericht des Regensburger Diözesanvorstands, 1956 bis 1959. KAB R Diözesantage.
[41] W. Jestaedt, S. 149–150.
[42] Rundschreiben des Süddeutschen Verbands an die Sekretärinnen und Sekretäre, 11. Oktober 1957. AEB KAB Kart. 49.
[43] Protokoll der Delegiertenversammlung des Katholischen Werkvolks der Diözese Augsburg, 10. Februar 1957. KAB A Diözesantage 1947–1959.
[44] So Josef Hofmeister und Fritz Morgenschweis. Protokoll über die Wochenendtagung in Ramspau, 15. bis 16. Februar 1958. KAB R Diözesanausschuß/Diözesanvorstand.

sen: die von Pater Franz Prinz SJ in München begründeten »Werkgemeinschaften Christlicher Arbeitnehmer«. Im Gegensatz zum Werkvolk, das bei seiner Organisation der katholischen Arbeitnehmer bei der Pfarrei ansetzte und von seinen Mitgliedern einen finanziellen Beitrag erhob, war es das Ziel der Christlichen Werkgemeinschaften, bei denen keinerlei Mitgliedsbeitrag erhoben wurde, die katholischen Arbeitnehmer eines Betriebes zu gewinnen. Pater Prinz ging es nur um die »Eroberung der Betriebe für Christus«[45] und nicht um den Aufbau einer festen Organisation. Die Werkgemeinschaften sollten einen missionarischen, apostolischen Dienst für die Kirche leisten. Sie sollten die Betriebe, in denen ein glaubensfeindliches Klima herrschte, wieder verchristlichen. In diesem Anliegen entsprachen sie dem Selbstverständnis der CAJ und ihrer Vorkämpfer[46] ebenso wie den Vorstellungen der Bischöfe über die Notwendigkeit einer Wieder-»Verchristlichung« der Gesellschaft[47].

Durch seine Studienzeit und ordensinterne Ausbildung in Valkenburg war Pater Franz Prinz SJ bereits vor 1945 in engen Kontakt mit dem französischen und belgischen Katholizismus gekommen und durch diesen stark beeinflußt worden. Eine Begegnung mit Joseph Cardijn hatte ihn bereits 1934 für die Arbeiterseelsorge begeistert[48], die Idee der französischen »Arbeiterpriester« und der »Arbeitermission« geprägt[49]. Diese Anregungen aus dem französischsprachigen Katholizismus entwickelte Pater Prinz nach intensiver Beschäftigung mit der Enzyklika »Quadragesimo anno«[50], zu der ihn Pater Friedrich Muckermann SJ angeregt hatte[51], zum Konzept der Werkgemeinschaften Christlicher Arbeitnehmer weiter – gemäß der »Leitidee« seiner Arbeit, daß der Arbeiter stets der erste Apostel des Arbeiters sei[52].

Pater Prinz griff hierbei den Gedanken der »Werkaktivs« der CAJ auf[53], zugleich entsprach seine Leitidee völlig einem der Grundgedanken der Enzyklika »Quadragesimo anno«, den auch Papst Pius XII. etwa zur selben Zeit wieder-

---

[45] Faltblatt verfaßt von P. Franz Prinz SJ, Frühjahr 1951. ABA DB-28.
[46] Vgl. S. 254–257.
[47] Vgl. etwa den Hirtenbrief des Freiburger Erzbischofs Conrad Gröber, 8. Mai 1945: »Umkehr durch Verchristlichung«. Druck: AMTSBLATT FREIBURG, Nr. 4, April 1945, S. 16; J. KÖHLER / D. v. MELIS, S. 13, sowie W. LÖHR, Rechristianisierungsvorstellungen.
[48] P. Franz Prinz SJ in SCHROEDER, Gewerkschaftspolitik, S. 312.
[49] P. Franz Prinz SJ, 27. Juni 1994. Auch die Idee der Katholischen Sozialen Wochen, die Pater Prinz ab 1947 in München realisierte, hatte er aus Frankreich übernommen.
[50] Papst Pius XI., Quadragesimo anno. Gedruckt in TEXTE ZUR KATHOLISCHEN SOZIALLEHRE, S. 101–160.
[51] P. Franz Prinz SJ, 27. Juni 1994. Zu Friedrich Muckermann vgl. H. GRUBER.
[52] P. Franz Prinz SJ in SCHROEDER, Gewerkschaftspolitik, S. 313.
[53] Vgl. S. 255.

holt aufgriff⁵⁴. Mit seinen Ideen stand Pater Prinz zudem auch innerhalb seines Ordens nicht allein⁵⁵.

In Westdeutschland bemühte sich Pater Heinrich Ostermann SJ in Köln um die Gründung eines eigenen »Betriebsmännerwerkes«, das ähnliche Ziele wie die in München entstandenen Werkgemeinschaften Christlicher Arbeitnehmer verfolgte⁵⁶, wenn es auch als Einrichtung der Männerseelsorge im Gegensatz zu den Christlichen Werkgemeinschaften und dem Katholischen Werkvolk nur Männer organisierte. In Frankfurt wurden wie in Süddeutschland Christliche Werkgemeinschaften ins Leben gerufen. Hier lag die Trägerschaft aber bei der Katholischen Aktion, so daß sich also grundsätzlich alle deren Gruppen, Organisationen, Vereine und Kongregationen an der Betriebsarbeit beteiligten. Explizit waren dies die CAJ, die katholischen Arbeitervereine der Stadt, die Katholische Junge Mannschaft und der KKV. 1953 faßte dann auf einer Tagung des westdeutschen Betriebsmännerwerks kein Geringerer als Karl Rahner SJ die Diskussion um »Betrieb und Pfarrei« zusammen⁵⁷. In Österreich nahm sich vor allem der Provinzial der Gesellschaft Jesu, P. Johann N. Schasching SJ, den Fragen der Arbeiterseelsorge an⁵⁸.

Ab Juni 1946 entstanden, ermöglicht durch großzügige finanzielle Unterstützung der amerikanischen Militärregierung, die Pater Prinz jährlich 5000 Mark für seine Arbeit zur Verfügung stellte⁵⁹, im Großraum München bei einigen Firmen wie Kraus-Maffei, Agfa, Loden Frey oder bei BMW erste Werkgemeinschaften⁶⁰. Deren Erfolge ermutigten Pater Prinz, seine Vorstellungen auch an die Verantwortlichen der wiedererstehenden katholischen Arbeiterbewegung heranzutragen⁶¹. Doch fand er dort nicht uneingeschränktes Verständnis für seinen stärker missionarischen als organisatorischen Ansatz, wenn man auch darin übereinstimmte, daß die Notwendigkeit Christlicher Werkgemeinschaften für die

---

⁵⁴ Vgl. etwa Papst Pius XII. an Erzbischof Joseph Charbonneau, 24. Mai 1947. Druck: A.-F. Utz / J.-F. Groner, S. 1480–1483, hier S. 1482, oder Pius XII. an Mitglieder der Christlichen Arbeiterbewegung Belgiens, 11. September 1949. Druck: A.-F. Utz / J.-F. Groner, S. 1586–1591, hier S. 1588.
⁵⁵ Vgl. S. 372–374.
⁵⁶ F. Prinz, Kirche und Arbeiterschaft, S. 292.
⁵⁷ K. Rahner.
⁵⁸ P. Franz Prinz SJ an Johann N. Schasching SJ, 8. Februar 1963. AMSJ NL Prinz D 1.
⁵⁹ P. Franz Prinz SJ, 27. Juni 1994.
⁶⁰ P. Franz Prinz SJ in Schroeder, Gewerkschaftspolitik, S. 313.
⁶¹ So etwa auf der Sekretärskonferenz in Eichstätt. Der Vorschlag der Erstellung einer Betriebskartei geht wohl auf ihn zurück. Vorschläge der Eichstätter Arbeitstagung. KAB VZ 17a / Verbandsausschuß 1947–1954.

Verwirklichung einer christlichen Gesellschaftsordnung außer Zweifel stand[62]. Während etwa im Erzbistum Bamberg[63] oder im Bistum Augsburg[64] seine Anregungen durch das Werkvolk aufgegriffen wurden und die Christlichen Werkgemeinschaften im wesentlichen identisch mit den Betriebsgruppen des Werkvolks waren, führte der Regensburger Verbandstag, auf dem Pater Prinz seine Vorstellungen nochmals in aller Deutlichkeit vorgetragen hatte, zur Beendigung der offiziellen Beziehungen zwischen dem Leiter der Christlichen Werkgemeinschaften und der Verbandsleitung des Süddeutschen Verbands[65].

In den folgenden Jahren regte Pater Prinz, unterstützt von den bischöflichen Ordinariaten Bayerns[66] und dem ausdrücklichen Wohlwollen des Vorsitzenden der Bayerischen Bischofskonferenz[67] in ganz Süddeutschland die Bildung von Christlichen Werkgemeinschaften an. Sie waren klar gegen »die Beeinflußung der Arbeiterschaft […] am Arbeitsplatz durch die Funktionäre und durch die DGB-Organe« gerichtet. Sie sollten eine Antwort auf die Betriebsgruppen der SPD und der KPD sein[68]. Die Werkgemeinschaften, in denen sich »katholische und evangelische Glaubensbrüder« finden sollten, waren als »Instrument« gedacht, »den marxistisch-materialistischen Geist im Betrieb zu brechen«[69]. Da es bei ihnen aber keinerlei formale Mitgliedschaft gab, ist es heute nicht mehr feststellbar, wieviel Mitglieder sie tatsächlich organisierten. Es lassen sich anhand der Akten nur einige Betriebe eruieren, in denen während der fünfziger Jahre Christliche Werkgemeinschaften existierten. Dies waren vor allem Großbetriebe wie AGFA, BMW, MAN oder städtische Verwaltungen. Zudem lagen die Werkgemeinschaften im Erzbistum München-Freising ausnahmslos in den drei Städten München (1959: 28; 1963: 45 Werkgemeinschaften), Rosenheim (1959: 19; 1963:

---

[62] Bericht über die Arbeitstagung der Diözesan- und Bezirkssekretäre des Katholischen Werkvolks, 17.–18. April 1947. KAB VZ 17a / Verbandsausschuß 1947–1954.

[63] L. UNGER, Katholische Arbeitnehmerbewegung, S. 187–191.

[64] M. MÖHRING, S. 113–114.

[65] P. Franz Prinz SJ, 27. Juni 1994. Bereits vor dem Verbandstag in Regensburg hatte Pater Prinz aber eine erste eigenständige Tagung der Christlichen Werkgemeinschaften abgehalten. An ihr hatten von der CAJ Ludwig Paillon und vom Werkvolk Max Hatzinger und Hans Haberkorn als Gäste teilgenommen. P. Franz Prinz SJ an Michael Kardinal von Faulhaber, 11. Mai 1947. KFA 6506.

[66] Diese machten die Geistlichkeit gezielt auf das Anliegen der Christlichen Werkgemeinschaften aufmerksam. So wurde etwa das von Pater Prinz im Frühjahr 1951 verfaßte Faltblatt »Eroberung der Betriebe für Christus« (ABA DB-28) dem Amtsblatt für das Erzbistum München und Freising (P. Franz Prinz SJ an Robert Domm, 7. Mai 1951. ABA DB-28) sowie dem Amtsblatt für Augsburg (Robert Domm an P. Franz Prinz SJ, 8. Mai 1951. ABA DB-28) beigelegt.

[67] Josef Thalhamer an P. Franz Prinz SJ, 16. Mai 1947. KFA 6506.

[68] Vgl. etwa Bericht Volksbüro – Raum Ingolstadt. DA EI BA Werkvolk 1949–1967.

[69] Arbeitsstelle der »Christlichen Werkgemeinschaften« der Diözese Eichstätt, August 1952. DA EI OA Werkvolk 1949–1955.

IV. Die Betriebsarbeit

15 Werkgemeinschaften) und Landshut (1959: 8; 1963: 9 Werkgemeinschaften)[70]. Bedingt durch die Spannungen zwischen Verbandspräses Anton Maier und Pater Prinz[71] blieben die Christlichen Werkgemeinschaften aber, auch wenn sie zum größten Teil aus Mitgliedern des Katholischen Werkvolks bestanden, gar teils aus deren eigener Initiative erwachsen waren[72], »trotz wiederholter Verhandlungen und großzügiger Angebote« seitens der Verbandsleitung organisatorisch eigenständig[73].

Stützte sich Pater Prinz zu Anfang bei der Finanzierung seiner Arbeit vor allem auf die amerikanische Militärregierung, so sah er sich – da er auch weiterhin auf eine feste Organisationsstruktur mit Mitgliederbeiträgen verzichten wollte – am Ende der Besatzungszeit gezwungen, zur Umsetzung seiner Ideale neue Wege zu beschreiten. Nachdem Überlegungen der Finanzierung der Christlichen Werkgemeinschaften über ein Wanderkino oder gar eine Hühnerfarm sich nicht realisieren ließen, entschied sich Pater Prinz für den Weg einer Vereinsgründung[74], um »möglichst unabhängig von Geschenken, etwa von Unternehmern«, zu bleiben und »nicht in den Geruch einer gelben Gewerkschaft zu kommen«[75]. So kam es am 2. Dezember 1952 zur Gründungsversammlung des eingetragenen Vereins »Werkgemeinschaften Christlicher Arbeitnehmer Gruppe München«, dem zusammen mit Pater Prinz vierzehn Personen angehörten. Zum 1. Präsidenten des Vereins wählte man Fritz Meyer, einen ehemaligen christlichen Gewerkschafter, der nach dem Krieg als Landessozialrechtsstellenleiter zu den führenden christlich-sozialen Vertretern im DGB-Landesbezirk Bayern zählte und den

---

[70] Vgl. Bericht der Werkgemeinschaften auf dem Diözesantag des Katholischen Werkvolks, 6.–7. Juni 1959. AMSJ NL Prinz D 2 bzw. Bericht über die Werkgemeinschaftsarbeit, 1. Januar bis 31. Dezember 1963. AMSJ NL Prinz D 4; ebenso war es im Bistum Augsburg (vgl. M. MÖHRING, S. 113), im Bistum Bamberg (vgl. L. UNGER, Katholische Arbeitnehmerbewegung, S. 187–191) und im Bistum Eichstätt, wo die Christlichen Werkgemeinschaften in Ingolstadt, Feucht und Neumarkt existierten (Kurzbericht über die Organisation des Katholischen Werkvolks und dessen Arbeit in der Diözese Eichstätt, 1. Januar 1951 bis 1. Oktober 1953. DA EI OA Werkvolk 1949–1955).

[71] Was den damals in Süddeutschland Handelnden mehr wie ein persönlicher Konflikt erschien (vgl. Josef Hofmeister in SCHROEDER, Gewerkschaftspolitik, S. 242.), hatte wohl doch ein fundamentum in re, wie die parallelen Auseinandersetzungen in Westdeutschland zeigen, wo es zwischen den Vertretern des »Betriebsmännerwerks« und der KAB ebenfalls zu Spannungen gekommen war (vgl. hierzu die publizistische Kontroverse in WERKHEFTE 1948, Heft 6). Den Weg zum Ausgleich der Vorstellungen hatte in Westdeutschland erst ein Gutachten von P. Oswald von Nell-Breuning SJ gewiesen (WERKHEFTE 1949, Heft 2, S. 24–30).

[72] So etwa in Schweinfurt. Josef Deckert an Carl P. Lang, 28. März 1951. KAB VZ G III / Schweinfurt 1947–1951.

[73] Bericht über die Verbandsleitungssitzung, 16. Oktober 1953. KAB VZ 17a / Verbandsausschuß 1947–1954.

[74] P. Franz Prinz SJ, 27. Juni 1994.

[75] P. Franz Prinz SJ an Michael Kardinal von Faulhaber, 3. Januar 1952. KFA 6507.

Aufbau der Christlichen Werkgemeinschaften maßgeblich mitbestimmt hatte[76]. Sein Stellvertreter wurde Nikolaus Röhnert. Pater Prinz fungierte neben seiner Funktion als geistlicher Leiter der Christlichen Werkgemeinschaften als Sekretär des eingetragenen Vereins[77]. Nachdem 1954 der Vorstand bestätigt worden war, wählte man im Juni 1955 Siegfried Rahammer zum neuen Präsidenten und Wilhelm Lehnacker zu seinem Stellvertreter[78].

Die in der Vereinsgründung zum Ausdruck kommende zunehmende organisatorische Unabhängigkeit der Werkgemeinschaften verstärkte die Irritationen und die Befürchtungen auf Seiten des Werkvolks, daß die Form der Christlichen Werkgemeinschaften auf Dauer eben nicht »Aktionsgemeinschaft« bliebe, sondern sich »zu einer zweiten Arbeiterbewegung« entwickle[79]. Um dies zu verhindern und zugleich die Betriebsarbeit des Werkvolks zu intensivieren, richteten der Diözesanverband Bamberg, der Diözesanverband Freiburg sowie die Werkvolkgemeinschaften Augsburg und Kempten im Oktober 1953 einen Antrag an den Verbandsausschuß, der auf eine klare organisatorische Anbindung der Christlichen Werkgemeinschaften an das Werkvolk abzielte, wobei trotzdem evangelische Christen auch weiterhin die Mitgliedschaft in den Werkgemeinschaften offenstehen sollte. Man hoffte so, das Verantwortungsgefühl der einzelnen Werkvolkgemeinschaften für die Arbeit der Werkgemeinschaften zu stärken, in dessen Fehlen man einen der zentralen Gründe für die ungünstige Entwicklung der Christlichen Werkgemeinschaften sah[80]. Aus Sicht von Verbandspräses Anton Maier war die Betriebsarbeit »eine Selbstverständlichkeit«, auf die die Sekretäre des Werkvolks stets auch hingewiesen worden waren. Es war »den Sekretären sogar zur Pflicht gemacht« worden, »die Betriebsarbeit aufzubauen, sie zu unterstützen und zu fördern«[81]. Denn aus Sicht der Verantwortlichen konnte wirklich erfolgreiche

---

[76] Zu Fritz Meyer vgl. W. Schroeder, Gewerkschaftspolitik, S. 425; W. Schroeder, Katholizismus und Einheitsgewerkschaft, S. 170–171.

[77] Protokoll der Gründungsversammlung für Werkgemeinschaften Christlicher Arbeitnehmer Gruppe München e. V., 2. Dezember 1952. SL Lehnacker.

[78] Vereins-Register des Amtsgerichts München, Bd. 41, Amtsgericht München (Kopie). SL Lehnacker.

[79] Bericht über die Verbandsleitungssitzung, 16. Oktober 1953. KAB VZ 17a / Verbandsausschuß 1947–1954.

[80] Bericht über die Verbandsausschußsitzung in Fürstenried, 17.–18. Oktober 1953. KAB VZ 2a / Verbandsausschuß 1954–1959. Vgl. hierzu auch L. Unger, Katholische Arbeitnehmerbewegung, S. 189.

[81] Bericht über die Verbandsleitungssitzung, 16. Oktober 1953. KAB VZ 17a / Verbandsausschuß 1947–1954. Diese Forderung war in einzelnen Bistümern durchaus umgesetzt worden. So faßte etwa Michael Sager im Bistum Eichstätt die Betriebsarbeit der Werkvolkgemeinschaften zusammen und leitete sie. »In mühevoller Kleinarbeit« sammelte er »hunderte von Anschriften aus Betrieben der Diözese« (Kurzbericht über die Organisation des Katholischen Werkvolks und dessen Arbeit in der Diözese Eichstätt, 1. Januar 1951 bis 1. Oktober 1953. DA EI OA Werkvolk 1949–1955); in Bamberg wiederum war zum 1. Juni 1953 der Diözesansekretär Paul Wünsche mit der

Betriebsarbeit nicht von einer losen Gemeinschaft, ohne Beitrag, sondern »nur von der Standesorganisation«, dem Werkvolk, geleistet werden[82].

Nachdem die gütlichen »Verhandlungsversuche« zwischen Werkvolk und den Werkgemeinschaften »ergebnislos« verlaufen waren, sah die Verbandsleitung des Werkvolks schließlich im Herbst 1953 keinen anderen Weg, als sich an die Bischofskonferenz zu wenden, »damit die Angelegenheit geklärt wird«. Zur Unterstützung dieses Schrittes, wandten sich die Diözesanleitungen des Werkvolks an ihren jeweiligen Diözesanbischof[83], war doch der Aufbau von Christlichen Werkgemeinschaften und die organisatorische Erfassung der christlichen Arbeiterschaft im Betrieb zum Teil, wie etwa im Bistum Eichstätt, nicht nur das Anliegen einzelner führender Mitglieder des Werkvolks[84], sondern explizites Anliegen, ja »der feste Wunsch des Bischofs«[85].

Doch »die Spannungen« zwischen Verbandspräses Anton Maier und Pater Prinz waren bis Mitte der fünfziger Jahre »noch nicht beigelegt«[86]. Erst im März 1955 traten beide wieder gemeinsam bei einer Wochenendveranstaltung auf, wenngleich die »Bereinigung« zwischen beiden nicht vollkommen abgeschlossen und man »auch noch nicht in allem einig« war[87].

Auf dem Verbandstag von Mannheim im Juni 1955 gelang es dann, die zwischen dem Werkvolk und den Werkgemeinschaften aufgetretenen Spannungen und Differenzen endgültig auszuräumen und eine Aussöhnung zwischen Pater Prinz und Verbandspräses Maier herbeizuführen. Nachdem sich ein von der Verbandsleitung einberufener Arbeitskreis um Rektor Berchtold intensiv mit einer Denkschrift von Pater Prinz über die praktische Gestaltung des Verhältnisses der Werkgemeinschaften zum Werkvolk[88] auseinandergesetzt hatte, kam es zu einer detaillierten Vereinbarung zwischen den beiden katholischen Arbeitnehmerorganisationen Süddeutschlands. Die Werkgemeinschaften schlossen sich dem Süddeutschen Verband an, bildeten aber innerhalb des Werkvolks selbständige Gruppen, die über die Verbandsmitglieder hinausgehen und auch evangelische Christen umfassen konnten. Zugleich hielten die Christlichen Werkgemeinschaf-

---

Neugründung und Betreuung von Werkgemeinschaften beauftragt worden (L. UNGER, Katholische Arbeitnehmerbewegung, S. 187).

[82] Bericht Volksbüro – Raum Ingolstadt. DA EI BA Werkvolk 1949–1967.
[83] Bericht über die Verbandsleitungssitzung, 16. Oktober 1953. KAB VZ 17a / Verbandsausschuß 1947–1954.
[84] So etwa des Neumarkter Bezirksvorsitzenden Geisinger. Vgl. WERKVOLK, Nr. 1, Januar 1953.
[85] Arbeitsstelle der »Christlichen Werkgemeinschaften« der Diözese Eichstätt, August 1952. DA EI OA Werkvolk 1949–1955.
[86] Franz Kolb an Anton Maier, 10. Januar 1955. VZ KAB G I / Würzburg 1949–1964.
[87] Anton Maier an Franz Kolb, 13. Januar 1955. VZ KAB G I / Würzburg 1949–1964.
[88] KAB VZ 43c / Verbandstag Mannheim 1955.

ten auch an ihren sonstigen Eigenheiten fest: dem Selbstverständnis als Aktionsgemeinschaften auf dem Boden der Betriebe sowie der freien Mitgliedschaft ohne finanziellen Beitrag. Die Vereinigung von Werkgemeinschaften und Werkvolk kam organisatorisch vor allem dadurch zum Ausdruck, daß die führenden Kräfte der Werkgemeinschaften dem Süddeutschen Verband beitraten, der geistliche Leiter und ein katholischer Laie der Werkgemeinschaften in die Verbandsleitung des Werkvolks aufgenommen wurde und umgedreht auch der Verbandspräses und der Verbandsvorsitzende des Werkvolks im Führungsgremium der Werkgemeinschaften Sitz und Stimme hatten. Der Laienvertreter der Werkgemeinschaften wurde auf Vorschlag der Werkgemeinschaften vom Verbandstag des Katholischen Werkvolks gewählt, der geistliche Leiter wurde auf Vorschlag der Werkgemeinschaften vom Verbandstag dem Vorsitzenden der Bayerischen Bischofskonferenz zur Berufung empfohlen[89].

Der Ausgleich zwischen Pater Prinz und der Verbandsleitung führte im gesamten Verbandsgebiet zu einer Intensivierung der Betriebsarbeit. So wurden etwa im Bistum Eichstätt ab 1957 in den Großbetrieben der Region Ingolstadt von CAJ und Werkvolk eigene Betriebsgruppen aufgebaut und die Arbeit des Bezirksverbands auf diese abgestimmt, um so die »Wirkmöglichkeit« der Werkgemeinschaften zu stärken[90]. Hatte das Werkvolk die Christlichen Werkgemeinschaften bisher vor allem als »Kern für eine spätere Betriebsarbeit« in eigener Regie verstanden und war nur deshalb bereit gewesen, »in monatelanger Arbeit« in verschiedenen Betrieben Werkgemeinschaften zu gründen[91], so stärkte nun, nach der organisatorischen Anbindung der freien Gruppen, die Betriebsgruppenarbeit des Werkvolks nicht nur die Christlichen Werkgemeinschaften, sondern wurden zugleich veraltete Werkvolkgemeinschaften »mit jungen Kräften, die geschult waren, aufgefüllt« und die Gründung von Werkvolkgemeinschaften in den umliegenden Pfarreien der Großbetriebe angeregt[92].

Um den organisatorischen Zusammenhalt zwischen den einzelnen Werkgemeinschaften zu fördern, hielt der Verein der Christlichen Werkgemeinschaften einmal jährlich eine Tagung ab, an der Verteter aller Werkgemeinschaften Süddeutschlands teilnahmen. Diese Treffen fanden stets an wechselnden Orten statt[93]. Die Verbindung zwischen den Werkgemeinschaften wurde außerdem

---

[89] Protokoll der Delegiertentagung des Verbandstags Mannheim. KAB VZ 43a / Verbandstag Mannheim 1955, gedruckt in WERKVOLK, Nr. 7, Juli 1955.
[90] Bericht Volksbüro – Raum Ingolstadt. DA EI BA Werkvolk 1949–1967.
[91] Jahresbericht 1957 über die Arbeit des Diözesanverbands des Werkvolks Eichstätt. DA EI BA Werkvolk 1949–1967.
[92] Bericht Volksbüro – Raum Ingolstadt. DA EI BA Werkvolk 1949–1967.
[93] Mai 1947 in Fürstenried, 18.–20. Juni 1948 in Fürstenried, 25.–26. Mai 1949 in Ingolstadt, 17.–18. Juni 1950 in Nürnberg, 4.–6. Mai 1951 in Augsburg, 24.–25. Mai 1952 in Schweinfurt, 14.–

IV. Die Betriebsarbeit 321

durch das von Pater Prinz geleitete Sekretariat und die von ihm verfaßten und von Pater Nell-Breuning redigierten »Mitteilungen der Werkgemeinschaften Christlicher Arbeitnehmer« aufrecht erhalten, die ab Juni 1948 monatlich erschienen. Ihre Auflage stieg bis 1955 von 1000 auf rund 2400 Exemplare[94]. Nach dem Mannheimer Verbandstag wurden sie der Verbandszeitschrift des Werkvolks beigegeben und erreichten so eine Auflagenhöhe von über 40 000 Stück.

Neben den Mitteilungen gab Pater Prinz ab 1953 in unregelmäßiger Folge »Christlich-Soziale Werkbriefe« heraus, in denen verschiedene Themen wie etwa das »Betriebsverfassungsgesetz«, die »Christliche Berufsauffassung«, die »Eigentumsbildung« oder Fragen von »Elternrecht, Schule, Staat« eingehender behandelt wurden. Als Autoren traten hier neben Pater Prinz selbst vor allem andere Angehörige der Gesellschaft Jesu hervor. Neben diesen sind des weiteren vor allem Geistlicher Rat Emil Muhler und Laien wie Guido Fischer (Professor für Betriebswirtschaftslehre an der Universität München), Andreas Grieser (Staatssekretär im Bayerischen Arbeitsministerium a.D.) oder Reinhold Henzler (Professor für Betriebswirtschaftslehre an der Universität Hamburg) als Autoren zu nennen. Einzelne Werkbriefe wurden zwei oder drei Mal nachgedruckt und erreichten so eine Auflagenhöhe von 5000 Stück[95]. Den Werkbriefen lag »ein wohl überlegter Plan zugrunde, nach dem systematisch die Fragen der christlichen Gesellschaftsordnung nach und nach vollständig klargestellt« werden sollten. Aus ihnen sollte »ein Sammelwerk erwachsen, das für alle sozial interessierten Christen, für jeden Religionslehrer, besonders für Berufsschullehrer und vielbeschäftigte Vorstände von Gruppen und Vereinen das nötige Werkzeug unmittelbar ohne viel Arbeit verwendbar zur Verfügung« stellte[96]. Auf der Sitzung des Verbandsausschusses 1953 war der Antrag des Diözesanverbands Bamberg noch abgelehnt worden, die Christlich-Sozialen Werkbriefe an sämtliche Präsides, Vorsitzende und Leiterinnen der örtlichen Werkgemeinschaften sowie alle Diözesan- und Bezirksleitungen zuzustellen. Stattdessen war geplant worden, das vom Bamberger Werkvolk herausgegebene »Soziale ABC« »zu überarbeiten und neu auszulegen«[97]. Nach den Mannheimer Vereinbarungen empfahl die Verbandsleitung des Süddeutschen Verbands nun im Februar 1957 allen Werkvolkgemeinschaften offiziell den Bezug der

---

16. Mai 1953 in Ludwigshafen, 31. Mai – 1. Juni 1957 in München, 18.–19. April 1959 in Nürnberg, 11.–12. März 1961 in Schweinfurt, 18.–19. Mai 1963 in Mannheim. Entwicklung der Werkgemeinschaften, o.D. AMSJ NL Prinz D 1.
[94] F. Meyer / N. Röhnert, S. 5–6.
[95] Christlich-Soziale Werkbriefe, Nr. 1–77, 1953–1962; ursprünglich waren »etwa 50 solcher Briefe« geplant. Rundschreiben P. Franz Prinz SJ, 20. Juli 1953. AEB KAB Kart. 64.
[96] Rundschreiben P. Franz Prinz SJ, 20. Juli 1953. AEB KAB Kart. 64.
[97] Ergebnisbericht über die Verbandsausschuß-Sitzung, 17.–18. Oktober 1953. KAB VZ 17a / Verbandsausschuß 1947–1954.

Christlich-Sozialen Werkbriefe. In jeder Werkvolkgemeinschaft sollte nun wenigstens ein Exemplar vorhanden sein, damit Interessenten jederzeit die Möglichkeit hätten, sich zu informieren. Darüber hinaus regte die Verbandsleitung die Bildung von »Studienzirkeln« an, damit durch die gemeinsame Lektüre der Christlich-Sozialen Werkbriefe die Gesellschaftslehre der Kirche tatsächlich Gemeingut des Werkvolks würde[98].

Die Anstrengungen von Pater Prinz in der Bildungsarbeit für die Christlichen Werkgemeinschaften gingen aber über die Bereitstellung von gedrucktem Schulungsmaterial hinaus, sie gipfelten schließlich in der Gründung eines »Sozialen Seminars«. Um die »Laienapostel« in den Betrieben für ihre missionarische Tätigkeit mit solidem Wissen auf wirtschaftlichem, sozialem und politischem Gebiet zu versehen und mit der Katholischen Soziallehre vertraut zu machen, errichtete er in Zusammenarbeit mit anderen Organisationen des Münchener Katholikenausschusses – dem Werkvolk, der CAJ, der Kolpingsfamilie und den Pfadfindern – und in Anlehnung an die seit 1950 in Münster und anderen westdeutschen Diözesen gegründeten Sozialen Seminare[99] eine Bildungsstätte, die Arbeitnehmern die Gelegenheit gab, sich neben ihrer Berufstätigkeit in Abendkursen über vier Semester hinweg profunde Kenntnisse auf den unterschiedlichsten Gebieten zu erwerben. Die Bandbreite der Veranstaltungen reichte von Vorträgen zur Rentenversicherung, über Seminare zu Umgangsformen bis hin zu Abenden, die der Zeitgeschichte gewidmet waren[100].

---

[98] Werkvolk-Führung-Schriftführer, Nr. 2, 1957.

[99] Die Initiative zur Errichtung von Erwachsenenbildungseinrichtungen, die nach einheitlichem Lehrplan eine Einführung in die katholische Soziallehre vermittelten, ging auf den Bischof von Münster zurück, der auch in der deutschen Bischofskonferenz in der Kommission für Soziale Arbeit wirkte. Vgl. H. Hürten, Michael Keller, S. 317. Zu Gründung und Entwicklung der Sozialen Seminare vgl. generell U. Wierz. Der Blick von Wierz ist auf die Vorgänge in Nord- und Westdeutschland verengt, da er sich fast ausschließlich auf die Erwachsenenbildungseinrichtungen beschränkt, die in der Arbeitsgemeinschaft für Soziale Seminare zusammengeschlossen waren und so ihre Lehrpläne aufeinander abstimmten. Einen Vergleich mit den süddeutschen Bildungseinrichtungen, die sich dieser Arbeitsgemeinschaft nicht angeschlossen hatten, sowie Gründe für die Unterschiede in der inhaltlichen Arbeit vermißt man in der Trierer Dissertation. Im Herbst 1957 hatte Papst Pius XII. in einer Ansprache vor dem zweiten Weltkongreß des Laienapostolats ausdrücklich dazu aufgerufen, das Beispiel des Sozialen Seminars nachzuahmen. Vgl. Papst Pius XII.: Grundsätzliche und praktische Richtlinien für das Laienapostolat. Ansprache an den zweiten Weltkongreß des Laienapostolats, 5. Oktober 1957. Gedruckt in: AAS XLIX (1957), S. 922–939, bzw. A.-F. Utz / J.-F. Groner, S. 3569–3591, vor allem S. 3581–3582.

[100] Hauptfächer der sich über zwei Jahre erstreckenden Erwachsenenbildungsmaßnahme waren: Glaubenslehre, Christliche Gesellschaftslehre, Rednerkurs, Arbeitsrecht, Betriebswirtschaftslehre, Krankenversicherung, Rentenversicherung, Unfallversicherung; Nebenfächer waren: Betriebspsychologie, Bürgerliches Recht, Kommunalpolitik, Religiöse Debatte, Umgangsformen und Zeitfragen. Vgl. hierzu Soziales Seminar, Arbeitsplan 1958/59 (AMSJ NL Prinz D 2), Soziales Seminar, Arbeitsplan 1959/60, und Soziales Seminar, Arbeitsplan 1960/61 (AZdK 4240/19).

IV. Die Betriebsarbeit

Die von Pater Prinz geleistete Bildungsarbeit aber darf nicht isoliert von seinem eigentlichen Anliegen gesehen werden, der Seelsorge am arbeitenden Menschen. Dies war aus seiner Sicht das eigentliche Ziel der Christlichen Werkgemeinschaften[101]. Von daher war die Entwicklung der Werkgemeinschaften und der Wandel von diesen hin zu einer kirchlich durchgeführten Betriebsseelsorge nur konsequent. Verstärkt wurde dieser Prozeß durch die Entwicklungen in der »Gewerkschaftsfrage«. Hatte der Verbandstag von Mannheim endlich den jahrelang schwelenden Konflikt zwischen den Werkgemeinschaften und dem Werkvolk entschärft und so die Voraussetzung für eine weitere Expansion der Werkgemeinschaften geschaffen, änderte sich kein halbes Jahr später durch die Gründung der Christlichen Gewerkschaften die innerbetriebliche Lage völlig. War »das Ziel« der Christlichen Werkgemeinschaften und der Betriebsgruppen des Katholischen Werkvolks bereits seit der unmittelbaren Nachkriegszeit, »den betriebspolitischen Raum, d. h. die Betriebsratstätigkeit mitzugestalten« und »die Monopolstellung des DGB zu brechen«, so schufen die Christlichen Gewerkschaften hierfür die notwendigen Voraussetzungen[102]. Dementsprechend lag nun innerhalb der Christlichen Werkgemeinschaften und der Betriebsarbeit des Katholischen Werkvolks »das Hauptgewicht der Arbeit auf der Gründung der CGD, die durch diese Gruppen« erfolgte[103]. So war es kein Zufall, daß Siegfried Rahammer, der erst im Juni 1955 zum Vorsitzenden der »Werkgemeinschaften Christlicher Arbeitnehmer Gruppe München« gewählt worden war, bei der Gründung der Christlichen Gewerkschaften als Münchener CGD-Bezirksvorsitzender fungierte und auf der ersten ordentlichen Landeskonferenz des CGD-Landesverbands zu einem der fünf Beisitzer des Landesvorstands der CGD gewählt wurde[104]. Hatte Pater Prinz doch schon 1951 postuliert, daß die Werkgemeinschaften nicht nur im Erzbistum München »allmählich mehr organisatorischen Charakter annehmen und sich zu einer Art christlichen Gewerkschaft entwickeln sollten«[105].

Da »fast ausschließlich« Werkvolkmitglieder die CGD aufbauten und ihre »Träger« waren, wurden die Betriebsgruppen des Werkvolks wie die ebenfalls von ihnen maßgeblich getragenen Christlichen Werkgemeinschaften letztlich auf die CGD »verlagert«[106]. Dies führte dazu, daß der DGB alle Aktionen von Pater

---

[101] J. Beck, S. 9.
[102] Bericht Volksbüro – Raum Ingolstadt. DA EI BA Werkvolk 1949–1967.
[103] Bericht des Diözesanverbands Eichstätt, 1. Juli 1959 bis 30. September 1960. KAB VZ 17c / Verbandsausschuß 1959–1971.
[104] Vgl. S. 445.
[105] Hans Haberkorn: Werkgemeinschaften – Betriebsarbeit. Anlage zum 8. Rundschreiben an alle Sekretäre, 17. Dezember 1951. AEB KAB Kart. 70.
[106] Bericht des Diözesanverbands Eichstätt, 1. Oktober 1960 bis 30. September 1961. KAB VZ 17c / Verbandsausschuß 1959–1971.

Prinz, selbst eine »Betriebsmission«, als »Vorgehen« mit gewerkschaftspolitischem Hintergrund ansah, das es galt, »mit aller Aufmerksamkeit zu verfolgen«, sei es »auch kirchlich getarnt«[107]. Dies führte am Ende des Untersuchungszeitraums zu einer gravierenden »Neuorientierung der Werkgemeinschaftsarbeit«[108]. Von nun an stand die »Arbeiterseelsorge« im Mittelpunkt der Arbeit der Christlichen Werkgemeinschaften[109].

4. Arbeiterpriester

»Arbeiterpriester« und »Arbeitermission«, wie sie in Frankreich unter anderem aus der Erfahrung der Seelsorge an den französischen Zivilarbeitern im nationalsozialistischen Deutschland erwachsen waren[110], blieben in Süddeutschland die Ausnahme. Einzig ein Geistlicher ist hier im Vollsinn des Wortes als »Arbeiterpriester« anzusprechen: der Salvatorianer Pater Meinrad Kaiser. Er setzte sich als hauptamtlicher Betriebsseelsorger im Bistum Passau nicht nur wie Pater Prinz für die Seelsorge in den Betrieben ein, sondern teilte selbst den Alltag der Arbeitnehmer, arbeitete mit ihnen und nächtigte in Arbeiterunterkünften[111]. Durch ein von ihm erstelltes Tonbild wirkte Kaiser aber auch über die Diözese Passau hinaus[112]. Obwohl es in Süddeutschland real nur einen »Arbeiterpriester« gab, wurden in den fünfziger Jahren die französischen Erfahrungen der vierziger Jahre verstärkt rezipiert, was die zeitgenössische Übersetzung verschiedenster Erfahrungsberichte, Tagebücher und anderer Dokumente der Arbeiterpriester ins Deutsche eindrucksvoll belegt[113]. Auch die Auseinandersetzung um die »Arbei-

---

[107] Rundschreiben DGB-Landesbezirk, Max Wönner, 9. Oktober 1957. AMSJ NL Prinz D 3.
[108] So das »Gesamtthema« der Tagung der Werkgemeinschaften für Süddeutschland, 18.–19. Mai 1963. Entwicklung der Werkgemeinschaften, o.D. AMSJ NL Prinz D 1.
[109] Das Referat auf der Tagung der Christlichen Werkgemeinschaften des Jahres 1963 lautete bezeichnenderweise: »Arbeiterseelsorge in der Mitte des 20. Jahrhunderts«. Entwicklung der Werkgemeinschaften, o.D. AMSJ NL Prinz D 1.
[110] Vgl. H. Perrin, Tagebuch. H. Perrin bezieht sich mit seiner Hauptthese, »nur die Gegenwart des Priesters kann gewisse völlig entchristlichte Bevölkerungsschichten für Christus zurückgewinnen«, explizit auf eine Äußerung des Kölner Erzbischofs Frings (S. 351–352). Zu den französischen Arbeiterpriestern vgl. F. Prinz, Kirche und Arbeiterschaft, S. 289–290, 323–328; Zur Problematik.
[111] Vgl. S. 129–130.
[112] »Das hohe Lied der Arbeit«. Bezirksverband Nürnberg: Referentenliste (Referate, Lichtbildervorträge, Filme), Juni 1963. KAB VZ F II / Nürnberg.
[113] A. Dansette, H. Godin / Y. Daniel, M. Labourdette, J. Loew, Bericht, J. Loew, Tagebuch, H. Perrin, Tagebuch, H. Perrin, Briefe, sowie G. Siefer. Vgl. hierzu auch den Literaturbericht »Zur Problematik der Arbeiterpriester« in Welt der Bücher, 2. Folge, Heft 9, 1963.

terpriester« im Frankreich der Nachkriegszeit, die im Juli 1959 mit dem Verbot des Experiments endete, verfolgte man intensiv[114].

Das Werkvolk als Laienbewegung vertrat aber bereits vor der Weisung des Heiligen Stuhls an die Arbeiterpriester, »ihre bisherige Form der Glaubensverkündigung« zu beenden[115], die »Erkenntnis«, daß die »Missionierung« der Arbeiterschaft und der Betriebe Aufgabe der katholischen Arbeiter sei. Nicht der Priester sollte zum Arbeiter werden, sondern der Arbeiter zum Missionar[116].

5. Von der Betriebsarbeit zur Betriebsseelsorge

Aus dem Verständnis der Betriebsarbeit als »betriebsmissionarischer Arbeit«[117], erwuchs ab Mitte der fünfziger Jahre das Konzept der »Betriebsseelsorge«. Nach dem Verbot der Arbeiterpriester und dem weitgehenden Aufgehen der Werkgemeinschaften Christlicher Arbeitnehmer wie der Betriebsgruppen des Werkvolks in den Christlichen Gewerkschaften übernahmen zunehmend von den bischöflichen Verwaltungen berufene Betriebsseelssorger die vordem auf freier Basis vor allem von Laien getragenen missionarischen Aufgaben in den Betrieben.

Schwerpunkt dieser Entwicklung war in Süddeutschland das Erzbistum München und Freising. Als Pater Prinz bedingt durch das rasche Wachstum der Christlichen Werkgemeinschaften die Arbeit nicht mehr allein bewältigen konnte, wandte er sich an Monsignore Dr. Hubert Klees, den Leiter des neu errichteten erzbischöflichen Seelsorgeamts. Dieser hatte die Idee, auch die anderen in München ansässigen Orden in die Betriebsseelsorge zu integrieren. Auf seine Bitte hin stellten die Benediktiner P. Willibrod Braunmiller, die Franziskaner P. Erminold Ganter, die Kapuziner P. Fredegand Braun und die Redemptoristen P. August Troidl für die Betriebsgruppenarbeit ab, die alle bereits als Volksmissionare Erfahrungen gesammelt hatten[118]. Zusammen mit Pater Prinz bildeten sie die Runde der »Arbeiterseelsorger«. Sie wurden 1955 von Kardinal Wendel hierzu förmlich ernannt und erhielten eine offizielle, apostolische Sendung für die ganze Erzdiözese[119]. Die »von den missionierenden Orden kommenden Kollegen« von Pater Prinz setzten schon bald einen anderen, einen »neuen

---

[114] Vgl. hierzu etwa die Berichterstattung über den Tod des Arbeiterpriesters Michel Favreau im Verbandsorgan (Werkvolk, Nr. 11, November 1952) oder die Ausarbeitung des stellvertretenden Bamberger Diözesanpräses Hans Birkmayr »Arbeiterpriester«. (AEB KAB Kart. 57).
[115] St. Willibaldsbote, Nr. 45, 8. November 1959.
[116] Werkvolk, Nr. 4, April 1954.
[117] Rechenschaftsbericht Josef Hofmeister, 1. Juli 1955 bis 31. Mai 1956. KAB R Diözesantage.
[118] E. Ganter, S. 12–13.
[119] F. Prinz, Welt der Industrie, S. 7.

Akzent«. Sie betonten die »apostolischen und missionarisch-seelsorglichen Kategorien« ihrer Arbeit und ließen die ursprünglichen »sozialpädagogischen und sozialpolitischen« Intentionen von Pater Prinz zurücktreten[120].

Ziel der Arbeiterseelsorge war die Umsetzung des Wunsches von Papst Pius XII., »daß sich die gleichgesinnten Glaubensfreunde in jeder Arbeitsumwelt zusammentun, um so die Kirche im Betrieb präsent zu sehen«[121]. Um dies zu erreichen, versuchte man, den Kontakt zum Pfarrklerus herzustellen. Man plante, »sämtliche« Pfarrgeistliche des Erzbistums zu besuchen und ihnen das Anliegen der Arbeiterseelsorge zu erklären. Die Geistlichen vor Ort sollten »nach Möglichkeit« Laien benennen, um aus diesen innerhalb der Pfarreien »Aktivs« zu gründen, die die Arbeiterfamilien der Pfarrei besuchten sollten. Zudem wollten die Arbeiterseelsorger auf Grund der Angaben des Klerus eine »Betriebskartei« Münchens erstellen. Innerhalb der Betriebe sollten »nach Möglichkeit« spezielle Betriebsmissionen abgehalten werden. Um diese vorzubereiten, besuchte der Arbeiterseelsorger »alle« Arbeiter eines Betriebs und sprach mit ihnen. Schließlich wurde an drei aufeinanderfolgenden Tagen in der Kantine oder einem anderen geeigneten Raum des Betriebs ein Vortrag mit anschließender Diskussion zu einem religiösen Thema gehalten. Ziel dieser Betriebsmissionen war, »den Kontakt mit der Gesamtarbeiterschaft herzustellen« und »die rote Atmosphäre des Betriebes in etwa zu brechen«. Damit meinte man, den »Laienaposteln« die Arbeit zu erleichtern. Deren Gewinnung und Ausbildung stand im Mittelpunkt der Betriebsseelsorge. Es sollten »Arbeiter und Angestellte« sein, »charakterlich hochwertig« und »redegewandt«, »tüchtige Arbeiter« und »überzeugte Christen«. Sie sollten auf dem Weg des Sozialen Seminars »möglichst umfangreiches Wissen« erwerben und sich im Betrieb in einer Gruppe sammeln. Diesen Gruppen sollten die Arbeiterseelsorger dann wieder monatliche Vorträge halten[122], um ihre »christliche Elitepersönlichkeit« zu fördern[123]. Hierzu wurden sie auch einmal jährlich zu Einkehrtagen eingeladen[124].

Soweit die Anfangskonzeption. In der konkreten Praxis war es den wenigen Arbeiterseelsorgern natürlich nicht möglich, in allen Betrieben des Erzbistums eigene Betriebsgruppen aufzubauen. Deshalb wurde der Pfarrklerus im weiteren Verlauf zunehmend stärker in die Konzeption der Betriebsseelsorge eingebunden. Er sollte nun für die Betriebe und alle ihre Arbeiter »verantwortlich«

---

[120] E. GANTER, S. 12–13.
[121] So P. August Troidl C.Ss.R. Niederschrift über die Arbeiterseelsorgerkonferenz, 5. Februar 1962. AMSJ NL Prinz D 4.
[122] Sozial – Arbeiterpriester, 31. Januar 1956. AMSJ NL Prinz D 2.
[123] Die Arbeiterseelsorger, 3. Juli 1957. AMSJ NL Prinz D 2.
[124] Werkgemeinschaften Christlicher Arbeitnehmer, Gruppe München, Situationsbericht, 24. April 1956. AZDK 4240/19.

IV. Die Betriebsarbeit

sein, mehrmals im Jahr nach Rücksprache mit der Direktion und dem Betriebsrat die Fabriken besuchen, die Betriebsräte, auch die sozialistischen, zu einem Abendessen einladen und einen Gottesdienst im Monat eigens für die berufstätige Bevölkerung gestalten[125]. In allen größeren, zusammenhängenden Industriegebieten plante man darüber hinaus je einen hauptamtlichen Arbeiterseelsorger zu bestellen, der die Pfarrer in ihrem Bemühen um die Betriebe unterstützen sollte. Dieser hätte durchaus der Bezirkspräses des Werkvolks sein können[126]. Doch auch dies ließ sich nicht umsetzen. Wie utopisch die Vorstellung mehrerer hauptamtlicher Bezirkspräsides des Werkvolks war, kann man allein daraus ermessen, daß sich das erzbischöfliche Ordinariat noch am Anfang der fünfziger Jahre nicht in der Lage sah, einen Geistlichen für das Amt des Diözesanpräses in der Erzdiözese München und Freising freizustellen[127].

Trotz aller Betriebsbesuche und sonstigen Bemühungen der Arbeiterseelsorger war es jedoch »nach zwei Jahren Arbeit gar nicht leicht«, »einen Überblick über das Geleistete und den Erfolg zu gewinnen«[128]. Die von Kardinal Wendel beauftragten »Arbeiterseelsorger« trafen sich deshalb regelmäßig, etwa vierteljährlich, im Münchener Ordinariat zu Besprechungen. Zu diesen Gesprächen zogen sie sowohl Angehörige der erzbischöflichen Verwaltung wie des Werkvolks und der CAJ hinzu[129]. Das im Rahmen dieser Besprechungen in München entwickelte Konzept einer Arbeiter- und Betriebspastoral wurde 1966 von Pater Prinz unter dem Titel »Die Welt der Industrie – eine Sorge der Kirche« in Buchform niedergelegt und im »Seelsorge Verlag« veröffentlicht[130].

Die Münchener Vorgänge standen in der Bundesrepublik keineswegs allein. So war etwa auch in den Diözesen Essen, Limburg, Münster, Paderborn oder Speyer das Seelsorgeamt, das Sozialreferat oder das Generalvikariat Träger ähnlicher Betrebungen, während in den übrigen Bistümern die katholische Arbeiterbewegung Träger der Arbeiterseelsorge war. In beiden Fällen handelte es sich bei den betreuten Gruppen um »ganz unterschiedliche Gebilde«, um »eigentliche Betriebskerne« ebenso wie »Mammutgruppen«, die kaum als »Aktionsgruppen« tätig werden konnten. Nur zum Teil hatte man die Betriebsgruppenarbeit wie in

---

[125] Conception der Arbeiterseelsorge für die Erzdiözese München. AMSJ NL Prinz D 2.
[126] Empfehlungen. AMSJ NL Prinz D 2.
[127] Vgl. S. 126.
[128] Bericht über die Sitzung der Arbeiterseelsorger, 5. Februar 1958. AMSJ NL Prinz D 2. Im Jahr 1961 existierten im Stadtgebiet Münchens bei etwa 500 Betrieben mit mehr als 100 Beschäftigten 37 Gruppen in 90 Betrieben. Ergebnis einer Umfrage des Leiters des Sozialreferats des Zentralkomitees der deutschen Katholiken aus dem Jahr 1961. Zusammenstellung der Antworten in AZDK 4240/19.
[129] Vgl. die Protokolle der Besprechungen, 2. Juni 1956 bis 1. März 1962. AMSJ NL Prinz D 2–4.
[130] F. Prinz, Welt der Industrie.

München bereits in den späten vierziger Jahren begonnen, »in den meisten Fällen« hatte sie erst in den fünfziger Jahren »richtig« eingesetzt[131]. Ab diesem Zeitpunkt bemühte man sich von kirchlicher Seite zugleich auch um eine stärkere überregionale Koordination der unterschiedlichen regionalen Ansätze zur Betriebsgruppenarbeit. Einen ersten Schritt hierzu stellte die Gründung eines Arbeitskreises für katholische Betriebsgruppenarbeit dar. Auf den 4. Januar 1954 luden im Auftrag der Hauptarbeitstelle für Männerseelsorge und Männerarbeit in Fulda Pater Hans von Schönfeld SJ aus Frankfurt und Domvikar Alexander Stein aus Limburg, der Geschäftsführer der Arbeitsgemeinschaft katholisch-sozialer Bildungswerke in der Bundesrepublik[132], alle in West- und Süddeutschland längere Zeit in der Betriebsgruppenarbeit Tätigen zu einem ersten Erfahrungsaustausch nach Frankfurt ein, insgesamt 24 Personen, zehn aus Süddeutschland und vierzehn aus Westdeutschland[133]. Die gegenseitigen Arbeitsberichte, in denen man vor allem auf den Aufbau und Werdegang der eigenen Arbeit, die Möglichkeiten und Schwierigkeiten der Zusammenarbeit unter den Konfessionen sowie die Abgrenzung der eigenen Arbeit und das Verhältnis zu den Sozialausschüssen der Union einging, dokumentierten die beträchtlichen Unterschiede im Arbeitsansatz, die auch in den unterschiedlichen Namen zum Ausdruck kamen: Katholisches Betriebs-Männerwerk, Christliche Werkgemeinschaften, Christliche Betriebsgruppen. Zum Teil besaßen die Betriebsgruppen aber weder einen eigenen Namen, noch ein festes Programm oder eine eigene organisatorische Form[134].

Zwei Jahre nach dem ersten Treffen in Frankfurt kam es in Königstein vom 20. bis zum 22. März 1956 erneut zu einer Konferenz über die Betriebsseelsorge. Hierzu hatte zwar erneut die Arbeitsgemeinschaft katholisch-sozialer Bildungswerke der Bundesrepublik eingeladen[135], doch war die Tagung vom Sozialreferat

---

[131] Ergebnis einer Umfrage des Leiters des Sozialreferats des Zentralkomitees der deutschen Katholiken aus dem Jahr 1961. Zusammenstellung der Antworten in AZDK 4240/19.

[132] T. GROSSMANN, S. 123.

[133] Daran nahmen teil: Paul Adenauer (Köln), P. Otto Buchheit SJ (Mannheim), P. Bernhard Determann SJ (Frankfurt a.M.), Max Distler (Schweinfurt), Heinrich Gellings (Fulda), Heinz [nicht näher zu identifizieren] (Paderborn), Siegfried Itting (Schweinfurt), Joseph Joos (Fulda), Franz Kolb (Würzburg), Anton Maier (München), Fritz Meyer (München), P. Polykarp Meyer OSB (Freiburg), P. Heinrich Ostermann SJ (Köln), P. Franz Prinz SJ (München), P. Dr. Herbert Reichel SJ (Münster), P. Hans von Schönfeld SJ (Frankfurt a.M.), Prälat Caspar Schulte (Paderborn), Karl Schuster (Offenbach), Johann Stappel (Augsburg), Alexander Stein (Limburg), Hans Striebeck (Frankfurt a.M.), Josef Titzer (Fulda), Ferdinand Weißkichel (Köln), Dr. Josef Wißborn (Köln). Protokoll der Tagung der Arbeitsgemeinschaft für katholische Betriebsgruppenarbeit, 4. Januar 1954. AMSJ NL Prinz D 1.

[134] Vgl. hierzu auch die Antworten auf die Umfrage des Leiters des Sozialreferats des Zentralkomitees der deutschen Katholiken aus dem Jahr 1961. AZDK 4240/19.

[135] Rundschreiben Alexander Stein, 23. Februar 1956 sowie 1. März 1956. AZDK 4240/19.

IV. Die Betriebsarbeit

des Zentralkomitees der deutschen Katholiken angeregt worden[136], das im weiteren Verlauf die Federführung bei der Koordination der Betriebsarbeit innerhalb der ganzen Bundesrepublik übernahm. Hierzu wurde eine Bundesarbeitsgemeinschaft für katholische Betriebsgruppenarbeit gegründet, der bereits existierende diözesane Arbeitsgemeinschaften beitreten konnten[137]. Um alle bischöflichen Ordinariate zum Aufbau der Betriebsgruppenarbeit zu animieren, stellte man ihnen das Protokoll der Arbeitstagung in Königstein zur Verfügung[138].

Die deutsche Bischofskonferenz nahm diese Anregung des Zentralkomitees auf, das zur selben Zeit ausdrücklich betonte, »daß die Leiter der Referate sich gerne zur Verfügung stellen, wenn sich die Bischöfe des Zentralkomitees bedienen wollen«. Die Vollversammlung beauftragte die Kommission für Soziale Arbeit der Bischofskonferenz, »ein ausführliches Schwerpunktprogramm für die Arbeiterseelsorge der nächsten Jahre und einen diesbezüglichen Entwurf für ein gemeinsames Lehrschreiben der deutschen Bischöfe an den Klerus zu erarbeiten und in den nächsten Monaten vorzulegen«[139]. Da sich für diese »Intensivierung« der Seelsorge an der berufstätigen Bevölkerung vor allem ein westdeutscher Bischof eingesetzt hatte[140], wurde von der Bischofskonferenz die westdeutsche Terminologie übernommen und der Begriff »Arbeiterseelsorge« verwandt und nicht vom »Arbeitnehmer« gesprochen, wie es in den Augen der Diözesanpräsides des Werkvolks, das in nahezu allen süddeutschen Diözesen der Träger der Betriebsarbeit war, als nötig erachtet wurde[141].

Dem Wunsch der deutschen Bischofskonferenz entsprechend wurden vom Sozialreferat des Zentralkomitees der deutschen Katholiken Anfang 1959 die Bildung von drei Kommissionen zum Schwerpunktprogramm »Arbeiterseelsorge« durchgeführt: einer »Wissenschaftlichen Kommission«, einer »Pastoralkommission« und einer »Koordinierungskommission«[142]. Im Mai 1960 beendeten sie

---

136 Niederschrift der Arbeitstagung über Betriebsgruppenarbeit, 20.–22. März 1956. AZDK 4240/19.
137 Wilhelm Wöste an Josef Paulus, 4. Juni 1956. AZDK 4240/19.
138 Josef Paulus an Paul Jaeschke, 11. Juni 1956. AZDK 4240/19.
139 Protokoll der Plenarkonferenz der Bischöfe der Diözesen Deutschlands, 19.–21. August 1958. ABP OA Episc H 6 b.
140 Es war Bischof Keller, der Vorsitzende der Kommission für Soziale Arbeit, der das Referat zu dieser Frage übernommen hatte (Tagesordnung der Plenarkonferenz der Bischöfe der Diözesen Deutschlands, 19.–21. August 1958. ABSP BA A-II-32). Die Grundlage für Kellers Ausführungen bildete eine Denkschrift von Josef Paulus, des geistlichen Direktors und Leiters des Sozialreferats des Zentralkomitees der deutschen Katholiken (vgl. W. DAMBERG, Abschied vom Milieu, S. 215).
141 Aktenvermerk über die Diözesanpräsides-Konferenz, 7. Dezember 1958. AEB KAB Kart. 62.
142 Vgl. hierzu den Bericht des Sozialreferats des Zentralkomitees der deutschen Katholiken für die Bischofskommission für Sozialarbeit, 21. April 1959 (ABSP BA A-II-33), sowie das Protokoll der Kommissionssitzung der VII. Kommission (Soziale Arbeit), 4.–5. Mai 1959 (ABSP BA A-II-33). Die vom Zentralkomitee »getroffenen Maßnahmen« wurden von der Bischofskonferenz formal

ihre Sitzungen. Am 9. Juli 1960 trafen sich die Vorsitzenden der drei Kommissionen zu einer Abschlußbesprechung und legten einen Gesamtbericht über die Ergebnisse vor[143]. Zugleich nahmen nun drei von der Koordinierungskommission gebildete Unterkommissionen ihre Arbeit auf: die »Schrifttumskommission«, der »Arbeitskreis für Betriebsgruppenarbeit« und der »Arbeitskreis der Verbandszentralen im Rahmen des Schwerpunktprogramms Arbeiterseelsorge«. Sie sollten der verstärkten Koordination der Bemühungen um die Arbeiterseelsorge dienen. Doch zeigten sich bei den Besprechungen der Schrifttumskommission, deren Ziel die Abstimmung und damit die Erhöhung der Wirksamkeit der verschiedenen Kleinschriftenreihen war, »erhebliche Schwierigkeiten«. Die Herausgeber, die man dazu veranlassen wollte, sich gegenseitig über die Planungen zu informieren und bestimmte Schwerpunkte der Schrifttumsarbeit untereinander festzulegen, hielten eine solche »organisatorische Vereinheitlichung« für »nur schwer durchführbar«. Sie betonten das eigene »Gepräge« jeder Reihe in Bezug auf Format, Ausführung und Leserkreis. Aus ihrer Sicht konnte in diesem Bereich die Koordinierung sich nur auf einen gegenseitigen Erfahrungsaustausch erstrecken. Da dieser im Rahmen der bereits bestehenden Bundesarbeitsgemeinschaft katholisch-sozialer Bildungswerke, der alle Herausgeber von Kleinschriftenreihen als Mitglieder angehörten, erfolgen konnte, erachtete man weitere Sitzungen dieser Unterkommission für »nicht mehr notwendig«. Im Gegensatz hierzu setzten die beiden anderen Arbeitskreise ihre Arbeit fort, da man klar erkannte, daß zur weiteren Förderung und Ausbreitung der katholischen Betriebsgruppenarbeit der ständige Kontakt und Erfahrungsaustausch ihrer einzelnen Träger zwingend erforderlich war. Im Arbeitskreis der Verbandszentralen wurde eine gemeinsame Ausrichtung der Verbandsarbeit angestrebt. Der Arbeitskreis Betriebsgruppenarbeit wiederum diente dazu, die Verantwortlichen in den einzelnen Diözesen regelmäßig zusammenzuführen und so Ziele, Aufgaben und Aktionen der verschiedenen katholischen Betriebsgruppen aufeinander abzustimmen[144]. Bei Wahrung der Eigenständigkeit und Tradition der jeweiligen Organisationen einigte man sich schließlich im Juni 1961 auf gemeinsame, bundesweit gültige »Leitsätze für katholische Betriebsgruppenarbeit«. Sie basierten auf den »Thesen über Betriebsgruppenarbeit« der im Rahmen des Schwerpunktprogramms »Arbeiterseelsorge« ins Leben gerufenen Koordinierungskommission. Sie betonten zwar »eine besondere Bedeutung« des Betriebs für die Seelsorge,

---

»bestätigt«. Protokoll der Plenarkonferenz der Bischöfe der Diözesen Deutschlands, 29. September bis 2. Oktober 1959. ABSP BA A-II-33.

[143] Protokoll der Schlußkonferenz der Kommissionsleiter zum Schwerpunktprogramm »Arbeiterseelsorge«. ABSP BA A-II-35.

[144] Bericht des Zentralkomitees der deutschen Katholiken für die Bischofskommission für Soziale Arbeit, April 1961. AZDK 4240/19.

doch hoben sie zugleich auch »die vorrangige Verantwortung« der Pfarrei für »die Seelsorgearbeit in den Betrieben« hervor. Die Betriebsgruppen sollten nun nicht mehr »selbständige Organisationen«, sondern »Apostolats- und Aktionsgemeinschaften« sein, deren Aufbau und organisatorische Basis zwar »je nach Struktur der Betriebe bzw. des jeweiligen Gebietes verschieden sein« konnte, deren »religiöse Zielsetzung« aber stets bestimmend sein sollte. Sie hatten stets die »Pfarrseelsorge« zu unterstützen[145].

Mit der Verabschiedung der Leitsätze wurde zwar der bestehende »Pluralismus« in der Betriebsgruppenarbeit »hingenommen«, doch sollte trotzdem der ständige Kontakt und Erfahrungsaustausch fortgesetzt werden. Dies konnte aber nicht darüber hinwegtäuschen, daß erhebliche Spannungen »latent« weiterbestanden und es auf Grund einer fehlenden »Gesamtkonzeption einer modernen Arbeiterseelsorge« auf der diözesanen Ebene keineswegs immer »zu einer wünschenswerten Zusammenarbeit« kam. »Der tiefere Grund« hierfür lag aber in der Rivalität zwischen dem »Männerwerk«, das in einigen Bistümern »als übergeordnete und umfassende Institution für die gesamte Männerarbeit« bestand, und den »Standesorganisationen«, die »diesen Anspruch vor allem in den Betrieben ihres Interessensbereichs« zurückwiesen. Hinzu kam das Problem der gewerkschaftlichen Situation, da die Christlichen Gewerkschaften »ständig« darum bemüht waren, »den DGB als atheistische und sozialistische Richtungsgewerkschaft abzustempeln, der ein Christ mit guten Gewissen nicht angehören« konnte, und sich »daher als die einzig legitime gewerkschaftliche Organisation für christliche Arbeitnehmer« verstanden und den Anspruch erhoben, daß ihnen »die betriebspolitische Aktion allein zustehe«[146]. Dementsprechend forderten die Christlichen Gewerkschaften, die »Aktionsgrenzen« der Betriebsgruppen genau festzulegen. Diese wiederum stellten klar, daß sie nicht »mit gewerkschaftlichen Interessen zu identifizieren« seien und nicht das Ziel haben konnten, christliche Gewerkschaftsgruppen in den Betrieben »vorzubereiten und aufzubauen«. Die Betriebsgruppen sahen ihren »eigenen Auftrag als apostolische Aktionsgruppen« vielmehr vor allem auf religiösem Gebiet. Die betriebspolitische Arbeit hatte am Anfang der sechziger Jahre für sie bereits nur mehr subsidiären Charakter. »Die apostolisch-missionarische Aufgabe« war ihr zentrales Anliegen. Die geschilderten »gewerkschaftlichen Schwierigkeiten« beeinträchtigten somit zwar einerseits die Zusammenarbeit innerhalb katholischer Betriebsgruppen[147], ande-

---

145 AZDK 4240/19. Druck: DER MÄNNERSEELSORGER, S. 40–42.
146 Bericht des Sozialreferats des Zentralkomitees der deutschen Katholiken für die Bischofskommission für Soziale Arbeit, März 1962. ABSP BA A-II-38.
147 Bericht des Sozialreferats des Zentralkomitees der deutschen Katholiken für die Bischofskommission für Soziale Arbeit, Februar 1963. ABSP BA A-II-40.

rseits förderten sie die von den Bischöfen gewünschte, aber vom Werkvolk klar abgelehnte[148] Schwerpunktverschiebung von einer umfassenden Betriebsarbeit hin zum pastoralen Konzept der Betriebsseelsorge.

---

[148] So vertrat etwa Fritz Morgenschweis, der für die Bildungsarbeit des Werkvolks das sehr stark religiös ausgerichtete Konzept der Aktionsrunde entwickelt hatte, entschieden die Auffassung, »daß religiös-apostolische und betriebspolitisch-gewerkschaftliche Aufgaben nicht zu trennen sind«. Beiblatt zum Fragebogen Betriebsgruppen. AZDK 4240/19.

V. Konkrete soziale Massnahmen des Süddeutschen Verbands

> »Die katholische Kirche und besonders unsere Katholische Arbeiterbewegung kann die Wohlfahrtsarbeit in der Arbeitswelt nicht allein der von den Sozialisten getragenen Arbeiterwohlfahrt überlassen. Der christliche Arbeiter muß verspüren, daß er von der Kirche auch in seinen materiellen Sorgen nicht vergessen wird«[1].

Das Werkvolk bemühte sich nicht nur, durch seine Bildungsarbeit in der Arbeiterschaft eine Änderung der Gesinnung herbeizuführen, sondern versuchte vielmehr zugleich, durch »die soziale Tat« zu einer Zuständereform beizutragen[2]. Angesichts der Fülle der sozialen Maßnahmen des Werkvolks kann wie im Bereich der wirtschafts-, sozial- und gesellschaftspolitischen Bildungsarbeit hier nur auf einige ausgewählte Beispiele aus der überregionalen Verbandsarbeit eingegangen werden. Generell ist aber festzuhalten, daß es in jeder Werkvolkgemeinschaft einen eigenen »Sozialreferenten« geben sollte, der die Maßnahmen auf der Ebene des Ortsvereins koordinieren und die Mitglieder auf die aktuellen Angebote hinweisen sollte, sei es auf die »Aktion der Kinderferien«, die Verteilung der »Schweizer-Spende«, den Zugang zu einer »Krankenküche« oder die Teilnahme an einer »Erholung in der Schweiz«, um nur einige Beispiele aus der unmittelbaren Nachkriegszeit zu nennen[3]. Trotz aller Bemühungen um konkrete soziale Verbesserungen war in den Augen des Werkvolks aber »jeder Christ« dazu verpflichtet, »in seinem kleinen Kreis durch echte Hilfsbereitschaft die soziale Frage zu lösen«, und durfte man »diese Hilfsbereitschaft von Mensch zu Mensch« keineswegs nur »in das Aufgabengebiet der caritativen Organisationen verweisen« und so »sein ganz persönliches Christentum auf die Caritas« abschieben. Für das Werkvolk bestand »das Kernproblem der sozialen Frage« vielmehr darin, »bei sich selbst mit deren Lösung zu beginnen«[4].

---

[1] Tätigkeitsbericht des Katholischen Volksbüros Kempten für die Jahre 1949 und 1950. ABA Fem-221.
[2] Elisabeth Bach, Die Aufgabe der Frau im Werkvolk, o.D. (wohl Mai 1952). AEB KAB Kart. 55. Zum Zusammenhang von »Gesinnungsänderung und Zuständereform« vgl. auch S. 224–225.
[3] Rundschreiben des Diözesanverbands an die Sozialreferenten, 21. August 1947. VZ KAB A / 1 Diözesanverband München bis 1974.
[4] Elisabeth Bach, Die Aufgabe der Frau im Werkvolk, o.D. (wohl Mai 1952). AEB KAB Kart. 55.

1. Die Sterbegeldkasse

Die älteste Sozialmaßnahme des Süddeutschen Verbands stellte die Sterbegeldkasse dar, der alle Mitglieder ab 1917 durch ihren monatlichen Beitrag »automatisch« angehörten und die den Hinterbliebenen ein Sterbegeld zur Bestreitung der Ausgaben in einem Todesfall gewährte[5]. Die Sterbegeldversicherung hatte den Zusammenhalt der Angehörigen der katholischen Arbeiterbewegung auch nach dem offiziellen Verbot gewährleistet[6]. Wenn auch diese Maßnahme nach außen und vor allem gegenüber jungen Menschen »mehr oder weniger den Stempel ›Friedhof‹« trug und von diesen daher abgelehnt wurde, hielt man doch nach 1945 an ihr fest[7]. Zugleich war man sich aber darüber einig, daß Personen im Alter von über sechzig Jahren, die sich vor allem für die Sterbegeldversicherung interessierten, nicht aufgenommen werden sollten[8]. Für die Ehefrauen von Werkvolkmitgliedern wurde hingegen die Möglichkeit einer »Ehegattenversicherung« geschaffen[9].

Nachdem die Währungsreform dazu geführt hatte, daß mit dem 21. Juni 1948 alles, was vor diesem Datum lag, mit Ausnahme der fälligen Sterbegelder, »abgestrichen« wurde, begann mit dem 1. Juli die Zahlung des Beitrags wie ehedem[10], statt in Reichsmark in Deutscher Mark[11]; der Verband hatte somit für alle Mitglieder eine »100prozentige Aufwertung der Sterbehilfe durchgeführt«[12]. Die umgehend erfolgende Auszahlung des Sterbegelds war ein weiterer wichtiger Aspekt für die Verbandsmitglieder[13]. Die Sterbegeldversicherung spiegelte letztlich das Bewußtsein einer Zusammengehörigkeit über den Tod hinaus. Dies dokumentierte etwa auch die Veröffentlichung der Sterbefälle der Mitglieder im Verbandsorgan[14].

---

[5] Zur Einführung der verpflichtenden Mitgliedschaft bei der Verbandssterbegeldkasse im Rahmen der Verbandsreform von 1917 vgl. D.-M. Krenn, Christliche Arbeiterbewegung, S. 25.
[6] Vgl. S. 29–32.
[7] Bericht über die Arbeitstagung der Diözesan- und Bezirkssekretäre des Katholischen Werkvolks, 17.–18. April 1947. KAB VZ 2a / Verbandsausschuß 1954–1959.
[8] Josef Maier an Josef Schinner, 8. Juli 1946. KAB VZ G II / Aschaffenburg 1944–1964; Josef Schinner an Josef Maier, 12. Juli 1946. KAB VZ G II / Aschaffenburg 1944–1964.
[9] Werkvolk-Führung, Nr. 3, Mai 1949. Hier sind auch die genauen Beiträge und die Höhe der Leistungen der Sterbegeldversicherung dokumentiert.
[10] Josef Schinner an Josef Decker, 4. August 1948. KAB VZ G III / Schweinfurt 1947–1954.
[11] Werkvolk-Führung, Nr. 5, November 1949.
[12] Josef Schinner an Josef Eisemann, 21. Februar 1950. KAB VZ G III / Schweinfurt 1947–1954.
[13] Werkvolk, Nr. 6, Juni 1953.
[14] Werkvolk, Nr. 3, März 1952, bis Werkvolk, Nr. 2, Februar 1956, stets auf der letzten Seite.

2. Die »Christliche Arbeiterhilfe«

In der Weimarer Republik hatten die Christlichen Gewerkschaften und die konfessionellen Standesvereine einen eigenen, anerkannten freien Wohlfahrtsverband aufgebaut, um der sozialistischen »Arbeiterwohlfahrt« eine entsprechende christliche Organisation gegenüberzustellen: die »Christliche Arbeiterhilfe«[15]. Diese Tradition wurde im süddeutschen Verbandsgebiet von erfahrenen Funktionären bereits in der unmittelbaren Nachkriegszeit wieder aufgenommen, da sie der festen Überzeugung waren, daß die katholische Arbeiterbewegung »die Wohlfahrtsarbeit in der Arbeiterwelt nicht allein der von den Sozialisten getragenen ›Arbeiterwohlfahrt‹ überlassen« durfte[16]. Zu den Sozialleistungen des Verbands dieser Jahre zählte neben der Sterbegeldversicherung auch die Bereitstellung von Haushaltshilfen im Falle von Krankheit und Alter, Gelegenheit zur Erholung von Leib und Seele, Hütten und Unterkünfte für die Jugend, Mittel für Krankenbesuche und Paketaktionen an Weihnachten[17]. Sie wurden durch die Christliche Arbeiterhilfe und private Spender ermöglicht[18]. Doch war die Christliche Arbeiterhilfe der Nachkriegszeit keine eigenständige, von der katholischen Arbeiterbewegung getragene Organisation wie in der Weimarer Republik[19]. Sie war vielmehr im Rahmen der kirchlichen Caritasorganisation, des Diözesan-Caritasverbands und der Pfarr-Caritas, wiedererstanden[20].

Die Verbandsleitung des Werkvolks bemühte sich während des gesamten Untersuchungszeitraums um die Wiederherstellung des durch die Nationalsozialisten zerschlagenen Wohlfahrtsverbands[21], doch stellte sich nicht nur die Arbeiterwohlfahrt, sondern auch die Caritas gegen diese Bestrebungen[22]. Der Caritasverband wollte »seine Monopolstellung als kirchliche Wohlfahrtseinrichtung, die er in der Hitlerzeit bekam, auch weiterhin behalten«. Die Wiedererrichtung der Arbeiterhilfe wäre in den Augen der Verbandsleitung trotzdem kein Problem gewesen, hätten die staatlichen Stellen in dieser Frage »allein zu ent-

---

[15] Vgl. D.-M. KRENN, Christliche Arbeiterbewegung, S. 359–366.
[16] P. STRENKERT, S. 18.
[17] WERKVOLK, Nr. 1, Januar 1952.
[18] WERKVOLK, Nr. 2, Februar 1952.
[19] D.-M. KRENN, Christliche Arbeiterbewegung, S. 359–366.
[20] P. STRENKERT, S. 17–18.
[21] Die von der Verbandsleitung aus prinzipiellen Gründen erwogene Wiedergründung einer eigenständigen Christlichen Arbeiterhilfe wurde aber auch von der »Basis« immer wieder gefordert. Vgl. etwa Josef Eisemann an Carl P. Lang, 30. November 1950. KAB VZ G III / Schweinfurt 1947–1954.
[22] Die Habilitationsschrift von M. EDER zur Geschichte der Caritas in Bayern erwähnt die im folgenden geschilderte Auseinandersetzung zwischen dem Werkvolk und den Caritasverbänden mit keinem Wort.

scheiden« gehabt[23]. Doch lag hier die Entscheidungskompetenz vor allem bei den Bischöfen. Diese hatten den Caritasverbänden der einzelnen Diözesen und der Zentrale des Deutschen Caritasverbands auf Grund der Leistungen in der »Nachkriegsnot« ausdrücklich ihre »volle Anerkennung« ausgesprochen[24] und »die Förderung der Mitgliedschaft und persönlichen Mitarbeit in der Pfarrcaritas aus gläubiger Caritasgesinnung« als »eine vordringliche Aufgabe der Seelsorge in der Gegenwart« bezeichnet[25]. Da in den Augen der Bischöfe durch die Gründung einer eigenen Wohlfahrtsorganisation der katholischen Arbeiterbewegung »unausbleiblich« eine »Doppelbetreuung« eingetreten wäre, wandten sie sich massiv gegen die diesbezüglichen Bestrebungen des Werkvolks[26].

Im Bereich des Bistums Augsburg hatte Paul Strenkert im Herbst 1948 die Christliche Arbeiterhilfe wieder ins Leben gerufen. Wenn sich ihre Tätigkeit auch im Gegensatz zur Zeit vor 1933 im Rahmen der Caritas vollzog, gelang es doch, durch freiwillige Spenden der Mitglieder des Werkvolks und eine alljährlich behördlich genehmigte Sammlung in der Zeit von der Währungsreform bis Ende 1950 einen Betrag von etwa 13 000 DM in Barmitteln aufzubringen und Sachspenden im Wert von knapp 2000 DM zur Verteilung zu bringen[27]. Im Bistum Bamberg scheiterte der Versuch, eine »Arbeitercaritas« zu gründen, am Widerstand des dortigen Diözesancaritasverbands[28]. Man einigte sich dort darauf, daß sich eine Persönlichkeit des Caritasverbands in besonderer Weise der Arbeiterfürsorge widmen und den Kontakt zu den entsprechenden Organisationen halten sollte. Vertrauensleute aus den einzelnen Werkgemeinschaften sollten besonders hilfsbedürftige Fälle aufgreifen und entweder über die Diözesanleitung des Werkvolks oder örtliche Werkvolkstellen dem Diözesancaritasverband oder seinen Untergliederungen zur Betreuung anempfehlen[29]. Im Bistum Passau

---

[23] So Anton Maier. Bericht über die Schulungstagung der Sekretäre, 20.-21. September 1952. KAB VZ 17a / Verbandsausschuß 1947-1954.

[24] Niederschrift über die Besprechung der bayerischen Bischöfe auf der Konferenz in Eichstätt, 9.-10. April 1946. KFA 4076. Ähnlich Niederschrift über die Besprechung der bayerischen Bischöfe auf der Konferenz in Freising, 22.-23. April 1947. KFA 4076.

[25] Niederschrift über die Besprechung der Bayerischen Bischöfe auf der Konferenz in Eichstätt, 9.-10. April 1946. KFA 4076.

[26] Protokoll der Konferenz der bayerischen Bischöfe zu Freising, 12.-13. März 1952. KFA 4076.

[27] Tätigkeitsbericht des Katholischen Volksbüros Kempten für die Jahre 1949 und 1950. ABA Fem-221. M. MÖHRING, S. 161, spricht davon, daß die Kemptener Einrichtung bereits 1947 gegründet worden sei.

[28] Zum Konzept der »Arbeitercaritas« des Bamberger Diözesanverbands vgl. Arbeitercaritas (Abschrift). KAB A Fasz. 4.

[29] Abschrift des Protokolls über eine Besprechung zwischen dem Katholischen Werkvolk und dem Diözesan-Caritasverband Bamberg, 31. Juli 1948. KAB A Fasz. 4.

wiederum kam es auf lokaler Ebene gelegentlich zur »Einrichtung eines sozialen Betreuungsdienstes«, der vom Werkvolk getragen wurde[30].

Im Sommer 1951 gelang es schließlich, unter Einbeziehung der evangelischen Arbeitervereine und Gesellenorganisationen einen »Landesverband der Christlichen Arbeiterhilfe« zu gründen. Doch als dieser eingetragene Verein beim Bayerischen Innenministerium die nötigen Schritte zur Anerkenung als Wohlfahrtsverband unternahm[31], wandte sich die Caritas an die Bayerische Bischofskonferenz. Da man das Bestreben der Christlichen Arbeiterhilfe, »Spitzenwohlfahrtsverband« zu werden, »strikte« ablehnte, bat man die Bischöfe explizit um die »Ablehnung einer kirchlichen Genehmigung«[32]. Man regte statt dessen an, bei jedem Diözesancaritasverband ein eigenes Referat mit der Bezeichnung »Katholische Arbeiterhilfe« einzuführen, das zum Ziel haben sollte, die »bisher schon geübte Tätigkeit« – wie die Caritas sich zu betonen bemühte – zu Gunsten der Arbeiter und Arbeiterfamilien, der Mütter und Kinder zu intensivieren. In gleicher Weise wie auf diözesaner Ebene sollte auch beim Landescaritasverband Bayern eine entsprechende Stelle geschaffen werden. Außerdem sollte in die einzelnen Vorstandschaften der Diözesancaritasverbände ein »maßgeblicher« Vertreter der Arbeiterschaft als Mitglied aufgenommen werden, um die Interessen der katholischen Arbeiterschaft »weiterhin« zu sichern. Die bayerischen Oberhirten billigten diesen Vorschlag der Caritasversammlung ausdrücklich[33].

Trotz dieses eindeutigen Votums und obwohl auch führende Vertreter der Diözesanverbände des Werkvolks die von der Caritas gemachten Vorschläge »durchaus für diskutabel« hielten[34], bemühten sich Verbandspräses Anton Maier und die beiden Verbandsvorsitzenden auch weiterhin um die Wiedergründung einer »Christlichen Arbeiterhilfe«[35]. So sah sich der Deutsche Caritasverband gezwungen, sich über seinen Protektor, den Freiburger Erzbischof Wendelin Rauch, an die Plenarversammlung der deutschen Bischöfe zu wenden. Diese ersuchte hierauf die Initiatoren der interkonfessionellen Christlichen Arbeiterhilfe »dringend«, »von diesem Vorhaben Abstand zu nehmen und statt dessen darauf hinzuwirken, daß die christlich gesinnten Arbeiter und ihre Familien stärker als bisher im Rahmen der konfessionellen Wohlfahrtsorganisationen mitarbeiten«.

---

[30] So etwa in Bodenmais. WERKVOLK, Nr. 6, Juni 1952.
[31] Hannes Mayerhofer an Peter Stümpfl, 8. Juni 1951. ABP KAB Kart. 48, Akt 144.
[32] Franz Xaver Stockinger an die Verbandsleitung des Katholischen Werkvolks, 26. Februar 1952. KAB VZ 53 / C Diözesanverband Passau 1965-1971.
[33] Protokoll der Konferenz der bayerischen Bischöfe zu Freising, 12.-13. März 1952. KFA 4076.
[34] So Josef Hagen im Auftrag von Franz Kolb an Josef Sieben, 12. März 1952, sowie Rudolf Müller im Auftrag der Bamberger Diözesanvorstandschaft an Josef Hagen, 6. Mai 1952. AEB KAB Kart. 64.
[35] Bericht über die Schulungstagung der Sekretäre, 20.-21. September 1952. KAB VZ 17a / Verbandsausschuß 1947-1954.

Aus Sicht der Bischöfe stellte eine eigene karitative Einrichtung der katholischen Arbeitnehmerschaft eine »Zersplitterung« auf dem Gebiet der »kirchlichen Liebestätigkeit« dar, die unbedingt zu vermeiden war. Um den Trägern der Christlichen Arbeiterhilfe den Verzicht auf ihre Gründung zu erleichtern, forderten die Bischöfe die Caritas auf, »bei der Zusammensetzung ihrer Vorstände und Ausschüsse mehr als bisher die Arbeiterkreise zu berücksichtigen«[36].

Entgegen der klaren Bitte der Plenarkonferenz der deutschen Bischöfe trafen sich aber bereits am 15. Januar 1953 in Ludwigshafen die führenden Vertreter des Westdeutschen und des Süddeutschen Verbands unter Hinzuziehung eines Vertreters der westdeutschen Kolpingsfamilie und einer Vertreterin des Berufsverbands Katholischer Fürsorgerinnen zu einer erneuten Besprechung. Alle Teilnehmer, mit Ausnahme der Vertreterin der letzteren Gruppierung, sprachen sich erneut für die Gründung einer Christlichen Arbeiterhilfe aus. Man plante nun, beim Bundesinnenministerium in Bonn einen Antrag auf Anerkennung der Christlichen Arbeiterhilfe als eines weiteren »Spitzenverbandes der Freien Wohlfahrtspflege« zu stellen[37]. Hierauf wandte sich der Deutsche Caritasverband mit einem Schreiben an jeden einzelnen Bischof[38] und ersuchte darüber hinaus jeden diözesanen Caritasdirektor, mit seinem Oberhirten baldmöglichst in Verbindung zu treten und mit allen Kräften darauf hinzuwirken, daß eine Neugründung der »Christlichen Arbeiterhilfe« sowie etwaiger Zweig- und Ortsgruppen unterbliebe[39]. In Folge dieses Vorgehens befaßte sich die Frühjahrskonferenz der bayerischen Bischöfe erneut mit dem Thema der »Christlichen Arbeiterhilfe«[40].

Im weiteren Verlauf bemühten sich vor allem der Werkvolk-Diözesanpräses und besondere Vertraute des Würzburger Bischofs Franz Kolb sowie der Caritasdirektor Robert Kümmert um einen Ausgleich zwischen Caritas und Werkvolk. Dies war kein Zufall, hatte doch Julius Döpfner auf der erwähnten Frühjahrskonferenz der bayerischen Bischöfe das Referat zum Thema »Christliche Arbeiterhilfe« übernommen. Nachdem die Frage »noch einmal kurz« im Rahmen der Caritasdirektorenkonferenz besprochen worden war, versuchte man erneut, »die Sache« im Sinne eines Ausgleichs zu lösen. Hierbei sprach man nun von

---

[36] Protokoll der Plenarkonferenz der Bischöfe der Diözesen Deutschlands, 11.–13. August 1952. ABP OA Episc H 6 b.

[37] An diesem Treffen nahmen teil: Hermann-Josef Schmitt, Johannes Even, Anton Maier, Max Hatzinger, Rudolf Schwarzer, August Samstag als Gastgeber, Karl Neimeke und Meta Nicolai. Deutscher Caritasverband an Wendelin Rauch, 31. Januar 1953. EAF Reg 56.64 Vol. 3, 1945f.

[38] Rundschreiben des Deutschen Caritasverbands an alle Bischöfe Deutschlands, 24. Januar 1953. KAB W Diözesanvorstandschaft/Verschiedenes.

[39] Schreiben des Deutschen Caritasverbands an alle Diözesancaritasverbände und Hauptvertretungen des Deutschen Caritasverbands, 26. Januar 1953. KAB W Diözesanvorstandschaft/Verschiedenes.

[40] Tagesordnung für die Bayerische Bischofskonferenz, 24.–25. März 1953. ABSp BA A-I-32.

V. Konkrete soziale Maßnahmen des Süddeutschen Verbands

einer »Katholischen Arbeiterhilfe«, wehrte sich die Caritas doch gegen eine aus ihrer Sicht »völlig überflüssige und sehr bedenkliche Neugründung einer *Interkonfessionellen* Wohlfahrtsorganisation« und strebte sie vielmehr auch für die »Arbeiterbevölkerung« eine einheitliche, katholische Wohlfahrtspflege an[41]. Die Bezeichnung »Arbeitercaritas« sollte bewußt vermieden werden, da aus Sicht der Bischöfe, vor allem Kardinal Wendels[42], »der Ausdruck Caritas [...] für die Zusammenfassung der gesamten Arbeit der katholischen Kirche auf dem Gebiete der Nächstenliebe vorbehalten bleiben« sollte[43]. Da aber die Verhandlungen »von den maßgeblichen Vertretern der Caritas immer wieder verzögert und hinausgeschoben wurden«[44], hielt es der Verbandsvorsitzende Carl P. Lang für »ratsam«, »in sieben Bezirken Arbeitsgemeinschaften zu bilden und diese als e. V. eintragen zu lassen«, um so »den ersten Schritt zur Christlichen Arbeiterhilfe« zu erreichen, die aus der Sicht der Verbandsleitung »von jeher ein Bestandteil der Katholischen Arbeiterbewegung« gewesen war[45] und deren Wiedererrichtung man zu den unumgänglichen »Vorarbeiten für die kaum mehr abwendbare Schaffung eigener Gewerkschaften« zählte[46]. Verlor das Werkvolk doch dadurch, daß die über Jahre mit den staatlichen und kirchlichen Stellen geführten Verhandlungen »nur schleppend vorwärts« kamen, »beträchtliche finanzielle Mittel«[47]. Konkret ging es hierbei nicht nur um entgangene Zuschüsse[48], sondern vor allem auch um den »Wiedergutmachungsanspruch«, der dem Werkvolk als Rechtsnachfolger des »Zentralwohlfahrtsausschuß der christlichen Arbeiterschaft e. V.« erwachsen wäre[49].

Im Ergebnis gelang dem Werkvolk aber trotz aller Versuche der Verbandsleitung die Schaffung einer unabhängigen Christlichen Arbeiterhilfe nicht. Viel-

---

[41] Deutscher Caritasverband an Wendelin Rauch, 31. Januar 1953. EAF Reg 56.64 Vol. 3, 1945f.
[42] Er hatte von 1934 bis 1941 als Diözesancaritasdirektor des Bistum Speyers gewirkt. M. EDER, S. 384–385.
[43] Robert Kümmert an Franz Kolb, 7. September 1953. KAB W Diözesanvorstandschaft/Verschiedenes.
[44] Ergebnisbericht über die Verbandsausschuß-Sitzung, 17.–18. Oktober 1953. KAB VZ 17a / Verbandsausschuß 1947–1954.
[45] Bericht über die Verbandsausschuß-Sitzung, 17.–18. Oktober 1953. KAB VZ 17a / Verbandsausschuß 1947–1954.
[46] Franz Xaver Stockinger an die Verbandsleitung des Katholischen Werkvolks, 29. Februar 1952. KAB VZ 53 / C Diözesanverband Passau 1965–1971.
[47] Antrag des Diözesanverbands Augsburg an den Verbandsausschuß, 3. Oktober 1953. KAB VZ 17a / Verbandsausschuß 1947–1954.
[48] So war etwa dem Landesverband der Arbeiterwohlfahrt im Jahr 1950 aus dem McCloy-Fonds der Betrag von 500 000 DM zur Verfügung gestellt worden. Antrag des Diözesanverbands Regensburg zum Verbandstag 1951 in Neustadt. KAB VZ 42a / Verbandstag Neustadt 1951.
[49] Franz Xaver Stockinger an die Verbandsleitung des Katholischen Werkvolks, 29. Februar 1952. KAB VZ 53 / C Diözesanverband Passau 1965–1971.

mehr kam es zu einer organisatorischen Integration der sozialen Maßnahmen des Werkvolks in die Caritas. So wurde etwa 1955 im Bistum Regensburg exakt nach dem Vorschlag des Frühjahrs 1952 dem Diözesancaritasverband »eine Abteilung christliche Arbeiterhilfe« angegliedert. So konnten zwar von 1955 bis Mitte 1956 immerhin 2020 DM »für bedürftige Mitglieder« sowie »Müttererholung« vom Werkvolk eingesetzt werden, doch stellte diese Lösung trotzdem für die katholische Arbeiterbewegung »noch keine befriedigende Lösung« dar, denn »die Verteilung der Unterstützungen« erfolgte »nur im Einvernehmen mit der Diözesanstelle des Caritasverbandes«. Alle gesammelten Gelder liefen an den Caritasverband Regensburg, und Werkvolkangehörige hatten »bei Gesuchen« die vom Caritasverband gewünschten »Erhebungen« einzureichen[50].

Durch das Scheitern des Wiederaufbaus der Christlichen Arbeiterhilfe fehlte der katholischen Arbeiterbewegung nach 1945 eine Einrichtung, mit deren Hilfe man die vielfältigen konkreten sozialen Maßnahmen des Werkvolks hätte bündeln können.

3. Siedlungstätigkeit und Wohnungsbau

Bereits auf der ersten Sekretärskonferenz der katholischen Arbeiterbewegung Süddeutschlands nach dem Zweiten Weltkrieg bezeichnete man die Lösung der »Wohnungsfrage« und des »Siedlungsproblems« als »besondere Aufgabe« des Werkvolks[51], war sie doch in den Augen des Verbands für »die Entproletarisierung des Proletariats« von eminenter Bedeutung[52]. Dementsprechend beteiligte sich das Werkvolk an der Errichtung der Diözesansiedlungswerke der Nachkriegszeit.

Im Bistum Würzburg etwa trug das Werkvolk die Werbetätigkeit für das St.-Bruno-Werk und stellte seinen Büroraum zur Abwicklung der Geschäfte der Wohnungsbaugesellschaft zur Verfügung. Darüber hinaus war die katholische Arbeiterbewegung in der Person des Werkvolkssekretärs Franz Pickel im Vorstand des St.-Bruno-Werks vertreten. Bis 1957 errichtete die Wohnungsbaugesell-

---

[50] Geschäftsbericht Franz Xaver Meyer, 21. Juni 1953 bis 9. Juni 1956. KAB R Diözesantage. Genaue Zahlen in Rechenschaftsbericht Wilma Beringer, 10. Juni 1956 bis 31. Juli 1957. KAB R Diözesanausschuß. Zum Konzept der Regensburger »Lösung« vgl. den Entwurf für Richtlinien zur Errichtung einer »Caritas-Arbeiterhilfe«, der bei den Verhandlungen zwischen dem Diözesanverband des Werkvolks und dem Diözesancaritasverband erarbeitet worden war (KAB R Diözesanvorstand). Der Diözesancaritasverband leitete sie an den Landes-Caritasverband weiter, der sie bei seiner Landeskonferenz diskutieren ließ (Protokoll der Diözesanvorstandssitzung, 22. September 1955. KAB R Diözesanvorstand), so daß sie Vorbildfunktion für ganz Bayern erhielten.

[51] Bericht über die Arbeitstagung der Diözesan- und Bezirkssekretäre, 17.–18. April 1947. KAB VZ 2a / Verbandsausschuß 1954–1959.

[52] Vgl. S. 231.

schaft über 1000 Wohnungen[53]. War in Würzburg die Errichtung des Diözesansiedlungswerks von Bischof Döpfner persönlich angeregt worden[54], der postuliert hatte: »Wohnungsbau ist heute in Wahrheit Dombau«[55], so waren es im Erzbistum Bamberg einige Vorstandsmitglieder des Werkvolks, die dort bereits zum Jahreswechsel 1946/47 den Anstoß zur Gründung der St.-Josephs-Stiftung im Herbst 1948 gaben, als deren Erster Vorsitzender der stellvertretende Diözesanpräses, Hans Birkmayr, wirkte[56]. Im Erzbistum München-Freising wiederum, wo das erzbischöfliche Ordinariat im Gegensatz zu den Bistümern Würzburg und Bamberg noch bis 1949 im Wohnungsbau von kirchlicher Seite keine vorrangige Aufgabe gesehen hatte[57], wurde Diözesan- und Verbandspräses Anton Maier bei der Errichtung des »Katholischen Siedlungs- und Wohnungsbauwerks der Erzdiözese München-Freising« zu dessen Vorsitzendem ernannt. Als Zweiter Vorsitzender fungierte der Münchener Diözesansekretär des Werkvolks, Siegfried Niessl[58].

Doch die katholische Arbeiterbewegung beteiligte sich nicht nur an führender Stelle am Aufbau der Diözesansiedlungswerke, sondern gründete darüber hinaus eigene »Werkvolk-Siedlergemeinschaften«[59]. Diese stellten dezentrale Zusammenschlüsse von Wohnungssuchenden und Siedlungswilligen dar. Sie dienten dazu, bei den »Mitgliedern den Gedanken des sozialen Wohnungsbaues zu pflegen«, diese »in allen Fragen des gemeinnützigen Wohnungsbaues zu unterrichten«, »zum Bausparen zu erziehen« sowie die Mitglieder »mit den Fragen der modernen Wohnkultur, des Eigenheimes und der Gartenpflege bekannt zu machen«. Ihr »vorzügliches Bestreben« aber war, ihren Mitgliedern über die diözesanen Siedlungswerke »zu einem ausreichenden, menschenwürdigen, christlichen Heim in Miete oder Eigentum zu verhelfen«[60]. Die Gründung

---

[53] Bericht über die Gründung und das Werden des Diözesanverbands Würzburg. KAB W Diözesanvorstandschaft/Verschiedenes.
[54] R. E. SIMON, S. 156–159.
[55] WÜRZBURGER BISTUMSBLATT, Nr. 5, 30. Januar 1949.
[56] L. UNGER, Katholische Arbeitnehmerbewegung, S. 147–150, 161.
[57] Im Mittelpunkt des Aufbaus stand dort vielmehr die Beseitigung der Schäden an den kirchlichen Gebäuden und Sakralräumen. R. E. SIMON, S. 199–200.
[58] R. E. SIMON, S. 204.
[59] Im Bistum Eichstätt etwa 1948 (GOTT WILL UNSERE ARBEIT, S. 22–24), im Erzbistum Bamberg wiederum erst 1949 (Werkvolk-Siedlungsgemeinschaft Bamberg, Protokoll 1, 20. April 1949. KAB B Werkvolk-Siedlergemeinschaft Bamberg). Zum Teil wurde aber im Zusammenhang mit der Gründung von Siedlergemeinschaften der Name »Werkvolk« auch mißbraucht – so etwa in Amberg, wo das dortige Siedlungswerk den Namen »Werkvolk« führte, obwohl »nur ein ganz kleiner Bruchteil der Mieter Werkvolkmitglieder bzw. Christen im praktizierenden Sinn« waren. Protokoll der Diözesanvorstandssitzung, 28. Oktober 1957. KAB R Diözesanvorstand.
[60] Satzung der Siedlergemeinschaft des Katholischen Werkvolks e. V. Bamberg. KAB B Werkvolk-Siedlergemeinschaft Bamberg.

von Siedlergemeinschaften des Werkvolks beschränkten sich keineswegs auf die Großstädte, sondern wurde auch in eher ländlichen Regionen Bayerns durchgeführt[61]. Die Arbeit der kirchlichen Wohnungsbauträger wurde vom Werkvolk aber nicht nur durch die Gründung von Siedlergemeinschaften unterstützt, sondern auch durch gelegentliche »Pfandbriefaktionen«. Im Bistum Eichstätt etwa gelang es, auf diesem Weg in zwei Jahren dem Diözesansiedlungswerk rund 30 000 DM zur Verfügung zu stellen[62].

Die von den Diözesansiedlungswerken errichteten Wohnungen entsprachen dem vom Werkvolk in seiner Bildungsarbeit vertretenen Ziel, durch Eigentumsbildung zur Entproletarisierung des Proletariats beizutragen. Standen 1960 im gesamten »Wohnungsbau« der Bundesrepublik etwa 30 Prozent »Eigentümer-Wohnungen« etwa 70 Prozent »Mietwohnungen« gegenüber, so waren die durch kirchliche Wohnungsbauträger errichteten Wohnungen nur zu etwa 30 Prozent »Mietwohnungen« und zu etwa 70 Prozent »Eigentümer-Wohnungen«[63]. Bis zu diesem Zeitpunkt waren in ganz Bayern insgesamt 12 603 Wohneinheiten errichtet worden[64], wobei hier der Anteil der Eigentumswohnungen am Bauvolumen deutlich unter dem Bundesdurchschnitt des kirchliches Wohnungsbaus, zugleich aber auch deutlich über dem des allgemeinen Wohnungsbaus lag. In Bayern standen am 31. Dezember 1959 insgesamt 6039 Eigentumswohnungen 6474 Mietwohnungen gegenüber[65].

---

[61] So wurden etwa im Bistum Eichstätt nicht nur im Bezirk Nürnberg, sondern auch in den Bezirken Heilsbronn und Schwabach Werkvolk-Siedlungswerke gegründet (GOTT WILL UNSERE ARBEIT, S. 22–24). Im Erzbistum Bamberg wiederum bildeten sich nicht nur in Bamberg oder Nürnberg Werkvolk-Siedlergemeinschaften, sondern auch in Buchbach, Friesen, Maineck, Nordhalben, Sassanfahrt, Schwaig, Schwürbitz, Steinberg, Wallenfels, Zirndorf etc. (Soziale Wohnungsbautätigkeit des Katholischen Werkvolkes der Erzdiöze Bamberg, 1949–1951. KAB B Werkvolk-Siedlergemeinschaft). Lag die Zahl der Wohnungs- und Siedlungsgemeinschaften 1950 im Erzbistum Bamberg bei 47, so stieg sie bis 1956 auf 140 an. L. UNGER, Katholische Arbeitnehmerbewegung, S. 152.

[62] Kurzbericht über die Organisation des Katholischen Werkvolks und dessen Arbeit in der Diözese Eichstätt, 1. Januar 1951 bis 1. Oktober 1953. DA EI OA Werkvolk 1949–1953.

[63] J. BAUMGÄRTLER, S. 25.

[64] Hans Birkmayr: Der soziale Wohnungsbau der katholischen Kirche in Bayern seit 1945, zitiert nach L. UNGER, Katholische Arbeitnehmer, S. 153.

[65] Augsburg: 1623 (insgesamt, 716 Eigentumswohnungen, 907 Mietwohnungen); Bamberg 4663 (2284, 2379); Eichstätt 1139 (634, 505); München und Freising 1862 (888, 974); Passau 268 (144, 124); Regensburg 784 (311, 473); Würzburg 2264 (1062, 1112). Die von Birkmayr genannten Zahlen weichen zum Teil beträchtlich von den bei R. E. SIMON angeführten Werten ab. So wurden etwa laut R. E. SIMON, S. 233, im Bistum Eichstätt bis 1955 exakt 2085 Wohneinheiten errichtet. Bei der Einordnung der Bauleistung der einzelnen Diözesen ist zudem die Zahl der Wohneinheiten zur Zahl der Katholiken in Bezug zu setzen. Aus dieser Perspektive stand etwa nicht die Erzdiözese Bamberg oder die Diözese Würzburg, sondern die Diözese Eichstätt an der Spitze des katholischen Wohnungsbaus in Bayern (vgl. hierzu R. E. SIMON, S. 234). Dies wurde durchaus auch von den

Die Leistungen des Werkvolks beim Sozialen Wohnungsbau wurden auch zur Werbung für die Ziele der katholischen Arbeiterbewegung in der Öffentlichkeit genutzt. So erstellte etwa das Eichstätter Diözesansekretariat einen speziellen Lichtbildervortrag, der an Hand von 300 Dias und mehreren Interviews vom Tonband einen Überblick über dieses »Zeugnis christlicher Tat« gab[66].

4. Massnahmen für ausländische Arbeitnehmer

Gab es bereits vor 1955 etwa zehntausend ausländische Arbeitnehmer in Deutschland, so kamen in Folge der Vereinbarung über die Anwerbung und Vermittlung italienischer Arbeitnehmer zwischen der Bundesrepublik Deutschland und Italien, der ähnliche Abkommen mit Spanien (1960), Portugal (1964) und Jugoslawien (1968) folgten, mehrere zehntausend ausländische Arbeitnehmer auch nach Süddeutschland[67].

Betonte das Handbuch für kirchliche Statistik noch 1969, daß es auch den Katholiken generell schwerfalle, die ausländischen Arbeitskollegen »als Mitarbeiter und über den Betrieb hinaus als Wohnnachbarn, Freizeitkameraden, als Mitbürger in Wohn- und kirchlicher Gemeinde und gleich ob Christ oder Nichtchrist als ›Miterben der Verheißung‹ zu sehen und ihnen demgemäß Herz und Mund zu öffnen«[68], so sah das Katholische Werkvolk seit dem Beginn des Zustroms von ausländischen Arbeitskräften nach Deutschland in deren Betreuung und Integration eine besonders wichtige Aufgabe. Man betonte ausdrücklich, daß in das Hauptanliegen des Werkvolks – »die Sorge um den arbeitenden Menschen« – auch die Arbeiter aus anderen Ländern »miteinbezogen« waren[69], und mühte »sich redlich um einen guten Kontakt zu den Gastarbeitern«[70].

Ausgehend von den »Grundforderungen der Päpste« zählte das Werkvolk die »Heimatgebung des Arbeiters und seiner Familie« zu den Anliegen, die es in seinen Augen primär »zu vertreten und durchzufechten« galt[71]. Von dieser

---

Zeitgenossen wahrgenommen (vgl. hierzu Kurzbericht über die Organisation des Katholischen Werkvolkes und dessen Arbeit in der Diözese Eichstätt, 1. Januar 1951 bis 1. Oktober 1953. DA EI OA Werkvolk 1949–1953; dieser Bericht spricht von 1500 bis 1953 errichteten Wohnungen, von denen das Werkvolk mit seinen Baugenossenschaften etwa 1000 Einheiten gebaut hatte).

[66] Kurzbericht über die Organisation des Katholischen Werkvolkes und dessen Arbeit in der Diözese Eichstätt, 1. Januar 1951 bis 1. Oktober 1953. DA EI OA Werkvolk 1949–1955.

[67] B. Gottlob, S. 11. Konkret stieg ihre Zahl in der gesamten Bundesrepublik von 72000 im Jahr 1954 auf 507000 im Jahre 1961. K.-J. Ruhl, Verordnete Unterordnung, S. 292.

[68] F. Groner, Kirchliches Handbuch XXVI, S. 407.

[69] Stefan Höpfinger an Walter Stain, 11. März 1961. KAB A Kart. 4.

[70] Paul Wünsche an Rudolf Unger, 15. Mai 1963. AEB KAB Kart. 22.

[71] Bericht über die Dekanatstagung in Schwabach 1947 an den Lokal-Redakteur der Fränkischen Landeszeitung. DA EI OA Werkvolk 1949–1955.

programmatischen Prämisse her war es nur konsequent, daß man die Integration von Flüchtlingen und Vertriebenen in den ersten Nachkriegsjahren für die Arbeit des Werkvolks als besonders wichtig erachtete. Die »Heimatlosigkeit« dieser Gruppe der deutschen Bevölkerung der Nachkriegszeit spiegelt aus der Sicht von Rektor Berchtold nur das generelle »Arbeiterschicksal«. Die von den Päpsten geforderte »Entproletarisierung« konnte nur durch die »Beheimatung« aller Heimatlosen, der Arbeiter sowie der Heimatvertriebenen, in »Volk«, »Land« und »Betrieb« erreicht werden[72]. Dementsprechend bemühte sich das Werkvolk ab Mitte der fünfziger Jahre, dem ausländischen Arbeitnehmer, der seinen »gewohnten Lebenskreis« verlassen hatte, den »Übergang« »in eine ihm ungewohnte Umwelt« zu erleichtern[73]. Hierbei arbeitete das Werkvolk, das bei der »Betreuung« der Gastarbeiter »mithelfen« wollte, auch eng mit den zuständigen Stellen der Caritas oder der Bundesanstalt für Arbeitsvermittlung und Arbeitslosenversicherung zusammen[74], die nicht nur für die Anwerbung der ausländischen Arbeitnehmer zuständig, sondern auch daran interessiert waren, »daß der Vermittlungserfolg in der Bundesrepublik durch ein Gefühl der menschlichen und sozialen Geborgenheit nachhaltig gesichert« wurde[75]. Da es den Organisationen der katholischen Arbeiterbewegung der Herkunftsländer in der Regel nicht möglich war, die Gastarbeiter in Deutschland zu betreuen, ermunterte auch die »Fédération Internationale des Mouvements des Ouvriers Chrétiens« (FIMOC) das Werkvolk, sich auf diesem Gebiet zu engagieren[76].

Konkret beobachtete das Werkvolk die Zunahme der ausländischen Arbeitskräfte genau und wies seine Mitglieder auf deren Situation hin[77]. Es organisierte Begegnungen unterschiedlichster Größenordnung zwischen Gastarbeitern und deutschen Arbeitern[78] und bemühte sich um eine sinnvolle Freizeitgestaltung der ausländischen Arbeitnehmer. So setzte man sich etwa für die Ausweitung der Rundfunksendungen für Gastarbeiter ein. Der Bayerische Rundfunk sollte am Feierabend gemeinsam mit den Rundfunkanstalten der Heimatländer der

---

[72] WERKVOLK, Nr. 6, Juni 1953. Zur Bedeutung von »Glaubenstraditionen« und »religiösem Handeln« für die lebensgeschichtliche Erfahrung von »Heimat« und »Beheimatung« vgl. generell O. WIEBEL-FANDERL, S. 49–174, 265–280.

[73] Arbeitsamt Bamberg an Paul Wünsche, 13. September 1960. AEB KAB Kart. 57.

[74] Vgl. hierzu etwa die Liste der Kontaktstellen für die katholischen ausländischen Arbeiterinnen, die von der Verbandssekretärin Stelzer allen Werkvolk-Frauenleiterinnen übermittelt wurde. KAB VZ Verbandsvorstand: Arbeitspläne und Berichte 1961–1971.

[75] Arbeitsamt Bamberg an Paul Wünsche, 13. September 1960. AEB KAB Kart. 57.

[76] L. UNGER, Katholische Arbeitnehmerbewegung, S. 162.

[77] WERKVOLK, Nr. 2, Februar 1961: in der Bundesrepublik über 276 000, davon 42 000 Frauen.

[78] So etwa 1963 in Lichtenstein (etwa 50 Teilnehmerinnen. Zeitungsausschnitt in AEB KAB Kart. 22), Vierzehnheiligen (Zeitungsausschnitt in AEB KAB Kart. 22) oder München (etwa 970 Teilnehmer; Franz X. Geisenhofer an Paul Strenkert, 11. Januar 1963. KAB A Kart. 4).

V. Konkrete soziale Maßnahmen des Süddeutschen Verbands

Gastarbeiter besondere Rundfunksendungen ausstrahlen und so die kulturelle Verbindung der Gastarbeiter zu ihrer Heimat fördern. Die eigenen Mitglieder wiederum forderte man auf, »menschliches Verständnis für die Gastarbeiter aufzubringen, ihre Lebensgewohnheiten anzuerkennen, Freundschaften mit ihnen aufzubauen und diese zur Weihnachtszeit in die eigenen Familien einzuladen«[79]. Wo man feststellte, daß ausländische Arbeitnehmer »die in ihrem Heimatland abgemachten Vertragsbestimmungen nicht erfüllt« bekamen, wandte man sich nicht nur an die zuständigen Stellen auf betrieblicher Ebene, sondern führte die Dinge einer prinzipiellen Klärung auf Landes- und Bundesebene zu – so etwa die Frage, inwieweit nach dem Betriebsverfassungsgesetz der Betriebsrat auch für die Angelegenheiten der Gastarbeiter zuständig und berechtigt war, deren Interessen wahrzunehmen, oder die Frage, ob es zulässig sei, die im Ausland zwischen deutschen Firmenvertretern und Arbeitnehmern geschlossenen Arbeitsverträge in Deutschland ohne Kündigung zum Nachteil des Arbeiters zu verändern[80].

Das Werkvolk setzte sich entsprechend der kirchenrechtlichen Bestimmung, »daß jeder Getaufte, der in die Zuordnung eines Altars eintritt, von der Altargemeinschaft und Pfarrfamilie voll verantwortlich anzunehmen und in allen seinen Lebensbeziehungen als ein Zugehöriger zu betrachten und zu behandeln sei«, für die ausländischen Arbeitskräfte ein. Die kirchliche Hierarchie hingegen bemühte sich vor allem um den Aufbau einer muttersprachlichen Seelsorge an den ausländischen Arbeitskräften[81]. Diese hatte ihre Wurzeln im bereits vor 1945 von der italienischen katholischen Arbeiterbewegung entwickelten Konzept der »Wandernden Kirche«, das die Auswandernden »von landsmännischen Seelsorgern und Sozialbeiständen« begleiten ließ[82]. Durch die Apostolische Konstitution »Exsul familia« vom 1. August 1952 wurde solcher muttersprachlichen Seelsorge die volle Anerkennung zuteil sowie den »Auswanderern jeder Art« die freie Zuordnung zu ihr und ihrer Nutzung zugestanden[83]. Letztlich trafen sich aber stets »die von der Heimat her nachgehende und die im Aufnahmeland ortszuständige Seelsorge am gleichen Menschen«[84].

---

[79] L. UNGER, Katholische Arbeitnehmerbewegung, S. 163.
[80] Vgl. hierzu Stefan Höpfinger an Walter Stain, 11. März 1961, sowie Walter Stain an Stefan Höpfinger, 29. März 1961. KAB A Kart. 4.
[81] Zur Situation der fremdsprachigen Seelsorge in Deutschland vgl. Director operum de Emigratione in Germania, Jahresbericht 1960/61. ABSp BA A-II-37.
[82] F. GRONER, Kirchliches Handbuch XXVI, S. 407.
[83] Zum organisatorischen Aufbau der Auswandererseelsorge, die nach der Apostolischen Konstitution »Exsul familia« der Konsistorialkongregation zugeordnet war, vgl. K. RICHTER, S. 57–59.
[84] F. GRONER, Kirchliches Handbuch XXVI, S. 407.

5. Katholische Volksbüros und Sozialsekretariate

Bereits in der Weimarer Republik hatte es »Katholische Volksbüros« gegeben, »Arbeitersekretariate«, die von der katholischen Arbeiterbewegung getragen wurden und zugleich als Rechtsberatungsstellen fungierten[85]. Nach dem Zweiten Weltkrieg herrschte zu Anfang Unklarheit darüber, ob die Arbeitersekretariate erneut die Arbeit der Volksbüros übernehmen sollten oder ob die Volksbüros getrennt von den Arbeitersekretariaten errichtet und von allen katholischen Vereinen gemeinsam getragen werden sollten[86]. Für die Verbandszentrale war »der klare einfache Arbeiterführer« in der Volksbüroarbeit nicht durch »Rechtsanwälte, Theologen oder Philosophen« zu ersetzen[87]. Das »Gebiet der Sozialen Betreuung« stellte zwar für die Werkvolksekretäre »kolossal viel Arbeit« dar, doch konnte in ihren Augen die katholische Arbeiterbewegung »ohne die Sozialbetreuung nicht vorwärts kommen oder überhaupt nicht bestehen«[88].

So entstanden die Volksbüros letztlich zumeist doch in enger Anbindung an die Diözesansekretariate des Werkvolks, aber nun in der Trägerschaft der bischöflichen Seelsorgeämter, so etwa in den Bistümern Augsburg, Bamberg, Eichstätt oder Freiburg. Neben seiner alten Funktion als Auskunfts- und Beratungsstelle, die es nun als »kirchliche« Stelle ausübte[89], wirkte das Katholische Volksbüro zumeist als Geschäftsstelle der »Arbeitsgemeinschaft katholischer Organisationen« und wurde so zum entscheidenden Träger der Katholischen Aktion[90]. Obwohl deren Arbeit im wesentlichen auf den Zuschüssen der bischöflichen Finanzkammer beruhte, waren die Leiter der Volksbüros zumeist nur indirekt Angestellte der bischöflichen Verwaltung. Ab Mitte der fünfziger Jahre bemühten sich die Sekretäre verstärkt um die Übernahme in ein direktes Angestelltenverhältnis des kirchlichen Trägers der Katholischen Aktion. Hierbei spielten neben anderen Überlegungen, wie etwa Spannungen zwischen Priestern und Laien so »von vornherein« zu vermeiden oder sie »wenigstens unter Kontrolle« zu bringen[91], bereits in der Frühzeit vor allem finanzielle Gründe für das Werkvolk die entscheidende Rolle[92].

---

[85] D.-M. Krenn, Christliche Arbeiterbewegung, S. 116–117.
[86] Josef Schinner an Josef Maier, 20. Februar 1946. KAB VZ G II / Aschaffenburg 1944–1964. Zur innerkirchlichen Diskussion vgl. auch Gedanken zum Volksbüro, 4. Juni 1946. BZAR OA NS 544.
[87] Rundschreiben des Verbandssekretariats, 14. Januar 1947. KAB A Kart. 5.
[88] Josef Eisemann an Anton Maier, 7. April 1954. KAB VZ G III / Schweinfurt 1947–1954.
[89] Bericht über die Sitzung im Katholischen Volksbüro, 14. Februar 1947. KAB VZ A / 1 Diözesanverband München bis 1974.
[90] P. Strenkert, S. 15.
[91] Hans Birkmayr an Georg Meixner, 3. Januar 1955. AEB KAB Kart. 53.
[92] Josef Maier an Josef Schinner, 19. März 1946. KAB VZ G II / Aschaffenburg 1944–1964.

V. Konkrete soziale Maßnahmen des Süddeutschen Verbands 347

Die Anstellung der Sekretäre im Rahmen von Volksbüros entlastete zwar die Haushalte der Diözesanverbände, doch brachte sie zugleich eine Fülle von Schwierigkeiten, da sich deren hauptamtliche Mitarbeiter keineswegs ausschließlich auf die »Werkvolkarbeit« konzentrieren konnten. Die Aufgaben eines Volksbüros waren vielfältig. Paul Strenkert gliederte »die innere geschäftliche und organisatorische Einteilung« des Kemptner Volksbüros in zwei Abteilungen: »Arbeiterbewegung und Sozialfragen« (Referate: Katholisches Werkvolk; Christliche Arbeiterhilfe und Wohlfahrtswesen, Sozialpolitik und Sozialversicherung; Wohnungs- und Siedlungswesen) sowie »Laien-Apostolat und katholische Volksarbeit« (Referate: Katholische Aktion; Katholische Organisationen und Ausschüsse; Rechts-Auskunft, Beratung und Vertretung)[93]. Für Rudolf Müller in Bamberg wiederum war das Volksbüro »Zentralstelle der Katholischen Aktion«, »Büro des Kleinen Mannes in den Sorgen und Nöten des Alltags«, »Zentrale der ACA«, »Zentrale der Organisationsarbeit der CSA« und »Geschäftsführendes Diözesansekretariat […] des Katholischen Werkvolkes« zugleich[94]. Der Leiter des Nürnberger Volksbüros, der in Personalunion als Diözesansekretär des Werkvolks wirkte, unterschied zwischen »Volksbürotätigkeit« (Arbeitsrechtliche Fragen, Rentenangelegenheiten, Miet- und Wohnrecht, Interventionen bei Behörden, allgemeine Rechtsfragen, sonstige Beratung) und »Werkvolktätigkeit« (Referate und Versammlungen, sonstige Termine und Tätigkeiten)[95]. Da sich die Sekretäre des Werkvolks zum Teil zu sehr auf ihre Verbandsarbeit konzentrierten, sah sich etwa das Freiburger Ordinariat wiederholt veranlaßt, darauf hinzuweisen, »daß die Funktion der Volksbüros nicht auf einen einzelnen Verband allein ausgerichtet sein kann«[96]. Die Sekretäre im Erzbistum Bamberg wiederum wurden darauf aufmerksam gemacht, daß sie zuerst über die Volksbürotätigkeit zu berichten hatten und dann erst über die ihre Werkvolktätigkeit und »nicht umgekehrt«[97], war doch die »Hauptaufgabe« der Volksbüros »die soziale Betreuung […] »aller Ratsuchenden«, wie es der Regensburger Bischof formulierte, und nicht nur der Werkvolkmitglieder[98].

---

[93] P. STRENKERT, S. 15.
[94] Aufgabenstellung und Bewältigung eines Katholischen Volksbüros, 14. Januar 1959. AEB KAB Kart. 62.
[95] Vgl. hierzu etwa die Monatsberichte des Volksbüros Nürnberg von 1958 bis 1963 (KAB VZ F II / Nürnberg), die einen guten Überblick über die vielfältigen Aufgaben eines Volksbüro-Leiters gewähren.
[96] Dr. Ernst Föhr an Diözesanleitung des Katholischen Werkvolks, 30. April 1963. EAF 56.64 Vol. 5, 1962–1964.
[97] Aktenvermerk für Rudolf Müller, 24. Februar 1953. AEB KAB Kart. 64.
[98] So lautete die »Anweisung« von Erzbischof Buchberger für das Regensburger Volksbüro. Tätigkeitsbericht Franz Xaver Meyer, 11. Juni 1956 bis 31. August 1957. KAB R Diözesanausschuß.

In der Weimarer Republik waren die katholischen Arbeitersekretäre vor den Arbeitsgerichten vertretungsberechtigt. Doch in der Zeit nach dem Zweiten Weltkrieg wurden anfangs durch das zuständige Ministerium »aus grundsätzlichen Erwägungen außer den Gewerkschafts-Funktionären keine anderen Persönlichkeiten bei den Arbeitsgerichten bei der ersten Instanz zugelassen«[99]. Um das »Monopol der Gewerkschaften« zu brechen, hielt die Zentrale alle Werkvolksekretäre an, sich »Einzelvollmachten« erteilen zu lassen, was die Arbeitsgerichte vereinzelt zugestanden, im Gegensatz zur prinzipiellen Zulassung[100]. Parallel hierzu richtete die Verbandsleitung in dieser Angelegenheit eine Eingabe an das bayerische Arbeitsministerium[101]. Zwar wurde das Werkvolk im Ergebnis durch die Entschließungen des Bayerischen Landessozialgerichts vom 16. August 1955 und des Bundessozialgerichts vom 26. Juli 1956 zur Vertretung bei den Sozialgerichten zugelassen, doch gab es bis zu Beginn der sechziger Jahre immer wieder Fälle, in denen einem Sekretär durch ein Gericht erklärt wurde, daß »das Katholische Werkvolk als Arbeitnehmerorganisation nicht anerkannt und somit seine Vertreter nicht vertretungsbefugt« seien. Dementsprechend wurde er nur als persönlicher Vertreter des Klägers, nicht aber als Vertreter des Werkvolks zugelassen[102].

Im Frühjahr 1952 wurde in Ergänzung zur Tätigkeit in den Volksbüros sowie zu den sonstigen Leistungen des Süddeutschen Verbands für seine Mitglieder eine eigene Rechtsschutzstelle bei der Verbandszentrale eingerichtet, an die sich Mitglieder wenden konnten, die einen Vertreter beim Landesversicherungsamt in Rekurs- oder Revisionsverfahren benötigten[103].

Um das Ausmaß der im Rahmen der Volksbüros durchgeführten Maßnahmen aufzuzeigen, sei hier nur ein Beispiel angeführt – das Volksbüro Ingolstadt. Dort wurden im Zeitraum vom 1. Juli 1959 bis zum 30. September 1960 insgesamt 717 Beratungen in Fragen des Arbeits- und Tarifrechts, der Reichsversicherungsordnung, des Bundesversorgungsgesetzes, des Lastenausgleichs, des Bürgerlichen Gesetzbuchs, sowie bei Renten-, Fürsorge-, Wohnungs-, Bau- und Steuerfragen durchgeführt. Da regelmäßige Sprechstunden auch in Gunzenhausen, Schwabach, Heilsbronn und Beilngries abgehalten wurden, wirkte sich die Tätigkeit des Volksbüros Ingolstadt in der gesamten Diözese Eichstätt aus[104].

---

[99] Carl P. Lang an Josef Eisemann, 20. Juli 1950. KAB VZ G III / Schweinfurt 1947–1954.
[100] Josef Eisemann an Carl P. Lang, 10. Juli 1950. KAB VZ G III / Schweinfurt 1947–1954.
[101] Carl P. Lang an Josef Eisemann, 14. Juli 1950. KAB VZ G III / Schweinfurt 1947–1954.
[102] Franz Patzina an den Süddeutschen Verband, 15. Februar 1962. AEB KAB Kart. 52.
[103] WERKVOLK, Nr. 4, April 1952.
[104] Bericht des Diözesanverbands Eichstätt, 1. Juli 1959 bis 30. September 1960. KAB VZ 17c / Verbandsausschuß 1959–1971. Vom 1. September 1961 bis zum 31. August 1962 waren es 701

V. Konkrete soziale Maßnahmen des Süddeutschen Verbands

Durch die Beratungs- und Vertretungstätigkeit der Werkvolksekretäre gelang es, nicht nur für Mitglieder des Katholischen Werkvolks, sondern generell für katholische Arbeitnehmer beträchtliche finanzielle Beträge zu erwirken[105]. Auch wenn die Bemühungen der Sekretäre nicht in allen Fällen erfolgreich waren, so war es doch »von psychologischem Wert für den Hilfesuchenden«, daß das Bestreben vorhanden war, ihnen »nach Möglichkeit« zu helfen[106].

Die Arbeit der Werkvolksekretäre brachte aber nicht nur den Hilfesuchenden unmittelbaren Nutzen. Der Süddeutsche Verband konnte durch die im Rahmen der Volksbüroarbeit gewonnenen Erfahrungen seiner hauptamtlichen Mitarbeiter bei den unterschiedlichsten Fragen der Sozialgesetzgebung gezielt Verbesserungsvorschläge für als »reformbedürftig« erachtete Bereiche machen, »eine entsprechende Vorlage ausarbeiten und den zuständigen Stellen zuleiten«, sei dies in der Frage der Neugestaltung der Rentenversorgung oder der Reichsversicherungsordnung[107]. Aber auch durch das gezielte Schaffen von Öffentlichkeit versuchte das Katholische Werkvolk, auf laufende Beratungen zur Veränderung der Sozialgesetzgebung einzuwirken bzw. Initiativen hierzu zu unterstützen, wie etwa 1952 die Eingabe der DAG zur Einführung einer »Einheitsberufsfahrkarte«[108].

Angesichts der »Wichtigkeit der Volksbüroarbeit« und den zahlreichen Veränderungen der Sozialgesetzgebung wurden die einzelnen Sekretäre ab 1951 gezielt durch den Verbandsvorsitzenden Carl P. Lang über alle Zweige des Sozialversicherungswesens unterrichtet[109]. Die einfachen Mitglieder wurden mit Hilfe des Verbandsorgans immer wieder über unterschiedliche rechtliche Fragen der Sozialversicherungen, wie etwa den gesetzlichen Rechtsanspruch auf Alters-, Invaliden- bzw. Angestelltenrente[110], informiert. Außerdem machte man sie auf diesem Weg auch auf Veränderungen im Bereich der Sozialgesetzgebung aufmerksam, die konkrete Auswirkungen auf das Alltagsleben hatten wie etwa das Renten-Zulage-

---

Beratungen. Bericht des Volksbüros Ingolstadt, 1. September 1961 bis 31. August 1962. KAB VZ 17c / Verbandsausschuß 1959–1971.

[105] Allein der Regensburger Diözesanvorsitzende, der im oberpfälzischen Bistum für die Beratungsfälle zuständig war, erreichte in einem Jahr bei 50 Vertretungen katholischer Arbeitnehmer vor Gericht (35 Fälle vor dem Sozialgericht, 8 Fälle vor dem Arbeitsgericht, 7 Fälle vor dem Amtsgericht) die Zahlung von 19 100,10 DM (Tätigkeitsbericht Franz Xaver Meyer, 1. September 1958. KAB R Diözesantage). Das Volksbüro Passau erreichte von 1959 bis 1963 bei 433 Beratungen eine »Erfolgsumme« von 234 954,25 DM (K. UNTERHITZENBERGER, S. 42).

[106] Tätigkeitsbericht Franz Xaver Meyer, 11. Juni 1956 bis 31. August 1957. KAB R Diözesanausschuß.

[107] Rundschreiben des Verbandssekretariats, 7. Mai 1951. AEB KAB Kart. 70.

[108] WERKVOLK, Nr. 8, August 1952.

[109] Rundschreiben des Verbandssekretariats, 30. Januar 1951. ABP KAB Kart. 48 Akt 144.

[110] WERKVOLK, Nr. 8, August 1952.

gesetz oder das Kündigungsschutzgesetz[111], die Lohnzahlung an Feiertagen[112], das neue Heimarbeitsgesetz[113], Fragen der Rentenversicherung der Angestellten, Fragen der Fürsorgeunterstützung, die Errichtung der Sozialgerichte im Jahre 1954[114] und vieles andere mehr.

---

[111] WERKVOLK, Nr. 8, August 1951.
[112] WERKVOLK, Nr. 9, September 1951.
[113] WERKVOLK, Nr. 4, April 1952.
[114] WERKVOLK, Nr. 7, Juli 1953.

VI. Das Leben in den einzelnen Werkvolkgemeinschaften

Laut Paragraph 18 der Mitglieder-Satzungen des Katholischen Werkvolks, die an den Anfang des Mitgliedsbuchs jedes Werkvolkmitglieds gestellt waren, sollte sich jede Werkvolkgemeinschaft mindestens einmal im Monat versammeln[1], um durch Vorträge zu aktuellen Zeitfragen oder zu grundsätzlichen Fragen des sozialen, wirtschaftlichen und kulturellen Lebens das eigene Urteilsvermögen zu schärfen[2]. An diesen Versammlungen teilzunehmen, dazu war jedes Mitglied verpflichtet. Soweit die satzungsgemäße Vorgabe, doch wie sah das alltägliche Vereinsleben tatsächlich aus? Blieb die monatliche Versammlung aller Mitglieder ein angestrebtes Ziel, das nie erreicht wurde, oder aber war das Vereinsleben gar wesentlich vielfältiger, als durch die Satzungen vorgeschrieben?

Im allgemeinen läßt sich eine solche Frage aus Mangel an statistisch auswertbaren Quellen nur für einzelne lokale Beispiele beantworten, bei denen eine besondere Gunst in der Überlieferungssituation gegeben ist. Im Fall des Süddeutschen Verbands läßt sich auf diese Frage für einen relativ großen Teil aller Vereine wie Mitglieder eine konkrete und allgemeingültige Antwort geben.

Die hauptamtlichen Verantwortlichen des Werkvolks haben sich stets darum bemüht, die einzelnen Vereine statistisch genau zu erfassen. Angefangen von der Zahl, dem Alter und dem Geschlecht der Mitglieder wurden stets auch Fragen nach dem Grad der gewerkschaftlichen Organisation, der Zahl der Veranstaltungen und ihrer Art gestellt[3]. Für das Jahr 1956 hat sich der Rücklauf einer solchen

---

[1] Mitglieder-Satzungen des Katholischen Werkvolks, 12. Oktober 1947. KAB VZ Satzungen.

[2] Bericht über die Arbeitstagung der Diözesan- und Bezirkssekretäre des Katholischen Werkvolks, 17.–18. April 1947. KAB VZ 2a / Verbandsausschuß 1954–1959.

[3] So haben sich etwa Reste von Umfragen des Passauer Diözesanverbands aus den Jahren 1948 bis 1953 (ABP KAB Kart. 47 Akt 143; ABP KAB Kart. 52 Akt 148) oder ein Schema für die Berichterstattung der Diözesanverbände aus dem Jahr 1957 (AEB KAB Kart. 69) erhalten. Um den Rücklauf der verbandsweit durchgeführten Umfragen und »eine organisatorische Straffung der Arbeit« zu erreichen, plädierte man für den Aufbau von »Ortskarteien« sowie »Bezirkskarteien« vor Ort (so etwa Josef Hofmeister im Bistum Regensburg. Protokoll über die Wochenendtagung in Ramspau 15. bis 16. Februar 1958. KAB R Diözesanausschuß/Diözesanvorstand). In Regensburg stellte man den einzelnen Ortsvereinen hierfür sowie zur Verbesserung der Gruppenarbeit sogar »Karteikarten sowie Vertrauensleutebüchlein« zur Verfügung (Rechenschaftsbericht des Regensburger Diözesanvorstands, 1956 bis 1959. KAB R Diözesantage). Im Rahmen einer Fragebogenaktion zur Betriebswahl 1961 versuchte die Verbandszentrale, über einen gemeinsamen Fragebogen der CSA, der CAJ, der Christlichen Werkgemeinschaften und des Katholischen Werkvolks die Ergebnisse zu überprüfen (Eberhard Kunze an Franz von Prümmer, 24. Januar 1961. KAB VZ G III / Schweinfurt 1947–1954). Doch vor Ort stieß diese Maßnahme auf völliges Unverständnis und erregte es vielfach nur Verwunderung, daß aus »ein und demselben Betrieb mehrere Berichte zur Auswertung in der Zentrale einlaufen würden, während theoretisch kaum einer dieser Berichte

Umfrage relativ komplett erhalten[4]. In ihr wurden neben den für die Abrechnung der Verbandsbeiträge relevanten Angaben über die Mitglieder auch das Veranstaltungsprogramm der einzelnen Werkvolkgemeinschaften sowie unter der Rubrik »Wer steht wo?« die Funktion von Werkvolkmitgliedern im öffentlichen, betrieblichen wie parteipolitischen Leben detailliert erfaßt[5].

Die erhaltenen Fragebögen ermöglichen etwa für ein Drittel der Vereine und damit für etwa vierzig Prozent der Mitglieder des Süddeutschen Verbands im Jahre 1956 konkrete Aussagen. Die regionale Verteilung der Unterlagen ist höchst unterschiedlich. So haben sich für die Diözese Passau ganze zwei Fragebögen und für die einzelnen Werkvolkgemeinschaften der Diözese Rottenburg, die zu diesem Zeitpunkt noch beim Süddeutschen Verband organisiert waren, kein einziger erhalten. In der Diözese Eichstätt sowie der Erzdiözese München-Freising hingegen sind durch diese Umfrage über fünfzig Prozent der Mitglieder erfaßt[6]. Trotz dieser Verwerfungen in der regionalen Verteilung der Fragebögen folgt die Struktur der Werkvolkgemeinschaften, die sich an der Umfrage beteiligt hatten, im wesentlichen der Struktur aller Werkvolkgemeinschaften in Bayern[7]. Dieser Sachverhalt spricht dafür, daß die erhaltenen Fragebögen eine relativ repräsentative Zufallsauswahl darstellen, wenngleich auch wahrscheinlich gerade eher die Werkvolkgemeinschaften berichtet haben dürften, deren Vereinsleben aktiver war[8]. Problematisch bleibt des weiteren, daß nicht verifizierbar ist, ob und inwieweit die Fragebögen tatsächlich mit der damaligen Realität übereinstimmen. Zum einen besteht die Gefahr, daß Angaben übertrieben wurden, zum anderen sind Angaben zum Teil nachweisbar recht unvollständig, vor allem im Bereich des gesellschaftspolitischen Engagements der verschiedenen Werkvolkmitglieder[9].

---

aufeinander abgestimmt sein könnte«. So wurde etwa in Schweinfurt für alle Großbetriebe nur ein Fragebogen an die Verbandszentrale gesandt (Franz von Prümmer an das Verbandssekretariat, 18. Januar 1961. KAB VZ G III / Schweinfurt 1947–1954).

[4] Umfrage zum Vereinsleben 1956. KAB VZ. Der Rücklaufgrad von etwa einem Drittel entspricht in etwa anderen Umfragen, deren Material sich nicht mehr erhalten hat. So Josef Hofmeister über die Höhe des Rücklaufs bei diözesanen Umfragen. Rechenschaftsbericht Josef Hofmeister, 1. Juli 1955 bis 31. Mai 1956. KAB R Diözesantage.

[5] Ein noch umfassenderer Fragebogen, den die Verbandsleitung 1959 an alle Werkvolkgemeinschaften versandt hat, findet sich in AEB KAB Kart. 52. Für ihn läßt sich aber kein Rücklauf nachweisen.

[6] Genaue Angaben darüber, für wieviele Vereine und Mitglieder in den einzelnen Diözesen des Süddeutschen Verbands sich ein Fragebogen erhalten hat, in Tab. 11 im Anhang.

[7] Vgl. die Graphik im Anhang.

[8] Für das Bistum Regensburg etwa sind vereinzelt Gruppen belegt, die 1956 »schon zwei Jahre und länger keinerlei Versammlung mehr hatten« (Tätigkeitsbericht Hugo Hollweger, 1. Juni 1955 bis 31. Mai 1956. KAB R Diözesantage), von denen sich dementsprechend auch kein Fragebogen erhalten haben dürfte.

[9] Allgemein gaben die Mitglieder des Werkvolks bei Umfragen des Verbands »nur sehr ungern« genaue persönliche Angaben. So Max Hatzinger im Zusammenhang mit den »sehr schlechten Erfah-

VI. Das Leben in den Werkvolkgemeinschaften

Wenn aus diesen Gründen im folgenden auch auf eine Extrapolation der durch die Fragebögen belegten Ergebnisse auf den gesamten Süddeutschen Verband weitgehend verzichtet wird, so soll doch versucht werden, anhand der etwa 2600 erhaltenen Angaben zu örtlichen Veranstaltungen nachzuzeichnen, wie das konkrete Vereinsleben von über 16 000 Personen in 195 Vereinen im Jahre 1956 tatsächlich aussah.

Verteilt man die erhaltenen Fragebögen gemäß der Mitgliederstruktur auf sechs Gruppen, so läßt sich feststellen, daß eine Steigerung der Veranstaltungsfrequenz nur bis zu einer Mitgliederschaft von fünfzig Personen erfolgte, und danach die Veranstaltungszahl im wesentlichen bei 15 auf ein Jahr verteilten Veranstaltungen stagnierte[10]. Die von der Verbandsleitung geforderten regelmäßigen Monatsversammlungen fanden also tatsächlich im überwiegenden Teil aller erfaßten Vereine statt und prägten so für die Mehrheit aller erfaßten Mitglieder den Vereinsalltag[11]. Die drei weiteren Veranstaltungen innerhalb eines Jahres setzten sich zumeist aus einer Advents- oder Weihnachtsfeier, einer Faschings- oder einer Maitanzveranstaltung sowie einem Werkvolkausflug oder einer Werkvolkwallfahrt zusammen[12]. Neben den allgemeinen Versammlungen einer Werkvolkgemeinschaft fanden in besonders großen Vereinen allmonatlich noch spezielle sozialpolitische

---

rungen« bei einer Umfrage des Münchener Diözesanverbands bezüglich der Versicherungsträger (Bericht über die Verbandsleitungssitzung, 16. Oktober 1953. KAB VZ 17a / Verbandsausschuß 1947–1954). Im gesamten Verbandsgebiet wollten die Mitglieder »auf keinen Fall namentlich erfaßt werden« (Bericht über die Verbandsausschuß-Sitzung, 17.–18. Oktober 1953. KAB VZ 17a / Verbandsausschuß 1947–1954).

[10] Zu den genauen Zahlen vgl. Tab. 12 im Anhang. Daß die Veranstaltungsfrequenz bei Vereinen von über 100 Mitgliedern sank, deckt sich mit Beobachtungen über die Stärke des Veranstaltungsbesuchs. So konstatiert etwa Hugo Hollweger für das Bistum Regensburg im Jahr 1956, daß Werkvolkgemeinschaften unter 100 Mitgliedern eine Veranstaltungsbeteiligung zwischen 70 und 75 Prozent aufwiesen, während sie bei Vereinen über 150 Mitgliedern auf 50 bis 55 Prozent absank (Tätigkeitsbericht Hugo Hollweger, 1. Juni 1955 bis 31. Mai 1956. KAB R Diözesantage). Einen gewissen Rückgang erfuhr der Veranstaltungsbesuch im Laufe des Untersuchungszeitraums generell neben einem gewandelten Freizeitverhalten durch das Zunehmen der Pendler sowie der Schichtarbeit, da »das Interesse an Versammlungen und Verein« bei den Angehörigen beider Gruppen »natürlich« nicht sonderlich groß war (Bericht des Diözesansekretariats, Gesamtübersicht. DA EI BA Werkvolk 1949–1967).

[11] Für den Bezirksverband München läßt sich der Befund, daß sich der Grundsatz der Monatsversammlung mit Vortrag allgemein durchgesetzt hatte, bereits für das Jahr 1952 eindeutig belegen (Jahresbericht des Bezirksverbands München, 1952. KAB VZ Diözesanverband München; vgl. auch WERKVOLK, Nr. 6, Juni 1952), ebenso für das Bistum Eichstätt (Kurzbericht über die Organisation des Katholischen Werkvolks und dessen Arbeit in der Diözese Eichstätt, 1. Januar 1951 bis 1. Oktober 1953. DA EI OA Werkvolk 1949–1955).

[12] Dies überstieg die Erwartungen der Verantwortlichen. So ging etwa die Bezirksvorstandschaft Ingolstadt noch 1959 davon aus, daß eine Werkvolkgemeinschaft sich allmonatlich traf, wobei aber im Januar eine Faschingsfeier, im August ein Busausflug und im Dezember eine Adventfeier die herkömmliche Monatsversammlung verdrängte und nicht, wie es tatsächlich der Fall war, ergänzte.

Schulungsabende sowie Sprech- und Bildungsabende für die Vertrauensleute in Pfarrei und Betrieb statt[13]. Die in der Auswertung einer vergleichbaren Umfrage des Münchener Diözesanverbands für das Jahr 1954[14] gewählte getrennte Darstellung der Werte für den Bereich des Bezirksverbands München und des restlichen Diözesanverbands weist deutlich auf eine wesentlich geringere Veranstaltungsdichte für die Bereiche außerhalb des Stadtgebiets Münchens hin. Doch dies basiert vor allem darauf, daß ländliche Vereine des Werkvolks im Bereich des oberbayerischen Erzbistums zumeist nicht so mitgliederstark waren wie die städtischen. Die flächendeckenden Angaben des Jahres 1956 zeigen, daß das entscheidende Kriterium, ob das Vereinsleben einer Werkvolkgemeinschaft tatsächlich aktiv war oder nicht, neben der Rolle des Präses vor allem die Größe des Vereins war, wobei, wie bereits im Kapitel zur Mitgliederstruktur des Süddeutschen Verbands ausgeführt, die Vereinsgröße im wesentlichen den sozioökonomischen Strukturen des Raumes folgte[15].

Allgemein bestätigt der statistische Befund der Umfrage von 1956 das Urteil des Bezirksverbands Kempten aus dem Jahre 1953, nach dem die beste Zeit für die Arbeit im Katholischen Werkvolk die Wintermonate waren, während in den Sommermonaten das Vereinsleben zumeist naturgemäß nicht so intensiv durchgeführt und mehr in aufgelockerter Form durch Ausflüge, Wallfahrten und ähnliches ausgeübt wurde, wobei Juli und August für die Vereinsarbeit kaum in Betracht kamen[16]. Regional vorhandene Bestrebungen der Verantwortlichen angesichts der Arbeitsbelastung der Sekretäre, die ersten Monatssonntage »veranstaltungsfrei zu halten«, führten dazu, daß die Versammlungstermine zumeist auf den letzten Sonntag im Monat verschoben wurden. Eine »strikte Einhaltung« solcher Festlegung wurde aber durch die Gruppen »vereitelt«[17].

Generell festhalten läßt sich im Zusammenhang mit den regulären Monatsversammlungen, wenn auch mit starken regionalen Schwankungen, daß die Referenten ungefähr je zur Hälfte Kleriker oder männliche Laien waren[18]. Frauen spielten als Rednerinnen im Jahre 1956 nur eine völlig marginale Rolle, trotz ihres hohen

---

Rundschreiben der Bezirksvorstandschaft Ingolstadt, 23. März 1959. KAB VZ E / Diözesanverband Eichstätt/Ingolstadt.
[13] So etwa in Kempten. Vgl. hierzu auch P. STRENKERT, S. 17.
[14] Auswertung der Jahresberichte der Werkvolkgemeinschaften 1954. VZ KAB Diözesanverband München.
[15] Vgl. S. 104.
[16] Antrag Bezirksverband Kempten an den Diözesantag des Katholischen Werkvolks der Diözese Augsburg, 18.–19. April 1953. KAB A Diözesantage 1947–1959.
[17] Rechenschaftsbericht des Regensburger Diözesanvorstands, 1956 bis 1959. KAB R Diözesantage.
[18] Namenslisten der Referenten aus den Jahren 1953 und 1955 haben sich für das Gebiet des Erzbistums München-Freising erhalten. KAB VZ Diözesanverband München.

Anteils unter den Mitgliedern. Bezüglich der Struktur der klerikalen Referenten ist festzuhalten, daß ihre Vortragsfrequenz im wesentlichen bedeutend geringer war als die der männlichen Laien. Eine kleine Gruppe von besonders aktiven Laien, die sich überwiegend aus hauptamtlichen Sekretären zusammensetzte, stand einer breiten Gruppe von Geistlichen, zumeist in der Funktion des Präses, gegenüber. Wie wichtig die Rolle des Präses für das Leben einer Werkvolkgemeinschaft war, belegt des weiteren, daß gerade die Vereine besonders vielfältige Veranstaltungen aufweisen, in denen sich der Geistliche auch selbst aktiv an der Gestaltung der Werkvolkarbeit beteiligte. Mit anderen Worten, beteiligte sich der Ortspfarrer am Vereinsleben mit eigenen Referaten, so ergriffen auch einzelne Laien innerhalb einer Werkvolkgemeinschaft die Initiative und wurden darüber hinaus auch noch auswärtige Spezialisten und hauptamtliche Sekretäre zu Spezialreferaten eingeladen, die sich sonst, ohne Unterstützung durch einen Geistlichen vor Ort, mit ihrer Vortragtätigkeit relativ erfolglos um die Aktivierung des Lebens der einzelnen Werkvolkgemeinschaft bemühten. Wurde ein auswärtiger »Redner bestellt«, was »meist« der Fall war[19], wenn der Präses bei der Monatsversammlung nicht selbst referierte, griff man auf »Rednerlisten« zurück, wie sie auf ausdrücklichen »Wunsch der Werkvolkgruppen« erstellt wurden[20].

Doch die von den Ortsvereinen vertretene Auffassung, daß die Rednertätigkeit »die wesentlichste Aufgabe eines Arbeitersekretärs« sei, wurde von hauptamtlichen Mitarbeitern des Verbands nicht geteilt. Im Gegenteil, die Betroffenen waren der Meinung: »Mit dem Wachsen der Versammlungszahl leidet sehr leicht ihre Qualität«. Deshalb war es in ihren Augen von zentraler Bedeutung, daß die einzelnen Werkvolkgruppen »Selbstversorger bezüglich der Versammlungen« werden sollten. Doch »leider« war bis Mitte der fünfziger Jahre keine »einigermaßen allgemeingültige Form für die monatliche Versammlung gefunden, die diesem Grundsatz und anderen Notwendigkeiten und Forderungen«, wie etwa, »daß nicht nur der Präses spricht; daß sie tatsächlich in ihrem Inhalt auf den Arbeitnehmer ausgerichtet sind; daß sie eine echte Bildungseinrichtung für die Mitglieder sind«, entsprochen hätte[21]. Angesichts des Wachstums des Verbands war aber die Zunahme von Referenten aus dem Kreis der einzelnen Werkvolkgemeinschaften eine zwingende Notwendigkeit, da die Zahl der Gruppen innerhalb des Gebiets eines Sekretariats zu groß wurde, als daß eine Person den Vortragsbetrieb in allen Ortsvereinen hätte aufrecht erhalten können. Hinzu kam, daß die

---

[19] Kurzbericht über die Organisation des Katholischen Werkvolks Eichstätt, 1. Januar 1951 bis 1. Oktober 1953. DA EI OA Werkvolk 1949–1955.
[20] Ein Beispiel solch einer Rednerliste für das Bistum Eichstätt aus den Jahren 1951/53 in DA EI BA Werkvolk 1949–1967; für das Erzbistum Bamberg aus dem Jahr 1960 in AEB KAB Kart. 61.
[21] Rechenschaftsbericht Josef Hofmeister, 1. Juli 1953 bis 31. Mai 1956. KAB R Diözesantage.

zumeist von den Sekretären initiierten Neugründungen »oft sehr lange« brauchten, »bis sie selbständig« wurden, also die Arbeitskraft der hauptamtlichen Funktionäre besonders banden[22]. Dies war einer der strukturellen Hintergründe für die Einführung der Aktionsrunden, durch die man hoffte, das Vereinsleben der einzelnen Werkvolkgemeinschaften lebendiger zu gestalten[23].

Aus der Sicht der Verantwortlichen des Verbands war »eine aufgeschlossene Vorstandschaft« die Voraussetzung, ohne die »auf die Dauer keine wirksame Apostolatsarbeit geleistet werden« konnte. Deshalb forderte man: »Eine solche Vorstandschaft muß sich regelmäßig treffen, um die Versammlungen und Veranstaltungen das Jahr hindurch gründlich vorzubereiten; um die Gegebenheiten am Ort und in den Betrieben zu besprechen; um die entsprechenden Aktionen zu planen und die Aufgaben zu verteilen; und, was mit entscheidend ist, sich nachher immer offen und ehrlich Rechenschaft zu geben, was und wie etwas durchgeführt wurde«[24]. Doch leider entsprachen die Verhältnisse vor Ort keineswegs immer diesem hohen Anspruch. So umfaßte der Vorstand einer Werkvolkgemeinschaft etwa im Diözesanverband München keineswegs wie vorgesehen etwa acht Personen (Präses, Vorstand, Vorsteherin, Schriftführer, Kassier, Kulturreferent, Sozialreferent und Jugendleiter), sondern im Stadtgebiet München durchschnittlich nur sechs, außerhalb Münchens gar nur vier Personen[25]. Dies war ein weiterer Grund für die Einführung der Aktionsrunden, hoffte man doch, daß dadurch die Zahl derjenigen erhöht würde, die bereit waren, Verantwortung zu übernehmen. Doch liegen leider über deren Auswirkungen keine statistisch auswertbaren Daten vor.

Inhaltlich bildeten nach der erhaltenen Umfrage der Verbandszentrale in der Mitte der fünfziger Jahre Veranstaltungen mit engstem Bezug zu den Belangen des Verbands wie etwa Generalversammlungen, Berichte von Bezirks- und Diözesantagen sowie Monatsversammlungen ohne eigenes Thema den größten Teil aller Veranstaltungen. In dieser Gruppe sind noch die besonders aufwendig gestalteten Veranstaltungen zum Jubiläum der Vereinsgründung hervorzuheben, die eine wichtige Rolle im Leben einer Werkvolkgemeinschaft spielten und über die immer wieder im Verbandsorgan berichtet wurde[26]. Die zweitwichtigste Gruppe unter den Veranstaltungen der Vereine stellten gesellige Veranstaltungen wie Weihnachtsfeiern, Faschingsbälle oder Ausflüge dar. Ihnen folgt die Gruppe der religiösen Veranstaltungen wie Andachten, Gemeinschaftsmessen

---

[22] Vgl. etwa Rechenschaftsbericht Josef Hofmeister, 1. Juli 1953 bis 31. Mai 1956. KAB R Diözesantage.
[23] Vgl. S. 186–189.
[24] Rechenschaftsbericht Josef Hofmeister, 1. Juli 1953 bis 31. Mai 1956. KAB R Diözesantage.
[25] Auswertung der Jahresberichte der Werkvolkgemeinschaften 1954. VZ KAB Diözesanverband München.
[26] So etwa WERKVOLK, Nr. 10, Oktober 1952; WERKVOLK, Nr. 11, November 1952; etc.

oder Wallfahrten. Hier dominierten, wie zu erwarten, Geistliche als Organisatoren oder Referenten. Die nächsthäufigste Veranstaltungsform war die einer Monatsversammlung über ein politisches Thema wie »Baut Dämme gegen den Weltbolschewismus«, »Karl Marx ohne roten Heiligenschein«, »Wie kann man der roten Gefahr begegnen?« oder »Moskau, das Mekka der Sowjets«. Etwa vierzig Prozent dieser Vorträge wurden von Geistlichen gehalten. Ähnlich war das Verhältnis bei den zahlenmäßig etwa ebenso häufigen Vorträgen zu sozialen Fragen und Themen wie der Rentenreform, der Automatisierung, der Gleitenden Arbeitswoche oder der Berufstätigkeit der Frau. Eine weitere große Gruppe der Vorträge widmete sich kulturellen Themen wie der Kunst, der Geschichte oder Reiseerlebnissen. Hierbei wurden sehr oft Lichtbilder eingesetzt. Neben diesen drei großen thematischen Gruppen spielten Vorträge, die sich Frauenfragen, der Jugend, den Bischöfen oder dem Papst widmeten, nur eine sehr geringe Rolle. Insgesamt erstaunt, daß in diesem Zusammenhang auch das Thema der gewerkschaftlichen Organisation zu nennen ist. Nur etwa ein Prozent aller Vorträge widmete sich explizit dieser Frage, und dies gerade im Jahre 1956, in dem die Christlichen Gewerkschaften neu gegründet wurden[27].

Bestrebungen, das Leben der einzelnen Werkvolkgruppen stärker zu normieren, gab es zwar seit der Verbandsgründung[28], doch wurden sie am Ende des Untersuchungszeitraums zunehmend stärker. So wurde etwa im Bezirksverband Ingolstadt 1959 ein »Vorschlag eines Gruppenjahresarbeitsplanes« erstellt, der den einzelnen Werkvolkgemeinschaften des Bezirks nicht nur eine Versammlung pro Monat vorschrieb, sondern darüber hinaus auch deren Inhalt und Gestaltung festlegte. Während die religiösen, kulturellen und geselligen Veranstaltungen in der Verantwortlichkeit des einzelnen Ortsvereins verbleiben sollten, war der Bezirks-

---

[27] Zu den genauen Zahlen siehe Tab. 13 im Anhang. Die veröffentlichten Zahlen für den Bezirksverband München aus dem Jahr 1951 (WERKVOLK, Nr. 6, Juni 1951) ergeben ein ähnliches Bild, ebenso die Zusammensetzung der Veranstaltungen für den Diözesanverband München wie den Bezirksverband Aschaffenburg im Jahr 1952 (WERKVOLK, Nr. 6, Juni 1952). Auch die erhaltene zeitgenössische Auswertung einer nahezu identischen Umfrage aus dem Jahre 1954 für das Erzbistum München und Freising ergibt kaum Unterschiede in der Struktur der Vorträge, ausgenommen der Tatsache, daß dort alle Monatsversammlungen eindeutig einer Kategorie zuweisbar waren. Auch hier dominieren die Bereiche der Geselligkeit, des gemeinsamen religiösen Lebens sowie der sozialen und der staatsbürgerlichen Bildung (Auswertung der Jahresberichte der Werkvolkgemeinschaften 1954. VZ KAB Diözesanverband München).

[28] Vgl. etwa die detaillierten Hinweise zur Gestaltung des Banners (WERKVOLK-FÜHRUNG, Nr. 4, 1949) oder den Vorschlag für die Gestaltung einer Generalversammlung von 1948 (WERKVOLK-FÜHRUNG, Nr. 1, 1948). Zum realen Ablauf einer Generalversammlung vgl. die Beispiele Memmingen (WERKVOLK, Nr. 2, Februar 1953); Marktredwitz, Herxheim, Fürstenfeldbruck, Hl. Geist, Schweinfurt (WERKVOLK, Nr. 3, März 1953); Mariahilf, München-Au (WERKVOLK, Nr. 4, April 1953); etc. Gelegentlich war die Generalversammlung auch mit einem Gottesdienst und einer »Generalkommunion« verbunden (WERKVOLK, Nr. 5, Mai 1953).

verband gehalten, alle Vortragsveranstaltungen sozial-religiöser oder sozial-politischer Art zu übernehmen. Bei diesen Veranstaltungen hatten aus der Sicht der Bezirksvorstandschaft die lokalen Werkvolkgemeinschaften »lediglich [noch] den technischen Rahmen zu erledigen«[29]. Ähnliche, etwa zeitgleich einsetzende Tendenzen gab es auch andernorts, so etwa im Bistum Regensburg, wo auf Antrag der Delegierten des Diözesantags in Marktredwitz 1956 von der Diözesanvorstandschaft ein spezieller »Rahmenplan« erarbeitet wurde[30]. 1958 ging man im Bistum Regensburg zudem dazu über, wie ebenfalls auf dem Diözesantag in Marktredwitz angeregt, »regelmäßige Versammlungsskizzen« zu verschicken[31]. Auch die oben erwähnte »Aktionsrunde« ist in diesen Kontext einzuordnen.

Eine reguläre Monatsversammlung mit Vortrag sollte aus der Sicht der Verantwortlichen während des gesamten Untersuchungszeitraums aber nicht nur durch das jeweilige Referat geprägt werden. In der Regel wurde der Abend mit der Begrüßung durch den Vorstand eröffnet. Nachdem das Protokoll der letzten Versammlung verlesen worden war, folgte nach einem gemeinsam gesungenen Lied ein »Geistliches Wort« des Präses, das wiederum mit einem Lied beschlossen wurde. Vor dem eigentlichen Vortrag zu einem speziellen Thema gab ein Mitglied der Werkvolkgemeinschaft noch eine kurze »Politische Wochenübersicht«. Nach der Aussprache über das eigentliche Referat wurde zum Abschluß der Versammlung nochmals ein Lied gesungen[32]. Durch »edle Geselligkeit« sollten die Veranstaltungen des Werkvolks »über die althergebrachten Vereinsversammlungen« hinauswachsen und »Familiengemeinschaften« entstehen, »in denen sich jeder wohlfühlt«[33].

---

[29] Rundschreiben der Bezirksvorstandschaft Ingolstadt, 23. März 1959. KAB VZ E / Diözesanverband Eichstätt/Ingolstadt.
[30] Rechenschaftsbericht des Regensburger Diözesanvorstands, 1956 bis 1959. KAB R Diözesantage.
[31] Geschäftsbericht des Diözesanvorstands, 1956 bis 1958. KAB R Diözesantage.
[32] Vorschlag einer Programmgestaltung für Mitgliederversammlung mit Referat. KONTAKT, Nr. 2, Dezember 1955. DAW Druckschriften.
[33] Elisabeth Bach, Die Aufgabe der Frau im Werkvolk, o.D. (wohl Mai 1952). AEB KAB Kart. 55.

D. AUSSENBEZIEHUNGEN

I. Das Katholische Werkvolk und die kirchliche Hierarchie

Das Werkvolk verstand sich als »eine staatlich und kirchlich geschützte Organisation gemäß Artikel 31 des Reichskonkordates«[1]; eine Organisation, die im Auftrag der Kirche außer religiösen, kulturellen und karitativen Zwecken auch soziale und berufsständische Aufgaben erfüllte[2]. Während des Untersuchungszeitraums wurde es »immer mehr und mehr ein Teil der Katholischen Aktion«[3], einer Bewegung, die durch die Teilnahme der Laien am hierarchischen Apostolat der Kirche die Verchristlichung der Welt anstrebte[4]. Da die Katholische Aktion »unmittelbar« von der kirchlichen Hierarchie abhing und dieser unterstellt war[5], war das Verhältnis zwischen dem Werkvolk und der kirchlichen Hierarchie von zentraler Bedeutung für die Arbeit der katholischen Arbeiterbewegung.

1. Die Rolle und die Bedeutung der Geistlichen

a) *Die Präsides*

Am unmittelbarsten war die kirchliche Hierarchie für die Angehörigen der katholischen Arbeiterbewegung durch die Person des Präses sichtbar, des Klerikers, der dem Vorstand jeder Werkvolkgemeinschaft, jedes Bezirksverbands und jedes Diözesanverbands angehörte. Er wurde im Gegensatz zu allen anderen Mitgliedern der Vorstandschaft nicht gewählt, sondern vom zuständigen Bischof

---

[1] Satzungen des Ketteler-Werks (Verband katholischer berufsständischer Vereine Süddeutschlands), Einleitung. KFA 6506.
[2] Es entsprach damit den Kriterien von Satz 2 des Artikel 31 des Reichskonkordats. Druck: A. Kupper, Nr. 182, S. 384–408, hier 400–401.
[3] So Anton Maier, der diese Entwicklung, die Aufgabe der »alten Formen der Unabhängigkeit«, keineswegs nur positiv bewertete. Protokoll der Verbandsausschuß-Sitzung, 13.–14. November 1954. KAB VZ 2a / Verbandsausschuß 1954–1959.
[4] L. Civardi, S. 5, oder J. Will, S. 1. Zur Rezeption des Konzepts der Katholischen Aktion durch den bayerischen Episkopat vgl. A. Steinmaus-Pollak, S. 60–192. Zum Zusammenhang zwischen der Katholischen Aktion und dem Verständnis von Kirche als mystischem Leib Christi, das Rektor Berchtold in der Arbeiterbewegung stärken wollte, vgl. auch R. Graber, S. 34–52. Die Tätigkeit der Katholischen Aktion nach 1945 und ihre Bedeutung für die Veränderungen im Nachkriegskatholizismus ist bisher nur für das Bistum Passau untersucht. Vgl. hierzu J. Meier, S. 87–230, 358–473, 484–518.
[5] L. Civardi, S. 150–163.

ernannt⁶. Bereits im Frühjahr 1946, vor der offiziellen Wiedergründung des Süddeutschen Verbands betonte die Verbandszentrale, daß »gemäß dem Wunsch und Willen der kirchlichen Obrigkeit« dem Geistlichen im Vorstand jedes katholischen Arbeitervereins die Führung obliege – nicht nur bedingt durch die kirchenrechtliche Basis des entstehenden Werkvolks als einer »religiös-berufständischen Organisation«, sondern vor allem um dessen Hauptanliegen wirklich umsetzen zu können, »in das gesellschaftliche und wirtschaftliche Leben christlichen Geist hineinzutragen und auf diese Weise die soziale Frage im Sinne des Christentums mit lösen zu helfen«. Die Verbandsleitung war sich auf Grund langjähriger Erfahrung darüber im Klaren, »daß es ohne die Mitarbeit des Geistlichen in katholischen Organisationen nicht vorwärts geht«. Denn der Priester war »die eigentliche Seele dieses notwendigen und wertvollen Dienstes am schaffenden Volk«⁷. Ohne sein Wissen sollte im Verein wie im Verband nichts geschehen oder unternommen werden. Er war aus Sicht der Verbandsleitung nicht nur »das ausführende oder [...] ›repräsentierende‹ Organ der Vorstandschaft«, sondern sollte planen, »was zu Nutz und Frommen des Vereins geschehen muß, und die Vorstandschaft wie den gesamten Verein darüber belehren und zur Ausführung der notwendigen Schritte anregen«. Trotzdem sollte der Präses im Verein aber nie allein bestimmen, sondern vielmehr seine »vornehmste Aufgabe« stets darin sehen, »die Arbeitnehmerschaft zu selbständiger Leitung ihrer Standesorganisation zu erziehen und zu befähigen«⁸. In seinen Händen lag nicht nur »die religiöse Betreuung« der katholischen Arbeiterschaft⁹, sondern durchaus auch »das zahlenmäßige [...] Wachstum der Werkvolkgemeinschaft«. Er sollte allen Mitgliedern »eine echte religiöse und soziale Bildung angedeihen lassen«¹⁰.

Auf Grund der kirchenrechtlichen Bestimmungen, nach denen kein katholischer Geistlicher ohne Zustimmung des Bischofs ein Amt annehmen darf¹¹, wurde jeder Präses vom zuständigen Bischof oder Generalvikar ernannt¹². Der Verbandspräses erhielt vom Vorsitzenden der Bayerischen Bischofskonferenz seine Ernennung¹³. Ihrer gewichtigen Rolle entsprechend wurden die Präsides in

---

⁶ Mitglieder-Satzungen des Katholischen Werkvolks, 12. Oktober 1947, § 9. KAB VZ Satzungen.
⁷ KETTELER-WERK-PRÄSES, Nr. 1, 1946.
⁸ KETTELER-WERK-PRÄSES, Nr. 3, 1946.
⁹ Kurzbericht über die Organisation des Katholischen Werkvolkes und dessen Arbeit in der Diözese Eichstätt, 1. Januar 1951 bis zum 1. Oktober 1953. DA EI OA Werkvolk 1949–1955.
¹⁰ Franz Seraph Riemer an Josef Starnecker, 17. Oktober 1959. ABP OA Vereine 2.
¹¹ CIC 1917, can. 139 § 3.
¹² KETTELER-WERK-PRÄSES, Nr. 3, 1946; gelegentlich wurden diese Ernennungen in der bischöflichen Verwaltung nicht in die jeweiligen Personalakten eingelegt, sondern zentral gesammelt. Vgl. hierzu etwa ABA Fem-222 mit den Bestätigungen der Augsburger Werkvolk-Präsides und CAJ-Seelsorger der Jahre 1957–1969.
¹³ Vgl. S. 56.

der Regel im Rahmen einer besonders feierlich gestalteten Monatsversammlung in ihr Amt eingeführt[14]. Auch die »Feste im Priesterleben« eines Präses wurden durch die Werkvolkgemeinschaften besonders gestaltet, wobei der Verband seinen Mitgliedern durch das Verbandsorgan hierfür hilfreiche Literatur empfahl[15].

Wurde das Leben in jedem einzelnen Verein vom zuständigen Präses wesentlich mitbestimmt, so lagen die Geschicke der Diözesanverbände in den Händen eigens hierfür vom jeweiligen Bischof beauftragter Kleriker. Sie hatten »eine priesterliche und eine organisatorische Aufgabe«[16]. Sie sollten sich einerseits um das geistliche Wachstum der Bewegung bemühen, andererseits sollten sie auf allen organisatorischen Ebenen des Katholischen Werkvolks präsent sein[17]. Damit verfügte jeder Diözesanpräses über einen wichtigen Informationsvorsprung gegenüber den Laien innerhalb des Diözesanvorstands, die in der Regel nicht in der Lage waren, sich für das gesamte Bistum im selben Maß ein Bild über die Verhältnisse vor Ort zu verschaffen. Zudem prägte der Diözesanpräses durch seine in der Satzung verankerte Entscheidungskompetenz sowie seine Weisungsbefugnis gegenüber den anderen hauptamtlichen Mitarbeitern seines Diözesanverbands sowohl die inhaltliche als auch die organisatorische Arbeit in seinem Bistum. Für die kirchliche Hierarchie sowie seine Mitbrüder im priesterlichen Amt war stets er der primäre Ansprechpartner innerhalb der Bewegung. Darüber hinaus besaß er das Recht, Konferenzen der Präsides oder Bezirkspräsides, die ihn bei seiner Arbeit unterstützten[18], »allein« einzuberufen[19]. Der Erfolg oder Mißerfolg in der Arbeit der verschiedenen Diözesanverbände ist also durchaus auch auf die Person des Diözesanpräses zurückzuführen. So hing etwa die Krise des Augsburger Diözesanverbands nicht nur mit strukturellen Problemen und Fragen des Selbstverständnisses der Bewegung, sondern eben auch mit der Person von Pater Edmund Ramsperger SJ zusammen[20]. Andererseits beruhte der Erfolg des Bamberger Diözesanverbands nicht zuletzt auf der Position von Georg Meixner als Leiter des Seelsorgeamts[21].

---

[14] Schilderungen einer solchen Amtseinführung: Herz Jesu, Augsburg (WERKVOLK, Nr. 4, April 1952); Lindenberg (WERKVOLK, Nr. 10, Oktober 1953); etc.
[15] Wie etwa W. PEULER.
[16] Tätigkeitsbericht Fritz Morgenschweis, August 1957 bis August 1958. KAB R Diözesantage.
[17] Vgl. etwa Tätigkeitsbericht Fritz Morgenschweis, August 1957 bis August 1958. KAB R Diözesantage.
[18] Im Bistum Eichstätt legten die Bezirkspräsides etwa die Themen für die Schulung aller Werkvolk-Präsides fest. Einladungsschreiben des Diözesanverbands Eichstätt an die Hochwürdigsten Herrn Präsides des Werkvolks, 19. Mai 1960. DA EI BA Werkvolk 1949–1967.
[19] Zu den Kompetenzen eines Diözesanpräses vgl. die vom Süddeutschen Verband 1955 erstellten Mustersatzungen eines Diözesanverbands. KAB VZ Satzungen.
[20] Vgl. S. 109–111, 386–387.
[21] Vgl. S. 115–116.

Die Diözesanpräsides spielten aber nicht nur innerhalb ihres jeweiligen Bistums eine zentrale Rolle, sondern auch auf der Ebene des gesamten Süddeutschen Verbands. Hier legten die Priester Wert darauf, völlig unter sich zu sein[22], um unter dem Siegel der priesterlichen Verschwiegenheit völlig frei und offen miteinander sprechen zu können[23]. Bewußt wurden auch keinerlei offizielle Protokolle über diese Sitzungen angefertigt. Trotzdem läßt sich belegen – entweder durch Aktenvermerke und Gedächtnisprotokolle oder durch unmittelbar nach solchen Sitzungen aufgetretene Veränderungen –, daß alle wichtigen Entscheidungen für die weitere Entwicklung des Verbands innerhalb dieses Gremiums gefällt wurden: die Namensgebung[24], die Frage der Zusammenarbeit mit der Jungen Mannschaft[25], der Einsatz der westdeutschen Zeitschrift »Priester und Arbeiter« zur Schulung der süddeutschen Präsides[26], um nur einige Beispiele zu nennen. Diese zentrale Rolle der Präsides war auch in der Satzung des Süddeutschen Verbands verankert, wo dem Verbandspräses das Recht zugestanden wurde, »bei wichtigen Angelegenheiten« die Diözesanpräsides zu befragen, »ehe« die Verbandsleitung mit Vorschlägen an die Gremien des Verbands herantrat[27].

Die Diözesanpräsides nahmen bis Ende der fünfziger Jahre entweder durch ihre hohe Funktion innerhalb der kirchlichen Verwaltung (Georg Meixner, Franz Xaver Stockinger) oder durch ein ausgesprochenes Vertrauensverhältnis zu ihrem Diözesanbischof (Anton Maier, Franz Kolb) eine besondere Rolle im Diözesanklerus ein. Der Generationswechsel unter den Diözesanpräsides trug nicht unwesentlich zum innerkirchlichen Gewichtsverlust der katholischen Arbeitnehmerbewegung während des Untersuchungszeitraums bei. So fehlte etwa dem Bamberger Diözesanpräses Lorenz Schmer die direkte Entscheidungsbefugnis über die Höhe der finanziellen Unterstützung des Werkvolks durch das erzbischöfliche Ordinariat, die Georg Meixner als Leiter des Seelsorgeamts besessen und zu Gunsten des Bamberger Diözesanverbands eingesetzt hatte. Daß die Tätigkeit als CAJ-Kaplan oder Diözesanpräses des Werkvolks für einen jungen Kleriker aber zugleich auch Sprungbrett für einen weiteren Aufstieg innerhalb der kirchlichen Hierarchie sein konnte, zeigt neben der Biographie des Münchener Diözesan- und Süddeutschen Verbandspräses Anton Maier[28] das Beispiel

---

[22] Einladungsschreiben Anton Maier an Christian Müller, 27. Mai 1963. ABP KAB Kart. 33 Akt 91.
[23] Anton Maier, 10. August 1992.
[24] Vgl. S. 50.
[25] Einladungsschreiben Anton Maier an Joseph Heindl, 23. Februar 1948. DA EI OA Werkvolk 1949–1955.
[26] Schreiben Anton Maier an Alois Stiefvater, 7. Juni 1951. KAB VZ K / Diözesanverband Freiburg 1950–1963.
[27] Satzungen des Katholischen Werkvolkes, 12. Oktober 1947, § 15. KAB VZ Satzungen.
[28] Vgl. S. 59–62.

des Regensburger Diözesanpräses Fritz Morgenschweis, der 1969 als Leiter der Pressestelle in das Ordinariat eintrat, 1972 zum Domkapitular und Generalvikar ernannt wurde und von 1990 bis 1993 die Interessen der Freisinger Bischofskonferenz im Bayerischen Senat vertrat[29]. Neben Maier und Morgenschweis sind in diesem Zusammenhang auch der Bamberger Diözesankaplan der CAJ, Norbert Przibyllok, der 1970 zum Leiter der Pressestellte des erzbischöflichen Ordinariats und 1982 zum Domkapitular avancierte[30], der Passauer Diözesankaplan der CAJ und spätere Generalvikar, Lorenz Hüttner,[31] sowie der Nationalkaplan der CAJ und spätere Weihbischof von Essen, Julius Angerhausen,[32] zu nennen. Das Werkvolk verstand diesen Aufstieg seiner geistlichen Leiter durchaus auch als Auszeichnung für die katholische Arbeitnehmerbewegung[33].

Die Freistellung eines Priesters für die Aufgabe des Diözesanpräses war in den Augen des Werkvolks angesichts der Bedeutung dieses Amts »eine dringende Notwendigkeit«[34] und ermöglichte, »die religiöse Bildungsarbeit wesentlich zu verstärken«[35]. Die Geschäftsführung des Verbands bewertete deshalb auch die Ernennung von Franz Kolb zum Würzburger Diözesanpräses und seine Freistellung für die Arbeiterseelsorge als »Exempel«[36], doch folgten keineswegs alle Bischöfe dem Vorgehen von Julius Döpfner. Noch Mitte der fünfziger Jahre galt, daß »die alten Diözesen [...] meist nur nebenamtliche und selten ganz freigestellte Diözesanpräsides, selten auch die moralische Unterstützung« hatten, die man in »den neuen Diözesen« dem Werkvolk schenkte[37]. Im Rahmen der Gründung der neuen Diözesanverbände Freiburg und Eichstätt waren 1953 Priester ganz für ihre Aufgaben in der Arbeiterseelsorge freigestellt worden. In den alten Diözesanverbänden gelang es erst einige Jahre später und auch nicht in allen, diesen Zustand zu erreichen. Ab 1. Oktober 1955 wurde in Augsburg, ab 1. August 1957 in Regensburg und ab 1. November 1958 in Passau ein hauptamtlicher Diözesanpräses ernannt. In den Erzbistümern Bamberg und München hingegen wurde das Amt des Diözesanpräses bis 1963 nur nebenamtlich ausgeübt.

---

[29] H. SCHMÖGER, S. 223.
[30] SCHEMATISMUS BAMBERG 1990, S. 81.
[31] PASSAUER BISTUMSBLATT, Nr. 12, 22. März 1998.
[32] EROBERND VORWÄRTS, S. 33.
[33] WERKVOLK, Nr. 2, Februar 1953.
[34] Protokoll der Diözesanvorstandssitzung, 10. September 1957. KAB R Diözesanvorstand.
[35] Geschäftsbericht des Regensburger Diözesanvorstands, 1956 bis 1959. KAB R Diözesantage.
[36] Josef Schinner an Josef Maier, 17. März 1949. KAB VZ G II / Aschaffenburg 1944–1964.
[37] Protokoll der Verbandsausschuß-Sitzung, 13.–14. November 1954. KAB VZ 2a / Verbandsausschuß 1954–1959.

Abschließend läßt sich festhalten, daß die Präsides der Nachkriegszeit mehrheitlich Pfarrgeistliche[38] waren und keineswegs Kapläne wie etwa ein vom Münchener Diözesanpräses Ludwig Anderl verfaßtes und in hoher Auflage mit dem Titel »Die roten Kapläne« erschienenes Buch suggeriert[39]. Dies hing nicht zuletzt mit der Arbeitsteilung zwischen den Geistlichen einer Pfarrei zusammen, bei der dem Kaplan in der Regel die Jugendarbeit zugeteilt wurde, während sich der Pfarrherr meistens der Erwachsenenseelsorge widmete[40]. Die älteren Geistlichen standen dem Werkvolk zudem meist sehr aufgeschlossen gegenüber, »da sie noch von früher her die Tätigkeit der Arbeiterbewegung« kannten. Die jüngeren Geistlichen der Nachkriegszeit hingegen waren »typische Jugendkapläne«, mit denen aus Sicht des Werkvolks nur »sehr wenig anzufangen« war[41]. Generell galt: »Der jüngere und junge Klerus« zeigte »fast durchwegs kein Verständnis, mindestens aber keine Neigung zur Mitarbeit auf diesem wichtigen sozialen Gebiet«. Für ihn stand die »Jugendseelsorge« im Mittelpunkt, »als ob diese allein dasein und eine Welt für sich sein könnte«[42]. Der Aufstieg von Pater Franz Denner vom Filialkaplan und Präses des katholischen Arbeitervereins Reiterswiesen im Jahre 1932 zum Bezirkspräses von Bad Kissingen in der Nachkriegszeit ist somit typisch für viele Präsides des Werkvolks[43].

b) *Priesterausbildung und -fortbildung*

Um die jüngere Generation des Klerus für die Arbeiterseelsorge zu gewinnen und die Mitarbeit der Präsides generell zu steigern[44], erachtete es das Werkvolk als »dringende Notwendigkeit«, Kontakt zu den Priesterseminaren aufzunehmen und vor den Theologiestudenten »über die Bedeutung der katholischen Arbeiterbewegung und die Realisierung der katholischen Soziallehre [...] zu

---

[38] Vgl. etwa für das gesamte Verbandsgebiet die Angaben in Umfrage zum Vereinsleben 1956. KAB VZ. Im Erzbistum München-Freising setzten sich die 69 im Jahre 1950 zu ernennenden Präsides aus 49 Pfarrgeistlichen, 14 Kaplänen und 6 anderen Priestern (Ordensleuten, Geistlichen Räten etc.) zusammen (Anton Maier an das erzbischöfliche Ordinariat München, 10. Februar 1950. KAB VZ Diözesanverband München). Laut der Liste über die Funktionsträger des Bezirksverbands Miltenberg läßt sich dieser Befund auch für Franken bestätigen (Bezirksverband Miltenberg, 31. Juli 1961. KAB VZ G II / Aschaffenburg 1944–1964).
[39] L. ANDERL.
[40] Anton Maier, 10. August 1992.
[41] Bericht über die Verbandsausschuß-Sitzung, 17.–18. Oktober 1953. KAB VZ 17a / Verbandsausschuß 1947–1954.
[42] So der Augsburger Diözesanpräses Ludwig Stangl. Bericht über das Katholische Werkvolk der Diözese Augsburg, 25. Juni 1950. ABA DB-28.
[43] WERKVOLK, Nr. 7, Juli 1953. Denner gehörte dem Orden der Missionare vom heiligsten Herzen Jesu an.
[44] Rundschreiben des Verbandssekretariats, 7. Mai 1951. AEB KAB Kart. 70.

referieren«⁴⁵, kam doch die katholische Soziallehre noch am Anfang der sechziger Jahre »nur bei gut einem Drittel der Priesterausbildungsstätten« im Lehrplan vor, zudem waren die entsprechenden Vorlesungen »in den meisten Fällen nicht obligatorisch«⁴⁶. »Das soziale Ideen- und Gedankengut« sollte »neben seiner wissenschaftlichen Behandlung« aber auch »praktisch ausgewertet werden«⁴⁷. Der Priesternachwuchs sollte »bereits in den Seminaren über die sozialen Fragen der Arbeiterschaft unterrichtet und die jüngeren Priester in der Behandlung dieser Fragen entsprechend geschult werden«. So sollte der Priester zum »Verbandsapologet[en]« werden⁴⁸. Papst Pius XII. forderte gar, es »möge kein Anwärter auf das Priestertum zum Weihealtar schreiten, der nicht auch für diese Verantwortung vorbereitet ist«. Aus Sicht des Papstes sollten sich nicht nur die Präsides der Arbeiterseelsorge widmen, sondern »der gesamte Klerus sich seiner Verantwortung« der Arbeiterschaft gegenüber »immer mehr bewußt sein«⁴⁹. Pius XII. ermahnte deshalb alle Priester der Weltkirche 1950, »die von der Kirche vermittelte Soziallehre treuen Herzens zu umfangen und dieselbe anderen weiterzugeben«. Wenn auch deren Umsetzung in die Tat aus der Sicht des Papstes vor allem den Laien aufgegeben war, sollte der Klerus diese doch »auf bestmögliche Art instruieren und bilden«⁵⁰.

Anfangs wurden »zur sozialen Ausbildung der Theologiestudierenden« verschiedene Formen von Vortragsveranstaltungen abgehalten. In Bamberg fand etwa bereits 1948 »während der Ferien ein vierzehntägiger Kurs« statt⁵¹. Im Bis-

---

45 Ergebnisbericht über die Verbandsausschuß-Sitzung, 17.–18. Oktober 1953. AEB KAB Kart. 64; Bericht über die Verbandsausschuß-Sitzung, 17.–18. Oktober 1953. KAB VZ 17a / Verbandsausschuß 1947–1954.
46 Von acht Katholisch-Theologischen Fakultäten und zehn Philosophisch-Theologischen Hochschulen besassen 1962 nur drei »ordentliche Lehrstühle für katholische Soziallehre« (Münster, Mainz, München), während etwa allein die christliche Archäologie mit sechs ordentlichen Professoren mit Promotionsrecht vertreten war. An sechs weiteren Hochschulen (Bonn, Bamberg, Frankfurt, Freising, Regensburg, Trier) fanden zumindest Vorlesungen zur katholischen Soziallehre statt. Bei Berücksichtigung der Priesterseminare und Ordenshochschulen wäre das Verhältnis wohl noch ungünstiger ausgefallen. Bericht des Sozialreferats des Zentralkomitees der deutschen Katholiken für die Bischofskommission für Soziale Arbeit, März 1962. ABSp BA A-II-38.
47 Rundschreiben des Verbandssekretariats, 7. Mai 1951. AEB KAB Kart. 70.
48 Bericht über die Arbeitstagung der Diözesan- und Bezirkssekretäre des Katholischen Werkvolks, 17.–18. April 1947. KAB VZ 2a / Verbandsausschuß 1954–1959.
49 Papst Pius XII. an die Katholische Arbeiterbewegung Westdeutschlands, 9. Mai 1956. Gedruckt in Texte zur katholischen Soziallehre, S. 205–210, hier 209.
50 »Menti Nostrae«, 23. September 1950. Apostolische Ermahnung an den Klerus des Erdkreises über die Heiligung des priesterlichen Lebens. Druck: Pfarramtsblatt, Nr. 19, 1. November 1950.
51 P. Franz Prinz SJ an Michael Kardinal von Faulhaber, 26. März 1949. KFA 6507. Pater Prinz regte in diesem Schreiben an den Vorsitzenden der Bayerischen Bischofskonferenz an, solch einen Kurs »jedes Jahr« und »in allen Seminaren« abzuhalten. Im Jahr 1955 war die Dauer der »Sozialen Schulungswoche [...] im Ferienkurs auf zehn Tage reduziert. Es referierten: Anton Maier, Emil

tum Regensburg wiederum wurden für den Priesternachwuchs »im Benehmen mit der Regentie außer zwei Kursen in Ramspau eine eigene Woche im Priesterseminar durchgeführt, an der die letzten drei Theologenkurse pflichtmäßig alle teilnehmen mußten«[52]. Bei dieser »Theologenwoche« stand vormittags ein sozialwissenschaftliches Referat im Mittelpunkt, während am Nachmittag die Theologen durch Angehörige der Diözesanleitung »in die praktischen Methoden der Werkvolkarbeit« eingeführt wurden[53]. Im Bistum Passau wiederum integrierte man in den pastoraltheologischen Lehrgang Ausführungen über die Arbeiterseelsorge[54]. Ab 1960 läßt sich dann ein »Werkeinsatz« von Theologiestudenten belegen. Ausgehend von der Überlegung, daß es unmöglich sei, den arbeitenden Menschen zu verstehen, wenn man nicht in etwa das Milieu kenne, in dem er arbeitet, verpflichteten die Bischöfe ihre Alumnen, während der vorlesungsfreien Zeit in einem Betrieb zu arbeiten. So sollten sie sich schon vor dem Einsatz in der gewöhnlichen Pfarrseelsorge mit diesem Milieu vertraut machen, mit seinen Problemen und Schwierigkeiten. Zugleich sollten sie auf diesem Weg »die ganze Schwierigkeit der Arbeiterseelsorge« kennenlernen. Nach ihrem Industriepraktikum sollten die Theologen an Hand eines umfänglichen Fragenkatalogs über ihre Erfahrungen Rechenschaft geben[55].

Die bereits in der Seelsorge tätigen Priester erhielten durch das Werkvolk eine Fülle von Schulungsangeboten. Einerseits nutzten die Verantwortlichen bestehende Institutionen wie etwa Dekanatskonferenzen, Pastoralkonferenzen oder Priesterkonferenzen[56], andererseits bot man den Geistlichen aber auch spezi-

---

Muhler, Alfred Berchtold, Hans Birkmayr, Norbert Przibyllok, Rudolf Müller und Paul Wünsche (Johannes Krauser an Hans Birkmayr, 18. November 1955. AEB KAB Kart. 70).

[52] Geschäftsbericht des Regensburger Diözesanvorstands, 1956 bis 1958. KAB R Diözesantage.

[53] Protokoll der Diözesanvorstandssitzung, 17. Dezember 1957. KAB R Diözesanvorstand.

[54] P. Bernardin Eggerbauer OFMCap an Christian Müller, 27. September 1961. ABP KAB Kart. 80.

[55] Vgl. hierzu den zusammenfassenden Bericht von Domvikar Dr. Hubert Klees »Der Werkeinsatz der Freisinger Theologen im Jahr 1960« (AMSJ NL Prinz D 4). Hier hat sich auch ein Exemplar des vierseiten Fragenkatalogs erhalten. Er war von Paul Wünsche aus Bamberg erarbeitet und von P. Franz Prinz SJ überarbeitet worden (P. Franz Prinz SJ an Paul Wünsche, 11. September 1957, samt Entwurf mit Anmerkungen von Pater Prinz. AEB KAB Kart. 61). Die Überlegungen, die Ausbildung der Priesteramtskandidaten durch Praktika zu ergänzen, gehen bis 1947 zurück. Vgl. hierzu etwa die Vorschläge des Diözesanjugendseelsorgers Alfred Beer in seinem Schreiben an das Erzbischöfliche Ordinariat, 21. Januar 1947. ABSp C-V-21.

[56] So etwa im Bistum Bamberg 1949 (Reiseplan Rektor Berchtolds, Februar 1949. AEB KAB Kart. 53) oder 1962 (Paul Wünsche an P. Franz Prinz SJ, 10. Oktober 1961. AEB KAB Kart. 21); im Bistum Eichstätt 1955 (Anton Maier an Joseph Schröffer, 27. Mai 1955, mit dem inhaltlichen Konzept für die Veranstaltung. DA EI BA Werkvolk 1949–1967); in Würzburg im Herbst 1955, wo 18 Priesterkonferenzen über die Gewerkschaftsfrage abgehalten wurden (KONTAKT [Würzburg], Nr. 6, Juni 1956. DAW Druckschriften); im Bistum Augsburg 1959 (Bericht des Diözesanvorstands bei der Priesterkonferenz in Kempten, 4. Oktober, und in Augsburg, 18. Oktober [1959]. KAB A Diözesantag 1960); etc.

elle Priesterstudientagungen zu ihrer Fortbildung an, sowohl auf diözesaner Ebene[57] als auch auf Verbandsebene[58]. Die Spannbreite der Angebote reichte von auf Dekanatsebene abgehaltenen eintägigen »Priesterschulungstagen«[59] bis zu mehrtägigen zentral veranstalteten »Wochenkursen«[60]. So sollte den Priestern erleichtert werden, sich das umfangreiche Wissen in den Fragen der katholischen Soziallehre anzueignen. Zwar war auch »auf dem Büchermarkt Schrifttum diesbezüglicher Art vorhanden«, doch waren viele Priester »zeitlich« nicht in der Lage, sich mit diesem intensiver auseinanderzusetzen[61].

Erreichte man durch den Besuch von »regulären« Kleruskonferenzen die Geistlichkeit des Verbandsgebiets relativ flächendeckend, so war die Teilnahme an den speziellen Schulungsangeboten doch höchst unterschiedlich. Fand etwa im Bistum Würzburg der »1. Soziale Priesterkurs« im Herbst 1955[62] solchen Anklang[63], daß bereits im folgenden Herbst erneut ein Sozialer Priesterkurs abgehalten wurde[64], so war man im Erzbistum Bamberg von der Reaktion der Priester auf das Angebot »Sozialer Priestertage«, »gelinde gesagt«, »leicht schokkiert«. Hier meldeten sich im Jahr 1958 ganze 13 Geistliche an – und das obwohl »immer und immer wieder« in den Rundschreiben des Diözesanverbands, im Amtsblatt und im Mitteilungsblatt der Katholischen Aktion auf diese Veran-

---

[57] So etwa vom 30. August bis 1. September 1954 im Erzbistum Bamberg (Georg Meixner an den Klerus der Erzdiözese Bamberg, 23. Juli 1954. AEB KAB Kart. 57); vom 11. bis 13. November 1957 im Erzbistum München-Freising (Ludwig Anderl an die Präsides des Katholischen Werkvolks, 14. Oktober 1957. AEB KAB Kart. 44); von 26. bis 30. Mai 1958 im Erzbistum Freiburg eine Tagung zum Thema »Auf dem Wege zur missionarischen Pfarrei« (AMTSBLATT FREIBURG, Nr. 14, 30. April 1958; das genaue Programm in EAF Reg 56.64 Vol. 4, 1957–1961).

[58] So fand etwa vom 20. bis 22. April 1964 im Katholischen Sozialinstitut ein spezieller »Sozialkurs für Priester« statt. Anton Maier an Michael Thiermeyer. KAB VZ E / Diözesanverband Eichstätt/ Ingolstadt.

[59] So etwa im Bistum Regensburg, wo von Sommer 1951 bis Sommer 1953 fünf solche Veranstaltungen im südlichen Teil der Diözese durchgeführt wurden. Tätigkeitsbericht des Diözesansekretariats Regensburg, 20. Juni 1953. KAB R Diözesanausschuß/Diözesantag.

[60] Im Bistum Regensburg wurden solche »Theologen-Wochenkurse« in Ramspau organisiert (Rechenschaftsbericht Josef Hofmeister, 1. Juli 1955 bis 31. Mai 1956. KAB R Diözesantage), meistens wurden zentrale Tagungen aber im jeweiligen Priesterseminar durchgeführt, ob in Bamberg (Hans Birkmayr an Dr. Johann Leonhardt, 28. November 1955, mit einem Konzept zum inhaltlichen Aufbau der Schulungsveranstaltung AEB KAB Kart. 70.), oder Regensburg vor Errichtung von Ramspau (WERKHEFTE [1949], Heft 3, S. 13).

[61] Georg Meixner an den Klerus der Erzdiözese Bamberg, 23. Juli 1954. AEB KAB Kart. 57.

[62] KONTAKT (Würzburg), Nr. 2, Dezember 1955. DAW Druckschriften.

[63] An ihm nahmen 42 Priester teil, bei 863 Diözesanpriestern und 317 Ordenspriestern im Bistum Würzburg im Jahre 1955. KONTAKT (Würzburg), Nr. 6, Juni 1956. DAW Druckschriften; SCHEMATISMUS BAMBERG 1955.

[64] KONTAKT (Würzburg), Nr. 8, Juli 1956. DAW Druckschriften.

staltung hingewiesen worden war und man 500 Seelsorgegeistliche in einem speziellen Rundschreiben hierzu persönlich eingeladen hatte[65].

Neben den geschilderten Fortbildungsangeboten, die sich an alle Seelsorgegeistlichen wandten, wurden vom Werkvolk aber auch spezielle »Sozialseelsorger-Tagungen« und eigene »Präsides-Konferenzen« abgehalten. Die »Anregung« zur Veranstaltung einer gesonderten Tagung für Sozialseelsorger ging auf Friedrich August Freiherr von der Heydte zurück, der sie 1949 nach dem Bochumer Katholikentag an die Arbeitsgemeinschaft der Katholischen Sozialen Woche, die im wesentlichen vom Werkvolk geprägt wurde, herangetragen hatte. Seine Anregung traf sich mit einem Vorschlag der Abteilung für Kultur der amerikanschen Militärregierung in München, eine Sommerschule für Geistliche durchzuführen, zu der Priester aus ganz Süddeutschland eingeladen werden sollten. Sie fand im Anschluß an die zweite Katholische Soziale Woche vom 8. bis 12. August 1949 in Pullach statt[66]. Sie diente dazu, »einerseits die soziale Problematik der Seelsorge herauszustellen und Wege zu ihrer Überwindung zu weisen und andererseits den teilnehmenden Priestern noch eine tiefere Einführung in die Sozialwissenschaft zu vermitteln«. Die Auswahl der Teilnehmer erfolgte »in passender Weise« – einerseits durch die Bischöfe und andererseits durch die Organisationen, die sich in der Arbeitsgemeinschaft der Katholischen Sozialen Woche zusammengeschlossen hatten[67]. Erst Mitte der fünfziger Jahre wurde der Gedanke des regelmäßigen Gedankenaustausches der Sozialseelsorger durch das Zentralkomitee der deutschen Katholiken erneut aufgegriffen und ab 1960 ein eigener Arbeitskreis »Betriebsgruppenarbeit« errichtet[68].

»Präsides-Konferenzen« hingegen wurden auf allen Ebenen des Verbands und während des gesamten Untersuchungszeitraums abgehalten. Hierbei wurden die Präsides nicht nur in Fragen der praktischen Verbandsarbeit - wie »Der Priester im Aufbau der Arbeiterbewegung«, »Der Priester und die verantwortlichen Laien« oder »Der Priester in der Aktionsrunde« - eingeführt, sondern auch über Themen wie »Eigentumsbildung in Arbeitnehmerhand«, »Die Gewerkschaftsfrage« oder

---

[65] Aktenvermerk, 8. Juli 1958. AEB KAB Kart. 69. Die Veranstaltung mußte ebenso ausfallen wie im Jahr davor, als sich ganze acht Personen für die »Sozialen Priestertage 1957« angemeldet hatten (Exposé »Was hat die Diözesanleitung für die Durchführung der ›Sozialen Priestertage‹ im Jahre 1957 und 1958 versucht?«. AEB KAB Kart. 62); 1954 hatten aus dem gesamten Erzbistum Bamberg immerhin 25 Geistliche an einer zweitägigen »Sozialen Priestertagung« teilgenommen (Programm und Teilnehmerliste in AEB KAB Kart. 67); 1949 waren es allein aus dem Dekanat Nürnberg elf Priester gewesen (Johann Kreutzer an den Diözesanverband Bamberg, 23. Juni 1949. AEB KAB Kart. 44).

[66] WERKHEFTE 1949, Heft 3, S. 13. Zur Konzeption der Tagung vgl. auch P. Franz Prinz SJ an die amerikanische Militärregierung München, 28. April 1949. BayHStA OMGBy 13/129-3/8.

[67] P. Franz Prinz SJ an Michael Kardinal von Faulhaber, 26. März 1949. KFA 6507.

[68] Vgl. S. 330.

»Das neue Grundsatzprogramm der SPD« informiert. Man ging hierbei von der Überlegung aus, daß Priester »als Hirten und Lehrer der Gläubigen« »in allen Fragen des Lebens eine rechte Weisung geben können« sollten und deshalb »selber wissen, worum es geht«[69].

c) *Das Werkvolk als seelsorgliche Aufgabe*

»Die Rückeroberung der Arbeiterwelt ist die dornenvollste Aufgabe der modernen Seelsorge und die eigentliche Sorge unserer Seelsorge«, das hatte Faulhaber als Bischof von Speyer bereits 1911 auf dem Katholikentag in Mainz betont[70]. Dieser Befund galt auch noch in den fünfziger Jahren, doch waren im konkreten Alltag die in der Seelsorge tätigen Geistlichen angesichts der durch die Tätigkeit als Präses bedingte Mehrarbeit keineswegs immer bereit, im Einsatz für das Katholische Werkvolk ihre zentrale seelsorgliche Aufgabe zu sehen, nicht zuletzt weil diese Arbeit »schwierig und mühsam« und ihr Erfolg »nicht sofort greifbar« war[71]. »Für sehr viele Priester« war es zudem »psychologisch schwer«, sich einer kleinen Werkvolkgemeinschaft zu widmen, »sich mit fünf bis sechs Arbeitern zusammenzusetzen und mit ihnen ihre Probleme zu besprechen«[72], »wenn sie dabei an die Hunderte der ›Nichterfaßten‹ « in ihrer Pfarrei dachten[73]. Trotzdem stand dem Werkvolk und seiner Arbeit nur ein kleiner Teil der Geistlichen direkt »ablehnend« gegenüber[74]. Die überwiegende Mehrheit beteiligte sich aber auch nicht aktiv am Aufbau neuer Vereine.

Angesichts dieser Haltung betonten die Verantwortlichen der katholischen Arbeitnehmerbewegung stets, daß »eine echte Werkvolkgruppe einem Seelsorger

---

[69] Einladungsschreiben des Diözesanverbands Eichstätt an die Hochwürdigsten Herrn Präsides des Werkvolks, 19. Mai 1960. DA EI BA Werkvolk 1949–1967. Zum inhaltlichen Aufbau der Präsides-Konferenzen vgl. Georg Meixner an die Präsides der Werkvolkgemeinschaften im Diözesanverband, 21. Januar 1957. AEB KAB Kart. 62; Ludwig Anderl an die Präsides des Katholischen Werkvolks, 14. Oktober 1957. AEB KAB Kart. 44; Einladung zur ersten Diözesan-Präsideskonferenz [im Jahr 1959], 13. Januar 1959. AEB KAB Kart. 62.

[70] M. FAULHABER, S. 17. Die zitierte Redensammlung erschien 1915 zum ersten Mal und erlebte bis 1935 acht Auflagen. 1951 wurden die zitierten Passagen zum 40jährigen Bischofsjubiläum des Münchener Kardinals im Verbandsorgan des Süddeutschen Verbands erneut abgedruckt. WERKVOLK, Nr. 3, März 1951.

[71] Stellungnahme der westdeutschen Bischöfe zur Arbeiterfrage. Abgedruckt in WERKVOLK, Nr. 12, Dezember 1952.

[72] Bericht Volksbüro – Raum Ingolstadt. DA EI BA Werkvolk 1949–1967.

[73] Jahresbericht 1957 über die Arbeit des Diözesanverbands des Werkvolks Eichstätt. DA EI BA Werkvolk 1949–1967.

[74] Tätigkeitsbericht Hugo Hollweger, 1. Juni 1955 bis 31. Mai 1956. KAB R Diözesantage.

sehr viel nützen kann«[75], und bemühte sich durch eine Vielzahl von persönlichen Kontakten, Priester für die Werkvolkarbeit zu gewinnen. Diese Anstrengungen beschränkten sich nicht nur auf die Gründungsphase in der unmittelbaren Nachkriegszeit, sondern wurden auch in den folgenden Jahren aufrecht erhalten. So nahmen etwa Verbandspräses und Werkvolksekretäre auch in den fünfziger Jahren regelmäßig an Kleruskonferenzen teil[76]; darüber hinaus suchten sie eine Vielzahl von Priestern persönlich auf, um mit ihnen »über die örtlichen Verhältnisse zu sprechen« und so Ansatzpunkte zur Errichtung neuer Vereine oder für die sonstige Weiterarbeit zu finden[77]. Daneben bot man, wie geschildert, gezielt für Werkvolkpräsides informelle Treffen[78] und spezielle Schulungsangebote an. Außerdem sandte man an die Seelsorgegeistlichen teilweise »Werbenummern« des Verbandsorgans sowie »Werbeblätter« für das Werkvolk[79]. Neben den in ganz Süddeutschland vertriebenen Zeitschriften wie der »Präsides-Korrespondenz« oder »Priester und Arbeiter«[80] wurden durch die Diözesansekretariate zusätzlich spezielle Rundschreiben an die Präsides verschickt[81]. Sie sollten »Verbindung schaffen von der Werkvolkleitung zum Pfarrpräses« und zugleich die »Zusammenarbeit der Nachbarpräsides fördern«, Anregungen »bringen und entgegennehmen«[82].

---

[75] So etwa Ludwig Stangl. Protokoll über die Verbandsausschuß-Sitzung, 13.-14. November 1954. KAB VZ 2a / Verbandsausschuß-Sitzung 1954–1959.

[76] So besuchten etwa im Bistum Regensburg die Werkvolksekretäre regelmäßig die in ihrem Bereich stattfindenden Priesterkonferenzen (Tätigkeitsbericht des Diözesansekretariats Regensburg, 20. Juni 1953 sowie Rechenschaftsbericht Hugo Hollweger, 1. Mai 1954 bis 30. Juni 1955. (KAB R Diözesanausschuß/Diözesantag). Im Bistum Würzburg wiederum wurde 1950 die gesamte Geistlichkeit der Diözese gezielt in 18 Konferenzen »mit den Aufgaben des Werkvolkes vertraut gemacht« (Bericht über die Gründung und das Werden des Diözesanverbands Würzburg. KAB W Diözesanvorstand/Verschiedenes). Eine Schilderung solcher Kleruskonferenzen mit Verbandspräses Anton Maier findet sich in WERKVOLK, Nr. 3, März 1952.

[77] Vgl. etwa Tätigkeitsbericht Hugo Hollweger, 1. Juni 1955 bis 31. Mai 1956, sowie Rechenschaftsbericht Josef Hofmeister, 1. Juli 1955 bis 31. Mai 1956. KAB R Diözesantage. Allein Hugo Hollweger besuchte innerhalb eines Jahres 86 Pfarrgeistliche, was etwa einem Drittel seines Sekretariatsbereiches entsprach.

[78] So etwa im Bistum Augsburg sogenannte »Priesterrunden für Präsides des Werkvolks«. M. MÖHRING, S. 162.

[79] So etwa im November 1957 an rund 130 Seelsorgegeistliche des Bistums Regensburg durch den Diözesanvorstand. Geschäftsbericht des Regensburger Diözesanvorstands, 1956 bis 1958. KAB R Diözesantage.

[80] Vgl. S. 158–159.

[81] Im Bistum Augsburg etwa wurde hierzu alle zwei Monate in einer Auflage von 500 Stück ein »Priesterrundbrief«, »Vae Soli« genannt, hergestellt (vgl. S. 113). Auch im Erzbistum Freiburg trugen die Priesterrundbriefe anfangs den Titel »Vae soli«. Sie wurden aber ab 1963 in »Der Werkvolk-Präses« umbenannt und erschienen nur einmal im Jahr.

[82] Der Werkvolk-Präses (Freiburg), 1963. AEB KAB Kart. 15.

I. Das Werkvolk und die kirchliche Hierarchie

Man war sich stets darüber im klaren, daß es »ohne die Mithilfe des Priesters« »keine apostolische Arbeiterbewegung« geben konnte. Doch setzte eben diese Mithilfe »eine Kenntnis des Arbeiters und seiner Umwelt voraus«, die keineswegs immer gegeben war, da dem Priester »viele Hindernisse« im Weg standen, »um die Umwelt des Arbeiters kennenzulernen«, »die ihm fast vollständig fremd ist«[83]. Selbst über einen so beliebten und an führender Stelle in der Arbeiterseelsorge tätigen Geistlichen wie den Eichstätter Diözesanpräses und späteren Bischof Alois Brems urteilte man: »mag ein feiner Priester sein, aber uns versteht er nicht, das spürt man!« Aus Sicht des Werkvolks war nicht »eine Flucht ins rein-religiöse Denken« gefragt, sondern Kenntnis der »oft so wirren Probleme im Sozialen«[84].

Die Orientierung der Geistlichen im »Strukturwandel der Pfarreien«[85], der zugleich auch zu einem gravierenden Wandel in der »Lebenskultur« des Diözesanklerus führte[86], wurde dadurch erschwert, daß - trotz des klaren Plädoyers des Papstes für eine »vernünftig spezialisierte Seelsorge«[87] - die »ganze Seelsorgspraxis« bis zum Ende der fünfziger Jahre »in ihrer Ausrichtung« schwankte: sie erfolgte zum Teil »nach Naturständen«, zum Teil »nach Berufsständen«. »Professoren-Gutachten« unterschiedlicher Ausrichtung, »sowohl für eine berufständige Orientierung der Seelsorge als auch dafür, daß diese Form durch die Nivellierung des modernen Lebens überholt« sei, machten »dem einzelnen Priester die praktische Entscheidung schwer«. Noch schwerer war es natürlich, sich in der praktischen Arbeit »nur mit halbem Herzen für eine der Lösungen einzusetzen«[88].

Zwar hatten die Bischöfe bereits 1952 »alle Seelsorger, auch die in den sogenannten ländlichen Gegenden«, explizit und »dringend« gebeten, »ihre erhöhte Aufmerksamkeit der Arbeiterfrage zuzuwenden und sich mit allem Eifer für die Förderung der Katholischen Arbeiterbewegung und der CAJ einzusetzen«[89]. Doch folgte der Klerus keineswegs in dem gewünschten Maß dieser Auffor-

---

[83] Rechenschaftsbericht Josef Hofmeister, 1. Juli 1955 bis 31. Mai 1956. KAB R Diözesantage.
[84] Michael Sager an Joseph Schröffer, 4. Januar 1952. KAB VZ K / Diözesanverband Freiburg 1950–1963.
[85] Michael Thiermeyer an Joseph Schröffer, 11. Januar 1963. DA EI BA Werkvolk 1949–1967.
[86] Zu dem bis heute noch kaum erforschten Wandel des Selbstverständnisses und der Lebenskultur des Weltklerus vgl. exemplarisch für das Bistum Passau H. W. WURSTER, Zur Lebenskultur; generell E. GATZ, Zur Kultur. Zu den Grundlinien der Entwicklung des Diözesanklerus in Deutschland nach dem Zweiten Weltkrieg vgl. E. GATZ, Vom Zweiten Weltkrieg.
[87] Pius XII. an die Katholische Arbeiterbewegung Westdeutschlands, 9. Mai 1956. Gedruckt in TEXTE ZUR KATHOLISCHEN SOZIALLEHRE, S. 205–210, hier 209.
[88] Jahresbericht 1957 über die Arbeit des Diözesanverbands des Werkvolks Eichstätt. DA EI BA Werkvolk 1949–1967.
[89] Stellungnahme der westdeutschen Bischöfe zur Arbeiterfrage. Abgedruckt in WERKVOLK, Nr. 12, Dezember 1952.

derung, so daß sich die deutschen Bischöfe gezwungen sahen, 1960 nochmals ausdrücklich zu betonen, daß die Organisation der katholischen Arbeitnehmerbewegung keineswegs eine Mehrbelastung für den einzelnen Priester darstellte, sondern »vielmehr eine Vervielfältigung der seelsorglichen Kräfte«. Voraussetzung hierfür war aber in den Augen der Bischöfe, daß sich diese »immer wieder an den tatsächlichen Verhältnissen ausrichten und ein kraftvolles inneres Leben entfalten«[90].

d) *Die Rolle der Orden als Träger der Arbeiterseelsorge*

Gehörten die Präsides der einzelnen Werkvolkgemeinschaften auch zum überwiegenden Teil dem Weltklerus an[91], so spielten Angehörige des Ordensklerus doch eine sehr wichtige Rolle für die katholische Arbeitnehmerbewegung in Süddeutschland, denn von ihnen wurden gerade die innovativen Vorstöße getragen. So wurde etwa der Aufbau der CAJ entscheidend von der Gesellschaft Jesu gefördert. Sie stellte mit Pater Leppich und Pater Sroka nicht nur deren ersten geistlichen Begleiter und den ersten Nationalkaplan, sondern trug gerade auch im Erzbistum München und Freising die Arbeit der CAJ. Waren Pater Prinz und Pater Footterer noch für die CAJ-Arbeit in ganz Bayern zuständig, so wirkten Pater Anton Stricker in Bamberg[92] sowie Pater Sieben und Pater Mayer-Lauingen in München als Gebietskapläne[93]. Welche Bedeutung die Gesellschaft Jesu für die CAJ in ihrer Frühzeit hatte, wird auch daraus ersichtlich, daß bis 1951 in »keiner« Diözese Bayerns »ein hauptamtlicher Weltpriester für die CAJ als Seelsorger angestellt« worden war[94]. Pater Claudius Mayer-Lauingen war neben seiner Tätigkeit für die CAJ später auch Leiter der Industriepraktika der Theologiestudenten im Freisinger Priesterseminar[95]. Der wichtigste Vertreter aus den Reihen der Gesellschaft Jesu in der katholischen Arbeiterseelsorge Bayerns war aber Pater Franz Prinz. Er initiierte nicht nur die Katholischen Sozialen Wochen

---

[90] Verlautbarung über die Arbeiterseelsorge, 18. Dezember 1960 (Version der bayerischen Bischöfe). Druck: PASTORALBLATT EICHSTÄTT, Nr. 17, 13. Dezember 1960.
[91] Umfrage zum Vereinsleben 1956. KAB VZ.
[92] Vereinbarung zwischen dem Diözesanverband Bamberg und der Gebietsführung der CAJ in der Erzdiözese Bamberg, 23. Januar 1951 (AEB KAB Kart. 43). P. Anton Stricker SJ war von 1935 bis 1951 in der von den Jesuiten geleiteten Pfarrei St. Kunigunde in Nürnberg tätig. Im Oktober 1951 wurde er zum Rektor des Kollegs St. Blasien ernannt. Vom 1. Januar 1957 bis zu seinem Tod am 8. August 1961 leitete er von München aus die Oberdeutsche Provinz der Gesellschaft Jesu (Sterbebild P. Anton Stricker SJ. AMSJ).
[93] Vgl. S. 261, 275.
[94] Protokoll der Konferenz der Bayerischen Ordinariatsvertreter, 21. November 1951. ABP OA Episc H 3 g.
[95] Sterbebild P. Claudius Mayer-Lauingen SJ. AMSJ.

I. Das Werkvolk und die kirchliche Hierarchie 373

und gründete die Christlichen Werkgemeinschaften, sondern übte darüber hinaus auch als Berater der Münchener Erzbischöfe einen Einfluß aus, der beträchtlich über den süddeutschen Bereich hinausging[96]. Aber die Jesuiten unterstützten die katholische Arbeitnehmerbewegung nicht nur personell, sondern auch massiv finanziell. So hatten sie etwa für die Arbeit der CAJ im Erzbistum München und Freising bis 1953 etwa 10 000 DM zur Verfügung gestellt[97] – zum Vergleich: aus den überdiözesanen Mitteln der deutschen Bischofskonferenz erhielt das Hauptsekretariat der CAJ in Essen, dessen Arbeit sich auf die gesamte Bundesrepublik erstreckte, von 1948 bis 1952 einen Betrag von 40 000 DM[98]. Im Werkvolk stellten die Jesuiten mit Pater Ramsperger zeitweise den Augsburger Diözesanpräses und mit Pater Buchheit den stellvertretenden Freiburger Diözesanpräses. Pater Prinz wiederum war als Vertreter der Werkgemeinschaften ab 1955 ständiges Mitglied der Verbandsleitung.

Doch nicht nur in Süddeutschland und somit in der Oberdeutschen Provinz der Gesellschaft Jesu übten die Jesuiten beträchtlichen Einfluß auf die katholische Arbeiterbewegung aus. Auch im Bereich des Westdeutschen Verbands und somit der Norddeutschen Provinz beteiligten sich Ordensangehörige an führender Stelle an den innovativen Projekten der Arbeiterseelsorge. Hier sei nur auf Pater Heinrich Ostermann für das westdeutsche Katholische Betriebs-Männerwerk[99] oder Pater Herbert Reichel[100] für die Christlich-sozialen Kollegenschaften oder Pater Hermann-Josef Wallraff[101], der Sekretär der sozialen Arbeitsgemeinschaft des Ordens, genannt. Auch die Katholische Soziallehre wurde nach 1945 entscheidend von Angehörigen der Gesellschaft Jesu geprägt. Hier sei nur an Oswald von Nell-Breuning[102] und Gustav Gundlach[103] erinnert. Dies lag wohl nicht zuletzt

---

[96] Vgl. hierzu etwa das Gutachten von Pater Prinz vom Februar 1955 für Kardinal Wendel zur Frage: »Kann eine weitere Mitgliedschaft im DGB durch einen Katholiken noch verantwortet werden«. AMSJ NL Prinz D1.

[97] Bericht Julius Angerhausen, 28. Juli 1953. Kopie im Besitz des Verfassers. Ein Teil der Gelder war den Jesuiten von der amerikanischen Militärregierung zur Verfügung gestellt worden. Vgl. hierzu etwa Charles D. Winning an P. Otto Johann Footterer SJ, 12. September 1949. BayHStA OMGBy 13/129-3/8 (300 DM) oder Education, Culture and Religious Division OMGBy an Director of Education, Culture and Religious Division OMGUS (Monthly Report), 31. Mai 1949. BayHStA OMGBy 10/50-1/38 (2200 DM).

[98] Vgl. S. 247.

[99] Vgl. S. 315.

[100] Zu seiner Person vgl. W. Schroeder, Katholizismus und Einheitsgewerkschaft, S. 390–401.

[101] Zu seiner Person vgl. W. Schroeder, Gewerkschaftspolitik, S. 325–338.

[102] Zu seiner Person vgl. H. Klein; H. J. Müller; F. Hengsbach / M. Möhring-Hesse / W. Schroeder; zu seinem Anteil an »Quadragesimo anno« vgl. J. Schasching; zu seiner Haltung im Streit um die Wiedergründung der Christlichen Gewerkschaften vgl. W. Schroeder, Katholizismus und Einheitsgewerkschaft, S. 349–362.

[103] Zu seiner Person vgl. J. Schwarte.

daran, daß das Studium der katholischen Soziallehre neben einer profunden theologischen Ausbildung eingehende Kenntnisse der Nationalökonomie, der Sozialpolitik, der Soziologie und der Rechtswissenschaften erforderte – Kenntnisse, die zukünftige Priester in der Regel nicht vermittelt erhielten[104], die aber Angehörige der Gesellschaft Jesu im Rahmen ihrer breiter angelegten Ausbildung durch ein weiteres, nichttheologisches Studienfach eher erwerben konnten[105]. Daß sich der Jesuiten-Orden generell so stark an der Arbeiterseelsorge beteiligte, war ebenfalls kein Zufall. Vielmehr beruhte dies auf einem Beschluß der 29. Generalkongregation im Herbst 1946[106] und einer Instruktion des Generals des Ordens, Johann Baptist Janssens, über das Soziale Apostolat[107].

Neben den Jesuiten spielten die Dominikaner eine zentrale Rolle innerhalb der wissenschaftlichen Diskussion der katholischen Soziallehre nach 1945. Zu ihren wichtigsten Exponenten zählten: Eberhard M. Welty und Arthur-Fridolin Utz, der Inhaber des Lehrstuhls für Ethik und Sozialphilosophie und Leiter des Internationalen Instituts für Sozialwissenschaft und Politik in Fribourg. Letzterer gab gemeinsam mit seinem Ordensbruder Joseph-Fulko Groner, dem Professor für Moraltheologie in Fribourg, sämtliche Verlautbarungen von Papst Pius XII. über die christliche Gesellschaftsordnung in deutscher Übersetzung und systematisch geordnet heraus[108], und besaß »beste Beziehungen zum Vatikan«[109]. Welty wiederum, der Herausgeber der Zeitschrift »Die neue Ordnung«, prägte als Professor für Sozialethik an der Ordenshochschule der Dominikaner den christlichen Sozialismus der Walberberger Schule, der nicht zuletzt auf der philosophisch-theologischen Lehre des Thomas von Aquin beruhte[110]. Das Verhältnis zwischen den Jesuiten und den Dominikanern, die nicht nur in Deutschland, sondern auch in Frankreich eine wichtige Rolle innerhalb der Arbeiterseelsorge spielten[111], war nicht immer harmonisch, vielmehr gab es durchaus »gewisse Spannungen« zwi-

---

[104] Bericht des Sozialreferats des Zentralkomitees der deutschen Katholiken für die Bischofskommission für Soziale Arbeit, März 1962. ABSp BA A-II-38.

[105] A. EBNETER, S. 92.

[106] Druck: DECRETA CONGREGATIONIS GENERALIS XIX, S. 38–40. Zur 29. Generalkongregation vgl. J. W. PADBERG, S. 10.

[107] Druck: J. B. JANSSENS.

[108] A.-F. UTZ / J.-F. GRONER.

[109] Aktenvermerk über einen Anruf von Theo Hieronimie, 12. September 1956. AsD NL Eichler Parteivorstand 1957.

[110] Hierzu vgl. R. UERTZ, S. 112–165; zur engen Verbindung der Dominikaner von Walberberg zu den führenden Repräsentanten des Westdeutschen Verbands, die in Folge des Attentats vom 20. Juli 1944 hingerichtet wurden, vgl. S. 23–25; zur Person Weltys vgl. W. OCKENFELS.

[111] Dort waren etwa Ende 1953 unter den circa 100 französischen Arbeiterpriestern elf Dominikaner und sieben Jesuiten vertreten. EGGENSPERGER/ENGEL, S. 113 und 115.

schen beiden Orden[112]. In Süddeutschland sind die Dominikaner aber im Gegensatz zu Westdeutschland und der Schweiz nicht aktiv hervorgetreten, wenn ihre Schriften auch hier durchaus rezipiert wurden.

Für Süddeutschland sind neben der Gesellschaft Jesu noch Angehörige des Kapuzinerordens als Träger innovativer Maßnahmen der Arbeiterseelsorge zu nennen. Sie beteiligten sich nicht nur an führender Stelle bis 1950 in den Bistümern Augsburg und Passau an der Errichtung erster CAJ-Gruppen[113], sondern entsandten mit Pater Fredegand Braun auch einen Mitbruder in den Kreis der »Arbeiterseelsorger«, der sich vierteljährlich im Münchener Ordinariat zu Besprechungen traf. Neben Angehörigen der erzbischöflichen Verwaltung wie des Werkvolks waren an diesen Besprechungen vor allem Pater Prinz, Pater Sieben, Pater Mayer-Lauingen und Pater Otto Beck von den Jesuiten, der Franziskaner Pater Erminold Gantner und der Redemptorist Pater August Troidl beteiligt[114]. Der Franziskanerorden engagierte sich aber nicht nur in München, sondern auch im Großraum Nürnberg in der Betriebsseelsorge. So hielt etwa Pater Eckhard Steinlein als »weitgereister und beliebter Exerzitienmeister« Einkehrtage für die Christlichen Werkgemeinschaften[115]. Pater Tilman Renker wirkte daneben als offizieller »Betriebsseelsorger« für die Christlichen Werkgemeinschaften im südlichen Teil des Erzbistums Bamberg[116]. Renker orientierte sich hierbei an vom erzbischöflichen Seelsorgeamt ausgearbeiteten Grundsätzen, die auf den Richtlinien der deutschen Bischöfe über die Arbeiterseelsorge sowie den Leitsätzen der katholischen Betriebsgruppenarbeit basierten[117]. Die Redemptoristen beteiligten sich im Gegensatz zu den Franziskanern nicht nur an der Entwicklung des Münchener

---

[112] Sie kamen als »Legende« selbst dem Mitglied des SPD-Parteivorstands Adolf Arndt zu Ohren, der sich dem Eindruck nicht entziehen konnte, daß etwa die Tagung »Christentum und demokratischer Sozialismus« unter der Beteiligung der Jesuiten von den Dominikanern, die seit 1953 Geheimgespräche zwischen führenden Mitgliedern der SPD und des Katholizismus in Kloster Walberberg ermöglicht hatten (vgl. S. 482), »nicht gerade gern gesehen« würden. Adolf Arndt an P. Oswald von Nell-Breuning SJ, 9. Januar 1961 (Durchschlag). AsD NL Eichler Parteivorstand 1961. Zu den methodischen und theoretischen Differenzen zwischen den Jesuiten Gundlach und Nell-Breuning sowie den Dominikanern Utz und Welty vgl. R. UERTZ, S. 146–165.

[113] Vgl. S. 267–268.

[114] Vgl. die Protokolle der Besprechungen, 2. Juni 1956 bis 1. März 1962. AMSJ NL Prinz D 2–4.

[115] Rundschreiben Paul Wünsche an die Werktätigen der Greiff-Werke, 24. November 1960. AEB KAB Kart. 22.

[116] Vgl. Rundschreiben Paul Wünsche an die Katholischen Pfarrämter im Einzugsgebiet der Greiff-Werke, 20. November 1962 (AEB KAB Kart. 22), sowie Paul Wünsche an Tilman Renker, 23. August 1962 (AEB KAB Kart. 53).

[117] Offiziell wurde die Betriebsseelsorge in Nürnberg am 3. November 1961 durch eine Vereinbarung zwischen dem erzbischöflichen Ordinariat Bamberg und dem Provinzialat der bayerischen Franziskaner errichtet. Bericht über den Aufbau der Betriebsseelsorge, Januar 1963. AEB KAB Kart. 53.

Konzepts der »Betriebsseelsorge«[118], sondern halfen durch Kurse am »Institut für Missionarische Seelsorge« und die Gründung von Betriebsgruppen in verschiedenen Diözesen entscheidend mit, das neue Konzept im deutschsprachigen Raum zu verbreiten[119]. Dies war kein Zufall, unterschieden die Redemptoristen doch klar »zwischen dem bleibenden Missionsauftrag und der sich wandelnden Missionsmethode« und paßten deshalb ihre pastorale Arbeit stets in Aufbau und Inhalt »den neuen Zeitbedürfnissen« an[120]. Durch Übersetzungen von französischen Texten zur Arbeiterseelsorge förderten die Redemptoristen auch die Arbeit der CAJ[121]. Eine Sonderstellung in ganz Süddeutschland nahm Pater Meinrad Kaiser aus den Reihen der Salvatorianer ein, der im Bistum Passau als Arbeiterpriester wirkte[122]. An der traditionellen organisatorischen Form der Arbeiterseelsorge beteiligten sich aber auch Angehörige des Benediktinerordens[123]. Hier sei nur an den stellvertretenden Münchener Diözesanpräses Pater Braunmiller sowie die beiden Freiburger Diözesanpräsides Pater Langlotz und Pater Meyer erinnert.

Die Zunahme des Ordensklerus in Funktionen der katholischen Arbeiterbewegung hing nicht zuletzt mit dem Problem des »Seelsorgermangels« zusammen und entsprach den generellen Tendenzen im Wandel der Zusammensetzung des Klerus in Deutschland. Da aus der Sicht der damals Handelnden der Priestermangel »einen bedrohlichen Umfang« angenommen hatte und »von Woche zu Woche größer« wurde[124], sahen sich die Verantwortlichen in den Ordinariaten zumeist nicht in der Lage, Priester für die Aufgaben in der Arbeiterseelsorge

---

[118] Für sie war aber die »Betriebsseelsorge« stets nur ein Teil des umfassenderen Konzepts einer »Pastoral der Umwelt und des Laientums«. Vgl. hierzu V. SCHURR, vor allem S. 161–193.

[119] F. PRINZ, Welt der Industrie, S. 7. Dementsprechend gehörte etwa auch Prof. Dr. Viktor Schurr von der Ordenshochschule in Gars der Pastoralkommission im Rahmen des Schwerpunktprogramms »Arbeiterseelsorge« an. Liste der Mitglieder. ABSp BA A-II-35.

[120] B. EBERMANN, S. 518. So waren sie bereits während der dreißiger Jahre von der herkömmlichen »Volksmission« zur »Hausmission« übergegangen und hatten damit »durchschlagende Erfolge« erzielt. Zum Konzept der Volksmission, das auch in den fünfziger Jahren noch von Bedeutung war, vgl. W. KÜSTERS; zum Konzept der Hausmission vgl. S. UNTERGEHRER. In der zweiten Hälfte der fünfziger Jahre forderte man, Volksmission und Hausmission durch eine »Milieumission« zu ergänzen. Vgl. V. SCHURR, S. 318–324.

[121] Sowohl R. GUERRE / M. ZINTY, Lebendiges Evangelium, wie R. GUERRE / M. ZINTY, Beseelen statt befehlen, wurden von P. Raimund Ritter CSSR aus dem Redemptoristenkolleg München übersetzt.

[122] Vgl. S. 129–130.

[123] Zum Bezug zwischen der benediktinischen Lebensregel »Bete und arbeite« und dem Ziel der katholischen Arbeiterbewegung, Gebet und Arbeit zu verbinden, vgl. H.-J. SCHMITT, Kreuz und Hammer, S. 190–191.

[124] So etwa der Kölner Generalvikar Emmerich David an Conrad Gröber, 3. Mai 1946. EAF Nb 8/26. Dies empfand man in Süddeutschland ebenso. Für das Bistum Augsburg während der fünfziger Jahre vgl. etwa Ludwig Stangl. Protokoll über die Verbandsausschuß-Sitzung, 13.–14. November 1954. KAB VZ 2a / Verbandsausschuß 1954–1959. Zu den konkreten Weihezahlen

I. Das Werkvolk und die kirchliche Hierarchie

freizustellen. Auch den führenden Laien im Werkvolk war durchaus bewußt: »Es liegt nicht am guten Willen, es liegt am Priestermangel«[125].

Doch handelte es sich im wesentlichen während der fünfziger Jahre um einen Rückgang der Zahl der Weltpriester. Da die Zahl der Ordensgeistlichen zugleich zunahm, kamen 1959 auf jeden Priester in Deutschland 996 Katholiken; 1915 waren es 991 gewesen[126]. Das verstärkte Engagement der Orden in der Arbeiterseelsorge spiegelte also den Strukturwandel im Klerus. Das tatsächliche Problem der damaligen Zeit war nicht der »Priestermangel«, den man als »eines der schwerwiegendsten Probleme für die Seelsorge in Deutschland« erachtete[127], sondern die Überalterung des Klerus[128].

Da sich ab 1952 auch die soziale Herkunft der Priesteramtskandidaten verschob, die »früher hauptsächlich vom Lande« kamen, stieg die Bedeutung des Werkvolks für die Gewinnung neuer »Priesterberufe«. Korrespondierten der Rückgang der aus der Landwirtschaft stammenden Priesteramtskandidaten und die Zunahme der Berufungen aus den Reihen der Beamten, Angestellten und Selbstständigen mit den Entwicklungen in der Gesellschaft, so blieb der Anteil der künftigen Priester aus den Reihen der Arbeiterschaft weit unter deren Anteil an der Gesamtbevölkerung[129] – trotz aller Bemühungen des Werkvolks, »immer wieder durch Gebet und Unterweisung auf den richtigen Geist innerhalb der Familien« hinzuarbeiten und die Arbeiterfamilien dahin zu bewegen, »ihre Kinder Gott als Opfer darzubringen«[130].

---

ab 1946 vgl. E. GATZ, Priesterausbildungsstätten, S. 275–276. Zur zeitgenössischen Diskussion vgl. J. DELLEPOORT / N. GREINACHER / W. MENGES.

[125] So Josef Sieben für die Erzdiözese Bamberg. Protokoll über die Verbandsausschuß-Sitzung, 13.–14. November 1954. KAB VZ 2a / Verbandsausschuß-Sitzung 1954–1959.

[126] C. SCHULTE, Erwägungen, S. 17. Zur Mitgliederentwicklung der männlichen Orden in Bayern von 1875 bis 1965 vgl. W. BRANDMÜLLER, S. 918–921. Festzuhalten ist aber neben dem Anstieg der Zahlen der Ordenspriester ein gleichzeitiger Rückgang der Zahl der Ordensbrüder. Vgl. hierzu H. HÜRTEN, Stagnation oder Erneuerung, S. 56.

[127] J. DELLEPOORT / N. GREINACHER / W. MENGES, S. 9.

[128] C. SCHULTE, S. 17. Vgl. hierzu etwa auch die zeitgenössische Altersstatistik der Seelsorgegeistlichen der Diözese Speyer. Alfons Stamer an Joseph Wendel, 23. Februar 1951. ABSP C-V-21.

[129] Vgl. H. HÜRTEN, Stagnation oder Erneuerung, S. 56.

[130] Protokoll über die Sitzung des Diözesanausschusses Augsburg, 15. Februar 1959. KAB A Diözesanvorstandschaft 1945–1964.

e) Das Verhältnis zwischen Klerikern und Laien

Das Werkvolk verstand sich stets als »Laienbewegung«[131]. Dies wurde zwar vom Klerus ebenso »allgemein anerkannt« wie die Notwendigkeit einer katholischen Arbeiterbewegung, doch war es »von Anerkennung bis zur Ausführung [...] trotzdem ein weiter Weg«. Dies lag nicht zuletzt daran, daß ein Teil der Geistlichen »die Tätigkeit eine solche Organisation zu führen, dem Arbeiter nicht zutraut«[132]. Nicht nur unter dem Episkopat gab es Vertreter der Meinung, daß man »die Laienwelt« im Auge behalten müsse, da sie sich dem Klerus »immer mehr« entfremde und »zu einer selbständigen Macht entwickle«, die sich »von verschiedenen Seiten her beeinflusst« zunehmend »protestantischen Ideen« nähere[133]. Andererseits erkannten Kleriker an, daß es gelegentlich, »bei manchen Besprechungen und Versammlungen« durchaus »günstiger« sein konnte, wenn die Anliegen der katholischen Arbeitnehmer »von einem Laien als von einem Geistlichen vertreten würden«[134].

Doch selbst wenn der Priester bereit war, die Führung einer Werkvolkgemeinschaft tatsächlich in die Hände eines Laien zu legen, gelang dies »sehr häufig« nicht. »Meistens« war »die größte Schwierigkeit«, tatsächlich einen Laien zu finden, der bereit war, die Leitung der Gruppe zu übernehmen. Immer erforderte es »viel Zeit und Geduld, den richtigen Mann zu finden«[135]. Dieser Befund aus den Tätigkeitsberichten der hauptamtlichen Angestellten des Verbands deckt sich mit den Belegen aus der Umfrage zum Vereinsleben im Jahre 1956. Nur wo der Präses sich aktiv an der Gestaltung der Werkvolkarbeit beteiligte, nur dort gelang es, auch Laien zur Übernahme von Referaten zu gewinnen. Die Laien waren nur in den Orten aktiv, wo sich der Geistliche persönlich stark im Vereinsleben engagierte[136]. Dies entsprach zwar durchaus den Vorgaben der Verbandsleitung, nach der Laien und Kleriker »sich brüderlich vereinen« und durch »ein innerliches Zueinander der Herzen« verbunden sein sollten[137], doch war dies keineswegs in jeder Werkvolkgemeinschaft der Fall. Erst gegen Ende des Untersuchungszeitraums hatte es gelegentlich auf Grund vieler neuer Vorstandsmitglieder »den Anschein«, »daß bei den Laien das Verantwortungsbewußtsein und auch die

---

[131] Deshalb war es in den Augen der Funktionäre aus dem Laienstand auch »ein unmöglicher Zustand«, daß man zwar über einen hauptamtlichen Verbandspräses, aber nur über ehrenamtliche Verbandsvorsitzende verfügte. Vgl. hierzu Max Hatzinger, Gedanken zur Frage des Verbandsvorsitzenden. KAB A Kart. 5.
[132] Tätigkeitsbericht Hugo Hollweger, 1. Juni 1955 bis 31. Mai 1956. KAB R Diözesantage.
[133] Conrad Gröber an Papst Pius XII., 6. April 1947. EAF Nb 8/17.
[134] So P. Otto Buchheit SJ an Dr. Franz Vetter, 26. Mai 1954. EAF Reg. 56.64, Vol. 4, 1945f.
[135] Tätigkeitsbericht Hugo Hollweger, 1. Juni 1955 bis 31. Mai 1956. KAB R Diözesantage.
[136] Vgl. S. 355.
[137] Protokoll der Diözesanvorstandssitzung, 10. September 1957. KAB R Diözesanvorstand.

I. Das Werkvolk und die kirchliche Hierarchie 379

Bereitschaft zur Arbeit wachsen« würde[138]. Gegen die im Werkvolk gelegentlich auch vertretene Haltung, daß »nur der Laie« und nicht der Priester die Arbeitswelt wieder verchristlichen könne, betonten selbst die Laienmitarbeiter der Verbands stets, daß ohne die Zusammenarbeit zwischen Priestern und Laienaposteln eine katholische Arbeiterbewegung unmöglich sei. Denn ohne »den Priester vor sich und Christus in sich« würde der Laienapostel durch die »Masse« weggezogen[139].

Trotz aller öffentlichen Postulate blieb es auf der Ebene des Verbands für die Laien stets »sehr schwer, irgendwelche Entscheidungen zu treffen«, bevor sich die »Hochwürdigen Herren« miteinander abgestimmt hatten[140]. Alle wichtigen Entscheidungen wurden letztlich von den Diözesanpräsides gefällt.

2. Die Finanzierung der katholischen Arbeiterbewegung – Finanzielle Autarkie versus effiziente Arbeit

> »Bei uns armen Katholiken scheitern oft die wichtigsten Dinge am Geldmangel«.[141]

Diese Worte der Bamberger Diözesanleiterin fassen kurz und prägnant das Hauptproblem der katholischen Arbeitnehmerbewegung zusammen. Die Suche nach neuen Formen der Finanzierung der Arbeit des Werkvolks war eine der zentralen Konstanten während des Untersuchungszeitraums. Denn eine Vielzahl von wünschenswerten Vorhaben scheiterte »in erster Linie an den Finanzen«, die oft »nicht einmal reichten«, die in den Augen der Verantwortlichen notwendigsten Maßnahmen durchzuführen[142].

Anfangs basierte die Arbeit des Werkvolks vor allem auf den Einnahmen aus den Beiträgen der Mitglieder. Seit der Verbandsreform von 1917 betrug der einheitliche wöchentliche Mitgliederbeitrag 15 Pfennige. Er wurde vom örtlichen Verbandskassier erhoben und direkt an die Zentrale in München gesandt, wo die einlaufenden Beträge aufgeteilt und nach einem festen Schlüssel an die Untergliederungen des Verbands weitergeleitet wurden. Das Verbandsmitglied konnte die Verbandszentrale sowie die Diözesansekretariate gebührenfrei nutzen und erhielt

---

[138] Jahresbericht 1957 über die Arbeit des Diözesanverbands des Werkvolks Eichstätt. DA EI BA Werkvolk 1949–1967.

[139] So Stefan Höpfinger. Protokoll der Delegiertenversammlung des Katholischen Werkvolks der Diözese Augsburg, 10. Februar 1957. KAB A Diözesantage 1947–1959.

[140] Johannes Even an Bernd Wallmeyer, 3. September 1959. KAB Ro KAB / Werkvolk A-R.

[141] Elisabeth Bach an Alfred Berchtold, 22. Dezember 1948. KAB VZ Schriftwechsel Bach 1949–1950.

[142] Die Zitate stammen aus der Diskussion um die Anstellung einer eigenen Werkvolksekretärin für die Frauenarbeit im Bistum Regensburg. Rechenschaftsbericht Wilma Beringer, 21. Juni 1953 bis 9. Juni 1956. KAB R Diözesantage.

kostlos die Zeitschrift »Der Arbeiter«; ferner wurde seinen Angehörigen auf Grund der obligatorischen Sterbegeldversicherung im Todesfall ein fester Betrag ausbezahlt[143]. Der Verbandstag von Regensburg im Jahr 1947 knüpfte an die Verbandsreform von 1917 an[144] und setzte den Wochenbeitrag erneut auf 15 Pfennig fest. Für den Bezug des Verbandsorgans wurden aber im Unterschied zur Zeit vor 1945 zusätzlich weitere 5 Pfennige erhoben. Die wöchentlich zu zahlenden Gelder sollten vom Kassier jeder Werkvolkgemeinschaft monatlich an die Abrechungsstelle des Verbands eingesandt werden[145]. Angesichts der geringen Einzelbeträge war die Steigerung der Mitgliederzahlen für den Verband eine existenzielle Frage und so konnte er auf Grund einer ausgesprochen schwierigen Haushaltssituation auch seinen arbeitslosen Mitgliedern die Monatsbeiträge nicht erlassen. Er war zwar bereit, einem Mitglied seine Beiträge zu stunden, bis es wieder über normale Einkommensverhältnisse verfügte, doch wenn seine Beiträge in der Zwischenzeit nicht über eine freiwillige Abgabe besser gestellter Mitglieder des Ortsvereins oder durch Einnahmen aus Theateraufführungen erwirtschaftet wurden, mußte das Mitglied die Nachzahlung der gestundeten Beiträge in angemessenen Raten selbst tragen. Neben der Bedeutung der Beitragsgelder für eine effiziente Verbandsarbeit begründete die Verbandszentrale dieses Vorgehen damit, daß sich die Mitglieder nicht nur »in wirtschaftlich guten Zeiten gesellig« versammeln, »sondern gerade in wirtschaftlich schlechten zusammenhalten« sollten[146].

Da bis Herbst 1951 aus allen Werkvolkgemeinschaften beim Verband Rückstände in einer Höhe von insgesamt etwa 60 000 DM aufgelaufen waren[147], strebte die Verbandsleitung angesichts der schlechten Zahlungsmoral der Mitglieder, zum Ausgleich der allgemeinen Teuerung sowie zur besseren Ausgestaltung der künftigen Arbeit, auf dem Verbandstag von Neustadt eine Erhöhung des Mitgliedsbeitrags auf monatlich 1,20 DM an. Der Verbandsausschuß plädierte sogar für eine Erhöhung auf 1,35 DM. Doch war eine solche Maßnahme bei den Delegierten nicht durchzusetzen. Diese griffen vielmehr massiv den Verbandsausschuß an. Die ehrenamtlichen Delegierten bewerteten es als »Gefahr«, daß sich dieses Gremium zum größten Teil aus vom Verband bezahlten Kräften zusammensetzte. Zudem befürchtete man, daß die Erhöhung des Beitrags »Massenaus-

---

[143] H. D. Denk, S. 69.
[144] Zur Entwicklung während der Weimarer Republik, wo der Beitrag zeitweise auf 25 Pfennig erhöht worden war, vgl. D.-M. Krenn, Christliche Arbeiterbewegung, S. 24–36.
[145] Werkvolk-Führung, Nr. 3, Mai 1949.
[146] Werkvolk-Führung, Nr. 4, August 1949.
[147] Rundschreiben des Verbandssekretariats, 5. Oktober 1951. ABP KAB Kart. 48 Akt 144. Zum Vergleich: Im Jahr 1950 hatten dem Werkvolk nach Abzug der Kosten für das Verbandsorgan und der Beiträge der Sterbegeldversicherung insgesamt etwa 160 000 DM für seine Arbeit zu Verfügung gestanden.

tritte« bedingen würde. Nach intensiver Debatte setzte sich bei der Abstimmung, die »durch Zurufe und Proteste« gestört wurde, schließlich der Kompromiß-Vorschlag des Bamberger Diözesanvorsitzenden Sieben durch. Er legte fest, daß der Beitrag monatlich in Höhe von einer Mark zu entrichten sei. Jugendlichen unter 18 Jahren, Fürsorgeempfängern sowie allen Mitgliedern über 65 Jahren wurde ein ermässigter Beitrag von achtzig Pfennigen zugestanden. Mit dem Beitrag von einer Mark glich sich der Süddeutsche Verband dem Westdeutschen Verband an, wo der Beitrag »schon immer« in dieser Höhe entrichtet wurde[148]. Im Unterschied zum Westdeutschen Verband räumte man aber 1951 den Ehegatten der Mitglieder nicht nur die Möglichkeit ein, selbst Vollmitglied des Verbands zu werden, sondern zu ermäßigtem Tarif eine außerordentliche Mitgliedschaft im Werkvolk zu erwerben. Der Beitrag gliederte sich nach den Beschlüssen von Neustadt in 24 (24 bei Ehegattenmitgliedschaft) Pfennige Sozialbeitrag, 20 (–) Pfennige Schrifttum, was dem monatlichen Preis für das Verbandsorgan entsprach, 20 (6) Pfennige Verband, 24 (5) Pfennige Diözese, 12 (5) Ortsgemeinschaft. Von zentraler Bedeutung für den Verband war aber nicht nur die Erhöhung der Mitgliederbeiträge, sondern auch deren Abrechnungsmodus. Wurden sie bis zum 31. Dezember 1951 wöchentlich erhoben, so waren sie nun monatlich abzuführen[149].

Im Jahr 1959 sah sich die Verbandsleitung erneut genötigt, die Delegierten eines Verbandstags um eine Erhöhung der Beiträge zu bitten. Zwar hatte man sich ursprünglich festgelegt, daß der Verband »von sich aus« keine Beitragserhöhung beantragen würde, doch waren zum Verbandstag eine Reihe von Anträgen eingereicht worden, die bei ihrer Annahme den Verbandsetat »nicht unwesentlich« belastet hätten. Zudem forderten »hauptsächlich« die Bezirksverbände, aber auch die Orts- und Diözesanverbände, über das bisherige Maß hinaus am Beitragsaufkommen beteiligt zu werden. Die Bezirksverbände, deren Gewicht und Aufgaben in der zweiten Hälfte der fünfziger Jahre beträchtlich zugenommen hatten, waren bis zu diesem Zeitpunkt nicht direkt an den Einnahmen durch die Beiträge der Mitglieder beteiligt, obwohl von ihrer »Lebendigkeit [...] weitgehend die Regsamkeit der einzelnen örtlichen Gemeinschaften« abhing. Ihre Stärkung sowie die Erfordernisse des Haushaltsplans waren die Hauptgründe für die Beitragerhöhung. Daß sie daneben auch »aus dem sozialen Gedanken heraus gegenüber den Angestellten des Verbandes« zu empfehlen war, wie es der Verbandssekretär und ab 1959 neue Verbandsvorsitzende Ludwig Franz formulierte,

---

[148] Protokoll des Verbandstags in Neustadt an der Haardt, 29.–30. September 1951. KAB VZ 42a / Verbandstag Neustadt 1951.
[149] Rundschreiben des Verbandssekretariats, 5. Oktober 1951. ABP KAB Kart. 48 Akt 144.

wurde öffentlich nicht sonderlich betont[150]. Die Delegiertenversammlung folgte erst nach »einer längeren Debatte« dem Vorschlag des Verbandsausschusses und bewilligte die Beitragserhöhung für die Vollmitglieder, die zum 1. Oktober 1959 in Kraft trat. Der Beitrag für Ehegatten wurde beibehalten. Von den zwanzig Pfennigen mehr pro Mitglied wurden dem Verband acht, dem Diözesanverband vier, dem Bezirksverband fünf und der Werkvolkgemeinschaft drei Pfennige zugesprochen[151].

Trotz der nominellen Erhöhung des Beitrags bis 1959 sank dessen Gewicht im Budget des einzelnen Arbeitnehmers und somit seine materielle Belastung stark ab. Mußte er 1925 im Durchschnitt noch 0,5 Prozent seines Brutto-Monatseinkommens als Beitrag an die katholische Arbeiterbewegung abführen, so war es 1959 nach der zweiten Beitragserhöhung der Nachkriegszeit nur mehr etwa die Hälfte, konkret 0,26 Prozent[152]. Trotzdem blieb die Beitragsfrage im Mittelpunkt des Interesses der Mitglieder. Sie waren keineswegs immer und in großer Zahl bereit, sich im Rahmen von Sonderaktionen freiwillig materiell stärker für die Belange ihrer Bewegung einzusetzen.

Deshalb stellte sich besonders bei der Finanzierung der hauptamtlichen Mitarbeiter, die für ein »Vorwärtskommen« der Bewegung in den Augen der Verantwortlichen zwingend notwendig waren[153], die Frage, inwieweit es verantwortbar war, an der finanziellen Autarkie der katholischen Arbeitnehmerbewegung festzuhalten, wenn dadurch ihre Effizienz Schaden nahm oder die Sekretäre ihre Tätigkeit gar mit ihrem »Gewissen und dem Ansehen einer öffentlichen katholischen Einrichtung nicht mehr verantworten« konnten; wenn sie sich mit ihren Familien zum Teil »in bedrückender Notlage« befanden und »die notwendigsten Verpflichtungen zur Bestreitung der Ausgaben des Büros« von ihnen »nur auf Kosten der allerdringendsten Lebensnotwendigkeiten« ihrer Angehörigen erfüllt werden konnten[154]. Generell mußte man ab Mitte der fünfziger Jahre feststellen, daß »der aktive katholische Arbeitnehmer« dieser Jahre »selbst bei bestem Willen und größter Einsatzbereitschaft nicht mehr in der Lage« war, »so intensiv in seiner Standesorganisation mitzuarbeiten, wie seine Vorgänger in der Katholischen Arbeiterbewegung in deren Anfängen dies konnten. Die täglichen Anforderungen des Berufes mit der erhöhten Arbeitsintensität, die erheblich gestiegenen Aufgaben bei der Wahrnehmung der Interessen in den sozialen Organen als

---

[150] Protokoll vom Verbandsausschuß beim Verbandstag in Passau, 20. Juni 1959. KAB VZ Verbandstag Passau 1959.
[151] Bericht über die Delegiertenkonferenz des Verbandstags in Passau, 20. Juni 1959. KAB VZ Verbandstag Passau 1959.
[152] KAB. KATHOLISCHE ARBEITNEHMER-ZEITUNG, Nr. 10, Oktober 1991, Sonderseite III.
[153] Vgl. hierzu Max Hatzinger, Gedanken zur Frage des Verbandsvorsitzenden. KAB A Kart. 5.
[154] Paul Strenkert an Dr. Joseph Hörmann, 13. September 1948. KAB A Kart. 4.

Arbeitsrichter, Sozialrichter, Betriebsrat, in den Selbstverwaltungsorganen, der Gewerkschaft, der Partei, sowie die Fülle des Stoffes in Presse und Nachrichtendienst, die Vielfalt der Gesetze, der größere Verkehr, die schlechten Wohnverhältnisse erdrück[t]en ihn fast«. Darum forderte man »mehr hauptamtliche Kräfte«. Sie sollten »die Verbindung von Organisation und Führung garantieren, die der einzelne Mitarbeiter nicht mehr leisten« konnte. Durch die Verstärkung der hauptamtlichen Kräfte hoffte man, auch »den Kreis der ehrenamtlichen Mitarbeiter wieder zu vermehren und zu aktivieren«. Andere Organisationen wie die Gewerkschaften oder die Parteien hatten zehn Jahre nach Kriegsende »diesen Weg bereits mit Erfolg beschritten«. So postulierte man: »Auch die katholische Arbeiterschaft muß ihn gehen, wenn sie ihre Aufgabe erfüllen will oder sie riskiert, daß die Zahl der ehrenamtlichen Mitarbeiter immer mehr absinkt und die Bewegung versandet. Mit Rundschreiben, Zeitungen allein ist sie in der heutigen Zeit nicht mehr vorwärts zu treiben. Die geringe Anzahl hauptamtlicher Kräfte ist überlastet«[155].

Am Beginn des Untersuchungszeitraums lassen sich mehrere, höchst unterschiedliche Wege der Finanzierung der hauptamtlichen Funktionsträger des Verbands nachweisen. Für den klassischen Weg der Finanzierung »nur« über Mitgliederbeiträge entschied sich der Diözesanverband München[156]. Im Bistum Passau beruhte die Arbeit des Werkvolks nach außen zwar auf den selbst erwirtschafteten Mitteln, doch ließ das Ordinariat der katholischen Arbeitnehmerbewegung über die Katholische Aktion einen monatlichen Zuschuß zukommen. Darüber hinaus konnte das Werkvolk auf den Dienstwagen der Katholischen Aktion zurückgreifen und »etwaige Auslagen« im Zusammenhang mit »Fragen, welche irgendwie mit der Zielsetzung der Katholischen Aktion zu vereinbaren« waren – so etwa die Aktivitäten für den Verein für Soziale Wahlen –, »auch über die Katholische Aktion laufen lassen«[157]. Angesichts seiner niedrigen Mitgliederzahlen war es dem Passauer Diözesanverband nicht einmal ansatzweise möglich, unabhängig von Zuwendungen durch den Süddeutschen Verband oder die diözesane Verwaltung überleben zu können. Im Gegensatz zu Bamberg wählte man aber nicht den

---

[155] Antrag der Werkvolkgemeinschaft Kempten an den Diözesantag in Neu-Ulm, 20. September 1956. KAB A Diözesantage 1947–1959.

[156] Rundschreiben des Diözesanverbands München an alle Diözesansekretäre des Süddeutschen Verbands, 28. Oktober 1952. ABP KAB Kart. 48 Akt 146.

[157] Der Zuschuß des Ordinariats lag 1952 bei 100 DM. Das Monatsgehalt des Diözesansekretärs konnte so von 200 DM auf 300 DM erhöht werden. Aus den eingehenden Mitgliederbeiträgen stand zur selben Zeit »ein monatlicher Betrag von ca 50.– Mark als Erübrigung frei«. Peter Stümpfl an Max Hatzinger und Siegfried Niessl, 4. November 1952 (ABP KAB Kart. 48 Akt 146). Zum Aufbau der Katholischen Aktion und ihrer Arbeit im Bistum Passau nach dem Zweiten Weltkrieg vgl. J. MEIER, S. 51–77, 95–230.

Weg der Übernahme der Personalkosten, sondern beschränkte sich auf Zuschüsse zu konkreten Einzelmaßnahmen oder den Sachkosten[158]. In der fränkischen Erzdiözese wurden die Personalkosten des Werkvolks über den Weg der Katholischen Büros nahezu vollständig vom dortigen Seelsorgeamt getragen[159]. Im Bistum Würzburg wiederum fiel dem Diözesanverband ab 1949 »wie früher« ein Teil des Erlöses des Bistumsblattes zu, der es ihm ermöglichte, erneut drei Sekretariate aufzubauen, was sich »natürlich auch befruchtend« auf die katholische Arbeiterbewegung Unterfrankens auswirkte[160]. Im Erzbistum Freiburg erhielt der Diözesanverband des Werkvolks ab 1953 durch das Ordinariat Gelder aus der allgemeinen Kirchensteuer zu Lasten der Katholischen Aktion[161]. Die Arbeit der Verbandszentrale stützte sich dagegen, so weit heute noch nachvollziehbar, ausschließlich auf die Mitgliederbeiträge.

Während des Untersuchungszeitraums setzte nun auf der Ebene der Diözesen ein gravierender Wandel in der Finanzierung der katholischen Arbeitnehmerbewegung ein, durch den das Werkvolk zwar umfassendere Wirkungsmöglichkeiten erlangte, zugleich aber seine finanzielle Autarkie gegenüber den kirchlichen Behörden verlor. Besonders anschaulich läßt sich dieser Prozeß am Beispiel des Regensburger Diözesanverbands schildern. Anfangs setzte die Diözesanvorstandschaft wie im Erzbistum München und Freising trotz des ausgesprochenen Wohlwollens von Bischof Michael Buchberger noch weitgehend auf finanzielle Autarkie. So betrug etwa der bischöfliche Zuschuß für den Zeitraum vom 1. Juli 1951 bis zum 31. Mai 1953 nur etwa 13 Prozent der Einnahmen des Haushalts – konkret: 5900 DM von 44 315 DM[162]. Doch reichten die auf den regulären Mitgliederbeiträgen beruhenden Möglichkeiten nicht aus, um einen in der zweiten Hälfte der fünfziger Jahre dringend benötigten dritten Werkvolkssekretär sowie eine eigene Sekretärin für die Frauenarbeit anzustellen. Um trotzdem auf diese für die Verbandsarbeit und das innere wie äußere Wachstum zentrale Maßnahme nicht verzichten zu müssen, beschloß 1956 der Diözesantag in Marktredwitz auf Antrag der Diözesanleitung, einen Sonderbeitrag von einer Mark pro Jahr und

---

[158] Vgl. hierzu etwa die Abrechnung der Sachkosten für die Arbeiterjugendseelsorge im Rechnungsjahr 1953/54 in ABP OA Vereine 2.
[159] Vgl. S. 117.
[160] Josef Deckert an Josef Schinner, 13. Juli 1949. KAB VZ G III / Schweinfurt 1947–1954.
[161] Anweisung, Nr. 8125, 2. Juni 1953; Anweisung, Nr. 11484, 3. August 1953; Anweisung, Nr. 686, 18. Januar 1954; Anweisung, Nr. 8166, 8. Juni 1954; Anweisung, Nr. 15093, 22. Oktober 1954; Anweisung, Nr. 1123, 25. Januar 1955; Anweisung, Nr. 5294, 15. April 1955; Anweisung, Nr. 9478, 11. Juli 1955; Anweisung, Nr. 14058, 21. Oktober 1955. EAF Reg 56.64, Vol. 3, 1945f. Die Zuschüsse beliefen sich auf 3500 DM im Jahr 1953, 11 000 DM im Jahr 1954, 24 000 DM im Jahr 1955. Zum Vergleich: Die Einahmen aus dem Diözesananteil der Mitgliederbeiträge beliefen sich 1953 etwa auf 5100 DM, 1954 etwa auf 10 200 DM, 1955 etwa auf 18 000 DM.
[162] Kassenbericht zur Diözesantagung, 20.–21. Juni 1953. KAB R Diözesanausschuß/Diözesantag.

I. Das Werkvolk und die kirchliche Hierarchie 385

Mitglied zu erheben[163], um bis zum 1. Oktober die hierfür benötigen Finanzmittel anzusparen. Diese Maßnahme wurde durch die Mitglieder zwar anfänglich weitgehend mitgetragen – so wurde 1956 der Sonderbeitrag zu 89 Prozent entrichtet –, doch sank die Zahlungsmoral 1957 bereits auf 75 Prozent[164]. Ab 1958 wurde der Sonderbeitrag in »Jahresgabe« umbenannt und mit einer Sondermarke im Beitragsbuch dokumentiert[165]; trotzdem ging das Spendenaufkommen weiter zurück. Angesichts dieser innerverbandlichen Entwicklung bemühte sich der Diözesanvorstand, die von fünf unterschiedlichen Stellen des Ordinariats gewährte finanzielle Unterstützung zusammenzufassen und durch monatliche »A/Blockzahlung« zu ersetzen; zugleich versuchte man, eine Erhöhung der monatlichen Zuschüsse zu erreichen[166]. Nach dem Amtsantritt des neuen Diözesanpräses – dieser wurde von der bischöflichen Verwaltung bewußt abgewartet[167] – stimmte das Ordinariat mit Wirkung zum 1. Oktober 1957 den Bitten des Werkvolks zu, wobei aber die Erhöhung der Zuschüsse unter den Wünschen der Diözesankassiers lag[168]. Letztlich stiegen jedoch auf diesem Weg die von der bischöflichen Finanzkammer getragenen Zuschüsse beträchtlich: 1961/62 trug die Diözese schließlich knapp über 50 Prozent des Jahreshaushalts des Werkvolks im Bistum Regensburg, konkret 36 000 DM bei einem Gesamtvolumen von 70 930 DM[169].

Das bei allen Diözesanverbänden festzustellende und während des Untersuchungszeitraums stark steigende finanzielle Engagement der kirchlichen Behörden hatte Folgen. Für das Bistum Augsburg lassen sich die Auswirkungen der geschilderten Entwicklung für die zunehmende Verkirchlichung der Laienorganisation der katholischen Arbeitnehmerschaft besonders anschaulich zeigen. In Augsburg lagen die Zuschüsse des Seelsorgeamts, die man dort im wesentlichen aus den Erträgen der Kirchenzeitung finanzierte, zum Haushalt des Werkvolks während des gesamten Untersuchungszeitraums beträchtlich über denen in Regensburg oder München. Die Ausgaben des Augsburger Diözesanverbands stiegen von knapp 29 000 DM im Jahr 1949 auf etwa 65 000 DM im Jahr 1956. Lag der Zuschuß des Bischöflichen Seelsorgamts 1949 bei 19 000 DM, so stieg er

---

[163] Im Mitgliedsbuch wurde eigens eine Seite für Sonderleistungen bereitgehalten. Protokoll der Diözesanvorstandssitzung, 7. Mai 1957. KAB R Diözesanvorstand.
[164] Rechenschaftsbericht des Diözesanvorstands 1956 bis 1959. KAB R Diözesantage.
[165] Protokoll der Diözesanvorstandssitzung, 19. November 1957. KAB R Diözesanvorstand.
[166] Protokoll der Diözesanvorstandssitzung, 7. Mai 1957, sowie Diözesankasse an Hans Wellnhofer, 21. Mai 1957. KAB R Diözesanvorstand.
[167] Protokoll der Diözesanvorstandssitzung, 27. Juni 1957. KAB R Diözesanvorstand.
[168] Regensburger Diözesanvorstandschaft an Hans Wellnhofer, 12. Oktober 1957, sowie Protokoll der Diözesanvorstandssitzung, 11. Oktober 1957. KAB R Diözesanvorstand.
[169] Haushaltsplan 1961/1962. KAB R Diözesanausschuß.

bis 1956 auf über 51 000 DM. Die Einnahmen des Diözesanverbands aus seinen Mitgliederbeiträgen hingegen stiegen nur von etwa 6500 DM im Jahr 1949 auf knapp 12 000 DM im Jahr 1956, also deutlich langsamer als die Zuschüsse, was zur Folge hatte, daß der Anteil des diözesanen Zuschusses von gut 65 Prozent auf gut 78 Prozent des gesamten Budgets stieg[170].

Angesichts dieser Entwicklung gab es zwei unterschiedliche Standpunkte innerhalb des Diözesanverbands. Die einen konnten »von Seiten des Werkvolkes her«»schon aus rein finanziellen Gründen nicht verantworten«, »daß die Finanzierung in der Hauptsache aus Mitteln vorgenommen wird, die nicht aus den Beiträgen der Mitglieder kommen«. Sie plädierten deshalb dafür, »alles« zu tun, »um die Mitgliederzahl des Werkvolks in der Diözese beträchtlich zu steigern, um dadurch auch eine finanzielle Entlastung für die Stelle zu erreichen, die bisher die Finanzierung vornimmt«[171]. Die anderen vertraten zur Intensivierung der Verbandsarbeit schlicht den Standpunkt: »der Bischof soll das Geld dazu hergeben«[172].

Die Auseinandersetzung zwischen diesen beiden Grundhaltungen, die sich in allen Diözesen nachweisen lassen, eskalierte im Bistum Augsburg, als es 1955 zu einem Wechsel im Amt des Diözesanpräses kam. Besaßen die Laien zum ehrenamtlichen Diözesanpräses Ludwig Stangl, der den Bezirksverband Augsburg während der Zeit der nationalsozialistischen Verfolgung geleitet und den Diözesanverband nach dem Krieg maßgeblich mit aufgebaut hatte, »ein unbegrenztes Vertrauen«, so setzten bereits kurz nach der Amtseinführung des ersten hauptamtlichen Diözesanpräses Edmund Ramsperger heftigste Konflikte zwischen den Laien und ihrem klerikalen Vorgesetzten ein[173]. Dieser hatte – entgegen der Satzung des Diözesanverbands, die festlegte, daß der Augsburger Diözesansekretär zugleich als Diözesankassier fungierte – am 12. Juli 1956 die Kasse übernommen. Aus seiner Sicht stand der Diözese, von der »die überwiegenden Zuschüsse für das Werkvolk« stammten, »auch das Recht auf Gesamtkassenprüfung des Katholischen Volksbüros« zu. Bereits im Januar 1956 hatte Ramsperger »von den Sekretären einen täglichen Bericht über ihre Arbeit verlangt, welcher ihm jedoch nicht gegeben worden ist«. Hierauf wurde »nach einer Auspra-

---

[170] Bericht über das Katholische Werkvolk der Diözese Augsburg. 25. Mai 1950 (ABA DB-28) sowie Bilanz 1956/57. KAB A Diözesantage 1947–1959. Beide Zahlen beziehen sich auf die Zeit vor der Eröffnung weiterer Sekretariate, die den Etat des Diözesanverbands noch zusätzlich deutlich erhöhten.
[171] Paul Strenkert an Dr. Joseph Hörmann, Ende 1949. KAB A Kart. 4.
[172] Protokoll der Delegiertenversammlung des Katholischen Werkvolks der Diözese Augsburg, 10. Februar 1957. KAB A Diözesantage 1947–1959.
[173] Protokoll der Delegiertenversammlung des Katholischen Werkvolks der Diözese Augsburg, 10. Februar 1957. KAB A Diözesantage 1947–1959.

che mit dem Hochwürdigsten Herrn Bischof« den beiden Augsburger Diözesansekretären eine Büroanweisung zur Unterschrift vorgelegt, in welcher die Aufgabengebiete eines Sekretärs genau festgelegt worden waren[174]. Ramsperger handelte keineswegs von sich aus, sondern hatte »von der Diözesanfinanzdirektion« klare Anweisungen sowie »den strikten Auftrag erhalten, im Etat Volksbüro keine größeren Bestände zu halten«. Zuvor konnten die Laien im Werkvolk zwar auch nicht »über das Geld [...] verfügen«, doch hatten sie »ein gewisses Mitbestimmungsrecht«; nun waren sie vom »Einspruchsrecht vollständig ausgeschlossen«. Dadurch verloren die Laien »immer mehr das Recht«, »in ihren ureigensten Angelegenheiten mitzubestimmen«. Der Diözesanpräses sah darin kein Problem. In seinen Augen galt für eine »katholische Standesorganisation« stets – »über alle Satzungen« hinweg – »das Wort des Bischofs«, der ihr »oberster Vorgesetzter« war. Ohne diese »unteilbare Bereitschaft unter dem Bischof und mit dem Bischof« war das Werkvolk für ihn höchstens eine »Gewerkschaft«, aber keine katholische Standesorganisation mehr. Die Mehrheit der Laien machte aber im Rahmen der Delegiertenversammlung des Diözesantags ihrem Unmut darüber Luft, daß nun »alles von oben her praktisch ferngesteuert« werden sollte und der gewählte Diözesanvorstand »nur mehr als Hampelmann betrachtet« würde. Man ging soweit, den vom Bischof eingesetzten und mit der Leitung des Werkvolks beauftragten Kleriker zu fragen: »Haben wir als Laien unsere eigenen Dinge zu bestimmen oder ist es wie in der Ostzone: Ihr könnt die Arbeit machen, aber bestimmen tun wir«. Unter den Delegierten herrschte »eine sehr gereizte Stimmung«. In der emotional aufgeladenen Atmosphäre kam es zu Tumultszenen und sogar zu »Pfui-Rufen gegen Priester« und einem Zwischenruf »Jesuitisch, Jesuiten raus«. »Wer bezahlt, der bestimmt auch. Die Laien haben nichts mehr zu bestimmen, die Herren bestimmen, die das Geld haben« – so faßte es eine der empörten Stellungnahmen aus den Reihen der Laien zusammen[175].

Die Vorgänge in Augsburg waren keineswegs eine Ausnahme. Auch in den anderen Bistümern Süddeutschlands war der Diözesanpräses als Kleriker für die bischöfliche Finanzverwaltung der entscheidende Ansprechpartner. Im Bistum Eichstätt, wo der Diözesanverband erst 1953 gegründet wurde, ging man sogar soweit, ganz auf das Amt eines Diözesankassiers zu verzichten. Man übernahm zwar die vom Süddeutschen Verband ausgearbeitete Mustersatzung, doch sollte

---

[174] Protokoll über die Delegiertentagung des Katholischen Werkvolks Diözesanverband Augsburg, 10. Februar 1957. KAB A Diözesanverband 1945–1964.
[175] Protokoll der Delegiertenversammlung des Katholischen Werkvolks der Diözese Augsburg, 10. Februar 1957. KAB A Diözesantage 1947–1959.

»die Abrechnung zwischen Ordinariat Eichstätt und Sekretariat Eichstätt [...] wie bisher bestehen bleiben«[176].

Die finanzielle Unterstützung des Werkvolks durch die kirchliche Hierarchie erfolgte vor allem auf zwei Wegen: zum einen über die Katholischen Volksbüros, deren Personalkosten in der Regel von den Seelsorgeämtern getragen wurden[177], zum anderen über konkrete finanzielle Zuwendungen aus den Kirchensteuergeldern. Diese wurden von der bischöflichen Finanzkammer zumeist über die Katholische Aktion dem Werkvolk zugeleitet[178]. Neben diesen regelmäßigen Zahlungen wandte sich das Werkvolk aber auch zur Finanzierung von Sonderaktionen immer wieder direkt an die Bischöfe mit der Bitte um Unterstützung – so etwa für die Durchführung der Feier zum 75jährigen Todestag von Bischof Ketteler[179] oder für die Ausgestaltung der Kapelle des Sozialinstituts[180].

Die stetig wachsende Abhängigkeit der Diözesanverbände von den bischöflichen Ordinariaten, die letztlich »zum Teil halb oder ganz« die Diözesansekretäre finanzierten, bereitete dem Verbandspräses Anton Maier »viel Sorge« bei Verhandlungen mit den Ordinariaten. Die Aufgabe der »alten Formen der Unabhängigkeit« und der Prozeß, daß das Werkvolk »immer mehr und mehr ein Teil der Katholischen Aktion« wurde, waren in seinen Augen keineswegs als »gut« zu bewerten. »Wer bezahlt, schafft an!« – so lautete auch sein Fazit. »Bei aller Kirchentreue« sah selbst er, der Protagonist klerikaler Führung im Werkvolk, dadurch »Schwierigkeiten« auf eine katholische Arbeiterbewegung zukommen, die sich zunehmend mehr »von der Unabhängigkeit weg in die Abhängigkeit« von Geldern der kirchlichen Hierarchie begab[181].

Doch das Werkvolk erhielt im Lauf der fünfziger Jahre nicht nur kirchliche Zuschüsse, sondern auch Zuwendungen von staatlicher Seite. So lassen sich etwa ab 1959 Zahlungen des Bundesministeriums des Inneren an verschiedene Diözesanverbände in vierstelliger Höhe belegen[182]. Das Werkvolk erhielt die Gelder als »Zuschuß zu Veranstaltungen im Sinne des positiven Verfassungsschut-

---

[176] Protokoll der Delegiertentagung zum 1. Diözesantag des Katholischen Werkvolks, Diözesanverband Eichstätt, 26. Juni 1954. DA EI OA Werkvolk 1949–1955.
[177] Vgl. S. 346.
[178] So in den Bistümern Passau (vgl. S. 383), Freiburg (vgl. S. 384, 390–391) und Augsburg (Protokoll der Delegiertenversammlung des Katholischen Werkvolks der Diözese Augsburg, 10. Februar 1957. KAB A Diözesantage 1947–1959).
[179] Anton Maier an Alois Brems, 28. April 1952. KAB VZ K / Diözesanverband Freiburg 1950–1963. Das Bistum Eichstätt etwa bewilligte zwischen 200 und 300 DM.
[180] Vgl. S. 178, 207–208.
[181] Protokoll über die Verbandsausschuß-Sitzung, 13.–14. November 1954. KAB VZ 2a / Verbandsausschuß 1954–1959.
[182] In Passau stiegen die Zuschüsse von 1300 DM für das Rechnungsjahr 1960 (Schreiben Reg. Amtmann Kolsdorf an Dieter Görmiller, 7. Januar 1961. ABP KAB Kart. 73 Akt 372) auf

zes«[183]. Nicht zufällig waren es gerade die Verbände des »Zonenrandgebietes«, die sich »nicht nur finanziell in einem Notstandsgebiet« befanden, sondern »noch mehr [...] fast täglich die Einflüße der nahen Grenze« spürten[184]. Die geförderten Vorträge hatten keineswegs immer so eindeutige Titel wie »Die Lösungsvorschläge der Kirche und unsere Antwort auf den Kommunismus«[185], »Die falsche Antwort des Marxismus«[186], »Kreuz und Hammer oder Sichel und Hammer« oder »Die Sowjets wollen ganz Deutschland«[187], sondern waren zum überwiegenden Teil allgemeinen Themen gewidmet wie »Eigentum in Arbeiterhand – ein Schlagwort?«, »Was sollen wir von der Volksaktie halten?« oder »Koordinierung der Betriebsarbeit«[188]. Zwar betonte man gegenüber dem Innenministerium, daß es dem Werkvolk darauf ankomme, bei den abgehaltenen Kursen nicht nur »fachliches Wissen« zu vermitteln und »Verbandsprobleme« anzusprechen, sondern vielmehr »aus der christlichen Weltverantwortung heraus demokratische Grundgesinnung zu formen«, was de facto ja auch den Anliegen des Verbands entsprach[189]; letztlich ermöglichten die staatlichen Gelder dem Werkvolk aber vor allem, seine Schulungsarbeit auf eine breitere Grundlage stellen zu können[190]. Doch für eine weitere Ausweitung der Bildungsarbeit, die verstärkte Durchführung von Schulungskursen und deren Ausdehnung vom Wochenende auf mehrere Tage oder auf eine ganze Woche, die auf Grund des Interesses der Mitglieder durchaus möglich gewesen wäre, fehlten dem Werkvolk in Passau trotz aller Zuschüsse auch weiterhin die nötigen Mittel[191].

4000 DM für das Rechnungsjahr 1963 (Anlage zur Abrechnung über erhaltenen Staatszuschuß [...] 1963. ABP KAB Kart. 73 Akt 372).

[183] Reg.Amtmann Kolsdorf an Dieter Görmiller, 7. Januar 1961. ABP KAB Kart. 73 Akt 372.

[184] Dieter Görmiller an Reg.Amtmann Kolsdorf, 13. Dezember 1960. ABP KAB Kart. 55 Akt 270. Auch im Rahmen des »Grenzlandprogramms« des Bay. Staatsministeriums für Unterricht und Kultus erhielt das Werkvolk für seine Schulungsarbeit staatliche Mittel. Eberhard Kunze an Hans Birkmayr, 6. Dezember 1956. AEB KAB Kart. 44.

[185] Anlage zur Abrechung für gewährte Mittel aus dem positiven Verfassungsschutz, Mai/Juni 1960. ABP KAB Kart. 55 Akt 270.

[186] Schulungskurs in Passau, 8.–9. Oktober 1960. ABP KAB Kart. 55 Akt 270.

[187] Abrechnung über den im Jahre 1962 vom Bundesinnenministerium gewährten Zuschuß. ABP KAB Kart. 55 Akt 270.

[188] Aufstellung der Schulungsthemen für das Werkvolk, 1. April 1959 bis 31. März 1960. ABP KAB Kart. 55 Akt 270.

[189] Vgl. hierzu S. 453–454.

[190] Diözesanpräses [Müller] an Reg.Amtmann Kolsdorf, o.D. (zweites Halbjahr 1962). ABP KAB Kart. 55 Akt 270.

[191] Vgl. hierzu die Ausführungen des Passauer Diözesanpräses Christian Müller. Anlage zur Abrechnung über erhaltenen Staatszuschuß [...] 1964. ABP KAB Kart. 73 Akt 372.

Am Ende des Untersuchungszeitraums basierte der Haushalt aller Diözesanverbände nicht mehr ausschließlich auf den Einnahmen aus den Mitgliederbeiträgen, sondern auf einem Sammelsurium von Mitteln aus unterschiedlichsten Quellen. Exemplarisch sei hier der Haushaltsplan für das Katholische Werkvolk der Erzdiözese Freiburg vorgestellt: Insgesamt rechnete der Diözesanverband mit knapp 91 000 DM Ausgaben für das Geschäftsjahr 1962/63. Der größte Block hiervon diente der Begleichung der Personalkosten: für insgesamt sechs Mitarbeiter in den Diözesansekretariaten Freiburg, Karlsruhe und Mannheim mußte der Verband etwa 55 000 DM aufwenden. Etwa weitere 10 000 DM verschlang der Unterhalt dreier Dienstwagen. 2700 DM waren während eines Jahres für Telefongebühren und Bürobedarf im Sekretariat Freiburg erforderlich. Die Betriebskosten der Sekretariate in Mannheim und Karlsruhe sowie der Zuschuß an das Bezirkssekretariat Mittelbaden schlugen mit etwa 6600 DM zu Buche. Die Kosten für den Kursbetrieb des Diözesanverbands beliefen sich auf 7000 DM, zu denen noch gut 2300 DM an Kosten für Referenten im Rahmen des Bundesjugendplanes kamen, die das Werkvolk als Eigenanteil zu diesen ansonsten aus Bundesmitteln finanzierten Veranstaltungen beitragen mußte. 1800 DM wurden vom Diözesanverband den Bezirksverbänden für ihre Arbeit überlassen. Die restlichen Posten bildeten Weihnachtsgratifikationen, Büroeinrichtung und Ersatzbeschaffung, Hausreinigung, Postabholer, Zeitungen und Zeitschriften, Nachrichtenblätter, Bücher und Werkhefte, Geschenke und Repräsentation sowie Versicherungen und allgemeine Verwaltungskosten. Die Einnahmen des Diözesanverbands, die zur Deckung der Ausgaben notwendig waren, setzten sich zusammen aus gut 11 000 DM an Mitgliedsbeiträgen, 5000 DM Zuschuß durch das Bundesministerium des Inneren, 2500 DM aus Mitteln der diözesanen Arbeitsgemeinschaft für Erwachsenen-Bildung. Der Kursbetrieb des Werkvolks erbrachte 2000 DM an Teilnehmerbeiträgen, 2000 DM an Zuschüssen der Bundeszentrale und 1800 DM an Fahrtkostenersatz. Vom Caritasverband erhielt der Diözesanverband knapp 4900 DM als Entschädigung für die Volksbürotätigkeit eines Sekretärs. Das Soziale Bildungswerk der Diözese steuerte über das Jugendreferat knapp 4600 DM und über das Erwachsenenreferat gut 3800 DM zum Haushalt des Werkvolks bei. Spenden und Honorare hatten mit je 800 DM eine verschwindend geringe Bedeutung. Den Hauptteil der Einnahmen bildete der Zuschuß des erzbischöflichen Ordinariats. Es stellte dem Werkvolk Gelder in einer Höhe von 52 000 DM aus allgemeinen kirchlichen Mitteln für das laufende Haushaltsjahr zur Verfügung. Die direkten Zuwendungen deckten somit etwa 57 Prozent der laufenden Kosten der Arbeit des Katholischen Werkvolks im Erzbistum Freiburg. Wenn man die indirekten Zahlungen der Erzdiözese über die Arbeitsgemeinschaft für Erwachsenen-Bildung, den Caritasverband und das Soziale Bildungswerk noch hinzuaddiert, lag der Anteil der kirchlichen Mittel bei

I. *Das Werkvolk und die kirchliche Hierarchie* 391

etwa 75 Prozent, also drei Vierteln des Etats[192] – ein anschaulicher Beleg für die fortschreitende »Verkirchlichung der Laienarbeit« in der Nachkriegszeit[193].

3. Das Verhältnis zu den Bischöfen

»Die Bischöfe sind lauter gütige Großväter, sonst nichts«[194].

So lautete das Fazit der Bamberger Diözesanleiterin Elisabeth Bach nach einem Besuch bei ihrem Oberhirten Erzbischof Joseph Otto Kolb. Doch nicht nur den für soziale Fragen in der bayerischen Bischofskonferenz zuständigen Referenten[195] schätzte man Anfang der fünfziger Jahre im Werkvolk entschieden als »zu alt« ein, sondern auch deren Vorsitzenden Kardinal Faulhaber. Er war zwar in den Augen der hauptamtlichen Laien-Mitarbeiter des Verbands »ein Mann ganz großen Formats«, aber es genügte für eine vertrauensvolle Zusammenarbeit eben nicht, »ein einziges Mal zum Handkuß zugelassen« zu werden. So befremdete es die Repräsentanten des Werkvolks gelegentlich, durch die staatlichen und politischen Institutionen mehr Anerkennung zu erfahren, als seitens »der kirchlichen Obrigkeit«[196], deren Entscheidungen die katholische Arbeiterbewegung prägten.

Selbst dem Kleriker Anton Maier, der das besondere Vertrauen von Kardinal Faulhaber besaß, gelang es letztlich nicht, bei allen Bischöfen Sensibilität für die Fragen und Anliegen des Werkvolks zu wecken, vielmehr war gerade das persönlich gespannte Verhältnis zu Bischof Joseph Wendel während seiner Speyerer Zeit und dem greisen Erzbischof Conrad Gröber eine schwere Belastung für die Aufbauarbeit des Werkvolks[197]. Die »oft so wirren Probleme im Sozialen« führten aber nicht nur bei den Bischöfen, sondern teilweise sogar bei den für die sozialen Fragen in den einzelnen Ordinariaten zuständigen Domkapitularen zu einer »Flucht ins rein-religiöse Denken«[198].

---

[192] Zu den genauen Angaben vgl. Haushaltsplan des Katholischen Werkvolkes der Erzdiözese Freiburg/Breisgau, Geschäftsjahr 1962/63. EAF 56.64 Vol. 5, 1962–1964.
[193] Hierzu vgl. generell H. Hürten, Kurze Geschichte, S. 247; H. Hürten, Zum historischen Ort, S. 15; H. Hürten, Zukunftsperspektiven, S. 101; H. Hürten, Stagnation oder Erneuerung, S. 57–58.
[194] Elisabeth Bach an Anton Maier, 28. Dezember 1948. KAB VZ Schriftwechsel Bach 1949–1950.
[195] Michael Kardinal von Faulhaber an P. Franz Prinz SJ, 9. Juni 1947. KAF 6506.
[196] So Siegfried Niessl im Zusammenhang mit dem Besuch des bayerischen Ministerpräsidenten Hans Ehard auf dem Münchener Diözesantag 1951. Bericht über die Schulungstagung, 20.–21. September 1953. KAB VZ 17a / Verbandsausschuß 1947–1954.
[197] Anton Maier, 10. August 1992.
[198] Michael Sager an Joseph Schröffer, 4. Januar 1952. KAB VZ K / Diözesanverband Freiburg 1950–1963.

Nicht zufällig waren es wohl gerade die »Jungen«, wie etwa Wendelin Rauch, Joseph Schröffer und Julius Döpfner, die sich besonders intensiv für die Fragen der katholischen Arbeiterbewegung einsetzten[199]. Zwar unterstützte auch Michael Buchberger, der hochbetagte Regensburger Oberhirte, den Aufbau des Werkvolks in seiner Diözese maßgeblich, doch wurden die innovativen organisatorischen und konzeptionellen Vorstöße der katholischen Arbeitnehmerbewegung maßgeblich von Julius Döpfner, Joseph Schröffer sowie dem Bischof von Münster, Michael Keller, getragen. Ihr Einrücken in die entscheidenen Funktionen innerhalb des Episkopats führte einerseits zu einer verstärkten Unterstützung der Arbeit des Werkvolks, andererseits griffen die Bischöfe nun aber auch zunehmend direkter in Fragen der katholischen Arbeiterbewegung ein.

Doch spielten nicht nur der Generationswechsel im Episkopat, sondern auch seine »landsmannschaftliche« Gebundenheit ein wichtige Rolle für die Entwicklung der katholischen Arbeiterbewegung. Lehnte etwa der Freiburger Erzbischof auch die Tätigkeit des Werkvolks in seinem Jurisdiktionsbezirk ab, so begrüßte er doch, daß sich Bayern selbständig organisierte. Er fragte: »Warum soll das im übrigen Süden nicht auch möglich sein?« und forderte von Kardinal Frings explizit: »Übersehen Sie den Süden nicht!« Die Verbandszentralen »in Norddeutschland« waren für Gröber »blosse Machtposten nördlich des Mains«, die sich nicht »um den Süden« kümmerten. Die Bistümer »südlich der Mainlinie« sollten nicht »nur das fünfte Rad am Wagen bilden«, »nicht bloss verpflichtet sein, für norddeutsche Einrichtungen zu zahlen und norddeutsche Beschlüsse zu befolgen«, ohne gehört zu werden. »Die Preußen von ehedem« waren aus seiner Sicht im Süden generell »z. Zt. nicht sonderlich beliebt«. Seine Forderung gegenüber den nord- und westdeutschen Bischöfen lautete: »Wir wollen sie brüderlich behandeln, aber auch brüderlich behandelt sein«[200]. Wenn demhingegen etwa Julius Döpfner in seiner Würzburger Zeit als jüngster bayerischer Bischof betonte, »daß die Verhältnisse in Bayern gar nicht so anders gelagert seien, wie viele Bischöfe oft annähmen«[201], so bestimmten die regional bedingten Spannungen innerhalb des Episkopats doch während des gesamten Untersuchungszeitraums die Arbeit der Bischofs-

---

[199] Zum Verhältnis zwischen den Generationen innerhalb der Freisinger Bischofskonferenz vgl. die anschaulichen Erzählungen von Joseph Kardinal Schröffer anläßlich seines 80. Geburtstags (A. SCHICKEL, S. 280). Döpfner ließ sich auch später, als Erzbischof von München, über die Entwicklung der Arbeiterseelsorge informieren. So wurde ihm etwa 1962 das Protokoll der Besprechung des Arbeitskreises für katholische Betriebsgruppenarbeit mit den Vertretern der Christlichen Gewerkschaften übersandt (P. Franz Prinz SJ an Paul Becher, 6. März 1962. ADZK 4240/19). Zum Verhältnis Döpfners, dessen »ganze Liebe dem schaffenden Volk gehörte«, zum Katholischen Werkvolk vgl. auch WERKVOLK, Nr. 12, Dezember 1958.
[200] Conrad Gröber an P. Robert Leiber SJ, 19. Juli 1947. EAF Nb 8/17.
[201] Bericht Julius Angerhausen, 28. Juli 1953. Kopie im Besitz des Verfassers.

I. Das Werkvolk und die kirchliche Hierarchie 393

konferenzen. So waren etwa im Jahr 1960 die westdeutschen Bischöfe nicht bereit, die »Überarbeitung« eines Aufrufs an die Arbeiterorganisationen durch die bayerischen Bischöfe zu übernehmen. Zwar wurde von Kardinal Frings, dem Vorsitzenden der westdeutschen Bischofskonferenz, Kardinal Wendel, dem Vorsitzenden der Freisinger Bischofskonferenz, gegenüber »zugegeben«, daß der bayerische Entwurf »eine bedeutende stilistische Verbesserung« darstellte und somit »auch eine größere Wirkkraft« entfalten würde, doch erachtete Kardinal Frings es dennoch für »schwierig, alle westdeutschen Bischöfe zur Übernahme der Änderungen zu bewegen«[202]. Im Ergebnis blieben beide regionalen Gremien der Bischöfe bei ihren Entwürfen, die getrennt veröffentlicht wurden[203]. Daß die Gliederung der katholischen Arbeiterbewegung in einen Süddeutschen und einen Westdeutschen Verband der Gliederung des Episkopats der Bundesrepublik in eine Freisinger und eine westdeutsche Bischofskonferenz entsprach[204], an deren Spitze jeweils ein Kardinal stand, war aus der Sicht der Vertreter der katholischen Arbeiterbewegung »kein Zufall«[205].

Soziologisch gesehen stammte der überwiegende Teil der bayerischen Bischöfe der Nachkriegszeit aus der Zielgruppe des Werkvolks, aus den Reihen der »Kleinbürger«, Bauern und sozialen Unterschichten[206]. Dies wurde von den Mitgliedern der katholischen Arbeitnehmerbewegung durchaus gesehen und entsprechend bewertet. So gab es für das Werkvolk keine andere »Institution auf Erden«, die »mit solcher Selbstverständlichkeit« einen »Sohn aus den einfachen werktätigen Schichten [...] zu den höchsten Würden emporsteigen« ließ, wo »nicht die Vornehmheit der Geburt, nicht der Besitz, nicht die Bildung der Eltern, sondern nur der Wert der eigenen Persönlichkeit« den Ausschlag gab, wo »der wahrhaft gleichberechtigte Aufstieg des Sohnes aus dem Arbeiterstand wirklich gewährleistet« war[207]. Doch nicht nur die soziale Herkunft verband einen Teil der bayerischen Bischöfe mit den Angehörigen des Werkvolks. Einige von ihnen,

---

[202] Joseph Kardinal Wendel an die Bischöfe in Bayern, 3. Dezember 1960. Freundliche Auskunft des DA EI.
[203] KIRCHLICHER ANZEIGER KÖLN, Nr. 31, 21. November 1960, S. 320; PASTORALBLATT EICHSTÄTT, Nr. 17, 13. Dezember 1960, S. 191–193.
[204] Die Sonderstellung der Diözesanverbände Mainz und Rottenburg innerhalb der regionalen Organisation der katholischen Arbeiterbewegung entsprach der Rolle der Oberrheinischen Bischofskonferenz, die auf Grund ihrer geringen Größe kein den beiden anderen Bischofskonferenzen der Bundesrepublik entsprechendes Gewicht erreichen konnte.
[205] WERKVOLK, Nr. 2, Februar 1953.
[206] Zu den Vergleichszahlen für den deutschen Episkopat vgl. E. GATZ, Herkunft und Werdegang, S. 275.
[207] Vgl. hierzu den Artikel anläßlich der Erhebung von Erzbischof Wendel zum Kardinal in: WERKVOLK, Nr. 2, Februar 1953.

wie etwa der Regensburger Weihbischof Josef Hiltl[208] oder der Münchener Erzbischof Joseph Kardinal Wendel[209], waren vor Berufung in den Episkopat auch als Präses in der katholischen Arbeiterbewegung tätig gewesen.

Den »Standesorganisationen« kam aus der Sicht der Bischöfe »angesichts der zunehmenden Industrialisierung auf der einen und der gleichzeitig anwachsenden Entchristlichung auf der anderen Seite eine ganz besondere Bedeutung« in der Nachkriegszeit zu[210]. Dementsprechend besuchten die bayerischen Bischöfe in der Regel die Diözesantage des Werkvolks ihres Bistums[211] oder andere zentrale Veranstaltungen wie die Verbandstage[212], die Katholischen Sozialen Wochen[213] oder die Weihefeierlichkeiten am Ende eines Halbjahreskurses des Katholischen Sozialinstituts[214], um so ihre Verbundenheit mit der katholischen Arbeiterbewegung zum Ausdruck zu bringen. Dort gehaltene Ansprachen wurden durch das Verbandsorgan[215] oder Mitteilungsblätter[216] einer breiteren Öffentlichkeit zugänglich gemacht. Gelegentlich nahm ein Bischof auch an im kleinen Kreis veranstalteten Sekretärskonferenzen teil, was diesen »eine ganz besondere Note« gab, wie es das Verbandsorgan formulierte[217]. Selbst an einfachen Monatsversammlungen beteiligte sich ab und zu ein Bischof persönlich[218]. Am Ende des Untersuchungszeitraums suchten die Bischöfe die Arbeitnehmer im Rahmen von »Betriebsbesuchen« verstärkt in ihrer Arbeitswelt auf[219].

---

[208] Er war 16 Jahre lang Präses des katholischen Arbeitervereins in Marktredwitz. WERKVOLK, Nr. 10, Oktober 1952.

[209] Er war als Kaplan Präses des Arbeitervereins in Kaiserslautern und später in Speyer Bezirkspräses der katholischen Arbeiterbewegung. WERKVOLK, Nr. 5, Mai 1953.

[210] Stellungnahme der westdeutschen Bischöfe, 1952. Abgedruckt in WERKVOLK, Nr. 12, Dezember 1952.

[211] Vgl. S. 114, 119, 138; für München darüber hinaus WERKVOLK, Nr. 5, Mai 1953.

[212] Vgl. S. 40, 114, 144.

[213] Vgl. S. 167, 170, 173.

[214] Vgl. S. 179.

[215] Vgl. etwa WERKVOLK, Nr. 5, Mai 1953; WERKVOLK, Nr. 6, Juni 1953; etc.

[216] Vgl. hierzu KONTAKT (Würzburg) (DAW Druckschriften) oder KONTAKT (Eichstätt) (KAB EI).

[217] WERKVOLK, Nr. 5, Mai 1953.

[218] Belege für die Bischöfe Döpfner oder Schröffer in Umfrage über das Vereinsleben 1956. KAB VZ.

[219] Papst Pius XII. hatte bereits in seiner Zeit als Nuntius in Deutschland Betriebsbesuche vorgenommen (vgl. WERKVOLK, Nr. 11, November 1958). Ein besonders frühes Beispiel für die Nachkriegszeit stellt der Besuch von Julius Döpfner in einer Fabrik in Obernburg am 16. März 1949 dar (Education and Cultural Relations Division, Religious Affairs Branch, an Director Intelligence Division, 1. April 1949 [Monthly Report]. BayHStA 10/50-1/38). Zum Verlauf einer solchen Veranstaltung am Anfang der sechziger Jahre vgl. etwa die Berichte über den Besuch von Erzbischof Josef Schneider am 10. Oktober 1961 im Bamberger Robert-Bosch-Werk (WERKVOLK, Nr. 12, Dezember 1961, sowie L. UNGER, Die katholische Arbeitnehmerbewegung, S. 128–129).

I. Das Werkvolk und die kirchliche Hierarchie 395

Die Bischöfe richteten sich aber nicht nur auf Veranstaltungen und über das Verbandsorgan des Werkvolks[220] an die katholische Arbeitnehmerschaft. Um auf die Notwendigkeit der Arbeiterseelsorge hinzuweisen, wandten sie sich auf dem Weg von Stellungnahmen, Verlautbarungen und Hirtenworten gerade auch an die Gesamtheit aller Katholiken, war doch »die Rückgewinnung so vieler der Kirche entfremdeter Arbeiter [...] eine entscheidende Lebensfrage für die Kirche«[221].

---

[220] So etwa Joseph Schröffer in einem speziellen Grußwort (WERKVOLK, Nr. 6, Juni 1953) oder Michael Buchberger in einem abgedruckten Brief an den Diözesanpräses Morgenschweis (WERKVOLK, Nr. 11, November 1958).
[221] Wort der Bischöfe über die Bedeutung der Arbeiterorganisationen, 18. Dezember 1960. PASTORALBLATT EICHSTÄTT, Nr. 17, 13. Dezember 1960.

II. Das Verhältnis zu den anderen Verbänden der katholischen Arbeiterbewegung Deutschlands – Auf dem Weg zum Bundesverband

Nachdem 1947 neben dem Süddeutschen Verband auch der Westdeutsche Verband der katholischen Arbeiterbewegung als organisatorische Einheit wiedererstanden war und es 1950 zur Gründung eines eigenständigen »Landesverbands der Katholischen Arbeiter- und Arbeiterinnenvereine der Diözese Rottenburg (Werkvolk)« gekommen war[1], war die regionale Struktur der katholischen Arbeiterbewegung der Vorkriegszeit organisatorisch wiederhergestellt[2] – abgesehen vom »Verband Katholischer Arbeitervereine Ostdeutschlands«, der in der sowjetischen Besatzungszone nicht wiedergegründet werden konnte[3]. Trotz anfänglicher Zurückhaltung schlossen sich am 31. März 1950 in Mainz der Westdeutsche und der Süddeutsche Verband zum »Kartellverband der Katholischen Arbeiterbewegung« zusammen[4]. Hierbei knüpfte man bewußt an die Tradition des 1911 gegründeten »Kartellverbands« an, der 1927 zum »Reichsverband Katholischer Arbeiter- und Arbeiterinnenvereine Deutschlands« umgewandelt worden war[5]. Der Kartellverband koordinierte nicht nur die Zusammenarbeit der deutschen Regionalverbände, sondern war zugleich »das bindende Glied zu den anderen Arbeiter-Organisationen in den Nachbarländern«, hatte doch gerade dadurch die katholische Arbeiterbewegung Deutschlands der Vorkriegszeit in den Augen der Verantwortlichen des Süddeutschen Verbands »eine mächtige Organisation« dargestellt[6]. Er diente des weiteren dazu, »die katholisch-soziale Idee zu fördern, ihre Verwirklichung anzustreben und sich in der gemeinsamen Durchführung zu unterstützen«. Er war dazu »berufen«, »diese Ideen und die sich ergebenden Forderungen gegenüber der Öffentlichkeit zu vertreten«. Als Mittel hierzu soll-

---

[1] J. Aretz, Katholische Arbeiterbewegung und Christliche Gewerkschaften, S. 200; F. Prinz, Kirche und Arbeiterschaft, S. 242f. Zur Entwicklung des Westdeutschen Verbands in der Nachkriegszeit vgl. M. Nick; zur Entwicklung des Rottenburger Landesverbands vgl. R. Keinert, S. 54–65.
[2] Hierzu vgl. D. H. Müller, S. 29–30.
[3] D. Fricke / H. Gottwald, S. 196, 218. Mitte der fünfziger Jahre hatte sich ein eigener Verband der KAB in Berlin gebildet (Josef Hofmeister an Hans Hartmann, 24. August 1956. KAB Ro Süddeutscher Verband außer München), er war dem Westdeutschen Verband angeschlossen (Bericht der KAB 1953, S. 92; Bericht der KAB 1956, S. 122).
[4] Werkvolk, Nr. 2, Februar 1951.
[5] Vgl. hierzu D.-M. Krenn, Christliche Arbeiterbewegung, S. 138–147.
[6] Josef Schinner an Josef Eisemann, 21. Februar 1950. KAB VZ G III / Schweinfurt 1947–1954.

II. Auf dem Weg zum Bundesverband

ten »gemeinsame Beratungen, Konferenzen, Kundgebungen, Verlautbarungen, Tagungen und Kurse« dienen[7].

Real beschränkte sich die Tätigkeit des Kartellverbands aber nach einer ersten gemeinsamen Arbeitstagung der Arbeitersekretäre aus West- und Süddeutschland Anfang Januar 1951 in Fulda[8] im wesentlichen auf alljährliche Sitzungen der führenden Repräsentanten der beiden großen Regionalverbände. Auf ihnen beriet der Vorstand des Kartellverbands, der »aus den bestehenden Vorständen der einzelnen Verbände« gebildet wurde und satzungsgemäß nicht mehr als zehn Personen umfassen sollte[9], die Fragen, in denen man ein einheitliches Vorgehen für notwendig erachtete. Dem Vorstand des Kartellverbands stand »ein mitberatender Ausschuß« zur Seite, der aus 30 Personen bestand, wobei die Vorstandsmitglieder »kraft ihrer Ämter« dem Ausschuß angehörten.

Der Landesverband Rottenburg war anfangs ebensowenig in den Kartellverband integriert, wie die eigenständige Frauenorganisation des Westdeuschen Verbands oder die männlichen und die weiblichen Gliederungen der CAJ. In den Satzungen war zwar die Möglichkeit offengehalten, daß andere »Verbände mit gleicher Zielsetzung« als neue Mitglieder in den Kartellverband aufgenommen werden konnten, doch war dies »nur über ihren Diözesan- und Regionalverband« möglich. Zudem entschied über ihre Aufnahme der Vorstand mit Zweidrittel-Mehrheit[10], was auf Grund der paritätischen Zusammensetzung dieses Gremiums ein einhelliges Vorgehen der Repräsentanten des Süddeutschen wie des Westdeutschen Verbands voraussetzte. Während im weiteren Verlauf sowohl die westdeutsche Katholische Arbeiterinnen-Bewegung, als auch die Organisationen der CAJ in den Kartellverband aufgenommen worden waren, wurde trotz des Protests seines Landespräses Mohn der Rottenburger Verband nicht zu Sitzungen des Kartellverbands geladen[11]. Seine Belange vertrat der Süddeutsche Verband. Erst 1962 wurde ihm ein Sitz im Kartellausschuß eingeräumt[12]. Im

---

[7] Satzungen der »Katholischen Arbeiter- und Arbeiterinnen-Bewegung Deutschlands«. KAB VZ Satzungen.
[8] Zu ihrem Verlauf vgl. WERKVOLK, Nr. 2, Februar 1951.
[9] Satzungen der »Katholischen Arbeiter- und Arbeiterinnen-Bewegung Deutschlands«. KAB VZ Satzungen. 1954 gehörten dem Vorstand an: Anton Maier (Werkvolk), Dr. Hermann-Joseph Schmitt (KAB), Franz Kolb (Werkvolk), Julius Angerhausen (CAJ), Josef Gockeln (KAB), Carl P. Lang (Werkvolk), Johannes Even (KAB), Dr. Ludwig Franz (Werkvolk), Bernhard Winkelheide (KAB), August Samstag (Werkvolk), Wolfgang Ballhorn (Kartellsekretär). Einladungsschreiben zur Vorstandssitzung des Kartellverbands der Katholischen Arbeiter-Bewegung Deutschlands, 14. September 1954. KAB VZ G I / Würzburg 1949–1964.
[10] Satzungen der »Katholischen Arbeiter- und Arbeiterinnen-Bewegung Deutschlands«. KAB VZ Satzungen.
[11] Vgl. M. NICK, S. 62.
[12] Protokoll der Kartellausschuß-Sitzung, 14. Juli 1962. KAB A Kart. 4.

Rahmen der grundlegenden Verbandsreform des Jahres 1964 wurde dann aber auch dieser Regionalverband gleichwertig in den Kartellverband integriert[13].

Die Beschränkung des Kartellverbands auf jährlich eine Vorstandssitzung wurde verbandsintern keineswegs nur positiv bewertet. Um den Kritikern den Wind aus den Segeln zu nehmen, bat man 1953 den Würzburger Diözesanpräses, der sogar überlegt hatte, wegen der »Untätigkeit« des Kartellverbands demonstrativ aus dem Vorstand auszutreten[14], um die Übernahme eines Referats über Möglichkeiten zur Aktivierung des Kartellverbands. Doch Präses Kolb erreichte – bedingt durch postalische Schwierigkeiten[15] – die Einladung zur Kartellverbandsvorstandssitzung so spät, daß er daran nicht einmal mehr teilnehmen konnte. Hierauf präzisierte er seine Vorstellungen in einem Brief an den Vorstand des Kartellverbands schriftlich. Er forderte regelmäßigere Vorstandschaftssitzungen, die Beschleunigung der Arbeit des Kartellbüros zur Angleichung der Verbände, einen engeren Kontakt der Zeitungen mit Austausch von Artikeln, die Bildung einer Arbeitsgemeinschaft aus verschiedenen Verbandspersönlichkeiten und Sekretären zur Behandlung grundsätzlicher Sachfragen wie des Verhältnisses zum DGB, zu den Parteien oder zur Presse, regelmäßigere gemeinsame Sekretärskonferenzen, eine stärkere Berücksichtigung der Frauenarbeit innerhalb des Kartellverbands, eine engere Zusammenarbeit mit der Hauptarbeitsstelle für Männerseelsorge in Fulda, die Klärung der Jugendarbeit beider Verbände mit der CAJ, bessere persönliche Begegnungsmöglichkeiten für die Verantwortlichen der KAB, des Werkvolks und der CAJ, der Priester und der Laien, sowie einen Erfahrungsaustausch in den Führungszeitschriften wie »Priester und Arbeiter«[16].

Infolge der Kritik Kolbs kam es am 20. Juli 1954 zur Errichtung eines Kartell-Sekretariats der katholischen Arbeiterbewegung Deutschlands in Mainz. Die Funktion des Kartellsekretärs übernahm Wolfgang Ballhorn. Damit hatte der Kartellverband nun einen organisatorischen Mittelpunkt. Die Verantwortlichen beider Verbände hatten Mainz bewußt als Sitz des Sekretariats ausgewählt, da sich dort das Grab von Bischof Ketteler befand, »die bedeutendste Wallfahrtsstätte

---

[13] Satzung des Kartellverbands der Katholischen Arbeiter-Bewegung Deutschlands. KAB VZ Satzungen. Die geschilderte Entwicklung des Kartellverbands nach 1945 entsprach den Vorgängen während der Weimarer Republik. Nachdem sich der Rottenburger Diözesanverband im September 1920 vom Süddeutschen Verband abgespalten hatte (R. KEINERT, S. 43), wurde er erst 1928 gegen den Widerstand des Süddeutschen Verbands als selbständiger Landesverband in den Reichsverband der Katholischen Arbeiter- und Arbeiterinnen-Vereine Deutschlands aufgenommen (D.-M. KRENN, Christliche Arbeiterbewegung, S. 80).
[14] Josef Hagen an Johannes Even, 25. Juli 1953 (Abschrift). Zitiert nach M. NICK, S. 62.
[15] Hermann-Josef Schmitt an Franz Kolb, 24. August 1953. KAB VZ G I / Würzburg 1949–1964.
[16] Franz Kolb an den Vorstand des Kartellverbands, 29. Juli 1953. KAB VZ G I / Würzburg 1949–1964.

II. Auf dem Weg zum Bundesverband 399

der katholischen Arbeiter Deutschlands«. Man wollte damit an die »größten und besten Traditionen« der katholischen Arbeiterbewegung anknüpfen. Zudem sprachen auch funktionale Gründe wie die Nähe zu den befreundeten westeuropäischen Verbänden für Mainz und gegen Berlin[17], wo der Reichsverband der katholischen Arbeiterbewegung ab 1928 sein Generalsekretariat unterhalten hatte – geleitet von Hermann-Josef Schmitt, dem westdeutschen Verbandspräses der Nachkriegszeit[18].

Zielten alle Bestrebungen der beiden Verbandspräsides auf eine Aktivierung des Kartellverbands ab, so drängten die durch die CAJ geprägten Sekretäre und Geistlichen nicht nur auf eine stärkere Koordinierung der Arbeit der katholischen Arbeiterbewegung Deutschlands, sondern auf die Formierung eines einheitlichen Verbands[19]. Den ersten Schritt in diese Richtung stellte die zweite gemeinsame Sekretärskonferenz beider Verbände Mitte April 1957 in Würzburg dar, die der engere Vorstand des Kartellverbands sieben Jahre nach der ersten Veranstaltung einberufen hatte[20].

Anfang Dezember 1960 kam es dann erneut in Würzburg, dessen Diözesanpräses Franz Kolb qua Amt der hessisch-fränkischen Arbeitsgemeinschaft angehörte und von daher auch innerhalb des Westdeutschen Verbands tätig war[21], zu ersten Gesprächen zwischen der CAJ, dem Werkvolk, dem Landesverband Rottenburg und der KAB über die Verbesserung der Zusammenarbeit innerhalb des Kartellverbands[22]. Man beschloß, künftig vierteljährlich in Würzburg zu Kontaktgesprächen zusammenzukommen. Außerdem bildete man für diese Gespräche drei Arbeitskreise: einen für Organisationsfragen, einen für Pressearbeit und einen für Bildungsarbeit[23]. Trotzdem sollten die Zusammenkünfte

---

17 Werkvolk, Nr. 9, September 1954.
18 J. Aretz, Hermann-Josef Schmitt, S. 116–117; D.-M. Krenn, Christliche Arbeiterbewegung, S. 145.
19 Erinnerungs-Protokoll der Diözesanpräsides-Konferenz, 8. März 1963. KAB Ro Werkvolk München, Präsideskonferenzen.
20 Rundschreiben Anton Maier an die Sekretärinnen und Sekretäre des Werkvolks, 26. Januar 1957. AEB KAB Kart. 52. Ein weiteres Treffen folgte 1961. Protokoll der gemeinsamen Sekretärskonferenz der KAB und des Werkvolks in Würzburg, 6.–8. November 1961. KAB VZ Verbandsvorstand: Arbeitspläne und Berichte 1961–1971.
21 Franz Kolb an Josef Sieben, 8. Juli 1950. KAB VZ Schriftwechsel Bach 1949–1950.
22 Daran nahmen teil: Norbert Balle (CAJ), Franz Krollmann (CAJ), Eberhard Kunze (Werkvolk), Willibald Roger (Werkvolk), Herbert Spinnler (Landesverband Rottenburg), Hans Welter (KAB), Alfons Müller (KAB). Alfred Sauer und Josef Hofmeister waren ebenfalls geladen, hatten aber an den Besprechungen nicht teilnehmen können. Niederschrift über die Besprechung zwischen KAB, CAJ, Werkvolk und Landesverband Stuttgart, 6. Dezember 1960. KAB Ro KAB / Werkvolk A-R.
23 AK Organisation: Eberhard Kunze (Werkvolk), Verbandssekretär Alfons Müller (KAB), Franz Krollmann (CAJ), Herbert Spinnler (Landesverband Rottenburg); AK Pressearbeit: Toni Lindermüller (Werkvolk), Wolfgang Vogt (KAB), Hans Welter (KAB), Clemens Hohl (Landesverband

nur dem Erfahrungs- und Informationsaustausch dienen. Die Organisation der Treffen lag in den Händen des Westdeutschen Verbands. Mit den »Würzburger Gesprächen« setzten die Teilnehmer der süddeutschen »Räuber-Synoden« zu einer Umgestaltung der Zusammenarbeit zwischen den drei großen Verbänden der katholischen Arbeitnehmerbewegung an, aus denen nach ihren Vorstellungen ein gemeinsamer Verband der Katholischen Deutschen Arbeitnehmer (KDA) erwachsen sollte. Da man betonte, keinen »direkten Einheitsverband« anzustreben, erwartete und forderte man auch vom innerverbandlichen Gegenspieler Anton Maier »wohlwollendes Erwägen«[24]. Die Würzburger Kontaktkommission erarbeitete schließlich für den Kartellverband eine eigene Satzung[25], die durch Beschluß des Kartellausschusses am 6. Februar 1964 in Kraft trat[26]. Die neue Kartellsatzung benachteiligte das Werkvolk, indem sie dessen weibliche Mitglieder, die im Gegensatz zum Westdeutschen Verband bewußt auf eine eigenständige Organisation verzichtet hatten, eine Vertretung nur im Rahmen der Delegiertenzahl des Werkvolks zugestand. Im Gegensatz hierzu waren die Katholische Arbeiterinnen-Bewegung Westdeutschlands (KAB/F) und die Christliche Arbeiterjugend, Frauenjugend (CAJ/F) mit einem eigenen Sitz im Kartellverband vertreten[27].

Waren in Westdeutschland Verbandspräses Hermann-Josef Schmitt und Verbandsvorsitzender Johannes Even diejenigen, die grundsätzlich der Meinung waren, daß die Bildung eines einheitlichen Verbands der katholischen Arbeiterbewegung unmöglich sei, so war es innerhalb des Süddeutschen Verbands vor allem Verbandspräses Anton Maier, der den diesbezüglichen Bestrebungen erbitterten Widerstand leistete. Er hielt auf Grund der »Verschiedenartigkeit der Mentalität der Mitglieder« in Süd- und Westdeutschland einen Bundesverband für unmöglich[28]. Angesichts dieser »strukturellen Unterschiede« bestand für ihn eine »sinnvolle Zusammenarbeit der Arbeiterbewegung« keineswegs in der Bildung einer »Einheitsfront«. Die Bemühungen der jüngeren Generation um einen Bundesverband waren aus dieser Perspektive nichts anderes als ein »Ruf nach

---

Rottenburg), Erwin Burgmaier (CAJ); AK Bildungsarbeit: Heinz Budde (KAB), Norbert Balle (CAJ), N.N. (Werkvolk), Heinz Hess (Landesverband Rottenburg). Niederschrift über die Besprechung zwischen KAB, CAJ, Werkvolk und Landesverband Stuttgart, 6. Dezember 1960. KAB Ro KAB / Werkvolk A-R.

[24] Wie es der Rottenburger Landespräses Alfons Burger formulierte. Erinnerungs-Protokoll der Diözesanpräsides-Konferenz, 8. März 1963. KAB Ro Werkvolk München, Präsideskonferenzen.

[25] KAB VZ Satzungen.

[26] Niederschrift über den Verlauf der Kartellausschußsitzung, 6. Februar 1964. KAB A Kart. 4.

[27] Protokoll der Verbandsleitungssitzung, 28. Februar 1964. KAB VZ Verbandsleitung 1964–1967.

[28] Niederschrift über den Verlauf der Kartellausschuß-Sitzung, 14. Juli 1962. KAB A Kart. 4; erneut: Anton Maier, 10. August 1992 und 27. April 1994.

II. Auf dem Weg zum Bundesverband

Gleichschaltung«²⁹. Maier klassifizierte die Vorstöße der CAJ als »utopisch« und »jugendbewegt« und wollte ihnen keinerlei Aussichten auf Erfolg zubilligen. Aus seiner Sicht war zudem keine Maßnahme oder Aktion nur aus dem Grund unterlassen worden, weil es keinen gemeinsamen und einheitlichen Bundesverband gegeben hätte. Er sah deshalb in dem Vorstoß keine »Sachfrage«, sondern vielmehr eine »Personalfrage«, konkret einen Angriff auf seine Person. Aus diesem Grund wollte er »niemals die Einigung fördern«, wenn er auch bereit war, sich der Mehrheit der Diözesanpräsides zu beugen³⁰. Durch das geschickte Eingreifen von Rektor Berchtold, der die Vereinigung aller Regionalverbände der katholischen Arbeiterbewegung nur als »Lösung eines Generations-Problems« erachtete, die von selbst eintreten würde, da der Großteil der nachwachsenden Präsides und Sekretäre aus den Reihen der CAJ kam, gelang es, den unter den Diözesanpräsides diskutierten Stufenplan umzusetzen, in dessen Mittelpunkt die Lösung von »Sachfragen« wie der unterschiedlichen Organisations-Struktur oder der Gegensatz in der Konzeption der Frauenarbeit zwischen Werkvolk und KAB standen.

Eine zentrale Rolle bei den Bemühungen um einen Bundesverband spielten die Bestrebungen zur Herausgabe einer gemeinsamen Zeitung der katholischen Arbeiterbewegung Deutschlands. Den Anstoß dazu gaben Überlegungen des Landesverbands Rottenburg, die eigene Zeitschrift »Ketteler-Ruf« aufzugeben und das Verbandsorgan eines der größeren Verbände zu übernehmen. Im Sommer 1959 verhandelte man deshalb mit dem Westdeutschen Verband über eine eventuelle Übernahme der »Ketteler-Wacht«. Da sich aber der Westdeutsche Verband darüber im Klaren war, daß der Süddeutsche Verband es gewiß lieber sähe, »wenn der dortige Landesverband für seine Mitglieder das süddeutsche Verbandsorgan beziehen wollte«³¹, und man deshalb vermeiden wollte, daß der Süddeutsche Verband die Übernahme der Ketteler-Wacht »als unfreundlichen Akt« ansähe³², zögerte der Westdeutsche Verband. Hinzu kam, daß Verbandspräses Schmitt nur »sehr ungern« an eine Koordinierung des Pressewesens dachte³³. Die Neuerer in Süddeutschland hingegen sahen im Entstehen einer gemeinsamen Presse eine der zentralen Voraussetzungen für eine einheitliche katholische Arbeiterbewegung Deutschlands. Deshalb planten sie, die Rotten-

---

29 So das Verbandsorgan in Reaktion auf einen Artikel in der »Befreiung«, der Zeitung der CAJ. WERKVOLK, Nr. 8, August 1962.
30 Erinnerungsprotokoll der Diözesanpräsideskonferenz, 8. März 1963. KAB Ro Werkvolk München, Präsideskonferenzen.
31 Johannes Even an Bernd Wallmeyer, 3. September 1959. KAB Ro KAB / Werkvolk A-R.
32 Bernd Wallmeyer an Johannes Even, 31. August 1959. KAB Ro KAB / Werkvolk A-R.
33 Herbert Spinnler an Josef Hofmeister, 4. Januar 1960. KAB Ro Süddeutscher Verband außer München.

burger Überlegungen aufzugreifen und einen entsprechenden verbandsinternen Vorstoß zu unternehmen[34]. Die Neuerer dachten dabei aber nicht an die Übernahme eines der bestehenden Verbandsorgane, sondern vielmehr an eine völlig neue Zeitung – eine Zeitung zwischen »Welt der Arbeit« und »Mann in der Zeit«. Denn man war sich einig, daß die katholische Arbeiterbewegung solange von außen nicht ernst genommen würde, wie sie nicht »mit einem guten Organ« zu allen Zeitfragen Stellung beziehen könne. Die Neuerer waren sich auch darüber im Klaren, daß sie »als Sekretäre« auf diesem Gebiet nicht locker lassen dürften, wollten sie nicht »mitverantwortlich werden an dieser furchtbaren Ohnmacht nach außen«[35].

Die »Ulmer Gespräche«, deren Ziel es war, die Mitgliederzeitschriften der beiden Verbände der katholischen Arbeiterbewegung in Süddeutschland miteinander zu vereinen, mündeten schließlich am 18. März 1961[36] in eine Übereinkunft, in der explizit festgeschrieben wurde, daß die Voraussetzung für die Übernahme der Verbandszeitschrift »Werkvolk« durch die Diözese Rottenburg sei, »daß eine Entwicklung angestrebt werde, an deren Ende eine gesamtdeutsche katholische Arbeiterzeitung stehe«. Solange dies noch nicht verwirklichbar sei, erklärte sich der Landesverband Stuttgart bereit, die süddeutsche Verbandszeitschrift zu übernehmen. Dafür sollte er eine volle Seite jeder Ausgabe zur freien Gestaltung erhalten, bei Verbandstagen zweimal im Jahr zwei Seiten. Außerdem wurde ihm zugestanden, jedes Jahr wenigstens vier Leitartikel zu stellen und Artikel für die Frauenseite des Verbandsorgan zu verfassen. Zur neuen Gestaltung des Verbandsorgans wurde zudem auch ein gemeinsamer Redaktionsstab ins Leben gerufen[37], der auf vierteljährlichen Konferenzen die innere Linie des Verbandsorgans festlegen sollte. Die generelle Einführung von Diözesanbeilagen bzw. Diözesanausgaben aber, wie sie die Neuerer erhofft hatten, wurden von der Führungsspitze des Süddeutschen Verbands mit der Begründung verhindert, daß dies nur Angelegenheit der einzelnen Diözesen sein könne[38].

---

[34] Josef Hofmeister an den Diözesanverband des Katholischen Werkvolks Stuttgart, 22. Dezember 1959. KAB Ro Süddeutscher Verband außer München.

[35] Herbert Spinnler an Josef Hofmeister, 4. Januar 1960. KAB Ro Süddeutscher Verband außer München.

[36] KETTELER-RUF, Nr. 4, 1961.

[37] Am 6. Juni 1961 kam man überein, auch den Redakteur der »Ketteler-Wacht«, Wolfgang Vogt, zu den Sitzungen einzuladen. Umgekehrt sollte »von Fall zu Fall« ein süddeutscher Vertreter zur Kölner Redaktionskonferenz entsandt werden. Ergebnisse der Redaktionskonferenz, 6. Juni 1961. KAB Ro Redaktionskonferenzen 1961–1976.

[38] Zusammenfassung der Besprechungen zwischen Vertretern des Werkvolk-Landesverbands Stuttgart und Vertretern des Süddeutschen Verbands des Werkvolks, 19. Dezember 1960. KAB Ro Redaktionskonferenzen 1961–1976.

II. Auf dem Weg zum Bundesverband 403

Zeitgleich mit dem gemeinsamen Redaktionsstab wurde auch eine Arbeitsgemeinschaft zwischen dem Süddeutschen Verband und dem Rottenburger Landesverband gegründet, die einer engeren Zusammenarbeit auf der Ebene der Vorstände, der Präsides- und Sekretärskonferenzen dienen sollte. Infolgedessen erhielt nun ein Vertreter des Rottenburger Landesverbands einen Sitz in der Verbandsleitung des Süddeutschen Verbands, wenn ihm auch kein Stimmrecht zugestanden wurde. In den Verbandsausschuß des Süddeutschen Verbands wurden der Landespräses, der Landesvorsitzende und ein hauptamtlicher Sekretär als nicht-stimmberechtigte Mitglieder aufgenommen. Diese Bestimmungen galten auch in entsprechender Weise für die Vertreter des Süddeutschen Verbands, die in die Gremien des Landesverbands einzogen. Der Landespräses, der Diözesanvorsitzende, die Frauenleiterin sowie alle hauptamtlichen Sekretäre des Landesverbands sollten darüber hinaus nun an den Sitzungen der entsprechenden Gremien des Süddeutschen Verbands teilnehmen. Außerdem standen die hauptamtlichen Kräfte des Süddeutschen Verbands dem Landesverband auch für Einsätze im Gebiet des Bistums Rottenburg zur Verfügung[39]. Ziel war es, durch den engeren Kontakt zwischen dem Landesverband und dem Süddeutschen Verband die Arbeit des Kartellverbands zu intensivieren und so das Gewicht Deutschlands in der Internationalen Katholischen Arbeiterbewegung zu vergrößern[40]. Die Bestrebungen der Süddeutschen Verbandsleitung, über diese Arbeitsgemeinschaft den Landesverband Stuttgart auch weiterhin im Kartellverband zu vertreten, aber waren gescheitert, da Landespräses Mohn den Sitz seines Verbands im Kartellverband als »conditio sine qua non« für alle weitere Zusammenarbeit ansah[41]. So war der Süddeutsche Verband gezwungen, dem Landesverband einen Sitz im Kartellvorstand wie im Kartellausschuß einzuräumen[42]. Zu der von der Verbandsleitung in München seit langem gewünschten Rückkehr des Landesverbands Rottenburg in den Süddeutschen Verband kam es aber auch im weiteren nicht. Landespräses Mohn war zwar prinzipiell »nicht abgeneigt, sich München anzuschließen«, doch war für ihn hierfür die Voraussetzung, daß der Süddeut-

---

[39] Beschlußprotokoll der Sitzung des Süddeutschen Verbands des Katholischen Werkvolks und des Landesverbands des Katholischen Werkvolks der Diözese Rottenburg, 13. März 1961. KAB Ro Redaktionskonferenzen 1961–1976.
[40] KETTELER-RUF, Nr. 4, 1961.
[41] Zusammenfassung der Besprechungen zwischen Vertretern des Werkvolk-Landesverbands Stuttgart und Vertretern des Süddeutschen Verbands des Werkvolks, 19. Dezember 1960. KAB Ro Redaktionskonferenzen 1961–1976.
[42] Beschlußprotokoll der Sitzung des Süddeutschen Verbands des Katholischen Werkvolks und des Landesverbands des Katholischen Werkvolks der Diözese Rottenburg, 13. März 1961. KAB Ro Redaktionskonferenzen 1961–1976.

sche Verband »mehr föderativ« und weniger »zentralistisch« strukturiert worden wäre[43].

Letztlich blieb die regionale Gliederung der katholischen Arbeiterbewegung bis heute erhalten, wenn auch die Bemühungen der Neuerer 1971 in die Gründung eines »Bundesverbands« und die Herausgabe einer gemeinsamen Zeitung der katholischen Arbeitnehmerbewegung in der Bundesrepublik mündeten[44].

---

[43] Protokoll der Verbandsleitungssitzung, 30. November 1957. KAB VZ 2a / Verbandsausschuß 1954–1959.
[44] F. PRINZ, Kirche und Arbeiterschaft, S. 245–247.

III. Das Katholische Werkvolk und die Arbeitsgemeinschaft Christlicher Arbeitnehmerorganisationen

> »Die deutsche Sozialversicherung ist heute zu einem tragenden Grundpfeiler unseres gesellschaftlichen Lebens geworden. Sie wird im Mittelpunkt der öffentlichen Auseinandersetzung stehen«[1].

So lautete das Urteil des Werkvolks über die Bedeutung der Sozialversicherungen und der Rolle der Wahlen zu deren Gremien, den sogenannten »Sozialen Wahlen«. Dies erklärt, warum bei den Außenbeziehungen des Süddeutschen Verbands die »Arbeitsgemeinschaft christlicher Arbeitnehmerorganisationen«, die sich der Vertretung der christlichen Arbeitnehmerschaft in der Selbstverwaltung der Sozialversicherungen widmete, eine besonders wichtige Rolle spielte und warum sich das Werkvolk bei der Errichtung dieser Arbeitsgemeinschaft darum bemühte, die eigenen konfessionellen Grenzen zu überwinden und so auch in den evangelischen Raum hineinzuwirken.

Bereits 1908 war in München ein »Verein für soziale Wahlen« gegründet worden, um alle nicht sozialistisch orientierten Arbeiter zusammenzufassen und durch die Aufstellung eigener Kandidaten das bei der Schaffung der Sozialversicherungsgesetze eingeführte, die Sozialisten begünstigende Mehrheitswahlrecht zu einem Verhältniswahlrecht zu verändern[2]. Doch nach beeindruckenden Erfolgen des sich an den sozialen Wahlen beteiligenden Vereins in der Weimarer Republik[3] war ihm durch die Einführung des Führerprinzips und die Aufhebung der Selbstverwaltung in den Organen der Sozialversicherungen die Arbeitsgrundlage entzogen worden[4].

Da man auf Seiten der katholischen Arbeiterbewegung nach dem Kriegsende erwartete, daß die Selbstverwaltung auf dem Gebiet der Sozialversicherung wiederhergestellt würde[5], setzten schon früh Bestrebungen ein, den Verein für soziale Wahlen wiederzugründen, um so in den einzelnen Institutionen nicht schlechter vertreten zu sein, »als dies vor 1932 gegeben war«[6]. Zentrum dieser Bestrebun-

---

[1] Werkvolk, Nr. 10, Oktober 1952.
[2] Denkschrift Selbstverwaltung – Selbstverantwortung. KAB R Allgemein.
[3] D.-M. Krenn, Christliche Arbeiterbewegung, S. 540.
[4] Gesetz über den Aufbau der Sozialversicherung, 5. Juli 1934. Druck: RGBl I, Nr. 75, 6. Juli 1934.
[5] Zur Diskussion um die Selbstverwaltung der Sozialversicherungen und die beiden diesbezüglichen, miteinander konkurrierenden Gesetzesentwürfe im Frankfurter Wirtschaftsrat vgl. H. G. Hockerts, Sozialpolitische Entscheidungen, S. 131–138.
[6] Rundschreiben des Verbandssekretariats, 1. Februar 1950. ABP KAB Karton 48 Akt 144.

gen war das Werkvolk. Bereits am 18. November 1947, nur einen Monat nach der offiziellen Konstituierung des Süddeutschen Verbands, befaßte man sich auf einer Sekretärskonferenz mit der Frage der Neuerrichtung des Vereins für soziale Wahlen[7]. Am 8. September 1948 erteilte der Verbandsausschuß des Werkvolks in einer Entschließung allen auf die Errichtung einer Einheitsversicherung abzielenden Überlegungen eine Absage und forderte öffentlich die Wiedererrichtung der deutschen Sozialversicherung in der Form, wie sie vor 1933 bestand, und die Einsetzung des Werkvolks in die Rechte, wie sie der Süddeutsche Verband innerhalb der Sozialversicherungen vor 1933 besaß[8]. Anfang November 1948 lud der Verbandsvorsitzende, Carl P. Lang, Vertreter seiner Organisation, der Christlichen Arbeiterjugend, der Katholischen Jungen Mannschaft, des Evangelischen Männerwerks und des BDKJ sowie eine Reihe von Einzelpersonen, die auf Grund ihrer früheren Tätigkeit um die Bedeutung eines solchen Vereins wußten, zu einer Versammlung mit dem Ziel der Wiedergründung des Vereins für soziale Wahlen ein. Trotz aller Bemühungen gelang dies aber erst, als die Kompetenzen zur Vereinslizensierung von der amerikanischen Militärregierung auf das bayerische Innenministerium übergegangen waren.

Carl Lang strebte einen »losen Stammverband, mit einer unkomplizierten, wenige Paragraphen umfassenden Satzung« an. Sie wurde von den an der ersten Sitzung am 5. November 1948 Beteiligten gemeinsam erarbeitet. Am Ende der Veranstaltung wurde Carl Lang als Verbandsvorsitzender des Werkvolks, der stärksten im Verein für soziale Wahlen vertretenen Arbeitnehmerorganisation, zum 1. Vorsitzenden gewählt[9]. Sein Stellvertreter wurde Dr. Malbeck vom Evangelischen Männerwerk in München. Werkvolkverbandssekretär Hannes Mayerhofer übernahm das Amt des 1. Kassiers. Seine Stellvertreterin wurde Frau Elisabeth Birzer vom Verband Katholischer Beamtinnen und Angestellten »St. Lydia«. Ein Herr Zoellner von der Katholischen Jungen Mannschaft wurde zum Schriftführer des neugegründeten Vereins. Toni Böck, der ebenfalls der Katholischen Jungen Mannschaft angehörte, wurde zusammen mit Fritz Pflüger vom BDKJ zum Beisitzer des Vorstands gewählt. Somit war die Konstituierung des Vereins für soziale Wahlen abgeschlossen[10].

---

[7] Rundschreiben des Verbandssekretariats, 6. November 1947. ABP KAB Karton 48 Akt 144.

[8] Protokoll der Verbandsausschuß-Sitzung, 8. September 1948. KAB VZ 17a / Verbandsausschuß 1947–1954.

[9] Auf ihn folgte ab Oktober 1951 das Werkvolkmitglied Lorenz Sedlmayr, ab Herbst 1953 der Münchener Diözesansekretär Max Hatzinger, ab 1960 Verbandssekretär Eberhard Kunze, ab April 1962 Hugo Hollweger. Vgl. WERKVOLK, Nr. 11, November 1951; WERKVOLK, Nr. 6, Juni 1962.

[10] Protokoll der Gründungsversammlung des »Vereins für soziale Wahlen«, 5. November 1948. ABP KAB Kart. 53. Toni Böck sowie Herr Zoellner von der Katholischen Jungen Mannschaft werden zwar innerhalb der Anwesenheitsliste nicht mit aufgeführt, wurden aber auf dieser Sitzung in Ämter

III. Das Werkvolk und die ACA

Die Gründung des Vereins für soziale Wahlen war in den Augen der Verantwortlichen »keine Vereinsmeierei [...], sondern reinster Selbsterhaltungstrieb«[11]. Man wollte den 70 Prozent nicht gewerkschaftlich organisierten Arbeitnehmern »ebenfalls« eine Möglichkeit zur Teilnahme an den sozialen Wahlen geben und auch auf diesem Gebiet »keine Monopolstellung« dulden. So ging das Werkvolk unmittelbar nach Vereinsgründung in München, die aber »für ganz Bayern« gedacht war[12], gezielt daran, im gesamten Verbandsgebiet Bezirks- und Ortsgruppen des Vereins für soziale Wahlen neu zu errichten oder zu aktivieren[13], um »im gegebenen Fall [...] auf eine schlagkräftige Organisation zurückgreifen zu können«[14]. Um einen einheitlichen Aufbau des Vereins für soziale Wahlen in ganz Bayern zu erreichen, gab man den einzelnen Werkvolkgemeinschaften Mustersatzungen für Orts- und Bezirksgruppen an die Hand[15]. Die Bestrebungen des Werkvolks waren aber nicht primär darauf gerichtet, auf diesem Weg die für die Einreichung eines eigenen Wahlvorschlags nötigen Unterschriften zu sammeln und selbst an der Wahl teilzunehmen, sondern vielmehr durch das Vorhandensein einer solchen Gruppe und der Berechtigung zur Einreichung einer eigenen Liste mit den Gewerkschaften Kompromisse auszuhandeln, da sich bei der Einreichung von nur einer Vorschlagsliste die Durchführung einer Wahl erübrigte[16].

Im Vorfeld der Sozialwahlen 1951 suchte man deshalb das Gespräch mit der Führung der Gewerkschaften in Bayern. Am 25. April fand im Münchener Gewerkschaftshaus eine Besprechung zwischen den führenden Werkvolkmitgliedern Carl P. Lang, Paul Strenkert und Hannes Mayerhofer als Vertretern des Vereins für soziale Wahlen und der Landesleitung des DGB statt[17]. Aus der Sicht des Werkvolks sollten auf die zusammen mit dem Deutschen Gewerkschaftsbund eingereichten Listen ein Drittel Vertreter der katholischen Arbeiterbewegung gesetzt werden, »und zwar so, daß sie auch die Aussicht haben, in die in Frage kommenden Institutionen einzuziehen«[18]. Am 18. Oktober 1951

---

innerhalb des Vereins für soziale Wahlen gewählt. Dies sowie die damalige Rolle der Katholischen Jungen Mannschaft als Jugendorganisation des Katholischen Werkvolks in München deuten darauf hin, daß sie auch tatsächlich an der Gründungsversammlung teilnahmen, die Anwesenheitsliste also nicht vollständig ist.

[11] WERKVOLK-FÜHRUNG, Nr. 2, Februar 1949.
[12] Protokoll der Gründungsversammlung des »Vereins für soziale Wahlen«, 5. November 1948. ABP KAB Kart. 53.
[13] Vgl. die Aufrufe hierzu in WERKVOLK-FÜHRUNG, Nr. 2, Februar 1949; WERKVOLK-FÜHRUNG, Nr. 3, Mai 1949.
[14] Rundschreiben des Verbandssekretariats, 7. Mai 1951. AEB KAB Kart. 70.
[15] WERKVOLK-FÜHRUNG, Nr. 2, Februar 1949.
[16] Rundschreiben des Verbandssekretariats, 1. Februar 1950. ABP KAB Kart. 48 Akt 144.
[17] Rundschreiben des Verbandssekretariats, 7. Mai 1951. AEB KAB Kart. 70.
[18] Carl P. Lang an Josef Deckert, 4. Mai 1951. KAB VZ G III / Schweinfurt 1947–1954.

fand die Generalversammlung des Landesvereins für soziale Wahlen in München statt. Hier wurde von den Vorstandsmitgliedern »eine scharfe Sprache« »gegen die Verzögerungstaktik verschiedener Kreise in Bonn gesprochen, die aus politischen Hintergründen sehr gern sehen würden, wenn die Selbstverwaltung in der Sozialversicherung so bald nicht Wirklichkeit werden könnte«. Bei der Neubestellung der Landesvorstandschaft wurden einstimmig der ehemalige Staatssekretär Lorenz Sedlmayr zum 1. Vorsitzenden und der Münchener Diözesansekretär Max Hatzinger zum Schriftführer gewählt; die weiteren Vorstandsmitglieder wurden in ihrem Amt bestätigt[19].

Im bayerischen Landtag drängte Paul Strenkert auf die Abhaltung Sozialer Wahlen und übte massive Kritik an der von seiner Partei, der CSU, getragenen Staatsregierung: »Es wäre gut gewesen, wenn die Bayerische Regierung [...], als im Jahre 1947 das Gesetz zur Wiederherstellung der Selbstverwaltung in der Sozialversicherung beschlossen wurde, den Teil des Gesetzes, der sich mit der Durchführung der Sozialwahlen befaßt, nicht ausgesetzt, sondern vollzogen« hätte. Auf Grund dieser Fehlentscheidung würden kommissarische Geschäftsführer und Vorstände, »an deren demokratischen Einstellung zu zweifeln wir keinen Grund haben, immer noch nach dem Führerprinzip« arbeiten. »Man hat von der Möglichkeit, aus eigener Initiative ein beratendes Gremium aus den Beitragszahlern, den Arbeitnehmern und Arbeitgebern, zu schaffen, keinen Gebrauch gemacht«[20]. Konkret wurden in Bayern zwar bereits am 31. Dezember 1948 durch ein Gesetz zur Wiederherstellung der Selbstverwaltung auf dem Gebiet der Sozialversicherung die Vorschriften der Reichsversicherungsordnung wieder in Kraft gesetzt[21], doch konnten erst im Mai 1953 nach einer bundesweiten und bundesgesetzlichen Regelung, die am 1. September 1952 in Kraft trat[22], tatsächlich die ersten Sozialen Wahlen der Nachkriegszeit durchgeführt werden. Bei den Sozialen Wahlen wurden Vertreterversammlungen und aus deren Reihen die Vorstände der Institutionen in jedem einzelnen Versicherungszweig – der Krankenversicherung, der Unfallversicherung, der Rentenversicherung und der Knappschaft – gewählt. Die Wahl zu den Ehrenämtern innerhalb der Sozialversicherungen erfolgte auf Grund von Vorschlagslisten, die von den Arbeitgeber-

---

[19] WERKVOLK, Nr. 11, November 1951.
[20] WERKVOLK, Nr. 12, Dezember 1951.
[21] Gesetz über die Wiederherstellung der Selbstverwaltung in der Sozialversicherung, die Aufsicht über die Versicherungsträger, die Errichtung von Verbänden der Versicherungsträger und über Änderungen in der Unfallversicherung, 31. Dezember 1948. Druck: BayGVBl, Nr. 3–4, 15. Februar 1949.
[22] Gesetz für die Selbstverwaltung und über die Änderungen von Vorschriften auf dem Gebiet der Sozialversicherung (Selbstverwaltungsgesetz), 13. August 1952. Gedruckt im BGBl, Nr. 168, 30. August 1952.

III. Das Werkvolk und die ACA   409

verbänden und Gewerkschaften, von freien Organisationen oder Gruppen von Versicherten eingereicht werden konnten. Insgesamt waren 1952 rund 13 Millionen Menschen berechtigt, an den Sozialen Wahlen teilzunehmen [23].

Da die Wahlordnung selbst »eine nicht eben leicht verständliche Angelegenheit« war, zu deren Verständnis auch für in Fragen der Sozialversicherung erfahrene Personen wie die hauptamtlichen Sekretäre oder die Vorstandsmitglieder der einzelnen Ortsvereine »Hilfsmittel« notwendig waren [24], bot das Verbandssekretariat ein eigenes »Handbuch zu den Wahlen in der Sozialversicherung« an [25]. Diejenigen Mitglieder, denen der Kauf eines solchen Handbuchs nicht möglich war, informierte man über das Verbandsorgan über den Ablauf der Wahl. Die »Selbstverwaltung« der Sozialversicherungen sollte für die Angehörigen des Werkvolks »nichts Formales«, »nichts Äußeres« sein, mußte sie doch getragen werden »von Selbstverantwortung und vom Willen zur Selbstverantwortung« aller Versicherten [26]. Deshalb postulierte man: »Wahlrecht ist Wahlpflicht; wer nicht wählt, gibt auch eine Stimme ab, aber die falsche« [27]. Mehrmals rief man die Mitglieder über das Verbandsorgan zur Beteiligung an den Sozialen Wahlen auf und gab ihnen auf diesem Weg auch eine erste Einführung in die Wahlordnung zur Selbstverwaltung in der Sozialversicherung [28], waren sie doch ohne Beitrag zugleich korporative Mitglieder des Vereins für Soziale Wahlen [29].

Auf Wunsch der Katholischen Aktion führte der Verein für soziale Wahlen 1952 in allen bayerischen Diözesen spezielle Rednerschulungen durch. Diese sollten die Laien dazu befähigen, »in die einzelnen Orte und Pfarreien zu gehen, um das zu sagen, was dem ganzen christlichen Volk gesagt werden muß« [30]. Bei ihrem planmäßigen und koordinierten Einsatz [31] erhielten sie hierfür »als Stütze« von der Verbandszentrale des Werkvolks in München »eine gut ausgearbeitete Rede« [32].

Nach wiederholten Verhandlungen zwischen dem DGB-Landesbezirk Bayern und dem Landesverein für soziale Wahlen gelang es aber, am 31. Oktober 1952 eine »Vereinbarung« zu erreichen, nach der »im Interesse der Versicherten«

---

23 WERKVOLK, Nr. 10, Oktober 1952.
24 EBD.
25 WERKVOLK, Nr. 11, November 1952. Hierbei handelt es sich um eine von zwei Werkvolkmitgliedern verfaßte Publikation: S. IMHOF / J. WEIGL.
26 WERKVOLK, Nr. 10, Oktober 1952.
27 WERKVOLK, Nr. 11, November 1952.
28 WERKVOLK, Nr. 10, Oktober 1952; WERKVOLK; Nr. 11, November 1952.
29 WERKVOLK, Nr. 11, November 1952.
30 Arbeitsstelle für »Soziale Wahlen« Eichstätt, 8. November 1952. DA EI OA Werkvolk.
31 Für das Bistum Eichstätt haben sich die Redner-Einsatzpläne für vier Bezirksverbände erhalten (DA EI OA Werkvolk). Dort sind so für die Zeit vom 22. November 1952 bis zum 11. Januar 1953 achtzig Vorträge mit dem Titel »Was geschieht mit deiner Sozialversicherung« belegt.
32 Arbeitsstelle für »Soziale Wahlen« Eichstätt, 14. November 1952. DA EI OA Werkvolk.

allen Bezirks-, Kreis- und örtlichen Gliederungen empfohlen wurde, »bei allen Wahlen zu Sozialversicherungen gemeinsam eine Liste von Kandidaten aufzustellen«. Diese sollten »sachlich geeignet und gewerkschaftlich organisiert sein«. Aus den Reihen der im Landesverein für soziale Wahlen zusammengeschlossenen Organisationen sollten »in erster Linie« solche Personen berücksichtigt werden, die den ehemaligen Christlichen Gewerkschaften angehört hatten oder in einem der konfessionellen Standesvereine »aktiv tätig« waren. »Federführend« bei der Aufstellung der Listen waren die Gliederungen des DGB[33]. Der auf Landesebene getroffenen Vereinbarung folgten etwa 200 Konferenzen auf lokaler und regionaler Ebene zur Umsetzung der Rahmenabmachung. Hierbei erreichten die Diözesansekretäre und anderen Funktionsträger des Werkvolks, daß dem Verein für soziale Wahlen zwischen 20 und 45 Prozent der Sitze zugesprochen wurden, wobei das Ergebnis zumeist die Stärke des DGB bzw. der berufständischen Organisationen der christlichen Arbeitnehmer in den betreffenden Gebieten spiegelte[34]. Zwar deklarierte der DGB gelegentlich »Gemeinschaftslisten« als »Vorschlagslisten des DGB«, doch gelang es trotzdem »fast überall«, gemeinsame Wahlvorschläge zustande zu bekommen[35]. Im Ergebnis fanden auf diese Weise auf Arbeitnehmerseite »bei keinem landesunmittelbaren Versicherungsträger und bei keinem bundesunmittelbaren Versicherungsträger mit Sitz in Bayern eine Wahlhandlung« statt, vielmehr galten »diejenigen Personen als gewählt, die auf den gemeinsamen Vorschlagslisten verzeichnet« worden waren[36]. Nur bei einer Ortskrankenkasse kam es auf der Arbeitgeberseite zur Wahl. Bei den bundesunmittelbaren Versicherungsträgern und landesunmittelbaren Versicherungsträgern anderer Bundesländer[37] sowie den Angestelltenversicherungen[38] aber kam es zur Abhaltung Sozialer Wahlen, wenn auch in der Arbeitnehmerschaft generell »nur sehr geringes Interesse an den sozialen Einrichtungen der Selbstverwaltung der Sozialversicherung vorhanden war[39]. Im Ergebnis erlitt der DGB, obwohl er rund 65 Prozent der gewerkschaftlich gebundenen Angestellten organisierte, gegenüber der DAG eine schwere Niederlage[40].

---

[33] Landesverein für soziale Wahlen, Rundschreiben Nr. 1, 13. November 1952. ABP KAB Kart. 53.
[34] WERKVOLK, Nr. 1, Januar 1953.
[35] Landesverein für soziale Wahlen, Rundschreiben Nr. 4, 4. Februar 1953; Rundschreiben Nr. 5, 25. Februar 1953. ABP KAB Kart. 53.
[36] Landesverein für soziale Wahlen, Rundschreiben Nr. 6, 21. April 1953. ABP KAB Kart. 53.
[37] WERKVOLK, Nr. 4, April 1953.
[38] WERKVOLK, Nr. 5, Mai 1953. Die für Bayern gültigen Ergebnisse der Wahl vom 17. Mai 1953 in WERKVOLK, Nr. 6, Juni 1953.
[39] WERKVOLK, Nr. 1, Januar 1953.
[40] Vgl. H. G. HOCKERTS, Sozialpolitische Entscheidungen, S. 145–146.

III. Das Werkvolk und die ACA

Nach Abschluß der Sozialwahl erwog man innerhalb der Verbandsleitung des Werkvolks – während man im Verbandsorgan eingehend über die Arbeit der Organe der Sozialversicherungsträger informierte –[41], ob der Verein für Soziale Wahlen nicht seine Tätigkeit einstellen und erst knapp vier Jahre später – eine angemessene Zeit vor der nächsten Sozialwahl – wieder aufnehmen sollte. Doch entschied man sich nach »einer regen Diskussion« für eine Fortsetzung der Aktivitäten des Vereins, die sich nun vor allem auf die »Zusammenfassung der Gewählten« aus den Reihen des Werkvolks und »deren Schulung« konzentrieren sollten[42]. Obwohl der Verein für Soziale Wahlen aus Sicht der Verbandsleitung trotzdem nur ein reiner »Zweckverband« bleiben sollte und etwa die Tätigkeit von Max Hatzinger für den Verein nur »neben seiner übrigen Arbeit« erfolgen konnte[43], war dies der Beginn einer Institutionalisierung des »Vereins für soziale Wahlen«, der so seinen Charakter grundlegend veränderte.

Am 30. März 1954 wurde er in »Arbeitsgemeinschaft christlicher Arbeitnehmerorganisationen« (ACA) umbenannt, weil man glaubte, »mit der Namensänderung der Zielsetzung und den sozial- und berufspolitischen Aufgaben der christlich-sozialen Arbeitnehmer mehr zu entsprechen«[44]. Am 14. Mai 1954 schlossen sich die Vereinsvertreter der Länder auf Bundesebene dem bayerischen Vorgehen an und bildeten die »Arbeitsgemeinschaft Christlicher Arbeitnehmerorganisationen in der Bundesrepublik Deutschland«[45]. Hatten sich bisher in den unterschiedlichen Bundesländern verschiedene gleichartige Organisationen den selben Aufgaben wie der Verein für Soziale Wahlen gewidmet, so opferte man nun »um einer noch größeren Durchschlagskraft willen« das vielfältige Nebeneinander und bemühte sich bundesweit, zu einer einheitlichen Form zu gelangen. Obwohl »vieles« für die ACA sprach, sah man doch in dieser neuen Form für das Werkvolk »erhebliche Nachteile«, konnte sie doch »propagandistisch« nicht ausgewertet werden, obwohl das Werkvolk nach wie vor »den Hauptteil der Arbeit zu leisten hatte«. Zudem war von »einer zusätzlichen finanziellen Belastung der anderen Mitgliederorganisationen« in den Augen des Werkvolks

---

[41] WERKVOLK, Nr. 8, August 1953.
[42] Bericht über die Verbandsleitungssitzung, 16. Oktober 1953. KAB VZ 17a / Verbandsausschuß 1947–1954.
[43] Bericht über die Verbandsausschuß-Sitzung, 17.–18. Oktober 1953. KAB VZ 17a / Verbandsausschuß 1947–1954.
[44] Denkschrift Selbstverwaltung – Selbstverantwortung. KAB R Allgemein.
[45] Satzung der Arbeitsgemeinschaft Christlicher Arbeitnehmerorganisationen in der Bundesrepublik Deutschland. KAB VZ 101 / ACA. Der bayerische Landesverein für soziale Wahlen firmierte im Untertitel bereits im Januar als »Arbeitsgemeinschaft Christlicher Arbeitnehmerverbände« (Rundschreiben, 20. Januar 1954. ABP KAB Kart. 53); ab 30. März lautete sein Titel »Arbeitsgemeinschaft Christlicher Arbeitnehmerorganisationen Bayerns«. Satzung der Arbeitsgemeinschaft Christlicher Arbeitnehmerorganisationen Bayerns, 30. März 1954. KAB VZ 101 / ACA.

»eine Aktivierung der bisher nicht immer zufriedenstellenden Mitarbeit kaum zu erwarten«. »Weitere Schwierigkeiten« erwartete man »aus der interkonfessionellen Zusammenarbeit der ACA«. Deshalb sollten, wenn man auch die Bildung einer Arbeitsgemeinschaft »von Fall zu Fall« nicht ausschließen wollte, bei den Sozialwahlen in Zukunft nicht die ACA, sondern ihre einzelnen Verbände als vorschlagsberechtigte Organisationen genannt werden[46]. Trotzdem wurde das Werkvolk letztlich durch Beschluß der Verbandsleitungssitzung »korporatives Mitglied der ACA« als »Rechtsnachfolger« des Vereins für soziale Wahlen[47].

Die Bundes-ACA setzte sich aus folgenden Landesarbeitsgemeinschaften zusammen: Baden, Bayern, Bremen, Hamburg, Hessen, Niedersachsen, Rheinland, Rheinland-Pfalz, Schleswig-Holstein, Westfalen, Württemberg. In Bayern schlossen sich im Lauf der Jahre weitere Arbeitnehmerorganisationen, die auf der Gründungsversammlung des Vereins für soziale Wahlen noch nicht vertreten waren, der ACA an, so der Berufsverband katholischer Hausgehilfinnen, der Verein der katholischen kaufmännischen Angestellten (KKV), die Evangelische Arbeiterbewegung (EAB), der Evangelische Gesellenverein, die Evangelische Arbeitsgemeinschaft für soziale Fragen sowie der Landesverband evangelischer Frauengruppen »Wort und Werk«. Regional gliederte sich die bayerische ACA in Bezirks-, Kreis- und Ortsverbände, wobei sich am Sitz jeder Landesversicherungsanstalt eine Bezirks-ACA und am Sitz jeder Ortskrankenkasse eine Kreis-ACA befand. Ortsverbände gab es nur in größeren Orten[48]. Die organisatorischen Untergliederungen des ehemaligen Landesvereins für Soziale Wahlen entstanden erst nach und nach. So wurde etwa die ACA für den Bezirk Schwaben am 8. Oktober 1955 gegründet[49]. Eigene »Kreis- und Orts-ACA's« wurden

---

[46] Protokoll der Sekretärskonferenz, 4.-6. Mai 1954. AEB KAB Kart. 57.

[47] Angeblich laut Beschluß der Verbandsleitungssitzung vom 19. Februar (!) 1954 (Rundschreiben des geschäftsführenden Verbandsvorstands, 12. Dezember 1954. AEB KAB Kart. 57). Zur internen Diskussion vgl. Franz Kolb an Max Hatzinger, 29. September 1954 (KAB VZ G I / Würzburg 1949–1964). Der Würzburger Diözesanpräses betont ausdrücklich, daß das Werkvolk entgegen anderslautender Presseberichte »nicht« Mitglied der ACA sei. Auch der Münchener Gebietssekretär der CAJ wunderte sich »über das Bestehen der ACA«, da ihm noch im Mai 1954 von Werkvolksekretären mitgeteilt worden war, »daß das Werkvolk die Arbeit unter ihrem Namen weiterführt – denn die Arbeit macht's ja so wie so«. Martin Asböck an Max Hatzinger, 14. August 1954. KAB VZ 101 / ACA.

[48] Selbstverwaltung – Selbstverantwortung. KAB R Allgemein. Zum Aufbau der ACA vgl. auch WERKVOLK, Nr. 3, März 1962.

[49] M. MÖHRING, S. 115. Die Bezirksverbände des Vereins für Soziale Wahlen waren Ende 1948 durch Rundschreiben der Verbandszentrale des Werkvolks ins Leben gerufen worden, in dem der Vorsitzende des Vereins, der ja in Personalunion auch Vorsitzender des Werkvolks war, die zuständigen Diözesansekretäre anwies, als Bezirks-Wahlleiter zu fungieren und nach dem Vorbild des Landesvereins Bezirks- und Ortsverbände zu gründen. Vgl. hierzu Rundschreiben des Verbandssekretariats, 30. November 1948. ABP KAB Kart. 53.

gar erst vor Beginn der Sozialwahlen des Jahres 1958 errichtet. Ihre Aufgabe war es, »Vorschlagslisten im Bereich der AOK's und der Betriebskrankenkassen vorzubereiten«[50].

Mit der Umwandlung des Vereins für soziale Wahlen in die ACA und dem Beschluß, die Arbeit des Vereins auch in der Zeit zwischen den Sozialwahlen aufrecht zu erhalten, veränderte sich sein Charakter grundlegend. War er bis dahin vor allem ein Zweckbündnis zur Erreichung von wichtigen gesellschaftlichen Positionen, so trat nun die gezielte Schulung der gewählten Vertreter in den Gremien der Sozialversicherung[51], wie etwa der Sozialrichter[52], katholischer wie evangelischer Konfession, hinzu. Hiermit überschritt das Werkvolk, das die Arbeit der ACA im wesentlichen trug, wie in der Betriebsarbeit seine konfessionellen Grenzen. Wenn die ACA auch auf evangelischer Seite »ganz stark den Eindruck« machte, daß ihr Vorsitzender Winkelheide »ebenso wie viele der katholischen Mitglieder der Arbeitsgemeinschaft« die Gründung einer christlichen Gewerkschaft anstrebten[53], so blieb die ACA in den Augen des Werkvolks doch stets nur Mittel zum Zweck, »über die ACA« die Erfolge der Werkvolkmitglieder bei den Sozialwahlen zu halten und zu verbessern[54].

Nach der Gründung der Christlichen Gewerkschaften, im Vorfeld der Sozialwahlen des Jahres 1958, bemühte sich das Werkvolk erneut »im Interesse« der Millionen von Sozialversicherten, »Wahlen und die damit verbundenen Kosten für die Versicherungsträger zu vermeiden«. Wieder kam es zu einer Vereinbarung zwischen den christlichen Arbeitnehmerorganisationen Bayerns und dem DGB-Landesbezirk. »Um eine möglichst große Kontinuität der Arbeit der Selbstverwaltungsorgane zu sichern«, sollten »die gemeinsamen Vorschlagslisten« des Jahres 1958 »grundsätzlich die gleiche anteilsmäßige Zusammensetzung haben wie die 1953 eingereichten Listen«. »Federführend« bei der Aufstellung der Listen waren erneut »in jedem Falle die Organe des DGB«. Im Gegensatz zu 1953 sollten alle auf diese Weise zustandegekommenen Listen das Kennwort »Gewerkschaftsliste« tragen. Die vorgeschlagenen Kandidaten sollten »in der Regel Mitglieder

---

[50] Protokoll der Wochenendtagung in Ramspau, 15. bis 16. Februar 1958. KAB R Diözesanausschuß/ Diözesanvorstand.
[51] Vgl. etwa Rundschreiben des Verbandssekretariats, 12. September 1962. ABP KAB Kart. 52 Akt 154; Rundschreiben des ACA-Landesverbands Bayern an alle Verhandlungsführer der ACA, 11. Januar 1963, ABP KAB Kart. 52, Akt 154.
[52] Vgl. etwa Rundschreiben des Landesvereins für soziale Wahlen, 20. Januar 1954. ABP KAB Kart. 53; WERKVOLK, Nr. 3, März 1954, oder Rundschreiben des ACA-Landesverbands Bayern an alle Sozialrichter, 11. Januar 1963. ABP KAB Kart. 52 Akt 154.
[53] Elisabeth Nägelsbach an Max Hatzinger, 11. August 1954. KAB VZ 101 / ACA.
[54] Geschäftsbericht des Regensburger Diözesanvorstands, 1956 bis 1958. KAB R Diözesanausschuß/ Diözesantag.

einer der im DGB zusammengeschlossenen Gewerkschaften sein«. Die ACA verpflichtete sich im Gegenzug, »weder mit der Christlichen Gewerkschaftsbewegung Deutschlands (CGD), dem Deutschen Handlungsgehilfenverband (DHV), dem Verband Weiblicher Angestellter (VWA) oder anderen Organisationen und Vereinigungen Verhandlungen zu führen, noch irgendwelche Abkommen über die Sozialversicherungswahlen mit den genannten Organisationen zu treffen«[55].

Zeitweise drohten die Verhandlungen zwischen der ACA und dem DGB zu scheitern, da einerseits der DGB nicht gewillt war, die ursprünglichen Mindestforderungen der ACA, »nämlich die Einbeziehung des Namens der ACA in die Listenbezeichnung[56]«, zu akzeptieren, und andererseits die ACA dem Passus des Abkommensentwurfs, wonach »die Kandidaten der ACA möglichst dem DGB angehören sollen«, nicht zustimmen wollte. Das Werkvolk ging deshalb zeitweise davon aus, daß »mit der Durchführung der Wahl gerechnet werden und dafür alle Möglichkeiten der Propaganda (Flugblatt, Rundschreiben, Versammlungen, Kanzelaufruf) eingeschaltet werden« müßten. Als Wahlparolen sollten zu gegebener Zeit ausgegeben werden: »Leute aus unseren Organisationen«. »Die Diktatur des DGB brechen«! »Alle Christen ACA«. In jeder Versammlung einer Werkvolkgemeinschaft vor den Sozialwahlen sollte »mindestens fünf bis zehn Minuten« über das Thema Sozialwahlen gesprochen werden, da diese »erfahrungsgemäß [...], im Gegensatz zu politischen Wahlen, bei der Bevölkerung weitaus geringfügiger angesehen werden«[57].

Die Vereinbarung zwischen der ACA und dem DGB führte zwar zu »Einheitslisten« und verhinderte so einen »Wahlkampf«, für den die ACA »einen Betrag mit sechsstelligen Zahlen« benötigt hätte[58], doch entsprach die Übereinkunft »auf Landesebene« nicht den »Erwartungen« der Mitarbeiter und Mitglieder der lokalen sowie regionalen Ebene des Verbands[59]. Man erachtete die Vereinbarung als »Diskrimenierung aktiver Mitarbeiter der ACA«, »als grobe Diffamierung eines Teiles der Mitglieder aus den angeschlossenen Verbänden und darüber hinaus als einen Faustschlag gegen die Christlichen Gewerkschaften und ihr nahestehende Berufsorganisationen«. Man war der Meinung, »daß der Landesvorsitzende der ACA [Max Hatzinger] nicht dazu berechtigt war, von sich

---

[55] Vereinbarung zwischen dem DGB und der ACA, 6. März 1958. Beilage zum Rundschreiben der ACA, Landesverband Bayern, an alle Sekretäre des Katholischen Werkvolks, 6. März 1958. ABP KAB Kart. 53.
[56] Im Bistum Passau gelang dies entgegen der Vereinbarung des Landesverbands zum Teil. Vgl. W. Br. [nicht näher zu identifizieren] an Hugo Hollweger, 18. März 1958. ABP KAB Kart. 53.
[57] Protokoll der Wochenendtagung in Ramspau, 15. bis 16. Februar 1958. KAB R Diözesanausschuß/ Diözesanvorstand.
[58] Rundschreiben des geschäftsführenden Verbandsvorstand, 12. Dezember 1954. AEB KAB Kart. 57.
[59] W. Br. [nicht näher zu identifizieren] an Hugo Hollweger, 18. März 1958. ABP KAB Kart. 53.

III. Das Werkvolk und die ACA 415

aus eine solche Vereinbarung abzuschließen, da sie den Grundsätzen der ACA und der ihr angeschlossenen Verbände« widersprach. Dadurch, daß »in jedem Falle« die Organe des DGB »federführend und zeichnungsberechtigt« waren, begab sich in den Augen der Kritiker der Vereinbarung die ACA in »absolute Abhängigkeit vom DGB« und beraubte sich »des Charakters eines selbständigen, gleichberechtigten und mitverantwortlichen Partners«[60]. Trotz der Erfolge[61] ging das Werkvolk auf Grund der »Erfahrungen« bei den Sozialwahlen des Jahrs 1958 davon aus, »künftig wohl auf eine Durchführung von Wahlen nicht mehr verzichten« zu können[62].

Bei den Sozialwahlen des Jahres 1962 wirkten dann die Vorgänge auf Bundesebene entscheidend auf Bayern zurück. So kam es bereits am 11. November 1961 zu einem Abkommen zwischen der Bundes-ACA und dem CGB. In Bayern liefen die Verhandlungen zwischen dem CGB und der ACA zwar bereits seit März 1961, doch gingen sie dort »nur schleppend vorwärts«. Der DGB erklärte trotz oder gerade deswegen seine Bereitschaft, mit der ACA ein Abkommen zu treffen, das eine Sitzverteilung »2/3 zu 1/3« vorsah. Die Listen sollten nun generell den Namen »Gemeinschaftsliste DGB-ACA« tragen. Die Voraussetzung für eine solche Übereinkunft sah die ACA darin, daß die Möglichkeit gegeben war, »auch CGD-Mitglieder als Kandidaten zu benennen«. Der DGB verlangte, daß der CGB der ACA schriftlich versichere, bei den landesunmittelbaren Versicherungsträgern in Bayern keine eigenen Listen einzureichen[63]. Das Werkvolk als »federführende Organisation« der ACA hatte sich bei den Verhandlungen zwischen der ACA, dem CGB und dem DGB zum Ziel gesetzt, seinen Einfluß nicht nur »zu behalten«, sondern »auszubauen« und zugleich »unbedingt« zu verhindern, daß christliche Arbeitnehmer auf verschiedenen Listen kandidieren würden. Hierfür war »zu übende Verbandsdisziplin« die Voraussetzung[64]. Im Dezember 1961 kam es schließlich zu einem erneuten Abkommen zwischen der ACA und dem DGB, das die Erstellung gemeinsamer Listen ermöglichte und

---

[60] Wir fordern Klarheit, 11. März 1958. ABP KAB Kart. 53. Diese Position wurde zum Teil wohl auch auf der Ebene der Diözesanpräsides geteilt. Vgl. hierzu etwa Aktenvermerk über die Diözesanpräsides-Konferenz, 7. Dezember 1959. AEB KAB Kart. 62: »Scharfer Angriff von Würzburg gegen Hatzinger«.
[61] Vgl. hierzu die umfangreiche, namentliche Aufstellung aller aus den Reihen der sechs Mitgliederverbände der ACA in die Selbstverwaltung der Sozialversicherung eingerückten Personen, 10. Januar 1959. EAF 56.64, Vol. 4, 1957–1961.
[62] Geschäftsbericht des Regensburger Diözesanvorstands, 1956 bis 1958. KAB R Diözesanausschuß/ Diözesantag.
[63] Bericht über die Verbandsausschuß-Sitzung, 11.–12. November 1961. KAB VZ 2b / Verbandsausschuß 1960–1973.
[64] Rundschreiben des Verbandssekretariats, 15. November 1961. KAB VZ 2b / Verbandsausschuß 1960–1973.

bei den Ortskrankenkassen, Landesversicherungsanstalten und sonstigen landesunmittelbaren Versicherungsträgern in Bayern Sozialwahlen ausschloß[65]. Nach der Vereinbarung von 1962 konnten nicht mehr wie 1958 Mitglieder der Christlichen Gewerkschaften vom DGB abgelehnt werden, dem »keinerlei Einfluß« auf die Auswahl der Organmitglieder durch die ACA zugestanden wurde[66]. Bei den bundesunmittelbaren Versicherungsträgern gelang es dem Werkvolk nicht, über Gemeinschaftslisten vertreten zu sein, so daß es sich gezwungen sah, seine Mitglieder aufzufordern, bei den dortigen Sozialwahlen die Liste der zum DGB gehörenden Gewerkschaft Öffentliche Dienste, Transport und Verkehr zu unterstützen[67]. Wie auf Bundesebene, so scheiterten auch im Bereich des Bistums Speyer die Bemühungen des Werkvolks, einen Wahlkampf und eine Urwahl zu vermeiden. Im Bundesland Rheinland-Pfalz war es nicht gelungen, »ein anständiges Abkommen« mit dem DGB zu erreichen. Hier kandidierten die Mitglieder des Werkvolks auf einer gemeinsamen Liste »CGD-ACA«[68]. Am dortigen »Wahlkampf für die Wahl der Selbstverwaltungsorgane« nahmen trotz des Abkommens zwischen der ACA und DGB in Bayern mit ausdrücklicher Billigung der Führung des Werkvolks auch Diözesansekretäre aus Bayern teil. Die Verbandvorstandschaft ging davon aus, daß der DGB eine solche Hilfe nicht als »unfaire Handlung« deuten würde, sondern für ihn »das Experiment einer Wahl bei der LVA Rheinland-Pfalz gleich interessant« wäre wie für das Werkvolk[69]. Im Ergebnis gelang es der Liste der CGD bei einer Wahlbeteiligung von 24 Prozent nur 17 Prozent der abgegebenen Stimmen auf sich zu vereinigen. Der DGB erreichte demhingegen etwa 83 Prozent[70]. So zeigte das Wahlergebnis überaus deutlich, wie wichtig die ACA als Verhandlungspartner des DGB für die Aufrechterhaltung des Einflusses der christlichen Arbeitnehmerschaft auf die Selbstverwaltungsorgane der Sozialversicherungen war, erreichte die ACA in Bayern doch auf dem Weg der Absprache immerhin ein Drittel der Mandate.

---

[65] Rundschreiben des Verbandssekretariats, 25. April 1962. KAB VZ 2b / Verbandsausschuß 1960–1973; Protokoll über die gemeinsame Arbeitstagung mit den Diözesen Augsburg, Eichstätt, Passau, Speyer, Würzburg, 1. März 1962. KAB Ro Süddeutscher Verband, außer München; Protokoll über die Vorstandssitzung der Diözesanvorstandschaft Augsburg, 19. Mai 1962. KAB A Diözesanvorstandschaft.
[66] WERKVOLK, Nr. 3, März 1962. Zu den Ergebnissen der Sozialen Wahlen 1962 vgl. auch die besonders aufschlußreichen, die genaue Verbandszugehörigkeit ausweisenden Aufstellungen für das Erzbistum Bamberg. KAB B Werkvolk Bamberg 1961–1969.
[67] WERKVOLK, Nr. 5, Mai 1962. Zu den Ergebnissen vgl. Rundschreiben des Verbandssekretariats, 12. Juni 1962. ABP KAB Kart. 52 Akt 154.
[68] Rundschreiben des Verbandssekretariats, 25. April 1962. KAB VZ 2b / Verbandsausschuß 1960–1973.
[69] Hans Kühn an Dieter Görmiller, 26. April 1962. ABP KAB Kart. 52 Akt 154.
[70] Rundschreiben des Verbandssekretariats, 19. Juni 1962. ABP KAB Kart. 52 Akt 154.

IV. Das Katholische Werkvolk und die Gewerkschaften[1]

1. Das Entstehen der Einheitsgewerkschaft

Neben dem interkonfessionellen Ansatz im Bereich der Parteibildung stellte die Gründung einer Einheitsgewerkschaft in der Bundesrepublik Deutschland den offenkundigsten Bruch mit den gesellschaftlichen Traditionen der Zeit vor dem Zweiten Weltkrieg dar[2].

Bereits am Ende der Weimarer Republik hatte es Überlegungen gegeben, die Spaltung der Gewerkschaftsbewegung in unterschiedliche Richtungsgewerkschaften sowie die getrennte Organisation von Arbeitern, Angestellten und Beamten zu überwinden[3]. Sie nahmen noch im April 1933, kurz vor der Zerschlagung der Gewerkschaften, mit der Bildung des »Führerkreises der vereinigten Gewerkschaften« eine erste konkrete Form an[4]. Die gemeinsame Erfahrung der nationalsozialistischen Verfolgung förderte unter den ehemaligen Mitgliedern der unterschiedlichen Richtungsgewerkschaften der Weimarer Republik die Bereitschaft zur Errichtung einer Einheitsgewerkschaft[5]. »Die Einheitsgewerkschaft ist das Ziel aller, die guten Willens sind«, wie es Hans Böckler, der erste Vorsitzende des DGB, formulierte[6].

Daß sich diese Haltung aber tatsächlich durchsetzen konnte, lag entscheidend an der Politik der amerikanischen Militärregierung, die explizit die Einheitsgewerkschaft unter der Führung von Sozialdemokraten in Koalition mit dem christlich-katholischen Flügel der Arbeiterbewegung unterstützte[7]. Sie teilte den bayerischen Bischöfen im Sommer 1945 mit, daß sie nur zur Gründung einer Einheitsgewerkschaft ihre Genehmigung erteilen würde[8]. Damit war allen anderen Überlegungen im katholischen Raum die Grundlage entzogen.

Vor der offiziellen Genehmigung durch die Potsdamer Konferenz[9] hatte die amerikanische Militärregierung im Juli 1945 die Bildung von Gewerkschaften auf der Ebene der örtlichen Detachments gestattet[10]. Ende Dezember 1945 erteil-

---

[1] Eine Kurzfassung dieses Kapitels bietet D. Grypa, Wiedergründung.
[2] R. Morsey, Bundesrepublik, S. 200.
[3] Vgl. U. Borsdorf / H.-O. Hemmer / M. Martiny.
[4] Vgl. G. Beier, Entstehung.
[5] Vgl. etwa J. Aretz, Einheitsgewerkschaft, S. 219, sowie S. Miller, Deutsche Arbeiterführer.
[6] Zitiert nach K. Schönhoven, Gewerkschaften, S. 196.
[7] M. Fichter, S. 270.
[8] Niederschrift über die Besprechungen der bayerischen Bischöfe auf der Konferenz in Freising, 16.–17. März 1948. KFA 4076.
[9] M. Mielke, Neugründung, S. 30–33.
[10] M. Fichter, S. 143–148.

ten sie der Gewerkschaft für das Eisenbahn- und Postpersonal in Bayern als erster Einzelgewerkschaft die Erlaubnis zur Bildung eines Landesverbands[11]. Im März 1947 kam es schließlich in München zur Errichtung des Bayerischen Gewerkschaftsbundes[12]. Abgeschlossen wurde der organisatorische Aufbau der Einheitsgewerkschaft mit der Gründung des DGB, die in München vollzogen wurde[13].

Das Katholische Werkvolk bejahte auf Grund der Erfahrung des Nationalsozialismus, aber auch »in Anbetracht des Fehlens einer anderen« ausdrücklich die Einheitsgewerkschaft. Man ging davon aus, daß zur Verwirklichung der wirtschaftlichen Forderung der katholischen Arbeiterschaft und, um »die Rechte der werktätig Schaffenden« geltend zu machen, die Errichtung der Einheitsgewerkschaft unumgänglich war. Doch sah man in der Tatsache, daß die Führer der neuen gewerkschaftlichen Organisationen zumeist Sozialdemokraten und »größtenteils Nichtbayern« waren, »eine ungeheure Gefahr«. Deshalb erachtete man es bereits 1947 als »an der Zeit«, »daß auch die ehemaligen christlichen Gewerkschafter ihren Einfluß geltend machen«. »Um einen Erfolg versprechenden Stoß in die Einheitsgewerkschaft machen zu können«, war es nötig, »nicht nur die Arbeiter, sondern sämtliche schaffenden Katholiken zu sammeln und sie zu einer starken Organisation zu konstituieren«. Als diese geforderte »Massenbewegung« empfand sich das Werkvolk[14]. In den Augen der amerikanischen Militärregierung war das Werkvolk »with the assistance of Religious Affairs Branch« dazu wiederbelebt worden, »to encourage Catholic interest in trade union participation«[15].

Auch die kirchliche Hierarchie bemühte sich, »die Zeichen der Zeit nicht zu übersehen«, erkannten die bayerischen Ordinariate doch die zentrale Rolle der neu entstehenden Gewerkschaft, die durch die Vorgaben der Besatzungsmacht »ausschließlich« war und so »das Sprachrohr und die Aktion der Arbeiterschaft

---

[11] S. MIELKE, Neugründung, S. 38.
[12] M. SCHRÖDER, S. 38–39, 60–74. Zur gewerkschaftlichen Lage in Bayern, der Gründung des Bayerischen Gewerkschaftsbunds und seiner Entwicklung bis zu seiner Auflösung zum Jahreswechsel 1949/1950 vgl. C. LANIG-HESSE.
[13] Zum Gründungskongreß des DGB vgl. G. BEIER, Volksstaat und Sozialstaat. Die Protokolle des Gründungskongresses liegen gedruckt vor. PROTOKOLL GRÜNDUNGSKONGRESS.
[14] Bericht über die Arbeitstagung der Diözesan- und Bezirkssekretäre des Katholischen Werkvolks, 17.–18. April 1947. KAB VZ 2a / Verbandsausschuß 1954–1959.
[15] Vgl. hierzu die Denkschrift von James M. Eagan (Office of Military Government for Bavaria, Education and Cultural Relations Division) Religious Affairs Program, 10. Juni 1949. BayHStA OMGBy 10/50–1/38. Die amerikanische Militärregierung unterstützte aus diesem Grund das Werkvolk auch finanziell. Vgl. etwa Charles D. Winning an Anton Maier, 12. September 1949 (Begleitschreiben zu einem Scheck in Höhe von 1100 DM). BayHStA OMGBy 13/129–3/8, oder die Liste der »Suggested Projects for Fiscal Year 1950«. BayHStA OMGBy 13/129–3/8, das bei einem Gesamtetat von 155 550 DM stolze 57 600 DM für das Sozialinstitut vorsah.

im neuen Staat sein« würde. Man war sich bewußt, daß es sich um eine Sache handelte, »von welcher ungeheuer viel für die Zukunft, mag man sie sehen von wo aus nur immer, abhängen wird«. So wies etwa im Bistum Passau der Generalvikar den Klerus ausdrücklich an, in allen Orten und für alle größeren Betriebe christliche Arbeiter und Arbeiterinnen als Vertrauensleute zu gewinnen, aufzuklären und zu unterrichten. Sie sollten die christlich gesonnene Arbeiterschaft sammeln, vor anderer Agitation bewahren und sie zu späterem Zeitpunkt als geschlossene Gruppe in die neu zu gründende Gewerkschaft überführen, um so dort den Einfluß der Katholiken zu stärken[16].

Für Papst Pius XII. waren Gewerkschaften zwar eine »unwillkürliche und notwendige Folge des Kapitalismus«[17], doch stellte der Eintritt katholischer Arbeiter in eine Einheitsgewerkschaft für ihn einen Verzicht auf katholische Grundpositionen dar. Bisher hatte die Kirche Gewerkschaften nur unter der Bedingung gebilligt, »daß sie in jedem Fall, gestützt auf die Gesetze Christi als unerschütterliche Grundlage, sich bemühen, die christliche Ordnung in der Welt der Arbeit zu fördern«[18]. Nach dem Zweiten Weltkrieg wurde den katholischen Arbeitern vom Papst zwar offiziell der Beitritt zu einer nicht konfessionell gebundenen Gewerkschaft gestattet, doch war die Mitgliedschaft in einer solchen Gewerkschaft in den Augen Pius XII. nur so lange möglich, wie sich die Einheitsgewerkschaft ausschließlich auf die wirtschaftliche Interessensvertretung der Arbeiterschaft beschränkte[19]. Der Gefährdung der Katholiken durch die gemeinschaftliche Organisation von Katholiken und Nicht-Katholiken, gar Sozialisten, vorzubeugen; dafür zu sorgen, daß »die katholisch sind, nicht abirren von den Vorschriften« der katholischen Gesellschaftslehre, die »aus dem Evangelium und dem Naturrecht geschöpft« sind[20], dafür war eine starke katholische Arbeiterbewegung nötiger denn je. Ihr kamen also in den Augen des Papstes »bedeutungsvolle Pflichten der Anregung, der Wachsamkeit, der Vorbereitung und Vervollkommnung [...] auf dem Gebiete der Gewerkschaftsbewegung« zu[21]. Die bayerischen

---

16 Generalvikar Riemer an den Klerus des Bistums, 7. Juni 1945. ABP OA Vereine 6.
17 Papst Pius XII. an die Mitglieder der Christlichen Arbeiterbewegung Belgiens, 11. September 1949. Druck: A.-F. UTZ / J.-F. GRONER, S. 1586–1591, hier S. 1587.
18 Papst Pius XII. an die Mitglieder der Christlichen Arbeiterbewegung Belgiens, 11. September 1949. Druck: A.-F. UTZ / J.-F. GRONER, S. 1586–1591, hier S. 1587.
19 Papst Pius XII. an die Delegierten der italienischen christlichen Arbeitervereine, 11. März 1945. Druck: A.-F. UTZ / J.-F. GRONER, S. 1463–1469, hier S. 1466.
20 Papst Pius XII. an die deutschen Bischöfe, 1. November 1945. Druck: A.-F. UTZ / J.-F. GRONER, S. 1458–1462, hier S. 1459–1460.
21 Papst Pius XII. an die deutschen Bischöfe, 1. November 1945. Zitiert nach SOZIALES ABC, S. 74–75.

Bischöfe teilten diese Auffassung des Papstes ebenso wie die beim Aufbau der CSU engagierten alten christlichen Gewerkschaftler[22].

Es kam aber keineswegs nur auf Grund der Haltung der amerikanischen Militärregierung oder der kirchenamtlichen Äußerungen zur Gründung einer Einheitsgewerkschaft. In der christlichen Arbeitnehmerschaft Bayerns selbst, ja sogar in der parteipolitisch durch die CSU organisierten, sprach man sich mehrheitlich gegen eine Wiedergründung der Christlichen Gewerkschaften aus[23]. Der Verbandspräses des Süddeutschen Verbands, Leopold Schwarz, votierte schon 1947 dafür, »unter allen Umständen der Gewerkschaft beizutreten«, um »diese maßgeblichst zu beeinflussen«[24].

Das Werkvolk, das sich als »den sichersten Garanten« der »katholischen Weltanschauung innerhalb der katholischen Arbeiterschaft« verstand[25], mußte, wenn es seine »Mission ganz ernst« nahm, zwangsläufig »die Bildung von eigenen christlichen Gewerkschaften ablehnen«, solange dies »nicht durch einen Notstand erzwungen« würde, so schwer der Verzicht auf eine eigenständige Organisation einzelnen »alten christlichen Gewerkschaftlern« auch fallen mochte. »Der Platz als Apostel der Arbeiter« war für alle Verbandsangehörigen eben »nicht bei den überzeugten Christen allein«, »sondern in der Masse der verirrten und erkalteten Glaubensbrüder«. Die »in der Gewerkschaft zusammengeschlossenen Arbeitnehmer« betrachtete das Werkvolk als »Missionsland«, für dessen Gewinnung man eine »Schar wohlausgebildeter Laienhelfer« zur Verfügung stellen wollte[26].

Tatsächlich beteiligten sich vereinzelt führende Mitglieder der katholischen Arbeiterbewegungen auch an der Gründung lokaler Organisationen der Einheitsgewerkschaft – so etwa Adolf Konrad und Josef Donsberg in Nürnberg[27] oder Hugo Karpf in Aschaffenburg[28] –, doch beklagten bereits 1947 erste selbstkriti-

---

[22] Vgl. etwa die von Adolf Konrad verfaßte Redeskizze »Die Gewerkschaften heute«, die ausführlich die Ansprache Pius XII. an die Mitglieder der christlichen Arbeitervereine Italiens am 11. März 1945 zitiert. SOZIALES ABC, S. 71–75.
[23] So etwa auf der 1. Landeskonferenz der Arbeitnehmer in der CSU, 22. März 1947 in Nürnberg. Ein Antrag von Josef Donsberger zur Gründung von Christlichen Gewerkschaften fand trotz lebhafter Diskussion nur allgemeine Ablehnung (Bericht über die 1. Landeskonferenz der Arbeitnehmer in der CSU, 22. März 1947. DA EI OA Werkvolk 1949–1955). Donsberger hatte 1945 an führender Stelle bei der Errichtung der Einheitsgewerkschaft in Nürnberg mitgewirkt. W. ECKART, S. 364–365.
[24] Bericht über die 1. Landeskonferenz der Arbeitnehmer in der CSU, 22. März 1947. DA EI OA Werkvolk 1949–1955.
[25] Max Schuber an den Augsburger Generalvikar Dr. Robert Domm, 22. November 1945. KAB A Diözesanvorstandschaft 1945–1964.
[26] Paul Strenkert an das Verbandssekretariat, 31. Januar 1948. KAB A Kart. 5.
[27] Vgl. S. MIELKE, Organisatorischer Aufbau, S. 506–512; W. ECKART, S. 364–365; U. WINKEL, Nürnberg, S. 239–241 u.ö.
[28] H. KARPF, S. 91, 111–114.

IV. Das Werkvolk und die Gewerkschaften   421

sche Stimmen, »daß das christliche Element im ADGB fehle«. Josef Schilling, der zusammen mit der Verbandsvorsitzenden Georgine Christl und Johann Amberg als ehemaliges Mitglied der christlichen Gewerkschaften dem Landesvorstand des Bayerischen Gewerkschaftsbundes angehörte[29], konnte seinen »maßgeblichen Kollegen« in der christlich-sozialen Arbeitnehmerschaft »den Vorwurf nicht ersparen, daß sie 1945 nicht in den ADGB eingestiegen seien; denn dann sehe es heute wesentlich anders in den Gewerkschaften aus«. Aus seiner Sicht, sollte zumindest »nun alles darangesetzt werden, dort mit unserem Geiste Fuß zu fassen«[30].

Wenngleich die katholische Arbeiterschaft innerhalb der neuentstehenden Einheitsgewerkschaft nur vereinzelt in führenden Stellen vertreten war, so gehörte, mit regionalen Schwankungen, doch die überwiegende Mehrheit ihrer Mitglieder und ihrer führenden Repräsentanten dem DGB an. Im Bezirk Schweinfurt etwa waren Ende 1948 von den ungefähr 1600 Werkvolkmitgliedern rund 80 Prozent im Bayerischen Gewerkschaftsbund »als ihrer wirtschaftlichen Interessensvertretung« organisiert[31]. Generell galt im Bistum Würzburg, daß »ein Großteil« der Angehörigen der katholischen Arbeiterbewegung in der deutschen Einheitsgewerkschaft standen und ihre führenden Vertreter sowohl in Würzburg, als auch in Aschaffenburg »ein maßgebliches Wort« mitzureden hatten[32]. Im Erzbistum Bamberg gehörten die Mitglieder und Funktionäre des Werkvolks ebenfalls »in überwiegender Mehrheit« der Einheitsgewerkschaft an[33]. Im dritten fränkischen Bistum Eichstätt lautet der Befund schlicht »vielfach«[34]. Von den rund 70 anwesenden Mitgliedern des Verbandsausschusses bei der Sitzung im Jahre 1954 waren außer den fünf Geistlichen und etwa vier bis fünf Laien alle Mitglieder des DGB[35].

Wenn auch der überwiegende Teil der Mitglieder wie der führenden Funktionäre der katholischen Arbeiterbewegung der Einheitsgewerkschaft angehörte,

---

[29] H. POTTHOFF / R. WENZEL, S. 409. Zum gewerkschaftlichen Einfluß der Werkvolkmitglieder vor der Gründung des DGB vgl. auch die detaillierte Aufstellung Functionaries of the Bavarian Trade Union Federation, 10. September 1948. BayHStA OMGBy 10/110–2/12.

[30] Bericht über die 1. Landeskonferenz der Arbeitnehmer in der CSU, 22. März 1947. DA EI OA Werkvolk 1949–1955.

[31] Josef Deckert an die Leitung des Bayerischen Gewerkschaftsbunds, 7. Oktober 1948. KAB VZ G III / Schweinfurt 1947–1954.

[32] Bericht über die Gründung und des Werden des Diözesanverbands Würzburg. KAB W Diözesanvorstandschaft/Verschiedenes.

[33] WERKVOLK, Nr. 12, Dezember 1953.

[34] Kurzbericht über die Organisation des Katholischen Werkvolks und dessen Arbeit in der Diözese Eichstätt, 1. Januar 1951 bis 1. Oktober 1953. DA EI OA Werkvolk 1949–1955.

[35] Protokoll über die Verbandsausschuß-Sitzung, 13.–14. November 1954, KAB VZ 2a / Verbandsausschuß 1954–1959.

ließ man es dort doch beträchtlich an Engagement fehlen. So meldete etwa im Frühjahr 1952 auf der Jahreshauptversammlung der Gewerkschaft Handel, Banken und Versicherungen nur ein Teilnehmer Kritik an der Äußerung an, »daß sich das Christentum in seiner zweitausendjährigen Geschichte zur Dienerin des Kapitalismus und des Militarismus erniedrigt habe«. Der darauf folgende nachdrückliche Aufruf des Werkvolks an seine Mitglieder, »Gewerkschaftsversammmlungen zu besuchen und dort unsere Grundsätze zu vertreten«, »nicht klagen, nicht drohen! Handeln!« verhallte ebenso, wie frühere Aufrufe zur aktiven Mitarbeit in der Einheitsgewerkschaft[36]. Trotzdem wurden die führenden Repräsentanten nicht müde, immer wieder »die Notwendigkeit der Zusammenarbeit und Mitarbeit mit und in der Gewerkschaft« zu betonen[37]. Generell forderte man: »Wer in der Arbeiterbewegung tätig ist, darf nicht nur in der katholischen Arbeiterorganisation bekannt sein, sondern sein Einfluß muß auch in den Gewerkschaften, also in der gesamten Arbeiterbewegung, durch persönlichen Einsatz, durch gute Taktik und ein bestimmtes Maß von Wissen und Können zur Geltung kommen«. Doch leider gelang es den katholischen Arbeitnehmern aus »Scheu vor Verantwortung«, »aus Bequemlichkeit oder wirklichkeitsfremder Träumerei an vergangene Zeiten« nicht, »sich nach diesen ganz realen Gesichtspunkten ebenfalls in den Instanzen der einzelnen Gewerkschaften und der Betriebsräte einen entsprechenden Einfluß zu sichern«, vielmehr blieb »die Zahl der aktiven Mitarbeiter aus den Reihen der katholischen Arbeitnehmerschaft« stets »verhältnismäßig klein«[38].

2. Die Zeit der »Friedlichen Koexistenz«

Neben verschiedenen lokalen Irritationen[39] oder Auseinandersetzungen, die aus der Bundespolitik nach Süddeutschland getragen wurden, wie etwa die Kontroverse um das Betriebsverfassungsgesetz[40], gab es bis 1955 in Bayern und Baden-Württemberg durchaus Ansätze für ein harmonisches Verhältnis zwischen der

---

[36] Werkvolk, Nr. 3, März 1952.
[37] So etwa erneut auf einer Bezirkstagung in Neumarkt/Opf. Vgl. Werkvolk, Nr. 1, Januar 1953.
[38] P. Strenkert, S. 16.
[39] So etwa, als 1948 im »Organ« der Einheitsgewerkschaft der Beitritt zum wiedergegründeten Radfahrerverband »Solidarität«, »einer von früher bekannten sozialdemokratischen Hilfsorganisation«, empfohlen wurde (Josef Deckert an Verbandssekretariat, 5. Oktober 1948 [Abschrift]. KAB VZ G III / Schweinfurt 1947–1954) oder als Vertreter des bayerischen Gewerkschaftsbundes in der Auseinandersetzung um die Frage Bekenntnis- oder Gemeinschaftsschule eindeutig »größtes Interesse« an der Beibehaltung der Gemeinschaftsschule artikulierten. Diese Haltung empfand man im Werkvolk als »provokatorisch« (Josef Deckert an die Leitung des Bayerischen Gewerkschaftsbundes, 7. Oktober 1948. KAB VZ G III / Schweinfurt 1947–1954).
[40] Zu den unterschiedlichen Positionen des DGB und der KAB vgl. W. Schroeder, Katholizismus und Einheitsgewerkschaft, S. 137–139.

IV. Das Werkvolk und die Gewerkschaften 423

Einheitsgewerkschaft und der katholischen Kirche sowie den Organisationen der katholischen Laien.

Dazu trug bei, daß sich der DGB gezielt um den Kontakt zur katholischen Kirche bemühte. So sandte man etwa den Text der Rede von Hans Böckler auf dem Gründungskongreß des DGB, in der er die zukünftigen »Aufgaben der deutschen Gewerkschaften in Wirtschaft, Staat und Gesellschaft« aus seiner Sicht umriß, dem Vorsitzenden der Freisinger Bischofskonferenz zur Kenntnisnahme[41]. Auch die Erklärung des DGB zu antidemokratischen und antigewerkschaftlichen Tendenzen wurde den Bischöfen persönlich zugesandt[42]. Vom DGB wurden den Bischöfen aber nicht nur zentrale Informationen und Texte übermittelt, ebenso war es dem DGB ein Anliegen, auftretende Mißverständnisse direkt auszuräumen[43]. In der Öffentlichkeit würdigte auch die Gewerkschaftspresse die Bedeutung der Kirche und brachte ihre Wertschätzung der katholischen Soziallehre zum Ausdruck[44]. Man betonte: »Es gibt kein soziales Problem [...], das nicht im Sinn der christlichen Soziallehre einer gültigen und echten Lösung zugeführt werden kann«[45]. Der Generalsekretär des DGB in Bayern, Max Wönner, betonte öffentlich, »daß nur durch gemeinsame Aussprachen und gemeinsames Arbeiten in der Gewerkschaft deren Ziele erreicht werden könnten und dazu sei es notwendig, daß die christliche Arbeiterschaft in der Gewerkschaft in einer entsprechenden Masse vertreten sein müsse und dann auch Berücksichtigung finde«[46]. Dies entsprach ebenso den Vorstellungen des Werkvolks wie der Gedanke, daß sich die ehemaligen freien und die ehemaligen christlichen Gewerkschafter »aneinander abschleifen« müßten. Dabei waren sich

---

[41] DGB-Bundesvorstand an Michael Kardinal von Faulhaber, 24. November 1949, mit angefügtem Redentext in KFA 6506.
[42] Hans Böckler an Joseph Wendel, 8. März 1950, mit angefügtem Text der Erklärung in ABSp OA 16 / 35-1 / 50.
[43] Vgl. hierzu etwa DGB-Kreisausschuß Passau an Bischöfliches Ordinariat Passau, 19. Mai 1951 ABP OA Vereine 64. In diesem Schreiben distanzierte sich der DGB ausdrücklich – »insoweit von deren Inhalt, als dieser die parteipolitische Einstellung des Redners ausdrücklich« hervorhob – von der Rede des SPD-Landtagsabgeordneten Ewald Bitom auf der 1. Mai-Feier 1951 des DGB und betonte, daß er »jegliche parteipolitische Bindung« ablehne.
[44] So schrieb etwa die Welt der Arbeit, die Zeitung des Deutschen Gewerkschafts-Bundes, zum Jubiläum der päpstlichen Rundschreiben: »Die beiden großen sozialen Enzykliken ›Rerum novarum‹ und ›Quadragesimo anno‹ sind auch heute noch ein unerschöpflicher Quell für echte Sozialpolitik, die einzig und allein das Ziel hat, den Menschen von der Schmach sowohl des liberalistischen als auch des staatskapitalistischen Systems zu befreien«. Zitiert nach WERKVOLK, Nr. 6, Juni 1951.
[45] EBD.
[46] Bayerischer Landesausschuß Christlicher Arbeitnehmer, 10. Juli 1950. KAB VZ 17a / Verbandsausschuß 1947–1954. Zur Richtigstellung der Äußerungen Wönners, die in der Presse verzerrt wiedergeben wurden, vgl. Stellungnahme zur Berichterstattung der Deutschen Tagespost durch Hans Stützle, 13. Juli 1950.

beide Seiten bewußt, daß dieser »Angleichungsprozeß« keineswegs »von heute auf morgen« abzuschließen war[47].

Auf der unteren Ebene funktionierte zu Beginn der fünfziger Jahre die Zusammenarbeit zwischen dem Werkvolk und der Einheitsgewerkschaft durchaus, wie verschiedene Einzelbelege anschaulich vor Augen führen[48]. Aber auch im Bereich der gewerkschaftlichen Funktionsträger gelang es der katholischen Arbeiterbewegung, ihr Gewicht innerhalb der Einheitsgewerkschaft auszubauen. So herrschte etwa 1952 im Bereich der Diözese Rottenburg eine »Personalunion« zwischen Werkvolk und DGB. Im Bistum Regensburg wiederum stellte das Werkvolk in der DAG zwei Drittel der Vorstandsmitglieder, während man in der Diözese Passau das Werkvolk zwar »nicht direkt an die wichtigen Schlüsselstellungen« heranließ, doch traten dort »von Fall zu Fall« auch »führende Kräfte« als Referenten beim DGB auf, so daß man in Passau die Zusammenarbeit mit dem DGB trotzdem letztlich als »loyal und zufriedenstellend« bewertete[49]. Auf der Landesebene wechselte zum 1. September 1952 Hans Haberkorn, der Verbandssekretär des Werkvolks, als Dozent und stellvertretender Schulleiter an die Bundesschule Kochel des Deutschen Gewerkschaftsbundes[50]. Er war aber kein Einzelfall: So wirkten auch Absolventen des Katholischen Sozialinstituts hauptberuflich in der Einheitsgewerkschaft, etwa Gustav Kühnle als Sekretär bei der DAG in Regensburg oder Ludwig Paillon beim DGB in Dortmund[51]. Selbst unter den Betriebsräten gelang es, die Zahl der Angehörigen der katholischen Arbeiterbewegung erheblich zu steigern. Standen etwa im Bezirk Schweinfurt 1953 noch 24 »christliche« Vertreter 45 »sozialistischen« Vertretern gegenüber, so hatte sich 1954 das Verhältnis umgekehrt. Nun waren von 91 Betriebsräten 52 »christlich« und 39 »sozialistisch«. Doch »nicht nur in Schweinfurt, auch in anderen größeren Betrieben« gelang es im Bistum Würzburg, »nach und nach wenigstens einen Ver-

---

[47] Hans Stützle über die Veranstaltung des Bayerischen Landesausschusses der christlichen Arbeitnehmer. KAB VZ 17a / Verbandsausschuß 1947–1954.
[48] So vermerkt etwa der Münchener Diözesansekretär Max Hatzinger, ein Münchener CSU-Stadtrat, zu einer Beschwerde gegen einen Beschluß des Betriebsrates von Mühlbach bei Oberaudorf lapidar: »Wir geben die Angelegenheit an die Gewerkschaft weiter«. Versammlungsbericht Oberaudorf, 25. Februar 1950. VZ KAB A / 1 Diözesanverband München bis 1974.
[49] Bericht über die Schulungstagung der Sekretäre, 20.–21. September 1952. KAB VZ 17a / Verbandsausschuß 1947–1954.
[50] Rundschreiben des Verbandssekretariats, 12. August 1952; WERKVOLK, Nr. 9, September 1952.
[51] Rundschreiben Alfred Berchtold, 20. Dezember 1951 (ABP KAB Kart. 48 Akt 146). Der Passauer Diözesansekretär Peter Stümpfl hingegen lehnte aus »Gewissenszweifel« eine Stelle als »Rechtsstellenleiter im Bereich des Kreisausschusses Passau-Pfarrkirchen« ab. Peter Stümpfl an Alfred Berchtold, 27. März 1953. ABP KAB Kart. 48 Akt 146.

IV. Das Werkvolk und die Gewerkschaften 425

treter des Werkvolks in den Betriebsrat zu delegieren«[52]. Entwickelte sich das Verhältnis zwischen dem Werkvolk und der Einheitsgewerkschaft positiv, so konstatierte man 1952 verbandsweit: »Die Sekretäre der ehemaligen Christlichen Gewerkschaften sind uns entfremdet«[53]. »Die früheren Sekretäre der christlichen Gewerkschaften hatten [...] sich andere Stellungen gesucht und wollten nicht mehr in die Katholische Arbeiterbewegung zurückkehren«[54].

Ab 1952 wandelte sich aber das Verhältnis zwischen dem DGB und der katholischen Kirche stark. Immer öfter kam es zu Meinungsverschiedenheiten und Verstimmungen. Ausgangspunkt dieser Veränderungen waren aber zumeist Konflikte in Westdeutschland, die nach Süddeutschland getragen wurden. Zwar hatte es bereits kurze Zeit nach der Errichtung der Einheitsgewerkschaft auch in Bayern vereinzelte Verstöße gegen den Grundsatz der religiösen und politischen Neutralität gegeben und mußten die ehemaligen christlichen Gewerkschafter »Verunglimpfungen« ihrer religiösen Überzeugung oder »parteipolitische Hetzreden« hören, doch gelang es der »Gewerkschaftsführung« stets, trotz der »immer heftiger und immer massiver werdenden Verstöße«, die in den Augen des Werkvolks bereits mehr waren »als einzelne untergeordnete Entgleisungen«, die katholische Arbeiterbewegung davon zu überzeugen, »daß es sich hierbei um private Entgleisungen einzelner Funktionäre handelt, die von oben nicht gewollt und nicht geduldet würden«[55]. Der Tod Böcklers im Februar 1951, der auch von den Bischöfen als der entscheidende Ansprechpartner erachtet wurde[56], aber veränderte das Klima zwischen den unterschiedlichen Gruppierungen innerhalb des DGB[57]. Böckler, der aus einem fränkischen Dorf stammte und durch seine gewerkschaftliche Sozialisation im Bayern der Prinzregentenzeit geprägt war, hatte der katholischen Arbeiterbewegung innerhalb der Einheitsgewerkschaft bewußt größeren Einfluß eingeräumt, als dieser auf Grund der Mitgliederzahlen in den gewerkschaftlichen Führungsgremien proportional zugestanden hätte[58]. Dementsprechend forderte die Verbandszentrale des Werkvolks anfangs seine

---

[52] Bericht über die Gründung und das Werden des Diözesanverbands Würzburg. KAB W Diözesanvorstandschaft/Verschiedenes.
[53] Bericht über die Schulungstagung der Sekretäre, 20.–21. September 1952. KAB VZ 17a / Verbandsausschuß 1947–1954. Wörtlich das selbe Urteil findet sich etwa auch in Bericht über die Gründung und das Werden des Diözesanverbands Würzburg. KAB W Diözesanvorstandschaft/ Verschiedenes.
[54] Bericht über das Katholische Werkvolk der Diözese Augsburg, 25. Juni 1950. ABA DB-28.
[55] WERKVOLK, Nr. 3, März 1952.
[56] Erzbischof Wendelin Rauch an den Bundesvorstand des DGB, 22. Februar 1951. EAF Nb 9/8.
[57] Zur Person Böcklers vgl. U. BORSDORF, Böckler; eine Kurzfassung bietet U. BORSDORF, Repräsentant.
[58] Vgl. hierzu etwa seine Äußerungen auf dem Gründungskongreß des DGB 1949 in München. PROTOKOLL GRÜNDUNGSKONGRESS, S. 238.

Diözesan- und Bezirkssekretäre nach dem Tod Böcklers ausdrücklich auf, sich dem neuen Vorsitzenden des DGB, Christian Fette, gegenüber loyal zu verhalten[59]. Darüber hinaus sollte die Position Fettes wegen seiner »Haltung und Einstellung zur Montan-Union und zur Frage des Wehrbeitrages« von den hauptamtlichen Kräften »in allen [...] Vorträgen und Reden« gestützt werden. Angesichts »weitgehend« deckungsgleicher Auffassungen in diesen Fragen sah man es zudem als »notwendig und anständig« an, Fette durch »Solidaritätserklärungen« zu unterstützen und sich »von allen Bestrebungen hinsichtlich der Gründung national-christlicher Gewerkschaften« zu distanzieren[60].

Eine Wende im Verhältnis zwischen Katholizismus und Einheitsgewerkschaft leitete erst die Rede Fettes über »Soziale Kulturpolitik« ein, die er am 31. Januar 1952 in Braunschweig hielt[61] und die für beträchtliches Aufsehen in der Öffentlichkeit und heftige Ablehnung auf Seiten der katholischen Standesorganisationen sorgte. Doch noch zu diesem Zeitpunkt erachtete Kardinal Faulhaber die Frage des westdeutschen Verbandspräses, »ob katholischen Arbeitern durch diese Rede und durch die in ihr aufgedeckten kulturpolitischen Ziele die Gewissensfrage über ihre weitere Zugehörigkeit zum deutschen Gewerkschaftsbund gestellt ist«[62], für nicht gewichtig genug, um sie auf der Frühjahrskonferenz der bayerischen Bischöfe beraten zu lassen. So verhinderte er, daß in Süddeutschland weitere, aufeinander abgestimmte Schritte unternommen wurden[63].

Zu einem erneuten Konflikt um die Haltung der »zur Neutralität verpflichteten Einheitsgewerkschaft« kam es aber bereits wenige Tage nach der Rede Fettes auf einer Tagung in München, wo sich Delegierte des DGB mit dem »deutschen Wehrbeitrag« befaßten. Für den Süddeutschen Verband wurde mit der dort beschlossenen Erklärung »das sozialwirtschaftliche Instrument der Gesamtarbeiterschaft zu einem parteipolitischen Werkzeug nur eines Teiles dieser Gesamtarbeiterschaft«. Man fühlte sich »überspielt« und »mißbraucht«. Die Verbandsleitung distanzierte sich von dem Beschluß des DGB und sprach diesem das Recht ab, in dieser Frage »mehr zu tun als zu beraten und eine Meinung zu äußern«. »In ernster Sorge« sah man die Einheit der Gewerkschaftsbewegung »durch derartige

---

[59] Zur langwierigen und schwierigen Suche nach einem geeigneten Nachfolger für Hans Böckler und der Wahl Fettes auf einem außerordentlichen Kongreß in Essen am 22. und 23. Juni 1951 vgl. W. MÜLLER, Gründung, S. 112–116.
[60] Rundschreiben des Verbandssekretärs Hans Haberkorn, 6. September 1951. AEB KAB Kart. 64.
[61] Eine Abschrift des Redentextes befindet sich in KFA 6506.
[62] Hermann-Josef Schmitt an Michael Kardinal von Faulhaber, 1. Februar 1952 in KFA 6506.
[63] Im Verbandsorgan des Werkvolks antwortete man erst im Sommer 1952 auf die Rede Fettes, indem man sich auf drei Seiten mit Fragen der Kulturpolitik auseinandersetzte und die kulturfördernde Rolle der Kirche darstellte. WERKVOLK, Nr. 6, Juni 1952.

IV. Das Werkvolk und die Gewerkschaften   427

Erklärungen« »gefährdet«[64]. Die »besonnenere Auffassung« der DAG, die diese dem Werkvolk zur Veröffentlichung im Verbandsorgan zukommen ließ, entsprach wesentlich eher der Haltung des Süddeutschen Verbands[65]. Dies erstaunt nicht, war doch der Regensburger Diözesanvorsitzende des Werkvolks, Franz Xaver Meyer, zugleich auch zweiter Landesvorsitzender der DAG in Bayern[66].

Sowohl die kulturpolitische Rede Fettes in Braunschweig wie die Entschließung der DGB-Funktionäre in München führten dazu, daß auch von verschiedenen Werkvolkgemeinschaften die Forderung nach der Gründung christlicher Gewerkschaften an die Verbandsleitung des Werkvolks herangetragen wurde. Diese betonte jedoch nach außen stets, daß diese Frage nur dadurch entschieden würde, ob der DGB »die parteipolitische Neutralität zu wahren« wisse[67]. Dementsprechend begann man nun, die enge personelle Verflechtung zwischen DGB und SPD und den daraus erwachsenden SPD-Einfluß auf die Einheitsgewerkschaft auch öffentlich zu beklagen: Obwohl man von etwa zwanzig Prozent christlichen gegenüber etwa sechzig Prozent der SPD nahestehenden Gewerkschaftsmitgliedern ausging, vertraten nur etwa 450–500 der 6000 Gewerkschaftssekretäre, also etwa sieben Prozent, eine christliche Weltanschauung. Von den sieben Redakteuren der Gewerkschaftszeitung »Die Welt der Arbeit« war nur einer christlich, ebenso unter den acht Leitern der Gewerkschaftsschulen. Von den 26 Sozialdirektoren wiederum gehörten 22 der SPD an[68]. Die katholische Arbeitnehmerbewegung sah angesichts der Entwicklung im DGB – den man mit seinen 5,8 Millionen Mitgliedern durchaus als »Faktor, der als Realität zu werten ist«, einschätzte –, daß sich die »Oppositionstellung der SPD im Bundestag [...] auch innerhalb der Gewerkschaften« auswirkte[69].

»Die größte Gefahr für den christlichen Menschen« sah die katholische Arbeiterbewegung in der Bildungsarbeit der Einheitsgewerkschaft, für die der DGB allein – ohne die Einzelgewerkschaften – 12 Millionen DM ausgab und die rund 40 000 Menschen jährlich erreichte. Hier wurde in den Augen des Werkvolks »der Krankheitskeim« gelegt, der es »unmöglich« machte, »diese Menschen« für die »Standesarbeit noch irgendwie zu gewinnen«[70]. Durch diese »einseitige Bildungs-

---

[64] WERKVOLK, Nr. 3, März 1952.
[65] WERKVOLK, Nr. 4, April 1952.
[66] Programm des Verbandstags in Neustadt, 28.–30. September 1951. KAB VZ 42a / Verbandstag Neustadt 1951.
[67] So Anton Maier auf dem Schulungstag der Bezirksverbände Germersheim, Landau und Neustadt am 20. April 1952 in Landau. WERKVOLK, Nr. 5, Mai 1952.
[68] WERKVOLK, Nr. 4, April 1952.
[69] Johannes Even an Franz Kolb, 7. Juni 1951. KAB VZ G I / Würzburg 1949–1964.
[70] Protokoll der Verbandsausschuß-Sitzung, 13.–14. November 1954. KAB VZ 2a / Verbandsausschuß 1954–1959.

arbeit und die ebenso einseitige Tendenz der gewerkschaftlichen Arbeit« sowie die zu zwei Dritteln »als liberalistisch, sozialistisch, ja als marxistisch« anzusehenden Mitglieder des DGB befürchtete man, würden »langsam aber sicher« auch »weite Kreise« der christlichen Arbeiterschaft »von diesem liberalistischen und marxistischen Gedankengut erfaßt«. Man sah »die Gefahr«, daß so die »christlichen Menschen zu einer Bewußtseinsspaltung kommen und in wenigen Jahren [...] nur noch im eng religiösen Sektor ansprechbar« sein würden. »Auf den Gebieten der Staats-, Wirtschafts-, Sozial- und Kulturpolitik« hingegen würde dann selbst für die Angehörigen des Werkvolks »das Programm des DGB maßgebend sein«, was die »allergrößten Gefahren« mit sich brächte[71].

Hatte Hugo Karpf auf dem Bamberger Diözesantag des Jahres 1951 »unter dem Beifall aller« das »ja zur Einheitsgewerkschaft« noch bekräftigt und alle aufgefordert, »viel mehr als bisher aktiv in ihr mitzuarbeiten, um nicht nur beitragszahlende Mitläufer zu sein«[72], so postulierte Pater Prinz wenig später für seine mit dem Werkvolk verbundenen Werkgemeinschaften als Ziel, daß sie »allmählich mehr organisatorischen Charakter annehmen und sich zu einer Art christlicher Gewerkschaften entwickeln sollten«[73]. Verbandspräses Anton Maier wiederum erklärte: »Wir sagen niemals Niemals«[74].

Der mit politischen Zielen gekoppelte Streik in der Druckindustrie 1952[75], die Auseindersetzung um das Betriebsverfassungsgesetz sowie die Frage des Wahlrechts für Betriebsräte, in der das Werkvolk eine Position besetzte, die durch den DGB »eine leidenschaftliche Ablehnung« erfuhr[76], führten zu einer weiteren Trübung des Verhältnisses zwischen dem DGB und dem Werkvolk. Angesichts dieser Entwicklung war man sich auch in allen bayerischen Ordinariaten darüber im Klaren, daß der Gedanke an die Gründung christlicher Gewerkschaften zwangsläufig wiederaufleben müsse.

---

[71] Johannes Even an Franz Kolb, 7. Juni 1952. KAB VZ G I / Würzburg 1949–1964.
[72] WERKVOLK, Nr. 11, November 1951.
[73] Werkgemeinschaften – Betriebsarbeit. Beilage zum Rundschreiben des Verbandssekretariats, 17. Dezember 1951. AEB KAB Kart. 70.
[74] WERKVOLK, Nr. 11, November 1951.
[75] Vgl. L. UNGER, Katholische Arbeitnehmerbewegung, S. 208. Zur Problematik der Berechtigung eines Streiks in der Druckindustrie fand im Verbandsorgan eine Leserbriefdebatte mit kontroversen Standpunkten statt, die ausgesprochen emotional geführt wurde (»gemeine Lüge«), vgl. WERKVOLK, Nr. 1, Januar 1953; WERKVOLK, Nr. 2, Februar 1953. Bereits im Mai 1952 rief das Werkvolk alle christlichen Arbeitnehmer auf, »überall dort, wo zu Gewaltaktionen mit politischem Hintergrund aufgefordert wird, Widerstand entgegenzusetzen«. Richtlinien für die christliche Arbeitnehmerschaft, 29. Mai 1952. ABP KAB Kart. 48 Akt 144.
[76] WERKVOLK, Nr. 5, Mai 1952.

3. Die Wiedergründung der Christlichen Gewerkschaften

Trotz der klaren Entscheidung des Werkvolks für die Einheitsgewerkschaft waren während der Nachkriegszeit die Stimmen im katholischen Lager nicht verstummt, die für die Wiedergründung von christlichen Gewerkschaften plädierten. Der Schwerpunkt dieser Bestrebungen lag zwar in Westdeutschland[77], doch wurde diese Grundhaltung vereinzelt auch in Süddeutschland vertreten. Hier ist etwa Joseph Bader zu nennen. Er war Vorsitzender der Vereinigung für christliche Sozialpraxis in Arbeit und Wirtschaft. Dieser Verein, der sich aus Arbeitgebern und Arbeitnehmern zusammensetzte, war im Februar 1948 unter Beteiligung von Weihbischof Johannes Neuhäusler, Heinrich Krehle sowie Hanns Seidel gegründet worden. Er hatte sich zum Ziel gesetzt, »den Gedanken der christlichen Sozialgerechtigkeit in Wort und Tat zu fördern, um den Arbeitsfrieden herzustellen, zu festigen und gegen antichristliche Kräfte zu verteidigen« – unter Wahrung der satzungsgemäßen parteipolitischen und konfessionellen Neutralität[78]. Wenn auch führende Theoretiker der katholischen Soziallehre »prinzipiell« der von seiner Seite erhobenen Forderung nach christlichen Gewerkschaften zustimmten, bezweifelten sie doch, daß man »zweckmäßig und mit Aussicht auf Erfolg« christliche Gewerkschaften neugründen könne[79]. Wer dies glaubte, war in ihren Augen »weltfremd« und gab sich »gefährlichen Illusionen über die tatsächliche Lage« hin[80].

Nachdem sich ab 1952 auf lokaler Ebene die Irritationen zwischen dem Werkvolk und der Einheitsgewerkschaft verstärkt hatten[81], änderte sich mit dem Aufruf des DGB zur Bundestagswahl von 1953 das Klima zwischen beiden Organisationen grundlegend. Die »Gewerkschaftskrise« hing zwar nicht »primär« mit der »Wahlpropaganda« für die SPD zusammen – sie hatte, wie geschildert, einenhalb Jahre früher mit dem Tod Böcklers begonnen –, doch wurde sie nun auch »breiten Schichten sichtbar«[82].

---

[77] Zur dortigen Entwicklung vgl. grundlegend H. Thiesen.
[78] Geschäftsbericht der Vereinigung für christliche Sozialpraxis in Arbeit und Wirtschaft, Dezember 1950. KFA 6508. Zur Position Baders vgl. etwa Joseph Bader an Anton Maier, 29. Oktober 1951, oder Joseph Bader an P. Werner Mende SJ, 11. Januar 1952. KFA 6508.
[79] P. Gustav Gundlach SJ an Joseph Bader, 17. Januar 1952. KFA 6508.
[80] P. Werner Mende SJ an Joseph Bader, 7. Januar 1952. KFA 6508.
[81] So etwa in Schweinfurt, wo die Veröffentlichung eines Weihnachtsgedichts von Erich Kästner im Mitteilungsblatt der Jugend IG Metall »heftige Kritik« unter der katholischen Arbeiterschaft hervorrief. Josef Eisemann an die Verbandsgeschäftsstelle, 8. Januar 1953. KAB VZ G III / Schweinfurt 1947–1954.
[82] So Verbandspräses Anton Maier nach der Bundestagswahl von 1953 auf dem Bamberger Diözesantag. Werkvolk, Nr. 12, Dezember 1953.

Bis zum Jahr 1953 war man über »die Vertrauensbrüche der letzten Jahre« zwar enttäuscht[83], doch bemühte man sich bewußt um den Bestand der Einheitsgewerkschaft. So dementierte etwa der Kartellverband noch Anfang Februar 1953 ausdrücklich eine Pressemeldung, laut der unter der Führung von Pater Oswald von Nell-Breuning SJ und Pater Johannes Hirschmann SJ die Gründung Christlicher Gewerkschaften vorbereitet würde. Man betonte, daß eine »eventuelle zukünftige Christliche Gewerkschaft« ebensowenig eine »kirchliche Bewegung unter geistlicher Führung« sein würde, wie die Christlichen Gewerkschaften des Kaiserreichs oder der Weimarer Republik. Ob eine Christliche Gewerkschaftsbewegung »in Zukunft« tatsächlich »notwendig« sein würde, lag in den Augen des Kartellverbands einzig daran, ob die »Einheitsgewerkschaft zu echter religiöser Toleranz und parteipolitischer Neutralität zurückfindet und sich auf ihre ureigenen Aufgaben beschränkt«[84].

Der Wahlaufruf des DGB nun, der eine »erschreckende Ähnlichkeit mit den Kritiken der SPD« hatte[85], löste in der katholischen Arbeitnehmerschaft Bayerns »sehr starke Erregung« aus[86]. Der »einfache katholische Arbeitnehmer« war nicht länger gewillt, »in einer Gewerkschaft als zahlendes Mitglied zu stehen, ohne mitbestimmen zu können«[87]. Noch bevor eine Stellungnahme der Verbandsleitung des Werkvolks die unteren Ebenen der Organisation erreichte[88], wurden in einzelnen Sekretariatsbezirken außerordentliche Vorstandssitzungen einberufen[89]. Das Verbandsorgan des Werkvolks bekam so viele Protestschreiben gegen den DGB-Wahlaufruf und Berichte über Protestaktionen aus dem gesamten Verbandsgebiet zugesandt, daß es sich außer Stande sah, auch »nur einen Teil davon zu veröffentlichen«[90]. Die Erklärung des Kartellverbands zum Wahlaufruf des DGB vom 23. August 1953 kanalisierte die verschiedenen Einzelaktionen und entsprach damit dem Verlangen der Basis, »im Interesse des Gesamtver-

---

[83] Kurzbericht über die Organisation des Katholischen Werkvolkes und dessen Arbeit in der Diözese Eichstätt, 1. Januar 1951 bis 1. Oktober 1953. DA EI OA Werkvolk 1949–1955.
[84] WERKVOLK, Nr. 2, Februar 1953.
[85] WERKVOLK, Nr. 9, September 1953.
[86] Otto Fahrner an Anton Maier, 4. August 1953. KAB VZ G II / Aschaffenburg 1944–1964. Ähnlich Josef Eisemann an die Verbandsgeschäftsstelle, 3. August 1953. KAB VZ G III / Schweinfurt 1947–1954.
[87] Kurzbericht über die Organisation des Katholischen Werkvolkes und dessen Arbeit in der Diözese Eichstätt, 1. Januar 1951 bis 1. Oktober 1953. DA EI OA Werkvolk 1949–1955.
[88] Der Wortlaut der Erklärung des Kartellverbands war am 3. August versandt worden, hatte aber bis zum 7. August noch nicht alle Sekretäre erreicht, was von den Vorständen der lokalen Werkvolkgemeinschaften »übel aufgenommen wurde«. Josef Eisemann an die Verbandsgeschäftsstelle, 7. August 1953. KAB VZ G III / Schweinfurt 1947–1954.
[89] Otto Fahrner an Anton Maier, 4. August 1953. KAB VZ G II / Aschaffenburg 1944–1964.
[90] WERKVOLK, Nr. 9, September 1953.

IV. Das Werkvolk und die Gewerkschaften 431

bands durch eine geschlossene Aktion vorzugehen«[91]. In Flugblättern wurde zur Forderung des DGB nach einem besseren Bundestag Stellung genommen[92].

Die Verbandsleitung des Süddeutschen Verbands vermied es hingegen so lang wie möglich, »eine klare Linie des Verbandes« oder »eindeutige Richtlinien festzulegen«[93]. Erst nach der Bundestagswahl vom 6. September 1953 wurden die vom Diözesanverband Würzburg geforderten klaren Richtlinien in der Gewerkschaftsfrage durch ein Rundschreiben der Verbandszentrale an alle Werkvolkgemeinschaften versandt[94], nachdem der Verbandsausschuß – das höchste Gremium des Süddeutschen Verbands zwischen den Verbandstagen[95] – auf seiner Sitzung in Fürstenried »viel Zeit« auf »die Debatte der Gewerkschaftsfrage« verwandt und eine »Verlautbarung« erarbeitet hatte, doch wurden diese in der Tagespresse »zum Teil völlig entstellt wiedergegeben«[96]. Zudem stellte die Verlautbarung keinerlei verbindliche Weisung des Verbands dar. Vielmehr folgte die Verbandsleitung trotz der anderslautenden Haltung von Rektor Berchtold der Meinung von Verbandspräses Maier, die einzig mögliche Empfehlung an die Mitglieder könne nur sein, »eine abwartende Haltung einzunehmen und Solidarität zu bewahren«[97]. In der verabschiedeten Resolution wurde aber zugleich betont, daß die Gewerkschaftskrise »nicht erst [...] durch den einseitigen Wahlaufruf des DGB herbeigeführt worden« sei, »sondern bereits vorher durch eine Reihe von schweren Verletzungen der weltanschaulichen und parteipolitischen Neutralität des DGB«. Darüber konnten aus Sicht des Werkvolks »auch die meist von oben gesteuerten Mehrheitsbeschlüsse vielfach einseitig zusammengesetzter Gewerkschaftsorgane nicht hinwegtäuschen«. Deshalb forderte man »ausreichende Garantien [...] für wirkliche parteipolitische Neutralität und echte weltanschauliche Toleranz«, damit der »letzte Versuch zur Erhaltung der deutschen Einheitsgewerkschaft« nicht fehlschlage[98]. Zugleich verwahrte man sich gegenüber dem Vorwurf des DGB, »die historische Schuld für eine eventuelle Spaltung der Einheitsgewerkschaft« zu tragen. Keineswegs »hätte erst der gewaltige Wahlsieg vom 6. September 1953 den

---

[91] Otto Fahrner an Anton Maier, 4. August 1953. KAB VZ G II / Aschaffenburg 1944–1964.
[92] AEB KAB Kart. 64.
[93] Vgl. etwa den Antrag des Diözesanverbands Würzburg an den Verbandsausschuß, 6. Oktober 1953. KAB VZ 17a / Verbandsausschuß 1947–1954.
[94] Bericht über die Verbandsleitungssitzung, 16. Oktober 1953. KAB VZ 17 a / Verbandsausschuß 1947–1954. Ein Exemplar dieses Rundschreibens hat sich erhalten in KAB VZ Rundschreiben und Schriftwechsel Diözesanverbände 1953–1954.
[95] Vgl. S. 71–72.
[96] WERKVOLK, Nr. 11, November 1953.
[97] Bericht über die Verbandsleitungssitzung, 16. Oktober 1953. KAB VZ 17a / Verbandsausschuß 1947–1954.
[98] Bericht über die Verbandsausschuß-Sitzung, 17.–18. Oktober 1953. KAB VZ 17a / Verbandsausschuß 1947–1954.

konfessionellen Verbänden Mut gemacht, die Möglichkeit eines eigenen gewerkschaftlichen Weges ins Auge zu fassen«. Vielmehr – betonte man – hätten »bereits Ende Mai und Anfang Juni 1953 sehr ernste Verhandlungen mit dem Ziele der stärkeren Sicherung des überparteilichen Charakters der deutschen Einheitsgewerkschaft« stattgefunden, die durch den Wahlaufruf des DGB nur »neue Aktualität und neue Notwendigkeit« erhalten hätten[99]. Trotzdem sah man sich letztlich gezwungen, »die Gründung Christlicher Gewerkschaften ad acta zu legen«, »nicht weil etwa der Gewerkschaftsbund einsichtsvoller und darum auch nachgiebiger geworden wäre, sondern – um es auf einen ganz kurzen, freilich auch gefährlichen Nenner zu bringen – weil einmal die protestantischen Arbeitervereine und die protestantischen Kreise überhaupt in dieser Frage umgefallen sind, zum anderen eine einheitliche Auffassung im christlichen Lager nicht zu gewinnen war und meines Erachtens auch nicht herzustellen sein wird«, wie es Anton Maier intern formulierte[100]. Zudem hatten »der Wahlerfolg und die außenpolitische Situation« es verboten, »die von weiten Kreisen geforderte und vorbereitete Gründung« herbeizuführen[101], und dazu gezwungen, »das, was damals reif war, wieder zurückzustellen«. Aber auch die Uneinigkeit »im katholischen Raum« hatte nicht unwesentlich hierzu beigetragen[102].

Kern der Auseinandersetzung war letztendlich die Frage der Zielsetzung und des Umfangs der Aufgaben des DGB, nicht so sehr »diese oder jene politische Entgleisungen« oder parteipolitische Gründe[103]. Gestanden die einen den Gewerkschaften »keine andere Aufgabe« zu, als »die Belange der Arbeitnehmerschaft bei der Vereinbarung der Arbeitsbedingungen zu vertreten«, so waren die Gewerkschaften in den Augen anderer wesentlich »mehr«. Für sie war ihre Aufgabe, »die menschliche Gesellschaft sinnvoll mitgestalten zu helfen, so daß darin auch der schaffende Mensch seinen ihm gebührenden Standort und damit die ihm als Mensch gebührende Achtung und Anerkennung findet«[104]. Rektor Berchtold wiederum sah den »inneren Grund« der Konflikte mit dem DGB

---

[99] Werkvolk, Nr. 11, November 1953.
[100] Anton Maier an P. Otto Buchheit SJ, 15. Oktober 1953. KAB VZ 17a / Verbandsausschuß 1947–1954. Zur Haltung der evangelischen Arbeiterbewegung im Sommer 1953 vgl. W. Schroeder, Diskussion, S. 234–236.
[101] Zur »internationalen Solidarisierung mit dem DGB«, der nach der Wahlniederlage der SPD vorgab, ihm drohe nun durch die Regierung Adenauer eine »Gleichschaltung nach dem Muster der totalitären Staaten«, vgl. W. Schroeder, Katholizismus und Einheitsgewerkschaft, S. 159–162.
[102] So Anton Maier in der Verbandsöffentlichkeit. Protokoll der Verbandsausschuß-Sitzung, 13.–14. November 1954. KAB VZ 2a / Verbandsausschuß 1954–1959.
[103] Protokoll der Verbandsausschuß-Sitzung, 13.–14. November 1954. KAB VZ 2a / Verbandsausschuß 1954–1959.
[104] So Leopold Schwarz in Werkvolk, Nr. 5, Mai 1951.

darin, daß »die sozial-politische Frage« ein Stadium erreicht hatte, in dem sie nicht mehr »von irgendeinem Arbeiterstandpunkt aus, sondern nur von einem ganz bestimmten sozial-politischen, weltanschaulichen Standort« gelöst werden konnte. Die »Wegscheide« bestand darin, daß sich der Sozialist »die Existenzsicherung des Arbeiters« vorstellte »unter der Garantie des Staates«, während »die christliche Auffassung« »Existenssicherung durch sicheres, persönliches und dauerhaftes Eigentum« zu erreichen suchte[105]. Das Werkvolk sah dementsprechend die Aufgaben des DGB »allein« in »Existenzsicherung und Verbesserung der Lebensmöglichkeiten«. »Totalitätsansprüche, die Gesamtlebensbereiche zu gestalten«, machten ein Verbleiben in der Einheitsgewerkschaft »unmöglich«. Trotzdem war die Gründung Christlicher Gewerkschaften für das Werkvolk »nur ein letzter Ausweg«, wenn sich der DGB »den berechtigten Forderungen der christlichen Arbeitnehmerbewegung« verschließen sollte[106], die »ultima ratio« wie es Kardinal Frings oder Oswald von Nell-Breuning formulierten. Denn die Gründung Christlicher Gewerkschaften wäre ein »Armutszeugnis« für das Werkvolk gewesen, war es doch laut »Quadragesimo anno« gerade Aufgabe der katholischen Standesvereine, ihre Mitglieder so zu rüsten, daß sie sich auch in »gemischten Verbänden« behaupten konnten[107], hätte also das Werkvolk als »vornehmste und bedeutsamste [...] Sicherung«[108] gegen die Gefährdung der Katholiken durch die Mitgliedschaft in einer »gemischen Gewerkschaft« versagt.

Die Reaktion des Werkvolks auf den DGB-Wahlaufruf führte zu einem gravierenden Klimawechsel im Verhältnis zwischen dem DGB und dem Werkvolk. So titelte die Wochenzeitung des DGB, »Welt der Arbeit«, am Ende des Bundestagswahlkampfs »Freunde, wie habt ihr euch verändert« und erhob gegen das Werkvolk den Vorwurf »meist auf höchst niederträchtige Weise« gegen den DGB vorgegangen zu sein und im Kampf gegen den DGB »mit Abstand die Spitze« zu halten – und das, obwohl vor dem Wahlkampf, »die Kritik des Werkvolks an der Politik der Bundesregierung und der Bundestagsmehrheit völlig mit der des DGB übereinstimmte«[109]. Das Werkvolk wiederum war nach Ende der für die Unionsparteien erfolgreichen Wahl keineswegs bereit, die Ausführungen des DGB-Organs als »Entgleisungen in der Hitze des Wahlkampfes« ad acta zu legen und zu vergessen. Im Gegenteil, nun titelte man in der Verbandszeitschrift

---

[105] Protokoll der Verbandsausschuß-Sitzung, 13.–14. November 1954. KAB VZ 2a / Verbandsausschuß 1954–1959.
[106] So Verbandspräses Anton Maier auf dem Bamberger Diözesantag des Jahres 1953. WERKVOLK, Nr. 12, Dezember 1953.
[107] P. Oswald von Nell-Breuning SJ an das Katholische Werkvolk, Diözesangeschäftsstelle Würzburg, 14. Oktober 1953. Abgedruckt in SOLIDARISCH IN KIRCHE UND ARBEITSWELT, S. 274.
[108] Quadragesimo anno, Ziffer 35. Druck: TEXTE ZUR KATHOLISCHEN SOZIALLEHRE, S. 112–113.
[109] Zitiert nach WERKVOLK, Nr. 10, Oktober 1953.

»Der bessere Bundestag« und führte im Leitartikel aus, daß es sich der DGB wahrscheinlich nicht habe träumen lassen, »daß seine Wahlparole ›Wählt einen besseren Bundestag‹ am 6. September vom deutschen Volk so wörtlich befolgt werden würde, wenn auch in einem ganz anderen Sinn, als die Manager es sich gedacht hatten«. Außerdem ging Rektor Berchtold in einem eigenen Artikel der Frage nach »Wer hat sich verändert?«. Man wehrte sich gegen den Versuch des DGB, das Werkvolk in der Arbeiterschaft »zu diffamieren, herabzusetzen und zu verdächtigen«. Berchtold betonte: »Wir haben uns nicht verändert. [...] Vielleicht hat auch der DGB sich nicht verändert« und wandte zugleich ein Zitat aus einem Gedicht von Heinrich Heine »An die Freunde« auf den DGB und das Werkvolk an: »Selten habt ihr mich verstanden, selten auch verstand ich euch, wo wir in der Kritik uns fanden, da verstanden wir uns gleich«. »Da, wo wir Kritik übten am Kapitalismus, an der liberalistischen Wirtschaftsordnung, da verstanden wir uns; wo wir Forderungen erhoben nach einer sozial gerechten Ordnung, da klang vielleicht manches Wort noch gleich; doch wir meinten Verschiedenes. Wir meinten eine soziale Ordnung im Sinne des Christentums, der DGB meinte sie im Sinne des Sozialismus. Der wesentliche Unterschied besteht nur darin, daß wir im Werkvolk immer klar eine christliche Sozialordnung gefordert haben, daß wir nie einen Zweifel darüber ließen, daß wir Gegner des Sozialismus sind – wogegen der DGB im Wahlkampf die Maske fallen ließ und sich klar zum Sozialismus bekannte. [...] Hinter der Maske berechtigter Kritik hat man eindeutig für die SPD Stellung genommen. [...] Wir haben aber auch Kritik geübt an der Bundesregierung und werden es weiter tun. Dieses Recht lassen wir uns nicht nehmen; gerade weil wir die bisherigen Regierungskreise unterstützt haben im Wahlkampf, glauben wir erst recht, ein Recht der Kritik zu haben, ein Recht, nun auch die Forderungen der christlichen Arbeitnehmerschaft zu erheben[110].

Im weiteren Verlauf der Auseinandersetzung[111] verschärfte sich der Ton in der gewerkschaftlichen Auseinandersetzung beträchtlich: So bezeichnete der Vorsitzende der Industriegewerkschaft Nahrung, Genuß und Gaststätten im DGB, Hans Nätscher, die christlichen Kreise öffentlich als »Irrlichter«. Er diffamierte sie als »Spalter und Wühlmäuse«, die in der Einheitsgewerkschaft keinen Platz hätten, da sie »Hochverrat am arbeitenden Menschen« übten, und deshalb »in jedem Falle« aus dem DGB ausgeschlossen werden sollten. Das Werkvolk antwortete auf diese Ausfälle, in dem es diese Äußerungen mit einer Neujahrsbotschaft Heinrich Himmlers verglich, wobei sie zwischen beiden Zitaten »eine erschreckende Ähnlichkeit« konstatierte[112]. Daß in der öffentlichen Diskussion

---

[110] WERKVOLK, Nr. 10, Oktober 1953.
[111] Hierzu vgl. W. SCHROEDER, Katholizismus und Einheitsgewerkschaft, S. 158–180.
[112] WERKVOLK, Nr. 3, März 1954.

um die Christlichen Gewerkschaften das Werkvolk aber »so wenig« wahrgenommen wurde, lag daran, daß die Verhandlungen zwischen der katholischen Arbeiterbewegung und dem DGB »im Namen des Kartellverbandes« geführt worden waren. Der Kartellverband nun, der sich aus der »Katholischen Arbeiterbewegung Westdeutscher Verband« und dem »Katholischen Werkvolk Süddeutscher Verband« zusammensetzte, firmierte als »Katholische Arbeiterbewegung Westdeutschlands«. Dies hatte zur Folge, daß in der Öffentlichkeit »von Nichteingeweihten« der Kartellverband mit dem Westdeutschen Verband gleichgesetzt wurde und somit der Eindruck entstand, das Katholische Werkvolk sei an den Auseinandersetzungen gar nicht beteiligt[113].

Von besonderer Bedeutung für den Wiedergründungsprozeß der Christlichen Gewerkschaften wurde von allen Beteiligten die Haltung der kirchlichen Hierarchie erachtet. Papst Pius XII. hatte zwar 1945 die deutschen Bischöfe darauf hingewiesen, daß die Einheitsgewerkschaft, »die Form und Art eines derartigen Zusammenschlusses«, zugelassen werden könnte, doch hatte er hierbei zugleich die Formulierung »zeitweilig« verwandt und betont, »solange die gegenwärtigen außerordentlichen Zeitverhältnisse andauern«[114]. Die bayerischen Bischöfe wiederum hatten im Sommer 1945 bei ihren »Vorberatungen« betont, daß »kirchlicherseits« gegen die neue Form der gewerkschaftlichen Organisation »soweit [...] keine Erinnerung« bestehe, soweit diese »wirklich nur die wirtschaftlichen und sozialen Interessen der Arbeiterschaft« vertrete, »ohne die religiöse Überzeugung ihrer Mitglieder beeinflussen oder weltanschauliche Ziele verfolgen zu wollen«. Die Bischöfe forderten die katholischen Arbeiter dazu auf, »in dieser Gewerkschaft maßgebenden Einfluß zu gewinnen«[115]. Doch wurde dieses Ziel nicht erreicht, vielmehr war die Einheitsgewerkschaft schon in kürzester Zeit »ein Machtinstrument der Linken geworden«, so daß die Bischöfe bereits im Frühjahr 1948, also noch vor der Gründung des DGB, überlegten, »nachträglich christliche Gewerkschaften zu errichten«, nachdem ihnen der »Land Director« von Bayern, Murray van Wagoner, schriftlich erklärt hatte, »daß seitens der Besatzungsbehörden kein Hindernis bestünde, wenn um die Genehmigung christlicher, ja sogar rein katholischer Gewerkschaften eingegeben würde«[116]. Obwohl

---

[113] Bericht über die Verbandsleitungssitzung, 16. Oktober 1953. KAB VZ 17a / Verbandsausschuß 1947–1954.

[114] Papst Pius XII. an die deutschen Bischöfe, 1. November 1945. Druck: A.-F. UTZ / J.-F. GRONER, S. 1458–1462, hier 1459–1460.

[115] Protokoll der Konferenz des bayerischen Episkopats, 26.–27. Juni 1945. Druck: L. VOLK, Akten Faulhaber II, Nr. 960, S. 1073–1078, hier 1078.

[116] Niederschrift über die Besprechungen der bayerischen Bischöfe auf der Konferenz in Freising, 16.–17. März 1948. KFA 4076. Zur internen Diskussion der amerikanischen Militärregierung um »Title 8-901« (»Catholic Trade Union organizations will be permitted on the same basis as

der Ruf nach christlichen Gewerkschaften »unter Geistlichen und christlichen Arbeitern [...] immer lauter« wurde, wollten die bayerischen Bischöfe diese Frage bewußt »dilatorisch behandelt wissen«[117], war doch in ihren Augen eine nachträgliche Gründung »nicht leicht«, sondern erforderte vielmehr »eingehender Überlegung und Vorbereitung«[118]. Letztlich setzten sich aber die Überlegungen zur Wiedergründung Christlicher Gewerkschaften bis zum Beginn der fünfziger Jahre in Bayern nicht durch. So war etwa Ende 1952 aus Sicht der bayerischen Ordinariatsvertreter – obwohl sich in ihren Augen die Leitung der Gewerkschaft bereits völlig der SPD verschrieben hatte – vor einer offiziellen Stellungnahme der katholischen Kirche abzuwarten, »ob sich die Gewerkschaften doch noch auf die Wiedergeltendmachung des Neutralitätsprinzips besinnen«[119]. Auch die westdeutschen Bischöfe lehnten es noch im Herbst 1953 ab, offiziell für eine Wiedergründung christlicher Gewerkschaften zu plädieren und wie von der westdeutschen KAB gewünscht, »Anweisungen« für die katholischen Arbeiter zu erlassen. Die Bischöfe drückten zwar in einer Entschließung »volles Verständnis« für die Entscheidung christlicher Arbeitnehmer zu Gunsten einer Neugründung Christlicher Gewerkschaften aus, doch war diese Erklärung »nicht zur Veröffentlichung bestimmt«, sondern nur zur mündlichen Bekanntgabe in den »beteiligten Kreisen« vorgesehen[120]. Wenn sich die Bischöfe zu diesem Zeitpunkt auch nicht zum Handeln entscheiden konnten, so beobachteten sie doch den Verlauf der Auseinandersetzung um die Einheitsgewerkschaft genau. Kardinal Wendel etwa wandte sich an Pater Prinz um ein ausführliches Gutachten zur Frage: »Kann eine weitere Mitgliedschaft im DGB durch einen Katholiken noch verantwortet wer-

---

other trade unions«) und »Title 15-511« (»No person shall be discriminated against on grounds of race, religion, color, sex or because of affiliation with any democratic organisation«) vgl. Al D. Sims (Director for the Internal Affairs Division, OMGBy) an Director, Internal Affairs and Communications Division, OMGUS, 6. Januar 1948. BayHStA OMGBy 13/123-1/4.

[117] Niederschrift über die Konferenz der Vertreter der Bayerischen Ordinariate, 18. Februar 1948. ABP OA Episc H 3 g.

[118] Niederschrift über die Besprechungen der bayerischen Bischöfe auf der Konferenz in Freising, 16.-17. März 1948. KFA 4076.

[119] Protokoll der Konferenz der Bischöflichen Ordinariate Bayerns, 12. November 1952. ABP OA Episc H 3 g.

[120] Stellungnahme der westdeutschen Bischöfe zur Arbeiterfrage, 3.-4. November 1953. ABP KAB Kart. 51. Vgl. H. THIESEN, S. 212-213. Die bayerischen Bischöfe wurden erst nachträglich (!) dazu aufgefordert, der bereits abgegebenen Erklärung beizutreten. Kardinal Wendel sprach sich dafür aus, sich den westdeutschen Bischöfen anzuschließen (Joseph Kardinal Wendel an die Bischöfe in Bayern, 11. November 1953. Freundliche Auskunft DA EI). Bischof Schröffer hingegen votierte sich zwar nicht gegen einen Beitritt zur westdeutschen Erklärung, sah sich aber auch außerstande »eine positive Zustimmungserklärung ohne vorhergehende nähere Information« abgeben zu können (Joseph Schröffer an Joseph Kardinal Wendel, 14. November 1953. Freundliche Auskunft DA EI).

den?«¹²¹ Die Bischöfe teilten die »nicht unbeträchtliche Bedenklichkeit«, die zum Teil unter den Laien vorherrschte, und befürchteten, »daß eine solche Gründung zum Fiasko würde oder bedeutungslos, da [...] die führenden Persönlichkeiten in der christlichen Arbeiterschaft fehlten«. Sowohl Bischof Schröffer von Eichstätt, der innerhalb der deutschen wie der bayerischen Bischofskonferenz für soziale Fragen zuständig war, als auch Bischof Keller von Münster, der in der Fuldaer Bischofskonferenz das Referat »Gesellschaft und Wirtschaft« leitete, gingen davon aus, daß die wiedergegründeten Christlichen Gewerkschaften, »nur einen Bruchteil der früheren Mitgliederzahl der [alten] christlichen Gewerkschaften bekämen«. Und diese war in den Augen der Bischöfe »schon reichlich klein gewesen«¹²².

War sich das Werkvolk bis 1953 noch uneinig »über den Umfang und die Aufgaben der Gewerkschaften« sowie die beste »Methode« zur Umsetzung seiner gewerkschaftlichen Vorstellungen, so kam es 1954 auf der Sitzung des Verbandsausschusses zur Klärung der verschiedenen Positionen innerhalb des Süddeutschen Verbands¹²³. Während etwa die Verbandsvorsitzende Georgine Christl, »als alte Gewerkschaftlerin« gerade darin »die große Gefahr« sah, »eine Entscheidung zu treffen«, war es den jungen Sekretären, wie etwa Erich Wildner, unverständlich, »daß man sich in der Gewerkschaftsfrage einfach scheut, die letzte Entscheidung zu treffen« und »auf eine Trennung mit der Gewerkschaft hinzuarbeiten«. Sie glaubten nicht, »die Leute noch länger hinhalten« zu können. Für den Passauer Diözesanpräses Stockinger war die Trennung »weltanschaulich« schlicht »notwendig«. Verbandspräses Anton Maier wiederum forderte, als »Mindestprogramm« die »Parole« auszugeben, »Wir sagen niemals Niemals«¹²⁴, und zugleich »alles« zu tun, »um in der Stunde bereit zu sein, christliche Gewerkschaften zu gründen«, wenn dies denn notwendig würde. Die Angehörigen des Werkvolks hatten in seinen Augen »wirkliche Verhandlungspartner zu sein und nicht willfährige Gegner, die gegenüber sitzen und nichts zu sagen haben«. Für Maier galt: »Wenn Du den Frieden willst, rüste Dich zum Krieg!« Aus der Sicht des stellvertretenden Verbandsvorsitzenden Wilhelm Birkman konnte man dabei »nicht vorsichtig genug, aber auch nicht gründlich genug« vorgehen. Das Werk-

---

[121] AMSJ NL Prinz D 2.
[122] Joseph Schröffer an Joseph Kardinal Wendel, 14. November 1953. Freundliche Auskunft des DA EI.
[123] Zu den folgenden Zitaten vgl. Protokoll der Verbandsausschuß-Sitzung, 13.–14. November 1954. KAB VZ 2a / Verbandsausschuß 1954–1959.
[124] Die selbe Position (»Wir sagen aber auch, wenn sich die Einheitsgewerkschaft von dem Boden der politischen oder religiösen Neutralität entfernen würde, zur gegebenen Stunde zur Bildung von christlichen Gewerkschaften niemals niemals«) hatte Maier unter »wahrer Begeisterung« seiner Zuhörer bereits drei Jahre zuvor öffentlich vertreten. WERKVOLK, Nr. 11, November 1951.

volk sollte deshalb alle Bemühungen, in den Betrieben »einen christlichen Kristallisationspunkt« zu schaffen, unterstützen. »Rivalitäten« etwa mit den Christlichen Werkgemeinschaften sollten nun »vollständig zurücktreten«, würden doch diese Kristallisationspunkte die »Schützengräben für die christliche Gewerkschaftsbewegung« sein.

Einig waren sich die Angehörigen des Verbandsausschusses darin, daß sie »zu sehr der Demokratie und der damit verankerten Auffassung von Toleranz und von Gewissenhaftigkeit vertraut« hätten. Hauptanstoßpunkt hierbei war das »System« des Mehrheitsbeschlusses im DGB. Man hatte gehofft, daß dieses geändert würde, sah man sich ansonsten doch um die Möglichkeit gebracht, »maßgebende Leute« an entscheidende Stellen »hinzubekommen«. In den Augen des Werkvolks hatte sich durch den Mehrheitsbeschluß innerhalb der Einheitsgewerkschaft »eine Demokratur« entwickelt, »d.h. eine Mischung von angewandter Diktatur der Demokratie«; »bei allen Dingen« standen die christlichen Mitglieder des DGB »im Hintergrund«, weil dieser »ganz einseitig vom sozialistischen Teil« bestimmt wurde, während sich das Werkvolk und die anderen christlichen Kräfte »als Minderheit zu fügen« hatten. Ohne Aufgabe der »Mehrheitswahl« und einer entsprechenden Satzungsänderung des DGB war das Werkvolk in den Augen seiner führenden Repräsentanten gezwungen, »eine eigene Organisation« zu gründen. Umstritten war nur »das wann und wie«, wobei man sich der zentralen Bedeutung dieser Frage durchaus bewußt war. Ein großer Teil der in München Versammelten sprach sich hierbei »traditionsmäßig« für Christliche Gewerkschaften aus. Doch gab es unter den Mitgliedern durchaus Personen, die sich für eine andere Form der gewerkschaftlichen Organisation der Werkvolkangehörigen aussprachen. Elisabeth Bach etwa, die Bamberger Frauenleiterin, konnte sich diese nur »als katholische Gewerkschaft« vorstellen. Rektor Berchtold wiederum legte sich in dieser Frage nicht fest, gab aber zu bedenken, daß man sich gründlich »überlegen« sollte, ob die Form interkonfessioneller Gewerkschaften »wirklich das Richtige« sei. Aus seiner Sicht waren katholische Gewerkschaften durchaus eine »Alternative«, drohte doch ansonsten »so und so viel ›evangelisches Wasser‹ in das katholische Programm hineingegossen« zu werden. Letztlich setzten sich aber diejenigen durch, die es für »notwendig« erachteten, »eine neue Gewerkschaftsbewegung auf möglichst breiter Basis zu stellen«, und die sich bewußt waren, daß man dabei, »auf die Mitarbeit der evangelischen Kollegen nicht verzichten« könnte. Doch wollte man sich durchaus »nicht so ungeschickt verhalten« wie die CSU, die »die Parität in die vorderste Linie« stellte. Wie die Sozialisten im DGB vertrat man den Standpunkt »Wer Mitglied ist, der bestimmt!« Dementsprechend sollten sich die evangelischen Mitchristen in einer interkonfessionellen Christlichen Gewerkschaft »mit dem kleinen Einfluß zufrieden geben«, wenn sie es nicht für notwendig finden sollten, sich zahlenmäßig stark zu beteiligen. Diese am DGB kritisierte Haltung war in den Augen Wilhelm Birkmanns den evangelischen Christen gegenüber »eine gesunde Erziehungsmethode«.

Bei der Gründung Christlicher Gewerkschaften hoffte man, daß die knapp 30 Prozent nichtsozialistischer Mitglieder der etwa 6 Millionen Angehörigen der Einheitsgewerkschaft »mit einem Schlag« den DGB verlassen würden. Deshalb wandte man sich wie in Westdeutschland[125] gegen »Einzelaustritte«. Die Parole sollte lauten: »Wenn wir gehen, dann gehen wir geschlossen!« Während aber der Sekretär des Kartellverbands 100 000 Mitglieder als ausreichend erachtete, um »anzufangen«, war in den Augen des Werkvolks der Sache selbst »mit 120 000 gar nichts gedient«. Angesichts der »Angst des Menschen vor der Masse« erforderte das »Bekenntnis« von den katholischen Arbeitnehmern »Heroismus«, der in den fünfziger Jahren »bei den deutschen Arbeitern im Betrieb« nicht mehr zu finden war, womit aber »der Ausgangspunkt zu einer christlichen Gewerkschaft ein ganz anderer als früher« war. »Die Erziehung zur Kampfnatur« stellte deshalb »eine Vorbedingung« für den Erfolg neugegründeter Gewerkschaften dar. Organisatorisch wollte man bei der Gründung bewußt am »schwächsten Punkt«, »in den Landorten« und nicht »in den Großstädten« beginnen und dort »die ersten Bastionen« errichten. Bei allen Maßnahmen war sich die Führung des Werkvolks darüber im Klaren, daß man »eine Masse« nicht »dauernd in Hochspannung halten« könne.

Die von CAJ-Angehörigen vertretene »missionarische Idee«, die in der Einheitsgewerkschaft ein »Missionsfeld« sah, hatte sich auf der Sitzung des Verbandsausschusses nicht durchgesetzt[126]. In den Augen Rektor Berchtolds war dies zwar »ein schöner, ein idealer und an sich beachtenswerter Gedanke«, der bei der CAJ »sehr lebendig« und »noch stärker« als im Werkvolk war, doch überwog der »seelsorgliche Gedanke«, der »die Gefahr« sah, daß »die anderen« die Angehörigen des Werkvolks »missionieren« könnten. Man befürchtete, daß die »unbemerkte sozialistische Infiltration« auf Dauer »beim einfachen Arbeitnehmer« keineswegs »spurlos« vorüberginge.

Nach der intensiven internen Diskussion veröffentlichte der Süddeutsche Verband eine Stellungnahme zur Gewerkschaftsfrage. In dieser Entschließung vom 14. November 1953 konstatierte man, »daß alle Versuche, die parteipolitische Neutralität und die weltanschauliche Toleranz im DGB zu erreichen, gescheitert

---

[125] Vgl. W. SCHROEDER, Katholizismus und Einheitsgewerkschaft, S. 156.
[126] Vgl. hierzu etwa auch die Ausführungen von Diözesanpräses Ludwig Stangl auf dem Augsburger Diözesantag im selben Jahr: »In der Einheitsgewerkschaft [...] ist es Pflicht unserer christlich-katholischen Arbeiter, gerade das Gedankengut, die Lehren der Sozialehre, [...] hineinzutragen und drinnen zu verwirklichen«. Protokoll des Diözesantages des Katholischen Werkvolks der Diözese Augsburg, 23.–24. Oktober 1954. KAB A Diözesantage 1947–1959.

sind«. Man forderte als Mitglied des Kartellverbands alle »christlichen verantwortungsbewußten Kräfte« auf, »unverzüglich alle Vorbereitungen und Maßnahmen zur Gründung einer wirklich unabhängigen deutschen Gewerkschaftsbewegung zu treffen«. »An alle verantwortungsbewußten christlichen Kräfte« wurde »die dringende Bitte« gerichtet, »die Solidarität der christlichen Arbeiterschaft zu wahren«. In einem vierten, nicht für die Öffentlichkeit bestimmten Punkt, wurden die Werkvolkmitglieder aufgefordert, »noch nicht« aus dem DGB auszutreten, sondern mit dem Austritt zu warten. Zugleich sollte aber ausdrücklich »keine Propaganda für den Eintritt in den DGB« erfolgen[127]. Die Devise lautete: »Die Nerven nicht verlieren!«, sollte doch die angekündigte Vorbereitung der Gründung Christlicher Gewerkschaften ganz im Sinn der Konzeption des Verbandspräses nur dazu dienen, den DGB zu warnen[128]. Auch im weiteren Verlauf der Auseinandersetzung[129] hielt sich das Werkvolk »bewußt« zurück, »nicht aus Feigheit, sondern aus Klugheit«, wie man betonte[130].

Obwohl der DGB schließlich auf den Druck der konfessionellen Verbände einlenkend reagierte, setzten die Befürworter der Wiedergründung von Christlichen Gewerkschaften, die vor allem im Rheinland und Westfalen beheimatet waren, ihre Bestrebungen fort. Am 15. Oktober wurde ein vorbereitender Aktionsausschuß ins Leben gerufen und am 30. Oktober erfolgte schließlich die Gründung der Christlichen Gewerkschaftsbewegung Deutschlands (CGD) in Essen[131]. Damit wurden die zum Anlaufen der Gewerkschaftsgründung auf ein Sperrkonto eingezahlten Mittel des Internationalen Bundes Christlicher Gewerkschaften (IBCG) frei[132] und verhindert, daß die Christlichen Gewerkschaften des

---

[127] Resolution des Verbandsausschusses, 14. November 1954. Gedruckt in D.-M. KRENN / R. LETSCHERT, S. 53.

[128] Handschriftliche Notizen zur Verbandsleitungssitzung, 17. Juni 1955. KAB VZ 1 / Verbandsleitung 1954–1971.

[129] Vgl. W. SCHROEDER, Katholizismus und Einheitsgewerkschaft, S. 171–173.

[130] Handschriftliche Notizen zur Verbandsleitungssitzung, 17. Juni 1955. KAB VZ 1 / Verbandsleitung 1954–1971.

[131] H.-D. SCHOLL, S. 128–135; W. SCHROEDER, Katholizismus und Einheitsgewerkschaft, S. 172–180.

[132] KONTAKT (Würzburg), Nr. 1, 20. November 1955. DAW Druckschriften; W. SCHROEDER, Katholizismus und Einheitsgewerkschaft, S. 180. Dem IBCG war über den Kartellverband der katholischen Arbeiterbewegung auch das Werkvolk angeschlossen (WERKVOLK, Nr. 1, Januar 1951). Die Gründung Christlicher Gewerkschaften wurde deshalb »auch mit der Internationalen Gewerkschaft und IBCG, der christlichen Arbeiterinternationale, besprochen«. Daß diese den deutschen Kräften »geistig, moralisch, finanziell« halfen, fand Anton Maier »durchaus in Ordnung«. Protokoll der Verbandsausschuß-Sitzung, 13.–14. November 1954. KAB VZ 2a / Verbandsausschuß 1954–1959.

IV. Das Werkvolk und die Gewerkschaften

Saarlands bei der Integration dieses Gebiets in die Bundesrepublik gezwungen gewesen wären, sich dem DGB anzuschließen[133].

Bereits Anfang November nahmen die westdeutschen Bischöfe zur Gründung der Christlichen Gewerkschaften positiv Stellung und werteten sie als »sachlich wohlbegründete Entscheidung«. Zugleich aber ermahnten sie alle katholischen Arbeitnehmer, sich »unbeschadet ihrer Einstellung zur Gewerkschaftsfrage [...] gemeinsam um die Durchsetzung christlicher Grundsätze und Forderungen zu bemühen«. Dies führte dazu, daß sich in den folgenden Monaten die unterschiedlichen Gruppierungen innerhalb des Katholizismus, sowohl diejenigen, die die Gründung der CGD befürworteten, als auch jene, die sie ablehnten, und jene, die einen abwartenden Standpunkt einnahmen, bei der Rechtfertigung ihrer Position auf die Erklärung der Bischöfe beriefen – sehr zum Erstaunen der Gründer der CGD[134]. So sahen sich die westdeutschen Bischöfe zu einer erneuten Stellungnahme genötigt, in der sie klarstellten, daß die Auffassung, die Bischöfe nähmen »einen völlig neutralen Standpunkt« ein, »weder dem Wortlaut noch der Absicht dieser Verlautbarung entspricht«, und ausdrücklich betonten, daß sie den Christlichen Gewerkschaften positiv gegenüberstünden[135].

Trotz aller Erregung und dem Votum der westdeutschen Bischöfe stand man in Bayern insgesamt den westdeutschen Bestrebungen zum Ausstieg aus der Einheitsgewerkschaft nach wie vor eher kritisch gegenüber – auch im Katholischen Werkvolk, wenngleich man sich dort auch schon länger darüber im Klaren war, daß, »wenn christliche Gewerkschaften einmal notwendig werden sollten«, diese »nur über das Werkvolk und nicht durch sozialpolitische Kleinkaliber« durchsetzbar seien[136].

Nachdem es am 30. Oktober 1955 in Essen ohne direkte Einbeziehung des Süddeutschen Verbands zur offiziellen Gründung der »Christlichen Gewerkschaftsbewegung Deutschlands« gekommen war und die Verantwortlichen des Westdeutschen Verbands somit die Repräsentanten der süddeutschen Arbeitnehmerbewegung vor vollendete Tatsachen gestellt hatten[137], rief Ludwig Franz, der

---

[133] W. Schroeder, Katholizismus und Einheitsgewerkschaft, S. 180. Dieser Gesichtspunkt spielte auch bei den Überlegungen der deutschen Bischöfe über »eine Neutralitätserklärung in Bezug auf die Gewerkschaftsorganisation« eine wichtige Rolle. In den Augen des Zentralkomitees der deutschen Katholiken wäre eine solche nicht »neutral« gewesen, sondern hätte die Christlichen Gewerkschaften an der Saar »in eine kritische Situation gebracht«. Bericht für die Bischofskommission für Sozialarbeit, 21. April 1959. AdZK 4100.

[134] Johannes Even an Joseph Kardinal Frings, 11. Februar 1956 (Abschrift). EAF Reg 56.64 Vol. 3, 1945f.

[135] Wortlaut dieser Erklärung auf einem Flugblatt der CGD. SL Sager.

[136] Bericht über die Schulungstagung der Sekretäre, 20.–21. September 1952. KAB VZ 17a / Verbandsausschuß 1947–1954.

[137] Im Ausschuß zur Gründung einer Christlichen Gewerkschaftsbewegung Deutschlands saß

Vorsitzende des Süddeutschen Verbands, am folgenden Tag alle Mitglieder des Verbandsausschusses zu einer außerordentlichen Sitzung zusammen[138]. An dieser Beratung der Gewerkschaftsfrage, die am 4. November in München stattfand, nahm auch der Vorsitzende des Westdeutschen Verbands, Johannes Even, nun als 1. Vorsitzender der Christlichen Gewerkschaften, teil. Zwar zeigten die führenden Vertreter des Süddeutschen Verbands bei dieser Aussprache »Verständnis für die Motive, von denen sich die Gründer der Christlichen Gewerkschaftsbewegung leiten liessen«, und wiesen den Versuch des DGB zurück, »diese als Spalter zu diffamieren«, doch beharrte man in Süddeutschland auf den Vorbehalten gegenüber dem Vorgehen des Westdeutschen Verbands. Man blieb der Meinung, »daß es nicht Aufgabe einer konfessionellen Standesorganisation sein kann, eine Gewerkschaftsbewegung ins Leben zu rufen«. Daher stellte man es auch »dem Gewissen jedes einzelnen« anheim, welcher Gewerkschaft er sich anschließen wolle, wenn man sich auch berufen fühlte, »seine Mitglieder in dieser Gewissensentscheidung nach den Grundsätzen der katholischen Sitten- und Soziallehre zu beraten«. Man trennte streng zwischen der Aufgabe der Gewerkschaften, der Wahrnehmung der wirtschaftlichen Interessen der Arbeitnehmer, und der Aufgabe des Werkvolks, der sozialen, weltanschaulichen, religiösen und charakterlichen Bildung und Schulung der Arbeitnehmer[139].

Diese abwartende Haltung der Verbandsleitung wurde im wesentlichen auf diözesaner Ebene geteilt. So konnte etwa innerhalb der Augsburger Diözesanvorstandschaft für die Gründung der Christlichen Gewerkschaften »niemand [...] etwas positives in Erwägung ziehen« und man beschloß, »sich bis auf weiteres [...] zu distanzieren und abzuwarten und die Mitglieder unter allen Umständen nicht zu beeinflussen«[140]. Im Erzbistum Freiburg bestand »Verständnis für die Motive, die zur Gründung einer christlichen Gewerkschaft geführt« hatten, doch bestand »auch Verständnis für den weiteren Verbleib der christlichen Arbeitnehmer im DGB, unter der Voraussetzung einer aktiven Mitarbeit im christlichen Sinne«[141]. Der Würzburger Diözesanverband wiederum betonte in seiner die Verbandsleitung ergänzenden Stellungnahme, daß seine Mitglieder »ihre gewerkschaftlichen Entscheidungen nach ihrer eigenen Überzeugung treffen« sollten.

---

kein einziger süddeutscher Vertreter. Niederschrift der Versammlung christlicher Arbeitnehmer, 15. Oktober 1955. SL SAGER.

[138] Einladung zu einer außerordentlichen Verbandsausschuß-Sitzung, 31. Oktober 1955. KAB VZ 2a / Verbandsausschuß 1954–1959.

[139] Verlautbarung des Süddeutschen Verbands, 4. November 1955. AEB KAB Kart. 70.

[140] Protokoll über die Diözesanvorstandschaftssitzung des Katholischen Werkvolks der Diözese Augsburg, 5. November 1955. KAB A Diözesanvorstandschaft 1945–1964.

[141] Verlautbarung des Katholischen Werkvolks, Diözesanverband des Erzbistums Freiburg, 15. November 1955. EAF Reg 56.64, Vol. 3, 1945f.

IV. Das Werkvolk und die Gewerkschaften

Es gehe nicht an, sich gegenseitig zu befehden. Denn die im DGB verbleibenden Mitglieder erfüllten in den Augen der Diözesanleitung eine klare Aufgabe, »zu verhindern, daß der DGB noch weiter radikalisiert wird«. Mit dieser Haltung glaubte man, »dem Gewerkschaftsgedanken als solchen« mehr zu dienen, als wenn man die Mitglieder »von vornherein auf eine Seite festlegen« würde. Das Bestehen zweier Möglichkeiten der gewerkschaftlichen Organisationsformen sah man als Chance, die »eine stärkere Entscheidung für die Gewerkschaftsarbeit bei den einzelnen organisierten Arbeitern und ein Abnehmen der bisherigen Überzahl von Mitläufern in der Einheitsgewerkschaft« herbeiführen würde. Die Notwendigkeit des Werkvolks wiederum sah man durch die Gründung der Christlichen Gewerkschaften keineswegs in Frage gestellt. Im Gegenteil: Aus Sicht des Werkvolks konnte kein Katholik Mitglied der Einheitsgewerkschaft oder der interkonfessionellen Christlichen Gewerkschaften sein, ohne gleichzeitig seiner katholischen Standesorganisation, dem Werkvolk, anzugehören[142], in der »alle katholischen Arbeitnehmer ihre geistige Heimat« sehen sollten. Bei der »gegenwärtigen Auseinandersetzung« war »eine noch intensivere Bildungsarbeit« durch das Werkvolk »notwendig«, deren Ziel »die christliche geformte Persönlichkeit« sein mußte, »die sich in Kirche, Betrieb und Öffentlichkeit entscheidend einsetzt«[143].

Um trotz dieser Haltung eine gewisse »Einheit der christlichen Front« und »die Verbindung zu Süddeutschland« zu demonstrieren, baten »die verantwortlichen Herren« des westdeutschen Verbands das Werkvolk, »ein oder zwei Dutzend Vertreter« aus Süddeutschland zu den weiteren Beratungen zu entsenden. Doch schon die kurzfristige Einladung der süddeutschen Vertreter sowie der Zusatz, »selbstverständlich sollten diese Vertreter Süddeutschlands mit der Auffassung des Herrn Even und der übrigen Gründungsmitglieder Christlicher Gewerkschaften grundsätzlich einig gehen«[144], zeigte, wie wenig einerseits den westdeutschen Akteuren daran lag, den Süddeutschen Verband tatsächlich inhaltlich und organisatorisch bei der Gründung miteinzubeziehen, und andererseits, wie stark in Süddeutschland die Vorbehalte gegen das Vorgehen der westdeutschen Vertreter der katholischen Arbeiterbewegung waren.

Nachdem es auf Bezirksebene zum Teil bereits unter maßgeblicher Beteiligung von Funktionsträgern des Werkvolks zu konstituierenden Generalversammlungen der Christlichen Gewerkschaften gekommen war[145], begab sich Johannes

---

[142] KONTAKT (Würzburg), Nr. 1, 20. November 1955. DAW Druckschriften.
[143] Verlautbarung des Katholischen Werkvolks, Diözesanverband des Erzbistums Freiburg, 15. November 1955. EAF Reg 56.64, Vol. 3, 45 f.
[144] Rundschreiben Anton Maier an die Diözesanpräsides des Katholischen Werkvolks, 18. November 1955. AEB KAB Kart. 70.
[145] So etwa in Bamberg, wo Werkvolksekretär Fritz Roppelt zum 1. Bezirksvorsitzenden, der ehema-

Even am 20. Dezember 1955 erneut persönlich nach München, um die Bedenken zu zerstreuen, die immer noch bei den Mitgliedern der Verbandsleitung des Werkvolks vorhanden waren. Hierzu sicherte er den süddeutschen Vertretern der katholischen Standesbewegung massive finanzielle Unterstützung sowie die Einsetzung von vier hauptamtlichen Sekretären in Bayern bis Mitte Januar 1956 zu, falls sie sich der nordrhein-westfälischen Wiedergründung anschließen sollten. Hierauf konstituierte sich nach heftiger verbandsinterner Diskussion der Landesaktionsausschuß Bayern des CGD. Er wurde wesentlich von führenden Mitglieder bzw. Sekretären des Katholischen Werkvolks getragen[146]. Da dieser aber bis zum 1. Februar 1956 keinerlei finanzielle Unterstützung aus dem Ruhrgebiet erhielt, reisten Franz X. Meyer, der bayerische Landesvorsitzende der CGD, und sein Stellvertreter Johann Apel sowie der ehrenamtliche Geschäftsstellenleiter der CGD in Bayern, Michael Sager, nach Nordrhein-Westfalen, um sich dort mit Johannes Even, Heinrich Voß und Bernhard Winkelheide zu treffen und die Einhaltung der gegebenen Zusagen einzufordern. Neben der Nichterfüllung der Versprechen vom Dezember 1955 hatte die bayerischen Repräsentanten der christlichen Gewerkschaftsbewegung vor allem verärgert, daß man erst nach drei Briefen von Bernhard Winkelheide eines »salbungsvollen« Antwortschreibens gewürdigt wurde, das zudem auf die problematische finanzielle Situation in Bayern mit keinem Wort einging. Aus der Sicht des bayerischen Landesvorsitzenden der christlichen Gewerkschaftsbewegung war es deshalb schlicht »unverantwort-

---

lige CAJ-Sekretär und nunmehrige Werkvolksekretär Paul Wünsche zu seinem Stellvertreter, der ehemalige CAJ-Sekretär und zweite Diözesanvorsitzende des Werkvolks Alfred Gassmann zum Protokollführer gewählt worden waren (Tagesordnung zur konstituierenden Generalversammlung der Christlichen Gewerkschaft Deutschland – Aktionskreis Bamberg, 10. Dezember 1955. AEB KAB Kart. 61), oder in Augsburg, wo CAJ-Kaplan und Diözesanpräses Alfred Sauer wesentlich an der Gründung und am Aufbau der CGD beteiligt war (Bericht des Diözesanverbands Augsburg, 1. Juli 1959 – 30. September 1960. KAB VZ 17 c / Verbandsausschuß 1959–1971).

[146] Ihm gehörten an: Johann Apel (Reichenhall/Weißbach), Ludwig Beyer (Schweinfurt), Bernhard Dömling (Schweinfurt), Josef Hofmeister (Diözesansekretär des Werkvolks, Weiden), Hugo Hollweger (Diözesansekretär des Werkvolks, Regensburg), Karl Horlacher (Niederwerrn/Schweinfurt), Franz Xaver Meyer (Diözesanvorsitzender des Werkvolks der Diözese Regensburg), Georg Mühl (Regensburg), Franz Olbert (Schüler des Sozialinstituts und Sekretär der Ackermanngemeinde, Nürnberg) Siegfried Rahammer (Christliche Werkgemeinschaften, München), Lorenz Ritter (Regensburg), Fritz Roppelt (Diözesansekretär des Werkvolks, Bamberg), Michael Sager (Verbandssekretär des Werkvolks, München), Ludwig Wendl (Amberg), Paul Wünsche (Diözesansekretär des Werkvolks, Bamberg) sowie eine nicht näher identifizierbare Person namens Schumann. Bericht über die Sitzung des Landesaktionsausschusses der CGD in Regensburg, 3. Juni 1956 (SL SAGER); Bericht über die Sitzung des Landesaktionsausschusses der CGD in Nürnberg, 22. Juli 1956 (AEB KAB Kart. 28).

IV. Das Werkvolk und die Gewerkschaften   445

lich, daß man uns in Bayern zum Startschuß aufgerufen hat, ohne Mittel zum Anlauf«[147].

Erst zum 1. Mai 1956 hatte sich die finanzielle Situation des Landesverbands Bayern der Christlichen Gewerkschaften soweit gebessert, daß Michael Sager seine Tätigkeit als Verbandssekretär des Werkvolks, wo er seit 1953 unter anderem für die Betriebsarbeit zuständig gewesen war[148], ganz aufgeben und sich als hauptamtlicher Geschäftsstellenleiter der CGD in München ausschließlich auf den Wiederaufbau der christlichen Gewerkschaften konzentrieren konnte[149]. Vom 29. bis zum 30. September 1956 fand schließlich in München die erste ordentliche Landeskonferenz des CGD-Landesverbands Bayern statt. Auf ihr trat der im November 1955 gebildete »Landesaktionsausschuß« geschlossen zurück und im Beisein des Generalsekretärs der CGD, Erich König, wurde durch die aus ganz Bayern entsandten Delegierten eine erste Landesvorstandschaft gewählt. Franz Xaver Meyer, der bereits dem Landesaktionsausschuß vorgestanden hatte, wurde zum 1. Landesvorsitzenden der CGD gewählt, Wilhelm Warzlberg aus München und Ludwig Beyer aus Schweinfurt zu seinen beiden gleichberechtigten Stellvertretern. Michael Sager wurde in seinem Amt als 1. Landessekretär einstimmig bestätigt. Siegfried Rahammer, der Bezirksvorsitzende der CGD-München, Karl Horlacher aus Niederwerrn/Schweinfurt, Lorenz Ritter aus Regensburg, Fritz Roppelt, der Bezirksvorsitzende der CGD-Oberfranken und Werkvolk-Sekretär, sowie Hans Nützel aus Nürnberg wurden zu Beisitzern der Landesvorstandschaft bestimmt. Rektor Alfred Berchtold wiederum, der Leiter des Sozialinstituts des Werkvolks, wurde von den Delegierten als Mitarbeiter für den Hauptgewerkschaftsbeirat vorgeschlagen[150]. Außerdem wurde auf dieser ersten landesweiten Delegiertenkonferenz ein »Ordnungsstatut für die CGD-Landesverband Bayern« verabschiedet[151]. Doch selbst auf dieses einschneidende Ereignis für die christliche Gewerkschaftsbewegung war das Echo der Presse so gering, daß sich die Verantwortlichen fragten, ob die Landeskonferenz »vielleicht bewußt totgeschwiegen wird«[152].

---

[147] Franz X. Meyer an Paul Wünsche, 29. Februar 1956. AEB KAB Kart. 28.
[148] Bericht über die Verbandsleitungssitzung, 16. Oktober 1953. KAB VZ 17a / Verbandsausschuß 1947–1954.
[149] Rundschreiben Verbandspräses Anton Maier an alle Sekretärinnen und Sekretäre des Werkvolks, 8. Juni 1956. AEB KAB Kart. 44.
[150] Bericht über die 1. ordentliche Landeskonferenz des CGD-Landesverbands Bayern in München, 29.–30. September 1956 (in der Überschrift fälschlich auf 29.–30. Oktober 1956 datiert!). AEB KAB Kart. 28.
[151] Ordnungstatut für den CGD-Landesverband Bayern. AEB KAB Kart. 28. Hier auch zwei Entwürfe zum verabschiedeten Statut.
[152] Bericht über die 1. ordentliche Landeskonferenz des CGD-Landesverbands Bayern in München, 29.–30. September 1956. AEB KAB Kart. 28.

Die Mitgliederentwicklung und dadurch die finanzielle Lage des CGD-Landesverbands Bayern war aber trotz aller Bemühungen so ernüchternd[153], daß man sich gezwungen sah, »bei Errichtung von weiteren Sekretariaten die Mitgliederzahlen und das Beitragsaufkommen des Antragstellers zu berücksichtigen«[154], was wiederum zu äußerst unschönen innerverbandlichen Auseinandersetzungen führte[155]. Selbst im Bistum Regensburg, wo sich die beiden Werkvolksekretäre Josef Hofmeister und Hugo Hollweger zusammen mit Franz Xaver Meyer, dem Werkvolk-Diözesanvorsitzenden und zugleich Landesvorsitzenden der Christlichen Gewerkschaften, »ganz besonders« um den Aufbau bemühten, gelang ihnen dies »aber nicht in dem Maß«, wie es ihnen »notwendig und wünschenswert« erschien[156]. Die äußerst angespannte Finanzlage der CGD konnte auch durch zeitweise erfolgende geringe Zuwendungen der Ordinariate nicht ausgeglichen werden, die diese »in Würdigung der hohen sozialen Bedeutung der Christlichen Gewerkschaftsbewegung« bewilligten[157].

Wenn die Gründung der Christlichen Gewerkschaften auch in Süddeutschland unter starker Beteiligung von führenden Repräsentanten der katholischen Arbeiterbewegung erfolgte, so gelang es dem Werkvolk bis zum Herbst 1956 jedoch keineswegs, zu einer geschlossenen Haltung in der Gewerkschaftsfrage zu gelangen. Deshalb stellten die Befürworter der CGD aus den Reihen des Diözesanverbands Regensburg auf der ersten regulären Verbandsausschußsitzung nach der Gründung der Christlichen Gewerkschaften einen Antrag auf stärkere Unterstützung. Doch trotz längerer Beratung innerhalb der Verbandsleitung und trotz einer heftig geführten längeren Debatte im Verbandsausschuß gelangte man »nicht zu einer Übereinstimmung«, »daß das Werkvolk den neutralen Raum verlassen und zu Gunsten der CGD eingreifen müsse«. »Eine neue Stellungnahme des Werkvolks zur Gewerkschaftsfrage« erachtete man als »nicht notwendig«,

---

[153] Im Bezirk Oberfranken gehörten am 30. September 1957 ganze 516 Personen der CGD an. Der Bezirk München wies ganze 240 Mitglieder auf, einschließlich aller Einzelmitglieder des gesamten oberbayerischen Bezirks (Paul Wünsche an Michael Sager, o.D. [wohl Oktober 1957]. AEB KAB Kart. 28) Zum Vergleich: Der Diözesanverband Bamberg des Werkvolks hatte zum selben Zeitpunkt 5848, der Diözesanverband München und Freising 8138 Mitglieder. KAB VZ Statistik.

[154] Rundschreiben der CGD, Bezirksverband Bamberg an die 1. Ortsvorsitzenden, o.D. [wohl Mai/Juni 1957]. AEB KAB Kart. 28.

[155] Vgl. etwa nur Paul Wünsche an Michael Sager, o.D. (wohl Oktober 1957). AEB KAB Kart. 28.

[156] Tätigkeitsbericht Hugo Hollweger, 1. Juni 1955 bis 31. Mai 1956. KAB R Diözesantage.

[157] So wurde etwa der CGD, Christlicher Bau- und Holzarbeiter-Verband für den Bezirk Land Bayern, Bamberg vom 1. November 1957 bis zum 30. April 1958 diskret über die Katholische Aktion und das Katholische Volksbüro ein monatlicher Zuschuß von 100 DM (!) zugeleitet. (Arthur Michael Landgraf an Dr. Jonas Mehling, 7. November 1957. AEB KAB Kart. 67.) Zum Vergleich: Das Beitragsaufkommen des Bezirksverbands Bamberg lag im September 1957 bei 859,50 DM (Paul Wünsche an Michael Sager, o.D. [wohl Oktober 1957]. AEB KAB Kart. 28).

wohingegen »Stellungnahmen der Diözesanverbände«, die sich »im Rahmen« der Beschlüsse vom November 1955 bewegten, ausdrücklich als »erwünscht« bezeichnet wurden. Doch sollte man »dem Werkvolk nicht Aufgaben zuschieben, die letzten Endes Aufgaben der CGD wären«. Generell wurde »besonders betont«, daß es bei der Mitgliedschaft in einer Gewerkschaft um »persönliche Entscheidungen des Einzelnen gehe, die man nicht durch Resolutionen erzwingen könne«, sondern nur durch »Gewissensbildung« erreichen könne. Da aber Franz Xaver Meyer den Regensburger Antrag in seiner ursprünglichen Form aufrecht erhielt, kam es, nachdem sich eine knappe Mehrheit für einen Abbruch der Debatte ausgesprochen hatte, zu einer Kampfabstimmung. Zwölf Stimmen waren für den Regensburger Antrag, fünf lehnten ihn ab und 14 Personen enthielten sich der Stimme, »damit« war der Antrag »abgelehnt«. Die Stimmverteilung zeigt das Gewicht der unterschiedlichen Positionen zur Gewerkschaftsfrage innerhalb des höchsten Verbandsgremiums zwischen den Verbandstagen. Der Verlauf der Debatte machte deutlich, welches »Unheil« dem Verband durch die Neugründung der Christlichen Gewerkschaften drohte. Das Ende der einheitlichen gewerkschaftlichen Organisation der katholischen Arbeitnehmer gefährdete auch »die Einheit im Verband«[158].

Auch auf diözesaner Ebene wurde die abwartende Haltung der Verbandsleitung bis auf wenige Ausnahmen nach wie vor geteilt. So setzte etwa der Eichstätter Diözesantag die anberaumte Beratung über die CGD von der Tagesordnung ab[159]. In Augsburg hielt man in einer »Stellungnahme zur Christlichen Gewerkschaft« die Werkvolkmitglieder, »die die Interessen der katholischen Arbeiter in der Einheitsgewerkschaft vertreten«, an, diese Positionen so lange zu halten, bis die CGD diese Position übernehmen könne. Man fragte sich aber auch prinzipiell, ob es »zweckmäßig« sei, »die dort erworbenen Positionen aufzugeben«. Wenn »Kollegen« zu der »Überzeugung« gelangten, »zur CGD zu gehen«, so sollten sie dies in den Augen des Werkvolks tun; zugleich betonte man aber, »daß die christlichen Kollegen im DGB eben doch an einen Kreis und an Gedankengut herankommen, das ihnen sonst verschlossen bleibt«[160]. Im Bamberger Diözesanverband warnte Wilhelm Birkmann, der stellvertretende Verbandsorsitzende, ausdrücklich vor der Gründung Christlicher Gewerkschaften. Er war der

---

[158] Bericht über die Verbandsausschuß-Sitzung, 27.–28. Oktober 1956. KAB VZ 2a / Verbandsausschuß 1954–1959. Laut der gültigen Satzung des Werkvolks § 11 entschied der Verbandsausschuß mit »einfacher Stimmenmehrheit der Erschienenen«. KAB VZ Satzungen.
[159] Protokoll über die Delegiertentagung des 2. Diözesantags des Werkvolks der Diözese Eichstätt, 6. Oktober 1956. DA EI BA Werkvolk 1949–1967.
[160] Protokoll über die Delegiertentagung des Katholischen Werkvolks Diözesanverband Augsburg, 10. Februar 1957. KAB A Diözesanverband 1945–1964.

Meinung, »es ist besser im DGB zu bleiben, als hier Experimente zu machen«. Andere Auffassungen schrieb er der Jugend ihrer Vertreter zu [161].

Erst im Lauf der Jahre nach der Gründung der CGD kam es zu einer immer stärkeren Abgrenzung zwischen dem Werkvolk und dem DGB, wenn man auch erkannte, daß der DGB »den größten Einfluß auf die Arbeiterschaft« hatte, dessen »Ausrichtung« nach dem Auszug der Christlichen Gewerkschafter in den Augen des Werkvolks »rein sozialistisch« war. Die Arbeiter wurden aus dieser Sicht bei der Einstellung »indirekt zur Mitgliedschaft« im DGB »gezwungen«. Die Betriebsräte wiederum waren nun nahezu ausschließlich »Spitzenfunktionäre des DGB und Mitglieder der Betriebsgruppen der SPD« [162]. Wie tiefgreifend das Vertrauensverhältnis zwischen DGB und Werkvolk zerstört war, belegt ein Rundschreiben des DGB-Landesbezirks Bayern, in dem Max Wönner eine Betriebsmission als Vorgehen mit »gewerkschaftspolitischen Hintergrund« bezeichnete, das nur »kirchlich getarnt« war [163].

Angesichts dieser Entwicklung setzte sich die Ansicht der Regensburger Diözesanleitung immer stärker durch: »würde die CGD bedeutungslos bleiben, dann würde das auch für uns im Werkvolk ein noch schwereres arbeiten werden als bisher« [164]. Dementsprechend hielt schließlich 1960 der Würzburger Diözesanverband »die Stunde für gekommen«, den Mitgliedern »zu empfehlen, ihre Mitgliedschaft bei den DGB-Gewerkschaften zu überprüfen. Im Interesse einer wirksamen, berufständischen Vertretung der Arbeitnehmerschaft« forderte man die Werkvolkangehörigen auf, »nach vollzogener Konsequenz sich gewerkschaftlich neu zu organisieren« [165]. Ähnliche Resolutionen hatten auch die Diözesanverbände Augsburg und Regensburg erlassen [166].

In München wurde am 4. Dezember 1960 durch den Verbandsausschuß auf Antrag des Diözesanverbands Freiburg erneut eine verbandsweite »Gewerkschaftsresolution« erlassen, in der angesichts des Austritts der Christlichen Kollegenschaft aus dem DGB allen Werkvolkangehörigen empfohlen wurde, »ihre Mitgliedschaft bei den DGB-Gewerkschaften zu überprüfen« [167] und zur »Stärkung

---

[161] Elisabeth Bach an Georg Meixner, 1. März 1956. AEB KAB Kart. 68.
[162] Bericht Volksbüro – Raum Ingolstadt. DA EI BA Werkvolk 1949–1967.
[163] Rundschreiben des DGB-Landesbezirks, Max Wönner, 9. Oktober 1957. AMSJ NL Prinz D 3.
[164] Tätigkeitsbericht Hugo Hollweger, 1. Juni 1955 bis 31. Mai 1956. KAB R Diözesantage.
[165] Entschließung auf dem 6. Diözesantag des Katholischen Werkvolks, 12.–13. November 1960 in Würzburg. AEB KAB Kart. 61.
[166] DGB-Landesbezirk Bayern, Die christliche Gewerkschaftsbewegung Deutschlands, 1. Dezember 1961 (Abschrift). AEB KAB Kart. 47.
[167] Antrag zum Verbandsausschuß 1960 in München, Nr. 3, vom Diözesanverband Freiburg. KAB VZ 2b / Verbandsausschuß 1960–1973.

IV. Das Werkvolk und die Gewerkschaften 449

der christlichen Gewerkschaften« beizutragen[168]. Doch wurde diese Resolution nur an die Katholische Nachrichten-Agentur und nicht wie vorgesehen auch an die Deutsche Presse-Agentur weitergeleitet[169], was zur Folge hatte, daß sie in der Tagespresse nicht veröffentlicht wurde[170]. Daß die Resolution auch im Verbandsorgan nicht veröffentlicht wurde, führte zu heftigen Irritationen zwischen den Verantwortlichen in den Diözesen und der Verbandszentrale. Man forderte eine eindeutige Klärung der Vorgänge: »Bei dieser Erklärung sollte aber Wert darauf gelegt werden, daß sie auch glaubwürdig übersetzungsfähig ist, das heißt, daß sie stichhaltig genug ist, den Gruppen zu einem wirklichen Verständnis der Haltung der Verbandsspitze zu verhelfen«[171]. Die Münchener Resolution führte dazu, daß in den Augen des DGB-Landesbezirks Bayern »die Würfel endgültig gefallen« waren. Nachdem sich das Werkvolk »selbst zur Gegnerorganisation des Deutschen Gewerkschaftsbundes erklärt« hatte, berücksichtigte der DGB »diese Tatsache« in seiner »gesamten Arbeit«[172]. Dies führte dazu, daß »der an und für sich noch vorhandene Kontakt zum DGB« nun klar »unterbrochen« wurde[173].

Zwei Jahre nach dem ersten Vorstoß, nachdem alle Werkvolk-Diözesansekretäre aus den DGB-Gewerkschaften ausgeschieden waren[174], erließ der Würzburger Diözesanverband am 18. November 1962 erneute eine Resolution zur Gewerkschaftsfrage. Er fühlte sich durch »die weitere Entwicklung des DGB« in der Auffassung bestätigt, »daß nach den Grundsätzen zur Gewerkschaftsfrage in Mater et Magistra die DGB-Gewerkschaften in Theorie und Praxis gegen das natürliche Sittengesetz verstoßen«. Er sah »durch das Gewerkschaftsmonopol eines reaktionären Gewerkschafts-Sozialismus im DGB und seinen Gewerkschaften« »die Freiheit und Sicherung der wirklichen Arbeitnehmerinteressen ebenso wie die Erhaltung unserer freiheitlichen Gesellschafts- und Staatsordnung bedroht«. Er forderte dazu auf, »mit aller Kraft das beanspruchte und praktizierte DGB-Monopol« zu brechen und den »Ausbau konkurrierender Gewerkschaften als Instrument freiheitlich denkender Arbeitnehmer« zu fördern. Klar

---

[168] DGB-Landesbezirk Bayern, Die christliche Gewerkschaftsbewegung Deutschlands, 1. Dezember 1961 (Abschrift). AEB KAB Kart. 47.
[169] Franz von Prümmer an das Verbandssekretariat, 18. Januar 1961. KAB VZ G III / Schweinfurt 1947–1954.
[170] Eberhard Kunze an Franz von Prümmer, 24. Januar 1961. KAB VZ G III / Schweinfurt 1947–1954.
[171] Franz von Prümmer an das Verbandssekretariat, 18. Januar 1961. KAB VZ G III / Schweinfurt 1947–1954.
[172] DGB-Landesbezirk Bayern, Die christliche Gewerkschaftsbewegung Deutschlands, 1. Dezember 1961 (Abschrift). AEB KAB Kart. 47.
[173] Bericht des Diözesanverbands Würzburg, 1. Juli 1959 – 30. September 1960. KAB VZ 17c / Verbandsausschuß 1959–1971.
[174] DGB-Landesbezirk Bayern, Die christliche Gewerkschaftsbewegung Deutschlands, 1. Dezember 1961 (Abschrift). AEB KAB Kart. 47.

betonte man: »Die Christlichen Gewerkschaften stehen der weltanschaulichen und gesellschaftspolitischen Auffassung des Werkvolkes am nächsten«. Dementsprechend empfahl der Würzburger Diözesantag allen Mitgliedern, »die Christlichen Gewerkschaften durch ihren Beitritt zu stärken«[175].

Trotz der mittlerweile massiven Unterstützung des Werkvolks[176] und den in Bayern selbst nach Erachten des DGB für die CGD »relativ günstigen Voraussetzungen« gelang es den Christlichen Gewerkschaften nicht, sich zu einer ernstzunehmenden Alternative zum DGB und den ihm angeschlossenen Einzelgewerkschaften zu entwickeln und so die gesellschaftliche Position des DGB zu gefährden. Dessen Landesbezirk Bayern verfolgte zwar den organisatorischen Aufbau seiner Konkurrenz »sehr genau« und ließ alle ihm bekanntwerdenden Neugründungen »registrieren«. Man erkannte auch klar, daß das Werkvolk »eine besondere Rolle« spielte, der CGD in verschiedenen Bereichen »Hilfsdienste« leistete und bei den Neugründungen der CGD »Pate« stand, doch gab es in den Augen des DGB angesichts der stark regional begrenzten Erfolge der Christlichen Gewerkschaften keinen Grund, die Bedeutung dieser Organisation zu überschätzen, deren Wirken auch über fünf Jahre nach ihrer Gründung »nach wie vor kaum spürbar« war[177].

Die Gründe für das Scheitern der Christlichen Gewerkschaftsbewegung waren vielfältig. Zentraler Punkt war aber mit Sicherheit, daß es den führenden Repräsentanten des katholischen Werkvolks nicht gelang, seine Mitglieder zum Eintritt in die neugegründete Richtungsgewerkschaft zu bewegen und diese so wie geplant zum »Gegengewicht für den DGB« auszubauen[178]. Seine Mitglieder rekrutierte die CGD keineswegs, wie deren Funktionsträger gehofft hatten, aus dem Mitglie-

---

[175] Entschließung des 7. Diözesantags in Würzburg, 18. November 1962. KAB W Diözesantage 1950–1973.

[176] Sie ging soweit, daß das Werkvolk bei Betriebsrats- und Personalratswahlen keine eigenen Listen einreichte und bei deren Vorbereitung »das Ziel auf die Unterstützung der CGD-Listen«, auf denen Werkvolkmitglieder kandidierten, legte. So etwa im Bistum Eichstätt. Bericht des Diözesanverbands Eichstätt, 1. Oktober 1960 bis 30. September 1961. KAB VZ 17c / Verbandsausschuß 1959–1971.

[177] DGB-Landesbezirk Bayern, Die christliche Gewerkschaftsbewegung Deutschlands, 1. Dezember 1961 (Abschrift). AEB KAB Kart. 47. Insgesamt existierten in Bayern am 22. November 1961 nur 45 Ortsgruppen der CGD (Oberbayern: 7, Niederbayern: 1, Schwaben: 8, Oberfranken: 14, Mittelfranken: 3, Unterfranken: 5, Oberpfalz: 7). Als CGD-Schwerpunkte sind die Kreisausschüsse Bamberg, Lichtenfels, Schweinfurt, Marktredwitz-Waldsassen-Weiden, Amberg, Augsburg, Ingolstadt und Cham anzusprechen. Außerhalb der Gebiete, die »eine festgefügte CGD« besaßen, war aber »von der CGD fast gar nichts zu bemerken«. So etwa für das Bistum Eichstätt: Bericht des Diözesanverbands Eichstätt, 1. Juli 1959 bis 30. September 1960. KAB VZ 17c / Verbandsausschuß 1959–1971.

[178] Bericht des Diözesanverbands Eichstätt, 1. Oktober 1960 bis 30. September 1961. KAB VZ 17c / Verbandsausschuß 1959–1971.

derreservoir der konfessionellen Standesorganisationen. Wie gering das Interesse an der Wiedergründung der Christlichen Gewerkschaften unter den Mitgliedern und lokalen Vorstandsmitgliedern tatsächlich war, belegt ausgesprochen anschaulich die bereits mehrmals erwähnte Umfrage zum Vereinsleben innerhalb aller Werkvolkgemeinschaften. Von den 2762 nachweisbaren Veranstaltungen des Werkvolks in ganz Süddeutschland widmeten sich im Jahr der Gründung der CGD ganze 32 der Frage der Christlichen Gewerkschaften. Zudem wurden die Vorträge zur Hälfte von hauptamtliche Mitarbeitern des Werkvolks gehalten[179].

Die Gründung der Christlichen Gewerkschaften führte dazu, daß das Werkvolk seine im DGB erworbenen Positionen opferte, ohne über die CGD vergleichbare Möglichkeiten zu erreichen. Aber das Werkvolk verlor durch die Aufgabe der einheitlichen gewerkschaftlichen Organisation seiner Mitglieder nicht nur an gesellschaftlichen Einfluß, sondern wurde darüber hinaus durch die aus der Diskussion um den richtigen Weg in der Gewerkschaftsfrage resultierenden innerverbandlichen Spannungen entscheidend geschwächt. Da die »Betriebsgruppen« des Werkvolks zumeist die CGD aufgebaut hatten und die Träger der neuen Gewerkschaft waren, wurden häufig gerade die besonders aktiven Mitglieder von einer Organisation gebunden, die zum Teil in direkter Konkurrenz zum Werkvolk stand, das nach dem Zweiten Weltkrieg in Ermangelung einer christlichen Gewerkschaft manche ihrer typischen Aufgaben, wie etwa bei den Sozialwahlen, übernommen hatte. So stellte sich nun für manchen die Frage, ob durch die CGD das Werkvolk »überflüssig« würde[180].

---

[179] Umfrage zum Vereinsleben 1956. KAB VZ.
[180] Aktenvermerk für H.H.St. betreffend die Diözesanausschuß-Sitzung, 11. Februar 1956. AEB KAB Kart. 70.

V. Das Katholische Werkvolk und die Politik

»Religion ist nicht Privatsache«[1].

Dieser Feststellung entsprechend bemühte sich das Werkvolk stets, der Haltung »Politik? – Nichts für mich!«, der vorherrschenden »Bequemlichkeit« und »Interesselosigkeit« unter seinen Mitgliedern wie unter allen Katholiken entgegenzuwirken. Man war sich der zwingenden Notwendigkeit bewußt, sich aktiv am politischen Leben zu beteiligen, damit das kulturelle, soziale und wirtschaftliche Leben aller »wieder vom christlichen Geist durchformt« würde. Von daher bestand für jeden Christen die »Pflicht zur Mitarbeit«. Die Ausübung des Wahlrechts war aus Sicht der Verbandsleitung für jeden Katholiken »eine ebenso schwere Gewissenspflicht wie z.B. die Sonntagsheiligung, ja, wenn wir an die Auswirkungen und Folgen denken, vielleicht eine noch viel schwerere«. Werkvolkmitglieder sollten aber nicht nur ihr Wahlrecht in Anspruch nehmen, sondern auch auf die Aufstellung der Kandidaten Einfluß nehmen. Für den Verband umfaßte die »Pflicht des Christen« keineswegs »nur zur Kirche zu kommen, wo das Wort Gottes gekündet wird«, sondern mit ganzer »Kraft mitzuwirken an der Gestaltung des öffentlichen Lebens«, »nichts anderes, als lebendigen, gestaltenden, aktiven Anteil nehmen am politischen Geschehen«. Christen, die sich daran nicht beteiligten, waren laut Rektor Berchtold »Deserteure« oder »Drückeberger im Heerbann Christi«[2]. Dementsprechend postulierte man: »Das Katholische Werkvolk ist bewußt eine politische Organisation. Jeder anständige Mensch muß politisch tätig sein, was mit Parteipolitik nicht verwechselt werden darf«[3].

1. Staatspolitisches Engagement

Bereits unmittelbar nach Kriegsende hatte man sich in der katholischen Arbeiterbewegung intensiv mit dem Nationalsozialismus und den Gründen, »die zu dieser Katastrophe führten«, auseinandergesetzt[4] – im Bewußtsein, selbst standgehalten zu haben und den eigenen Idealen treugeblieben zu sein, das auf der trotz massiver Repressalien verschwindend geringen Anzahl von Austritten aus dem Verband während des Dritten Reichs[5] sowie der hohen Anzahl wegen ihrer

---

[1] So Rektor Berchtold in WERKVOLK, Nr. 4, April 1952.
[2] WERKVOLK, Nr. 3, März 1952.
[3] WERKVOLK, Nr. 5, Mai 1952.
[4] L. SCHWARZ, Irrstern.
[5] Bericht über das Katholische Werkvolk der Diözese Augsburg, 25. Juni 1950. ABA DB-28.

V. Das Werkvolk und die Politik 453

Überzeugung ins KZ gekommenen Repräsentanten basierte[6]. Aus der eigenen leidvollen Erfahrung der Verfolgung heraus – Alfred Berchtold[7], Emil Muhler[8] und Hermann-Josef Schmitt[9] waren selbst in Dachau inhaftiert gewesen – hielt man das Andenken an die »für die Freiheit und ein christliches Deutschland gefallenen Freunde« bewußt wach[10]. So gedachte man etwa auf dem Augsburger Verbandstag 1963 Hans Adlhoch oder legte die Eröffnung des Kartellsekretariats in Mainz bewußt auf den 20. Juli und verband sie mit einer Gedenkfeier für Bernhard Letterhaus und Nikolaus Groß, die im Zusammenhang mit dem Attentat auf Hitler vom 20. Juli 1944 hingerichtet worden waren[11]. Zudem erinnerte man durch wiederholte Artikel in der Mitgliederzeitung immer wieder an die Rolle der katholischen Arbeiterbewegung im Widerstand gegen den Nationalsozialismus[12].

Nicht zuletzt aus der Erfahrung des Nationalsozialismus machte sich das Werkvolk auch die Erziehung »zum verantwortungsbewußten Staatsbürger und zu internationaler Verständigung« zur Aufgabe[13]. So war es nur konsequent, daß man sich in der Bildungsarbeit intensiv mit Fragen der Staatsform, der Gesellschaftsordnung und der europäischen Zusammenarbeit beschäftigte sowie alle Mitglieder zur Mitarbeit innerhalb der Parteien, als Organen der politischen Willensbildung, aufrief. Aus der Vielzahl der Bereiche des staatspolitischen Engagements des Werkvolks sollen im folgenden nur drei besonders markante Aspekte herausgegriffen und kurz skizziert werden.

a) *Der Einsatz für die »freiheitlich demokratische Grundordnung«*

Für das Werkvolk war die Demokratie zugleich die »schwierigste« wie »die menschlichste aller Staatsformen«, in deren »Grundlegung und Ausgestaltung« sah es »eine Aufgabe erster Ordnung«. Hierzu galt es, »alle [...] zur Verfügung

---

[6] Vgl. hierzu etwa die Biogramme der in der vorliegenden Arbeit erwähnten Priester in PRIESTER UNTER HITLERS TERROR.
[7] Vgl. A. BERCHTOLD, Mein Weg, S. 45–56.
[8] Vgl. J. PÖRNBACHER, S. 138–139.
[9] Vgl. J. ARETZ, Hermann-Josef Schmitt, S. 121.
[10] So Josef Gockeln bei der Errichtung des Kartellsekretariats am 20. Juli 1954. WERKVOLK, Nr. 9, September 1953.
[11] WERKVOLK, Nr. 9, September 1953.
[12] Etwa »2 Märtyrer unseres ›Werkvolkes‹« (WERKVOLK, Nr. 12, Dezember 1948); »Arbeiter liebten ihre Freiheit mehr als das Leben« (WERKVOLK, Nr. 7, Juli 1954); unter der Überschrift »Unvergessen: 20. Juli 1944« druckte man den letzten Brief von Nikolaus Groß vor seiner Hinrichtung ab (KONTAKT [Würzburg], Nr. 8, Juli 1956. DAW Druckschriften). Im Verbandsorgan wurde nicht nur an direkt zur katholischen Arbeiterbewegung gehörende Persönlichkeiten erinnert, sondern auch an andere Kämpfer gegen den Nationalsozialismus, wie etwa unter dem Titel »Das Vermächtnis des Toten« an Pater Ingbert Naab aus Eichstätt (WERKVOLK, Nr. 4, April 1953).
[13] Mitgliedsbuch und Satzungen (o.J., wohl 1955), § 2. KAB VZ Satzungen.

stehenden direkten und indirekten Mittel einzusetzen«. Der Arbeiterschaft kam angesichts der »Herrschaft der zahlenmäßigen Mehrheit« nun die »eigentliche Schlüsselstellung« zu. »Im modernen Industriestaat« stellte sie als zahlenmäßig stärkste Schicht »die entscheidende Mehrheit«, so »daß im modernen Staat die Lebensfähigkeit der Demokratie« zwangsläufig »zu einem wesentlichen Teil« von der Haltung der Arbeiterschaft ihr gegenüber abhing. Aus der Bejahung der Demokratie heraus sah das Werkvolk seine Aufgabe darin, die katholische Arbeiterschaft dazu zu befähigen, von ihren demokratischen Rechten Gebrauch zu machen. Das Werkvolk bemühte sich deshalb, bei seinen Mitgliedern das Bewußtsein der persönlichen Verantwortung gegenüber dem demokratischen Staat zu stärken, durch seine Schulungs- und Bildungsarbeit das staatsbürgerliche Wissen zu verbessern und zu verbreitern sowie den Willen des Einzelnen zur Mitgestaltung des öffentlichen Lebens zu wecken und zu fördern. Außerdem verstand das Werkvolk auch seinen Anteil beim Aufbau funktionsfähiger demokratischer Institutionen, sein sozial- und wirtschaftspolitisches Engagement für eine gerechte Wirtschaftsordnung sowie seinen Kampf um die soziale Sicherheit der Arbeitnehmer als Beitrag zur Entwicklung eines demokratischen Staats, den es nicht nur auf geistiger, sondern auch auf materieller Ebene sichern und ausbauen wollte[14]. Bei allem war man sich stets bewußt, »daß die Stärke in Zahlen ausgedrückt wohl der wichtigste Faktor in der Demokratie sei«[15]. Dies war nicht zuletzt der Grund dafür, daß sich das Werkvolk gezielt um die Steigerung der Zahl seiner Mitglieder bemühte.

Im Rahmen des alltäglichen Vereinslebens wurden die Verbandsangehörigen immer wieder auch durch Vorträge zu Themen wie »Das Grundgesetz«, »Wirklichkeitsflucht – eine moderne Sünde«, die »Christliche Staatsordnung«, »Kirche und Staat« oder »Christ und Politik« über den Aufbau der westdeutschen Demokratie informiert und zum politischen Engagement aufgefordert[16].

b) *Die »Zone« als »Hort des Bösen« – »Baut Dämme gegen die Weltrevolution«*

Für die katholische Arbeiterbewegung stellten die führenden Vertreter des Regimes in der sowjetischen Besatzungszone »die Elite Satans« dar, die es zu bekämpfen galt. Die »Ostzone« war ein »Spiegel«, der den Katholiken des Westens zeigte, »wie viele« von ihnen »abgestanden«, »müde und satt geworden« waren, obwohl diese »Millionen müder Christen« den Auftrag hatten, »Streiter« für »die Kirche Gottes« zu sein. Werkvolkmitglieder sollten ihr Christentum nicht als

---

[14] WERKVOLK-FÜHRUNG, Nr. 11, 1955.
[15] WERKVOLK, Nr. 11, November 1951.
[16] Vielfältige Beispiele hier in der Umfrage zum Vereinsleben 1956. KAB VZ.

»Last« empfinden, sondern vom »Adelsstolz der Gotteskinder« erfüllt sein. Sie sollten »erobern«, nicht nur »bewahren«, sich »vom Geist der Genuß- und Habsucht« lösen, und nicht »ahnungslos ihren Gelüsten nachgehen und hoffnungslose Objekte der Seelsorge« sein, sondern »die Christusbotschaft« verkünden. Sie sollten »die Elite Gottes« sein[17]. Da für das Werkvolk der Ost-West-Konflikt im Letzten zutiefst religiös begründet war, stellte es die »heiligste Gewissenspflicht der katholischen Kirche« dar, »Schulungsmöglichkeiten« zu bieten, »die den klaren, zum Segen führenden Weg zeigen«. Man erachtete es als keineswegs ausreichend, »wenn Kanonen abwehrbereit dem Osten gegenüberstehen, wenn nicht die Kraft des Geistes vorhanden sei«[18].

Die weltanschauliche Ablehnung des Regimes jenseits des Eisernen Vorhangs wurde den Mitgliedern auf allen Ebenen der Verbandsarbeit vermittelt. Einzelvorträge mit Themen wie »Drohende bolschewistische Gefahr«, »Koexistenz ist Lüge«, »Wühlarbeit der KPD in der Bundesrepublik« oder »Notwendigkeit der katholischen Arbeiterbewegung und Kampf gegen Kommunismus« standen im Mittelpunkt der politischen Bildungsarbeit des Werkvolks[19]. Hierfür griff man auch auf kostenlos angebotenes Informationsmaterial des Bundesministeriums für gesamtdeutsche Fragen zurück[20]. Lichtbildervorträge mit Titeln wie »Moskau, das Mekka der Sowjets«, »Zustände in der Sowjetzone« oder »Dammbau tut not« und Filme wie »Der große Irrtum«, »Herrschaft unter dem roten Stern« oder »Weg zur Freiheit« wirkten ebenso normierend wie Rundreisen einzelner Sekretäre, die identische Vorträge wie »Karl Marx ohne Heiligenschein«, »Materialismus, eine neue Irrlehre« oder »Wirklichkeitsflucht, eine moderne Sünde« in mehreren Vereinen hielten. Die Veranstaltungen sollten über die tatsächlichen »Verhältnisse im Osten« informieren, wurden doch vom »Osten« unwahre Aussagen »als legaler Weg« angesehen, um »ein politisches Ziel zu erreichen«, und deshalb »mit allen Mitteln versucht, eine Vergleichsbasis durch Abriegelung zu verhindern«. Den Blick dafür zu schärfen, daß bei dem in der DDR vorherrschenden Fehlen einer »Ethik der Wahrhaftigkeit« Äußerungen des ostdeutschen Regimes »nicht nach dem Prinzip der Übereinstimmung von Wirklichkeit und Aussage« zu bewerten waren, sondern daß man vielmehr klar »Theorie und Praxis« vergleichen müsse, wenn man sich »ein einigermaßen zutreffendes Bild von den dortigen Verhältnissen« machen wollte, diese »Tatsache« wollte man

---

[17] So Bezirkspräses Johannes Kreutzer auf dem 7. Diözesantag des Katholischen Werkvolks der Erzdiözese Bamberg. Druck: WERKVOLK, Nr. 12, Dezember 1953.
[18] So der Augsburger Diözesanpräses Ludwig Stangl. WERKVOLK, Nr. 4, April 1951.
[19] Zahlreiche Einzelbeispiele hierfür finden sich in der Umfrage zum Vereinsleben 1956. KAB VZ.
[20] Rundschreiben des Verbandssekretariats, 13. September 1951. ABP KAB Kart. 48 Akt 144. Die Verbandszentrale hielt alle Sekretäre explizit dazu an, von dieser Möglichkeit Gebrauch zu machen.

allen »bewußt« machen[21]. So gab es neben den Vorträgen im Verbandsorgan über Jahre hinweg eine eigene Sparte »Kleine Zonenzeitung«, die allmonatlich der Auseinandersetzung mit dem weltanschaulichen Gegner diente. Man informierte den Leser hier etwa über die Löhne sowie die Lebenshaltungskosten in der »Ostzone«[22], »Frauenrechte hinter dem Eisernen Vorhang«[23] oder das System der Zwangsarbeit in der Sowjetunion[24].

Das Werkvolk beschränkte sich jedoch nicht nur auf die Bildungsarbeit, sondern übte auch »praktische Nächstenliebe«. So nahmen sich etwa die Leiter der vom Würzburger Diözesanverband getragenen Freizeitheime besonders »der SBZ-Jugendlichen« an, »die sie persönlich aufsuchten und zu gemeinsamen Zusammenkünften einluden«[25]. Der Regensburger Diözesanverband wiederum beteiligte sich »an der Ostzonenpaketaktion«. Doch schickte man dort nicht nur Pakete, sondern hielt die »briefliche Verbindung« »mit diesen Leuten« aufrecht, die »dankbar« waren für den »Trost«, »nicht ganz vergessen zu sein«[26]. Der Verband hielt seine Gruppen an, sich nicht »hinter Vereinsmauern« zu verschanzen, sondern sich für die »Notleidenden der Ostzone« einzusetzen[27], und engagierte sich bewußt auch »im Zonengrenzgebiet« bei der Gründung von Werkvolkgemeinschaften[28].

Die staatstragende Funktion der katholischen Arbeiterbewegung wurde auch vom Bundesinnenministerium erkannt und honoriert. So erhielt das Werkvolk aus Mitteln des positiven Verfassungsschutzes intensive finanzielle Unterstützung, die ausgedehnte Redereisen einzelner Sekretäre im Zonenrandgebiet ebenso ermöglichten wie zusätzliche Wochenendkurse oder Großveranstaltungen[29].

c) *Gegen den Materialismus »östlicher oder westlicher Prägung«*

Seinen Hauptgegner sah das Werkvolk bei allem Einsatz für die freiheitlich demokratische Grundordnung der Bundesrepublik und gegen den »Bolschewismus« in der DDR aber stets im »Materialismus«. Der Kampf gegen diese Haltung, zu dem das Werkvolk seine Mitglieder im Einklang mit dem Papst aufrief, war in den Augen von Pius XII. »Aufgabe« jedes Katholiken und forderte »den vol-

---

[21] WERKVOLK, Nr. 4, April 1953.
[22] WERKVOLK, Nr. 9, September 1951.
[23] WERKVOLK, Nr. 4, April 1953.
[24] WERKVOLK, Nr. 4, April 1952.
[25] Bericht über die Gründung und das Werden des Diözesanverbands Würzburg. KAB W Diözesanvorstandschaft/Verschiedenes.
[26] Rechenschaftsbericht Wilma Beringer, 21. Juni 1953 bis 9. Juni 1956. KAB R Diözesantage.
[27] WERKVOLK, Nr. 3, März 1953.
[28] WERKVOLK, Nr. 1, Januar 1954.
[29] Vgl. S. 388–389.

len Einsatz des katholischen Menschen, den geistigen und sittlichen«. War diese Form der »Gottlosigkeit« doch gerade dadurch besonders gefährlich, daß viele, »ohne sich zu ihr zu bekennen, ja vielleicht vermeinend, noch gläubige Menschen und Christen zu sein, in der Wirklichkeit des Alltags ganz so leben, als ob es keinen Herrgott gäbe«[30]. Für das Werkvolk bestand »kein wesentlicher Unterschied« zwischen dem Materialismus »östlicher oder westlicher Prägung«[31]. Da »der materialistische Zeitgeist ohne Christus« zwangsweise »in die Unfreiheit« führte[32], sprach man sich »genau so gegen den Kapitalismus westlicher Prägung« wie »gegen den Kommunismus des Ostens« aus. Daß für das Werkvolk trotzdem »nur die westliche Seite« in Frage kam, lag daran, daß man hier »wenigstens« die Freiheit sah, seine Ziele durchsetzen zu können[33], »sich zu Gott zu bekennen« sowie »Gott und Christus zu dienen«, daß hier noch die Möglichkeit bestand, die Welt »in christlichem Geist zu formen«. Trotz der klaren Option für das westliche System war man sich aber bewußt, daß die Bundesrepublik zu den Ländern zählte, »die den Materialismus zu ihrer Religion gemacht« hatten und die der Überzeugung waren, »daß es außer der sichtbaren stofflichen Welt nichts gibt, keine Welt des Geistes, keine Seele, kein Jenseits und keinen Gott«[34].

Die soziale Frage aber und mit ihr die Arbeiterfrage konnte aus der Sicht des Werkvolks und der deutschen Bischöfe »auf nur materieller Grundlage und mit rein materialistischen Grundsätzen überhaupt nicht gelöst werden«. »Auf dem Boden des Materialismus« mußten vielmehr alle Versuche, auf die Soziale Frage eine Antwort zu geben, zwangsläufig »immer wieder von einem Extrem in das andere gleiten«, konnte »eine soziale Ordnung keine Standfestigkeit bekommen«. »Nach Gottes Ordnung darf der Mensch nicht als Objekt unter den Gesetzen der Wirtschaft stehen, sondern er muß über ihnen stehen«, wie es Bischof Wendel formulierte. Deshalb wandte sich das Werkvolk gegen alle Tendenzen, durch die der Mensch dazu genötigt wurde, »der Technik zu dienen«, oder »zum geistlosen Sklaven der Maschine« wurde, durch die Einzelne, »um jeden Preis an den Menschen und mit den Menschen« verdienten[35]. Zugleich wandte man sich

---

[30] Papst Pius XII., Der Kampf gegen den Materialismus. Zweiter der drei Teile des Briefs an den Deutschen Katholikentag in Passau, 16. August 1950. Gedruckt in: A. F. UTZ / J. F. GRONER, S. 88–91.
[31] So das Werkvolkmitglied Bischof Joseph Schröffer in seiner Ansprache bei der Gemeinschaftsmesse des 1. Diözesantages in Eichstätt, 26. Juni 1954. Text der Predigt in DA EI BA Werkvolk 1949–1967.
[32] Geschäftsbericht Franz Xaver Meyer, 21. Juni 1953 bis 9. Juni 1956. KAB R Diözesantage.
[33] WERKVOLK, Nr. 1, Januar 1952.
[34] WERKVOLK, Nr. 8, August 1952.
[35] WERKVOLK, Nr. 10, Oktober 1951.

an alle Mitglieder, dafür »zu werben und zu wirken«, daß die Arbeitnehmerschaft heimgeführt würde »zu Christus«[36].

Um die gesellschaftlichen Rahmenbedingung im Sinne der Kirche zu verändern, bemühte sich das Werkvolk, »auch den einfachen arbeitenden Menschen« »aus der Vermassung herauszuheben« und »für die Anliegen der Kirche und des Staates aufgeschlossen zu machen«[37]. Dem Einzelnen sollte »das echte Staatsethos« vermittelt werden, »das Staatsethos, so wie wir es als Christen wünschen«[38]. In den Augen der Verbandsführung hatte das Werkvolk in diesem Sinne eine »ungeheure staatspolitische Einwirkung«[39]. Konkret beteiligte sich das Werkvolk etwa 1952 an der Organisation der »Staatspolitischen Tagung« in Bamberg, die von der »Gemeinschaft katholischer Männer Deutschlands« ausgerichtet wurde und an deren Abschlußkundgebung sich etwa 40000 Personen beteiligten[40]. Die drei Arbeitskreise der Tagung befaßten sich mit den Themen »Verfallserscheinungen im Staatsvolk«, »Politische Parteien – Träger oder Zerstörer der Demokratie?«, »Vom Beruf und den Berufsgefahren des Politikers«[41]. Während auf den beiden Großkundgebungen der Leiter der Arbeitsstelle für Männerseelsorge in Deutschland, Prälat Caspar Schulte, Ministerpräsident Hans Ehard und Bundeskanzler Konrad Adenauer sprachen, stellte das Werkvolk etwa 70 Prozent der Redner in den Arbeitskreisen[42]. Diözesanpräses Prälat Georg Meixner, der stellvertretende Verbandsvorsitzende Wilhelm Birkmann, der Bamberger Diözesanvorsitzende Josef Sieben sowie Generalsekretär Paul Strenkert leiteten die Arbeitskreise. Rektor Berchtold hielt die Predigt beim Pontifikalgottesdienst am Haupttag der Tagung[43]. Auch auf Diözesantagen des Werkvolks gab es immer wieder »Staatspolitische Arbeitskreise«[44].

---

[36] Geschäftsbericht Franz Xaver Meyer, 21. Juni 1953 bis 9. Juni 1956. KAB R Diözesantage.
[37] Michael Sager an Joseph Schröffer, 15. Januar 1953. DA EI BA Werkvolk 1949–1967.
[38] Michael Sager an Joseph Heindl, 1. August 1952. DA EI OA Werkvolk 1949–1955.
[39] Bericht über die Verbandsausschuß-Sitzung, 17.–18. Februar 1953. KAB VZ 17a / Verbandsausschuß 1947–1954.
[40] WERKVOLK, Nr. 8, August 1952.
[41] Michael Sager an Joseph Heindl, 1. August 1952. DA EI OA Werkvolk 1949–1955.
[42] Bericht über die Schulungstagung der Sekretäre, 20.–21. September 1952. KAB VZ 17a / Verbandsausschuß 1947–1954.
[43] Vgl. hierzu den Bericht über die Veranstaltung in WERKVOLK, Nr. 8, August 1952.
[44] So etwa in München 1952. Bericht über die Schulungstagung der Sekretäre, 20.–21. September 1952. KAB VZ 17a / Verbandsausschuß 1947–1954.

2. Parteinahme zugunsten der CSU

>»Die Frage ob CSU oder SPD oder sonstwas dürfte in unseren Kreisen keine Rolle spielen. Ein Christ kann nur im Rahmen der CSU seine Aufgabe als Staatsbürger treiben, alles andere ist undiskutabel«[45].

In der unmittelbaren Nachkriegszeit engagierten sich die Mitglieder der katholischen Arbeiterbewegung und ihre führenden Repräsentanten aus der Zeit der Weimarer Republik in allen Regionen Bayerns beim Aufbau der CSU: Adam Stegerwald[46] und Hugo Karpf in Unterfranken[47], die Kreise um Adolf Konrad in Nürnberg und Mittelfranken[48], Georg Meixner und Josef Thoma in Bamberg[49], eine Vielzahl von Präsides und einfachen Mitgliedern der Arbeitervereine in Oberfranken[50], der christliche Gewerkschaftssekretär Georg Zitzler in Regensburg[51] und der Arbeitersekretär Johann Reindl aus Neumarkt in der Oberpfalz[52], die Kreise um Hans Imler in Augsburg[53] sowie Paul Strenkert in Kempten[54] für

---

[45] Georg Raps an Paul Wünsche, 26. Juni 1955. AEB KAB Kart. 61.

[46] Zur Rolle des ehemaligen Reichsarbeitsministers in der Zeit der Weimarer Republik vgl. K. Ruppert, passim; zu seiner Verfolgung unter der Herrschaft des Nationalsozialismus vgl. M.d.R., S. 563–564; zu seiner Rolle bei der CSU-Gründung in Würzburg vgl. P. Herde, Unionsparteien.

[47] Zum Vorsitzenden des Würzburger Diözesanverbands, Hugo Karpf, der von 1922 bis 1933 die Verwaltungsstelle des christlichen Schneiderverbands in Aschaffenburg leitete und 1932 für die BVP in den Reichstag gewählt wurde, vgl. D.-M. Krenn, Christliche Arbeiterbewegung, S. 562, 584; M.d.R., S. 653; H. Karpf.

[48] Rechenschaftsbericht der Landesobmannschaft für die Zeit vom 3. Mai 1953 bis 9. Juni 1956. ACSP CSA 9 sowie W. Eckart, S. 364–365. Zur Rolle Konrads als Sekretär des christlichen Metallarbeiterverbands und Landesvorsitzender des christlich-nationalen Deutschen Gewerkschaftsbundes in Bayern, Mitglied des Provisorischen Nationalrates und Sprecher der christlichen Arbeitervertreter im Bayerischen Landtag der Weimarer Republik, vgl. D.-M. Krenn, Christliche Arbeiterbewegung, S. 203, 217–218, 220, 245, 247, 533, 563–564, 581, 585 u.ö. Zu seiner Rolle als Träger des interkonfessionellen und sozialen Gedankens innerhalb der CSU vgl. T. Schlemmer, Aufbruch, Krise und Erneuerung, S. 83, 353 u.ö.; auch in Fürth wurde die CSU-Gründung von früheren Angehörigen des katholischen Arbeitervereins betrieben, vgl. H. Woller, S. 193.

[49] Vgl. W. K. Blessing, Deutschland in Not, S. 79, 97–98.

[50] Vgl. P. Zeitler, S. 274–298.

[51] Vgl. M. Riebel, S. 30, 40–41.

[52] Werkvolk, Nr. 1, Januar 1953.

[53] Rechenschaftsbericht der Landesobmannschaft für die Zeit vom 3. Mai 1953 bis 9. Juni 1956. ACSP CSA 9. Vgl. auch S. Epp, S. 17. Zur Rolle Imlers als Sekretär des Christlichen Metallarbeiterverbands in Augsburg während der Weimarer Republik vgl. D.-M. Krenn, Christliche Arbeiterbewegung, S. 568, 582–585. Nach 1945 wirkte Imler nicht nur in Augsburg, sondern auch als stellvertretender CSU-Fraktionsvorsitzender in der Verfassunggebenden Landesversammlung. Vgl. T. Schlemmer, Aufbruch, Krise und Erneuerung, S. 126. Zum Kreis um Imler ist auch der ehemalige christliche Gewerkschaftssekretär des Bayerischen Eisenbahnerbundes Albert Kaifer zu zählen, der Leiter des Augsburger Werkvolk-Sekretariats in der unmittelbaren Nachkriegszeit. Vgl. S. 108.

[54] Strenkert wirkte als Geschäftsführer der CSU für den Stadt- und Landkreis Kempten (Lebenslauf,

D. Außenbeziehungen

Schwaben, das Mitglied des Münchener Diözesanvorstands Anton Haas in Markt Schwaben[55] sowie der ehemalige Diözesansekretär der katholischen Arbeiterbewegung Andreas Kurz in Laufen[56] für Oberbayern und Heinrich Krehle[57], Linus Funke[58], Lorenz Sedlmayr[59], Sebastian Imhof[60] und Rudolf Schwarzer[61] in München – um hier nur einige wichtige Beispiele zu nennen. Die Angehörigen der ehemaligen Christlichen Gewerkschaften beteiligten sich nicht nur an den lokalen und regionalen Gründungen der CSU, sondern setzten sich auch auf Landesebene für den interkonfessionellen und sozialen Gedanken innerhalb der neuentstehenden Partei ein[62].

---

15. November 1946. KAB A NL Strenkert Kart. 4). Zu seiner Person vgl. auch HANDBUCH DES BAYERISCHEN LANDTAGS 1962, S. 176, wo Strenkerts Rolle als Mitbegründer der CSU auf Landesebene betont wird.

[55] Vgl. WERKVOLK, Nr. 2, Februar 1953.

[56] Er war Schatzmeister des CSU-Bezirksverbands Oberbayern und gehörte von 1946 bis 1958 dem Landtag sowie von 1950 bis 1958 dem Landesvorstand der CSU an. Vgl. HANDBUCH DES BAYERISCHEN LANDTAGS 1948, S. 109; DIE CSU 1945-1948, S. 1894.

[57] Er war von 1930 bis 1933 als Landessekretär der Christlichen Gewerkschaften in Bayern tätig (D.-M. KRENN, Christliche Arbeiterbewegung, S. 361, 534). Von Oktober 1945 bis 1947 übte er kommissarisch das Amt des Vorsitzenden des CSU-Bezirksverbands München aus (A. MILLER, S. 118). Von 1948 bis 1950 war er bayerischer Staatsminister für Arbeit und soziale Fürsorge. Von 1950 bis 1954 wirkte er im Arbeitsministerium als Staatssekretär (F. BAER, S. 272-273). Zu seiner Person vgl. auch DIE CSU 1945-1948, S. 1892.

[58] Er war von 1906 bis 1929 Landessekretär der Christlichen Gewerkschaften in Bayern, 1918 Mitglied des Provisorischen Nationalrats, von 1919 bis 1929 Wortführer der Arbeitervertreter innerhalb der BVP-Fraktion des Bayerischen Landtags, 1929 Staatssekretär im Staatsministerium für Landwirtschaft und Arbeit, Abteilung Arbeit, 1932 bis 1933 Staatssekretär im Ministerium für Äußeres, Wirtschaft und Arbeit. Zu seinem Wirken in der Weimarer Republik vgl. D.-M. KRENN, Christliche Arbeiterbewegung, S. 123, 171, 263-266, 270, 532-534 u.ö.

[59] Er war während der Weimarer Republik ab 1921 Schriftleiter der Verbandszeitung des Bayerischen Postverbands, Post- und Telegraphenbeamter sowie von 1928 bis 1933 Vorstandsmitglied des Reichsbeamtenbeirats des Zentrums. Nach dem Krieg gehörte er dem Vorstand des CSU-Bezirksverbands München, dem Landesvorstand und dem geschäftsführenden Landesvorstand der CSU an. Im Januar 1947 wurde er Staatssekretär im Bayerischen Wirtschaftsministerium, im Herbst 1947 wechselte er als Staatssekretär in das Bayerische Verkehrsministerium. Aus dieser Funktion schied er 1950 aus. 1948 war er Mitinitiator des Wirtschaftsbeirats der Union, ab 1950 wirkte er als Mitherausgeber des »Bayernkurier«. Vgl. DIE CSU 1945-1948, S. 1932.

[60] Er wirkte ab 1. März 1947 als ehrenamtlicher Leiter des Landessekretariats der christlichen Arbeitnehmerschaft sowie nachweisbar ab 1. Januar 1948 als Vorsitzender der Arbeitsgemeinschaft Arbeitnehmer in der CSU-Landesgeschäftsstelle. Vgl. T. SCHLEMMER, Aufbruch, Krise und Erneuerung, S. 244.

[61] Rechenschaftsbericht der Landesobmannschaft für die Zeit vom 3. Mai 1953 bis 9. Juni 1956. ACSP CSA 9.

[62] Nicht zufällig gehörten dem Erweiterten Landesausschuß der CSU mindestens 17 Mitglieder der ehemaligen Christlichen Gewerkschaften an. Vgl. T. SCHLEMMER, Aufbruch, Krise und Erneuerung, S. 83.

V. Das Werkvolk und die Politik   461

Generell gilt, daß die CSU anfangs vielerorts »nahezu identisch« mit den Gruppen der christlich-sozialen Arbeitnehmer war[63]. Oft traten nicht nur die ehemaligen Funktionäre, sondern gerade die »kleinen Leute« der christlichen Arbeiterschaft »führend stark in Erscheinung«[64]. Die Sekretäre des entstehenden Werkvolks waren meist in Personalunion zugleich auch Funktionsträger innerhalb der CSU[65] und traten als Redner sowohl auf Parteiversammlungen wie auf Versammlungen der katholischen Arbeitnehmerschaft auf[66]. Die Mitglieder des Werkvolks waren »vielfach« zugleich Mitglieder der CSU[67]. Auch die Jugend der katholischen Arbeiterbewegung, die Katholische Junge Mannschaft, organisierte sich politisch innerhalb der CSU. In München prägte sie, die 1948 mehr Mitglieder als die CSU besaß, den für die Entwicklung der CSU wichtigen »Dienstag-Club«. Der Leiter der Katholischen Jungen Mannschaft und stellvertretende Verbandsvorsitzende des Werkvolks Franz Steber und das Werkvolkmitglied Franz Heubl wurden am 6. Dezember 1946 als Vertreter der Jugend in den Landesvorstand der CSU gewählt[68].

Obwohl das Entstehen der CSU auf der lokalen Ebene maßgeblich vom Werkvolk getragen wurde, war dieses von Anfang an in den Gremien der Partei auf Landesebene unterrepräsentiert. Da aber gerade in der katholischen Arbeiterbewegung die »Personenfrage« stets als »wichtig« eingeschätzt wurde, beurteilte man es als »falsch«, daß die Gruppe der Unterzeichner des ersten Gründungsaufrufs der CSU sowie deren Landesorganisation »fast ausschließlich aus Dok-

---

[63] Rechenschaftsbericht der Landesobmannschaft für die Zeit vom 6. Mai 1960 bis 23. Mai 1963. ACSP CSA 19.
[64] Für die Region Untermain vgl. Josef Maier an Josef Schinner, 20. Januar 1946. KAB VZ G II / Aschaffenburg 1944–1964.
[65] So etwa Paul Strenkert in Kempten (Lebenslauf, 15. November 1946. KAB A NL Strenkert Kart. 4), Heinrich Kissmann in Nürnberg (Heinrich Kissmann an Joseph Heindl, 21. November 1946. DA EI OA Werkvolk 1949–1955), Max Hatzinger in München (Max Hatzinger an Hanns Schinagl, 7. Oktober 1946. ACSP NL Schinagl Kart. 1), etc. Der Würzburger Diözesanvorsitzende des Werkvolks, Hugo Karpf, der wichtige Ämter innerhalb der CSU ausübte, hingegen hatte sich bewußt dagegen entschieden, als katholischer Arbeitersekretär zu wirken; er verband seine parteiinternen Funktionen mit einer Berufstätigkeit als Sekretär des Bayerischen Gewerkschaftsbundes und stieg in der Einheitsgewerkschaft bis zum Mitglied des Hauptvorstands und stellvertretenden Vorsitzenden der Gewerkschaft Textil-Bekleidung auf. Vgl. H. KARPF, S. 111–113.
[66] Vgl. etwa die Referatsthemen des Eichstätter Diözesansekretärs Heinrich Kissmann im zweiten Quartal 1948. Kurzbericht über die Arbeit des Diözesan-Sekretariats für das Katholische Werkvolk der Diözese Eichstätt, 1. April 1948 bis 30. Juni 1948. DA EI OA Werkvolk 1949–1955.
[67] Kurzbericht über die Organisation der Katholischen Werkvolks und dessen Arbeit in der Diözese Eichstätt, 1. Januar 1951 bis 1. Oktober 1953. DA EI OA Werkvolk 1949–1955. In Würzburg lautete der Befund: »In der CSA sind überwiegend Werkvolkmitglieder«. Bericht des Diözesanverbands Würzburg, 1. Juli 1959 bis 30. September 1960. KAB VZ 17c / Verbandsausschuß 1959–1971.
[68] Vgl. S. 240; T. SCHLEMMER, Aufbruch, Krise und Erneuerung, S. 158.

toren« bestand. Im Erscheinungsbild der CSU nach außen fehlten aus der Sicht des Werkvolks gerade zugkräftige Namen der katholischen Arbeiterbewegung wie Carl Lang, Rudolf Schwarzer oder Adolf Konrad. Man beklagte dies gerade auch deshalb, weil man der Meinung war, daß die genannten Personen sowie namhafte Vertreter anderer Stände, wie der Kleinbauern oder des Mittelstands »mehr für die wahre soziale Haltung [der CSU] bürgen könnten«, als »Intellektuelle« und »Doktoren«[69]. Allgemein war man der Meinung, daß die politische Betätigung »sehr wichtig sei«, daß man »die aktiven Frauen und Männer« der Arbeitnehmerschaft gezielt »auf die Politik vorbereiten« und »in wichtige Positionen des öffentlichen Lebens« bringen müsse, eben auch innerhalb der politischen Parteien[70]. »Christliche Politik« hieß für das Werkvolk »Gestaltung des gesamten öffentlichen Lebens auch des wirtschaftlichen und sozialen Lebens nach christlichen Grundsätzen«, nicht nur des kulturellen[71].

Parteiintern gelang es Anfang Januar 1946 immerhin zu erreichen, daß der Erweiterte Vorläufige Landesausschuß der Partei beschloß, im Rahmen des Ausbaus der landesweiten Organisation neben neun anderen Arbeitsausschüssen auch einen sozialpolitischen Ausschuß zu errichten. Seine Bildung wurde Heinrich Krehle übertragen[72], der »als einziger Nichtakademiker« im Landesausschuß die Interessen der katholischen Arbeiterschaft vertrat[73]. Nach anfänglichen Schwierigkeiten[74] entwickelte sich dieses Gremium, das in der folgenden Zeit durch führende Vertreter der katholischen Arbeiterbewegung geprägt wurde[75], zum »sozialpolitischen Sprachrohr« der CSU, das die Gesetzgebung auf Bundes- und Landesebene maßgeblich beeinflußte[76].

Insgesamt aber wurde am Anfang der fünfziger Jahre die christliche Arbeitnehmerschaft in der CSU aus Sicht ihrer führenden Repräsentanten »nur allzuoft

---

[69] Josef Maier an Josef Schinner, 20. Januar 1946. KAB VZ G II / Aschaffenburg 1944–1964.
[70] Kurzbericht über die Arbeit des Diözesan-Sekretariats für das Katholische Werkvolk der Diözese Eichstätt, 1. April 1948 bis 30. Juni 1948. DA EI OA Werkvolk 1949–1955.
[71] WERKVOLK, Nr. 3, März 1952.
[72] Protokoll der Sitzung des Erweiterten Vorläufigen Landesausschusses der CSU, 8. Januar 1946. Druck: DIE CSU 1945–1948, S. 21–26, hier S. 25.
[73] Josef Maier an Josef Schinner, 20. Januar 1946. KAB VZ G II / Aschaffenburg 1944–1964.
[74] So tagte der Sozialpolitische Ausschuß etwa in den ersten zwei Monaten seines Bestehens nicht ein einziges Mal. Max Schuber an Heinrich Krehle, 29. April 1946. KAB A Fasz. 4.
[75] Hier seien nur genannt: Wilhelm Birkmann, Dr. Ludwig Franz, Max Hatzinger, Josef Hofmeister, Heinrich Krehle, Hannes Mayerhofer, Franz Xaver Meyer, Rudolf Müller, Siegfried Niessel, P. Franz Prinz SJ, Michael Reng, Georg Schmid, Max Schuber, Amalie Stelzer, Paul Strenkert, Hans Stützle, Wilhelm Wieler oder Erich Ziegler. Protokoll der Sitzung des Sozialpolitischen Arbeitskreises der CSA, 30. Juli 1955 (ACSP CSA 23) oder 12. Juli 1960 (ACSP CSA 24).
[76] Rechenschaftsbericht der Landesobmannschaft für die Zeit vom 6. Mai 1960 bis 23. Mai 1963. ACSP CSA 19; vgl. hierzu auch T. WALKER, S. 146–147 u.ö.

als 5. Rad am Wagen behandelt«[77]. Obwohl sie die »Wahlarbeit« für die CSU in der unmittelbaren Nachkriegszeit oft über die Arbeit für die eigene Organisation stellten[78], sich offen zur CSU bekannten, »engste Tuchfühlung mit der christlichen Partei« hielten[79] und so maßgeblichen Anteil an den Wahlerfolgen der CSU hatten[80], war es parteiintern oft eine »schwere Angelegenheit«, auch »Kandidaten der Arbeiterschaft zur Aufstellung zu bringen«[81].

Dabei erachtete man im Werkvolk gerade die Frage der Auswahl der Kandidaten als zentral. Man forderte für alle Mandatsträger in Anlehnung an Papst Pius XII. »moralischen Hochstand«, »praktische Brauchbarkeit« und »geistige Fähigkeiten«. Ein Kandidat, der das Vertrauen des Werkvolks erhalten wollte, sollte »eine unerschütterliche christliche Überzeugung besitzen«. »Übereinstimmung zwischen christlicher Überzeugung und praktischer Haltung in Leben und Politik« waren für das Werkvolk »äußerer Ausdruck ›moralischen Hochstandes‹.« Man erwartete unter dem Schlagwort »praktischer Brauchbarkeit«, daß der Kandidat »ein tiefes soziales Verständnis und Verantwortungsgefühl« besaß und »die Grundsätze der katholischen Soziallehre« beachtete[82].

Der bayerische Landtag am Anfang der fünfziger Jahre entsprach jedoch keineswegs den Wünschen des Werkvolks, denn in der CSU-Fraktion war die christliche Arbeitnehmerschaft nur schwach vertreten und in anderen Fraktionen überhaupt nicht[83]. Dem Werkvolk gehörten 1951 nominell insgesamt sechs Landtagsabgeordnete an: Josef Donsberger, Michael Helmrich, Heinrich Krehle, Andreas Kurz, Georg Meixner und Paul Strenkert[84]. Aus der Sicht des ehemaligen Arbeitersekretärs Andreas Kurz aber befand sich außer ihm in der CSU-Fraktion des Landtags nur »ein einziger wirklicher Arbeitervertreter«: Paul Strenkert[85].

---

[77] Katholisches Werkvolk, Süddeutscher Verband, 8. Rundschreiben an alle Sekretäre, 17. Dezember 1951. AEB KAB Kart. 70.
[78] Josef Maier an Josef Schinner, 22. Januar 1946. KAB VZ G II / Aschaffenburg 1944–1964.
[79] Kurzbericht über die Organisation des Katholischen Werkvolks und dessen Arbeit in der Diözese Eichstätt, 1. Januar 1951 bis 1. Oktober 1953. DA EI OA Werkvolk 1949–1955.
[80] So gelang es der SPD etwa bei der Landtagswahl 1950 in Unterfranken nur in wenigen Fällen, an Orten mit einer starken Werkvolkgemeinschaft einen Erfolg zu verbuchen. Josef Eisemann an Carl P. Lang, 30. November 1950. KAB VZ G III / Schweinfurt 1947–1954. Zu den Stimmengewinnen und Stimmenverlusten der SPD zwischen 1946 und 1950 vgl. auch Karte 13 in D. THRÄNHARDT, S. 324.
[81] Josef Eisemann an Carl P. Lang, 15. Dezember 1950. KAB VZ G III / Schweinfurt 1947–1954; vgl. hierzu auch T. WALKER, S. 117, 122, 140–141 u.ö.
[82] WERKVOLK, Nr. 3, März 1952.
[83] WERKVOLK, Nr. 2, Februar 1954.
[84] WERKVOLK, Nr. 1, Januar 1951. Interessant ist, daß vom Verbandsorgan Landrat Albert Kaifer (MdL 1946–1954), der in der unmittelbaren Nachkriegszeit für einige Monate das Augsburger Sekretariat geleitet hatte, nicht dem Werkvolk zugerechnet wird. Zu Kaifer vgl. S. 78, 108, 459.
[85] WERKVOLK, Nr. 7, Juli 1951.

Für den CSU-Fraktionsvorsitzenden Prälat Meixner war diese Vertretung der katholischen Arbeitnehmer im Landtag »viel zu schwach«; er forderte »die gleiche Anzahl von Abgeordneten« wie die »sehr starke Gruppe der landwirtschaftlichen Vertreter«. Sie sollten »die Belange der Arbeitnehmerschaft und vor allem die des Katholischen Werkvolks« vertreten - »genau so«[86]. Denn aus der Sicht des Werkvolks orientierten sich die Parteimitglieder, die den Wählern »die sogenannten christlichen Parteien als Abgeordnete vorsetz[t]en«, nur »in kulturellen Fragen« an christlichen Grundsätzen, obwohl dies gerade auch »bei wirtschaftlichen, sozialen, finanzpolitischen Fragen« geboten war[87].

Bei den bayerischen Kommunalwahlen am 30. März 1952 versuchte man deshalb, durch Aufrufe an die katholischen CSU-Wähler und die eigenen Mitglieder »zum Häufeln und Bündeln« der Stimmen die Zahl der Mandatsträger aus den Reihen des Werkvolks zu erhöhen. Doch zeigte das Ergebnis der Wahlen, daß es so nicht gelang, Vertreter der christlichen Arbeitnehmerschaft in die Gemeinde-, Stadt- und Kreisräte zu bekommen, wenn diese nicht bereits zuvor innerparteilich für einen günstigen Listenplatz nominiert wurden[88]. Letzteres gelang aber verbandsweit nur dort, wo es dem Werkvolk möglich war, »geeignete Persönlichkeiten in Vorschlag zu bringen« und darüber hinaus »maßgeblichen Einfluß« auf die Nominierung der Kandidaten »auszuüben«[89]. Hinzu kam, daß sich die Landesleitung der CSU, der auch Georg Meixner angehörte, am Anfang der fünfziger Jahre aus Sicht des Werkvolks im Wahlkampf zu wenig um die Arbeiterschaft bemühte[90].

Da man sich jedoch darüber im Klaren war, »daß die Arbeitnehmerschaft in der anderen christlichen Partei [gemeint war die Bayernpartei] noch schlechter wegkommt«, und von daher keine Alternative zur Option für die CSU sah[91], bemühte man sich, »in systematischer, politischer Arbeit innerhalb der CSU Einfluß zu gewinnen«[92]. Man forderte deshalb die Verbandsmitglieder zur verstärkten Mitarbeit in den Parteigremien auf, um so über die Stimmkreisdelegierten auf die Kandidatenaufstellung einwirken zu können. Außerdem strebte man zur Erhöhung des innerparteilichen Gewichts der Arbeitnehmerschaft in

---

[86] So Georg Meixner auf dem Bamberger Diözesantag 1951. WERKVOLK, Nr. 11, November 1951.
[87] WERKVOLK, Nr. 3, März 1952.
[88] WERKVOLK, Nr. 5, Mai 1952.
[89] WERKVOLK, Nr. 1, Januar 1951.
[90] Josef Eisemann an Carl P. Lang, 15. Dezember 1950. KAB VZ G III / Schweinfurt 1947-1954. So war etwa im Landtagswahlkampf 1950 von der Partei eine eigene Broschüre für die Bauern herausgegeben worden, der eine Entsprechung für die Arbeiter fehlte.
[91] Katholisches Werkvolk, Süddeutscher Verband, 8. Rundschreiben an alle Sekretäre, 17. Dezember 1951. AEB KAB Kart. 70.
[92] WERKVOLK, Nr. 5, Mai 1952.

»vielen Diözesen« auf Grund der »nicht aktiven und damit wirkungslosen Arbeitnehmergruppen der CSU« an, nach westdeutschem Vorbild Sozialausschüsse innerhalb der CSU zu errichten[93].

a) *Die CSA – ihre Entstehung und ihre Entwicklung*

Bereits in der unmittelbaren Nachkriegszeit hatte es erste Ansätze einer eigenständigen Organisation der Arbeitnehmer innerhalb der CSU gegeben. So existierte etwa seit Ende 1945 ein eigener Arbeitnehmer-Ausschuß in der CSU[94]. Des weiteren wurde zum 1. März 1947 ein eigenes Landessekretariat der christlichen Arbeitnehmerschaft errichtet, mit dessen Leitung Dr. Sebastian Imhof betraut wurde[95]. Daneben hatten sich etwa zur gleichen Zeit nach dem Vorbild der »Arbeitnehmergruppen der BVP«[96] die christlichen Arbeitnehmer innerhalb der CSU zusammengeschlossen. Am 22. März 1947 hatte unter starker Beteiligung von führenden Repräsentanten des Werkvolks sogar eine erste Landeskonferenz der Arbeitnehmer in der CSU stattgefunden.[97] Doch in Folge der Währungsreform kamen diese frühen Ansätze zum Erliegen[98]. Erst 1953, im Vorfeld der zweiten Bundestagswahl, gelang es dauerhaft, »Arbeitnehmergruppen der CSU

---

[93] Katholisches Werkvolk, Süddeutscher Verband, 8. Rundschreiben an alle Sekretäre, 17. Dezember 1951. AEB KAB Kart. 70.

[94] F. Meyer / N. Röhnert, S. 3.

[95] Bis Anfang August 1947 hatte Imhof als »Geschäftsführer der Arbeitnehmergruppen in der CSU« aber weder einen Arbeitsvertrag erhalten, noch war ihm »das rechtlich zustehende Einkommen« überwiesen worden. Imhof empfand diesen »Zustand« »persönlich gesehen, entwürdigend und untragbar, arbeitsrechtlich eine Unmöglichkeit und sozial gesehen [...] im Gegensatz zu dem, was die Christlich-Soziale Union als ihr Programm bekennt« und was er in seiner »Arbeit bei den Arbeitnehmern propagiere und vertrete«. Sebastian Imhof an Josef Müller, 5. August 1947. ACSP NL Müller 41.

[96] Nachdem im September 1920 der Parteitag der BVP die Möglichkeit korporativer Anschlüsse von Vereinen aufgehoben hatte und nur noch Einzelmitgliedschaften zuließ, hatte der Süddeutsche Verband den Ausbau der »Arbeitnehmergruppen der BVP« propagiert, die ab 1921 durch die »Vereinigung der Arbeiter und Angestellten« in der BVP ergänzt wurden. Sie waren wie die spätere CSA offiziell von der katholischen Arbeitnehmerbewegung organisatorisch unabhängig, besaßen wie die CSA eine eigene Satzung und erhoben gesonderte Beiträge. Sie blieben an Zahl, Mitgliederstand und Aktivitäten während der Weimarer Republik bedeutungslos. Vgl. D.-M. Krenn, Christliche Arbeiterbewegung, S. 229, 272.

[97] Das Programm der in Nürnberg abgehaltenen Tagung hat sich erhalten in ACSP NL Müller 41. Vgl. zu ihrem Verlauf auch den Bericht über die I. Landeskonferenz der Arbeitnehmer in der CSU, 22. März 1947 (DA EI OA Werkvolk 1949–1955) sowie T. Walker, S. 103–104.

[98] Vgl. T. Walker, S. 110–111. Letzter Beleg für diese frühe Form der Organisation von Arbeitnehmerinteressen in der CSU, von Walker nicht erwähnt, ist die Teilnahme von Dr. Sebastian Imhof als offizieller Vertreter der Arbeitnehmergruppen an einer Sitzung der ACA Ende 1949. Protokoll über die Sitzung des Landesausschusses Christlicher Arbeitnehmer, 29. Dezember 1949. KAB VZ 17a / Verbandsausschuß 1947–1954.

in Bayern« zu errichten und die Konstituierung der »Christlich-Sozialen Arbeitnehmerschaft« (CSA) zu vollziehen.

Am 6. Dezember 1952 versammelten sich die Bezirksobmänner der verbliebenen Arbeitnehmergruppen in München und beschloßen eine »Aktivierung« ihrer Arbeit, die Durchführung von Bezirkskonferenzen und schließlich die Einberufung einer Landeskonferenz der christlichen Arbeitnehmerschaft[99]. Zum 20. April 1953 wurde auf Initiative von Heinrich Krehle die Stelle eines hauptamtlichen Landessozialsekretärs bei der Landesleitung der CSU eingerichtet[100] und mit Hans Stützle, einem Werkvolkmitglied und Absolventen des Katholischen Sozialinstituts, besetzt[101]. Bezeichnenderweise wurde das Sekretariat nicht im Gebäude der Landesleitung der CSU, sondern in den Räumen der Verbandszentrale des Werkvolks untergebracht.[102] Am 3. Mai 1953 wurde auf der ersten Landesvertreterversammlung der Arbeitnehmergruppen der CSU die Christlich-Soziale Arbeitnehmerschaft Bayerns gegründet. Die Delegierten hierzu waren auf Arbeitnehmertagungen in ganz Bayern gewählt worden; nach der Landesvertreterversammlung übernahmen diese Delegierten, nun als örtliche und Kreisvertrauensleute, den Aufbau der Arbeitnehmergruppen vor Ort, unterstützt durch das vom Landessozialsekretär geleitete Landessekretariat. Doch konzentrierte sich die Arbeit des Landessekretariats sowie aller christlichen Arbeitnehmer Bayerns nach dem Motto: »Vor den Wahlen mit der Union für den Sieg der christlich-sozialen Idee! Nach den Wahlen in der Union für die Anliegen der Arbeitnehmer!« zu Anfang weniger auf den organisatorischen Aufbau der CSA, als vielmehr auf die Bundestagswahl[103], ging es doch bei dieser Wahl aus der Sicht des Werkvolks um die Frage »Gott oder Satan«, »christliches Abendland oder heidnisches Mitternachtsreich«[104].

Als sich die CSA nach der Wahl verstärkt der Formulierung und Organisation der Arbeitnehmerinteressen zuwenden wollte, mußte man mit Enttäuschung feststellen, daß die Landesleitung die für die Stimmenzuwächse der CSU maßgebliche Arbeit der christlichen Arbeitnehmer[105] keineswegs würdigte, man vielmehr

---

[99] Heinrich Krehle an Präses Mayer [gemeint wohl Anton Maier], 9. Dezember 1952. KAB VZ CSU.
[100] Hans Stützle, Ganz persönlich: Liebe bayerische Kollegen, 20. Februar 1960. ACSP CSA 2.
[101] Er wirkte später, von 1971 bis 1979 als Vorsitzender des Süddeutschen Verbands. Zu seiner Person vgl. Süddeutsche Zeitung, Nr. 46, 25. Februar 1993.
[102] T. WALKER, S. 115–116.
[103] Bericht über die Tätigkeit der Arbeitnehmergruppe der CSU in Bayern, 1. Oktober 1953. ACSP CSA 2.
[104] So der Freiburger Diözesansekretär Josef Titzer auf der Haupttagung der Gemeinschaft der Katholischen Männer Deutschlands vom 9. bis 12. März 1953 in Fulda. WERKVOLK, Nr. 4, April 1953.
[105] So lag etwa in acht der zehn Bundeswahlkreise mit den aktivsten CSA-Gruppen der Stimmenanteil der CSU über dem Landesdurchschnitt und das, obwohl die Stadt- und Landkreise, in denen

V. Das Werkvolk und die Politik

dem Landessozialsekretär nach geleisteter Arbeit, unmittelbar vor der Bundestagswahl, gekündigt hatte[106]. Zwar gelang es, diese Kündigung wieder rückgängig zu machen und die für die CSA zentrale Institution des Landessekretariats zu erhalten, doch blieb dessen materielle Ausstattung stets unter der Ausstattung anderer Arbeitsgemeinschaften der CSU[107]. Hinzu kam, daß auch die folgenden Jahre weniger im Zeichen der Gründung von neuen CSA-Gruppen standen als im Zeichen des Einsatzes der Arbeitnehmer für die CSU im Wahlkampf. So gelang es erst am 12. Mai 1956, mit der Konstituierung des Bezirksverbands Mittelfranken den organisatorischen Aufbau der CSA soweit abzuschließen, daß in allen zehn Bezirksverbänden der Partei auch Bezirksgruppen der Arbeitsgemeinschaft der Arbeitnehmer in der CSU existierten[108].

Mit den geringen von der Landesleitung zur Verfügung gestellten Mitteln ging die CSA gezielt daran, Ortsgruppen in ganz Bayern zu gründen. Bei der Mitgliederwerbung griff man auf die konfessionellen Standesorganisationen zurück[109], ebenso bei der Versammlungsarbeit der CSA, die dem Wesen einer Arbeitsgemeinschaft gemäß, deren Mitgliedschaft auch Nicht-CSU-Mitgliedern offenstand, nur zum Teil von den CSU-Arbeitnehmergruppen selbst getragen wurde[110]. »Der Ausbau und Aufbau der CSA« wurde durch das Werkvolk unterstützt und »mit Nachdruck betrieben«[111]. Ziel war, »mit der CSA den

---

soziologisch gesehen die christliche Arbeitnehmerschaft stark war, im Landesdurchschnitt gesehen die »schlechteren« CSU-Stimmbezirke waren. Eine Übersicht über die Vielzahl der Aktionen und Versammlungen im Wahlkampf, die von der CSA »mit den bescheidenen Mitteln, die die Landesleitung der CSU zur Verfügung stellte«, durchgeführt wurden, in: Bericht über die Tätigkeit der Arbeitnehmergruppe der CSU in Bayern, 1. Oktober 1953. ACSP CSA 2. Hier auch eine Bilanz der Erfolge. Das Werkvolk hatte sich an den Maßnahmen der CSA massiv beteiligt, ja sie weitgehend getragen. Darüber hinaus hatte es seinen Mitgliedern auch den verbilligten Massenbezug von Wahlkampfbroschüren wie »Politik ohne Gott? – Politik mit Gott!« oder »Politik – Demokratie – Partei in christlicher Sicht« ermöglicht (WERKVOLK, Nr. 5, Mai 1953) sowie über die Wahlmodalitäten informiert (WERKVOLK, Nr. 9, September 1953).

[106] Bericht über die Tätigkeit der Arbeitnehmergruppe der CSU in Bayern, 1. Oktober 1953. ACSP CSA 2.
[107] Hans Stützle, 30. Juni 1994.
[108] Rechenschaftsbericht der Landesobmannschaft für die Zeit vom 3. Mai 1953 bis 9. Juni 1956. ACSP CSA 9.
[109] Vgl. hierzu nur die vier Varianten des Flugblatts der Mitglieder-Werbeaktion 1961 in ACSP CSA 21. Beispiele dieses Flugblatts lassen sich auch in einer ganzen Reihe von Verbandsakten des Werkvolks nachweisen, so etwa in KAB VZ CSA oder KAB VZ CSU.
[110] Rechenschaftsbericht der Landesobmannschaft für die Zeit vom 3. Mai 1953 bis 9. Juni 1956. ACSP CSA 9.
[111] Rechenschaftsbericht des Regensburger Diözesanvorstands, 1956 bis 1959. KAB R Diözesantage. So ging etwa die Initiative zur Gründung der Kreisverbände der CSA in der Oberpfalz vom Werkvolk aus. Vgl. etwa Tätigkeitsbericht Josef Hofmeister, 1. Juni 1957 bis 31. Mai 1958. KAB R Diözesanausschuß/Diözesantag.

Einbruch der Partei in die Arbeiterschaft zu erhärten und zugleich der Arbeitnehmerschaft in der Partei selbst Gehör zu verschaffen«[112].

Trotz aller Anstrengungen gelang es der CSA aber bis Anfang der sechziger Jahre nicht, zu einer Massenorganisation zu werden. Nach zehn Jahren des Aufbaus umfaßte sie bayernweit ganze 5429 Mitglieder[113]. Damit war sie damals zwar nach der Jungen Union die stärkste Arbeitsgemeinschaft innerhalb der CSU, doch war ihr Gewicht unter den insgesamt 56 018 Parteimitgliedern zum selben Zeitpunkt gering[114]. Von den Mitgliedern der CSA waren zudem nur etwa 50 Prozent zugleich Parteimitglieder[115]. Hinzu kam, daß die Mitgliederstärke der CSA regional stark schwankte[116].

An der Spitze der CSA stand die in der Regel für zwei Jahre gewählte Landesobmannschaft. Sie setzte sich zusammen aus den zehn durch die Bezirksversammlungen gewählten Bezirksobleuten sowie folgenden durch die Landesvertreterversammlung zu wählenden Personen: dem Landesobmann, seinen beiden bzw. drei Stellvertretern, dem Landessozialsekretär, dem Schriftführer, dem Kassier sowie maximal zehn Beisitzern[117]. Bei Zusammensetzung der Landesobmannschaft wurde stets auf eine entsprechende Vertretung aller Gruppierungen der Arbeitnehmerschaft, beider christlicher Konfessionen sowie auf die regionale Berücksichtigung aller Regierungsbezirke geachtet. Der Hauptausschuß der CSA, dem neben den Mitgliedern der Landesobmannschaft je drei Delegierte der zehn Bezirke der CSA angehörten und der jährlich zweimal tagen sollte, hatte die

---

[112] So Josef Hofmeister. Protokoll über die Wochenendtagung in Ramspau, 15. bis 16. Februar 1958. KAB R Diözesanausschuß/Diözesanvorstand.

[113] Aufstellung über den Mitgliederstand, 19. Juli 1963. ACSP CSA 2. Ausgangspunkt waren 1953 etwa 300 von Heinrich Krehle gesammelte Adressen. Im Mai 1955 zählte die CSA etwa 1000 Mitglieder, im Mai 1957 waren es 1500, Anfang 1958 etwa 1800, April 1959 etwa 2500, Februar 1960 etwa 4000. Vgl. T. WALKER, S. 114, 129, 137, 144, 146, 288–289.

[114] A. MINTZEL, S. 388, 450.

[115] Rechenschaftsbericht der Landesobmannschaft für die Zeit vom 9. Juni 1956 bis 20. April 1958. ACSP CSA 17; Rechenschaftsbericht der Landesobmannschaft für die Zeit vom 21. April 1958 bis 6. Mai 1960. ACSP CSA 18. Damit gelang es der CSA aber durchaus (entgegen dem Urteil von A. MINTZEL, S. 440), nicht nur »treue Anhänger der CSU« zu erfassen und für die Union zu werben.

[116] Mitgliederstand der CSA nach Parteibezirken: Oberpfalz: 1263, Unterfranken: 844, München: 799, Oberbayern: 668, Oberfranken: 598, Niederbayern: 421, Schwaben: 361, Mittelfranken: 183, Nürnberg/Fürth: 151, Augsburg: 141 (Aufstellung über den Mitgliederstand, 19. Juli 1963. ACSP CSA 2.) Zum Vergleich die regional ebenfalls sehr unterschiedlichen Zahlen der CSU-Mitglieder: Oberpfalz: 10 360, Niederbayern: 9947, Schwaben: 8127, Unterfranken: 7055, Oberfranken: 6497, Oberbayern: 6019, Mittelfranken: 3389, München: 2646, Nürnberg/Fürth: 1361, Augsburg: 617 (A. MINTZEL, S. 388).

[117] Geschäftsordnung der Christlich-Sozialen Arbeitnehmerschaft, Arbeitnehmergruppen der CSU in Bayern, 2. Mai 1953; 7. Mai 1960; 10. Juni 1961 § 7. ACSP D 6/43; D 6/6; D 6/30.

V. Das Werkvolk und die Politik

Aufgabe, »zu allen aktuellen Fragen Stellung zu nehmen, die die Arbeitnehmer betreffen, und sich um den Ausbau der Organisation der Arbeitsgemeinschaft zu bemühen«[118]. Höchstes Gremium der CSA aber stellte die Landesvertreterversammlung dar. Sie trat in der Regel alle zwei Jahre zusammen. Ihre Aufgabe war es, über alle grundsätzlichen Fragen zu entscheiden, die Richtlinien für die gesamte Tätigkeit der Arbeitsgemeinschaft zu erstellen und die Landesobmannschaft, ausgenommen den Landessozialsekretär, und die Bezirksobmänner zu wählen[119].

Laut der Geschäftsordnung der CSA war eines ihrer drei zentralen Anliegen Bildung und Schulung im Sinne der Grundsätze der Christlich-Sozialen Union[120]. Doch die geringen finanziellen Möglichkeiten der CSA führten dazu, daß man sich in der Bildungs- und Schulungsarbeit auf den staatspolitischen, den wirtschafts- und sozialpolitischen Sektor beschränken mußte. Hierzu bediente die CSA sich der Bildungseinrichtungen des Adam-Stegerwald-Hauses in Königswinter, eigener Lehrgänge und Seminare, die meist am Wochenende abgehalten wurden, sowie der Einrichtung von Arbeitskreisen auf Orts-, Kreis- und Landesebene. Die »Grundlagenschulung« ihrer Mitglieder aber mußte die CSA »den befreundeten konfessionellen Verbänden« überlassen[121].

Zusammenfassend läßt sich festhalten, daß die CSA bis 1963 ihr Ziel, die »Sammlung und Aktivierung der gesamten christlich-sozialen Arbeitnehmerschaft zum Zwecke der Einflußnahme auf das politische Leben« sowie die »Vertretung der Arbeitnehmerschaft innerhalb der Christlich-Sozialen Union«[122], nur äußerst unvollkommen erreichte.

---

[118] Geschäftsordnung der Christlich-Sozialen Arbeitnehmerschaft, Arbeitnehmergruppen der CSU in Bayern, 2. Mai 1953; 7. Mai 1960; 10. Juni 1961 § 8. ACSP D 6/43; D 6/6; D 6/30.

[119] Geschäftsordnung der Christlich-Sozialen Arbeitnehmerschaft, Arbeitnehmergruppen der CSU in Bayern, 2. Mai 1953; 7. Mai 1960; 10. Juni 1961 § 6. ACSP D 6/43; D 6/6; D 6/30. Sechs Landesvertreterversammlungen fanden während des Untersuchungszeitraums statt: 1953 in München, 1956 in Nürnberg (Protokoll in ACSP CSA 9), 1958 in Regensburg (Protokoll in ACSP CSA 17), 1960 in Augsburg (Protokoll in ACSP CSA 10), 1961 in Ingolstadt – bedingt durch den Tod des ersten stellvertretenden Landesobmanns Erich Rosa im Juni 1960 (Protokoll in ACSP CSA 11), 1963 in München (Protokoll in ACSP CSA 12).

[120] Geschäftsordnung der Christlich-Sozialen Arbeitnehmerschaft. Arbeitnehmergruppen der CSU in Bayern, 10. Juni 1961 § 2. ACSP D 6/30.

[121] Christlich-Soziale Arbeitnehmerschaft – CSA – Bayern, o.D. (wohl 1960). KAB VZ CSA 94.

[122] Geschäftsordnung der Christlich-Sozialen Arbeitnehmerschaft. Arbeitnehmergruppen der CSU in Bayern, 10. Juni 1961 § 2. ACSP D 6/30.

b) Die CSA als Instrument der Einflußnahme auf die CSU

»Organisationsarbeit, ganz auf sich gestellt und für sich geleistet, ist sinn- und zwecklos, wenn sie nicht ihre Auswirkung zeigt, wenn sie nicht in praktischer Bewährung wirksam wird«[123].

Die Aktivierung ihrer parteipolitischen Tätigkeit erachtete die katholische Arbeitnehmerbewegung von Anfang an als zwingend notwendig zur Umsetzung ihrer sozialpolitischen Vorstellungen. Wenngleich man stets nach außen betonte, daß das Werkvolk »keine parteipolitische Organisation« sei, sondern eine »katholische Standesorganisation«[124], und intern der Auffassung war, sich nicht an eine Partei binden zu können, so war man sich doch innerhalb der Führungsgremien einig, sich in der CSU zu betätigen[125] und daß man »die Leute dahin erziehen« sollte[126]. Von daher war es nur konsequent, daß das Werkvolk, als man den Einfluß der Arbeitnehmer in der CSU Schaden nehmen sah[127], die Gründung der CSA anregte[128] und ihren Aufbau maßgeblich bestimmte, denn schließlich sollte das Werkvolk aus Sicht seiner Verantwortlichen »der CSU genau so viel wert sein wie ein Wahlkreis«[129]. Bewußt entschied man sich dafür »als Arbeitsgemeinschaft der CSU nur die CSA zu stärken«, sah man sich doch außerstande, »im politischen Raum plötzlich die naturständische Ordnung« zu vertreten[130], die man selbst organisatorisch überwunden hatte.

Um das katholische Sozialprogramm durchführen zu können, galt es, Einfluß auf die CSU zu gewinnen und zu festigen. Dies wollte man »nicht dem Zufall überlassen«[131]. Vielmehr ging man nach der Gründung der CSA gezielt daran,

---

[123] Rundschreiben des Verbandssekretariats, 8. Mai 1952. AEB KAB Kart. 55.
[124] So etwa Paul Strenkert auf dem Verbandstag in Neustadt 1951. WERKVOLK, Nr. 11, November 1951.
[125] Vgl. hierzu etwa die Resolution der Sekretärstagung in Nürnberg an den Verbandsausschuß »für eine einheitliche politische Arbeit im Werkvolk« und »die Stärkung der Arbeitnehmergruppen innerhalb der CSU«. Protokoll der Diözesanvorstandssitzung, 28. Oktober 1957. KAB R Diözesanvorstand.
[126] Bericht über die Schulungstagung der Sekretäre, 20.–21. September 1952. KAB VZ 17a / Verbandsausschuß 1947–1954.
[127] Heinrich Krehle an Präses Mayer [gemeint wohl Anton Maier]. 9. Dezember 1952. KAB VZ CSU.
[128] Katholisches Werkvolk, Süddeutscher Verband, 8. Rundschreiben an alle Sekretäre, 17. Dezember 1951. AEB KAB Kart. 70.
[129] Bericht über die Schulungstagung der Sekretäre, 20.–21. September 1952. KAB VZ 17a / Verbandsausschuß 1947–1954.
[130] Protokoll über die gemeinsame Arbeitstagung mit den Diözesen Augsburg und Passau, 23. April 1960. KAB R Diözesanvorstand.
[131] Eberhard Kunze an Dieter Görmiller, 20. Februar 1963. ABP KAB Kart. 52, Akt 154.

V. *Das Werkvolk und die Politik* 471

diese in den Diözesen »weiter auszubauen«. »Die CSA muß Personalunion mit dem Werkvolk sein«, lautete die Parole. Konkret sollte »jeder Kreisobmann der CSA« Werkvolkmitglied sein[132]. Deshalb machte der Verband seine Mitglieder gezielt auf Veranstaltungen der CSA aufmerksam und versandte, unabhängig von der CSA, eigene Einladungsschreiben[133]. Aus der Sicht der Verantwortlichen war »der einzige Weg zum Erfolg«, das Werkvolk »in den Orts- und Kreisverbänden« der CSA stark zu machen und so »Einfluß« auf die CSU zu bekommen. So wurde genau eruiert, wo CSA-Orts- oder Kreisverbände existierten und wer ihre »gewählten Vorsitzenden« waren. Darüber hinaus erfaßte die strategische Planung auch die Überlegungen, welche Stellen innerhalb der Partei man zu besetzen versuchen sollte[134]. Um die nötige Basis für die Wahlen in der CSA zu haben, ging man außerdem gezielt dazu über, neue CSA-Gruppen zu gründen[135], was die Delegiertenzahlen im gewünschten Sinn veränderte[136].

Um die eigene Stellung innerhalb der CSA zu stärken, war das Werkvolk selbst zu materiellen Opfer bereit. So wurden etwa den Mitgliedern, die in der CSA mitarbeiteten, die Fahrtkosten zu überregionalen Konferenzen der CSA durch das Werkvolk zum Teil erstattet[137]. Dies führte dazu, daß die Mitglieder des Werkvolks bei diesen Versammlungen – vor allem auf der Bezirksebene, die unmittelbare Rückwirkung auf die Zusammensetzung der Landesleitung hatten – die Mehrheit der Wähler und seine führenden Repräsentanten die Mehrheit des Führungspersonals der CSA auf der Landesebene stellten[138].

---

[132] Protokoll über die gemeinsame Arbeitstagung mit den Diözesen Augsburg und Passau, 23. April 1960. KAB R Diözesanvorstand.

[133] Ein Beispiel für eine solche Doppeleinladung zu einer Veranstaltung der CSA, durch die CSA einerseits und das Werkvolks andererseits, findet sich in KAB VZ G I / Diözesanverband Würzburg 1949–1964: Schreiben der Landesgruppe der Arbeitnehmer in der Christlich-Sozialen Union an die Bezirks- und Kreisvertrauensleute der Arbeitnehmergruppen in den Bezirken Unterfranken, Oberfranken, Mittelfranken, Oberpfalz, 1. Juni 1949, sowie Rundschreiben der Geschäftsführung des Katholischen Werkvolks an die Sekretäre der Diözesen Bamberg, Eichstätt, Regensburg, Würzburg, 9. Juni 1949.

[134] Protokoll der Diözesanvorstandssitzung, 8. Januar 1958. KAB R Diözesanvorstand.

[135] Dieter Görmiller an Christian Müller, 24. April 1963. ABP KAB Kart. 80.

[136] Hintergrund dieser Bemühungen des Werkvolks war die Neufassung der CSU vom 10. Oktober 1958. Durch diese wurde die Vertretung in den verschiedenen Gremien der Partei an die Zahl der Mitglieder der einzelnen Arbeitsgemeinschaften gebunden wurde. Vgl. T. WALKER, S. 138–139.

[137] Diözesansekretär Hans Wich an alle Werkvolkvorstände des Diözesansekretariats Nord des Erzbistums Bamberg, 21. Mai 1953. AEB KAB Kart. 68.

[138] Vgl. hierzu die Listen der Mitglieder der Landesobmannschaft und der Bezirksobleute für die Jahre 1953 (ACSP CSA 3), 1956 (ACSP CSA 9), 1958 (ACSP CSA 17), 1960 (ACSP CSA 10), 1961 (ACSP CSA 11), 1962 (ACSP CSA 59) und 1963 (ACSP CSA 12). 1959 war 20 von 26 Mitglieder der Landesobmannschaft der CSA zugleich im Werkvolk aktiv. Vgl. T. WALKER, S. 144–145 sowie S. 306–308.

Den so gewonnenen Einfluß des Werkvolks war man bestrebt, »auf alle Fälle« zu sichern, deshalb widmete man sich der »planmässigen Organisation der CSA«. Man nominierte hierzu aus den eigenen Reihen »kommissarische Kreisobmänner« und plante auf Arbeitstagungen der »politischen Obmänner des Werkvolkes« den weiteren »Aufbau der CSA«[139]. Werkvolkmitglieder, die sich daran beteiligten, erhielten eine »planmäßige Schulung [...] für die Arbeit in Partei und CSA«[140]. Hier seien als Beispiele nur die »Kurzschulung zur Landtagswahl 1954« in Vierzehnheiligen[141] oder die »Sozialpolitische Wochenschulung der CSA« auf der Burg Feuerstein[142] erwähnt. Im Bistum Regensburg bildete man darüber hinaus einen »politischen Arbeitskreis« aus Werkvolkmitgliedern, die entweder »führend in der CSU tätig« waren oder ein Mandat ausübten[143]. Generell bot man verbandsweit allen in der CSU aktiven Werkvolkmitgliedern die Gelegenheit zu Schulung und Erfahrungsaustausch[144].

Daß die Zusammenarbeit des Werkvolks mit den parteipolitischen Organisationen »in fast allen Orten, wo eine CSU und CSA« bestand, ausgesprochen gut war, lag nicht zuletzt daran, daß die Werkvolkmitglieder auch auf lokaler Ebene »zum Teil die Verantwortlichen dieser Organisationen« stellten[145]. Dementsprechend lud das Werkvolk seine Mitglieder auch auf der Ebene der Ortsvereine zum Besuch von Veranstaltungen der CSA ein[146].

Neben der Besetzung von Schlüsselstellen auf allen Ebenen der CSA bemühte sich das Werkvolk mit gezielten Aufrufen auch darum, die Mitgliederstärke der CSA zu heben, denn die Satzung der CSU bot die Möglichkeit, »Delegierte der Arbeitsgemeinschaft entsprechend ihrer Mitgliederzahl in die Gremien der

---

[139] Eine solche fand etwa am 14. Dezember 1957 in Ramspau statt. Tätigkeitsbericht Wilma Beringer, 10. Juni 1956 bis 4. Oktober 1958. KAB R Diözesantage.

[140] Protokoll über die Wochenendtagung in Ramspau, 15. bis 16. Februar 1958. KAB R Diözesanausschuß/Diözesanvorstand.

[141] Tagungsprogramm des Kurzschulungslehrgangs des Katholischen Werkvolks der Erzdiözese Bamberg, 23.–24. Oktober 1954. AEB KAB Kart. 44.

[142] Anmeldungsschreiben Fritz Kaiser an den Bezirksverband der CSA-Oberfranken, 9. Oktober 1956. AEB KAB Kart 44.

[143] Sie waren in Absprache mit den lokalen Vorstandschaften von den Sekretären des nördlichen und südlichen Teils der Diözese ausgewählt worden. »Der vorgeschlagene Kreis von 16 Leuten« wurde als »ausreichend« betrachtet. Protokoll der Diözesanvorstandssitzung, 19. November 1957. KAB R Diözesanvorstand.

[144] Vgl. etwa Josef Hofmeister an die Werkvolkmitglieder, die aktiv in der CSU tätig waren, 27. Mai 1958. KAB R Diözesanvorstand.

[145] So etwa Michael Thiermeyer und Martin Birzl für das Bistum Eichstätt. Bericht des Diözesanverbands Eichstätt, 1. Oktober 1960 bis 30. September 1961. KAB VZ 17c / Verbandsausschuß 1959–1971.

[146] Siehe etwa Rundschreiben der Bezirksvorstandschaft Ingolstadt, 23. März 1959. KAB VZ E / Diözesanverband Eichstätt/Ingolstadt.

Union zu entsenden«[147]. So hoffte man, das »Mitspracherecht« und innerparteiliche Gewicht der CSA und somit des Werkvolks zu stärken. Es sollte generell »zur Selbstverständlichkeit werden«, daß ein Arbeitnehmer, der der CSU angehörte, »sich auch für eine Mitarbeit in der CSA entschließt«[148]. Wenn die CSA stets gerade in den Gebieten viele Mitglieder hatte, wo das Werkvolk stark war[149], so gelang es der CSA insgesamt doch nicht, auch nur annähernd gleiche Mitgliederzahlen zu erreichen, wie sie das Werkvolk aufwies. Trotzdem wurden die »Bemühungen« des Werkvolks um die CSA und ihre Bedeutung vom Landessozialsekretär der CSU »voll anerkannt«[150].

Die weltanschauliche und personelle Verflochtenheit von CSU und Werkvolk zeigte sich auch in gemeinsamen Veranstaltungen, wie etwa beim Diözesan-Frauentag aller Werkvolk-Frauengemeinschaften und CAJ-Frauengruppen des Erzbistums Bamberg im Juni 1956. An ihm nahm neben den Delegierten der verschiedenen Frauengruppen zeitweise auch eine rund hundert Personen starke Delegation der CSA teil, die zur selben Zeit ebenfalls in Nürnberg ihre Landesvertreterversammlung abhielt[151]. Der Landessozialsekretär der CSU nutzte Diözesantage zur Verteilung von »Material zur Agitation in den Betrieben«[152] und die Werkvolksekretäre sprachen regelmäßig auf Veranstaltungen von CSU-Ortsverbänden[153]. Die Verflechtung zwischen dem Werkvolk und der CSA ging soweit, daß das Werkvolk im Bistum Augsburg sogar überlegte, einen Vertreter der CSA mit Sitz und Stimme in die Diözesanvorstandschaft aufzunehmen, unter der Voraussetzung, daß dieser auch Mitglied des Werkvolks sei. Das Endziel dieser Bestrebungen war »die Zusammenführung aller christlichen Arbeitervereinigungen unter einer Dachorganisation«[154]. Zugleich ging es dem Werkvolk

---

[147] Merkblatt über die Organisation der CSA, 19. Mai 1960 (KAB VZ CSA 94); Unionssatzung § 11 (ACSP D 1/79) sowie § 10 und § 11 der Geschäftsordnung der CSA (ACSP 6/43; 6/6; 6/30).
[148] Protokoll über die gemeinsame Arbeitstagung mit den Diözesen Augsburg und Passau, 23. April 1960. KAB R Diözesanvorstand.
[149] Vgl. S. 468 sowie Tab. 1 im Anhang. Dieses Ergebnis auf der überregionalen Ebene wird durch eine Umfrage zur Betriebsratswahl 1961 für die Ebene der Betriebe und Ortsgemeinschaften bestätigt, wo sich an den Schwerpunkten die Angaben der CSA, des Werkvolks und der zum Großteil von dessen Mitgliedern getragenen Christlichen Werkgemeinschaften deckten. Eberhard Kunze an Franz von Prümmer, 24. Januar 1961. KAB VZ G III / Schweinfurt 1947–1954.
[150] So Fritz Morgenschweis unter Bezug auf ein Schreiben von Hans Stützle. Protokoll über die Wochenendtagung in Ramspau, 15. bis 16. Februar 1958. KAB R Diözesanausschuß/Diözesanvorstand.
[151] Elisabeth Bach an Georg Meixner, 26. April 1956. AEB KAB Kart. 68.
[152] [Nicht zu identifizieren] an Hans Stützle, 15. Juni 1953. KAB R Diözesanausschuß/Diözesantag.
[153] Vgl. etwa Terminkalender von Max Hatzinger, Juni 1951 bis Mai 1955 (KAB VZ A / 1 Diözesanverband München bis 1974), oder den Jahresbericht 1957 über die Arbeit des Diözesanverbands des Werkvolks Eichstätt (DA EI BA Werkvolk 1949–1967).
[154] Bezeichnenderweise wurde dies aber »für nicht unbedingt notwendig gehalten, da ja ohnehin eine

darum, »durch die CSA andere Organisationen wie die Sozialausschüsse und ähnliches im Westen zu verhindern und die CSA nicht neben der Partei, sondern innerhalb derselben aufzubauen«[155].

Neben dem direkten Kontakt der Verbandsleitung zur Landesleitung der CSU[156] nutzte das Werkvolk die CSA gezielt dazu, seine Mitglieder bei der Nominierung für Listenplätze bei der Landtagswahl oder Bundestagswahl zu stärken, um so ihr Ziel zu erreichen, »daß die Nominierung von Arbeitnehmern, der zahlenmäßigen Stärke des Arbeiterstandes entsprechend, an aussichtsreicher Stelle der Wahlkreise und der Landesliste erfolgt«[157]. Auf der Ebene der Verbands- und Diözesansekretäre beriet man mögliche Vorschläge zur Landtags-Kandidatur[158]. Die tatsächlich nominierten eigenen Kandidaten wurden im Verbandsorgan vorgestellt und durch eigene Flugblätter bekannt gemacht[159]. Der Einsatz für die CSU und die CSA erfolgte keineswegs »aus reiner Nächstenliebe«, vielmehr verband man »damit sehr handfeste Ziele zum Nutzen des Werkvolks«[160]. Dementsprechend führte man nach Wahlen durch Umfragen auch eine strikte Erfolgskontrolle durch[161].

Neben den Bemühungen innerhalb der CSA gab es vereinzelt ebenfalls Versuche, über Mitarbeit in der Arbeitsgemeinschaft der Frauen in der CSU oder in der Jungen Union Einfluß auf die CSU zu gewinnen. So wirkte etwa die Regensburger Diözesanleiterin Wilma Beringer auf Landesebene auch innerhalb der CSU-Frauenarbeitsgemeinschaft mit[162], und der dem Werkvolk angehörende Landessozialsekretär Hans Stützle arbeitete in Fortsetzung der von Franz Steber begründeten Tradition eng mit der Jungen Union zusammen[163]. Doch generell

---

Personalunion besteht«. Antrag Stefan Höpfingers für die WVG Penzberg an die Delegierten des Diözesantags des Katholischen Werkvolks der Diözese Augsburg, 23. September 1956. KAB A Diözesantage 1947–1959.

[155] So Josef Hofmeister. Protokoll über die Wochenendtagung in Ramspau, 15.–16. Februar 1958. KAB R Diözesanausschuß/Diözesantag.

[156] Vgl. etwa WERKVOLK, Nr. 10, Oktober 1953.

[157] Antrag des Bamberger Diözesanverbands an die Verbandsausschuß-Sitzung, 17.–18. Oktober 1953. KAB VZ 17a / Verbandsausschuß 1947–1954.

[158] Protokoll der Diözesanvorstandssitzung, 28. Oktober 1957. KAB R Diözesanvorstand.

[159] Vgl. Beispiele in KAB VZ CSU sowie KAB VZ CSA-Wahlpropaganda.

[160] Rechenschaftsbericht Josef Hofmeister, 1. Juli 1955 bis 31. Mai 1956. KAB R Diözesantage.

[161] Vgl. hierzu etwa Fragebogen zur Kommunalwahl 1960. KAB R Allgemein.

[162] Tätigkeitsbericht Wilma Beringer, 10. Juni 1956 bis 4. Oktober 1958. KAB R Diözesantage.

[163] Hans Stützle, 30. Juni 1994. Der »politische Einsatz« erfolgte im Bistum Regensburg bis zur Gründung der CSA generell »über die Junge Union«, die auf die dortigen Verantwortlichen »einen guten Eindruck« machte, »da sie noch nicht so festgefahren« war. Bericht über die Schulungstagung der Sekretäre, 20.–21. September 1952. KAB VZ 17a / Verbandsausschuß 1947–1954.

bemühten sich die Verantwortlichen des Werkvolks, die politischen Kräfte in der CSA zu bündeln[164].

c) *Der Kampf um die Mandate*

> »Diesen aber ist das Werkvolk nicht Mutter, sondern Mittel«[165].

Die Gründung der CSA stellte nicht nur einen Versuch der Verantwortlichen der katholischen Standesvereinigungen dar, ihr innerparteiliches Gewicht zu erhöhen, sie war zugleich auch der Versuch der CSU, die konfessionellen Arbeitnehmerorganisationen für ihre Zwecke zu operationalisieren. So waren zwar »die Aktivisten des Werkvolks für Parteiversammlungen und Kleinarbeit gern gesehen«, doch griff man bei der Besetzung von »maßgeblichen Posten« »gerne auf akademische, bäuerliche oder arbeitgeberfreundliche Kreise zurück«[166]. »In der Praxis« durfte das Werkvolk letztlich oft »nur« die »Vorspanndienste« leisten[167]. Sah die CSU im Werkvolk generell vor allem ein »Rekrutierungsbüro«[168], so stellte die CSA aus Sicht der Verantwortlichen der Partei »eines der effektivsten Instrumente der Wählerstimmenbeschaffung«[169] sowie eine hervorragende Möglichkeit dar, den Eindruck zu vermitteln, daß die CSU mindestens so arbeitnehmerfreundlich sei, wie die SPD und die ihr nahestehenden Gewerkschaften[170]. Außerdem war die CSA für maßgebliche Vertreter der CSU-Landesleitung ein Ansatzpunkt, um »die widerspruchsvolle Zweigleisigkeit« zwischen parteipolitischer und konfessioneller Organisation der Arbeitnehmerschaft zu überwinden und so den Gesichtspunkt der Interkonfessionalität auch hier zu verwirklichen. Man hoffte, die CSA längerfristig zu einer »CAB«, einer Christlichen Arbeitnehmerbewegung auszubauen[171].

---

[164] So »befürwortete« etwa Wilma Beringer, obwohl sie selbst in der Frauenorganisation der CSU aktiv war, ausdrücklich »den Beitritt der Frauen des Werkvolks zur CSA statt zur Arbeitsgemeinschaft der Frauen in der CSU«. Protokoll der Wochenendtagung in Ramspau, 15.–16. Februar 1958. KAB R Diözesanausschuß/Diözesanvorstand.

[165] So Siegfried Niessl über das Verhältnis der Parteien zum Werkvolk. Bericht über die Schulungstagung der Sekretäre, 20.–21. September 1952. KAB VZ 17a / Verbandsausschuß 1947–1954.

[166] Bericht des Diözesanverbands Würzburg, 1. Juli 1959 bis 30. September 1960. KAB VZ 17c / Verbandsausschuß 1959–1971.

[167] So Peter Stümpfl. Bericht über die Schulungstagung der Sekretäre, 20.–21. September 1952. KAB VZ 17a / Verbandsausschuß 1947–1954.

[168] So Siegfried Niessl. Bericht über die Schulungstagung der Sekretäre, 20.–21. September 1952. KAB VZ 17a / Verbandsausschuß 1947–1954.

[169] T. WALKER, S. 149–150.

[170] Hans Stützle, 30. Juni 1994.

[171] Peter Stümpfl an Verbandspräses Anton Maier, 25. März 1953 (ABP KAB Kart. 48, Akt. 146), in

Daß die CSA innerhalb der CSU nie das von ihren Mitgliedern gewünschte Gewicht erreichte, das auch der Bedeutung der von ihr repräsentierten Bevölkerungsschicht entsprochen hätte, lag daran, daß es starke innerparteiliche Kräfte gab, die dies gezielt verhinderten. So hatten »die Union und die Kreise, die sie finanzier[t]en«, kein Interesse daran, die »Christlich-Soziale Arbeitnehmerschaft als CSU-Arbeitsgemeinschaft auf Parteikosten so hochzupäppeln, daß sie eines Tages auf eigenen Füßen laufen könnte«. Vielmehr wurde die erfolgreiche Aufbauarbeit der CSA, die vor allem durch Kräfte aus dem Werkvolk getragen und bestimmt wurde, von »maßgeblichen CSU-Kreisen« als »gefährlich« erachtet. Deshalb sollte die CSA von der »Arbeitsgemeinschaft als Unterorganisation der Partei« zu einem Arbeitskreis als »Aktiv-Gruppe von Parteimitgliedern« durch eine entsprechende Satzungsänderung umgeformt werden [172].

In den entscheidenden Führungsgremien der CSU waren die katholischen Arbeitnehmervertreter im Vergleich zu anderen sozialen Gruppen »eklatant unterrepräsentiert« [173]. Aber auch der Anteil von Arbeitnehmern an den Mandatsträgern der CSU war gering. Er lag wesentlich unter dem Anteil der Arbeitnehmer an der Gesamtbevölkerung Bayerns. Dem Werkvolk gelang es zwar, auf lokaler Ebene eine Vielzahl von Mandaten zu erringen, doch auf Landes- und Bundesebene war die katholische Arbeitnehmerbewegung keineswegs so erfolgreich. So war etwa 1946 selbst prominenten Vertretern wie Heinrich Krehle, Lorenz Sedlmayr oder Hugo Karpf der Einzug in den Landtag nicht gelungen [174]. Zwar errang Hugo Karpf 1949 ein Bundestagsmandat und Heinrich Krehle 1950 ein Landtagsmandat, doch blieb die Zahl der CSU-Landtagsabgeordneten aus Arbeitnehmerkreisen bis 1963 gering. Selbst die ausgewiesenen Werkvolk-Mitglieder, wie

---

dem Peter Stümpfl über Ausführungen Heinrich Krehles Anfang März 1953 auf der niederbayerischen Bezirkskonferenz der Arbeitnehmergruppen in der CSU berichtet. Ähnliche Überlegungen gab es zur selben Zeit auch innerhalb der CDU. So sprach sich Jakob Kaiser auf einer Bundesdelegiertentagung der Sozialausschüsse der CDA im Frühjahr 1954 in Köln ausdrücklich für eine interkonfessionelle Arbeiterbewegung aus. Rundschreiben des Kartellverbands der katholischen Arbeiterbewegung Deutschlands an die deutschen Bischöfe, 14. Juni 1954. ABSp OA 16 / 36-2 / 54.

[172] Landessozialsekretär Hans Stützle: Bericht über Zusammenarbeit mit der CSU, 10. August 1954. ACSP CSA 57. Bei der Diskussion um die Revision der CSU-Satzung vom 5. Juli 1952 nahmen an zentraler Stelle die Werkvolkmitglieder Josef Donsberger, Paul Mikolaschek, Michael Reng und Georg Lang, der Landesobmann der CSA und Landesvorsitzende der Christlichen Werkgemeinschaften, teil. Die Auseinandersetzung um den Status der Arbeitsgemeinschaften setzte sich bis in die sechziger Jahre hinein fort. Vgl. hierzu A. MINZEL, S. 437–464.

[173] So T. SCHLEMMER, Aufbruch, Krise und Erneuerung, S. 82–83, 163.

[174] T. SCHLEMMER, Aufbruch, Krise und Erneuerung, S. 152. Karpf etwa hatte zu Gunsten von Hanns Seidel auf den sicheren Wahlkreis Obernburg verzichtet und war in dem für die CSU schwierigen Wahlkreis Aschaffenburg gescheitert. H. KARPF, S. 110.

etwa Dr. Franz Heubl[175], waren zum Teil alles andere als typische Arbeitnehmer-Vertreter[176]. Die äußerst bescheidene Repräsentanz der Arbeitnehmer unter den CSU-Mandatsträgern auf Landesebene rührte nicht zuletzt daher, daß der Wahlkampf »innerhalb der CSU« stets »sehr hart« geführt wurde[177].

Obwohl die Verbandsleitung des Werkvolks klar erkannte, daß »alle wichtigen sozialpolitischen Entscheidungen im Bundestag fallen«[178], war das Gewicht der Werkvolkmitglieder während des gesamten Untersuchungszeitraums auf der Bundesebene noch geringer als auf der Landesebene. So waren etwa im dritten Deutschen Bundestag 36 Abgeordnete aus West- und Norddeutschland und nur 13 aus Süddeutschland vertreten, die als Vertreter der christlichen Arbeitnehmerschaft galten. Alle fünf Abgeordneten aus Bayern gehörten zwar immerhin dem Werkvolk an[179], doch war ihre Nominierung zum Teil unter problematischen Rahmenbedingungen erfolgt. So gelang es etwa 1953 – nachdem bei der Bundestagswahl von 1949 das Werkvolk nur mit den zwei ehemaligen christlichen Gewerkschaftern Adolf Konrad und Hugo Karpf unter den CSU-Bundestagskandidaten vertreten gewesen war[180] – zwar dank des Einsatzes des Verbandspräses Anton Maier, den Verbandssekretär Dr. Ludwig Franz für ein Bundestagsmandat nominieren zu lassen. Allerdings hatte der Verbandspräses hierbei »keinen leichten Stand«. Zudem wurde mit dem Werkvolkmitglied Franz, der bei Franz Schnabel Geschichte und bei Adolf Weber und Ludwig Erhard Volkswirtschaft studiert hatte, keineswegs die Nominierung eines typischen Arbeitnehmervertreters durchgesetzt. Franz galt vielmehr in der Arbeiterschaft und selbst im Werkvolk als »Akademiker«. Außerdem wurde Ludwig Franz 1953 keineswegs ein »zementierter« Wahlkreis zugewiesen, sondern wurde er als CSU-Kandidat für den Wahlkreis Rosenheim aufgestellt, einer Hochburg der Bayernpartei, die dort den Oberbürgermeister, Landrat, Landtags- und Bundestagsabgeordneten stellte. Letzterer war bis 1953 der Fraktionsvorsitzende der Bayernpartei im Bundestag, Dr. Hugo Decker. Selbst Dr. Alois Hundhammer erreichte in diesem Umfeld bei der Landtagswahl 1950 nur die dritte Position hinter den Kandidaten von BP und SPD. Doch Dr. Ludwig Franz, der die Stadt Rosenheim am Tag seiner Nominierung zum ersten Mal in seinem Leben betreten hatte, gelang es, den Wahlkreis

---

[175] WERKVOLK, Nr. 1, Januar 1953.
[176] Heubl war promovierter Jurist und enger Mitarbeiter des bayerischen Ministerpräsidenten Hans Ehard. Vgl. HANDBUCH DES BAYERISCHEN LANDTAGS 1962, S. 75. Zur »ungeklärten Frage«, »wer Arbeitnehmer im Sinne der CSA« war, vgl. T. WALKER, S. 140–141.
[177] [Nicht zu identifizieren] an Paul Wünsche, 12. Oktober 1962. AEB KAB Kart. 15.
[178] WERKVOLK, Nr. 10, Oktober 1953.
[179] Aufstellung in AEB KAB Kart. 69.
[180] Konrad wurde zudem nicht gewählt. Vgl. T. SCHLEMMER, Aufbruch, Krise und Erneuerung, S. 352–353, 496.

für die CSU zu gewinnen. »Die CSU-Landesleitung wollte dem Werkvolk Gelegenheit geben, etwas scheinbar Unmögliches möglich zu machen«, wie Ludwig Franz es in der Retrospektive bissig kommentiert[181].

Generell gilt, daß das Katholische Werkvolk seine Kandidaten nur dort durchsetzen konnte, wo es »stark und aktiv« war und so »maßgeblichen Einfluß« ausübte[182], also vor allem auf der Ebene der Gemeinden. Dieser Befund ist kein Zufall, vielmehr ging das Werkvolk »planmäßig« vor, um zu erreichen, daß die katholische Arbeiterbewegung ihrer »Stärke entsprechend« vertreten sei[183]. Wie erfolgreich das Werkvolk hierbei auf der untersten politischen, der kommunalen Ebene tatsächlich war, lassen die erhaltenen Zahlen nur erahnen – schon die Zeitgenossen konnten sich auf Grund fehlenden Materials »keinen genauen Gesamtüberblick« verschaffen[184] und nur konstatieren: »Daß unsere Arbeit nicht umsonst war, ist bewiesen. Wir haben an sehr vielen Orten Bürgermeister, Stadt- und Gemeinderäte, die bei uns Mitglieder sind«[185]. Auf Grund der fehlenden seriellen Quellen seien hier nur einige Beispiele angeführt: So gehörten im Gebiet des Münchener Diözesanverbands etwa 73 Abgeordnete, Stadt- und Gemeinderäte dem Werkvolk an[186]. Im Bistum Würzburg wiederum wurden bei der Kommunalwahl im Frühjahr 1956 insgesamt 111 Werkvolkmitglieder zu Gemeinderäten, 23 zu Kreis- und Stadträten sowie 14 zu Bürgermeistern gewählt[187]. In den Jahren 1959/60 stiegen die Zahlen auf 230 Gemeinderäte, 45 Kreisräte, 14 Stadträte sowie 36 Bürgermeister (1. und 2.)[188]. Im Bistum Regensburg wiederum gehörten 1958 immerhin 43 von 194 CSU-Kreis- und Gemeinderäten dem Werkvolk an[189]. Bei all diesen Zahlen ist stets zu betonen, wie unvollständig sie sind, da rund ein Drittel der Werkvolkgemeinschaften bei »Betriebs-, Personal- oder Gemeindewahlen« keinerlei Ergebnisse an die Diözesanleitungen oder

---

[181] WERKVOLK, Nr. 10, Oktober 1953.
[182] WERKVOLK, Nr. 1, Januar 1951.
[183] WERKVOLK, Nr. 11, November 1951.
[184] So Josef Hofmeister für das Bistum Regensburg. Rechenschaftsbericht Josef Hofmeister, 1. Juli 1955 bis 31. Mai 1956. KAB R Diözesantage.
[185] Tätigkeitsbericht Hugo Hollweger, 1. Juni 1955 bis 31. Mai 1956. KAB R Diözesantage.
[186] Auswertung der Jahresberichte der Werkvolkgemeinschaften 1954. VZ KAB Diözesanverband München.
[187] Bericht über die Gründung und das Werden des Diözesanverbands Würzburg. KAB W Diözesanvorstandschaft/Verschiedenes; KONTAKT (Würzburg), Nr. 6, Juni 1956. DAW Druckschriften.
[188] Bericht des Diözesanverbands Würzburg, 1. Juli 1959 bis 30. September 1960. KAB VZ 17c / Verbandsausschuß 1959–1971. Auch im Bistum Eichstätt wurden bei den Kommunalwahlen »zahlreiche« Werkvolkmitglieder als Kreis-, Stadt- und Gemeinderäte gewählt (Bericht des Diözesanverbands Eichstätt, 1. Juli 1959 bis 30. September 1960. KAB VZ 17c / Verbandsausschuß 1959–1971). Leider haben sich dort aber keine konkreten Zahlen erhalten.
[189] Geschäftsbericht des Regensburger Diözesanvorstands, 1956 bis 1958. KAB R Diözesantage.

V. Das Werkvolk und die Politik

Verbandsleitung weitermeldeten, obwohl ihnen immer wieder eingeschärft worden war, daß dies »keine Spielerei«, sondern von elementarer Bedeutung sei[190]. Tendenziell war es auf der kommunalen Ebene so, daß Werkvolk-Kandidaten »vor allem in den kleineren und mittleren Industrieorten« »gut bis sehr gut« abschnitten, während »in den größeren Industrieorten« für sie »das Ergebnis um so ungünstiger« ausfiel[191]. Doch ging man davon aus, daß man an den Erfolgen bei den Kommunalwahlen »wahrhaftig den Großteil des Wertes« der Arbeit des Werkvolks ablesen könne[192].

Um auf die Mandatsträger auf der Landes- und Bundesebene einwirken zu können, unter denen das Werkvolk weniger stark vertreten war, nutzte man regelmäßig die Möglichkeit der persönlichen An- und Aussprache, so wurde etwa eine Resolution des Regensburger Diözesantags zur Frage der »Karenztage« nicht nur an die Bundestagsabgeordneten »weitergeleitet«, sondern diesen »persönlich und mit Nachdruck vorgetragen«[193]. Für nicht dem Werkvolk angehörende, neu in den Bundestag gewählte Mandatsträger wurde des weiteren vom geschäftsführenden Vorstand ein Kurzprogramm verfaßt, um diesen so Richtlinien in sozialer Hinsicht an die Hand zu geben[194].

Bei allem Bemühen um politischen Einfluß innerhalb der CSU sah sich das Werkvolk keineswegs als »Untergruppe der CSU«, wenn man auch »die indirekte Arbeit der Organisation für die Partei« als »oft wertvoller als die direkte« erachtete. Man war sich aber in den Führungsgremien des Verbands einig, daß sich das Werkvolk nicht »an eine Partei« binden könne[195], und hielt es von Anfang an »nicht für gut«, sich »zu sehr« an die CSU anzulehnen oder deren Bestrebungen in allen Punkten mitzumachen, war doch diese »Plattform eben eine parteipolitische«. Man war sich durchaus darüber im Klaren, daß es »leicht einmal« sein konnte, daß man in einer Frage, »wo die Partei nein sagt«, vom Werkvolk aus »ja sagen« müsse »oder umgekehrt«. Man ging auch davon aus, daß die »Aussicht auf Erfolg« um die Hälfte sinken würde, wenn die Menschen, die man für die

---

[190] So Josef Hofmeister für das Bistum Regensburg. Rechenschaftsbericht Josef Hofmeister, 1. Juli 1955 bis 31. Mai 1956. KAB R Diözesantage.

[191] So Josef Hofmeister für das Bistum Regensburg Mitte der fünfziger Jahre. Rechenschaftsbericht Josef Hofmeister, 1. Juli 1955 bis 31. Mai 1956. KAB R Diözesantage. Die verbandsweite Umfrage »Wer steht wo« für das Jahr 1956 (Umfrage zum Vereinsleben 1956. KAB VZ) zeigt ähnliche Tendenzen.

[192] Rundschreiben des Verbandssekretariats, 8. Mai 1952. AEB KAB Kart. 55.

[193] Rechenschaftsbericht der Regensburger Diözesanvorstandschaft, 1956 bis 1959. KAB R Diözesantage.

[194] Protokoll der Verbandsleitungssitzung, 16. Oktober 1953 KAB VZ 17a / Verbandsausschuß 1947–1954.

[195] Bericht über die Schulungstagung der Sekretäre, 20.–21. September 1952. KAB VZ 17a / Verbandsausschuß 1947–1954.

Kirche und die sozialen Ziele des Werkvolks gewinnen wollte, spüren würden, »daß es eine Parteisache ist«. Von daher erachtete man es keineswegs für »unbedingt notwendig, daß jeder, der im Werkvolk steht, auch zur CSU gehört«. Den Standpunkt des Werkvolks sah man nicht generell in der CSU, sondern vielmehr »dort wo die Kirche steht und das schaffende Volk«. »Diese wieder ins rechte Verhältnis zueinander zu bringen«, indem man »der Masse der Arbeiter« klarmache, »daß Kirche, Religion und soziale Besserstellung keine Widersprüche sind, sondern am besten die Gewähr für die Erreichung dieses Zieles sind«, das betrachtete man im Werkvolk als »das Wesen unserer Aufgabe«[196].

3. Das Verhältnis zu weltanschaulichen Gegnern: SPD, KPD und SED

>»Religiöser Sozialismus, christlicher Sozialismus sind Widersprüche in sich; es ist unmöglich, gleichzeitig guter Katholik und wirklicher Sozialist zu sein«[197].

Der Süddeutsche Verband sah gemäß der päpstlichen Lehrschreiben im Sozialismus stets seine weltanschaulichen Gegner. In seinen Augen galt es, »dem Bolschewismus Einhalt zu bieten und zwar nicht so sehr durch die Widerlegung des Marxismus, als vielmehr durch opferbereite christliche Nächstenliebe«, da man davon ausging, daß das Verhalten gegenüber »der vielfältigen Alltagsnot« der Mitmenschen »oftmals die Entscheidung zwischen Christentum und Bolschewismus« bedingte[198]. Doch setzte man auch gezielt und bewußt dem »Erlösungsglauben des Marxismus« den christlichen Erlösungsglauben entgegen, um so die »Erlösungshoffnung und -sehnsucht des Proletariats« zu erfüllen[199]. Die Stärkung des Werkvolks diente dazu, »in alle Lebensbereiche des Arbeitnehmers hineinzuwirken«, und so »dem Druck der sozialistischen Seite entgegenzuwirken«[200]. Das Werkvolk war sich seiner Verantwortung und der Bedeutung dafür bewußt, wie sich die Arbeiterschaft »weltanschaulich ausrichten« werde[201], »in einer Zeit höchster weltpolitischer Spannungen«, wo das »›politische‹ Ringen nur eine Tarnung« dafür war, »daß im letzten und tiefsten hier ein weltanschaulicher Kampf unerhörten Ausmaßes ausgefochten« wurde – »der Kampf zwischen Chri-

---

196 Paul Strenkert an das Verbandssekretariat, 31. Januar 1948. KAB A Kart. 5.
197 Papst Pius XI., Quadragesimo anno. Druck: Texte zur Katholischen Soziallehre, S. 101–160, hier 145.
198 Elisabeth Bach: Die Aufgabe der Frau im Werkvolk, o.D. (wohl Mai 1952). AEB KAB Kart. 55.
199 Werkvolk, Nr. 4, April 1953.
200 Tätigkeitsbericht Wilma Beringer, 10. Juni 1956 bis 4. Oktober 1958. KAB R Diözesantage.
201 Josef Hollacher an das Bischöfliche Generalvikariat, 20. Juli 1960. DA EI BA CAJ 1949–1961.

stentum und Bolschewismus«. Nur durch die Umsetzung des Programms der katholischen Arbeiterbewegung, der »Überwindung des Bolschewismus durch die Lösung der sozialen Frage«, konnten in den Augen »aller Verantwortlichen« »die Massen vor dem Radikalismus und damit auch vor der Gefahr, dem Bolschewismus in die Arme getrieben zu werden«, bewahrt werden[202]. »Nur« die christliche Idee »der Sozialreform«, »die gegenüber der Verstaatlichung auf dem Privateigentum aller basiert, die gegenüber der Kollektive sich auf Würde der menschlichen Persönlichkeit gründet«, konnte in den Augen des Werkvolks »ein Bollwerk sein gegen die Idee des Bolschewismus«[203].

In der öffentlichen Auseinandersetzung griff man zwar durchaus im Katholizismus verbreitete Parolen wie »Der Kampf des Satans gegen Gott wird heute in der Politik ausgetragen« oder »Die größere Macht habe heute der Teufel« auf[204], doch bemühte man sich selbst im heftig geführten Wahlkampf 1953, nicht »selbstgerecht« zu sein und Menschen zu verwerfen, die anderer Meinung waren. Man erachtete es »vielmehr« als »Pflicht, den Unterschied zwischen den verschiedenen Weltanschauungen herauszustellen«. Die »beste Politik« war in den Augen des Werkvolks die, »sich in den Gegner hineinzudenken und dann das Christentum praktisch zu üben«[205].

Bei der Auseinandersetzung mit dem Sozialismus sah man diesen intern durchaus differenziert. So unterschied etwa der stellvertretende Bamberger Diözesanpräses fünf Schattierungen: den kommunistisch-marxistischen Sozialismus, den Sozialismus der SPD, den Kultursozialismus, den Sozialismus der Labour-Party und den Christlichen Sozialismus[206]. Um die Mitglieder zu einer fundierten Diskussion über diese Fragen zu befähigen, informierte man sie im Verbandsorgan unter der Rubrik »Sozialer Katechismus« immer wieder über die unterschiedlichen Schattierungen des Marxismus[207].

Die Haltung der Unvereinbarkeit von Christentum und Sozialismus wurde den Angehörigen des Verbands über die Mitgliederzeitschrift, Referate auf Diözesan-

---

[202] WERKVOLK, Nr. 8, August 1951.
[203] Alfred Berchtold in WERKVOLK, Nr. 8, August 1952.
[204] Das erste Zitat entstammt einer Rede von Dr. Caspar Schulte, das zweite einer Rede von Dr. Heinrich Krone auf der Tagung der Gemeinschaft Katholischer Männer Deutschlands im März 1953. Abgedruckt in WERKVOLK, Nr. 4, April 1953.
[205] So Amalie Stelzer in WERKVOLK, Nr. 10, Oktober 1953.
[206] Hans Birkmayr, Christentum und Sozialismus. AEB KAB Kart. 49.
[207] WERKVOLK, Nr. 8, August 1952: »Welches sind die Hauptwerke von Karl Marx?«; WERKVOLK, Nr. 2, Februar 1952: »Was ist von der Staatsauffassung von Karl Marx zu sagen«; WERKVOLK, Nr. 3, März 1953: »Welches ist die philosophische Lehre Lenins?«; WERKVOLK; Nr. 7, Juli 1953: »Welche politische Auffassung vertrat Trotzki?«, »Welche politische Auffassung vertrat Stalin?« etc.

tagen und Bezirksversammlungen[208] sowie Broschüren nahegebracht, die ihnen zur Lektüre empfohlen wurden[209]. Im Wahlkampf konzentrierte das Werkvolk seine Arbeit vor allem auf »drei Personenkreise«: »auf die notorischen Nichtwähler, die Schmarotzer am Volkskörper seien, auf die Spalter, die eine ungeheure geschichtliche Schuld auf sich laden, wenn durch sie die Entscheidung gegen das Christentum ausfalle, und auf die Christen, die ihre Stimme einer antichristlichen Partei geben«[210].

Sah das Werkvolk – trotz aller theoretischen Differenzierung – in der SPD nach der KPD und der SED stets den entscheidenden politischen Gegner, so erkannte man im Parteivorstand der SPD bereits relativ frühzeitig, daß der Einfluß der katholischen Kirche auf die Politik der Union neben der Rolle des Klerus vor allem auf den katholischen Arbeitern beruhte. Deshalb nahm der Kampf gegen den Klerus und die katholische Arbeiterbewegung in den strategischen Überlegungen des Parteivorstands der SPD eine zentrale Rolle ein. Bereits 1949 war man sich aber darüber im Klaren, daß man »bei der Eigenart der klerikalen Kampfweise dazu nicht in die Mottenkiste der Wald- und Wiesenparolen hineingreifen könne«[211].

Im Parteivorstand der SPD war es vor allem Willi Eichler[212], der sich für eine Entkrampfung des Verhältnisses zur katholischen Kirche einsetzte, das seit dem Ausspruch Schumachers von der Kirche als »fünfter Besatzungsmacht«[213] und vielfältigen Konflikten in der Kulturpolitik auf das schwerste belastet war[214]. Bereits in den späten vierziger Jahren hatte Eichler sich dazu hinter den Kulissen gezielt um persönliche Kontakte zu wichtigen Vertretern der kirchlichen Hierarchie wie des Katholizismus bemüht, die ab 1953 schließlich in die »Walberberger Gespräche« mündeten, die mithalfen, das Godesberger Programm

---

[208] So etwa im Bezirk Schweinfurt am 8. April 1951 unter dem Titel »Im Widerstreit der Meinungen zwischen Christentum und Sozialismus«. Josef Deckert an Carl P. Lang, 1. März 1951. KAB VZ G III / Schweinfurt 1947–1954.

[209] So etwa H. ROST. WERKVOLK, Nr. 5, Mai 1953.

[210] So der Freiburger Diözesansekretär auf der Hauptagung der Gemeinschaft der Katholischen Männer Deutschlands vom 9. bis 12. März 1953 in Fulda. WERKVOLK, Nr. 4, April 1953. Zur Verantwortung jedes Wählers, aber auch jedes Nichtwählers vgl. zudem WERKVOLK, Nr. 9, September 1953.

[211] Alfred Flatau an Willi Eichler, 4. April 1949. AsD NL Eichler Parteivorstand 1948–1949. Die Äußerung Flataus bezog sich auf Material »aus der vorjahrhundertlichen freidenkerischen Mottenkiste«. Willi Eichler an Alfred Faltau, 30. April 1949. AsD NL Eichler Parteivorstand 1948–1949.

[212] Zu seiner Person vgl. S. LEMKE-MÜLLER, Ethischer Sozialismus.

[213] K. KLOTZBACH, SPD und Katholische Kirche, S. XLI; K. KLOTZBACH, Der Weg zur Staatspartei, S. 174–176.

[214] Vgl. J. ARETZ, Katholizismus und deutsche Sozialdemokratie, S. 64–71.

V. Das Werkvolk und die Politik 483

vorzubereiten.[215] Für diese Rolle war der konfessionslose Willi Eichler keineswegs prädestiniert[216]. Im Parteivorstand der SPD der fünfziger Jahre für Fragen der Ideologie und Propaganda zuständig, war er vom parteipolitisch auf die Unionsparteien ausgerichteten Katholizismus und gerade auch vom Verbandsorgan des Werkvolks wiederholt auf's Schärfste angegriffen worden. Dies nicht zuletzt deshalb, weil er während der Weimarer Republik und im Exil dem Internationalen Sozialistischen Kampfbund (ISK) angehört hatte[217].

Die Mitglieder dieser 1926 aus dem Internationalen Jugendbund (IJB) erwachsenen Vereinigung[218] waren zur Abstinenz von Alkohol und Nikotin ebenso verpflichtet wie zur vegetarischen Ernährung und zum Kirchenaustritt. Alle IJB-Mitglieder hatten darüber hinaus »aktiv« den »Kampf gegen den Klerikalismus« zu unterstützen[219]. 1945 wurde »der ISK in seiner bisherigen [!] Form« aufgelöst[220]. Willi Eichler, der seit 1927 den ISK leitete, forderte die ISK-Mitglieder auf, in die SPD einzutreten[221], um dort die Idee der »Politik der Praktischen Vernunft« zum Tragen zu bringen[222]. Eichler selbst gehörte ab 1947 dem außenpolitischen wie dem kulturpolitischen Ausschuß des Parteivorstands an[223]. 1952 wurde

---

[215] Vgl. T. Brehm, S. 61–63, 94–96.
[216] So wurde etwa in der SPD-Fraktion des Bundestages die Meinung vertreten, daß man »die im Interesse der Partei dringend notwendige Verbesserung« des Verhältnisses zu den Kirchen nur erreichen könne, wenn derjenige Genosse, der im Parteivorstand für die Fragen der Beziehungen zu den Kirchen zuständig sei, selber einer der Kirchen angehöre. Fritz Baade an Willi Eichler, 8. Dezember 1953. AsD NL Eichler Parteivorstand 1953.
[217] Vgl. etwa Werkvolk, Nr. 3, März 1955: Überschrift: »ISK – Geheimer Kampfbund radikaler Sozialisten. Maßgebende Männer demokratischer Organisationen leisten Handlangerdienste für den Kommunismus«. Im Text: »Willi Eichler [...] ein scharfer ISK-Mann«; Werkvolk, Nr. 10, Oktober 1955: »Wieder einmal der ISK«; etc. Willi Eichler nahm diese Artikel durchaus wahr. So findet sich etwa der genannte Werkvolk-Artikel zum ISK in der umfänglichen Sammlung von Berichten zum ISK in seinem Nachlaß. AsD NL Eichler Parteivorstand 1955.
[218] Zur Entstehung des ISK und seiner Entwicklung bis 1933 vgl. W. Link, S. 99–107, sowie K.-H. Klär.
[219] W. Link, S. 71–73.
[220] Willi Eichler an Freunde, 10. Dezember 1945. Zitiert nach M. Rüther / U. Schütz / O. Dann, S. 19. S. Lemke-Müller, Ethik, S. 13, 16 spricht davon, daß der ISK damit »offiziell« aufgelöst war. Das dürfte nur formal der Richtigkeit entsprechen. Die umfangreiche Berichterstattung der ISK-Mitglieder an Willi Eichler wurde de facto ungebrochen fortgesetzt (vgl. hierzu die Edition seines Schriftwechsels im Rahmen des ISK bei M. Rüther / U. Schütz / O. Dann) und wohl kaum nur deshalb, weil sich »die Praxis der Berichterstattung [...] schließlich so fest eingespielt« hatte, daß sie den Berichtenden »ein Bedürfnis« war (Ebd. S. 6, 19).
[221] Der Beschluß hierzu war Anfang August 1945 auf einem Treffen von ungefähr 30 ISK-Mitgliedern bei Hannover gefällt worden. S. Miller, Kampfbund, S. 202. Zum Vergleich: 1931 besaß der ISK insgesamt 190 Mitglieder. M. Rüther / U. Schütz / O. Dann, S. 5.
[222] Werkvolk, Nr. 3, März 1955. Zu Leonard Nelsons Konzept der »Praktischen Vernunft« und seiner davon abgeleiteten Forderung einer »Vernunft-Politik« vgl. L. Nelson.
[223] H. Potthoff / R. Wenzel, S. 272.

er als »besoldetes Mitglied« in den Parteivorstand der SPD gewählt. Er redigierte nicht nur das »Aktionsprogramm« von 1952, sondern hatte als Vorsitzender der Programmkommission auch an der Erstellung des »Godesberger Programms« entscheidenden Anteil[224]. Darüber hinaus wirkte er nach 1952 als Vorsitzender des kulturpolitischen, des jugendpolitischen und des rundfunkpolitischen Ausschusses. Außer ihm gelang es einer Vielzahl von ehemaligen ISK-Mitgliedern, an führender Stelle in der SPD ihren Einfluß geltend zu machen[225].

Nicht nur innerhalb der SPD, sondern gerade auch innerhalb der neu entstandenen Einheitsgewerkschaft gelang es zahlreichen ehemaligen ISK-Mitgliedern Schlüsselpositionen zu besetzen.[226] Der Einfluß der ehemaligen ISK-Mitglieder wurde von den ehemaligen Christlichen Gewerkschaften im DGB ebenso wie vom Werkvolk als Bedrohung empfunden und war einer der zentralen Gründe für die Wiedergründung Christlicher Gewerkschaften – neben den im DGB immer stärker zur Geltung kommenden »marxistisch-sozialitischen« Leitbildern

---

[224] Vgl. hierzu K. KLOTZBACH, Der Weg zur Staatspartei, S. 433–454.

[225] W. LINK, S. 333–334, vgl. auch P. LÖSCHE / F. WALTER, S. 111–115.

[226] So gehörten etwa der erste Vorsitzende der IG Metall (Otto Brenner), der erste Vorsitzende der IG Holz (Heinz Seeger), der Vorsitzende des DGB-Landesbezirks Nordrhein-Westfalen (Werner Hansen) und das Mitglied des Landesvorstands Nordrhein-Westfalen Max Kellner, der Vorsitzende des DGB-Landesbezirks Niedersachsen (Hermann Beermann), sowie das Mitglied des Landesvorstands Bayern Ludwig Linsert, ein enger Vertrauter Otto Brenners und späterer Vorsitzende des DGB-Landesbezirks Bayern; der Hauptschriftleiter der IG Metall-Zeitschrift »Metall« (Kuno Brandel), der Hauptschriftleiter der Gewerkschaftszeitung »Druck und Papier« (Fritz Rück) sowie der Hauptschriftleiter der DGB-Jugendzeitschrift »Aufwärts« (Hans Dohrenbusch) vor 1945 dem ISK an. Außerdem wurden Oskar Wetting (Hauptabteilung Wirtschaft), Hans Michel (Hauptabteilung Organisation und Verwaltung), Walter Henkelmann (Hauptabteilung Sozialpolitik, Ressort: Arbeitsverwaltung), Martin Beyer (Hauptabteilung Jugend: Ressort: Bundesjugendplan) vom DGB sowie der Leiter des Wirtschaftswissenschaftlichen Instituts der Gewerkschaften und wirtschaftspolitische Theoretiker des DGB, Dr. Viktor Agartz, dem ISK zugerechnet. Der beim Parteivorstand der SPD 1955 ins Leben gerufene Ausschuß für gewerkschaftspolitische Fragen bestand ausschließlich aus ehemaligen Mitgliedern des ISK. Vgl. hierzu GESELLSCHAFTSPOLITISCHE KOMMENTARE, Nr. 20, 15. November 1954; WIRTSCHAFTS- UND SOZIALPOLITIK, Nr. 49, 18. Dezember 1954; SÜDDEUTSCHE ZEITUNG, 6. Januar 1955; WIRTSCHAFTS- UND SOZIALPOLITIK, 8. Januar 1955; KNA / INFORMATIONSDIENST, Nr. 7, 12. Februar 1955; WERKVOLK, Nr. 3, März 1955; WERKVOLK, Nr. 10, Oktober 1955 sowie W. LINK, S. 333–335; H. GREBING, S. 162. Ob die genannten Personen vor 1945 tatsächlich dem ISK angehörten und ob sie sich diesem nach 1945 noch verbunden fühlten, läßt sich angesichts der im ISK gebräuchlichen konspirativen Methoden, wie etwa Decknamen, nicht immer eindeutig belegen. Daß ehemalige Mitglieder auch nach 1945 in Verbindung blieben, belegen die umfangreichen, inzwischen edierten Bestände »Schriftwechsel-ISK« im Nachlaß Eichler (M. RÜTHER / U. SCHÜTZ / O. DANN). Ob sie aber tatsächlich den in der Presse postulierten Einfluß hatten, »wäre reizvoll«, doch wäre hierfür »eine eingehende Analyse notwendig, die den Rahmen dieser Untersuchung sprengen würde«, wie es Werner Link formulierte, der die Geschichte des ISK bis 1945 aufgearbeitet hat (W. LINK, S. 331; ebenso K.-H. KLÄR, S. 357–359, der Link wörtlich zitiert).

V. Das Werkvolk und die Politik 485

und der die SPD-Mitglieder bevorzugenden Personalpolitik[227]. Für die Beziehungen zwischen der SPD und dem DGB ist die Situation nach dem Tod Böcklers besonders aufschlußreich. So erwarteten Kurt Schumacher, Erich Ollenhauer und Willi Eichler vom neuen DGB-Vorsitzenden Christian Fette, daß er den SPD-Vorstand »sofort nach seiner Wahl besucht hätte, um zu erörtern, wie man am besten zusammenarbeiten könnte«. Fette aber hatte seinerseits »offenbar erwartet«, daß man ihn »zu einer Aussprache« einladen würde[228]. Im Ergebnis wurde der erst Ende Juni 1951 zum neuen DGB-Vorsitzenden gewählte Christian Fette auf Initiative der vom ehemaligen ISK-Mitglied Otto Brenner geführten IG Metall bereits Mitte Oktober 1952 wieder abgewählt und durch Walter Freitag ersetzt[229].

Neben der Rolle der ehemaligen ISK-Mitglieder in führenden Positionen der Einheitsgewerkschaft wurden die Vorbehalte des Werkvolks gegenüber der SPD auch dadurch verstärkt, daß es nicht nur bei Betriebsratswahlen zur Zusammenarbeit zwischen KPD- und SPD-Betriebsgruppen kam[230]. Hatte es vor 1933 »nur in Ausnahmefällen« sozialdemokratische Betriebsgruppen gegeben, so bemühte sich die SPD nach 1945 gezielt um ihren Aufbau. Da die Gewerkschaften »nicht mehr wie früher allein die Sozialdemokratie direkt unterstützen« konnten, sollte der »Führungsanspruch der Partei« nun auf diese Weise »in allen Betrieben verwirklicht werden«. Aus der Sicht des Parteivorstands sollte man die »Betriebsgruppen straff organisieren«, um imstande zu sein, »schnell und erfolgreich auf jedes parteitaktische Manöver zu reagieren«[231]. Im praktischen Alltag kam es durch den Aufbau der Betriebsgruppen immer wieder zu Reibereien, waren doch auch in Süddeutschland oft bis zur lokalen Ebene die Mehrheit der Betriebsräte »Spitzenfunktionäre des DGB und Mitglieder der Betriebsgruppen der SPD«. Hinzu kam, daß man auf Seiten der katholischen Arbeiterbewegung klar den Zusammenhang zwischen der Gründung von Ortskartellen des DGB in den die Großbetriebe umgebenden Gemeinden, »um die Arbeiter auch am Wohnort anzusprechen«, und »eine starke Wandlung bei Wahlen«, sprich den Stimmen-

---

[227] Denkschrift zur Geschichte der Christlichen Gewerkschaften in Deutschland, August 1957. ABP NL Landersdorfer 41.
[228] Willi Eichler an Erich Ollenhauer, 27. Juli 1951. AsD NL Eichler Parteivorstand 1950–1951.
[229] Zu diesem »Novum« in der Gewerkschaftsgeschichte, der Abwahl eines Vorsitzenden, vgl. W. MÜLLER, Gründung, S. 130–133. Ursprünglich war eine Lösung mit drei gleichberechtigten Vorsitzenden geplant, doch »gewisse Umstände« verhinderten diese Lösung und führten zur Alternativentscheidung zwischen Fette und Freitag.
[230] Vgl. hierzu WERKVOLK, Nr. 8, August 1953; allgemein vgl. C. KLESSMANN, Betriebsparteigruppen und Einheitsgewerkschaft.
[231] So ein Entwurf von »Richtlinien für den Aufbau sozialdemokratischer Betriebs-Gruppen«, der sich wohl nicht zufällig im Nachlaß von Willi Eichler erhalten hat. AsD NL Eichler Parteivorstand 1946–1947.

gewinnen der SPD in den betroffenen Orten, erkannte²³². Von daher stellte das Werkvolk lapidar fest, »soviel ist inzwischen klar geworden: Außer der SPD ist [...] niemand bestrebt, die deutschen Gewerkschaften ›gleichzuschalten‹«²³³.

Die SPD aber sah dies völlig anders. So stellte für sie etwa das Abkommen zwischen der »Arbeitsgemeinschaft christlicher Berufs- und Standesorganisationen«, dem westdeutschen Pendant zum Verein für Soziale Wahlen, und den Gewerkschaften »eine grobe Verletzung der parteipolitischen und weltanschaulichen Neutralität des DGB« dar, wurde dabei doch »außerhalb der Gewerkschaft stehenden Menschen, christlichen und politischen Organisationen das Recht eingeräumt, auf gewerkschaftliche Vorschlagslisten Einfluß zu nehmen, ja darüber hinaus sogar die Lehrkräfte jener Organisationen als gewerkschaftliche Lehrkräfte zu entsenden«. In den Augen der SPD war »von hier bis zur Beeinflußung des Lehrstoffes, des Lehrkörpers der Gewerkschaftsschulen, der Beeinflußung der Wahlen zu Gewerkschaftsfunktionen [...] kein großer Schritt«. Man gab zwar durchaus zu, »gewiß« und »wo immer möglich« innerhalb der Gewerkschaften seinen »Einfluß geltend zu machen«, aber man betonte, daß alle diesbezüglichen Bemühungen »vor allem« dahin gingen, die »sozialdemokratischen Gewerkschaftsmitglieder zur verstärkten Aktivität innerhalb der Gewerkschaften aufzufordern, nicht aber durch Vereinbarung von Organisation zu Organisation unter Drohungen gewerkschaftsfremde Dozenten durchzudrücken etc.«, wie es der Leiter des Referats Betriebsorganisation des Parteivorstandes der SPD formulierte²³⁴.

Willi Eichler nun bemühte sich, ausgehend von der Erkenntnis der wahlentscheidenden Bedeutung der katholischen Arbeiterschaft²³⁵, gezielt darum, die SPD für Katholiken wählbar zu machen. So trat er, »der sich ja immer mit Entschiedenheit als Nichtchrist bezeichnet« hat, etwa bereits 1949 innerparteilich dafür ein, in der schulpolitischen Diskussion auf den Begriff »bekenntnisfreie Schule« zu verzichten und stattdessen die Bezeichnung »Christliche Gemeinschaftsschule« zu verwenden²³⁶, obwohl er selbst davon überzeugt war, daß die

---

232 Vgl. hierzu etwa Bericht Volksbüro – Raum Ingolstadt. DA EI BA Werkvolk 1949–1967.
233 WERKVOLK, Nr. 11, November 1953.
234 Siggi Neumann an Fritz [gemeint wohl Willi] Eichler, 7. April 1951. AsD NL Eichler Parteivorstand 1950–1951.
235 Vgl. hierzu etwa Theo Hieronimie an Wilhelm Mellies, 25. September 1957. AsD NL Eichler Parteivorstand 1957. Da es sich »bei den Kerngruppen des Katholizismus soziologisch um konservative Schichten handelt«, erwartete man zudem, daß die »hier erzielten Gewinne dauerhafter« seien, als bei den »floating votes«. Aktennotiz für den Parteivorstand der SPD, 27. Februar 1963. AsD NL Eichler Parteivorstand 1963.
236 Arno Henning an Kurt Schumacher, 16. Februar 1949. AsD NL Eichler Parteivorstand 1948–1949.

SPD »in der Schulfrage [...] niemals die katholische Lehre akzeptieren« könne[237]. Eichler benutzte bewußt den Ausdruck »christlich«, wenn auch durchaus nicht »als den eines konfessionellen Christentums«. Er wollte auf diese Weise nur »auf die Beeinflussung unserer allgemeinen Kulturentwicklung durch christliche Grundsätze« hinweisen. Da ihm bewußt war, daß selbst noch »ein großer Teil organisierter Sozialdemokraten an der konfessionellen Schule innerlich hängt, wie ja auch ein großer Teil sozialdemokratischer Freidenker seine Kinder konfirmieren läßt«, war Eichler vollauf damit »zufrieden«, »wenn auch die christlich orientierten Eltern sich darunter das vorstellen, was wir uns dabei denken«[238]. Dies entsprach bereits den Empfehlungen für das »Vorgehen« gegenüber der katholischen Kirche aus dem Jahre 1953[239]. Sie hielten die Mitglieder des Parteivorstands an, »bewußt und grundsätzlich das religiöse Grundgefühl gläubiger Menschen zu schonen«. Deshalb sollte man auch »nicht katholischen Lehren sozialistische gegenübersetzen, sondern Katholisches gegen Katholisches setzen«, so etwa »gegen KAB Matthias Föcher«. Dies waren in den Augen von Maria Meyer-Sevenich die »technischen Voraussetzungen« für einen Sieg der SPD. Dementsprechend sollte auch der Wahlkampf »mit aller Sorgfalt« vorbereitet werden, war man sich doch darüber im Klaren, daß die »alte Propaganda: Plakat mit Kreuz und Unterschrift: Jeder Christ wählt Sozialist, das Thema: Christentum und Sozialismus« wohl »relativ wirkungs(voll)los« war, »wenn sie allein bleibt«. »Prinzip« sollte nun sein: »Wir widerlegen den Mißbrauch oder die Irreführung mit einwandfreiem katholischen Material«[240].

In Bayern nahm das Werkvolk die nun verstärkt einsetzenden Änderungen in den öffentlichen Äußerungen der SPD durchaus wahr und konstatierte zufrieden, daß sich die SPD »in nicht wenig Punkten« »dem christlichen Sozial-Programm

---

[237] So Willi Eichler auf der Internationalen Sozialistischen Spezialkonferenz über Sozialismus und Religion in Bentveld, Holland, vom 9. bis 11. März 1953. Rundschreiben der Sozialistischen Internationale an die Mitgliedsparteien und Delegierten, 22. Mai 1953. AsD NL Eichler Parteivorstand 1953.

[238] Angesichts des Fehlens eines »geeigneten geistigen Unterbaus« war für ihn »die Forderung der weltlichen Schule« zu diesem Zeitpunkt »politisch ein Fehler« und verhinderte, das zu erreichen, was erreichbar war. Willi Eichler an Willi Henkel, 10. März 1949. AsD NL Eichler Parteivorstand 1948–1949.

[239] Vgl. hierzu Fritz Heine an die Büromitglieder, 20. Mai 1953, sowie die Überlegungen von Maria Meyer-Sevenich zur kirchenpolitischen Situation. AsD NL Eichler Parteivorstand 1953. Fritz Heine gehörte wie Willi Eichler vor 1945 dem ISK an (GESELLSCHAFTSPOLITISCHE KOMMENTARE, Nr. 3/4, Februar 1955), Maria Meyer-Sevenich war wie Willi Eichler Mitglied der deutschen Delegation zur Internationalen Sozialistischen Spezialkonferenz über Sozialismus und Religion in Bentveld, Holland, vom 9. bis 11. März 1953 (Rundschreiben der Sozialistischen Internationale an die Mitgliedsparteien und Delegierten, 22. Mai 1953. AsD NL Eichler Parteivorstand 1953).

[240] Überlegungen von Maria Meyer-Sevenich zur kirchenpolitischen Situation. AsD NL Eichler Parteivorstand 1953.

bemerkenswert genähert« habe. Doch beharrte man darauf, daß die SPD »weltanschaulich [...] leider nach wie vor auf dem Boden des Materialismus« stehe und »die unchristliche Grundhaltung der SPD in der Kultur-Politik« dazu führe, daß »ein mündiger Katholik kraft eigener Gewissens-Entscheidung«, »ohne ein ausdrückliches Verbot der Kirche abzuwarten«, auf die Frage »Kann ein Katholik SPD-Mitglied und -Wähler sein?« nur mit nein antworten könne[241]. So titelte man im Bundestagswahlkampf 1953 als Reaktion auf ein von der SPD verbreitetes »Textplakat«: »Ein Christ muß Sozialist sein, ein Sozialist kann Christ sein« im Verbandsorgan: »Ich bin SOZIALIST, warum kann ich kein Christ sein?« und klärte eingehend über die Unterschiede zwischen Sozialismus und Christentum auf[242].

Nach der Bundestagswahl 1953 versuchte die SPD, durch die Gründung einer »Arbeitsgemeinschaft der Katholiken in der SPD« die für sie »fatale Überzeugung in der öffentlichen Meinung« zu widerlegen, »daß die SPD und Christentum sich vertragen wie Feuer und Wasser«. Die Verbandsleitung wertete dieses Werben des Parteivorstands als reines wahlkampftechnisches Manöver und schrieb im Verbandsorgan: »Deswegen von einem Sinneswandel sprechen zu wollen, fiele keinem klardenkenden Menschen ein. Man wird lediglich daran erinnert, daß im Jahre 1954 in nicht weniger als fünf Bundesländern Landtagswahlen stattfinden«[243]. Zwar kam auch das Werkvolk nicht umhin, einen »Wandel in der deutschen Sozialdemokratie« zu konstatieren, doch war man sich keineswegs sicher, ob es sich bei der Veränderung der Positionen der SPD angesichts des für die Sozialdemokratie enttäuschenden Ausgangs der Bundestagswahl um eine »echte Wandlung« hin zu einer Partei »im Sinne der englischen Arbeiterpartei oder der holländischen ›Partei der Arbeit‹« handle, ob man tatsächlich »vor einer Abkehr des deutschen Sozialismus von den Grundanschauungen des Marxismus« stand oder ob das Verhalten der SPD »nur eine Änderung der Parteitaktik« darstellte. Man war aber schon zu diesem Zeitpunkt bereit, der SPD »die Hand« zu »reichen«, sollte sie tatsächlich ihr »Klassenkampfprogramm« durch »ein Programm der Sozialreform« ersetzen, das den »Grundsätzen des Christentums« entsprach. Denn dann hätte die SPD »durch die Verhältnisse belehrt, zu dem Sozialprogramm gefunden«, das »von jeher« das Programm des Werkvolks war[244].

Trotzdem stand die katholische Arbeiterbewegung Süddeutschlands dem 1959 beschlossenen neuen Grundsatzprogramm der SPD kritisch gegenüber, dessen

---

[241] WERKVOLK, Nr. 3, März 1953.
[242] WERKVOLK, Nr. 9, September 1953.
[243] WERKVOLK, Nr. 2, Februar 1954.
[244] WERKVOLK, Nr. 12, Dezember 1953.

sozial- und wirtschafspolitischer Teil sich »weitgehend« mit der katholischen Soziallehre deckte²⁴⁵, dessen »Gesamtkonzeption« für Nell-Breuning »konkrete Ausführung« von dem war, was das Subsidiaritätsprinzip forderte, und das im Bezug auf die Familie »eine geradezu klassische Formulierung« verwandte, die den wichtigsten Vertreter der katholischen Soziallehre in Deutschland zu dem emphatischen Urteil veranlaßte: »kein Papst könnte es schöner sagen«²⁴⁶. Dennoch griff das Werkvolk das Godesberger Programm im Verbandsorgan unter der Überschrift »Wehner will an die Macht« heftig an. Es wurde als Konsequenz der drei verlorenen Bundestagswahlen bewertet und stand aus Sicht des Werkvolks »im Zeichen der politischen Zweckmäßigkeit«. Daher wurde auf »die Härte der vorausgegangenen Diskussionen« innerhalb der SPD ebenso verwiesen wie die Vermutung geäußert, »daß gerade wirtschaftspolitisch eine sozialdemokratische Regierungspraxis erheblich anders aussehen dürfte als das lammfromme Programm von Bad Godesberg«. Einzig das Bemühen »um positive Beziehungen« zu den christlichen Kirchen wurde anerkannt und ausdrücklich begrüßt. Doch erwartete man, daß sich dieser »Bruch mit der Vergangenheit« bei »den Genossen auf der unteren Ebene, die die SPD als Mitgliederpartei tragen«, nur sehr schwer durchsetzen dürfte²⁴⁷. Auf Kleruskonferenzen zum Thema »Katholik und Godesberger Programm« brachte man diese Haltung des Verbands den Seelsorgsgeistlichen Süddeutschlands nahe²⁴⁸.

Wenngleich es auch zwischen dem Werkvolk und der bayerischen SPD zu einer gewissen Annäherung gekommen war²⁴⁹ und man die gewandelte Haltung

---

²⁴⁵ P. Oswald von Nell-Breuning SJ an Willi Eichler, 21. Mai 1960. AsD NL Eichler Parteivorstand 1960.
²⁴⁶ P. Oswald von Nell-Breuning SJ an Willi Eichler, 8. November 1961. AsD NL Eichler Parteivorstand 1961.
²⁴⁷ WERKVOLK, Nr. 12, Dezember 1959.
²⁴⁸ Zur diesbezüglichen »Tournée« von Pater Prinz durch die Diözese Rottenburg-Stuttgart vgl. Alfons Burger an Anton Maier, 4. September 1963 (KAB Ro Werkvolk München, Präsideskonferenzen); zur Haltung des Werkvolks gegenüber dem Godesberger Programm vgl. auch die Schrift des Würzburger Diözesansekretärs F. v. PRÜMMER.
²⁴⁹ So erklärte sich etwa Paul Strenkert in einer Debatte zur bayerischen Wirtschafts- und Finanzpolitik gar mit einem großen Teil der Ausführungen des SPD-Fraktionsvorsitzenden Waldemar von Knoeringen »voll und ganz einverstanden« und griff in seiner Argumentation auch auf »die geradezu vernichtende Kritik des früheren bayerischen SPD-Finanzministers Dr. Zorn bezüglich der Sozialisierung und Verstaatlichung« zurück. Doch wies Strenkert zugleich darauf hin, daß die Gedankengänge des SPD-Abgeordneten Max Drechsel »absolut in Widerspruch zu den Ausführungen seines Fraktionskollegen von Knoeringen« standen. Waldemar von Knoeringen wiederum betonte im Landtag: »Die Sozialdemokratie wird um ein genaues Studium der christlichen Soziallehre nicht herumkommen. [...] In diesen Enzykliken sind Formulierungen und Feststellungen enthalten, die den Widerspruch keines Sozialdemokraten herausfordern können« und »zu denken geben müssen«. WERKVOLK, Nr. 3, März 1953.

»von berufenen Sprechern der bayerischen Sozialdemokratie« als Ergebnis der »bisher geleisteten Arbeit« des Werkvolks empfand und sie dementsprechend »mit Befriedigung zur Kenntnis« nahm[250], so erachtete man doch die »Klarstellung«, daß der Sozialdemokratie trotzdem »das Prädikat ›christlich‹ wirklich nicht zukommt«, für »notwendig im Interesse der christlichen Sache«[251]. Man konstatierte zwar bereits 1953, lange vor dem Godesberger Programm, eine »Selbstaufgabe des Marxismus durch seine Funktionäre« als »ideologisches Rüstzeug« sowie als »wirtschaftliches und sozialpolitisches Ordnungs-System«. Doch sah man darin die Gefahr, daß so »im Denken eines großen Teiles der arbeitenden Bevölkerung ein *geistiger Hohlraum*« entstehen würde. Diesen auszufüllen erachtete man mit Worten des Ministerpräsidenten Hans Ehard als zentrale Aufgabe des Werkvolks[252].

Die Annäherung zwischen der katholischen Kirche und der SPD, die sich besonders öffentlichkeitswirksam 1958 durch das Gespräch zwischen führenden Sozialdemokraten und Vertretern des Katholizismus auf der Tagung der Katholischen Akademie in München zeigte[253], wurde vom Werkvolk nicht mitvollzogen – im Gegenteil: Man betonte im Verbandsorgan »Karl Marx bleibt Mitglied in der SPD«[254] und griff führende Vertreter des Ausgleichs wie etwa Pater Oswald von Nell-Breuning SJ in einer Art und Weise an, die führende Vertreter des westdeutschen Katholizismus nur mehr als »Mätzchen« ansahen[255] und als »lächerlich« bewerteten[256]. Während die SPD begann, für Katholiken »wählbar« zu werden, setzte das Werkvolk parteipolitisch noch ausschließlich auf die CSU. Das Bewußtsein, bei der politischen Arbeit »an der vordersten Front« zu stehen[257], das am Anfang der fünfziger Jahre bei allen hauptamtlichen Mitarbeitern des Werkvolks vorherrschte, wurde durch diese Tendenzen nur noch verstärkt, sah man doch nun, nach dem Verlust der organisatorischen Geschlossenheit der katholischen Arbeitnehmerschaft im gewerkschaftlichen Bereich, auch deren politische Einheit gefährdet.

---

[250] WERKVOLK, Nr. 3, März 1953.
[251] WERKVOLK, Nr. 5, Mai 1953.
[252] WERKVOLK, Nr. 12, Dezember 1953.
[253] Vgl. T. BREHM, S. 63–80, sowie P. LÖSCHE / F. WALTER, S. 301–303. Die Referate sind gedruckt in K. FORSTER, Christentum.
[254] WERKVOLK, Nr. Januar 1961. Knapp zwei Jahre später titelte man »Karl Marx ist noch Parteimitglied – Katholik und Godesberger Programm. Zur Situation nach Mater et magistra« vgl. WERKVOLK, Nr. 10, Oktober 1962.
[255] So Paul Mikat über Äußerungen des Würzburger Diözesansekretärs Franz von Prümmer. Paul Becher an Wilhelm Wöste, 14. Februar 1962. AZDK 4240/19.
[256] So etwa Paul Becher an P. Oswald von Nell-Breuning SJ, 13. Februar 1962. AZDK 4240/19.
[257] Michael Sager an Joseph Heindl, 1. August 1952. DA EI OA Werkvolk 1949–1955.

4. »Marginalien« – Bayernpartei, Zentrum, FDP, WAV und BHE

Die Sorge um die politische Einheit der katholischen Arbeiterbewegung führte dazu, daß sich die Verbandsleitung gezielt darum bemühte, die »Zersplitterung des christlichen Lagers« zu überwinden. Hinzu kam, daß in den Augen des Werkvolks »kleine Splitterparteien [...] im politischen Leben zur Ohnmacht verurteilt« waren und so »dem christlichen und sozialen Gedanken« nicht das nötige Gewicht geben konnten. Da sie »bestenfalls christentumsfeindlichen Parteien eine Vormachtstellung« sicherten, lautete die Parole: »Nachhaltige Unterstützung *einer* starken christlichen Partei«[258]!

Da man sich hierbei, wie geschildert, für die CSU entschieden hatte, stand man der Bayernpartei stets äußerst kritisch gegenüber. Neben den prinzipiellen politischen Überlegungen der zumeist selbst in der CSU aktiven führenden Funktionäre des Werkvolks sprachen auch ganz praktische Gründe für eine einheitliche parteipolitische Ausrichtung der katholischen Arbeiterbewegung. So bedrohten etwa Gegenkandidaten aus den Reihen der Bayernpartei im Wahlkampf den Erfolg von Werkvolk-Kandidaten der CSU[259]. Des weiteren kam es etwa in einzelnen Ortsvereinen zu konkreten »Versammlungsschwierigkeiten«, weil die Werkvolkgemeinschaft politisch gespalten war, »da die Hälfte in der Bayernpartei und die andere Hälfte in der CSU« war[260]. Diese »Uneinigkeit im christlichen Raum« sah man als ein Werk des Teufels an[261]. Da man »die christliche Substanz in weiten Kreisen der BP-Wählerschaft« als »stark angebröckelt« beurteilte, erstaunte es das Werkvolk auch nicht, daß ehemalige Wähler der Bayernpartei, die sich ursprünglich rechts von der CSU plaziert hatten, nun »fast geschlossen SPD gewählt haben«, »eine ausgesprochene Linkspartei«. »Nutznießer« der Spaltung des christlichen Lagers in CSU und Bayernpartei war in den Augen des Werkvolks »einzig die SPD« – der weltanschauliche Gegner. »Einen christlichen Erfolg« konnte es für die Verbandsleitung »nur innerhalb einer einheitlichen großen christlichen Front« geben, weswegen man auch die Zersplitterung »in so viele Interessen- und Standesgruppen«, »eine christliche Arbeiterpartei oder Linkskatholiken« klar ablehnte. Da die Katholiken, dort wo sie einig waren, bei den Wahlen gute Erfolge erzielten, sah das Werkvolk seine Aufgabe darin,

---

[258] WERKVOLK, Nr. 3, März 1952.
[259] Wie etwa den Bundestagskandidaten Dr. Ludwig Franz (vgl. S. 477) oder Albert Kaifer, der sich 1948 im Wahlkampf um das Amt des Landrats im Landkreis Augsburg-Land gegen den Bayernparteikandidaten Josef Michael Hamberger durchsetzen mußte, der 1945 von der amerikanischen Militärregierung zum Landrat ernannt worden war. Vgl. K.-U. GELBERG, Augsburg, S. 61.
[260] Für das Beispiel Hohenpeißenberg: Bericht über die Bezirkskonferenz in Werdenfels, 1. Oktober 1950. VZ KAB A / 1 Diözesanverband München bis 1974.
[261] WERKVOLK, Nr. 4, April 1953.

»immer wieder zur Einheit« zu mahnen und daran zu »erinnern«, daß jeder »zuerst katholisch« sei und »erst in zweiter Linie sich als Vertreter einer bestimmten Richtung, einer bestimmten Organisation, eines bestimmten Standes fühlen« sollte. Dadurch wollte man »das christliche Lager«, das sich »im großen gesehen der Verantwortung und der Folgen dieser Einstellung nicht bewußt« war [262], zur »Zurückstellung von Sonderwünschen und Sonderaktionen, welche die letzten und großen Ziele, um die es geht, nur schädigen könnten«, anhalten [263]. Diese Aufgabe galt »für alle, für alle Orte, für alle Werkvolkgemeinschaften« [264]. »Um eine Zusammenarbeit aller christlichen Kräfte im politischen Leben zu ermöglichen«, bot das Werkvolk »jederzeit« seine »Hilfe« an [265].

Stand das Werkvolk schon der Bayernpartei auf Grund der durch sie herbeigeführten »unseligen Zersplitterung im christlichen Lager« ausgesprochen kritisch gegenüber, so kommentierte man die Wiedergründung des Zentrums in Bayern nur mehr mit einer Glosse im Verbandsorgan [266].

Für die Mitarbeit von Mitgliedern des Werkvolks, das sich vom Zeitpunkt seiner Gründung an um die Integration der Flüchtlinge und Heimatvertriebenen bemühte hatte, in Flüchtlingsparteien oder der Wirtschaftlichen Wiederaufbauvereinigung lassen sich ebensowenig Belege finden, wie über ein parteipolitisches Engagement im Rahmen des Liberalismus. Letzterer war in den Augen des Werkvolks »eine Idee von vorgestern« und wurde mit »Freimaurerei« in Verbindung gebracht [267]. Inhaltlich war der Liberalismus für das Werkvolk »eindeutig« mit der katholischen Soziallehre »nicht zu vereinbaren«. Man sah in ihm »eine der Wurzeln des praktischen Materialismus«, der in der Bundesrepublik das »Gemeinschaftsleben zu vergiften« drohte und der von der katholischen Arbeiterbewegung bekämpft wurde [268].

---

[262] WERKVOLK, Nr. 5. Mai 1952.
[263] WERKVOLK, Nr. 7, Juli 1953. An dieser Stelle zitiert das Verbandsorgan aus einem Schreiben von Papst Pius XII. an die Bischöfe Deutschlands.
[264] WERKVOLK, Nr. 5, Mai 1952.
[265] WERKVOLK, Nr. 7, Juli 1953.
[266] WERKVOLK, Nr. 11, November 1951.
[267] WERKVOLK, Nr. 12, Dezember 1954. Dem Vorsitzenden der bayerischen FDP, Thomas Dehler, wurde vom Verbandsorgan »eine nicht unerhebliche Rolle« in »der Freimaurerei« zugeschrieben. Zu Dehlers dezidiert antiklerikaler Haltung vgl. U. WENGST, S. 22–23, 42 u. ö.
[268] Glauben, Danken, Dienen. Diözesandelegiertentagung des Katholischen Werkvolkes, 15.–16. September 1962, Arbeitskreis VI: Der Liberalismus in unserer Zeit. KAB A Diözesantag 1962. Zum Kampf gegen den Materialismus vgl. S. 456–458.

E. ZUSAMMENFASSUNG

Der Süddeutsche Verband konnte seinen Mitgliederstand nach dem Zweiten Weltkrieg nicht nur stets erweitern, sondern auf eine Höhe steigern, die deutlich über den Zahlen der Weimarer Republik lag. Am Ende des Untersuchungszeitraums organisierte das Katholische Werkvolk annähernd so viele Personen wie die CSU[1], doch blieb es gegenüber dem DGB, »einer Millionen-Organisation mit Milliarden Geld«[2], eine verschwindend geringe Größe. So wurde das Werkvolk trotz aller Erfolge bei der Mitgliederwerbung weder dem eigenen Anspruch – alle katholischen Arbeitnehmer Süddeutschlands zu organisieren –, noch dem päpstlichen Auftrag – den in der Einheitsgewerkschaft gegebenen Gefährdungen vorzubeugen – auch nur ansatzweise gerecht.

Dementgegen gelang es ihm durchaus, seine Mitglieder zur Aktivität zu bewegen – »in einer Zeit großer geistiger Interesselosigkeit und Vereinsmüdigkeit«[3], in der »Bequemlichkeit und Scheu vor der Verantwortung«[4] weit verbreitet waren. Die Zahl der Veranstaltungen in den Ortsvereinen lag, soweit heute noch feststellbar, sogar über den normativen Vorgaben der Verbandszentrale. Die auf diesem Weg vermittelten Inhalte erreichten also tatsächlich zigtausende katholischer Laien. Durch die Bildungsarbeit des Werkvolks erlangte die Katholische Soziallehre der Nachkriegszeit auch in Bayern eine beträchtliche Breitenwirkung. Wenn auch die Mitgliederzahlen des Werkvolks gemessen an den Katholiken gering waren, so gelang es ihm doch, aus seinen Angehörigen tatsächlich »eine starke, lebendige religiöse soziale Bewegung«, eine »Phalanx« der »Kirche innerhalb des schaffenden Volkes« zu formen, wie die kirchliche Hierarchie, der Papst und die Bischöfe, es erwarteten[5], war doch die Kirche ohne die Arbeiterschaft »nicht wahrhaft katholisch«[6]. Besonders anschaulich wird der Erfolg des Werkvolks an den Verbandstagen, die sich von einem innerverbandlichen Entscheidungsgremium zu einer machtvollen Demonstration verbandlicher Stärke wandelten.

Der Entstehungsprozeß des Katholischen Werkvolks zeigt in besonders deutlicher Weise das Zusammen- und Wechselspiel der Kräfte, die die Entwicklung

---

[1] Zu den Mitgliederzahlen vgl. A. MINTZEL, S. 368.
[2] So Anton Maier. Protokoll über die Verbandsausschuß-Sitzung, 13.–14. November 1954. KAB VZ 2a / Verbandsausschuß 1954–1959.
[3] Jahresbericht 1957 über die Arbeit des Diözesanverbandes des Werkvolks Eichstätt. DA EI BA Werkvolk 1949–1967.
[4] P. STRENKERT, S. 16.
[5] Rundschreiben des Verbandssekretariats, 14. Januar 1947. KAB A Kart. 5.
[6] Michael Sager an Joseph Schröffer, 4. Januar 1952. KAB VZ K / Diözanverband Freiburg 1950–1963.

des Katholizismus in Bayern bestimmten: Laien und Kleriker, Verbandsrepräsentanten und Vertreter der Ordinariate, Bischöfe und Papst. Zwar kam es auch auf lokaler Ebene zur Wiedergründung einzelner katholischer Arbeiter- und Arbeiterinnenvereine, doch war deren Koordinierung und Leitung durch führende Repräsentanten der Vorkriegszeit von entscheidender Bedeutung für das Wiedererstehen des Süddeutschen Verbands als überregionaler, nicht auf die Grenzen der amerikanischen Besatzungszone bzw. des Freistaats Bayern begrenzter Größe. Andererseits wären die Bemühungen der Angehörigen der Verbandszentrale zum Scheitern verurteilt gewesen, wenn sie nicht von einer weit verbreiteten Bereitschaft ehemaliger Mitglieder zur Erneuerung der katholischen Arbeiterbewegung mitgetragen worden wären. In der Frage ihrer organisatorischen Form verliefen die internen Konflikte durchaus nicht exakt an der Trennungslinie zwischen Laien und Klerikern. Die sich zum Teil widersprechenden Bemühungen der Verbandsrepräsentanten trafen zudem keineswegs auf eine festgefügte, einheitliche Haltung innerhalb der kirchlichen Hierarchie. Vielmehr bestanden anfänglich nicht nur unter den Bischöfen unterschiedliche Auffassungen über den Neuaufbau der katholischen Laienorganisationen nach dem Zweiten Weltkrieg. Selbst innerhalb eines Ordinariats wurden mitunter Positionen vertreten, die einander diametral widersprachen. Entschieden wurde die Frage der Wiedererrichtung der katholischen Arbeitervereine letztlich durch eine klare Anweisung von Papst Pius XII., der dabei unmißverständlich auf deren gewachsene Bedeutung angesichts einer zur weltanschaulichen Neutralität verpflichteten Einheitsgewerkschaft hinwies. Dies war auch für die amerikanische Militärregierung der entscheidende Grund, zur Wiederbelebung der katholischen Arbeiterbewegung beizutragen. Es lassen sich aber nicht nur finanzielle Zuwendungen zur Unterstützung der Arbeit des Werkvolks nachweisen, sondern ebenso Maßnahmen, die dessen Wirkungsmöglichkeiten begrenzten. Hier sei nur an die verspätete Lizenzierung des Verbandsorgans oder die durch die amerikanischen Verwaltungsbehörden nicht gewährte Lizenzierung des Vereins für Soziale Wahlen erinnert. Gemessen aber an der Haltung der französischen Militärregierung, die anfänglich die Wiederbelebung der katholischen Arbeiterbewegung massiv behinderte, kann durchaus von Wohlwollen der amerikanischen Militärregierung gegenüber den Anliegen des Sozialen Katholizismus gesprochen werden.

Das Katholische Werkvolk verwandte im Gegensatz zur kirchlichen Hierarchie und zum Westdeutschen Verband der katholischen Arbeiter-, Arbeiterinnen- und Knappenvereine in seiner Selbstbezeichnung bereits lange vor den soziologischen Veränderungen der Nachkriegszeit den Begriff »Arbeitnehmer«. Es blieb somit also keineswegs dem Standesideal des 19. Jahrhundert verhaftet, wie gelegentlich behauptet wurde. Vielmehr nahm es eine gesellschaftliche Entwicklung voraus, die erst am Ende der sechziger Jahre zum Tragen kam.

E. Zusammenfassung 495

Die gravierendste Veränderung vom Süddeutschen Verband der katholischen Arbeiterbewegung der Vorkriegszeit zum Katholischen Werkvolk der Bundesrepublik stellte die Überwindung der naturständischen Trennung von Männern und Frauen dar. Diese innovative Maßnahme wurde nicht nur von den Führungsgremien beschlossen, sondern auch in kürzester Zeit von den Mitgliedern akzeptiert und umgesetzt. Im Gegensatz zur Katholischen Arbeitnehmerbewegung Süddeutschlands hielt der Westdeutsche Verband auch nach 1945 an der strengen naturständischen Trennung fest.

Die Unterschiede zwischen den beiden Regionalverbänden der katholischen Arbeiterbewegung der frühen Bundesrepublik waren jedoch nicht nur in der Frage des Namens gravierend. Beide Verbände unterschieden sich auch organisatorisch von Grund auf. In Süddeutschland gehörten alle Mitglieder unmittelbar dem Süddeutschen Verband an und die Diözesanverbände bildeten nur regionale Untergliederungen eines einheitlichen Verbands. Der Westdeutsche Verband stellte demgegenüber nur einen Dachverband ansonsten unabhängiger Diözesanverbände dar. Auch waren die Schwankungen der Mitgliederstärke oder des Organisationsgrads der einzelnen Diözesanverbände in Westdeutschland wesentlich größer als in Süddeutschland. So organisierten allein drei KAB-Diözesanverbände, auf deren Gebiet etwa ein Drittel der Katholiken Westdeutschlands lebte, zwei Drittel der Verbandsmitglieder der zwölf westdeutschen Bistümer. Wenn auch die Schwankungen in Süddeutschland geringer ausfielen als in Westdeutschland, so waren sie doch immer noch beträchtlich. Gelang es etwa den Diözesanverbänden Bamberg, Speyer und Würzburg, immerhin in ungefähr vierzig Prozent aller Pfarreien ihres Bistums präsent zu sein, so lag der Grad der Erfassung in den Diözesen Passau, Freiburg, Eichstätt und Augsburg nur zwischen zehn und siebzehn Prozent. Die Größe der Werkvolkgemeinschaften schwankte noch mehr. Neben Ortsvereinen mit unter zehn Mitgliedern standen Organisationen mit zweihundert und mehr Mitgliedern. Dieser Befund macht deutlich, wie wichtig eine regional differenzierte Betrachtung des Katholizismus der Nachkriegszeit ist, und wie sehr zugleich davor zu warnen ist, die Ergebnisse einzelner diözesaner Studien zu verallgemeinern, reicht doch der diözesangeschichtliche Blickwinkel in allen Fällen nicht dazu aus, den untersuchten Phänomenen gerecht zu werden. Dies belegt der Befund über die regionale Verteilung der mitgliederstarken Werkvolkgemeinschaften. Sie sind im wesentlichen Zeichen industrieller und städtischer Verdichtungsräume und nicht Ergebnis gezielter Maßnahmen auf diözesaner Ebene.

Die im Zusammenhang mit den beiden Regionalverbänden der katholischen Arbeiterbewegung festgestellten erheblichen Unterschiede zwischen Süd- und Westdeutschland lassen sich auch für den deutschen Episkopat nachweisen. Das Verhalten der Funktionäre der KAB gegenüber dem Werkvolk entsprach dem

Verhalten der Mitglieder der Westdeutschen Bischofskonferenz gegenüber den Angehörigen der Freisinger Bischofskonferenz. Hierfür sei nur an das Beispiel der Gründung der Christlichen Gewerkschaften erinnert. Sie wurde von Vertretern des Westdeutschen Verbands betrieben, ohne daß dabei der Süddeutsche Verband ernsthaft einbezogen worden wäre. Er wurde vor vollendete Tatsachen gestellt und sollte um der Einheit der christlichen Front willen die Neugründung unterstützen, obwohl man in Süddeutschland der Überzeugung war, daß es nicht Aufgabe einer konfessionellen Standesorganisation sei, eine Gewerkschaftsbewegung ins Leben zu rufen. Die Westdeutsche Bischofskonferenz wiederum faßte in dieser Frage ohne Konsultationen mit dem bayerischen Episkopat eine Entschließung. Der Freisinger Bischofskonferenz wurde nur mehr anheimgestellt, sich anzuschließen.

Als weiteres Beispiel für die regional zum Teil höchst unterschiedlichen Verhältnisse im Katholizismus der Bundesrepublik sei hier auch die Frage nach der Bedeutung der CAJ für die Jugendseelsorge erwähnt. Plante man im Bistum Münster, »nach dem Muster der CAJ« eine bäuerliche Jugendorganisation erst aufzubauen[7], so hoffte man in Bayern, durch die CAJ »eine echte Bewegung« wachzurufen, wie es zu dieser Zeit in der Landjugend »bereits weithin« gelungen war[8]. Auch die Frage der parteipolitischen Betätigung katholischer Geistlicher nach 1945 wurde von den beiden Bischofskonferenzen der Bundesrepublik völlig unterschiedlich beantwortet[9]. Die Reihe der Beispiele ließe sich beliebig fortsetzen.

Zu den wichtigsten Ergebnissen der vorliegenden Studie gehört des weiteren, daß das Katholische Werkvolk, eine dezidierte Laienbewegung, während des gesamten Untersuchungszeitraums auf allen Ebenen entscheidend von Klerikern geprägt wurde. Eine päpstliche Intervention bestimmte über die Wiedergründung, klare bischöfliche Weisungen über den organisatorischen Aufbau und die inhaltliche Ausrichtung der katholischen Arbeiterbewegung, der Verbandspräses und die Diözesanpräsides waren die zentralen innerverbandlichen Entscheidungsträger. Außerdem hing sowohl die Gründung wie die Aktivität einer lokalen Werkvolkgemeinschaft stets vom Engagement ihres Präses ab. Die Zahl der aktiven Laien war demgegenüber gering. Der bereits in den fünfziger Jahren als bedrohlich empfundene Priestermangel sowie der Generationswechsel innerhalb des Klerus führten zu einem Rückgang des Engagements der Geistlichkeit, der durch verstärkte Bemühungen um eine Sensibilisierung der in der Seel-

---

[7] W. DAMBERG, Abschied vom Milieu, S. 202.
[8] Denkschrift »Fragen um die Arbeiterjugend« von Richard Lipold, Diözesanjugendseelsorger des Erzbistums München und Freising, um 1953. Freundliche Auskunft DA EI.
[9] Vgl. hierzu D. GRYPA, Zur innerkirchlichen Diskussion.

sorge tätigen Priester nicht überwunden werden konnte. Nicht nur in politischen und wissenschaftlichen Gremien fielen »wissenschaftlich ausgebildete Theologen [...] zusehends aus«, sondern auch in den Pfarreien waren die Priester »gar nicht oder nur notdürftig mit den Grundlagen der katholischen Soziallehre« vertraut[10].

Dementsprechend war die zunehmende »Verkirchlichung« des Werkvolks weniger durch die Rolle der Kleriker bedingt, als durch die ab Mitte der fünfziger Jahre verstärkt einsetzende finanzielle Alimentierung durch die kirchliche Hierarchie. Wenn die Zahlungen der Ordinariate bis in die sechziger Jahre hinein auch beträchtlich stiegen, so reichten sie doch keineswegs dazu aus, das Katholische Werkvolk zu einer Massenbewegung zu machen, die der Einheitsgewerkschaft entsprochen hätte. Was für eine Entwicklung bei einem erheblich höheren finanziellen Engagement möglich gewesen wäre, läßt das Beispiel des Freiburger Diözesanverbands erahnen.

Daß das Werkvolk nicht mehr die Bedeutung des Süddeutschen Verbands der Vorkriegszeit erreichen konnte, beruhte nicht auf der Zahl seiner Mitglieder, die am Ende des Untersuchungszeitraums deutlich über den durchschnittlichen Zahlen der Weimarer Republik lag, sondern vor allem auf dem Fehlen eines der Zeit vor 1933 vergleichbaren Umfelds. Weder die Christlichen Gewerkschaften, noch die Bayerische Volkspartei oder die Christliche Arbeiterhilfe wurden unmittelbar nach Kriegsende wiederbegründet. So fehlte dem Katholischen Werkvolk im Bereich der politischen und der gewerkschaftlichen Organisation wie der caritativen Hilfe für seine Angehörigen der institutionelle Hintergrund früherer Zeiten.

Die Wiedergründung der Christlichen Gewerkschaften in der zweiten Hälfte der fünfziger Jahre stärkte die katholische Arbeiterbewegung Süddeutschlands aber keineswegs, vielmehr war sie gezwungen, zahlreiche Positionen aufzugeben, die sie inswischen in der Einheitsgewerkschaft errungen hatte, ohne durch die Christliche Gewerkschaftsbewegung vergleichbare gesellschaftliche Positionen erneut erreichen zu können. Durch die heftigen verbandsinternen Diskussionen über den richtigen Weg in der Gewerkschaftsfrage wurden zahlreiche Kräfte gebunden und ging die innere Geschlossenheit in einem der zentralen Aktionsfelder des Verbands verloren. Zudem demonstrierte das Scheitern der Bemühungen um eine Stärkung der Christlichen Gewerkschaften deutlich die Schwäche der katholischen Arbeiterbewegung nach außen und minderte so die Einflußmöglichkeiten des Werkvolks – etwa bei den Sozialwahlen – beträchtlich. Die vom Westdeutschen Verband initiierten Christlichen Gewerkschaften entwickelten sich schließlich in der Betriebsarbeit und bei den Betriebsratswahlen zu einer klaren Konkurrenz des Werkvolks, was nicht unwesentlich zur Verschie-

---

[10] Bericht des Sozialreferats des Zentralkomitees der deutschen Katholiken für die Bischofskommission für Soziale Arbeit, März 1962. ABSp BA A-II-38.

bung des Gewichts der Bildungsarbeit auf die religiösen Komponenten und zum Rückzug auf Kernkreise beitrug.

Diese Entwicklung beruhte aber nicht nur auf dem Verlust ehemaliger Aufgabengebiete der katholischen Arbeiterbewegung und den Wünschen der bischöflichen Geldgeber, sondern war zugleich auch eine bewußte Reaktion auf das gewandelte Umfeld. Die fortschreitende Säkularisierung der Gesellschaft sollte mit verstärkter religiöser Bildungsarbeit beantwortet werden. Das Hineinwachsen von Führungskräften, die ihre Prägung in der missionarisch ausgerichteten Christlichen Arbeiterjugend erfahren hatten, in das Werkvolk förderte diesen Prozeß massiv. Der Generationswechsel, der sich nicht zuletzt in den »Räuber-Synoden« manifestierte, führte zu einem völligen Wandel innerhalb der Bildungsarbeit des Werkvolks. Hierdurch änderten sich nicht nur deren inhaltliche Ausrichtung, sondern noch mehr deren Methoden. Die einfachen Mitglieder sollten nun, mit Hilfe der Aktionsrunde, von Konsumenten der Bildungsangebote des Verbands zu Trägern der Bildungsarbeit werden, deren inhaltliche Breite den rein religiösen Bereich weit überstieg. Im besten Sinne »katholisch« sprach die Bildungsarbeit des Werkvolks nahezu alle Bereiche des Lebens an. Dies und die Tatsache, daß teilweise auf den verschiedenen Ebenen und von den einzelnen regionalen Gliederungen des Verbands unterschiedlichste Meinungen vertreten wurden, erschwert nicht nur ihre heutige Einordnung, sondern machte es bereits dem Zeitgenossen nahezu unmöglich, ein umfassendes Bild der vom Süddeutschen Verband vertretenen Positionen zu gewinnen. Diese Fülle der Aktionsfelder und Standpunkte war wohl nicht zuletzt miteinscheidend dafür, daß es dem Werkvolk auf Landesebene nur in wenigen Fällen gelang, seine Vorstellungen durchzusetzen.

Die Inhomogenität des Süddeutschen Verbands, die auf der höchst unterschiedlichen organisatorischen Stärke und Struktur seiner Diözesanverbände beruhte, zeigte sich am deutlichsten in der zentralen Frage der Jugendarbeit, wo die Verbandszentrale über Jahre jede definitive Festlegung scheute, so daß bis zur Entscheidung der Frage durch die Bischofskonferenz in ein und demselben Verband höchst unterschiedliche Wege der Nachwuchsrekrutierung möglich waren. Daß es bis 1955 zu keiner einheitlichen Regelung dieser Frage kam, beruhte auch darauf, daß die Verbandsleitung einen offenen Konflikt mit den Bischöfen vermeiden wollte, deren klare Option für die CAJ von den Vertretern der Erwachsenenbewegung des Werkvolks keineswegs geschlossen begrüßt wurde.

Ohne die Unterstützung durch den Episkopat, nur auf Grund der Beiträge ihrer Mitglieder, hätte die CAJ organisatorisch nicht überleben können. Daß im Werkvolk ab der Mitte der fünfziger Jahre die Bereitschaft stieg, sich von einer Finanzierung durch Mitgliederbeiträge zu lösen und verstärkt auf finanzielle Zuwendungen der Ordinariate zurückzugreifen, um die Verbandsarbeit effizienter zu gestalten, hängt auch mit dem Einrücken von ehemaligen Mitgliedern der CAJ in hauptamtliche Funktionen des Werkvolks zusammen. Die Bedeutung der Lösung der Nachwuchsfrage der katholischen Arbeiterbewegung im Sinne der Bischöfe kann nicht hoch genug bewertet werden. Durch die Entscheidung zu Gunsten der CAJ veränderte der Verband ab Ende der fünfziger Jahre sein Gesicht gravierend. Nicht nur die Finanzierung, das zunehmende Gewicht der religiösen Komponenten der Bildungsarbeit und die Veränderung ihrer Methoden sind auf die CAJ zurückzuführen, sondern auch der Wandel der gesamten Verbandskonzeption. Hatte sich das Werkvolk ursprünglich als Massenorganisation verstanden, die durch die Zahl ihrer Mitglieder gesellschaftliche Veränderungen bewirken wollte, so verstand sich der Süddeutsche Verband nun immer stärker als Bewegung, die das Leben ihrer Mitglieder und so die Welt verändern wollte. Da die CAJ im Gegensatz zu den Erwachsenenverbänden der katholischen Arbeiterbewegung als Nationalverband agierte, führte der Generationswechsel innerhalb des Süddeutschen wie des Westdeutschen Verbands außerdem dazu, daß die bisherige regionale Gliederung hinterfragt wurde und man nun einen einheitlichen Bundesverband anstrebte, nachdem noch bis in die zweite Hälfte der fünfziger Jahre »selbst der geistige Kontakt« zwischen den verschiedenen Organisationen der katholischen Arbeiterbewegung der Bundesrepublik »in Wirklichkeit ziemlich schwach« gewesen war[11].

Lief der Konflikt in der Frage der Organisation der Jugend im Werkvolk quer zur Gliederung des Werkvolks in Diözesen und Süddeutschen Verband, so läßt sich in der Frage der Frauenarbeit eine klare Frontstellung zwischen der Verbandszentrale und den diözesanen Funktionsträgerinnen feststellen. Doch betraf diese keineswegs die Grundentscheidung einer gemeinschaftlichen Organisation von Frauen und Männern in einem Verband. Auch beruhten die Vorstöße zur Änderung der Frauenarbeit nicht auf einem speziellen emanzipatorischen Impetus. Den diözesanen Vertreterinnen ging es an sich nur um eine stärkere Aktivierung der Frauenarbeit. Hierbei wurde das von den Klerikern in der Verbandsleitung geprägte Frauenbild in keiner Weise hinterfragt, sondern war die Basis aller Aktivitäten der weiblichen Funktionsträger der katholischen Arbeiterbewegung Süddeutschlands. Die Akzeptanz der stark auf die Rolle der Frau als Ehefrau und Mutter ausgerichteten Veranstaltungen des Verbands zeigt deutlich, wie sehr die durch das traditionelle Frauenbild geprägte Arbeit des Werkvolks dem Rollenverständnis breiter Schichten entsprach. Trotzdem war für den hohen Frauenanteil im Süddeutschen Verband vor allem die organisatorische Grundentscheidung der unmittelbaren Nachkriegszeit sowie die Einführung der Ehegattenmitglied-

---

[11] Josef Hofmeister an Hans Hartmann, 24. August 1956. KAB Ro Süddeutscher Verband außer München.

schaft und weniger die gezielte Frauenarbeit verantwortlich. 1955, am Beginn der verstärkten Bemühungen um die Frauenarbeit, betrug der Anteil weiblicher Mitglieder im Werkvolk 45 Prozent, während er bei der KAB Westdeutschlands, die Männer und Frauen getrennt organisierte, bei ganzen 5,5 Prozent lag. 1950, vor Einführung der Ehegattenmitgliedschaft, hatte der Frauenanteil in Süddeutschland noch 30 Prozent betragen. Bis zum Ende des Untersuchungszeitraums blieb der Frauenanteil aber trotz aller Bemühungen relativ konstant (1964: 44 Prozent).

Die vielfältigen, auf lokaler Ebene zumeist von den weiblichen Mitgliedern getragenen caritativen Maßnahmen entziehen sich einem quantifizierenden Zugriff, da es der katholischen Arbeiterbewegung der Nachkriegszeit nicht gelang, den Wohlfahrtsverband der Christlichen Arbeiterhilfe wieder zu errichten. Dies erschwerte nicht nur die örtliche Hilfeleistung, sondern beraubte den Verband außerdem der Möglichkeit, für seine überregionalen Maßnahmen staatliche Zuschüsse in Anspruch zu nehmen. Trotzdem bildeten die konkreten sozialen Maßnahmen einen der wichtigsten Bereiche der Verbandsarbeit, hatten sie doch für die Mitglieder oft »existenziellere« Bedeutung als die theoretischen Reflexionen über Aspekte der katholischen Soziallehre oder Fragen des kulturellen Lebens. Die klare Option der Bischöfe für die Caritas als alleinigen Träger kirchlicher Wohlfahrtsarbeit brachte die katholische Arbeiterbewegung um vielfältige Möglichkeiten, die ihr vor der nationalsozialistischen Machtergreifung zur Verfügung gestanden hatten.

Auch im Bereich der parteipolitischen Organisation ihrer Mitglieder gelang es der katholischen Arbeiterbewegung nicht, an die Zeit vor 1933 anzuknüpfen. In der interkonfessionell ausgerichteten CSU erreichte das Werkvolk als dezidert konfessionell ausgerichtete Organisation, von der selbst im Falle der Zusammenarbeit mit evangelischen Christen »kon-konfessionelle Arbeit [...] in jedem Falle einer inter-konfessionellen Arbeit vorgezogen« wurde[12], nie das politische Gewicht, das der Süddeutsche Verband der Weimarer Republik in der katholisch geprägten BVP besessen hatte. Die Angehörigen der katholischen Arbeiterbewegung beteiligten sich zwar entscheidend am Aufbau der CSU, doch gelang es in keiner Weise, dem Werkvolk innerhalb der CSU ein Gewicht zu verleihen, das der Bedeutung seiner Unterstützung für die CSU entsprochen hätte. Der Versuch, dies durch die Gründung der CSA und gezielte Maßnahmen zu ändern, scheiterte. Zwar stellte das Werkvolk den überwiegenden Teil der Mitglieder wie des Führungspersonals der Arbeitsgemeinschaft der Christlichen Arbeitnehmer der CSU, doch besaß die CSA innerparteilich nur sehr geringen Einfluß. Die internen Spannungen zwischen Werkvolk und CSU wurden ebensowenig öffentlich wahr-

---

[12] Wie man im Zusammenhang mit der Betriebsgruppenarbeit betonte. Protokoll der Tagung der Arbeitsgemeinschaft für katholische Betriebsgruppenarbeit, 4. Januar 1954. AZDK 4240/19.

E. Zusammenfassung 501

genommen, wie die gegenseitigen Bemühungen um eine Funktionalisierung der jeweils anderen Organisation. So rechnete etwa der DGB das Werkvolk schlicht zu den innerbetrieblichen »CSU-Tarnorganisationen«[13]. Als es schließlich am Ende der fünfziger Jahre zu einer Annäherung zwischen der katholischen Kirche und der SPD kam, hielt das Werkvolk an seiner klaren Option für die CSU fest. Dies minderte zwar seine konkreten politischen Einflußmöglichkeiten, doch fürchtete das Werkvolk sonst, nach dem Verlust der organisatorischen Geschlossenheit der katholischen Arbeitnehmerschaft im gewerkschaftlichen Bereich, auch deren politische Einheit zu gefährden, die man zur Verwirklichung der unmittelbaren wirtschafts- und sozialpolitischen Forderungen für nötig erachtete. Das letzte Ziel aller Aktivitäten des Verbands aber war dabei stets die umfassende Wiederverchristlichung der Gesellschaft. Um diese zu erreichen, kämpfte man jedoch nicht nur gegen den Materialismus östlicher Prägung, sondern wandte sich ebenso gegen den Materialismus in seiner westlichen Form. Man setzte sich daher – den Forderungen von »Quadragesimo anno« entsprechend – dezidiert für einen Weg zwischen Kapitalismus und Sozialismus ein.

Eine besondere Rolle hierbei spielten die Orden, nicht nur in der theoretischen Fortentwicklung der katholischen Soziallehre, sondern auch in der konkreten Praxis der Arbeiterseelsorge. An ihrem Beispiel wird die Begrenztheit der vorliegenden Arbeit besonders deutlich. Die für Süddeutschland gewonnenen Einblicke wären in einem weiteren Schritt auf europäischer Ebene einzuordnen, lassen sich doch länderübergreifende Parallelen ebenso feststellen wie gravierende Unterschiede: Hier sei nur nochmals auf die Rolle der Jesuiten und der Kapuziner für die deutsche CAJ verwiesen, während etwa in Österreich neben den Jesuiten die Salesianer eine besondere Rolle für die Organisation spielten[14]. Erst das Wissen um die Verhältnisse auf europäischer Ebene würde eine Einordnung und Bewertung der Rolle der Orden für die Situation in Deutschland ermöglichen. Angesichts der länderübergreifenden Struktur des Sozialen Katholizismus wäre dies zwingend notwendig, wie auch die zentrale Bedeutung der Einflüsse aus den romanischen Ländern – es sei hier nur an die Katholischen Sozialen Wochen erinnert – auf die Entwicklung in Süddeutschland zeigt, doch war das in dem vorgegebenen Rahmen nicht zu leisten.

Allerdings müssen die erarbeiteten Ergebnisse nicht nur in dieser Hinsicht vorläufig bleiben. Da die zentralen Entscheidungen für die Entwicklung der katholischen Arbeiterbewegung nicht in Deutschland, sondern in Rom gefällt wurden, wäre es von elementarer Bedeutung, die dortigen Archivbestände aus-

---

[13] So die DGB-Zeitung »Welt der Arbeit«. Zitiert nach CSU-CORRESPONDENZ, Nr. 49, 15. März 1955.
[14] Vgl hierzu etwa F. WEHRL, S. 111–120, sowie G. STEGER, S. 15.

zuwerten. Auf Grund der Sperrfristen der vatikanischen Archive wird dies jedoch erst in Zukunft möglich sein.

Die Einordnung des Katholischen Werkvolks und die Bewertung seiner Rolle im Katholizismus Bayerns wird derzeit noch durch ein nahezu völliges Fehlen von Studien über andere Laienorganisationen der Nachkriegszeit unmöglich gemacht. So muß am Ende die Frage offenbleiben, ob das Katholische Werkvolk eine typische Laienorganisation des Katholizismus der frühen Bundesrepublik war oder ob es einen Sonderfall darstellte, dessen Entwicklung sich gravierend von derjenigen anderer Verbände unterschied. Die vorliegende Arbeit kann also letztlich nur einen Beitrag für die erst zu schreibende Geschichte des Katholizismus in Bayern nach dem Zweiten Weltkrieg leisten.

ANHANG

Mitglieder- und Vereinsstruktur

Tabelle 1:   Mitgliederentwicklung
              (Gesamt = männl. VM + weibl. VM + EM)
Tabelle 2:   Mitgliederentwicklung
              (Vollmitglieder = männl. + weibl. VM)
Tabelle 3:   Mitgliederentwicklung
              (Ehegattenmitglieder = EM)
Tabelle 4:   Mitgliederentwicklung
              (Männliche Vollmitglieder = männl. VM)
Tabelle 5:   Mitgliederentwicklung
              (Weibliche Vollmitglieder = weibl. VM)
Tabelle 6:   Mitgliederentwicklung
              (Weibliche Mitglieder gesamt = weibl. VM + EM)
Tabelle 7:   Die Vereinsstruktur der Diözesen im Vergleich
              Mitgliederzahlen / Vereinszahlen / Vereinsgröße
              (1950, 1957, 1964)
Tabelle 8:   Organisationsgrad des Süddeutschen Verbands 1957
Tabelle 9:   Organisationsgrad des Westdeutschen Verbands 1959
Tabelle 10:   Mitglieder- und Vereinsstruktur (Gesamt)

Vereinsleben

Tabelle 11:   Verteilung der erhaltenen Fragebögen zum Vereinsleben 1956
              (Bestehende und erfaßte Vereine je Diözese)
Graphik: Verteilung der erhaltenen Fragebögen im Verhältnis
              zur Vereinsstruktur (Bayern)
Tabelle 12:   Veranstaltungsdichte nach Vereinsgröße (Bayern)
Tabelle 13:   Veranstaltungen des Vereinslabens nach Referenten
              und Bereichen (Verband)

Erläuterungen zu den Tabellen

Alle in den Tabellen 1 bis 6 angeführten Mitgliederzahlen betreffen jeweils den 1. Januar des genannten Jahres – ausgenommen 1958. Da in diesem Jahr für den 1. Januar keine nach Geschlechtern getrennten Daten vorliegen, wurden stattdessen die Angaben vom 1. Oktober 1957 verwandt. Für das Jahr 1953 haben sich in der Verbandszentrale keinerlei geschlechtsspezifische Daten erhalten; für das Jahr 1954 nur die Angaben zum Stichdatum 1. April.

Tabelle 8 wurde auf der Grundlage verbandsinterner Angaben sowie den Daten des amtlichen statistischen Jahrbuchs der katholischen Kirche Deutschlands (F. GRONER, Handbuch, XXIV) erstellt. Darüber hinaus wurden die für exakten Katholiken- und Einwohnerzahlen nötigen Angaben aus den Schematismen der Diözesen entnommen. Da diese nicht alle für das Schnittdatum 1. Januar 1957 vorliegen (Augsburg: 1.1.1958; Bamberg: 1.11.1955; Eichstätt 1956; Freiburg: 1.1.57; München 1956; Passau: 1.3.1956; Regensburg: 1956; Würzburg 15.5.1956) handelt es sich hierbei nur um Annäherungswerte.

Tabelle 9 wurde auf Grund der Angaben in VERBANDSBERICHT 1959, S. 32, sowie F. GRONER, Handbuch, XXV erstellt. Hierbei ist zu beachten, daß sich die gerundeten Angaben der Katholikenzahlen zum Teil auf Gebiete beziehen, die außerhalb des Territoriums der Bundesrepublik lagen, während die Angaben zu den Pfarreien sich in der Regel vor allem auf Regionen innerhalb der Bundesrepublik beziehen. Gemeinden in der DDR wurden zumeist nicht als »Pfarrei«, sondern nur als »Seelsorgsbezirk« in der kirchlichen Statistik geführt. Die Differenz zwischen einer »Pfarrei« und einem »Seelsorgsbezirk« mit anderem Rechtstatus erklärt auch, warum im Bistum Essen mehr Vereine als Pfarreien existierten. Dort lag die Zahl der »sonstigen Seelsorgsbezirke« bei 64.

In Tabelle 10, 11 und 13 wurde bewußt auf das Einfügen einer 0 in die Felder mit einem Null-Wert verzichtet, um so die Verteilung der Vereinsgrößen in den Tabellen noch deutlicher hervortreten zu lassen.

Daß die Summenwerte der Tabellen 1 bis 6 und der Tabellen 7 und 10 bis 13 nicht völlig deckungsgleich sind, beruht darauf, daß für die Erstellung der Tabellen 1 bis 6 verbandsinterne Statistiken der diözesanen Ebene verwandt wurden, während die Tabellen 7 und 10 bis 13 unter Rückgriff auf die Einzelangaben aller knapp 1600 Ortsvereine neu berechnet wurden.

Die in Tabelle 13 mit einem Stern gekennzeichneten Spalten sind in die Gesamtberechnung nicht miteinbezogen. Es handelte sich hierbei um Einträge im Feld »Kommentar« der Datenbank, die bei der Auswertung eine stärkere Differenzierung der oft nur mit einem Stichwort umrissenen Vortragsthemen ermöglichen.

Tabelle 1:

Mitgliederentwicklung

(Gesamt)

	1947	1948	1949	1950	1951	1952	1953	1954	1955	1956	1957	1958	1959	1960	1961	1962	1963	1964
Augsburg	2.913	3.031	3.197	3.152	3.077	3.674	3.845	4.108	4.205	4.625	4.658	4.676	4.687	4.743	4.853	5.113	5.293	5.594
Bamberg	2.749	2.789	3.923	3.933	4.223	5.143	5.285	5.660	5.761	5.846	5.848	6.111	6.353	6.309	6.198	6.274	6.252	6.633
Eichstätt	575	604	1.415	1.298	1.157	1.717	1.891	2.160	2.184	2.194	2.295	2.356	2.391	2.801	3.017	3.281	3.571	3.943
Freiburg	346	344	283	269	170	511	549	1.225	1.736	2.391	3.083	3.561	4.096	4.174	4.089	3.829	3.733	3.608
München	5.412	6.081	7.562	7.238	7.075	8.099	7.835	7.907	7.912	7.955	8.138	8.367	9.113	9.508	9.629	9.929	10.043	10.240
Passau	727	726	1.095	1.116	1.076	1.336	1.284	1.301	1.286	1.268	1.240	1.243	1.252	1.363	1.558	1.572	1.657	1.706
Regensburg	4.728	4.936	5.919	6.082	6.339	8.833	8.926	9.421	9.481	9.933	10.094	10.518	11.203	11.474	11.562	11.756	11.980	12.380
Rottenburg	344	344	301	252	253	302	286	259	250	229	215	202	189	175	160	110	106	94
Speyer	4.023	4.027	3.868	3.577	3.331	4.637	4.557	4.624	4.735	5.074	5.089	5.075	5.079	4.843	4.718	4.703	4.694	4.845
Würzburg	2.596	2.538	3.398	4.123	4.317	6.104	6.462	7.873	8.297	8.534	8.567	8.758	9.618	10.460	10.656	10.989	11.620	12.318
Verband	24.413	25.420	30.961	31.040	31.018	40.347	40.920	44.538	45.847	48.049	49.227	50.867	53.941	55.850	56.421	57.558	58.949	61.361
Bayern	19.700	20.705	26.509	26.942	27.264	34.897	35.528	38.430	39.126	40.355	40.840	42.029	44.577	46.658	47.454	48.916	50.146	52.814

Tabelle 2:

Mitgliederentwicklung
(Vollmitglieder)

	1947	1948	1949	1950	1951	1952	1953	1954	1955	1956	1957	1958	1959	1960	1961	1962	1963	1964
Augsburg	2.913	3.031	3.197	3.152	3.077	2.837	2.998	3.238	3.317	3.650	3.651	3.666	3.630	3.688	3.758	3.989	4.116	4.320
Bamberg	2.749	2.789	3.923	3.933	4.223	4.383	4.456	4.712	4.777	4.816	4.789	4.971	5.147	5.094	4.964	5.011	4.983	5.275
Eichstätt	575	604	1.415	1.298	1.157	1.328	1.455	1.652	1.670	1.681	1.768	1.797	1.803	2.132	2.325	2.543	2.765	3.082
Freiburg	346	344	283	269	170	338	379	970	1.396	1.937	2.574	2.986	3.426	3.495	3.421	3.190	3.114	2.996
München	5.412	6.081	7.562	7.238	7.075	6.772	6.488	6.490	6.488	6.499	6.604	6.756	7.306	7.586	7.657	7.879	7.969	8.088
Passau	727	726	1.095	1.116	1.076	1.017	1.001	1.027	1.020	1.007	975	975	983	1.063	1.212	1.229	1.297	1.374
Regensburg	4.728	4.936	5.919	6.082	6.339	5.983	6.115	6.508	6.600	6.981	7.102	7.443	8.022	8.227	8.261	8.441	8.619	8.925
Rottenburg	344	344	301	252	253	243	231	213	205	190	180	170	159	148	135	97	95	84
Speyer	4.023	4.027	3.868	3.577	3.331	2.881	2.865	2.938	3.028	3.298	3.315	3.307	3.281	3.152	3.076	3.081	3.103	3.256
Würzburg	2.596	2.538	3.398	4.123	4.317	4.314	4.649	5.815	6.185	6.366	6.370	6.502	7.192	7.852	7.992	8.197	8.662	9.089
Verband	24.413	25.420	30.961	31.040	31.018	30.096	30.637	33.563	34.686	36.425	37.328	38.573	40.949	42.437	42.801	43.657	44.723	46.489
Bayern	19.700	20.705	26.509	26.942	27.264	26.634	27.162	29.442	30.057	31.000	31.259	32.110	34.083	35.642	36.169	37.289	38.411	40.153

Tabelle 3:

MITGLIEDERENTWICKLUNG
(Ehegattenmitglieder)

	1952	1953	1954	1955	1956	1957	1958	1959	1960	1961	1962	1963	1964
Augsburg	830	847	870	888	975	1.007	1.010	1.057	1.055	1.075	1.124	1.177	1.274
Bamberg	804	829	948	984	1.030	1.059	1.140	1.206	1.215	1.234	1.263	1.269	1.358
Eichstätt	385	436	508	514	513	527	559	588	669	692	738	806	861
Freiburg	173	170	255	340	454	509	575	670	679	668	639	619	612
München	1.309	1.347	1.417	1.424	1.456	1.534	1.611	1.807	1.922	1.973	2.050	2.074	2.152
Passau	301	283	274	266	261	265	268	269	300	346	346	360	332
Regensburg	2.866	2.811	2.913	2.881	2.952	2.992	3.075	3.181	3.247	3.301	3.315	3.361	3.455
Rottenburg	59	55	46	45	39	35	32	30	27	25	13	11	10
Speyer	1.755	1.692	1.686	1.707	1.776	1.774	1.768	1.758	1.691	1.642	1.622	1.591	1.589
Würzburg	1.749	1.813	2.058	2.112	2.168	2.197	2.256	2.426	2.608	2.664	2.791	2.958	3.229
Verband	10.231	10.283	10.975	11.161	11.624	11.899	12.294	12.992	13.413	13.620	13.901	14.226	14.872
Bayern	8.244	8.366	8.988	9.069	9.355	9.581	9.919	10.534	11.016	11.285	11.627	12.005	12.661

Tabelle 4:

MITGLIEDERENTWICKLUNG
(Männliche Vollmitglieder)

	1950	1951	1952	1953	1954	1955	1956	1957	1958	1959	1960	1961	1962	1963	1964
Augsburg	1.847	1.727	1.757	k.A.	1.998	2.066	2.267	2.270	2.276	2.267	2.349	2.381	2.551	2.664	2.793
Bamberg	2.860	2.833	3.082	k.A.	3.284	3.310	3.353	3.350	3.502	3.614	3.559	3.511	3.583	3.542	3.800
Eichstätt	917	790	1.015	k.A.	1.254	1.271	1.281	1.356	1.398	1.413	1.704	1.898	2.100	2.305	2.576
Freiburg	175	120	261	k.A.	794	1.074	1.457	1.850	2.049	2.307	2.385	2.348	2.204	2.183	2.126
München	4.064	3.860	3.808	k.A.	3.707	3.681	3.670	3.719	3.726	4.102	4.290	4.348	4.484	4.527	4.633
Passau	705	716	705	k.A.	736	726	710	702	704	711	785	899	925	1.000	1.057
Regensburg	4.732	4.780	4.972	k.A.	5.313	5.330	5.621	5.694	5.920	6.341	6.503	6.498	6.627	6.771	7.013
Rottenburg	177	174	166	k.A.	138	133	120	111	102	94	87	80	55	54	47
Speyer	2.693	2.480	2.423	k.A.	2.477	2.558	2.773	2.776	2.770	2.780	2.681	2.628	2.662	2.699	2.867
Würzburg	3.541	3.593	3.821	k.A.	4.951	5.176	5.372	5.367	5.464	5.962	6.435	6.538	6.737	7.177	7.544
Verband	21.711	21.073	22.010	k.A.	24.652	25.325	26.624	27.195	27.911	29.591	30.778	31.129	31.928	32.922	34.456
Bayern	18.666	18.299	19.160	k.A.	21.243	21.560	22.274	22.458	22.990	24.410	25.625	26.073	27.007	27.986	29.416

Tabelle 5:

MITGLIEDERENTWICKLUNG

(Weibliche Vollmitglieder)

	1950	1951	1952	1953	1954	1955	1956	1957	1958	1959	1960	1961	1962	1963	1964
Augsburg	1.305	1.350	1.080	k.A.	1.240	1.251	1.383	1.381	1.390	1.363	1.339	1.377	1.438	1.452	1.527
Bamberg	1.073	1.390	1.301	k.A.	1.428	1.467	1.463	1.439	1.469	1.533	1.535	1.453	1.428	1.441	1.475
Eichstätt	381	367	313	k.A.	398	399	400	412	399	390	428	427	443	460	506
Freiburg	94	50	77	k.A.	176	322	480	724	937	1.119	1.110	1.073	986	931	870
München	3.174	3.215	2.964	k.A.	2.783	2.807	2.829	2.885	3.030	3.204	3.296	3.309	3.395	3.442	3.455
Passau	411	360	312	k.A.	291	294	297	273	271	272	278	313	304	297	317
Regensburg	1.350	1.559	1.011	k.A.	1.195	1.270	1.360	1.408	1.523	1.681	1.724	1.763	1.814	1.848	1.912
Rottenburg	75	79	77	k.A.	75	72	70	69	68	65	61	55	42	41	37
Speyer	884	851	458	k.A.	461	470	525	539	537	501	471	448	419	404	389
Würzburg	582	724	493	k.A.	864	1.009	994	1.003	1.038	1.230	1.417	1.454	1.460	1.485	1.545
Verband	9.329	9.945	8.086	k.A.	8.911	9.361	9.801	10.133	10.662	11.358	11.659	11.672	11.729	11.801	12.033
Bayern	8.276	8.965	7.474	k.A.	8.199	8.497	8.726	8.801	9.120	9.673	10.017	10.096	10.282	10.425	10.737

512

Tabelle 6:

MITGLIEDERENTWICKLUNG
(Weibliche Mitglieder gesamt)

	1950	1951	1952	1953	1954	1955	1956	1957	1958	1959	1960	1961	1962	1963	1964
Augsburg	1.305	1.350	1.910	k.A.	2.110	2.139	2.358	2.388	2.400	2.420	2.394	2.452	2.562	2.269	2.801
Bamberg	1.073	1.390	2.105	k.A.	2.376	2.451	2.493	2.498	2.609	2.739	2.750	2.687	2.691	2.710	2.833
Eichstätt	381	367	698	k.A.	906	913	913	939	958	978	1.079	1.119	1.181	1.266	1.367
Freiburg	94	50	250	k.A.	431	662	934	1.233	1.512	1.789	1.789	1.741	1.625	1.550	1.482
München	3.174	3.215	4.273	k.A.	4.200	4.231	4.285	4.419	4.641	5.011	5.218	5.282	5.445	5.516	5.607
Passau	411	360	613	k.A.	565	560	558	538	539	541	578	659	650	657	649
Regensburg	1.350	1.559	3.877	k.A.	4.108	4.151	4.312	4.440	4.598	4.862	4.971	5.064	5.129	5.209	5.367
Rottenburg	75	79	136	k.A.	121	117	109	104	100	95	88	80	55	52	47
Speyer	884	851	2.213	k.A.	2.147	2.177	2.301	2.313	2.305	2.259	2.162	2.090	2.041	1.995	1.978
Würzburg	582	724	2.242	k.A.	2.922	3.121	3.162	3.200	3.294	3.656	4.025	4.118	4.251	4.443	4.774
Verband	9.329	9.945	18.317	k.A.	19.886	20.522	21.425	22.032	22.956	24.350	25.072	25.292	25.630	26.027	26.905
Bayern	8.276	8.965	15.178	k.A.	17.187	17.566	18.081	18.382	19.039	20.207	21.033	21.381	21.909	22.430	23.398

Tabelle 7: DIE VEREINSSTRUKTUR DER DIÖZESEN IM VERGLEICH

Diözesen	Mitglieder								Vereine								Vereinsgröße (∅)		
	1950	1957	1964	1950	1957	1964			1950	1957	1964	1950	1957	1964			1950	1957	1964
Augsburg	3.245	4.658	5.594	10%	9%	9%			78	79	106	10%	8%	8%			42	59	53
Bamberg	3.933	5.848	6.633	13%	12%	11%			67	94	107	8%	10%	8%			59	62	62
Eichstätt	1.298	2.295	3.943	4%	5%	6%			27	37	82	3%	4%	6%			48	62	48
Freiburg	269	3.083	3.607	1%	6%	6%			k.A.	118	148	k.A.	12%	12%			k.A.	26	24
München	7.241	8.138	10.240	23%	17%	17%			166	135	213	21%	14%	17%			44	60	48
Passau	1.116	1.242	1.706	4%	3%	3%			35	26	47	4%	3%	4%			32	48	36
Regensburg	6.082	10.094	12.380	20%	21%	20%			127	156	181	16%	16%	14%			48	64	68
Rottenburg	252	215	98	1%	0%	0%			14	12	10	2%	1%	1%			18	18	10
Speyer	3.576	5.089	4.843	11%	10%	8%			112	107	117	14%	11%	9%			32	48	41
Würzburg	4.120	8.567	12.313	13%	17%	20%			164	199	256	21%	21%	20%			25	43	48
Verband	31.132	49.227	61.357	100%	100%	100%			790	964	1.267	100%	100%	100%			39	51	48

Tabelle 8: ORGANISATIONSGRAD DES SÜDDEUTSCHEN VERBANDS 1957

Kriterien	Augsburg	Bamberg	Eichstätt	Freiburg	München	Passau	Regensburg	Speyer	Würzburg	Bayern	Verband
Pfarreien	469	242	234	945	544	270	539	269	503	2.801	4.015
Vereine	79	94	37	118	135	26	156	107	199	726	951
Erfaßte Pfarreien	17%	39%	16%	12%	25%	10%	29%	40%	40%	26%	24%
Mitglieder je Diözese	4.658	5.848	2.295	3.083	8.138	1.240	10.094	5.089	8.567	40.840	49.012
Durchschnitt. Größe des Ortsvereins	59	62	62	26	60	48	65	48	43	56	52
Katholiken je Diözese	1.396.124	768.096	339.109	1.921.543	1.912.144	480.040	1.219.861	617.616	872.345	6.987.719	9.526.878
Zahl der Katholiken in Pfarreien mit Werkvolk	457.159	412.665	138.187	617.194	1.114.630	135.390	569.590	303.552	427.303	3.254.924	4.175.670
Erfaßte Katholiken	33%	54%	41%	32%	58%	28%	47%	49%	49%	47%	44%
Katholiken je Pfarrei (Durchschnitt)	2.977	3.174	1.449	2.033	3.515	1.778	2.263	2.296	1.734	2.495	2.373
Katholiken je Ortsverein (Durchschnitt)	5.787	4.390	3.735	5.230	8.257	5.207	3.651	2.837	2.147	4.483	4.391
Vergrößerungsfaktor	1,9	1,4	2,6	2,6	2,3	2,9	1,6	1,2	1,2	1,8	1,9
Org.-Grad der Katholiken je Diözese	0,3%	0,8%	0,7%	0,2%	0,4%	0,3%	0,8%	0,8%	1,0%	0,6%	0,5%
Org.-Grad der Katholiken in Pfarreien mit WV	1,0%	1,4%	1,7%	0,5%	0,7%	0,9%	1,8%	1,7%	2,0%	1,0%	1,0%
Einwohner je Diözese	1.689.358	1.944.265	630.254	3.308.345	2.306.831	516.148	1.443.337	1.373.327	1.493.932	10.024.125	14.705.797
Einwohner in Pfarreien mit Werkvolk		842.823	336.795			149.156		712.533			
Erfaßte Einwohner je Diözese		43%	53%			29%		52%			
Einwohner je Pfarrei (Durchschnitt)	3.602	8.034	2.693	3.501	4.241	1.912	2.946	5.105	2.970	3.771	3.889
Einwohner je Ortsverein (Durchschnitt)		8.966	9.103			5.737		6.659			
Vergrößerungsfaktor		1,1	3,4			3,0		1,3			
Org.-Grad der Einwohner je Diözese	0,3%	0,3%	0,4%	0,1%	0,4%	0,2%	0,7%	0,4%	0,6%	0,4%	0,3%
Org.-Grad EW in Pfarreien mit Werkvolk		0,7%	0,7%			0,8%		0,7%			
Katholikenanteil je Diözese	83%	40%	54%	58%	83%	93%	85%	45%	58%	70%	65%
Katholikenanteil in Pfarreien mit Werkvolk		49%	41%			91%		43%			

Tabelle 9: ORGANISATIONSGRAD DES WESTDEUTSCHEN VERBANDS 1959

Kriterien	Aachen	Berlin	Essen	Fulda	Hildesheim	Köln	Limburg	Mainz	Münster	Osnabrück	Paderborn	Trier	Gesamt
Pfarreien	469	114	222	212	123	577	222	167	496	121	595	850	4168
Vereine	165	11	240	93	42	254	45	10	320	48	337	63	1628
Erfaßte Pfarreien	35%	10%	108%	44%	34%	44%	20%	6%	65%	40%	57%	7%	39%
KAB-Mitglieder	7.338	382	37.129	4.474	1.348	15.215	1.566	215	36.893	3.063	34.615	2.664	144.902
Durchschnittl. Vereinsgröße	44	35	155	48	32	60	35	22	115	64	103	42	89
Katholiken je Diözese	1.360.000	574.000	1.450.000	676.000	678.000	2.384.000	810.000	730.000	1.882.000	861.000	2.144.000	1.763.000	15.312.000
Org.-Grad Katholiken (DV)	0,54%	0,07%	2,56%	0,66%	0,20%	0,64%	0,19%	0,03%	1,96%	0,36%	1,61%	0,15%	0,95%

Tabelle 10:

MITGLIEDER- UND VEREINSSTRUKTUR
(Gesamt)

AUGSBURG

Mitglieder	Vereine			Mitglieder		
	1.1.1950	1.1.1957	1.1.1964	1.1.1950	1.1.1957	1.1.1964
bis 10	18	15	18	104	101	106
11–25	21	17	32	368	326	534
26–50	21	21	18	786	745	701
51–75	8	7	14	503	446	882
76–100	4	5	10	348	450	884
über 100	6	14	14	1.136	2.590	2.487
Summe	78	79	106	3.245	4.658	5.594

BAMBERG

Mitglieder	Vereine			Mitglieder		
	1.1.1950	1.1.1957	1.1.1964	1.1.1950	1.1.1957	1.1.1964
bis 10	10	14	8	48	106	54
11–25	11	15	22	203	269	416
26–50	19	26	30	700	957	1.137
51–75	14	14	24	865	834	1.560
76–100		10	7		843	576
über 100	13	15	16	2.117	2.839	2.890
Summe	67	94	107	3.933	5.848	6.633

EICHSTÄTT

Mitglieder	Vereine			Mitglieder		
	1.1.1950	1.1.1957	1.1.1964	1.1.1950	1.1.1957	1.1.1964
bis 10	2	3	2	11	20	14
11–25	6	7	37	124	106	712
26–50	10	14	24	372	546	861
51–75	4	4	9	262	225	538
76–100	2	3	3	167	246	172
über 100	3	6	7	362	1.152	1.646
Summe	27	37	82	1.298	2.295	3.943

Tabelle 10 (Fortsetzung):

FREIBURG

Mitglieder	Vereine			Mitglieder		
	1.1.1950	1.1.1957	1.1.1964	1.1.1950	1.1.1957	1.1.1964
bis 10		24	36		109	234
11–25		57	63		1.024	1.127
26–50		24	35		838	1.196
51–75		7	9		400	568
76–100		1	3		79	258
über 100		5	2		633	224
Summe		118	148		3.083	3.607

MÜNCHEN

Mitglieder	Vereine			Mitglieder		
	1.1.1950	1.1.1957	1.1.1964	1.1.1950	1.1.1957	1.1.1964
bis 10	25	13	46	130	68	305
11–25	37	23	51	664	409	871
26–50	46	28	36	1.734	1.066	1.366
51–75	32	28	34	1.981	1.772	2.096
76–100	14	21	18	1.205	1.844	1.585
über 100	12	22	28	1.527	2.979	4.017
Summe	166	135	213	7.241	8.138	10.240

PASSAU

Mitglieder	Vereine			Mitglieder		
	1.1.1950	1.1.1957	1.1.1964	1.1.1950	1.1.1957	1.1.1964
bis 10	19	10	12	98	46	82
11–25	4	3	18	62	44	322
26–50	5	6	10	168	196	335
51–75	2	1	3	144	60	176
76–100	2	1		160	89	
über 100	3	5	4	484	805	791
Summe	35	26	47	1.116	1.240	1.706

Tabelle 10 (Fortsetzung):

REGENSBURG

Mitglieder	Vereine			Mitglieder		
	1.1.1950	1.1.1957	1.1.1964	1.1.1950	1.1.1957	1.1.1964
bis 10	18	22	24	123	153	150
11–25	32	36	37	574	644	706
26–50	34	31	35	1.251	1.208	1.283
51–75	18	23	24	1.104	1.443	1.507
76–100	10	15	18	855	1.284	1.538
über 100	15	30	43	2.175	5.362	7.196
Summe	127	157	181	6.082	10.094	12.380

ROTTENBURG

Mitglieder	Vereine			Mitglieder		
	1.1.1950	1.1.1957	1.1.1964	1.1.1950	1.1.1957	1.1.1964
bis 10	7	4	6	31	15	33
11–25	4	6	4	93	117	65
26–50	2	2		77	83	
51–75	1			51		
76–100						
über 100						
Summe	14	12	10	252	215	98

SPEYER

Mitglieder	Vereine			Mitglieder		
	1.1.1950	1.1.1957	1.1.1964	1.1.1950	1.1.1957	1.1.1964
bis 10	32	21	23	213	131	143
11–25	33	31	29	553	570	492
26–50	21	22	36	707	824	1.278
51–75	15	13	11	936	805	691
76–100	7	5	7	644	440	588
über 100	4	15	11	523	2.319	1.651
Summe	112	107	117	3.576	5.089	4.843

Tabelle 10 (Fortsetzung):

WÜRZBURG

Mitglieder	Vereine			Mitglieder		
	1.1.1950	1.1.1957	1.1.1964	1.1.1950	1.1.1957	1.1.1964
bis 10	45	25	15	270	152	112
11–25	63	55	71	1.100	987	1.273
26–50	38	64	85	1.314	2.365	3.218
51–75	9	29	44	546	1.802	2.746
76–100	7	12	20	595	1.059	1.771
über 100	2	14	21	295	2.202	3.193
Summe	164	199	256	4.120	8.567	12.313

BAYERN

Mitglieder	Vereine			Mitglieder		
	1.1.1950	1.1.1957	1.1.1964	1.1.1950	1.1.1957	1.1.1964
bis 10	137	102	125	784	646	823
11–25	174	156	268	3.095	2.785	4.834
26–50	173	190	238	6.325	7.083	8.901
51–75	87	106	152	5.405	6.582	9.505
76–100	39	67	76	3.330	5.815	6.526
über 100	54	106	133	8.096	17.929	22.220
Summe	664	727	992	27.035	40.840	52.809

VERBAND

Mitglieder	Vereine			Mitglieder		
	1.1.1950	1.1.1957	1.1.1964	1.1.1950	1.1.1957	1.1.1964
bis 10	176	151	190	1.028	901	1.233
11–25	211	250	364	3.741	4.496	6.518
26–50	196	238	309	7.109	8.828	11.375
51–75	103	126	172	6.392	7.787	10.764
76–100	46	73	86	3.974	6.334	7.372
über 100	58	126	146	8.619	20.881	24.095
Summe	790	964	1.267	30.863	49.227	61.357

Tabelle 11: VERTEILUNG DER ERHALTENEN FRAGEBÖGEN ZUM VEREINSLEBEN 1956
(bestehende und erfaßte Vereine je Diözese)

Mitglieder	A	A	B	B	E	E	F	F	M	M	P	P	R	R	Ro	Ro	S	S	W	W	B	B	V	V
bis 10	15	1	14	2	3	1	24	1	13	3	10		22	1		4	21		25	1	102	9	151	10
11–25	17	2	15	1	7		57	14	23	5	3		36	6	6		31		55	10	156	24	250	38
26–50	21	5	26	6	14	4	24	10	28	7	6	1	31	6	2		22	4	64	17	190	46	238	60
51–75	7	2	14	3	4		7	1	28	11	1	1	23	8			13	1	29	12	106	37	126	39
76–100	5		10	4	3	1	1		21	11	1		15	6			5		12	5	67	27	73	27
über 100	14	6	15	5	6	5	5	2	22	15	5	4	30	13			15	2	14	8	106	56	126	60
Summe	79	16	94	21	37	11	118	28	135	52	26	6	157	40		12	107	7	199	53	727	199	964	234
Prozent		20		22		30		24		39		23		25				7		27		27		24
Σ Mitgl.	4.658	1.579	5.848	1.817	2.295	1.228	3.083	963	8.138	4.118	1.240	87	10.094	4.087		215	5.089	539	8.567	3.399	40.840	16.315	49.227	17.817
Prozent		34		31		54		31		51		7		40				11		40		40		36

Graphik:

Verteilung der erhaltenen Fragebögen im Verhältnis zur Vereinsstruktur

(Bayern)

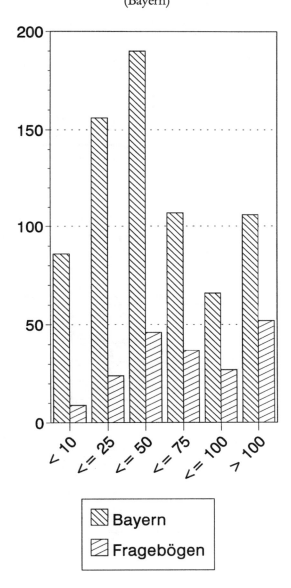

Tabelle 12:

VERANSTALTUNGSDICHTE NACH VEREINSGRÖSSE

(Bayern)

Mitglieder	Vereine	Fragebögen	Veranstaltungen	Schnitt
bis 10	86	1	5	5,0
11–25	156	27	221	8,2
26–50	189	57	650	11,4
51–75	108	35	531	15,2
76–100	66	26	409	15,7
über 100	106	56	856	15,3
Summe	711	202	2.672	13,2

Tabelle 13:

VERANSTALTUNGEN DES VEREINSLEBENS NACH BEREICHEN UND REFERENTEN

(Verband)

Veranstaltungen	Gesamt	Kleriker	Laien	Frauen	Unbekannt
Verband	1.009	136	165	13	695
Gesellig (*)	503	36	8	4	455
Politisch	410	157	222	4	27
Sozial	386	135	228	5	18
Religiös	531	258	39	7	227
Kulturell	319	64	63	2	190
Kirche (*)	109	75	22		12
Frauen	73	10	4	28	31
Papst (*)	50	33	11		6
Gewerkschaft	32	11	18		3
Bischof (*)	9	8			1
Jugend	2	1	1		
Summe	2.762	772	740	59	1.191

⇒ 1.572 zuordenbare Veranstaltungen (= 57 %)
zu 1.191 nicht zuordenbaren Veranstaltungen (= 43 %).

QUELLEN- UND LITERATURVERZEICHNIS

I. Ungedruckte Quellen

STAATLICHE ARCHIVE:

Bayerisches Hauptstaatsarchiv München (BayHStA):

OMGBY:

10/50–1/38:	Education and Religious Affairs Branch
10/87–2/42:	Education and Religious Affairs Branch
10/90–3/2:	Information Control Division
10/110–2/12:	Manpower Division
13/123–1/4:	Land Director
13/129–3/8:	Land Director

KIRCHLICHE ARCHIVE:

1. Archiv des Bistums Augsburg (ABA):

DB-28:	Arbeitervereine, Kath. Werkvolk, Kath. Volksbüro 1947–1956
DB-30:	Arbeiterverein und Fall Leohaus München 1905–1947
Fem-221:	Kath. Volksbüro; jetzt Kath. Werkvolk 1946–1959
Fem-222:	Bestätigung der WV-Präsides / CAJ-Seelsorger 1957–1969
Pers. 1870:	Schwarz, Leopold
Pers. 1882:	Stangl, Ludwig

2. Archiv des Erzbistums Bamberg (AEB):

KAB:

Kart. 15:	Diözesanverband 1960–1969
Kart. 22:	Katholisches Volksbüro Bamberg 1958–1969
Kart. 28:	CGD bis 1964
Kart. 43:	Diözesantage 1948–1964
Kart. 44:	Diözesanleitung 1953–1960
Kart. 47:	CSU/CGB 1949–1960
Kart. 49:	Rundschreiben Diözesanverband 1955–1960
	Rundschreiben Süddeutscher Verband 1947–1954
	Rundschreiben Christliche Werkgemeinschaften
Kart. 52:	Süddeutscher Verband (I+II)
Kart. 53:	Diözesanverband Bamberg 1960–1964
	Diözesanverband Werbung 1949–1957
Kart. 55:	Augustinus Seminar 1955–1958

St. Josef Stiftung 1950–1955
Diözesanwallfahrten 1952–1958
Kart. 57: Rundschreiben Diözesanverband 1954–1960
Rundschreiben Süddeutscher Verband 1953–1955
Kart. 58: Werkvolk-Korrespondenz 1958–1964
Kart. 61: Schriftwechsel Rudolf Müller / Korrespondenz Jugend 1953–1960
Kart. 62: Schriftwechsel Elisabeth Bach 1956–1958
Schriftwechsel Diözesanvorstand 1950–1957
Schriftwechsel Diözesanverband
Kart. 64: Korrespondenz Diözesanverband 1951–1955
Kart. 67: Volksbüro-Monatsberichte 1949–1955
Exerzitien 1953–1959
Soziales Seminar Bamberg
Präsides-Schulungen 1954–1959
Diözesanleiterin 1950–1960
Katholische Aktion – Korrespondenz 1957–1960
Kart. 68: Schriftwechsel Elisabeth Bach 1951–1956
Kart. 69: Werkvolk Aktenvermerke 1957–1958
Kart. 70: Werkvolk Aktenvermerke 1955–1956

3. Diözesanarchiv Eichstätt (DA EI):

Bischofsarchiv (BA):
Bischofskonferenzen
CAJ 1949–1961
CAJ 1961–1966
CAJ Statut
Werkvolk 1949–1967

Ordinariatsarchiv (OA):
Werkvolk
Werkvolk 1949–1955

4. Erzbischöfliches Archiv Freiburg (EAF):

NL Erzbischof Conrad Gröber:
Nb 8/17: Korrespondenz mit Bischöfen, Ordinariaten und Rom
Nb 8/26: Schriftwechsel mit Rom, Nuntiatur und anderen Bischöfen

NL Erzbischof Wendelin Rauch:
Nb 9/8: Rom, Bischöfe, Ordinariate, Staat und Kirche
Nb 9/13: Bischofskonferenzen

NL Erzbischof Hermann Schäufele:
Nb 11 Kart. 2 Akt 5: Zur Arbeitsweise der Katholischen Aktion

Reg 56.64, Vol. 3, 1945–1956: Katholisches Werkvolk
Reg 56.64, Vol. 4, 1957–1961: Katholisches Werkvolk
Reg 56.64, Vol. 5, 1962–1964: Katholisches Werkvolk

5. Archiv des Bistums Passau (ABP):

Ordinariatsarchiv (OA):
Episc H 3 g: Konferenzen der bayerischen Ordinariatsvertreter 1942–1957
Episc H 6 b: Konferenzen der deutschen Bischöfe 1946–1966
Episc H 9: Konferenz der bayerischen und westdeutschen Bischöfe 1958
Vereine 2: Arbeitervereine (Generelles)
Vereine 6: Arbeitervereine (Verschiedenes)
Vereine 9: Arbeitervereine (Süddeutscher Verband)
Vereine 64: Sozialer Ausschuß
Varia I 18 i: Arbeiterseelsorge
Protokollbuch über die Ordinariatssitzung, 31.05.1946–22.12.1949
Protokollbuch über die Ordinariatssitzung, 05.01.1950–05.06.1953
Protokollbuch über die Ordinariatssitzung, 12.06.1953–22.03.1956
NL Landersdorfer 41: CGB 1950–1968

NL Riemer 12:	Grundzüge der Sozialpolitik nach Prof. Dr. Wasserrab
NL Riemer 13:	Soziologie und Soziale Frage nach Prof. Dr. Wasserrab
NL Riemer 14:	Sozialismus, Kapitalismus und Christentum nach Prof. Dr. Walter
NL Riemer 15:	System der Sozialpolitik nach Prof. G. v. Mayr
NL Riemer 16:	Sozialpolitik II nach Prof. G. v. Mayr
NL Riemer 17:	Moderne Bestrebungen auf social und charitativem Gebiete mit besonderer Berücksichtigung der Seelsorge nach Dr. Schaub
NL Riemer 18:	Moderne Bestrebungen auf social und charitativem Gebiete mit besonderer Berücksichtigung der Seelsorge nach Dr. Schaub
NL Riemer 19a:	Wirtschaftsgeschichte. Überblick über die Entwicklung der Volkswirtschaft und ihre Organisation seit dem Untergang des römischen Reichs bis ins 19. Jahrhundert nach Prof. Dr. Lujo Brentano
NL Riemer 19b:	Arbeiter-Hygiene nach Prof. Dr. Hahn
NL Riemer 20:	Spezielle Wirtschaftslehre II (Ökonomische Politik) nach Prof. Dr. Lujo Brentano
NL Riemer 21:	Spezielle Wirtschaftslehre III (Ökonomische Politik) nach Prof. Dr. Lujo Brentano
NL Riemer 109:	Verband kath. Arbeiter-, Arbeiterinnen und Angestellten-Vereine Süddeutschlands

Depositum der Katholischen Arbeitnehmerbewegung (KAB):
Kart. 23 (o.N.): Gastarbeiter / Exerzitien
Kart. 33 Akt 91: Süddeutscher Verband
Kart. 47 Akt 143: Diözesanverband Statistik
Kart. 48 Akt 144: Verbandsleitung: Sekretariat 1947–1953

Kart. 48 Akt 145: Verbandsleitung: Geschäfts- und Rechnungsstelle 1948–1953
Kart. 48 Akt 146: Diözesansekretariat 1951–1953
Kart. 49 Akt 159: CGD / Diözesanverband
Kart. 52 Akt 148: Bezirksverband Passau 1958
Kart. 52 Akt 154: Schriftwechsel mit dem Süddeutschen Verband
Kart. 53 (o.N.): Sozialwahlen
Kart. 55 Akt 270: Bundesministerium des Inneren
Kart. 73 Akt 372: Erwachsenenbildung / Bundesministerium des Inneren
Kart. 80 (o.N.): Diözesanverband / Allgemein / Sonderaktionen
Kart. 100 Akt 446: Christliche Gewerkschaften und Katholisches Werkvolk

6. *Bischöfliches Zentralarchiv Regensburg (BZAR):*

Ordinariatsarchiv (OA):
OA 709: Werkvolk Regensburg
OA 713: Berichte der Pfarreien über die örtlichen Vereine
OA NS 544: Probleme nach dem Zweiten Weltkrieg

NL Bischof Michael Buchberger:
Kart. 57: Verbände, Vereine, Zusammenschlüsse

7. *Archiv des Bistums Speyer (ABSp):*

Bischöfliches Archiv (BA):
A-II-27: Fuldaer Bischofskonferenz 1954
A-II-32: Fuldaer Bischofskonferenz 1958
A-II-33: Fuldaer Bischofskonferenz 1959
A-II-35: Fuldaer Bischofskonferenz 1960
A-II-37: Fuldaer Bischofskonferenz 1961
A-II-38: Fuldaer Bischofskonferenz 1962
A-II-39: Fuldaer Bischofskonferenz 1962
A-II-40: Fuldaer Bischofskonferenz 1963
C-V-21: Priesterseminar

Ordinariatsarchiv (OA):
16/35–1/50: Gewerkschaften
16/36–2/54: Ketteler-Werk

8. *Diözesan-Archiv Würzburg (DAW):*

Druckschriften: Kontakt (Würzburg)
KAB: Jahresbericht 1963/64

9. Kardinal-Faulhaber-Archiv, München (KFA):

4076: Bayerische Bischofskonferenz
6500: Katholische Arbeiter- und Arbeiterinnen-Vereine
6505: Katholische Soziale Woche
6506: Arbeiter
6507: Werkgemeinschaften Christlicher Arbeitnehmer
6508: Vereinigung für christliche Sozialpraxis in Arbeit und Wirtschaft

10. Archiv der Oberdeutschen Provinz der Gesellschaft Jesu, München (AMSJ):

NL Pater Franz Prinz SJ: Ein Jesuit zwischen den Zeiten. Lebenserinnerungen. Dokumente zum Manuskript (D 1-5)
Sterbebildsammlung

VERBANDSARCHIVE:

1. Archiv der KAB Süddeutschlands, München (VZ KAB):

1 / Verbandsleitung 1954–1971
Verbandsleitung 1964–1967
Verbandsleitung / Verbandsausschuß: Rundschreiben und Schriftverkehr 1965–1970
Verbandsleitung / Verbandsvorstand: Sitzungen 1957–1973

2a / Verbandsausschuß 1954–1959
2b / Verbandsausschuß 1960–1973
17a / Verbandsausschuß: Berichte 1947–1954
17c / Verbandsausschuß: Berichte 1959–1971
29 / Verbandsausschuß: Sitzungen 1959–1970
Verbandsausschuß 1954–1959
Verbandsausschuß 1959–1969

Verbandsvorstand: Arbeitspläne und Berichte 1961–1971

42a / Verbandstag Neustadt 1951
42b / Verbandstag Neustadt 1951
43a / Verbandstag Mannheim 1955
43c / Verbandstag Mannheim 1955
44a / Verbandstag Passau 1959
Verbandstag Passau 1959
Verbandstag Augsburg 1963
45b / Verbandstag Augsburg 1963

A / 1 Diözesanverband München bis 1974
Diözesanverband München
Diözesanverband Augsburg bis 1964
C 53 / Diözesanverband Passau 1965–1971

E / Diözesanverband Eichstätt/Ingolstadt
Diözesanverband Eichstätt/Ingolstadt
F II / Nürnberg
G I / Würzburg 1949–1964
G II / Aschaffenburg 1944–1964
G III / Schweinfurt 1947–1954
G 57 / Diözesanverband Würzburg
K / Diözesanverband Freiburg 1950–1963

94 / CSA
CSA
CSA-Wahlpropaganda
93 / CSU
CSU
101 / ACA

Rundschreiben und Schriftwechsel: Diözesanverbände 1953–1954
Schriftwechsel Elisabeth Bach 1949–1950

Broschüren
Satzungen
Mitgliederlisten
Statistik

Umfrage zum Vereinsleben 1956

NL Leopold Schwarz

Handakte Letschert

»Personalakten«:
Johann Ascherl
Wilma Beringer
Georgine Christl
Dr. Ludwig Franz
Anton Helmprecht
Carl Peter Lang

Geschichte der KAB
Fotosammlung

2. Archiv des Diözesanverbands der KAB Augsburg (KAB A):

Diözesantage 1947–1959
Diözesantag 1960
Diözesantag 1962
Diözesantag 1964
Diözesanverband 1945–1964
Diözesanvorstandschaft 1945–1964

Verbandstage 1947–1962
Werkvolk 1948–1970: Feier des 1. Mai

Fasz. 4: Katholisches Werkvolk 1945–1948, Schriftwechsel
Kart. 4: NL Paul Strenkert
Kart. 5: Katholisches Arbeitersekretariat Kempten 1931–1961
Kart. 7: Abgabe Frau Dr. Marianne Möhring
Protokollbuch des kath. Arbeiterinnenvereins Kempten, 1938–1961

3. Archiv des Diözesanverbands der KAB Bamberg (KAB B):

Diözesanvorstand bis 1957
Protokollbuch des kath. Arbeitervereins Bamberg, 1936–1950
Werkvolk Bamberg 1961–1969
Werkvolk-Siedlergemeinschaft Bamberg

4. Archiv des Diözesanverbands der KAB Eichstätt, Ingolstadt (KAB EI):

Kontakt (Eichstätt)
Der Funker

5. Archiv des Diözesanverbands der KAB Regensburg (KAB R):

Allgemein
Diözesanvorstand
Diözesanausschuß
Diözesanausschuß / Diözesanvorstand
Diözesanausschuß / Diözesantag
Diözesantage

6. Archiv des Landesverbands der KAB Rottenburg / Stuttgart (KAB Ro):

Andere Organisationen CA-CGD
Andere Organisationen P-S-St
KAB / Werkvolk A-R
Redaktionskonferenzen 1961–1976
Süddeutscher Verband außer München
Werkvolk München, Präsideskonferenzen

7. Archiv des Diözesanverbands der KAB Speyer (KAB S):

Schriftwechsel Verband – Speyer 1947–1951

8. Frauensekretariat Marktredwitz (KAB Marktredwitz):

Einladung zum 1. Frauenverbandstag
Emma Frey an Anton Maier, 17. Februar 1953
Bericht Wilma Beringer, 10. April 1989

9. Archiv des Diözesanverbands der KAB Würzburg (KAB W):

Diözesantage 1950–1973
Diözesanvorstandschaft / Verschiedenes

Sonstige Archive:

1. Archiv des Zentralkomitees der deutschen Katholiken, Bonn (AZdK):

4100: Bischofskommission für Sozialarbeit
4240/14: Sozialreferat: Katholische Soziale Wochen
4240/19: Sozialreferat: Arbeitsgemeinschaft für Betriebsgruppenarbeit

2. Kommission für Zeitgeschichte, Bonn (KfZG):

NL Hermann-Josef Schmitt 1

3. Archiv für Christlich-Soziale Politik der Hanns-Seidel-Stiftung, München (ACSP):

Christlich-Soziale Arbeitnehmerschaft (CSA):

 2: Protokolle 1953–1963
 3: Protokolle 1953–1960
 9: Landesvertreterversammlung in Nürnberg 1956
10: Landesvertreterversammlung in Augsburg 1960
11: Landesvertreterversammlung in Ingolstadt 1961
12: Landesvertreterversammlung in München 1963
17: Landesvertreterversammlung in Regensburg 1958
18: Landesvertreterversammlung in Augsburg 1960
19: Arbeitskreisprotokolle 1961–1964
21: Landessekretariat: Korrespondenz 1961–1985
22: Schriftverkehr mit verschiedenen Organisationen 1953–1964
23: Sozialpolitischer Arbeitskreis: Protokolle 1954–1957
24: Sozialpolitischer Arbeitskreis: Rundschreiben, Einladungen, Protokolle 1954–1963
57: Sozialausschüsse der CDA: Protokolle 1954–1956
59: Sozialausschüsse der CDA: Schriftwechsel 1961–1963
94: Betriebsrätebrief der CDA 1957–1965

Druckschriften (D):

1/79: Unionssatzung
6/43: Geschäftsordnung der CSA, 2. Mai 1953 (Entwurf)
      (Entwurf mit Änderungsvermerken und Kommentierungen aus Sicht
      des Werkvolks: KAB VZ 93 / CSU)
6/6: Geschäftsordnung der CSA, 7. Mai 1960
6/30: Geschäftsordnung der CSA, 10. Juni 1961

NL Josef Müller
NL Hanns Schinagl

4. Archiv der sozialen Demokratie der Friedrich-Ebert-Stiftung (AsD):

NL Willi Eichler:
Parteivorstand 1946–1947
Parteivorstand 1948–1949
Parteivorstand 1950–1951
Parteivorstand 1953
Parteivorstand 1955
Parteivorstand 1957
Parteivorstand 1960
Parteivorstand 1961
Parteivorstand 1963

MATERIALIEN AUS PRIVATBESITZ:

SL Lehnacker
SL Lindermüller
SL Sager

ZEITZEUGENGESPRÄCHE:

Wilma Beringer: 4. November 1992
Heinz Gau: 20. Juli 1995
Eberhard Kunze: 5. Juli 1995
Wilhelm Lehnacker: 11. Juli 1995
Toni Lindermüller: 8. Oktober 1996, 29. Oktober 1996
Anton Maier: 10. August 1992, 27. April 1994
Fritz Morgenschweis: 29. Januar 1993
P. Franz Prinz SJ: 27. Juni 1994
Michael Sager: 16. Mai 1994
Hans Stützle: 30. Juni 1994

II. Gedruckte Quellen und Literatur

Periodica:

1. Schematismen:

Schematismus der Geistlichkeit des Bistums Augsburg
Schematismus der Geistlichkeit des Erzbistums Bamberg
Schematismus der Geistlichkeit des Bistums Eichstätt
Personalschematismus für die Erzdiözese Freiburg
Schematismus der Geistlichkeit des Erzbistums München und Freising
Schematismus der Geistlichkeit des Bistums Passau
Schematismus der Geistlichkeit des Bistums Regensburg
Personal-Katalog des Bistums Rottenburg
Schematismus des Bistums Speyer
Schematismus der Diözese Würzburg

2. Amts-, Gesetz- und Verordnungsblätter:

Acta Apostolicae Sedis
Amtsblatt für die Erzdiözese Bamberg
Amtsblatt für die Erzdiözese Freiburg
Amtsblatt für das Erzbistum München und Freising
Bayerisches Gesetz- und Verordnungsblatt
Bundesgesetzblatt
Kirchlicher Anzeiger für die Erzdiözese Köln
Pfarramtsblatt. Mitteilungen aus Amtsblättern für den katholischen Klerus Bayern
Pastoralblatt für das Bistum Eichstätt
Reichsgesetzblatt
Würzburger Diözesanblatt. Amtliches Verordnungsblatt der Diözese Würzburg

3. Bistumsblätter und Kirchenzeitungen:

Sankt Ulrichsblatt. Kirchenzeitung für die Diözese Augsburg
St. Willibaldsbote. Kirchenzeitung der Diözese Eichstätt
Münchener Katholische Kirchenzeitung. Bistumsblatt der Erzdiözese München-Freising
Passauer Bistumsblatt
Würzburger Bistumsblatt

4. Tages- und Wochenzeitungen:

Badische Zeitung
Donaukurier
Süddeutsche Zeitung

5. Zeitschriften und Informationsdienste:

Befreiung. Organ der christlichen Arbeiter-Jugend
Christlicher Nachrichtendienst
Christlich-Soziale Werkbriefe
CSU-Correspondenz
Gesellschaftspolitische Kommentare
Herder-Korrespondenz. Orbis catholicus. Monatshefte für Gesellschaft und Religion
KAB. Katholische Arbeitnehmer-Zeitung
KAB. Impuls
KNA / Informationsdienst
Ketteler-Ruf
Ketteler-Wacht. Zeitschrift der katholischen Arbeiterbewegung (KAB)
Ketteler-Werk-Führung
Ketteler-Werk-Präses
Der Männerseelsorger. Werkblatt für Männerseelsorge und Männerbewegung
Priester und Arbeiter
Soziale Ordnung
Die Welt der Bücher. Literarische Beihefte zur Herder-Korrespondenz
Werkbrief der verantwortlichen Leiter und Vorkämpfer der Christlichen Arbeiterjugend
Werkhefte für katholische Laienarbeit
Werkvolk. Zeitschrift des süddeutschen Verbandes katholischer Arbeitnehmer
Werkvolk-Führung
Werkvolk-Führung-Kassier
Werkvolk-Führung-Präses
Werkvolk-Führung-Schriftführer
Werkvolk-Führung-Vorstand
Westdeutsche Arbeiter-Zeitung. Verbandszeitung der katholischen Arbeiter- und Knappenvereine Westdeutschlands
Wirtschafts- und Sozialpolitik. Informationsdienst für die deutsche Wirtschaft

LITERATUR:

ABMEIER, Karlies / HUMMEL, Karl-Joseph (Hrsg.), Der Katholizismus in der Bundesrepublik Deutschland 1980–1993. Eine Bibliographie (= VKZG, Reihe B: Forschungen, Bd. 80), Paderborn – München – Wien – Zürich 1997.

DIE AKTIONSRUNDE IN DER WERKVOLKGRUPPE, hrsg. vom Diözesanverband des Katholischen Werkvolks Regensburg. Marktredwitz 1957.

ALBERTO, Stefano, »Corpus Suum Mystice constituit« (LG 7). La Chiesa Corpo Mistico di Christo nel Primo Capitolo della »Lumen Gentium«. Storia del Testo dalla »Mystici Corporis« al Vaticano II con riferimenti alla attività conciliare del P. Sebastiaan Tromp S.J. (= Eichstätter Studien, N.F. 37), Regensburg 1996.

ALTERMATT, Urs, Bemerkungen zum Thema, in: Ulrich von HEHL / Konrad REPGEN (Hrsg.), Der deutsche Katholizismus in der zeitgeschichtlichen Forschung, Mainz 1988, S. 65–77 (zit.: U. ALTERMATT, Bemerkungen).

ALTERMATT, Urs, Katholizismus und Moderne. Zur Sozial- und Mentalitätsgeschichte der Schweizer Katholiken im 19. und 20. Jahrhundert, Zürich 1989 (zit.: U. ALTERMATT, Katholizismus und Moderne).

AMMERICH, Hans, Alte Bistümer – Neues Land. Zum Verhältnis von katholischer Kirche und Staat, in: Beiträge zu 50 Jahren Geschichte des Landes Rheinland-Pfalz. Hrsg. von Heinz-Günther BORCK unter Mitarbeit von Dieter KERBER (= Veröffentlichungen der Landesarchivverwaltung Rheinland-Pfalz, Bd. 73), Koblenz 1997, S. 369–384.

AMMERING, Josef, Zur Geschichte und Struktur der Katholischen Arbeiterjugend Österreichs, Diss. Innsbruck 1972.

AMMICH, Michael, Die katholischen Arbeitervereine im Bistum Regensburg 1849–1939, Kallmünz – Köln 1991.

AMTLICHES HANDBUCH DES DEUTSCHEN BUNDESTAGES, 7. Wahlperiode, hrsg. vom Deutschen Bundestag, bearb. von der Bundestagsverwaltung, Darmstadt 1973.

ANDERL, Ludwig, Die roten Kapläne. Vorkämpfer der katholischen Arbeiterbewegung in Bayern und Süddeutschland, München 1961; 2. Aufl., München 1964.

ANGERHAUSEN, Julius, Die Arbeitsgemeinschaft der Vorkämpfer in der christlichen Arbeiterjugend CAJ (= Schrifttum der Christlichen Arbeiter-Jugend 2), Recklinghausen 1950 (zit.: J. ANGERHAUSEN, Arbeitsgemeinschaft).

ANGERHAUSEN, Julius, Die Christliche Arbeiter-Jugend, die deutsche CAJ, in: Trierer Theologische Zeitschrift 63 (1954), S. 280–288 (zit.: J. ANGERHAUSEN, Deutsche CAJ).

ANGERHAUSEN, Julius / MEERT, Jacques, CAJ. Weg der Umkehr, 2. Aufl., Essen 1957.

ANTHAMATTEN, Amadea Mathieu, Ein Jahrhundert Katholische Arbeiterinnenbewegung, 1899–1999, Kriens 1999.

ARBEITSKREIS FÜR KIRCHLICHE ZEITGESCHICHTE (AKKZG), MÜNSTER, Katholiken zwischen Tradition und Moderne. Das katholische Milieu als Forschungsaufgabe, in: Westfälische Forschungen 43 (1993), S. 588–654.

ARETZ, Jürgen, Katholische Arbeiterbewegung und Nationalsozialismus. Der Verband katholischer Arbeiter- und Knappenvereine Westdeutschlands 1923–1945 (= VKZG, Reihe B: Forschungen, Bd. 25), Mainz 1978 (zit.: J. ARETZ, Arbeiterbewegung und Nationalsozialismus).

ARETZ, Jürgen, Katholizismus und deutsche Sozialdemokratie 1949–1963, in: Albrecht LANGNER (Hrsg.), Katholizismus im politischen System der Bundesrepublik 1949–1963 (= Beiträge zur Katholizismusforschung, Reihe B: Abhandlungen, o. N.), Paderborn – München – Wien – Zürich 1978, S. 61–81 (zit.: J. ARETZ, Katholizismus und deutsche Sozialdemokratie).

ARETZ, Jürgen, Einheitsgewerkschaft und christlich-soziale Tradition, in: Albrecht LANGNER (Hrsg.), Katholizismus, Wirtschaftsordnung und Sozialpolitik 1945–1963 (= Beiträge zur Katholizismusforschung, Reihe B: Abhandlungen, o. N.), Paderborn – München – Wien – Zürich 1980, S. 205–228 (zit.: J. ARETZ, Einheitsgewerkschaft).

ARETZ, Jürgen, Katholische Arbeiterbewegung und Christliche Gewerkschaften. Zur Geschichte der christlich-sozialen Bewegung, in: Anton RAUSCHER (Hrsg.), Der soziale und politische Katholizismus. Entwicklungslinien in Deutschland 1803-1963, Bd. 2, München – Wien 1982, S. 159-214 (zit.: J. ARETZ, Katholische Arbeiterbewegung und Christliche Gewerkschaften).

ARETZ, Jürgen, Hermann-Josef Schmitt (1896-1964), in: Jürgen ARETZ / Rudolf MORSEY / Anton RAUSCHER (Hrsg.), Zeitgeschichte in Lebensbildern, Bd. 6, Mainz 1984, S. 115-126 (zit.: J. ARETZ, Hermann-Josef Schmitt).

BAER, Fritz, Die Ministerpräsidenten Bayerns 1945-1962 (= ZBLG Beihefte (Reihe B), Bd. 3), München 1971.

BÄUMER, Aenne, Josef, der Zimmermann. München 1954.

BAGINSKI, Christopher, Aspekte der französischen Kirchenpolitik im Bistum Speyer nach dem Zweiten Weltkrieg, in: Mitteilungen des Historischen Vereins der Pfalz 94 (1996), S. 481-508.

BANNASCH, Hermann (Hrsg.), Zeitgeschichte in den Schranken des Archivrechts. Beiträge eines Symposiums zu Ehren von Professor Dr. Gregor Richter am 29. und 30. Januar 1992 in Stuttgart (= Werkhefte der staatlichen Archivverwaltung Baden-Württemberg, Serie A: Landesarchivdirektion, Heft 4), Stuttgart 1995.

BAUCH, Andreas, Michael Rackl, Bischof von Eichstätt, 1883-1948, in: Sigmund Freiherr von PÖLNITZ, Lebensläufe aus Franken (= Veröffentlichungen der Gesellschaft für Fränkische Geschichte, 7. Reihe), Bd. 6, Würzburg 1960, S. 441-452.

BAUER, Clemens, Bild der Kirche – Abbild der Gesellschaft, in: BAUER, Clemens, Deutscher Katholizismus. Entwicklungslinien und Profile, Frankfurt am Main 1964, S. 9-27.

BAUER, Robert, Bayerische Wallfahrt Altötting. Geschichte – Kunst – Volksbrauch, 4. Aufl., Regensburg 1998.

BAUMGÄRTLER, Johann, Eigentum auf breitester Front!, in: Josef THALHAMMER (Hrsg.) / Hans BIRKMAYR (Bearb.), Der Soziale Wohnungsbau der katholischen Kirche in Bayern seit 1945, München o.J. [1960].

DIE BAYERN IM GROSSEN KRIEGE 1914-1918. Auf Grund der Kriegsakten dargestellt. Hrsg. vom Bayerischen Kriegsarchiv, München 1923.

BECK, Gertrud (Red.), Maria Steinbach. 250 Jahre Wallfahrt zur Schmerzhaften Muttergottes 1734-1984, hrsg. vom Wallfahrtspfarramt Maria Steinbach, Weißenhorn 1984.

BECK, Johannes, Aus seiner Arbeit ..., in: Fritz MEYER / Nikolaus RÖHNERT (Hrsg.), Pater Prinz 60 Jahre. 20 Jahre Werkgemeinschaft, o.O. o.J. [1965], S. 5-11.

BECKEL, Albrecht, Die Akademie Franz Hitze Haus. Vorgeschichte und erste Generation (1950-1988), Münster o.J. [1988].

BECKER, Winfried, Gründung und Wurzeln der Christlich-Sozialen Union, in: Geschichte einer Volkspartei. 50 Jahre CSU – 1945-1995 (= Sonderausgabe der POLITISCHEN STUDIEN, o. N.), München 1995, S. 69-107.

BEIER, Gerhard, Zur Entstehung des Führerkreises der vereinigten Gewerkschaften Ende April 1933, in: AfS 15 (1975), S. 365-392 (zit.: G. BEIER, Entstehung).

BEIER, Gerhard, Volksstaat und Sozialstaat. Der Gründungskongreß des DGB in München 1949 und Hans Böcklers Beitrag zur Stellung der Gewerkschaften in Gesellschaft und Staat, in: Heinz Oskar VETTER (Hrsg.), Vom Sozialistengesetz zur Mitbestimmung. Zum 100. Geburtstag von Hans Böckler, Köln 1975, S. 359–397 (zit.: G. BEIER, Volksstaat und Sozialstaat).

BERCHTOLD, Alfred, Neugestaltung des Menschen, in: Heinrich KREHLE (Hrsg.), Christliche Neuordnung von Wirtschaft und Gesellschaft. Vortragsreihe der 2. Katholischen Sozialen Woche in München 1949, München 1950, S. 137–149 (zit.: A. BERCHTOLD, Neugestaltung).

BERCHTOLD, Alfred, Mein Weg in der katholischen Sozialbewegung (= aksb Dokumente – Manuskripte – Protokolle, Bd. 12), Bonn 1984 (zit.: A. BERCHTOLD, Mein Weg).

BERICHT ÜBER DEN 19. VERBANDSTAG DER KAB WESTDEUTSCHLANDS ZU MÖNCHENGLADBACH VOM 18. BIS 20. SEPTEMBER 1953, hrsg. vom Vorstand der Katholischen Arbeiter-, Arbeiterinnen- und Knappenvereine Westdeutschlands, Bergisch Gladbach o.J. [1953] (zit.: BERICHT ÜBER DEN 19. VERBANDSTAG DER KAB).

BERICHT ÜBER DEN 20. VERBANDSTAG DER KAB WESTDEUTSCHLANDS IN MARL I. W. VOM 10.–13. MAI 1956, hrsg. vom Kettelerhaus, Köln o.J. [1956] (zit.: BERICHT ÜBER DEN 20. VERBANDSTAG DER KAB).

BESIER, Gerhard / OHLEMACHER, Jörg / ONNASCH, Martin / STEINBACH, Peter / STOLPE, Manfred / WILDNER, Horstdieter, Einführung der Herausgeber, in: KZG 1 (1988), S. 3–6.

BIBLIOGRAPHIE ZUR MITBESTIMMUNG UND BETRIEBSVERFASSUNG, hrsg. von Eduard SCHMITZ, Köln 1963 (zit.: BIBLIOGRAPHIE ZUR MITBESTIMMUNG).

BIRKE, Adolf M., Die Bundesrepublik Deutschland. Verfassung, Parlament und Parteien (= Enzyklopädie Deutscher Geschichte, Bd. 41), München 1997.

BLENDINGER, Hermann, Aufbruch der Kirche in die Moderne. Die Evangelisch-Lutherische Kirche in Bayern 1945–1990, Stuttgart 2000.

BLESSING, Werner K., »Deutschland in Not, wir im Glauben ...«. Kirche und Kirchenvolk in einer katholischen Region 1933–1949, in: Martin BROSZAT / Klaus-Dietmar HENKE / Hans WOLLER (Hrsg.), Von Stalingrad zur Währungsreform. Zur Sozialgeschichte des Umbruchs in Deutschland (= Quellen und Darstellungen zur Zeitgeschichte, Bd. 26), 3. Aufl., München 1990, S. 3–111 (zit.: W.K. BLESSING, Deutschland in Not).

BLESSING, Werner K., Georg Meixner (1887–1960), in: Alfred WENDEHORST (Hrsg.), Fränkische Lebensbilder. Neue Folge der Lebensläufe aus Franken (= Veröffentlichungen der Gesellschaft für Fränkische Geschichte, Reihe VII A), Bd. 16, Neustadt a. d. Aisch 1996, S. 213–240 (zit.: W.K. BLESSING, Meixner).

BÖHR, Christoph (Hrsg.), Jugend bewegt Politik. Die Junge Union Deutschlands 1947 bis 1987 (= Mitverantwortung, Bd. 5), Krefeld 1988.

BÖRST, Ludwig, Leopold Schwarz (= Priester im Volk, Heft 2), Innsbruck – Wien – München 1937.

DER BOGENBERG. Ein altes Heiligtum in Niederbayern. Bearbeitet im Benehmen mit der Verwaltung des Landkreises Bogen und dem katholischen Pfarramt unter Mitarbeit von Lenz KRISS-RETTENBECK, Max PEINKOFER und Georg SPITZLBERGER von Hans BLEIBRUNNER, hrsg. vom Landkreis Borgen, Landshut 1962.

BORSDORF, Ulrich, Hans Böckler – Repräsentant eines Jahrhunderts gewerkschaftlicher Politik, in: Heinz Oskar VETTER (Hrsg.), Vom Sozialistengesetz zur Mitbestimmung. Zum 100. Geburtstag von Hans Böckler, Köln 1975, S. 15–58 (zit.: U. BORSDORF, Repräsentant).

BORSDORF, Ulrich, Hans Böckler. Arbeit und Leben eines Geschwerkschafters von 1875 bis 1945 (= Schriftenreihe der Hans-Böckler-Stifung, Bd. 10), Köln 1982 (zit.: U. BORSDORF, Böckler).

BORSDORF, Ulrich / HEMMER, Hans-Otto / MARTINY, Martin (Hrsg.), Grundlagen der Einheitsgewerkschaft. Historische Dokumente und Materialien, Frankfurt am Main – Köln 1977.

BOYENS, Armin, Die Kirchenpolitik der amerikanischen Besatzungsmacht in Deutschland von 1944 bis 1946. Ein vernachlässigtes Gebiet? in: Kirchen in der Nachkriegszeit. Vier zeitgeschichtliche Beiträge von Armin BOYENS, Martin GRESCHAT, Rudolf THADDEN, Paolo POMBENI, Göttingen 1979, S. 7–99.

BRANDL, Ludwig, Widerspruch und Gehorsam. Der gerade Weg des Eichstätter Dompfarrers Johann Kraus im Dritten Reich (= Studien zur Kirchengeschichte der neuesten Zeit 4), Würzburg 1995.

BRANDMÜLLER, Walter (Hrsg.), Handbuch der bayerischen Kirchengeschichte, Bd. III: Von der Säkularisation bis zur Gegenwart, St. Ottilien 1991.

BREHM, Thomas, SPD und Katholizismus – 1957 bis 1966. Jahre der Annäherung (= Erlanger Historische Studien, Bd. 14), Frankfurt am Main – Bern – New York – Paris 1989.

BRELIE-LEWIEN, Doris von der, Katholische Zeitschriften in den Westzonen 1945–1949. Ein Beitrag zur politischen Kultur der Nachkriegszeit (= Göttinger Bausteine zur Geschichtswissenschaft, Bd. 53), Göttingen – Zürich 1986.

BREUER, Thomas, Verordneter Wandel? Der Widerstreit zwischen nationalsozialistischem Herrschaftsanspruch und traditionaler Lebenswelt im Erzbistum Bamberg (= VKZG, Reihe B: Forschungen, Bd. 60), Mainz 1992.

BUCHHAAS, Dorothea, Zum Elitenprofil der CDU-Ratsvertreter. Ein empirischer Beitrag zur Nachkriegsgeschichte der rheinischen CDU, in: Rheinland-Westfalen im Industriezeitalter, Bd. 3: Vom Ende der Weimarer Republik bis zum Land Nordrhein-Westfalen. Im Auftrag des Kultusministers des Landes Nordrhein-Westfalen hrsg. von Kurt DÜWELL und Wolfgang KÖLLMANN, Wuppertal 1984, S. 315–328.

BUDDE, Heinz, Josef Gockeln, in: Christliche Demokraten der ersten Stunde. Hrsg. von der Konrad-Adenauer-Stiftung für politische Bildung und Studienförderung e.V., Bonn 1966, S. 130–149 (zit.: H. BUDDE, Josef Gockeln).

BUDDE, Heinz, Handbuch der christlich-sozialen Bewegung, Recklinghausen 1967 (zit.: H. BUDDE, Handbuch).

BUDENZ, Toni, Wir laden zum Fest. Das Buch von geselligen und fröhlichen Festen in Gruppen, Freundeskreis und Familie, München 1952.

BUDENZ, Toni / LUTZ Edmund Johannes, Das Fünfzehnminutentheater. Eine bunte Platte des schöpferischen Kurzspiels, München 1953.

BUSCHKÜHL, Matthias (Hrsg.), Katechismus der Welt – Weltkatechismus. 500 Jahre Geschichte des Katechismus. Ausstellungskatalog (= Schriften der Universitätsbibliothek Eichstätt, Bd. 23), Eichstätt 1993.

CARDIJN, Josef, Was ist Christliche Arbeiterjugend. C.A.J. – J.O.C.? Ansprache des Gründers der Weltbewegung »Christliche Arbeiter-Jugend« (CAJ) anläßlich der Priestertagung am 3. und 4. Januar 1938 in Wien, 2. Aufl., Neustadt an der Hardt 1947.

CIVARDI, LUIGI, Das Handbuch der Katholischen Aktion, Innsbruck – Wien 1938.

CODEX IURIS CANONICI Pii X Pontificis Maximi iussu digestus Benedicti Papae XV auctoritate promulgatus, Vatikan-Stadt 1933.

CONNOR, Ian, The Attitude of the Ecclesiatical and Political Authorities in Bavaria to the Refugee Problem, 1945–1950, Diss. East Anglia 1983 (zit.: I. CONNOR, Attitude).

CONNOR, Ian, The Churches and the Refugee Problem in Bavaria 1945–1949, in: Journal of Contemporary History 20 (1985), S. 399–421 (zit.: I. CONNOR, Churches).

CONZE, Werner / LEPSIUS, M. Rainer (Hrsg.), Sozialgeschichte der Bundesrepublik. Beiträge zum Kontinuitätsproblem, Stuttgart 1983.

CONZEMIUS, Viktor, Kirchengeschichte als »nichttheologische« Disziplin, in: RQ 80 (1985), S. 31–48.

DIE CSU 1945–1948. Protokolle und Materialien zur Frühgeschichte der Christlich-Sozialen Union, hrsg. im Auftrag des Instituts für Zeitgeschichte von Barbara FAIT und Alf MINTZEL unter Mitarbeit von Thomas SCHLEMMER (= Texte und Materialien zur Zeitgeschichte, Bd. 4), 3 Bde., München 1993.

DAMBERG, Wilhelm, Katholizismus im Umbruch. Beobachtungen zur Geschichte des Bistums Münster in den 40er und 50er Jahren, in: Raimund HAAS (Hrsg.), Ecclesia Monasteriensis. Beiträge zur Kirchengeschichte und religiösen Volkskunde Westfalens. Festschrift für Alois Schröer zum 85. Geburtstag dargeboten von Kollegen, Freunden und Schülern, Münster 1992, S. 385–403 (zit.: W. DAMBERG, Katholizismus im Umbruch).

DAMBERG, Wilhelm, Kirchliche Zeitgeschichte Westfalens, der Schweiz, Belgiens und der Niederlande. Das katholische Beispiel, in: Westfälische Forschungen 42 (1992), S. 445–465 (zit.: W. DAMBERG, Kirchliche Zeitgeschichte Westfalens).

DAMBERG, Wilhelm, Abschied vom Milieu? Katholizismus im Bistum Münster und in den Niederlanden 1945–1980 (= VKZG, Reihe B: Forschungen, Bd. 79), Paderborn – München – Wien – Zürich 1997 (zit.: W. DAMBERG, Abschied vom Milieu).

DAMBERG, Wilhelm, Moderne und Milieu 1802–1998 (= Geschichte des Bistums Münster, Bd. 5), Münster 1998 (zit.: W. DAMBERG, Moderne und Milieu).

DANSETTE, Adrien, Tragödie und Experiment der Arbeiterpriester, Graz – Wien – Köln 1959.

DECRETA CONGREGATIONIS GENERALIS XXIX ANNO 1946, ad usum nostrorum tantum, in: Acta Romana Societatis Iesu XI (1946), S. 9–51.

DELLEPOORT, Jan / GREINACHER, Norbert / MENGES, Walter, Die deutsche Priesterfrage. Eine soziologische Untersuchung über Klerus und Priesternachwuchs in Deutschland (= Schriften zur Pastoralsoziologie, Bd. 1), Mainz 1961.

DENK, Hans Dieter, Die christliche Arbeiterbewegung in Bayern bis zum Ersten Weltkrieg (= VKZG, Reihe B: Forschungen, Bd. 29), Mainz 1980.

DEUTSCHER CARITASVERBAND (Hrsg.), Denkschriften und Standpunkte der Caritas in Deutschland, Bd. 1: Die Zeit von 1897 bis 1949, bearb. von Mathias Reininger; Bd. 2: Die Zeit von 1950 bis 1997, bearb. von Dieter Schlenker, Freiburg im Breisgau 1997.

DIETRICH, Hans, Vom Jugendbund zum Jugendverband. Zur Entwicklung der kirchlichen Jugendarbeit in der Diözese Regensburg, Regensburg 1989.

DIETRICH, Yorck, Eigentum für jeden. Die vermögenspolitischen Initiativen der CDU und die Gesetzgebung 1950–1961 (= Forschungen und Quellen zur Zeitgeschichte, Bd. 29), Düsseldorf 1996.

DILLMANN, Lina, Eine Kleine Schwester Jesu, in: Bernhard ANTONY (Hrsg.), Zur Arbeiterschaft – zur Arbeiterbewegung entschieden. 100 Jahre Joseph Cardijn, Mainz 1982.

DOERING-MANTEUFFEL, Anselm, Katholizismus und Wiederbewaffnung. Die Haltung der deutschen Katholiken gegenüber der Wehrfrage 1948–1955 (= VKZG, Reihe B: Forschungen, Bd. 32), Mainz 1981 (zit.: A. DOERING-MANTEUFFEL, Katholizismus und Wiederbewaffnung).

DOERING-MANTEUFFEL, Anselm, Kirche und Katholizismus in der Bundesrepublik der 50er Jahre, in: HJB 102 (1982), S. 113–134 (zit.: A. DOERING-MANTEUFFEL, Kirche und Katholizismus).

DOERING-MANTEUFFEL, Anselm, Die Bundesrepublik Deutschland in der Ära Adenauer. Außenpolitik und innere Entwicklung 1949–1963, 2. Aufl., Darmstadt 1988 (zit.: A. DOERING-MANTEUFFEL, Bundesrepublik Deutschland).

DOERING-MANTEUFFEL, Anselm (Hrsg.), Adenauerzeit. Stand, Perspektiven und methodische Aufgaben der Zeitgeschichtsforschung (1945–1967), Bonn 1993 (zit.: A. DOERING-MANTEUFFEL, Adenauerzeit).

DOERING-MANTEUFFEL, Anselm, Deutsche Zeitgeschichte nach 1945. Entwicklung und Problemlagen der historischen Forschung zur Nachkriegszeit, in: VfZ 41 (1993), S. 1–29 (zit.: A. DOERING-MANTEUFFEL, Deutsche Zeitgeschichte).

DOERING-MANTEUFFEL, Anselm, in Verbindung mit Julia ANGSTER, Michael HOCHGESCHWENDER, Gudrun KRUIP und Thomas SAUER, Wie westlich sind die Deutschen? in: Historisch-Politische Mitteilungen. Archiv für Christlich-Demokratische Politik 3 (1996), S. 1–38 (zit.: A. DOERING-MANTEUFFEL, Wie westlich sind die Deutschen?).

DOERING-MANTEUFFEL, Anselm / NOWAK, Kurt (Hrsg.), Kirchliche Zeitgeschichte. Urteilsbildung und Methoden (= Konfession und Gesellschaft, Bd. 8), Stuttgart – Berlin – Köln 1996.

DÖRRICH, Walter / SCHÖNHOVEN, Klaus (Bearb.), Die Industriegewerkschaft Metall in der frühen Bundesrepublik (= Quellen zur Geschichte der deutschen Gewerkschaftsbewegung im 20. Jahrhundert, Bd. 10), Köln 1991.

EBERMANN, Bernhard, Die Redemptoristen, in: Georg SCHWAIGER, Das Erzbistum München und Freising in der Zeit der nationalsozialistischen Herrschaft, Bd. II, München – Zürich 1984, S. 512–534.

EBNETER, Albert, Der Jesuitenorden, Zürich – Einsiedeln – Köln 1982.

ECKART, Wolfgang, Amerikanische Reformpolitik und deutsche Tradition: Nürnberg 1945–1949. Nachkriegspolitik im Spannungsfeld zwischen Neuordnungsvorstellungen, Notlage und pragmatischer Krisenbewältigung (= Nürnberger Werkstücke zur Stadt- und Landesgeschichte. Schriftenreihe des Stadtarchivs Nürnberg 42), Nürnberg 1988.

EDER, Manfred, »Helfen macht nicht ärmer«. Von der kirchlichen Armenfürsorge zur modernen Caritas in Bayern, Altötting 1997.

EGER, Wolfgang, Die Konfessionsverteilung im Jahre 1825. Karte der modernen Konfessionsverteilung, in: Pfalzatlas. Im Auftrag der Pfälzischen Gesellschaft zur Förderung der Wissenschaften hrsg. von Willi ALTER. Textband I, Speyer 1964, S. 245–252.

EGGENSPERGER, Thomas / ENGEL, Ulrich, Frauen und Männer im Dominikanerorden. Geschichte – Spiritualität – aktuelle Projekte, Mainz 1992.

EICHLER, Willi, Leonard Nelson. Ein Bild seines Lebens und Wirkens aus seinen Werken zusammengefügt und erläutert, Paris 1938.

EICHLER, Willi / SPECHT, Mina, Leonard Nelson zum Gedächtnis, Frankfurt am Main – Göttingen 1953.

EICHMÜLLER, Andreas, Landwirtschaft und bäuerliche Bevölkerung in Bayern. Ökonomischer und sozialer Wandel 1945–1970. Eine vergleichende Untersuchung der Landkreise Erding, Kötzting und Obernburg (= Untersuchungen und Quellen zur Zeitgeschichte, Bd. 4), München 1997.

EISENHOFER, Ludwig, Handbuch der katholischen Liturgik, 2 Bde., Freiburg im Breisgau 1932.

ENDER, Anton, Skizzen für Fasten-Predigten, Buchs – Feldkirch – Lindau 1914.

ENDERS, Ulrich, Die Kirchliche Hilfsstelle München 1945–1949, in: Friedrich PRINZ (Hrsg.), Integration und Neubeginn. Dokumentation über die Leistungen des Freistaates Bayern und des Bundes zur Eingliederung der Wirtschaftsbetriebe der Vertriebenen und Flüchtlinge und deren Beitrag zur wirtschaftlichen Entwicklung des Landes, Bd. 1: Texte und Anmerkungen, München 1984, S. 171–186.

ENDRES, Franz-Karl, Katholiken in Wirtschaft und Verwaltung. Strukturen, Ziele, Einstellungen und Verhaltensformen der Mitglieder eines Bundesverbandes (= Studien zur Soziologie, Bd. 6), München 1984.

ENGELBERT, Kurt, Schlesische Priester im Dritten Reich, in: Archiv für schlesische Kirchengeschichte 23 (1965), S. 221–242.

EPP, Sylvia, Die Anfänge der CSU in Augsburg 1945 bis 1950, in: Peter FASSL / Wilhelm LIEBHART / Wolfgang WÜST (Hrsg.), Aus Schwaben und Altbayern. Festschrift für Pankraz Fried zum 60. Geburtstag (= Augsburger Beiträge zur Landesgeschichte Bayerisch-Schwabens, Bd. 5), Sigmaringen 1991, S. 11–20.

ERKER, Paul, Keine Sehnsucht nach der Ruhr. Grundzüge der Industrialisierung in Bayern 1900–1970, in: GG 17 (1991), S. 480–511 (zit.: P. ERKER, Keine Sehnsucht).

ERKER, Paul, Zeitgeschichte als Sozialgeschichte. Forschungsstand und Forschungsdefizite, in: GG 19 (1993), S. 202–238 (zit.: P. ERKER, Zeitgeschichte).

EROBERND VORWÄRTS. Die Christliche Arbeiterjugend in der Diözese Regensburg, hrsg. von der Christlichen Arbeiterjugend – Diözesanverband Regensburg, Regensburg 1962.

FÄSSLER, Peter, »Umkehr durch Verchristlichung«. Die Kirchen als Ordnungsfaktor, in: Edgar WOLFRUM / Peter FÄSSLER / Reinhardt GROHNERT, Alltag und Politik im französisch besetzten Baden 1945–1949 (= Nationalsozialismus und Nachkriegszeit in Südwestdeutschland, Bd. 3), München 1996, S. 75–81 (zit.: P. FÄSSLER, Ordnungsfaktor).

FÄSSLER, Peter, »Wir fangen nicht da an, wo wir 1933 aufgehört haben«. Christliche Partei und Liberale, in: Edgar WOLFRUM / Peter FÄSSLER / Reinhardt GROHNERT, Alltag und Politik im französisch besetzten Baden 1945–1949 (= Nationalsozialismus und Nachkriegszeit in Südwestdeutschland, Bd. 3), München 1996, S. 91–112 (zit.: P. FÄSSLER, Christliche Partei).

DIE FAMILIE, IHRE KRISE UND DEREN ÜBERWINDUNG. Vortragsreihe der 3. Katholischen Sozialen Woche 1951 in München, hrsg. von der Arbeitsgemeinschaft der Katholischen Sozialen Woche, Augsburg 1953.

FAULHABER, Michael von, Zeitfragen und Zeitaufgaben. Gesammelte Reden, Freiburg im Breisgau 1915.

FEDERL, Franz, Im Steinacker Gottes. Aufzeichnungen des Böhmfelder Pfarrers Franz Federl, Kipfenberg 1991.

FELL, Margret, Mündig durch Bildung. Zur Geschichte katholischer Erwachsenenbildung in der Bundesrepublik Deutschland zwischen 1945 und 1975 (= Beiträge zur Erwachsenenbildung, o. N.), München 1983 (zit.: M. FELL, Mündig durch Bildung).

FELL, Margret, Katholische Erwachsenenbildung zwischen gesellschaftspolitischer Verantwortung und kirchlichem Interesse (= Eichstätter Hochschulreden, Bd. 71), München 1989 (zit.: M. FELL, Katholische Erwachsenenbildung).

FESTING, Heinrich, Adolph Kolping und sein Werk. Ein Überblick über Leben und Wirken des großen Sozialreformers sowie über die Entwicklung seines Werkes bis heute, Freiburg im Breisgau – Basel – Wien 1981.

FICHTER, Michael, Besatzungsmacht und Gewerkschaften. Zur Entwicklung und Anwendung der US-Gewerkschaftspolitik in Deutschland 1944–1948 (= Schriften des Zentralinstituts für sozialwissenschaftliche Forschung der Freien Universität Berlin, Bd. 40), Opladen 1982.

FLESCHHUT, Elisabeth, »Ich als Frau und Abgeordnete ...!« Untersuchung der politischen Karriere, der parlamentarischen Arbeit und des politischen Selbstverständnisses der weiblichen Abgeordneten im Bayerischen Landtag der Nachkriegszeit (1946–1958) (= Beiträge zum Parlamentarismus, Bd. 11), München 1997.

FÖRST, Walter, Josef Gockeln (1900–1958), in: Jürgen ARETZ / Rudolf MORSEY / Anton RAUSCHER (Hrsg.), Zeitgeschichte in Lebensbildern, Bd. 5, Mainz 1982, S. 161–175.

FOLGER, Walter, Wallfahrtsstätten im Erzbistum Bamberg – Lebendige Tradition (= Schriften des Historischen Vereins für die Pflege der Geschichte des ehemaligen Fürstbistums Bamberg, Bd. 23), Bamberg 1994.

FORSTER, Karl (Hrsg.), Christentum und demokratischer Sozialismus (= Studien und Berichte der katholischen Akademie in Bayern, Bd. 3), Würzburg o. J. [1958] (zit.: K. FORSTER, Christentum).

FORSTER, Karl, Julius Kardinal Döpfner (1913-1976), in: Jürgen ARETZ / Rudolf MORSEY / Anton RAUSCHER (Hrsg.), Zeitgeschichte in Lebensbildern aus dem deutschen Katholizismus des 19. und 20. Jahrhunderts, Bd. 3, Mainz 1979, S. 260-279 (zit.: K. FORSTER, Julius Kardinal Döpfner).

FRANCKE, Adolf, Preise und Löhne in der Bundesrepublik Deutschland (= Kieler Studien. Forschungsberichte des Instituts für Weltwirtschaft an der Universität Kiel, Bd. 64), Tübingen 1964.

FRECH, Werner / SROKA, Karl, Handbuch der Christlichen Arbeiterjugend CAJ, Stuttgart 1950.

FREESE, Matthias / KERSTING, Franz-Werner / PRINZ, Michael / ROUETTE, Susanne / TEPPE, Karl, Gesellschaft in Westfalen. Kontinuität und Wandel 1930-1960. Ein Forschungsprojekt des Westfälischen Instituts für Regionalgeschichte, in: Westfälische Forschungen 41 (1991), S. 444-467.

FRICKE, Dieter, Gelbe Werkvereine 1905-1918, in: Lexikon zur Parteiengeschichte. Die bürgerlichen und kleinbürgerlichen Parteien und Verbände in Deutschland (1789-1945), hrsg. von Dieter FRICKE (Leiter des Herausgeberkollektivs) / Werner FRITSCH / Herbert GOTTWALD / Siegfried SCHMIDT / Manfred WEISSBECKER, Bd. 2, Leipzig – Köln 1984, S. 719-728.

FRICKE, Dieter / GOTTWALD, Herbert, Katholische Arbeitervereine (KA) 1881-1945, in: Lexikon zur Parteiengeschichte. Die bürgerlichen und kleinbürgerlichen Parteien und Verbände in Deutschland (1789-1945), hrsg. von Dieter FRICKE (Leiter des Herausgeberkollektivs) / Werner FRITSCH / Herbert GOTTWALD / Siegfried SCHMIDT / Manfred WEISSBECKER, Bd. 3, Leizpzig – Köln 1984, S. 194-223.

75 JAHRE Katholischer Arbeiterverein München-Au-Giesing e. V. WERKVOLK MARIAHILF 1891-1966. Erinnerungsheft zur 75-Jahr-Feier des Katholischen Arbeitervereins München-Au-Giesing e. V. und zum 60jährigen Bestehen des Katholischen Arbeiterinnenvereins München-Au – seit 1945 zusammengefaßt im Werkvolk Mariahilf, München 1966.

25 JAHRE ARBEITER- UND BETRIEBSSEELSORGE Diözese Regensburg 1963-1988, hrsg. von der Betriebsseelsorge der Diözese Regensburg, Regensburg 1988.

25 JAHRE KATH. SOZIALINSTITUT, hrsg. vom Kath. Sozialinstitut, Freising o. J. [1973].

FÜHRER, Karl Christian, Mieter, Hausbesitzer, Staat und Wohnungsmarkt. Wohnungsmangel und Wohnungszwangswirtschaft in Deutschland 1914-1960 (= Vierteljahrsschrift für Sozial- und Wirtschaftsgeschichte, Beihefte 119), Stuttgart 1995.

GABERT, Volkmar, Politische Bildung auf dem Aspenstein. Von der Vollmar-Schule zur Vollmar-Akademie, in: Von der Klassenbewegung zur Volkspartei. Wegmarken der bayerischen Sozialdemokratie 1892-1992. Im Auftrag der Georg-von-Vollmar-Akademie hrsg. von Hartmut MEHRINGER in Zusammenarbeit mit Marita KRAUSS / Rainer J. OSTERMANN / Wolf-Dieter KRÄMER und dem Historischen Arbeitskreis der bayerischen SPD, München – London – New York – Paris 1992, S. 306-313.

GANTER, Erminold, 10 Jahre mit Pater Prinz, in: Fritz MEYER / Nikolaus RÖHNERT (Hrsg.), Pater Prinz 60 Jahre – 20 Jahre Werkgemeinschaft, München o. J. [1965].

GARG, Karl, Nach dem Krieg, in: Bernd BÖRGER / Hans SCHROER (Hrsg.), Sie hielten stand. Sturmschar im Katholischen Jungmännerverband Deutschlands, 2. Aufl., Düsseldorf 1990, S. 145–165.

GASTEIGER, Franz, Junge christliche Arbeitnehmer, in: Wichtiger aber ist der Mensch. Hrsg. vom Werkvolk-Diözesanverband Passau, Zwiesel 1969, S. 67–92.

GASTEIGER, Michael, Die Gelben Gewerkschaften. Ihr Werden und ihr Wesen, München 1909.

GASTEIGER, Michael / PRONADL, Anton, Die Kirche und der Arbeiterstand, in: Michael Buchberger (Hrsg.), Eineinhalb Jahrtausend kirchliche Kulturarbeit in Bayern, 2. Auflage, München 1950, S. 187–208.

GATHEN, David, Die katholische Werkjugend, in: Richard THURNWALD (Hrsg.), Die neue Jugend (= Forschungen zur Völkerpsychologie und Soziologie, Bd. IV), Stuttgart 1927, S. 198–208.

GATZ, Erwin (Hrsg.), Die Bischöfe der deutschsprachigen Länder 1785/1803 bis 1945, Berlin 1983 (zit.: E. GATZ, Bischöfe).

GATZ, Erwin, Herkunft und Werdegang der Diözesanbischöfe der deutschsprachigen Länder von 1785/1803 bis 1962, in: RQ 78 (1983), S. 270–282 (zit.: E. GATZ, Herkunft und Werdegang).

GATZ, Erwin (Hrsg.), Die Bistümer und ihre Pfarreien (= Geschichte des kirchlichen Lebens in den deutschsprachigen Ländern seit dem Ende des 18. Jahrhunderts, Bd. I), Freiburg im Breisgau – Basel – Wien 1991 (zit.: E. GATZ, Bistümer).

GATZ, Erwin (Hrsg.), Kirche und Muttersprache. Auslandsseelsorge – Nichtdeutschsprachige Volksgruppen (= Geschichte des kirchlichen Lebens in den deutschsprachigen Ländern seit dem Ende des 18. Jahrhunderts, Bd. II), Freiburg im Breisgau – Basel – Wien 1992 (zit.: E. GATZ, Muttersprache).

GATZ, Erwin (Hrsg.), Katholiken in der Minderheit. Diaspora – Ökumenische Bewegung – Missionsgedanke (= Geschichte des kirchlichen Lebens in den deutschsprachigen Ländern seit dem Ende des 18. Jahrhunderts, Bd. III), Freiburg im Breisgau – Basel – Wien 1994 (zit.: E. GATZ, Minderheit).

GATZ, Erwin (Hrsg.), Priesterausbildungsstätten der deutschsprachigen Länder zwischen Aufklärung und Zweitem Vatikanischen Konzil. Mit Weihestatistiken der deutschsprachigen Diözesen (= Römische Quartalschrift für christliche Altertumskunde und Kirchengeschichte, 49. Supplementheft), Rom – Freiburg im Breisgau – Wien 1994 (zit.: E. GATZ, Priesterausbildungsstätten).

GATZ, Erwin (Hrsg.), Der Diözesanklerus (= Geschichte des kirchlichen Lebens in den deutschsprachigen Ländern seit dem Ende des 18. Jahrhunderts, Bd. IV), Freiburg im Breisgau – Basel – Wien 1995 (zit.: E. GATZ, Diözesanklerus).

GATZ, Erwin, Vom Zweiten Weltkrieg zum Zweiten Vatikanischen Konzil, in: Erwin GATZ (Hrsg.), Der Diözesanklerus (= Geschichte des kirchlichen Lebens in den deutschsprachigen Ländern seit dem Ende des 18. Jahrhunderts, Bd. IV), Freiburg im Breisgau – Basel – Wien 1995, S. 187–207 (zit.: E. GATZ, Vom Zweiten Weltkrieg).

GATZ, Erwin, Zur Kultur des priesterlichen Alltages, in: Erwin GATZ (Hrsg.), Der Diözesanklerus (= Geschichte des kirchlichen Lebens in den deutschsprachigen Ländern seit dem Ende des 18. Jahrhunderts, Bd. IV), Freiburg im Breisgau – Basel – Wien 1995, S. 282–318 (zit.: E. GATZ, Zur Kultur).

GATZ, Erwin (Hrsg.), Caritas und soziale Dienste (= Geschichte des kirchlichen Lebens in den deutschsprachigen Ländern seit dem Ende des 18. Jahrhunderts, Bd. V), Freiburg im Breisgau – Basel – Wien 1997 (zit.: E. GATZ, Caritas).

GATZ, Erwin (Hrsg.), Kirche und Katholizismus seit 1945. Bd. 1: Mittel-, West- und Nordeuropa, Paderborn 1998 (zit.: E. GATZ, Mittel-, West- und Nordeuropa).

GATZ, Erwin (Hrsg.), Die Kirchenfinanzen (= Geschichte des kirchlichen Lebens in den deutschsprachigen Ländern seit dem Ende des 18. Jahrhunderts, Bd. VI), Freiburg im Breisgau – Basel – Wien 2000 (zit.: E. GATZ, Kirchenfinanzen).

GAULY, Thomas M., Kirche und Politik in der Bundesrepublik Deutschland 1945–1976, Bonn 1990 (zit.: T.M. GAULY, Kirche und Politik).

GAULY, Thomas M., Katholiken. Machtanspruch und Machtverlust, Bonn 1991 (zit.: T.M. GAULY, Katholiken).

GEIER, Richard, »Seelsorge vom Altar aus«. Das pastoralliturgische Konzept von Bischof Simon Konrad Landersdorfer OSB (= Theologia Actualis, Bd. III). Winzer 1999.

GELBERG, Karl-Ulrich (Bearb.), Kriegsende und Neuanfang in Augsburg 1945. Erinnerungen und Berichte (= Biographische Quellen zur Zeitgeschichte, Bd. 17), München 1996 (zit.: K.-U. GELBERG, Augsburg).

GELBERG, Karl-Ulrich, Die Protokolle des Bayerischen Ministerrats 1945–1954 als zentrale Quelle für die politische, wirtschaftliche und soziale Entwicklung Bayerns, in: Maximilian LANZINNER / Michael HENKER (Hrsg.), Landesgeschichte und Zeitgeschichte. Forschungsperspektiven zur Geschichte Bayerns nach 1945 (= Materialien zur Bayerischen Geschichte und Kultur, Bd. 4), Augsburg 1997, S. 89–101 (zit.: K.-U. GELBERG, Protokolle).

GERARDI, Bernhard, Marcel Callo. Ein Leben für die Brüder, Augsburg, Augsburg 1958.

GERECHTIGKEIT SCHAFFT FRIEDEN. Der 73. Deutsche Katholikentag vom 31. August bis 4. September 1949 in Bochum, hrsg. vom Generalsekretariat des Zentralkomitees der Deutschen Katholikentage, Paderborn 1949.

GESCH, Hans-Dieter, Die bayerische Wirtschaft in den ersten Jahren nach dem Zweiten Weltkrieg, Diss. München 1969.

GODIN, Henri / DANIEL, Yvan, Zwischen Abfall und Bekehrung, Offenburg 1950.

GOTT WILL UNSERE ARBEIT, hrsg. von den Diözesanleitungen des Werkvolks und der Christlichen Arbeiter-Jugend von Eichstätt, Ingolstadt 1963.

GOTTLOB, Bernd, Die Missionare der ausländischen Arbeitnehmer in Deutschland. Eine Situations- und Verhaltensanalyse vor dem Hintergrund kirchlicher Normen (= Abhandlungen zur Sozialethik, Bd. 16), München – Paderborn – Wien 1978.

GOUYON, Paul, Marcel Callo. Märtyrer der Arbeiterjugend in Mauthausen, Salzburg 1988.

GRABER, Rudolf, Die dogmatischen Grundlagen der Katholischen Aktion, Augsburg 1932.

GREBING, Helga, Gewerkschaften: Bewegung oder Dienstleistungsorganisation – 1955 bis 1965, in: Hans-Otto HEMMER / Kurt Thomas SCHMITZ (Hrsg.), Geschichte der

Gewerkschaften in der Bundesrepublik Deutschland von den Anfängen bis heute, Köln 1990, S. 149-182.

GRESCHAT, Martin, Zwischen Aufbruch und Beharrung. Die evangelische Kirche nach dem Zweiten Weltkrieg, in: Victor CONZEMIUS / Martin GRESCHAT / Hermann KOCHER (Hrsg.), Die Zeit nach 1945 als Thema kirchlicher Zeitgeschichte. Referate der internationalen Tagung in Hünigen/Bern (Schweiz) 1985, Göttingen 1988, S. 99-126 (zit.: M. GRESCHAT, Zwischen Aufbruch und Beharrung).

GRESCHAT, Martin, Zur Bedeutung der Sozialgeschichte für die Kirchengeschichte. Theoretische und praktische Erwägungen, in: HZ 256 (1993), S. 67-103 (zit.: M. GRESCHAT, Bedeutung der Sozialgeschichte).

GRESCHAT, Martin, Weder Neuanfang noch Restauration. Zur Interpretation der deutschen evangelischen Kirchengeschichte nach dem Zweiten Weltkrieg, in: Martin GRESCHAT, Protestanten in der Zeit. Kirche und Gesellschaft in Deutschland vom Kaiserreich bis zur Gegenwart, Stuttgart – Berlin – Köln 1994, S. 154-179 (zit.: M. GRESCHAT, Weder Neuanfang noch Restauration).

GROLL, Thomas, Das neue Augsburger Domkapitel von der Wiedererrichtung (1817/21) bis zum Ende des Zweiten Weltkriegs (1945). Verfassungs- und Personengeschichte (= Münchener theologische Studien. I. Historische Abteilung: 34. Bd.), St. Ottilien 1996.

GRONER, Franz, Kirchliches Handbuch. Amtliches statistisches Jahrbuch der katholischen Kirche Deutschlands, Bd. XXIII: 1944-1951, Köln 1951; Bd. XXIV: 1952-1956, Köln 1956; Bd. XXV: 1957-1961, Köln 1962; Bd. XXVI: 1962-1968, Köln 1969 (zit.: F. GRONER, Handbuch).

GROSSMANN, Thomas, Zwischen Kirche und Gesellschaft. Das Zentralkomitee der deutschen Katholiken 1945-1970 (= VKZG, Reihe B: Forschungen, Bd. 56), Mainz 1991.

GRUBER, Hubert, Friedrich Muckermann S.J. 1883-1946. Ein katholischer Publizist in der Auseinandersetzung mit dem Zeitgeist (= VKZG, Reihe B: Forschungen, Bd. 61), Mainz 1993.

GRUNENBERG, Hugo, Arbeitsstelle München der Katholischen Jungen Mannschaft e. V., Mathildenstr. 3 – Gartenhaus, München 15, in: Willy SCHANZ (Hrsg.), Katholische Junge Mannschaft, Gruppe München. Wege einer Gruppe 1945-1985, München 1985, S. 15-18.

GRYPA, Dietmar, Die Wiedergründung der Christlichen Gewerkschaften in Bayern, in: Ludwig EIBER / Rainhard RIEPERTINGER / Evamaria BROCKHOFF (Hrsg.), Acht Stunden sind kein Tag. Geschichte der Gewerkschaften in Bayern. Katalog zur Wanderausstellung 1997/98 des Hauses der Bayerischen Geschichte in Zusammenarbeit mit dem Deutschen Gewerkschaftsbund – Landesbezirk Bayern (= Veröffentlichungen zur Bayerischen Geschichte und Kultur, Nr. 34), Augsburg 1997, S. 61-66 (zit.: D. GRYPA, Wiedergründung).

GRYPA, Dietmar, Die Verehrung der heiligen Walburga im 20. Jahrhundert, in: Jahrbuch für fränkische Landesforschung 57 (1997), S. 339-374 (zit.: D. GRYPA, Walburga).

GRYPA, Dietmar, Zur innerkirchlichen Diskussion um die politische Betätigung katholischer Geistlicher in Bayern nach dem Zweiten Weltkrieg, in: Sammelblatt des Historischen Vereins Eichstätt 92/93 (1999/2000), S. 531–576 (zit.: D. GRYPA, Zur innerkirchlichen Diskussion).

GUERRE, René / ZINTY, Maurice, Beseelen statt befehlen. Priester der Christlichen Arbeiter-Jugend, Augsburg 1957 (zit.: R. GUERRE / M. ZINTY, Beseelen statt befehlen).

GUERRE, René / ZINTY, Maurice, Lebendiges Evangelium. Junge Menschen leben mit Christus, Augsburg 1960 (zit.: R. GUERRE / M. ZINTY, Lebendiges Evangelium).

GUNDLACH, Gustav, Papst Pius XI. zur heutigen Wirtschafts- und Gesellschaftsnot, Berlin 1932 (zit.: G. GUNDLACH, Papst Pius XI. zur heutigen Wirtschafts- und Gesellschaftsnot).

GUNDLACH, Gustav, Die Kirche zur heutigen Wirtschafts- und Gesellschaftsnot. Erläuterungen des Rundschreibens Papst Pius' XI. »Quadragesimo anno«, Berlin 1949 (zit.: G. GUNDLACH, Die Kirche zur heutigen Wirtschafts- und Gesellschaftsnot).

GUTH, Klaus, Konfessionsgeschichte in Franken 1555–1955. Politik – Religion – Kultur, Bamberg 1990.

HÄUSSLER, Erwin / STEHLE, German, Bargeld und Investivlohn. Investiv-Lohn. Eine Handreichung für Mitarbeiter des Werkvolks (= WERKVOLK-FÜHRUNG 1962), München 1962.

HAFFERT, Claus, Die katholischen Arbeitervereine Westdeutschlands in der Weimarer Republik (= Düsseldorfer Schriften zur Neueren Landesgeschichte und zur Geschichte Nordrhein-Westfalens, Bd. 38), Essen 1994.

HAGEN, August, Pfarrei und Pfarrer nach dem Codex Iuris Canonici, Rottenburg am Neckar 1935.

HANDBUCH DER CAJ FÜR LEITERINNEN, LEITER UND PRIESTER, hrsg. von den Diözesanleitungen der CAJ/M und CAJ/F in der Diözese Münster, Münster 1979.

HANDBUCH DES BAYERISCHEN LANDTAGS. 1. Wahlperiode 1948, hrsg. vom Landtagsamt, München 1948 (zit.: HANDBUCH DES BAYERISCHEN LANDTAGS 1948).

HANDBUCH DES BAYERISCHEN LANDTAGS. 5. Wahlperiode 1962, hrsg. vom Landtagsamt, München o. J. [1962] (zit.: HANDBUCH DES BAYERISCHEN LANDTAGS 1962).

HANSMANN, Heinrich, Josef Schneider (*1906), in: Josef URBAN (Hrsg.), Die Bamberger Erzbischöfe. Lebensbilder, Bamberg 1997, S. 343–368.

HANSSLER, Bernhard, Das Gottesvolk der Kirche, Düsseldorf 1960 (zit.: B. HANSSLER, Gottesvolk).

HANSSLER, Bernhard, Der Pluralisierungsprozeß im deutschen Katholizismus und seine gesellschaftlichen Auswirkungen, in: Albrecht LANGNER (Hrsg.), Katholizismus im politischen System der Bundesrepublik 1949–1963 (= Beiträge zur Katholizismusforschung, Reihe B: Abhandlungen, o. N.), Paderborn – München – Wien – Zürich 1978, S. 103–121 (zit.: B. HANSSLER, Pluralisierungsprozeß).

HANSSLER, Bernhard, Vielfalt der Wege und Formen der Laienarbeit in der Kirche nach 1945, in: KEHRT UM UND GLAUBT – ERNEUERT DIE WELT. 87. Deutscher Katholikentag vom 1. September bis 5. September 1982 in Düsseldorf. Die Vortragsreihen: Gestalten des Glaubens – Zeugen des Glaubens, Fragen zur Zeitgeschichte nach 1945, Paderborn 1982, S. 293–303 (zit.: B. HANSSLER, Vielfalt).

HARTMANN, Albert, Pluralismus – Schicksal und Chance, in: DER MÄNNERSEELSORGER. Werkblatt für Männerseelsorge und Männerbewegung 13 (1963), S. 97–106.

HASIWEDER, Wolfgang, Geschichte der staatlichen Wohnbauförderung in Bayern von den Anfängen bis zur Gegenwart (= Dissertationen der Universität Salzburg, Bd. 42), 2 Teilbde., Wien 1993.

HASTENTEUFEL, Paul, Katholische Jugend in ihrer Zeit. Bd. I: 1900–1918; Bd. II: 1919–1932, Bamberg 1988–1989.

HASTINGS, James J., Die Akten des Office of Military Government for Germany (US), in: VfZ 24 (1976), S. 75–101.

HAUSMANN, Christian, Leitbilder in der katholischen Frauenbewegung der Bundesrepublik, Freiburg im Breisgau 1973.

HAUSMANN, Heinz, Katholisches Arbeitersekretariat – Katholisches Volksbüro Kronach. 75 Jahre Dienst am Nächsten. 1906–1981, Kronach 1981.

HEHL, Ulrich von / HÜRTEN, Heinz (Hrsg.), Der Katholizismus in der Bundesrepublik Deutschland 1945–1980. Eine Bibliographie (= VKZG, Reihe B: Forschungen, Bd. 40), Mainz 1983.

HEHL, Ulrich von, Der deutsche Katholizismus nach 1945 in der zeitgeschichtlichen Forschung, in: Jochen-Christoph KAISER / Anselm DOERING-MANTEUFFEL (Hrsg.), Christentum und politische Verantwortung. Kirchen im Nachkriegsdeutschland (= Konfession und Gesellschaft, Bd. 2), Stuttgart – Berlin – Köln 1990, S. 146–175 (zit.: U. v. HEHL, Der deutsche Katholizismus).

HEHL, Ulrich von, Umgang mit katholischer Zeitgeschichte. Ergebnisse, Erfahrungen, Aufgaben, in: Karl Dietrich BRACHER / Paul MIKAT / Konrad REPGEN / Martin SCHUMACHER / Hans-Peter SCHWARZ (Hrsg.), Staat und Parteien. Festschrift für Rudolf Morsey zum 65. Geburtstag, Berlin 1992, S. 379–395 (zit.: U. v. HEHL, Umgang).

HEHL, Ulrich von, Probleme der Zeitgeschichtsforschung und die Öffnung der kirchlichen Archive, in: AMMERICH, Hans (Red.), Offen für Zeitgeschichte? Die Kirchen und ihre Archive. Vorträge der Gemeinsamen Studientagung der Bundeskonferenz der kirchlichen Archive in Deutschland und der Arbeitsgemeinschaft der Archive und Bibliotheken in der evangelischen Kirche vom 2. bis 4. Mai 1994 in Waldfischbach-Burgalben, Speyer 1995, S. 29–43 (zit.: U. v. HEHL, Probleme).

HEHL, Ulrich von, »Im Vatikan gezeugt und in Washington geboren«? Konfessionelle Irritationen in der frühen Bundesrepublik, in: Harald DICKERHOF (Hrsg.), Die Katholiken in den Wandlungen der postrevolutionären Gesellschaft, Frankfurt am Main – Bern – New York – Paris 2001 (zit.: U. v. HEHL, Im Vatikan gezeugt).

HEITZER, Horstwalter, Gründung und Entwicklung der Jungen Union bis zu den »Würzburger Beschlüssen« 1950. In: CHRISTOPH BÖHR (Hrsg.), Jugend bewegt Politik. Die Junge Union Deutschlands 1947 bis 1987 (= Mitverantwortung, Bd. 5), Krefeld 1988, S. 15–54.

HELBACH, Ulrich, Sondergenehmigungen für wissenschaftliche Forschungen nach der »Anordnung über die Sicherung und Nutzung der Archive der katholischen Kirchen«. Theorie und Praxis, in: AMMERICH, Hans (Red.), Offen für Zeitgeschichte? Die Kirchen und ihre Archive. Vorträge der Gemeinsamen Studientagung der Bundeskonferenz der kirchlichen Archive in Deutschland und der Arbeitsgemeinschaft der Archive und Bibliotheken in der evangelischen Kirche vom 2. bis 4. Mai 1994 in Waldfischbach-Burgalben, Speyer 1995, S. 63–73.

HENGSBACH, Friedhelm / MÖHRING-HESSE, Matthias / SCHROEDER, Wolfgang (Hrsg.), Ein unbekannter Bekannter. Eine Auseinandersetzung mit dem Werk von Oswald von Nell-Breuning SJ. Dokumentation einer Akademietagung (= Reihe: Dokumentationen, Bd. 2), Köln 1990.

HENKE, Josef, Das amerikanisch-deutsche OMGUS-Projekt, in: Der Archivar 35 (1982), Sp. 149–158.

HENKE, Klaus-Dietmar / WOLLER, Hans (Hrsg.), Lehrjahre der CSU. Eine Nachkriegspartei im Spiegel vertraulicher Berichte an die amerikanische Militärregierung (= Schriftenreihe der VfZ, Bd. 48), Stuttgart 1984.

HERDE, Peter, Die Unionsparteien zwischen Tradition und Neubeginn: Adam Stegerwald, in: Winfried BECKER (Hrsg.), Die Kapitulation von 1945 und der Neubeginn in Deutschland. Symposion an der Universität Passau 30.–31.10.1985, Köln – Wien 1987, S. 245–295.

HERRMANN, Volker / KAISER, Jochen-Christoph / STROHM, Theodor (Hrsg.), Bibliographie zur Geschichte der deutschen evangelischen Diakonie im 19. und 20. Jahrhundert, Stuttgart – Berlin – Köln 1997.

HETZER, Gerhard, Die Industriestadt Augsburg. Eine Sozialgeschichte der Arbeiteropposition, in: Martin BROSZAT / Elke FRÖHLICH / Anton GROSSMANN (Hrsg.), Bayern in der NS-Zeit III. Herschaft und Gesellschaft im Konflikt, Teil B, München – Wien, S. 1–234.

HOCKERTS, Hans Günter, Sozialpolitische Entscheidungen im Nachkriegsdeutschland. Alliierte und deutsche Sozialversicherungspolitik 1945-1957 (= Forschungen und Quellen zur Zeitgeschichte, Bd. 1), Stuttgart 1980 (zit.: H.G. HOCKERTS, Sozialpolitische Entscheidungen).

HOCKERTS, Hans Günter, Das Ende der Ära Adenauer. Zur Periodisierung der Bundesrepublikgeschichte, in: Winfried BECKER / Werner CHROBAK (Hrsg.), Staat, Kultur, Politik. Beiträge zur Geschichte Bayerns und des Katholizismus. Festschrift zum 65. Geburtstag von Dieter Albrecht, Kallmünz 1992, S. 461–475 (zit.: H.G. HOCKERTS, Das Ende der Ära Adenauer).

HOCKERTS, Hans Günter, Zeitgeschichte in Deutschland. Begriff, Methoden, Themenfelder, in: HJb 113 (1993), S. 98–127 (zit.: H.G. HOCKERTS, Zeitgeschichte).

HOEFNAGELS, Harry, Kirche in veränderter Welt. Religionssoziologische Gedanken, Essen 1964.

HOEFNAGELS, Lou, Handbuch des Maskenspiels, München 1952.

HÖFFNER, Josef, Der deutsche Katholizismus in der pluralistischen Gesellschaft der Gegenwart, in: Jahrbuch des Instituts für Christliche Sozialwissenschaften an der Westfälischen Wilhelms-Universität Münster 1 (1960), S. 31–50 (zit.: J. HÖFFNER, Der deutsche Katholizismus).

HÖFFNER, Josef, Tag des Herrn und »gleitende Arbeitswoche«, in: Trierer Theologische Zeitschrift 65 (1956), S. 257–265 (zit.: J. HÖFFNER, Tag des Herrn).

HOFMANN, Karl, Eine katholische Generation zwischen Kirche und Welt. Studien zur Sturmschar des Katholischen Jungmännerverbandes Deutschlands, Augsburg 1992.

HOLBÖCK, Ferdinand, Die neuen Heiligen der katholischen Kirche, Bd. 2: Von Papst Johannes Paul II. in den Jahren 1984 bis 1987 kanonisierte Selige und Heilige; Bd. 3: Von Papst Johannes Paul II. in den Jahren 1988 bis 1991 kanonisierte Selige und Heilige, Stein am Rhein 1992–1994.

HOPPE, Bernhard M., Maria Eich, in: Marienwallfahrten im Erzbistum München und Freising. Hrsg. von Peter PFISTER und Hans RAMISCH im Auftrag des Erzbischöflichen Ordinariats München, 2. Aufl., Regensburg 1989, S. 99–107.

HÜRTEN, Heinz / BECKEL, Albrecht, Die Struktur der deutschen Erwachsenenbildung und ihre Rechtsgrundlagen (= Beiträge zur Erwachsenenbildung, o. N.), Osnabrück 1958 (zit.: H. HÜRTEN / A. BECKEL, Struktur der deutschen Erwachsenenbildung und ihre Rechtsgrundlagen).

HÜRTEN, Heinz / BECKEL, Albrecht, Struktur und Recht der deutschen Erwachsenenbildung. Darstellung – Gesetzestexte – Dokumentation (= Beiträge zur Erwachsenenbildung, Bd. 14), Osnabrück 1966 (zit.: H. HÜRTEN / A. BECKEL, Struktur und Recht der deutschen Erwachsenenbildung).

HÜRTEN, Heinz, Zur Haltung des deutschen Katholizismus gegenüber der Sicherheits- und Bündnispolitik der Bundesrepublik Deutschland 1948–1960, in: Albrecht LANGNER (Hrsg.), Katholizismus im politischen System der Bundesrepublik 1949–1963 (= Beiträge zur Katholizismusforschung, Reihe B: Abhandlungen, o. N.), Paderborn – München – Wien – Zürich 1978, S. 83–102 (zit.: H. HÜRTEN, Haltung).

HÜRTEN, Heinz, Katholische Verbände, in: Anton RAUSCHER (Hrsg.), Der soziale und politische Katholizismus. Entwicklungslinien in Deutschland 1803–1963, Bd. 2, München – Wien 1982, S. 215–277 (zit.: H. HÜRTEN, Katholische Verbände).

HÜRTEN, Heinz, Kurze Geschichte des deutschen Katholizismus 1800–1960, Mainz 1986 (zit.: H. HÜRTEN, Kurze Geschichte).

HÜRTEN, Heinz, Verfolgung, Widerstand und Zeugnis: Kirche im Nationalsozialismus. Fragen eines Historikers, Mainz 1987 (zit.: H. HÜRTEN, Verfolgung).

HÜRTEN, Heinz, Die katholische Kirche im öffentlichen Leben Bayerns nach dem Krieg, in: ZBLG 50 (1987), S. 167–180 (zit.: H. HÜRTEN, Die katholische Kirche im öffentlichen Leben).

HÜRTEN, Heinz, Zukunftsperspektiven kirchlicher Zeitgeschichtsforschung, in: Ulrich von HEHL / Konrad REPGEN (Hrsg.), Der deutsche Katholizismus in der zeitgeschichtlichen Forschung, Mainz 1988, S. 97–106 (zit.: H. HÜRTEN, Zukunftsperspektiven).

HÜRTEN, Heinz, Kirchen und amerikanische Besatzungsmacht in Deutschland. Die OMGUS-Papers als kirchengeschichtliche Quelle, in: Kirche, Staat und katholische Wissenschaft in der Neuzeit. Festschrift für Heribert Raab zum 65. Geburtstag am 16. März 1988, hrsg. von Albert PORTMANN-TINGUELY unter Mitarbeit von Martin HARRIS, Andreas STEIGMEIER und Walter TROXLER (= Quellen und Forschungen aus dem Gebiet der Geschichte, NF, Heft 12), Paderborn – München – Wien – Zürich 1988, S. 565–581 (zit.: H. HÜRTEN, Kirchen und amerikanische Besatzungsmacht).

HÜRTEN, Heinz (Hrsg.), Katholizismus, staatliche Neuordnung und Demokratie 1945–1962 (= Beiträge zur Katholizismusforschung, Reihe A: Quellentexte zur Geschichte des Katholizismus, Bd. 7), Paderborn – München – Wien – Zürich 1991 (zit.: H. HÜRTEN, Katholizismus, staatliche Neuordnung und Demokratie).

HÜRTEN, Heinz, Aufbau, Reform und Krise: 1945–1967, in: Walter BRANDMÜLLER (Hrsg.), Handbuch der bayerischen Kirchengeschichte, Bd. 3: Vom Reichsdeputationshauptschluß bis zum Zweiten Vatikanischen Konzil, St. Ottilien 1991, S. 393–425 (zit.: H. HÜRTEN, Aufbau, Reform und Krise).

HÜRTEN, Heinz, Katholiken in der pluralistischen Gesellschaft, in: Raphael SCHNEIDER / Ludwig BRANDL (Hrsg.), Kirche in der Gesellschaft. Dimensionen der Seelsorge. Adalbero-Festschrift, Passau 1992, S. 157–168 (zit.: H. HÜRTEN, Katholiken in der pluralistischen Gesellschaft).

HÜRTEN, Heinz, Alltagsgeschichte und Mentalitätsgeschichte als Methoden der Kirchlichen Zeitgeschichte. Randbemerkungen zu einem nicht gehaltenen Grundsatzreferat, in: KZG 5 (1992), S. 28–30 (zit.: H. HÜRTEN, Alltagsgeschichte).

HÜRTEN, Heinz, Deutsche Katholiken 1918 bis 1945, Paderborn – München – Wien – Zürich 1992 (zit.: H. HÜRTEN, Deutsche Katholiken).

HÜRTEN, Heinz, Michael Keller (1947–1961), in: Werner THISSEN (Hrsg.), Das Bistum Münster, Bd. I: Die Bischöfe von Münster. Biogramme der Weihbischöfe und Generalvikare von Alois Schröer, Münster 1993, S. 311–319 (zit.: H. HÜRTEN, Michael Keller).

HÜRTEN, Heinz, Zum historischen Ort des deutschen Katholizismus, in: Revue d'Allemagne et des pays de langue allemande 25 (1993), S. 11–20 (zit.: H. HÜRTEN, Zum historischen Ort).

HÜRTEN, Heinz, Bemerkungen zur Situation des Faches Kirchengeschichte in Deutschland, in: Anuario de historia de la iglesia 4 (1995), S. 353–363 (zit.: H. HÜRTEN, Bemerkungen).

HÜRTEN, Heinz, Deutscher Katholizismus unter Pius XII.: Stagnation oder Erneuerung? in: Franz-Xaver KAUFMANN / Arnold ZINGERLE (Hrsg.), Vatikanum II und Modernisierung. Historische, theologische und soziologische Perspektiven, Paderborn – München – Wien – Zürich 1996, S. 53–65 (zit.: H. HÜRTEN, Stagnation oder Erneuerung?).

IM ANRUF DER ZEIT. Hrsg. vom Diözesanverband Regensburg, Regensburg 1962.

IMHOF, Sebastian / WEIGL, Joseph, Handbuch zu den Wahlen in der Sozialversicherung in alphabetischer Gliederung, Lübeck 1952.

INVENTAR ZU DEN NACHLÄSSEN DER DEUTSCHEN ARBEITERBEWEGUNG. Für die zehn westdeutschen Länder und West-Berlin. Im Auftrag des Archivs der sozialen Demokratie der Friedrich-Ebert-Stiftung bearbeitet von Hans-Holger PAUL, München – London – New York – Paris 1993 (zit.: INVENTAR ZU DEN NACHLÄSSEN).

INVENTAR ZUR GESCHICHTE DER DEUTSCHEN ARBEITERBEWEGUNG IN DEN STAATLICHEN ARCHIVEN DER BUNDESREPUBLIK DEUTSCHLAND, Reihe B: Überlieferung der Flächenstaaten, München – London – New York – Paris 1996 ff. (zit.: INVENTAR DER FLÄCHENSTAATEN).

INVENTAR ZUR GESCHICHTE DER DEUTSCHEN ARBEITERBEWEGUNG IN DEN STAATLICHEN ARCHIVEN DER BUNDESREPUBLIK DEUTSCHLAND, Reihe C: Überlieferung der Stadtstaaten, Berlin 1991 ff. (zit.: INVENTAR DER STADTSTAATEN).

ISERLOH, Erwin, Kirchengeschichte – Eine theologische Wissenschaft, in: RQ 80 (1985), S. 5–30.

JANSEN, Peter, Entproletarisierung durch Schulbildung. Eine Studie über die Aufhebung von Bildungsprivilegien als Beitrag zur Entproletarisierung im Sinne der Enzyklika »Quadragesimo Anno«, Köln 1959.

JANSSENS, Johann Baptist, Über das Soziale Apostolat (= 29. Generalkongregation, Dekret 29), Rom 1949.

JARAUSCH, Konrad / SIEGRIST, Hannes (Hrsg.), Amerikanisierung und Sowjetisierung in Deutschland 1945–1970, Frankfurt am Main – New York 1997.

JEDIN, Hubert, Kleine Konziliengeschichte. Die zwanzig Ökumenischen Konzilien im Rahmen der Kirchengeschichte, Freiburg im Breisgau 1959.

JESTAEDT, Winfried, Die Zeit von 1945 bis 1990, in: Solidarisch in Kirche und Arbeitswelt. 100 Jahre Katholische Arbeitnehmer-Bewegung in der Diözese Würzburg, Würzburg 1990, S. 141–199, 253–259.

KAB-DIÖZESANVERBAND MÜNCHEN UND FREISING (Hrsg.), Unterwegs mit den Menschen auf dem Weg zur »Einen Welt«. KAB Diözesanverband München und Freising 1897–1997, Augsburg 1997.

KAISER, Jochen-Christoph, Kirchliche Zeitgeschichte in Westfalen. Das evangelische Beispiel, in: Westfälische Forschungen 42 (1992), S. 420–444.

KAISER, Josef, Der Deutsche Gewerkschaftsbund 1949 bis 1956 (= Quellen zur Geschichte der deutschen Gewerkschaftsbewegung im 20. Jahrhundert, Bd. 11), Köln 1996.

KARPF, Hugo, Aufzeichnungen und Erinnerungen, in: Abgeordnete des Deutschen Bundestages. Aufzeichnungen und Erinnerungen, Bd. 3: Ilse Elsner – Hugo Karpf – Wilderich Freiherr Ostmann von der Leye – Elisabeth Pitz-Savelsberg – Dietrich-Wilhelm Rollmann. Hrsg. vom Deutschen Bundestag, Wissenschaftliche Dienste, Abteilung Wissenschaftliche Dokumentation, Boppard am Rhein 1985.

KASPER, Walter, Kirchengeschichte als historische Theologie, in: RQ 80 (1985), S. 174–188.

KATHOLISCHER KATECHISMUS DER BISTÜMER DEUTSCHLANDS, Freiburg im Breisgau 1955.

KAUFMANN, Franz-Xaver, Zur Einführung: Erkenntnisinteressen einer Soziologie des Katholizismus, in: Karl GABRIEL / Franz Xaver KAUFMANN (Hrsg.), Zur Soziologie des Katholizismus, Mainz 1980, S. 7–23.

KEINERT, Reinhard, 100 Jahre Katholische Arbeitnehmer-Bewegung in der Diözese Rottenburg-Stuttgart, in: FÜR MENSCHENWÜRDIGE ARBEIT. 100 Jahre Katholische Arbeitnehmerbewegung in der Diözese Rottenburg-Stuttgart 1883–1983. Festschrift zum 100jährigen Bestehen der Katholischen Arbeitnehmer-Bewegung in der Diözese Rottenburg-Stuttgart 1883–1983, hrsg. von der Katholischen Arbeitnehmer-Bewegung der Diözese Rottenburg-Stuttgart, Backnang 1983, S. 11–75.

KELLER, Peter, Die Geschichte der katholischen Arbeitervereine in Unterfranken von 1884–1934. Magisterarbeit, Würzburg 1976.

KELLNER, Eugen, Dr. Franz Gruber. Expositus in Großhöhenrain, 1933–1936, und Pfarrer in Haag/Obb., 1936–1949, in: Bernhard DINKEL (Hrsg.), 75 Jahre Sozialinstitute der KAB. Anstöße für eine solidarische Welt. Erinnerungs- und Lesebuch. 75 Jahre Soziale Hochschule Leohaus, Katholisch-soziale Volkshochschule Seehof, Katholisches Sozialinstitut, Arbeitsgemeinschaft der Sozialinstitute der KAB Süddeutschlands 1919–1994, Augsburg 1994, S. 68–69.

KERNER, Elmar, Joseph Otto Kolb (1881–1955), in: Josef URBAN (Hrsg.), Die Bamberger Erzbischöfe. Lebensbilder, Bamberg 1997, S. 309–341.

KESSLER, Josef Anton, Im Dienste Gottes und der Menschen. Ein Lebensbild des Heiligen Konrad Birndorfer von Parzham, Laienbruders aus dem Kapuzinerorden, 3. Aufl., München 1934.

KINDERMANN, Adolf, Die Heimatvertriebenen religiös-seelsorglich gesehen, in: Franz GRONER (Hrsg.), Kirchliches Handbuch. Amtliches statistisches Jahrbuch der katholischen Kirche Deutschlands, Bd. XXIII: 1944–1951, Köln 1951, S. 202–218.

KIRCHMANN, Josef, Die Bedeutung christlicher Werte in Programm und Praxis der CDU, St. Ottilien 1985.

KLÄR, Karl-Heinz, Zwei Nelson-Bünde: Internationaler Jugend-Bund (IJB) und Internationaler Sozialistischer Kampfbund (ISK) im Licht neuer Quellen, in: IWK. Internationale wissenschaftliche Korrespondenz zur Geschichte der deutschen Arbeiterbewegung 18 (1982), S. 310–360.

KLEIN, Franz, Der Familienlastenausgleich – eine zentrale Aufgabe des Bundesministeriums für Familie und Senioren, in: 40 Jahre Familienpolitik in der Bundesrepublik Deutschland. Rückblick/Ausblick. Festschrift. Hrsg. vom Bundesministerium für Familie und Senioren, Berlin 1993, S. 91–104.

KLEIN, Gotthard, Der Volksverein für das katholische Deutschland 1890–1933. Geschichte, Bedeutung, Untergang (= VKZG, Reihe B: Forschungen, Bd. 75), Paderborn – München – Wien – Zürich 1996.

KLEIN, Heribert (Hrsg.), Oswald von Nell-Breuning. Unbeugsam für den Menschen. Lebensbild, Begegnungen, Ausgewählte Texte, Freiburg im Breisgau – Basel – Wien 1989.

KLESSMANN, Christoph, Betriebsparteigruppen und Einheitsgewerkschaft. Zur betrieblichen Arbeit der politischen Parteien in der Frühphase der westdeutschen Arbeiterbewegung 1945–1952, in: VfZ 31 (1983), S. 272–307 (zit.: C. KLESSMANN, Betriebsparteigruppen und Einheitsgewerkschaft).

KLESSMANN, Christoph, Kontinuitäten und Veränderungen im protestantischen Milieu, in: Axel SCHILDT / Arnold SYWOTTEK, Modernisierung im Wiederaufbau. Die westdeutsche Gesellschaft der 50er Jahre (= Politik- und Gesellschaftsgeschichte, Bd. 33), Bonn 1993, S. 403–417 (zit.: C. KLESSMANN, Kontinuitäten).

KLÖCKER, Michael, Katholisch – von der Wiege bis zur Bahre. Eine Lebensmacht im Zerfall?, München 1991.

KLOTZBACH, Kurt, Der Weg zur Staatspartei. Programmatik, praktische Politik und Organisation der deutschen Sozialdemokratie 1945 bis 1965, Berlin – Bonn 1982 (zit.: K. KLOTZBACH, Der Weg zur Staatspartei).

KLOTZBACH, Kurt, SPD und Katholische Kirche nach 1945 – Belastungen, Mißverständnisse und Neuanfänge, in: AfS 29 (1989), S. XXXVII–XLVII (zit.: K. KLOTZBACH, SPD und Katholische Kirche).

KLUCK, Michael / ZIMMERMANN, Rüdiger (Bearb.), Arbeiterkultur. Forschungs- und Literaturdokumentation, Bd. 1: 1979–1982, Bd. 2: 1983–1985, Bonn 1984–1986.

KNORN, Peter, Arbeit und Menschenwürde. Kontinuität und Wandel im Verständnis der menschlichen Arbeit in den kirchlichen Lehrschreiben von Rerum novarum bis Centesimus annus. Eine sozialwissenschaftliche und theologische Untersuchung (= Erfurter Theologische Studien, Bd. 73), Leipzig 1996.

KOCK, Peter Jakob, Der Bayerische Landtag 1946 bis 1986. Band 1: Chronik, Bamberg 1986.

KÖHLER, Joachim / MELIS, Damian van (Hrsg.), Siegerin in Trümmern. Die Rolle der katholischen Kirche in der deutschen Nachkriegsgesellschaft (= Konfession und Gesellschaft, Bd. 15), Stuttgart – Berlin – Köln 1998.

KÖLLMANN, Wolfgang, Zur Bedeutung der Regionalgeschichte im Rahmen struktur- und sozialgeschichtlicher Konzeptionen, in: AfS 15 (1975), S. 43–50.

KOHLENBACH, Eugen, Sozialreform nach der Lehre der Kirche. Hauptgedanken der Sozialrundschreiben Rerum novarum von Leo XIII., Quadragesimo anno von Pius XI., Mater et magistra von Johannes XXIII. (= Das Soziale Seminar. Schriftenreihe des Franz-Hitze-Hauses in Münster, Heft 6), Münster 1961.

KOMMENDE DEUTSCHE HEILIGE. Heiligmäßige Deutsche aus jüngerer Zeit, hrsg. von Albert KÖHLER in Verbindung mit Josef SAUREN und den unter den einzelnen Arbeiten genannten Autoren, Essen 1936.

KOTTJE, Raymund, Kirchengeschichte heute. Geschichtswissenschaft oder Theologie? Trier 1970.

KRAEMER, Konrad W. (Hrsg.), Für die Menschen bestellt. Porträts katholischer Bischöfe Deutschlands, Osnabrück 1963.

KRAFELD, Franz Josef, Geschichte der Jugendarbeit von den Anfängen bis zur Gegenwart, Weinheim – Basel 1984.

KRAMER, Theodor, Matthias Ehrenfried, Bischof von Würzburg, 1871–1948, in: Sigmund Freiherr von PÖLNITZ, Lebensläufe aus Franken (= Veröffentlichungen der Gesellschaft für Fränkische Geschichte, 7. Reihe), Bd. 6, Würzburg 1960, S. 145–157.

KRANZ, Gisbert, Politische Heilige und katholische Reformatoren. Fünfzehn Lebensbilder, 2 Bde., Augsburg 1958–1959.

KREHLE, Heinrich (Hrsg.), Der Weg aus der Not. Vortragsreihe der Katholisch-Sozialen Woche in München 1947, München 1948 (zit.: H. KREHLE, Weg aus der Not).

KREHLE, Heinrich (Hrsg.), Christliche Neuordnung von Wirtschaft und Gesellschaft. Vortragsreihe der 2. Katholischen Woche in München 1949, München 1950 (zit.: H. KREHLE, Christliche Neuordnung).

KREHLE, Heinrich (Hrsg.), Familienzulage durch Familienausgleichskassen (= Katholische Soziale Woche, Schriftenreihe Heft 1), München 1951 (zit.: H. KREHLE, Familienzulage).

KREITMEIR, Klaus, Die Bischöfe von Eichstätt, Eichstätt 1992.

KREMER, Thomas, Die Katholische Arbeiterjugend zwischen neuer Spiritualität und altem politischen Denken: Die CAJ von 1945 bis 1955, in: Heiner LUDWIG / Wolfgang SCHROEDER (Hrsg.), Interessenvertretung in göttlicher Ordnung? Katholische Gewerkschaftspolitik nach 1945 zwischen Politik und Seelsorge (= Graue Reihe – NF, Bd. 61), Düsseldorf 1993, S. 57–112.

KRENER, Elmar, Joseph Otto Kolb (1881–1955), in: Josef URBAN (Hrsg.), Die Bamberger Erzbischöfe. Lebensbilder, Bamberg 1997, S. 309–341.

KRENN, Dorit-Maria, Die christliche Arbeiterbewegung in Bayern vom Ersten Weltkrieg bis 1933 (= VKZG, Reihe B: Forschungen, Bd. 57), Mainz 1991 (zit.: D.-M. KRENN, Christliche Arbeiterbewegung).

KRENN, Dorit-Maria, Soziale Hochschule Leohaus, 1919–1922; Katholisch-soziale Volkshochschule Seehof, 1924–1933, in: Bernhard DINKEL (Hrsg.), 75 Jahre Sozialinstitute der KAB. Anstöße für eine solidarische Welt. Erinnerungs- und Lesebuch. 75 Jahre Soziale Hochschule Leohaus, Katholisch-soziale Volkshochschule Seehof, Katholisches Sozialinstitut, Arbeitsgemeinschaft der Sozialinstitute der KAB Süddeutschlands 1919–1994, Augsburg 1994, S. 16–39 (zit.: D.-M. KRENN, Soziale Hochschule).

KRENN, Dorit-Maria / LETSCHERT, Rudolf, Solidarität. 100 Jahre, 1891–1991 KAB Katholische Arbeitnehmerbewegung Süddeutschlands. Festschrift zum 100jährigen Jubiläum der Katholischen Arbeitnehmer-Bewegung Süddeutschlands, München 1991.

KRIMMER, Ansgar, Der Katholische Gesellenverein in der Diözese Rottenburg 1852–1945. Ein Beitrag zur Geschichte des Katholizismus in Württemberg (= VKZG, Reihe B: Forschungen, Bd. 66), Paderborn – München – Wien – Zürich 1994.

KRISS, Rudolf, Die volkstümliche Verehrung des hl. Bruders Konrad von Parzham. Ein Beitrag zum Volksglauben der Gegenwart, in: Bayerisches Jahrbuch für Volkskunde 1950, S. 86–92.

KUČERA, Wolfgang / TIETMANN, Lutz, Geschichte der Gewerkschaften in Bayern. Eine Bibliographie, hrsg. vom Haus der Bayerischen Geschichte und dem Deutschen Gewerkschaftsbund Landesbezirk Bayern (= Materialien zur Bayerischen Geschichte und Kultur, Bd. 2), Augsburg 1995.

KÜPPERS, Heinrich, Zum Begriff der Landeszeitgeschichte, in: Geschichte im Westen. Halbjahres-Zeitschrift für Landes- und Zeitgeschichte 7 (1992), S. 23–27.

KÜSTERS, Wilhelm, Die Volksmissionen der deutschen Redemptoristen. Ihr Vorbild, ihre äußere und innere Entwicklung, in: Georg BRANDHUBER (Hrsg.), Die Redemptoristen 1732–1932. Festgabe zur 200-Jahr-Feier der Kongregation des Allerheiligsten Erlösers, Bamberg 1932, S. 107–128.

KUNKEL, Heinrich, Familienbrevier. Tägliche Gebete und Betrachtungen im Geiste des Kirchenjahres für die christliche Familie. Gesamt-Ausgabe, Fulda 1952, 2. Aufl., Fulda 1964.

KUNZE, Eberhard, Geschichte des Diözesanverbandes Passau, in: Wichtiger aber ist der Mensch, hrsg. vom Werkvolk-Diözesanverband Passau, Zwiesel 1969, S. 13-28.

KUPPER, Alfons (Bearb.), Staatliche Akten über die Reichskonkordatsverhandlungen 1933 (= VKZG, Reihe A: Quellen, Bd. 2), Mainz 1966.

LABOURDETTE, Michael, Arbeiterpriester. Eine Studie der theologischen Kommission für die Arbeitermission, Basel 1960.

LANG, Hugo, Michael von Faulhaber, Erzbischof von München und Freising, Kardinal, 1869-1952, in: Sigmund Freiherr von PÖLNITZ, Lebensläufe aus Franken (= Veröffentlichungen der Gesellschaft für Fränkische Geschichte, 7. Reihe), Bd. 6, Würzburg 1960, S. 158-170.

LANGEN, Mona, Evangelischer Wohnungsbau in Bayern: Innerkirchliche Diskussion und Durchführung bis 1957 (= Einzelarbeiten aus der Kirchengeschichte Bayerns, Bd. 72), Neustadt an der Aisch 1997.

LANIG-HEESE, Claudia, Gewerkschaften in Bayern 1945 bis 1949 (= Schriftenreihe der Studiengesellschaft für Sozialgeschichte und Arbeiterbewegung, Bd. 80), Marburg 1991.

LANZINNER, Maximilian, Vom Sternenbanner zum Bundesadler. Der Wiederaufbau in Bayern 1945-1958, Regensburg 1996.

LANZINNER, Maximilian / HENKER, Michael (Hrsg.), Landesgeschichte und Zeitgeschichte. Forschungsperspektiven zur Geschichte Bayerns nach 1945 (= Materialien zur Bayerischen Geschichte und Kultur, Bd. 4), Augsburg 1997.

LAUBER, Heinz / ROTHSTEIN, Birgit (Hrsg.), Der 1. Mai unter dem Hakenkreuz. Hitlers »Machtergreifung« in Arbeiterschaft und Betrieben. Augen- und Zeitzeugen, Daten, Fakten, Dokumente, Quellentexte, Thesen und Bewertungen, Gerlingen 1983.

LE FORT, Gertrud von, Die ewige Frau, die Frau in der Zeit, die zeitlose Frau, München 1934, 20. Aufl., München 1960.

LEHMANN, Bernhard, Katholische Kirche und Besatzungsmacht in Bayern 1945-1949 im Spiegel der OMGUS-Akten (= MBM, Bd. 153), München 1994.

LEIDL, August / SIEGMUND, P. Albert, Simon Konrad Landersdorfer, Bischof von Passau 1936-1968, in: Der Scheyerer Turm 30 (1973), S. 1-64.

LEMKE-MÜLLER, Sabine, Ethischer Sozialismus und soziale Demokratie. Der politische Weg Willi Eichlers vom ISK zur SPD (= Reihe: Politik- und Gesellschaftsgeschichte, Bd. 19), Bonn 1988 (zit.: S. LEMKE-MÜLLER, Ethischer Sozialismus).

LEMKE-MÜLLER, Sabine, Ethik des Widerstands. Der Kampf des Internationalen Sozialistischen Kampfbundes (ISK) gegen den Nationalsozialismus. Quellen und Texte zum Widerstand aus der Arbeiterbewegung 1933-1945, Bonn 1996 (zit.: S. LEMKE-MÜLLER, Ethik).

LEPPICH, Johannes, Prälat Wolker und Pater Leppich, in: Walter BERGER (Hrsg.), ad personam Ludwig Wolker, Buxheim 1975, S. 148-150.

LINDERMÜLLER, Toni, Das Sozialinstitut des Werkvolkes, in: Die Mitverantwortung der Arbeitnehmer in Wirtschaft, Gesellschaft und Staat. Festschrift für H. H. Rektor Alfred Berchtold zu seinem 60. Geburtstag, hrsg. von WERKVOLK, Süddeutscher Verband katholischer Arbeitnehmer, München, Augsburg o.J. [1964], S. 9-30 (zit.: T. LINDERMÜLLER, Sozialinstitut des Werkvolks).

LINDERMÜLLER, Toni, Das Katholische Sozialinstitut 1948–1964, in: Bernhard DINKEL (Hrsg.), 75 Jahre Sozialinstitute der KAB. Anstöße für eine solidarische Welt. Erinnerungs- und Lesebuch. 75 Jahre Soziale Hochschule Leohaus, Katholisch-soziale Volkshochschule Seehof, Katholisches Sozialinstitut, Arbeitsgemeinschaft der Sozialinstitute der KAB Süddeutschlands 1919–1994, Augsburg 1994, S. 40–53 (zit.: T. LINDERMÜLLER, Das Katholische Sozialinstitut).

LINDERMÜLLER, Toni, Der Soziale Katechismus von Rektor Alfred Berchtold, 1948–1971, in: Bernhard DINKEL (Hrsg.), 75 Jahre Sozialinstitute der KAB. Anstöße für eine solidarische Welt. Erinnerungs- und Lesebuch. 75 Jahre Soziale Hochschule Leohaus, Katholisch-soziale Volkshochschule Seehof, Katholisches Sozialinstitut, Arbeitsgemeinschaft der Sozialinstitute der KAB Süddeutschlands 1919–1994, Augsburg 1994, S. 158–159 (zit.: T. LINDERMÜLLER, Der Soziale Katechismus).

LINDNER, Edilbert, Die Heiligen des Kapuzinerordens, Altötting 1978.

LINK, Werner, Die Geschichte des Internationalen Jugend-Bundes (IJB) und des Internationalen Sozialistischen Kampf-Bundes (ISK). Ein Beitrag zur Geschichte der Arbeiterbewegung in der Weimarer Republik und im Dritten Reich (= Marburger Abhandlungen zur Politischen Wissenschaft, Bd. 1), Meisenheim am Glan 1964.

LÖHR, Wolfgang (Bearb.), Hirtenbriefe und Ansprachen zu Gesellschaft und Politik 1945–1949 (= Dokumente deutscher Bischöfe, Bd. 1), 2. Aufl., Würzburg 1986 (zit.: W. LÖHR, Hirtenbriefe).

LÖHR, Wolfgang, Rechristianisierungsvorstellungen im deutschen Katholizismus 1945–1948, in: Jochen-Christoph KAISER / Anselm DOERING-MANTEUFFEL (Hrsg.), Christentum und politische Verantwortung. Kirchen im Nachkriegsdeutschland (= Konfession und Gesellschaft, Bd. 2), Stuttgart – Berlin – Köln 1990, S. 25–41 (zit.: W. LÖHR, Rechristianisierungsvorstellungen).

LÖSCHE, Peter / WALTER, Franz, Die SPD. Klassenpartei – Volkspartei – Quotenpartei. Zur Entwicklung der Sozialdemokratie von Weimar bis zur deutschen Vereinigung, Darmstadt 1992.

LOEW, Jacques, Bericht aus den Docks. Ein erster Erfahrungsbericht, abgelegt vom ersten Hafen-Arbeiterpriester, Olten 1960 (zit.: J. LOEW, Bericht).

LOEW, Jacques, Tagebuch einer Arbeitermission 1941–1959, Mainz 1960 (zit.: J. LOEW, Tagebuch).

LUCKMANN, Thomas, Die unsichtbare Religion. Mit einem Vorwort von Hubert Knoblauch, Frankfurt am Main 1991.

MAGA, Christian, Prälat Johann Leicht (1868–1940). Konservativer Demokrat in der Krise der Zwischenkriegszeit, Diss. Würzburg 1990.

MAI, Paul, Michael Buchberger, 1927–1961 – Bischof von Regensburg, in: Georg SCHWAIGER / Paul MAI (Hrsg.), Das Bistum Regensburg im Dritten Reich (= Beiträge zur Geschichte des Bistums Regensburg, Bd. 15), Regensburg 1981, S. 39–68 (zit.: P. MAI, Michael Buchberger).

MAI, Paul (Hrsg.), St. Johann in Regensburg. Vom Augustinerchorherrenstift zum Kollegiatstift 1127/1290/1990 (= Bischöfliches Zentralarchiv und Bischöfliche Zentralbibliothek Regensburg, Kataloge und Schriften, Bd. 5), München – Zürich 1990 (zit.: P. MAI, St. Johann).

MAIER, Anton, Wiedererrichtung des Katholischen Sozialinstitutes nach dem Dritten Reich, in: Bernhard DINKEL (Hrsg.), 75 Jahre Sozialinstitute der KAB. Anstöße für eine solidarische Welt. Erinnerungs- und Lesebuch. 75 Jahre Soziale Hochschule Leohaus, Katholisch-soziale Volkshochschule Seehof, Katholisches Sozialinstitut, Arbeitsgemeinschaft der Sozialinstitute der KAB Süddeutschlands 1919–1994, Augsburg 1994, S. 84–85.

MARIAHILF AMBERG, Amberg 1981.

MARTIN, Emil / SCHANZ, Willy, Katholische Junge Mannschaft. Aufriß ihrer Geschichte. Daten aus den Jahren 1945–1963, in: Willy SCHANZ (Hrsg.), Katholische Junge Mannschaft, Gruppe München. Wege einer Gruppe 1945–1985, München 1985, S. 9–14.

MATER ET MAGISTRA. Enzyklika unseres Heiligen Vaters Johannes XXIII. über die jüngsten Entwicklungen des gesellschaftlichen Lebens und seine Gestaltung im Licht der christlichen Lehre, hrsg. vom Kartellverband der Katholischen Arbeiter-Bewegung Deutschlands, Köln-München, München o. J. [1961].

MATERIALMAPPE ÜBER BISCHOF EMANUEL VON KETTELER (= Schriftenreihe der KAB Köln, o. Nr.), Köln 1952.

MATTHEIER, Klaus J., Die Gelben. Nationale Arbeiter zwischen Wirtschaftsfrieden und Streik, Düsseldorf 1973.

MAYER, Josef, Der Wiederaufbau des bayerischen Volksschulwesens. Darstellung im Lichte katholischer Schulpolitik, Passau 1965.

M.D.R. Die Reichstagsabgeordneten der Weimarer Republik in der Zeit des Nationalsozialismus. Politische Verfolgung, Emigration und Ausbürgerung 1933–1945. Eine biographische Dokumentation. Hrsg. und eingeleitet von Martin SCHUMACHER. Bearb. von Kathariana LÜBBE und Martin SCHUMACHER in Verbindung mit Wilhelm Heinz SCHRÖDER unter Mitwirkung von Angela JOSEPH und Evelyn RICHTER sowie weiteren Mitarbeitern (= Veröffentlichung der Kommission für Geschichte des Parlamentarismus und der politischen Parteien o. N.), 2. Auflage, Düsseldorf 1992.

MEHLHAUSEN, Joachim, Zur Methode kirchlicher Zeitgeschichtsforschung, in: Evangelische Theologie 48 (1988), S. 508–521.

MEHRINGER, Hartmut, Waldemar von Knoeringen. Eine politische Biographie. Der Weg vom revolutionären Sozialismus zur sozialen Demokratie (= Schriftenreihe der Georg-von-Vollmar-Akademie, Bd. 2), München – London – New York – Paris 1989.

MEIER, Balthasar, Der bayerische Klerus im Felde 1914/1918, Eichstätt 1937.

MEIER, Josef, Die Katholische Aktion im Bistum Passau von 1929 bis 1968. Diss. theol. Passau 1980.

MEISSEL, Franz, Die volkstümliche Verehrung des hl. Bruders Konrad von Parzham. Die Krankenheilung der Frau Elisa Erl als erstes kirchlich anerkanntes Wunder, Diplomarbeit Graz 1992.

MENGES, Walter, Wandel und Auflösung der Konfessionszonen, in: Eugen LEMBERG / Friedrich EDDING (Hrsg.), Die Vertriebenen in Westdeutschland. Ihre Eingliederung und ihr Einfluß auf Gesellschaft, Wirtschaft, Politik und Geistesleben, 3 Bde., Kiel 1959, hier Band 3, S. 1-22 (zit.: W. MENGES, Wandel und Auflösung).

MENGES, Walter, Nach der großen Wanderung. Die Kirche in den Diasporagebieten, in: Nobert GREINACHER / Heinz Theo RISSE (Hrsg.), Bilanz des deutschen Katholizismus (= Grünewald Reihe, Bd. 5), Mainz 1966, S. 118-136 (zit.: W. MENGES, Nach der großen Wanderung).

DIE MENSCHLICHE VERANTWORTUNG FÜREINANDER. Vortragsreihe der 5. Katholischen Sozialen Woche 1955 in München, hrsg. von der Arbeitsgemeinschaft der Katholischen Sozialen Woche, Augsburg o.J.

MESSNER, Johannes, Der Funktionär. Seine Schlüsselstellung in der heutigen Gesellschaft, Innsburck - Wien - München 1961.

MEYER, Fritz / RÖHNERT, Nikolaus (Hrsg.), Pater Prinz 60 Jahre. 20 Jahre Werkgemeinschaft, o.O. o.J. [1965].

MIELKE, Siegfried (Bearb.), unter Mitarbeit von Peter RÜTTERS / Michael BECKER / Michael FICHTER, Organisatorischer Aufbau der Gewerkschaften 1945-1949 (= Quellen zur Geschichte der deutschen Gewerkschaftsbewegung im 20. Jahrhundert, Bd. 6), Köln 1987 (zit.: S. MIELKE, Organisatorischer Aufbau).

MIELKE, Siegfried (Bearb.), Die Gewerkschaften und die Angestelltenfrage 1945-1949 (= Quellen zur Geschichte der deutschen Gewerkschaftsbewegung im 20. Jahrhundert, Bd. 8), Köln 1989 (zit.: S. MIELKE, Gewerkschaften und Angestelltenfrage).

MIELKE, Siegfried, Die Neugründung der Gewerkschaften in den westlichen Besatzungszonen - 1945 bis 1949, in: Hans-Otto HEMMER / Kurt Thomas SCHMITZ (Hrsg.), Geschichte der Gewerkschaften in der Bundesrepublik Deutschland. Von den Anfängen bis heute, Köln 1990, S. 19-83 (zit.: S. MIELKE, Neugründung).

MIELKE, Siegfried (Bearb.), unter Mitarbeit von Peter RÜTTERS / Michael BECKER, Gewerkschaften in Politik, Wirtschaft und Gesellschaft 1945-1949 (= Quellen zur Geschichte der deutschen Gewerkschaftsbewegung im 20. Jahrhundert, Bd. 7), Köln 1991 (zit.: S. MIELKE, Gewerkschaften in Politik, Wirtschaft und Gesellschaft).

MILLER, Adolf, Parteiarbeiter aus Verlegenheit, in: Michael Schröder (Hrsg.), Bayern 1945: Demokratischer Neubeginn. Interviews mit Augenzeugen, München 1985, S. 111-119.

MILLER, Susanne, Deutsche Arbeiterführer in der Emigration, in: Otto-Brenner-Stiftung (Hrsg.), Herkunft und Mandat. Beiträge zur Führungsproblematik in der Arbeiterbewegung, Frankfurt am Main - Köln 1976, S. 165-170 (zit.: S. MILLER, Deutsche Arbeiterführer).

MILLER, Susanne, Der Internationale Sozialistische Kampfbund (ISK), in: Helga HASS-RIETSCHEL / Sabine HERING, Nora Platiel. Sozialistin - Emigrantin - Politikerin. Eine Biographie, Köln 1990, S. 195-206 (zit.: S. MILLER, Kampfbund).

MINTZEL, Alf, Die CSU. Anatomie einer konservativen Partei (= Schriften des Zentralinstituts für sozialwissenschaftliche Forschung der Freien Universität Berlin, Bd. 26), 2. Aufl., Opladen 1978.

MOCK, Ursula, Cardijn. Mensch und Werk (= Gestalten und Programme, Bd. 2), Limburg 1971.

MÖHRING, Marianne, Hundert Jahre unterwegs 1874-1974. Arbeiterverein Augsburg, Augsburg 1974.
MOOSER, Josef, Arbeiterleben in Deutschland 1900-1970. Klassenlagen, Kultur und Politik (= Neue Historische Bibliothek), Frankfurt am Main 1984.
MORGENSCHWEIS, Fritz, Im Atem der Zeit. Predigten zu aktuellen Anlässen, München 1995.
MORSEY, Rudolf, Die Bundesrepublik Deutschland. Entstehung und Entwicklung bis 1969 (= Oldenbourg Grundriß der Geschichte, Bd. 19), 4. Aufl., München 2000 (zit.: R. MORSEY, Bundesrepublik).
MORSEY, Rudolf, Gründung und Gründer der Kommission für Zeitgeschichte 1960-1962, in: HJB 115 (1995), S. 453-485 (zit.: R. MORSEY, Gründung).
MÜLLER, Dirk H., Arbeiter – Katholizismus – Staat. Der Volksverein für das katholische Deutschland und die katholischen Arbeiterorganisationen in der Weimarer Republik (= Politik- und Gesellschaftsgeschichte, Bd. 43), Bonn 1996.
MÜLLER, Heinz J., Würdigung für P. Oswald von Nell-Breuning SJ anläßlich der Vollendung seines 100. Lebensjahres am 8. März 1990, in: Wolfgang J. MÜCKL (Hrsg.), Die Enzyklika Quadragesimo anno und der Wandel der sozialstaatlichen Ordnung (= Rechts- und Staatswissenschaftliche Veröffentlichungen der Görres-Gesellschaft, NF, Bd. 62), Paderborn – München – Wien – Zürich 1991, S. 69-88.
MÜLLER, Josef, Bis zur letzten Konsequenz. Ein Leben für Frieden und Freiheit, München 1975.
MÜLLER, Werner, Die Gründung des DGB, der Kampf um die Mitbestimmung, programmatisches Scheitern und der Übergang zum gewerkschaftlichen Pragmatismus, in: Hans-Otto HEMMER / Kurt Thomas SCHMITZ (Hrsg.), Geschichte der Gewerkschaften in der Bundesrepublik Deutschland. Von den Anfängen bis heute, Köln 1990, S. 85-147 (zit.: W. MÜLLER, Gründung).
MÜLLER, Winfried, Schulpolitik in Bayern im Spannungsfeld von Kultusbürokratie und Besatzungsmacht 1945-1949 (= Quellen und Darstellungen zur Zeitgeschichte, Bd. 36), München 1995 (zit.: W. MÜLLER, Schulpolitik).

NELL-BREUNING, Oswald von, Katholizismus, in: Karl GABRIEL / Franz Xaver KAUFMANN (Hrsg.), Zur Soziologie des Katholizismus, Mainz 1980, S. 24-38.
NELSON, Leonard, Führer-Erziehung als Weg zur Vernunft-Politk. Rede gehalten auf Einladung des »Freybundes« in Berlin am 7. November 1921, Leipzig 1922.
NESNER, Hans-Jörg, Das Metropolitankapitel zu München (seit 1821), in: Georg SCHWAIGER (Hrsg.), Monachium Sacrum. Festschrift zur 500-Jahr-Feier der Metropolitankirche Zu Unserer Lieben Frau in München, Bd. 1, München 1994, S. 475-608.
NEUNDORFER, Bruno, Kolb, Joseph Otto (1881-1955), in: Erwin GATZ (Hrsg.), Die Bischöfe der deutschsprachigen Länder 1785/1803 bis 1945. Ein biographisches Lexikon, Berlin 1983.
NICK, Matthias, Die Katholische Arbeiter-Bewegung (KAB). Programm und Wirken des Westdeutschen Verbands der KAB 1945-1960. Diss. Mainz 1993.
NOORMANN, Harry, Evangelische Beiträge zum Ausbau des Sozialstaates. Schwerpunkte und Trends, in: Frank von AUER / Franz SEGBERS (Hrsg.), Sozialer Protestantismus

und Gewerkschaftsbewegung. Kaiserreich – Weimarer Republik – Bundesrepublik Deutschland, Köln 1994, S. 244–270.

NOPPEL, Constantin, Die neue Pfarrei. Eine Grundlegung, Freiburg im Breisgau 1939.

NUSS, Berthold Simeon, Der Streit um den Sonntag. Der Kampf der Katholischen Kirche in Deutschland von 1869 bis 1992 für den Sonntag als kollektive Zeitstruktur. Anliegen – Hintergründe – Perspektiven, Idstein 1996.

OCKENFELS, Wolfgang, Eberhard Welty (1902–1965), in: Jürgen ARETZ / Rudolf MORSEY / Anton RAUSCHER (Hrsg.), Zeitgeschichte in Lebensbildern aus dem deutschen Katholizismus des 19. und 20. Jahrhunderts, Bd. 4, Mainz 1980, S. 240–249.

PACELLI, Eugen Kardinal, Der hl. Konrad von Parzham, München 1937.

PADBERG, John W., Die Generalkongregationen des zwanzigsten Jahrhunderts, in: Jesuiten. Jahrbuch der Gesellschaft Jesu 2000, S. 7–22.

PANZER, Marita A., »Gott segne die christliche Arbeit!« Die katholischen Arbeiter- und Arbeiterinnenvereine Augsburgs 1874–1939, St. Ottilien 1992.

PAPST PIUS XII., 4 Wegweiser zur neuen Sozial-Ordnung, München o. J. [1945; 1. Aufl., 1931] (zit.: PAPST PIUS XII., Wegweiser).

PAPST PIUS XII., Mystici Corporis Christi, in: AAS XXXV (1943), S. 193–248. Auf deutsch gedruckt bei Carl FECKES, Die Kirche als Herrenleib. Darlegung und Erläuterungen zur Enzyklika Papst Pius XII. Mystici Corporis Christi (29. Juni 1943), Köln 1949, S. 175–239 (zit.: PAPST PIUS XII., Mystici Corporis Christi).

PERRIN, Henri, Tagebuch eines Arbeiterpriesters. Aufzeichnungen 1943/44. Übersetzt und bearbeitet von René MICHEL und Irmgard WILD, München 1955; 2. Aufl., München 1956 (zit.: H. PERRIN, Tagebuch).

PERRIN, Henri, Briefe und Dokumente aus dem Nachlaß, hrsg. von Robert und Geneviève BAGUET, Georges BAGUET, Pierre und Andrée CLAUDET u. a., München 1960 (zit.: H. PERRIN, Briefe).

PEULER, Wilhelm (Hrsg.), Wir feiern Feste im Priesterleben. Ein Werkbuch zur Gestaltung von Priesterfeiern, München 1951, 2. Aufl., München 1954.

PIEPER, Josef, Thesen zur Gesellschaftspolitik. Die Grundgedanken der Enzyklika Quadragesimo anno, Regensburg 1933 (zit.: J. PIEPER, Thesen zur Gesellschaftspolitik).

PIEPER, Josef, Thesen zur Sozialen Politik. Die Grundgedanken des Rundschreibens Quadragesimo anno, 2. Aufl., Freiburg im Breisgau 1946 (zit.: J. PIEPER, Thesen zur Sozialen Politik).

PIEPER, Josef, Thesen zur Sozialen Politik. Die Grundgedanken des Rundschreibens Quadragesimo anno, 4. Aufl., Frankfurt am Main 1947 (zit.: J. PIEPER, Thesen zur Sozialen Politik).

PÖLNITZ, Siegmund Freiherr von, Vierzehnheiligen. Eine Wallfahrt in Franken, Weißenhorn 1971.

PÖRNBACHER, Johann, Stadtpfarrer Dr. Emil Muhler in der Auseinandersetzung mit dem Nationalsozialismus, in: Beiträge zur altbayerischen Kirchengeschichte 41 (1994), S. 113–147.

POTTHOFF, Heinrich / WENZEL, Rüdiger (Bearb.), Handbuch politischer Institutionen und Organisationen 1945–1949 (= Handbücher zur Geschichte des Parlamentarismus und der politischen Parteien, Bd. 1), Düsseldorf 1983.

DER PRIESTER IN DER ARBEITERJUGEND (= Schrifttum der Christlichen Arbeiter-Jugend, Bd. 1), hrsg. von der Nationalleitung der CAJ, Essen 1949.

PRIESTER UNTER HITLERS TERROR. Eine biographische und statistische Erhebung. Unter Mitwirkung der Diözesanarchive bearbeitet von Ulrich von HEHL / Christoph KÖSTERS / Petra STENZ-MAUR / Elisabeth ZIMMERMANN (= VKZG, Reihe A: Quellen, Bd. 37), 3. Aufl., Paderborn – München – Wien – Zürich 1996.

PRINZ, Franz, Kirche und Arbeiterschaft. Gestern – heute – morgen, München – Wien 1974 (zit.: F. PRINZ, Kirche und Arbeiterschaft).

PRINZ, Franz, Die Welt der Industrie – eine Sorge der Kirche. Zur Praxis einer Arbeiter- und Betriebspastoral, Freiburg 1966 (zit.: F. PRINZ, Die Welt der Industrie).

PRINZ, Michael, Demokratische Stabilisierung, Problemlagen von Modernisierung im Selbstbezug und historische Kontinuität – Leitbegriffe einer Zeitsozialgeschichte, in: Westfälische Forschungen 43 (1993), S. 655–675.

PROTOKOLL GRÜNDUNGSKONGRESS DES DEUTSCHEN GEWERKSCHAFTSBUNDES München, 12.–14. Oktober 1949, hrsg. vom Bundesvorstand des Deutschen Gewerkschaftsbunds für das Gebiet der Bundesrepublik Deutschland, Köln 1950 (zit.: PROTOKOLL GRÜNDUNGSKONGRESS).

PROTOKOLLE DES BAYERISCHEN MINISTERRATS 1945–1954. Das Kabinett Schäffer, 28. Mai bis 28. September 1945, hrsg. von der Historischen Kommission bei der Bayerischen Akademie der Wissenschaften und der Generaldirektion der Staatlichen Archive Bayerns, bearb. von Karl-Ulrich GELBERG, München 1995 (zit.: PROTOKOLLE KABINETT SCHÄFFER).

PROTOKOLLE DES BAYERISCHEN MINISTERRATS 1945–1954. Das Kabinett Hoegner I, 28. September 1945 bis 21. Dezember 1946, hrsg. von der Historischen Kommission bei der Bayerischen Akademie der Wissenschaften und der Generaldirektion der Staatlichen Archive Bayerns, bearb. von Karl-Ulrich GELBERG, 2 Bde., München 1997 (zit.: PROTOKOLLE KABINETT HOEGNER I).

PROTOKOLLE DES BAYERISCHEN MINISTERRATS 1945–1954. Das Kabinett Ehard I, 21. Dezember 1946 bis 20. September 1947, hrsg. von der Historischen Kommission bei der Bayerischen Akademie der Wissenschaften und der Generaldirektion der Staatlichen Archive Bayerns, bearb. von Karl-Ulrich GELBERG, München 2000 (zit.: PROTOKOLLE KABINETT EHARD I).

PRÜMMER, Franz von, Von Marx bis Godesberg. Geschichte – Absicht – Wirklichkeit, Würzburg 1965.

RAEM, Heinz-Albert, Katholischer Gesellenverein und Deutsche Kolpingsfamilie in der Ära des Nationalsozialismus (= VKZG, Reihe B: Forschungen, Bd. 35), Mainz 1982.

RAHNER, Karl, Betrieb und Pfarrei, in: Karl RAHNER, Sendung und Gnade. Beiträge zur Pastoraltheologie, Innsbruck – Wien – München 1959, S. 434–451.

RAUSCHER, Anton, Karl Forster (1928–1981), in: Jürgen ARETZ / Rudolf MORSEY / Anton RAUSCHER (Hrsg.), Zeitgeschichte in Lebensbildern aus dem deutschen Katholizismus des 19. und 20. Jahrhunderts, Bd. 6, Mainz 1984, S. 231–249.

REICHSTAGS-HANDBUCH, VII. Wahlperiode 1932, hrsg. vom Büro des Reichstags, Berlin 1933.

REINHARD, Wolfgang, Möglichkeiten und Grenzen der Verbindung von Kirchengeschichte mit Sozial- und Wirtschaftsgeschichte, in: Grete KLINGENSTEIN, / Heinrich LUTZ (Hrsg.), Spezialforschung und »Gesamtgeschichte«. Beispiele und Methodenfragen zur Geschichte der frühen Neuzeit, München 1982, S. 243–278.

REINHARDT, Rudolf, Kirchliche Landesgeschichte, in: Theologische Quartalschrift 173 (1993), S. 1–9 sowie in: Jahrbuch des Vereins für Augsburger Bistumsgeschichte 28 (1994), S. 12–22.

REINWALD, Georg, Joseph Otto Kolb, Erzbischof von Bamberg, 1881–1955, in: Sigmund Freiherr von PÖLNITZ, Lebensläufe aus Franken (= Veröffentlichungen der Gesellschaft für Fränkische Geschichte, 7. Reihe), Bd. 6, Würzburg 1960, S. 303–317.

REISINGER, Franz, CAJ. Christliche Arbeiterjugend (Franz von Sales-Hefte, Nr. 17), Eichstätt – Wien – Düdingen 1948.

RENNER, Michael, Nachkriegsprotestantismus in Bayern. Untersuchungen zur politischen und sozialen Orientierung der Evangelisch-Lutherischen Kirche Bayern und ihres Landesbischofs Hans Meiser in den Jahren 1945–1955 (= tuduv-Studien: Reihe Politikwissenschaften, Bd. 46), München 1991.

REPGEN, Konrad, 25 Jahre Kommission für Zeitgeschichte – ein Rückblick, in: Ulrich von HEHL / Konrad REPGEN (Hrsg.), Der deutsche Katholizismus in der zeitgeschichtlichen Forschung, Mainz 1988, S. 9–17.

RICHTER, Jana, Eine Schule für Bayern. Die schulpolitische Auseinandersetzung um die Einführung der Christlichen Gemeinschaftsschule in Bayern nach 1945 (= MBM 169), München 1997.

RICHTER, Klaus, Die katholische Kirche und die ausländischen Arbeitnehmer. Die Ausländerpastoral und ihre Bedeutung für die deutsche Ortsgemeinde (= Akademische Bibliothek, Reihe: Religion und Kultur, Bd. 3), Altenberg 1984.

RIEBEL, Michaela, CSU im Werden. Gründung und Entwicklung der Christlich-Sozialen Union in Regensburg von 1945 bis zu den Wahlen zum Ersten Deutschen Bundestag. Hrsg. vom CSU-Kreisverband Regensburg Stadt, Regensburg 1985.

RÖHRIG, Hans-Günter, Sorge um den Menschen. Festschrift zum 25jährigen Bischofsjubiläum von Alterzbischof Josef Schneider, Bamberg 1980.

ROM '57. Berichte und Bilder vom Romtreffen der Welt-CAJ 19. bis 27. August 1957, hrsg. von den Nationalleitungen der CAJ und CAJF Deutschlands, Essen 1958.

RONDET, Henri, Joseph von Nazareth. Gestalt und Verehrung, Freiburg im Breisgau 1956.

ROST, Hans, Sozialdemokratie und Christentum. Anklage des Jahrhunderts, Augsburg o.J. [1953].

RÜTHER, Martin / SCHÜTZ, Uwe / DANN, Otto (Hrsg.), Deutschland im ersten Nachkriegsjahr. Berichte von Mitgliedern des Internationalen Sozialistischen Kampfbundes

(ISK) aus dem besetzten Deutschland 1945/56 (= Texte und Materialien zur Zeitgeschichte, Bd. 10), München 1998.

RUF, Alfons, 600 Jahre Mariabuchen, Lohr am Main 1995.

RUHL, Klaus-Jörg, Verordnete Unterordnung. Berufstätige Frauen zwischen Wirtschaftswachstum und konservativer Ideologie in der Nachkriegszeit, München 1994.

RUPPERT, Karsten, Im Dienst am Staat von Weimar. Das Zentrum als regierende Partei in der Weimarer Demokratie 1923–1930 (= Beiträge zur Geschichte des Parlamentarismus und der politischen Parteien, Bd. 96), Düsseldorf 1992.

SAND, Joachim, Unter Kreuz und Hammer. Zur Entstehungs- und Wirkungsgeschichte der Katholischen Arbeitnehmer-Bewegung (KAB) in der Diözese Trier (= Trierer Theologische Studien, Bd. 60), Trier 1996.

SCHANZ, Willy (Hrsg.), Katholische Junge Mannschaft, Gruppe München. Wege einer Gruppe 1945–1985, München 1985.

SCHASCHING, Johannes, Zeitgerecht – zeitbedingt. Nell-Breuning und die Sozialenzyklika Quadragesimo anno nach dem Vatikanischen Geheimarchiv, Bornheim 1994.

SCHENK, Christian (Red.), Zehn Jahre katholische Arbeiterbildung im Katholisch-Sozialen Institut der Erzdiözese Köln, Bonn 1964.

SCHICKEL, Alfred, Joseph Kardinal Schröffer. Ein Leben für die Kirche, Eichstätt 1991.

SCHIEDER, Wolfgang, Religion in der Sozialgeschichte, in: Wolfgang SCHIEDER / Volker SELLIN (Hrsg.), Sozialgeschichte in Deutschland. Entwicklungen und Perspektiven im internationalen Zusammenhang, Bd. 3, Göttingen 1987, S. 9–13 (zit.: W. SCHIEDER, Religion in der Sozialgeschichte).

SCHIEDER, Wolfgang, Sozialgeschichte der Religion im 19. Jahrhundert. Bemerkungen zur Forschungslage, in: Wolfgang SCHIEDER (Hrsg.), Religion und Gesellschaft im 19. Jahrhundert, Stuttgart 1993, S. 11–28 (zit.: W. SCHIEDER, Bemerkungen zur Forschungslage).

SCHILDT, Axel / SYWOTTEK, Arnold (Hrsg.), Modernisierung im Wiederaufbau. Die westdeutsche Gesellschaft der 50er Jahre (= Politik- und Gesellschaftsgeschichte, Bd. 33), Bonn 1993.

SCHILDT, Gerhardt, Die Arbeiterschaft im 19. und 20. Jahrhundert (= Enzyklopädie deutscher Geschichte, Bd. 36), München 1996.

SCHINAGL, Hannes, Politische Bildung im »Dienstag-Club«, in: Michael SCHRÖDER (Hrsg.), Bayern 1945: Demokratischer Neubeginn. Interviews mit Augenzeugen, München 1985, S. 105–110.

SCHINDLER, Peter (Bearb.), Datenhandbuch zur Geschichte des Deutschen Bundestages 1949 bis 1982, 3. Aufl., Baden-Baden 1984.

SCHLEMMER, Thomas, Aufbruch, Krise und Erneuerung. Die Christlich-Soziale Union 1945 bis 1955 (= Quellen und Darstellungen zur Zeitgeschichte, Bd. 41), München 1998 (zit.: T. SCHLEMMER, Aufbruch, Krise und Erneuerung).

SCHLEMMER, Thomas, Gesellschaft und Politik in Bayern 1949–1973. Ein neues Projekt des Instituts für Zeitgeschichte, in: VfZ 46 (1998), S. 311–325 (zit.: T. SCHLEMMER, Gesellschaft und Politik).

SCHLICKEL, Ferdinand, Isidor Markus Emanuel, Bischof von Speyer (1953-1968), in: Hans AMMERICH (Hrsg.), Lebensbilder der Bischöfe von Speyer seit der Wiedererrichtung des Bistums Speyer 1817/21. Festgabe zum 60. Geburtstag Seiner Exzellenz Dr. Anton Schlembach, Bischof von Speyer, Speyer 1992, S. 307-337.

SCHMIDT, Ute, Zentrum oder CDU. Politischer Katholizismus zwischen Tradition und Anpassung (= Schriften des Zentralinstituts für sozialwissenschaftliche Forschung der Freien Universität Berlin, Bd. 51), Opladen 1987.

SCHMITT, Hermann-Josef, Kreuz und Hammer als Symbol, in: Priester und Arbeiter 1950/1951, S. 189-192 (zit.: H.-J. SCHMITT, Kreuz und Hammer).

SCHMITT, Hermann-Josef, Lebensgestaltung durch den Arbeiterverein, in: Priester und Arbeiter 1950/1951, S. 13-23, 68-74; 1950/52, S. 1-8 (zit.: H.-J. SCHMITT, Lebensgestaltung).

SCHMÖGER, Helga (Bearb.), Der Bayerische Senat. Biographisch-statistisches Handbuch 1947-1997 (= Handbücher zur Geschichte des Parlamentarismus und der politschen Parteien, Bd. 10), Düsseldorf 1998.

SCHNEIDER, Michael, Die Christlichen Gewerkschaften 1894-1933 (= Politik- und Gesellschaftsgeschichte, Bd. 10), Bonn 1982.

SCHNELL, Hugo Karl Maria, Der baierische Barock. Die volklichen, die geschichtlichen und die religiösen Grundlagen. Sein Siegeszug durch das Reich, München 1936.

SCHÖNHOVEN, Klaus, Die Bayerische Volkspartei 1924-1932 (= Beiträge zur Geschichte des Parlamentarismus und der politischen Parteien 46), Düsseldorf 1972 (zit.: K. SCHÖNHOVEN, Die Bayerische Volkspartei).

SCHÖNHOVEN, Klaus, Die deutschen Gewerkschaften, Frankfurt am Main 1987. (zit.: K. SCHÖNHOVEN, Gewerkschaften).

SCHOLL, Horst-Dieter, Die Neugründung christlicher Gewerkschaften in Westdeutschland. Ihre Vorgeschichte und Ursachen, Problematik und Entwicklung, Diss. Marburg 1960.

SCHREYER, Klaus, Bayern – ein Industriestaat. Das wirtschaftliche Wachstum nach 1945 als Ordnungs- und Strukturproblem, München – Wien 1969.

SCHRÖDER, Michael, »In der vereinten Kraft muß unsere Stärke liegen!« Zur Geschichte des Bayerischen Gewerkschafts-Bundes, Köln 1985.

SCHROEDER, Wolfgang, Gewerkschaftspolitik zwischen DGB, Katholizismus und CDU 1945 bis 1960. Katholische Arbeiterführer als Zeitzeugen in Interviews, Köln 1990 (zit.: W. SCHROEDER, Gewerkschaftspolitik).

SCHROEDER, Wolfgang, Katholizismus und Einheitsgewerkschaft. Der Streit um den DGB und der Niedergang des traditionellen Sozialkatholizismus in der Bundesrepublik bis 1960 (= Politik- und Gesellschaftsgeschichte, Bd. 30), Bonn 1992 (zit.: W. SCHROEDER, Katholizismus und Einheitsgewerkschaft).

SCHROEDER, Wolfgang, Die gewerkschaftspolitische Diskussion in der evangelischen Kirche zwischen 1945 und 1955, in: Frank von AUER / Franz SEGBERS (Hrsg.), Sozialer Protestantismus und Gewerkschaftsbewegung. Kaiserreich – Weimarer Republik – Bundesrepublik Deutschland, Köln 1994, S. 221-243 (zit.: W. SCHROEDER, Diskussion).

Schroeder, Wolfgang (Hrsg.), Katholische Arbeiterjugend im Wandel (1945-1977), Bd. 1: Annäherungen an Geschichte und Struktur der Christlichen Arbeiterjugend (CAJ). Mit Beiträgen von Rainer Bleil, Thomas Kremer und Hildegard Huwé; Bd. 2: Materialien zur Geschichte der CAJ (1945-1977). Dokumente sowie Gruppeninterviews mit Zeitzeugen der verschiedenen Epochen. Zusammengestellt von Wolfgang Schroeder, Rainer Bleil, Thomas Kremer und Hildegard Huwé (= Frankfurter Arbeitspapiere zur gesellschaftsethischen und sozialwissenschaftlichen Forschung, Bd. 18), Frankfurt am Main 1998 (zit.: W. Schroeder, Katholische Arbeiterjugend).

Schroer, Hans, Das Leben der Schar, in: Bernd Börger / Hans Schroer (Hrsg.), Sie hielten stand. Sturmschar im Katholischen Jungmännerverband Deutschlands, 2. Aufl., Düsseldorf 1990, S. 57-93 (zit.: H. Schroer, Das Leben der Schar).

Schroer, Hans, Franz Steber, in: Bernd Börger / Hans Schroer (Hrsg.), Sie hielten stand. Sturmschar im Katholischen Jungmännerverband Deutschlands, 2. Aufl., Düsseldorf 1990, S. 167-181 (zit.: H. Schroer, Steber).

Schulte, Caspar, Erwägungen zur Frage »Priesternachwuchs«, in: Der Männerseelsorger. Werkblatt für Männerseelsorge und Männerbewegung 13 (1963), S. 17-19.

Schulz, Günther, Eigenheimpolitik und Eigenheimförderung im ersten Jahrzehnt nach dem Zweiten Weltkrieg, in: Axel Schildt / Arnold Sywottek (Hrsg.), Massenwohnung und Eigenheim. Wohnungsbau und Wohnen in der Großstadt seit dem Ersten Weltkrieg, Frankfurt am Main - New York 1988, S. 409-439 (zit.: G. Schulz, Eigenheimpolitik).

Schulz, Günther, Die Auseinandersetzung um die Integration der Wohnungspolitik in die Marktwirtschaft (1945-1960), in: Dietmar Petzina (Hrsg.), Ordnungspolitische Weichenstellungen nach dem Zweiten Weltkrieg, Berlin 1991, S. 123-143 (zit.: G. Schulz, Auseinandersetzung).

Schulz, Günther, Wohnungspolitik und soziale Sicherung nach 1945: das Ende der Arbeiterwohnungsfrage, in: Klaus Tenfeld (Hrsg.), Arbeiter im 20. Jahrhundert (= Industrielle Welt, Bd. 51), Stuttgart 1991, S. 483-506 (zit.: G. Schulz, Wohnungspolitik).

Schulz, Günther, Wiederaufbau in Deutschland. Die Wohnungspolitik in den Westzonen und der Bundesrepublik von 1945 bis 1957 (= Forschungen und Quellen zur Zeitgeschichte, Bd. 20), Düsseldorf 1994 (zit.: G. Schulz, Wiederaufbau).

Schurr, Viktor, Seelsorge in einer neuen Welt. Eine Pastoral der Umwelt und des Laientums (= Studia Theologiae moralis et pastoralis, Bd. 3), 2. Aufl., Salzburg 1957.

Schwab, Martin, Kirchlich, kritisch, kämpferisch. Der Bund der Deutschen Katholischen Jugend (BDKJ) 1947-1989, Würzburg 1994 (zit.: M. Schwab, Kirchlich, kritisch, kämpferisch).

Schwab, Martin, Kirche leben und Gesellschaft gestalten. Der Bund der Deutschen Katholischen Jugend (BDKJ) in der Bundesrepublik Deutschland und der Diözese Würzburg 1947-1989 (= Quellen und Forschungen zur Geschichte des Bistums und Hochstifts Würzburg, Bd. 51), Würzburg 1997 (zit.: M. Schwab, Kirche leben).

Schwaiger, Georg, Kardinal Michael von Faulhaber, in: Zeitschrift für Kirchengeschichte 80 (1969), S. 359-374 (zit.: G. Schwaiger, Kardinal Michael von Faulhaber).

SCHWAIGER, Georg, Zusammenbruch und Wiederaufbau, in: Georg SCHWAIGER (Hrsg.), Das Erzbistum München und Freising im 19. und 20. Jahrhundert (= Geschichte des Erzbistums München und Freising, Bd. 3), München 1989, S. 372–414 (zit.: G. SCHWAIGER, Zusammenbruch und Wiederaufbau).

SCHWAIGER, Georg / HEIM, Manfred, Kardinal Joseph Wendel. Zum Gedächtnis des Bischofs von Speyer und Erzbischofs von München und Freising, München 1992.

SCHWAIGER, Georg, Joseph Wendel, Bischof von Speyer (1943–1952), in: Hans AMMERICH (Hrsg.), Lebensbilder der Bischöfe von Speyer seit der Wiedererrichtung des Bistums Speyer 1817/21. Festgabe zum 60. Geburtstag Seiner Exzellenz Dr. Anton Schlembach, Bischof von Speyer, Speyer 1992, S. 277–306 (zit.: G. SCHWAIGER, Joseph Wendel, Bischof von Speyer).

SCHWARTE, Johannes, Gustav Gundlach S.J. (1892–1963). Maßgeblicher Repräsentant der katholischen Soziallehre während der Pontifikate Pius' XI. und Pius' XII. (= Abhandlungen zur Sozialethik, Bd. 9), München – Paderborn – Wien 1975.

SCHWARZ, Hans-Peter, Die Ära Adenauer: Gründerjahre der Republik, 1949–1957. Mit einem einleitenden Essay von Theodor ESCHENBURG (= Geschichte der Bundesrepublik Deutschland, Bd. 2), Stuttgart – Wiesbaden 1981 (zit.: H.-P. SCHWARZ, Ära Adenauer 1949–1957).

SCHWARZ, Hans-Peter, Modernisierung oder Restauration? Einige Vorüberlegungen zur künftigen Sozialgeschichtsforschung über die Ära Adenauer, in: Kurt DÜWELL / Wolfgang KÖLLMANN, (Hrsg.), Rheinland-Westfalen im Industriezeitalter, Bd. 3: Vom Ende der Weimarer Republik bis zum Land Nordrhein-Westfalen, Wuppertal 1984, S. 278–293 (zit.: H.-P. SCHWARZ, Modernisierung).

SCHWARZ, Hans-Peter, Die Fünfziger Jahre als Epochenzäsur, in: Jürgen HEIDEKING / Gerhard HUFNAGEL / Franz KNIPPING (Hrsg.), Wege in die Zeitgeschichte. Festschrift zum 65. Geburtstag von Gerhard Schulz, Berlin – New York 1989, S. 473–496 (zit.: H.-P. SCHWARZ, Fünfziger Jahre).

SCHWARZ, Leopold, 20 Jahre später! Kämpfen und Sterben um eine Stadt! München 1934; 2. Aufl. München 1935 (zit.: L. SCHWARZ, 20 Jahre später).

SCHWARZ, Leopold, Steh' fest im Glauben. Wahrheiten aus Bibel und Leben, 5 Bände, München 1938–1940 (zit.: L. SCHWARZ, Steh' fest im Glauben).

SCHWARZ, Leopold, Der deutsche Irrstern und der Stern des Friedens, München 1946 (zit.: L. SCHWARZ, Irrstern).

SCHWARZ, Leopold, Die sichtbare Messe, Passau 1949 (zit.: L. SCHWARZ, Die sichtbare Messe).

SEITZ, Joseph, Die Verehrung des heiligen Joseph in ihrer geschichtlichen Entwicklung bis zum Konzil von Trient, Freiburg im Breisgau 1908.

SIEFER, Gregor, Die Mission der Arbeiterpriester. Ergebnisse und Konsequenzen. Ein Beitrag zum Thema: Kirche und Industriegesellschaft, Essen 1960.

SIMON, Robert Ernst, Wohnungsbau ist heute in Wahrheit Dombau. Katholische Kirche und Wohnungsbau in Bayern 1945–1955 (= Einzelarbeiten aus der Kirchengeschichte Bayerns, Bd. 70), Neustadt an der Aisch 1995.

SOLIDARISCH IN KIRCHE UND ARBEITSWELT. 100 Jahre Katholische Arbeitnehmer-Bewegung in der Diözese Würzburg. Mit Beiträgen von Gerd STEILER, Winfried JESTAEDT und Arnold SEIPEL, Würzburg 1990.

SONNENBERGER, Franz, Die Rekonfessionalisierung der bayerischen Volksschule 1945–1950, in: ZBLG 45 (1982), S. 87–155.

SORGE UM DIE GESUNDHEIT IN SELBSTVERANTWORTUNG UND GEMEINSCHAFTSHILFE. Vorträge der VI. Katholischen Sozialen Woche 1958, hrsg. vom Katholisch-Sozialen Institut der Erzdiözese Köln, München 1959.

SOZIALE SICHERUNG DURCH NEUORDNUNG DES EIGENTUMS. Vortragsreihe der 4. Katholischen Sozialen Woche 1953 in München, hrsg. von der Arbeitsgemeinschaft der Katholischen Sozialen Woche, Augsburg o. J.

SOZIALES ABC. Material für Vorträge und Schulung in der Katholischen Soziallehre, Bamberg 1947.

SPOTTS, Frederic, Kirchen und Politik in Deutschland. Mit einem Nachwort zur deutschen Ausgabe von Friedrich WEIGEND-ABENDROTH, Stuttgart 1976.

STAMM, Christoph, Regionale Fest- und Gedenkschriften der deutschen Arbeiterbewegung. Annotierte Bibliographie von Fest-, Gedenk- und ähnlichen Schriften regionaler und lokaler Organisationsgliederungen der deutschen Arbeiter- und Angestelltenbewegung bis 1985. Mit Standortangabe, Bonn 1987.

STANKOWSKI, Martin, Linkskatholizismus nach 1945. Die Presse oppositioneller Katholiken in der Auseinandersetzung für eine demokratische und sozialistische Gesellschaft, Köln 1976.

STATISTISCHES JAHRBUCH FÜR BAYERN 27 (1961), hrsg. vom Bayerischen Statistischen Landesamt, München o. J. [1961] (zit.: STATISTISCHES JAHRBUCH 1961).

STEGER, Gerhard, Marx kontra Christus? Die Entwicklung der Katholischen Arbeiterjugend Österreichs 1946 bis 1980, Wien 1983.

STEGMANN, Franz Josef, Die katholische Kirche in der Sozialgeschichte. Die Gegenwart, München – Wien 1983.

STEINKÄMPER, Manfred (Hrsg.), Kirche und Politik, Osnabrück 1966.

STEINMAUS-POLLAK, Angelika, Das als Katholische Aktion organisierte Laienapostolat. Geschichte seiner Theorie und seiner kirchenrechtlichen Praxis in Deutschland (= Forschungen zur Kirchenrechtswissenschaft, Bd. 4), Würzburg 1988.

STORCK, Steffen, Kirchengeschichtsschreibung als Theologie. Theorien der Kirchengeschichtsschreibung in der deutschsprachigen evangelischen und katholischen Theologie seit 1945, Aachen 1997.

STRENKERT, Paul, Katholisches Werkvolk an der Arbeit, in: Werkhefte für katholische Laienarbeit, Bd. 3 (1949) Heft 5, S. 15–19.

STUMP, Wolfgang, Geschichte und Organisation der Zentrumspartei in Düsseldorf 1917–1933 (= Beiträge zur Geschichte des Parlamentarismus und der politischen Parteien, Bd. 43), Düsseldorf 1971.

TEPPE, Karl, Landesgeschichtliche Traditionen und sozialgeschichtliche Erneuerung. Das Westfälische Institut für Regionalgeschichte, in: Westfälische Forschungen 46 (1996), S. 495–508.

TEXTE ZUR KATHOLISCHEN SOZIALLEHRE II. Dokumente zur Geschichte des Verhältnisses von Kirche und Arbeiterschaft am Beispiel der KAB, bearb. von Wolfgang KLEIN / Heinrich LUDWIG / Karl-Josef RIVINUS, hrsg. vom Bundesverband der Katholischen Arbeitnehmer-Bewegung (KAB) Deutschlands, 2 Bde., 1976 (zit.: TEXTE ZUR KATHOLISCHEN SOZIALLEHRE II).

TEXTE ZUR KATHOLISCHEN SOZIALLEHRE. Die sozialen Rundschreiben der Päpste und andere kirchliche Dokumente mit Einführungen von Oswald von NELL-BREUNING SJ und Johannes SCHASCHING SJ, hrsg. vom Bundesverband der Katholischen Arbeitnehmer-Bewegung Deutschlands – KAB, 7. Aufl., Köln – Kevelaer 1989 (zit.: TEXTE ZUR KATHOLISCHEN SOZIALLEHRE).

THIESEN, Helene, Christlich-Soziale Arbeitnehmerschaft und Gewerkschaftsfrage 1945–1953, Diss. Bonn 1988.

THRÄNHARDT, Dietrich, Wahlen und politische Strukturen in Bayern 1848–1953 (= Beiträge zur Geschichte des Parlamentarismus und der politischen Parteien, Bd. 51), Düsseldorf 1973.

TRIPPEN, Norbert, Interkonfessionelle Irritationen in den ersten Jahren der Bundesrepublik Deutschland, in: Karl Dietrich BRACHER / Paul MIKAT / Konrad REPGEN / Martin SCHUMACHER / Hans-Peter SCHWARZ (Hrsg.), Staat und Parteien. Festschrift für Rudolf Morsey zum 65. Geburtstag, Berlin 1992, S. 345–377.

UERTZ, Rudolf, Christentum und Sozialismus in der frühen CDU. Grundlagen und Wirkungen der christlich-sozialen Ideen in der Union 1945–1949 (= Schriftenreihe der VfZ, Bd. 43), Stuttgart 1981.

UHLIG, Christian, Funktion und Situation der Kirchengeschichte als theologischer Disziplin (= Europäische Hochschulschriften, Reihe XXII: Theologie, Bd. 269), Frankfurt am Main – Bern – New York 1985.

ULRICH, Karl (Hrsg.), Die katholischen Gemeinden von Nürnberg und Fürth im 19. und 20. Jahrhundert. Unter Mitarbeit von Wolfgang HANDRIK, Brun APPEL, Theo KELLERER, Renate SENDLBECK, Josef URBAN, Bamberg 1989.

UNGER, Ludwig, Die Verehrung des hl. Josephs in der katholischen Arbeitnehmerschaft am Beispiel des Katholischen Arbeitervereins und des Katholischen Werkvolks Bamberg, in: Horst BIELMEIER / Klaus RUPPRECHT (Hrsg.), Festgabe Gerd Zimmermann zum 65. Geburtstag (= Historischer Verein für die Pflege der Geschichte des ehemaligen Fürstbistums Bamberg, Beiheft 23), Bamberg 1989, S. 209–237 (zit.: L. UNGER, Verehrung).

UNGER, Ludwig, Die Katholische Arbeitnehmerbewegung auf neuen Wegen. Das Katholische Werkvolk in der Erzdiözese Bamberg von 1946 bis 1963 (= Historischer Verein für die Pflege der Geschichte des ehemaligen Fürstbistums Bamberg, Beiheft 29), Bamberg 1993 (zit.: L. UNGER, Katholische Arbeitnehmerbewegung).

UNGER, Ludwig, Städtische Arbeiterschaft ohne Kirchenbindung. Katholische Arbeitnehmer in ausgewählten Städten der Erzdiözese Bamberg nach 1945, in: Stadt und Frömmigkeit. Colloquium zum 70. Geburtstag von Gerd Zimmermann (11.–13. November 1994 in Bamberg), hrsg. von Ulrich KNEFELKAMP, Bamberg 1995, S. 195–223 (zit.: L. UNGER, Städtische Arbeiterschaft).

UNTERGEHRER, Stephan, Die Hausmission. Ein neuer Weg für die Missionsseelsorge unserer Tage, in: Georg BRANDHUBER (Hrsg.), Die Redemptoristen 1732-1932. Festgabe zur 200-Jahr-Feier der Kongregation des Allerheiligsten Erlösers, Bamberg 1932, S. 129-137.

UNTERHITZENBERGER, Konrad, Werkvolk in unserer Zeit, in: Wichtiger aber ist der Mensch, hrsg. vom Diözesanverband Passau, Zwiesel 1969, S. 29-66.

DIE UNTERSUCHUNG. Das Mittel zur Rettung der Arbeiterjugend. Hrsg. vom Gebietssekretariat Ludwigshafen am Rhein, Neustadt an der Haardt 1947.

UTZ, Arthur-Fridolin / GRONER, Joseph-Fulko (Hrsg.), Aufbau und Entfaltung des gesellschaftlichen Lebens. Soziale Summe Pius XII., 3 Bde., Freiburg/Schweiz 1954-1961.

VERBANDSBERICHT ZUM 21. VERBANDSTAG DER KAB vom 7.-10. Mai 1959 in Essen/Ruhr, hrsg. vom Verband der Katholischen Arbeiter-, Arbeiterinnen- und Knappenvereine Westdeutschlands, o. O. [Köln] o. D. [1959].

VOKKERT, Heinrich, Entwicklung und Wandlung der Industrie- und Sozialpfarrämter in den westdeutschen Landeskirchen von 1945 bis Ende der 60er Jahre. Sozialethische und religionssoziologische Aspekte, Diss. Münster 1973.

VOLK, Ludwig (Bearb.), Akten Kardinal Michael von Faulhabers 1917-1945, Bd. I: 1917-1934 (= VKZG, Reihe A: Quellen, Bd. 11), Mainz 1969 (zit.: L. VOLK, Akten Faulhaber I).

VOLK, Ludwig (Bearb.), Akten Kardinal Michael von Faulhabers 1917-1945, Bd. II: 1935-1945 (= VKZG, Reihe A: Quellen, Bd. 26), Mainz 1978 (zit.: L. VOLK, Akten Faulhaber II).

VOLK, Ludwig, Kardinal Michael von Faulhaber (1869-1952), in: Ludwig VOLK, Katholische Kirche und Nationalsozialismus. Ausgewählte Aufsätze (= VKZG, Reihe B: Forschungen, Bd. 46), Mainz 1987, S. 201-251 (zit.: L. VOLK, Kardinal Michael von Faulhaber).

VOLLHALS, Clemens, Kirchliche Zeitgeschichte nach 1945. Schwerpunkte, Tendenzen, Defizite, in: Jochen-Christoph KAISER / Anselm DOERING-MANTEUFFEL (Hrsg.), Christentum und politische Verantwortung. Kirchen im Nachkriegsdeutschland (= Konfession und Gesellschaft, Bd. 2), Stuttgart - Berlin - Köln 1990, S. 176-192.

WÄCHTER, Dietmar, Katholische Arbeiterbewegung und Nationalsozialismus im Erzbistum Paderborn (= Paderborner Beiträge zur Geschichte, Nr. 3), Paderborn 1989.

WAGNER, Georg, Sozialstaat gegen Wohnungsnot. Wohnraumbewirtschaftung und Sozialer Wohnungsbau im Bund und in Nordrhein-Westfalen 1950-1970 (= Forschungen zur Regionalgeschichte, Bd. 11), Paderborn 1995.

WAGNER, Hans, Das Ende der katholischen Presse. Bd. 1: Ein Notwendiges Übel, Bd. 2: Restauration des Gettos, Bd. 3: Das Ende wird publik (= Der Christ in der Welt. Eine Enzyklopädie, XIV. Reihe, Bd. 5a-d), Aschaffenburg 1974.

WALKER, Thomas, Die Arbeitnehmer-Union in der CSU: Geschichte und Strukturen der CSA von 1953 bis 1990, Diss. Würzburg 1998. Erschien gekürzt und ohne Anmerkung unter dem Titel: Die Arbeitnehmer-Union in der CSU: Geschichte und Strukturen der

CSA von 1953 bis 1990 (= Berichte und Studien der Hanns-Seidel-Stiftung, Bd. 80), München 2000; zit. nach der Fassung von 1998.

WEHRL, Franz, »Ich vermag alles in dem, der mich stärkt«. P. Dr. Franz Reisinger. Leben und Sendung, Eichstätt – Wien 1989.

WEISS, Helmut, Abschlußbericht über das OMGUS-Projekt (1976–1983), in: VfZ 32 (1984), S. 319–326.

DER WELT VERPFLICHTET 1890–1965, hrsg. vom Diözesanverband Werkvolk Würzburg, Würzburg 1965.

WENGST, Udo, Thomas Dehler 1897–1967. Eine politische Biographie, München 1997.

WENISCH, Siegfried, Die Akten der amerikanischen Militärregierung in Bayern, in: Mitteilungen für die Archivpflege in Bayern 27/28 (1981/82), S. 52–61.

WERKGESANG. Lieder des Werkvolkes, 2. Aufl., Köln 1930.

WERKVOLK SINGT. Hrsg. vom »Werkvolk«. Süddeutscher Verband Kath. Arbeitnehmer, Verbandszentrale München, Bad Godesberg 1955.

WETZEL, Jürgen, Das OMGUS-Projekt. Die Verfilmung von Akten der US-Militärregierung, in: Berlin in Geschichte und Gegenwart. Jahrbuch des Landesarchivs Berlin 1 (1982), S. 121–130.

WIEBEL-FANDERL, Olivia, Religion als Heimat? Zur lebensgeschichtlichen Bedeutung katholischer Glaubenstraditionen (= Kulturstudien, Bibliothek der Kulturgeschichte, Bd. 29), Wien – Köln – Weimar 1993.

WIERZ, Ulrich, Katholische Soziallehre in der Erwachsenenbildung am Beispiel der Sozialen Seminare (= Wissenschaftliche Schriften im Wissenschaftlichen Verlag Dr. Schulz-Kirchner, Reihe 11: Beiträge zur Philosophie, Bd. 106), Idstein 1993.

WILL, Josef, Handbuch der Katholischen Aktion, Freiburg im Breisgau 1934.

WINKEL, Udo, Die Akten der amerikanischen Militärregierung in Nürnberg zwischen 1945 und 1949, in: Mitteilungen des Vereins für Geschichte der Stadt Nürnberg, Bd. 75 (1988), S. 211–222 (zit.: U. WINKEL, Akten).

WINKEL, Udo (Bearb.), Nürnberg 1945–1949. Quellen zur Nachkriegsgeschichte, 3 Bde. (= Quellen zur Geschichte und Kultur der Stadt Nürnberg, Bd. 20–22), Nürnberg 1989 (zit.: U. WINKEL, Nürnberg).

WITTSTADT, Klaus, Bischof Julius Döpfner und die Diözese Würzburg. Zum 20. Jahrestag seines Todes am 24. Juli 1976, in: Würzburger Diözesangeschichtsblätter 58 (1996), S. 101–125.

WOLLER, Hans, Gesellschaft und Politik in der amerikanischen Besatzungszone: die Region Ansbach und Fürth (= Quellen und Darstellungen zur Zeitgeschichte, Bd. 25), München 1986.

WURSTER, Herbert W., Zur Lebenskultur des Passauer Diözesanklerus im 19. und 20. Jahrhundert, in: RQ 88 (1993), S. 356–373.

ZEITLER, Peter, Neubeginn in Oberfranken 1945–1949. Die Landkreise Kronach und Kulmbach, Kronach 1998.

ZORN, Wolfgang, Bayerns Gewerbe, Handel und Verkehr (1806–1970), in: Max SPINDLER (Hrsg.), Handbuch der Bayerischen Geschichte, Bd. 4: Das neue Bayern 1800–1970, 2. Aufl., München 1979, S. 781–845.

ZUR PROBLEMATIK DER ARBEITERPRIESTER. Dargestellt anhand von Erfahrungsberichten, Analysen und Dokumenten, in: DIE WELT DER BÜCHER. Literarische Beihefte zur Herder-Korrespondenz, 2. Folge, Neuntes Heft, Ostern 1963.

PERSONEN-, ORTS- UND SACHREGISTER

Die mit einem Stern (*) versehenen Seitenzahlen verweisen auf den Anmerkungsapparat der entsprechenden Seite. Periodika sind kursiv gesetzt. Wenn Landkreise, Werkvolkgemeinschaften, Sekretariate, Bezirke oder Städte den gleichen Namen tragen, werden sie nicht getrennt aufgeführt. Die geographischen Stichworte »Bayern« und »Süddeutschland« wurden nicht in das Register aufgenommen. Unter dem Lemma »Ordinariat« sind auch Funktionsträger der bischöflichen Verwaltung wie etwa der Finanzdirektor, Generalvikar oder Leiter des Seelsorgsamts subsumiert. Unter dem Lemma »Ministerium« sind auch dessen Funktionsträger wie etwa Minister oder Staatsekretäre subsumiert.

Aachen
- Bistum 65, 238*, 245, 250*, 252*, 515
  - Bischof s. Velden
- Stadt 250*
Abenthum, Karl Johann 168, 260
Acies ordinata 58
Ackermann-Gemeinde 176, 444*
Adenauer, Konrad 13, 231, 234, 432*, 458
Adenauer, Paul 328*
Adlhoch, Hans 105, 111, 453
Agartz, Viktor 484*
Akademiker 66, 278, 462, 475, 477
Altenberg 129*, 245*, 247*, 259*
Altenfurt 37*
Altmann, Karl 239
Altötting 101*, 198*, 199, 208–210, 267–268
Alzenau 139
Aktionsausschuß Christlich-Sozialer Arbeitnehmerorganisationen Bayerns 309
Amberg 37*, 132–134, 198*, 201*, 304*, 341*, 444*, 450*
Amberg, Johann 421
Ambs, Hermann 149
Amelunxen, Rudolf 65
Amerika, s. Vereinigte Staaten von Amerika
Amerikanische Besatzungszone 167, 494
Anderl, Ludwig 126, 364, 367*, 369*
Angerhausen, Julius 120*, 248*, 249, 261, 263, 268*, 273, 363, 373*, 392, 397*
Angestellte 23*, 90, 102, 103*, 155*, 242, 279*, 326, 377, 410, 417
Annaberg bei Sulzbach-Rosenberg 304*
Anzenhofer, Karl 239
Apel, Johann 444
Aquin, Thomas von 374
Arbeit, Verständnis von 224–225, 228, 286
Arbeiter / Arbeiterin 23, 90, 103*, 155*, 212, 232, 242, 246, 279*, 299, 325–326, 333, 344–345, 369–370, 377–378, 395, 417–420, 426, 433, 435–436, 439, 454, 464*, 468, 474, 477, 480, 482, 485–486
Der Arbeiter 44*, 380
Die Arbeiterin 44*
Arbeiterpriester 245, 314, 324–325, 374*, 376
  s.a. Kaiser, Meinrad
Arbeiterwohlfahrt 335, 339*
Arbeitgeber 197, 234*, 235–236, 278, 312, 317, 408–410, 429, 475
Arbeitnehmer 23, 45, 47, 151, 226, 228, 235–236, 265, 329, 344, 378, 382, 408, 410, 415, 422, 429–430, 439–440, 442, 454, 469–470, 474, 476–477, 494
Arbeitsgemeinschaft aktiver Katholiken 106–107
Arbeitsgemeinschaft Christlicher Arbeitnehmerorganisationen (ACA) 20, 347, 405, 411–416, 465*, 500 s.a. Verein für Soziale Wahlen
Arbeitsgemeinschaft Christlicher Berufs- und Standesorganisationen 486
Arbeitsgemeinschaft Demokratischer Kreise (ADK) 163
Arbeitsgemeinschaft der Katholiken in der SPD 488
Arbeitsgemeinschaft der Katholischen Sozialen Woche s. Katholische Soziale Wochen
Arbeitsgemeinschaft für katholische Betriebsgruppenarbeit 329
Arbeitsgemeinschaft für Soziale Seminare 322*
Arbeitsgemeinschaft katholisch-sozialer Bildungswerke in der Bundesrepublik 175, 328, 330
Arbeitsgemeinschaft katholischer Organisationen, Kempten 203
Arbeitsgerichte 348
Arbeitskreis für katholische Betriebsgruppenarbeit 328, 330, 368, 392*
Arbeitsrichter 175, 383

Arbeitszeit 226–230, 299*, 304, 353*, 357
Arbinger, Hans 239
Arndt, Adolf 375*
Asböck, Martin 127, 412*
Aschaffenburg 36–37*, 87*, 136–137, 138*, 139–140, 185*, 214*, 216*, 260*, 273, 289*, 309, 357*, 420–421, 459, 476*
Ascherl, Johann 249–250, 252*, 258*
Assisi 163
Auerbach 267
Aufwärts 484*
Augsburg
– Bistum 30, 35*, 50*, 55, 57, 59, 78*, 88*, 94, 96, 100, 103*, 105–115, 181, 186, 198*, 202, 206*, 207, 243*, 260, 264, 268–271, 290, 307*, 313*, 316, 317*, 336, 342*, 363, 364*, 366*, 370*, 375, 376*, 385–387, 388*, 416*, 425*, 439*, 452*, 470*–471*, 473, 474*, 507–514, 516, 520
 – Bischöfe s. Kumpfmüller; Freundorfer
 – Domkapitel 210
 – Ordinariat 31*, 45*, 59, 105, 106*, 107–108, 109*, 181, 243, 268, 316, 346, 385–387, 420*
 – Weihbischof s. Zimmermann, Joseph
– CAJ 110–112, 251, 252*, 268–270, 290, 360*, 375
– Katholisches Werkvolk, Diözesanverband 25, 40*, 53, 55, 78*, 84*, 94, 96, 101, 105–115, 153*, 181, 186, 187*, 189*, 197*, 218*, 243*, 268–270, 290, 307*, 313*, 339*, 346, 354*, 361, 363, 364*, 366*, 370*, 373, 377*, 385–387, 388*, 416*, 425*, 439*, 442, 447–448, 452*, 455*, 463*, 470*–471*, 473, 474*, 507–514, 516, 520
 – Diözesantage 114
  – Augsburg (1947) 52–53, 108
  – Kempten (1951) 114, 190*–191*
  – Augsburg (1953) 157*–158*, 185*, 190*, 269, 354*
  – Memmingen (1954) 110, 114, 264, 270, 439*
  – Neu-Ulm (1956) 110, 200*, 270, 383*, 474*
  – Augsburg (1957) 110, 181*, 186*, 200*, 307*, 312*–313*, 379*, 386*, 387, 388*
  – Augsburg (1958) 111, 221*
  – Augsburg (1962) 492*
– Soziales Seminar 109*, 181
– Stadt 33, 37*, 52–53, 57, 67–68, 74–75, 105–108, 110–113, 181*, 186*, 190*, 196*, 200*, 206*, 217*, 221*, 263, 269*, 270, 290, 309, 318, 320*, 328*, 361*, 366*, 386, 444*, 447, 450*, 453, 459, 463*, 468*
Augsburg-Land, Landkreis 78*, 491*
Ausländische Arbeitnehmer 244, 245*, 343–345
Automatisierung 227, 357

Baade, Fritz 483*
Bach, Elisabeth 40*, 67, 82*, 116, 190*–191*, 200*, 219, 220*, 238*, 260*, 280, 285–286, 290–297, 302*–303*, 305, 333*, 358*, 379, 391, 438, 448*, 473*, 480*
Bad Dürkheim 249, 259*
Bad Godesberg 482, 484, 489–490
Bad Griesbach 147–148, 182
Bad Honnef 149*, 170*–171*
Bad Kissingen 33*, 138*, 139, 198*, 205, 214*, 219, 295, 364
Bad Kohlgrub 204*
Bad Neustadt 139
Bad Tölz 92*, 126, 217*
Bad Wörishofen 34*, 174, 302*
Baden 145, 147–148, 182, 390, 412
Baden-Baden 244*
Baden-Württemberg 16, 252, 422
Bader, Joseph 429
Balle, Norbert 246*, 250, 252*, 399*–400*
Ballhorn, Wolfgang 397*, 398
Bamberg
– CAJ 251, 252*, 265–268, 273, 363, 372
– Erzbistum 55, 83*, 89*, 94, 96–97, 99*, 103*, 115–118, 135, 140, 163, 174*, 181, 185*, 198*, 200–201, 206*, 207, 251, 265–268, 278*, 290–292, 294, 297–298, 303*–304*, 311*, 312, 316, 317*–319*, 336, 341, 342*, 346, 363, 365, 367, 372, 375, 377*, 383–384, 416*, 421, 471*–472*, 473, 495, 507–514, 516, 520
 – Domkapitel 115, 362–363
 – Erzbischöfe s. Hauck; Kolb, Joseph Otto; Schneider
 – Ordinariat 116–117, 135, 182, 243, 361–362, 375, 384
 – Weihbischof s. Landgraf
– Katholisches Werkvolk, Diözesanverband 25, 40*, 55, 75*, 82, 89*, 94, 96, 98*, 115–118, 140, 153*, 176*, 181, 185*, 199*, 207*, 219, 224*, 250, 265–267, 278*, 280, 285, 290–294, 297–298, 303*–304*, 308*,

311*, 312, 318, 319*, 321, 325*, 336–337,
341*–342*, 346–347, 361–363, 367, 368*–
369*, 379, 381, 384, 391, 416*, 421, 428,
429*, 433*, 438, 446*, 447, 458, 471*–472*,
473, 474*, 495, 507–514, 516, 520
- Diözesantage 115
  - Bamberg (1947) 115
  - Vierzehnheiligen (1948) 266
  - Vierzehnheiligen (1951) 428, 464
  - Vierzehnheiligen (1953) 224*, 429*,
    433*, 455*
  - Nürnberg, Diözesan-Frauentag (1956)
    473
- St. Josef-Stiftung 116, 341
- Soziales Seminar 181
- Stadt 33, 115, 159, 163, 166, 204*, 285, 289*,
  312, 341*, 347, 365*, 394*, 435*, 444*, 446*,
  450*, 458–459
Bauern 23*, 47, 102, 122, 377, 393, 462, 464*,
475
Baur OSB, Benedikt 147
Bayer, Hedwig 133
Bayerische Rundschau 240
Bayerische Staatsregierung 13, 231*, 408
- Ministerium des Inneren 337, 406
- Ministerium für Äußeres, Wirtschaft und
  Arbeit 460*
- Ministerium für Arbeit und soziale Fürsorge
  65, 109*, 175, 228, 348, 460*
- Ministerium für Landwirtschaft und Arbeit
  460*
- Ministerium für Unterricht und Kultus 389*
- Ministerium für Verkehr 460*
- Ministerium für Wirtschaft 460*
Bayerische Volkspartei (BVP) 63, 66, 68, 142*,
465*, 497, 500
- Arbeitnehmergruppen der BVP 465
- Landtags-Abgeordnete 115, 460*
- Reichstags-Abgeordnete 63, 115, 136, 459*
- Vereinigung der Arbeiter und Angestellten in
  der BVP 465*
Bayerischer Landtag 221*, 231*, 235*, 308, 408,
459*, 463–464, 489* s.a. BVP, CSU, SPD
Bayerischer Lehrer- und Lehrerinnenverein
226*
Bayerischer Senat 363
Bayerisches Jugend-Sozialwerk 174
Bayerisches Landeskomitee für Pilgerfahrten 199
Bayerisches Landessozialgericht 78, 348
Bayernkurier 460*

Bayernpartei 477, 491–492
Beamte 23*, 90, 102, 103*, 155*, 242, 279*,
377, 417
Becher, Paul 392*, 490*
Beck, Erika 271
Beck SJ, Otto 375
Beer, Alfred 366*
Beermann, Hermann 484*
Beetz, Erich 117
Befreiung 258, 263, 276, 401*
Beilngries 348
Belgien 186, 222, 233, 244, 295, 305, 314, 419*
Benedikt von Nursia 225
Benediktiner (OSB) 325, 376 s.a. Bauer;
Braunmiller; Langlotz; Meyer, Polykarp
Bengl, Henriette 31, 37*, 289
Bengl, Johann 289
Bentveld 487*
Berching 161*
Berchtold, Alfred 23*, 78*–79*, 82*, 85, 126,
151, 155, 166, 169, 172–178, 180–181, 185,
192, 197*, 201, 207, 210*, 211, 212*–213*,
219*–220*, 224*, 230*, 235*–236*, 238*,
262–263, 265, 267*, 281, 282*, 291*,
292–293, 298*, 299, 319, 344, 359*, 366*,
379*, 401, 431–432, 434, 439, 445, 452–453,
458, 481*
Berg (Diözese Eichstätt) 217*
Beringer, Wilma 50*, 67–68, 132, 162*, 201*,
222, 277*, 279*, 285, 290, 291*, 292, 294–
296, 297*, 298–300, 301*–302*, 304*, 305,
306*, 340*, 379*, 456, 472, 474, 475*, 480*
Berlin
- Bistum 251*, 515
- KAB-Diözesanverband 396*
- Stadt 77, 243, 399
Berning, Herman Wilhelm 44
Bertl, Max 42*, 126
Beruf, Verständnis von 191, 225, 252, 281–282,
287, 321
Berufsstände 35, 43, 45, 47, 102, 155*, 286,
299, 359, 427, 448, 494
Berufsverband Katholischer Fürsorgerinnen 338
Betrieb 155, 191, 235, 286, 297, 299, 307–316,
319–320, 325–326, 330–331, 343–345, 351*,
352, 354, 356, 439, 443
Betriebsarbeit 241, 325–332, 389, 424*, 445,
497 s.a. Katholisches Werkvolk,
Betriebsarbeit; Betriebsgruppen
Betriebsbesuche von Bischöfen 394

Betriebsgruppen
- Betriebsparteigruppen der KPD 311, 316, 485
- Betriebsparteigruppen der SPD 311, 316, 448, 485
- Konfessionelle Betriebsgruppen 328, 451
  s. Katholisches Betriebsmännerwerk; Christliche Werkgemeinschaften; Katholisches Werkvolk, Betriebsarbeit
  - Leitsätze für katholische Betriebsgruppenarbeit (1961) 330–331, 375

Betriebsmission, s. Mission
Betriebsräte 236, 307–310, 323, 327, 345, 425, 428, 448
- Betriebsrätegesetz 307–308
- Betriebsräteschulungen 138, 310
- Betriebsratswahlen 155, 157, 192, 308–309, 450*, 473*, 477, 485, 497

Betriebsverfassungsgesetz 181, 321, 345, 422, 428
Beuron 147–148, 182
Beyer, Ludwig 444*, 445
Beyer, Martin 484*
Bezold, Otto 228
Bibel 31, 187–188, 191, 212, 223, 255–256, 257*, 419, 452
Bierschenk, Käthe 286*
Birkel, Rudolf 240*
Birkmann, Wilhelm 68, 124, 437, 439, 447, 458, 462*
Birkmayr, Hans 82*, 99*, 116, 174*, 191*, 193*, 265*–266*, 278*–279*, 288*, 325*, 341, 342*, 346*, 366*–367*, 389*, 481*
Birndorfer OFMCap., Konrad 210
Birzer, Elisabeth 406
Birzl, Martin 472*
Bischöfe
- bayerische Bischöfe 43, 46, 49, 52, 114, 119*, 180, 261*, 336–338, 359*, 368, 372*, 391–395, 417, 419–420, 436–337, 496
- deutsche Bischöfe 18, 43–44, 46, 49*, 120*, 145, 147*, 158, 165, 168*, 188, 190, 192, 194, 200, 211, 226–230, 233–234, 244–247, 249, 265, 274–275, 277*, 282, 304, 314, 329, 332, 335, 337–338, 357, 366, 372, 375, 378, 388, 391–393, 395, 419*, 423, 425–426, 435, 437, 441*, 457, 476*, 492, 495–496, 498–499
- norddeutsche Bischöfe 392
- süddeutsche Bischöfe 35
- westdeutsche Bischöfe 119*, 190*, 329, 369*, 371, 392–393, 394*, 436, 441, 496

Bischofskonferenzen 319, 392–393
- Freisinger Bischofskonferenz 47–48, 56, 62, 118–119, 145, 180, 246*, 274, 316, 320, 336*, 337–338, 360, 363, 365*, 391, 392*, 393, 423, 426, 435*–436*, 437, 496
- Fuldaer Bischofskonferenz 18, 48*–49*, 92*, 119, 120*, 165, 167*–168*, 225, 226*, 246–248, 249*, 262, 265, 274–276, 322*, 330*–331*, 337, 373, 437, 497*, 499
- Metropolitenkonferenz 168*
- Oberrheinische Bischofskonferenz 393*
- Westdeutsche Bischofskonferenz 247–248, 393, 496

Bistumsblätter 152, 153*, 284
- *Bistumsblatt der Diözese Münster* 157
- *Münchener Katholische Kirchenzeitung* 169
- *Sankt Ulrichsblatt* 385
- *St. Willibaldsbote* 157, 207*, 271
- *Würzburger Bistumsblatt* 384

Bitom, Ewald 423*
Bochum 244, 247, 249*, 253*, 368
Bodenmais 204*, 205, 221*, 337*
Böck, Anton 239, 240*–241*, 406
Böckler, Hans 417, 423, 425–426, 429, 485
Böhmfeld 42
Bogenberg 198*
Bolschewismus 225, 231, 357, 455–456, 480–481
Bombay 258
Bonn 231*, 365*, 408
Brand 217*–218*
Brandel, Kuno 484*
Brasilien 162*, 258*
Braun CPPS, Emil 109*
Braun OFMCap., Fredegand 325, 375
Braunmiller OSB, Willibrod 68, 126, 260*, 325, 376
Braunschweig 426–427
Bremen 412
Brems, Alois 120, 371, 388*
Brenner, Otto 484*, 485
Brentano, Lujo 129*
Bretten 148
Bronnen bei Beuron 182
Bruckmühl 172
Bruder Konrad s. Birndorfer
Brückenau 139
Brüssel 244, 249
Buchbach 342*

Buchberger, Michael 40, 73, 131–132, 272, 347, 384, 392, 395*
Buchheit SJ, Otto 72*, 95*, 148, 328*, 373, 378*, 432*
Buchwieser, Ferdinand 44*, 46*, 47, 48*, 53, 171*, 173, 251*
Budde, Heinz 400*
Bund der Deutschen Katholischen Jugend (BDKJ) 17, 242, 245, 247*, 251, 261, 264, 269, 275, 406
Bund der Heimatvertriebenen und Entrechteten (BHE) 491–492
Bundesregierung, Deutsche 231*, 433–434, 458
- Bundesministerien 162–163
  - Bundesministerium des Innern 117–118, 338, 388–390, 456
  - Bundesministerium für Familienfragen 234
  - Bundesministerium für gesamtdeutsche Fragen 455
- Bundespressestelle 160
Bundessozialgericht 348
Bundestag, Deutscher 66, 231*, 427, 430, 434, 477 s.a. CSU; SPD
Bundeswehr 17, 78, 201–202, 258*, 426
Burg Feuerstein 159, 163, 181, 472
Burger, Alfons 400*, 489*
Burghausen 210, 267
Burgkirchen 177*
Burgmaier, Erwin 400*

Callo, Marcel 245*
Cardijn, Joseph 187, 244–247, 253–254, 260, 275, 314
Caritas 17, 18, 280, 297, 333, 335–340, 344, 390, 500
Cham 92*, 450*
Charbonneau, Joseph 246*, 315*
Christl, Georgine 40, 67–68, 93*, 285, 286*, 292*, 293, 305, 337, 421, 437
Christlich-Demokratische Union (CDU) 234, 239, 433, 476*, 482–483
- Sozialausschüsse 52, 182, 328, 474, 476
Christlich-soziale Kollegenschaft s. Gewerkschaften, DGB
Christlich-Soziale Union (CSU) 13, 21, 27, 61, 63, 66, 68, 78, 162, 176, 234, 238*, 239–240, 408, 420, 424*, 433, 438, 459–480, 482–483, 490–491, 493, 500–501

- Arbeitnehmergruppen der CSU vor der Gründung der CSA 460*, 465–466
- Arbeitsgemeinschaften
  - Christlich-Soziale Arbeitnehmerschaft (CSA) 20, 27, 65, 91, 309–310, 347, 351*, 461*, 465–476, 500
  - Arbeitsgemeinschaft der Frauen 474, 475*
  - Junge Union (JU) 240, 468, 474
- Mandatsträger 476
  - im Bayerischen Landtag 62, 78*, 79, 115–116, 139*, 228*, 463–464, 477, 479
  - im Deutschen Bundestag 66, 79, 477, 479
  - auf kommunaler Ebene 63, 240, 464, 466*, 478–479
Christlich-Soziale Werkbriefe 321–322
Christliche Arbeiterhilfe 335–340, 347, 497, 500
Christliche Arbeiterjugend (CAJ) 17, 20, 23*, 26, 69, 83–85, 87*, 100, 110, 120*, 121–122, 128–129, 138, 143, 146, 155, 163*, 176, 186–188, 191, 195, 202, 209–210, 237–238, 244–277, 304, 312, 314–315, 316*, 320, 322, 327, 351*, 360*, 362–363, 371, 372–373, 375–376, 397–399, 401, 406, 412, 439, 444*, 496, 498–499, 501 s.a. JOC
- Bildungsarbeit 254–259
- Finanzen 247–248, 265, 373
- Methode der CAJ (»sehen – urteilen – handeln«) 85, 111, 187, 253, 255–257, 271
- Mitglieder 251–252, 258, 268
- Organisationsstruktur 248–252
  - CAJ-F 87*, 121, 222, 245, 247*, 248, 250, 251*, 251–252, 271, 273, 290, 397, 400, 473
  - Gebiete s. Augsburg, Bamberg, Eichstätt, Freiburg, München, Passau, Regensburg, Speyer, Rottenburg, Würzburg
- Schrifttum 245, 254, 257–258, 262
Christliche Arbeitnehmerbewegung (CAB) 475
Christliche Betriebsgruppen 328
Christliche Gesellschaftslehre 31, 167, 178, 181, 226, 311, 316, 321, 322*, 374, 414, 434, 453, 462
Christliche Werkgemeinschaften 20, 26, 38, 69, 109, 148, 181, 212*, 269, 307*, 309–325, 326*, 328, 351*, 373, 375, 428, 438, 444*, 473*, 476*
Christlicher Nachrichtendienst 240, 242–243
Christliches Werkvolk 50*, 52
Comitee zur Verteidigung der christlichen Kultur 162

Personen-, Orts- und Sachregister

Dachau 105, 172, 453
Danner, Anton 109
David, Emmerich 376*
Decker, Hugo 477
Deckert, Josef 31*, 34*, 70*, 78*, 82*, 89*, 92*, 102*, 136, 159*, 317*, 334*, 384*, 421*–422*, 482*
Deggendorf 133
Dehler, Thomas 492*
Deiner, Georg 37*
Demokratie 389, 438, 453–454, 456, 458, 467*
Denkhoff, Theodor 294*
Denner MSC, Franz 364
Determann SJ, Bernhard 328*
Deutsche Arbeitsfront (DAF) 43
Deutsche Presseagentur 449
Deutscher Handlungsgehilfenverband (DHV) 414
Deutschland 47, 58, 167–168, 199, 206, 230, 239, 244*, 247, 255, 258*, 343, 345, 374, 389, 394*, 501 s.a. Amerikanische Besatzungszone; Westzonen; Sowjetische Besatzungszone; Bundesregierung; Bundestag; Grundgesetz
– Bundesrepublik Deutschland 13–15, 18, 23*, 93, 209*, 248*, 251, 252*, 274, 278, 281*, 283, 327–329, 343, 373, 417, 440, 455, 457, 492, 495, 499, 502
– Deutsche Demokratische Republik 16, 74, 387, 455–456
Diaspora 98*, 142, 313
Dietz, Johann Baptist 168*
Dillmann, Lina 250
Dingolfing 134
Diözesansiedlungswerke 231, 340–343 s.a. Bamberg, St.-Josef-Stiftung; Eichstätt, Diözesansiedlungswerk; München-Freising, Katholisches Siedlungs- und Wohnungsbauwerk; Würzburg, St.-Bruno-Werk
Distler, Max 328*
Döpfner, Julius 137–138, 140, 157*, 179*, 194, 200, 273, 338, 340, 363, 392, 394*
Dömling, Bernhard 444*
Dohrenbusch, Hans 484*
Dokumente 167*
Dominikaner (OP) 374–375 s.a. Groner; Utz; Welty
Domm, Robert 43*, 105, 106*, 107, 109*, 316*, 420*

Donauwörth 105
Donsberger, Josef 37*, 420, 463*, 476*
Dortmund 286*, 295–296, 424
Drechsel, Max 489*
Druck, Hans 138
Druck und Papier 484*
Düsseldorf 65, 195*, 244–245
Dütsch, Betty 285
Duisburg 249

Eagan, James M. 418*
Ebern 139
Ebersberg 259*
Ebert, Heinrich 138
Ebert, Paula 136–137, 139–140, 289
Effenberger, Walter 132, 250, 259*, 272
Eggerbauer OFMCap, Bernardin 366*
Ehard, Hans 391*, 458, 477*, 490
Ehrenfried, Matthias 137
Eichler, Willi 482–487, 489*
Eichstätt
– Bistum 36*, 55, 81, 84, 88*–89*, 94, 96–97, 103*, 115*, 118–124, 165*, 183, 185, 186*, 189*, 200–202, 205, 206*–208*, 210, 211*–212*, 216*, 251, 261, 273, 277*, 290, 307*, 316*–318*, 319–320, 341*, 342, 343*, 346, 348, 352, 353*, 355*, 360*–361*, 366*, 371, 387–388, 409*, 416*, 421, 430*, 450*, 461*–463*, 471*–473*, 478*, 493*, 495, 507–514, 516, 520
  – Bischöfe s. Rackl; Schröffer; Brems
  – Domkapitel 119–120, 391
  – Ordinariat 120, 123, 165, 243, 273, 308*, 371, 387–388, 480*
  – Diözesansiedlungswerk 162, 232*, 342–343
– CAJ 120–122, 207*, 220*, 247*, 252*, 273, 290, 320
– Katholisches Werkvolk, Diözesanverband 25, 40*, 55, 81, 87*, 88*–89*, 94, 97, 111*, 118–124, 183*, 186*, 193*, 201, 205, 208*, 210, 211*, 220*, 223*, 225*, 232*, 271, 290, 318*, 319, 323*, 341*, 342, 343*, 346, 348, 352, 353*, 355*, 360*, 363, 366*, 369*, 371, 379*, 387–388, 416*, 421, 430*, 447, 450*, 461*–463*, 471*–473*, 478*, 493*, 495, 507–514, 516, 520
  – Diözesantage 119
    – Eichstätt (1954) 119*, 122–123, 191*, 211*, 216*, 223*, 388*, 457*

Personen-, Orts- und Sachregister

- Schwabach (1956) 119*, 123, 216*, 225*, 247*, 276*, 278*, 447
- Neumarkt (1958) 123
- Ingolstadt (1961) 119, 123, 216*
- Roth (1963) 123
- Stadt 37, 120, 123, 191*, 218*, 251*, 315*, 409*, 453*

Eid, Caroline 67–68, 148–149
Eigentum 170, 181, 224, 231, 234–237, 321, 342, 368, 389, 433, 481, 489*
Einsiedeln 161*
Eisemann, Josef 70*, 79*, 137, 139, 157*–158*, 334*–335*, 346*, 348*, 396*, 429*–430*, 463*–464*
Endres, Rosl 138
England 283*, 488
Entchristlichung 394
Entproletarisierung 50, 151, 162*, 231, 235, 340, 342, 344
Entwicklungsländer 299* s.a. Brasilien; Indien
Enzykliken 41, 489*
- Rerum novarum (1891) 146, 159, 199, 211*, 423*
- Singulari quadam (1912) 43*
- Quadragesimo anno (1931) 33*, 43*, 50, 51*, 151, 159, 199, 224, 233*, 314, 373*, 423*, 433, 480*, 501
- Vigilanti cura (1936) 165
- Mater et Magistra (1961) 192, 236, 449, 490*
- Pacem in terris (1963) 22*

Ephesus 82*
Erhard, Ludwig 66, 477
1.-Mai-Feiern 138, 204–208
Ertl, Eduard 128–129, 268
Erwachsenenbildung 151, 152*, 171–189, 322, 390
Essen
- Bistum 247*, 249*–250*, 327, 515
   - Bischof s. Hengsbach
   - Ordinariat 327
   - Weihbischof s. Angerhausen
- Stadt 26, 244–245, 247*, 248–250, 426*, 441

Eucharistischer Weltkongreß
- Rio de Janeiro 162*
- München 61

Even, Johannes 60, 277*, 338*, 379*, 397*–398*, 400, 401*, 427*–428*, 441*, 442–444

Fackler, Franz Xaver 67
Fahrner, Otto 77*, 78, 137, 139, 160*, 430*–431*

Familie 41, 48, 79, 154, 166, 169–170, 182, 190–192, 195, 203, 217, 219, 229–234, 252, 257, 281–287, 289–290, 306, 326, 343, 359, 377, 489
Fatima 161*
Faulhaber, Michael Kardinal von 30, 32*, 36*, 40*, 46–47, 49, 52, 57, 59–60, 64*, 80*, 124, 167*–169*, 173, 197*, 212*–213*, 316, 317*, 365*, 368*, 369, 391, 423, 426
Favreau, Michel 325*
Fédération Internationale des Mouvements des Ouvriers Chrétiens (FIMOC) 60, 65, 297*, 344, 403
Federl, Franz 42*
Ferstl OFMCap., Viator 267
Fette, Christian 426–427, 485
Feucht 317*
Finck, Albert 194*
Fischer, Guido 156*, 169, 321
Fischer, Heinrich 99*
Flatau, Alfred 482*
Flory, Charles 167*
Flue, Klaus von der 162, 163*
Flüchtlinge 23, 280, 344, 492
Föcher, Matthias 487
Föhr, Ernst 347*
Footterer SJ, Otto Johann 251, 260–261, 372, 373*
Forchheim 117
Fränkische Landeszeitung 232*, 343*
Frankfurt am Main 248, 315, 328, 365*
Frankfurter Wirtschaftsrat 405*
Frankreich 167, 186, 244–246, 249, 252, 254*, 283*, 295, 314, 324–325, 374, 376
Franz, Ludwig 62, 66–68, 69*, 79, 175, 234, 381, 397*, 441, 462*, 477–478, 491*
Franziskaner (OFM) 325, 375 s.a. Ganter; Renker; Steinlein
Frauenau 267
Freiburg im Breisgau
- Erzbistum 15*, 36*, 55, 74, 76*, 79*, 84*, 94, 96–97, 99*, 145–149, 164*, 182, 185*, 229, 250, 290, 312*, 346, 367*, 370*, 384, 388*, 390–391, 442, 495, 497, 507–514, 517, 520
   - Erzbischöfe 56* s.a. Gröber; Rauch; Seiterich; Schäufele
   - Ordinariat 36*, 145–146, 149, 177*, 182, 229*, 347, 384, 390–391
   - Soziales Bildungswerk 182, 390
- CAJ 250*, 252*, 258*

- Katholisches Werkvolk, Diözesanverband 25, 26*, 40*, 74, 76*, 79*, 84*, 94, 97, 99*, 145–149, 162, 184*, 185*, 209–210, 290, 312*, 318, 346, 347*, 363, 367*, 370*, 373, 376, 384, 388*, 390–391, 442, 448, 466*, 482*, 495, 497, 507–514, 517, 520
  - Diözesantage 164*
    - Bad Griesbach (1953) 147
    - Freiburg (1955) 147*, 161*
    - Karlsruhe (1957) 147*
    - Singen am Hohentwiel (1958) 147*
    - Freiburg, Diözesan-Frauentag (1959) 147*
    - Bad Griesbach (1960) 147*
    - Mannheim (1961) 148*
  - Stadt 147*, 148, 149, 312*, 328*, 390, 482*
Freie Demokratische Partei (FDP) 228
Freising 59, 221*, 336*–337*, 365*, 372, 435*–436*
Freitag, Walter 485
Freundorfer, Joseph 109, 111, 113–114, 190*, 268, 270, 386–387
Frey, Emma 67, 137, 139–140, 195*, 222*, 285, 292, 294–296, 297*, 301*, 303*, 305, 306*
Fribourg 374
Friedensbund der Katholiken Deutschlands 239
Friesen 342*
Frings, Josef Kardinal 23*, 168*, 246, 248–249, 275, 324*, 392–393, 433, 441*
Fürstenfeldbruck 357*
Fürstenried 201–202, 264*, 318*, 320*, 431
Fürth 204*, 459*, 468*
Fuhrmann, Anna 175, 262
Fulda
- Bistum 251*, 515
  - Bischof s. Dietz
- Stadt 119*, 165*, 168*, 171, 239, 246*, 274, 328, 397–398, 466*, 482*
Funke, Linus 460

Gable, Jakob 143, 144*
Gaimersheim 204*
Ganter OFM, Erminold 325, 375
Gars 376*
Gassmann, Alfred 444*
Gastarbeiter s. ausländische Arbeitnehmer
Gatz, Hans 136–137, 152*, 228*
Gau, Heinz 250
Gauting 67
Geiger, Heinrich 142*–143*

Geisenhofer, Franz Xaver 344*
Geisinger, Paul 319*
Gellings, Heinrich 328*
Gemeinsame Zeitung 404
Gemeinschaft der Katholischen Männer Deutschlands
- Haupttagung in Fulda (1953) 466*, 481*–482*
- Staatspolitische Tagung in Bamberg (1955) 163, 458
Gemünden 139
Georg-von-Vollmar-Schule, s. Kochel
Germersheim 427*
Gerolzhofen 139
Gerstlauer, Karl 111
Geschäftsleute 47
Gesinnungsreform 40, 151, 211, 224–225, 333
Gewerkschaften 286, 297, 302, 348, 351, 357, 383, 387, 407, 409, 417–451, 490
- Auseinandersetzung um die gewerkschaftliche Organisation 140, 206, 417–451
- Christliche Gewerkschaften, ehemalige 43, 64, 108, 136, 497
  - Funktionäre 63, 108, 136, 143, 317, 418, 420, 425, 459–460, 484
  - Mitglieder 410, 421, 423, 437, 459–460, 484
- Christliche Gewerkschaften, Wiedergründung 109, 205, 323, 339, 357, 366*, 368, 373*, 413, 420, 426–451, 484, 497
- Christliche Gewerkschaften des Saarlands 440–441
- Christliche Gewerkschaftsbewegung Deutschlands (CGD) 20, 25, 68, 78, 140, 176, 309, 312, 323, 331, 414, 440–441, 444–450
- Christlicher Gewerkschaftsbund (CGB) 27, 119, 309–310, 312, 331, 392*, 415
- Einheitsgewerkschaft 31, 37, 43, 47–48, 68, 80, 91, 181, 205, 417–443, 447, 461*, 475, 484–486, 493–494, 497
  - Bayerischer Gewerkschaftsbund (BGB) 173*, 418, 421, 422*, 461*
  - Deutsche-Angestellten-Gewerkschaft (DAG) 349, 410, 424, 427
  - Deutscher Gewerkschaftsbund (DGB) 68, 78, 140, 173, 207*, 307, 309, 316, 317, 323, 324*, 331, 373*, 398, 407, 409–410, 413–418, 420–435, 438–443, 447–451, 484–486, 493, 501
    - Christlich-soziale Kollegenschaft 373, 448

- Gewerkschaftsschulen 427, 486 s.a. Kochel
- Gewerkschaftspresse 423, 427, 484*
- Führerkreis der vereinigten Gewerkschaften 417
- Gelbe Gewerkschaften 317
- Internationaler Bund Christlicher Gewerkschaften (IBCG) 440
- Katholische Gewerkschaften 435, 438
- Richtungsgewerkschaften 416, 423

Gleichberechtigung 39, 286–288
Gockeln, Josef 60, 65, 170, 397*, 453*
Görmiller, Dieter 309*, 388*–389*, 416*, 470*–471*
Gong 161
Gorki, Josef 117,
Gradl, Pauline 121, 250
Graz, Domkapitel 210
Gregor XV., Papst 204*
Greiner, Ludwig 37*
Gries, Otto 142*
Grieser, Andreas 321
Gröber, Conrad 35*, 80, 145–146, 314*, 376*, 378*, 391–392
Groner OP, Joseph-Fulko 17, 374
Groß, Nikolaus 453
Großostheim 217*
Gruber, Franz 172
Grundgesetz für die Bundesrepublik Deutschland 286, 454
Grunenberg, Hugo 241*
Guardini, Romano 156*
Gundlach SJ, Gustav 50*, 170, 373, 375*, 429*
Gunzenhausen 348

Haag 172
Haas, Anton 460
Haberkorn, Hans 69*, 76*–77*, 78, 115, 117, 311*–312*, 316*, 323, 424, 426*
Hacklberg 267
Häfele jun., Hans 109, 264
Häfele sen., Hans 37*, 109
Härtl, Therese 37*
Häussler, Erwin 236*, 241
Hagen, Josef 78, 137, 139–140, 337*, 398*
Hahn, Martin 129*
Haibach 214*
Haiming 267
Hamberger, Josef Michael 491*
Hamburg 13, 412
Hammelburg 139
Hammer, Hermann 144
Handwerker 23*, 47
Hanna, Konrad 57*
Hannover 483*
Hansen, Werner 484*
Hanssler, Bernhard 55,
Harder, Bruno 110, 268
Hartmann, Hans 396*, 499*
Hartung, Anneliese 290, 292
Haslbeck, Sebastian 37*, 171
Haßfurt 139
Hatzinger, Max 36*–37*, 42*, 79, 83*, 103*, 124, 125*–126*, 127, 171–172, 259*–260*, 311*, 316*, 338*, 352*, 378*, 382*–383*, 408, 411, 412*–413*, 414, 415*, 424*, 461*, 462*, 473*
Hauck, Jacobus von 52
Hauptarbeitsstelle für Männerseelsorge und Männerarbeit, Fulda 171, 328, 398, 458
Hausen bei Bad Kissingen 138*, 219
Hauzenberg 267
Hehl, Ulrich von 14*
Heidingsfeld 273
Heil, Gebhard 81*, 148, 182*
Heiliger Stuhl s.a. Rom 23*, 146, 246, 325, 502
Heilsbronn 342*, 348
Heindl, Joseph 37*, 53, 81*, 120, 121*, 184*, 242*, 362*, 458*, 461*, 490*
Heine, Fritz 487*
Heine, Heinrich 434
Heizmann, Kurt 239
Heldwein, Josef 239, 241*
Helmprecht, Anton 127
Helmrich, Michael 463
Hemberger, Johanna 138–139
Hengsbach, Franz 249*
Hengsbach SJ, Friedhelm 17
Henkel, Willi 487*
Henkelmann, Walter 484*
Henning, Arno 486*
Henzler, Reinhold 321
Herne 37*
Herxheim 357*
Herzens- und Gemütsbildung 41, 257
Hess, Heinz 400*
Hessen 250, 412
Heubl, Franz 240*, 461, 477*
Heydte, Friedrich August Freiherr von der 368
Hieronimie, Theo 374*, 486*

Hildesheim, Bistum 251*, 515
Hiller, Adam 37*, 141*, 142
Hiltl, Josef 131, 394
Himmelspforten 201
Himmler, Heinrich 434
Hintermann, Eugen 239
Hirschberg (Diözese Eichstätt) 201
Hirschmann SJ, Johannes 430
Hirt, Simon 148*
Höffner, Joseph 249*
Höpfinger, Stefan 79, 109*, 111, 343*, 345*, 379*, 474*
Hörmann, Joseph 79*, 107, 382*, 386*
Hörning, Josef 83*
Hof 117
Hofheim 119*, 137
Hofmeister, Josef 79*, 90*, 133, 135*, 272, 310*, 313*, 317*, 325*, 351*-352*, 355*-356*, 367*, 370*-371*, 396*, 399*, 401*-402*, 444*, 446, 462*, 467*-468*, 472*, 474*, 478*-479*, 499*
Hohenaschau 125, 127, 174
Hohenbrunn 60
Hohenpeißenberg 491*
Hohl, Clemens 399*
Hollacher, Josef 121, 271, 480*
Holland 156*, 163*, 233, 283*, 295, 487*, 488
Hollweger, Hugo 77*, 88*, 100*, 102*, 131*, 133, 135*, 206*, 352*-353*, 369*-370*, 378*, 406*, 414*, 444*, 446, 448*, 478*
Holzer, Ernst 240*
Horlacher, Karl 444*, 445
Hürten, Heinz 14*
Hüttner, Lorenz 268, 363
Hundhammer, Alois 40, 204*, 221*, 477
Huttler, Wilhelm 268

Imhof, Sebastian 460, 465
Imler, Hans 459
Indien 258*
Ingolstadt 119-121, 123, 133, 157*, 185, 214*, 216*, 271, 276*, 316, 317*, 320*, 323*, 348, 349*, 353*-354*, 357, 359*, 369*, 448*, 450*, 472*
Institut für Missionarische Seelsorge 376
Interkonfessionalität 417, 438, 475
Interkonfessionelle Arbeiterbewegung s. Christliche Arbeitnehmerbewegung
Interkonfessionelle Spannungen 313

Internationaler Jugendbund (IJB) 483
Internationaler Sozialistischer Kampfbund (ISK) 483-485
Italien 31, 167*, 199*, 220, 281*, 284*, 343 s.a. Katholische Arbeitervereine Italiens
Itting, Siegfried 328*

Jaeger, Richard 239, 240*
Jaeschke, Paul 329*
Janssens SJ, Johann Baptist 374
Jantke, Georg 271
Jesuiten (SJ) 315, 321, 372-375, 387, 501 s.a. Beck; Buchheit; Determann; Footterer; Gundlach; Hengsbach, Friedhelm; Hirschmann; Janssens; Leiber; Leppich; Mayer-Lauingen; Mende; Muckermann; Nell-Breuning; Ostermann; Prinz; Rahner; Ramsperger; Reichel; Schasching; Schönfeld; Sieben; Sroka; Stricker; Wallraff
Jeunesse Ouvrière Chrétienne (JOC) 38, 186, 244
– Belgische JOC 186, 245-246
– Elsässische JOC 244
– Französische JOC 186, 245-246, 252, 254*
– Internationale JOC 244-245
Jockgrim/Pfalz 217*
Joos, Joseph 328*
Joseph, Nährvater Jesu / Patron der Arbeit 195, 202-208, 215
Jugoslawien 343
Jung, Adalbert 74*
Der Jungarbeiter 64, 124

Kästner, Erich 429*
Kaifer, Albert 78, 108, 459*, 463*, 491*
Kainz, Eugen 37*, 136-137, 185*
Kaiser, Fritz 472*
Kaiser, Jakob 476*
Kaiser SDS, Meinrad 128-130, 324, 376
Kaiserslautern 394*
Kanada 167*
Kapitalismus 129*, 422, 434, 457, 501
Kapuziner (OFMCap.) 325, 375, 501 s.a. Birndorfer; Braun, Fredegang; Eggenbauer; Ferstl; Naab; Stempfle
Kargl, Helmut 138, 139*
Karlsruhe 147*, 149, 390
Karlstadt 139, 219
Karpf, Hugo 136-138, 420, 428, 459, 461*, 476-477

Kartellverband der katholischen Arbeiterbewegung Deutschlands 60, 65, 143*, 195, 209*, 276*, 396–401, 403, 430, 435, 439, 440*, 453, 476*
Kastl 268
Katechismus 191, 226
Katholikentage, Deutsche 18, 220, 231*
- Mainz (1911) 369
- Mainz (1948) 169
- Bochum (1949) 244, 247, 249*, 253*, 368
- Passau (1950) 457*
- Köln (1956) 161*, 163*
Katholische Aktion 15*, 36, 42, 62, 106, 117, 145, 182, 225, 246, 255, 281*, 284*, 315, 346–347, 359, 367, 383–384, 388, 409
Katholische Arbeiterbewegung vor 1945
- Landesverband Württemberg 396, 398*
- Ostdeutscher Verband 53, 132, 396
- Reichsverband 58, 396, 398*, 399
- Süddeutscher Verband 29–30, 97, 396
- Westdeutscher Verband 396
Katholische Arbeiterinnenvereine der Schweiz 292, 295, 305
Katholische Arbeiter-Jugend (KAJ) in Österreich 23*, 247, 501
Katholische Arbeiterjugendbewegung in Indien 258*
Katholische Arbeitervereine in Deutschland 29, 34, 46, 49–50, 51*
Katholische Arbeitervereine Italiens 46*, 186*, 205*, 206, 212*, 345, 419*
Katholische Beamtinnen- und Angestellten-Vereine (St. Lydia) 20
Katholische Hausgehilfinnenvereine 20, 42, 279, 412
Katholische Jugendbewegung 238–239, 243, 255
Katholische Junge Mannschaft Deutschlands (KJM) 39, 81, 237–243, 259, 265, 315, 362, 406, 407*, 461
Katholische Kaufmännische Berufstätige Frauen (KKF) 20
Katholische Kaufmännische Vereine (KKV) 17, 20, 315, 412
Katholische Landjugendbewegung (KLJB) 246, 496
Katholische Nachrichten-Agentur 170*, 449
Katholische Soziale Wochen 100, 151, 167–171, 173*, 183, 197*, 234*, 314*, 368, 372, 394, 501

Katholische Soziallehre 31, 159–160, 167, 178, 182, 224–225, 235*, 249, 262, 296, 303, 322, 364–365, 367, 373–374, 423, 429, 439*, 442, 470, 489, 492–493, 497, 500–501
Katholischer Deutscher Frauenbund 62, 296, 301, 305
Katholischer Jungmännerverband 255* s.a. Sturmschar
Katholisches Betriebs-Männerwerk 315, 317*, 328, 373
Katholisches Männerwerk 36, 119, 142–143, 146–147, 242, 331
Katholisches Sozialinstitut s. Katholisches Werkvolk, Katholisches Sozialinstitut
Katholisches Volksbüro 346–350, 384, 388
Katholisches Werkvolk
- Aktionsrunde 84–85, 112, 134, 160, 186–189, 254*, 277, 302, 332*, 356, 358, 368, 498
- Betriebsarbeit 200, 307–313, 316, 318–324, 451
- Bundesverband 67, 81, 396, 400–401, 404, 499
- Familienerholungsheim 124, 127, 174, 282*
- Finanzen 78, 92–93, 99, 108, 114, 123, 126–127, 134, 140, 149, 152, 154, 160, 174–175, 177, 180, 182–183, 219, 222–223, 232, 290, 296, 300, 312, 314, 339, 346–347, 362, 373, 379–391, 411–412, 418, 440, 444, 494, 497–498
- Frömmigkeit / Religiöse Bildungsarbeit 112, 130, 138, 161, 162*, 163, 178–179, 186–213, 215–216, 223, 250, 293, 297–299, 302, 304, 331, 332*, 353–354, 356–357, 359, 361, 398–399, 498–499
- Gemeinschaftliche Organisation von Frauen und Männern 38–39, 42, 48, 90, 95, 97, 177, 201, 242, 278, 288–290, 295–297, 305–306, 495, 499
- Grundsatzerklärung 22*, 66, 236*
- Interkonfessionelle Zusammenarbeit / Kon-konfessionelle Arbeit s. ACA, Christliche Arbeiterhilfe, CSU, Gewerkschaften, Verein für Soziale Wahlen
- Katholisches Sozialinstitut 109*, 120, 124, 135, 151, 155, 166, 171–181, 182*, 183, 185, 192, 207, 262–263, 265, 267, 275, 290, 302*, 310, 367*, 388, 394, 418*, 424, 445, 466
- Liedgut 160, 196, 216–217
- Mitglieder 22, 24, 33–34, 55, 86, 92–104,

112–113, 118, 119*, 122, 126, 130–131, 134–135, 140–141, 145, 152, 154, 179–180, 182–184, 188–189, 191–192, 194–195, 198–208, 211, 213–215, 219–220, 222–223, 225, 227, 229, 237, 260, 264, 266, 269–270, 273–275, 279–280, 288–290, 294, 296, 303, 305, 307–308, 320, 334, 336, 347–349, 351–355, 379–385, 389–390, 400, 409, 420–422, 433, 440, 442–444, 447–448, 450–456, 459–461, 464, 466–467, 470–474, 476–478, 481, 492–495, 497–498
- Namensgebung 42–54, 81, 107–108, 125*, 495
- Parteipolitische Arbeit 311, 352, 383 s.a. CSU
- Präsides 50, 55, 80–81, 84–87, 89*, 90–91, 105–106, 108*, 109–118, 120–128, 132–138, 140, 142–144, 146*, 147–148, 157*, 158–160, 164*, 166*, 171–173, 181, 187, 191–192, 195*, 196–197, 201–202, 204, 209, 215, 250, 268, 269*, 270–271, 275, 278*, 288*, 291*, 292–294, 299–300, 303*, 318–321, 325*, 329, 337–338, 341, 354–365, 367*, 368–371, 373, 376, 378, 385–388, 389*, 394, 397–401, 403, 412*, 414*, 426, 431, 437, 439*, 440, 443–444*, 455*, 459, 496–497
- Räuber-Synoden 77, 78*, 81–85, 125, 136, 153, 187*, 189*, 400, 498
- Satzungen 40–41, 53, 55–56, 62, 68–76, 85–91, 143, 190*, 214, 237, 276, 286, 290, 292, 296–297, 351, 359*–360*, 361–362, 386–387
- Schulung 38, 41, 86, 121, 127, 131*, 135–136, 151, 171–189, 191, 193, 200, 203, 213–214, 223–225, 229, 266, 274, 293, 301–303, 304*, 333, 342, 353–356, 360, 361*, 362, 366–367, 370, 389–390, 399, 411, 413, 425*, 427, 442–443, 453–455, 469, 472, 479*, 493, 498–499
- Schrifttum 41, 113, 123, 127–128, 134, 140, 151–161, 186, 203, 215, 219, 229, 301, 310, 330, 367, 370, 383, 390, 394
- Selbstverständnis 42–54, 106–108, 137–138, 143, 151, 289
- Verbandsname 32, 38, 42–54, 362
- Verbandstage 24, 86, 88, 220–221, 274, 285, 320, 394, 431
  - Regensburg (1947) 39–41, 53, 57, 67, 73, 108, 132, 153, 221*, 237, 289–291, 316, 380, 493
  - Neustadt an der Haardt (1951) 67, 73–74, 82*, 95*, 144, 154, 211*–212*, 222*, 223, 231*, 234*, 292, 295–296, 339*, 380–381, 427*, 470*
  - Frauenverbandstag in Nürnberg (1953) 76, 290, 296–297
  - Mannheim (1955) 26*, 64*, 67, 69, 73, 109, 195, 276, 297, 319, 320*, 321, 322
  - Passau (1959) 66–67, 195*, 381–382
  - Augsburg (1963) 67–68, 74–75, 114, 196*, 221*, 453
- Verbandszeitschrift s. *Werkvolk*
- Verbandszentrale 25, 31, 34, 40, 68, 74, 82, 84–85, 89, 108, 120, 133, 136, 141, 144, 149, 157, 158, 160–161, 162*, 171*, 184, 191*, 192*, 194*, 195–196, 203, 208, 210, 215–217, 219, 242, 259, 289, 292, 295, 303, 311*, 313*, 330, 346, 348, 349*, 351*–352*, 360, 379–381, 384, 406*–407*, 409, 412*–413*, 415*–416*, 422*, 424*, 430*, 431, 449, 456*, 463*–464*, 479*–480*, 493–494, 499
- Vereinsleben 38, 159–164, 184–189, 213–223, 302–303, 351–359, 380, 414, 454 s.a. Frömmigkeit

Katholisch-Soziale Volkshochschule Seehof, Kochel 67, 171
Katholisch-Soziales Institut der Erzdiözese Köln, Bad Honnef 149*, 170*–171*
Keller, Michael 120*, 171*, 247, 266, 322*, 329, 392, 437
Kellner, Max 484*
Kemper, Lotte 262
Kempten 30*, 37*, 89*, 100, 105, 108–109, 113, 157*, 181, 185*, 191*, 203, 221*, 289, 318, 333*, 347, 354, 366*, 383*, 459, 461*
Ketteler, Wilhelm Emmanuel Frhr. von 33*, 44, 51*, 161*, 199, 208*–211*, 216*, 262, 263*, 388, 398
Ketteler-Feuer 29, 44*
Ketteler-Licht 44*
Ketteler-Ruf 150, 156, 398, 401–402
Ketteler-Vereine 44
Ketteler-Wacht 28, 44*, 398, 401, 402*
Ketteler-Werk 34, 42–50, 85, 125*, 153*, 159*, 359*
Ketteler-Werk-Führung 34, 157–158
Ketteler-Werk-Präses 34, 157–158
Kientopp, Werner 144*
Kilian, Alfred 120–121, 133

Kirche, Katholische 333, 393, 395, 423, 425, 436, 443, 454–455, 458, 480, 482, 487–489, 493, 501 s.a. Bischöfe; Heiliger Stuhl; Klerus; Orden
- Konferenz der bayerischen Ordinariatsvertreter 243*, 247*, 251*, 274, 372*, 436
- Konferenz der bayerischen Seelsorgsreferenten 47
- Mystischer Leib Christi 14–15, 359*
Kirchheim 201*
Kirchliche Hilfstelle, München 17
Kissmann, Heinrich 36*–37*, 82*, 120, 121*, 184*, 461*
Kitzingen 139
Klees, Hubert 325, 366*
Klein, Anni 68, 139
Klein, Edwin 142*
Kleine Schwestern Jesu 250*
Kleinheubach 77, 174, 259*, 263, 294
Klerus 35–36, 39, 43, 48, 56, 58, 80–81, 91, 99*, 100–101, 110, 119*, 126, 130, 131*, 142–147, 172, 177, 179, 197, 200–201, 209, 215*, 238, 243–245, 249, 254, 268, 275*, 279*, 285, 288, 290, 298, 305, 308, 316*, 318, 320–321, 324–327, 329, 346, 354–355, 357, 359–379, 386–387, 391, 398–399, 421, 436, 482–483, 489, 491, 494, 496–497, 499 s.a. Katholisches Werkvolk, Präsides
Knetzgau 219
Knoeringen, Waldemar von 173, 489*
Kochel 67, 171–173
- Gewerkschaftsschule 173, 424
- Georg-Vollmar-Schule 173
- Seehof s. Katholisch-Soziale Volkshochschule
- Katholisches Sozialinstitut s. Katholisches Werkvolk
Köln
- Erzbistum 65, 141*, 238*, 245, 251*, 515
  - Erzbischof s. Frings
  - Generalvikar s. David
  - Katholisch-Soziales Institut s. Katholisch-Soziales Institut
- Stadt 168*, 170, 244, 315, 328*, 402*, 476* s.a. Katholikentage
König, Erich 445
Königstein im Taunus 239, 328–329
Königswinter 67, 469
Kolb, Franz 68, 78*–79*, 82*, 92*, 102*, 137–138, 157*, 222*, 263*, 288*, 295, 319*, 328*, 337*, 338, 339*, 362–363, 397*, 398–399, 412*, 427*–428*,
Kolb, Joseph Otto 52, 95, 204*, 246*, 391
Kolping, Adolph 44*, 211, 224
Kolpingsfamilie, Deutsche 20, 44*, 120, 122*, 143–144, 147, 172, 176, 220, 261, 275, 276* 309, 310*, 322, 338
Kolsdorf, Reg.Amtmann 388*–389*
Kommunismus 244*, 258*, 389, 457
Kommunistische Partei Deutschlands (KPD) 308, 455, 480, 482 s.a. Betriebsgruppen
Konrad, Adolf 420, 459, 462, 477
Koritschan (Mähren) 63
Krämling, Emil 117
Kraus, Johann 37
Kraus, Josef 116
Krauser, Johannes 366*
Krautwald, Eberhard 139
Krehle, Heinrich 228, 309, 429, 460, 462–463, 466, 468*, 470*, 476
Kremer, Thomas 17*
Kreutzer, Johannes 368*, 455*
Krollmann, Franz 399*
Kronach 37*, 117, 206*
Krone, Heinrich 481*
Kühn, Hans 416*
Kühnle, Gustav 424
Kümmert, Robert 338, 339*
Kütt, Georg 138
Kuhn aus Mannheim 67
Kulmbach 117
Kulturpolitik 232, 426, 428, 482, 488
Kumpfmüller, Joseph 107, 114
Kunkel, Heinrich 195
Kuntscher, Helmut 25*
Kunze, Eberhard 66, 69*, 72*, 74*, 77*, 80*, 132–133, 195*, 201*, 272, 276*, 309, 351*, 389*, 399*, 406*, 449*, 470*, 473*
Kunzelmann, Peter 136
Kunzelmann, Valentin 137
Kurz, Andreas 460, 463

Laien / Laienapostolat 15, 36, 80, 99*, 109, 111, 142–143, 167, 177–179, 187, 191–192, 197, 212–213, 246, 253–254, 266, 268, 298, 299*, 311, 313–314, 320–322, 325–326, 331, 346–347, 354, 356, 365, 368, 370, 377–379, 385–387, 391, 398, 409, 420–421, 423, 437, 493–494, 496, 502
Lampey, Erich 170*

Landau in der Pfalz 427*
Landersdorfer, Simon Konrad 175, 209, 210*
Landeskomitee der Katholiken in Bayern 62
Landgraf, Arthur Michael 446*
Landshut 37*, 133*, 168, 218*, 289, 317
Landstuhl in der Pfalz 217*
Lang, Carl Peter 37*, 40, 49, 62, 64–65, 68, 169, 171, 180*, 209, 214*–215*, 228*, 317*, 335*, 337, 339, 348*, 349, 397*, 406–407, 462, 463*–464*, 482*
Lang, Georg 476*
Langlotz OSB, Theoger 148, 149*, 182, 229*, 376
Laufach 273
Laufen in Oberbayern 460
Lauter, Josef 117, 176*
Leaugois, Abbé 245
Lehnacker, Wilhelm 318
Lehner, Gunther 239
Leiber SJ, Robert 35*, 392*
Leicht, Johann 115
Leiprecht, Karl Joseph 165
Lenin, Wladimir Iljitsch 162, 163*, 481*
Leo I., Papst 81*
Leo XIII., Papst 204
Leonhardt, Johann 367*
Leohaus (= Hauptstelle katholisch-sozialer Vereine in München) 30, 32, 64, 124 s.a. Soziale Volkshochschule Leohaus
- Leohaus-Skandal 32, 35*, 53, 57, 63, 64
Leppich SJ, Johannes 23*, 183, 196*, 201, 249, 372
Letschert, Rudolf 96*
Letterhaus, Bernhard 453
Liberalismus 233, 423*, 428, 434, 492
Lichtenfels 117, 199*, 450*
Lichtenstein 344*
Lichtschar 64
Liebhaber, Wilhelm 117, 260*
Limburg
- Bistum 141*, 250*, 252*, 327, 328, 515
- Ordinariat 327
Lindau 267
Lindenberg im Allgäu 217*, 361*
Lindermayer, Georg 105, 111,
Lindermüller, Anton 68, 69, 154–156, 161, 166, 195*, 207, 262–263, 399*
Linkskatholizismus 17
Linsert, Ludwig 484*

Linz 179*
Lipold, Richard 260*, 261, 496*
Löwenstein, Karl Fürst zu 170*
Lohn 118, 177, 224, 232–234, 258, 281–282, 287, 456
Lohr 304*
Lohr, Johann Baptist 127
Lohr, Martin 109*, 139
Louis, Rosa 292, 295
Lourdes 161*, 199
Lucke, Wilhelm 241*, 243
Ludwigshafen 218*, 221*, 245, 260*, 265, 321*, 338
Lücke, Paul 231*
Luible, Anton 45*–47*, 106–107

Macheiner, Eduard 179*
Der Männerseelsorger 171
Maier, Anton 24, 36, 37*, 40, 43*–44*, 49, 50*, 52, 55, 59–62, 64*, 66, 68, 72*, 77*–81*, 92*, 95*, 120*, 122*, 124–127, 129*, 142*, 144, 146*, 150*, 152*, 154, 159*–160*, 166, 171*, 172–173, 195*, 198*, 209, 214*–215*, 223*, 231*, 252*, 260, 274–275, 285*, 292–294, 295*–297*, 299, 301*, 303*, 306*, 312*, 317–319, 328*, 336*, 337, 338*, 341, 346*, 359*, 362, 364*–367*, 370*, 388, 391, 397*, 399–401, 418*, 427*, 428, 429*–430*, 431–432, 433*, 437, 440, 443*, 445*, 465*, 470*, 475*, 477, 489*, 493*
Maier, Josef 29*–30*, 32*–34*, 36*–37*, 42*, 46*, 48*–49*, 56*, 77*, 82*–83*, 103*, 136, 139, 140*, 152*–154*, 185*, 202*, 242*, 273*, 289*, 334*, 346*, 363*, 462*–463*
Mailand 161*, 206
Main 392
Maineck 342*
Mainz
- Bistum 141*, 251*, 515
- Bischof s. Ketteler
- KAB-Diözesanverband 393*
- Stadt 51*, 169, 209*, 365*, 369, 396, 398–399, 453
Malbeck, Gerhard 406
Mann in der Zeit 153*, 157*, 402
Mannheim 26*, 64*, 67, 69, 73, 146, 148*, 149, 195, 250*, 258, 276, 297, 319, 321, 323, 328*, 390
Maria, Mutter Gottes 195, 204, 282–283, 285
Maria Buchen 198*–199*, 304*

Maria Eich 198*
Maria Steinbach 198*
Maria Thalkirchen bei Münnerstadt 198*, 205
Marktheidenfeld 139
Marktredwitz 132–134, 215*, 218*, 290, 300, 303*–304*, 357*, 394*, 450*
Marktschorgast 92*
Markt Schwaben 460
Marx, Karl 155, 357, 455, 481*, 490
Marxismus 193, 316, 389, 428, 480–481, 484, 488, 490
Materialismus 253*, 283, 316, 455–457, 488, 492, 501
Mayerhofer, Hannes 31, 37*, 39, 68, 78, 82*, 89*, 91*, 100*, 103*, 241, 337*, 406–407, 462*
Mayer-Lauingen SJ, Claudius 275, 372, 375
Mayinger, Xaver 107
Mayr, Georg von 129*
Mayr, Hannes 31, 36*–37*, 39, 40*, 68, 77*–78*, 82*, 180*, 241, 242*, 265*, 288*
Mehling, Jonas 446*
Meixner, Georg 37*, 50, 52–53, 83*, 103*, 115–117, 164*, 175*, 179*, 185*, 193*, 346*, 361–362, 367*, 369*, 448*, 458–459, 463–464, 473*
Mellies, Wilhelm 486*
Mellrichstadt 139
Memmingen 110, 357*
Mende SJ, Werner 429*
Metall 484 *
Meyer, Franz Xaver 131*, 132, 133*, 135*, 181*, 183*, 198*, 212*, 307*, 340*, 347*, 427, 444–447, 457*, 458*, 462*
Meyer, Fritz 317–318, 328*
Meyer OSB, Polykarp 148, 328*, 376
Meyer-Sevenich, Maria 487
Michael 239
Michel, Hans 484*
Mikat, Paul 490*
Mikolaschek, Paul 476*
Militärregierung
- amerikanische 17, 27, 30–31, 34, 141, 152, 153*, 242*, 244, 310, 315, 317, 368, 373*, 406, 417–418, 420, 435, 494
- englische 244
- französische 141, 244–245, 494
Militärseelsorge 245, 258*
Miller, Adolf 240*
Miltenberg 87*, 139, 364*

Mindelheim 34*
Mintz, Ulrike 25*
Mission / Missionarisches Handeln 162, 196, 211, 213, 218, 244, 249, 253–254, 322, 325–326, 331, 367*, 376, 420, 439, 498
- Betriebsmission 41, 88, 310, 313–314, 324, 326, 448
- Hausmission 376*
- Milieumission 376*
- Volksmission 376*
Missionare vom heiligsten Herzen Jesu (MSC) 364* s.a. Denner
Mitbestimmung 235
Mitteilungen der Werkgemeinschaften Christlicher Arbeitnehmer 321
Mitteilungsblatt der Jugend IG-Metall 429*
Mittelfranken 450*, 459, 467, 468*, 471*
Mittelstand 462
Mohn, Wilhelm 397, 403
Montan-Union 181, 426
Morgenschweis, Fritz 81, 84, 121*, 125–126, 134, 136, 186, 195*, 200*–202*, 222*, 277*, 299–300, 313*, 332*, 361*, 363, 385, 395*, 473*
Moskau 162*, 357, 455
Muckermann SJ, Friedrich 314
Mühl, Georg 444*
Mühlbach bei Oberaudorf 424*
Müller, Alfons 399*
Müller, Christian 80*–81*, 128, 195*, 362*, 366*, 389*, 471*
Müller, Josef 63, 238*, 240, 309, 465*
Müller, Rudolf 40*, 117, 192*, 207*, 260*, 294*, 337*, 347, 366*, 462*
Muench, Aloysius 46*
München
- CAJ 251, 252*, 271, 322, 327, 372–373, 412*
- Erzbistum München und Freising 36*, 49–50, 55, 83*, 94, 96, 98, 103*, 124–128, 153*, 168, 180, 201, 219*, 250–251, 260–262, 264, 271, 275, 299, 308, 311, 316, 323, 325–326, 341, 342*, 352, 354, 363, 364*, 367*, 372–373, 474, 496*, 507–514, 517, 520
- Domkapitel 127*, 179*, 210
- Erzbischöfe 373 s. Faulhaber; Wendel; Döpfner
- Ordinariat 43*–44*, 46–49, 53, 173, 243, 260, 264, 275, 316, 325, 327, 341, 364*, 366*, 375, 385, 496*
- Weihbischof s. Neuhäusler

- Katholisches Siedlungs- und Wohnungsbauwerk 61, 341
- Katholisches Werkvolk, Diözesanverband 25, 26*, 40*, 55, 60, 91, 92*, 94, 96, 117, 124–128, 153*, 164*, 174–175, 194*, 198*–199*, 202, 220–221, 223, 259, 262, 264, 289*, 317*, 333*, 352, 353*, 354, 356, 357*, 363–364, 367*, 376, 383–385, 446*, 460, 474, 507–514, 517, 520
  - Diözesantag (1951) 391*
  - Diözesantag (1952) 262
  - Diözesantag (1953) 264
  - Diözesantag (1959) 317*
- Soziales Seminar 109*, 322, 326
- Stadt 17, 25, 31–33, 37, 48, 53, 57, 60, 63–64, 66–68, 74, 77–78, 84–85, 89*, 91*, 100, 101*–103*, 104, 124–127, 129, 133, 145, 148, 164*, 166–170, 203, 214*, 218*–219*, 220– 223, 240, 246*, 259, 275, 314–316, 318*, 321*, 322–323, 326, 327*–328*, 344*, 354, 356, 357*, 365*, 368, 375, 376*, 403, 406–407, 409, 418, 424*, 426–427, 438, 442, 444–445, 446*, 448, 458*, 460–461, 468*, 490

Münnerstadt 198*, 205
Münster
- Bistum 157, 171*, 238*, 249, 250*, 266, 327, 496, 515
  - Bischof s. Keller
  - Ordinariat 248, 327
- CAJ 247*, 252*
- KAB-Diözesanverband 294*
- Soziale Seminare 171*, 322
- Stadt 51*, 328*, 365*

Muhler, Emil 172, 321, 365*–366*, 453
Murnau 174–175
Murr, Wilhelm 149

Naab OFMCap., Ingbert 453*
Nägelsbach, Elisabeth 413*
Nätscher, Hans 434
Nationalsozialismus 14, 30, 35*, 42, 50*, 57–60, 63, 74, 103, 105–106, 136, 142–143, 172–173, 205*, 208, 237–238, 241, 244–245, 249, 324, 334–335, 374*, 386, 405–406, 417–418, 452–453, 459*, 500
Naturrecht 31, 36, 232, 259, 419
Naturstände 35, 41–42, 45, 46–47, 54, 106, 114, 132, 145, 146, 248, 288, 470, 495

Nazareth 203
Neimeke, Karl 338*
Nell-Breuning SJ, Oswald von 167, 169, 236*, 317*, 373, 375*, 430, 433, 489–490
Nelson, Leonard 483*
Neresheim 241
Neubrunn 217*
Neudeutschland 261
Die neue Ordnung 374
Neuhäusler, Johannes 167, 429
Neumann, Siggi 486*
Neumarkt in der Oberpfalz 122*, 123, 317*, 319*, 422*, 459
Neusäß 108
Neustadt an der Haardt 67, 73–74, 82*, 95*, 144, 154, 211*–212*, 222*, 223, 231*, 234*, 245, 280, 292, 296, 339*, 380–381, 427*, 470*
Neu-Ulm 105, 109–110, 200*
Nicolai, Meta 338*
Niederbayern 74, 289, 450*, 468*, 476*
Niedergottsau 267
Niedersachsen 412, 484*
Niederwerrn 444*, 445
Nillkheim 194*
Niessl, Siegfried 37*, 101*–102*, 104*, 124, 127, 183*, 214, 215*, 383*, 391*, 462*, 475*
Norddeutschland 19, 146, 322*, 392, 477
Nordhalben 342*
Nordrhein-Westfalen 65, 444, 484*
Nothof, Karl 66
Nürnberg 37*, 77, 115, 117–118, 120, 162*–163*, 166, 174, 176, 184*, 204*, 260*, 265, 280, 297, 308–309, 312, 320*–321*, 324*, 342*, 347, 368*, 372*, 375, 420, 444*, 445, 459, 461*, 465*, 468*, 470*, 473
Nützel, Hans 445

Oberammergau 199*
Oberaudorf 424*
Oberbayern 65, 240, 261, 275, 289, 354, 450*, 460, 468*
Oberfranken 289, 445, 446*, 450*, 459, 468*, 471*–472*
Oberhausen 237*
Obernburg 139, 394*, 476*
Oberpfalz 76*, 132, 289, 300, 349*, 450*, 459, 467*–468*, 471*
Oberschlesien 249
Obrist, Lothar 148

Ochsenfurt 139
Österreich 23*, 156*, 167*, 246*, 247, 315, 501
Offenbach 328*
Olbert, Franz 444*
Olbrich, Ernst 109
Olching 59
Ollenhauer, Erich 485
Orden 372–377, 501 s.a. Benediktiner; Dominikaner; Frankziskaner; Kapuziner; Jesuiten; Kleine Schwestern Jesu; Missionare vom heiligsten Herzen Jesu; Redemptoristen; Salesianer; Salvatorianer
Osnabrück, Bistum 250*, 252*, 515
Ostdeutschland 19
Ostermann SJ, Heinrich 315, 328*, 373
Ott, Karl 37*
Ott, Werner 250*

Paderborn
- Bistum 238*, 251*–252*, 327, 515
- Stadt 328*
Paillon, Ludwig 78, 250, 316*, 424
Paris 161*, 254*
Passau
- Bistum 34*, 55, 81, 84, 94, 96, 98, 99*, 103*, 128–131, 136, 175, 202, 243*, 250*, 251, 261, 267–268, 271, 290, 324, 336–337, 342*, 352, 359*, 363, 366, 375–376, 383, 388*, 414*, 416*, 419, 424, 470*–471*, 473*, 495, 507–514, 517, 520
  - Bischof s. Landersdorfer
  - Domkapitel 128–129, 207, 210
  - Ordinariat 128*, 130, 243, 247*, 268, 363, 383, 418, 423*,
- CAJ 128–130, 252*, 267–268, 363, 375
- Katholisches Werkvolk, Diözesanverband 25, 40*, 55, 74, 81, 89*, 94, 96, 99*, 111*, 117, 128–132, 136, 153*–154*, 187*, 189*, 267–268, 290, 351*, 352, 363, 383, 388*, 389, 416*, 424, 437, 470*–471*, 473*, 495, 507–514, 517, 520
- Stadt 37*, 66–67, 74, 132, 195*, 207*, 240, 267–268, 389*, 457*
Patzina, Franz 117, 348*
Paulus, Josef 329*
Pegnitz 117, 312
Peiting 168
Pendler 122, 353*
Penzberg 105, 124, 474*
Pfalz 143, 174*, 217*, 289, 427*

Pfanzelt, Friedrich 59
Pfarrei 35–36, 38, 41, 49, 89–90, 98, 106, 114, 144–145, 153, 161, 177, 183, 191, 209, 214, 217, 227, 229, 237, 242, 268–269, 307–308, 311–312, 314–315, 320, 326–327, 331, 335, 343, 345, 354, 364, 366, 367*, 369–371, 375*, 409, 497
Pfarrkirchen 424*
Pflüger, Fritz 406
Pfünz bei Eichstätt 271
Pickel, Franz 136, 154*, 156*, 159*, 340
Piefke, Carl 37*, 132–133
Pieper, Josef 51*
Pius X., Papst 43
Pius XI., Papst 43, 64, 480*
Pius XII., Papst 17, 31, 33*, 43, 46, 52, 80*, 107, 147*, 158–159, 167*, 186, 205–206, 210*, 212*, 213, 224*, 225, 246, 249*, 253–254, 257, 281*, 284, 298, 314, 315*, 322*, 326, 365, 374, 378*, 394*, 419, 435, 456–457, 463, 492, 494
Pluralismus 15, 331
Pölling 37*
Polen 283*
Portugal 156*, 161*, 283*, 343
Potsdamer Viermächte-Konferenz 417
Präsides-Korrespondenz 151, 370 s.a. *Werkvolk-Führung-Präses*
Preußen 392
Priester und Arbeiter 28, 81, 151, 157–159, 362, 370, 398
Prinz SJ, Franz 20, 26, 37–38, 148, 167, 168*–169*, 173*, 195*, 241*, 251, 260, 307*, 308, 311, 313–319, 321–327, 328*, 365*–366*, 368*, 372–373, 375, 391*–392*, 428, 436, 462*, 489*
Pröll, Leo 122
Pronadl, Anton 37*, 132
Protestantismus 15, 16, 405, 489
- Evangelisch-lutherische Kirche Bayerns 153*
- Evangelische Arbeiterbewegung (EAB) 19, 337, 412, 432, 438
- Evangelische Arbeitsgemeinschaft für soziale Fragen 412
- Evangelische Frauengruppen »Wort und Werk« 412
- Evangelische Gesellenvereine 412
- Evangelisches Männerwerk 406
- Protestanten 98*, 118, 142, 239, 316, 318–319, 413, 432, 438–439, 500

- Protestantische Ideen unter katholischen Laien 80, 378
Prümmer, Franz von 79, 80*, 139, 192*, 215*, 351*–352*, 449*, 473*, 490*
Przibyllok, Norbert 116, 363, 366*
Pullach 111, 368

Rackl, Michael 120
Rahammer, Siegfried 318, 323, 444*, 445
Rahner SJ, Karl 315
Ramberg in der Pfalz 174
Ramspau 81, 84, 111, 131*, 135–136, 174, 181, 188*–189*, 201, 299, 300, 302*, 313*, 351*, 366, 367*, 413*–414*, 468*, 472, 473*–474*
Ramsperger SJ, Edmund 109–113, 270, 361, 373, 386–387
Raps, Georg 459*
Rastatt 258*
Rauch, Wendelin 146–148, 337, 338*–339*, 392, 425*
Ravensburg 150
Rechristianisierungsvorstellungen s. Wiederverchristlichung
Redemptoristen (CSsR) 325, 376 s.a. Ritter, Raimund; Schurr
Regensburg
- Bistum 50, 55, 81, 84, 94, 96–97, 100–101, 103, 126, 131–136, 159, 186, 198*, 201–202, 222, 249–250, 258*, 272, 280, 290, 299–301, 302*, 304, 313, 340, 342*, 349*, 351*–353*, 358, 363, 366, 367*, 370*, 379*, 392, 424, 446, 471*, 472, 473*, 474, 478, 479*, 507–514, 518, 520
  - Bischof s. Buchberger
  - Ordinariat 35*, 135, 243, 247*, 385
  - Weihbischof s. Hiltl
- CAJ 121, 132–133, 247*, 248–249, 250, 251, 252*, 272, 304
- Katholisches Werkvolk, Diözesanverband 25, 40*, 55, 78, 81, 82*, 84*, 88*, 94, 97, 98*, 103*, 111*, 126, 131–126, 153*, 159, 160, 162, 181, 183*, 187*, 189*, 196*–198*, 201*, 222*, 258*, 272, 285, 290, 292, 298–301, 304, 313, 339*, 349*, 351*–354*, 358, 363, 366, 367*, 370*, 379*, 384–385, 413*, 415*, 424, 426, 446–448, 456*, 467*, 470*–471*, 472, 473*, 474, 478, 479*, 507–514, 518, 520
  - Diözesantage 131, 134, 479
    - Amberg (1947) 132, 134
    - Weiden (1949) 132*, 134

- Schwandorf (1951) 134
- Regensburg (1953) 134, 272
- Marktredwitz (1956) 134, 215*, 222*, 358*, 384
- Sulzbach-Rosenberg (1958) 134
- Dingolfing (1962) 134
- Zentralwohlfahrtsausschuß der christlichen Arbeiterschaft 339
- Stadt 37*, 39–40, 64, 66–67, 73, 84*, 131–132, 134, 153, 221*, 222, 237, 240, 250*, 289–290, 316, 365*, 380, 424, 444*, 445, 459
Regensburger Tagesanzeiger 66
Rehau 88*, 117
Rehm, Elisabeth 110, 264
Reichel SJ, Herbert 328*, 373
Reichenhall 444*
Reichl, Josef 228*
Reichskonkordat 359
Reindl, Johann 37*, 459
Reisach 172
Reisinger, Johann Baptist 207*
Reiterswiesen 364
Reitzer, Wilhelm 120–121
Reng, Michael 462*, 476*
Renker OFM, Tilman 375
Rhein 163*
Rheingönheim 37*
Rheinland 412, 440
Rheinland-Pfalz 141*, 194*, 412, 416
Riemer, Franz Seraph 34*, 36*, 49*–50*, 128–129, 130*, 175*, 177*, 207*, 247*, 267, 274*, 360*, 419
Rimpar 204*, 273
Ritter, Lorenz 444*, 445
Ritter CSsR, Raimund 376*
Rodalben 64
Röhnert, Nikolaus 318
Röthlein 219
Roger, Willibald 139, 399*
Rom 118, 161*, 163*, 199, 206, 250*, 257*, 501 s.a. Heiliger Stuhl
Roos, Horst 250
Roppelt, Fritz 78, 120, 443*–444*, 445
Rosa, Erich 469*
Rosenheim 120, 124, 126–127, 174, 262–263, 316, 477
Rotes Kreuz 67
Roth 123
Rothenburg ob der Tauber 117
Rothenfels am Main 273

Rottenburg
- Bistum 55, 94, 96–97, 149–150, 241–242, 250, 352, 403, 424, 489*, 507–513, 518, 520
    - Bischof 56 s.a. Sproll; Leiprecht
    - Weihbischof s. Sedlmeier
- CAJ 252*, 261
- Einzelmitglieder des Süddeutschen Verbands 40*, 55, 56*, 94, 97, 149,
- Landesverband der Katholischen Arbeiter- und Arbeiterinnenvereine der Diözese Rottenburg (Werkvolk) 26, 97, 149–150, 156, 241–242, 393*, 396–399, 401–403, 424, 507–513, 518, 520

Rottendorf bei Würzburg 216*
Rottler, Pirmin 148–149
Rück, Fritz 484*
Ruhmöller, Georg 267*, 275*
Ruhrgebiet 239, 444
Rundfunk 151, 161, 166, 206, 214, 217, 284, 344–345
Ruppertshütten 219
Rußland 169

Saarland 58, 156*, 440–441
Sager, Michael 69*, 78, 119*, 120, 122*, 175, 192*–193*, 210, 232*, 274, 318*, 371*, 391*, 444–445, 446*, 458*, 490*, 493*
Salesianer 501
Salvatorianer 376
Salzburg
- Bistum 172
    - Bischof s. Macheiner
- Stadt 109*

Samstag, August 37*, 338*, 397*
St. Augustin 27
St. Blasien 372*
St. Bonifaz 126, 164*
Sankt Rupert (Werkvolkgemeinschaft) 218*
Sassanfahrt 342*
Sauer, Alfred 84*, 110–111, 114, 270, 399*, 444*
Schäftlarn 259*
Schäuble, Julius 182*
Schäufele, Hermann 15*, 174, 175*, 179*
Schallweg 239
Schasching SJ, Johann N. 315
Schaub, Franz 129*
Schedl, Otto 240*
Scheid, Josef 37*
Scheppach, Josef 107

Scheyern 59, 210*
Schilling, Josef 421
Schinagl, Hanns 239
Schindler, Alois 133
Schinner, Josef 29*–30*, 31, 32*, 33, 34*, 36*–37*, 46*, 48*–49*, 50*, 56*, 68, 70*, 77*–78*, 82*–83*, 89*, 92*, 102*–103*, 152*, 153*–154*, 156*–159*, 185*, 202*, 273*, 289*, 334*, 346*, 363*, 384*, 396*, 462*–463*
Schleswig-Holstein 412
Schmer, Lorenz 116, 362
Schmid, Georg 462*
Schmid, Josef 37*
Schmid, Wilhelm 111*
Schmitt, Christoph 117, 175*
Schmitt, Hermann-Josef 36, 40, 44*, 48*, 60, 169–170, 209, 277*, 338*, 397*–398*, 399–401, 426, 453
Schmitt, Otto Michael 146*, 148*
Schnabel, Franz 66, 477
Schneider, Josef 116, 118, 179*, 394*
Schön, Gustl 79, 119*, 120–121, 274*
Schönfeld SJ, Hans von 328
Schrobenhausen 109
Schröffer, Joseph 78*, 84*, 118–121, 179*, 188*, 191*–193*, 207*, 211*, 225*, 246*–248*, 252*, 254*, 271*, 274*, 277*, 319, 366*, 371*, 391*, 392, 394*–395*, 436*, 437, 456*, 458*, 493*
Schuber, Max 43*, 420*, 462*
Schümmer, Josef 250*
Schule 17, 224–226, 284, 321, 422*, 486–487
Schulte, Caspar 80*, 328*, 458*, 481*
Schumacher, Kurt 482*, 485, 486*
Schumacher, Richard 143*
Schumann 444*
Schurr CSsR, Viktor 376*
Schuster, Karl 328*
Schwab, Maria 105*
Schwabach 89, 123, 210, 232*, 342*, 348
Schwaben 110, 181, 270, 289, 412, 450*, 460, 468*
Schwaig 342*
Schwandorf 133–134
Schwarz, Helmut 109*
Schwarz, Leopold 30–31, 34*–35*, 36, 37*, 40, 42–43, 44*, 46, 47*, 48–49, 53*, 57–59, 63, 64*, 68, 105, 124*–125*, 145*–146*, 155, 171, 195, 208, 227*, 420, 432*

Schwarzer, Rudolf 30–31, 37, 40, 42–43, 49, 63–66, 68, 338*, 460, 462
Schweden 161*, 163*
Schweinfurt 34*, 89, 101*, 136–140, 185*, 194*, 200*, 204*, 206*, 214*, 216*, 219*, 273, 309, 313*, 317*, 320*–321*, 328*, 352*, 357*, 421, 424, 429*, 444*, 445, 450*, 482*
Schweiz 156*, 161*, 167*, 233, 292, 295, 305, 333
Schwestern der Heiligen Familie 172, 174
Schwürbitz 342*
Sedlmayr, Lorenz 406*, 408, 460, 476
Sedlmeier, Wilhelm 179*
Seeg 88*
Seeger, Heinz 484*
Seelsorge 42–43, 45, 47, 128, 165, 330, 368, 455
- Arbeiterseelsorge 46*, 49*, 118, 126, 128, 132, 136, 146, 214*, 267*, 311*, 314–315, 322–332, 363–366, 368–377, 384*, 392*, 439, 501
- Auswandererseelsorge 345*
- Betriebsseelsorge 323*, 324–332, 375–376
- Erwachsenenseelsorge 364
- Flüchtlingsseelsorge 17
- Gefängnisseelsorge 59–60
- Jugendseelsorge 364, 496
- Muttersprachliche Seelsorge 345
- Pfarrseelsorge 43, 106, 331, 345, 366
- Seelsorge nach Berufsständen 43, 45, 371
- Seelsorge nach Naturständen 35, 43, 45, 47, 146, 371
  - Frauenseelsorge 296–297
  - Männerseelsorge 114, 120, 138, 146, 315 s.a. Hauptarbeitsstelle für Männerseelsorge
- Spezialisierte Seelsorge 371
Seibold, Xaver 109
Seidel, Hanns 429, 476*
Seidl, Konrad 55
Seidl, Michael 133
Seiterich, Eugen 148–149, 182*
Seitz, Josef 142–143, 144*,
Seitz, Wilhelm 109*
Selbständige 102, 377
Sendling 67
Senft, Albin Friedrich 181
Sieben, Josef 115–116, 285*, 305*, 337*, 377*, 381, 399*, 458
Sieben SJ, Karl B. 209, 260*, 261, 275, 372, 375
Siegsdorf 59

Sims, Al D. 436*
Singen 147*
Skandinavien 162*
Sowjetische Besatzungszone (SBZ) 53, 155, 162*, 396, 454–456
Sowjetunion 162*, 389, 455–456
Sozialdemokratische Partei Deutschlands (SPD) 92, 104, 173, 308, 369, 375*, 417–418, 422*–423*, 427–428, 430, 432*, 434, 436, 459, 463*, 475, 477, 480–491, 501
Soziale Seminare 181–182, 322 s.a. Augsburg; München; Münster
Soziale Volkshochschule Leohaus 64, 171*
Soziale Wahlen 155, 192–193, 407–416, 451, 497
Sozialer Katechismus 155, 481
Soziales ABC 159, 160*, 321
Sozialgerichte 348, 350
Sozialgesetzgebung 135, 190, 303, 349, 462
Sozialismus 233, 303, 310, 331, 428, 449, 480–481, 482*, 487, 501
- Christlicher Sozialismus 374, 480–481
- Kommunistisch-marxistischer Sozialismus s. Bolschewismus; Marxismus
- Religiöser Sozialismus 37, 480
Sozialisten 31, 327, 333, 335, 405, 419, 433, 435, 438–439, 448, 480, 487–488
Sozialistische Einheitspartei Deutschlands (SED) 163*, 455, 480, 482
Sozialistische Internationale 204, 487*
Sozial- und Wirtschaftsordnung 226–236
Sozialpolitik 162, 347, 353, 358, 374, 428, 470, 477, 489–490, 500–501
Sozialreform 229, 481
Sozialrichter 383, 413
Sozialversicherungen 135, 155, 175, 178, 181, 287, 297, 303, 322, 347, 349, 357, 383, 405–416 s.a. Soziale Wahlen
Spanien 156*, 161*, 163*, 167*, 283*, 343
Spegele, Eduard 37*
Speyer
- Bistum 55, 83*, 94, 96, 141–145, 250, 327, 339*, 416, 495, 507–514, 518, 520
  - Bischöfe s. Faulhaber; Wendel
  - Ordinariat 142–145, 243, 327
- CAJ 252*, 258*
- Katholisches Werkvolk, Diözesanverband 25, 40*, 52*, 55, 83*, 84*, 94, 96, 141–145, 195*, 416*, 495, 507–514, 518, 520
- Stadt 394*

Spielmann, Sebastian 138
Spielvogel, Anton 133
Spinnler, Herbert 176*, 399*, 401–402*
Sproll, Johannes Baptista 241
Sroka SJ, Karl 209, 249, 267*, 372
Staat 41, 155, 178, 252, 303, 388–389, 357*, 391, 423, 427, 433, 452–454, 458, 469
Stain, Walter 343*, 345*
Stalin, Josef 481*
Stamer, Alfons 377*
Stamm, Ludwig 139*
Standesorganisationen, konfessionelle 43, 48, 146, 319, 331, 335, 360, 382, 387, 394, 410, 426, 432–433, 440, 442–444, 451, 467, 469–470, 475, 496
Stangl, Josef 138, 140
Stangl, Ludwig 23*, 30*–31*, 35*, 47*, 50*, 52, 105–107, 108*, 109, 111, 159*, 190*, 237*, 243*, 269*, 270, 364*, 370*, 376*, 386, 439*, 455*
Stappel, Johann 328*
Starnecker, Josef 360*
Starnecker, Konrad 250, 268
Steber, Franz 37*, 39, 238–243, 461, 474
Stegerwald, Adam 459
Stein, Alexander 328
Steinberg 342*
Steinlein OFM, Eckhard 375
Stelzer, Amalie 175, 215*, 285, 287*, 290, 299–300, 303*, 305, 344*, 462*, 481*
Stempfle OFMCap., Gaudens 268
Sterbegeld-Vereinigung 1917, München 29, 31, 63, 103, 115, 141, 334, 335, 380
Stiefvater, Alois 81*, 147, 362*
Stockinger, Franz Xaver 37*, 53, 128–129, 267, 337*, 339*, 362, 437
Storch, Anton 170, 198*
Straßkirchen 267
Straßner, Rudolf 149
Straubing 66, 88*, 129, 130*, 218*, 260*
Straubinger, Johann B. 267, 268
Strauß, Franz Josef 61
Streik 428
Strenkert, Paul 30*, 33, 37*, 39*–40*, 48*, 50*, 53*, 65, 68–70, 79, 82, 89*–90*, 100, 105, 107, 108*, 109, 111, 152*–154*, 190*, 200*, 211*–212*, 235*, 288*, 291*–292*, 336, 344*, 347, 382*, 386*, 407–408, 420*, 458–459, 460*–462*, 463, 470*, 480*, 489*
Stricker SJ, Anton 372

Striebeck, Hans 328*
Strock, Steffen 14*
Stümpfl, Peter 40*, 77*, 78, 79*, 82*, 89*, 91*, 99*–100*, 103*, 130, 131*, 153*, 180*, 243*, 265*, 267, 337*, 383*, 424*, 475*–476*
Stützle, Hans 260–262, 423*–424*, 462*, 466, 467*, 473–474, 475*–476*
Sturmschar des Katholischen Jungmännerverbands Deutschlands 238–239, 241
Stuttgart 176*, 239, 402*
Süddeutsche Zeitung 239, 241
Süddeutscher Verband katholischer Arbeitnehmer, s. Katholisches Werkvolk
Sulzbach-Rosenberg 37*, 132, 134

Tempel, Raimund 37*
Thalhammer, Joseph 179*, 264, 316*
Theodosius II., Kaiser 82*
Thiermeyer, Michael 121, 271, 367*, 371*, 472*
Thoma, Josef 37*, 116, 459
Thurn und Taxis, Fürst Albert I. von 73
Tirol 163*
Tirschenreuth 92*
Titzer, Josef 99*, 149, 209, 328*, 466*, 482*
Tondera, Wolfgang 109*, 111*
Traunstein 59
Trier
– Bistum 141*, 250*, 252*, 515
– Stadt 199, 322*, 365*
Troidl CSsR, August 325, 326*, 375
Trotzki, Leo 481*
Tübingen 13

Der Überblick 242
Übler, Johann 210
Ulm 260, 402
Ungarn 163*
Unger, Rudolf 343*
Unterfranken 76*, 136, 139, 273, 289, 300, 364*, 384, 450*, 459, 463*, 468*, 471*
Untermain 138
Utz OP, Arthur-Fridolin 17, 374, 375*

Valkenburg 167, 314
Velden, Johannes Joseph van der 244
Verband Weiblicher Angestellter (VWA) 414
Verband schaffender Katholiken 107–108
Verchristlichung der Welt 190, 211–213, 223, 256, 307, 310, 314
Verdun 57*

Verein für Soziale Wahlen 383, 405–413, 486, 494
Vereinigte Staaten von Amerika 156, 230*–231*
Vereinigung für christliche Sozialpraxis in Arbeit und Wirtschaft 429
Verkirchlichung 15, 385, 391, 497
Verlage
- Deutscher Laienspiel-Verlag 222
- Don Bosco 222
- Heinrich Buchner 222
- Sebaldus-Verlag 161
- Valentin Höfling 222
- Volksverein-Verlag 35*
- Wilhelm Köhler 222
- Zwei Türme Verlag 152
Verproletarisierung 151
Vetter, Franz 36*, 145*–147*, 378*
Vierzehnheiligen 115*, 163, 174, 198*–199*, 200, 294, 344*, 472
Völkischer Beobachter 57*
Vogel, Hanns 166, 214
Vogt, Wolfgang 399*, 402*
Volksverein für das Katholische Deutschland 35*, 43, 239
Vongries, Gretl 153*
Voß, Heinrich 444

Währungsreform 34*, 153, 160, 169, 243, 334, 336, 465
Wagner, Hans 61
Wagoner, Murray van 435
Wahlen 284, 452, 467, 474, 479, 485, 487–488, 491
- Bayerische Kommunalwahlen (1952) 464
- Bayerische Kommunalwahlen (1956) 478
- Bayerische Kommunalwahlen (1960) 474, 478
- Bayerische Landtagswahl (1946) 476
- Bayerische Landtagswahl (1950) 464*, 476
- Bayerische Landtagswahl (1954) 472
- Bundestagswahl (1949) 476–477
- Bundestagswahl (1953) 429, 431, 465–466, 477, 480
Walberberg 374, 375*, 482
Waldsassen 450*
Wallenfels 342*
Wallmeyer, Bernd 379*, 401*
Wallraff SJ, Hermann-Josef 373
Walter, Franz Xaver 129*

Walz, Anton 148
Warzlberg, Wilhelm 445
Wasserrab, Karl 129*
Weber, Adolf 66, 167, 168*, 477
Weber, Eugine 109*, 110, 112
Wehner, Herbert 489
Weichmann, Ludwig 132, 272
Weiden 132*, 133–134, 444*, 450*
Weidenhiller, Viktoria 37*
Weiherhammer 217*, 221*
Weilheim 109
Weimarer Republik 45*, 63, 65, 90*, 92*, 93, 105, 108, 109*, 111, 115, 120*, 124, 127–128, 130, 132, 136–137, 141, 147, 149, 152, 159*, 163*, 171, 188*, 196, 202, 221, 238–239, 255, 282*, 289, 335–336, 348, 380*, 382, 396, 398*, 399, 405, 417, 430, 459, 460*, 465*, 483, 484*, 485, 493–494, 497, 500
Weinheim 222
Weinzierl, Ägidius 25*
Weißbach 444*
Weißkichel, Ferdinand 328*
Wellnhofer, Hans 385*
Welt der Arbeit 402, 427, 433, 501
Welter, Hans 399*
Welty OP, Eberhard M. 374, 375*
Wendel, Joseph (Kardinal) 61, 73, 141–144, 170, 212*, 223, 234*, 277*, 325, 327, 339, 373*, 377*, 391, 393–394, 423*, 436, 437*, 457
Wendl, Ludwig 444*
Weng, Hans 149
Werdenfels 88*
Werkgesang 51*
Werkjugend 51–52, 237*
Werkgemeinschaften Christlicher Arbeitnehmer s. Christliche Werkgemeinschaften
Werksgemeinschaften 45
Werkvereine 45
Werkvolk (Zeitschrift des Rottenburger Landesverbands vor 1933) 51
Werkvolk (Zeitschrift des Süddeutschen Verbands) 19, 27, 71, 150–157, 165, 166*, 169, 179, 194, 199, 208, 226*, 232, 270, 276, 284, 290, 292, 295, 297, 300, 303–304, 309, 321, 334, 349–350, 361, 369*, 370, 380, 394, 398, 401–402, 409, 411, 427, 430, 449, 453, 456, 463*, 474, 481, 483, 488–490, 494
Werkvolk-Führung 27–28, 151, 158, 186, 195
Werkvolk-Führung-Präses 28, 158
Werner, Helga 133, 300

Westdeutsche Arbeiter-Zeitung 44*
Westdeutscher Verband der katholischen
  Arbeiterbewegung 19, 23*, 26, 36, 49*, 50,
  53–54, 60, 67, 97, 98*–99*, 149*, 158, 160,
  169–171, 176, 195, 199, 208–209,
  237*–238*, 263, 265, 294–296, 297*, 298,
  301, 305, 317*, 329, 338, 362, 365*, 371, 373,
  374*, 381, 393, 396, 399–401, 426, 435–436,
  441–443, 487, 494–497, 499–500, 515
Westdeutschland 19, 23, 44*, 60, 99*, 160, 171,
  250*, 296, 305, 315, 317*, 322*, 328–329,
  400, 425, 429, 439, 441, 474, 477, 490, 495
Westfalen 14*, 412, 440
Westzonen 246
Wetting, Oskar 484*
Wetzler, Kurt 250
Wich, Hans 117, 471*
Wiederverchristlichung 189, 190*, 314, 501 s.a.
  Verchristlichung
Wieler, Wilhelm 87*, 138–139, 276*, 462*
Wildner, Erich 117, 191, 200*, 437
Wildschütte, Viktor 146
Wilhelmsthal 217*–218*
Wimmer, Ludwig 37*
Winkelheide, Bernhard 397*, 413, 444
Winning, Charles D. 373*, 418*
Wirtschaftliche Aufbau-Vereinigung (WAV)
  491–492
Wißborn, Josef 328*
Wittmann, Cäcilie 67
Wönner, Max 324*, 423, 448
Wörth an der Donau 66
Wöste, Wilhelm 329*, 490*
Wolker, Ludwig 23*
Wünsche, Paul 79, 117, 250, 267, 275*, 311*,
  319*, 343*–344*, 366*, 375*, 444*–446*,
  459*, 477*
Wuermeling, Franz Josef 233*, 234
Württemberg 241, 412
Würzburg
– Bistum 33, 55, 83*, 86*, 94, 96, 103*, 126,
  136–141, 157*, 191, 201–202, 204*, 206*,
  216*, 219, 251, 272–273, 290, 294, 304*,
  313, 340–341, 342*, 366*, 367, 370*, 384,
  416*, 421, 424–425, 471*, 478, 495,
  507–514, 518, 520
  – Bischöfe s. Ehrenfried; Döpfner; Stangl
  – Ordinariat 137*, 138, 140, 243
– CAJ 138, 252*
– Katholisches Werkvolk, Diözesanverband
  25, 40*, 55, 86*, 94, 95*, 97, 126, 136–141,
  153*, 193*, 198*, 204*, 216*, 218–219, 222*,
  263*, 272–273, 285, 290, 300, 304*, 310*,
  337, 340–341, 363, 366*, 367, 370*, 384,
  397, 416*, 421, 425, 431, 433*, 442,
  448–450, 456*, 459*, 461*, 471*, 475*, 478,
  495, 507–514, 519–520
  – Diözesantage
    – Würzburg (1950) 137, 138*
    – Schweinfurt (1952) 138, 194*, 200*
    – Würzburg (1960) 448*
    – Würzburg (1962) 450
– St.-Bruno-Werk 340–341
– Stadt 36*–37*, 136–140, 328*, 399, 421,
  433*, 459*
Wunsiedel 203

Zapf, Hans 262, 275
Zauner, Franz 179*
Zell im Wiesental 148
Zentralkomitee der Deutschen Katholiken 18,
  65, 163, 170*, 327*, 328–329, 330*–331*,
  365*, 368, 374*, 441*, 497*
Zentrumspartei, Deutsche 65, 460*, 491–492
Ziegler, Erich 462*
Zimmermann, Johann 133
Zimmermann, Joseph 179*
Zirndorf 342*
Zitzler, Georg 459
Zöberlein, Hans 57*
Zoellner 406
Zoller, Therese 111*
Zonenrandgebiete 118, 389, 456
Zorn, Rudolf 489*
Zuständereform 40, 151, 211, 224–225, 333
Zusmarshausen 32*, 57
Zweites Vatikanisches Konzil 15, 23*, 195
Zwiesel 267